D1748690

Johannes Ernesti, Peter Kaiser

Python 3

Das umfassende Handbuch

Rheinwerk Computing

Liebe Leserin, lieber Leser,

egal, ob Sie erst anfangen, mit Python zu programmieren oder schon länger mit Python arbeiten: Dieses Buch ist genau das Richtige für Sie. Anfängern bietet es einen leichten Einstieg in die Python-Programmierung, erfahreneren Programmierern dient es als Referenz für die tägliche Arbeit mit Python. Denn hier finden Sie alles, was Sie über Python 3 wissen müssen. Die Sprachgrundlagen werden genauso ausführlich behandelt wie professionelle Techniken, GUI-Programmierung, Netzwerkkommunikation, die Anbindung an andere Programmiersprachen und vieles mehr. Falls Sie schon mit älteren Python-Versionen gearbeitet haben oder noch damit arbeiten müssen, können Sie sich im Migrationskapitel einen Überblick über die wichtigsten Änderungen zwischen den Versionen 2.x und 3 verschaffen.

Diese fünfte Auflage wurde erneut gründlich aktualisiert und den Anforderungen an moderne Python-Programmierung angepasst. Das Buch orientiert sich konsequent am Programmieralltag und geht die Themen projektbezogen an. Alle verwendeten Beispielprogramme können Sie von *www.rheinwerk-verlag.de/4467* herunterladen.

Wenn Sie Fragen oder Anregungen zu diesem Buch haben, können Sie sich gern an mich wenden. Ich freue mich auf Ihre Rückmeldung.

Ihre Anne Scheibe
Lektorat Rheinwerk Computing

anne.scheibe@rheinwerk-verlag.de
www.rheinwerk-verlag.de
Rheinwerk Verlag · Rheinwerkallee 4 · 53227 Bonn

Auf einen Blick

TEIL I Einstieg in Python 43

TEIL II Datentypen 117

TEIL III Fortgeschrittene Programmiertechniken 265

TEIL IV Die Standardbibliothek 453

TEIL V Weiterführende Themen 731

Impressum

Wir hoffen, dass Sie Freude an diesem Buch haben und sich Ihre Erwartungen erfüllen. Ihre Anregungen und Kommentare sind uns jederzeit willkommen. Bitte bewerten Sie doch das Buch auf unserer Website unter **www.rheinwerk-verlag.de/feedback**.

An diesem Buch haben viele mitgewirkt, insbesondere:

Lektorat Anne Scheibe
Korrektorat Isolde Kommer, Großerlach
Herstellung Jessica Boyken
Typografie und Layout Vera Brauner
Einbandgestaltung Bastian Illerhaus
Titelbilder Shutterstock: 245354905 © Aleksey Stemmer;
iStock: 41230666 © Ersin KISACIK,
49660734 © Georgijevic
Satz SatzPro, Krefeld
Druck C.H.Beck, Nördlingen

Dieses Buch wurde gesetzt aus der TheAntiquaB (9,35/13,7 pt) in FrameMaker.
Gedruckt wurde es auf chlorfrei gebleichtem Offsetpapier (80 g/m²).
Hergestellt in Deutschland.

Das vorliegende Werk ist in all seinen Teilen urheberrechtlich geschützt. Alle Rechte vorbehalten, insbesondere das Recht der Übersetzung, des Vortrags, der Reproduktion, der Vervielfältigung auf fotomechanischen oder anderen Wegen und der Speicherung in elektronischen Medien.

Ungeachtet der Sorgfalt, die auf die Erstellung von Text, Abbildungen und Programmen verwendet wurde, können weder Verlag noch Autor, Herausgeber oder Übersetzer für mögliche Fehler und deren Folgen eine juristische Verantwortung oder irgendeine Haftung übernehmen.

Die in diesem Werk wiedergegebenen Gebrauchsnamen, Handelsnamen, Warenbezeichnungen usw. können auch ohne besondere Kennzeichnung Marken sein und als solche den gesetzlichen Bestimmungen unterliegen.

Bibliografische Information der Deutschen Nationalbibliothek:
Die Deutsche Nationalbibliothek verzeichnet diese Publikation in der Deutschen Nationalbibliografie; detaillierte bibliografische Daten sind im Internet über *http://dnb.d-nb.de* abrufbar.

ISBN 978-3-8362-5864-7

5., aktualisierte Auflage 2017
© Rheinwerk Verlag, Bonn 2017

Informationen zu unserem Verlag und Kontaktmöglichkeiten finden Sie auf unserer Verlagswebsite **www.rheinwerk-verlag.de**. Dort können Sie sich auch umfassend über unser aktuelles Programm informieren und unsere Bücher und E-Books bestellen.

Inhalt

1 Einleitung — 27

2 Die Programmiersprache Python — 35

2.1 Historie, Konzepte, Einsatzgebiete — 35
- 2.1.1 Geschichte und Entstehung — 35
- 2.1.2 Grundlegende Konzepte — 36
- 2.1.3 Einsatzmöglichkeiten und Stärken — 37
- 2.1.4 Einsatzbeispiele — 38

2.2 Die Installation von Python — 38
- 2.2.1 Installation von Anaconda unter Windows — 39
- 2.2.2 Installation von Anaconda unter Linux — 39
- 2.2.3 Installation von Anaconda unter macOS — 40

2.3 Die Verwendung von Python — 41

TEIL I Einstieg in Python

3 Erste Schritte im interaktiven Modus — 45

3.1 Ganze Zahlen — 46
3.2 Gleitkommazahlen — 47
3.3 Zeichenketten — 48
3.4 Listen — 49
3.5 Dictionarys — 49
3.6 Variablen — 50
3.7 Logische Ausdrücke — 52
3.8 Funktionen und Methoden — 54
- 3.8.1 Funktionen — 54
- 3.8.2 Methoden — 55

3.9 Bildschirmausgaben — 56

4 Der Weg zum ersten Programm 59

- 4.1 Tippen, kompilieren, testen 59
  - 4.1.1 Shebang 61
  - 4.1.2 Interne Abläufe 61
- 4.2 Grundstruktur eines Python-Programms 63
  - 4.2.1 Umbrechen langer Zeilen 65
  - 4.2.2 Zusammenfügen mehrerer Zeilen 65
- 4.3 Das erste Programm 66
- 4.4 Kommentare 69
- 4.5 Der Fehlerfall 69

5 Kontrollstrukturen 71

- 5.1 Fallunterscheidungen 71
  - 5.1.1 Die if-Anweisung 71
  - 5.1.2 Bedingte Ausdrücke 75
- 5.2 Schleifen 76
  - 5.2.1 Die while-Schleife 76
  - 5.2.2 Abbruch einer Schleife 77
  - 5.2.3 Erkennen eines Schleifenabbruchs 78
  - 5.2.4 Abbruch eines Schleifendurchlaufs 79
  - 5.2.5 Die for-Schleife 81
  - 5.2.6 Die for-Schleife als Zählschleife 83
- 5.3 Die pass-Anweisung 84

6 Dateien 85

- 6.1 Datenströme 85
- 6.2 Daten aus einer Datei auslesen 86
- 6.3 Daten in eine Datei schreiben 90
- 6.4 Das Dateiobjekt erzeugen 91
  - 6.4.1 open(filename, [mode, buffering, encoding, errors, newline]) 91
  - 6.4.2 Attribute und Methoden eines Dateiobjekts 93
  - 6.4.3 Die Schreib-/Leseposition verändern 94

7 Das Laufzeitmodell   97

7.1	Die Struktur von Instanzen	99
	7.1.1 Datentyp	99
	7.1.2 Wert	100
	7.1.3 Identität	101
7.2	Referenzen und Instanzen freigeben	103
7.3	Mutable vs. immutable Datentypen	104
	7.3.1 Mutable Datentypen und Seiteneffekte	105

8 Funktionen, Methoden und Attribute   109

8.1	Parameter von Funktionen und Methoden	109
	8.1.1 Positionsbezogene Parameter	110
	8.1.2 Schlüsselwortparameter	110
	8.1.3 Optionale Parameter	111
	8.1.4 Reine Schlüsselwortparameter	111
8.2	Attribute	112

9 Informationsquellen zu Python   113

9.1	Die Built-in Function help	113
9.2	Die Onlinedokumentation	114
9.3	PEPs	114

TEIL II Datentypen

10 Das Nichts – NoneType   119

11 Operatoren   121

12 Numerische Datentypen 125

- 12.1 Arithmetische Operatoren 125
- 12.2 Vergleichende Operatoren 127
- 12.3 Konvertierung zwischen numerischen Datentypen 128
- 12.4 Ganzzahlen – int 129
  - 12.4.1 Zahlensysteme 129
  - 12.4.2 Bit-Operationen 131
  - 12.4.3 Methoden 134
- 12.5 Gleitkommazahlen – float 135
- 12.6 Boolesche Werte – bool 137
  - 12.6.1 Logische Operatoren 137
  - 12.6.2 Wahrheitswerte nicht-boolescher Datentypen 140
  - 12.6.3 Auswertung logischer Operatoren 141
- 12.7 Komplexe Zahlen – complex 143

13 Sequenzielle Datentypen 147

- 13.1 Operationen auf Instanzen sequenzieller Datentypen 148
  - 13.1.1 Ist ein Element vorhanden? – die Operatoren in und not in 149
  - 13.1.2 Verkettung von Sequenzen – die Operatoren + und += 151
  - 13.1.3 Wiederholung von Sequenzen – die Operatoren * und *= 152
  - 13.1.4 Zugriff auf bestimmte Elemente einer Sequenz – der []-Operator 153
  - 13.1.5 Länge einer Sequenz – die Built-in Function len 157
  - 13.1.6 Das kleinste und das größte Element einer Sequenz – min und max 158
  - 13.1.7 Die Position eines Elements in der Sequenz – s.index(x, [i, j]) 158
  - 13.1.8 Anzahl der Vorkommen eines Elements der Sequenz – s.count(x) 159
- 13.2 Listen – list 159
  - 13.2.1 Verändern eines Wertes innerhalb der Liste – Zuweisung mit [] 161
  - 13.2.2 Ersetzen von Teillisten und Einfügen neuer Elemente – Zuweisung mit [] 161
  - 13.2.3 Elemente und Teillisten löschen – del zusammen mit [] 162
  - 13.2.4 Methoden von list-Instanzen 162
  - 13.2.5 Weitere Eigenschaften von Listen 168

13.3	**Unveränderliche Listen – tuple**		171
	13.3.1 Tuple Packing/Unpacking und Sequence Unpacking		172
	13.3.2 Immutabel heißt nicht zwingend unveränderlich!		174
13.4	**Strings – str, bytes, bytearray**		174
	13.4.1 Steuerzeichen		177
	13.4.2 String-Methoden		179
	13.4.3 Formatierung von Strings		189
	13.4.4 Zeichensätze und Sonderzeichen		198

14 Zuordnungen 207

14.1	**Dictionary – dict**	207
	14.1.1 Operatoren	210
	14.1.2 Methoden	212

15 Mengen 219

15.1	**Die Datentypen set und frozenset**	219
	15.1.1 Operatoren	220
	15.1.2 Methoden	226
15.2	**Veränderliche Mengen – set**	227
15.3	**Unveränderliche Mengen – frozenset**	229

16 Collections 231

16.1	**Verkettete Dictionarys**	231
16.2	**Zählen von Häufigkeiten**	232
16.3	**Dictionarys mit Standardwerten**	235
16.4	**Doppelt verkettete Listen**	235
16.5	**Benannte Tupel**	237
16.6	**Sortierte Dictionarys**	239

17 Datum und Zeit — 241

17.1 Elementare Zeitfunktionen – time — 241
17.1.1 Attribute — 243
17.1.2 Funktionen — 244

17.2 Objektorientierte Datumsverwaltung – datetime — 249
17.2.1 datetime.date — 250
17.2.2 datetime.time — 251
17.2.3 datetime.datetime — 252
17.2.4 datetime.timedelta — 254
17.2.5 Operationen für datetime.datetime und datetime.date — 257
17.2.6 Bemerkung zum Umgang mit Zeitzonen — 259

18 Aufzählungstypen – Enum — 261

18.1 Aufzählungstyp für Bitmuster – Flag — 263
18.2 Ganzzahlige Aufzählungstypen – IntEnum — 264

TEIL III Fortgeschrittene Programmiertechniken

19 Funktionen — 267

19.1 Schreiben einer Funktion — 269
19.2 Funktionsobjekte — 272
19.3 Funktionsparameter — 273
19.3.1 Optionale Parameter — 273
19.3.2 Schlüsselwortparameter — 274
19.3.3 Beliebige Anzahl von Parametern — 275
19.3.4 Reine Schlüsselwortparameter — 277
19.3.5 Entpacken einer Parameterliste — 278
19.3.6 Seiteneffekte — 280

19.4 Namensräume — 283
19.4.1 Zugriff auf globale Variablen – global — 283
19.4.2 Zugriff auf den globalen Namensraum — 284
19.4.3 Lokale Funktionen — 285
19.4.4 Zugriff auf übergeordnete Namensräume – nonlocal — 286

19.5	**Anonyme Funktionen**		288
19.6	**Annotationen**		289
19.7	**Rekursion**		291
19.8	**Eingebaute Funktionen**		291
	19.8.1	abs(x)	295
	19.8.2	all(iterable)	295
	19.8.3	any(iterable)	295
	19.8.4	ascii(object)	296
	19.8.5	bin(x)	296
	19.8.6	bool([x])	296
	19.8.7	bytearray([source, encoding, errors])	297
	19.8.8	bytes([source, encoding, errors])	298
	19.8.9	chr(i)	298
	19.8.10	complex([real, imag])	298
	19.8.11	dict([source])	299
	19.8.12	divmod(a, b)	300
	19.8.13	enumerate(iterable)	300
	19.8.14	eval(expression, [globals, locals])	300
	19.8.15	exec(object, [globals, locals])	301
	19.8.16	filter(function, iterable)	301
	19.8.17	float([x])	302
	19.8.18	format(value, [format_spec])	302
	19.8.19	frozenset([iterable])	303
	19.8.20	globals()	303
	19.8.21	hash(object)	303
	19.8.22	help([object])	304
	19.8.23	hex(x)	304
	19.8.24	id(object)	305
	19.8.25	input([prompt])	305
	19.8.26	int([x, base])	305
	19.8.27	len(s)	306
	19.8.28	list([sequence])	306
	19.8.29	locals()	307
	19.8.30	map(function, [*iterable])	307
	19.8.31	max(iterable, {default, key}), max(arg1, arg2, [*args], {key})	308
	19.8.32	min(iterable, {default, key}), min(arg1, arg2, [*args], {key})	309
	19.8.33	oct(x)	309
	19.8.34	ord(c)	309
	19.8.35	pow(x, y, [z])	310
	19.8.36	print([*objects], {sep, end, file, flush])	310

19.8.37	range([start], stop, [step])	311
19.8.38	repr(object)	312
19.8.39	reversed(sequence)	312
19.8.40	round(x, [n])	312
19.8.41	set([iterable])	313
19.8.42	sorted(iterable, [key, reverse])	313
19.8.43	str([object, encoding, errors])	313
19.8.44	sum(iterable, [start])	314
19.8.45	tuple([iterable])	315
19.8.46	type(object)	315
19.8.47	zip([*iterables])	315

20 Modularisierung — 317

20.1 Einbinden globaler Module — 317
20.2 Lokale Module — 320
  20.2.1 Namenskonflikte — 321
  20.2.2 Modulinterne Referenzen — 322
  20.2.3 Module ausführen — 322
20.3 Pakete — 323
  20.3.1 Importieren aller Module eines Pakets — 325
  20.3.2 Namespace Packages — 326
  20.3.3 Relative Import-Anweisungen — 326
20.4 Das Paket importlib — 327
  20.4.1 Einbinden von Modulen und Paketen — 328
  20.4.2 Verändern des Import-Verhaltens — 328

21 Objektorientierung — 333

21.1 Klassen — 338
  21.1.1 Definieren von Methoden — 339
  21.1.2 Der Konstruktor und die Erzeugung von Attributen — 340
21.2 Vererbung — 343
  21.2.1 Technische Grundlagen — 344
  21.2.2 Die Klasse GirokontoMitTagesumsatz — 347
  21.2.3 Mögliche Erweiterungen der Klasse Konto — 352

	21.2.4	Ausblick	356
	21.2.5	Mehrfachvererbung	356
21.3	**Setter und Getter und Property Attributes**		**358**
	21.3.1	Setter und Getter	358
	21.3.2	Property-Attribute	359
21.4	**Klassenattribute und Klassenmethoden sowie statische Methoden**		**360**
	21.4.1	Statische Methoden	361
	21.4.2	Klassenmethoden	362
	21.4.3	Klassenattribute	363
21.5	**Built-in Functions für Objektorientierung**		**363**
	21.5.1	Funktionen für die Verwaltung der Attribute einer Instanz	364
	21.5.2	Funktionen für Informationen über die Klassenhierarchie	365
21.6	**Objektphilosophie**		**367**
21.7	**Magic Methods und Magic Attributes**		**369**
	21.7.1	Allgemeine Magic Methods	369
	21.7.2	Operatoren überladen	376
	21.7.3	Datentypen emulieren	383

22 Ausnahmebehandlung   389

22.1	**Exceptions**		**389**
	22.1.1	Eingebaute Exceptions	390
	22.1.2	Werfen einer Exception	391
	22.1.3	Abfangen einer Exception	392
	22.1.4	Eigene Exceptions	396
	22.1.5	Erneutes Werfen einer Exception	398
	22.1.6	Exception Chaining	400
22.2	**Zusicherungen – assert**		**402**

23 Iteratoren   403

23.1	**Comprehensions**		**403**
	23.1.1	List Comprehensions	403
	23.1.2	Dict Comprehensions	405
	23.1.3	Set Comprehensions	406

23.2 Generatoren 407
23.2.1 Subgeneratoren 409
23.2.2 Generator Expressions 413
23.3 Iteratoren 414
23.3.1 Verwendung von Iteratoren 417
23.3.2 Mehrere Iteratoren für dieselbe Instanz 420
23.3.3 Nachteile von Iteratoren gegenüber dem direkten Zugriff über Indizes 422
23.3.4 Alternative Definition für iterierbare Objekte 422
23.3.5 Funktionsiteratoren 423
23.4 Spezielle Generatoren – itertools 424
23.4.1 accumulate(iterable, [func]) 426
23.4.2 chain([*iterables]) 426
23.4.3 combinations(iterable, r) 426
23.4.4 combinations_with_replacement(iterable, r) 427
23.4.5 compress(data, selectors) 427
23.4.6 count([start, step]) 428
23.4.7 cycle(iterable) 428
23.4.8 dropwhile(predicate, iterable) 429
23.4.9 filterfalse(predicate, iterable) 429
23.4.10 groupby(iterable, [key]) 429
23.4.11 islice(iterable, [start], stop, [step]) 430
23.4.12 permutations(iterable, [r]) 430
23.4.13 product([*iterables], [repeat]) 431
23.4.14 repeat(object, [times]) 431
23.4.15 starmap(function, iterable) 432
23.4.16 takewhile(predicate, iterable) 432
23.4.17 tee(iterable, [n]) 432
23.4.18 zip_longest([*iterables], [fillvalue]) 433

24 Kontextobjekte 435

24.1 Die with-Anweisung 435
24.2 Hilfsfunktionen für with-Kontexte – contextlib 438
24.2.1 Einfache Funktionen als Kontext-Manager 438
24.2.2 Bestimmte Exception-Typen unterdrücken 439
24.2.3 Den Standard-Ausgabestrom umleiten 440

25   Manipulation von Funktionen und Methoden — 441

25.1   Decorator — 441
25.2   Das Modul functools — 444
- 25.2.1   Funktionsschnittstellen vereinfachen — 444
- 25.2.2   Methodenschnittstellen vereinfachen — 446
- 25.2.3   Caches — 447
- 25.2.4   Ordnungsrelationen vervollständigen — 448
- 25.2.5   Überladen von Funktionen — 449

TEIL IV   Die Standardbibliothek

26   Mathematik — 455

26.1   Mathematische Funktionen – math, cmath — 455
- 26.1.1   Zahlentheoretische Funktionen — 456
- 26.1.2   Exponential- und Logarithmusfunktionen — 458
- 26.1.3   Trigonometrische und hyperbolische Funktionen — 459
- 26.1.4   Umrechnen von Winkeln — 459
- 26.1.5   Darstellungsformen komplexer Zahlen — 459

26.2   Zufallszahlengenerator – random — 460
- 26.2.1   Den Status speichern und laden — 461
- 26.2.2   Zufällige ganze Zahlen erzeugen — 461
- 26.2.3   Zufällige Gleitkommazahlen erzeugen — 462
- 26.2.4   Zufallsgesteuerte Operationen auf Sequenzen — 463
- 26.2.5   SystemRandom([seed]) — 464

26.3   Präzise Dezimalzahlen – decimal — 464
- 26.3.1   Verwendung des Datentyps — 465
- 26.3.2   Nichtnumerische Werte — 468
- 26.3.3   Das Context-Objekt — 469

27   Kryptografie — 471

27.1   Hash-Funktionen – hashlib — 471
- 27.1.1   Verwendung des Moduls — 473

27.1.2	Weitere Algorithmen	474
27.1.3	Vergleich großer Dateien	474
27.1.4	Passwörter	475
27.2	**Verschlüsselung – PyCrypto**	**476**
27.2.1	Symmetrische Verschlüsselungsverfahren	477
27.2.2	Asymmetrische Verschlüsselungsverfahren	480

28 Reguläre Ausdrücke — 485

28.1	**Syntax regulärer Ausdrücke**	**485**
28.1.1	Beliebige Zeichen	486
28.1.2	Zeichenklassen	486
28.1.3	Quantoren	487
28.1.4	Vordefinierte Zeichenklassen	489
28.1.5	Weitere Sonderzeichen	491
28.1.6	Genügsame Quantoren	492
28.1.7	Gruppen	493
28.1.8	Alternativen	493
28.1.9	Extensions	494
28.2	**Verwendung des Moduls**	**496**
28.2.1	Searching	497
28.2.2	Matching	498
28.2.3	Einen String aufspalten	498
28.2.4	Teile eines Strings ersetzen	498
28.2.5	Problematische Zeichen ersetzen	499
28.2.6	Einen regulären Ausdruck kompilieren	500
28.2.7	Flags	500
28.2.8	Das Match-Objekt	502
28.3	**Ein einfaches Beispielprogramm – Searching**	**503**
28.4	**Ein komplexeres Beispielprogramm – Matching**	**504**

29 Schnittstelle zu Betriebssystem und Laufzeitumgebung — 509

29.1	**Funktionen des Betriebssystems – os**	**509**
29.1.1	environ	510

	29.1.2	getpid()	510
	29.1.3	cpu_count()	510
	29.1.4	system(cmd)	511
	29.1.5	popen(command, [mode, buffering])	511
29.2	**Zugriff auf die Laufzeitumgebung – sys**		**512**
	29.2.1	Kommandozeilenparameter	512
	29.2.2	Standardpfade	512
	29.2.3	Standard-Ein-/Ausgabeströme	513
	29.2.4	Das Programm beenden	513
	29.2.5	Details zur Python-Version	513
	29.2.6	Details zum Betriebssystem	514
	29.2.7	Hooks	516

30 Kommandozeilenparameter — 519

30.1	**Taschenrechner – ein einfaches Beispiel**	520
30.2	**Ein weiteres Beispiel**	524

31 Dateisystem — 527

31.1	**Zugriff auf das Dateisystem mit os**		527
31.2	**Dateipfade – os.path**		534
31.3	**Zugriff auf das Dateisystem – shutil**		538
	31.3.1	Verzeichnis- und Dateioperationen	540
	31.3.2	Archivoperationen	542
31.4	**Temporäre Dateien – tempfile**		544

32 Parallele Programmierung — 547

32.1	**Prozesse, Multitasking und Threads**		547
	32.1.1	Die Leichtgewichte unter den Prozessen – Threads	548
	32.1.2	Threads oder Prozesse?	550
32.2	**Pythons Schnittstellen zur Parallelisierung**		550

32.3 Parallelisierung von Funktionsaufrufen ... 551
- 32.3.1 Ein Beispiel mit einem futures.ThreadPoolExecutor ... 552
- 32.3.2 Executor-Instanzen als Kontext-Manager ... 554
- 32.3.3 Die Verwendung von futures.ProcessPoolExecutor ... 555
- 32.3.4 Die Verwaltung der Aufgaben eines Executors ... 556

32.4 Die Module threading und multiprocessing ... 562

32.5 Die Thread-Unterstützung in Python ... 563
- 32.5.1 Kritische Bereiche mit Lock-Objekten absichern ... 565
- 32.5.2 Datenaustausch zwischen Threads mit Critical Sections ... 567
- 32.5.3 Gefahren von Critical Sections – Deadlocks ... 571

32.6 Einblick in das Modul multiprocessing ... 572

32.7 Ausblick ... 574

33 Datenspeicherung ... 575

33.1 Komprimierte Dateien lesen und schreiben – gzip ... 575

33.2 XML ... 577
- 33.2.1 ElementTree ... 579
- 33.2.2 SAX – Simple API for XML ... 586

33.3 Datenbanken ... 590
- 33.3.1 Pythons eingebaute Datenbank – sqlite3 ... 594

33.4 Serialisierung von Instanzen – pickle ... 611
- 33.4.1 Funktionale Schnittstelle ... 612
- 33.4.2 Objektorientierte Schnittstelle ... 613

33.5 Das Datenaustauschformat JSON – json ... 614

33.6 Das Tabellenformat CSV – csv ... 615
- 33.6.1 reader-Objekte – Daten aus einer CSV-Datei lesen ... 616
- 33.6.2 Dialect-Objekte – eigene Dialekte verwenden ... 619

34 Netzwerkkommunikation ... 623

34.1 Socket API ... 624
- 34.1.1 Client-Server-Systeme ... 625
- 34.1.2 UDP ... 628
- 34.1.3 TCP ... 630

	34.1.4	Blockierende und nicht-blockierende Sockets	632
	34.1.5	Erzeugen eines Sockets	633
	34.1.6	Die Socket-Klasse	634
	34.1.7	Netzwerk-Byte-Order	638
	34.1.8	Multiplexende Server – selectors	639
	34.1.9	Objektorientierte Serverentwicklung – socketserver	641
34.2	URLs – urllib		643
	34.2.1	Zugriff auf entfernte Ressourcen – urllib.request	644
	34.2.2	Einlesen und Verarbeiten von URLs – urllib.parse	648
34.3	FTP – ftplib		652
	34.3.1	Mit einem FTP-Server verbinden	653
	34.3.2	FTP-Kommandos ausführen	654
	34.3.3	Mit Dateien und Verzeichnissen arbeiten	654
	34.3.4	Übertragen von Dateien	655
34.4	E-Mail		659
	34.4.1	SMTP – smtplib	659
	34.4.2	POP3 – poplib	662
	34.4.3	IMAP4 – imaplib	667
	34.4.4	Erstellen komplexer E-Mails – email	672
34.5	Telnet – telnetlib		677
	34.5.1	Die Klasse Telnet	677
	34.5.2	Beispiel	678
34.6	XML-RPC		680
	34.6.1	Der Server	681
	34.6.2	Der Client	685
	34.6.3	Multicall	687
	34.6.4	Einschränkungen	688

35 Debugging und Qualitätssicherung   691

35.1	**Der Debugger**		691
35.2	**Formatierte Bildschirmausgabe – pprint**		694
35.3	**Logdateien – logging**		696
	35.3.1	Das Meldungsformat anpassen	698
	35.3.2	Logging Handler	700
35.4	**Automatisiertes Testen**		702
	35.4.1	Testfälle in Docstrings – doctest	702

	35.4.2	Unit Tests – unittest	706
35.5	**Analyse des Laufzeitverhaltens**		**710**
	35.5.1	Laufzeitmessung – timeit	710
	35.5.2	Profiling – cProfile	713
	35.5.3	Tracing – trace	717
35.6	**Optimierung**		**720**
	35.6.1	Die Optimize-Option	721
	35.6.2	Mutabel vs. immutabel	721
	35.6.3	Schleifen	722
	35.6.4	Funktionsaufrufe	723
	35.6.5	C	723
	35.6.6	Lookups	723
	35.6.7	Exceptions	724
	35.6.8	Keyword Arguments	724
	35.6.9	Alternative Interpreter: PyPy	725

36 Dokumentation 727

36.1	**Docstrings**	727
36.2	**Automatisches Erstellen einer Dokumentation – pydoc**	729

TEIL V Weiterführende Themen

37 Anbindung an andere Programmiersprachen 733

37.1	**Dynamisch ladbare Bibliotheken – ctypes**		**734**
	37.1.1	Ein einfaches Beispiel	734
	37.1.2	Die eigene Bibliothek	735
	37.1.3	Datentypen	737
	37.1.4	Schnittstellenbeschreibung	739
	37.1.5	Pointer	741
	37.1.6	Strings	742
37.2	**Schreiben von Extensions**		**742**
	37.2.1	Ein einfaches Beispiel	743

	37.2.2	Exceptions	748
	37.2.3	Erzeugen der Extension	749
	37.2.4	Reference Counting	750
37.3	**Python als eingebettete Skriptsprache**		**752**
	37.3.1	Ein einfaches Beispiel	752
	37.3.2	Ein komplexeres Beispiel	754
37.4	**Alternative Interpreter**		**757**
	37.4.1	Interoperabilität mit der Java Runtime Environment – Jython	758
	37.4.2	Interoperabilität mit .NET – IronPython	763

38 Distribution von Python-Projekten   769

38.1	**Eine Geschichte der Distributionen in Python**		**769**
	38.1.1	Der klassische Ansatz – distutils	770
	38.1.2	Der neue Standard – setuptools	770
	38.1.3	Der Paketindex – PyPI und pip	771
38.2	**Erstellen von Distributionen – setuptools**		**771**
	38.2.1	Schreiben des Moduls	772
	38.2.2	Das Installationsskript	773
	38.2.3	Erstellen einer Quellcodedistribution	778
	38.2.4	Erstellen einer Binärdistribution	778
	38.2.5	Distributionen installieren	780
	38.2.6	Eigenständige Distributionen erstellen	780
	38.2.7	Erstellen von EXE-Dateien – cx_Freeze	781
38.3	**Der Python-Paketmanager – pip**		**782**
38.4	**Der Paketmanager conda**		**783**
38.5	**Lokalisierung von Programmen – gettext**		**786**
	38.5.1	Beispiel für die Verwendung von gettext	787
	38.5.2	Erstellen des Sprachkompilats	789

39 Grafische Benutzeroberflächen   791

39.1	**Toolkits**		**791**
39.2	**Einführung in tkinter**		**794**
	39.2.1	Ein einfaches Beispiel	794

	39.2.2	Steuerelementvariablen	796
	39.2.3	Der Packer	798
	39.2.4	Events	802
	39.2.5	Steuerelemente	809
	39.2.6	Zeichnungen – das Canvas-Widget	828
	39.2.7	Weitere Module	836
39.3	**Einführung in PyQt**		**839**
	39.3.1	Installation	840
	39.3.2	Grundlegende Konzepte von Qt	841
	39.3.3	Entwicklungsprozess	843
39.4	**Signale und Slots**		**849**
39.5	**Wichtige Widgets**		**853**
	39.5.1	QCheckBox	853
	39.5.2	QComboBox	853
	39.5.3	QDateEdit, QTimeEdit, QDateTimeEdit	854
	39.5.4	QDialog	855
	39.5.5	QLineEdit	856
	39.5.6	QListWidget, QListView	856
	39.5.7	QProgressBar	857
	39.5.8	QPushButton	857
	39.5.9	QRadioButton	857
	39.5.10	QSlider, QDial	858
	39.5.11	QTextEdit	859
	39.5.12	QWidget	859
39.6	**Zeichenfunktionalität**		**860**
	39.6.1	Werkzeuge	861
	39.6.2	Koordinatensystem	863
	39.6.3	Einfache Formen	863
	39.6.4	Grafiken	866
	39.6.5	Text	867
	39.6.6	Eye Candy	868
39.7	**Model-View-Architektur**		**872**
	39.7.1	Beispielprojekt: ein Adressbuch	873
	39.7.2	Auswählen von Einträgen	882
	39.7.3	Bearbeiten von Einträgen	884

40　Python als serverseitige Programmiersprache im WWW – ein Einstieg in Django   889

40.1　Konzepte und Besonderheiten von Django	890
40.2　Installation von Django	891
40.2.1　Installation mit Anaconda	892
40.2.2　Für Leser, die Anaconda nicht verwenden	892
40.3　Erstellen eines neuen Django-Projekts	894
40.3.1　Der Entwicklungswebserver	895
40.3.2　Konfiguration des Projekts	896
40.4　Erstellung einer Applikation	898
40.4.1　Die Applikation in das Projekt einbinden	899
40.4.2　Ein Model definieren	900
40.4.3　Beziehungen zwischen Modellen	901
40.4.4　Übertragung des Modells in die Datenbank	901
40.4.5　Das Model-API	903
40.4.6　Unser Projekt bekommt ein Gesicht	909
40.4.7　Djangos Template-System	916
40.4.8　Verarbeitung von Formulardaten	929
40.4.9　Djangos Administrationsoberfläche	932

41　Wissenschaftliches Rechnen   939

41.1　Installation	940
41.2　Das Modellprogramm	941
41.2.1　Der Import von numpy, scipy und matplotlib	942
41.2.2　Vektorisierung und der Datentyp numpy.ndarray	943
41.2.3　Visualisieren von Daten mit matplotlib.pyplot	946
41.3　Überblick über die Module numpy und scipy	949
41.3.1　Überblick über den Datentyp numpy.ndarray	949
41.3.2　Überblick über scipy	957

42 Insiderwissen ... 961

42.1 URLs im Standardbrowser öffnen – webbrowser ... 961
42.2 Interpretieren von Binärdaten – struct ... 961
42.3 Versteckte Passworteingabe ... 964
42.4 Kommandozeilen-Interpreter ... 965
42.5 Dateiinterface für Strings – io.StringIO ... 967
42.6 Generatoren als Konsumenten ... 968
42.6.1 Ein Decorator für konsumierende Generatorfunktionen ... 970
42.6.2 Auslösen von Exceptions in einem Generator ... 971
42.6.3 Eine Pipeline als Verkettung konsumierender Generatorfunktionen ... 972
42.7 Kopieren von Instanzen – copy ... 973
42.8 Die interaktive Python-Shell – IPython ... 977
42.8.1 Die interaktive Shell ... 977
42.9 Das Jupyter Notebook ... 980
42.10 Bildverarbeitung – Pillow ... 983
42.10.1 Bilddateien laden und speichern ... 984
42.10.2 Zugriff auf einzelne Pixel ... 985
42.10.3 Teilbereiche eines Bildes ausschneiden ... 986
42.10.4 Bilder zusammenfügen ... 986
42.10.5 Geometrische Bildtransformationen ... 987
42.10.6 Vordefinierte Bildfilter ... 989
42.10.7 Eigene Pixeloperationen ... 990
42.10.8 Bildverbesserungen ... 991
42.10.9 Zeichenoperationen ... 991
42.10.10 Interoperabilität ... 993

43 Von Python 2 nach Python 3 ... 995

43.1 Die wichtigsten Unterschiede ... 998
43.1.1 Ein-/Ausgabe ... 998
43.1.2 Iteratoren ... 999
43.1.3 Strings ... 1000
43.1.4 Ganze Zahlen ... 1001
43.1.5 Exception Handling ... 1002

		43.1.6	Standardbibliothek	1002
		43.1.7	Neue Sprachelemente in Python 3	1003
43.2	**Automatische Konvertierung**			**1004**
43.3	**Geplante Sprachelemente**			**1007**

Anhang 1009

A.1	**Reservierte Wörter**	**1009**
A.2	**Eingebaute Funktionen**	**1009**
A.3	**Eingebaute Exceptions**	**1013**
A.4	**Python IDEs**	**1017**

Index ... 1025

Kapitel 1
Einleitung

Herzlich willkommen in unserem umfassenden Handbuch zur Programmiersprache Python. Da Sie unser Buch in diesem Augenblick in den Händen halten, haben Sie eine erste Entscheidung bereits getroffen: Sie möchten in Python programmieren. Ob Sie nun ein Programmierneuling sind oder bereits Programmiererfahrung mitbringen, unser Ziel ist es, Ihnen im Laufe dieses Buchs die Sprache Python selbst und die damit zusammenhängenden Hintergründe, Konzepte und Werkzeuge nahezubringen. Zunächst möchten wir Sie aber zu Ihrer Entscheidung beglückwünschen, denn Python ist einfach, elegant und mächtig – kurzum: Es macht einfach Spaß, in Python zu programmieren.

Bevor wir Sie in die wunderbare Welt von Python entführen, möchten wir Ihnen dieses Buch kurz vorstellen. Dabei werden Sie grundlegende Informationen darüber erhalten, wie das Buch aufgebaut ist und was Sie bei der Lektüre beachten sollten. Außerdem umreißen wir die Ziele und Konzepte des Buchs, damit Sie im Vorfeld wissen, was Sie erwartet.

Warum haben wir dieses Buch geschrieben?

Wir, Peter Kaiser und Johannes Ernesti, sind vor nunmehr über zehn Jahren durch Zufall auf die Programmiersprache Python aufmerksam geworden und bis heute bei ihr geblieben. Besonders überzeugten uns Pythons Einfachheit, Flexibilität und Eleganz. Mit Python lässt sich eine Idee in kurzer Zeit zu einem funktionierenden Programm fortentwickeln. Es lassen sich nicht zuletzt mithilfe der umfangreichen Standardbibliothek kurze, elegante und produktive Programme für komplexe Aufgaben schreiben, was den Programmieralltag erheblich vereinfacht. Zudem läuft Python-Code unmodifiziert auf allen wichtigen Betriebssystemen und Rechnerarchitekturen. Aus diesen Gründen nutzen wir für unsere eigenen Projekte mittlerweile fast ausschließlich Python.

Unsere erste Begegnung mit Python hatte auch ihre Schattenseiten: Zwar gibt es viele Bücher zum Thema, und auch im Internet finden sich Dokumentationen und Anleitungen, doch diese Texte sind entweder sehr technisch oder nur zum Einstieg in die Sprache Python gedacht. Die Fülle an Tutorials macht es einem Einsteiger einfach, in die Python-Welt »hineinzuschnuppern« und die ersten Schritte zu wagen. Es ist mit guten Tutorials sogar möglich, innerhalb weniger Tage ein fundiertes Grundwissen aufzubauen, mit dem sich durchaus arbeiten lässt. Problematisch ist der Übergang zur fortgeschrittenen Programmierung, da man dann mit den einführenden Tutorials nicht mehr vorankommt, trotzdem aber noch nicht in der Lage ist, die zumeist sehr technische Dokumentation von Python zur Weiterbildung zu nutzen.

Ziel dieses Buchs ist es, diese Lücke zu schließen. Es bietet Ihnen neben einer umfassenden Einführung in die Sprache Python viele weiterführende Kapitel, die Sie letztlich in die Lage versetzen, Python professionell einzusetzen. Außerdem gibt Ihnen das Buch stets Anhaltspunkte und Begriffe an die Hand, mit denen Sie eine weiterführende Recherche, beispielsweise in der Python-Dokumentation, durchführen können.

Was leistet dieses Buch?

Dieses Buch vermittelt Ihnen fundierte Python-Kenntnisse, mit denen Sie professionellen Aufgaben gewachsen sind. Dazu wird die Sprache Python umfassend und systematisch vom ersten einfachen Programm bis hin zu komplexen Sprachelementen eingeführt. Das Buch stellt den praxisbezogenen Umgang mit Python in den Vordergrund, es soll Sie möglichst schnell in die Lage versetzen, Python-Programme zu verstehen und selbst zu entwickeln.

Abgesehen von der Einführung in die Sprache selbst werden große Teile der Standardbibliothek von Python besprochen. Dabei handelt es sich um eine Sammlung von Hilfsmitteln, die dem Programmierer zur Verfügung stehen, um komplexe Programme zu entwickeln. Die umfangreiche Standardbibliothek ist eine der größten Stärken von Python. Abhängig von der Bedeutung und Komplexität des jeweiligen Themas werden konkrete Beispielprogramme zur Demonstration erstellt, was zum einen im Umgang mit der Sprache Python schult und zum anderen als Grundlage für eigene Projekte dienen kann. Der Quelltext der Beispielprogramme ist sofort ausführbar und findet sich im Onlineangebot zu diesem Buch, das ein paar Seiten weiter im Abschnitt »Beispielprogramme« besprochen wird.

Auch wenn der praxisorientierte Einstieg und die praktische Arbeit mit Python im Vordergrund stehen, wird viel Hintergrundwissen zur Programmierung vermittelt. Auf allzu theoretische Ausführungen verzichten wir dabei.

Wie ist dieses Buch aufgebaut?

Dieses Buch ist in fünf Teile gegliedert, deren Inhalt im Folgenden kurz zusammengefasst wird. Sollten Sie mit den Begriffen im Moment noch nichts anfangen können, seien Sie unbesorgt – an dieser Stelle dienen alle genannten Begriffe zur Orientierung und werden im jeweiligen Kapitel des Buchs ausführlich erklärt.

1. Der erste Teil bietet einen Einstieg in die Arbeit mit Python. Dabei legen wir Wert darauf, dass Sie schon früh Ihre ersten eigenen Programme entwickeln und testen können. Wir empfehlen Ihnen, das in diesem Teil erworbene Wissen in eigenen Python-Programmen anzuwenden. Wie bei der Programmierung allgemein gilt auch in Python, dass *Learning by Doing* die erfolgversprechendste Lernmethode ist.
2. Der zweite Teil behandelt ausführlich die in Python vorhandenen Datentypen. Dabei werden numerische Datentypen, sequenzielle Datentypen, Zuordnungen, Mengen und Datentypen für Datums- bzw. Zeitangaben behandelt.
3. Im dritten Teil stehen wichtige Konzepte im Vordergrund, die die Arbeit mit Python so angenehm machen, allerdings für den unerfahrenen Leser auch völliges Neuland darstellen können. Als große Oberthemen sind dabei Funktionen, Modularisierung und Objektorientierung zu nennen, die in Python eine zentrale Rolle spielen. Außerdem werden moderne Programmiertechniken wie Exception Handling, Iteratoren und Generatoren behandelt.
4. Der vierte Teil konzentriert sich auf Pythons *Batteries-included*-Philosophie: Python sollte nach Möglichkeit alles in der Standardbibliothek mitbringen, was für die Entwicklung eigener Anwendungen erforderlich ist. Wir werden in diesem Teil auf viele der mitgelieferten Module eingehen und auch das ein oder andere Drittanbietermodul besprechen.

    Es lohnt sich, hier ein wenig zu stöbern und zu experimentieren, um später zu wissen, welche Hilfsmittel der Standardbibliothek zur Lösung eines Problems bereitstehen.
5. Im fünften und letzten Teil behandeln wir weiterführende Themen wie die Distribution fertiger Python-Programme und -Module an Endanwender bzw. andere Entwickler, die Programmierung grafischer Benutzeroberflächen mit Tkinter und Qt oder eine Einführung in das wissenschaftliche Rechnen mit Python. Ein weiteres zentrales Thema dieses Teils ist die Interoperabilität zwischen Python und anderen Programmiersprachen bzw. Frameworks wie C, Java und .NET. Zum Ende des Buchs besprechen wir die Unterschiede zwischen den Python-Generationen 2 und 3.

Wer sollte dieses Buch wie lesen?

Dieses Buch richtet sich im Wesentlichen an zwei Typen von Lesern: diejenigen, die in die Programmierung mit Python einsteigen möchten und idealerweise bereits grundlegende Kenntnisse der Programmierung besitzen, und diejenigen, die mit der Sprache Python bereits mehr oder weniger vertraut sind und ihr Wissen vertiefen möchten. Für beide Typen ist dieses Buch bestens geeignet, da sowohl eine vollständige Einführung in die Programmiersprache als auch eine umfassende Referenz zur Anwendung von Python in vielen Bereichen geboten werden.

Im Folgenden möchten wir eine Empfehlung an Sie richten, wie Sie dieses Buch – abhängig von Ihrem Kenntnisstand – lesen sollten.

- Als Programmieranfänger oder Umsteiger mit grundlegenden Kenntnissen in einer anderen Programmiersprache sollten Sie die ersten beiden Teile des Buchs sorgfältig durcharbeiten. Die Einführung wird Sie früh in die Lage versetzen, eigene Python-Programme zu schreiben. Nutzen Sie diese Chance, und programmieren Sie so viel wie möglich, bereits während Sie die Einführung lesen. Machen Sie sich darauf gefasst, dass der Anspruch ab Teil 2 rasch zunehmen wird, denn dieses Buch soll Sie in die Lage versetzen, Python professionell zu nutzen.

- Wenn Sie bereits gut programmieren können und dieses Buch als Umstieg von einer anderen Sprache nach Python verwenden möchten, sollten Sie die ersten drei Teile des Buchs lesen, um die Syntax und die Konzepte von Python kennenzulernen und mögliche Wissenslücken zu füllen. Abhängig von Ihrem Kenntnisstand wird es Ihnen nicht schwerfallen, die Sprache Python zu erlernen. Im Anschluss daran können Sie Ihre Kenntnisse in den Teilen 4 und 5 vertiefen.

- Als letzte Zielgruppe kommen erfahrene Python-Programmierer in Betracht. Sollte der Umgang mit Python für Sie zum alltäglichen Geschäft gehören, können Sie den ersten, zweiten und, je nach Kenntnisstand, auch den dritten Teil des Buchs überfliegen. Für Sie werden die letzten beiden Teile interessanter sein, die Ihnen als hilfreiches Nachschlagewerk dienen und weiterführende Informationen und hilfreiche Tipps zu speziellen Anwendungsthemen bieten.

Beispielprogramme

Als Ergänzung zu den abgedruckten Beispielen stellen wir Ihnen weitere Beispiele zur Verfügung, die sich aus verschiedenen Gründen nicht in diesem Buch befinden. Das betrifft z. B. umfangreichere Programme, deren technische Einzelheiten wir aus didaktischen Gründen nicht abdrucken wollen.

Sie können über das Onlineangebot zu diesem Buch unter *www.rheinwerk-verlag.de/4467* auf diese Inhalte zugreifen.

Übersicht zu den verschiedenen Auflagen

Dieses Buch liegt Ihnen hiermit in der fünften Auflage vor. Im Folgenden finden Sie Bemerkungen und Erläuterungen zu den Neuerungen der verschiedenen Auflagen.

Neuerungen in der zweiten Auflage (2009)

Seit dem Erscheinen der ersten Auflage dieses Buchs im Frühjahr 2008 hat sich in der Python-Welt einiges bewegt. So ist mit Python 3.0 die Sprache grundlegend überarbeitet worden, wodurch sich für den Python-Programmierer einiges ändert. Insbesondere ist Python 3.0 nicht mehr kompatibel zu früheren Python-Versionen.

Aus diesem Grund haben wir das Buch vollständig überarbeitet und auf den neusten Stand gebracht. Wir haben besonderen Wert darauf gelegt zu verdeutlichen, wie sich Python 3.0 von früheren Versionen unterscheidet. Am Ende dieses Buchs stellen wir in einem Migrationskapitel die Unterschiede zwischen den Python-Versionen im Detail gegenüber und beschreiben, wie bestehende Python-Programme komfortabel an die neuste Version angepasst werden können.

Neuerungen in der dritten Auflage (2012)

Vier Jahre nach Erscheinen der ersten Auflage und drei Jahre nach der zweiten freuen wir uns, die dritte Auflage unseres Python-Handbuchs zu präsentieren. Wieder hat sich während dieser Zeit in der Python-Welt viel verändert. So ist Python 3.x inzwischen weitgehend akzeptiert und wird von den meisten Drittanbieterbibliotheken unterstützt.

Für die dritte Auflage haben wir das Buch noch einmal vollständig überarbeitet und insbesondere im Hinblick auf Übersichtlichkeit und die Verwendung als Nachschlagewerk verbessert. Auch unter didaktischen Gesichtspunkten sind wir das Buch durchgegangen und haben teilweise ganze Kapitel umstrukturiert. Selbstverständlich wurden alle Erklärungen und Beispiele an die aktuellste Python-Version angepasst.

Abgesehen von den angesprochenen Verbesserungen gibt es zwei neue Kapitel: eines über die Programmierung grafischer Benutzeroberflächen mit PyQt und eines über wissenschaftliches Rechnen mit NumPy und SciPy. Das PyQt-Kapitel war bereits in der ersten Auflage enthalten und konnte nun, da PyQt in einer mit Python 3 kompatiblen Version erschienen ist, wieder aufgenommen werden.

Neuerungen in der vierten Auflage (2015)

Nach den großen und aufregenden Umwälzungen mit Version 3.0 ist es in der Python-Welt wieder ruhiger geworden. Zum Zeitpunkt der Drucklegung der mittlerweile vierten, überarbeiteten Auflage dieses Buchs liegt Python in der Version 3.4 vor. Nach wie vor bringt jede neue Python-Version Änderungen in der Sprache mit sich, die mit in unsere Überarbeitung eingeflossen sind; eine große Veränderung hat es aber nicht gegeben. Aus diesem Grund haben wir das didaktische Konzept und die Zielsetzung des Buchs einer Überarbeitung und Aktualisierung unterzogen.

Während die vorangegangenen Auflagen in vielen Bereichen einen starken Referenzcharakter hatten, legen wir den Fokus dieser Auflage mehr auf den praxisorientierten Umgang mit Python. Trockene Referenzkapitel wurden zugunsten beispielorientierter Einführungen überarbeitet. Zudem sprechen wir neue Themen wie Bildverarbeitung oder die Interoperabilität zwischen Python und anderen Programmiersprachen an. Da das Webframework Django für die Entwicklung komplexer Internetauftritte nun auch mit Python 3 kompatibel ist, konnten wir das entsprechende Kapitel der ersten Auflage in überarbeiteter Form wieder aufnehmen.

Neuerungen der fünften Auflage (2017)

Die stetige Entwicklung von Python seit der Version 3.0 schreitet weiter voran: Mittlerweile ist Python 3.6 verfügbar. Genauso wie 2015 reagieren wir mit dieser Auflage auf die vielen eher kleineren Änderungen und Verbesserungen der Sprache. Natürlich sind auch etwaige Aktualisierungen von Drittanbieterbibliotheken in die entsprechenden Kapitel eingeflossen.

Neu in dieser Auflage ist die Abkehr von der nicht mehr zeitgemäßen Buch-CD hin zu einer Onlinelösung, um Ihnen nicht abgedruckte Beispielprogramme zugänglich zu machen. Durch diese Änderung können Sie einerseits komfortabel von jedem Internetanschluss aus auf die Inhalte zugreifen, andererseits haben wir dadurch die Möglichkeit, die Programme auch nach dem Erscheinen des Buchs weiter zu pflegen.

Wir haben diese Umstellung zum Anlass genommen, alle Beispiele – sowohl im Buch als auch auf der ehemaligen CD – einer kräftigen Überarbeitung zu unterziehen.

Zu guter Letzt beziehen wir uns in dieser Auflage auf die Python-Distribution *Anaconda*. Diese stellt eine vorkonfigurierte Python-Umgebung bereit, mit der sich fast alle Beispiele in diesem Buch ohne zusätzlichen Installationsaufwand nachvollziehen lassen. Für Sie als Leser hat dies zur Folge, dass Sie sich in den Kapiteln zu Drittanbieterbibliotheken nicht mehr mit teils umständlichen Installationsanweisungen herumplagen müssen.

Danksagung

Nachdem wir Ihnen das Buch vorgestellt und hoffentlich schmackhaft gemacht haben, möchten wir uns noch bei denjenigen bedanken, die uns bei der Ausarbeitung des Manuskripts begleitet, unterstützt und immer wieder zum Schreiben angetrieben haben.

Unser besonderer Dank gilt Prof. Dr. Ulrich Kaiser, der mit seiner konstruktiven Kritik und unzähligen Stunden des Korrekturlesens die Qualität des Buchs deutlich verbessert hat. Außerdem ist es seiner Initiative zu verdanken, dass wir überhaupt dazu gekommen sind, ein Buch zu schreiben. Wir sind sehr glücklich, dass wir von seiner Sachkenntnis und Erfahrung profitieren konnten.

Neben der fachlichen Korrektheit trägt auch die verwendete Sprache maßgeblich zur Qualität des Buchs bei. Dass sich dieses Buch so gut liest, wie es sich liest, haben wir Angelika Kaiser zu verdanken, die auch noch so kompliziert verschachtelte Satzgefüge in klare, gut verständliche Formulierungen verwandeln konnte.

Wir danken auch Herbert Ernesti dafür, dass er das fertige Werk noch einmal als Ganzes unter die Lupe genommen hat und viele nützliche Verbesserungsvorschläge machen konnte.

Die Anfängerfreundlichkeit der Erklärungen wurde von Anne Kaiser experimentell erprobt und für gut befunden – vielen Dank dafür.

Wir danken Dr. Daniel Weiß, der am Karlsruher Institut für Technologie (KIT) erstmals im Wintersemester 2015 eine Einführungsvorlesung zu Python auf Basis dieses Buchs konzipiert hat. Seine Anmerkungen konnten die Qualität des Buchs an einigen Stellen deutlich steigern.

Im Jahr 2017 wird die Vorlesung zum dritten Mal angeboten und erfreut sich weiterhin großer Beliebtheit. Von den zahlreichen Diskussionen mit Herrn Weiß und den Studenten hat insbesondere die didaktische Qualität des Buchs profitiert. Herr Weiß selbst schreibt zu seinen Erfahrungen mit Python:

> »Immer wieder wurde von meinen Kollegen der Gedanke formuliert, die Vorzüge von Python im Rahmen von Lehre und Wissenschaft zu nutzen. Ich zögerte, da ich zu diesem Zeitpunkt noch keine Erfahrung mit Python gemacht hatte, mich in anderen Programmiersprachen gut auskannte. Nachdem Johannes Ernesti seine Unterstützung für eine Schlüsselqualifikation ›Einführung in Python‹ zugesagt hatte, fing ich an, mich mit Python zu beschäftigen. Das vorliegende Buch bildete einen idealen Einstieg. Dort werden interessante Themen auch bis in die Tiefe klar präsentiert. So war das Erlernen von Python sehr leicht.
>
> Heute haben wir die Veranstaltung am Karlsruher Institut für Technologie bereits mehrfach angeboten. Das Interesse unter den Studierenden ist enorm, auch über die Mathematische Fakultät hinaus.«

Außerdem danken wir allen Mitarbeitern des Rheinwerk Verlags, die an der Erstellung dieses Buchs beteiligt waren. Namentlich hervorheben möchten wir dabei unsere Lektorinnen Judith Stevens-Lemoine und Anne Scheibe, die uns dabei geholfen haben, uns durch den Autorendschungel zu schlagen, und uns dabei alle Freiheiten für eigene Ideen gelassen haben.

Zum Schluss möchten wir uns noch bei allen Lesern der ersten Auflagen herzlich bedanken, deren unzählige E-Mails mit Hinweisen, Kommentaren, Kritik und Fehlerkorrekturen in die fünfte Auflage mit eingeflossen sind.

Karlsruhe, im Juni 2017
Johannes Ernesti – ernesti@python-buch.de
Peter Kaiser – kaiser@python-buch.de

Kapitel 2
Die Programmiersprache Python

Im vorangegangenen Kapitel haben wir Ihnen einen Überblick über dieses Buch gegeben und besprochen, in welcher Weise Sie es lesen sollten. Jetzt wenden wir uns der Programmiersprache Python zu und beginnen mit einer Einführung in die Geschichte und die grundlegenden Konzepte. Die beiden letzten Abschnitte dieses Kapitels behandeln die Einsatzmöglichkeiten und -gebiete von Python. Betrachten Sie dieses Kapitel also als erzählerische Einführung in die Thematik, die den darauffolgenden fachlichen Einstieg vorbereitet.

2.1 Historie, Konzepte, Einsatzgebiete

2.1.1 Geschichte und Entstehung

Die Programmiersprache Python wurde Anfang der 1990er-Jahre von dem Niederländer *Guido van Rossum* am *Centrum voor Wiskunde en Informatica* (CWI) in Amsterdam entwickelt. Ursprünglich war sie als Skriptsprache für das verteilte Betriebssystem Amoeba gedacht. Der Name Python lehnt sich nicht etwa an die Schlangenfamilie an, sondern ist eine Hommage an die britische Komikertruppe Monty Python.

Vor Python hatte van Rossum an der Entwicklung der Programmiersprache *ABC* mitgewirkt, die mit dem Ziel entwickelt wurde, so einfach zu sein, dass sie problemlos einem interessierten Laien ohne Programmiererfahrung beigebracht werden kann. Die Erfahrung aus positiver und negativer Kritik an ABC nutzte van Rossum für die Entwicklung von Python. Er schuf damit eine Programmiersprache, die mächtig und zugleich leicht zu erlernen ist.

Mit der Version 3.0, die im Dezember 2008 erschien, wurde die Sprache von Grund auf überarbeitet. Dabei sind viele kleine Unschönheiten und Designfehler beseitigt worden, die man in bisherigen Versionen aufgrund der Abwärtskompatibilität stets in der Sprache behalten musste.

Mittlerweile hat sich Python zu einer der beliebtesten Programmiersprachen ihres Typs entwickelt und nimmt bei Popularitätsindizes von Programmiersprachen[1] regelmäßig Spitzenpositionen ein.

---

[1] zum Beispiel *TIOBE*, *RedMonk* oder *PYPL*

Seit 2001 existiert die gemeinnützige *Python Software Foundation*, die die Rechte am Python-Code besitzt und Lobbyarbeit für Python betreibt. So organisiert die Python Software Foundation beispielsweise die PyCon-Konferenz, die jährlich in den USA stattfindet. Auch in Europa finden regelmäßig größere und kleinere Python-Konferenzen statt.

2.1.2 Grundlegende Konzepte

Grundsätzlich handelt es sich bei Python um eine imperative Programmiersprache, die jedoch noch weitere *Programmierparadigmen* in sich vereint. So ist es beispielsweise möglich, mit Python objektorientiert und funktional zu programmieren. Sollten Sie mit diesen Begriffen im Moment noch nichts anfangen können, seien Sie unbesorgt, schließlich sollen Sie ja die Programmierung mit Python und damit die Anwendung der verschiedenen Paradigmen in diesem Buch lernen.

Obwohl Python viele Sprachelemente gängiger Skriptsprachen implementiert, handelt es sich um eine interpretierte Programmiersprache. Der Unterschied zwischen einer Programmier- und einer Skriptsprache liegt im *Compiler*. Ähnlich wie Java oder C# verfügt Python über einen Compiler, der aus dem Quelltext ein Kompilat erzeugt, den sogenannten *Byte-Code*. Dieser Byte-Code wird dann in einer virtuellen Maschine, dem *Python-Interpreter*, ausgeführt.

Ein weiteres Konzept, das Python zum Beispiel mit Java gemeinsam hat, ist die *Plattformunabhängigkeit*. Ein Python-Programm ist auf allen Betriebssystemen unmodifiziert lauffähig, die vom Python-Interpreter unterstützt werden. Darunter fallen insbesondere die drei großen Desktop-Betriebssysteme Windows, Linux und macOS.

Im Lieferumfang von Python ist neben dem Interpreter und dem Compiler eine umfangreiche *Standardbibliothek* enthalten. Diese Standardbibliothek ermöglicht es dem Programmierer, in kurzer Zeit übersichtliche Programme zu schreiben, die sehr komplexe Aufgaben erledigen können. So bietet Python beispielsweise umfassende Möglichkeiten zur Netzwerkkommunikation oder zur Datenspeicherung. Da die Standardbibliothek die Programmiermöglichkeiten in Python wesentlich bereichert, widmen wir ihr im dritten und teilweise auch vierten Teil dieses Buchs besondere Aufmerksamkeit.

Ein Nachteil der Programmiersprache ABC, den van Rossum bei der Entwicklung von Python beheben wollte, war die fehlende Flexibilität. Ein grundlegendes Konzept von Python ist es daher, es dem Programmierer so einfach wie möglich zu machen, die Standardbibliothek beliebig zu erweitern. Da Python als interpretierte Programmiersprache selbst nur eingeschränkte Möglichkeiten zur maschinennahen Programmierung bietet, können maschinennahe oder zeitkritische Erweiterungen problemlos in C geschrieben werden. Das ermöglicht die *Python API*.

In Abbildung 2.1 ist das Zusammenwirken der bisher angesprochenen Konzepte von Python zusammengefasst: Ein Python-Programm wird vom Python-Interpreter ausgeführt. Dieser stellt dabei eine umfangreiche Standardbibliothek bereit, die vom Programm verwendet werden kann. Außerdem erlaubt es die Python API einem externen C-Programm, den Interpreter zu verwenden oder zu erweitern.

```
Das Python-Programm
wird vom Interpreter
ausgeführt.                Dabei wird eine umfangreiche
                           Standardbibliothek zur Verfügung
                           gestellt, die das Programm
  Python-Programm          verwenden kann.

                           Python kann über die Python API
  Standardbibliothek       durch C-Programme erweitert oder
                           von diesen verwendet werden.
  Python-Interpreter
         Python API ← → C-Programm
                                       Der Interpreter abstrahiert
                                       vom Betriebssystem und
         Betriebssystem                der Hardware.

         Hardware
```

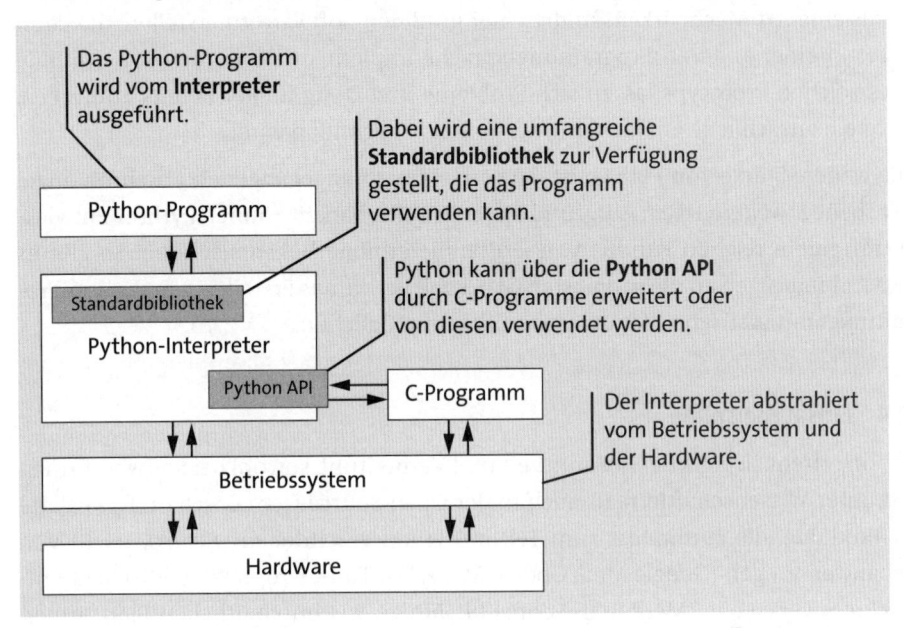

Abbildung 2.1 Veranschaulichung der grundlegenden Konzepte von Python

Als letztes grundlegendes Konzept von Python soll erwähnt werden, dass Python unter der *PSF-Lizenz* steht. Das ist eine von der Python Software Foundation entwickelte Lizenz für Open-Source-Software, die wesentlich weniger restriktiv ist als beispielsweise die GNU General Public License. So erlaubt es die PSF-Lizenz, den Python-Interpreter lizenzkostenfrei in Anwendungen einzubetten und mit diesen auszuliefern, ohne dass der Code offengelegt werden muss oder Lizenzkosten anfallen. Diese Politik macht Python auch für kommerzielle Anwendungen attraktiv.

2.1.3 Einsatzmöglichkeiten und Stärken

Die größte Stärke von Python ist *Flexibilität*. So kann Python beispielsweise als Programmiersprache für kleine und große Applikationen, als serverseitige Programmiersprache im Internet oder als Skriptsprache für eine größere C- oder C++-Anwendung verwendet werden. Auch abseits des klassischen Marktes breitet sich Python beispielsweise im Embedded-Bereich aus. So existieren Python-Interpreter für diverse Smartphone- bzw. Tablet-Systeme oder beispielsweise den Raspberry Pi.

Python ist aufgrund seiner *einfachen Syntax* leicht zu erlernen und gut zu lesen. Außerdem erlauben es die automatische Speicherverwaltung und die umfangreiche Standardbibliothek, mit kleinen Programmen bereits sehr komplexe Probleme anzugehen. Aus diesem Grund eignet sich Python auch zum *Rapid Prototyping*. Bei dieser Art der Entwicklung geht es darum, in möglichst kurzer Zeit einen lauffähigen Prototyp als eine Art Machbarkeitsstudie einer größeren Software zu erstellen, die dann später in einer anderen Programmiersprache implementiert werden soll. Mithilfe eines solchen Prototyps lassen sich Probleme und Designfehler bereits entdecken, bevor die tatsächliche Entwicklung der Software begonnen wird.

Eine weitere Stärke von Python ist die bereits im vorangegangenen Abschnitt angesprochene *Erweiterbarkeit*. Aufgrund dieser Erweiterbarkeit können Python-Entwickler aus einem reichen Fundus von Drittanbieterbibliotheken schöpfen. So gibt es etwa Anbindungen an die gängigsten GUI-Toolkits, die das Erstellen von Python-Programmen mit grafischer Benutzeroberfläche ermöglichen.

2.1.4 Einsatzbeispiele

Python erfreut sich großer Bekanntheit und Verbreitung sowohl bei Softwarefirmen und unter Wissenschaftlern als auch in der Open-Source-Gemeinschaft. Die Palette der Produkte, die zumindest zum Teil in Python geschrieben wurden, reicht von Webanwendungen (Google Mail, Google Maps, YouTube, Dropbox, reddit) über Entwicklungswerkzeuge (Mercurial, SCons) bis hin zu wissenschaftlichen Plattformen für das maschinelle Lernen (scikit-learn, TensorFlow) und für die Verarbeitung menschlicher Sprache (NLTK).

Viele professionelle Anwendungen unterstützen Python als Skriptsprache für Erweiterungen. Beispiele dafür sind die Grafik- und Visualisierungsanwendungen Maya, Blender, ParaView, Cinema 4D, Paint Shop Pro und GIMP.

Für den Einplatinenrechner Raspberry Pi wird eine Python-Schnittstelle bereitgestellt und Python als Programmiersprache empfohlen.

Neben den genannten gibt es unzählige weitere bekannte Anwendungen, die in Python geschrieben wurden oder in deren Umfeld Python eingesetzt wird. Lassen Sie sich anhand der oben dargestellten Beispiele sagen, dass Python eine beliebte, verbreitete und moderne Programmiersprache ist, die es zu erlernen lohnt.

2.2 Die Installation von Python

Die jeweils aktuelle Version von Python können Sie von der offiziellen Python-Website unter *http://www.python.org* als Installationsdatei für Ihr Betriebssystem herunterladen und installieren.

In vielen Fällen ist es jedoch komfortabler, eine *Python-Distribution* einzusetzen. Eine solche Distribution umfasst neben Python selbst eine Vielzahl von häufig gebrauchten Erweiterungen und bietet außerdem Werkzeuge an, um zusätzliche Module bequem nachzuinstallieren.

Wir werden in diesem Buch mit der Python-Distribution Anaconda[2] für Python 3.6 der Firma Continuum Analytics arbeiten. Fast alles, was wir für die Beispielprogramme benötigen, ist dort bereits in der Standardinstallation enthalten.

Sie können Anaconda unter *https://www.continuum.io/downloads/* für Windows, macOS oder Linux herunterladen, wobei wir uns hier auf die Version 4.3 für Python 3.6 beziehen werden.

> **Hinweis**
>
> Unter Linux und macOS ist in der Regel bereits ein Python-Interpreter vorinstalliert, mit dem Sie die meisten der Beispielprogramme dieses Buchs ausprobieren können. Allerdings handelt es sich dabei oft um eine relativ alte Version von Python, sodass neuere Sprachelemente noch nicht verfügbar sind. Außerdem müssen Sie sich selbst darum kümmern, die in einigen Kapiteln benötigten Erweiterungen zu installieren, was gelegentlich Probleme macht.
>
> Aus diesen Gründen empfehlen wir Ihnen, auch unter Linux und macOS mit Anaconda zu arbeiten.

2.2.1 Installation von Anaconda unter Windows

Anaconda für Windows kommt als Installationsprogramm daher, welches Sie einfach ausführen können. Um Anaconda zu installieren, klicken Sie im – leider in englischer Sprache gehaltenen – Installationsprogramm mehrfach auf die Schaltfläche NEXT und zum Schluss auf INSTALL.

Nach der Installation sehen Sie eine neue Gruppe im Startmenü: ANACONDA3. Diese Gruppe umfasst eine Reihe von Programmen, wobei wir uns an dieser Stelle für den Eintrag ANACONDA PROMPT interessieren. Wenn Sie diesen Eintrag anklicken, öffnet sich ein Fenster mit schwarzem Hintergrund, in dem Sie nun mit dem Befehl `python` den interaktiven Modus von Python und mit `idle` die grafische Entwicklungsumgebung IDLE starten können.

2.2.2 Installation von Anaconda unter Linux

Für Linux bietet Anaconda ein Installationsskript an, das Sie in einer Shell ausführen können. Führen Sie dazu in dem Verzeichnis, in dem die Installationsdatei liegt, das

---

[2] Zum Zeitpunkt der Drucklegung dieses Buchs war Anaconda in der Version 4.3 verfügbar.

folgende Kommando ohne das führende Dollarzeichen aus, um den Installationsprozess zu starten:

```
$ bash Anaconda3-4.3.0-Linux-x86_64.sh
```

Während des Installationsprozesses können Sie fast alle Nachfragen mit ⏎ bestätigen. Einmal müssen Sie bestätigen, dass Sie die Nutzungsbedingungen von Anaconda akzeptieren, indem Sie die entsprechende Frage mit yes beantworten:

```
Do you approve the license terms? [yes|no]
>>> yes
```

Am Ende des Installationsprozesses werden Sie gefragt, ob Sie die Version von Python aus der Anaconda-Distribution als Ihr Standard-Python verwenden möchten. Wenn dies der Fall ist, beantworten Sie die Frage mit yes.

```
Do you wish the installer to prepend the Anaconda3 install location
to PATH in your /home/revelation/.bashrc ? [yes|no]
[no] >>> yes
```

Ansonsten müssen Sie immer, bevor Sie Python in einer Shell starten, dafür sorgen, dass die Version von Anaconda gestartet wird:

```
$ export PATH=/home/ihr_benutzer/anaconda3/bin:$PATH
```

Nach der Installation von Anaconda starten Sie den interaktiven Modus bzw. IDLE aus einer Shell heraus mit den Befehlen python bzw. idle3.

> **Hinweis**
>
> Falls Sie die Python-Version einsetzen, die Ihre Linux-Distribution mitbringt, müssen Sie darauf achten, dass Sie bei vielen Distributionen Python 3.x mit einem anderen Befehl als python starten müssen, beispielsweise mit python3, da oft Python 2.x und 3.x parallel installiert werden.

2.2.3 Installation von Anaconda unter macOS

Unter macOS haben Sie die Wahl zwischen einem grafischen Installationsprogramm und einer Installation über die Kommandozeile. Wenn Sie sich für die Kommandozeile entscheiden, können Sie alle Schritte genauso ausführen, wie im vorherigen Absatz für Linux beschrieben, wobei Sie die jeweiligen Befehle in einem Terminal eingeben.

In beiden Fällen können Sie nach dem Abschluss der Installation über python und idle3 in einem Terminal mit Python arbeiten.

> **Hinweis**
>
> Wenn Sie bei `idle3` die 3 am Ende vergessen sollten, wird die IDLE-Version gestartet, die in macOS vorinstalliert ist. Prüfen Sie daher, ob IDLE direkt in der ersten Zeile Anaconda ausgibt.

2.3 Die Verwendung von Python

Jede Installation von Python umfasst neben dem Python-Interpreter selbst zwei wichtige Komponenten: den interaktiven Modus und IDLE.

Im sogenannten *interaktiven Modus*, auch *Python-Shell* genannt, können einzelne Programmzeilen eingegeben und die Ergebnisse direkt betrachtet werden. Der interaktive Modus ist damit unter anderem zum Lernen der Sprache Python interessant und wird deshalb in diesem Buch häufig verwendet.

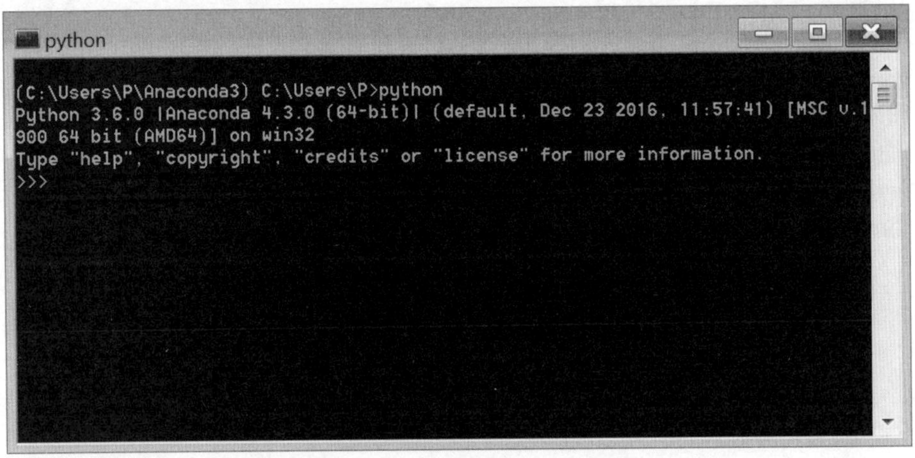

```
(C:\Users\P\Anaconda3) C:\Users\P>python
Python 3.6.0 |Anaconda 4.3.0 (64-bit)| (default, Dec 23 2016, 11:57:41) [MSC v.1
900 64 bit (AMD64)] on win32
Type "help", "copyright", "credits" or "license" for more information.
>>>
```

Abbildung 2.2 Python im interaktiven Modus (Python-Shell)

Bei *IDLE* (Integrated DeveLopment Environment) handelt es sich um eine rudimentäre Python-Entwicklungsumgebung mit grafischer Benutzeroberfläche. Beim Starten von IDLE wird zunächst nur ein Fenster geöffnet, das eine Python-Shell beinhaltet. Zudem kann über den Menüpunkt FILE • NEW WINDOW eine neue Python-Programmdatei erstellt und editiert werden. Nachdem die Programmdatei gespeichert wurde, kann sie über den Menüpunkt RUN • RUN MODULE in der Python-Shell von IDLE ausgeführt werden. Abgesehen davon bietet IDLE dem Programmierer einige Komfortfunktionen wie beispielsweise das farbige Hervorheben von Code-Elementen (»Syntax Highlighting«) oder eine automatische Code-Vervollständigung.

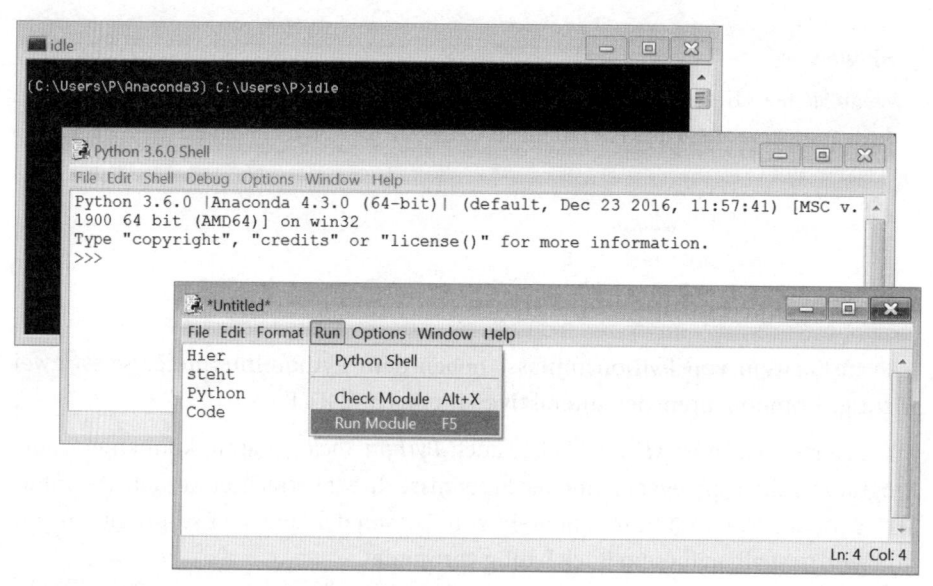

Abbildung 2.3 Die Entwicklungsumgebung IDLE

Wenn Sie mit IDLE nicht zufrieden sind, finden Sie im Anhang dieses Buchs eine Übersicht über die verbreitetsten Python-Entwicklungsumgebungen. Zudem erhalten Sie auf der offiziellen Python-Website unter *http://wiki.python.org/moin/ PythonEditors* eine umfassende Auflistung von Entwicklungsumgebungen und Editoren für Python.

TEIL I

Einstieg in Python

Herzlich willkommen im ersten Teil dieses Buchs. Hier finden Sie eine einsteigerfreundliche Einführung in die grundlegenden Elemente von Python. Wir beginnen damit, einfache Kommandos im interaktiven Modus auszuprobieren, und wenden das erworbene Wissen danach in einem ersten einfachen Beispielprogramm an. Es folgen Kapitel zu den grundlegenden Kontrollstrukturen und eine Einführung in das Python zugrunde liegende Laufzeitmodell. Abschließend finden Sie als Übergang zum zweiten Teil ein Kapitel zur Verwendung von Funktionen, Methoden und Attributen.

Kapitel 3
Erste Schritte im interaktiven Modus

Startet man den Python-Interpreter ohne Argumente, gelangt man in den sogenannten *interaktiven Modus*. Dieser Modus bietet dem Programmierer die Möglichkeit, Kommandos direkt an den Interpreter zu senden, ohne zuvor ein Programm erstellen zu müssen. Der interaktive Modus wird häufig genutzt, um schnell etwas auszuprobieren oder zu testen. Zum Schreiben wirklicher Programme ist er allerdings nicht geeignet. Dennoch möchten wir hier mit dem interaktiven Modus beginnen, da er Ihnen einen schnellen und unkomplizierten Einstieg in die Sprache Python ermöglicht.

Dieser Abschnitt soll Sie mit einigen Grundlagen vertraut machen, die zum Verständnis der folgenden Kapitel wichtig sind. Am besten setzen Sie die Beispiele dieses Kapitels am Rechner parallel zu Ihrer Lektüre um.

Zur Begrüßung gibt der Interpreter einige Zeilen aus, die Sie in ähnlicher Form jetzt auch vor sich haben müssten:

```
Python 3.6.0 (default, Jan 16 2017, 12:12:55)
[GCC 6.3.1 20170109] on linux
Type "help", "copyright", "credits" or "license" for more information.
>>>
```

Nach der Eingabeaufforderung (>>>) kann beliebiger Python-Code eingegeben werden. Bei Zeilen, die nicht mit >>> beginnen, handelt es sich um Ausgaben des Interpreters.

Zur Bedienung des interaktiven Modus sei noch gesagt, dass er über eine *History-Funktion* verfügt. Das heißt, dass Sie über die ↑- und ↓-Tasten alte Eingaben wieder hervorholen können und nicht erneut eingeben müssen. Auch das Verändern der hervorgeholten Eingaben ist möglich.

Wir beginnen mit der Einführung einiger grundlegender *Datentypen*. Dabei beschränken wir uns zunächst auf ganze Zahlen, Gleitkommazahlen, Zeichenketten, Listen und Dictionarys. Es gibt dabei bestimmte Regeln, nach denen man Instanzen dieser Datentypen – beispielsweise einen Zahlenwert oder eine Zeichenkette – zu schreiben hat, damit diese vom Interpreter erkannt werden. Eine solche Schreibweise nennt man *Literal*.

3.1 Ganze Zahlen

Als erstes und einfachstes Beispiel erzeugen wir im interaktiven Modus eine ganze Zahl. Der Interpreter antwortet darauf, indem er ihren Wert ausgibt:

```
>>> -9
-9
>>> 1139
1139
>>> +12
12
```

Das Literal für eine ganze Zahl besteht dabei aus den Ziffern 0 bis 9. Zudem kann ein positives oder negatives Vorzeichen vorangestellt werden. Eine Zahl ohne Vorzeichen wird stets als positiv angenommen.

Es ist auch möglich, mehrere ganze Zahlen durch *Operatoren* wie +, -, * oder / zu einem *Term* zu verbinden. In diesem Fall antwortet der Interpreter mit dem Wert des Terms:

```
>>> 5 + 9
14
```

Wie Sie sehen, lässt sich Python ganz intuitiv als eine Art Taschenrechner verwenden. Das nächste Beispiel ist etwas komplexer und umfasst gleich mehrere miteinander verknüpfte Rechenoperationen:

```
>>> (21 - 3) * 9 + 6
168
```

Hier zeigt sich, dass der Interpreter die gewohnten mathematischen Rechengesetze anwendet und das erwartete Ergebnis ausgibt.

Das Divisionsergebnis zweier ganzer Zahlen ist nicht zwingend wieder eine ganze Zahl, weswegen der Divisionsoperator das Ergebnis stets als *Gleitkommazahl* zurückgibt:

```
>>> 3/2
1.5
>>> 2/3
0.6666666666666666
>>> 4/4
1.0
```

> **Hinweis**
>
> Diese Eigenschaft unterscheidet Python von vielen anderen Programmiersprachen. Dort wird bei der Division zweier ganzer Zahlen eine ganzzahlige Division durchgeführt und das Ergebnis ebenfalls als ganze Zahl zurückgegeben. Diese sogenannte *Integer-Division*[1] wurde in Python-Versionen vor 3.0 auch angewendet.

3.2 Gleitkommazahlen

Das Literal für eine Gleitkommazahl besteht aus einem Vorkommaanteil, einem Dezimalpunkt und einem Nachkommaanteil. Wie schon bei den ganzen Zahlen ist es möglich, ein Vorzeichen anzugeben:

```
>>> 0.5
0.5
>>> -123.456
-123.456
>>> +1.337
1.337
```

Beachten Sie, dass es sich bei dem Dezimaltrennzeichen um einen Punkt handeln muss. Die in Deutschland übliche Schreibweise mit einem Komma ist nicht zulässig. Gleitkommazahlen lassen sich ebenso intuitiv in Termen verwenden wie die ganzen Zahlen:

```
>>> 1.5 / 2.1
0.7142857142857143
```

Es ist auch möglich, eine Gleitkommazahl in wissenschaftlicher Schreibweise anzugeben:

```
>>> 12.345e3
12345.0
>>> 12.345E3
12345.0
```

---

[1] Die Integer-Division kann durchaus ein gewünschtes Verhalten sein, führt aber gerade bei Programmieranfängern häufig zu Verwirrung und wurde deshalb in Python 3.0 abgeschafft. Wenn Sie eine Integer-Division in Python 3 durchführen möchten, müssen Sie den Operator // verwenden:
```
>>> 3//2
1
>>> 2//3
0
```

Dabei liefert ein Ausdruck der Form XeY die Zahl $X \cdot 10^Y$, in unserem Beispiel wäre das also $12.345 \cdot 10^3$.

So viel zunächst zu ganzen numerischen Datentypen. Im zweiten Teil des Buchs werden wir auf diese grundlegenden Datentypen zurückkommen und sie in aller Ausführlichkeit behandeln. Doch nun zu einem weiteren wichtigen Datentyp, den Zeichenketten.

3.3 Zeichenketten

Neben den Zahlen sind *Zeichenketten*, auch *Strings* genannt, von entscheidender Bedeutung. Strings ermöglichen es, Text vom Benutzer einzulesen, zu speichern, zu bearbeiten oder auszugeben.

Um einen String zu erzeugen, wird der zugehörige Text in doppelte Hochkommata geschrieben:

```
>>> "Hallo Welt"
'Hallo Welt'
>>> "abc123"
'abc123'
```

Die einfachen Hochkommata, die der Interpreter verwendet, um den Wert eines Strings auszugeben, sind eine äquivalente Schreibweise zu den von uns verwendeten doppelten Hochkommata, die Sie auch benutzen dürfen:

```
>>> 'Hallo Welt'
'Hallo Welt'
```

Ähnlich wie bei Ganz- und Gleitkommazahlen gibt es auch Operatoren für Strings. So fügt der Operator + beispielsweise zwei Strings zusammen:

```
>>> "Hallo" + " " + "Welt"
'Hallo Welt'
```

Die beiden unterschiedlichen Schreibweisen für Strings sind etwa dann nützlich, wenn einfache oder doppelte Hochkommata als Zeichen in einem String enthalten sein sollen:

```
>>> 'Er sagt "Hallo"'
'Er sagt "Hallo"'
>>> "Er sagt 'Hallo'"
"Er sagt 'Hallo'"
```

3.4 Listen

Wenden wir uns nun den Listen zu. Eine Liste ist eine geordnete Ansammlung von Elementen beliebigen Datentyps. Um eine Liste zu erzeugen, werden die Literale der Werte, die sie enthalten soll, durch Kommata getrennt in eckige Klammern geschrieben:

```
>>> [1,2,3]
[1, 2, 3]
>>> ["Dies", "ist", "eine", "Liste"]
['Dies', 'ist', 'eine', 'Liste']
```

Die Elemente einer Liste müssen nicht alle den gleichen Typ haben und können insbesondere selbst wieder Listen sein, wie folgendes Beispiel zeigt:

```
>>> ["Python", 1, 2, -7 / 4, [1,2,3]]
['Python', 1, 2, -1.75, [1, 2, 3]]
```

Ähnlich wie Strings lassen sich Listen mit dem Operator + um Elemente erweitern, + bildet die Aneinanderreihung zweier Listen:

```
>>> [1,2,3] + ["Python", "ist", "super"]
[1, 2, 3, 'Python', 'ist', 'super']
```

3.5 Dictionarys

Der fünfte und letzte Datentyp, den Sie an dieser Stelle kennenlernen, ist das Dictionary (dt. Wörterbuch). Ein Dictionary speichert Zuordnungen von Schlüsseln zu Werten. Um ein Dictionary zu erzeugen, werden die Schlüssel/Wert-Paare durch Kommata getrennt in geschweifte Klammern geschrieben. Zwischen einem Schlüssel und dem zugehörigen Wert steht dabei ein Doppelpunkt:

```
>>> d = {"schlüssel1" : "wert1", "schlüssel2" : "wert2"}
```

Über einen Schlüssel können Sie auf den dahinterliegenden Wert zugreifen. Dazu werden ähnlich wie bei den Listen eckige Klammern verwendet:

```
>>> d["schlüssel1"]
'wert1'
>>> d["schlüssel2"]
'wert2'
```

Über diese Zugriffsoperation können Sie auch Werte modifizieren bzw. neue Schlüssel/Wert-Paare in das Dictionary eintragen:

```
>>> d["schlüssel2"] = "wert2.1"
>>> d["schlüssel2"]
'wert2.1'
>>> d["schlüssel3"] = "wert3"
>>> d["schlüssel3"]
'wert3'
```

Sowohl Schlüssel als auch Werte können andere Datentypen haben als die an dieser Stelle verwendeten Strings. Darauf werden wir zu gegebener Zeit zurückkommen.

Auf der in den vorangegangenen Abschnitten vorgestellten grundlegenden Darstellung der fünf Datentypen Ganzzahl, Gleitkommazahl, String, Liste und Dictionary werden wir in den folgenden Abschnitten aufbauen, bis wir im zweiten Teil des Buchs ausführlich auf alle in Python eingebauten Datentypen eingehen werden.

3.6 Variablen

Es ist in Python möglich, einer Zahl oder Zeichenkette einen Namen zu geben. Dazu werden der Name auf der linken und das entsprechende Literal auf der rechten Seite eines Gleichheitszeichens geschrieben. Eine solche Operation wird *Zuweisung* genannt.

```
>>> name = 0.5
>>> var123 = 12
>>> string = "Hallo Welt!"
>>> liste = [1,2,3]
```

Die mit den Namen verknüpften Werte können später ausgegeben oder in Berechnungen verwendet werden, indem der Name anstelle des jeweiligen Wertes eingegeben wird:

```
>>> name
0.5
>>> 2 * name
1.0
>>> (var123 + var123) / 3
8.0
>>> var123 + name
12.5
```

Es ist genauso möglich, dem Ergebnis einer Berechnung einen Namen zu geben:

```
>>> a = 1 + 2
>>> b = var123 / 4
```

Dabei wird immer zuerst die Seite rechts vom Gleichheitszeichen ausgewertet. So wird beispielsweise bei der Anweisung a = 1 + 2 stets zuerst das Ergebnis von 1 + 2 bestimmt, bevor dem entstandenen Wert ein Name zugewiesen wird.

> **Hinweis**
>
> Beachten Sie bei der Verwendung von Variablen, dass Python *case sensitive* ist. Dies bedeutet, dass zwischen Groß- und Kleinschreibung unterschieden wird. In der Praxis heißt das, dass die Namen otto und Otto nicht identisch sind, sondern mit zwei verschiedenen Werten verknüpft sein können.

Ein Variablenname, auch *Bezeichner* genannt, darf seit Python-Version 3.0 aus nahezu beliebigen Buchstaben und dem Unterstrich bestehen. Nach mindestens einem führenden Buchstaben oder Unterstrich dürfen auch Ziffern verwendet werden.[2] Beachten Sie, dass auch Umlaute und spezielle Buchstaben anderer Sprachen erlaubt sind, wie folgendes Beispiel zeigt:

```
>>> äöüßéè = 123
>>> äöüßéè
123
```

Solche Freiheiten, was Bezeichner angeht, finden sich in anderen Programmiersprachen selten. Nicht zuletzt deshalb empfehlen wir Ihnen, sich auf das englische Alphabet zu beschränken. Die fehlenden Umlaute und das ß fallen auch bei deutschen Bezeichnern kaum ins Gewicht und wirken im Quellcode eher verwirrend als natürlich.

> **Hinweis**
>
> Unter Windows gibt es unter Umständen Probleme mit der Eingabe von Sonderzeichen in der Eingabeaufforderung. Falls Sie solche Probleme beobachten, können Sie IDLE verwenden, um die betroffenen Beispiele auszuführen. Nähere Informationen finden Sie in Abschnitt 13.4.4.

Bestimmte *Schlüsselwörter*[3] sind in Python für die Sprache selbst reserviert und dürfen nicht als Bezeichner verwendet werden. Tabelle 3.1 gibt Ihnen eine Übersicht über alle in Python reservierten Wörter.

---

2 Häufig werden Variablen, die nur eine lokale und kurzfristige Bedeutung haben, mit einem kurzen, oft einbuchstabigen Namen versehen. Dabei sollten Sie beachten, dass die Buchstaben »o«, »O«, »I« und »l« in manchen Schriftarten wie Zahlen aussehen und damit für einen Variablennamen ungeeignet sind.

3 Unter einem Schlüsselwort versteht man in der Programmierung ein Wort, das eine bestimmte Bedeutung trägt, beispielsweise den Programmablauf steuert. In Python existieren zum Beispiel die Schlüsselwörter if und for, die eine Fallunterscheidung bzw. eine Schleife einleiten.

and	continue	finally	is	raise
as	def	for	lambda	return
assert	del	from	None	True
async	elif	global	nonlocal	try
await	else	if	not	while
break	except	import	or	with
class	False	in	pass	yield

Tabelle 3.1 Schlüsselwörter in Python

Zum Schluss möchten wir noch einen weiteren Begriff einführen: Alles, was mit numerischen Literalen – also Ganz- oder Gleitkommazahlen, Variablen und Operatoren – formuliert werden kann, wird als *arithmetischer Ausdruck* bezeichnet.

Ein solcher Ausdruck kann also so aussehen:

(a * a + b) / 12

Alle bisher eingeführten Operatoren +, -, * und / werden daher als *arithmetische Operatoren* bezeichnet.

3.7 Logische Ausdrücke

Neben den arithmetischen Operatoren gibt es einen zweiten Satz von Operatoren, die das Vergleichen von Zahlen ermöglichen:

```
>>> 3 < 4
True
```

Hier wird getestet, ob 3 kleiner ist als 4. Auf solche Vergleiche antwortet der Interpreter mit einem *Wahrheitswert*, also mit True (dt. »wahr«) oder False (dt. »falsch«). Ein Vergleich wird mithilfe eines sogenannten *Vergleichsoperators*, in diesem Fall <, durchgeführt.

Tabelle 3.2 führt die Vergleichsoperatoren auf:

Vergleich	Bedeutung
3 == 4	Ist 3 gleich 4? Beachten Sie das doppelte Gleichheitszeichen, das den Vergleich von einer Zuweisung unterscheidet.
3 != 4	Ist 3 ungleich 4?
3 < 4	Ist 3 kleiner als 4?

Tabelle 3.2 Vergleiche in Python

Vergleich	Bedeutung
3 > 4	Ist 3 größer als 4?
3 <= 4	Ist 3 kleiner oder gleich 4?
3 >= 4	Ist 3 größer oder gleich 4?

Tabelle 3.2 Vergleiche in Python (Forts.)

Allgemein kann für 3 und 4 ein beliebiger arithmetischer Ausdruck eingesetzt werden. Wenn zwei arithmetische Ausdrücke durch einen der oben genannten Operatoren miteinander verglichen werden, erzeugt man einen *logischen Ausdruck*:

```
(a - 7) < (b * b + 6.5)
```

Neben den bereits eingeführten arithmetischen Operatoren gibt es drei logische Operatoren, mit denen Sie das Ergebnis eines logischen Ausdrucks verändern oder zwei logische Ausdrücke miteinander verknüpfen können.

Der Operator not kehrt das Ergebnis eines Vergleichs um, macht also aus True False und aus False True. Der Ausdruck not (3 < 4) ist demnach das Gleiche wie 3 >= 4:

```
>>> not (3 < 4)
False
>>> not (4 < 3)
True
```

Der Operator and bekommt zwei logische Ausdrücke als Operanden und ergibt nur dann True, wenn sowohl der erste als auch der zweite Ausdruck True ergeben haben. Er entspricht damit der natürlichsprachigen »Und«-Verknüpfung zweier Satzteile. Im Beispiel kann dies so aussehen:

```
>>> (3 < 4) and (5 < 6)
True
>>> (3 < 4) and (4 < 3)
False
```

Der Operator or entspricht dem natürlichsprachigen »Oder«. Er bekommt zwei logische Ausdrücke als Operanden und ergibt nur dann False, wenn sowohl der erste Ausdruck als auch der zweite False ergeben haben. Der Operator ergibt also True, wenn mindestens einer seiner Operanden True ergeben hat:

```
>>> (3 < 4) or (5 < 6)
True
>>> (3 < 4) or (4 < 3)
```

```
True
>>> (5 > 6) or (4 < 3)
False
```

Wir haben der Einfachheit halber hier nur Zahlen miteinander verglichen. Selbstverständlich ergibt ein solcher Vergleich nur dann einen Sinn, wenn komplexere arithmetische Ausdrücke miteinander verglichen werden. Durch die vergleichenden Operatoren und die drei *booleschen Operatoren* not, and und or können schon sehr komplexe Vergleiche erstellt werden.

> **Hinweis**
>
> Beachten Sie, dass bei allen Beispielen aus Gründen der Übersicht Klammern gesetzt wurden. Durch Prioritätsregelungen der Operatoren untereinander sind diese überflüssig. Das bedeutet, dass jedes hier vorgestellte Beispiel auch ohne Klammern wie erwartet funktionieren würde. Trotzdem ist es gerade am Anfang sinnvoll, durch Klammerung die Zugehörigkeiten visuell eindeutig zu gestalten. Eine Tabelle mit den Prioritätsregeln für Operatoren, der sogenannten *Operatorrangfolge*, finden Sie in Kapitel 11, »Operatoren«.

3.8 Funktionen und Methoden

In diesem Abschnitt vermitteln wir Ihnen ein grundlegendes Wissen über Funktionen und einige Konzepte der objektorientierten Programmierung. Dabei beschränken wir uns auf die Aspekte, die in den folgenden Kapiteln benötigt werden. Beide Themen werden in den Kapiteln 19 bzw. 21 noch einmal ausführlich behandelt.

3.8.1 Funktionen

In Python können Teile eines Programms in *Funktionen* gekapselt und danach über einen *Funktionsaufruf* ausgeführt werden. Das Ziel dieses Vorgehens ist es, Redundanz im Quellcode zu vermeiden. Funktionalität, die häufig benötigt wird, sollte stets nur einmal als Funktion implementiert und dann als solche im weiteren Programm verwendet werden. Außerdem kann der Einsatz von Funktionen die Les- und Wartbarkeit des Quellcodes verbessern, da zusammengehörige Codeteile zu Einheiten zusammengefasst werden.

Python bietet einen Satz eingebauter Funktionen (*Built-in Functions*), die der Programmierer zu jeder Zeit verwenden kann. Als Beispiel dient in diesem Abschnitt die eingebaute Funktion max, die das größte Element einer Liste bestimmt:

```
>>> max([1,5,2,7,9,3])
9
```

Eine Funktion wird aufgerufen, indem man den Funktionsnamen, gefolgt von den *Funktionsparametern* in Klammern, schreibt. Im Beispiel erwartet die Funktion max genau einen Parameter, nämlich eine Liste der zu betrachtenden Werte. Das Ergebnis der Berechnung wird als *Rückgabewert* der Funktion zurückgegeben. Sie können sich vorstellen, dass der Funktionsaufruf im Quelltext durch den Rückgabewert ersetzt wird.

Es gibt eine Variante der Funktion max, die anstelle des größten Elements einer Liste den größten ihr übergebenen Parameter bestimmt. Um einer Funktion mehrere Parameter zu übergeben, werden diese beim Funktionsaufruf durch Kommata getrennt in die Klammern geschrieben:

```
>>> max(1,5,3)
5
```

Selbstverständlich können Sie in Python eigene Funktionen definieren, an dieser Stelle genügt es jedoch zu wissen, wie bereits vorhandene Funktionen verwendet werden können. In Kapitel 19 kommen wir noch einmal ausführlich auf Funktionen zu sprechen.

3.8.2 Methoden

Das Erzeugen eines Wertes eines bestimmten *Datentyps*, etwa das Erzeugen einer ganzen Zahl über ihr Literal, wird *Instanziieren* genannt und der entstandene Wert *Instanz*. So ist beispielsweise 2 eine Instanz des Datentyps »ganze Zahl« oder [4,5,6] eine Instanz des Datentyps »Liste«. Der Datentyp einer Instanz legt einerseits fest, welche Daten gespeichert werden, und definiert andererseits einen Satz von Operationen, die auf diesen Daten durchgeführt werden können. Ein Teil dieser Operationen wird durch Operatoren abgebildet; so bietet beispielsweise der Datentyp »Gleitkommazahl« den Operator + zum Addieren zweier Gleitkommazahlen an. Für die einfachen numerischen Datentypen sind einige wenige Operatoren ausreichend, um mit ihnen arbeiten zu können. Bei komplexeren Datentypen, beispielsweise den Listen, ist eine ganze Reihe von Operationen denkbar, die allein über Operatoren nicht abgebildet werden können. Für solche Fälle können Datentypen *Methoden* definieren. Dabei handelt es sich um Funktionen, die im Kontext einer bestimmten Instanz ausgeführt werden.

Der Datentyp »Liste« bietet zum Beispiel eine Methode sort an, mit deren Hilfe eine Liste sortiert werden kann. Um eine Methode aufzurufen, wird eine Instanz (oder eine Referenz darauf), gefolgt von einem Punkt und dem Methodenaufruf, geschrieben. Dieser ist wie ein Funktionsaufruf aufgebaut:

```
>>> liste = [2,7,3,2,7,8,4,2,5]
>>> liste.sort()
>>> liste
[2, 2, 2, 3, 4, 5, 7, 7, 8]
```

Ein weiteres Beispiel bietet die Methode count des Datentyps »String«, die zählt, wie oft ein Zeichen in einem String vorkommt:

```
>>> "Hallo Welt".count("l")
3
```

Das hier erworbene Wissen über Funktionen und Methoden wird zu gegebener Zeit vertieft. Im Folgenden wird die für den Anfang wohl wichtigste in Python eingebaute Funktion besprochen: print.

3.9 Bildschirmausgaben

Auch wenn wir hin und wieder auf den interaktiven Modus zurückgreifen werden, ist es unser Ziel, möglichst schnell echte Python-Programme zu schreiben. Es ist eine Besonderheit des interaktiven Modus, dass der Wert eines eingegebenen Ausdrucks automatisch ausgegeben wird. In einem normalen Programm müssen Bildschirmausgaben dagegen vom Programmierer erzeugt werden. Um den Wert einer Variablen auszugeben, wird in Python die Funktion print verwendet:

```
>>> print(1.2)
1.2
```

Beachten Sie, dass mittels print nur der Wert an sich ausgegeben wird, im Gegensatz zur automatischen Ausgabe des interaktiven Modus. So wird bei der automatischen Ausgabe der Wert eines Strings in Hochkommata geschrieben, während dies bei print nicht der Fall ist:

```
>>> "Hallo Welt"
'Hallo Welt'
>>> print("Hallo Welt")
Hallo Welt
```

Auch hier ist es problemlos möglich, anstelle eines konstanten Wertes einen Variablennamen zu verwenden:

```
>>> var = 9
>>> print(var)
9
```

Oder Sie geben das Ergebnis eines Ausdrucks direkt aus:

```
>>> print(-3 * 4)
-12
```

Außerdem ermöglicht es `print`, mehrere Variablen oder Konstanten in einer Zeile auszugeben. Dazu werden die Werte durch Kommata getrennt angegeben. Jedes Komma wird bei der Ausgabe durch ein Leerzeichen ersetzt:

```
>>> print(-3, 12, "Python rockt")
-3 12 Python rockt
```

Das ist insbesondere dann hilfreich, wenn Sie nicht nur einzelne Werte, sondern auch einen kurzen erklärenden Text dazu ausgeben möchten. So etwas können Sie auf die folgende Weise erreichen:

```
>>> var = 9
>>> print("Die magische Zahl ist:", var)
Die magische Zahl ist: 9
```

Abschließend ist noch zu sagen, dass `print` nach jeder Ausgabe einen Zeilenvorschub ausgibt. Es wird also stets in eine neue Zeile geschrieben.

> **Hinweis**
> Die Funktion `print` wurde in Python 3.0 eingeführt. In früheren Python-Versionen konnten Bildschirmausgaben über das Schlüsselwort `print` erzeugt werden:
> ```
> >>> print "Dies", "ist", "Python", 2
> Dies ist Python 2
> ```
> In den meisten Fällen sind die fehlenden Klammern der einzige Unterschied. Näheres zu den Unterschieden zwischen Python 2 und 3 erfahren Sie in Kapitel 43.

Kapitel 4
Der Weg zum ersten Programm

Nachdem wir im interaktiven Modus spielerisch einige Grundelemente der Sprache Python behandelt haben, möchten wir dieses Wissen jetzt auf ein tatsächliches Programm übertragen. Im Gegensatz zum interaktiven Modus, der eine wechselseitige Interaktion zwischen Programmierer und Interpreter ermöglicht, wird der Quellcode eines Programms in eine Datei geschrieben. Diese wird als Ganzes vom Interpreter eingelesen und ausgeführt.

In den folgenden Abschnitten lernen Sie die Grundstrukturen eines Python-Programms kennen und werden Ihr erstes einfaches Beispielprogramm schreiben.

4.1 Tippen, kompilieren, testen

In diesem Abschnitt werden die Arbeitsabläufe besprochen, die nötig sind, um ein Python-Programm zu erstellen und auszuführen. Ganz allgemein sollten Sie sich darauf einstellen, dass wir in einem Großteil des Buchs ausschließlich *Konsolenanwendungen* schreiben werden. Eine Konsolenanwendung hat eine rein textbasierte Schnittstelle zum Benutzer und läuft in der *Konsole* (auch *Shell*) des jeweiligen Betriebssystems ab. Für die meisten Beispiele und auch für viele reale Anwendungsfälle reicht eine solche textbasierte Schnittstelle aus.[1]

Grundsätzlich besteht ein Python-Programm aus einer oder mehreren Programmdateien. Diese Programmdateien haben die Dateiendung *.py* und enthalten den Python-Quelltext. Dabei handelt es sich um nichts anderes als um Textdateien. Programmdateien können also mit einem normalen Texteditor bearbeitet werden.

Nachdem eine Programmdatei geschrieben wurde, besteht der nächste Schritt darin, sie auszuführen. Wenn Sie IDLE verwenden, kann die Programmdatei bequem über den Menüpunkt RUN • RUN MODULE ausgeführt werden. Sollten Sie einen Editor verwenden, der keine vergleichbare Funktion unterstützt, müssen Sie in einer Kommandozeile in das Verzeichnis der Programmdatei wechseln und – abhängig von Ihrem Betriebssystem – verschiedene Kommandos ausführen.

---

[1] Selbstverständlich ermöglicht Python auch die Programmierung grafischer Benutzeroberflächen. Dies wird in Kapitel 39 behandelt.

Windows

Unter Windows reicht es, den Namen der Programmdatei einzugeben und mit ⏎ zu bestätigen. Im folgenden Beispiel, zu sehen in Abbildung 4.1, wird die Programmdatei *programm.py* im Ordner *C:\Ordner* ausgeführt. Dazu müssen Sie ein Konsolenfenster öffnen.[2]

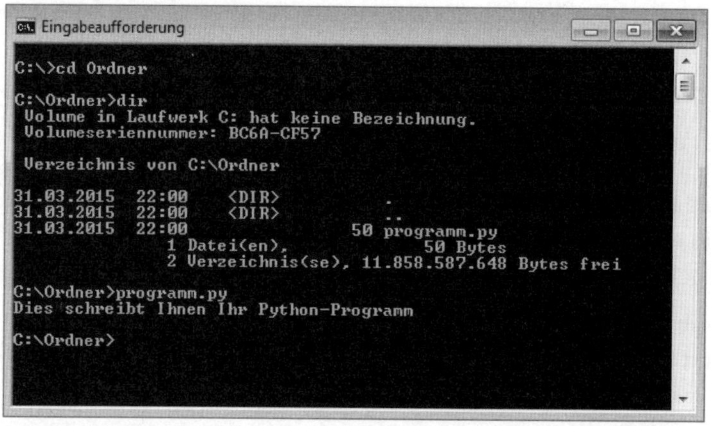

Abbildung 4.1 Ausführen eines Python-Programms unter Windows

Bei »Dies schreibt Ihnen Ihr Python-Programm« handelt es sich um eine Ausgabe des Python-Programms in der Datei *programm.py*, die beweist, dass das Python-Programm tatsächlich ausgeführt wurde.

> **Hinweis**
>
> Unter Windows ist es auch möglich, ein Python-Programm durch einen Doppelklick auf die jeweilige Programmdatei auszuführen. Das hat aber den Nachteil, dass sich das Konsolenfenster sofort nach Beenden des Programms schließt und die Ausgaben des Programms somit nicht erkennbar sind.

Linux und macOS

Unter Unix-ähnlichen Betriebssystemen wie Linux oder macOS wechseln Sie ebenfalls in das Verzeichnis, in dem die Programmdatei liegt, und starten dann den Python-Interpreter mit dem Kommando `python`, gefolgt von dem Namen der auszuführenden Programmdatei. Im folgenden Beispiel wird die Programmdatei *programm.py* unter Linux ausgeführt, die sich im Verzeichnis */home/user/ordner* befindet:

---

2 In älteren Windows-Versionen finden Sie die Konsole unter Start • Programme • Zubehör • Eingabeaufforderung. In neueren Windows-Versionen starten Sie die *PowerShell*.

```
user@HOST ~ $ cd ordner
user@HOST ~/ordner $ python programm.py
Dies schreibt Ihnen Ihr Python-Programm
```

Bitte beachten Sie den Hinweis in Abschnitt 2.2.2, der besagt, dass das Kommando, mit dem Sie Python 3.6 starten, je nach Distribution von dem hier demonstrierten `python` abweichen kann.

4.1.1 Shebang

Unter einem Unix-ähnlichen Betriebssystem wie beispielsweise Linux können Python-Programmdateien mithilfe eines *Shebangs*, auch *Magic Line* genannt, direkt ausführbar gemacht werden. Dazu muss die erste Zeile der Programmdatei in der Regel folgendermaßen lauten:

```
#!/usr/bin/python
```

In diesem Fall wird das Betriebssystem dazu angehalten, diese Programmdatei immer mit dem Python-Interpreter auszuführen. Unter anderen Betriebssystemen, beispielsweise Windows, wird die Shebang-Zeile ignoriert.

Beachten Sie, dass der Python-Interpreter auf Ihrem System in einem anderen Verzeichnis als dem hier angegebenen installiert sein könnte. Allgemein ist daher folgende Shebang-Zeile besser, da sie vom tatsächlichen Installationsort von Python unabhängig ist:

```
#!/usr/bin/env python
```

Beachten Sie außerdem, dass das Executable-Flag der Programmdatei gesetzt werden muss, bevor die Datei tatsächlich ausführbar ist. Das geschieht mit dem Befehl:

```
chmod +x dateiname
```

Die in diesem Buch gezeigten Beispiele enthalten aus Gründen der Übersichtlichkeit keine Shebang-Zeile. Das bedeutet aber ausdrücklich nicht, dass vom Einsatz einer Shebang-Zeile abzuraten wäre.

4.1.2 Interne Abläufe

Bislang haben Sie eine ungefähre Vorstellung davon, was Python ausmacht und wo die Stärken dieser Programmiersprache liegen. Außerdem haben wir Ihnen das Grundwissen zum Erstellen und Ausführen einer Python-Programmdatei vermittelt. Doch in den vorangegangenen Abschnitten sind Begriffe wie »Compiler« oder »Interpreter« gefallen, ohne erklärt worden zu sein. In diesem Abschnitt möchten wir uns daher den internen Vorgängen widmen, die beim Ausführen einer Python-Programmdatei ablaufen. Abbildung 4.2 veranschaulicht, was beim Ausführen einer Programmdatei namens *programm.py* geschieht.

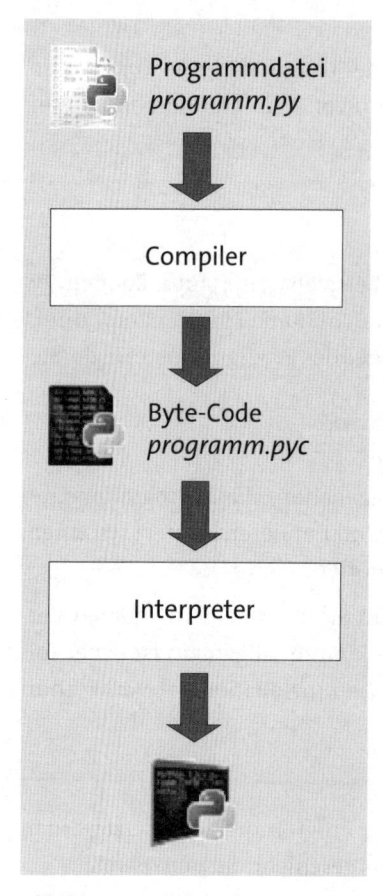

Abbildung 4.2 Kompilieren und Interpretieren einer Programmdatei

Wenn die Programmdatei *programm.py*, wie zu Beginn des Kapitels beschrieben, ausgeführt wird, passiert sie zunächst den *Compiler*. Als Compiler wird ein Programm bezeichnet, das von einer formalen Sprache in eine andere übersetzt. Im Falle von Python übersetzt der Compiler von der Sprache Python in den *Byte-Code*. Dabei steht es dem Compiler frei, den generierten Byte-Code im Arbeitsspeicher zu behalten oder als *programm.pyc* auf der Festplatte zu speichern.

Beachten Sie, dass der vom Compiler generierte Byte-Code nicht direkt auf dem Prozessor ausgeführt werden kann, im Gegensatz etwa zu C- oder C++-Kompilaten. Zur Ausführung des Byte-Codes wird eine weitere Abstraktionsschicht, der *Interpreter*, benötigt. Der Interpreter, häufig auch *virtuelle Maschine* (engl. *virtual machine*) genannt, liest den vom Compiler erzeugten Byte-Code ein und führt ihn aus.

Dieses Prinzip einer interpretierten Programmiersprache hat verschiedene Vorteile. So kann derselbe Python-Code beispielsweise unmodifiziert auf allen Plattformen ausgeführt werden, für die ein Python-Interpreter existiert. Allerdings laufen Programme interpretierter Programmiersprachen aufgrund des zwischengeschalteten Interpreters in der Regel auch langsamer als ein vergleichbares C-Programm, das direkt auf dem Prozessor ausgeführt wird.[3]

4.2 Grundstruktur eines Python-Programms

Um Ihnen ein Gefühl für die Sprache Python zu vermitteln, möchten wir Ihnen zunächst einen Überblick über ihre Syntax geben. Das Wort *Syntax* kommt aus dem Griechischen und bedeutet »Satzbau«. Unter der Syntax einer Programmiersprache ist die vollständige Beschreibung erlaubter und verbotener Konstruktionen zu verstehen. Die Syntax wird durch eine Grammatik festgelegt, an die sich der Programmierer zu halten hat. Tut er es nicht, so verursacht er den allseits bekannten *Syntax Error*.

Python macht dem Programmierer sehr genaue Vorgaben, wie er seinen Quellcode zu strukturieren hat. Obwohl erfahrene Programmierer darin eine Einschränkung sehen mögen, kommt diese Eigenschaft gerade Programmierneulingen zugute, denn unstrukturierter und unübersichtlicher Code ist eine der größten Fehlerquellen in der Programmierung.

Grundsätzlich besteht ein Python-Programm aus einzelnen *Anweisungen*, die im einfachsten Fall genau eine Zeile im Quelltext einnehmen. Folgende Anweisung gibt beispielsweise einen Text auf dem Bildschirm aus:

```
print("Hallo Welt")
```

Einige Anweisungen lassen sich in einen *Anweisungskopf* und einen *Anweisungskörper* unterteilen, wobei der Körper weitere Anweisungen enthalten kann:

```
Anweisungskopf:
    Anweisung
        ⋮
    Anweisung
```

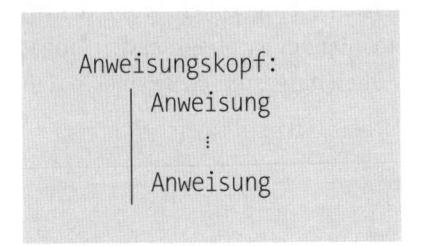

Abbildung 4.3 Struktur einer mehrzeiligen Anweisung

---

3 Zumindest dann, wenn der Interpreter keine Laufzeitoptimierung über eine Just-in-Time-Kompilierung durchführt. Mit PyPy lernen Sie einen solchen Python-Interpreter in Abschnitt 35.6.9, »Alternative Interpreter: PyPy«, kennen.

Das kann in einem konkreten Python-Programm etwa so aussehen:

```
if x > 10:
    print("x ist größer als 10")
    print("Zweite Zeile!")
```

Die Zugehörigkeit des Körpers zum Kopf wird in Python durch einen Doppelpunkt am Ende des Anweisungskopfs und durch eine tiefere Einrückung des Anweisungskörpers festgelegt. Die Einrückung kann sowohl über Tabulatoren als auch über Leerzeichen erfolgen, wobei Sie gut beraten sind, beides nicht zu vermischen. Wir empfehlen eine Einrückungstiefe von jeweils vier Leerzeichen.

Python unterscheidet sich hier von vielen gängigen Programmiersprachen, in denen die Zuordnung von Anweisungskopf und Anweisungskörper durch geschweifte Klammern oder Schlüsselwörter wie »Begin« und »End« erreicht wird.

> **Hinweis**
>
> Ein Programm, in dem sowohl Leerzeichen als auch Tabulatoren verwendet wurden, kann vom Python-Compiler anstandslos übersetzt werden, da jeder Tabulator intern durch acht Leerzeichen ersetzt wird. Dies kann aber zu schwer auffindbaren Fehlern führen, denn viele Editoren verwenden standardmäßig eine Tabulatorweite von vier Leerzeichen. Dadurch scheinen bestimmte Quellcodeabschnitte gleich weit eingerückt, obwohl sie es *de facto* nicht sind.
>
> Bitte stellen Sie Ihren Editor so ein, dass jeder Tabulator automatisch durch Leerzeichen ersetzt wird, oder verwenden Sie ausschließlich Leerzeichen zur Einrückung Ihres Codes.

Möglicherweise fragen Sie sich jetzt, wie Anweisungen, die über mehrere Zeilen gehen, mit dem interaktiven Modus vereinbar sind, in dem ja immer nur eine Zeile bearbeitet werden kann. Nun, generell werden wir versuchen, den interaktiven Modus zu vermeiden, wenn ein Code-Beispiel mehrere Zeilen lang ist. Dennoch ist die Frage berechtigt. Die Antwort: Es wird ganz intuitiv zeilenweise eingegeben. Wenn der Interpreter erkennt, dass eine Anweisung noch nicht vollendet ist, ändert er den Eingabeprompt von >>> in .... Geben wir einmal unser oben dargestelltes Beispiel in den interaktiven Modus ein:

```
>>> x = 123
>>> if x > 10:
...     print("Der Interpreter leistet gute Arbeit")
...     print("Zweite Zeile!")
...
Der Interpreter leistet gute Arbeit
Zweite Zeile!
>>>
```

Beachten Sie, dass Sie die aktuelle Einrückungstiefe berücksichtigen müssen, auch wenn eine Zeile mit ... beginnt. Darüber hinaus kann der Interpreter das Ende des Anweisungskörpers nicht automatisch erkennen, da dieser beliebig viele Anweisungen enthalten kann. Deswegen muss ein Anweisungskörper im interaktiven Modus durch Drücken der ⏎-Taste beendet werden.

4.2.1 Umbrechen langer Zeilen

Prinzipiell können Quellcodezeilen beliebig lang werden. Viele Programmierer beschränken die Länge ihrer Quellcodezeilen jedoch, damit beispielsweise mehrere Quellcodedateien nebeneinander auf den Bildschirm passen oder der Code auch auf Geräten mit einer festen Zeilenbreite angenehm zu lesen ist. Eine geläufige maximale Zeilenlänge sind 80 Zeichen. Innerhalb von Klammern dürfen Sie Quellcode zwar beliebig umbrechen, doch an vielen anderen Stellen sind Sie an die strengen syntaktischen Regeln von Python gebunden. Durch den Einsatz der Backslash-Notation ist es möglich, Quellcode an nahezu beliebigen Stellen in eine neue Zeile umzubrechen:

```
>>> var \
... = \
... 10
>>> var
10
```

Grundsätzlich kann ein Backslash überall da stehen, wo auch ein Leerzeichen hätte stehen können. Daher ist auch ein Backslash innerhalb eines Strings möglich:

```
>>> "Hallo \
... Welt"
'Hallo Welt'
```

Beachten Sie dabei aber, dass eine Einrückung des umbrochenen Teils des Strings Leerzeichen in den String schreibt. Aus diesem Grund sollten Sie die folgende Variante, einen String in mehrere Zeilen zu schreiben, vorziehen:

```
>>> "Hallo " \
... "Welt"
'Hallo Welt'
```

4.2.2 Zusammenfügen mehrerer Zeilen

Genauso, wie Sie eine einzeilige Anweisung mithilfe des Backslashs auf mehrere Zeilen umbrechen, können Sie mehrere einzeilige Anweisungen in einer Zeile zusammenfassen. Dazu werden die Anweisungen durch ein Semikolon voneinander getrennt:

```
>>> print("Hallo"); print("Welt")
Hallo
Welt
```

Anweisungen, die aus einem Anweisungskopf und einem Anweisungskörper bestehen, können auch ohne Einsatz eines Semikolons in eine Zeile gefasst werden, sofern der Anweisungskörper selbst aus nicht mehr als einer Zeile besteht:

```
>>> x = True
>>> if x: print("Hallo Welt")
...
Hallo Welt
```

Sollte der Anweisungskörper mehrere Zeilen lang sein, können diese durch ein Semikolon zusammengefasst werden:

```
>>> x = True
>>> if x: print("Hallo"); print("Welt")
...
Hallo
Welt
```

Alle durch ein Semikolon zusammengefügten Anweisungen werden so behandelt, als wären sie gleich weit eingerückt. Allein ein Doppelpunkt vergrößert die Einrückungstiefe. Aus diesem Grund gibt es im oben genannten Beispiel keine Möglichkeit, in derselben Zeile eine Anweisung zu schreiben, die nicht mehr im Körper der if-Anweisung steht.

> **Hinweis**
>
> Beim Einsatz des Backslashs und vor allem des Semikolons entsteht schnell unleserlicher Code. Verwenden Sie beide Notationen daher nur, wenn Sie meinen, dass es der Lesbarkeit und Übersichtlichkeit dienlich ist.

4.3 Das erste Programm

Als Einstieg in die Programmierung mit Python erstellen wir hier ein kleines Beispielprogramm, das Spiel »Zahlenraten«. Die Spielidee ist folgende: Der Spieler soll eine im Programm festgelegte Zahl erraten. Dazu stehen ihm beliebig viele Versuche zur Verfügung. Nach jedem Versuch informiert ihn das Programm darüber, ob die geratene Zahl zu groß, zu klein oder genau richtig gewesen ist. Sobald der Spieler die Zahl erraten hat, gibt das Programm die Anzahl der Versuche aus und wird beendet. Aus Sicht des Spielers soll das Ganze folgendermaßen aussehen:

```
Raten Sie: 42
Zu klein
Raten Sie: 10000
Zu groß
Raten Sie: 999
Zu klein
Raten Sie: 1337
Super, Sie haben es in 4 Versuchen geschafft!
```

Kommen wir vom Ablaufprotokoll zur konkreten Implementierung in Python:

```
geheimnis = 1337
versuch = -1
zaehler = 0

while versuch != geheimnis:

    versuch = int(input("Raten Sie: "))

    if versuch < geheimnis:
        print("Zu klein")

    if versuch > geheimnis:
        print("Zu groß")

    zaehler = zaehler + 1

print("Super, Sie haben es in ", zaehler, "Versuchen geschafft!")
```

Initialisierung:
Hier werden Variablen angelegt und mit Werten versehen.

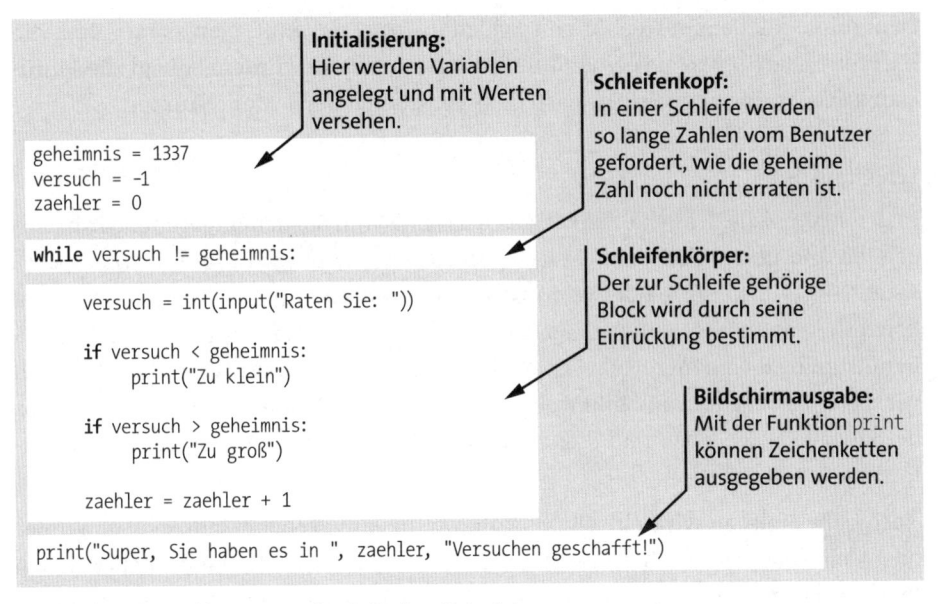

Schleifenkopf:
In einer Schleife werden so lange Zahlen vom Benutzer gefordert, wie die geheime Zahl noch nicht erraten ist.

Schleifenkörper:
Der zur Schleife gehörige Block wird durch seine Einrückung bestimmt.

Bildschirmausgabe:
Mit der Funktion print können Zeichenketten ausgegeben werden.

Abbildung 4.4 Zahlenraten, ein einfaches Beispiel

Die hervorgehobenen Bereiche des Programms werden im Folgenden noch einmal ausführlich diskutiert.

Initialisierung

Bei der Initialisierung werden die für das Spiel benötigten Variablen angelegt. Python unterscheidet zwischen verschiedenen Datentypen, wie etwa Zeichenketten, Ganz- oder Fließkommazahlen. Der Typ einer Variablen wird zur Laufzeit des Programms anhand des ihr zugewiesenen Wertes bestimmt. Es ist also nicht nötig, einen Datentyp explizit anzugeben. Eine Variable kann im Laufe des Programms ihren Typ ändern.

In unserem Spiel werden Variablen für die gesuchte Zahl (geheimnis), die Benutzereingabe (versuch) und den Versuchszähler (zaehler) angelegt und mit Anfangswerten versehen. Dadurch, dass versuch und geheimnis zu Beginn des Programms verschiedene Werte haben, ist sichergestellt, dass die Schleife anläuft.

Schleifenkopf

Eine while-Schleife wird eingeleitet. Eine while-Schleife läuft so lange, wie die im Schleifenkopf genannte Bedingung (versuch != geheimnis) erfüllt ist, also in diesem Fall, bis die Variablen versuch und geheimnis den gleichen Wert haben. Aus Benutzersicht bedeutet dies: Die Schleife läuft so lange, bis die Benutzereingabe mit der zu erratenden Zahl übereinstimmt.

Den zum Schleifenkopf gehörigen Schleifenkörper erkennt man daran, dass die nachfolgenden Zeilen um eine Stufe weiter eingerückt wurden. Sobald die Einrückung wieder um einen Schritt nach links geht, endet der Schleifenkörper.

Schleifenkörper

In der ersten Zeile des Schleifenkörpers wird eine vom Spieler eingegebene Zahl eingelesen und in der Variablen versuch gespeichert. Dabei wird mithilfe von input(" Raten Sie: ") die Eingabe des Benutzers eingelesen und mit int in eine ganze Zahl konvertiert (von engl. *integer*, »ganze Zahl«). Diese Konvertierung ist wichtig, da Benutzereingaben generell als String eingelesen werden. In unserem Fall möchten wir die Eingabe jedoch als Zahl weiterverwenden. Der String "Raten Sie: " wird vor der Eingabe ausgegeben und dient dazu, den Benutzer zur Eingabe der Zahl aufzufordern.

Nach dem Einlesen wird einzeln geprüft, ob die eingegebene Zahl versuch größer oder kleiner als die gesuchte Zahl geheimnis ist, und mittels print eine entsprechende Meldung ausgegeben. Schließlich wird der Versuchszähler zaehler um eins erhöht.

Nach dem Hochzählen des Versuchszählers endet der Schleifenkörper, da die nächste Zeile nicht mehr unter dem Schleifenkopf eingerückt ist.

Bildschirmausgabe

Die letzte Programmzeile gehört nicht mehr zum Schleifenkörper. Das bedeutet, dass sie erst ausgeführt wird, wenn die Schleife vollständig durchlaufen, das Spiel also gewonnen ist. In diesem Fall werden eine Erfolgsmeldung sowie die Anzahl der benötigten Versuche ausgegeben. Das Spiel ist beendet.

Erstellen Sie jetzt Ihr erstes Python-Programm, indem Sie den Programm-Code in eine Datei namens *spiel.py* schreiben und ausführen. Ändern Sie den Startwert von geheimnis, und spielen Sie das Spiel.

4.4 Kommentare

Sie können sich sicherlich vorstellen, dass es nicht das Ziel ist, Programme zu schreiben, die auf eine Postkarte passen würden. Mit der Zeit wird der Quelltext Ihrer Programme umfangreicher und komplexer werden. Irgendwann ist der Zeitpunkt erreicht, da bloßes Gedächtnistraining nicht mehr ausreicht, um die Übersicht zu bewahren. Spätestens dann kommen Kommentare ins Spiel.

Ein *Kommentar* ist ein kleiner Text, der eine bestimmte Stelle des Quellcodes erläutert und auf Probleme, offene Aufgaben oder Ähnliches hinweist. Ein Kommentar wird vom Interpreter einfach ignoriert, ändert also am Ablauf des Programms nichts.

Die einfachste Möglichkeit, einen Kommentar zu verfassen, ist der *Zeilenkommentar*. Diese Art des Kommentars wird mit dem #-Zeichen begonnen und endet mit dem Ende der Zeile:

```
# Ein Beispiel mit Kommentaren
print("Hallo Welt!") # Simple Hallo-Welt-Ausgabe
```

Für längere Kommentare bietet sich ein *Blockkommentar* an. Ein Blockkommentar beginnt und endet mit drei aufeinanderfolgenden Anführungszeichen[4]:

```
""" Dies ist ein Blockkommentar,
er kann sich über mehrere Zeilen erstrecken. """
```

Kommentare sollten nur gesetzt werden, wenn sie zum Verständnis des Quelltextes beitragen oder wertvolle Informationen enthalten. Jede noch so unwichtige Zeile zu kommentieren, führt dazu, dass man den Wald vor lauter Bäumen nicht mehr sieht.

4.5 Der Fehlerfall

Vielleicht haben Sie bereits mit dem Beispielprogramm aus Abschnitt 4.3, »Das erste Programm«, gespielt und sind dabei auf eine solche oder ähnliche Ausgabe des Interpreters gestoßen:

```
File "hallo_welt.py", line 8
    if versuch < geheimnis
                         ^
SyntaxError: invalid syntax
```

Es handelt sich dabei um eine Fehlermeldung, die in diesem Fall auf einen Syntaxfehler im Programm hinweist. Können Sie erkennen, welcher Fehler hier vorliegt? Richtig, es fehlt der Doppelpunkt am Ende der Zeile.

---

4 Eigentlich wird mit dieser Notation kein Blockkommentar erzeugt, sondern ein mehrzeiliger String, der sich aber auch dazu eignet, größere Quellcodebereiche »auszukommentieren«.

Python stellt bei der Ausgabe einer Fehlermeldung wichtige Informationen bereit, die bei der Fehlersuche hilfreich sind:

- Die erste Zeile der Fehlermeldung gibt Aufschluss darüber, in welcher Zeile innerhalb welcher Datei der Fehler aufgetreten ist. In diesem Fall handelt es sich um die Zeile 8 in der Datei *spiel.py*.
- Der mittlere Teil zeigt den betroffenen Ausschnitt des Quellcodes, wobei die genaue Stelle, auf die sich die Meldung bezieht, mit einem kleinen Pfeil markiert ist. Wichtig ist, dass dies die Stelle ist, an der der Interpreter den Fehler erstmalig feststellen konnte. Das ist nicht unbedingt gleichbedeutend mit der Stelle, an der der Fehler gemacht wurde.
- Die letzte Zeile spezifiziert den Typ der Fehlermeldung, in diesem Fall einen Syntax Error. Dies sind die am häufigsten auftretenden Fehlermeldungen. Sie zeigen an, dass der Compiler das Programm aufgrund eines formalen Fehlers nicht weiter übersetzen konnte.

Neben dem Syntaxfehler gibt es eine Reihe weiterer Fehlertypen, die an dieser Stelle nicht alle im Detail besprochen werden sollen. Wir möchten jedoch noch auf den IndentationError (dt. »Einrückungsfehler«) hinweisen, da er gerade bei Python-Anfängern häufig auftritt. Versuchen Sie dazu einmal, folgendes Programm auszuführen:

```
i = 10
if i == 10:
print("Falsch eingerückt")
```

Sie sehen, dass die letzte Zeile eigentlich einen Schritt weiter eingerückt sein müsste. So, wie das Programm jetzt geschrieben wurde, hat die if-Anweisung keinen Anweisungskörper. Das ist nicht zulässig, und es tritt ein IndentationError auf:

```
File "indent.py", line 3
    print("Falsch eingerückt")
        ^
IndentationError: expected an indented block
```

Nachdem wir uns mit diesen Grundlagen vertraut gemacht haben, kommen wir zu den Kontrollstrukturen, die es dem Programmierer erlauben, den Programmfluss zu steuern.

Kapitel 5
Kontrollstrukturen

Unter einer *Kontrollstruktur* versteht man ein Konstrukt zur Steuerung des Programmablaufs. Dabei unterscheidet man in Python zwei Arten von Kontrollstrukturen: *Schleifen* und *Fallunterscheidungen*. Schleifen dienen dazu, einen Code-Block mehrmals auszuführen. Fallunterscheidungen hingegen knüpfen einen Code-Block an eine Bedingung. Python kennt jeweils zwei Unterarten von Schleifen und Fallunterscheidungen, die wir im Folgenden behandeln werden.

Kontrollstrukturen können beliebig ineinander verschachtelt werden. Die Einrückungstiefe wächst dabei kontinuierlich.

5.1 Fallunterscheidungen

In Python gibt es zwei Arten von Fallunterscheidungen: die klassische if-*Anweisung*[1] und die *bedingten Ausdrücke* als erweiterte Möglichkeit der bedingten Ausführung von Code. Wir werden im Folgenden beide Arten der Fallunterscheidung detailliert besprechen und mit Beispielen erläutern. Dabei beginnen wir mit der if-Anweisung.

5.1.1 Die if-Anweisung

Die einfachste Möglichkeit der Fallunterscheidung ist die if-Anweisung. Eine if-Anweisung besteht aus einem Anweisungskopf, der eine Bedingung enthält, und aus einem Code-Block als Anweisungskörper (siehe Abbildung 5.1).

Der Code-Block wird nur ausgeführt, wenn sich die Bedingung als wahr herausstellt. Die Bedingung einer if-Anweisung muss dabei ein Ausdruck sein, der als Wahrheitswert (True oder False) interpretiert werden kann. Typischerweise werden hier die logischen Ausdrücke angewendet, die in Abschnitt 3.7 eingeführt wurden.

---

[1] Als Anweisung (engl. *statement*) wird eine einzelne Vorschrift im Quellcode bezeichnet. Es gibt einzeilige Anweisungen, beispielsweise Zuweisungen, aber auch mehrzeilige Anweisungen, die weitere Anweisungen enthalten können. Ein Beispiel für eine mehrzeilige Anweisung ist die angesprochene if-Anweisung. Beachten Sie, dass es einen Unterschied zwischen den Begriffen »Anweisung« und »Ausdruck« gibt. Im Gegensatz zu einer Anweisung hat ein Ausdruck immer einen Wert.

```
if Bedingung:
    Anweisung
    ⋮
    Anweisung
```

Abbildung 5.1 Struktur einer if-Anweisung

Als Beispiel betrachten wir eine if-Anweisung, die einen entsprechenden Text nur dann ausgibt, wenn die Variable x den Wert 1 hat:[2]

```
if x == 1:
    print("x hat den Wert 1")
```

Selbstverständlich können Sie auch andere vergleichende Operatoren oder einen komplexeren logischen Ausdruck verwenden und mehr als eine Anweisung in den Körper schreiben:

```
if x < 1 or x > 5:
    print("x ist kleiner als 1 ...")
    print("... oder größer als 5")
```

In vielen Fällen ist es mit einer einzelnen if-Anweisung nicht getan, und man benötigt eine ganze Kette von Fallunterscheidungen. So möchten wir im nächsten Beispiel zwei unterschiedliche Strings ausgeben, je nachdem, ob x == 1 oder x == 2 gilt. Dazu können zwei aufeinanderfolgende if-Anweisungen verwendet werden:

```
if x == 1:
    print("x hat den Wert 1")
if x == 2:
    print("x hat den Wert 2")
```

Dies ist aus Sicht des Interpreters eine ineffiziente Art, das Ziel zu erreichen, denn beide Bedingungen werden in jedem Fall ausgewertet und überprüft. Die zweite Fallunterscheidung bräuchte jedoch nicht mehr in Betracht gezogen zu werden, wenn die Bedingung der ersten bereits True ergeben hat. Die Variable x kann unter keinen Umständen sowohl den Wert 1 als auch 2 haben. Um solche Fälle aus Sicht des Interpreters effizienter und aus Sicht des Programmierers übersichtlicher zu machen, kann eine if-Anweisung um einen oder mehrere sogenannte elif-Zweige[3] erweitert

---

[2] Beachten Sie, dass für dieses und die folgenden Beispiele eine Variable x bereits existieren muss. Sollte dies nicht der Fall sein, bekommen Sie einen NameError.
[3] »elif« ist ein Kürzel für »else if«.

werden. Die Bedingung eines solchen Zweiges wird nur evaluiert, wenn alle vorangegangenen if- bzw. elif-Bedingungen False ergeben haben.

Das oben genannte Beispiel können Sie mithilfe von elif folgendermaßen verfassen:

```
if x == 1:
    print("x hat den Wert 1")
elif x == 2:
    print("x hat den Wert 2")
```

Eine if-Anweisung kann um beliebig viele elif-Zweige erweitert werden (siehe Abbildung 5.2).

```
if Bedingung:
    Anweisung
    ⋮
    Anweisung
elif Bedingung:
    Anweisung
    ⋮
    Anweisung
elif Bedingung:
    Anweisung
    ⋮
    Anweisung
```

Abbildung 5.2 Struktur einer if-Anweisung mit elif-Zweigen

Im Quelltext könnte dies folgendermaßen aussehen:

```
if x == 1:
    print("x hat den Wert 1")
elif x == 2:
    print("x hat den Wert 2")
elif x == 3:
    print("x hat den Wert 3")
```

Als letzte Erweiterung der if-Anweisung ist es möglich, alle bisher unbehandelten Fälle auf einmal abzufangen. So möchten wir beispielsweise nicht nur einen entsprechenden String ausgeben, wenn x == 1 bzw. x == 2 gilt, sondern zusätzlich in allen anderen Fällen eine Fehlermeldung, also zum Beispiel, wenn x == 35 gilt. Dazu kann eine if-Anweisung um einen else-Zweig erweitert werden. Ist dieser vorhanden, muss er an das Ende der if-Anweisung geschrieben werden (siehe Abbildung 5.3).

```
if Bedingung:
    Anweisung
    ⋮
    Anweisung
else:
    Anweisung
    ⋮
    Anweisung
```

Abbildung 5.3 Struktur einer if-Anweisung mit else-Zweig

Konkret im Quelltext kann dies so aussehen:

```python
if x == 1:
    print("x hat den Wert 1")
elif x == 2:
    print("x hat den Wert 2")
else:
    print("Fehler: Der Wert von x ist weder 1 noch 2")
```

Der dem else-Zweig untergeordnete Code-Block wird nur dann ausgeführt, wenn alle vorangegangenen Bedingungen nicht erfüllt waren. Zu einer if-Anweisung darf maximal ein else-Zweig gehören. Im Beispiel wurde else in Kombination mit elif verwendet, was möglich, aber nicht zwingend ist. Abbildung 5.4 stellt den Aufbau einer if-Anweisung noch einmal übersichtlich dar.

```
if Bedingung:
    Anweisung
    ⋮
    Anweisung
```

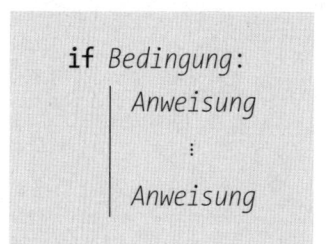

Abbildung 5.4 Aufbau einer if-Anweisung

> **Hinweis**
>
> Sollten Sie bereits eine Programmiersprache wie C oder Java beherrschen, wird Sie interessieren, dass in Python kein Pendant zur switch/case-Kontrollstruktur dieser Sprachen existiert. Das Verhalten dieser Kontrollstruktur kann durch eine Kaskade von if/elif/else-Zweigen nachgebildet werden.

5.1.2 Bedingte Ausdrücke

Betrachten Sie in Anlehnung an den vorangegangenen Abschnitt einmal folgenden Code:

```
if x == 1:
    var = 20
else:
    var = 30
```

Wenn Sie bedenken, dass es sich lediglich um eine an eine Bedingung geknüpfte Zuweisung handelt, ist das Beispiel mit vier Zeilen bemerkenswert lang. Wir werden Ihnen jetzt zeigen, dass dieser Code mithilfe eines *bedingten Ausdrucks* (engl. »conditional expression«) in eine Zeile passt.

Ein solcher bedingter Ausdruck kann abhängig von einer Bedingung zwei verschiedene Werte annehmen. So ist es zum Beispiel möglich, var in derselben Zuweisung je nach Wert von x entweder auf 20 oder auf 30 zu setzen:

```
var = (20 if x == 1 else 30)
```

Die Klammern umschließen in diesem Fall den bedingten Ausdruck. Sie sind nicht notwendig, erhöhen aber die Übersicht. Der Aufbau einer Conditional Expression orientiert sich an der englischen Sprache und lautet folgendermaßen:

A **if** *Bedingung* **else** *B*

Sie nimmt dabei entweder den Wert *A* an, wenn die Bedingung erfüllt ist, oder andernfalls den Wert *B*. Sie könnten sich also vorstellen, dass die Conditional Expression nach dem Gleichheitszeichen entweder durch *A* oder *B*, also im obigen Beispiel durch 20 oder 30, ersetzt wird. Nach der Auswertung des bedingten Ausdrucks ergibt sich also wieder eine gültige Zuweisung.

Diese Form, eine Anweisung an eine Bedingung zu knüpfen, kann selbstverständlich nicht nur auf Zuweisungen angewandt werden. Im folgenden Beispiel wird mit derselben print-Anweisung je nach Wert von x ein anderer String ausgegeben:

```
print("x hat den Wert 1" if x == 1 else "x ist ungleich 1")
```

Beachten Sie, dass es sich bei *Bedingung* um einen logischen sowie bei *A* und *B* um zwei beliebige arithmetische Ausdrücke handeln kann. Eine komplexe Conditional Expression kann folglich auch so aussehen:

```
xyz = (a * 2 if (a > 10 and b < 5) else b * 2)
```

Dabei ist zu beachten, dass sich die Auswertungsreihenfolge der bedingten Ausdrücke von den normalen Auswertungsregeln von Python-Code unterscheidet. Es wird immer zunächst die Bedingung ausgewertet und erst dann, je nach Ergebnis, entweder der linke oder der rechte Teil des Ausdrucks. Ein solches Auswertungsvorgehen wird *Lazy Evaluation* genannt, da nicht alle Komponenten der Anweisung ausgewertet werden.

Die hier vorgestellten Conditional Expressions können in der Praxis dazu verwendet werden, umständlichen und langen Code elegant zu verkürzen. Allerdings geht das auf Kosten der Lesbarkeit und Übersichtlichkeit. Wir werden deshalb in diesem Buch nur in Ausnahmefällen davon Gebrauch machen. Es steht Ihnen allerdings frei, Conditional Expressions in Ihren eigenen Projekten nach Herzenslust zu verwenden.

5.2 Schleifen

Eine *Schleife* ermöglicht es, einen Code-Block, den *Schleifenkörper*, mehrmals hintereinander auszuführen. Python unterscheidet zwei Typen von Schleifen: die while-Schleife als einfaches Schleifenkonstrukt und die for-Schleife zum Durchlaufen komplexerer Datentypen.

5.2.1 Die while-Schleife

Die while-Schleife haben wir bereits in dem Spiel »Zahlenraten« verwendet. Sie dient dazu, einen Code-Block so lange auszuführen, wie eine bestimmte Bedingung erfüllt ist. In unserem ersten Programm aus Abschnitt 4.3, »Das erste Programm«, wurde mithilfe einer while-Schleife so lange eine neue Zahl vom Spieler eingelesen, bis die eingegebene mit der gesuchten Zahl übereinstimmte.

Grundsätzlich besteht eine while-Schleife aus einem Schleifenkopf, in dem die Bedingung steht, sowie einem Schleifenkörper, der dem auszuführenden Code-Block entspricht. Beachten Sie, dass die Schleife läuft, *solange* die Bedingung erfüllt ist, und nicht, *bis* diese erfüllt ist.

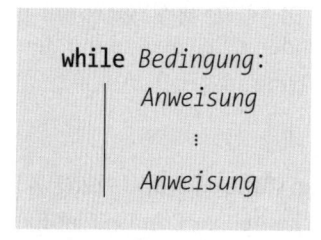

```
while Bedingung:
    Anweisung
        ⋮
    Anweisung
```

Abbildung 5.5 Struktur einer while-Schleife

Das folgende Beispiel ist eine etwas verknappte Variante des »Zahlenraten«-Spiels und soll die Verwendung der while-Schleife veranschaulichen:

```
geheimnis = 1337
versuch = -1
while versuch != geheimnis:
    versuch = int(input("Raten Sie: "))
print("Sie haben es geschafft!")
```

Das Schlüsselwort while leitet den Schleifenkopf ein, dann folgen die gewünschte Bedingung und ein Doppelpunkt. In den nächsten Zeilen folgt, um eine Stufe weiter eingerückt, der Schleifenkörper. Dort wird eine Zahl vom Benutzer eingelesen und mit dem Namen versuch versehen. Dieser Prozess läuft so lange, bis die im Schleifenkopf genannte Bedingung erfüllt ist, bis also die Eingabe des Benutzers (versuch) mit der geheimen Zahl (geheimnis) übereinstimmt.

5.2.2 Abbruch einer Schleife

Da die im vorangegangenen Abschnitt eingeführte Variante des »Zahlenraten«-Spiels keine Hinweise darauf gibt, in welchen Bereichen die gesuchte Zahl liegt, kann ein Spiel recht lange dauern. Wir möchten dem Benutzer in diesem Abschnitt die Möglichkeit geben, das Spiel durch Eingabe einer 0 vorzeitig abzubrechen. Dies lässt sich durch eine Modifikation der Schleifenbedingung zu

```
versuch != geheimnis and versuch != 0
```

erreichen. Das ist in diesem Fall eine annehmbare Lösung, doch wenn die Schleifenbedingung an sich bereits komplex ist und zusätzlich noch mehrere Abbruchbedingungen hinzugefügt werden, leidet die Lesbarkeit des Quellcodes stark.

Eine alternative Lösung bietet das Schlüsselwort break, das an einer beliebigen Stelle im Schleifenkörper stehen kann und die Schleife abbricht.

```
geheimnis = 1337
versuch = -1
while versuch != geheimnis:
    versuch = int(input("Raten Sie: "))
    if versuch == 0:
        print("Das Spiel wird beendet")
        break
print("Sie haben es geschafft!")
```

Direkt nach der Benutzereingabe wird mit einer if-Anweisung geprüft, ob es sich bei der Eingabe um eine 0 handelt. Sollte dies der Fall sein, wird eine entsprechende Meldung ausgegeben und die while-Schleife mit break beendet.

5.2.3 Erkennen eines Schleifenabbruchs

Im vorangegangenen Abschnitt wurde dem Benutzer die Möglichkeit gegeben, das »Zahlenraten«-Spiel durch Eingabe einer 0 vorzeitig zu beenden. Leider wird die Erfolgsmeldung, die dem Spieler eigentlich signalisieren soll, dass er die gesuchte Zahl erraten hat, in jedem Fall nach Beendigung der Schleife angezeigt, also auch nachdem der Benutzer das Spiel abgebrochen hat:

```
Raten Sie: 10
Raten Sie: 20
Raten Sie: 30
Raten Sie: 0
Das Spiel wird beendet
Sie haben es geschafft!
```

An dieser Stelle suchen wir also nach einer Möglichkeit zu erkennen, ob die Schleife aufgrund der Schleifenbedingung oder aufgrund einer break-Anweisung beendet wurde. Dazu kann eine while-Schleife ähnlich wie eine if-Anweisung um einen else-Zweig erweitert werden. Der Code-Block, der zu diesem Zweig gehört, wird genau einmal ausgeführt, nämlich dann, wenn die Schleife vollständig abgearbeitet wurde, also die Bedingung zum ersten Mal False ergibt. Insbesondere wird der else-Zweig nicht ausgeführt, wenn die Schleife durch eine break-Anweisung vorzeitig abgebrochen wurde.

```
while Bedingung:
    Anweisung
        ⋮
    Anweisung
else:
    Anweisung
        ⋮
    Anweisung
```

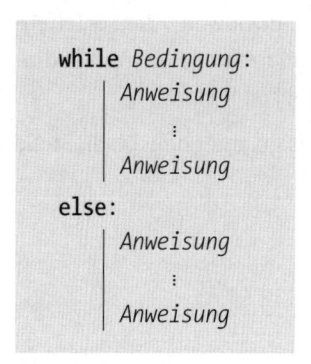

Abbildung 5.6 Struktur einer while-Schleife mit else-Zweig

Betrachten wir dies an einem konkreten Beispiel:

```python
geheimnis = 1337
versuch = -1
while versuch != geheimnis:
    versuch = int(input("Raten Sie: "))
    if versuch == 0:
        print("Das Spiel wird beendet")
        break
```

```
else:
    print("Sie haben es geschafft!")
```

Aus Benutzersicht bedeutet dies, dass die Erfolgsmeldung ausgegeben wird, wenn die richtige Zahl geraten wurde:

```
Raten Sie: 10
Raten Sie: 1337
Sie haben es geschafft!
```

Wenn der Benutzer umgekehrt zum Spielabbruch die 0 eingibt, wird der else-Zweig nicht ausgeführt und damit auch keine Erfolgsmeldung ausgegeben:

```
Raten Sie: 10
Raten Sie: 0
Das Spiel wird beendet
```

5.2.4 Abbruch eines Schleifendurchlaufs

Wir haben mit break bereits eine Möglichkeit vorgestellt, den Ablauf einer Schleife zu beeinflussen. Eine zweite Möglichkeit bietet die continue-Anweisung, die im Gegensatz zu break nicht die gesamte Schleife, sondern nur den aktuellen Schleifendurchlauf abbricht. Um dies zu veranschaulichen, betrachten wir das folgende Beispiel, das bisher noch ohne continue-Anweisung auskommt:

```
while True:
    zahl = int(input("Geben Sie eine Zahl ein: "))
    ergebnis = 1
    while zahl > 0:
        ergebnis = ergebnis * zahl
        zahl = zahl - 1
    print("Ergebnis: ", ergebnis)
```

In einer Endlosschleife – also einer while-Schleife, deren Bedingung unter allen Umständen erfüllt ist – wird eine Zahl eingelesen und die Variable ergebnis mit 1 initialisiert. In einer darauffolgenden weiteren while-Schleife wird ergebnis so lange mit zahl multipliziert, wie die Bedingung zahl > 0 erfüllt ist. Zudem wird in jedem Durchlauf der inneren Schleife der Wert von zahl um 1 verringert.

Nachdem die innere Schleife durchlaufen ist, wird die Variable ergebnis ausgegeben. Wie Sie vermutlich bereits erkannt haben, berechnet das Beispielprogramm die Fakultät[4] einer jeden eingegebenen Zahl:

---

[4] Die Fakultät $n!$ einer natürlichen Zahl n ist das Produkt aller natürlichen Zahlen, die kleiner oder gleich n sind: $n! = 1 \cdot 2 \cdot \ldots \cdot (n-1) \cdot n$.

```
Geben Sie eine Zahl ein: 4
Ergebnis:  24
Geben Sie eine Zahl ein: 5
Ergebnis:  120
Geben Sie eine Zahl ein: 6
Ergebnis:  720
```

Allerdings erlaubt der obige Code auch eine solche Eingabe:

```
Geben Sie eine Zahl ein: -10
Ergebnis:  1
```

Durch die Eingabe einer negativen Zahl ist die Bedingung der inneren Schleife von vornherein False, die Schleife wird also gar nicht erst ausgeführt. Aus diesem Grund wird sofort der Wert von ergebnis ausgegeben, der in diesem Fall 1 ist.

Das ist nicht das, was man in diesem Fall erwarten würde. Bei einer negativen Zahl handelt es sich um eine ungültige Eingabe. Idealerweise sollte das Programm also bei Eingabe einer ungültigen Zahl die Berechnung abbrechen und kein Ergebnis anzeigen. Dieses Verhalten kann über eine continue-Anweisung umgesetzt werden:

```python
while True:
    zahl = int(input("Geben Sie eine Zahl ein: "))
    if zahl < 0:
        print("Negative Zahlen sind nicht erlaubt")
        continue
    ergebnis = 1
    while zahl > 0:
        ergebnis = ergebnis * zahl
        zahl = zahl - 1
    print("Ergebnis: ", ergebnis)
```

Direkt nachdem die Eingabe des Benutzers eingelesen wurde, wird in einer if-Anweisung überprüft, ob es sich um eine negative Zahl handelt. Sollte das der Fall sein, wird eine entsprechende Fehlermeldung ausgegeben und der aktuelle Schleifendurchlauf abgebrochen. Das heißt, dass unmittelbar zum nächsten Schleifendurchlauf gesprungen wird, also die Schleifenbedingung geprüft und dann die nächste Zahl vom Benutzer eingelesen wird. Aus Benutzersicht bedeutet das, dass nach Eingabe einer negativen Zahl kein Ergebnis, sondern eine Fehlermeldung ausgegeben und zur Eingabe der nächsten Zahl aufgefordert wird.

```
Geben Sie eine Zahl ein: 4
Ergebnis:  24
Geben Sie eine Zahl ein: 5
Ergebnis:  120
```

```
Geben Sie eine Zahl ein: -10
Negative Zahlen sind nicht erlaubt
Geben Sie eine Zahl ein: -100
Negative Zahlen sind nicht erlaubt
Geben Sie eine Zahl ein: 6
Ergebnis:  720
```

Rückblickend möchten wir hier noch einmal den Unterschied zwischen break und continue herausarbeiten: Während break die Schleife vollständig abbricht, beendet continue nur den aktuellen Schleifendurchlauf, die Schleife an sich läuft weiter.

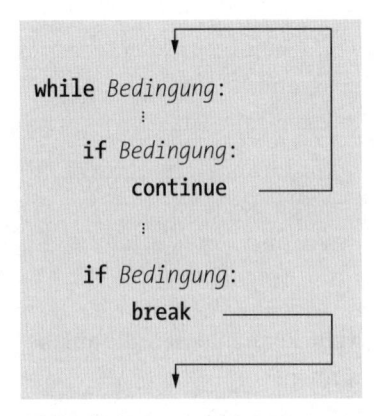

```
while Bedingung:
      ⋮
    if Bedingung:
        continue
      ⋮
    if Bedingung:
        break
```

Abbildung 5.7 Eine Schleife mit break und continue

5.2.5 Die for-Schleife

Neben der bisher behandelten while-Schleife existiert in Python ein weiteres Schleifenkonstrukt, die sogenannte for-Schleife. Eine for-Schleife wird verwendet, um ein *iterierbares Objekt*[5] zu durchlaufen. Dazu wird das Schlüsselwort for geschrieben, gefolgt von einem Bezeichner, dem Schlüsselwort in und dem iterierbaren Objekt. Darauf folgt, eine Ebene weiter eingerückt, der Schleifenkörper.

```
for Variable in Objekt:
    Anweisung
      ⋮
    Anweisung
```

Abbildung 5.8 Struktur einer for-Schleife

---

[5] Ein iterierbares Objekt ist eine Instanz eines Datentyps, der das Iterator-Protokoll implementiert. Sie werden, abgesehen von den bereits bekannten iterierbaren Datentypen Listen und Strings, noch viele weitere kennenlernen, die sich mit einer for-Schleife durchlaufen lassen. Näheres zu iterierbaren Objekten erfahren Sie in Abschnitt 23.3, »Iteratoren«.

Über den gewählten Bezeichner kann im Schleifenkörper auf das jeweils aktuelle Element des iterierbaren Objekts zugegriffen werden. Konkret kann eine for-Schleife beispielsweise Listen oder Strings durchlaufen:

```
>>> for x in [1,2,3]:
...     print(x)
...
1
2
3
>>> for c in "Python":
...     print(c)
...
P
y
t
h
o
n
```

Sie werden im Laufe dieses Buchs noch einige Datentypen kennenlernen, die auf diese Weise mit einer for-Schleife durchlaufen werden können.

> **Hinweis**
>
> Die for-Schleife, wie sie in Python existiert, ist kein Pendant des gleichnamigen Schleifenkonstrukts aus C oder Java. Sie ist mit der foreach-Schleife aus PHP oder Perl bzw. mit der range-based for-Schleife aus C++11 vergleichbar.

```
for Variable in Objekt:
    │ Anweisung
    │     ⋮
    │ Anweisung
else:
    │ Anweisung
    │     ⋮
    │ Anweisung
```

Abbildung 5.9 Struktur einer for-Schleife mit else-Zweig

Die im Zusammenhang mit der while-Schleife besprochenen Schlüsselworte break und continue zum Abbrechen einer Schleife bzw. eines Schleifendurchlaufs (siehe Abschnitt 5.2.2 und Abschnitt 5.2.4) können auch mit der for-Schleife verwendet werden und haben dort dieselbe Bedeutung. Außerdem kann eine for-Schleife analog zur while-Schleife über einen else-Zweig verfügen, der genau dann ausgeführt wird, wenn die Schleife vollständig durchgelaufen ist und nicht mittels break vorzeitig abgebrochen wurde.

5.2.6 Die for-Schleife als Zählschleife

Im Zusammenhang mit der for-Schleife ist die eingebaute Funktion range besonders interessant. Sie erzeugt ein iterierbares Objekt, das alle ganzen Zahlen eines bestimmten Bereichs durchläuft:

range(*stop*)
range(*start*, *stop*)
range(*start*, *stop*, *step*)

Der Platzhalter *start* steht dabei für die Zahl, mit der begonnen wird. Die Schleife wird beendet, sobald *stop* erreicht wurde. Dabei sollten Sie wissen, dass der Schleifenzähler selbst niemals den Wert *stop* erreicht, er bleibt stets kleiner. In jedem Schleifendurchlauf wird der Schleifenzähler um *step* erhöht. Sowohl *start* als auch *stop* und *step* müssen ganze Zahlen sein. Wenn alle Werte angegeben sind, sieht die for-Schleife folgendermaßen aus:

```
for i in range(1, 10, 2):
    print(i)
```

Die Zählvariable i beginnt jetzt mit dem Wert 1; die Schleife wird ausgeführt, solange i kleiner ist als 10, und in jedem Schleifendurchlauf wird i um 2 erhöht. Damit gibt die Schleife die Werte 1, 3, 5, 7 und 9 auf dem Bildschirm aus.

Eine for-Schleife kann nicht nur in positiver Richtung verwendet werden, es ist auch möglich, herunterzuzählen:

```
for i in range(10, 1, -2):
    print(i)
```

In diesem Fall wird i zu Beginn der Schleife auf den Wert 10 gesetzt und in jedem Durchlauf um 2 verringert. Die Schleife läuft, solange i größer ist als 1, und gibt die Werte 10, 8, 6, 4 und 2 auf dem Bildschirm aus.

Damit bietet sich die for-Schleife geradezu an, um das Beispiel des letzten Abschnitts zur Berechnung der Fakultät einer Zahl zu überarbeiten. Es ist gleichzeitig ein Beispiel dafür, dass while- und for-Schleifen ineinander verschachtelt werden können:

```
while True:
    zahl = int(input("Geben Sie eine Zahl ein: "))
    if zahl < 0:
        print("Negative Zahlen sind nicht erlaubt")
        continue
```

```
ergebnis = 1
for i in range(2, zahl+1):
    ergebnis = ergebnis * i
print("Ergebnis: ", ergebnis)
```

Nachdem eine Eingabe durch den Benutzer erfolgt ist und auf ihr Vorzeichen hin überprüft wurde, wird eine for-Schleife eingeleitet. Der Schleifenzähler i der Schleife beginnt mit dem Wert 2. Die Schleife läuft, solange i kleiner als zahl+1 ist: Der höchstmögliche Wert von i ist also zahl. In jedem Schleifendurchlauf wird dann die Variable ergebnis mit i multipliziert.

5.3 Die pass-Anweisung

Während der Entwicklung eines Programms kommt es vor, dass eine Kontrollstruktur vorerst nur teilweise implementiert wird. Der Programmierer erstellt einen Anweisungskopf, fügt aber keinen Anweisungskörper an, da er sich vielleicht zuerst um andere, wichtigere Dinge kümmern möchte. Ein in der Luft hängender Anweisungskopf ohne entsprechenden Körper ist aber ein Syntaxfehler.

Zu diesem Zweck existiert die pass-Anweisung – eine Anweisung, die gar nichts macht. Sie kann folgendermaßen angewendet werden:

```
if x == 1:
    pass
elif x == 2:
    print("x hat den Wert 2")
```

In diesem Fall ist im Körper der if-Anweisung nur pass zu finden. Sollte x also den Wert 1 haben, passiert schlicht und einfach nichts.

Die pass-Anweisung hat den Zweck, Syntaxfehler in vorläufigen Programmversionen zu vermeiden. Fertige Programme enthalten in der Regel keine pass-Anweisungen.

Kapitel 6
Dateien

Bisher haben wir besprochen, wie Sie Instanzen diverser Datentypen erstellen und mit ihnen arbeiten. Darüber hinaus wissen Sie bereits, wie der Programmfluss durch Kontrollstrukturen beeinflusst werden kann. Es ist an der Zeit, dieses Wissen sinnvoll zu verwenden und Sie in die Lage zu versetzen, komplexere Programme zu schreiben. Dieses Kapitel widmet sich den Möglichkeiten zur Ein- bzw. Ausgabe von Daten. Das bezieht sich insbesondere auf das Lesen und Schreiben von Dateien, was zum Standardrepertoire eines Programmierers gehört.

Bevor wir uns konkret auf das Lesen und Schreiben von Dateien in Python stürzen, werden Sie im folgenden Abschnitt die dafür notwendigen Grundlagen kennenlernen.

6.1 Datenströme

Unter einem *Datenstrom* (engl. *data stream*) versteht man eine kontinuierliche Folge von Daten. Dabei werden zwei Typen unterschieden: Von eingehenden Datenströmen (engl. *downstreams*) können Daten gelesen und in ausgehende Datenströme (engl. *upstreams*) geschrieben werden. Bildschirmausgaben, Tastatureingaben sowie Dateien und Netzwerkverbindungen werden als Datenstrom betrachtet.

Abbildung 6.1 veranschaulicht das Konzept der Datenströme anhand eines Beispiels, in dem ein Programm Daten von einem eingehenden Strom empfängt, aus diesen ein Ergebnis berechnet und das Ergebnis auf einem ausgehenden Strom ausgibt. Sie können sich beispielsweise vorstellen, dass das Programm eine Datei ausliest und jedes zweite in der Datei enthaltene Wort auf dem Bildschirm ausgibt.

Es gibt zwei Standarddatenströme, die Sie bereits verwendet haben, ohne es zu wissen: Sowohl die Ausgabe eines Strings auf dem Bildschirm als auch eine Benutzereingabe sind nichts anderes als Operationen auf den Standardeingabe- bzw. -ausgabeströmen stdin und stdout. Auf den Ausgabestrom stdout kann mit der eingebauten Funktion print geschrieben und von dem Eingabestrom stdin mittels input gelesen werden.

6 Dateien

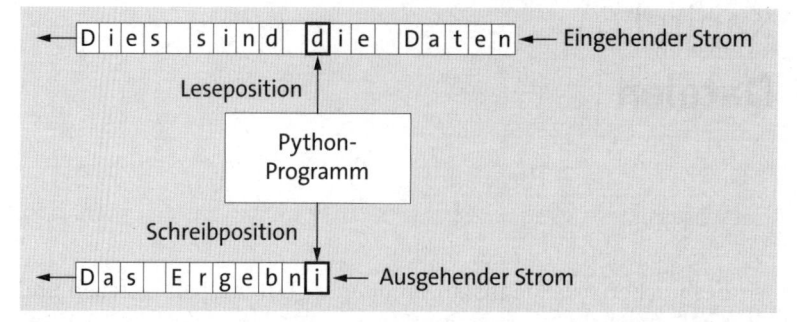

```
  ←─[D][i][e][s]  [s][i][n][d]  [d][i][e]  [D][a][t][e][n]←── Eingehender Strom
                               Leseposition ↑
                                    ┌──────────────┐
                                    │   Python-    │
                                    │   Programm   │
                                    └──────────────┘
                               Schreibposition ↓
  ←─[D][a][s]  [E][r][g][e][b][n][i]←── Ausgehender Strom
```

Abbildung 6.1 Ein Programm liest Daten von einem eingehenden Datenstrom und schreibt in einen ausgehenden Strom.

Einige Betriebssysteme erlauben es, Datenströme im Text- und Binärmodus zu öffnen. Der Unterschied besteht darin, dass im Textmodus bestimmte Steuerzeichen berücksichtigt werden. So wird ein im Textmodus geöffneter Strom beispielsweise nur bis zum ersten Auftreten des sogenannten *EOF-Zeichens* gelesen, das das Ende einer Datei (engl. *end of file*) signalisiert. Im Binärmodus hingegen wird der vollständige Inhalt des Datenstroms eingelesen.

Als letzte Unterscheidung gibt es Datenströme, in denen man sich beliebig positionieren kann, und solche, in denen das nicht geht. Eine Datei stellt zum Beispiel einen Datenstrom dar, in dem die Schreib-/Leseposition beliebig festgelegt werden kann. Beispiele für einen Datenstrom, in dem das nicht funktioniert, sind der Standardeingabestrom (`stdin`) oder eine Netzwerkverbindung.

6.2 Daten aus einer Datei auslesen

Zunächst besprechen wir, wie Daten aus einer Datei ausgelesen werden können. Dazu müssen wir lesend auf diese Datei zugreifen. Bei der Testdatei, die wir in diesem Beispiel verwenden werden, handelt es sich um ein Wörterbuch, das in jeder Zeile ein englisches Wort und, durch ein Leerzeichen davon getrennt, seine deutsche Übersetzung enthält. Die Datei soll *woerterbuch.txt* heißen:

```
Spain Spanien
Germany Deutschland
Sweden Schweden
France Frankreich
Italy Italien
```

Im Programm möchten wir die Daten in dieser Datei so aufbereiten, dass wir später in einem Dictionary[1] bequem auf sie zugreifen können. Als kleine Zugabe werden wir

---

[1] siehe Abschnitt 3.5

das Programm noch dahingehend erweitern, dass der Benutzer das Programm nach der Übersetzung eines englischen Begriffs fragen kann.

Zunächst einmal muss die Datei zum Lesen geöffnet werden. Dazu verwenden wir die Built-in Function open. Diese gibt ein sogenanntes *Dateiobjekt* (engl. *file object*) zurück:

```
fobj = open("woerterbuch.txt", "r")
```

Als ersten Parameter von open übergeben wir einen String, der den Pfad zur gewünschten Datei enthält. Beachten Sie, dass hier sowohl relative als auch absolute Pfade erlaubt sind.[2] Der zweite Parameter ist ebenfalls ein String und spezifiziert den Modus, in dem die Datei geöffnet werden soll, wobei "r" für »read« steht und bedeutet, dass die Datei zum Lesen geöffnet wird. Das von der Funktion zurückgegebene Dateiobjekt verknüpfen wir mit der Referenz fobj. Sollte die Datei nicht vorhanden sein, wird ein FileNotFoundError erzeugt:

```
Traceback (most recent call last):
  File "woerterbuch.py", line 1, in <module>
    fobj = open("woerterbuch.txt", "r")
FileNotFoundError: [Errno 2] No such file or directory: 'woerterbuch.txt'
```

Nachdem open aufgerufen wurde, können mit dem Dateiobjekt Daten aus der Datei gelesen werden. Nachdem das Lesen der Datei beendet worden ist, muss sie explizit durch Aufrufen der Methode close geschlossen werden:

```
fobj.close()
```

Nach Aufruf dieser Methode können keine weiteren Daten mehr aus dem Dateiobjekt gelesen werden.

Im nächsten Schritt möchten wir die Datei zeilenweise auslesen. Dies ist relativ einfach, da das Dateiobjekt zeilenweise iterierbar ist. Wir können also die altbekannte for-Schleife verwenden:

```
fobj = open("woerterbuch.txt", "r")
for line in fobj:
    print(line)
fobj.close()
```

---

[2] Ein absoluter Pfad identifiziert eine Datei ausgehend von der Wurzel im Dateisystembaum. Unter Windows könnte ein absoluter Pfad folgendermaßen aussehen:*C:\Programme\TestProgramm\woerterbuch.txt*Ein relativer Pfad bezieht sich auf das aktuelle Arbeitsverzeichnis des Programms. Hier kann die Verknüpfung »..« für das übergeordnete Verzeichnis verwendet werden. Im Beispiel ist ein relativer Pfad angegeben, die Datei *woerterbuch.txt* muss sich also im gleichen Verzeichnis befinden wie das Programm.

In der for-Schleife iterieren wir zeilenweise über das Dateiobjekt, wobei line jeweils den Inhalt der aktuellen Zeile referenziert. Momentan wird jede Zeile im Schleifenkörper lediglich ausgegeben. Wir möchten jedoch im Programm ein Dictionary aufbauen, das nach dem Einlesen der Datei die englischen Begriffe als Schlüssel und den jeweiligen deutschen Begriff als Wert enthält.

Dazu legen wir zunächst ein leeres Dictionary an:

```
woerter = {}
```

Dann wird die Datei *woerterbuch.txt* zum Lesen geöffnet und in einer Schleife über alle Zeilen der Datei iteriert:

```
fobj = open("woerterbuch.txt", "r")
for line in fobj:
    zuordnung = line.split(" ")
    woerter[zuordnung[0]] = zuordnung[1]
fobj.close()
```

Im Schleifenkörper verwenden wir nun die Methode split eines Strings, um die aktuell eingelesene Zeile in zwei Teile einer Liste aufzubrechen: in den Teil links vom Leerzeichen, also das englische Wort, und in den Teil rechts vom Leerzeichen, also das deutsche Wort. In der nächsten Zeile des Schleifenkörpers wird dann ein neuer Eintrag im Dictionary angelegt, mit dem Schlüssel zuordnung[0] (dem englischen Wort) und dem Wert zuordnung[1] (dem deutschen Wort).

Verändern Sie einmal den oben dargestellten Code dahingehend, dass nach dem Schließen des Dateiobjekts das erzeugte Dictionary mit print ausgegeben wird. Diese Ausgabe wird etwa so aussehen:

```
{'Spain': 'Spanien\n', 'Germany': 'Deutschland\n', 'Sweden': 'Schweden\n',
'France': 'Frankreich\n', 'Italy': 'Italien\n'}
```

Sie sehen, dass hinter jedem Wert ein \n, also die Escape-Sequenz für einen Zeilenumbruch, steht. Das liegt daran, dass ein Zeilenumbruch in Python als Zeichen und damit als Teil des Dateiinhalts angesehen wird. Deswegen wird jede Zeile einer Datei vollständig, also inklusive eines möglichen Zeilenumbruchs am Ende, eingelesen. Der Zeilenumbruch wird natürlich nur eingelesen, wenn er wirklich vorhanden ist. Das bedeutet, dass die letzte Zeile (in diesem Fall Italy Italien) ohne Zeilenumbruch am Ende eingelesen wird.

Den Zeilenumbruch möchten wir im endgültigen Dictionary nicht wiederfinden. Aus diesem Grund rufen wir in jedem Schleifendurchlauf die strip-Methode des Strings line auf. Diese entfernt alle Whitespace-Zeichen[3], unter anderem also einen Zeilenumbruch, am Anfang und Ende des Strings.

```
woerter = {}
fobj = open("woerterbuch.txt", "r")
for line in fobj:
    line = line.strip()
    zuordnung = line.split(" ")
    woerter[zuordnung[0]] = zuordnung[1]
fobj.close()
```

Damit ist der Inhalt der Datei vollständig in ein Dictionary überführt worden. Als kleine Zugabe möchten wir es dem Benutzer ermöglichen, Übersetzungsanfragen an das Programm zu senden. Im Ablaufprotokoll soll das folgendermaßen aussehen:

```
Geben Sie ein Wort ein: Germany
Das deutsche Wort lautet: Deutschland
Geben Sie ein Wort ein: Italy
Das deutsche Wort lautet: Italien
Geben Sie ein Wort ein: Greece
Das Wort ist unbekannt
```

Im Programm lesen wir in einer Endlosschleife Anfragen vom Benutzer ein. Mit dem in-Operator prüfen wir, ob das eingelesene Wort als Schlüssel im Dictionary vorhanden ist. Ist das der Fall, wird die entsprechende deutsche Übersetzung ausgegeben. Sollte das eingegebene Wort nicht vorhanden sein, wird eine Fehlermeldung ausgegeben.

```
woerter = {}
fobj = open("woerterbuch.txt", "r")
for line in fobj:
    line = line.strip()
    zuordnung = line.split(" ")
    woerter[zuordnung[0]] = zuordnung[1]
fobj.close()
while True:
    wort = input("Geben Sie ein Wort ein: ")
    if wort in woerter:
        print("Das deutsche Wort lautet:", woerter[wort])
    else:
        print("Das Wort ist unbekannt")
```

---

3 Whitespaces sind Zeichen, die am Bildschirm typischerweise nicht dargestellt werden. Beispiele für Whitespaces sind Leerzeichen, Tabulatorzeichen oder Zeilenumbrüche. Näheres zu Whitespaces erfahren Sie in Abschnitt 13.4.2, »String-Methoden«.

Das hier vorgestellte Beispielprogramm ist weit davon entfernt, perfekt zu sein, jedoch zeigt es sehr schön, wie Dateiobjekte und auch Dictionarys sinnvoll eingesetzt werden können. Fühlen Sie sich dazu ermutigt, das Programm zu erweitern. Sie könnten es dem Benutzer beispielsweise ermöglichen, das Programm ordnungsgemäß zu beenden, Übersetzungen in beide Richtungen anbieten oder das Verwenden mehrerer Quelldateien erlauben.

> **Hinweis**
>
> Sie werden in Kapitel 24, »Kontextobjekte«, die with-Anweisung kennenlernen, mit deren Hilfe Sie das Öffnen und Schließen einer Datei eleganter schreiben können:
>
> ```
> with open("woerterbuch.txt", "r") as fobj:
>     # Ihre Dateioperationen auf fobj
>     pass
> ```
>
> Der Vorteil ist, dass das Dateiobjekt nicht mehr explizit geschlossen werden muss. Wählen Sie hier ganz nach Ihren Vorlieben, welche Variante Ihnen besser gefällt.

6.3 Daten in eine Datei schreiben

Im letzten Abschnitt haben wir uns dem Lesen von Dateien gewidmet. Dass es auch andersherum geht, soll in diesem Kapitel das Thema sein. Um eine Datei zum Schreiben zu öffnen, verwenden wir ebenfalls die Built-in Function open. Sie erinnern sich, dass diese Funktion einen Modus als zweiten Parameter erwartet, der im letzten Abschnitt "r" für »read« sein musste. Analog dazu muss "w" (für »write«) angegeben werden, wenn die Datei zum Schreiben geöffnet werden soll. Sollte die gewünschte Datei bereits vorhanden sein, wird sie geleert. Eine nicht vorhandene Datei wird erstellt.

```
fobj = open("ausgabe.txt", "w")
```

Nachdem alle Daten in die Datei geschrieben wurden, muss das Dateiobjekt durch Aufruf der Methode close geschlossen werden:

```
fobj.close()
```

Das Schreiben eines Strings in die geöffnete Datei erfolgt durch Aufruf der Methode write des Dateiobjekts. Das folgende Beispielprogramm versteht sich als Gegenstück zum Beispiel aus dem letzten Abschnitt. Wir gehen davon aus, dass woerter ein Dictionary referenziert, das englische Begriffe als Schlüssel und die deutschen Übersetzungen als Werte enthält, beispielsweise ein solches:

```
woerter = {"Germany" : "Deutschland",
           "Spain" : "Spanien",
           "Greece" : "Griechenland"}
```

Es handelt sich also genau um ein Dictionary, wie es von dem Beispielprogramm des letzten Abschnitts erzeugt wurde.

```
fobj = open("ausgabe.txt", "w")
for engl in woerter:
    fobj.write("{} {}\n".format(engl, woerter[engl]))
fobj.close()
```

Zunächst öffnen wir eine Datei namens *ausgabe.txt* zum Schreiben. Danach werden alle Schlüssel des Dictionarys woerter durchlaufen. In jedem Schleifendurchlauf wird mit fobj.write ein entsprechend formatierter String in die Datei geschrieben. Beachten Sie, dass Sie beim Schreiben einer Datei explizit durch Ausgabe eines \n in eine neue Zeile springen müssen.

Die von diesem Beispiel geschriebene Datei kann durch das Beispielprogramm aus dem letzten Abschnitt wieder eingelesen werden.

6.4 Das Dateiobjekt erzeugen

Wie aus den vorangegangenen Beispielen ersichtlich wurde, kann ein Dateiobjekt über die Built-in Function open erzeugt werden. Dieser Funktion können neben dem Dateinamen und dem Modus noch weitere Parameter übergeben werden, auf die sich ein Blick lohnt. Außerdem gibt es neben den bereits gezeigten Modi "r" und "w" noch einige weitere, die im Folgenden besprochen werden. Zum Schluss geben wir Ihnen noch einen Überblick über die Methoden des resultierenden Dateiobjekts.

6.4.1 open(filename, [mode, buffering, encoding, errors, newline])

Die Built-in Function open öffnet eine Datei und gibt das erzeugte Dateiobjekt zurück. Mithilfe dieses Dateiobjekts können Sie nachher die gewünschten Operationen auf der Datei durchführen.

Die ersten beiden Parameter haben wir in den vorangegangenen Abschnitten bereits besprochen. Dabei handelt es sich um den Dateinamen bzw. den Pfad zur zu öffnenden Datei und um den Modus, in dem die Datei zu öffnen ist. Für den Parameter mode muss ein String übergeben werden, wobei alle gültigen Werte und ihre Bedeutung in Tabelle 6.1 aufgelistet sind:

Modus	Beschreibung
"r"	Die Datei wird ausschließlich zum Lesen geöffnet.
"w"	Die Datei wird ausschließlich zum Schreiben geöffnet. Eine eventuell bestehende Datei gleichen Namens wird überschrieben.
"a"	Die Datei wird ausschließlich zum Schreiben geöffnet. Eine eventuell bestehende Datei gleichen Namens wird nicht überschrieben, sondern erweitert.
"x"	Die Datei wird ausschließlich zum Schreiben geöffnet, sofern sie nicht bereits existiert. Wenn bereits eine Datei gleichen Namens vorhanden ist, wird eine FileExistsError-Exception geworfen.
"r+", "w+", "a+", "x+"	Die Datei wird zum Lesen und Schreiben geöffnet. Beachten Sie, dass "w+" eine eventuell bestehende Datei gleichen Namens leert.
"rb", "wb", "ab", "xb", "r+b", "w+b", "a+b", "x+b"	Die Datei wird im Binärmodus geöffnet. Beachten Sie, dass in diesem Fall bytes-Instanzen anstelle von Strings verwendet werden müssen.

Tabelle 6.1 Dateimodi

Der Parameter mode ist optional und wird als "r" angenommen, wenn er weggelassen wird.

Über den vierten, optionalen Parameter encoding kann das Encoding[4] festgelegt werden, in dem die Datei gelesen bzw. geschrieben werden soll. Die Angabe eines Encodings ergibt beim Öffnen einer Datei im Binärmodus keinen Sinn und sollte in diesem Fall weggelassen werden. Der fünfte Parameter errors bestimmt, wie mit Fehlern bei der Codierung von Zeichen im angegebenen Encoding verfahren werden soll. Wird für errors der Wert "ignore" übergeben, werden di26ese ignoriert. Bei einem Wert von "strict" wird eine ValueError-Exception geworfen, was auch das Verhalten ist, wenn der Parameter nicht angegeben wird.

Der Parameter buffering steuert die interne Puffergröße, und newline legt die Zeichen fest, die beim Lesen oder Schreiben der Datei als Newline-Zeichen erkannt bzw. verwendet werden sollen.

---

[4] Das Encoding legt fest, wie Sonderzeichen, die über den ASCII-Zeichensatz hinausgehen, abgespeichert werden. Näheres zu Encodings in Python erfahren Sie im Zusammenhang mit Strings in Abschnitt 13.4.4, »Zeichensätze und Sonderzeichen«. Dort finden Sie auch nähere Informationen zu den Parametern encoding und errors.

6.4.2 Attribute und Methoden eines Dateiobjekts

Die beim Öffnen angegebenen Parameter können über die Attribute name, encoding, errors, mode und newlines des resultierenden Dateiobjekts wieder gelesen werden.

Tabelle 6.2 fasst die wichtigsten Methoden eines Dateiobjekts kurz zusammen. Auf die Methoden seek und tell werden wir im folgenden Abschnitt noch einmal detaillierter eingehen.

Methode	Beschreibung
close()	Schließt ein bestehendes Dateiobjekt. Beachten Sie, dass danach keine Lese- oder Schreiboperationen mehr durchgeführt werden dürfen.
fileno()	Gibt den Deskriptor* der geöffneten Datei als ganze Zahl zurück.
flush()	Verfügt, dass anstehende Schreiboperationen sofort ausgeführt werden.**
isatty()	True, wenn das Dateiobjekt auf einem Datenstrom geöffnet wurde, der nicht an beliebiger Stelle geschrieben oder gelesen werden kann
next()	Liest die nächste Zeile der Datei ein und gibt sie als String zurück.
read([size])	Liest size Bytes der Datei ein oder weniger, wenn vorher das Ende der Datei erreicht wurde. Sollte size nicht angegeben sein, wird die Datei vollständig eingelesen. Die Daten werden abhängig vom Lesemodus als String oder bytes-String zurückgegeben.
readline([size])	Liest eine Zeile der Datei ein. Durch Angabe von size lässt sich die Anzahl der zu lesenden Bytes begrenzen.
readlines([sizehint])	Liest alle Zeilen und gibt sie in Form einer Liste von Strings zurück. Sollte sizehint angegeben sein, wird nur gelesen, bis ungefähr sizehint Bytes gelesen wurden.***
seek(offset, [whence])	Setzt die aktuelle Schreib-/Leseposition in der Datei auf offset.
tell()	Liefert die aktuelle Schreib-/Leseposition in der Datei.

Tabelle 6.2 Methoden eines Dateiobjekts

Methode	Beschreibung
truncate([size])	Löscht in der Datei alle Daten, die hinter der aktuellen Schreib-/Leseposition stehen, bzw. – sofern angegeben – alles außer den ersten size Bytes.
write(str)	Schreibt den String str in die Datei.
writelines(iterable)	Schreibt mehrere Zeilen in die Datei. Das iterierbare Objekt iterable muss Strings durchlaufen, möglich ist zum Beispiel eine Liste von Strings.

* Ein Dateideskriptor (engl. file descriptor) ist eine vom Betriebssystem vergebene Identifikationsnummer für geöffnete Dateien. Die Standardströme stdin und stdout haben die Deskriptoren 0 bzw. 1.

** Das Betriebssystem kann anstehende Dateioperationen aus Effizienzgründen puffern und zu einem späteren Zeitpunkt ausführen. Dies ist zum Beispiel der Grund dafür, dass USB-Sticks nicht herausgezogen werden sollten, ohne sie beim Betriebssystem abzumelden.

*** In diesem Zusammenhang bedeutet »ungefähr«, dass die Anzahl der zu lesenden Bytes möglicherweise zu einer internen Puffergröße aufgerundet wird.

Tabelle 6.2 Methoden eines Dateiobjekts (Forts.)

6.4.3 Die Schreib-/Leseposition verändern

Die bisherigen Beispiele haben gezeigt, wie Dateien in einer sequenziellen Art und Weise gelesen bzw. geschrieben werden können. Aufgrund der speziellen Natur von Dateien ist es möglich, die Schreib- bzw. Leseposition beliebig zu verändern. Dazu existieren die Methoden seek und tell des Dateiobjekts.

seek(offset, [whence])

Die Methode seek eines Dateiobjekts setzt die Schreib-/Leseposition innerhalb der Datei. Sie ist das Gegenstück zur Methode tell, die die aktuelle Schreib-/Leseposition zurückgibt.

> **Hinweis**
>
> Die Methode seek hat im Modus "a" keine Wirkung. Im Modus "a+" wird die Schreib-/Leseposition verändert, sodass an beliebigen Stellen in der Datei gelesen werden kann, vor einer Schreiboperation wird sie aber zurückgesetzt.

Sollte die Datei im Binärmodus geöffnet worden sein, wird der Parameter offset in Bytes vom Dateianfang aus gezählt. Diese Interpretation von offset lässt sich durch den optionalen Parameter whence beeinflussen (siehe Tabelle 6.3).

Wert von whence	Interpretation von offset
0	Anzahl Bytes relativ zum Dateianfang
1	Anzahl Bytes relativ zur aktuellen Schreib-/Leseposition
2	Anzahl Bytes relativ zum Dateiende

Tabelle 6.3 Der Parameter whence

Sie können seek nicht so unbeschwert verwenden, wenn die Datei im Textmodus geöffnet wurde. Hier sollten als offset nur Rückgabewerte der Methode tell verwendet werden. Abweichende Werte können zu undefiniertem Verhalten führen.

Im folgenden Beispiel wird die Methode seek verwendet, um Breite, Höhe und Farbtiefe einer Bitmap-Grafik[5] zu bestimmen.

```python
def bytes2int(b):
    res = 0
    for x in b[::-1]:
        res = (res << 8) + x
    return res
f = open("bild.bmp", "rb")
f.seek(18)
print("Breite:", bytes2int(f.read(4)), "px")
print("Höhe:", bytes2int(f.read(4)), "px")
f.seek(2, 1)
print("Farbtiefe:", bytes2int(f.read(2)), "bpp")
f.close()
```

Der Spezifikation des Bitmap-Dateiformats[6] kann man entnehmen, dass sich die gesuchten Informationen an den Offsets 18, 22 und 28 befinden, jeweils in Form von 4- bzw. 2-Byte-Werten. Wir öffnen daher die Datei *bild.bmp* zum Lesen im Binärmodus und überspringen mithilfe der Methode seek die ersten 18 Bytes. An dieser Stelle können wir Breite und Höhe der Grafik auslesen und ausgeben.[7]

Von der aktuellen Leseposition aus überspringen wir zwei weitere Bytes (der Parameter whence ist beim seek-Aufruf auf 1 gesetzt) und können zwei Bytes auslesen, die die Farbtiefe des Bildes enthalten.[8]

---

5 Das Windows-Bitmap-Dateiformat (Endung *.bmp*) ist ein weitverbreitetes Rastergrafikformat.
6 Diese finden Sie zum Beispiel in der Wikipedia unter: *http://de.wikipedia.org/wiki/Windows_Bitmap*
7 Sollte bei Ihnen eine negative Höhe ausgegeben werden, ist dies kein Fehler im Programm, sondern eine Eigenart des Bitmap-Dateiformats: Eine negative Höheninformation bedeutet, dass die Bilddaten von oben nach unten gespeichert sind und nicht, wie üblich, von unten nach oben.
8 Die Farbtiefe wird in »Bits per Pixel« (BPP) angegeben.

Die mittels read eingelesenen Werte werden als bytes-String zurückgegeben und müssen daher noch mithilfe von bytes2int in ganze Zahlen konvertiert werden. Die Funktion bytes2int durchläuft den übergebenen bytes-String rückwärts, also mit dem höchstwertigen Byte zuerst. Das aktuelle Zwischenergebnis wird immer binär um acht Stellen nach links geschoben und dann das nächstniedere Byte aufaddiert.

Kapitel 7
Das Laufzeitmodell

Dieses Kapitel wird Ihnen vermitteln, wie Python Variablen zur Laufzeit verwaltet und welche Besonderheiten sich dadurch für den Programmierer ergeben.

Variablen sind Platzhalter für Werte wie Zahlen, Listen oder sonstige Strukturen. Für die Programmierung ist der Begriff *Speicherstelle* eher zutreffend, da hier Variablen vor allem den Zweck erfüllen, Daten für ihre Weiterverwendung zwischenzuspeichern. Wie Sie bereits wissen, kann in Python eine neue Variable mit dem Namen a wie folgt angelegt werden:

```
>>> a = 1337
```

Anschließend kann der Platzhalter a wie der Zahlenwert 1337 benutzt werden:

```
>>> 2674 / a
2.0
```

Um zu verstehen, was intern passiert, wenn wir eine neue Variable erzeugen, müssen zwei Begriffe voneinander abgegrenzt werden: *Referenz* und *Instanz*. Eine *Instanz* ist ein konkretes Datenobjekt im Speicher, das nach der Vorlage eines bestimmten Datentyps erzeugt wurde – zum Beispiel die spezielle Zahl 1337 nach der Vorlage des Datentyps int.

Im Folgenden betrachten wir der Einfachheit halber nur Ganzzahlen und Strings – das Prinzip gilt aber für beliebige Datenobjekte.

Im einfachsten Fall lässt sich eine Instanz einer Ganzzahl folgendermaßen anlegen:

```
>>> 12345
12345
```

Für uns als Programmierer ist diese Instanz allerdings wenig praktisch, da sie zwar nach ihrer Erzeugung ausgegeben wird, dann aber nicht mehr zugänglich ist und wir so ihren Wert nicht weiterverwenden können.

An dieser Stelle kommen Referenzen ins Spiel. »Referenz« bedeutet so viel wie »Verweis«. Erst durch Referenzen wird es möglich, mit Instanzen zu arbeiten, weil Referenzen uns den Zugriff auf diese ermöglichen. Die einfachste Form einer Referenz in Python ist ein *symbolischer Name* wie beispielsweise a. Mit dem Zuweisungsoperator = kann man eine Referenz auf eine Instanz erzeugen, wobei die Referenz links und die Instanz rechts vom Operator steht:

```
>>> a = 12345
```

Damit können wir unser Beispiel wie folgt beschreiben: Wir erzeugen eine neue Instanz einer Ganzzahl mit dem Wert 1337. Außerdem legen wir eine Referenz a auf diese Instanz an. Dies lässt sich auch grafisch verdeutlichen:

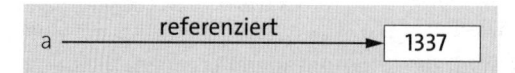

a ──── referenziert ────▶ 1337

Abbildung 7.1 Schema der Referenz-Instanz-Beziehung

Es ist auch möglich, bereits referenzierte Instanzen mit weiteren Referenzen zu versehen:

```
>>> referenz1 = 1337
>>> referenz2 = referenz1
```

Grafisch veranschaulicht, sieht das Ergebnis so aus:

referenz1 ────▶ 1337
referenz2 ────▶

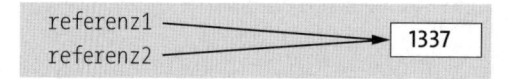

Abbildung 7.2 Zwei Referenzen auf dieselbe Instanz

Besonders wichtig ist dabei, dass es nach wie vor nur eine Instanz mit dem Wert 1337 im Speicher gibt, obwohl wir mit zwei verschiedenen Namen referenz1 und referenz2 darauf zugreifen können. Durch die Zuweisung referenz2 = referenz1 wurde also nicht die Instanz 1337 kopiert, sondern nur ein weiteres Mal referenziert.

Bitte beachten Sie, dass Referenzen auf dieselbe Instanz voneinander unabhängig sind und sich der Wert, auf den die anderen Referenzen verweisen, nicht ändert, wenn wir einer von ihnen eine neue Instanz zuweisen:

```
>>> referenz1 = 1337
>>> referenz2 = referenz1
>>> referenz1
1337
>>> referenz2
1337
>>> referenz1 = 2674
>>> referenz1
2674
>>> referenz2
1337
```

Bis zu den ersten beiden Ausgaben haben wir die in Abbildung 7.2 veranschaulichte Situation: Die beiden Referenzen referenz1 und referenz2 verweisen auf dieselbe Instanz 1337. Anschließend erzeugen wir eine neue Instanz 2674 und weisen sie referenz1 zu. Die Ausgabe zeigt, dass referenz2 nach wie vor auf 1337 zeigt und nicht verändert wurde. Die Situation nach der dritten Zuweisung sieht also so aus:

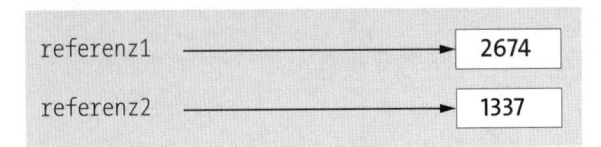

Abbildung 7.3 Die beiden Referenzen sind voneinander unabhängig.

Sie wissen nun, dass Sie Referenzen als Verweise auf Instanzen von den Instanzen selbst unterscheiden müssen. Im Folgenden werden wir uns mit den Eigenschaften von Instanzen im Detail beschäftigen.

7.1 Die Struktur von Instanzen

Jede Instanz in Python umfasst drei Merkmale: ihren *Datentyp*, ihren *Wert* und ihre *Identität*. Unser Eingangsbeispiel könnte man sich folgendermaßen dreigeteilt vorstellen:

Abbildung 7.4 Eine Instanz mit ihren drei Eigenschaften

7.1.1 Datentyp

Der Datentyp dient bei der Erzeugung der Instanz als Bauplan und legt fest, welche Werte die Instanz annehmen darf. So erlaubt der Datentyp int beispielsweise das Speichern einer ganzen Zahl. Strings lassen sich mit dem Datentyp str verwalten. Im folgenden Beispiel sehen Sie, wie Sie die Datentypen verschiedener Instanzen mithilfe von type herausfinden können:

```
>>> type(1337)
<class 'int'>
>>> type("Hallo Welt")
<class 'str'>
>>> v1 = 2674
```

```
>>> type(v1)
<class 'int'>
```

Die Funktion `type` ist unter anderem dann nützlich, wenn Sie überprüfen möchten, ob zwei Instanzen den gleichen Typ besitzen oder ob eine Instanz einen bestimmten Typ hat:

```
>>> v1 = 1337
>>> type(v1) == type(2674)
True
>>> type(v1) == int
True
>>> type(v1) == str
False
```

Beachten Sie dabei jedoch, dass sich ein Typ nur auf Instanzen bezieht und nichts mit den verknüpften Referenzen zu tun hat. Eine Referenz hat keinen Typ und kann Instanzen beliebiger Typen referenzieren. Folgendes ist durchaus möglich:

```
>>> zuerst_ein_string = "Ich bin ein String"
>>> type(zuerst_ein_string)
<class 'str'>
>>> zuerst_ein_string = 1789
>>> type(zuerst_ein_string)
<class 'int'>
```

Es ist also falsch zu sagen: »zuerst_ein_string hat den Typ str.« Korrekt ist: »zuerst_ein_string referenziert momentan eine Instanz des Typs str.«

7.1.2 Wert

Was den Wert einer Instanz konkret ausmacht, hängt von ihrem Typ ab. Dies können beispielsweise Zahlen, Zeichenketten oder Daten anderer Typen sein, die Sie später noch kennenlernen werden. In den oben genannten Beispielen waren es 1337, 2674, 1798, "Hallo Welt" und "Ich bin ein String".

Mit dem Operator `==` können Sie Instanzen bezüglich ihres Wertes vergleichen:

```
>>> v1 = 1337
>>> v2 = 1337
>>> v1 == v2
True
>>> v1 == 2674
False
```

Mithilfe unseres grafischen Modells lässt sich die Arbeitsweise des Operators == gut veranschaulichen:

Identität:	134537016
Typ:	int
Wert:	1337

==

Identität:	134537020
Typ:	int
Wert:	2674

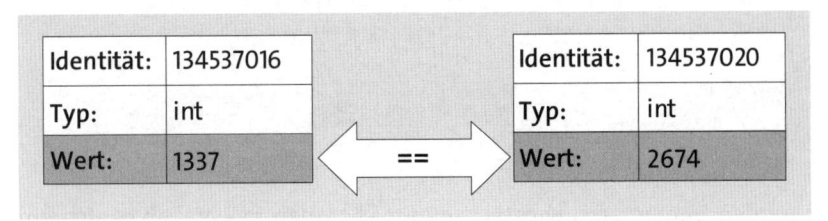

Abbildung 7.5 Wertevergleich zweier Instanzen (in diesem Fall »False«)

Der Wertevergleich ist nur dann sinnvoll, wenn er sich auf strukturell ähnliche Datentypen bezieht – etwa Ganzzahlen und Gleitkommazahlen:

```
>>> gleitkommazahl = 1987.0
>>> type(gleitkommazahl)
<class 'float'>
>>> ganzzahl = 1987
>>> type(ganzzahl)
<class 'int'>
>>> gleitkommazahl == ganzzahl
True
```

Obwohl gleitkommazahl und ganzzahl verschiedene Typen haben, liefert der Vergleich mit == den Wahrheitswert True.

Zahlen und Zeichenketten haben strukturell wenig gemeinsam, da es sich bei Zahlen um einzelne Werte handelt, während bei Zeichenketten mehrere Buchstaben zu einer Einheit zusammengefasst werden. Aus diesem Grund liefert der Operator == für den Vergleich zwischen Strings und Zahlen immer False, auch wenn die Werte für einen Menschen »gleich« aussehen:

```
>>> string = "1234"
>>> string == 1234
False
```

Ob der Operator == für zwei bestimmte Typen definiert ist, hängt von den Datentypen selbst ab. Ist er nicht vorhanden, wird die Identität der Instanzen zum Vergleich herangezogen, was im folgenden Abschnitt erläutert wird.

7.1.3 Identität

Die *Identität* einer Instanz dient dazu, sie von allen anderen Instanzen zu unterscheiden. Sie ist mit dem individuellen Fingerabdruck eines Menschen vergleichbar, da sie für jede Instanz programmweit eindeutig ist und sich nicht ändern kann. Eine Identität ist eine Ganzzahl und lässt sich mithilfe der Funktion id ermitteln:

```
>>> id(1337)
134537016
>>> v1 = "Hallo Welt"
>>> id(v1)
3082572528
```

Identitäten werden immer dann wichtig, wenn man prüfen möchte, ob es sich um eine ganz bestimmte Instanz handelt und nicht nur um eine mit dem gleichen Typ und Wert:

```
>>> v1 = [1,2,3]
>>> v2 = v1
>>> v3 = [1,2,3]
>>> type(v1) == type(v3)
True
>>> v1 == v3
True
>>> id(v1) == id(v3)
False
>>> id(v1) == id(v2)
True
```

In diesem Beispiel hat Python zwei verschiedene Instanzen mit dem Typ list und dem Wert [1,2,3] angelegt, wobei v1 und v2 auf dieselbe Instanz verweisen. Abbildung 7.6 veranschaulicht dies grafisch.

Identität:	146742540
Typ:	list
Wert:	[1,2,3]

Identität:	146740972
Typ:	list
Wert:	[1,2,3]

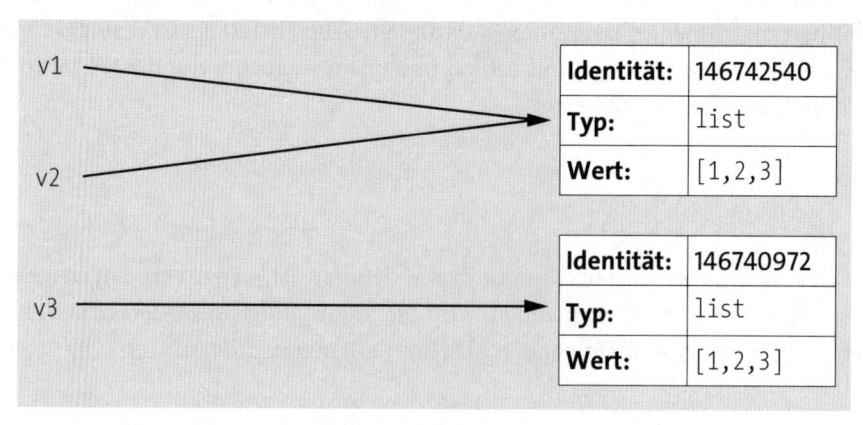

Abbildung 7.6 Drei Referenzen, zwei Instanzen

Der Vergleich auf Identitätengleichheit hat in Python eine so große Bedeutung, dass für diesen Zweck ein eigener Operator definiert wurde: is.

Der Ausdruck `id(referenz1) == id(referenz2)` bedeutet das Gleiche wie `referenz1 is referenz2`. Dies kann man sich so vorstellen:

Identität:	134537016
Typ:	int
Wert:	1337

is

Identität:	134537020
Typ:	int
Wert:	2674

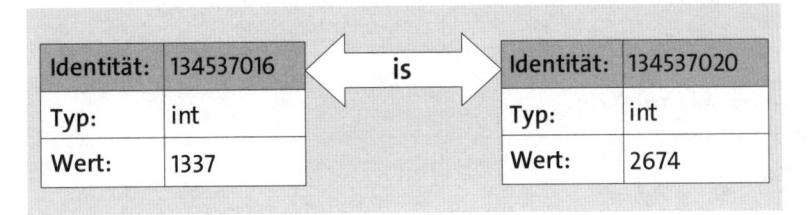

Abbildung 7.7 Identitätenvergleich zweier Instanzen

Der in Abbildung 7.7 gezeigte Vergleich ergibt den Wahrheitswert `False`, da sich die Identitäten der beiden Instanzen unterscheiden.

7.2 Referenzen und Instanzen freigeben

Während eines Programmlaufs werden in der Regel sehr viele Instanzen angelegt, die aber nicht alle die ganze Zeit benötigt werden. Betrachten wir einmal den folgenden fiktiven Programmanfang:

```
willkommen = "Herzlich willkommen im Beispielprogramm"
print(willkommen)
# Hier würde es jetzt mit dem restlichen Programm weitergehen
```

Es ist leicht ersichtlich, dass die von `willkommen` referenzierte Instanz nach der Begrüßung nicht mehr gebraucht wird und somit während der restlichen Programmlaufzeit sinnlos Speicher verschwendet. Wünschenswert ist also eine Möglichkeit, nicht mehr benötigte Instanzen auf Anfrage entfernen zu können.

Python lässt den Programmierer den Speicher nicht direkt verwalten, sondern übernimmt dies für ihn. Als Folge davon können wir bestehende Instanzen nicht manuell löschen, sondern müssen uns auf einen Automatismus verlassen, die sogenannte *Garbage Collection*[1]. Trotzdem gibt es eine Form der Einflussnahme:

Instanzen, auf die keine Referenzen mehr verweisen, werden von Python als nicht mehr benötigt eingestuft und dementsprechend wieder freigegeben. Wollen wir also eine Instanz entfernen, müssen wir nur die dazugehörigen Referenzen freigeben. Für diesen Zweck gibt es in Python die `del`-Anweisung. Nach ihrer Freigabe existiert die Referenz nicht mehr, und ein versuchter Zugriff führt zu einem `NameError`:

---

1 Die *Garbage Collection* (dt. *Müllabfuhr*) ist ein System, das nicht mehr benötigte Datenobjekte entfernt und den dazugehörigen Speicher wieder freigibt. Sie arbeitet für den Programmierer unsichtbar im Hintergrund.

```
>>> v1 = 1337
>>> v1
1337
>>> del v1
>>> v1
Traceback (most recent call last):
  File "<stdin>", line 1, in <module>
NameError: name 'v1' is not defined
```

Möchten Sie mehrere Instanzen auf einmal freigeben, trennen Sie sie einfach durch Kommata voneinander ab:

```
>>> v1 = 1337
>>> v2 = 2674
>>> v3 = 4011
>>> del v1, v2, v3
>>> v1
Traceback (most recent call last):
  File "<stdin>", line 1, in <module>
NameError: name 'v1' is not defined
```

Um zu erkennen, wann für eine Instanz keine Referenzen mehr existieren, speichert Python intern für jede Instanz einen Zähler, den sogenannten *Referenzzähler* (engl. *reference count*). Für frisch erzeugte Instanzen hat er den Wert Null. Immer wenn eine neue Referenz auf eine Instanz erzeugt wird, erhöht sich der Referenzzähler der Instanz um eins, und immer wenn eine Referenz freigegeben wird, wird er um eins verringert. Damit gibt der Referenzzähler einer Instanz stets die aktuelle Anzahl von Referenzen an, die auf die Instanz verweisen. Erreicht der Zähler den Wert Null, gibt es für die Instanz keine Referenz mehr. Da Instanzen für den Programmierer nur über Referenzen zugänglich sind, ist der Zugriff auf eine solche Instanz nicht mehr möglich – sie kann gelöscht werden.

7.3 Mutable vs. immutable Datentypen

Vielleicht sind Sie beim Ausprobieren des gerade Beschriebenen schon auf den folgenden scheinbaren Widerspruch gestoßen:

```
>>> a = 1
>>> b = 1
>>> id(a)
9656320
>>> id(b)
9656320
```

```
>>> a is b
True
```

Warum referenzieren a und b dieselbe Ganzzahl-Instanz, wie es der Identitätenvergleich zeigt, obwohl wir in den ersten beiden Zeilen ausdrücklich zwei Instanzen mit dem Wert 1 erzeugt haben?

Um diese Frage zu beantworten, müssen Sie wissen, dass Python grundlegend zwischen zwei Arten von Datentypen unterscheidet: zwischen *mutablen* (dt. »veränderlichen«) Datentypen und *immutablen* (dt. »unveränderlichen«) Datentypen. Wie die Namen schon sagen, besteht der Unterschied zwischen den beiden Arten darin, ob sich der Wert einer Instanz zur Laufzeit ändern kann, ob sie also veränderbar ist. Instanzen eines mutablen Typs sind dazu in der Lage, nach ihrer Erzeugung andere Werte anzunehmen, während dies bei immutablen Datentypen nicht der Fall ist.

Wenn sich der Wert einer Instanz aber nicht ändern kann, ergibt es auch keinen Sinn, mehrere immutable Instanzen des gleichen Wertes im Speicher zu verwalten, weil im Optimalfall genau eine Instanz ausreicht, auf die dann alle entsprechenden Referenzen verweisen. Wie Sie sich nun sicherlich denken, handelt es sich bei Ganzzahlen um solch einen immutablen Datentyp, und Python hat aus Optimierungsgründen bei beiden Einsen auf dieselbe Instanz verweisen lassen. Auch Strings sind immutabel.[2]

Es ist allerdings nicht garantiert, dass es immer nur genau eine Instanz zu jedem benötigten Wert eines unveränderlichen Datentyps gibt, obwohl dies theoretisch möglich wäre. Jede Implementierung von Python kann hier ihre eigene Variante wählen.

7.3.1 Mutable Datentypen und Seiteneffekte

Bei den *mutablen*, also den veränderlichen Datentypen sieht es anders aus: Weil Python damit rechnen muss, dass sich der Wert einer solchen Instanz nachträglich ändern wird, ist das oben erläuterte System, nach Möglichkeit bereits vorhandene Instanzen erneut zu referenzieren, nicht sinnvoll. Hier kann man sich also darauf verlassen, dass immer eine neue Instanz erzeugt wird.

Dieses unterschiedliche Verhalten beim Umgang mit *mutablen* und *immutablen* Datentypen führt dazu, dass der gleiche Code für verschiedene Datentypen fundamental anderes bewirken kann. Die folgenden Beispiele dienen dazu, Sie für die damit verbundenen Besonderheiten zu sensibilisieren.

Zunächst führen wir den Operator += ein, mit dem an einen bereits vorhandenen String ein weiterer angehängt werden kann:

---

[2] Das bedeutet natürlich nicht, dass Strings und Ganzzahlen aus Sicht des Programmierers unveränderlich sind. Es wird nur bei jeder Manipulation eines immutablen Datentyps eine neue Instanz des Datentyps erzeugt, anstatt die alte zu verändern.

```
>>> a = "Wasser"
>>> a += "flasche"
>>> a
'Wasserflasche'
```

Hier wird also zunächst ein String mit dem Wert "Wasser" erzeugt, an den dann der String "flasche" angehängt wird.

Genauso ist es möglich, mithilfe von += an eine bestehende Liste die Elemente einer weiteren Liste anzuhängen:

```
>>> a = [1,2]
>>> a += [3,4]
>>> a
[1, 2, 3, 4]
```

Es deutet also alles darauf hin, dass der Operator += für Strings und Listen das Gleiche leistet. Tatsächlich besteht aber ein gravierender Unterschied.

Im nächsten Beispiel werden wir zweimal den gleichen Code ausführen, einmal für einen String und einmal für eine Liste.

```
>>> a = "Wasser"
>>> b = a
>>> a += "flasche"
>>> a
'Wasserflasche'
>>> b
'Wasser'
```

Wieder wird ein String mit dem Wert "Wasser" erzeugt. Dieses Mal lassen wir neben der Referenz a zusätzlich noch die Referenz b auf diesen String zeigen. Dann hängen wir an den von a referenzierten String erneut den String "flasche" an und sehen bei der Ausgabe, dass b immer noch den String "Wasser" referenziert, während a auf die Verkettung "Wasserflasche" zeigt.

Führen wir das Gleiche mit Instanzen des Typs list aus, ergibt sich ein anderes Bild:

```
>>> a = [1,2]
>>> b = a
>>> a += [3,4]
>>> a
[1, 2, 3, 4]
>>> b
[1, 2, 3, 4]
```

Dieses Beispiel ist analog zum vorangegangenen Beispiel mit den String-Instanzen: Die Liste [1,2] entspricht dem String "Wasser" und die Liste [3,4] dem String

7.3 Mutable vs. immutable Datentypen

"flasche". Trotzdem hat sich die von b referenzierte Liste in diesem Beispiel verändert, was bei dem String-Beispiel nicht der Fall war.

Um diesen Unterschied zu verstehen, betrachten wir die Vorgänge der beiden Code-Sequenzen im Detail.

In Abbildung 7.8 sind der Beispiel-Code für Strings und die daraus resultierenden internen Vorgänge gegenübergestellt.

Code	Interner Vorgang
a = "Wasser"	a ⟶ "Wasser"
b = a	a ⟶ "Wasser" b ↗
a += "flasche"	b ⟶ "Wasser" a ⟶ "Wasserflasche"

Abbildung 7.8 Der Operator += mit str-Instanzen

Der Knackpunkt befindet sich in der Zeile a += "flasche". Da str ein immutabler Datentyp ist, ist es nicht möglich, die bestehende str-Instanz "Wasser" durch Anhängen von "flasche" zu erweitern. Stattdessen wird an dieser Stelle eine neue str-Instanz mit dem Wert "Wasserflasche" erzeugt und anschließend von a referenziert. Die weiterhin von b referenzierte Instanz mit dem Wert "Wasser" ist davon nicht betroffen.

Anders verhält es sich beim Listenbeispiel, wie Abbildung 7.9 zeigt.

Code	Interner Vorgang
a = [1,2]	a ⟶ [1,2]
b = a	a ⟶ [1,2] b ↗
a += [3,4]	a ⟶ [1,2,3,4] b ↗

Abbildung 7.9 Der Operator += für list-Instanzen

Da list ein mutabler Datentyp ist, kann die gemeinsam von a und b referenzierte list-Instanz verändert werden. Die Zeile a += [3,4] bewirkt daher nicht, dass eine neue list-Instanz erzeugt wird, sondern verändert die bereits bestehende Instanz.

Dies hat zur Folge, dass a und b weiterhin dieselbe Liste referenzieren und somit auch b von der Manipulation an a betroffen ist.

Man nennt diesen Vorgang, bei dem etwas über Vorgänge an einer anderen Stelle beeinflusst wird, einen *Seiteneffekt*.

Seiteneffekte treten aus prinzipiellen Gründen ausschließlich bei mutablen Datentypen auf und sind nicht auf den +=-Operator beschränkt. Sie kommen immer dann ins Spiel, wenn die Instanz eines mutablen Datentyps verändert wird.

Während der weiteren Lektüre dieses Buchs werden Sie eine ganze Reihe mutabler Datentypen und Operationen, mit denen sie verändert werden können, kennenlernen. Dabei sollten Sie das hier vorgestellte Verhalten im Hinterkopf behalten.

Kapitel 8
Funktionen, Methoden und Attribute

In den vorangegangenen Kapiteln haben wir Ihnen einen beispielorientierten Einstieg in die Sprache Python gegeben. Dieser beinhaltete zunächst das Ausprobieren einfacher Beispiele im interaktiven Modus und darauf aufbauend das Schreiben eines ersten Beispielprogramms. Danach wurden mit den Kontrollstrukturen, dem Laufzeitmodell und den Möglichkeiten zur Ein- bzw. Ausgabe drei Themen besprochen, die Sie früh dazu in die Lage versetzen sollen, Beispielprogramme nachzuvollziehen und selbst mit Python zu experimentieren.

An dieser Stelle werden zwei weitere zentrale Themen behandelt: die Übergabe von Parametern an Funktionen oder Methoden und der Umgang mit Instanzen. Dabei beschränken wir uns hier auf eine allgemein verständliche Einführung mit gerade so vielen Details, wie Sie für die folgenden Kapitel benötigen. Eine umfassende Besprechung der drei Themen folgt in den Kapiteln 19, »Funktionen«, und 21, »Objektorientierung«.

8.1 Parameter von Funktionen und Methoden

Bei einer *Funktion* handelt es sich um ein benanntes Unterprogramm, das eine häufig benötigte Funktionalität kapselt und über einen *Funktionsaufruf* ausgeführt werden kann. Ein Beispiel für eine Funktion ist die *eingebaute Funktion* oder *Built-in Function* max zur Bestimmung des größten Elements einer Liste:

```
>>> max([3,6,2,1,9])
9
```

Die Liste, deren größtes Element bestimmt werden soll, ist ein *Parameter* der Funktion max und wird beim Funktionsaufruf in die Klammern geschrieben.

Wenn ein Funktionsaufruf ein Ergebnis zurückliefert, kann dieser *Rückgabewert* als Instanz ganz normal weiterverwendet werden:

```
>>> wert = max([3,6,2,1,9])
>>> wert/2
4.5
```

Eine *Methode* ist eine Funktion, die im Kontext einer bestimmten Instanz ausgeführt wird. Listen verfügen beispielsweise über eine Methode sort, die die Liste, für die sie aufgerufen wird, sortiert.

```
>>> liste = [4,6,2,1,8,5,9]
>>> liste.sort()
>>> liste
[1, 2, 4, 5, 6, 8, 9]
```

Welche Methoden für eine Instanz verfügbar sind, hängt von ihrem Datentyp ab.

8.1.1 Positionsbezogene Parameter

Viele Methoden[1] benötigen beim Aufruf neben der Instanz, auf die sich der Aufruf bezieht, weitere Informationen, um zu funktionieren. Dafür gibt es sogenannte *Parameter*, die, durch Kommata getrennt, in die Klammern am Ende des Methodenaufrufs geschrieben werden. Als Parameter können sowohl Referenzen als auch Literale angegeben werden:

```
var = 12
referenz.methode(var, "Hallo Welt!")
```

Wie viele und welche Parameter einer Methode übergeben werden dürfen, hängt von ihrer Definition ab und ist daher von Methode zu Methode verschieden.

Eine Methode zusammen mit den Parametern, die sie erwartet, wird *Schnittstelle* genannt. Wenn wir in diesem Buch eine Methode besprechen, werden wir in der Regel die dazugehörige Schnittstelle in der folgenden Form angeben:

methode(parameter1, parameter2, parameter3)

In diesem Fall erwartet die Methode drei *positionsbezogene Parameter* namens *parameter1*, *parameter2* und *parameter3*. Positionsbezogen bedeutet, dass die beim Methodenaufruf übergebenen Instanzen entsprechend ihrer Position in der Parameterliste den Parametern zugeordnet werden. Im Falle des Methodenaufrufs

```
referenz.methode(1, 45, -7)
```

hat *parameter1* den Wert 1, *parameter2* den Wert 45 und *parameter3* den Wert -7.

8.1.2 Schlüsselwortparameter

Man kann einer Methode auch *Schlüsselwortparameter* (engl. *keyword arguments*) übergeben. Schlüsselwortparameter werden direkt mit dem formalen Parameter-

---

[1] Die Erklärungen und Beispiele in diesem Abschnitt beziehen sich auf Methoden, gelten aber analog für Funktionen.

namen verknüpft, und ihre Reihenfolge in der Parameterliste spielt keine Rolle mehr. Um einen Wert als Schlüsselwortparameter zu übergeben, weist man dem Parameternamen innerhalb des Methodenaufrufs den zu übergebenden Wert mithilfe des Gleichheitszeichens zu. Die beiden folgenden Methodenaufrufe sind demnach gleichwertig:

```
referenz.methode(1, 2, 3)
referenz.methode(parameter2=2, parameter1=1, parameter3=3)
```

Man kann auch positions- und schlüsselwortbezogene Parameter mischen, wobei allerdings alle Schlüsselwortparameter am Ende der Parameterliste stehen müssen. Damit ist der folgende Aufruf äquivalent zu den beiden vorangegangenen:

```
referenz.methode(1, parameter3=3, parameter2=2)
```

Nur `parameter1` wurde als positionsbezogener Parameter übergeben, während `parameter2` und `parameter3` als Schlüsselwortparameter übergeben wurden.

Welche der beiden Übergabemethoden Sie in der Praxis bevorzugen, ist größtenteils Geschmackssache. In der Regel werden Parameter jedoch positionsbezogen übergeben, weil der Schreibaufwand geringer ist.

8.1.3 Optionale Parameter

Es gibt *optionale Parameter*, die nur bei Bedarf übergeben werden müssen. Wenn wir Methoden mit solchen Parametern einführen, werden diese in der Schnittstellenbeschreibung durch eckige Klammern gekennzeichnet:

methode(parameter1, [parameter2, parameter3])

In diesem Beispiel ist `parameter1` ein erforderlicher Parameter, und `parameter2` und `parameter3` sind zwei optionale Parameter. Die Methode kann also in verschiedenen Varianten aufgerufen werden:

```
referenz.methode(1, 2, 3)
referenz.methode(1, 2)
referenz.methode(1)
```

8.1.4 Reine Schlüsselwortparameter

Eine Funktion oder Methode kann über *reine Schlüsselwortparameter* verfügen. Das sind Parameter, die ausschließlich in Schlüsselwortschreibweise übergeben werden können. Diese Parameter werden wir in einer Funktions- oder Methodenschnittstelle durch geschweifte Klammern kennzeichnen:

methode(parameter1, parameter2, {parameter3})

Reine Schlüsselwortparameter können optional oder nicht optional sein. Die Methode kann dann folgendermaßen aufgerufen werden:

```
referenz.methode(1, 2, parameter3=3)
referenz.methode(1, 2)
```

8.2 Attribute

Neben Methoden können Instanzen auch *Attribute* besitzen. Bei einem Attribut handelt es sich um eine Referenz, die mit einer Instanz verknüpft ist. Beispielsweise besitzt jede komplexe Zahl die Attribute real und imag, um auf ihren Real- bzw. Imaginärteil zuzugreifen.

```
>>> zahl = 5 + 6j
>>> zahl.real
5.0
>>> zahl.imag
6.0
```

Da ein Ausdruck der Form referenz.attribut selbst wieder eine Referenz ist, lässt er sich wie jede andere Referenz verwenden. Zum Beispiel kann er als Operand in Berechnungen auftreten oder in einer Liste gespeichert werden.

```
>>> zahl.real*zahl.real + 5*zahl.imag
55.0
>>> [1, zahl.imag, zahl.real]
[1, 6.0, 5.0]
```

Insbesondere kann die Instanz, auf die referenz.attribut verweist, selbst ein Attribut aaa besitzen, auf das dann mit referenz.attribut.aaa zugegriffen werden kann. Genauso funktioniert der Zugriff auf eine Methode der Instanz über referenz.attribut.methode(param1, param2).

Im Beispiel zeigt das Attribut real einer komplexen Zahl auf eine Gleitkommazahl, die ihrerseits eine Methode is_integer besitzt, um zu prüfen, ob es sich um eine ganze Zahl handelt.

```
>>> zahl.real.is_integer()
True
```

Hier wurde also über zahl.real auf den Realteil 5.0 der komplexen Zahl 5 + 6j zugegriffen und anschließend die Methode is_integer von 5.0 gerufen.

In Python-Programmen treten solche verschachtelten Attribut- und Methodenzugriffe häufig auf.

Kapitel 9
Informationsquellen zu Python

Mit diesem Buch verfolgen wir das Ziel, Ihnen einen umfassenden Einstieg in die Programmierung mit Python zu ermöglichen. Leider ist der Umfang dieses Buchs begrenzt, sodass wir an einigen Stellen auf Details verzichten und Sie stattdessen auf weiterführende Dokumentation verweisen müssen. Im Programmieralltag sind es manchmal gerade diese Details, die den Unterschied machen.

In diesem Kapitel zeigen wir Ihnen verschiedene Informationsquellen zu Python, die Sie nutzen können. Diese Informationsquellen sind ausnahmslos in englischer Sprache verfügbar.

9.1 Die Built-in Function help

Sie können die eingebaute Funktion `help` aufrufen, um die interaktive Hilfefunktion des Python-Interpreters zu starten. Mit `help()` wird ein Einleitungstext ausgegeben, gefolgt von einem Eingabeprompt. In dieser interaktiven Hilfe können Sie Begriffe nachschlagen.

Mögliche Begriffe sind Schlüsselworte (z. B. »for«), Symbole (z. B. »+«), Module (z. B. »pprint«) oder Themen (z. B. »DEBUGGING«). Eine Liste der möglichen Suchbegriffe in den jeweiligen Kategorien lässt sich über die Befehle `keywords`, `symbols`, `modules` und `topics` anzeigen.

Wenn zu einem eingegebenen Begriff eine Hilfeseite gefunden wurde, wird diese in einem Lesemodus angezeigt. Längere Texte können gescrollt werden. Das funktioniert unter Linux mit den ↑- und ↓-Tasten und unter Windows über die Leertaste-Taste. Über die Taste Q gelangen Sie vom Lesemodus zurück in die interaktive Hilfe. Die interaktive Hilfe können Sie über den Befehl `quit` oder über die Tastenkombination Strg + D beenden.

Pythons interaktive Hilfe eignet sich besonders, um schnell Antworten auf Fragen zu Schnittstellen zu finden, beispielsweise »Welche Funktionen waren noch mal im Modul `copy` enthalten?« oder »Welchen Standardwert hatte noch mal der Parameter `indent` der Funktion `pprint.pprint`?«.

Anstatt die interaktive Shell der Hilfefunktion zu starten, kann der Funktion `help` auch eine Instanz, beispielsweise ein Modul oder eine Funktion, übergeben werden. Dann wird die zugehörige Hilfeseite im Lesemodus angezeigt:

```
>>> import pprint
>>> help(pprint.pprint)
Help on function pprint in module pprint:

pprint(object, stream=None, indent=1, width=80, depth=None, *, compact=False)
    Pretty-print a Python object to a stream [default is sys.stdout].
```

Alternativ kann ein String übergeben werden, der den Suchbegriff enthält:

```
>>> import copy
>>> help("copy.copy")
Help on function copy in copy:

copy.copy = copy(x)
    Shallow copy operation on arbitrary Python objects.

    See the module's __doc__ string for more info.
```

9.2 Die Onlinedokumentation

Die Texte, die Pythons interaktive Hilfefunktion anzeigt, sind Auszüge aus der umfangreichen Onlinedokumentation. Die jeweils aktuellste Version finden Sie unter *https://docs.python.org*. Über eine Auswahlliste in der oberen linken Ecke können Sie zur Dokumentation einer älteren Python-Version wechseln.

Die Onlinedokumentation ist sowohl für Einsteiger als auch für erfahrene Python-Entwickler eine große Hilfe. Es lohnt sich, die in diesem Buch behandelten Themen bei Interesse noch einmal in der Dokumentation nachzuschlagen, denn häufig bieten Module eine Fülle von Detailfunktionen an, die hier nicht umfassend beschrieben werden können.

9.3 PEPs

Der Entwicklungsprozess der Sprache Python und des Referenz-Interpreters CPython basiert auf den sogenannten *Python Enhancement Proposals*[1], kurz PEPs. Das sind kurze Ausarbeitungen, die ein Problem in der Sprache oder im Interpreter identifizieren, mögliche Lösungsansätze und die Diskussion darüber zusammenfassen

---

1 dt. »Python-Erweiterungsvorschläge«

und schließlich eine Lösung vorschlagen. Diese PEPs sind die Diskussionsgrundlage der Python-Entwickler für mögliche Neuerungen in zukünftigen Versionen. PEPs können nach erfolgter Diskussion angenommen oder abgelehnt werden, wobei angenommene PEPs dann in einer zukünftigen Version von Python umgesetzt werden.

Unter *https://www.python.org/dev/peps* finden Sie eine Liste aller bislang vorgeschlagenen PEPs. Insbesondere wenn Sie detaillierte Fragen dazu haben, warum eine Funktion in Python in einer bestimmten Weise umgesetzt wurde, ist es interessant, sich das zugehörige PEP durchzulesen. Es sei aber angemerkt, dass ein PEP mitunter sehr technisch ausfallen kann und ggf. selbst für erfahrene Python-Entwickler nur schwer verständlich ist.

PEP 435 ist ein Beispiel für ein akzeptiertes und umgesetztes PEP. Es beschreibt den Datentyp Enum, der seit Python 3.4 in der Sprache enthalten ist.

> **Hinweis**
>
> Interessant sind die PEPs 8 und 257, die Konventionen für die Formatierung von Python-Code und Docstrings beschreiben[2]. Auch wenn diese PEPs für Sie keineswegs bindend sind, erfreuen sie sich in der Community großer Beliebtheit. Es lohnt sich daher, einen Blick hineinzuwerfen.

---

[2] verfügbar unter *https://www.python.org/dev/peps/pep-0008* und *https://www.python.org/dev/peps/pep-0257*

TEIL II

Datentypen

Im einführenden ersten Teil dieses Buchs haben Sie bereits einige grundlegende Datentypen kennengelernt und verwendet, beispielsweise ganze Zahlen, Strings oder Listen. Wie Sie wahrscheinlich bereits vermuten, gibt es über die einführenden Beispiele des ersten Teils hinaus noch vieles über Datentypen in Python zu erfahren. Der zweite Teil enthält eine umfassende Diskussion der in Python definierten Basisdatentypen.

Kapitel 10
Das Nichts – NoneType

Beginnen wir unsere Reise durch die Datentypen in Python mit dem einfachsten Datentyp überhaupt: dem Nichts. Der dazugehörige Basisdatentyp wird NoneType genannt. Es drängt sich natürlich die Frage auf, wozu man einen Datentyp benötigt, der einzig und allein dazu da ist, »nichts« zu repräsentieren. Nun, es ist eigentlich nur konsequent. Stellen Sie sich folgende Situation vor: Sie implementieren ein Verfahren, bei dem jede reelle Zahl ein mögliches Ergebnis ist. Allerdings kann es in einigen Fällen vorkommen, dass die Berechnung nicht durchführbar ist. Welcher Wert soll als Ergebnis zurückgegeben werden? Richtig: »nichts«.

Es gibt nur eine einzige Instanz des »Nichts« namens None. Dies ist eine Konstante, die Sie jederzeit im Quelltext verwenden können:

```
>>> ref = None
>>> ref
>>> print(ref)
None
```

Im Beispiel wurde eine Referenz namens ref auf None angelegt. Dass None tatsächlich dem »Nichts« entspricht, merken wir in der zweiten Zeile: Wir versuchen, ref vom Interpreter ausgeben zu lassen, und erhalten tatsächlich kein Ergebnis. Um den Wert dennoch auf dem Bildschirm ausgeben zu können, müssen wir uns der Funktion print bedienen. Es wurde bereits gesagt, dass None die einzige Instanz des »Nichts« ist. Diese Besonderheit können wir uns zunutze machen, um zu überprüfen, ob eine Referenz auf None verweist oder nicht:

```
>>> if ref is None:
...     print("ref ist None")
ref ist None
```

Mit dem Schlüsselwort is wird überprüft, ob die von ref referenzierte Instanz mit None identisch ist. Diese Art, einen Wert auf None zu testen, kann vom Interpreter schneller ausgeführt werden als der wertbezogene Vergleich mit dem Operator ==, der selbstverständlich auch möglich ist. Beachten Sie, dass diese beiden Operationen nur in diesem Fall und auch hier nur vordergründig äquivalent sind: Mit == werden zwei Werte und mit is zwei Identitäten auf Gleichheit geprüft.[1]

---

[1] Näheres dazu erfahren Sie in Kapitel 7, »Das Laufzeitmodell«.

Kapitel 11
Operatoren

Den Begriff des *Operators* kennen Sie aus der Mathematik, wo er ein Formelzeichen bezeichnet, das für eine bestimmte Rechenoperation steht. In Python können Sie Operatoren beispielsweise verwenden, um zwei numerische Werte zu einem arithmetischen Ausdruck zu verbinden:

```
>>> 1 + 2
3
```

Die Werte, auf denen ein Operator angewendet wird, also in diesem Fall 1 und 2, werden *Operanden* genannt. Auch für andere Datentypen gibt es Operatoren. So kann + etwa auch zwei Strings zusammenfügen:

```
>>> "A" + "B"
'AB'
```

In Python hängt die Bedeutung eines Operators also davon ab, auf welchen Datentypen er angewendet wird. Wir werden uns in diesem Abschnitt auf die Operatoren +, -, * und < beschränken, da diese ausreichen, um das dahinterliegende Prinzip zu erklären. In den folgenden Beispielen kommen immer wieder die drei Referenzen a, b und c vor, die in den Beispielen selbst nicht angelegt werden. Um die Beispiele ausführen zu können, müssen die Referenzen natürlich existieren und beispielsweise je eine ganze Zahl referenzieren.

Betrachten Sie einmal folgende Ausdrücke:

```
(a * b) + c
a * (b + c)
```

Beide sind in ihrer Bedeutung eindeutig, da durch die Klammern angezeigt wird, welcher Teil des Ausdrucks zuerst ausgewertet werden soll. Schreiben wir den oben genannten Ausdruck einmal ohne Klammern:

```
a * b + c
```

Nun ist nicht mehr ersichtlich, welcher Teil des Ausdrucks zuerst ausgewertet werden soll. Eine Regelung ist hier unerlässlich, denn je nach Auswertungsreihenfolge können unterschiedliche Ergebnisse herauskommen:

(2 * 3) + 4 = 10
2 * (3 + 4) = 14

Um dieses Problem zu lösen, haben Operatoren in Python, wie in der Mathematik auch, eine *Bindigkeit*. Diese ist so definiert, dass * stärker bindet als +, es gilt also »Punktrechnung vor Strichrechnung«. Es gibt in Python eine sogenannte *Operatorrangfolge*, die definiert, welcher Operator wie stark bindet und auf diese Weise einem klammernlosen Ausdruck eine eindeutige Auswertungsreihenfolge und damit einen eindeutigen Wert zuweist.

Tabelle 11.1 zeigt die Operatorrangfolge für die in Python definierten Operatoren. Zudem ist die übliche Bedeutung des Operators angegeben. Operatoren, die in der Tabelle weiter oben stehen, binden stärker als Operatoren, die weiter unten stehen. Operatoren, die in derselben Zelle stehen, haben eine gleich starke Bindigkeit.

Operator	Übliche Bedeutung
x ** y	y-te Potenz von x
~x	bitweises Komplement von x
+x, -x	positives oder negatives Vorzeichen
x * y	Produkt von x und y
x / y	Quotient von x und y
x % y	Rest bei ganzzahliger Division von x durch y
x // y	ganzzahlige Division von x durch y
x + y	Summe von x und y
x - y	Differenz von x und y
x << n	bitweise Verschiebung um n Stellen nach links
x >> n	bitweise Verschiebung um n Stellen nach rechts
x & y	bitweises UND zwischen x und y
x ^ y	bitweises ausschließendes ODER zwischen x und y
x | y	bitweises nicht ausschließendes ODER zwischen x und y

Tabelle 11.1 Die Operatorrangfolge

Operator	Übliche Bedeutung
x < y	Ist x kleiner als y?
x <= y	Ist x kleiner oder gleich y?
x > y	Ist x größer als y?
x >= y	Ist x größer oder gleich y?
x != y	Ist x ungleich y?
x == y	Ist x gleich y?
x is y	Sind x und y identisch?
x is not y	Sind x und y nicht identisch?
x in y	Befindet sich x in y?
x not in y	Befindet sich x nicht in y?
not x	logische Negierung
x and y	logisches UND
x or y	logisches ODER

Tabelle 11.1 Die Operatorrangfolge (Forts.)

Damit ist die Auswertung eines Ausdrucks, der aus Operatoren verschiedener Bindigkeit besteht, gesichert. Doch wie sieht es aus, wenn der gleiche Operator mehrmals im Ausdruck vorkommt? Einen Unterschied in der Bindigkeit kann es dann ja nicht mehr geben. Betrachten Sie dazu folgende Ausdrücke:

```
a + b + c
a - b - c
```

In beiden Fällen ist die Auswertungsreihenfolge weder durch Klammern noch durch die Operatorrangfolge eindeutig geklärt. Sie sehen, dass dies für die Auswertung des ersten Ausdrucks zwar kein Problem darstellt, doch spätestens beim zweiten Ausdruck ist eine Regelung erforderlich, da je nach Auswertungsreihenfolge zwei verschiedene Ergebnisse möglich sind. In einem solchen Fall gilt in Python die Regelung, dass Ausdrücke oder Teilausdrücke, die nur aus Operatoren gleicher Bindigkeit bestehen, *von links nach rechts* ausgewertet werden.

Wir haben bisher nur über Operatoren gesprochen, die als Ergebnis wieder einen Wert vom Typ der Operanden liefern. So ist das Ergebnis einer Addition zweier ganzer Zahlen stets wieder eine ganze Zahl. Dies ist jedoch nicht für jeden Operator der Fall. Sie kennen bereits die Vergleichsoperatoren, die, unabhängig vom Datentyp der Operanden, einen Wahrheitswert ergeben:

```
>>> 1 < 2.5
True
```

Denken Sie doch mal über die Auswertungsreihenfolge dieses Ausdrucks nach:

```
a < b < c
```

Theoretisch ist es möglich, und es wird in einigen Programmiersprachen auch so gemacht, nach dem oben besprochenen Schema zu verfahren: Die Vergleichskette soll von links nach rechts ausgewertet werden. In diesem Fall würde zuerst a < b ausgewertet und ergäbe zum Beispiel True. Der nächste Vergleich wäre dann True < c. Eine solche Form der Auswertung ist zwar möglich, hat jedoch keinen praktischen Nutzen, denn was soll True < c genau bedeuten?

In Python werden solche Operatoren gesondert behandelt. Der Ausdruck a < b < c wird so ausgewertet, dass er äquivalent zu

```
a < b and b < c
```

ist. Das entspricht der mathematischen Sichtweise, denn der Ausdruck bedeutet tatsächlich: »Liegt b zwischen a und c?« Diese anschauliche Regel wird analog für komplexere Ausdrücke angewandt. So wird beispielsweise der Ausdruck

```
a < b <= c != d > e
```

ausgewertet zu:

```
a < b and b <= c and c != d and d > e
```

Dieses Verhalten trifft auf die Operatoren <, <=, >, >=, ==, !=, is, is not, in und not in zu.

Kapitel 12
Numerische Datentypen

In diesem Kapitel besprechen wir mit den numerischen Datentypen die erste große Gruppe von Datentypen in Python. Tabelle 12.1 listet alle zu dieser Gruppe gehörigen Datentypen auf und nennt ihren Zweck.

Datentyp	Beschreibung	Veränderlichkeit*	Abschnitt
int	ganze Zahlen	unveränderlich	12.4
float	Gleitkommazahlen	unveränderlich	12.5
bool	boolesche Werte	unveränderlich	12.6
complex	komplexe Zahlen	unveränderlich	12.7

* Alle numerischen Datentypen sind unveränderlich. Das bedeutet nicht, dass es keine Operatoren gibt, um Zahlen zu verändern, sondern vielmehr, dass nach jeder Veränderung eine neue Instanz des jeweiligen Datentyps erzeugt werden muss. Aus Sicht des Programmierers besteht also zunächst kaum ein Unterschied.

Näheres zum Unterschied zwischen veränderlichen und unveränderlichen Datentypen erfahren Sie in Abschnitt 7.3, »Mutable vs. immutable Datentypen«.

Tabelle 12.1 Numerische Datentypen

Die numerischen Datentypen bilden eine Gruppe, weil sie thematisch zusammengehören. Diese Zusammengehörigkeit schlägt sich auch darin nieder, dass die numerischen Datentypen viele gemeinsame Operatoren haben. In den folgenden Abschnitten werden wir diese gemeinsamen Operatoren behandeln und im Anschluss daran die numerischen Datentypen int, float, bool und complex detailliert besprechen.

12.1 Arithmetische Operatoren

Unter einem *arithmetischen Operator* wird ein Operator verstanden, der eine arithmetische Berechnung, beispielsweise eine Addition oder eine Multiplikation, vornimmt. Für alle numerischen Datentypen sind die folgenden arithmetischen Operatoren definiert (siehe Tabelle 12.2).

Operator	Ergebnis
x + y	Summe von x und y
x - y	Differenz von x und y
x * y	Produkt von x und y
x / y	Quotient von x und y
x % y	Rest beim Teilen von x durch y*
+x	positives Vorzeichen
-x	negatives Vorzeichen
x ** y	x hoch y
x // y	abgerundeter Quotient von x und y*

* Die Operatoren % und // haben für komplexe Zahlen keine mathematische Bedeutung und sind deshalb für den Datentyp complex nicht definiert.

Tabelle 12.2 Gemeinsame Operatoren numerischer Datentypen

> **Hinweis**
>
> Zwei Anmerkungen für Leser, die bereits mit einer C-ähnlichen Programmiersprache vertraut sind:
>
> - Es gibt in Python keine Entsprechungen für die Inkrementierungs- und Dekrementierungsoperatoren x++ und x-- aus C.
> - Die Operatoren % und // können folgendermaßen beschrieben werden:
>   x // y = runden(x / y)
>   x % y = x - y * runden(x / y)
>   Python rundet dabei stets ab, während C zur Null hin rundet. Dieser Unterschied tritt nur auf, wenn die Operanden gegensätzliche Vorzeichen haben.

Neben diesen grundlegenden Operatoren gibt es in Python eine Reihe zusätzlicher Operatoren. Oftmals möchte man beispielsweise die Summe von x und y berechnen und das Ergebnis in x speichern, x also um y erhöhen. Dazu ist mit den oben genannten Operatoren folgende Anweisung nötig:

x = x + y

Für solche Fälle gibt es in Python sogenannte *erweiterte Zuweisungen* (engl. *augmented assignments*), die als eine Art Abkürzung für die oben genannte Anweisung angesehen werden können.

Operator	Entsprechung
x += y	x = x + y
x -= y	x = x - y
x *= y	x = x * y
x /= y	x = x / y
x %= y	x = x % y
x **= y	x = x ** y
x //= y	x = x // y

Tabelle 12.3 Gemeinsame Operatoren numerischer Datentypen

Wichtig ist, dass Sie hier für y einen beliebigen arithmetischen Ausdruck einsetzen können, während x ein Ausdruck sein muss, der auch als Ziel einer normalen Zuweisung eingesetzt werden könnte.

12.2 Vergleichende Operatoren

Ein *vergleichender Operator* ist ein Operator, der aus zwei Instanzen einen Wahrheitswert berechnet. Tabelle 12.4 listet die vergleichenden Operatoren auf, die für numerische Datentypen definiert sind.

Operator	Ergebnis
==	wahr, wenn x und y gleich sind
!=	wahr, wenn x und y verschieden sind
<	wahr, wenn x kleiner ist als y*
<=	wahr, wenn x kleiner oder gleich y ist*
>	wahr, wenn x größer ist als y*
>=	wahr, wenn x größer oder gleich y ist*

* Da komplexe Zahlen prinzipiell nicht sinnvoll anzuordnen sind, lässt der Datentyp complex nur die Verwendung der ersten beiden Operatoren zu.

Tabelle 12.4 Gemeinsame Operatoren numerischer Datentypen

Jeder dieser vergleichenden Operatoren liefert als Ergebnis einen Wahrheitswert. Ein solcher Wert wird zum Beispiel als Bedingung einer if-Anweisung erwartet. Die Operatoren könnten also folgendermaßen verwendet werden:

```
if x < 4:
    print("x ist kleiner als 4")
```

Sie können beliebig viele der vergleichenden Operatoren zu einer Reihe verketten. Das obere Beispiel ist genau genommen nur ein Spezialfall dieser Regel – mit lediglich zwei Operanden. Die Bedeutung einer solchen Verkettung entspricht der mathematischen Sichtweise und ist am folgenden Beispiel zu erkennen:

```
if 2 < x < 4:
    print("x liegt zwischen 2 und 4")
```

Mehr zu booleschen Werten folgt in Abschnitt 12.6, »Boolesche Werte – bool«.

12.3 Konvertierung zwischen numerischen Datentypen

Numerische Datentypen können über die eingebauten Funktionen int, float, bool und complex ineinander umgeformt werden. Dabei können je nach Umformung Informationen verloren gehen. Als Beispiel betrachten wir einige Konvertierungen im interaktiven Modus:

```
>>> float(33)
33.0
>>> int(33.5)
33
>>> bool(12)
True
>>> complex(True)
(1+0j)
```

Anstelle eines konkreten Literals kann auch eine Referenz eingesetzt bzw. eine Referenz mit dem entstehenden Wert verknüpft werden:

```
>>> var1 = 12.5
>>> int(var1)
12
>>> var2 = int(40.25)
>>> var2
40
```

So viel zur allgemeinen Einführung in die numerischen Datentypen. Die folgenden Abschnitte werden jeden Datentypen dieser Gruppe im Detail behandeln.

12.4 Ganzzahlen – int

Für den Raum der ganzen Zahlen gibt es in Python den Datentypen int. Im Gegensatz zu vielen anderen Programmiersprachen unterliegt dieser Datentyp in seinem Wertebereich keinen prinzipiellen Grenzen, was den Umgang mit großen ganzen Zahlen in Python sehr komfortabel macht.[1]

Wir haben bereits viel mit ganzen Zahlen gearbeitet, sodass die Verwendung von int eigentlich keiner Demonstration mehr bedarf. Der Vollständigkeit halber dennoch ein kleines Beispiel:

```
>>> i = 1234
>>> i
1234
>>> p = int(5678)
>>> p
5678
```

Seit Python 3.6 kann ein Unterstrich verwendet werden, um die Ziffern eines Literals zu gruppieren:

```
>>> 1_000_000
1000000
>>> 1_0_0
100
```

Die Gruppierung ändert nichts am Zahlenwert des Literals, sondern dient dazu, die Lesbarkeit von Zahlenliteralen zu erhöhen. Ob und wie Sie die Ziffern gruppieren, bleibt Ihnen überlassen.

12.4.1 Zahlensysteme

Ganze Zahlen können in Python in mehreren Zahlensystemen[2] geschrieben werden:

- Zahlen, die wie im oben dargestellten Beispiel ohne ein spezielles Präfix geschrieben sind, werden im *Dezimalsystem* (Basis 10) interpretiert. Beachten Sie, dass einer solchen Zahl keine führenden Nullen vorangestellt werden dürfen:

    v_dez = 1337

- Das Präfix 0o (»Null-o«) kennzeichnet eine Zahl, die im *Oktalsystem* (Basis 8) geschrieben wurde. Beachten Sie, dass hier nur Ziffern von 0 bis 7 erlaubt sind:

---

1 Dies ist eine Neuerung in Python 3.0. Zuvor existierten zwei Datentypen für ganze Zahlen: int für den begrenzten Zahlenraum von 32 Bit bzw. 64 Bit sowie long mit einem unbegrenzten Wertebereich.

2 Sollten Sie nicht wissen, was ein Zahlensystem ist, können Sie diesen Abschnitt problemlos überspringen.

```
v_okt = 0o2471
```

Das kleine »o« im Präfix kann auch durch ein großes »O« ersetzt werden. Wir empfehlen Ihnen jedoch, stets ein kleines »o« zu verwenden, da das große »O« in vielen Schriftarten von der Null kaum zu unterscheiden ist.[3]

- Die nächste und weitaus gebräuchlichere Variante ist das *Hexadezimalsystem* (Basis 16), das durch das Präfix 0x bzw. 0X (Null-x) gekennzeichnet wird. Die Zahl selbst darf aus den Ziffern 0–9 und den Buchstaben A–F bzw. a–f gebildet werden:

  ```
  v_hex = 0x5A3F
  ```

- Neben dem Hexadezimalsystem ist in der Informatik das *Dualsystem*, auch *Binärsystem* (Basis 2), von entscheidender Bedeutung. Seit Version 3.0 unterstützt Python ein eigenes Literal für Dualzahlen. Diese werden analog zu den vorangegangenen Literalen durch das Präfix 0b eingeleitet:

  ```
  v_bin = 0b1101
  ```

  Im Dualsystem dürfen nur die Ziffern 0 und 1 verwendet werden.

Vielleicht möchten Sie sich nicht auf diese vier Zahlensysteme beschränken, die von Python explizit unterstützt werden, sondern ein exotischeres verwenden. Natürlich gibt es in Python nicht für jedes mögliche Zahlensystem ein eigenes Literal. Stattdessen können Sie sich folgender Schreibweise bedienen:

```
v_6 = int("54425", 6)
```

Es handelt sich um eine alternative Methode, eine Instanz des Datentyps int zu erzeugen und mit einem Anfangswert zu versehen. Dazu werden in den Klammern ein String, der den gewünschten Initialwert in dem gewählten Zahlensystem enthält, sowie die Basis dieses Zahlensystems als ganze Zahl geschrieben. Beide Werte müssen durch ein Komma getrennt werden. Im Beispiel wurde das Sechsersystem verwendet.

Python unterstützt Zahlensysteme mit einer Basis von 2 bis 36. Wenn ein Zahlensystem mehr als zehn verschiedene Ziffern zur Darstellung einer Zahl benötigt, werden zusätzlich zu den Ziffern 0 bis 9 die Buchstaben A bis Z des englischen Alphabets verwendet.

v_6 hat jetzt den Wert 7505 im Dezimalsystem.

Für alle Zahlensystem-Literale ist die Verwendung eines negativen Vorzeichens möglich:

---

[3] Bis zu Version 3.0 wurde in Python, wie beispielsweise in C auch, die »0« als Präfix für Oktalzahlen verwendet.

```
>>> -1234
-1234
>>> -0o777
-511
>>> -0xFF
-255
>>> -0b1010101
-85
```

Beachten Sie, dass es sich bei den Zahlensystemen nur um eine alternative Schreibweise des gleichen Wertes handelt. Der Datentyp int springt beispielsweise nicht in eine Art Hexadezimalmodus, sobald er einen solchen Wert enthält, sondern das Zahlensystem ist nur bei Zuweisungen oder Ausgaben von Bedeutung. Standardmäßig werden alle Zahlen im Dezimalsystem ausgegeben:

```
>>> v1 = 0xFF
>>> v2 = 0o777
>>> v1
255
>>> v2
511
```

Wir werden später im Zusammenhang mit Strings darauf zurückkommen, wie sich Zahlen in anderen Zahlensystemen ausgeben lassen.

12.4.2 Bit-Operationen

Wie bereits gesagt, hat das Dualsystem oder auch Binärsystem in der Informatik eine große Bedeutung. Für den Datentyp int sind daher einige zusätzliche Operatoren definiert, die sich explizit auf die binäre Darstellung der Zahl beziehen:

Operator	Erw. Zuweisung	Ergebnis
x & y	x &= y	bitweises UND von x und y (AND)
x | y	x |= y	bitweises nicht ausschließendes ODER von x und y (OR)
x ^ y	x ^= y	bitweises ausschließendes ODER von x und y (XOR)
~x		bitweises Komplement von x
x << n	x <<= n	Bit-Verschiebung um n Stellen nach links
x >> n	x >>= n	Bit-Verschiebung um n Stellen nach rechts

Tabelle 12.5 Bit-Operatoren des Datentyps int

Da vielleicht nicht jedem unmittelbar klar ist, was die einzelnen Operationen bewirken, möchten wir sie im Folgenden im Detail besprechen.

Bitweises UND

Das *bitweise UND* zweier Zahlen wird gebildet, indem beide Zahlen in ihrer Binärdarstellung Bit für Bit miteinander verknüpft werden. Die resultierende Zahl hat in ihrer Binärdarstellung genau dort eine 1, wo beide der jeweiligen Bits der Operanden 1 sind, und sonst eine 0. Dies veranschaulicht Abbildung 12.1:

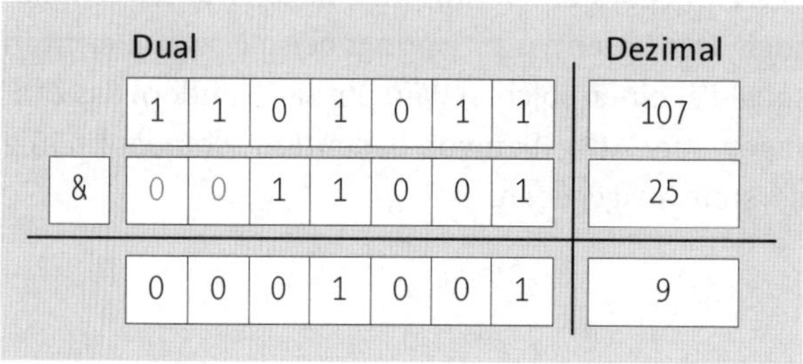

Dual							Dezimal
	1	1	0	1	0	1	1	107
&	0	0	1	1	0	0	1	25
	0	0	0	1	0	0	1	9

Abbildung 12.1 Bitweises UND

Im interaktiven Modus von Python probieren wir aus, ob das bitweise UND mit den in der Grafik gewählten Operanden tatsächlich das erwartete Ergebnis zurückgibt:

```
>>> 107 & 25
9
```

Diese Prüfung des Ergebnisses werden wir nicht für jede Operation einzeln durchführen. Um allerdings mit den bitweisen Operatoren vertrauter zu werden, lohnt es sich, hier ein wenig zu experimentieren.

Bitweises ODER

Das *bitweise ODER* zweier Zahlen wird gebildet, indem beide Zahlen in ihrer Binärdarstellung Bit für Bit miteinander verglichen werden. Die resultierende Zahl hat in ihrer Binärdarstellung genau da eine 1, wo mindestens eines der jeweiligen Bits der Operanden 1 ist. Abbildung 12.2 veranschaulicht dies.

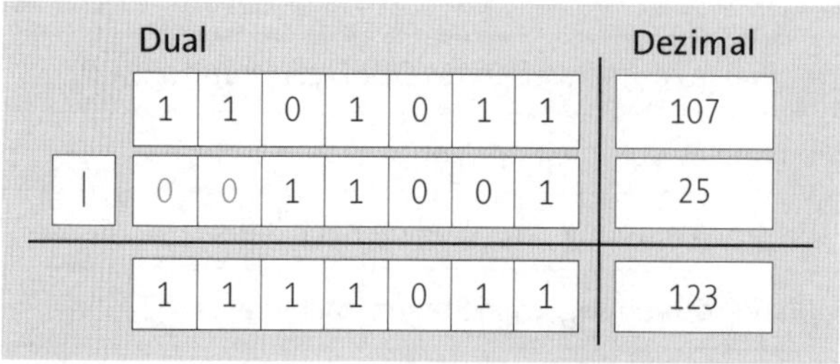

Dual							Dezimal
	1	1	0	1	0	1	1	107
|	0	0	1	1	0	0	1	25
	1	1	1	1	0	1	1	123

Abbildung 12.2 Bitweises nicht ausschließendes ODER

Bitweises ausschließendes ODER

Das *bitweise ausschließende ODER* (auch *exklusives ODER*) zweier Zahlen wird gebildet, indem beide Zahlen in ihrer Binärdarstellung Bit für Bit miteinander verglichen werden. Die resultierende Zahl hat in ihrer Binärdarstellung genau da eine 1, wo sich die jeweiligen Bits der Operanden voneinander unterscheiden, und eine 0, wo sie gleich sind. Dies zeigt Abbildung 12.3.

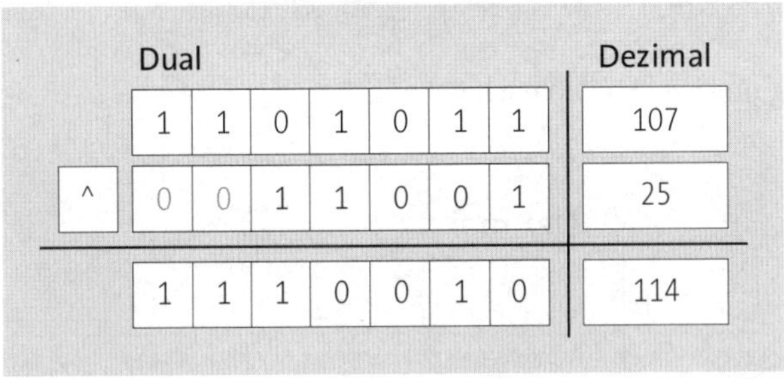

	Dual						Dezimal
	1	1	0	1	0	1	107
^	0	0	1	1	0	0	25
	1	1	1	0	0	1	114

Abbildung 12.3 Bitweises exklusives ODER

Bitweises Komplement

Das *bitweise Komplement* bildet das sogenannte *Einerkomplement* einer Dualzahl, das der Negation aller vorkommenden Bits entspricht. In Python ist dies auf Bit-Ebene nicht möglich, da eine ganze Zahl in ihrer Länge unbegrenzt ist und das Komplement immer in einem abgeschlossenen Zahlenraum gebildet werden muss. Deswegen wird die eigentliche Bit-Operation zur arithmetischen Operation und ist folgendermaßen definiert:[4]

$\sim x = -x - 1$

Bit-Verschiebung

Bei der *Bit-Verschiebung* wird die Bit-Folge in der binären Darstellung des ersten Operanden um die durch den zweiten Operanden gegebene Anzahl Stellen nach links bzw. rechts verschoben. Auf der rechten Seite entstehende Lücken werden mit Nullen gefüllt, und das Vorzeichen des ersten Operanden bleibt erhalten. Abbildung 12.4 und Abbildung 12.5 veranschaulichen eine Verschiebung um zwei Stellen nach links bzw. nach rechts.

---

[4] Das ist sinnvoll, da man zur Darstellung negativer Zahlen in abgeschlossenen Zahlenräumen das sogenannte *Zweierkomplement* verwendet. Dieses erhalten Sie, indem Sie zum Einerkomplement 1 addieren.
Also: –x = Zweierkomplement von x = ~x + 1
Daraus folgt: ~x = –x – 1

	Dual								Dezimal
		1	1	0	1	0	1	1	107
				n = 2					
1	1	0	1	0	1	1	0	0	428

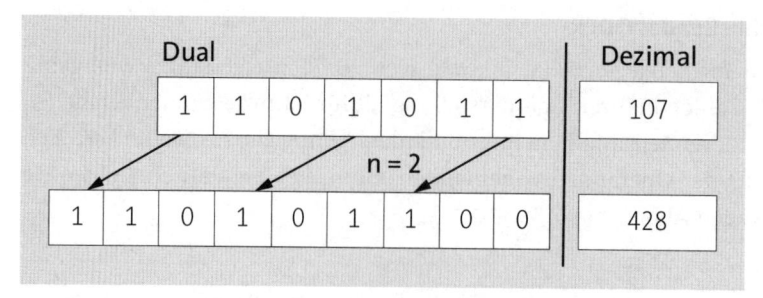

Abbildung 12.4 Bit-Verschiebung um zwei Stellen nach links

Dual							Dezimal
1	1	0	1	0	1	1	107
	n = 2						
		1	1	0	1	0	26

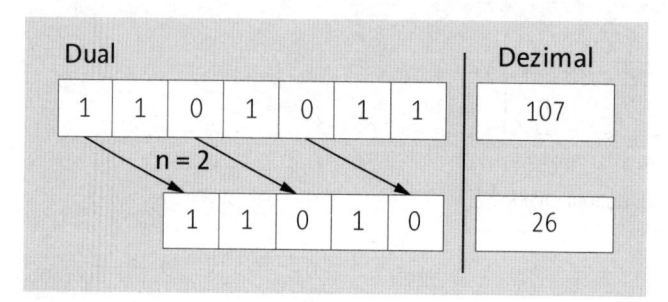

Abbildung 12.5 Bit-Verschiebung um zwei Stellen nach rechts

Die in der Bit-Darstellung entstehenden Lücken auf der rechten bzw. linken Seite werden mit Nullen aufgefüllt.

Die Bit-Verschiebung ist in Python ähnlich wie der Komplementoperator arithmetisch implementiert. Ein Shift um x Stellen nach rechts entspricht einer ganzzahligen Division durch 2^x. Ein Shift um x Stellen nach links entspricht einer Multiplikation mit 2^x.

12.4.3 Methoden

Der Datentyp int verfügt über eine Methode, die sich auf die Binärdarstellung der ganzen Zahl bezieht. Die Methode bit_length berechnet die Anzahl Stellen, die für die Binärdarstellung der Zahl benötigt werden.

```
>>> (36).bit_length()
6
>>> (4345).bit_length()
13
```

Die Binärdarstellung der 36 ist 100100, und die der 4345 ist 1000011111001. Damit benötigen die beiden Zahlen 6 bzw. 13 Stellen für ihre Binärdarstellung.

> **Hinweis**
> Beachten Sie, dass die Klammern um die Zahlenliterale bei ganzen Zahlen benötigt werden, da es sonst zu Doppeldeutigkeiten mit der Syntax für Gleitkommazahlen kommen könnte.

12.5 Gleitkommazahlen – float

Zu Beginn dieses Teils sind wir bereits oberflächlich auf Gleitkommazahlen eingegangen, was wir hier ein wenig vertiefen möchten. Zum Speichern einer Gleitkommazahl mit begrenzter Genauigkeit wird der Datentyp `float` verwendet.

Wie bereits besprochen wurde, sieht eine Gleitkommazahl im einfachsten Fall folgendermaßen aus:

```
v = 3.141
```

Python unterstützt außerdem eine Notation, die es ermöglicht, die Exponentialschreibweise zu verwenden:

```
v = 3.141e-12
```

Durch ein kleines oder großes e wird die *Mantisse* (3.141) vom *Exponenten* (-12) getrennt. Übertragen in die mathematische Schreibweise, entspricht dies dem Wert $3{,}141 \cdot 10^{-12}$. Beachten Sie, dass sowohl die Mantisse als auch der Exponent im Dezimalsystem angegeben werden müssen. Andere Zahlensysteme sind nicht vorgesehen, was die gefahrlose Verwendung führender Nullen ermöglicht:

```
v = 03.141e-0012
```

Es gibt noch weitere Varianten, eine gültige Gleitkommazahl zu definieren. Dabei handelt es sich um Spezialfälle der oben genannten Notation, weswegen sie etwas exotisch wirken. Sie sollen der Vollständigkeit halber trotzdem erwähnt werden. Pythons interaktiver Modus gibt nach jeder Eingabe ihren Wert aus. Das machen wir uns zunutze und lassen zu jedem Spezialfall den normal formatierten Wert automatisch ausgeben:

```
>>> -3.
-3.0
>>> .001
0.001
>>> 3e2
300.0
```

Seit Python 3.6 kann ein Unterstrich verwendet werden, um die Ziffern eines Gleitkommazahl-Literals zu gruppieren:

```
>>> 3.000_000_1
3.0000001
```

Eventuell haben Sie gerade schon etwas mit den Gleitkommazahlen experimentiert und sind dabei auf einen vermeintlichen Fehler des Interpreters gestoßen:

```
>>> 1.1 + 2.2
3.3000000000000003
```

Aufgrund der Begrenztheit von float können reelle Zahlen nicht unendlich präzise gespeichert werden. Stattdessen werden sie mit einer bestimmten Genauigkeit angenähert. Es ist unter Verwendung der Basisdatentypen nicht möglich, mit beliebig genauen Dezimalzahlen zu rechnen. Dazu muss die Standardbibliothek bemüht werden, was wir zu gegebener Zeit behandeln werden.[5]

Gleitkommazahlen können als float nicht beliebig genau gespeichert werden. Das impliziert auch, dass es sowohl eine Ober- als auch eine Untergrenze für diesen Datentyp geben muss. Und tatsächlich können Gleitkommazahlen, die in ihrer Größe ein bestimmtes Limit überschreiten, in Python nicht mehr dargestellt werden. Wenn das Limit überschritten ist, wird die Zahl als inf gespeichert[6] bzw. als -inf, wenn das untere Limit unterschritten wurde. Es kommt also zu keinem Fehler, und es ist immer noch möglich, eine übergroße Zahl mit anderen zu vergleichen:

```
>>> 3.0e999
inf
>>> -3.0e999
-inf
>>> 3.0e999 < 12.0
False
>>> 3.0e999 > 12.0
True
>>> 3.0e999 == 3.0e999999999999
True
```

Es ist zwar möglich, zwei unendlich große Gleitkommazahlen miteinander zu vergleichen, jedoch lässt sich nur bedingt mit ihnen rechnen. Dazu folgendes Beispiel:

```
>>> 3.0e999 + 1.5e999999
inf
>>> 3.0e999 - 1.5e999999
```

---

[5] Dabei handelt es sich um das Modul decimal, das in Abschnitt 26.3, »Präzise Dezimalzahlen – decimal«, behandelt wird.
[6] inf steht für *infinity* (dt. »unendlich«).

```
nan
>>> 3.0e999 * 1.5e999999
inf
>>> 3.0e999 / 1.5e999999
nan
```

Zwei unendlich große Gleitkommazahlen lassen sich problemlos addieren oder multiplizieren. Das Ergebnis ist in beiden Fällen wieder inf. Ein Problem gibt es aber, wenn versucht wird, zwei solche Zahlen zu subtrahieren bzw. zu dividieren. Da diese Rechenoperationen nicht sinnvoll sind, ergeben sie nan. Der Status nan ist vergleichbar mit inf, bedeutet jedoch »not a number«, also so viel wie »nicht berechenbar«.

Beachten Sie, dass weder inf noch nan eine Konstante ist, die Sie selbst in einem Python-Programm verwenden könnten.

12.6 Boolesche Werte – bool

Eine Instanz des Datentyps bool[7] kann nur zwei verschiedene Werte annehmen: »wahr« oder »falsch« oder, um innerhalb der Python-Syntax zu bleiben, True oder False. Deshalb ist es auf den ersten Blick absurd, bool den numerischen Datentypen unterzuordnen. Wie in vielen Programmiersprachen üblich, wird in Python True analog zur 1 und False analog zur 0 gesehen, sodass sich mit booleschen Werten genauso rechnen lässt wie beispielsweise mit den ganzen Zahlen. Bei den Namen True und False handelt es sich um Konstanten, die im Quelltext verwendet werden können. Beachten Sie besonders, dass die Konstanten mit einem Großbuchstaben beginnen:

```
v1 = True
v2 = False
```

12.6.1 Logische Operatoren

Ein oder mehrere boolesche Werte lassen sich mithilfe bestimmter Operatoren zu einem booleschen Ausdruck kombinieren. Ein solcher Ausdruck resultiert, wenn er ausgewertet wurde, wieder in einem booleschen Wert, also in True oder False. Bevor es zu theoretisch wird, folgt hier zunächst die Tabelle der sogenannten *logischen Operatoren*[8], und darunter sehen Sie weitere Erklärungen mit konkreten Beispielen.

---

[7] Der Name bool geht zurück auf den britischen Mathematiker und Logiker George Boole (1815–1864).
[8] Beachten Sie, dass es einen Unterschied gibt zwischen den logischen Operatoren, die im Zusammenhang mit booleschen Werten stehen, und den binären Operatoren, die sich auf die Binärdarstellung einer Zahl beziehen.

Operator	Ergebnis
not x	logische Negierung von x
x and y	logisches UND zwischen x und y
x or y	logisches (nicht ausschließendes) ODER zwischen x und y

Tabelle 12.6 Logische Operatoren des Datentyps bool

Logische Negierung

Die *logische Negierung* eines booleschen Wertes ist schnell erklärt: Der entsprechende Operator not macht True zu False und False zu True. In einem konkreten Beispiel würde das folgendermaßen aussehen:

```
if not x:
    print("x ist False")
else:
    print("x ist True")
```

Logisches UND

Das *logische UND* zwischen zwei Wahrheitswerten ergibt nur dann True, wenn beide Operanden bereits True sind. In Tabelle 12.7 sind alle möglichen Fälle aufgelistet:

x	y	x and y
True	True	True
False	True	False
True	False	False
False	False	False

Tabelle 12.7 Mögliche Fälle des logischen UND

In einem konkreten Beispiel würde die Anwendung des logischen UND so aussehen:

```
if x and y:
    print("x und y sind True")
```

Logisches ODER

Das *logische ODER* zwischen zwei Wahrheitswerten ergibt genau dann eine wahre Aussage, wenn mindestens einer der beiden Operanden wahr ist. Es handelt sich demnach um ein nicht ausschließendes ODER. Ein Operator für ein logisches ausschließendes (exklusives) ODER existiert in Python nicht[9]. Tabelle 12.8 listet alle möglichen Fälle auf:

x	y	x or y
True	True	True
False	True	True
True	False	True
False	False	False

Tabelle 12.8 Mögliche Fälle des logischen ODER

Ein logisches ODER könnte folgendermaßen implementiert werden:

```
if x or y:
    print("x oder y ist True")
```

Selbstverständlich können Sie all diese Operatoren miteinander kombinieren und in einem komplexen Ausdruck verwenden. Das könnte etwa folgendermaßen aussehen:

```
if x and y or ((y and z) and not x):
    print("Holla die Waldfee")
```

Wir möchten diesen Ausdruck hier nicht im Einzelnen besprechen. Es sei nur gesagt, dass der Einsatz von Klammern den erwarteten Effekt hat, nämlich dass umklammerte Ausdrücke zuerst ausgewertet werden. Tabelle 12.9 zeigt den Wahrheitswert des Ausdrucks auf, und zwar in Abhängigkeit von den drei Parametern x, y und z:

x	y	z	x and y or ((y and z) and not x)
True	True	True	True
False	True	True	True
True	False	True	False
True	True	False	True
False	False	True	False
False	True	False	False

Tabelle 12.9 Mögliche Ergebnisse des Ausdrucks

---

9 Ein logisches exklusives ODER zwischen x und y lässt sich über (x or y) and not (x and y) nachbilden.

x	y	z	x and y or ((y and z) and not x)
True	False	False	False
False	False	False	False

Tabelle 12.9 Mögliche Ergebnisse des Ausdrucks (Forts.)

Zusammenhang zu vergleichenden Operatoren

Zu Beginn des Abschnitts über numerische Datentypen haben wir einige vergleichende Operatoren eingeführt, die eine Wahrheitsaussage in Form eines booleschen Wertes ergeben. Das folgende Beispiel zeigt, dass diese ganz selbstverständlich zusammen mit den logischen Operatoren verwendet werden können:

```
if x > y or (y > z and x != 0):
    print("Mein lieber Schwan")
```

In diesem Fall muss es sich bei x, y und z um Instanzen vergleichbarer Typen handeln, wie zum Beispiel int, float oder bool.

12.6.2 Wahrheitswerte nicht-boolescher Datentypen

Mithilfe der Built-in Function bool lassen sich Instanzen eines jeden Basisdatentyps in einen booleschen Wert überführen.

```
>>> bool([1,2,3])
True
>>> bool("")
False
>>> bool(-7)
True
```

Dies ist eine sinnvolle Eigenschaft, da sich eine Instanz der Basisdatentypen häufig in zwei Stadien befinden kann: »leer« und »nicht leer«. Oftmals möchte man beispielsweise testen, ob ein String Buchstaben enthält oder nicht. Da ein String in einen booleschen Wert konvertiert werden kann, wird ein solcher Test sehr einfach durch logische Operatoren möglich:

```
>>> not ""
True
>>> not "abc"
False
```

Durch Verwendung eines logischen Operators wird der Operand automatisch als Wahrheitswert interpretiert.

Für jeden Basisdatentyp ist ein bestimmter Wert als False definiert. Alle davon abweichenden Werte sind True. Tabelle 12.10 listet für jeden Datentyp den entsprechenden False-Wert auf. Einige der Datentypen wurden noch nicht eingeführt, woran Sie sich an dieser Stelle jedoch nicht weiter stören sollten.

Basisdatentyp	False-Wert	Beschreibung
NoneType	None	der Wert None
Numerische Datentypen		
int	0	der numerische Wert Null
float	0.0	der numerische Wert Null
bool	False	der boolesche Wert False
complex	0 + 0j	der numerische Wert Null
Sequenzielle Datentypen		
str	""	ein leerer String
list	[]	eine leere Liste
tuple	()	ein leeres Tupel
Assoziative Datentypen		
dict	{}	ein leeres Dictionary
Mengen		
set	set()	eine leere Menge
frozenset	frozenset()	eine leere Menge

Tabelle 12.10 Wahrheitswerte der Basisdatentypen

Alle anderen Werte ergeben True.

12.6.3 Auswertung logischer Operatoren

Python wertet logische Ausdrücke grundsätzlich von links nach rechts aus, also im folgenden Beispiel zuerst a und dann b:

```
if a or b:
    print("a oder b sind True")
```

Es wird aber nicht garantiert, dass jeder Teil des Ausdrucks tatsächlich ausgewertet wird. Aus Optimierungsgründen bricht Python die Auswertung des Ausdrucks sofort ab, wenn das Ergebnis feststeht. Wenn im Beispiel oben also a bereits den Wert True hat, ist der Wert von b nicht weiter von Belang; b würde dann nicht mehr ausgewertet. Das folgende Beispiel demonstriert dieses Verhalten, das *Lazy Evaluation* (dt. »faule Auswertung«) genannt wird.

```
>>> a = True
>>> if a or print("Lazy "):
...     print("Evaluation")
...
Evaluation
```

Obwohl in der Bedingung der if-Anweisung die print-Funktion aufgerufen wird, wird diese Bildschirmausgabe nie durchgeführt, da der Wert der Bedingung bereits nach der Auswertung von a feststeht. Dieses Detail scheint unwichtig, kann aber insbesondere im Zusammenhang mit seiteneffektbehafteten[10] Funktionen zu schwer auffindbaren Fehlern führen.

Zu Beginn dieses Kapitels wurde gesagt, dass ein boolescher Ausdruck stets einen booleschen Wert ergibt, wenn er ausgewertet wurde. Das ist nicht ganz korrekt, denn auch hier wurde die Arbeitsweise des Interpreters in einer Weise optimiert, über die man Bescheid wissen sollte. Deutlich wird dies an folgendem Beispiel aus dem interaktiven Modus:

```
>>> 0 or 1
1
```

Nach dem, was wir bisher besprochen haben, sollte das Ergebnis des Ausdrucks True sein, was nicht der Fall ist. Stattdessen gibt Python hier den ersten Operanden mit dem Wahrheitswert True zurück. Das ist effizienter und hat in vielen Fällen trotzdem den erwünschten Effekt, denn der zurückgegebene Wert wird problemlos automatisch in den Wahrheitswert True überführt. Die Auswertung der beiden Operatoren or und and läuft dabei folgendermaßen ab:

Das logische ODER (or) nimmt den Wert des ersten Operanden an, der den Wahrheitswert True besitzt, oder – wenn es einen solchen nicht gibt – den Wert des letzten Operanden.

Das logische UND (and) nimmt den Wert des ersten Operanden an, der den Wahrheitswert False besitzt, oder – wenn es einen solchen nicht gibt – den Wert des letzten Operanden.

---

10 siehe dazu Abschnitt 19.3.6, »Seiteneffekte«

Diese Details haben dabei auch durchaus ihren unterhaltsamen Wert:

```
>>> "Python" or "Java"
'Python'
```

12.7 Komplexe Zahlen – complex

Überraschenderweise findet sich ein Datentyp zur Speicherung komplexer Zahlen unter Pythons Basisdatentypen. In vielen Programmiersprachen würden komplexe Zahlen eher eine Randnotiz in der Standardbibliothek darstellen oder ganz außen vor bleiben. Sollten Sie nicht mit komplexen Zahlen vertraut sein, können Sie diesen Abschnitt gefahrlos überspringen. Er behandelt nichts, was für das weitere Erlernen von Python vorausgesetzt würde.

Komplexe Zahlen bestehen aus einem reellen Realteil und einem Imaginärteil. Der Imaginärteil ist eine reelle Zahl, die mit der imaginären Einheit j multipliziert wird.[11] Die imaginäre Einheit j ist als Lösung der Gleichung

$$j^2 = -1$$

definiert. Im folgenden Beispiel weisen wir einer komplexen Zahl den Namen v zu:

```
v = 4j
```

Wenn man wie im Beispiel nur einen Imaginärteil angibt, wird der Realteil automatisch als 0 angenommen. Um den Realteil festzulegen, wird dieser zum Imaginärteil addiert. Die beiden folgenden Schreibweisen sind äquivalent:

```
v1 = 3 + 4j
v2 = 4j + 3
```

Anstelle des kleinen j ist auch ein großes J als Literal für den Imaginärteil einer komplexen Zahl zulässig. Entscheiden Sie hier ganz nach Ihren Vorlieben, welche der beiden Möglichkeiten Sie verwenden möchten.

Sowohl der Real- als auch der Imaginärteil können eine beliebige reelle Zahl sein, also Instanzen der Typen int oder float. Folgende Schreibweise ist demnach auch korrekt:

```
v3 = 3.4 + 4e2j
```

Zu Beginn des Abschnitts über numerische Datentypen wurde bereits angedeutet, dass sich komplexe Zahlen von den anderen numerischen Datentypen unterscheiden. Da für komplexe Zahlen keine mathematische Anordnung definiert ist, können

---

[11] Das in der Mathematik eigentlich übliche Symbol der imaginären Einheit ist i. Python hält sich hier an die Notationen der Elektrotechnik.

Instanzen des Datentyps `complex` nur auf Gleichheit oder Ungleichheit überprüft werden. Die Menge der vergleichenden Operatoren ist also auf `==` und `!=` beschränkt.

Darüber hinaus sind sowohl der Modulo-Operator `%` als auch der Operator `//` für eine ganzzahlige Division im Komplexen zwar formal möglich, haben jedoch keinen mathematischen Sinn. Deswegen ist ihre Verwendung mit komplexen Operanden seit Python 3.0 nicht mehr möglich.

Der Datentyp `complex` besitzt zwei Attribute, die die Arbeit mit ihm erleichtern. Es kommt zum Beispiel vor, dass man Berechnungen nur mit dem Realteil oder nur mit dem Imaginärteil der gespeicherten Zahl anstellen möchte. Um einen der beiden Teile zu isolieren, stellt eine `complex`-Instanz die folgenden Attribute bereit (siehe Tabelle 12.11).

Attribut	Beschreibung
x.real	Realteil von x als Gleitkommazahl
x.imag	Imaginärteil von x als Gleitkommazahl

Tabelle 12.11 Attribute des Datentyps complex

Diese können wie im folgenden Beispiel verwendet werden:

```
>>> c = 23 + 4j
>>> c.real
23.0
>>> c.imag
4.0
```

Außer über seine zwei Attribute verfügt der Datentyp `complex` über eine Methode, die in Tabelle 12.12 exemplarisch für eine Referenz auf eine komplexe Zahl namens x erklärt wird.

Methode	Beschreibung
x.conjugate()	Liefert die zu x konjugierte komplexe Zahl.

Tabelle 12.12 Methoden des Datentyps complex

Das folgende Beispiel demonstriert die Verwendung der Methode `conjugate`:

```
>>> c = 23 + 4j
>>> c.conjugate()
(23-4j)
```

Das Ergebnis von conjugate ist wieder eine komplexe Zahl und verfügt daher ebenfalls über die Methode conjugate:

```
>>> c = 23 + 4j
>>> c2 = c.conjugate()
>>> c2
(23-4j)
>>> c3 = c2.conjugate()
>>> c3
(23+4j)
```

Das Konjugieren einer komplexen Zahl ist eine selbstinverse Operation. Das bedeutet, dass das Ergebnis einer zweifachen Konjugation wieder die Ausgangszahl ist.

Kapitel 13
Sequenzielle Datentypen

Unter *sequenziellen Datentypen* wird eine Klasse von Datentypen zusammengefasst, die Folgen von gleichartigen oder verschiedenen *Elementen* verwalten. Die in sequenziellen Datentypen gespeicherten Elemente haben eine definierte Reihenfolge, und man kann über eindeutige Indizes auf sie zugreifen.

Python stellt im Wesentlichen die folgenden fünf sequenziellen Typen zur Verfügung: str, bytes, bytearray, list und tuple.

Datentyp	speichert	Veränderlichkeit	Abschnitt
list	Listen beliebiger Instanzen	*veränderlich*	13.2
tuple	Listen beliebiger Instanzen	*unveränderlich*	13.3
str	Text als Sequenz von Buchstaben	*unveränderlich*	13.4
bytes	Binärdaten als Sequenz von Bytes	*unveränderlich*	13.4
bytearray	Binärdaten als Sequenz von Bytes	*veränderlich*	13.4

Tabelle 13.1 Liste der sequenziellen Datentypen

Der Datentyp str ist für die Speicherung und Verarbeitung von Texten vorgesehen. Daher besteht eine str-Instanz aus einer Folge von Buchstaben, Leer- und Interpunktionszeichen sowie Zeilenvorschüben – also genau den Bausteinen, aus denen Texte in menschlicher Sprache bestehen. Bemerkenswert ist dabei, dass dies auch mit regionalen Sonderzeichen wie beispielsweise den deutschen Umlauten »ä«, »ü« und »ö« funktioniert.

Im Gegensatz dazu kann eine Instanz des Datentyps bytes einen binären Datenstrom, also eine Folge von Bytes, speichern. Der Datentyp bytearray ist ebenfalls in der Lage, Binärdaten zu speichern. Allerdings sind bytearray-Instanzen anders als bytes-Instanzen veränderlich.

Die strukturelle Trennung von Textdaten und Binärdaten ist eine Eigenschaft, die Python von vielen anderen Programmiersprachen unterscheidet.

> **Hinweis**
>
> Dies ist eine der großen Neuerungen ab Python 3.0. In früheren Python-Versionen gab es die beiden Datentypen str und unicode, wobei str dem jetzigen bytes und unicode dem jetzigen str entsprach. Da häufig der alte Datentyp str zum Speichern von Text-Strings genutzt wurde, gab es einige Stolpersteine, wenn man Sonderzeichen mit Python-Programmen verarbeiten wollte. Durch die neue Typaufteilung ist der Umgang mit Zeichenketten klarer strukturiert. Allerdings muss man darauf achten, welchen Datentyp Funktionen der Standardbibliothek als Parameter erwarten bzw. als Rückgabewert zurückgeben, und gegebenenfalls Umwandlungen vornehmen.
>
> Mehr dazu erfahren Sie in Abschnitt 13.4.4, »Zeichensätze und Sonderzeichen«.

Sowohl Instanzen des Datentyps str als auch des Datentyps bytes sind immutabel, ihr Wert kann sich nach der Instanziierung also nicht mehr verändern. Trotzdem können Sie komfortabel mit Strings arbeiten. Bei Änderungen wird nur nicht der Ursprungsstring verändert, sondern stets ein neuer String erzeugt.

Die Typen list und tuple können Folgen beliebiger Instanzen speichern. Der wesentliche Unterschied zwischen den beiden fast identischen Datentypen ist, dass eine Liste nach ihrer Erzeugung verändert werden kann, während ein Tupel keine Änderung des Anfangsinhalts zulässt: list ist ein mutabler, tuple ein immutabler Datentyp.

Für jede Instanz eines sequenziellen Datentyps gibt es einen Grundstock von Operatoren und Methoden, der immer verfügbar ist. Der Einfachheit halber werden wir diesen allgemein am Beispiel von list- und str-Instanzen einführen und erst in den folgenden Abschnitten Besonderheiten bezüglich der einzelnen Datentypen aufzeigen.

13.1 Operationen auf Instanzen sequenzieller Datentypen

Für alle sequenziellen Datentypen sind folgende Operationen definiert (s und t sind dabei Instanzen desselben sequenziellen Datentyps; i, j, k und n sind ganze Zahlen; x ist eine Referenz auf eine beliebige Instanz):

Notation	Beschreibung	Abschnitt
x in s	Prüft, ob x in s enthalten ist. Das Ergebnis ist ein Wahrheitswert.	13.1.1
x not in s	Prüft, ob x nicht in s enthalten ist. Das Ergebnis ist eine bool-Instanz. Gleichwertig mit not x in s.	13.1.1

Tabelle 13.2 Operationen auf Instanzen sequenzieller Datentypen

Notation	Beschreibung	Abschnitt
s + t	Das Ergebnis ist eine neue Sequenz, die die Verkettung von s und t enthält.	13.1.2
s += t	Erzeugt die Verkettung von s und t und weist sie s zu.	13.1.2
s * n oder n * s	Liefert eine neue Sequenz, die die Verkettung von n Kopien von s enthält.	13.1.3
s *= n	Erzeugt das Produkt s * n und weist es s zu.	13.1.3
s[i]	Liefert das i-te Element von s.	13.1.4
s[i:j]	Liefert den Ausschnitt aus s von i bis j.	13.1.4
s[i:j:k]	Liefert den Ausschnitt aus s von i bis j, wobei nur jedes k-te Element beachtet wird.	13.1.4
len(s)	Gibt die Anzahl der Elemente von s zurück.	13.1.5
max(s)	Liefert das größte Element von s, sofern eine Ordnungsrelation für die Elemente definiert ist.	13.1.6
min(s)	Liefert das kleinste Element von s, sofern eine Ordnungsrelation für die Elemente definiert ist.	13.1.6
s.index(x[, i[, j]])	Gibt den Index k des ersten Vorkommens von x in der Sequenz s im Bereich i ≤ k < j zurück.	13.1.7
s.count(x)	Zählt, wie oft x in der Sequenz s vorkommt.	13.1.8

Tabelle 13.2 Operationen auf Instanzen sequenzieller Datentypen (Forts.)

Im Folgenden werden diese Operationen im Detail erklärt.

13.1.1 Ist ein Element vorhanden? – die Operatoren in und not in

Mithilfe von in lässt sich ermitteln, ob ein bestimmtes Element in einer Sequenz enthalten ist. Für eine Instanz des Datentyps list, die sowohl Strings als auch Zahlen enthält, sieht das folgendermaßen aus:

```
>>> lst = ["eins", 2, 3.0, "vier", 5, "sechs", "sieben"]
>>> 3.0 in lst
True
>>> "vier" in lst
True
```

```
>>> 10 in lst
False
```

Da die Elemente eines Strings Zeichen sind, können wir mit dem Operator prüfen, ob ein bestimmter Buchstabe in einem String vorkommt. Als Ergebnis wird ein Wahrheitswert geliefert: True, wenn das Element vorhanden ist, und False, wenn es nicht vorhanden ist. Zeichen können Sie in Python durch Strings der Länge 1 abbilden:

```
>>> s = "Dies ist unser Test-String"
>>> "u" in s
True
>>> if "j" in s:
...     print("Juhuu, mein Lieblingsbuchstabe ist enthalten")
... else:
...     print("Ich mag diesen String nicht ...")
Ich mag diesen String nicht ...
```

Es ist außerdem möglich, mit dem in-Operator zu prüfen, ob ein bestimmter Teil-String in einer Zeichenkette enthalten ist:

```
>>> s = "Dies ist unser Test-String"
>>> "ist" in s
True
>>> "Hallo" in s
False
```

Das funktioniert nur mit Zeichenketten, also Instanzen der Typen str, bytes und bytearray. Mit dem in-Operator kann nicht geprüft werden, ob eine Teilliste in einer list-Instanz enthalten ist. Das Gleiche gilt für Instanzen des Typs tuple.

```
>>> [2,3] in [1,2,3,4]
False
```

Um das Gegenteil zu prüfen – also ob ein Element nicht in einer Sequenz enthalten ist –, dient der Operator not in. Seine Verwendung entspricht der des in-Operators, mit dem einzigen Unterschied, dass er das negierte Ergebnis des in-Operators produziert:

```
>>> "a" in "Besuch beim Zahnarzt"
True
>>> "a" not in "Besuch beim Zahnarzt"
False
```

Sie werden sich an dieser Stelle zu Recht fragen, warum für diesen Zweck ein eigener Operator definiert worden ist, wo man doch mit not jeden booleschen Wert negieren kann. Folgende Überprüfungen sind gleichwertig:

```
>>> "n" not in "Python ist toll"
False
>>> not "n" in "Python ist toll"
False
```

Der Grund für diese scheinbar überflüssige Definition liegt in der besseren Lesbarkeit. Der Ausdruck x not in s liest sich im Gegensatz zu not x in s genau wie ein englischer Satz, während die andere Form schwieriger zu lesen ist[1].

13.1.2 Verkettung von Sequenzen – die Operatoren + und +=

Um Sequenzen zu verketten, wird der +-Operator verwendet. Im Beispiel werden Vor- und Nachname von Herrn Meier zusammen mit einem Leerzeichen zu einem neuen String verkettet:

```
>>> vorname = "Heinz"
>>> nachname = "Meier"
>>> name = vorname + " " + nachname
>>> name
'Heinz Meier'
```

Eine weitere Möglichkeit, Strings zu verketten, bietet der Operator += für erweiterte Zuweisungen:

```
>>> s = "Musik"
>>> t = "lautsprecher"
>>> s += t
>>> s
'Musiklautsprecher'
```

Dabei ist s += t für immutable Datentypen genauso zu lesen wie s = s + t, denn es wird tatsächlich eine neue Instanz mit dem Wert von s + t erzeugt, die dann von s referenziert wird. Es existieren also nach der Operation s += t die drei Instanzen "Musik", "lautsprecher" und "Musiklautsprecher" im Speicher, wobei es keine Referenz mehr auf "Musik" gibt.

Für mutable Datentypen wie beispielsweise list gilt das nicht. Hier wird keine weitere Instanz mit dem Wert s + t erzeugt, sondern die Instanz s verändert.

Zwei Beispiele verdeutlichen diesen Unterschied zwischen mutablen und immutablen Datentypen:

---

[1] Zusätzlich müssen Sie für die Interpretation von not x in s die Priorität der beiden Operatoren not bzw. in kennen. Wenn der not-Operator stärker bindet, würde der Ausdruck wie (not x) in s ausgewertet. Hat in eine höhere Priorität, wäre der Ausdruck wie not (x in s) zu behandeln. Tatsächlich bindet in stärker als not, womit letztere Deutung die richtige ist.

```
>>> s = "Musik"
>>> t = "lautsprecher"
>>> temp = s
>>> s += t
>>> s
'Musiklautsprecher'
>>> t
'lautsprecher'
>>> temp
'Musik'
```

Da mit der Anweisung s += t eine neue str-Instanz erzeugt wurde, hat sich die von temp referenzierte str-Instanz nicht verändert. Anders sieht dies beim mutablen Datentyp list aus:

```
>>> s = [1,2]
>>> t = [3,4]
>>> temp = s
>>> s += t
>>> s
[1, 2, 3, 4]
>>> t
[3, 4]
>>> temp
[1, 2, 3, 4]
```

Hier verweisen s und temp auch nach der Anweisung s += t auf dieselbe list-Instanz, da die bestehende Liste verändert und kein neues Objekt erzeugt wurde.

Man sagt, der Operator += arbeitet *in-place* (dt. »an der Stelle«). Dies gilt im Übrigen auch für den Operator *=, der im folgenden Abschnitt behandelt wird.

13.1.3 Wiederholung von Sequenzen – die Operatoren * und *=

Sie können das Produkt einer Sequenz s mit einer Ganzzahl n bilden: n * s oder s * n. Das Ergebnis ist eine neue Sequenz, die n Kopien von s hintereinander enthält:

```
>>> 3 * "abc"
'abcabcabc'
>>> "xyz" * 5
'xyzxyzxyzxyzxyz'
```

Wie bei der Verkettung gibt es auch hier einen Operator für die erweiterte Zuweisung, *=:

```
>>> weihnachtsmann = "ho"
>>> weihnachtsmann *= 3
>>> weihnachtsmann
'hohoho'
```

Auf die gleiche Art und Weise lassen sich auch Listen mit ganzen Zahlen multiplizieren:

```
>>> [1,2] * 3
[1, 2, 1, 2, 1, 2]
```

Der Operator *= arbeitet genauso wie += *in-place*. Was das genau bedeutet, haben wir im vorangegangenen Abschnitt anhand des Operators += erläutert.

13.1.4 Zugriff auf bestimmte Elemente einer Sequenz – der []-Operator

Wie eingangs erwähnt wurde, stellen Sequenzen Folgen von Elementen dar. Da diese Elemente in einer bestimmten Reihenfolge gespeichert werden – beispielsweise wäre ein String, bei dem die Reihenfolge der Buchstaben willkürlich ist, als Speicher für Text wenig sinnvoll –, kann man jedem Element der Sequenz einen *Index* zuweisen. Dafür werden alle Elemente der Sequenz fortlaufend von vorn nach hinten durchnummeriert, wobei das erste Element den Index 0 bekommt.

Mit dem []-Operator können Sie auf ein bestimmtes Element der Sequenz zugreifen, indem Sie den entsprechenden Index in die eckigen Klammern schreiben:

```
>>> alphabet = "abcdefghijklmnopqrstuvwxyz"
>>> alphabet[9]
'j'
>>> alphabet[1]
'b'
>>> l = [1, 2, 3, 4, 5, 6]
>>> l[3]
4
```

Um auf das letzte oder das x-te Element von hinten zugreifen zu können, gibt es eine weitere Indizierung der Elemente von hinten nach vorn. Das letzte Element erhält dabei als Index -1, das vorletzte -2 und so weiter. Abbildung 13.1 veranschaulicht die beiden Indizierungsarten.

Index von vorne:	0	1	2	3	4	5
Elemente:	P	y	t	h	o	n
Index von hinten:	-6	-5	-4	-3	-2	-1

Abbildung 13.1 Indizierung von vorne und von hinten

```
>>> name = "Python"
>>> name[-2]
'o'
>>> l = [1, 2, 3, 4, 5, 6]
>>> l[-1]
6
```

Versuchen Sie, mit einem Index auf ein nicht vorhandenes Element zuzugreifen, wird dies mit einem `IndexError` quittiert:

```
>>> zukurz = "Ich bin zu kurz"
>>> zukurz[1337]
Traceback (most recent call last):
  File "<stdin>", line 1, in <module>
IndexError: string index out of range
```

Neben dem Zugriff auf einzelne Elemente der Sequenz ist es mit dem []-Operator auch möglich, ganze Teilsequenzen auszulesen. Dies erreichen Sie dadurch, dass Sie den Anfang und das Ende der gewünschten Teilfolge, durch einen Doppelpunkt getrennt, in die eckigen Klammern schreiben. Der Anfang ist dabei der Index des ersten Elements der gewünschten Teilfolge, und das Ende ist der Index des ersten Elements, das nicht mehr in der Teilfolge enthalten sein soll.

Um im folgenden Beispiel die Zeichenfolge "WICHTIG" aus dem String zu extrahieren, geben wir den Index des großen "W" und den des ersten "s" nach "WICHTIG" an:

```
>>> s = "schrottWICHTIGschrott"
>>> s[7]
'W'
>>> s[14]
's'
>>> s[7:14]
'WICHTIG'
```

Abbildung 13.2 veranschaulicht den Zugriff auf die Teilsequenz.

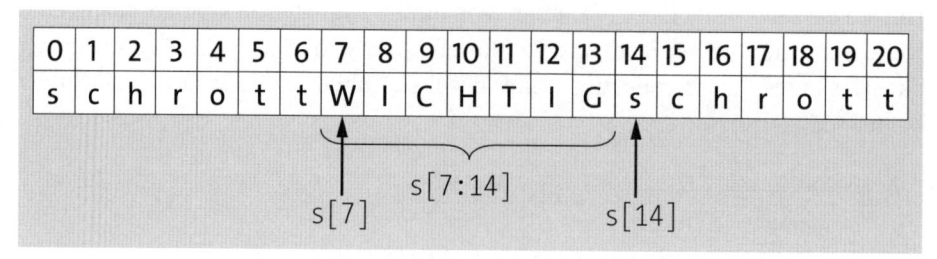

0	1	2	3	4	5	6	7	8	9	10	11	12	13	14	15	16	17	18	19	20
s	c	h	r	o	t	t	W	I	C	H	T	I	G	s	c	h	r	o	t	t

s[7]   s[7:14]   s[14]

Abbildung 13.2 Extrahieren einer Teilsequenz

Analog extrahieren Sie Teile einer Liste:

```
>>> l = ["Ich", "bin", "eine", "Liste", "von", "Strings"]
>>> l[2:5]
['eine', 'Liste', 'von']
```

Es ist auch möglich, bei diesem sogenannten *Slicing* (dt. »Abschneiden«) positive und negative Indizes zu mischen. Beispielsweise ermittelt der folgende Code-Abschnitt eine Teilfolge ohne das erste und letzte Element der Ursprungssequenz:

```
>>> string = "ameisen"
>>> string[1:-1]
'meise'
>>> l = ["Ich", "bin", "eine", "Liste", "von", "Strings"]
>>> l[1:-1]
['bin', 'eine', 'Liste', 'von']
```

Die Indizes können auch weggelassen werden, was dazu führt, dass der maximal bzw. minimal mögliche Wert angenommen wird. Entfällt der Startindex, wird das nullte als erstes Element der Teilsequenz angenommen, und verzichten Sie auf den Endindex, werden alle Buchstaben bis zum Ende kopiert. Möchten Sie zum Beispiel die ersten fünf Buchstaben eines Strings oder alle ab dem fünften Zeichen ermitteln, geht das folgendermaßen:

```
>>> s = "abcdefghijklmnopqrstuvwxyz"
>>> s[:5]
'abcde'
>>> s[5:]
'fghijklmnopqrstuvwxyz'
```

Wenn Sie beide Indizes aussparen (s[:]), können Sie auch eine echte Kopie der Sequenz erzeugen, weil dann alle Elemente vom ersten bis zum letzten kopiert werden. Beachten Sie bitte die unterschiedlichen Ergebnisse der beiden folgenden Code-Ausschnitte:

```
>>> s1 = ["Doktorarbeit"]
>>> s2 = s1
>>> s1 == s2
True
>>> s1 is s2
True
```

Wie erwartet, verweisen s1 und s2 auf dieselbe Instanz, sind also identisch. Anders sieht es bei dem nächsten Beispiel aus, bei dem eine echte Kopie der Liste ["Doktorarbeit"] im Speicher erzeugt wird.[2] Dies zeigt sich beim Identitätsvergleich mit is:

---

[2] Im wirklichen Leben sollte man natürlich niemals eine Doktorarbeit einfach kopieren ...

```
>>> s1 = ["Doktorarbeit"]
>>> s2 = s1[:]
>>> s1 == s2
True
>>> s1 is s2
False
```

> **Hinweis**
>
> Wenn Sie im oben dargestellten Beispiel anstelle eines *mutablen* Datentyps wie list einen *immutablen* Datentyp wie str verwenden, kann es sein, dass in beiden Fällen der Ausdruck s1 is s2 zu True ausgewertet wird. Das liegt daran, dass es für immutable Datentypen keinen Unterschied macht, ob die Instanz wirklich kopiert oder mit der ursprünglichen Instanz gearbeitet wird: Der Wert kann ohnehin nicht verändert werden.
>
> Daher wird eine Instanz eines immutablen Datentyps selbst bei Verwendung von [:] nicht zwingend kopiert, sondern aus Gründen der Effizienz stattdessen ein weiteres Mal referenziert.
>
> Verwenden Sie anstelle einer Liste einen String, wird der Unterschied zum Beispiel oben deutlich:
>
> ```
> >>> s1 = "Kopiere mich"
> >>> s2 = s1[:]
> >>> s2 is s1
> True
> ```

Slicing bietet noch flexiblere Möglichkeiten, wenn man nicht eine ganze Teilsequenz, sondern nur bestimmte Elemente dieses Teils extrahieren möchte. Mit der *Schrittweite* (hier engl. *step*) können Sie angeben, wie die Indizes vom Beginn bis zum Ende einer Teilsequenz gezählt werden sollen. Die Schrittweite wird, durch einen weiteren Doppelpunkt abgetrennt, nach der hinteren Grenze angegeben. Eine Schrittweite von 2 sorgt beispielsweise dafür, dass nur jedes zweite Element kopiert wird:

```
>>> ziffern = "0123456789"
>>> ziffern[1:10:2]
'13579'
```

Die Zeichenfolge, die ab dem ersten, also dem mit Index Null, jedes zweite Element von ziffern enthält, ergibt einen neuen String mit den ungeraden Ziffern. Auch bei dieser erweiterten Notation können die Grenzindizes entfallen. Der folgende Code ist also zum vorangegangenen Beispiel äquivalent:

```
>>> ziffern = "0123456789"
>>> ziffern[1::2]
'13579'
```

Eine negative Schrittweite bewirkt ein Rückwärtszählen vom Start- zum Endindex, wobei in diesem Fall der Startindex auf ein weiter hinten liegendes Element der Sequenz als der Endindex verweisen muss. Mit einer Schrittweite von -1 lässt sich beispielsweise eine Sequenz »umdrehen«:

```
>>> name = "ytnoM Python"
>>> name[4::-1]
'Monty'
>>> name[::-1]
'nohtyP Monty'
```

Bei negativen Schrittweiten vertauschen sich Anfang und Ende der Sequenz. Deshalb wird in dem Beispiel name[4::-1] nicht alles vom vierten bis zum letzten Zeichen, sondern der Teil vom vierten bis zum ersten Zeichen ausgelesen.

Wichtig für den Umgang mit dem Slicing ist die Tatsache, dass zu große oder zu kleine Indizes nicht zu einem IndexError führen, wie es beim Zugriff auf einzelne Elemente der Fall ist. Zu große Indizes werden intern durch den maximal möglichen, zu kleine durch den minimal möglichen Index ersetzt. Liegen beide Indizes außerhalb des gültigen Bereichs oder ist der Startindex bei positiver Schrittweite größer als der Endindex, wird eine leere Sequenz zurückgegeben:

```
>>> s = "Viel weniger als 1337 Zeichen"
>>> s[5:1337]
'weniger als 1337 Zeichen'
>>> s[-100:100]
'Viel weniger als 1337 Zeichen'
>>> s[1337:2674]
''
>>> s[10:4]
''
```

13.1.5 Länge einer Sequenz – die Built-in Function len

Die Anzahl der Elemente einer Sequenz definiert die *Länge der Sequenz*. Die Länge einer Sequenz ist eine positive ganze Zahl und lässt sich mit der Built-in Function len ermitteln:

```
>>> string = "Wie lang bin ich wohl?"
>>> len(string)
22
>>> len(["Hallo", 5, 2, 3, "Welt"])
5
```

13.1.6 Das kleinste und das größte Element einer Sequenz – min und max

Um das kleinste beziehungsweise größte Element einer Sequenz zu ermitteln, dienen die Built-in Functions `min` und `max`.

```
>>> l = [5, 1, 10, -9.5, 12, -5]
>>> max(l)
12
>>> min(l)
-9.5
```

Allerdings sind diese beiden Funktionen nur dann sinnvoll, wenn eine *Ordnungsrelation* für die Elemente der Sequenz existiert. In Abschnitt 12.7 über komplexe Zahlen wird zum Beispiel der Datentyp `complex` ohne Ordnungsrelation beschrieben. Ebenso ist es nicht möglich, komplett verschiedene Datentypen wie beispielsweise Strings und Zahlen zu vergleichen:

```
>>> l = [1,2, "welt"]
>>> min(l)
Traceback (most recent call last):
  File "<stdin>", line 1, in <module>
TypeError: '<' not supported between instances of 'str' and 'int'
```

Trotzdem lassen sich `min` und `max` in sinnvoller Weise auf Strings anwenden, da für Buchstaben ihre Position im Alphabet als Ordnungsrelation benutzt wird.

```
>>> max("wer gewinnt wohl")
'w'
>>> min("zeichenkette")
'c'
```

13.1.7 Die Position eines Elements in der Sequenz – s.index(x, [i, j])

Mit `index` ermitteln Sie die Position eines Elements in einer Sequenz:

```
>>> ziffern = [1, 2, 3, 4, 5, 6, 7, 8, 9]
>>> ziffern.index(3)
2
>>> s = "Hallo Welt"
>>> s.index("l")
2
```

Um die Suche auf einen Teilbereich der Sequenz einzuschränken, dienen die Parameter `i` und `j`, wobei `j` den ersten Index der gewünschten Teilfolge und `i` den ersten Index hinter der gewünschten Teilfolge angibt:

```
>>> folge = [0, 11, 222, 3333, 44444, 3333, 222, 11, 0]
>>> folge.index(222)
2
>>> folge.index(222, 3)
6
>>> folge.index(222, -5)
6
>>> "Hallo Welt".index("l", 5, 100)
8
```

Wie bei der Indizierung von Elementen der Sequenz werden negative Werte für i und j vom Ende der Sequenz aus gezählt. Im Beispiel oben wurde also mit folge.index(222, -5) in der Teilsequenz [44444, 3333, 222, 11, 0] gesucht, die beim fünften Element von hinten beginnt.

Ist das Element x nicht in s oder in der angegebenen Teilfolge enthalten, führt index zu einem ValueError:

```
>>> s = [2.5, 2.6, 2.7, 2.8]
>>> s.index(2.4)
Traceback (most recent call last):
  File "<stdin>", line 1, in <module>
ValueError: 2.4 is not in list
```

13.1.8 Anzahl der Vorkommen eines Elements der Sequenz – s.count(x)

Sie können mit count ermitteln, wie oft ein bestimmtes Element x in einer Sequenz enthalten ist:

```
>>> s = [1, 2, 2, 3, 2]
>>> s.count(2)
3
>>> "Hallo Welt".count("l")
3
```

Der nächste Abschnitt beschäftigt sich mit Operationen, die nur für mutable Sequenzen verfügbar sind.

13.2 Listen – list

In diesem Abschnitt werden Sie den ersten veränderbaren (mutablen) Datentyp, die *Liste*, im Detail kennenlernen. Anders als die sequenziellen Datentypen str, bytes und bytearray, die nur gleichartige Elemente (Zeichen) speichern können, sind Listen für die Verwaltung beliebiger Instanzen auch unterschiedlicher Datentypen geeignet. Eine Liste kann also durchaus Zahlen, Strings oder auch weitere Listen als Elemente enthalten.

Eine neue Liste können Sie dadurch erzeugen, dass Sie eine Aufzählung ihrer Elemente in eckige Klammern [] schreiben:

```
>>> l = [1, 0.5, "String", 2]
```

Die Liste l enthält nun zwei Ganzzahlen, eine Gleitkommazahl und einen String.

> **Hinweis**
>
> Eine Liste kann auch mit einer *List Comprehension* erzeugt werden. Dabei werden nicht alle Elemente der Liste explizit aufgelistet, sondern über eine Bildungsvorschrift ähnlich einer for-Schleife erzeugt. Die folgende List Comprehension erzeugt beispielsweise eine Liste mit den Quadraten der Zahlen von 0 bis 9.
>
> ```
> >>> [i*i for i in range(10)]
> [0, 1, 4, 9, 16, 25, 36, 49, 64, 81]
> ```
>
> Näheres zu List Comprehensions erfahren Sie in Abschnitt 23.1.1.
>
> Beim Erstellen einer Liste kann auf Unpacking zurückgegriffen werden:
>
> ```
> >>> [1, 2, *[3, 4]]
> [1, 2, 3, 4]
> ```
>
> Nähere Informationen zum Thema Unpacking finden Sie in Abschnitt 13.3.1.

Da es sich bei dem Listentyp, der innerhalb von Python den Namen list hat, um einen sequenziellen Datentyp handelt, können alle im letzten Abschnitt beschriebenen Methoden und Verfahren auf ihn angewandt werden. In Abschnitt 13.1 finden Sie eine Tabelle mit den Operationen, die für alle sequenziellen Datentypen verfügbar sind.

Im Gegensatz zu den bisher besprochenen sequenziellen Datentypen kann sich der Inhalt einer Liste auch nach ihrer Erzeugung ändern, weshalb eine Reihe weiterer Operatoren und Methoden für sie verfügbar ist:

Operator	Wirkung	Abschnitt
s[i] = x	Das Element von s mit dem Index i wird durch x ersetzt.	13.2.1
s[i:j] = t	Der Teil s[i:j] wird durch t ersetzt. Dabei muss t iterierbar sein.	13.2.2
s[i:j:k] = t	Die Elemente von s[i:j:k] werden durch die von t ersetzt.	13.2.2

Tabelle 13.3 Operatoren für den Datentyp list

Operator	Wirkung	Abschnitt
del s[i]	Das i-te Element von s wird entfernt.	13.2.3
del s[i:j]	Der Teil s[i:j] wird aus s entfernt. Das ist äquivalent zu s[i:j] = [].	13.2.3
del s[i:j:k]	Die Elemente der Teilfolge s[i:j:k] werden aus s entfernt.	13.2.3

Tabelle 13.3 Operatoren für den Datentyp list (Forts.)

Wir werden diese Operatoren der Reihe nach mit kleinen Beispielen erklären.

13.2.1 Verändern eines Wertes innerhalb der Liste – Zuweisung mit []

Sie können Elemente einer Liste durch andere ersetzen, wenn Sie ihren Index kennen:

```
>>> s = [1, 2, 3, 4, 5, 6, 7]
>>> s[3] = 1337
>>> s
[1, 2, 3, 1337, 5, 6, 7]
```

Diese Methode eignet sich allerdings nicht, um Elemente in die Liste einzufügen. Es können nur bereits bestehende Elemente ersetzt werden, die Länge der Liste bleibt unverändert.

13.2.2 Ersetzen von Teillisten und Einfügen neuer Elemente – Zuweisung mit []

Es ist möglich, eine ganze Teilliste durch andere Elemente zu ersetzen. Dazu schreiben Sie den zu ersetzenden Teil der Liste wie beim Slicing auf, wobei er aber auf der linken Seite einer Zuweisung stehen muss:

```
>>> einkaufen = ["Brot", "Eier", "Milch", "Fisch", "Mehl"]
>>> einkaufen[1:3] = ["Wasser", "Wurst"]
>>> einkaufen
['Brot', 'Wasser', 'Wurst', 'Fisch', 'Mehl']
```

Die Liste, die eingefügt werden soll, kann mehr oder weniger Elemente als der zu ersetzende Teil haben und sogar ganz leer sein.

Man kann wie beim Slicing eine Schrittweite angeben. Im folgenden Beispiel wird jedes dritte Element der Teilsequenz s[2:11] durch das entsprechende Element aus ["A", "B", "C"] ersetzt:

```
>>> s = [0, 1, 2, 3, 4, 5, 6, 7, 8, 9, 10]
>>> s[2:9:3] = ["A", "B", "C"]
>>> s
[0, 1, 'A', 3, 4, 'B', 6, 7, 'C', 9, 10]
```

Wird eine Schrittweite angegeben, muss die Sequenz auf der rechten Seite der Zuweisung genauso viele Elemente wie die Teilsequenz auf der linken Seite haben. Ist das nicht der Fall, wird ein ValueError erzeugt.

13.2.3 Elemente und Teillisten löschen – del zusammen mit []

Um einen einzelnen Wert aus einer Liste zu entfernen, verwenden Sie den del-Operator:

```
>>> s = [26, 7, 1987]
>>> del s[0]
>>> s
[7, 1987]
```

Auf diese Weise lassen sich auch ganze Teillisten entfernen:

```
>>> s = [9, 8, 7, 6, 5, 4, 3, 2, 1]
>>> del s[3:6]
>>> s
[9, 8, 7, 3, 2, 1]
```

Für das Entfernen von Teilen einer Liste wird auch die Schrittfolge der Slicing-Notation unterstützt. Im folgenden Beispiel werden damit alle Elemente mit geradem Index entfernt:

```
>>> s = ["a","b","c","d","e","f","g","h","i","j"]
>>> del s[::2]
>>> s
['b', 'd', 'f', 'h', 'j']
```

13.2.4 Methoden von list-Instanzen

Nachdem nun die Operatoren für Listen behandelt worden sind, wenden wir uns den Methoden einer Liste zu. In Tabelle 13.4 sind s und t Listen, i, j und k sind Ganzzahlen, und x ist eine beliebige Instanz:[3]

---

[3] Achtung: Wenn in der linken Spalte Parameter mit eckigen Klammern eingeklammert sind, bedeutet dies nach wie vor, dass es sich um optionale Parameter handelt. Diese eckigen Klammern haben nichts mit dem Erzeugen einer neuen Liste zu tun.

13.2 Listen – list

Methode	Wirkung
s.append(x)	Hängt x ans Ende der Liste s an.
s.extend(t)	Hängt alle Elemente der Liste t ans Ende der Liste s an.
s.insert(i, x)	Fügt x an der Stelle i in die Liste s ein. Anschließend hat s[i] den Wert von x, wobei alle folgenden Elemente um eine Stelle nach hinten aufrücken.
s.pop([i])	Gibt das i-te Element der Liste s zurück und entfernt es aus s. Ist i nicht angegeben, wird das letzte Element genommen.
s.remove(x)	Entfernt das erste Vorkommen von x aus der Liste s.
s.reverse()	Kehrt die Reihenfolge der Elemente in s um.
s.sort([key, reverse])	Sortiert die Liste s.

Tabelle 13.4 Methoden von list-Instanzen

Nun werden die Methoden im Detail besprochen.

s.append(x)

Mit append erweitern Sie eine Liste am Ende um ein weiteres Element:

```
>>> s = ["Nach mir soll noch ein String stehen"]
>>> s.append("Hier ist er")
>>> s
['Nach mir soll noch ein String stehen', 'Hier ist er']
```

s.extend(t)

Um an eine Liste mehrere Elemente anzuhängen, verwenden Sie die Methode extend, die ein iterierbares Objekt – beispielsweise eine andere Liste – als Parameter t erwartet. Im Ergebnis werden alle Elemente von t an die Liste s angehängt:

```
>>> s = [1, 2, 3]
>>> s.extend([4, 5, 6])
>>> s
[1, 2, 3, 4, 5, 6]
```

s.insert(i, x)

Mit insert können Sie an beliebiger Stelle ein neues Element in eine Liste einfügen. Der erste Parameter i gibt den gewünschten Index des neuen Elements an, der zweite, x, das Element selbst:

```
>>> erst_mit_luecke = [1, 2, 3, 5, 6, 7, 8]
>>> erst_mit_luecke.insert(3, 4)
>>> erst_mit_luecke
[1, 2, 3, 4, 5, 6, 7, 8]
```

Ist der Index i zu klein, wird x am Anfang von s eingefügt; ist er zu groß, wird er wie bei append am Ende angehängt.

s.pop([i])

Das Gegenstück zu insert ist pop. Mit dieser Methode können Sie ein beliebiges Element anhand seines Index aus einer Liste entfernen. Ist der optionale Parameter nicht angegeben, wird das letzte Element der Liste entfernt. Das entfernte Element wird von pop zurückgegeben:

```
>>> s = ["H", "a", "l", "l", "o"]
>>> s.pop()
'o'
>>> s.pop(0)
'H'
>>> s
['a', 'l', 'l']
```

Versuchen Sie, einen ungültigen Index zu übergeben oder ein Element aus einer leeren Liste zu entfernen, wird ein IndexError erzeugt.

s.remove(x)

Möchten Sie ein Element mit einem bestimmten Wert aus einer Liste entfernen, egal, welchen Index es hat, können Sie die Methode remove bemühen. Sie entfernt das erste Element der Liste, das den gleichen Wert wie x hat.

```
>>> s = ["H", "u", "h", "u"]
>>> s.remove("u")
>>> s
['H', 'h', 'u']
```

Der Versuch, ein nicht vorhandenes Element zu entfernen, führt zu einem ValueError.

s.reverse()

Mit reverse kehren Sie die Reihenfolge der Elemente einer Liste um:

```
>>> s = [1, 2, 3]
>>> s.reverse()
>>> s
[3, 2, 1]
```

Im Unterschied zur Slice-Notation s[::-1] erfolgt die Umkehrung *in-place*. Es wird also keine neue list-Instanz erzeugt, sondern die alte verändert. Da dies erheblich weniger Rechenzeit und Speicher kostet, sollten Sie reverse der Slice-Notation vorziehen, wenn Sie die alte Liste nicht mehr brauchen.

s.sort([key, reverse])

Die komplexeste Methode des list-Datentyps ist sort, die eine Liste nach bestimmten Kriterien sortiert. Rufen Sie die Methode ohne Parameter auf, benutzt Python die normalen Vergleichsoperatoren zum Sortieren:

```
>>> l = [4, 2, 7, 3, 6, 1, 9, 5, 8]
>>> l.sort()
>>> l
[1, 2, 3, 4, 5, 6, 7, 8, 9]
```

Enthält eine Liste Elemente, für die keine Ordnungsrelation definiert ist, wie zum Beispiel Instanzen des Datentyps complex, führt der Aufruf von sort ohne Parameter zu einem TypeError:

```
>>> lst = [5 + 13j, 1 + 4j, 6 + 2j]
>>> lst.sort()
Traceback (most recent call last):
  File "<stdin>", line 1, in <module>
TypeError: '<' not supported between instances of 'complex' and 'complex'
```

Um eine Liste nach bestimmten Kriterien zu sortieren, dient der Parameter key. Die Methode sort erwartet im Parameter key eine Funktion, die vor jedem Vergleich für beide Operanden aufgerufen wird und deshalb ihrerseits einen Parameter erwartet. Im Ergebnis werden dann nicht die Operanden direkt verglichen, sondern stattdessen die entsprechenden Rückgabewerte der übergebenen Funktion.

Im folgenden Beispiel sortieren wir eine Liste von Namen nach ihrer Länge. Zu diesem Zweck benutzen wir die Built-in Function len, die jedem Namen seine Länge zuordnet. In der Praxis sieht das dann folgendermaßen aus:

```
>>> l = ["Katharina", "Peter", "Jan", "Florian", "Paula", "Ben"]
>>> l.sort(key=len)
>>> l
['Jan', 'Ben', 'Peter', 'Paula', 'Florian', 'Katharina']
```

Immer dann, wenn der Sortieralgorithmus zwei Elemente der Liste vergleicht, beispielsweise "Florian" und "Jan", werden nicht die Elemente selbst, sondern die zugehörigen Rückgabewerte der Funktion key verglichen. In unserem Beispiel werden somit len("Florian") und len("Jan"), also die Zahlen 7 und 3, verglichen. Daher ist der String "Jan" in diesem Beispiel vor dem String "Florian" einzuordnen. Grafisch lässt sich dieses Beispiel wie in Abbildung 13.3 veranschaulichen.

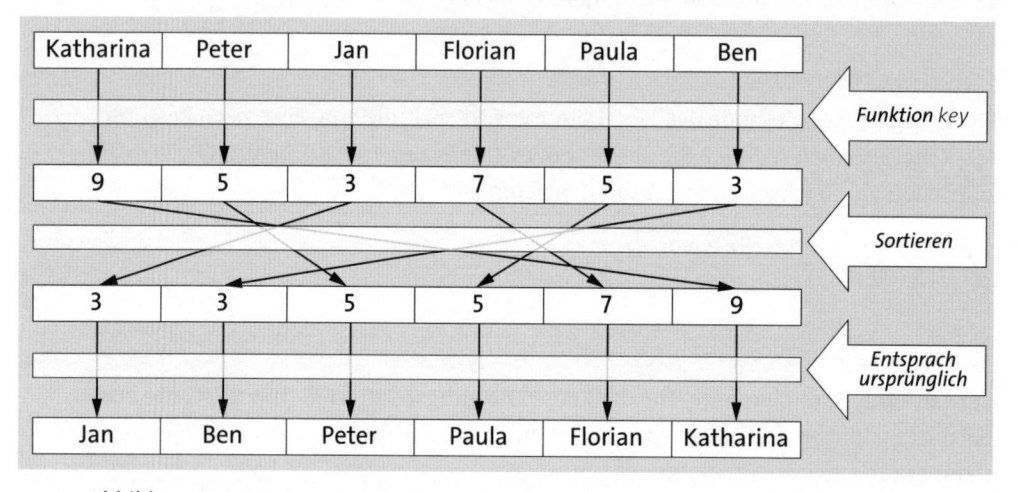

Abbildung 13.3 Sortieren mit key

Natürlich können Sie auch komplexere Funktionen als die Built-in Function len übergeben. Wie Sie Ihre eigenen Funktionen definieren, um sie beispielsweise mit sort zu verwenden, erfahren Sie in Kapitel 19, »Funktionen«.

Der letzte Parameter, reverse, erwartet für die Übergabe einen booleschen Wert, der angibt, ob die Reihenfolge der Sortierung umgekehrt werden soll:

```
>>> l = [4, 2, 7, 3, 6, 1, 9, 5, 8]
>>> l.sort(reverse=True)
>>> l
[9, 8, 7, 6, 5, 4, 3, 2, 1]
```

> **Hinweis**
>
> Es bleibt noch anzumerken, dass sort eine Funktion ist, die ausschließlich Schlüsselwortparameter akzeptiert. Versuchen Sie trotzdem, positionsbezogene Parameter zu

übergeben, führt dies zu einem Fehler. Im folgenden Beispiel versuchen wir wieder, die Namensliste nach Länge zu sortieren. Allerdings verwenden wir diesmal einen positionsbezogenen Parameter für die Übergabe von len:

```
>>> l = ["Katharina", "Peter", "Jan", "Florian", "Paula"]
>>> l.sort(len)
Traceback (most recent call last):
  File "<stdin>", line 1, in <module>
TypeError: must use keyword argument for key function
```

Sie werden sich vielleicht fragen, wie sort mit solchen Werten verfährt, die bei der Sortierreihenfolge an der gleichen Stelle stehen. Im oben dargestellten Beispiel hatten »Jan« und »Ben« mit der Länge 3 sowie »Peter« und »Paula« mit der Länge 5 jeweils den gleichen Wert. Im nächsten Abschnitt lernen Sie, was man unter einem *stabilen Sortierverfahren* versteht und was das für diese Werte bedeutet.

Stabile Sortierverfahren

Eine wichtige Eigenschaft von sort ist, dass es sich um eine *stabile Sortierung* handelt. Stabile Sortierverfahren zeichnen sich dadurch aus, dass sie beim Sortieren die relative Position gleichwertiger Elemente nicht vertauschen. Stellen Sie sich vor, Sie hätten folgende Namensliste:

Vorname	Nachname
Natalie	Schmidt
Mathias	Schwarz
Florian	Kroll
Ricarda	Schmidt
Helmut	Schmidt
Peter	Kaiser

Tabelle 13.5 Fiktive Namensliste

Nun ist es Ihre Aufgabe, diese Liste alphabetisch nach den Nachnamen zu sortieren. Gruppen mit gleichem Nachnamen sollen nach den jeweiligen Vornamen sortiert werden. Um dieses Problem zu lösen, können Sie die Liste im ersten Schritt nach den Vornamen sortieren, was zu folgender Anordnung führt:

Vorname	Nachname
Florian	Kroll
Helmut	**Schmidt**
Mathias	Schwarz
Natalie	**Schmidt**
Peter	Kaiser
Ricarda	**Schmidt**

Tabelle 13.6 Nach Vornamen sortierte Namensliste

Im Resultat interessieren uns jetzt nur die Positionen der drei Personen, deren Nachname »Schmidt« ist. Würden Sie einfach alle anderen Namen streichen, wären die Schmidts richtig sortiert, weil ihre relative Position durch den ersten Sortierlauf korrekt hergestellt wurde. Nun kommt die Stabilität der sort-Methode zum Tragen, weil dadurch bei einem erneuten Sortierdurchgang nach den Nachnamen diese relative Ordnung nicht zerstört wird. Das Ergebnis sähe am Ende so aus:

Vorname	Nachname
Peter	Kaiser
Florian	Kroll
Helmut	Schmidt
Natalie	Schmidt
Ricarda	Schmidt
Mathias	Schwarz

Tabelle 13.7 Vollständig sortierte Namensliste

Wäre sort nicht stabil, gäbe es keine Garantie dafür, dass Helmut vor Natalie und Ricarda eingeordnet wird.

13.2.5 Weitere Eigenschaften von Listen

Im Zusammenhang mit Pythons list-Datentyp ergeben sich ein paar Besonderheiten, die nicht unmittelbar ersichtlich sind[4].

---

4 Diese Besonderheiten gelten im Prinzip für alle mutablen Datentypen.

Sie erinnern sich sicherlich noch an die Besonderheit des Operators +=, die in Abschnitt 13.1.2 im Zusammenhang mit dem Begriff *in-place* erläutert wurde. Wir möchten dieses Verhalten nochmals aufgreifen und Ihnen ein paar umfassendere Erläuterungen geben.

Zum einen ist list ein veränderbarer Datentyp, und deshalb betreffen Änderungen an einer list-Instanz immer alle Referenzen, die auf sie verweisen. Betrachten wir einmal das folgende Beispiel, in dem der unveränderliche Datentyp str mit list verglichen wird:

```
>>> a = "Hallo "
>>> b = a
>>> b += "Welt"
>>> b
'Hallo Welt'
>>> a
'Hallo '
```

Dieses Beispiel erzeugt einfach eine str-Instanz mit dem Wert "Hallo " und lässt die beiden Referenzen a und b auf sie verweisen. Anschließend wird mit dem Operator += an den String, auf den b verweist, "Welt" angehängt. Wie die Ausgaben zeigen und wie wir es auch erwartet haben, wird eine neue Instanz mit dem Wert "Hallo Welt" erzeugt und b zugewiesen; a bleibt davon unberührt.

Übertragen wir dieses Beispiel auf Listen, ergibt sich ein wichtiger Unterschied:

```
>>> a = [1337]
>>> b = a
>>> b += [2674]
>>> b
[1337, 2674]
>>> a
[1337, 2674]
```

Strukturell gleicht der Code dem str-Beispiel, nur ist diesmal der verwendete Datentyp nicht str, sondern list. Der interessante Teil ist die Ausgabe am Ende, laut der a und b denselben Wert haben, obwohl die Operation nur auf b durchgeführt wurde. Tatsächlich verweisen a und b auf dieselbe Instanz, wovon Sie sich mithilfe des is-Operators überzeugen können:

```
>>> a is b
True
```

Diese sogenannten *Seiteneffekte*[5] sollten Sie bei der Arbeit mit Listen und anderen mutablen Datentypen im Hinterkopf behalten. Wenn Sie sichergehen möchten,

---

5 Seiteneffekte werden im Zusammenhang mit Funktionen in Abschnitt 19.3.6 eine wichtige Rolle spielen.

dass die Originalliste nicht verändert wird, legen Sie mithilfe von Slicing eine echte Kopie an:

```
>>> a = [1337]
>>> b = a[:]
>>> b += [2674]
>>> b
[1337, 2674]
>>> a
[1337]
```

In diesem Beispiel wurde die von a referenzierte Liste kopiert und so vor indirekten Manipulationen über b geschützt. Sie müssen in solchen Fällen den Ressourcenverbrauch gegen den Schutz vor Seiteneffekten abwägen, da die Kopien der Listen im Speicher erzeugt werden müssen. Das kostet insbesondere bei langen Listen Rechenzeit und Speicherplatz und kann daher das Programm ausbremsen.

Im Zusammenhang mit Seiteneffekten sind auch die Elemente einer Liste interessant: Eine Liste speichert keine Instanzen an sich, sondern nur Referenzen auf sie. Das macht Listen einerseits flexibler und performanter, andererseits aber auch anfällig für Seiteneffekte. Schauen wir uns das folgende – auf den ersten Blick merkwürdig anmutende – Beispiel an:

```
>>> a = [[]]
>>> a = 4 * a
>>> a
[[], [], [], []]
>>> a[0].append(10)
>>> a
[[10], [10], [10], [10]]
```

Zu Beginn referenziert a eine Liste, in der eine weitere, leere Liste enthalten ist. Bei der anschließenden Multiplikation mit dem Faktor 4 wird die innere leere Liste nicht kopiert, sondern nur weitere drei Male referenziert. In der Ausgabe sehen wir also viermal dieselbe Liste. Wenn man das verstanden hat, ist es offensichtlich, warum die dem ersten Element von a angehängte 10 auch den anderen drei Listen hinzugefügt wird: Es handelt sich einfach um dieselbe Liste. Abbildung 13.4 verdeutlicht diese Tatsache.

Es ist auch möglich, dass eine Liste sich selbst als Element enthält:

```
>>> a = []
>>> a.append(a)
```

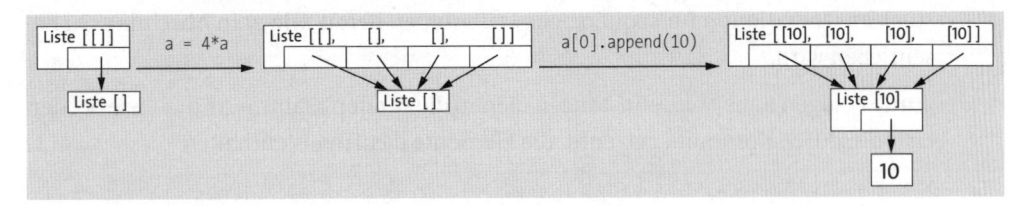

Abbildung 13.4 Seiteneffekt, wenn mehrere Elemente auf dieselbe Liste zeigen

Das Resultat ist eine unendlich tiefe Verschachtelung, da jede Liste wiederum sich selbst als Element enthält. Da nur Referenzen gespeichert werden müssen, verbraucht diese unendliche Verschachtelung nur sehr wenig Speicher und nicht, wie man zunächst vermuten könnte, unendlich viel. Trotzdem bergen solche Verschachtelungen die Gefahr von Endlosschleifen, wenn man die enthaltenen Daten verarbeiten möchte. Stellen Sie sich beispielsweise vor, Sie wollten eine solche Liste auf dem Bildschirm ausgeben. Das würde zu unendlich vielen öffnenden und schließenden Klammern führen. Trotzdem ist es möglich, solche Listen mit print auszugeben. Python überprüft selbstständig, ob eine Liste sich selbst enthält, und gibt dann anstelle weiterer Verschachtelungen drei Punkte (...) aus:

```
>>> a = []
>>> a.append(a)
>>> print(a)
[[...]]
```

Bitte beachten Sie, dass die Schreibweise mit den drei Punkten kein gültiger Python-Code ist, um in sich selbst verschachtelte Listen zu erzeugen.

Wenn Sie selbst mit Listen arbeiten, die rekursiv sein könnten, sollten Sie Ihre Programme mit Abfragen ausrüsten, um Verschachtelungen von Listen mit sich selbst zu erkennen, damit das Programm bei der Verarbeitung nicht in einer endlosen Schleife steckenbleiben kann.

13.3 Unveränderliche Listen – tuple

Der Datentyp list ist sehr flexibel und wird häufig verwendet. Seine Mächtigkeit und Flexibilität haben aber auch den Nachteil, dass die Verwaltung einer Liste intern relativ ressourcenaufwendig ist. Oft wird gar nicht die Flexibilität einer Liste benötigt, sondern nur ihre Fähigkeit, Referenzen auf beliebige Instanzen zu speichern. Deshalb existiert in Python neben list der Datentyp tuple, der im Gegensatz zu list immutabel ist.

Der Datentyp tuple bringt keinen Mehrwert in Bezug auf Funktionalität, denn Listen können alles, was tuple leistet. Tatsächlich steht für tuple-Instanzen nur der Grundstock an Operationen für sequenzielle Datentypen bereit, wie er in Abschnitt 13.1 beschrieben wird.

Zum Erzeugen neuer tuple-Instanzen dienen die runden Klammern, die – wie bei den Listen –, durch Kommata getrennt, die Elemente des Tupels enthalten:

```
>>> a = (1, 2, 3, 4, 5)
>>> a[3]
4
```

Ein leeres Tupel wird durch zwei runde Klammern () ohne Inhalt definiert. Eine Besonderheit ergibt sich für Tupel mit nur einem Element. Versucht man, ein Tupel mit nur einem Element auf die oben beschriebene Weise zu erzeugen, ist der entstehende Programmtext unter Umständen nicht eindeutig:

```
>>> kein_tuple = (2)
>>> type(kein_tuple)
<class 'int'>
```

Mit (2) wird keine neue tuple-Instanz erzeugt, weil die Klammer in diesem Kontext schon für die Verwendung in Rechenoperationen für Ganzzahlen verwendet wird. Das Problem wird umgangen, indem in Literalen für Tupel mit nur einem Element diesem Element ein Komma nachgestellt werden muss:

```
>>> ein_tuple = (2,)
>>> type(ein_tuple)
<class 'tuple'>
```

13.3.1 Tuple Packing/Unpacking und Sequence Unpacking

Es ist möglich, die umschließenden Klammern bei einer tuple-Definition entfallen zu lassen. Trotzdem werden die durch Kommata getrennten Referenzen zu einem tuple zusammengefasst, was man *Tuple Packing* nennt:

```
>>> datum = 26, 7, 1987
>>> datum
(26, 7, 1987)
```

Umgekehrt ist es möglich, die Werte eines Tupels wieder zu entpacken:

```
>>> datum = 26, 7, 1987
>>> (tag, monat, jahr) = datum
>>> tag
26
>>> monat
7
```

```
>>> jahr
1987
```

Dieses Verfahren heißt *Tuple Unpacking*, und auch hier können die umschließenden Klammern entfallen. Durch Kombination von *Tuple Packing* und *Tuple Unpacking* ist es sehr elegant möglich, die Werte zweier Variablen ohne Hilfsvariable zu tauschen oder mehrere Zuweisungen in einer Zeile zusammenzufassen:

```
>>> a, b = 10, 20
>>> a, b = b, a
>>> a
20
>>> b
10
```

Richtig angewandt, kann die Nutzung dieses Features zur Lesbarkeit von Programmen beitragen, da das technische Detail der Zwischenspeicherung von Daten hinter die eigentliche Absicht, die Werte zu tauschen, zurücktritt.

Mithilfe von Tuple Unpacking können auch Werte am Anfang und am Ende einer Sequenz ausgelesen werden. Betrachten wir das folgende Beispiel:

```
>>> zahlen = [11, 18, 12, 15, 10]
>>> elf, *andere, zehn = zahlen
>>> elf
11
>>> zehn
10
>>> andere
[18, 12, 15]
```

Wird beim Tuple Unpacking einer Referenz ein Stern * vorangestellt, werden in dieser alle übrigen Werte der Sequenz gespeichert. Im Beispiel oben werden der erste Wert von zahlen in elf und der letzte Wert in zehn abgelegt. Die Zahlen dazwischen werden in andere gesammelt.

Vor und nach dem Eintrag mit Stern kann eine beliebige Anzahl anderer Referenzen stehen. Insbesondere kann der erste oder letzte Eintrag einen Stern haben:

```
>>> zahlen = [11, 17, 17, 19, 10]
>>> *irgendwas, neunzehn, zehn = zahlen
>>> neunzehn
19
>>> zehn
10
>>> elf, *blablabla = zahlen
>>> elf
```

```
11
>>> blablabla
[17, 17, 19, 10]
```

Es kann in einer Zuweisung mit Tuple Unpacking immer nur genau eine Referenz mit einem Stern geben. Dies ist auch sinnvoll, da ansonsten Mehrdeutigkeiten entstehen können.

> **Hinweis**
>
> Generell ist Vorsicht geboten, wenn Unpacking für ungeordnete Datentypen verwendet wird. Im folgenden Beispiel hängt die Reihenfolge der Elemente 1, 2, 3 davon ab, in welcher Reihenfolge über die Menge {3,1,2} iteriert wird:
>
> ```
> >>> a, b, c = {3, 1, 2}
> >>> a, b, c
> (1, 2, 3)
> ```
>
> Da diese Reihenfolge ein Implementierungsdetail ist, kann sie sich zwischen verschiedenen Python-Versionen unterscheiden. Näheres zu Mengen erfahren Sie in Kapitel 15.

13.3.2 Immutabel heißt nicht zwingend unveränderlich!

Auch wenn tuple-Instanzen immutabel sind, können sich die Werte der enthaltenen Elemente der Erzeugung ändern. Bei der Erzeugung eines neuen Tupels werden die Referenzen festgelegt, die es speichern soll. Verweist eine solche Referenz auf eine Instanz eines mutablen Datentyps, etwa eine Liste, kann sich dessen Wert trotzdem ändern:

```
>>> a = ([],)
>>> a[0].append("Und sie dreht sich doch!")
>>> a
(['Und sie dreht sich doch!'],)
```

Die Unveränderlichkeit eines Tupels bezieht sich also nur auf die enthaltenen Referenzen und ausdrücklich nicht auf die dahinterstehenden Instanzen.

Dass Tupel immutabel sind, ist also keine Garantie dafür, dass sich Elemente nach der Erzeugung des Tupels nicht mehr verändern.

13.4 Strings – str, bytes, bytearray

Dieser Abschnitt behandelt Pythons Umgang mit Zeichenketten und insbesondere die Eigenschaften der dafür bereitgestellten Datentypen str, bytes und bytearray.

Wie Sie bereits gelernt haben, handelt es sich bei Strings um Folgen von Zeichen. Dies bedeutet, dass alle Operationen für sequenzielle Typen für sie verfügbar sind.[6]

Die Zeichen, die eine Instanz des Datentyps str speichern kann, sind Buchstaben, Satz- und Leerzeichen oder auch Umlaute. Im Gegensatz dazu sind die Datentypen bytes und bytearray für die Speicherung von Binärdaten vorgesehen. Daher bestehen Instanzen der Datentypen bytes und bytearray aus einer Folge einzelner Bytes, also ganzen Zahlen von 0 bis 255.

Wir werden uns bis auf Weiteres nur mit str-Instanzen beschäftigen, da sich der Umgang mit str nicht wesentlich von dem mit bytes unterscheidet. Einzig beim Umwandeln von str nach bytes und umgekehrt gibt es einige Stolpersteine, die in Abschnitt 13.4.4 über Zeichensätze und Sonderzeichen besprochen werden.

Um neue str-Instanzen zu erzeugen, gibt es folgende Literale:

```
>>> string1 = "Ich wurde mit doppelten Hochkommata definiert"
>>> string2 = 'Ich wurde mit einfachen Hochkommata definiert'
```

Der gewünschte Inhalt des Strings wird zwischen die Hochkommata geschrieben, darf allerdings keine Zeilenvorschübe enthalten (im folgenden Beispiel wurde am Ende der ersten Zeile ⏎ gedrückt):

```
>>> s = "Erste Zeile
  File "<stdin>", line 1
    s = "Erste Zeile
                    ^
SyntaxError: EOL while scanning string literal
```

String-Konstanten, die sich auch über mehrere Zeilen erstrecken können, werden durch """ bzw. ''' eingefasst:[7]

```
>>> string3 = """Erste Zeile!
... Ui, noch eine Zeile"""
```

Stehen zwei String-Literale unmittelbar oder durch Leerzeichen getrennt hintereinander, werden sie von Python zu einem String verbunden:

---

[6] Da bytearray im Unterschied zu str und bytes ein mutabler Datentyp ist, werden zusätzlich zum Grundstock der Operationen für sequenzielle Datentypen neben den in diesem Kapitel vorgestellten auch noch viele der Methoden des list-Datentyps unterstützt. Eine Auflistung der Methoden, die bytearray als mutabler sequenzieller Datentyp bietet, finden Sie in Abschnitt 21.7.3, »Datentypen emulieren«.

[7] Sie werden in Python-Code häufig auf Strings stoßen, die Klassen, Funktionen oder Module beschreiben. Für diese Docstrings wird in der Regel das Literal mit drei Anführungszeichen verwendet. Weitere Informationen zu Docstrings finden Sie in Abschnitt 36.1.

```
>>> string = "Erster Teil" "Zweiter Teil"
>>> string
'Erster TeilZweiter Teil'
```

Wie Sie im Beispiel sehen, sind die Leerzeichen zwischen den Literalen bei der Verkettung nicht mehr vorhanden.

Diese Art der Verkettung eignet sich sehr gut, um lange oder unübersichtliche Strings auf mehrere Programmzeilen aufzuteilen, ohne dass die Zeilenvorschübe und Leerzeichen im Resultat gespeichert werden, wie es bei Strings mit """ oder ''' der Fall wäre. Um diese Aufteilung zu erreichen, schreibt man die String-Teile in runde Klammern:

```
>>> a = ("Stellen Sie sich einen schrecklich "
...      "komplizierten String vor, den man "
...      "auf keinen Fall in eine Zeile schreiben "
...      "kann.")
>>> a
'Stellen Sie sich einen schrecklich komplizierten String vor, den man auf keinen Fall in eine Zeile schreiben kann.'
```

Wie Sie sehen, wurde der String so gespeichert, als ob er in einer einzigen Zeile definiert worden wäre.

Die Erzeugung von bytes-Instanzen funktioniert genauso wie die oben beschriebene Erzeugung von str-Instanzen. Der einzige Unterschied ist, dass Sie dem String-Literal ein kleines b voranstellen müssen, um einen bytes-String zu erhalten:

```
>>> string1 = b"Ich bin bytes!"
>>> string1
b'Ich bin bytes!'
>>> type(string1)
<class 'bytes'>
```

Die anderen Arten der String-Erzeugung funktionieren für bytes analog.

Um eine neue Instanz des Typs bytearray zu erzeugen, dient die gleichnamige Built-in Function bytearray.

```
>>> string1 = b"Hallo Welt"
>>> string2 = bytearray(string1)
>>> string2
bytearray(b'Hallo Welt')
```

Auf diese Weise lässt sich also eine bytearray-Instanz erzeugen, die ihren Wert von einer bestehenden bytes-Instanz übernimmt.

Übergibt man der Built-in Function bytearray eine ganze Zahl *k* als Parameter, wird ein neues bytearray der Länge *k* erzeugt, wobei jedes der Bytes den Wert Null zugewiesen bekommt:

```
>>> bytearray(7)
bytearray(b'\x00\x00\x00\x00\x00\x00\x00')
```

Was es mit der Darstellung »\x00« dieser Zeichen auf sich hat, erfahren Sie im nächsten Abschnitt sowie in Abschnitt 13.4.4 im Kontext der String-Codierung.

13.4.1 Steuerzeichen

Es gibt besondere Textelemente, die den Textfluss steuern und sich auf dem Bildschirm nicht als einzelne Zeichen darstellen lassen. Zu diesen sogenannten *Steuerzeichen* zählen unter anderem der Zeilenvorschub, der Tabulator oder der Rückschritt (von engl. *backspace*). Die Darstellung solcher Zeichen innerhalb von String-Literalen erfolgt mittels spezieller Zeichenfolgen, den *Escape-Sequenzen*. Escape-Sequenzen werden von einem Backslash \ eingeleitet, dem die Kennung des gewünschten Sonderzeichens folgt. Die Escape-Sequenz "\n" steht beispielsweise für einen Zeilenumbruch:

```
>>> a = "Erste Zeile\nZweite Zeile"
>>> a
'Erste Zeile\nZweite Zeile'
>>> print(a)
Erste Zeile
Zweite Zeile
```

Beachten Sie bitte den Unterschied zwischen der Ausgabe mit print und der ohne print im interaktiven Modus: Die print-Anweisung setzt die Steuerzeichen in ihre Bildschirmdarstellung um (bei "\n" wird zum Beispiel eine neue Zeile begonnen), während die Ausgabe ohne print ein String-Literal mit den Escape-Sequenzen der Sonderzeichen auf dem Bildschirm anzeigt.

Für Steuerzeichen gibt es in Python die folgenden Escape-Sequenzen:

Escape-Sequenz	Bedeutung
\a	Bell (BEL) erzeugt einen Signalton.
\b	Backspace (BS) setzt die Ausgabeposition um ein Zeichen zurück.
\f	Formfeed (FF) erzeugt einen Seitenvorschub.
\n	Linefeed (LF) setzt die Ausgabeposition in die nächste Zeile.

Tabelle 13.8 Escape-Sequenzen für Steuerzeichen

Escape-Sequenz	Bedeutung
\r	Carriage Return (CR) setzt die Ausgabeposition an den Anfang der nächsten Zeile.
\t	Horizontal Tab (TAB) hat die gleiche Bedeutung wie die Tabulatortaste.
\v	Vertikaler Tabulator (VT); dient zur vertikalen Einrückung.
\"	doppeltes Hochkomma
\'	einfaches Hochkomma
\\	Backslash, der wirklich als solcher in dem String erscheinen soll

Tabelle 13.8 Escape-Sequenzen für Steuerzeichen (Forts.)

Steuerzeichen stammen aus der Zeit, als die Ausgaben hauptsächlich über Drucker erfolgten. Deshalb haben einige dieser Zeichen heute nur noch eine geringe praktische Bedeutung.

Die Escape-Sequenzen für einfache und doppelte Hochkommata sind notwendig, weil Python diese Zeichen als Begrenzung für String-Literale verwendet. Soll die Art von Hochkomma, die für die Begrenzung eines Strings verwendet wurde, innerhalb dieses Strings als Zeichen vorkommen, muss dort das entsprechende Hochkomma als Escape-Sequenz angegeben werden:

```
>>> a = "Das folgende Hochkomma muss nicht codiert werden ' "
>>> b = "Dieses doppelte Hochkomma schon \" "
>>> c = 'Das gilt auch in Strings mit einfachen Hochkommata " '
>>> d = 'Hier muss eine Escape-Sequenz benutzt werden \' '
```

In Abschnitt 13.4.4, »Zeichensätze und Sonderzeichen«, werden wir auf Escape-Sequenzen zurückkommen, um damit beliebige Sonderzeichen wie beispielsweise Umlaute oder das Eurozeichen zu codieren.

Das automatische Ersetzen von Escape-Sequenzen ist manchmal lästig, insbesondere dann, wenn sehr viele Backslashs in einem String vorkommen sollen. Für diesen Zweck gibt es in Python die Präfixe r oder R, die einem String-Literal vorangestellt werden können. Diese Präfixe markieren das Literal als einen sogenannten *Raw-String* (dt. »roh«), was dazu führt, dass alle Backslashs eins zu eins in den Resultat-String übernommen werden:

```
>>> "Ein \tString mit \\ vielen \nEscape-Sequenzen\t"
'Ein \tString mit \\ vielen \nEscape-Sequenzen\t'
>>> r"Ein \tString mit \\ vielen \nEscape-Sequenzen\t"
'Ein \\tString mit \\\\ vielen \\nEscape-Sequenzen\\t'
```

```
>>> print(r"Ein \tString mit \\ vielen \nEscape-Sequenzen\t")
Ein \tString mit \\ vielen \nEscape-Sequenzen\t
```

Wie Sie an den doppelten Backslashs im Literal des Resultats und der Ausgabe mit `print` sehen können, wurden die Escape-Sequenzen nicht als maskierte Sonderzeichen interpretiert.

Durch das Präfix `rb` bzw. `br` können Sie Raw-Strings vom Typ `bytes` erzeugen.

> **Hinweis**
>
> Mit Python 3.3 wurde das u-Literal wieder eingeführt, um die Migration von Python 2.x auf Python 3 zu erleichtern. Seitdem können `str`-Instanzen wahlweise mit einem oder ohne ein vorangestelltes `u` erzeugt werden:
>
> ```
> >>> u"Der Habicht ist der Vogel des Jahres 2015"
> 'Der Habicht ist der Vogel des Jahres 2015'
> ```

Wenn wir im Folgenden von *Whitespaces* sprechen, sind alle Zeichen gemeint, die beim Drucken keine Tinte benötigen, z. B. Leerzeichen oder Zeilenvorschübe. Es handelt sich um die Zeichen in Tabelle 13.9:

String-Literal	Name
" "	Leerzeichen
"\n"	Zeilenvorschub
"\v"	vertikaler Tabulator
"\t"	horizontaler Tabulator
"\f"	Formfeed
"\r"	Carriage Return

Tabelle 13.9 Liste der Whitespace-Zeichen

13.4.2 String-Methoden

String-Instanzen verfügen zusätzlich zu den Methoden für sequenzielle Datentypen über weitere Methoden, die den Umgang mit Zeichenketten vereinfachen. In den folgenden Abschnitten besprechen wir jeweils thematisch zusammengehörige Methoden in den Kategorien

- Trennen von Strings,
- Suchen von Teil-Strings,
- Ersetzen von Teil-Strings,

- Entfernen bestimmter Zeichen am Anfang oder am Ende eines Strings,
- Ausrichten von Strings,
- String-Tests,
- Verkettung von Elementen in sequenziellen Datentypen,
- String-Formatierung.

Trennen von Strings

Um Strings nach bestimmten Regeln in mehrere Teile zu zerlegen, stehen folgende Methoden zur Verfügung:

Methode	Beschreibung
s.split([sep, maxsplit])	Teilt s bei Vorkommen von sep. Die Suche beginnt am String-Anfang.
s.rsplit([sep, maxsplit])	Teilt s bei Vorkommen von sep. Die Suche beginnt am String-Ende.
s.splitlines([keepends])	Teilt s bei Vorkommen von Zeilenvorschüben.
s.partition(sep)	Teilt s bei Vorkommen von sep. Die Suche beginnt am Anfang des Strings. Die resultierende Liste enthält neben den Spaltprodukten auch das Trennzeichen sep.
s.rpartition(sep)	Teilt s bei Vorkommen von sep. Die Suche beginnt am String-Ende. Die resultierende Liste enthält neben den Spaltprodukten auch das Trennzeichen sep.

Tabelle 13.10 String-Methoden zum Teilen von Strings

Die Methoden split und rsplit zerteilen einen String in seine Wörter und geben diese als Liste zurück. Dabei gibt der Parameter sep die Zeichenfolge an, die die Wörter trennt. Mit maxsplit kann die Anzahl der Trennungen begrenzt werden. Geben Sie maxsplit nicht an, wird der String so oft zerteilt, wie sep in ihm vorkommt. Ein gegebenenfalls verbleibender Rest wird als String in die resultierende Liste eingefügt. split beginnt mit dem Teilen am Anfang des Strings, während rsplit am Ende anfängt:

```
>>> s = "1-2-3-4-5-6-7-8-9-10"
>>> s.split("-")
['1', '2', '3', '4', '5', '6', '7', '8', '9', '10']
>>> s.split("-", 5)
```

```
['1', '2', '3', '4', '5', '6-7-8-9-10']
>>> s.rsplit("-", 5)
['1-2-3-4-5', '6', '7', '8', '9', '10']
```

Folgen mehrere Trennzeichen aufeinander, werden sie nicht zusammengefasst, sondern es wird jedes Mal erneut getrennt:

```
>>> s = "1---2-3"
>>> s.split("-")
['1', '', '', '2', '3']
```

Wird sep nicht angegeben, verhalten sich die beiden Methoden anders. Zuerst werden alle Whitespaces am Anfang und am Ende des Strings entfernt, und anschließend wird der String anhand von Whitespaces zerteilt, wobei dieses Mal aufeinanderfolgende Trennzeichen zu einem zusammengefasst werden:

```
>>> s = "   Irgendein \t\t Satz mit \n\r\t Whitespaces"
>>> s.split()
['Irgendein', 'Satz', 'mit', 'Whitespaces']
```

Der Aufruf von split ganz ohne Parameter ist sehr nützlich, um einen Text-String in seine Wörter zu spalten, auch wenn diese nicht nur durch Leerzeichen voneinander getrennt sind.

Die Methode splitlines spaltet einen String in seine einzelnen Zeilen auf und gibt eine Liste zurück, die die Zeilen enthält. Dabei werden Unix-Zeilenvorschübe "\n", Windows-Zeilenvorschübe "\r\n" und Mac-Zeilenvorschübe "\r" als Trennzeichen benutzt:

```
>>> s = "Unix\nWindows\r\nMac\rLetzte Zeile"
>>> s.splitlines()
['Unix', 'Windows', 'Mac', 'Letzte Zeile']
```

Sollen die trennenden Zeilenvorschübe an den Enden der Zeilen erhalten bleiben, muss für den optionalen Parameter keepends der Wert True übergeben werden.

Die Methode partition zerteilt einen String an der ersten Stelle, an der der übergebene Trenn-String sep auftritt, und gibt ein Tupel zurück, das aus dem Teil vor dem Trenn-String, dem Trenn-String selbst und dem Teil danach besteht. Die Methode rpartition arbeitet genauso, nimmt aber das letzte Vorkommen von sep im Ursprungsstring als Trennstelle:

```
>>> s = "www.rheinwerk-verlag.de"
>>> s.partition(".")
('www', '.', 'rheinwerk-verlag.de')
>>> s.rpartition(".")
('www.rheinwerk-verlag', '.', 'de')
```

13 Sequenzielle Datentypen

Suchen von Teil-Strings

Um die Position und die Anzahl der Vorkommen eines Strings in einem anderen String zu ermitteln oder Teile eines Strings zu ersetzen, existieren folgende Methoden:

Methode	Beschreibung
s.find(sub, [start, end])	Sucht den String sub im String s. Die Suche beginnt am String-Anfang.
s.rfind(sub, [start, end])	Sucht den String sub im String s. Die Suche beginnt am String-Ende.
s.index(sub, [start, end])	Sucht den String sub im String s. Die Suche beginnt am String-Anfang. Ist sub nicht in s vorhanden, wird eine Exception geworfen.
s.rindex(sub, [start, end])	Sucht den String sub im String s. Die Suche beginnt am String-Ende. Ist sub nicht in s vorhanden, wird eine Exception geworfen.
s.count(sub, [start, end])	Zählt die Vorkommen von sub in s.

Tabelle 13.11 String-Methoden zum Suchen in Strings

Die optionalen Parameter start und end der fünf Methoden dienen dazu, den Suchbereich einzugrenzen. Wenn Sie start bzw. end angeben, wird nur der Teil-String s[start:end] betrachtet.

> **Hinweis**
>
> Zur Erinnerung: Beim Slicing eines Strings s mit s[start:end] wird ein Teil-String erzeugt, der bei s[start] beginnt und das Element s[end] nicht mehr enthält.

Um herauszufinden, ob und gegebenenfalls an welcher Stelle ein bestimmter String in einem anderen vorkommt, bietet Python die Methoden find und index mit ihren Gegenstücken rfind und rindex an. Die Methode find gibt den Index des ersten Vorkommens von sub in s zurück, rfind entsprechend den Index des letzten Vorkommens. Ist sub nicht in s enthalten, geben find und rfind den Wert -1 zurück:

```
>>> s = "Mal sehen, wo das 'e' in diesem String vorkommt"
>>> s.find("e")
5
```

```
>>> s.rfind("e")
29
```

Die Methoden `index` und `rindex` arbeiten auf die gleiche Weise, erzeugen aber einen `ValueError`, wenn `sub` nicht in `s` enthalten ist:

```
>>> s = "Dieser String wird gleich durchsucht"
>>> s.index("wird")
14
>>> s.index("nicht vorhanden")
Traceback (most recent call last):
  File "<stdin>", line 1, in <module>
ValueError: substring not found
```

Der Grund für diese fast identischen Methoden liegt darin, dass sich Fehlermeldungen unter Umständen eleganter handhaben lassen als ungültige Rückgabewerte.[8]

Wie oft ein Teil-String in einem anderen enthalten ist, lässt sich mit `count` ermitteln:

```
>>> "Fischers Fritze fischt frische Fische".count("sch")
4
```

Ersetzen von Teil-Strings

Mit den folgenden Methoden lassen sich bestimmte Teile oder Buchstaben von Strings durch andere ersetzen:

Methode	Beschreibung
s.replace(old, new, [count])	Ersetzt die Vorkommen von old im String s durch new.
s.lower()	Ersetzt alle Großbuchstaben in s durch entsprechende Kleinbuchstaben.
s.upper()	Ersetzt alle Kleinbuchstaben in s durch entsprechende Großbuchstaben.
s.swapcase()	Ersetzt alle Großbuchstaben in s durch entsprechende Kleinbuchstaben und umgekehrt alle Kleinbuchstaben durch entsprechende Großbuchstaben.
s.capitalize()	Ersetzt den ersten Buchstaben von s durch den entsprechenden Großbuchstaben und alle folgenden Großbuchstaben durch entsprechende Kleinbuchstaben.

Tabelle 13.12 String-Methoden zum Ersetzen von Teil-Strings

---

8 Sie können die Details in Kapitel 22, »Ausnahmebehandlung«, nachlesen.

Methode	Beschreibung
s.casefold()	Arbeitet ähnlich wie s.lower(), wobei zusätzlich Sonderzeichen ersetzt werden. So liefert etwa "Straße".casefold() das Ergebnis "strasse" zurück. Die Rückgabewerte von s.casefold() sind für Vergleiche zwischen Strings gedacht, bei denen es nicht auf Groß- und Kleinschreibung ankommt.
s.title()	Ändert die Groß-/Kleinschreibung von s so, dass alle Wörter bis auf den ersten Buchstaben kleingeschrieben werden.
s.expandtabs([tabsize])	Rückt s ein, indem Tabs ("\t") durch Leerzeichen ersetzt werden.

Tabelle 13.12 String-Methoden zum Ersetzen von Teil-Strings (Forts.)

Die Methode replace gibt einen String zurück, in dem alle Vorkommen von old durch new ersetzt wurden:

```
>>> falsch = "Python ist nicht toll!"
>>> richtig = falsch.replace("nicht", "richtig")
>>> richtig
'Python ist richtig toll!'
```

Mit dem Parameter count kann die Anzahl der Ersetzungen begrenzt werden:

```
>>> s = "Bitte nur die ersten vier e ersetzen"
>>> s.replace("e", "E", 4)
'BittE nur diE ErstEn vier e ersetzen'
```

Die Methode lower ersetzt alle Großbuchstaben eines Strings durch die entsprechenden Kleinbuchstaben und gibt den Ergebnis-String zurück:

```
>>> s = "ERST GANZ GROSS UND DANN GANZ KLEIN!"
>>> s.lower()
'erst ganz gross und dann ganz klein!'
```

Mit upper erreichen Sie genau den umgekehrten Effekt.

Die Methode swapcase ändert die Groß- bzw. Kleinschreibung aller Buchstaben eines Strings, indem sie alle Großbuchstaben durch die entsprechenden Kleinbuchstaben und umgekehrt ersetzt:

```
>>> s = "wENN MAN IM dEUTSCHEN ALLE wORTE SO SCHRIEBE ..."
>>> s.swapcase()
'Wenn man im Deutschen alle Worte so schriebe ...'
```

Die Methode `capitalize` gibt eine Kopie des Ursprungsstrings zurück, wobei das erste Zeichen – sofern möglich – in einen Großbuchstaben umgewandelt wurde:

```
>>> s = "alles klein ... noch ;)"
>>> s.capitalize()
'Alles klein ... noch ;)'
```

Die Methode `title` erzeugt einen String, bei dem alle Wörter groß-, aber ihre restlichen Buchstaben kleingeschrieben sind, wie dies im Englischen bei Titeln üblich ist:

```
>>> s = "nOch BIn iCH eheR weNiGEr alS TITeL gEeiGNEt"
>>> s.title()
'Noch Bin Ich Eher Weniger Als Titel Geeignet'
```

Mit `expandtabs` können Sie alle Tabulatorzeichen (`"\t"`) eines Strings durch Leerzeichen ersetzen lassen. Der optionale Parameter `tabsize` gibt dabei an, wie viele Leerzeichen für einen Tabulator eingefügt werden sollen. Ist `tabsize` nicht angegeben, werden acht Leerzeichen verwendet:

```
>>> s = ("\tHier kann Quellcode stehen\n" +
...      "\t\tEine Ebene weiter unten")
>>> print(s.expandtabs(4))
    Hier kann Quellcode stehen
        Eine Ebene weiter unten
```

Entfernen bestimmter Zeichen am Anfang oder am Ende von Strings

Die `strip`-Methoden ermöglichen es, unerwünschte Zeichen am Anfang oder am Ende eines Strings zu entfernen:

Methode	Beschreibung
s.strip([chars])	Entfernt bestimmte Zeichen am Anfang und am Ende des Strings s.
s.lstrip([chars])	Entfernt bestimmte Zeichen am Anfang des Strings s.
s.rstrip([chars])	Entfernt bestimmte Zeichen am Ende des Strings s.

Tabelle 13.13 String-Methoden zum Entfernen bestimmter Zeichen am Anfang oder Ende

Die Methode `strip` entfernt unerwünschte Zeichen auf beiden Seiten des Strings. Die Methode `lstrip` entfernt nur die Zeichen auf der linken Seite und `rstrip` nur die Zeichen auf der rechten.

Für den optionalen Parameter `chars` können Sie einen String übergeben, der die Zeichen enthält, die entfernt werden sollen. Geben Sie `chars` nicht an, werden alle Whitespaces gelöscht:

```
>>> s = "    \t\n \rUmgeben von Whitespaces    \t\t\r"
>>> s.strip()
'Umgeben von Whitespaces'
>>> s.lstrip()
'Umgeben von Whitespaces    \t\t\r'
>>> s.rstrip()
'    \t\n \rUmgeben von Whitespaces'
```

Um beispielsweise alle umgebenden Ziffern zu entfernen, könnten Sie so vorgehen:

```
>>> ziffern = "0123456789"
>>> s = "3674784673546Versteckt zwischen Zahlen3425923935"
>>> s.strip(ziffern)
'Versteckt zwischen Zahlen'
```

Ausrichten von Strings

Die folgenden Methoden erzeugen einen String mit einer vorgegebenen Länge und richten den Ursprungsstring darin auf eine bestimmte Weise aus:

Methode	Beschreibung
s.center(width, [fillchar])	Zentriert s im resultierenden String.
s.ljust(width, [fillchar])	Richtet s im resultierenden String linksbündig aus.
s.rjust(width, [fillchar])	Richtet s im resultierenden String rechtsbündig aus.
s.zfill(width)	Richtet s rechtsbündig aus, indem links mit Nullen aufgefüllt wird.

Tabelle 13.14 String-Methoden zum Ausrichten

Mit dem Parameter width geben Sie die gewünschte Länge des neuen Strings an. Die Methode center zentriert s im neuen String, ljust richtet s linksbündig aus, rjust richtet s rechtsbündig aus. Der optionale Parameter fillchar der drei ersten Methoden muss ein String der Länge eins sein und gibt das Zeichen an, das zum Auffüllen bis zur übergebenen Länge verwendet werden soll. Standardmäßig werden Leerzeichen zum Füllen benutzt:

```
>>> s = "Richte mich aus"
>>> s.center(50)
'                 Richte mich aus                  '
>>> s.ljust(50)
'Richte mich aus                                   '
>>> s.rjust(50, "-")
'-----------------------------------Richte mich aus'
```

Ist die Länge von s größer als der Wert des Parameters width, wird eine Kopie von s zurückgegeben, da in diesem Fall nicht genügend Raum zum Ausrichten vorhanden ist.

Die Methode zfill ist ein Spezialfall von rjust und für Strings gedacht, die numerische Werte enthalten. Ein Aufruf der Methode zfill erzeugt einen String der Länge width, in dem der Ursprungsstring rechts ausgerichtet ist und die linke Seite mit Nullen aufgefüllt wurde:

```
>>> "13.37".zfill(20)
'00000000000000013.37'
```

String-Tests

Die folgenden Methoden geben einen Wahrheitswert zurück, der aussagt, ob der Inhalt des Strings eine bestimmte Eigenschaft hat. Mit islower beispielsweise prüfen Sie, ob alle Buchstaben in s Kleinbuchstaben sind.

Methode	Beschreibung
s.isalnum()	True, wenn alle Zeichen in s Buchstaben oder Ziffern sind
s.isalpha()	True, wenn alle Zeichen in s Buchstaben sind
s.isdigit()	True, wenn alle Zeichen in s Ziffern sind
s.islower()	True, wenn alle Buchstaben in s Kleinbuchstaben sind
s.isupper()	True, wenn alle Buchstaben in s Großbuchstaben sind
s.isspace()	True, wenn alle Zeichen in s Whitespaces sind
s.istitle()	True, wenn alle Wörter in s großgeschrieben sind
s.startswith(prefix, [start, end])	True, wenn s mit dem String prefix beginnt
s.endswith(suffix, [start, end])	True, wenn s mit dem String suffix endet

Tabelle 13.15 Methoden für String-Tests

Da sich die ersten sieben Methoden sehr ähneln, soll ein Beispiel an dieser Stelle ausreichen:

```
>>> s = "1234abcd"
>>> s.isdigit()
False
>>> s.isalpha()
False
>>> s.isalnum()
True
```

Um zu prüfen, ob ein String mit einer bestimmten Zeichenkette beginnt oder endet, dienen die Methoden startswith bzw. endswith:

Die optionalen Parameter start und end begrenzen dabei – wie schon bei den Suchen-und-Ersetzen-Methoden – die Abfrage auf den Bereich s[start:end]:

```
>>> s = "www.rheinwerk-verlag.de"
>>> s.startswith("www.")
True
>>> s.endswith(".de")
True
>>> s.startswith("rheinwerk", 4)
True
```

Verkettung von Elementen in sequenziellen Datentypen

Eine häufige Aufgabe ist es, eine Liste von Strings mit einem Trennzeichen zu verketten. Für diesen Zweck stellt Python die Methode join zur Verfügung:

Methode	Beschreibung
s.join(seq)	Verkettet die Elemente der Sequenz seq zu einem neuen String, wobei s als Trennzeichen dient.

Tabelle 13.16 String-Methode zum Verketten mehrerer Elemente mit einem Trenn-String

Der Parameter seq ist dabei ein beliebiges iterierbares Objekt, dessen Elemente alle Strings sein müssen. Die Elemente von seq werden mit s als Trennzeichen verkettet. Im folgenden Beispiel werden mehrere Namen, durch Komma getrennt, verkettet:

```
>>> kontaktliste = ["Fix", "Foxy", "Lupo", "Dr. Knox"]
>>> ", ".join(kontaktliste)
'Fix, Foxy, Lupo, Dr. Knox'
```

Wird für seq ein String übergeben, ist das Ergebnis die Verkettung aller Buchstaben, jeweils durch s voneinander getrennt:

```
>>> satz = "Stoiber-Satz"
>>> "...ehm...".join(satz)
'S...ehm...t...ehm...o...ehm...i...ehm...b...ehm...e...ehm...r...ehm...-
...ehm...S...ehm...a...ehm...t...ehm...z'
```

Die Methode `join` wird oft angewendet, um die Elemente einer Sequenz ohne ein Trennzeichen zu verketten. In diesem Fall ruft man die Methode `join` des leeren Strings auf:

```
>>> "".join(["www", ".", "rheinwerk-verlag", ".", "de"])
'www.rheinwerk-verlag.de'
```

Im nächsten Abschnitt beschäftigen wir uns mit dem Thema String-Formatierung.

13.4.3 Formatierung von Strings

Oft möchte man seine Bildschirmausgaben auf bestimmte Weise anpassen. Um beispielsweise eine dreispaltige Tabelle von Zahlen anzuzeigen, müssen – abhängig von der Länge der Zahlen – Leerzeichen eingefügt werden, damit die einzelnen Spalten untereinander angezeigt werden. Eine Anpassung der Ausgabe ist auch nötig, wenn Sie einen Geldbetrag ausgeben möchten, der in einer `float`-Instanz gespeichert ist, die mehr als zwei Nachkommastellen besitzt.

Für die Lösung solcher Probleme gibt es seit Python 3.0 die `format`-Methode des Datentyps `str`. Mithilfe von `format` können Sie in einem String Platzhalter durch bestimmte Werte ersetzen lassen. Diese Platzhalter sind durch geschweifte Klammern eingefasst und können sowohl Zahlen als auch Zeichenketten sein. Im folgenden Beispiel lassen wir die Platzhalter {0} und {1} durch zwei Zahlen ersetzen:

```
>>> "Es ist {0}:{1} Uhr".format(13, 37)
'Es ist 13:37 Uhr'
```

Wenn Zahlen als Platzhalter verwendet werden, müssen sie fortlaufend durchnummeriert sein, bei 0 beginnend. Sie werden dann der Reihe nach durch die Parameter ersetzt, die der `format`-Methode übergeben wurden – der erste Parameter ersetzt {0}, der zweite Parameter ersetzt {1} und so fort.

Es ist auch möglich, diese Nummerierung implizit vornehmen zu lassen, indem nichts zwischen die geschweiften Klammern geschrieben wird. Python nummeriert die Platzhalter dann automatisch, bei 0 beginnend:

```
>>> "Es ist {}:{} Uhr".format(13, 37)
'Es ist 13:37 Uhr'
```

Wie bereits erwähnt, können auch Namen als Platzhalter verwendet werden. In diesem Fall müssen Sie die Werte als Schlüsselwortparameter an die `format`-Methode übergeben:

```
>>> "Es ist {stunde}:{minute} Uhr".format(stunde=13, minute=37)
'Es ist 13:37 Uhr'
```

Als Namen für die Platzhalter kommen dabei alle Zeichenketten infrage, die auch als Variablennamen in Python verwendet werden können. Insbesondere sollten Ihre Platzhalternamen nicht mit Ziffern beginnen, da sonst versucht wird, sie als Ganzzahlen zu interpretieren.

Man kann auch nummerierte Platzhalter mit symbolischen Platzhaltern mischen:

```
>>> "Es ist {stunde}:{0} Uhr".format(37, stunde=13)
'Es ist 13:37 Uhr'
```

Dieses Mischen symbolischer und nummerierter Platzhalter funktioniert auch zusammen mit der impliziten Nummerierung. Python nummeriert die Platzhalter dann automatisch, bei 0 beginnend.

```
>>> "{h}g Hefe, {}g Mehl, {w}ml Wasser, {}g Salz".format(
...     50, 400, h=5, w=100)
'5g Hefe, 50g Mehl, 100ml Wasser, 400g Salz'
```

Anstelle der Zahlenwerte, die in den bisherigen Beispielen verwendet wurden, können Sie allgemein beliebige Objekte als Werte verwenden, sofern sie in einen String konvertiert werden können.[9] Im folgenden Code-Schnipsel werden verschiedene Datentypen an die format-Methode übergeben:

```
>>> "Liste: {0}, String: {string}, Komplexe Zahl: {1}".format(
...     [1,2], 13 + 37j, string="Hallo Welt")
'Liste: [1, 2], String: Hallo Welt, Komplexe Zahl: (13+37j)'
```

Um denselben Wert mehr als einmal in einen String einzufügen, können Sie Platzhalter mehrfach verwenden.

```
>>> "{h}{em} Hefe, {}{em} Mehl, {w}{ev} Wasser, {}{em} Salz".format(
...     50, 400, h=5, w=100, em='g', ev='ml')
'5g Hefe, 50g Mehl, 100ml Wasser, 400g Salz'
```

Dabei stehen em und ev für »Einheit für Masse« und »Einheit für Volumen«.

Möchten Sie verhindern, dass eine geschweifte Klammer als Begrenzung eines Platzhalters interpretiert wird, setzen Sie zwei Klammern hintereinander. Im Ergebnis werden diese doppelten Klammern durch einfache ersetzt:

```
>>> "Unformatiert: {{KeinPlatzhalter}}. Formatiert: {v}.".format(
...     v="nur ein Test")
'Unformatiert: {KeinPlatzhalter}. Formatiert: nur ein Test.'
```

---

[9] Näheres dazu, wie diese Konvertierung intern abläuft und beeinflusst werden kann, finden Sie in Abschnitt 21.7, »Magic Methods und Magic Attributes«.

13.4 Strings – str, bytes, bytearray

> **Hinweis**
>
> Die Methode `format` ist seit Python 3 der Standard für String-Formatierungen und löst den Formatierungsoperator % ab. Daher sollten Sie in Ihren Programmen nach Möglichkeit die Methode `format` für die String-Formatierung verwenden. Für die Datentypen `bytes` und `bytearray` kann der Operator % seit Python 3.5 verwendet werden. Näheres entnehmen Sie bitte Pythons Onlinedokumentation.
>
> Um Python-Programmierern den Umstieg zu erleichtern, wurde die `format`-Methode schon in Python 2.6 hinzugefügt. Sie können `format` also auch dann einsetzen, wenn Ihre Programme mit Python 2.6 funktionieren sollen. Näheres zu den Unterschieden zwischen Python 2 und Python 3 erfahren Sie in Kapitel 43, »Von Python 2 nach Python 3«.
>
> Zusätzlich wurde mit Python 3.6 ein neues String-Literal für *Format-Strings* eingeführt. Wird einem String-Literal ein `f` vorangestellt, werden von geschweiften Klammern eingeschlossene Teile nach bestimmten Regeln ersetzt:
>
> ```
> >>> name, vorname = "Ostermann", "Lina"
> >>> f"Hallo Frau {vorname} {name}!"
> 'Hallo Frau Lina Ostermann!'
> ```
>
> Diese Erweiterung ist noch recht neu und außerdem sehr ähnlich zu dem, was in den folgenden Abschnitten besprochen wird. Deshalb belassen wir es an dieser Stelle bei einem Verweis auf Pythons Onlinedokumentation und das PEP 498.

Zugriff auf Attribute und Elemente

Neben dem einfachen Ersetzen von Platzhaltern ist es auch möglich, in dem Format-String auf Attribute des übergebenen Wertes zuzugreifen. Dazu schreiben Sie das gewünschte Attribut, durch einen Punkt abgetrennt, hinter den Namen des Platzhalters, genau wie dies beim normalen Attributzugriff in Python funktioniert.

Das folgende Beispiel gibt auf diese Weise den Imaginär- und Realteil einer komplexen Zahl aus:

```
>>> c = 15 + 20j
>>> "Realteil: {0.real}, Imaginaerteil: {0.imag}".format(c)
'Realteil: 15.0, Imaginaerteil: 20.0'
```

Wie Sie sehen, funktioniert der Attributzugriff auch bei nummerierten Platzhaltern.

Neben dem Zugriff auf Attribute des zu formatierenden Wertes kann auch der []-Operator verwendet werden. Damit können beispielsweise gezielt Elemente einer Liste ausgegeben werden:

```
>>> l = ["Ich bin der Erste!", "Nein, ich bin der Erste!"]
>>> "{liste[1]}. {liste[0]}".format(liste=l)
'Nein, ich bin der Erste!. Ich bin der Erste!'
```

Auch wenn Sie zu diesem Zeitpunkt keine weiteren Datentypen kennengelernt haben, die den []-Operator unterstützen, ist die Anwendung in Format-Strings nicht auf sequenzielle Datentypen beschränkt. Insbesondere ist diese Art von Zugriff bei Dictionarys interessant, die wir in Abschnitt 14.1 behandeln werden.[10]

Sowohl der Zugriff auf Attribute als auch der Operator [] funktionieren auch für die implizite Nummerierung von Platzhaltern:

```
>>> "Attribut: {.imag}, Listenelement: {[1]}".format(
...     1+4j, [1,2,3])
'Attribut: 4.0, Listenelement: 2'
```

Im Folgenden erfahren Sie, wie Sie die Ersetzung selbst beeinflussen können.

Formatierung der Ausgabe

Bisher haben wir mithilfe von format nur Platzhalter durch bestimmte Werte ersetzt, ohne dabei festzulegen, nach welchen Regeln die Ersetzung vorgenommen wird. Um dies zu erreichen, können *Formatangaben* (engl. *format specifier*) durch einen Doppelpunkt getrennt vom Namen des Platzhalters angegeben werden. Um beispielsweise eine Gleitkommazahl auf zwei Nachkommastellen gerundet auszugeben, benutzt man die Formatangabe .2f:

```
>>> "Betrag: {:.2f} Euro".format(13.37690)
'Betrag: 13.38 Euro'
```

Die Wirkung der Formatangaben hängt von dem Datentyp ab, der als Wert für den jeweiligen Platzhalter übergeben wird. Wir werden im Folgenden die Formatierungsmöglichkeiten für Pythons eingebaute Datentypen unter die Lupe nehmen.

Beachten Sie, dass sämtliche Formatierungsangaben optional und unabhängig voneinander sind. Sie können deshalb auch einzeln auftreten.

Bevor wir uns mit den Formatierungsmöglichkeiten im Detail beschäftigen, möchten wir Ihnen kurz den prinzipiellen Aufbau einer Formatangabe zeigen:

```
[[fill]align][sign][#][0][minimumwidth][,][.precision][type]
```

Die eckigen Klammern bedeuten dabei, dass es sich bei ihrem Inhalt um optionale Angaben handelt. Im Folgenden werden alle dieser Felder einzeln diskutiert.

Minimale Breite festlegen – minimumwidth

Wird als Formatangabe eine einfache Ganzzahl verwendet, legt sie die minimale Breite fest, die der ersetzte Wert einnehmen soll. Möchten Sie beispielsweise eine Tabelle

---

10 Bitte beachten Sie, dass die Schlüssel des Dictionarys nicht in Hochkommata eingeschlossen werden, auch wenn es sich dabei um Strings handeln sollte. Dies führt dazu, dass beispielsweise der Schlüssel ":-]" nicht in einem Format-String verwendet werden kann.

mit Namen ausgeben und sicherstellen, dass alles bündig untereinandersteht, erreichen Sie dies folgendermaßen:

```
f = "{:15}|{:15}"
print(f.format("Vorname", "Nachname"))
print(f.format("Florian", "Kroll"))
print(f.format("Lina", "Ostermann"))
print(f.format("Sven", "Bisdorff"))
print(f.format("Kaddah", "Hotzenplotz"))
```

In diesem Miniprogramm formatieren wir die beiden Platzhalter 0 und 1 mit einer Breite von jeweils 15 Zeichen. Die Ausgabe sieht damit folgendermaßen aus:

```
Vorname        |Nachname
Florian        |Kroll
Lina           |Ostermann
Sven           |Bisdorff
Kaddah         |Hotzenplotz
```

Sollte ein Wert länger sein als die minimale Breite, wird die Breite des eingefügten Wertes an den Wert angepasst und nicht etwa abgeschnitten:

```
>>> "{lang:2}".format(lang="Ich bin laenger als zwei Zeichen!")
'Ich bin laenger als zwei Zeichen!'
```

Wie bereits gesagt, sind sämtliche Formatierungsangaben optional. Dies gilt insbesondere für die minimale Breite. Wenn also im Folgenden davon gesprochen wird, dass eine Angabe zwischen zwei anderen steht oder Ähnliches, soll damit nur deutlich gemacht werden, wie die einzelnen Formatierungsangaben relativ zueinander stehen müssen, wenn sie denn angegeben sind.

Ausrichtung bestimmen – align

Wenn Sie die minimale Breite eines Feldes angeben, können Sie die Ausrichtung des Wertes bestimmen, falls er – wie es im ersten der beiden oben genannten Beispiele der Fall war – nicht die gesamte Breite ausfüllt.

Um beispielsweise einen Geldbetrag wie üblich rechts auszurichten, setzen Sie vor die minimale Breite ein >-Zeichen:

```
>>> "Endpreis: {sum:>5} Euro".format(sum=443)
'Endpreis:   443 Euro'
```

Insgesamt gibt es vier Ausrichtungsarten, die in Tabelle 13.17 aufgeführt sind.

Zeichen	Bedeutung
<	Der Wert wird linksbündig in den reservierten Platz eingefügt. Dies ist das Standardverhalten, sofern keine Ausrichtung angegeben ist.
>	Der Wert wird rechtsbündig in den reservierten Platz eingefügt.
=	Sorgt dafür, dass bei numerischen Werten das Vorzeichen immer am Anfang des eingefügten Wertes steht und erst danach eine Ausrichtung nach rechts erfolgt (siehe Beispiel unten). Diese Angabe ist ausschließlich bei numerischen Werten sinnvoll und führt bei anderen Datentypen zu einem ValueError.
^	Der Wert wird zentriert in den reservierten Platz eingefügt.

Tabelle 13.17 Ausrichtungsarten

Ein Beispiel soll die nicht ganz intuitive Wirkung der Ausrichtungsart »=« verdeutlichen. Dabei ist die Position des Vorzeichens interessant.

```
>>> "Temperatur: {:10}".format(-12.5)
'Temperatur:      -12.5'
>>> "Temperatur: {:=10}".format(-12.5)
'Temperatur: -     12.5'
```

Beachten Sie, dass eine Ausrichtungsangabe keinen Effekt hat, wenn der eingefügte Wert genauso lang wie oder länger als die gewünschte minimale Breite ist.

Füllzeichen – fill

Vor der Ausrichtungsangabe kann das Zeichen festgelegt werden, mit dem die überschüssigen Zeichen beim Ausrichten aufgefüllt werden sollen. Standardmäßig wird dafür das Leerzeichen verwendet. Es kann aber jedes beliebige Zeichen eingesetzt werden:

```
>>> "{text:-^25}".format(text="Hallo Welt")
'-------Hallo Welt--------'
```

Hier wurde der String "Hallo Welt" zentriert und von Minuszeichen umgeben eingefügt.

Behandlung von Vorzeichen – sign

Zwischen der Angabe für die minimale Breite und der Ausrichtungsangabe können Sie festlegen, wie mit dem Vorzeichen eines numerischen Wertes verfahren werden soll. Die drei möglichen Formatierungszeichen zeigt Tabelle 13.18.

13.4 Strings – str, bytes, bytearray

Zeichen	Bedeutung
+	Sowohl bei positiven als auch bei negativen Zahlenwerten wird ein Vorzeichen angegeben.
-	Nur bei negativen Zahlen wird das Vorzeichen angegeben. Dies ist das Standardverhalten.
(Leerzeichen)	Mit dem Leerzeichen sorgen Sie dafür, dass bei positiven Zahlenwerten anstelle eines Vorzeichens eine Leerstelle eingefügt wird. Negative Zahlen erhalten bei dieser Einstellung ein Minus als Vorzeichen.

Tabelle 13.18 Vorzeichenbehandlungsarten

Wir demonstrieren die Behandlung von Vorzeichen an ein paar einfachen Beispielen:

```
>>> "Kosten: {:+}".format(135)
'Kosten: +135'
>>> "Kosten: {:+}".format(-135)
'Kosten: -135'
>>> "Kosten: {:-}".format(135)
'Kosten: 135'
>>> "Kosten: {: }".format(135)
'Kosten:  135'
>>> "Kosten: {: }".format(-135)
'Kosten: -135'
```

Wie schon erwähnt, ist die Ausrichtungsangabe = erst bei der Verwendung mit Vorzeichen sinnvoll:

```
>>> "Kosten: {:=+10}".format(-135)
'Kosten: -       135'
```

Wie Sie sehen, wird im oben genannten Beispiel das Minuszeichen am Anfang des reservierten Platzes eingefügt und erst danach die Zahl 135 nach rechts ausgerichtet.

Zahlendarstellungstypen – type

Um bei Zahlenwerten die Ausgabe weiter anpassen zu können, gibt es verschiedene Ausgabetypen, die ganz am Ende der Formatangabe eingefügt werden. Beispielsweise werden mit der Typangabe b Ganzzahlen in Binärschreibweise ausgegeben:

```
>>> "Lustige Bits: {:b}".format(109)
'Lustige Bits: 1101101'
```

Insgesamt bietet Python für Ganzzahlen acht mögliche Typangaben, die im Folgenden tabellarisch aufgelistet sind.

Zeichen	Bedeutung
b	Die Zahl wird in Binärdarstellung ausgegeben.
c	Die Zahl wird als Unicode-Zeichen interpretiert. Näheres zum Thema Unicode finden Sie in Abschnitt 13.4.4, »Zeichensätze und Sonderzeichen«.
d	Die Zahl wird in Dezimaldarstellung ausgegeben. Dies ist das Standardverhalten.
o	Die Zahl wird in Oktaldarstellung ausgegeben.
x	Die Zahl wird in Hexadezimaldarstellung ausgegeben, wobei für die Ziffern a bis f Kleinbuchstaben verwendet werden.
X	wie x, aber mit Großbuchstaben für die Ziffern von A bis F
n	Wie d, aber es wird versucht, das für die Region übliche Zeichen zur Trennung von Zahlen zu verwenden (zum Beispiel Tausendertrennung durch einen Punkt).

Tabelle 13.19 Ausgabetypen von Ganzzahlen

Es gibt noch einen alternativen Modus für die Ausgabe von Ganzzahlen, den Sie aktivieren, indem Sie zwischen die minimale Breite und das Vorzeichen eine Raute # schreiben. In diesem Modus werden die Ausgaben in Zahlensystemen mit anderer Basis als 10 durch entsprechende Präfixe gekennzeichnet:

```
>>> "{:#b} vs. {:b}".format(109, 109)
'0b1101101 vs. 1101101'
>>> "{:#o} vs. {:o}".format(109, 109)
'0o155 vs. 155'
>>> "{:#x} vs. {:x}".format(109, 109)
'0x6d vs. 6d'
```

Auch für Gleitkommazahlen existieren diverse Ausgabetypen, die Tabelle 13.20 auflistet.

Zeichen	Bedeutung
e	Die Zahl wird in wissenschaftlicher Schreibweise ausgegeben, wobei ein kleines »e« zur Trennung von Mantisse und Exponent verwendet wird.

Tabelle 13.20 Ausgabetypen für Gleitkommazahlen

Zeichen	Bedeutung
E	wie e, nur mit großem »E« als Trennzeichen
f	Die Zahl wird als Dezimalzahl mit Dezimalpunkt ausgegeben.
g	Die Zahl wird, wenn sie nicht zu lang ist, wie bei f ausgegeben. Für zu lange Zahlen wird automatisch der e-Typ verwendet.
G	wie g, nur dass für zu lange Zahlen der E-Typ verwendet wird
n	Wie g, aber es wird versucht, ein an die Region angepasstes Trennzeichen zu verwenden.
%	Der Zahlenwert wird zuerst mit hundert multipliziert und dann ausgegeben, gefolgt von einem Prozentzeichen.
(keine Angabe)	Wie g, aber es wird mindestens eine Nachkommastelle angegeben.

Tabelle 13.20 Ausgabetypen für Gleitkommazahlen (Forts.)

Das folgende Beispiel veranschaulicht die Formatierungen für Gleitkommazahlen:

```
>>> "{zahl:e}".format(zahl=123.456)
'1.234560e+02'
>>> "{zahl:f}".format(zahl=123.456)
'123.456000'
>>> "{zahl:n}".format(zahl=123.456)
'123.456'
>>> "{zahl:%}".format(zahl=0.75)
'75.000000%'
```

Genauigkeit bei Gleitkommazahlen – precision

Es ist möglich, die Anzahl der Nachkommastellen bei der Ausgabe von Gleitkommazahlen festzulegen. Dazu schreiben Sie die gewünschte Anzahl, durch einen Punkt abgetrennt, zwischen die minimale Länge und den Ausgabetyp, wie wir es schon in unserem Einleitungsbeispiel gemacht haben:

```
>>> "Betrag: {:.2f} Euro".format(13.37690)
'Betrag: 13.38 Euro'
```

Die überschüssigen Nachkommastellen werden bei der Formatierung nicht abgeschnitten, sondern gerundet.

Beachten Sie, dass in diesem Beispiel die minimale Länge nicht angegeben wurde und dass deshalb die Formatangabe mit einem Punkt beginnt.

Als letzte Formatierungsmöglichkeit kann eine 0 direkt vor der minimalen Breite eingefügt werden. Diese Null bewirkt, dass der überschüssige Platz mit Nullen aufgefüllt und das Vorzeichen am Anfang des reservierten Platzes eingefügt wird. Damit ist dieser Modus gleichwertig mit der Ausrichtungsart = und dem Füllzeichen 0:

```
>>> "Es gilt {z1:05} = {z2:0=5}.".format(z1=23, z2=23)
'Es gilt 00023 = 00023.'
```

Tausendertrennung – die Optionen »,« und »_«

Wird die Option »,« gesetzt, werden Tausenderblöcke durch ein Komma voneinander getrennt. Mit »_« kann der Unterstrich als Tausendertrennzeichen gesetzt werden:

```
>>> "Viel Geld: {:,d}".format(12345678900)
'Viel Geld: 12,345,678,900'
>>> "Viel Geld: {:_d}".format(12345678900)
'Viel Geld: 12_345_678_900'
```

13.4.4 Zeichensätze und Sonderzeichen

Bisher haben wir uns der Einfachheit halber nur mit Strings beschäftigt, die keine Sonderzeichen (wie Umlaute oder das Eurozeichen) enthalten. Die Besonderheiten beim Umgang mit solchen Zeichen liegen zum Teil an der Entwicklung der Zeichencodierung. Deshalb werden wir diese im Folgenden kurz umreißen.

Zuerst müssen wir eine Vorstellung davon entwickeln, wie ein Computer intern mit Zeichenketten umgeht. Generell lässt sich sagen, dass der Computer eigentlich überhaupt keine Zeichen kennt, da sich in seinem Speicher nur Zahlen befinden. Um trotzdem Bildschirmausgaben zu produzieren oder andere Operationen mit Zeichen durchzuführen, hat man deshalb Übersetzungstabellen, die sogenannten *Codepages* (dt. »Zeichensatztabellen«), definiert, die jedem Buchstaben eine bestimmte Zahl zuordnen. Der bekannteste und wichtigste Zeichensatz ist durch die *ASCII-Tabelle*[11] festgelegt.

Durch diese Zuordnung werden neben den Buchstaben und Ziffern auch Satz- und einige Sonderzeichen abgebildet. Außerdem existieren nicht druckbare Steuerzeichen wie der Tabulator oder der Zeilenvorschub. Die ASCII-Tabelle ist eine 7-Bit-Zeichencodierung, was bedeutet, dass von jedem Buchstaben 7 Bit Speicherplatz belegt werden. Es können also $2^7 = 128$ verschiedene Zeichen abgebildet werden. Die Definition des ASCII-Zeichensatzes orientiert sich am Alphabet der englischen Sprache, das ins-

---

[11] »American Standard Code for Information Interchange« (dt. »Amerikanische Standardcodierung für den Informationsaustausch«)

besondere keine Umlaute wie »ä« oder »ü« enthält. Um auch solche Sonderzeichen in Strings abspeichern zu können, erweiterte man den ASCII-Code, indem man den Speicherplatz für ein Zeichen um ein Bit erhöhte, sodass $2^8 = 256$ verschiedene Zeichen gespeichert werden können. Damit wurde Platz für 128 weitere Sonderzeichen geschaffen. Welche Interpretation konkret für diese weiteren Plätze verwendet wird, legt die verwendete Codepage fest. Welche Codepage verwendet wird, hängt von der Konfiguration des jeweiligen Rechners ab. Insbesondere haben das Betriebssystem und die regionalen Einstellungen Einfluss auf die Auswahl der Codepage.

> **Hinweis**
>
> Unter Windows gibt es unter Umständen Probleme mit der Eingabe von Sonderzeichen in der Eingabeaufforderung. Falls Sie solche Probleme beobachten, können Sie IDLE verwenden, um die betroffenen Beispiele auszuführen.

Pythons bytes-Datentyp implementiert einen solchen 8-Bit-String und ist im Prinzip nichts anderes als eine Kette von Bytes. Um den Zahlenwert eines Zeichens zu ermitteln, gibt es in Python die Built-in Function ord, die als einzigen Parameter einen String der Länge eins erwartet:

```
>>> ord("j")
106
>>> ord("[")
91
```

Umgekehrt liefert die Built-in Function chr das zu einem Byte gehörige Zeichen:

```
>>> chr(106)
'j'
>>> chr(91)
'['
```

Die Beispiele oben beziehen sich nur auf Zeichen mit Ordnungszahlen, die kleiner als 128 sind und damit noch im ASCII-Bereich liegen. Interessanter ist das folgende Beispiel:

```
>>> ord("ä")
228
```

Auf dem Computer, der dieses Beispiel ausgeführt hat, läuft ein Betriebssystem, das die Codepage mit dem Namen »iso-8859-15« verwendet. Die Codepage »iso-8859-15« deckt alle wichtigen Zeichen für Westeuropa ab, z. B. Umlaute, Akzente und das Eurozeichen. Wenn Sie das Beispiel ausführen und eine andere Zahl als 228 auf dem Bildschirm sehen, liegt das daran, dass Ihr Computer eine andere Codepage verwendet.

Wir haben uns bereits während der Einführung zu Strings mit Escape-Sequenzen beschäftigt. In Bezug auf Sonderzeichen spielen sie eine zentrale Rolle:

```
>>> '\xdcberpr\xfcfung der \xc4nderungen'
'Überprüfung der Änderungen'
```

Was auf den ersten Blick kryptisch erscheint, hat eine einfache Struktur: Wie Sie bereits wissen, wird durch den Backslash \ innerhalb von String-Literalen eine Escape-Sequenz eingeleitet. Die Escape-Sequenz mit der Kennung x ermöglicht es, einzelne Bytes in str-Instanzen direkt zu codieren. Sie erwartet eine zweistellige Hexadezimalzahl als Parameter, die direkt hinter das x geschrieben wird. Der Wert dieses Parameters gibt den Zahlenwert des Bytes an, im Beispiel also 0xdc = 220 ("Ü"), 0xfc = 252 ("ü") und 0xc4 = 196 ("Ä"). Die Darstellungen hat Python der aktuellen Codepage entnommen, in der sie genau den angegebenen Zeichen entsprechen:

```
>>> print(chr(220), chr(252), chr(196))
Ü ü Ä
```

Diese Codierung von Sonderzeichen hat den Vorteil, dass der Quelltext nur aus normalen ASCII-Zeichen besteht und beim Abspeichern und Verteilen nicht mehr auf die verwendete Codepage geachtet werden muss.

Allerdings bringt eine solche Codierung zwei wichtige Nachteile mit sich: Zum einen ist die Anzahl möglicher Zeichen auf 256 begrenzt, und zum anderen muss jemand, der einen so codierten String verarbeiten will, wissen, welche Codepage verwendet wurde, weil sich viele Codepages widersprechen. Letzterer Nachteil bedeutet, dass man immer genau wissen muss, mit welcher Codepage gearbeitet wurde, um einen codierten String korrekt zu interpretieren. Dies ist insbesondere beim Datenaustausch oder beim Lesen und Schreiben von Dateien unbequem und fehleranfällig.

Ein wirklicher Mangel ist die Begrenzung der Zeichenanzahl. Stellen Sie sich einen String vor, der eine Ausarbeitung über Autoren aus verschiedenen Sprachräumen mit Originalzitaten enthält: Sie würden aufgrund der vielen verschiedenen Alphabete schnell an die Grenze der 8-Bit-Codierung stoßen und könnten das Werk nicht digitalisieren. Oder stellen Sie sich vor, Sie wollten einen Text in chinesischer Sprache codieren, was durch die über 10.000 Schriftzeichen unmöglich würde.

Ein naheliegender Lösungsansatz für dieses Problem besteht darin, den Speicherplatz pro Zeichen zu erhöhen, was aber neue Nachteile mit sich bringt. Verwendet man beispielsweise 16 Bit für jedes einzelne Zeichen, ist die Anzahl der Zeichen immer noch auf 65.536 begrenzt. Es ist davon auszugehen, dass die Sprachen sich weiterentwickeln werden und somit auch diese Anzahl auf Dauer nicht mehr ausreichen wird.[12] Außerdem würde sich im 16-Bit-Beispiel der Speicherplatzbedarf für

---

[12] Es ist tatsächlich so, dass 16 Bit schon heute nicht mehr ausreichen, um alle Zeichen der menschlichen Sprache zu codieren.

einen String verdoppeln, weil für jedes Zeichen doppelt so viele Bits wie bei erweiterter ASCII-Codierung verwendet würden, und das, obwohl ein Großteil aller Texte hauptsächlich aus einer kleinen Teilmenge aller vorhandenen Zeichen besteht. Die einfache Speicherplatzerhöhung für jedes einzelne Zeichen ist also keine wirkliche Lösung, denn das Problem wird irgendwann wieder auftreten, wenn die neu gesetzte Schranke erneut überschritten wird. Außerdem wird unnötig Speicherplatz vergeudet.

Eine langfristige Lösung für das Codierungsproblem wurde schließlich durch den Standard *Unicode* erarbeitet, der variable Codierungslängen für einzelne Zeichen vorsieht. Im Prinzip ist Unicode eine riesige Tabelle, die jedem bekannten Zeichen eine Zahl, den sogenannten *Codepoint*, zuweist. Diese Tabelle wird vom *Unicode Consortium*, einer gemeinnützigen Institution, gepflegt und ständig erweitert. Codepoints werden in der Regel als »U+x« geschrieben, wobei x die hexadezimale Repräsentation des Codepoints ist. Das wirklich Neue an Unicode ist das Verfahren *UTF (Unicode Transformation Format)*, das Codepoints durch Byte-Folgen unterschiedlicher Länge darstellen kann. Es gibt verschiedene dieser Transformationsformate, aber das wichtigste und am weitesten verbreitete ist UTF-8. UTF-8 verwendet bis zu 7 Byte, um ein einzelnes Zeichen zu codieren, wobei die tatsächliche Länge von der Häufigkeit des Zeichens in Texten abhängt. So lassen sich zum Beispiel alle Zeichen des ASCII-Standards mit jeweils einem Byte codieren, das zusätzlich den gleichen Zahlenwert wie die entsprechende ASCII-Codierung des Zeichens hat. Durch dieses Vorgehen wird erreicht, dass jeder mit ASCII codierte String auch gültiger UTF-8-Code ist: UTF-8 ist zu ASCII abwärtskompatibel. Wir interessieren uns an dieser Stelle nicht weiter für die technische Umsetzung von Unicode, sondern vielmehr dafür, wie wir Unicode mit Python nutzen können.

Seit Python 3.0 ist der Umgang mit Unicode wesentlich komfortabler geworden, da eine klare Trennung zwischen Binärdaten (Datentyp bytes) und Textdaten (Datentyp str) eingeführt wurde. Sie müssen sich deshalb nicht mehr so intensiv wie früher mit der Codierung von Zeichen befassen. Dennoch gibt es Situationen, in denen Sie direkt mit der Zeichencodierung in Berührung kommen.

Wie Sie bereits im Beispiel am Anfang gesehen haben, können Sie Sonderzeichen in String-Literalen durch Escape-Sequenzen codieren. Wir haben dabei Escape-Sequenzen verwendet, die mit \x beginnen. Diese Sequenzen sind allerdings nur für Zeichen geeignet, die einen der ersten 256 Codepoints verwenden. Für beliebige Sonderzeichen, wie zum Beispiel das Eurosymbol € (Codepoint 8364, hexadezimal: 0x20ac), gibt es Escape-Sequenzen, die mit \u eingeleitet werden:

```
>>> s = "\u20ac"
>>> print(s)
€
```

Der neue Datentyp str eignet sich für die Arbeit mit Text-Strings in Python-Programmen und vereinfacht dabei den Umgang mit internationalen Schriftzeichen. Allerdings gibt es einige Besonderheiten, die bei der Verwendung des neuen str beachtet werden müssen.[13] Unicode abstrahiert von Bytes zu Zeichen, was für den Programmierer angenehmer ist, auf Maschinenebene aber den Nachteil mit sich bringt, dass solche Strings nicht einfach in Byte-Ketten gespeichert werden können. Möchten Sie aber beispielsweise Daten auf der Festplatte ablegen, sie über das Netzwerk versenden oder mit anderen Programmen austauschen, sind Sie auf die Gegebenheiten der Maschine und damit auch die Byte-Ketten beschränkt. Es muss also Möglichkeiten geben, aus einem abstrakten str-String eine konkrete Byte-Folge, also ein bytes-Objekt, zu erzeugen und umgekehrt. Instanzen des Typs str haben eine Methode encode, die als Parameter den Namen der gewünschten Codierung enthält, zum Beispiel "utf8". Das Ergebnis dieser Umwandlung ist eine bytes-Instanz, die die Repräsentation des Strings in der übergebenen Codierung enthält. Um aus einer codierten bytes-Instanz wieder ein str-Objekt zu machen, verwenden wir die Methode decode. Sie erwartet als Parameter den Namen der Codierungsvorschrift, die beim Erzeugen des Strings verwendet wurde:

```
>>> textstring = "Überprüfung der Änderungen; \u20ac"
>>> textstring
'Überprüfung der Änderungen; €'
>>> utf8bytes = textstring.encode("utf8")
>>> utf8bytes
b'\xc3\x9cberpr\xc3\xbcfung der \xc3\x84nderungen; \xe2\x82\xac'
>>> t = utf8bytes.decode("utf8")
>>> t
'Überprüfung der Änderungen; €'
```

Im Beispiel erzeugen wir zuerst die str-Instanz textstring, die neben drei direkt eingegebenen Sonderzeichen auch ein maskiertes Eurozeichen enthält. Anschließend nutzen wir die Methode encode, um die UTF-8-Repräsentation von textstring zu ermitteln und mit der Referenz utf8bytes zu verknüpfen. In der Ausgabe von utf8bytes sehen wir, dass für die Codierung der Umlaute zwei und für die des Eurozeichens sogar drei Byte verwendet wurden. Am Ende erhalten wir eine neue str-Instanz, die den gleichen Inhalt hat wie textstring, indem wir utf8bytes mithilfe von decode als UTF-8-String interpretieren.

Innerhalb eines einzelnen Programms ist es wenig sinnvoll, str-Strings erst zu codieren und dann wieder zu decodieren, da man intern bequem mit ihnen arbeiten kann. Wichtig wird die Codierung erst, wenn Sie die enthaltenen Daten senden oder spei-

---

13 Vor allem, wenn Sie den Umgang mit 8-Bit-Strings gewohnt sind, ist hier Vorsicht geboten.

chern möchten, wobei der Kommunikationskanal oder das Speichermedium nur mit Bytes arbeiten kann.

Das Schema in Abbildung 13.5 veranschaulicht den Transfer von Unicode mithilfe von Codierung und Decodierung.

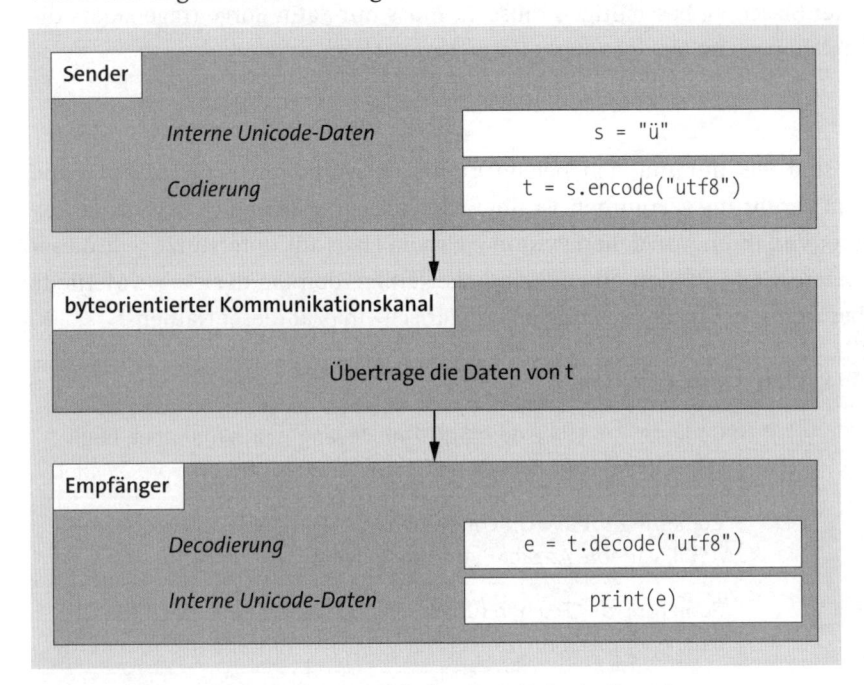

```
Sender
    Interne Unicode-Daten        s = "ü"
    Codierung                    t = s.encode("utf8")

byteorientierter Kommunikationskanal
            Übertrage die Daten von t

Empfänger
    Decodierung                  e = t.decode("utf8")
    Interne Unicode-Daten        print(e)
```

Abbildung 13.5 Schematische Darstellung eines Unicode-Transfers

Angenommen, Programm 1 erzeugt einen String s, der zum Beispiel ein »ü« enthält. Nun soll diese Zeichenkette über eine Netzwerkverbindung, die nur Byte-Folgen übertragen kann, an Programm 2 gesendet werden. Dazu wird s zuerst in sein UTF-8-Äquivalent überführt und dann – wie genau, ist hier nicht wichtig – über das Netzwerk an Programm 2 gesendet, wo es wieder decodiert und anschließend verwendet werden kann.

Als Faustregeln für den Umgang mit den Datentypen str und bytes können Sie sich Folgendes merken:

- Benutzen Sie bytes ausschließlich für Binärdaten.
- Verwenden Sie für alle Textdaten des Programmes str-Instanzen.
- Codieren Sie str-Daten beim Speichern oder beim Datenversand zu anderen Programmen.
- Gewinnen Sie beim Lesen und Empfangen der Daten mit dem entsprechenden Decodierungsverfahren wieder die str-Instanzen zurück.

Wenn Sie diese Regeln konsequent einhalten, kann das Programm mit beliebigen Sonderzeichen umgehen, ohne dass besondere Anpassungen notwendig werden. Dadurch wird nicht nur die Übersetzung, sondern auch der allgemeine Umgang mit Textdaten vereinfacht, weil sich der Programmierer nicht mehr mit den Beschränkungen der Maschine beschäftigen muss. Er muss nur dafür Sorge tragen, dass die Schnittstellen nach außen encodierte Daten bereitstellen.

Codecs

Bis jetzt sind wir nur mit den beiden Codierungsverfahren »iso-8859-15« und »UTF-8« in Berührung gekommen. Es gibt neben diesen beiden noch eine ganze Reihe weiterer Verfahren, von denen Python viele von Haus aus unterstützt. Jede dieser Codierungen hat in Python einen String als Namen, den Sie der encode-Methode übergeben können. Tabelle 13.21 zeigt exemplarisch ein paar dieser Namen.

Name in Python	Eigenschaften
"ascii"	Codierung mithilfe der ASCII-Tabelle; englisches Alphabet, englische Ziffern, Satzzeichen und Steuerzeichen; ein Byte pro Zeichen
"utf8"	Codierung für alle Unicode-Codepoints; abwärtskompatibel mit ASCII; variable Anzahl Bytes pro Zeichen
"iso-8859-15"	Codierung der Zeichen für Westeuropa, wie sie von der Internationalen Organisation für Normung (ISO) 1999 standardisiert wurde
"cp1252"	Codierung für Westeuropa, die von einigen Windows-Versionen verwendet wird; zusätzlich zu den ASCII-Zeichen Unterstützung für europäische Sonderzeichen, insbesondere das Eurozeichen; abwärtskompatibel mit ASCII; ein Byte pro Zeichen

Tabelle 13.21 Drei der von Python unterstützten Encodings

Wenn Sie nun versuchen, einen unicode-String mit einem Codierungsverfahren zu encodieren, das nicht für alle in dem String enthaltenen Zeichen geeignet ist, führt dies zu einem Fehler (U+03a9 ist der Codepoint des großen Omega Ω):

```
>>> s = "\u03a9"
>>> print(s)
Ω
>>> s.encode("cp1252")
Traceback (most recent call last):
  File "<stdin>", line 1, in <module>
UnicodeEncodeError: 'charmap' codec can't encode character '\
u03a9' in position 0: character maps to <undefined>
```

Wie aus dem Beispiel ersichtlich ist, unterstützt die Codepage »cp1252« das Omega-Zeichen nicht, weshalb das Encodieren mit einer Fehlermeldung quittiert wird. Es ergibt sich ein Problem, wenn Sie mit Codierungen arbeiten, die nicht jedes beliebige Zeichen verarbeiten können: Sie können nie sicher sein, dass die beispielsweise vom Benutzer eingegebenen Daten unterstützt werden, und laufen deshalb Gefahr, bei der Verarbeitung das Programm abstürzen zu lassen. Um dieses Problem zu umgehen, bieten die Methoden encode und decode einen optionalen Parameter namens errors an, der die Vorgehensweise in solchen Fehlerfällen definiert. Für errors können die folgenden Werte übergeben werden:

Wert	Bedeutung
"strict"	Standardeinstellung. Jedes nicht codierbare Zeichen führt zu einem Fehler.
"ignore"	Nicht codierbare Zeichen werden ignoriert.
"replace"	Nicht codierbare Zeichen werden durch einen Platzhalter ersetzt: beim Encodieren durch das Fragezeichen "?", beim Decodieren durch das Unicode-Zeichen U+FFFD.
"xmlcharrefreplace"	Nicht codierbare Zeichen werden durch ihre XML-Entität ersetzt.* (Nur bei encode möglich.)
"backslashreplace"	Nicht codierbare Zeichen werden durch eine Escape-Sequenz ersetzt. (Nur bei encode möglich.)

* Dabei handelt es sich um spezielle Formatierungen zur Darstellung von Sonderzeichen in XML-Dateien. Näheres zu XML-Dateien erfahren Sie in Abschnitt 33.2.

Tabelle 13.22 Werte für den errors-Parameter von encode und decode

Wir betrachten das letzte Beispiel mit anderen Werten für errors:

```
>>> s = "\u03a9"
>>> print(s)
Ω
>>> s.encode("cp1252", "replace")
b'?'
>>> s.encode("cp1252", "xmlcharrefreplace")
b'&#937;'
>>> s.encode("cp1252", "backslashreplace")
b'\\u03a9'
```

Damit es erst gar nicht nötig wird, Codierungsprobleme durch diese Hilfsmittel zu umgehen, sollten Sie nach Möglichkeit immer zu allgemeinen Codierungsverfahren wie UTF-8 greifen.

Encoding-Deklaration

Damit Sonderzeichen nicht nur innerhalb von Strings, sondern auch in Kommentaren geschrieben werden dürfen, muss im Kopf einer Python-Programmdatei eine *Encoding-Deklaration* stehen. Dies ist eine Zeile, die das Encoding kennzeichnet, in dem die Programmdatei gespeichert wurde.

Das ist nur dann wichtig, wenn Sie in der Programmdatei Buchstaben oder Zeichen verwendet haben, die nicht im englischen Alphabet enthalten sind.[14] Ein Encoding ermöglicht es dem Python-Interpreter dann, diese Zeichen korrekt zuzuordnen. Eine Encoding-Deklaration steht in der Regel direkt unter der Shebang-Zeile[15] bzw. in der ersten Zeile der Programmdatei und sieht folgendermaßen aus:

```
# -*- coding: cp1252 -*-
```

In diesem Fall wurde das Windows-Encoding `cp1252` verwendet.

Beachten Sie, dass aus Gründen der Übersichtlichkeit in keinem Beispielprogramm des Buchs eine Encoding-Deklaration enthalten ist. Das bedeutet aber ausdrücklich nicht, dass der Einsatz einer Encoding-Deklaration grundsätzlich unüblich wäre.

---

14 Oder Sie speichern Ihre Programme UTF-8-codiert, was Python seit 3.0 standardmäßig erwartet. Wie Sie Ihren Texteditor so konfigurieren können, dass er beim Speichern eine bestimmte Codierung verwendet, entnehmen Sie bitte der Dokumentation des Editors.
15 Die Bedeutung einer Shebang-Zeile wird in Abschnitt 4.1.1 erklärt.

Kapitel 14
Zuordnungen

Die Kategorie *Mappings* (dt. »Zuordnungen«) enthält Datentypen, die eine Zuordnung zwischen verschiedenen Objekten herstellen. Der einzige Datentyp, der in diese Kategorie fällt, ist das *Dictionary* (dt. Wörterbuch).

14.1 Dictionary – dict

Der Name des Datentyps `dict` gibt bereits einen guten Hinweis darauf, was sich dahinter verbirgt: Ein Dictionary enthält beliebig viele *Schlüssel-Wert-Paare* (engl. *key/value pairs*), wobei der Schlüssel nicht unbedingt wie bei einer Liste eine ganze Zahl sein muss. Vielleicht ist Ihnen dieser Datentyp schon von einer anderen Programmiersprache her bekannt, wo er als *assoziatives Array* (u. a. in PHP), *Map* (u. a. in C++) oder *Hash* (u. a. in Perl) bezeichnet wird. Der Datentyp `dict` ist mutabel, also veränderlich.

Im folgenden Beispiel wird erklärt, wie ein `dict` mit mehreren Schlüssel-Wert-Paaren innerhalb geschweifter Klammern erzeugt wird. Außerdem wird die Assoziation mit einem Wörterbuch ersichtlich:

```
woerterbuch = {"Germany" : "Deutschland", "Spain" : "Spanien"}
```

In diesem Fall wird ein `dict` mit zwei Einträgen angelegt, die durch ein Komma getrennt werden. Beim ersten Eintrag wird dem Schlüssel `"Germany"` der Wert `"Deutschland"` zugewiesen. Schlüssel und Wert sind durch einen Doppelpunkt voneinander getrennt. Es müssen nicht notwendigerweise alle Paare in eine Zeile geschrieben werden. Innerhalb der geschweiften Klammern kann der Quellcode beliebig formatiert werden:

```
woerterbuch = {
            "Germany" : "Deutschland",
            "Spain" : "Spanien",
            "France" : "Frankreich"
            }
```

Hinter dem letzten Schlüssel-Wert-Paar kann ein weiteres Komma stehen, es wird aber nicht benötigt. Jeder Schlüssel muss im Dictionary eindeutig sein, es darf also kein zweiter Schlüssel mit demselben Namen existieren. Formal ist Folgendes zwar möglich, es wird aber nur das zweite Schlüssel-Wert-Paar ins Dictionary übernommen:

```
d = {
    "Germany" : "Deutschland",
    "Germany" : "Pusemuckel"
    }
```

Im Gegensatz dazu brauchen die Werte eines Dictionarys nicht eindeutig zu sein, dürfen also mehrfach vorkommen:

```
d = {
    "Germany" : "Deutschland",
    "Allemagne" : "Deutschland"
    }
```

In den bisherigen Beispielen waren bei allen Paaren sowohl der Schlüssel als auch der Wert ein String. Das muss nicht unbedingt so sein:

```
mapping = {
          0 : 1,
          "abc" : 0.5,
          1.2e22 : [1,2,3,4],
          (1,3,3,7) : "def"
          }
```

> **Hinweis**
>
> Ein Dictionary kann auch mit einer *Dict Comprehension* erzeugt werden. Dabei werden nicht alle Schlüssel-Wert-Paare des Dictionarys explizit aufgelistet, sondern über eine Bildungsvorschrift ähnlich einer for-Schleife erzeugt. Mit der folgenden Dict Comprehension wird ein Dictionary erzeugt, das den Zahlen von 0 bis 4 ihre Quadrate zuordnet.
>
> ```
> >>> {i: i*i for i in range(5)}
> {0: 0, 1: 1, 2: 4, 3: 9, 4: 16}
> ```
>
> Näheres zu Dict Comprehension erfahren Sie in Abschnitt 23.1.2.
>
> Weiterhin kann beim Erzeugen eines Dictionarys auf Unpacking zurückgegriffen werden:
>
> ```
> >>> {"a": 1, **{"b": 2, "c": 3}}
> {'a': 1, 'b': 2, 'c': 3}
> ```
>
> Weitere Informationen zu Unpacking finden Sie in Abschnitt 13.3.1.

In einem Dictionary können beliebige Instanzen, seien sie mutabel oder immutabel, als Werte verwendet werden. Beim Schlüssel dürfen jedoch nur Instanzen unveränderlicher (immutabler) Datentypen verwendet werden. Dabei handelt es sich um alle bisher besprochenen Datentypen – mit Ausnahme der Listen und der Dictionarys selbst. Versuchen Sie beispielsweise, ein Dictionary zu erstellen, in dem eine Liste als Schlüssel verwendet wird, meldet sich der Interpreter mit einem entsprechenden Fehler:

```
>>> d = {[1,2,3] : "abc"}
Traceback (most recent call last):
  File "<stdin>", line 1, in <module>
TypeError: unhashable type: 'list'
```

Diese Beschränkung ergibt sich daraus, dass die Schlüssel eines Dictionarys anhand eines aus ihrem Wert errechneten *Hash-Wertes* verwaltet werden. Prinzipiell lässt sich aus jedem Objekt ein Hash-Wert berechnen; bei veränderlichen Objekten ist dies jedoch wenig sinnvoll, da sich der Hash-Wert bei Veränderung des Objekts ebenfalls ändern würde. Eine solche Veränderung würde beispielsweise die Schlüsselverwaltung eines Dictionarys zerstören. Aus diesem Grund sind veränderliche Objekte »unhashable«, wie die oben dargestellte Fehlermeldung besagt.[1]

Bei einem Dictionary handelt es sich um ein iterierbares Objekt. Es ist daher möglich, ein Dictionary in einer for-Schleife zu durchlaufen. Dabei wird nicht über das komplette Dictionary iteriert, sondern nur über alle Schlüssel. Im folgenden Beispiel durchlaufen wir alle Schlüssel unseres Wörterbuchs und geben sie mit print aus:

```
for key in woerterbuch:
    print(key)
```

Die Ausgabe des Codes sieht erwartungsgemäß folgendermaßen aus:

```
Germany
Spain
France
```

Hinweis
Bei einem Dictionary handelt es sich um einen ungeordneten Datentyp. Das bedeutet, dass die Schlüssel nicht zwingend in der Reihenfolge durchlaufen werden, in der sie dem Dictionary hinzugefügt wurden.

Selbstverständlich kann in einer Schleife auch auf die Werte des Dictionarys zugegriffen werden. Dazu bedient man sich des Zugriffsoperators, den wir im Folgenden behandeln werden. Beachten Sie, dass Sie die Größe des Dictionarys nicht verändern dürfen, während es in einer Schleife durchlaufen wird. Die Größe des Dictionarys

---

[1] In Abschnitt 21.7.1, »Allgemeine Magic Methods«, erfahren Sie, wie Sie die Hash-Berechnung für eigene Datentypen implementieren können.

würde zum Beispiel durch das Hinzufügen oder Löschen eines Schlüssel-Wert-Paares beeinflusst. Sollten Sie es dennoch versuchen, bekommen Sie folgende Fehlermeldung angezeigt:

```
Traceback (most recent call last):
  File "<stdin>", line 1, in <module>
RuntimeError: dictionary changed size during iteration
```

Diese Beschränkung gilt ausschließlich für Operationen, die die Größe des Dictionarys beeinflussen, also beispielsweise das Hinzufügen und Entfernen von Einträgen. Sollten Sie in einer Schleife lediglich den zugehörigen Wert eines Schlüssels ändern, tritt kein Fehler auf.

14.1.1 Operatoren

Bisher haben Sie gelernt, was ein Dictionary ist und wie es erzeugt wird. Außerdem sind wir auf einige Besonderheiten eingegangen. Jetzt besprechen wir die für Dictionarys verfügbaren Operatoren.

Operator	Beschreibung
len(d)	Liefert die Anzahl aller im Dictionary d enthaltenen Schlüssel-Wert-Paare.
d[k]	Zugriff auf den Wert mit dem Schlüssel k
del d[k]	Löschen des Schlüssels k und seines Wertes
k in d	True, wenn sich der Schlüssel k in d befindet
k not in d	True, wenn sich der Schlüssel k nicht in d befindet

Tabelle 14.1 Operatoren eines Dictionarys

Im Folgenden werden die Operatoren eines Dictionarys im Detail besprochen. Die meisten der Operatoren werden anhand des Dictionarys woerterbuch erklärt, das folgendermaßen definiert ist:

```
woerterbuch = {
                "Germany" : "Deutschland",
                "Spain" : "Spanien",
                "France" : "Frankreich"
              }
```

Länge eines Dictionarys

Um die Länge eines Dictionarys zu bestimmen, wird die eingebaute Funktion len verwendet. Die Länge entspricht dabei der Anzahl von Schlüssel-Wert-Paaren:

```
>>> len(woerterbuch)
3
```

Zugriff auf einen Wert

Mithilfe des Zugriffsoperators kann auf einen Wert eines Dictionarys zugegriffen werden. Dazu schreiben Sie den entsprechenden Schlüssel in eckigen Klammern hinter den Namen des Dictionarys. Bei dem Beispiel-Wörterbuch könnte ein solcher Zugriff folgendermaßen aussehen:

```
>>> woerterbuch["Germany"]
'Deutschland'
```

Dabei erfolgt der Zugriff, indem Werte miteinander verglichen werden und nicht Identitäten. Das liegt daran, dass die Schlüssel eines Dictionarys intern durch ihren Hash-Wert repräsentiert werden, der ausschließlich anhand des Wertes einer Instanz gebildet wird. In der Praxis bedeutet dies, dass beispielsweise die Zugriffe d[1] und d[1.0] äquivalent sind.

Zu guter Letzt werfen wir noch einen Blick darauf, was passiert, wenn auf einen Wert zugegriffen werden soll, der nicht existiert. Der Interpreter antwortet mit einer Fehlermeldung:

```
>>> d = {}
>>> d[100]
Traceback (most recent call last):
  File "<stdin>", line 1, in <module>
KeyError: 100
```

Löschen eines Schlüssel-Wert-Paares

Um in einem Dictionary einen Eintrag zu löschen, kann das Schlüsselwort del in Kombination mit dem Zugriffsoperator verwendet werden. Im folgenden Beispiel wird der Eintrag "Germany" : "Deutschland" aus dem Dictionary entfernt.

```
del woerterbuch["Germany"]
```

Das Dictionary selbst existiert auch dann noch, wenn es durch Löschen des letzten Eintrags leer geworden ist.

Auf bestimmte Schlüssel testen

Ähnlich wie bei den Listen existieren für Dictionarys die Operatoren in und not in, die verwendet werden, um zu testen, ob ein Schlüssel in einem Dictionary vorhanden ist oder nicht. Sie geben das entsprechende Ergebnis als Wahrheitswert zurück:

```
>>> "France" in woerterbuch
True
>>> "Spain" not in woerterbuch
False
```

14.1.2 Methoden

Neben den Operatoren sind einige Methoden definiert, die die Arbeit mit Dictionarys erleichtern.

Methode	Beschreibung
d.clear()	Leert das Dictionary d.
d.copy()	Erzeugt eine Kopie von d.
d.get(k, [x])	Liefert d[k], wenn der Schlüssel k vorhanden ist, ansonsten x.
d.items()	Gibt ein iterierbares Objekt zurück, das alle Schlüssel-Wert-Paare von d durchläuft.
d.keys()	Gibt ein iterierbares Objekt zurück, das alle Schlüssel von d durchläuft.
d.pop(k)	Gibt den zum Schlüssel k gehörigen Wert zurück und löscht das Schlüssel-Wert-Paar aus dem Dictionary d.
d.popitem()	Gibt ein willkürliches Schlüssel-Wert-Paar von d zurück und entfernt es aus dem Dictionary.
d.setdefault(k, [x])	Das Gegenteil von get. Setzt d[k] = x, wenn der Schlüssel k nicht vorhanden ist.
d.update(d2)	Fügt ein Dictionary d2 zu d hinzu und überschreibt gegebenenfalls die Werte bereits vorhandener Schlüssel.
d.values()	Gibt ein iterierbares Objekt zurück, das alle Werte von d durchläuft.

Tabelle 14.2 Methoden eines Dictionarys

Abgesehen von diesen Methoden stellt der Datentyp dict noch eine statische Methode bereit. Das ist eine Methode, die auch ohne konkrete Dictionary-Instanz aufgerufen werden kann.

Methode	Beschreibung
dict.fromkeys(seq, [value])	Erstellt ein neues Dictionary mit den Werten der Liste seq als Schlüssel und setzt jeden Wert initial auf value.

Tabelle 14.3 Statische Methoden eines Dictionarys

Jetzt werden wir die angesprochenen Methoden noch einmal detailliert und jeweils mit einem kurzen Beispiel im interaktiven Modus erläutern. Alle Beispiele verstehen sich dabei in folgendem Kontext:

```
>>> d = {"k1" : "v1", "k2": "v2", "k3": "v3"}
>>> d
{'k1': 'v1', 'k2': 'v2', 'k3': 'v3'}
```

Es ist also in jedem Beispiel ein Dictionary d mit drei Schlüssel-Wert-Paaren vorhanden. In den Beispielen werden wir das Dictionary verändern und uns vom Interpreter seinen Wert ausgeben lassen.

d.clear()

Die Methode clear löscht alle Schlüssel-Wert-Paare von d. Sie hat dabei nicht den gleichen Effekt wie del d, da das Dictionary selbst nicht gelöscht, sondern nur geleert wird:

```
>>> d = {"k1" : "v1", "k2": "v2", "k3": "v3"}
>>> d.clear()
>>> d
{}
```

d.copy()

Die Methode copy erzeugt eine Kopie des Dictionarys d.

```
>>> d = {"k1" : "v1", "k2": "v2", "k3": "v3"}
>>> e = d.copy()
>>> e
{'k1': 'v1', 'k2': 'v2', 'k3': 'v3'}
```

Beachten Sie, dass zwar das Dictionary selbst kopiert wird, es sich bei den Werten aber nach wie vor um Referenzen auf dieselben Objekte handelt. Dies wird durch das folgende Beispiel verdeutlicht.

```
>>> d1 = {"key" : [1,2,3]}
>>> d2 = d1.copy()
```

```
>>> d2["key"].append(4)
>>> d2
{'key': [1, 2, 3, 4]}
>>> d1
{'key': [1, 2, 3, 4]}
```

Es wird ein Dictionary d1 angelegt, das ein einziges Schlüssel-Wert-Paar mit einer Liste als Wert enthält. Das Dictionary d1 wird durch einen Aufruf der Methode copy kopiert und anschließend die in der Kopie d2 als Wert referenzierte Liste um ein Element erweitert. Da die Methode copy nur eine oberflächliche Kopie durchführt, enthalten die beiden Dictionarys d1 und d2 eine Referenz auf dieselbe Liste:

```
>>> d1["key"] is d2["key"]
True
```

Die Veränderung dieser Liste führt zu einer Veränderung beider Dictionarys. Eine vollständige Kopie, die die Werte eines Dictionarys mit einbezieht, kann mit dem Modul copy der Standardbibliothek erzeugt werden.

d.get(k, [x])

Die Methode get ermöglicht den Zugriff auf einen Wert des Dictionarys. Im Gegensatz zum Zugriffsoperator wird aber keine Exception erzeugt, wenn der Schlüssel nicht vorhanden ist. Stattdessen wird in diesem Fall der optionale Parameter x zurückgegeben. Sollte x nicht angegeben worden sein, wird er als None angenommen. Die Zeile

```
wert = d.get(k,x)
```

kann also als Ersatz für folgenden Code gesehen werden:

```
if k in d:
    wert = d[k]
else:
    wert = x
```

Die Methode get kann folgendermaßen verwendet werden:

```
>>> d = {"k1" : "v1", "k2": "v2", "k3": "v3"}
>>> d.get("k2", 1337)
'v2'
>>> d.get("k5", 1337)
1337
```

d.items()

Die Methode items gibt ein iterierbares Objekt über alle Schlüssel-Wert-Paare des Dictionarys zurück. Dieses kann folgendermaßen mit einer for-Schleife durchlaufen werden:

```
>>> d = {"k1" : "v1", "k2": "v2", "k3": "v3"}
>>> for paar in d.items():
...     print(paar)
('k1', 'v1')
('k2', 'v2')
('k3', 'v3')
```

In jedem Schleifendurchlauf enthält die Variable paar das jeweilige Schlüssel-Wert-Paar als Tupel.

d.keys()

Die Methode keys gibt ein iterierbares Objekt über alle Schlüssel des Dictionarys zurück. Im folgenden Beispiel werden alle im Dictionary d vorhandenen Schlüssel mit print ausgegeben:

```
>>> d = {"k1" : "v1", "k2": "v2", "k3": "v3"}
>>> for key in d.keys():
...     print(key)
k1
k2
k3
```

Wir haben eingangs gesagt, dass es keiner speziellen Methode bedarf, um alle Schlüssel eines Dictionarys zu durchlaufen. Die Methode keys kann durch folgenden Code umgangen werden:

```
>>> for key in d:
...     print(key)
k1
k2
k3
```

Dennoch hat die Methode keys ihre Berechtigung, beispielsweise um die Schlüssel eines Dictionarys in eine Liste zu schreiben:

```
>>> list(d.keys())
['k1', 'k2', 'k3']
```

d.pop(k)

Die Methode pop löscht das Schlüssel-Wert-Paar mit dem Schlüssel k aus dem Dictionary und gibt den Wert dieses Paares zurück:

```
>>> d = {"k1" : "v1", "k2": "v2", "k3": "v3"}
>>> d.pop("k1")
'v1'
>>> d.pop("k3")
'v3'
>>> d
{'k2': 'v2'}
```

d.popitem()

Die Methode popitem gibt ein willkürliches Schlüssel-Wert-Paar als Tupel zurück und entfernt es aus dem Dictionary. Beachten Sie, dass das zurückgegebene Paar zwar willkürlich, aber nicht zufällig ist:[2]

```
>>> d = {"k1" : "v1", "k2": "v2", "k3": "v3"}
>>> d.popitem()
('k3', 'v3')
>>> d
{'k1': 'v1', 'k2': 'v2'}
```

Sollte d leer sein, wird eine entsprechende Exception erzeugt:

```
Traceback (most recent call last):
  File "<stdin>", line 1, in <module>
KeyError: 'popitem(): dictionary is empty'
```

d.setdefault(k, [x])

Die Methode setdefault fügt das Schlüssel-Wert-Paar {k : x} zum Dictionary d hinzu, sollte der Schlüssel k nicht vorhanden sein. Der Parameter x ist optional und mit None vorbelegt.

```
>>> d = {"k1" : "v1", "k2": "v2", "k3": "v3"}
>>> d.setdefault("k2", 1337)
'v2'
>>> d.setdefault("k5", 1337)
1337
```

---

[2] Das bedeutet, dass die Schlüssel-Wert-Paare in einer von der Implementierung abhängigen Reihenfolge von der Methode popitem zurückgegeben werden. Diese Reihenfolge ist aber nicht zufällig, es könnte beispielsweise stets das zuletzt eingefügte Schlüssel-Wert-Paar zurückgegeben werden.

```
>>> d
{'k1': 'v1', 'k2': 'v2', 'k3': 'v3', 'k5': 1337}
```

Unabhängig davon, ob das Schlüssel-Wert-Paar ins Dictionary übernommen wurde oder nicht, gibt die Methode `setdefault` den Wert d[k] zurück.

d.update(d2)

Die Methode `update` erweitert das Dictionary d um die Schlüssel und Werte des Dictionarys d2, das der Methode als Parameter übergeben wird:

```
>>> d = {"k1" : "v1", "k2": "v2", "k3": "v3"}
>>> d.update({"k4" : "v4"})
>>> d
{'k1': 'v1', 'k2': 'v2', 'k3': 'v3', 'k4': 'v4'}
```

Sollten beide Dictionarys über einen gleichen Schlüssel verfügen, wird der mit diesem Schlüssel verbundene Wert in d mit dem aus d2 überschrieben:

```
>>> d.update({"k1" : "python rulez"})
>>> d
{'k1': 'python rulez', 'k2': 'v2', 'k3': 'v3', 'k4': 'v4'}
```

d.values()

Die Methode `values` verhält sich ähnlich wie `keys` – mit dem Unterschied, dass alle Werte durchlaufen werden:

```
>>> d = {"k1" : "v1", "k2": "v2", "k3": "v3"}
>>> for value in d.values():
...     print(value)
v1
v2
v3
```

dict.fromkeys(seq, [value])

Die statische Methode `fromkeys` erzeugt ein neues Dictionary und verwendet dabei die Einträge des iterierbaren Objekts seq als Schlüssel. Der Parameter value ist optional. Sollte er jedoch angegeben werden, wird er als Wert eines jeden Schlüssel-Wert-Paares verwendet:

```
>>> dict.fromkeys([1,2,3], "python")
{1: 'python', 2: 'python', 3: 'python'}
```

Wird der Parameter value ausgelassen, wird stets None als Wert eingetragen:

```
>>> dict.fromkeys([1,2,3])
{1: None, 2: None, 3: None}
```

Kapitel 15
Mengen

Eine *Menge* (engl. *set*) ist eine ungeordnete Sammlung von Elementen, in der jedes Element nur einmal enthalten sein darf. In Python gibt es zur Darstellung von Mengen zwei Basisdatentypen: set für eine veränderliche Menge sowie frozenset für eine unveränderliche Menge – set ist demnach mutabel, frozenset immutabel.

15.1 Die Datentypen set und frozenset

Eine leere Instanz der Datentypen set und frozenset wird folgendermaßen erzeugt:

```
>>> set()
set()
>>> frozenset()
frozenset()
```

Wenn die Menge bereits zum Zeitpunkt der Instanziierung Elemente enthalten soll, können diese den Konstruktoren als Elemente eines iterierbaren Objekts, beispielsweise eines Tupels, übergeben werden:

```
>>> set(("A", "B", "C"))
{'C', 'B', 'A'}
>>> frozenset([True, 47, (1,2,3)])
frozenset({True, (1, 2, 3), 47})
```

Seit Python 3 existiert ein spezielles Literal zum Erzeugen von veränderlichen Mengen. Wie in der Mathematik werden die Elemente, die die Menge enthalten soll, durch Kommata getrennt in geschweifte Klammern geschrieben.

```
>>> s = {1, 2, 3, 99, -7}
>>> s
{1, 2, 99, 3, -7}
```

Diese Schreibweise bringt ein Problem mit sich: Da die geschweiften Klammern bereits für Dictionarys verwendet werden, ist es mit diesem Literal nicht möglich, eine leere Menge zu erzeugen – {} instanziiert stets ein leeres Dictionary. Wie oben gezeigt, müssen leere Mengen also über set() instanziiert werden. Für den Datentyp frozenset existiert kein Literal, er muss stets über den Konstruktor frozenset() instanziiert werden.

Bei einer Menge handelt es sich um ein iterierbares Objekt, das in einer for-Schleife durchlaufen werden kann. Dazu folgendes Beispiel:

```
menge = {1, 100, "a", 0.5}
for element in menge:
    print(element)
```

Dieser Code erzeugt folgende Ausgabe:

```
a
1
100
0.5
```

Beachten Sie dabei, dass Mengen ungeordnete Datentypen sind, ihre Elemente also in keiner festgelegten Reihenfolge durchlaufen werden.

> **Hinweis**
>
> Mit einer Set Comprehension kann eine Menge erzeugt werden, indem eine Bildungsvorschrift für die Elemente ähnlich einer for-Schleife angegeben wird.
>
> Mit der folgenden Set Comprehension wird eine Menge mit den Quadraten der Zahlen von 0 bis 9 erzeugt.
>
> ```
> >>> {i*i for i in range(10)}
> {0, 1, 64, 4, 36, 9, 16, 49, 81, 25}
> ```
>
> Näheres zu Set Comprehension erfahren Sie in Abschnitt 23.1.3.
>
> Beim Erstellen einer Menge kann auf Unpacking zurückgegriffen werden:
>
> ```
> >>> {1, 2, *[3, 4]}
> {1, 2, 3, 4}
> ```
>
> Nähere Informationen zum Thema Unpacking finden Sie in Abschnitt 13.3.1.

15.1.1 Operatoren

Die Datentypen set und frozenset verfügen über eine gemeinsame Schnittstelle, die im Folgenden näher erläutert werden soll. Wir möchten damit beginnen, alle gemeinsamen Operatoren zu behandeln. Der Einfachheit halber werden wir uns bei der Beschreibung der Operatoren ausschließlich auf den Datentyp set beziehen. Dennoch können sie und auch die Methoden, die später beschrieben werden, für frozenset genauso verwendet werden.

Operator	Beschreibung
`len(s)`	Liefert die Anzahl aller in der Menge s enthaltenen Elemente.
`x in s`	True, wenn x in der Menge s enthalten ist, andernfalls False
`x not in s`	True, wenn x nicht in der Menge s enthalten ist, andernfalls False
`s <= t`	True, wenn es sich bei der Menge s um eine Teilmenge der Menge t handelt, andernfalls False
`s < t`	True, wenn es sich bei der Menge s um eine echte Teilmenge* der Menge t handelt, andernfalls False
`s >= t`	True, wenn es sich bei der Menge t um eine Teilmenge der Menge s handelt, andernfalls False
`s > t`	True, wenn es sich bei der Menge t um eine echte Teilmenge der Menge s handelt, andernfalls False
`s | t`	Erzeugt eine neue Menge, die alle Elemente von s und t enthält. Diese Operation bildet also die Vereinigungsmenge zweier Mengen.
`s & t`	Erzeugt eine neue Menge, die die Objekte enthält, die sowohl Element der Menge s als auch Element der Menge t sind. Diese Operation bildet also die Schnittmenge zweier Sets.
`s - t`	Erzeugt eine neue Menge mit allen Elementen von s, außer denen, die auch in t enthalten sind. Diese Operation erzeugt also die Differenz zweier Mengen.
`s ^ t`	Erzeugt eine neue Menge, die alle Objekte enthält, die entweder in s oder in t vorkommen, nicht aber in beiden. Diese Operation bildet also die symmetrische Differenz** zweier Mengen.

* Eine Menge T wird »echte Teilmenge« einer zweiten Menge M genannt, wenn T Teilmenge von M ist und es mindestens ein Element gibt, das in M, aber nicht in T enthalten ist.

** Die symmetrische Differenz zweier Mengen A und B enthält alle Elemente von A und B, die nur in genau einer der beiden Mengen enthalten sind. Der Operator ^ lässt sich also folgendermaßen nachbilden:
A ^ B = (A | B) - (A & B)

Tabelle 15.1 Operatoren der Datentypen set und frozenset

Für einige dieser Operatoren existieren auch erweiterte Zuweisungen.

15 Mengen

Operator	Entsprechung
s |= t	s = s | t
s &= t	s = s & t
s -= t	s = s - t
s ^= t	s = s ^ t

Tabelle 15.2 Operatoren des Datentyps set

Diese Operatoren gibt es auch für den Datentyp frozenset. Sie verändern aber nicht die Menge selbst, sondern erzeugen in diesem Fall eine neue frozenset-Instanz, die das Ergebnis der Operation enthält und von nun an von s referenziert wird.

Im Folgenden werden alle Operatoren anhand von Beispielen anschaulich beschrieben. Die Beispiele sind dabei in diesem Kontext zu sehen:

```
>>> s = {0,1,2,3,4,5,6,7,8,9}
>>> t = {6,7,8,9,10,11,12,13,14,15}
```

Es existieren also zwei Mengen namens s und t, die aus Gründen der Übersichtlichkeit jeweils ausschließlich über numerische Elemente verfügen. Die Mengen überschneiden sich in einem gewissen Bereich. Grafisch kann die Ausgangssituation wie in Abbildung 15.1 veranschaulicht werden. Der dunkelgraue Bereich entspricht der Schnittmenge von s und t.

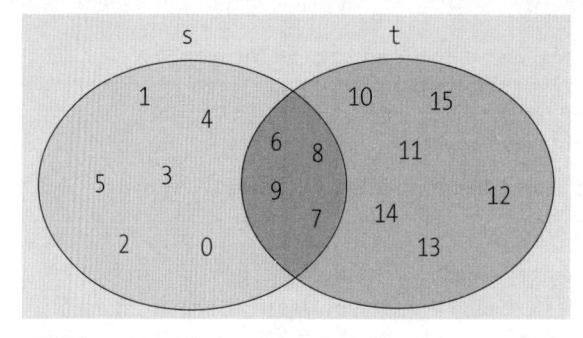

Abbildung 15.1 Die Ausgangssituation

Anzahl der Elemente

Um die Anzahl der Elemente zu bestimmen, die in einer Menge enthalten sind, wird – wie schon bei den sequenziellen Datentypen und dem Dictionary – die eingebaute Funktion len verwendet:

```
>>> len(s)
10
```

15.1 Die Datentypen set und frozenset

Ist ein Element im Set enthalten?

Zum Test, ob ein Element in einer Menge enthalten ist, dient der Operator in. Zudem kann sein Gegenstück not in verwendet werden, um das Gegenteil zu prüfen:

```
>>> 10 in s
False
>>> 10 not in t
False
```

Handelt es sich um eine Teilmenge?

Um zu testen, ob es sich bei einer Menge um eine Teilmenge einer anderen Menge handelt, werden die Operatoren <= und >= sowie < und > für echte Teilmengen verwendet:

```
>>> u = {4,5,6}
>>> u <= s
True
>>> u < s
True
>>> u >= s
False
>>> u <= t
False
```

Beachten Sie den Unterschied zwischen *Teilmenge* (<=, >=) und *echter Teilmenge* (<, >) in folgendem Beispiel:

```
>>> m = {1,2,3}
>>> n = {1,2,3}
>>> m <= n
True
>>> m < n
False
```

Vereinigung zweier Mengen

Um zwei Mengen zusammenzufügen, bietet Python den Operator |. Er erzeugt eine neue Menge, die alle Elemente enthält, die in s oder in t enthalten sind:

```
>>> s | t
{0, 1, 2, 3, 4, 5, 6, 7, 8, 9, 10, 11, 12, 13, 14, 15}
```

Abbildung 15.2 veranschaulicht dies.

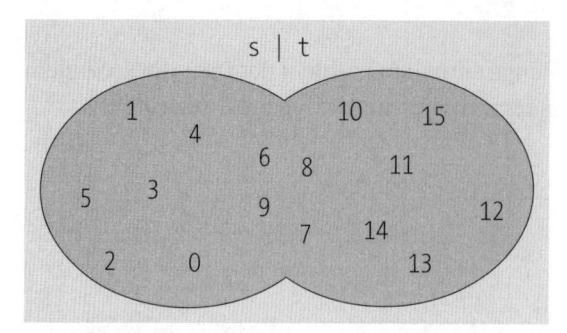

Abbildung 15.2 Vereinigungsmenge von s und t

Für den Vereinigungsoperator wird dasselbe Symbol verwendet wie für das bitweise ODER zweier ganzer Zahlen. Das liegt daran, dass die Vereinigung der Mengen s und t alle Elemente enthält, die in s ODER in t enthalten sind. Beachten Sie, dass es sich dabei wie bei dem bitweisen Operator um ein nicht ausschließendes ODER handelt, die Vereinigungsmenge also auch die Elemente enthält, die sowohl in s als auch in t vorkommen.

Schnittmenge

Um die Schnittmenge zweier Mengen zu bestimmen, wird der Operator & verwendet. Er erzeugt eine neue Menge, die alle Elemente enthält, die sowohl im ersten als auch im zweiten Operanden enthalten sind.

```
>>> s & t
{8, 9, 6, 7}
```

Auch die Auswirkungen dieses Operators veranschaulichen wir in Abbildung 15.3:

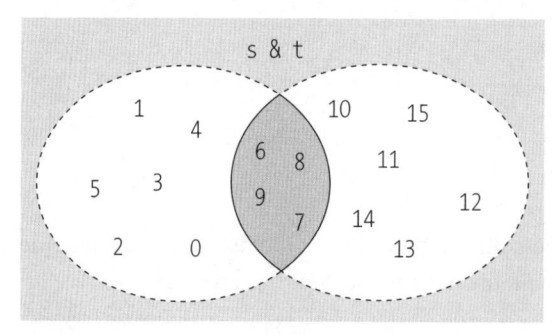

Abbildung 15.3 Schnittmenge von s und t

Die Schnittmenge zweier Mengen s und t enthält alle Elemente, die in s UND t vorkommen. Daraus erschließt sich die Wahl des Operatorsymbols &, das auch für das bitweise UND verwendet wird.

Differenz zweier Mengen

Um die Differenz zweier Mengen zu bestimmen, wird der Operator - verwendet. Es wird eine neue Menge gebildet, die alle Elemente des ersten Operanden enthält, die nicht zugleich im zweiten Operanden enthalten sind:

```
>>> s - t
{0, 1, 2, 3, 4, 5}
>>> t - s
{10, 11, 12, 13, 14, 15}
```

Grafisch ist dies in Abbildung 15.4 dargestellt.

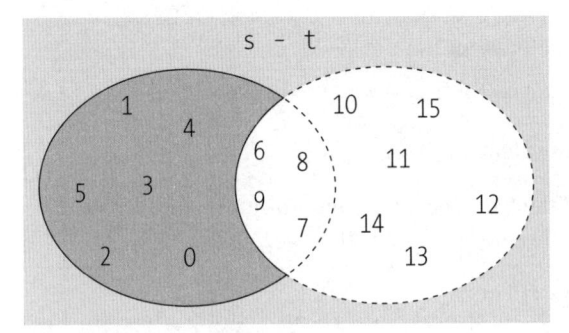

Abbildung 15.4 Differenz von s und t

Symmetrische Differenz zweier Mengen

Um die symmetrische Differenz zweier Mengen zu bestimmen, nutzen Sie den Operator ^. Er erzeugt eine neue Menge, die alle Elemente enthält, die entweder im ersten oder im zweiten Operanden vorkommen, nicht aber in beiden gleichzeitig:

```
>>> s ^ t
{0, 1, 2, 3, 4, 5, 10, 11, 12, 13, 14, 15}
```

Gönnen wir uns einen letzten Blick auf unsere Grafik in Abbildung 15.5:

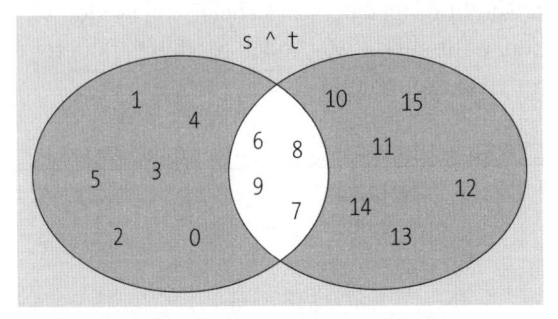

Abbildung 15.5 Symmetrische Differenz von s und t

Die symmetrische Differenzmenge zweier Mengen s und t enthält diejenigen Elemente, die entweder in s oder in t (nicht aber in beiden Mengen) enthalten sind. Daraus erschließt sich die Wahl des Operatorsymbols ^, das auch für das bitweise ausschließende ODER (XOR) verwendet wird.

15.1.2 Methoden

Die Datentypen set und frozenset verfügen über eine recht überschaubare Liste von Methoden, die in ihrem Zweck sogar größtenteils gleichbedeutend mit einem der bereits diskutierten Operatoren sind.

Methode	Beschreibung
s.issubset(t)	Äquivalent zu s <= t
s.issuperset(t)	Äquivalent zu s >= t
s.isdisjoint(t)	Prüft, ob die Mengen s und t disjunkt sind, das heißt, ob sie eine leere Schnittmenge haben.
s.union(t)	Äquivalent zu s | t
s.intersection(t)	Äquivalent zu s & t
s.difference(t)	Äquivalent zu s - t
s.symmetric_difference(t)	Äquivalent zu s ^ t
s.copy()	Erzeugt eine Kopie des Sets s.

Tabelle 15.3 Methoden der Datentypen set und frozenset

Der Unterschied zwischen den Operatoren <=, >=, |, &, - und ^ und den jeweils bedeutungsgleichen Methoden issubset, issuperset, union, intersection, difference und symmetric_difference ist, dass bei Verwendung der Operatoren beide Operanden set- oder frozenset-Instanzen sein müssen, während die Methoden für den Parameter t einen beliebigen sequenziellen Datentyp akzeptieren:

```
>>> {1,2,3} | frozenset([4,5,6])
{1, 2, 3, 4, 5, 6}
>>> {1,2,3} | "ABC"
Traceback (most recent call last):
  File "<stdin>", line 1, in <module>
TypeError: unsupported operand type(s) for |: 'set' and 'str'
>>> {1,2,3}.union("ABC")
{1, 2, 3, 'A', 'C', 'B'}
```

Abgesehen von diesem Unterschied verhalten sich die Methoden wie die zugehörigen Operatoren und benötigen deshalb keine weiteren Erklärungen.

s.copy()

Eine Kopie eines Sets erzeugt die Methode copy:

```
>>> m = s.copy()
>>> m
{0, 1, 2, 3, 4, 5, 6, 7, 8, 9}
>>> m is s
False
>>> m == s
True
```

Wichtig ist, dass nur die Menge selbst kopiert wird. Bei den enthaltenen Elementen handelt es sich sowohl in der ursprünglichen Menge als auch in der Kopie um Referenzen auf dieselben Objekte. Dies ist Ihnen bereits aus Abschnitt 13.2, »Listen – list«, geläufig.

15.2 Veränderliche Mengen – set

Das set bietet als Datentyp für veränderliche Mengen einige Methoden, die über den eben besprochenen Grundbestand hinausgehen. Beachten Sie, dass alle hier eingeführten Methoden nicht für frozenset verfügbar sind.

Methode	Beschreibung
s.add(e)	Fügt das Objekt e als Element in die Menge s ein.
s.clear()	Löscht alle Elemente der Menge s, jedoch nicht die Menge selbst.
s.difference_update(t)	Äquivalent zu s -= t
s.discard(e)	Löscht das Element e aus der Menge s. Sollte e nicht vorhanden sein, wird dies ignoriert.
s.intersection_update(t)	Äquivalent zu s &= t
s.remove(e)	Löscht das Element e aus der Menge s. Sollte e nicht vorhanden sein, wird eine Exception erzeugt.

Tabelle 15.4 Methoden des Datentyps set

Methode	Beschreibung
s.symmetric_difference_update(t)	Äquivalent zu s ^= t
s.update(t)	Äquivalent zu s |= t

Tabelle 15.4 Methoden des Datentyps set (Forts.)

Diese Methoden möchten wir im Folgenden anhand einiger Beispiele erläutern.

s.add(e)

Die Methode add fügt ein Element e in die Menge s ein:

```
>>> s = {1,2,3,4,5}
>>> s.add(6)
>>> s
{1, 2, 3, 4, 5, 6}
```

Sollte e bereits in der Menge vorhanden sein, verändert sich diese nicht.

s.clear()

Die Methode clear entfernt alle Elemente aus der Menge s. Die Menge selbst bleibt nach dem Aufruf von clear weiterhin erhalten:

```
>>> s = {1,2,3,4,5}
>>> s.clear()
>>> s
set()
```

s.discard(e)

Die Methode discard löscht ein Element e aus der Menge s. Der einzige Unterschied zur Methode remove besteht darin, dass keine Fehlermeldung erzeugt wird, wenn e nicht in s vorhanden ist:

```
>>> s = {1,2,3,4,5}
>>> s.discard(5)
>>> s
{1, 2, 3, 4}
>>> s.discard(17)
>>> s
{1, 2, 3, 4}
```

s.remove(e)

Die Methode remove löscht alle Vorkommnisse des Elements e aus der Menge s:

```
>>> s = {1,2,3,4,5}
>>> s.remove(5)
>>> s
{1, 2, 3, 4}
```

Sollte das zu löschende Element nicht in der Menge vorhanden sein, wird eine Fehlermeldung erzeugt:

```
>>> s.remove(17)
Traceback (most recent call last):
  File "<stdin>", line 1, in <module>
KeyError: 17
```

15.3 Unveränderliche Mengen – frozenset

Da es sich bei einem frozenset lediglich um eine Version des set handelt, die nach dem Erstellen nicht mehr verändert werden darf, wurden alle Operatoren und Methoden bereits im Rahmen der Grundfunktionalität zu Beginn des Abschnitts erklärt.

Beachten Sie jedoch, dass ein frozenset nicht wie ein set mithilfe geschweifter Klammern instanziiert werden kann. Die Instanziierung eines frozenset geschieht stets folgendermaßen:

```
>>> fs_leer = frozenset()
>>> fs_voll = frozenset({1,2,3,4})
>>> fs_leer
frozenset()
>>> fs_voll
frozenset({1, 2, 3, 4})
```

Beim Aufruf von frozenset kann ein iterierbares Objekt, beispielsweise ein set, übergeben werden, dessen Elemente in das frozenset eingetragen werden sollen.

Beachten Sie, dass ein frozenset nicht nur selbst unveränderlich ist, sondern auch nur unveränderliche Elemente enthalten darf:

```
>>> frozenset([1, 2, 3, 4])
frozenset({1, 2, 3, 4})
>>> frozenset([[1, 2], [3, 4]])
Traceback (most recent call last):
  File "<stdin>", line 1, in <module>
TypeError: unhashable type: 'list'
```

Welche Vorteile bietet nun das explizite Behandeln einer Menge als unveränderlich? Nun, neben gewissen Vorteilen in puncto Geschwindigkeit und Speichereffizienz kommt – wir erinnern uns – als Schlüssel eines Dictionarys nur ein unveränderliches

Objekt infrage.[1] Innerhalb eines Dictionarys kann also ein frozenset sowohl als Schlüssel als auch als Wert verwendet werden. Das möchten wir im folgenden Beispiel veranschaulichen:

```
>>> d = {frozenset({1,2,3,4}) : "Hello World"}
>>> d
{frozenset({1, 2, 3, 4}): 'Hello World'}
```

Im Gegensatz dazu passiert Folgendes, wenn Sie versuchen, ein set als Schlüssel zu verwenden:

```
>>> d = {{1,2,3,4} : "Hello World"}
Traceback (most recent call last):
  File "<stdin>", line 1, in <module>
TypeError: unhashable type: 'set'
```

Mit den Datentypen set und frozenset haben wir die letzten Basisdatentypen besprochen. In den nächsten Kapiteln behandeln wir weitere interessante Datentypen aus der Standardbibliothek.

---

1 Auch hier aufgrund des zu berechnenden Hash-Wertes. In Abschnitt 21.7.1 erfahren Sie, wie Sie die Hash-Berechnung für eigene Datentypen implementieren können.

Kapitel 16
Collections

Das Modul collections der Standardbibliothek enthält Datentypen und Funktionen, die auf den komplexeren Basisdatentypen aufbauen und diese für bestimmte Einsatzwecke besser nutzbar machen. Tabelle 16.1 listet den Inhalt des collections-Moduls auf.

Funktion bzw. Datentyp	Beschreibung	Abschnitt
ChainMap	eine Verkettung von Dictionarys	16.1
Counter	ein Dictionary zum Erfassen von Häufigkeiten	16.2
defaultdict	ein Dictionary, das einen Standardwert für nicht enthaltene Schlüssel unterstützt	16.3
deque	eine doppelt verkettete Liste	16.4
namedtuple	eine Funktion zur Erzeugung benannter Tupel	16.5
OrderedDict	ein Dictionary, das die Reihenfolge, in der die Schlüssel-Wert-Paare eingefügt wurden, beim Iterieren beibehält	16.6

Tabelle 16.1 Inhalt des collections-Moduls

Um das Modul collections verwenden zu können, muss es zunächst eingebunden werden:

```
>>> import collections
```

16.1 Verkettete Dictionarys

Der Datentyp ChainMap ermöglicht es, auf mehrere Dictionarys gleichzeitig so zuzugreifen, als wäre ihr Inhalt in einem Dictionary zusammengefasst. Dabei werden die Dictionarys verkettet. Das bedeutet, dass bei einem Zugriff stets der zugeordnete

Wert des ersten Dictionarys zurückgegeben wird, das den angegebenen Schlüssel enthält.

Eine `ChainMap` kann dann verwendet werden, wenn Daten auf verschiedene Dictionarys aufgeteilt sind:

```
>>> gruppe_a = {
...     "Brasilien" : 7,
...     "Mexiko" : 7,
...     "Kroatien" : 3,
...     "Kamerun" : 0
...     }
>>> gruppe_g = {
...     "Deutschland" : 7,
...     "USA" : 4,
...     "Portugal" : 4,
...     "Ghana" : 1
...     }
```

Mithilfe einer `ChainMap` lässt sich in einer einzigen Anfrage die Punktzahl einer Mannschaft herausfinden, unabhängig davon, in welcher Gruppe sie spielt:

```
>>> gruppen = collections.ChainMap(gruppe_a, gruppe_g)
>>> gruppen["Brasilien"]
7
>>> gruppen["Deutschland"]
7
```

Wäre Deutschland in diesem Beispiel in beiden Gruppen angetreten, würde stets die Punktzahl aus der zuerst angegebenen Gruppe, im Beispiel Gruppe A, zurückgegeben.

16.2 Zählen von Häufigkeiten

Oft ist man an der Häufigkeitsverteilung der Elemente eines iterierbaren Objekts interessiert, beispielsweise daran, wie oft einzelne Buchstaben in einem String auftreten.[1] Dieses Problem lässt sich elegant mit einem Dictionary lösen:

```
>>> t = "Dies ist der Text"
>>> d = {}
>>> for c in t:
```

---

[1] Über so eine Häufigkeitsanalyse lässt sich beispielsweise das Cäsar-Verschlüsselungsverfahren brechen. Dabei macht man es sich zunutze, dass die Buchstaben in natürlichsprachigem Text nicht gleichmäßig verteilt sind. So ist das e in der deutschen Sprache der am häufigsten vorkommende Buchstabe.

```
...     if c in d:
...         d[c] += 1
...     else:
...         d[c] = 1
...
>>> d
{'D': 1, 'i': 2, 'e': 3, 's': 2, ' ': 3, 't': 2, 'd': 1, 'r': 1, 'T': 1,
'x': 1}
```

Der Datentyp Counter des Moduls collections ist ein Dictionary, das bei einem Zugriff mit einem unbekannten Schlüssel k automatisch ein Schlüssel-Wert-Paar k : 0 hinzufügt. Mit diesem Datentyp lässt sich der oben dargestellte Code vereinfachen:

```
>>> t = "Dies ist der Text"
>>> d = collections.Counter()
>>> for c in t:
...     d[c] += 1
...
>>> d
Counter({'e': 3, ' ': 3, 'i': 2, 's': 2, 't': 2, 'D': 1, 'd': 1, 'r': 1,
'T': 1, 'x': 1})
```

Im Beispiel liegen die Daten bereits in Form eines iterierbaren Objekts vor. In einem solchen Fall kann dieses Objekt bei der Instanziierung von Counter übergeben werden. Damit wird das Beispiel zu einem Einzeiler:

```
>>> collections.Counter("Dies ist der Text")
Counter({'e': 3, ' ': 3, 'i': 2, 's': 2, 't': 2, 'D': 1, 'd': 1, 'r': 1,
'T': 1, 'x': 1})
```

Der Datentyp Counter stellt zusätzlich zu der Funktionalität eines Dictionarys einige Methoden bereit, die im Folgenden besprochen werden. Die Beispiele verstehen sich im Kontext der im vorangegangenen Beispiel angelegten Counter-Instanz d.

d.elements()

Diese Methode gibt einen Iterator über die Elemente einer Counter-Instanz zurück. Dabei wird jedes Element so oft durchlaufen, wie sein aktueller Zählerstand ist.

```
>>> list(d.elements())
['D', 'i', 'i', 'e', 'e', 'e', 's', 's', ' ', ' ', ' ', 't', 't', 'd', 'r',
'T', 'x']
```

d.most_common([n])

Diese Methode gibt eine Liste der n häufigsten Elemente zurück. Die Liste besteht dabei aus Tupeln, die das jeweilige Element und dessen Häufigkeit enthalten.

```
>>> d.most_common(3)
[('e', 3), (' ', 3), ('i', 2)]
```

Wenn der Parameter n nicht angegeben wird, enthält die zurückgegebene Liste alle Elemente.

d.subtract([iterable-or-mapping])

Diese Methode subtrahiert die Häufigkeiten der Elemente von iterable-or-mapping von den Häufigkeiten in d. So lassen sich beispielsweise die Zeichen finden, an deren Häufigkeiten deutsch- und englischsprachige Texte am besten voneinander zu unterscheiden sind:

```
>>> import collections
>>> ger = collections.Counter(
...         open("deutsch.txt", "r").read().lower())
>>> eng = collections.Counter(
...         open("englisch.txt", "r").read().lower())
>>> eng.most_common(5)
[('e', 6357), ('a', 4188), ('n', 4154), ('t', 4150), ('r', 3822)]
>>> ger.most_common(5)
[('e', 8030), ('n', 4953), ('i', 3819), ('r', 3581), ('s', 3276)]
>>> eng.subtract(ger)
>>> eng.most_common(5)
[('o', 2030), ('a', 1494), ('t', 938), ('y', 758), ('p', 531)]
```

Zunächst wird der Inhalt zweier gleich großer Dateien, die jeweils einen deutschen und einen englischen Text enthalten, eingelesen und eine Häufigkeitsanalyse mithilfe des Counter-Datentyps durchgeführt. Abgesehen von Umlauten sind die Texte frei von Sonderzeichen. Mithilfe der subtract-Methode werden die deutschen Buchstabenhäufigkeiten von den englischen abgezogen. Anhand des Ergebnisses wird sichtbar, dass sich ein englischer Text offenbar gut anhand der absoluten Häufigkeiten der Buchstaben o und a von einem deutschen unterscheidet.[2]

d.update([iterable-or-mapping])

Die Funktion update verhält sich so wie subtract, mit dem Unterschied, dass die in iterable-or-mapping enthaltenen Häufigkeiten nicht subtrahiert, sondern auf die Häufigkeiten von d addiert werden.

---

[2] Interessanter als die absolute Häufigkeitsverteilung ist eigentlich die relative Häufigkeit, bei der das y sehr signifikant ist. Dieser Buchstabe stellt im Deutschen nur 0,04 % der Zeichen, während es im Englischen 1,974 % sind. Anhand dieses Unterschieds lassen sich die beiden Sprachen mit einer großen Sicherheit voneinander unterscheiden.

16.3 Dictionarys mit Standardwerten

Der Datentyp `defaultdict` ist eine Verallgemeinerung des im letzten Abschnitt besprochenen Datentyps `Counter`. Bei einer `Counter`-Instanz wird beim Zugriff auf einen nicht vorhandenen Schlüssel k automatisch das Schlüssel-Wert-Paar {k : 0} zum Dictionary hinzugefügt. Eine `defaultdict`-Instanz fügt in diesem Fall das Schlüssel-Wert-Paar {k : x()} hinzu, wobei x für einen beliebigen Datentyp steht.

Der Wert-Datentyp wird beim Instanziieren übergeben. Das `defaultdict` kann danach wie ein normales Dictionary verwendet werden.

Wenn Sie beispielsweise die Wörter eines Textes nach ihrer Länge gruppieren möchten, können Sie dies unter Verwendung des Basisdatentyps `dict` folgendermaßen erreichen:

```
>>> t = "if for else while elif with not and or try except"
>>> d = {}
>>> for wort in t.split(" "):
...     if len(wort) in d:
...         d[len(wort)].append(wort)
...     else:
...         d[len(wort)] = [wort]
...
>>> d
{2: ['if', 'or'], 3: ['for', 'not', 'and', 'try'], 4: ['else',
'elif', 'with'], 5: ['while'], 6: ['except']}
```

Mit einem `defaultdict` lässt sich dies einfacher lösen.

```
>>> import collections
>>> t = "if for else while elif with not and or try except"
>>> d = collections.defaultdict(list)
>>> for wort in t.split(" "):
...     d[len(wort)].append(wort)
...
>>> d
defaultdict(<class 'list'>, {2: ['if', 'or'], 3: ['for', 'not', 'and', 'try'],
4: ['else', 'elif', 'with'], 5: ['while'], 6: ['except']})
```

16.4 Doppelt verkettete Listen

Betrachten wir einmal die beiden folgenden Varianten, eine Liste mit den Zahlen von 0 bis 99 zu füllen. In der ersten Version werden die Zahlen einzeln jeweils am Ende der Liste angefügt:

```
l = []
for x in range(10000):
    l.append(x)
```

In der zweiten Variante werden die Zahlen jeweils am Anfang der Liste eingefügt:

```
l = []
for x in range(9999, -1, -1):
    l.insert(0, x)
```

Beide Beispiele erzeugen die gleiche Liste, doch es zeigt sich, dass die erste Variante um Größenordnungen schneller läuft als die zweite. Das liegt daran, dass der Basisdatentyp list im Hinblick auf den Zugriff über Indizes und das Anfügen neuer Elemente am Ende der Liste optimiert wurde. Beim Einfügen eines Wertes am Anfang einer Liste müssen alle in der Liste enthaltenen Elemente umkopiert – praktisch um eine Stelle nach rechts verschoben – werden.

Der Datentyp deque (für *double-ended queue*) des Moduls collections implementiert eine *doppelt verkettete Liste*, die das effiziente Einfügen von Elementen am Anfang oder am Ende unterstützt. Wenn in den oben genannten Beispielen eine deque-Instanz anstelle einer Liste verwendet würde, wäre kein Unterschied in der Laufzeit erkennbar.

Neben den Methoden append, copy, count, extend, index, insert, pop, remove und reverse sowie den Operatoren + und *, die vom Basisdatentyp list her bekannt sind, verfügt der Datentyp deque über die in Tabelle 16.2 aufgelisteten zusätzlichen Methoden.

Methode	Beschreibung
appendleft(x)	Fügt das Element x am Anfang der Liste ein.
clear()	Leert die Liste.
extendleft(iterable)	Fügt die Elemente aus iterable am Anfang der Liste ein.
popleft()	Gibt das erste Element zurück und entfernt es aus der Liste.
rotate(n)	Rotiert die Liste um n Elemente. Das bedeutet, dass die letzten n Elemente der Liste gelöscht und in umgekehrter Reihenfolge am Anfang eingefügt werden.

Tabelle 16.2 Methoden des Datentyps deque

Das folgende Beispiel zeigt die Verwendung von deque-Instanzen:

```
>>> d = collections.deque([1,2,3,4])
>>> d.appendleft(0)
```

```
>>> d.append(5)
>>> d
deque([0, 1, 2, 3, 4, 5])
>>> d.extendleft([-2, -1])
>>> d
deque([-1, -2, 0, 1, 2, 3, 4, 5])
>>> d.rotate(4)
>>> d
deque([2, 3, 4, 5, -1, -2, 0, 1])
```

Darüber hinaus ist es möglich, bei der Instanziierung einer doppelt verketteten Liste eine Maximallänge festzulegen. Wenn in einer maximal langen Liste ein Element auf einer Seite angefügt wird, wird das letzte Element auf der anderen Seite entfernt.

```
>>> d = collections.deque([1,2,3,4], 4)
>>> d
deque([1, 2, 3, 4], maxlen=4)
>>> d.append(5)
>>> d
deque([2, 3, 4, 5], maxlen=4)
>>> d.appendleft(1)
>>> d
deque([1, 2, 3, 4], maxlen=4)
```

Auf die Maximallänge einer deque-Instanz kann über das Attribut maxlen zugegriffen werden.

> **Hinweis**
>
> Die Flexibilität, die deque beim Anfügen und Entfernen von Elementen bietet, hat ihren Preis. Zwar unterstützt der Datentyp deque den Elementzugriff über Indizes, dieser ist im Vergleich zum Basisdatentyp list jedoch im Allgemeinen langsam.

16.5 Benannte Tupel

Viele Funktionen der Standardbibliothek geben ihr Ergebnis in Form eines benannten Tupels zurück. Das ist ein Tupel, dessen Felder jeweils einen Namen tragen. Auf die Werte des Tupels kann über die Feldnamen zugegriffen werden, weswegen benannte Tupel zu einem lesbareren Code führen. Ein Beispiel für ein benanntes Tupel ist version_info im Modul sys der Standardbibliothek, das die Version des Python-Interpreters angibt.

```
>>> import sys
>>> sys.version_info
sys.version_info(major=3, minor=6, micro=0, releaselevel='final', serial=0)
```

Auf die Felder eines benannten Tupels kann wie auf Attribute zugegriffen werden:

```
>>> sys.version_info.major
3
```

Ein benanntes Tupel kann mithilfe der Funktion namedtuple des Moduls collections erzeugt werden.

namedtuple(typename, field_names, [verbose, rename])

Die Funktion namedtuple erzeugt einen neuen, vom Basisdatentyp tuple abgeleiteten Datentyp mit dem Namen typename. Instanzen dieses Datentyps erlauben es, über feste Namen auf die einzelnen Elemente des zugrunde liegenden Tupels zuzugreifen.

Über den Parameter field_names werden die Namen der Elemente des Tupels festgelegt. Hier kann entweder eine Liste von Strings übergeben werden oder ein einzelner String, in dem die Namen durch Leerzeichen oder Kommata voneinander getrennt stehen. Die Namen müssen den Regeln eines Python-Bezeichners folgen und dürfen zusätzlich nicht mit einem Unterstrich beginnen. Die Feldnamen sind nach der Erzeugung des Datentyps in dem statischen Attribut _fields gespeichert.

```
>>> Buch = collections.namedtuple("Buch",
...                     ["titel", "autor", "seitenzahl", "ISBN"])
>>> py = Buch("The Art of Computer Programming", "Donald E. Knuth",
...                     3168, "978-0321751041")
>>> py.autor
'Donald E. Knuth'
>>> py[1]
'Donald E. Knuth'
>>> Buch._fields
('titel', 'autor', 'seitenzahl', 'ISBN')
```

Bei der Instanziierung eines benannten Tupels, in diesem Fall des Datentyps Buch, müssen Werte für alle Felder des Tupels angegeben werden. Danach kann sowohl über einen Index als auch über den zugeordneten Namen auf ein Feld zugegriffen werden.

Wenn für den Parameter rename der Wert True übergeben wird, werden ungültige Feldnamen akzeptiert. Auf solche Felder kann dann nur noch über ihren Index zugegriffen werden. Der Parameter rename ist mit False vorbelegt, was im Falle ungültiger Feldnamen eine ValueError-Exception auslöst.

Der mit False vorbelegte Parameter verbose steuert, ob nach dem Erzeugen des Datentyps dessen Klassendefinition ausgegeben wird.

16.6 Sortierte Dictionarys

Der Datentyp OrderedDict aus dem Modul collections implementiert ein Dictionary, das die Reihenfolge der Schlüssel garantiert beibehält. Beim Basisdatentyp dict wird die Reihenfolge der Schlüssel als Implementationsdetail angesehen und kann sich in zukünftigen Python-Versionen verändern.

```
>>> d = collections.OrderedDict([("c", 1), ("b", 2), ("a", 3)])
>>> d
OrderedDict([('c', 1), ('b', 2), ('a', 3)])
```

Der Datentyp OrderedDict stellt zusätzlich zur Funktionalität eines normalen Dictionarys die folgenden Methoden bereit:

popitem([last])
Diese Methode entfernt das letzte Schlüssel-Wert-Paar aus dem Dictionary. Dieses Paar wird zurückgegeben. Wenn für den mit True vorbelegten Parameter last der Wert False übergeben wird, wird anstelle des letzten das erste Schlüssel-Wert-Paar des Dictionarys entfernt und zurückgegeben.

```
>>> d.popitem()
('a', 3)
>>> d.popitem(False)
('c', 1)
>>> d
OrderedDict([('b', 2)])
```

move_to_end(key, [last])
Die Methode move_to_end verschiebt das Schlüssel-Wert-Paar mit dem Schlüssel key ans Ende bzw. an den Anfang des Dictionarys. An welche der beiden Stellen das Paar verschoben wird, kann wie bei popitem über den Parameter last gesteuert werden.

Kapitel 17
Datum und Zeit

In diesem Kapitel werden Sie die Python-Module kennenlernen, mit deren Hilfe Sie mit Zeit- und Datumsangaben arbeiten können. Python stellt dafür zwei Module zur Verfügung: time und datetime.

Das Modul time orientiert sich an den Funktionen, die von der zugrunde liegenden C-Bibliothek implementiert werden, während datetime eine objektorientierte Schnittstelle für die Arbeit mit Zeitpunkten und Zeitspannen zur Verfügung stellt.

Wir werden uns im Folgenden beide Module und ihre Funktionen genauer anschauen. Um die Module time und datetime verwenden zu können, müssen sie zunächst eingebunden werden:

```
>>> import time
>>> import datetime
```

17.1 Elementare Zeitfunktionen – time

Bevor wir uns mit den Funktionen des time-Moduls beschäftigen, werden wir einige Begriffe einführen, die für das Verständnis, wie Zeitangaben verwaltet werden, erforderlich sind.

Das time-Modul setzt direkt auf den Zeitfunktionen der C-Bibliothek des Betriebssystems auf und speichert deshalb alle Zeitangaben als *Unix-Timestamps*. Ein Unix-Timestamp beschreibt einen Zeitpunkt durch die Anzahl der Sekunden, die seit dem 01.01.1970 um 00:00 Uhr[1] vergangen sind.

Beispielsweise markiert der Unix-Timestamp mit dem Wert 1190132696.0 den 18.09.2007 um 18:24 Uhr und 56 Sekunden, da seit dem Beginn der Unix-Epoche bis zu diesem Zeitpunkt genau 1.190.132.696,0 Sekunden vergangen sind.

Beim Umgang mit Zeitstempeln muss man zwei verschiedene Angaben unterscheiden: die *Lokalzeit* und die *koordinierte Weltzeit*.

Die Lokalzeit ist abhängig vom Standort der jeweiligen Uhr und bezieht sich auf das, was die Uhren an diesem Standort anzeigen müssen, um richtig zu gehen. Als koor-

---

[1] Mit dem 01.01.1970 um 00:00 Uhr ist der Beginn der sogenannten *Unix-Epoche* datiert. Sie wurde zur einheitlichen Beschreibung von Zeiten eingeführt.

dinierte Weltzeit wird die Lokalzeit auf dem Null-Meridian verstanden, der unter anderem durch Großbritannien verläuft. Die koordinierte Weltzeit wird mit *UTC* für *Coordinated Universal Time* abgekürzt.[2] Alle Lokalzeiten lassen sich relativ zur UTC angeben, indem man die Abweichung in Stunden nennt. Beispielsweise hat Mitteleuropa die Lokalzeit UTC + 1, was bedeutet, dass unsere Uhren im Vergleich zu denen in Großbritannien um eine Stunde vorgehen.

Die tatsächliche Lokalzeit wird noch von einem weiteren Faktor beeinflusst, der Sommer- bzw. Winterzeit. Diese auch mit *DST* für *Daylight Saving Time* (dt. »Sommerzeit«) abgekürzte Verschiebung ist von den gesetzlichen Regelungen der jeweiligen Region abhängig und hat in der Regel je nach Jahreszeit einen anderen Wert. Das time-Modul findet für den Programmierer heraus, welcher DST-Wert auf der gerade benutzten Plattform am aktuellen Standort der richtige ist, sodass wir uns darum nicht zu kümmern brauchen.

Neben der schon angesprochenen Zeitdarstellung durch Unix-Timestamps gibt es eine weitere Darstellung von Zeiten durch den Datentyp struct_time. Die Instanzen des Typs struct_time haben neun Attribute, die wahlweise über einen Index oder ihren Namen angesprochen werden können. Tabelle 17.1 zeigt den genauen Aufbau des Datentyps.

Index	Attribut	Bedeutung	Wertebereich
0	tm_year	die Jahreszahl des Zeitstempels*	1970–2038
1	tm_mon	Nummer des Monats	1–12
2	tm_mday	Nummer des Tages im Monat	1–31
3	tm_hour	Stunde der Uhrzeit des Zeitstempels	0–23
4	tm_min	Minute der Uhrzeit des Zeitstempels	0–59
5	tm_sec	Sekunde der Uhrzeit des Zeitstempels**	0–61
6	tm_wday	Nummer des Wochentages (0 entspricht Montag)	0–6
7	tm_yday	Nummer des Tages im Jahr	0–366

Tabelle 17.1 Aufbau des Datentyps struct_time

---

[2] Nein, die Abkürzung UTC für *Coordinated Universal Time* ist nicht fehlerhaft, sondern rührt daher, dass man einen Kompromiss zwischen der englischen Variante »Coordinated Universal Time« und der französischen Bezeichnung »Temps Universel Coordonné« finden wollte.

Index	Attribut	Bedeutung	Wertebereich
8	tm_isdst	Gibt an, ob der Zeitstempel durch die Sommerzeit angepasst wurde.	0: »Nein«, 1: »Ja«, -1: »Unbekannt«

* Diese Begrenzung kommt durch den Wertebereich für die Unix-Timestamps zustande, wenn man 32-Bit-Integer-Zahlen für die Speicherung verwendet. Und ja, alle Programme, die auf Unix-Zeitstempel setzen und diese in 32-Bit-Integer-Variablen abspeichern, werden im Jahr 2038 ein Problem bekommen ...

** Es ist tatsächlich der Bereich von 0 bis 61, um sogenannte *Schaltsekunden* zu kompensieren. Schaltsekunden dienen dazu, die Ungenauigkeiten der Erdrotation bei Zeitangaben auszugleichen. Sie werden sich in der Regel nicht darum kümmern müssen.

Tabelle 17.1 Aufbau des Datentyps struct_time (Forts.)

Allen Funktionen, die struct_time-Instanzen als Parameter erwarten, können Sie alternativ auch ein Tupel mit neun Elementen übergeben, das für die entsprechenden Indizes die gewünschten Werte enthält.

Nun gehen wir zur Besprechung der Modulfunktionen und -attribute über.

17.1.1 Attribute

Das Modul time beinhaltet folgende Attribute:

Attribut	Beschreibung
altzone	Verschiebung der Lokalzeit inklusive Sommerzeit gegenüber der koordinierten Weltzeit in Sekunden
daylight	Gibt an, ob es in der lokalen Zeitzone eine Sommerzeit gibt.
struct_time	Referenz auf den Datentyp zur Speicherung von Zeiten
timezone	Verschiebung der Lokalzeit exklusive Sommerzeit gegenüber der koordinierten Weltzeit in Sekunden
tzname	Beschreibung der Zeitzone

Tabelle 17.2 Attribute des Moduls time

altzone

Dieses Attribut speichert die Verschiebung der Lokalzeit von der UTC in Sekunden, wobei eine eventuell vorhandene Sommerzeit auch berücksichtigt wird. Liegt die aktuelle Zeitzone östlich vom Null-Meridian, ist der Wert von altzone positiv; liegt die lokale Zeitzone westlich davon, ist er negativ.

Dieses Attribut sollte nur dann benutzt werden, wenn daylight nicht den Wert 0 hat.

daylight

Dieses Attribut hat einen Wert, der von 0 verschieden ist, wenn es in der lokalen Zeitzone eine Sommerzeit gibt. Ist für den lokalen Standort keine Sommerzeit definiert, hat daylight den Wert 0. Die durch die Sommerzeit entstehende Verschiebung lässt sich mit altzone ermitteln.

struct_time

Dies ist eine Referenz auf den eingangs besprochenen Datentyp struct_time.

Sie können mit struct_time direkt Instanzen dieses Typs erzeugen, indem Sie dem Konstruktor eine Sequenz mit neun Elementen übergeben:

```
>>> t = time.struct_time((2007, 9, 18, 18, 24, 56, 0, 0, 0))
>>> t.tm_year
2007
```

timezone

Dieses Attribut speichert die Verschiebung der Lokalzeit relativ zur UTC in Sekunden, wobei eine eventuell vorhandene Sommerzeit nicht berücksichtigt wird.

tzname

Dieses Attribut enthält ein Tupel mit zwei Strings. Der erste String ist der Name der lokalen Zeitzone und der zweite der der lokalen Zeitzone mit Sommerzeit. Wenn die Lokalzeit keine Sommerzeit kennt, sollten Sie das zweite Element des Tupels nicht verwenden.

```
>>> time.tzname
('Mitteleuropäische Zeit', 'Mitteleuropäische Sommerzeit')
```

17.1.2 Funktionen

Einen Überblick über die Funktionen des Moduls time gibt Ihnen Tabelle 17.3.

Funktion	Beschreibung
asctime([t])	Konvertiert die übergebene struct_time-Instanz in einen String.
perf_counter()	Liefert Zeitpunkte, die sich zur Performance-Messung von Programmen eignen.
ctime([secs])	Konvertiert den übergebenen Unix-Zeitstempel in einen String. Falls kein Zeitstempel übergeben wurde, wird die aktuelle Systemzeit verwendet.
gmtime([secs])	Wandelt einen Unix-Timestamp in eine struc_time-Instanz um. Dabei wird die koordinierte Weltzeit zugrunde gelegt.
localtime([secs])	Wandelt einen Unix-Timestamp in eine struc_time-Instanz um. Dabei wird die Lokalzeit zugrunde gelegt.
mktime(t)	Wandelt eine struct_time-Instanz in einen Unix-Timestamp um. Dabei wird die Lokalzeit zugrunde gelegt.
sleep(secs)	Unterbricht den Programmablauf.
strftime(format, [t])	Wandelt eine struct_time-Instanz nach den übergebenen Regeln in einen String um.
strptime(string, [format])	Interpretiert einen String nach den übergebenen Regeln als Zeitangabe und liefert eine passende struct_time-Instanz.
time()	Gibt den aktuellen Unix-Zeitstempel zurück. Dabei wird die koordinierte Weltzeit zugrunde gelegt.

Tabelle 17.3 Funktionen des Moduls time

asctime([t])

Diese Funktion wandelt eine struct_time-Instanz oder ein Tupel mit neun Elementen in einen String um. Die Form des resultierenden Strings zeigt das folgende Beispiel:

```
>>> time.asctime((1987, 7, 26, 10, 40, 0, 0, 0, 0))
'Mon Jul 26 10:40:00 1987'
```

Wird der optionale Parameter t nicht übergeben, gibt asctime einen String für die aktuelle Systemzeit zurück.

Die Funktion ctime leistet das Gleiche wie asctime, nur für Unix-Timestamps.

> **Hinweis**
>
> Die Funktion asctime liefert immer einen String zurück, der aus 24 Zeichen besteht und so formatiert ist, wie im Beispiel gezeigt.
>
> Wenn Sie mehr Kontrolle über das Aussehen des resultierenden Strings wünschen, ist die Methode strftime besser geeignet.

perf_counter()

Diese Funktion gibt einen Zeitzähler zurück, der sich gut für die Messung von Laufzeiten innerhalb von Programmen eignet. Dabei wird auf die Uhr mit der höchsten Auflösung zurückgegriffen, die das Betriebssystem zur Verfügung stellt.

```
>>> start = time.perf_counter()
>>> rechenintensive_funktion()
>>> ende = time.perf_counter()
>>> print("Die Funktion lief "
...       "{:1.2f} Sekunden".format(ende - start))
Die Funktion lief 7.46 Sekunden
```

gmtime([secs])

Diese Funktion wandelt einen Unix-Timestamp in ein struct_time-Objekt um. Dabei wird immer die koordinierte Weltzeit benutzt, und das tm_isdst-Attribut des resultierenden Objekts hat immer den Wert 0.

Wird der Parameter secs nicht übergeben oder hat er den Wert None, wird der aktuelle Zeitstempel benutzt, wie er von der Funktion time zurückgegeben wird.

```
>>> time.gmtime()
time.struct_time(tm_year=2017, tm_mon=1, tm_mday=18, tm_hour=16, tm_min=11, tm_sec=45, tm_wday=6, tm_yday=18, tm_isdst=0)
```

Das Beispiel oben wurde also nach UTC am 18.01.2017 um 16:11 Uhr ausgeführt.

localtime([secs])

Genau wie gmtime, jedoch wandelt diese Funktion den übergebenen Timestamp in eine Angabe der lokalen Zeitzone um.

mktime(t)

Diese Funktion wandelt eine `struct_time`-Instanz in einen Unix-Timestamp der Lokalzeit um. Der Rückgabewert ist eine Gleitkommazahl.

Die Funktionen `localtime` und `mktime` sind jeweils Umkehrfunktionen voneinander:

```
>>> t1 = time.localtime()
>>> t2 = time.localtime(time.mktime(t1))
>>> t1 == t2
True
```

sleep(secs)

Die Funktion `sleep` unterbricht die Programmausführung für die übergebene Zeitspanne. Der Parameter `secs` muss dabei eine Gleitkommazahl sein, die die Dauer der Unterbrechung in Sekunden angibt.

Wenn Sie ein Programm mittels `sleep` unterbrechen, befindet es sich im Leerlauf und beansprucht den Prozessor nicht.

strftime(format, [t])

Diese Funktion wandelt die `struct_time`-Instanz t oder ein neunelementiges Tupel t in einen String um. Dabei wird mit dem ersten Parameter namens `format` ein String übergeben, der das gewünschte Format des Ausgabe-Strings enthält.

Ähnlich wie der Formatierungsoperator für Strings enthält der Format-String eine Reihe von Platzhaltern, die im Ergebnis durch die entsprechenden Werte ersetzt werden. Jeder Platzhalter besteht aus einem Prozentzeichen und einem Identifikationsbuchstaben. Tabelle 17.4 zeigt alle unterstützten Platzhalter.

Zeichen	Bedeutung
%a	lokale Abkürzung für den Namen des Wochentages
%A	der komplette Name des Wochentages in der lokalen Sprache
%b	lokale Abkürzung für den Namen des Monats
%B	der vollständige Name des Monats in der lokalen Sprache
%c	das Format für eine angemessene Datums- und Zeitdarstellung auf der lokalen Plattform
%d	Nummer des Tages im aktuellen Monat. Ergibt einen String der Länge 2 im Bereich [01,31].

Tabelle 17.4 Übersicht über alle Platzhalter der strftime-Funktion

Zeichen	Bedeutung
%H	Stunde im 24-Stunden-Format. Das Ergebnis hat immer zwei Ziffern und liegt im Bereich [00,23].
%I	Stunde im 12-Stunden-Format. Das Ergebnis hat immer zwei Ziffern und liegt im Bereich [01,12].
%j	Nummer des Tages im Jahr. Das Ergebnis hat immer drei Ziffern und liegt im Bereich [001, 366].
%m	Nummer des Monats, bestehend aus zwei Ziffern im Bereich [01,12]
%M	Minute als Zahl mit zwei Ziffern. Liegt immer im Bereich [00,59].
%p	die lokale Entsprechung für AM bzw. PM*
%S	Sekunde als Zahl mit zwei Ziffern. Liegt immer im Bereich [00,61].
%U	Nummer der aktuellen Woche im Jahr, wobei der Sonntag als erster Tag der Woche betrachtet wird. Das Ergebnis hat immer zwei Ziffern und liegt im Bereich [01,53]. Der Zeitraum am Anfang eines Jahres vor dem ersten Sonntag wird als 0. Woche gewertet.
%w	Nummer des aktuellen Tages in der Woche. Sonntag wird als 0. Tag betrachtet. Das Ergebnis liegt im Bereich [0,6].
%W	wie %U, nur dass anstelle des Sonntags der Montag als 0. Tag der Woche betrachtet wird
%x	Datumsformat der lokalen Plattform
%X	Zeitformat der lokalen Plattform
%y	Jahr ohne Jahrhundertangabe. Das Ergebnis besteht immer aus zwei Ziffern und liegt im Bereich [00,99].
%Y	komplette Jahreszahl mit Jahrhundertangabe
%Z	Name der lokalen Zeitzone oder ein leerer String, wenn keine lokale Zeitzone festgelegt wurde
%%	Ergibt ein Prozentzeichen % im Resultat-String.

* von lat. »ante meridiem« (dt. »vor dem Mittag«) bzw. lat. »post meridiem« (»nach dem Mittag«)

Tabelle 17.4 Übersicht über alle Platzhalter der strftime-Funktion (Forts.)

17.2 Objektorientierte Datumsverwaltung – datetime

Mit dem folgenden Ausdruck erzeugen Sie beispielsweise eine Ausgabe des aktuellen Zeitpunktes in einem für Deutschland üblichen Format:

```
>>> time.strftime("%d.%m.%Y um %H:%M:%S Uhr")
'20.01.2017 um 12:50:41 Uhr'
```

strptime(string, [format])

Mit strptime wandeln Sie einen Zeit-String wieder in eine time.struct_time-Instanz um. Der Parameter format gibt dabei das Format an, in dem der String die Zeit enthält. Der Aufbau solcher Format-Strings ist der gleiche wie bei strftime.

```
>>> zeit_string = '19.09.2007 um 00:21:17 Uhr'
>>> time.strptime(zeit_string, "%d.%m.%Y um %H:%M:%S Uhr")
time.struct_time(tm_year=2007, tm_mon=9, tm_mday=19, tm_hour=0, tm_min=21,
tm_sec=17, tm_wday=2, tm_yday=262, tm_isdst=-1)
```

Geben Sie den optionalen Parameter format nicht an, wird der Standardwert "%a %b %d %H:%M:%S %Y" verwendet. Dies entspricht dem Ausgabeformat von ctime und asctime.

time()

Dies gibt den aktuellen Unix-Zeitstempel in UTC als Gleitkommazahl zurück.

Beachten Sie dabei, dass nicht alle Systeme eine höhere Auflösung als eine Sekunde unterstützen und der Nachkommateil daher nicht unbedingt verlässlich ist.

17.2 Objektorientierte Datumsverwaltung – datetime

Das Modul datetime ist im Vergleich zum time-Modul abstrakter und durch seine eigenen Zeit- und Datumstypen auch angenehmer zu benutzen.

Es werden vier Datentypen zur Verfügung gestellt, die wir einzeln besprechen.

Die Datentypen von datetime		Abschnitt
date	ein Datentyp zum Speichern von Datumsangaben	17.2.1
time	Speichert Zeitpunkte an einem Tag.	17.2.2
datetime	Die Kombination aus datetime.date und datetime.time zum Speichern von Zeitpunkten, die sowohl ein Datum als auch eine Uhrzeit umfassen. Der Datentyp datetime.datetime ist der wichtigste des Moduls datetime.	17.2.3

Tabelle 17.5 Die Datentypen des Moduls datetime

Die Datentypen von datetime		Abschnitt
timedelta	Es ist möglich, Differenzen zwischen datetime.date- und auch datetime.datetime-Instanzen zu bilden. Die Ergebnisse solcher Subtraktionen sind datetime.time-delta-Objekte.	17.2.4

Tabelle 17.5 Die Datentypen des Moduls datetime (Forts.)

17.2.1 datetime.date

Eine datetime.date-Instanz beschreibt einen Tag auf der Zeitachse, indem das Jahr, der Monat und der Tag im Monat in den Attributen year, month und day gespeichert werden.

Im einfachsten Fall erzeugt man eine datetime.date-Instanz durch die Angabe dieser drei Werte.

datetime.date(year, month, day)

```
>>> d = datetime.date(1995, 3, 28)
>>> d
datetime.date(1995, 3, 28)
```

Beim Monat entspricht die 3 dem März, sodass nur Werte ab 1 zulässig sind. Der Konstruktor prüft außerdem, ob das übergebene Datum gültig ist, und wirft bei ungültigen Daten einen ValueError. Beispielsweise war das Jahr 1996 im Gegensatz zum Jahr 1995 ein Schaltjahr.

```
>>> datetime.date(1996, 2, 29)
datetime.date(1996, 2, 29)
>>> datetime.date(1995, 2, 29)
Traceback (most recent call last):
  File "<stdin>", line 1, in <module>
ValueError: day is out of range for month
```

Mit datetime.date.today() wird eine datetime.date-Instanz erzeugt, die den aktuellen Tag repräsentiert, und um eine datetime.date-Instanz aus einem Unix-Timestamp zu erzeugen, dient die Klassenmethode datetime.date.fromtimestamp.

```
>>> datetime.date.today()
datetime.date(2017, 3, 9)
>>> datetime.date.fromtimestamp(0)
datetime.date(1970, 1, 1)
```

Tabelle 17.6 listet die wichtigsten Methoden für den Umgang mit datetime.date-Instanzen auf.

Methode	Beschreibung
ctime()	Erzeugt einen String, der den von der datetime.date-Instanz beschriebenen Tag im Format 'Tue Oct 23 00:00:00 1989' angibt.
isoformat()	Wandelt die datetime.date-Instanz in einen String der Form "YYYY-MM-DD" um.
replace({year, month, day})	Erzeugt eine neue datetime.date-Instanz aus einer bestehenden, indem einzelne Elemente ersetzt werden.
strftime(format)	Wandelt die datetime.date-Instanz gemäß einer Formatbeschreibung in einen String um (siehe time.strftime in Abschnitt 17.1.2).
timetuple()	Erzeugt eine time.struct_time-Instanz, die dem Datum der datetime.date-Instanz entspricht.
weekday()	Gibt den Tag innerhalb der Woche zurück. Dabei entspricht 0 dem Montag und 6 dem Sonntag.

Tabelle 17.6 Wichtige Methoden des Datentyps datetime.date

17.2.2 datetime.time

Objekte des Typs datetime.time dienen dazu, Tageszeiten anhand von Stunde, Minute, Sekunde und auch Mikrosekunde zu verwalten.

Eine datetime.time-Instanz besitzt die Attribute hour, minute, second und microsecond für die Stunde, Minute, Sekunde und Mikrosekunde seit Tagesbeginn. Jedes dieser Attribute kann dem Konstruktor übergeben werden, wobei der Standardwert jeweils 0 ist.

datetime.time([hour, minute, second, microsecond])

```
>>> datetime.time(2, 30, 25)
datetime.time(2, 30, 25)
>>> datetime.time(minute=10)
datetime.time(0, 10)
>>> datetime.time(hour=12, second=36, microsecond=123456)
datetime.time(12, 0, 36, 123456)
```

Tabelle 17.7 gibt Ihnen einen Überblick über die wichtigsten Methoden des Datentyps time.

Methode	Beschreibung
isoformat()	Erzeugt einen String im Format "HH:MM:SS.mmmmmm", der den Zeitpunkt beschreibt. Ist das Attribut microseconds 0, hat der String das Format "HH:MM:SS".
replace([hour, minute, second, microsecond])	Erzeugt eine neue time-Instanz aus einer vorhandenen, indem die übergebenen Angaben ersetzt werden.
strftime(format)	Wandelt eine time-Instanz gemäß der übergebenen Formatbeschreibung in einen String um. Siehe time.strftime in Abschnitt 17.1.2.

Tabelle 17.7 Wichtige Methoden des Datentyps datetime.time

17.2.3 datetime.datetime

Um einen vollständigen Zeitpunkt zu beschreiben, reichen die Fähigkeiten der Datentypen datetime.date und datetime.time einzeln nicht aus, da Zeitangaben in der Regel aus einem Datum und der Uhrzeit an dem jeweiligen Tag bestehen.

Der Datentyp datetime.datetime ist genau das, was sein Name vermuten lässt: ein Typ zum Speichern einer Kombination aus Datum- und Uhrzeitangabe. Er vereint dazu die Fähigkeiten von datetime.date und datetime.time in einem Datentyp.

datetime(year, month, day, [hour, minute, second, microsecond])

Wie schon bei datetime.date und datetime.time werden neue datetime.datetime-Instanzen durch Angabe der jeweiligen Bestandteile des Zeitpunkts erzeugt. Die Parameter haben die gleiche Bedeutung wie die gleichnamigen Elemente der Konstruktoren von date und time in den Abschnitten 17.2.1 und 17.2.2, wobei die optionalen Parameter mit 0 vorbelegt sind.

```
>>> bescherung = datetime.datetime(1989, 12, 24, 18, 30)
>>> bescherung
datetime.datetime(1989, 12, 24, 18, 30)
```

Eine datetime-Instanz besitzt für jeden der oben genannten Parameter ein Attribut, sodass sich beispielsweise die Minute und der Monat folgendermaßen auslesen lassen:

```
>>> bescherung.minute
30
>>> bescherung.month
12
```

Es gibt noch weitere Klassenmethoden, um komfortabel bestimmte datetime.datetime-Instanzen zu erzeugen.

now() und utcnow()

Mit now() wird eine datetime-Instanz erzeugt, die die aktuelle Lokalzeit speichert, während utcnow() die aktuelle koordinierte Weltzeit zugrunde legt.

```
>>> datetime.datetime.now()
datetime.datetime(2017, 4, 6, 17, 54, 46, 638458)
>>> datetime.datetime.utcnow()
datetime.datetime(2017, 4, 6, 15, 54, 50, 309061)
```

fromtimestamp(timestamp) und utcfromtimestamp(timestamp)

Die Methode fromtimestamp erzeugt eine datetime.datetime-Instanz, die den gleichen Zeitpunkt wie der für timestamp übergebene Unix-Zeitstempel in der Lokalzeit des Systems repräsentiert. Bei utcfromtimestamp enthält das Resultat die koordinierte Weltzeit des Zeitstempels.

combine(date, time)

Hiermit wird ein datetime.datetime-Objekt erzeugt, das aus der Kombination von date und time hervorgeht. Der Parameter date muss eine datetime.date-Instanz enthalten, und der Parameter time muss auf ein datetime.time-Objekt verweisen.

Alternativ können Sie für date auch ein datetime.datetime-Objekt übergeben. In diesem Fall wird die in date enthaltene Uhrzeit ignoriert und nur das Datum betrachtet.

strptime(date_string, format)

Interpretiert den String, der als Parameter date_string übergeben wurde, gemäß der Formatbeschreibung aus format als Zeitinformation und gibt ein entsprechendes datetime-Objekt zurück.

Für die Formatbeschreibung gelten die gleichen Regeln wie bei time.strftime in Abschnitt 17.1.2.

Die wichtigsten Methoden einer datetime.datetime-Instanz sind in Tabelle 17.8 zusammengestellt.

Methode	Beschreibung
ctime()	Wandelt eine datetime-Instanz in einen String im Format 'Tue Oct 23 16:03:12 1989' um.
date()	Gibt ein datetime.date-Objekt zurück, das dem Tag der datetime-Instanz entspricht.
isoformat([sep])	Wandelt die datetime-Instanz in einen String im Format "YYYY-MM-DDTHH:MM:SS.mmmmmm" um.
replace([year, month, day, hour, minute, second, microsecond])	Erzeugt eine neue datetime-Instanz, die aus der vorhandenen dadurch hervorgeht, dass die übergebenen Werte ersetzt werden.
strftime(format)	Wandelt ein datetime-Objekt gemäß einer Formatbeschreibung in einen String um. Das Format ist dabei identisch mit der Funktion time.strftime (siehe Abschnitt 17.1.2).
time()	Gibt ein datetime.time-Objekt zurück, das der Tageszeit der datetime-Instanz entspricht.
timetuple()	Erzeugt eine time.struct_time-Instanz, die denselben Zeitpunkt beschreibt wie die datetime-Instanz (siehe Abschnitt 17.1.2).
weekday()	Gibt den Wochentag als Zahl zurück, wobei Montag den Wert 0 und Sonntag den Wert 6 ergibt.

Tabelle 17.8 Wichtige Methoden des Datentyps datetime.datetime

17.2.4 datetime.timedelta

Mit Instanzen des Datentyps datetime.timedelta können Zeitspannen beschrieben werden, wie sie beispielsweise entstehen, wenn Sie die Differenz zweier datetime.datetime-Instanzen bilden:

```
>>> d1 = datetime.datetime(1989, 1, 9, 12, 0, 0)
>>> d2 = datetime.datetime(1989, 2, 10, 20, 15, 0)
>>> delta1 = d2 - d1
>>> delta1
datetime.timedelta(32, 29700)
```

17.2 Objektorientierte Datumsverwaltung – datetime

Dabei speichert eine `datetime.timedelta`-Instanz die Anzahl der Tage, Sekunden und Mikrosekunden der Zeitspanne getrennt ab. Im Beispiel liegen also 32 Tage und 29700 Sekunden zwischen den beiden Zeitpunkten. Mit den Attributen `days`, `seconds` und `microseconds` kann auf den jeweiligen Anteil der Zeitspanne zugegriffen werden.

```
>>> delta1.days, delta1.seconds, delta1.microseconds
(32, 29700, 0)
```

Eine Zeitspanne hat ein Vorzeichen, das angibt, ob die Zeitspanne in Richtung Zukunft oder Vergangenheit zeigt. Im oben genannten Beispiel muss 32 Tage und 29700 Sekunden vom Zeitpunkt d1 aus in die Zukunft gegangen werden, um bei d2 zu landen. Dreht man die Differenz um, ändert sich das Vorzeichen:

```
>>> delta2 = d1 - d2
>>> delta2
datetime.timedelta(-33, 56700)
```

Diese Angabe ist so zu verstehen, dass man, ausgehend von d2, erst 33 Tage in Richtung Vergangenheit und dann wieder 56700 Sekunden in Richtung Zukunft gehen muss, um bei d1 herauszukommen.

Auch wenn es auf den ersten Blick nicht offensichtlich ist, beschreiben delta1 und delta2 jeweils die gleiche Dauer, einmal mit negativem und einmal mit positivem Vorzeichen. Dies wird klar, wenn man die Summe der beiden bildet:

```
>>> delta1 + delta2
datetime.timedelta(0)
```

Dieses Verhalten ist dadurch begründet, dass die Sekunden- und Mikrosekundenangaben bei `datetime.timedelta`-Instanzen immer positiv sind. Einzig die Angabe des Tages kann ein negatives Vorzeichen haben.

Ein Tag hat 24*60*60 = 86400 Sekunden. Möchten Sie also 32 Tage und 29700 Sekunden in die Vergangenheit gehen, können Sie genauso gut erst 33 Tage Richtung Vergangenheit gehen und dann das, was Sie dadurch zu viel gegangen sind, wieder ausgleichen. Dieser Überschuss umfasst gerade 6400 - 29700 = 56700 Sekunden.

Damit Sie diese einfache, aber unpraktische Rechnung nicht selbst durchführen müssen, nimmt der Konstruktor von `datetime.timedelta` Ihnen diese Arbeit ab. Dabei wird die Zeitspanne, die sich als Summe der übergebenen Werte errechnet, in eine `datetime.timedelta`-Instanz umgerechnet.

timedelta([days, seconds, microseconds, milliseconds, minutes, hours, weeks])

Um beispielsweise wie oben eine `datetime.timedelta`-Instanz zu erzeugen, die 32 Tage und 29700 Sekunden in die Vergangenheit zeigt, können Sie folgenden Aufruf verwenden:

```
>>> datetime.timedelta(days=-32, seconds=-29700)
datetime.timedelta(-33, 56700)
```

Alle Parameter sind optional und haben den Standardwert 0, und es können neben ganzen Zahlen auch Gleitkommazahlen übergeben werden. In diesem Fall werden alle Nachkommateile von days zusammengefasst, und es wird zur nächsten timedelta-Instanz gerundet.

```
>>> datetime.timedelta(days=0.5)
datetime.timedelta(0, 43200)
```

Die einzige Methode einer timedelta.timedelta-Instanz ist total_seconds(), mit der eine Zeitspanne in eine Angabe in Sekunden umgerechnet wird. Der Rückgabewert ist eine Gleitkommazahl, sodass auch die Mikrosekundenanteile abgebildet werden können.

```
>>> delta1 = datetime.timedelta(days=32, seconds=29700)
>>> delta1.total_seconds()
2794500.0
>>> delta2 = datetime.timedelta(days=32, seconds=29700, milliseconds=123)
>>> delta2.total_seconds()
2794500.123
```

Diese Darstellung in Sekunden lässt sich umkehren, sodass wir aus 2794500.123 wieder die ursprüngliche datetime.timedelta-Instanz erhalten können.

```
>>> delta2
datetime.timedelta(32, 29700, 123000)
>>> delta3 = datetime.timedelta(seconds=2794500.123)
>>> delta3
datetime.timedelta(32, 29700, 123000)
```

Folglich kann eine datetime.timedelta-Instanz als einfache Zahl, nämlich als ihr Äquivalent in Sekunden, betrachtet werden. Daher ist es nicht verwunderlich, dass mit datetime.timedelta-Instanzen gerechnet werden kann wie mit Zahlen.

```
>>> woche = datetime.timedelta(days=7)
>>> tag = woche/7
>>> tag
datetime.timedelta(1)
>>> jahr = 52*woche + tag
>>> jahr
datetime.timedelta(365)
>>> jahr/woche
52.142857142857146
```

17.2 Objektorientierte Datumsverwaltung – datetime

Tabelle 17.9 gibt Ihnen eine Übersicht über die verfügbaren Rechenoperationen für datetime.timedelta-Instanzen.

Operationen (t1,t2 timedelta-Instanzen, i int-Instanz, f float-Instanz)	
t1 + t2	Bildet die Summe zweier timedelta-Instanzen.
t1 - t2	Bildet die Differenz zweier timedelta-Instanzen.
t1 * i t1 * f	Erzeugt eine timedelta-Instanz, die i- bzw. f-mal so lang ist wie t1. Ist das Vorzeichen von i bzw. f negativ, dreht sich außerdem die Richtung auf der Zeitachse um.
t1 / t2 t1 / i t1 / f	Bildet den Quotienten aus zwei timedelta-Instanzen oder einer timedelta-Instanz und einer Ganz- oder Gleitkommazahl.
t1 // t2 t1 // i	wie der Operator /, außer dass zusätzlich abgerundet wird
t1 % t2	Liefert den Divisionsrest bei der Division zweier timedelta-Instanzen.
<, <=, >, >=	Vergleicht zwei timedelta-Instanzen.
q,r = divmod(t1,t2)	Erzeugt ein Tupel aus q = t1//t2 und r = t1%t2, also dem abgerundeten Quotienten und dem Divisionsrest.
abs(t1)	Erzeugt eine timedelta-Instanz, die die gleiche Dauer wie t1 beschreibt, aber in Richtung der positiven Zeitachse zeigt.

Tabelle 17.9 Rechnen mit datetime.timedelta-Instanzen

17.2.5 Operationen für datetime.datetime und datetime.date

Wie bereits in vorangegangenen Beispielen gezeigt, kann auch mit datetime.date- und datetime.datetime-Instanzen gerechnet werden. Dabei sind Differenzen zwischen zwei datetime.date- bzw. zwei datetime.datetime-Instanzen möglich.

```
>>> p = datetime.date(1987, 1, 9)
>>> j = datetime.date(1987, 7, 26)
>>> delta1 = j-p
>>> delta1
datetime.timedelta(198)
>>> s = datetime.datetime(1995, 1, 1)
>>> o = datetime.datetime(1995, 5, 4, 12, 00)
```

```
>>> delta2 = o-s
>>> delta2
datetime.timedelta(123, 43200)
```

Das Ergebnis einer solchen Differenz ist eine `datetime.timedelta`-Instanz. Zeitspannen können wiederum zu Zeitpunkten und Datumsangaben addiert oder davon abgezogen werden.

```
>>> p + delta1
datetime.date(1987, 7, 26)
>>> o - 2*delta2
datetime.datetime(1994, 8, 30, 12, 0)
```

Wird eine `datetime.timedelta`-Instanz zu einer `datetime.date`-Instanz addiert oder davon abgezogen, wird nur das `days`-Attribut berücksichtigt.

```
>>> p + datetime.timedelta(days=5)
datetime.date(1987, 1, 14)
```

> **Hinweis**
>
> Dadurch, dass das Vorzeichen einer `datetime.timedelta`-Instanz nur im `days`-Attribut gespeichert ist, spiegelt sich jeder angefangene Tag in Richtung Vergangenheit dort wider. Deshalb müssen Sie beim Rechnen mit negativen `datetime.timedelta`-Instanzen aufpassen, wenn Sie mit `datetime.date` arbeiten.
>
> ```
> >>> datum = datetime.date(1995, 3, 15)
> >>> dreivierteltag = datetime.timedelta(days=0.75)
> >>> dreivierteltag
> datetime.timedelta(0, 64800)
> >>> m_dreivierteltag = -dreivierteltag
> >>> m_dreivierteltag
> datetime.timedelta(-1, 21600)
> >>> datum - dreivierteltag
> datetime.date(1995, 3, 15)
> >>> datum + m_dreivierteltag
> datetime.date(1995, 3, 14)
> ```
>
> Obwohl `dreivierteltag` und `m_dreivierteltag` Zeitspannen mit gleicher Dauer beschreiben, wird nur bei Addition von `m_dreivierteltag` das Datum verändert. Dies liegt daran, dass `m_dreivierteltag.days=-1` gilt, während `dreivierteltag.days=0` ist.

Vergleichsoperationen für datetime.date und datetime.datetime

Außerdem können `datetime.date`-Instanzen bzw. `datetime.datetime`-Instanzen mit den Vergleichsoperatoren < und > sowie <= und >= verglichen werden. Dabei wird dasjenige Datum als »kleiner« betrachtet, das in der Zeit weiter in Richtung Vergangenheit liegt:

```
>>> datetime.date(1987, 7, 26) < datetime.date(1987, 11, 3)
True
```

17.2.6 Bemerkung zum Umgang mit Zeitzonen

Python bietet neben den hier beschriebenen Funktionen auch Unterstützung für den Umgang mit verschiedenen Zeitzonen. Dazu können Instanzen der Typen `datetime.date`, `datetime.time` und `datetime.datetime` mit Informationen über die Zeitzone versehen werden, auf die sie sich beziehen.

Nähere Informationen dazu finden Sie in der Onlinedokumentation von Python zum Modul `datetime`. Dabei spielt die Klasse `tzinfo` eine zentrale Rolle.

Kapitel 18
Aufzählungstypen – Enum

Ein Aufzählungstyp ist ein Datentyp, dessen Wertebereich eine Menge von symbolischen Konstanten ist. Ein Beispiel dafür ist der (noch imaginäre) Datentyp *Wochentag*, dessen Instanzen jeweils einen Tag der Woche repräsentieren. Mit den bislang besprochenen Mitteln lässt sich dieser Datentyp beispielsweise als ganze Zahl oder als String umsetzen. Beide Varianten setzen eine implizit festgelegte Zuordnung von Zahlen bzw. Zeichenketten auf das abstrakte Konzept »Wochentag« voraus. Diese Zuordnung bringt einige Probleme mit sich:

- Die Operatoren der Datentypen int und str sind nach wie vor verfügbar, verlieren aber ihre Bedeutung. Es ist beispielsweise nicht klar, was »Montag geteilt durch Dienstag« bedeuten soll.
- Es findet keine Überprüfung statt, ob der einer Wochentag-Variablen zugeordnete Wert zulässig ist.
- Der Wert einer Wochentag-Variablen lässt sich mit anderen int- oder str-Instanzen ohne Wochentag-Bedeutung vergleichen. Möglicherweise noch schlimmer ist, dass sich Wochentag-Variablen mit Werten vergleichen lassen, die Instanzen anderer Aufzählungen repräsentieren, beispielsweise Ampelfarben.
- Bei Bildschirmausgaben wird nicht der Wochentag ausgegeben, sondern der intern zugeordnete Wert, im schlimmsten Fall also eine Zahl ohne jeden Bezug zum übergeordneten Konzept. Das erschwert beispielsweise das Verständnis von Debug-Ausgaben.

Seit Python 3.4 enthält die Standardbibliothek das Modul enum, das die Basisklasse Enum für unveränderliche Aufzählungstypen bereitstellt. Im folgenden Beispiel wird der bereits angesprochene Datentyp Wochentag als Aufzählungstyp implementiert.

```
>>> import enum
>>> class Wochentag(enum.Enum):
...     Montag = 1
...     Dienstag = 2
...     Mittwoch = 3
...     Donnerstag = 4
...     Freitag = 5
...     Samstag = 6
...     Sonntag = 7
...
```

Für jeden Tag der Woche wird eine symbolische Konstante in der von Enum abgeleiteten Klasse Wochentag erstellt. Jeder Konstante wird ein interner Wert zugewiesen. Dieser Wert ist in diesem Fall eine ganze Zahl, das muss aber nicht zwingend so sein.

Ein konkreter Wochentag lässt sich jetzt über die definierte Konstante, den zugeordneten internen Wert oder seinen Namen erzeugen:

```
>>> Wochentag.Samstag
<Wochentag.Samstag: 6>
>>> Wochentag(6)
<Wochentag.Samstag: 6>
>>> Wochentag["Samstag"]
<Wochentag.Samstag: 6>
```

An diesen Beispielen sehen Sie auch, dass die Bildschirmausgabe eines Aufzählungswertes seinen symbolischen Namen beinhaltet. Auf diesen Namen kann über das Attribut name zugegriffen werden:

```
>>> Wochentag.Samstag.name
'Samstag'
```

Aufzählungswerte lassen sich nur untereinander vergleichen. Insbesondere ist auch kein Vergleich mit dem internen Wert zulässig:

```
>>> Wochentag.Samstag is Wochentag.Samstag
True
>>> Wochentag.Montag != Wochentag.Dienstag
True
>>> Wochentag.Montag == 1
False
```

Aufzählungstypen erlauben es, ihre Werte zu durchlaufen. Dabei werden eventuelle *Aliasse* übersprungen. Aliasse sind Aufzählungswerte, denen der gleiche interne Wert zugeordnet ist wie einem zuvor definierten Aufzählungswert.

```
>>> for tag in Wochentag:
...     print(tag)
...
Wochentag.Montag
Wochentag.Dienstag
Wochentag.Mittwoch
Wochentag.Donnerstag
Wochentag.Freitag
Wochentag.Samstag
Wochentag.Sonntag
```

Seit Python 3.6 existiert die Funktion **auto**, mit deren Hilfe sich ein Aufzählungstyp definieren lässt, ohne konkrete interne Werte zu vergeben:

```
>>> class Wochentag(enum.Enum):
...     Montag = enum.auto()
...     Dienstag = enum.auto()
...     Mittwoch = enum.auto()
...     Donnerstag = enum.auto()
...     Freitag = enum.auto()
...     Samstag = enum.auto()
...     Sonntag = enum.auto()
...
>>> Wochentag.Montag
<Wochentag.Montag: 1>
```

18.1 Aufzählungstyp für Bitmuster – Flag

Mit Python 3.6 wurde der Aufzählungstyp **Flag** eingeführt, der die internen Werte so definiert, dass die symbolischen Konstanten mithilfe bitweiser Operatoren miteinander kombiniert werden können. Dies wird anhand des folgenden Beispiels deutlich, in dem der Zustand einer Ampelanlage durch eine Kombination symbolischer Konstanten abgebildet wird:

```
>>> class Ampel(enum.Flag):
...     Rot = enum.auto()
...     Gelb = enum.auto()
...     Gruen = enum.auto()
...
```

Mithilfe des bitweisen ODER können zwei symbolische Konstanten, auch *Flags* genannt, miteinander kombiniert werden:

```
>>> kombinierter_zustand = Ampel.Rot | Ampel.Gelb
```

In unserem Beispiel würde **kombinierter_zustand** eine Ampel beschreiben, bei der aktuell die rote und die gelbe Lampe gemeinsam leuchten.

Das bitweise UND kann verwendet werden, um zu überprüfen, ob eine symbolische Konstante in einer Kombination enthalten ist:

```
>>> kombinierter_zustand & Ampel.Rot
<Ampel.Rot: 1>
>>> kombinierter_zustand & Ampel.Gruen
<Ampel.0: 0>
```

Das Ergebnis des bitweisen UND kann als Wahrheitswert interpretiert werden:

```
>>> bool(kombinierter_zustand & Ampel.Rot)
True
>>> bool(kombinierter_zustand & Ampel.Gruen)
False
```

18.2 Ganzzahlige Aufzählungstypen – IntEnum

Ein Vorteil des Aufzählungstyps Enum ist, dass die symbolischen Aufzählungswerte streng von ihren internen Repräsentationen getrennt werden. Es ist beispielsweise nicht möglich, den symbolischen Wert Wochentag.Montag mit dem numerischen Wert 1 zu vergleichen, obwohl dieses die interne Repräsentation von Wochentag.Montag in der Aufzählung ist.

Gelegentlich ist diese Vergleichbarkeit aber ausdrücklich erwünscht. Für diesen Fall existiert im Modul enum der Datentyp IntEnum, der sich analog zu Enum verwenden lässt. Aufzählungswerte eines Aufzählungstyps, der von IntEnum erbt, können Sie verwenden, als wären sie ganze Zahlen:

```
>>> class Wochentag(enum.IntEnum):
...     Montag = 1
...     Dienstag = 2
...     Mittwoch = 3
...     Donnerstag = 4
...     Freitag = 5
...     Samstag = 6
...     Sonntag = 7
...
>>> Wochentag.Montag < 10
True
>>> Wochentag.Montag * 2
2
>>> Wochentag.Montag + Wochentag.Dienstag
3
```

Insbesondere sind auch Vergleiche und Operationen mit Werten verschiedener IntEnum-Aufzählungen zulässig.

TEIL III

Fortgeschrittene Programmiertechniken

Das Thema des dritten Teils sind zentrale Programmierkonzepte und deren Umsetzung in Python. Dabei finden Sie zu jedem Themenblock eine umfangreiche Einführung in die Thematik und die Anwendung in Python. Zunächst besprechen wir das Schreiben von Funktionen, um danach über die Verwendung von Modulen und Paketen zur objektorientierten Programmierung fortzuschreiten. Darauf aufbauend, kümmern wir uns um die Behandlung von Ausnahmen in Python sowie die weiterführenden Themen Iteratoren bzw. Generatoren und Kontextobjekte.

Kapitel 19
Funktionen

Aus der Mathematik kennen Sie den Begriff der *Funktion*, mit dem eine Zuordnungsvorschrift bezeichnet wird. Die Funktion $f(x)=x^2$ ordnet beispielsweise dem Parameter x sein Quadriertes zu. Eine Funktion im mathematischen Sinne besteht aus einem Namen, einer Liste von Parametern und einer Berechnungsvorschrift für den Funktionswert.

In der Programmierung findet sich das mathematische Konzept der Funktion wieder. Wir haben beispielsweise bereits die eingebaute Funktion len besprochen, die die Länge eines iterierbaren Objekts berechnet. Dazu bekommt sie das entsprechende Objekt als Argument übergeben und gibt das Ergebnis in Form eines Rückgabewertes zurück.

```
>>> len("Dieser String ist ein Argument")
30
```

Offensichtlich besteht hier eine gewisse Analogie zum mathematischen Begriff der Funktion. Eine Funktion in der Programmierung besteht aus einem *Funktionsnamen*, einer Liste von *Funktionsparametern* und einem Code-Block, dem *Funktionskörper*. Bei einem Funktionsaufruf wird dann der Funktionskörper unter Berücksichtigung der übergebenen Argumente ausgeführt. Eine Funktion in Python kann, wie len, einen *Rückgabewert* haben oder nicht.[1]

Funktionen werden in der Programmierung dazu eingesetzt, um Redundanzen im Quellcode zu vermeiden. Das bedeutet, dass Code-Stücke, die in der gleichen oder einer ähnlichen Form öfter im Programm benötigt werden, nicht jedes Mal neu geschrieben, sondern in einer Funktion gekapselt werden. Diese Funktion kann dann an den Stellen, an denen sie benötigt wird, aufgerufen werden. Darüber hinaus bilden Funktionen ein elegantes Hilfsmittel, um einen langen Quellcode sinnvoll in Unterprogramme aufzuteilen. Das erhöht die Les- und Wartbarkeit des Codes.

Im Folgenden erläutern wir die Handhabung einer bestehenden Funktion am Beispiel von range. Vieles des hier Gesagten kennen Sie bereits aus Kapitel 8, »Funktio-

---

[1] In Python wird – anders als beispielsweise in PASCAL – nicht zwischen den Begriffen *Funktion* und *Prozedur* unterschieden. Unter einer Prozedur versteht man eine Funktion, die keinen Rückgabewert hat.

nen, Methoden und Attribute«; wir möchten es an dieser Stelle trotzdem noch einmal wiederholen.

Die eingebaute Funktion range wurde in Abschnitt 5.2.6, »Die for-Schleife als Zählschleife« eingeführt und erzeugt ein iterierbares Objekt über eine begrenzte Anzahl fortlaufender ganzer Zahlen:

```
ergebnis = range(0, 10, 2)
```

Im Beispiel oben wurde range aufgerufen; man nennt dies den *Funktionsaufruf*. Dazu wird hinter den Namen der Funktion ein (möglicherweise leeres) Klammernpaar geschrieben. Innerhalb dieser Klammern stehen die *Parameter* der Funktion, durch Kommata getrennt. Wie viele es sind und welche Art von Parametern eine Funktion erwartet, hängt von der Definition der Funktion ab und ist sehr unterschiedlich. In diesem Fall benötigt range drei Parameter, um ausreichend Informationen zu erlangen. Die Gesamtheit der Parameter wird *Funktionsschnittstelle* genannt. Konkrete, über eine Schnittstelle übergebene Instanzen heißen *Argumente*. Ein *Parameter* hingegen bezeichnet einen Platzhalter für Argumente.

Nachdem die Funktion abgearbeitet wurde, wird ihr Ergebnis zurückgegeben. Sie können sich bildlich vorstellen, dass der Funktionsaufruf, wie er im Quelltext steht, durch den Rückgabewert ersetzt wird. Im Beispiel oben haben wir dem Rückgabewert von range direkt einen Namen zugewiesen und können fortan über ergebnis auf ihn zugreifen. So können wir beispielsweise in einer for-Schleife über das Ergebnis des range-Aufrufs iterieren:

```
>>> ergebnis = range(0, 10, 2)
>>> for i in ergebnis:
...     print(i)
...
0
2
4
6
8
```

Es ist auch möglich, das Ergebnis des range-Aufrufs mit list in eine Liste zu überführen:

```
>>> liste = list(ergebnis)
>>> liste
[0, 2, 4, 6, 8]
>>> liste[3]
6
```

So viel vorerst zur Verwendung vordefinierter Funktionen. Python erlaubt es Ihnen, eigene Funktionen zu schreiben, die Sie nach demselben Schema verwenden können, wie es hier beschrieben wurde. Im nächsten Abschnitt werden wir uns damit befassen, wie Sie eine eigene Funktion erstellen.

19.1 Schreiben einer Funktion

Bevor wir uns an konkreten Quelltext wagen, möchten wir rekapitulieren, was eine Funktion ausmacht, was also bei der Definition einer Funktion anzugeben ist:

- Eine Funktion muss einen *Namen* haben, über den sie in anderen Teilen des Programms aufgerufen werden kann. Die Zusammensetzung des Funktionsnamens erfolgt nach denselben Regeln wie die Namensgebung einer Referenz.[2]
- Eine Funktion muss eine *Schnittstelle* haben, über die Informationen vom aufrufenden Programmteil in den Kontext der Funktion übertragen werden. Eine Schnittstelle kann aus beliebig vielen (unter Umständen auch keinen) Parametern bestehen. Funktionsintern wird jedem dieser Parameter ein Name gegeben. Sie lassen sich dann wie Referenzen im Funktionskörper verwenden.
- Eine Funktion muss einen *Wert* zurückgeben. Jede Funktion gibt automatisch None zurück, wenn der Rückgabewert nicht ausdrücklich angegeben wurde.

Zur Definition einer Funktion wird in Python das Schlüsselwort def verwendet. Syntaktisch sieht die Definition folgendermaßen aus:

```
def Funktionsname(parameter_1, …, parameter_n):
    Anweisung
        ⋮
    Anweisung
```

Abbildung 19.1 Definition einer Funktion

Nach dem Schlüsselwort def steht der gewählte Funktionsname. Dahinter werden in einem Klammernpaar die Namen aller Parameter aufgelistet. Nach der Definition der Schnittstelle folgen ein Doppelpunkt und, eine Stufe weiter eingerückt, der Funktionskörper. Bei dem Funktionskörper handelt es sich um einen beliebigen Code-Block, in dem die Parameternamen als Referenzen verwendet werden dürfen. Im Funktionskörper dürfen auch wieder Funktionen aufgerufen werden.

---

2 Das bedeutet, dass sich der Funktionsname aus großen und kleinen Buchstaben, Zahlen sowie dem Unterstrich (»_«) zusammensetzen, allerdings nicht mit einer Zahl beginnen darf. Seit Python 3.0 dürfen auch Buchstaben verwendet werden, die nicht im englischen Alphabet enthalten sind.

Betrachten wir einmal die konkrete Implementierung einer Funktion, die die Fakultät einer ganzen Zahl berechnet und das Ergebnis auf dem Bildschirm ausgibt:

```python
def fak(zahl):
    ergebnis = 1
    for i in range(2, zahl+1):
        ergebnis *= i
    print(ergebnis)
```

Anhand dieses Beispiels können Sie gut nachvollziehen, wie der Parameter zahl im Funktionskörper verarbeitet wird. Nachdem die Berechnung erfolgt ist, wird ergebnis mittels print ausgegeben. Die Referenz zahl ist nur innerhalb des Funktionskörpers definiert und hat nichts mit anderen Referenzen außerhalb der Funktion zu tun.

Wenn Sie das obige Beispiel jetzt speichern und ausführen, werden Sie feststellen, dass zwar keine Fehlermeldung angezeigt wird, aber auch sonst nichts passiert. Nun, das liegt daran, dass wir bisher nur eine Funktion definiert haben. Um sie konkret im Einsatz zu sehen, müssen wir sie mindestens einmal aufrufen. Folgendes Programm liest in einer Schleife Zahlen vom Benutzer ein und berechnet deren Fakultät mithilfe der soeben definierten Funktion:

```python
def fak(zahl):
    ergebnis = 1
    for i in range(2, zahl+1):
        ergebnis *= i
    print(ergebnis)

while True:
    eingabe = int(input("Geben Sie eine Zahl ein: "))
    fak(eingabe)
```

Sie sehen, dass der Quellcode in zwei Komponenten aufgeteilt wurde: zum einen in die Funktionsdefinition oben und zum anderen in das auszuführende Hauptprogramm unten. Das Hauptprogramm besteht aus einer Endlosschleife, in der die Funktion fak mit der eingegebenen Zahl als Parameter aufgerufen wird.

Betrachten Sie noch einmal die beiden Komponenten des Programms. Es wäre im Sinne der Kapselung der Funktionalität erstrebenswert, das Programm so zu ändern, dass sich das Hauptprogramm allein um die Interaktion mit dem Benutzer und das Anstoßen der Berechnung kümmert, während das Unterprogramm fak die Berechnung tatsächlich durchführt. Das Ziel dieses Ansatzes ist es vor allem, dass die Funktion fak auch in anderen Programmteilen zur Berechnung einer weiteren Fakultät aufgerufen werden kann. Dazu ist es unerlässlich, dass fak sich ausschließlich um die Berechnung kümmert. Es passt nicht in dieses Konzept, dass fak das Ergebnis der Berechnung selbst ausgibt.

19.1 Schreiben einer Funktion

Idealerweise sollte unsere Funktion fak die Berechnung abschließen und das Ergebnis an das Hauptprogramm zurückgeben, sodass die Ausgabe dort erfolgen kann. Dies erreichen Sie durch das Schlüsselwort return, das die Ausführung der Funktion sofort beendet und einen eventuell angegebenen Rückgabewert zurückgibt.

```python
def fak(zahl):
    ergebnis = 1
    for i in range(2, zahl+1):
        ergebnis *= i
    return ergebnis

while True:
    eingabe = int(input("Geben Sie eine Zahl ein: "))
    print(fak(eingabe))
```

Eine Funktion kann zu jeder Zeit im Funktionsablauf mit return beendet werden. Die folgende Version der Funktion prüft vor der Berechnung, ob es sich bei dem übergebenen Parameter um eine negative Zahl handelt. Ist das der Fall, wird die Abhandlung der Funktion abgebrochen:

```python
def fak(zahl):
    if zahl < 0:
        return None
    ergebnis = 1
    for i in range(2, zahl+1):
        ergebnis *= i
    return ergebnis

while True:
    eingabe = int(input("Geben Sie eine Zahl ein: "))
    ergebnis = fak(eingabe)
    if ergebnis is None:
        print("Fehler bei der Berechnung")
    else:
        print(ergebnis)
```

In der zweiten Zeile des Funktionskörpers wurde mit return None explizit der Wert None zurückgegeben, was nicht unbedingt nötig ist. Der folgende Code ist äquivalent:

```python
if zahl < 0:
    return
```

Vom Programmablauf her ist es egal, ob Sie None explizit oder implizit zurückgeben. Aus Gründen der Lesbarkeit ist return None in diesem Fall trotzdem sinnvoll, denn es handelt sich um einen ausdrücklich gewünschten Rückgabewert. Er ist Teil der Funktionslogik und nicht bloß ein Nebenprodukt des Funktionsabbruchs.

Die Funktion fak, wie sie in diesem Beispiel zu sehen ist, kann zu jeder Zeit zur Berechnung einer Fakultät aufgerufen werden, unabhängig davon, in welchem Kontext diese Fakultät benötigt wird.

Selbstverständlich können Sie in Ihrem Quelltext mehrere eigene Funktionen definieren und aufrufen. Das folgende Beispiel soll bei Eingabe einer negativen Zahl keine Fehlermeldung, sondern die Fakultät des Betrags dieser Zahl ausgeben:

```python
def betrag(zahl):
    if zahl < 0:
        return -zahl
    else:
        return zahl

def fak(zahl):
    ergebnis = 1
    for i in range(2, zahl+1):
        ergebnis *= i
    return ergebnis

while True:
    eingabe = int(input("Geben Sie eine Zahl ein: "))
    print(fak(betrag(eingabe)))
```

Für die Berechnung des Betrags einer Zahl gibt es in Python auch die Built-in Function abs. Diese werden Sie noch in diesem Kapitel kennenlernen.

19.2 Funktionsobjekte

Ein Begriff soll noch eingeführt werden, bevor wir uns den Funktionsparametern widmen. Eine Funktion kann über ihren Namen nicht nur aufgerufen, sondern auch wie eine Instanz behandelt werden. So ist es beispielsweise möglich, den Typ einer Funktion abzufragen. Die folgenden Beispiele nehmen an, dass die Funktion fak im interaktiven Modus verfügbar ist:

```python
>>> type(fak)
<class 'function'>
>>> p = fak
>>> p(5)
120
>>> fak(5)
120
```

Durch die Definition einer Funktion wird ein sogenanntes *Funktionsobjekt* erzeugt, das über den Funktionsnamen referenziert wird. Funktionen sind in Python genauso Instanzen wie beispielsweise Zahlen oder Strings

19.3 Funktionsparameter

Wir haben bereits oberflächlich besprochen, was Funktionsparameter sind und wie sie verwendet werden können, doch das ist bei Weitem noch nicht die ganze Wahrheit. In diesem Abschnitt werden Sie drei alternative Techniken zur Übergabe von Funktionsparametern kennenlernen.

19.3.1 Optionale Parameter

Zu Beginn dieses Kapitels wurde die Verwendung einer Funktion anhand der Built-in Function range erklärt. Sicherlich wissen Sie aus Abschnitt 5.2.6 über die for-Schleife noch, dass der letzte der drei Parameter der range-Funktion optional ist. Das bedeutet zunächst einmal, dass dieser Parameter beim Funktionsaufruf weggelassen werden kann. Ein optionaler Parameter muss funktionsintern mit einem Wert vorbelegt sein, üblicherweise einem Standardwert, der in einem Großteil der Funktionsaufrufe ausreichend ist. Bei der Funktion range regelt der dritte Parameter die Schrittweite und ist mit 1 vorbelegt. Folgende Aufrufe von range sind also äquivalent:

- range(2, 10, 1)
- range(2, 10)

Dies ist interessant, denn oftmals hat eine Funktion ein Standardverhalten, das sich durch zusätzliche Parameter an spezielle Gegebenheiten anpassen lassen soll. In den überwiegenden Fällen, in denen das Standardverhalten jedoch genügt, wäre es umständlich, trotzdem die für diesen Aufruf überflüssigen Parameter anzugeben. Deswegen sind vordefinierte Parameterwerte oft eine sinnvolle Ergänzung einer Funktionsschnittstelle.

Um einen Funktionsparameter mit einem Default-Wert vorzubelegen, wird dieser Wert bei der Funktionsdefinition zusammen mit einem Gleichheitszeichen hinter den Parameternamen geschrieben. Die folgende Funktion soll je nach Anwendung die Summe von zwei, drei oder vier ganzen Zahlen berechnen und das Ergebnis zurückgeben. Dabei soll der Programmierer beim Aufruf der Funktion nur so viele Zahlen angeben müssen, wie er benötigt:

```
>>> def summe(a, b, c=0, d=0):
...     return a + b + c + d
```

Um eine Addition durchzuführen, müssen mindestens zwei Parameter übergeben worden sein. Die anderen beiden werden mit 0 vorbelegt. Sollten sie beim Funktionsaufruf nicht explizit angegeben werden, fließen sie nicht in die Addition ein. Die Funktion kann folgendermaßen aufgerufen werden:

```
>>> summe(1, 2)
3
>>> summe(1, 2, 3)
6
>>> summe(1, 2, 3, 4)
10
```

Beachten Sie, dass optionale Parameter nur am Ende einer Funktionsschnittstelle stehen dürfen. Das heißt, dass auf einen optionalen kein nicht-optionaler Parameter mehr folgen darf. Diese Einschränkung ist wichtig, damit alle angegebenen Parameter eindeutig zugeordnet werden können.

19.3.2 Schlüsselwortparameter

Neben den bislang verwendeten sogenannten *Positional Arguments* (Positionsparameter) gibt es in Python eine weitere Möglichkeit, Parameter zu übergeben. Solche Parameter werden *Keyword Arguments* (Schlüsselwortparameter) genannt. Es handelt sich dabei um eine alternative Technik, Parameter beim Funktionsaufruf zu übergeben. An der Funktionsdefinition ändert sich nichts. Betrachten wir dazu unsere Summenfunktion, die wir im vorangegangenen Abschnitt geschrieben haben:

```
>>> def summe(a, b, c=0, d=0):
...     return a + b + c + d
```

Diese Funktion kann auch folgendermaßen aufgerufen werden:

```
>>> summe(d=1, b=3, c=2, a=1)
7
```

Dazu werden im Funktionsaufruf die Parameter wie bei einer Zuweisung auf den gewünschten Wert gesetzt. Da bei der Übergabe der jeweilige Parametername angegeben werden muss, ist die Zuordnung unter allen Umständen eindeutig. Das erlaubt es dem Programmierer, Schlüsselwortparameter in beliebiger Reihenfolge anzugeben.

Es ist möglich, beide Formen der Parameterübergabe zu kombinieren. Dabei ist zu beachten, dass keine Positional Arguments auf Keyword Arguments folgen dürfen, Letztere also immer am Ende des Funktionsaufrufs stehen müssen.

```
>>> summe(1, 2, c=10, d=11)
24
```

Beachten Sie außerdem, dass nur solche Parameter als Keyword Arguments übergeben werden dürfen, die im selben Funktionsaufruf nicht bereits als Positional Arguments übergeben wurden.

19.3.3 Beliebige Anzahl von Parametern

Rufen Sie sich noch einmal die Verwendung der eingebauten Funktion print in Erinnerung:

```
>>> print("P")
P
>>> print("P", "y", "t", "h", "o", "n")
P y t h o n
>>> print("P", "y", "t", "h", "o", "n", " ", "i", "s", "t", " ",
... "s", "u", "p", "e", "r")
P y t h o n   i s t   s u p e r
```

Offensichtlich ist es möglich, der Funktion print eine beliebige Anzahl von Parametern zu übergeben. Diese Eigenschaft ist nicht exklusiv für die print-Funktion, sondern es können auch eigene Funktionen definiert werden, denen beliebig viele Parameter übergeben werden können.

Für beide Formen der Parameterübergabe (Positional und Keyword) gibt es eine Notation, die es einer Funktion ermöglicht, beliebig viele Parameter entgegenzunehmen. Bleiben wir zunächst einmal bei den Positional Arguments. Betrachten Sie dazu folgende Funktionsdefinition:

```
>>> def funktion(a, b, *weitere):
...     print("Feste Parameter:", a, b)
...     print("Weitere Parameter:", weitere)
...
```

Zunächst einmal werden ganz klassisch zwei Parameter a und b festgelegt und zusätzlich ein dritter namens weitere. Wichtig ist der Stern vor seinem Namen. Bei einem Aufruf dieser Funktion würden a und b, wie Sie das bereits kennen, die ersten beiden übergebenen Instanzen referenzieren. Interessant ist, dass weitere fortan ein Tupel referenziert, das alle zusätzlich übergebenen Instanzen enthält. Anschaulich wird dies, wenn wir folgende Funktionsaufrufe betrachten:

```
>>> funktion(1, 2)
Feste Parameter: 1 2
Weitere Parameter: ()
>>> funktion(1, 2, "Hallo Welt", 42, [1,2,3,4])
Feste Parameter: 1 2
Weitere Parameter: ('Hallo Welt', 42, [1, 2, 3, 4])
```

Der Parameter weitere referenziert also beim ersten Aufruf ein leeres Tupel und beim zweiten Aufruf ein Tupel, in dem alle über a und b hinausgehenden Instanzen in der Reihenfolge enthalten sind, in der sie übergeben wurden.

An dieser Stelle möchten wir die im vorangegangenen Beispiel definierte Funktion summe dahingehend erweitern, dass sie die Summe einer vom Benutzer festgelegten Zahl von Parametern berechnen kann:

```
>>> def summe(*parameter):
...     s = 0
...     for p in parameter:
...         s += p
...     return s
```

Das folgende Beispiel demonstriert die Anwendung der weiterentwickelten Funktion summe im interaktiven Modus:

```
>>> summe(1, 2, 3, 4, 5)
15
>>> summe(1, 2, 3, 4, 5, 6, 7, 8, 9, 10, 11, 12)
78
```

Diese Art, einer Funktion das Entgegennehmen beliebig vieler Parameter zu ermöglichen, funktioniert ebenso für Keyword Arguments. Der Unterschied besteht darin, dass der Parameter, der alle weiteren Instanzen enthalten soll, in der Funktionsdefinition mit zwei Sternen geschrieben werden muss. Außerdem referenziert er später kein Tupel, sondern ein Dictionary. Dieses Dictionary enthält den jeweiligen Parameternamen als Schlüssel und die übergebene Instanz als Wert. Betrachten Sie dazu folgende Funktionsdefinition:

```
>>> def funktion(a, b, **weitere):
...     print("Feste Parameter:", a, b)
...     print("Weitere Parameter:", weitere)
```

und diese beiden dazu passenden Funktionsaufrufe:

```
>>> funktion(1, 2)
Feste Parameter: 1 2
Weitere Parameter: {}
>>> funktion(1, 2, johannes="ernesti", peter="kaiser")
Feste Parameter: 1 2
Weitere Parameter: {'johannes': 'ernesti', 'peter': 'kaiser'}
```

Der Parameter weitere referenziert also ein Dictionary, das alle übergebenen Schlüsselwortparameter mit Wert enthält.

Beide Techniken zum Entgegennehmen beliebig vieler Parameter können zusammen verwendet werden, wie folgende Funktionsdefinition zeigt:

```
>>> def funktion(*positional, **keyword):
...     print("Positional:", positional)
...     print("Keyword:", keyword)
>>> funktion(1, 2, 3, 4, hallo="welt", key="word")
Positional: (1, 2, 3, 4)
Keyword: {'hallo': 'welt', 'key': 'word'}
```

Sie sehen, dass positional ein Tupel mit allen Positions- und keyword ein Dictionary mit allen Schlüsselwortparametern referenziert.

19.3.4 Reine Schlüsselwortparameter

Es ist möglich, Parameter zu definieren, die ausschließlich in Form von Schlüsselwortparametern übergeben werden dürfen. Solche reinen Schlüsselwortparameter[3] werden bei der Funktionsdefinition nach dem Parameter geschrieben, der beliebig viele Positionsargumente aufnimmt:

```
>>> def f(a, b, *c, d, e):
...     print(a, b, c, d, e)
```

In diesem Fall besteht die Funktionsschnittstelle aus den beiden Positionsparametern a und b, der Möglichkeit für weitere Positionsparameter *c und den beiden reinen Schlüsselwortparametern d und e. Es gibt keine Möglichkeit, die Parameter d und e zu übergeben, außer in Form von Schlüsselwortparametern.

```
>>> f(1, 2, 3, 4, 5)
Traceback (most recent call last):
  File "<stdin>", line 1, in <module>
TypeError: f() missing 2 required keyword-only arguments: 'd' and 'e'
>>> f(1, 2, 3, 4, 5, d=4, e=5)
1 2 (3, 4, 5) 4 5
```

Wie bei Positionsparametern müssen reine Schlüsselwortparameter angegeben werden, sofern sie nicht mit einem Default-Wert belegt sind:

```
>>> def f(a, b, *c, d=4, e=5):
...     print(a, b, c, d, e)
...
>>> f(1, 2, 3)
1 2 (3,) 4 5
```

Wenn zusätzlich die Übergabe beliebig vieler Schlüsselwortparameter ermöglicht werden soll, folgt die dazu notwendige **-Notation nach den reinen Schlüsselwortparametern am Ende der Funktionsdefinition:

---

3 engl. *keyword-only parameters*

```
>>> def f(a, b, *args, d, e, **kwargs):
...     print(a, b, args, d, e, kwargs)
```

Es ist auch möglich, reine Schlüsselwortparameter zu definieren, ohne gleichzeitig beliebig viele Positionsparameter zuzulassen. Dazu werden die reinen Schlüsselwortparameter in der Funktionsschnittstelle durch einen * von den Positionsparametern getrennt.

```
>>> def f(a, b, *, c, d):
...     print(a, b, c, d)
...
>>> f(1, 2, 3, 4)
Traceback (most recent call last):
  File "<stdin>", line 1, in <module>
TypeError: f() takes 2 positional arguments but 4 were given
>>> f(1, 2, c=3, d=4)
1 2 3 4
```

19.3.5 Entpacken einer Parameterliste

In diesem Abschnitt lernen Sie eine weitere Möglichkeit kennen, Parameter an eine Funktion zu übergeben. Dazu stellen wir uns vor, wir wollten mithilfe der in Abschnitt 19.3.3, »Beliebige Anzahl von Parametern«, definierten erweiterten Version der summe-Funktion die Summe aller Einträge eines Tupels bestimmen. Dazu ist momentan die folgende Notation nötig:

```
>>> t = (1, 4, 3, 7, 9, 2)
>>> summe(t[0], t[1], t[2], t[3], t[4], t[5])
26
```

Das ist sehr umständlich. Zudem laufen wir der Allgemeinheit der Funktion summe zuwider, denn die Anzahl der Elemente des Tupels t muss stets bekannt sein. Wünschenswert ist ein Weg, eine in einem iterierbaren Objekt gespeicherte Liste von Argumenten direkt einer Funktion übergeben zu können. Dieser Vorgang wird *Entpacken* genannt.

Das Entpacken eines iterierbaren Objekts geschieht dadurch, dass der Funktion das Objekt mit einem vorangestellten Sternchen (*) übergeben wird. Im folgenden Beispiel wird das von der eingebauten Funktion range erzeugte iterierbare Objekt verwendet, um mithilfe der Funktion summe die Summe der ersten 100 natürlichen Zahlen zu berechnen:[4]

---

[4] Das beim Funktionsaufruf von range(n) zurückgegebene iterierbare Objekt durchläuft alle ganzen Zahlen von 0 bis einschließlich n−1. Daher muss im Beispiel 101 anstelle von 100 übergeben werden.

```
>>> summe(*range(101))
5050
```

Beim Funktionsaufruf wird der Funktion jedes Element des iterierbaren Objekts, in diesem Fall also die Zahlen von 0 bis 100, als gesonderter Parameter übergeben. Das Entpacken einer Parameterliste funktioniert nicht nur im Zusammenhang mit einer Funktion, die beliebig viele Parameter erwartet, sondern kann auch mit der ursprünglichen Funktion summe, die die Summe von maximal vier Parametern bestimmt, verwendet werden:

```
>>> def summe(a, b, c=0, d=0):
...     return a + b + c + d
```

Beachten Sie dabei, dass das zu entpackende iterierbare Objekt auch maximal vier (und mindestens zwei) Elemente bereitstellt:

```
>>> t = (6, 3, 9, 12)
>>> summe(*t)
30
>>> summe(*[4, 6, 12, 7, 9])
Traceback (most recent call last):
  File "<stdin>", line 1, in <module>
TypeError: summe() takes from 2 to 4 positional arguments but 5 were given
```

Analog zum Entpacken eines Tupels zu einer Liste von Positionsparametern kann ein Dictionary zu einer Liste von Schlüsselwortparametern entpackt werden. Der Unterschied in der Notation besteht darin, dass zum Entpacken eines Dictionarys zwei Sternchen vorangestellt werden müssen:

```
>>> d = {"a" : 7, "b" : 3, "c" : 4}
>>> summe(**d)
14
```

Es ist noch zu erwähnen, dass die Techniken zum Entpacken von Parameterlisten miteinander kombiniert werden können, wie folgendes Beispiel zeigt:

```
>>> summe(1, *(2,3), **{"d" : 4})
10
```

Seit Python 3.5 ist es möglich, mehrere Sequenzen oder Dictionarys im selben Funktionsaufruf zu entpacken:

```
>>> summe(*(1,2), *(3,4))
10
>>> summe(*(1,2), **{"c" : 3}, **{"d" : 4})
10
```

Dabei dürfen Schlüsselwortargumente nicht mehrfach übergeben werden.

Zusätzlich gibt es seit Python 3.5 die Möglichkeit, auch beim Erzeugen von sequenziellen Datentypen, Mengen und Dictionarys auf Packing bzw. Unpacking zurückzugreifen:

```
>>> A = [1,2,3]
>>> B = [3,4,5]
>>> [1, *A, *B]
[1, 1, 2, 3, 3, 4, 5]
>>> {1, *A, *B}
{1, 2, 3, 4, 5}
>>> (1, *A, *B)
(1, 1, 2, 3, 3, 4, 5)
>>> {"a": 10, **{"b": 11, "c": 12}, "d": 13}
{'a': 10, 'b': 11, 'c': 12, 'd': 13}
>>> {"a": 10, **{"b": 11, "c": 12}, "d": 13, **{"e": 14}}
{'a': 10, 'b': 11, 'c': 12, 'd': 13, 'e': 14}
```

Wird bei einem Dictionary derselbe Schlüssel mehrfach übergeben, zählt das letzte Schlüssel-Wert-Paar:

```
>>> {"a": 10, **{"a": 11, "b": 12}, "a": 13, **{"b": 14}}
{'a': 13, 'b': 14}
```

> **Hinweis**
>
> Generell ist Vorsicht geboten, wenn Unpacking für ungeordnete Datentypen verwendet wird. Im folgenden Beispiel hängt die Reihenfolge der Elemente 1, 2, 3, 4, 5 davon ab, in welcher Reihenfolge über die Menge {3,4,1,2,5} iteriert wird:
>
> ```
> >>> [0, *{3, 4, 1, 2, 5}]
> [0, 1, 2, 3, 4, 5]
> ```
>
> Da diese Reihenfolge ein Implementierungsdetail ist, kann sie sich zwischen verschiedenen Python-Versionen unterscheiden.

19.3.6 Seiteneffekte

Bisher haben wir diese Thematik geschickt umschifft, doch Sie sollten immer im Hinterkopf behalten, dass sogenannte *Seiteneffekte* (engl. *side effects*) immer dann auftreten können, wenn eine Instanz eines mutablen Datentyps, also zum Beispiel einer Liste oder eines Dictionarys, als Funktionsparameter übergeben wird.

19.3 Funktionsparameter

In Python werden bei einem Funktionsaufruf keine Kopien der als Parameter übergebenen Instanzen erzeugt, sondern es wird funktionsintern mit Referenzen auf die Argumente gearbeitet.[5] Betrachten Sie dazu folgendes Beispiel:

```
>>> def f(a, b):
...     print(id(a))
...     print(id(b))
...
>>> p = 1
>>> q = [1,2,3]
>>> id(p)
134537016
>>> id(q)
134537004
>>> f(p, q)
134537016
134537004
```

Im interaktiven Modus definieren wir zuerst eine Funktion f, die zwei Parameter a und b erwartet und deren jeweilige Identität ausgibt. Anschließend werden zwei Referenzen p und q angelegt, die eine ganze Zahl bzw. eine Liste referenzieren. Dann lassen wir uns die Identitäten der beiden Referenzen ausgeben und rufen die angelegte Funktion f auf. Sie sehen, dass die ausgegebenen Identitäten gleich sind. Es handelt sich also sowohl bei p und q als auch bei a und b im Funktionskörper um Referenzen auf dieselben Instanzen. Dabei macht es zunächst einmal keinen Unterschied, ob die referenzierten Objekte Instanzen eines veränderlichen oder unveränderlichen Datentyps sind.

Trotzdem ist die Verwendung eines unveränderlichen Datentyps grundsätzlich frei von Seiteneffekten, da dieser bei Veränderung automatisch kopiert wird und alte Referenzen davon nicht berührt werden. Sollten wir also beispielsweise a im Funktionskörper um eins erhöhen, werden nachher a und p verschiedene Instanzen referenzieren. Dies führt dazu, dass bei der Verwendung unveränderlicher Datentypen in Funktionsschnittstellen keine Seiteneffekte auftreten können.[6]

Diese Sicherheit können uns veränderliche Datentypen, etwa Listen oder Dictionarys, nicht geben. Dazu folgendes Beispiel:

---

5 Diese Methode der Parameterübergabe wird *Call by Reference* genannt. Demgegenüber steht das Prinzip *Call by Value*, bei dem funktionsintern auf Kopien der Argumente gearbeitet wird. Letztere Variante ist frei von Seiteneffekten, aber aufgrund des Kopierens langsamer.

6 Beachten Sie, dass dies nicht für unveränderliche Instanzen gilt, die veränderliche Instanzen enthalten. So können bei der Parameterübergabe eines Tupels, das eine Liste enthält, durchaus Seiteneffekte auftreten.

```
>>> def f(liste):
...     liste[0] = 42
...     liste += [5,6,7,8,9]
>>> zahlen = [1,2,3,4]
>>> f(zahlen)
>>> zahlen
[42, 2, 3, 4, 5, 6, 7, 8, 9]
```

Zunächst wird eine Funktion definiert, die eine Liste als Parameter erwartet und diese im Funktionskörper verändert. Daraufhin wird eine Liste angelegt, die der Funktion als Parameter übergeben und schlussendlich ausgegeben wird. Die Ausgabe zeigt, dass sich die Änderungen an der Liste nicht allein auf den Kontext der Funktion beschränken, sondern sich auch im Hauptprogramm auswirken. Dieses Phänomen wird *Seiteneffekt* genannt. Wenn eine Funktion nicht nur lesend auf eine Instanz eines veränderlichen Datentyps zugreifen muss und Seiteneffekte nicht ausdrücklich erwünscht sind, sollten Sie innerhalb der Funktion oder bei der Parameterübergabe eine Kopie der Instanz erzeugen. Das kann in Bezug auf das oben genannte Beispiel so aussehen:[7]

```
>>> zahlen = [1,2,3,4]
>>> f(zahlen[:])
>>> zahlen
[1, 2, 3, 4]
```

Neben den bisher besprochenen Referenzparametern gibt es eine weitere, seltenere Form von Seiteneffekten, die auftritt, wenn ein veränderlicher Datentyp als Default-Wert eines Parameters verwendet wird:

```
>>> def f(a=[1,2,3]):
...     a += [4,5]
...     print(a)
...
>>> f()
[1, 2, 3, 4, 5]
>>> f()
[1, 2, 3, 4, 5, 4, 5]
>>> f()
[1, 2, 3, 4, 5, 4, 5, 4, 5]
>>> f()
[1, 2, 3, 4, 5, 4, 5, 4, 5, 4, 5]
```

---

[7] Sie erinnern sich, dass beim Slicen einer Liste stets eine Kopie derselben erzeugt wird. Im Beispiel wurde das Slicing ohne Angabe von Start- und Endindex verwendet, um eine vollständige Kopie der Liste zu erzeugen.

Wir definieren im interaktiven Modus eine Funktion, die einen einzigen Parameter erwartet, der mit einer Liste vorbelegt ist. Im Funktionskörper wird diese Liste um zwei Elemente vergrößert und ausgegeben. Nach mehrmaligem Aufrufen der Funktion ist zu erkennen, dass es sich bei dem Default-Wert augenscheinlich immer um dieselbe Instanz gehandelt hat und nicht bei jedem Aufruf eine neue Liste mit dem Wert [1, 2, 3] erzeugt wurde.

Das liegt daran, dass eine Instanz, die als Default-Wert genutzt wird, nur einmalig und nicht bei jedem Funktionsaufruf neu erzeugt wird. Grundsätzlich sollten Sie also darauf verzichten, Instanzen veränderlicher Datentypen als Default-Werte zu verwenden. Schreiben Sie Ihre Funktionen stattdessen folgendermaßen:

```
>>> def f(a=None):
...     if a is None:
...         a = [1,2,3]
```

Selbstverständlich können Sie anstelle von None eine Instanz eines beliebigen anderen immutablen Datentyps verwenden, ohne dass Seiteneffekte auftreten.

19.4 Namensräume

Bisher wurde ein Funktionskörper als abgekapselter Bereich betrachtet, der ausschließlich über Parameter bzw. den Rückgabewert Informationen mit dem Hauptprogramm austauschen kann. Das ist zunächst auch gar keine schlechte Sichtweise, denn so hält man seine Schnittstelle »sauber«. In manchen Situationen ist es aber sinnvoll, eine Funktion über ihren lokalen Namensraum hinaus wirken zu lassen, was in diesem Kapitel thematisiert werden soll.

19.4.1 Zugriff auf globale Variablen – global

Zunächst einmal müssen zwei Begriffe unterschieden werden. Wenn wir uns im Kontext einer Funktion, also im Funktionskörper, befinden, dann können wir dort selbstverständlich Referenzen und Instanzen erzeugen und verwenden. Diese haben jedoch nur unmittelbar in der Funktion selbst Gültigkeit. Sie existieren im *lokalen Namensraum*. Im Gegensatz dazu existieren Referenzen des Hauptprogramms im *globalen Namensraum*. Begrifflich wird auch zwischen *globalen Referenzen* und *lokalen Referenzen* unterschieden. Dazu folgendes Beispiel:

```
def f():
    a = "lokaler String"
b = "globaler String"
```

Die Unterscheidung zwischen globalem und lokalem Namensraum wird anhand des folgenden Beispiels deutlich:

```
>>> def f(a):
...     print(a)
>>> a = 10
>>> f(100)
100
```

In diesem Beispiel existiert sowohl im globalen als auch im lokalen Namensraum eine Referenz namens a. Im globalen Namensraum referenziert sie die ganze Zahl 10 und im lokalen Namensraum der Funktion den übergebenen Parameter, in diesem Fall die ganze Zahl 100. Es ist wichtig zu verstehen, dass diese beiden Referenzen nichts miteinander zu tun haben, da sie in verschiedenen Namensräumen existieren. Abbildung 19.2 fasst das Konzept der Namensräume zusammen.

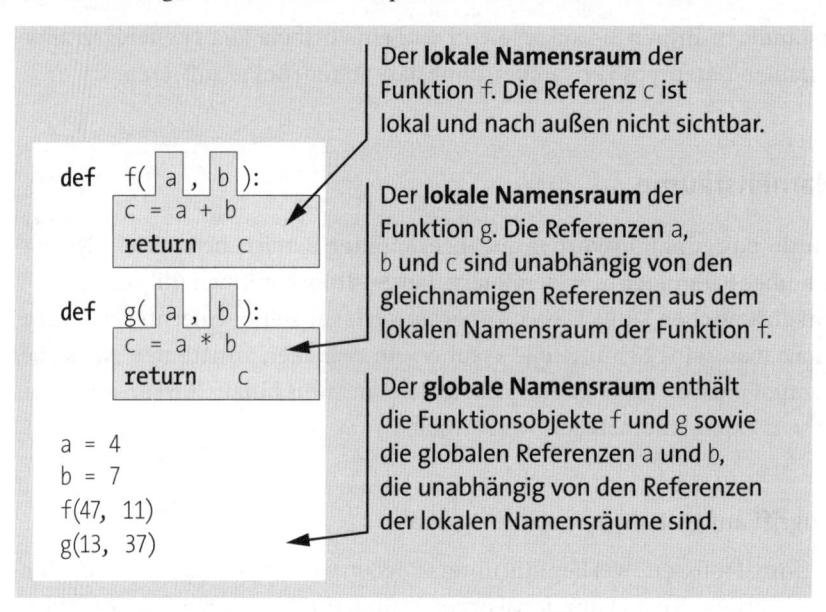

Abbildung 19.2 Abgrenzung lokaler Namensräume vom globalen Namensraum anhand eines Beispiels

19.4.2 Zugriff auf den globalen Namensraum

Im lokalen Namensraum eines Funktionskörpers kann jederzeit lesend auf eine globale Referenz zugegriffen werden, solange keine lokale Referenz gleichen Namens existiert:

```
>>> def f():
...     print(s)
...
```

```
>>> s = "globaler String"
>>> f()
globaler String
```

Sobald versucht wird, schreibend auf eine globale Referenz zuzugreifen, wird stattdessen eine entsprechende lokale Referenz erzeugt:

```
>>> def f():
...     global s
...     s = "lokaler String"
...     print(s)
...
>>> s = "globaler String"
>>> f()
lokaler String
>>> s
'lokaler String'
```

Eine Funktion kann dennoch mithilfe der global-Anweisung schreibend auf eine globale Referenz zugreifen. Dazu muss im Funktionskörper das Schlüsselwort global geschrieben werden, gefolgt von einer oder mehreren globalen Referenzen:

```
>>> def f():
...     global s
...     s = "lokaler String"
...     print(s)
...
>>> s = "globaler String"
>>> f()
lokaler String
>>> s
'lokaler String'
```

Im Funktionskörper von f wird s explizit als globale Referenz gekennzeichnet und kann fortan als solche verwendet werden.

19.4.3 Lokale Funktionen

Es ist möglich, *lokale Funktionen* zu definieren. Das sind Funktionen, die im lokalen Namensraum einer anderen Funktion angelegt werden und nur dort gültig sind. Das folgende Beispiel zeigt eine solche Funktion:

```
>>> def globale_funktion(n):
...     def lokale_funktion(n):
...         return n**2
...     return lokale_funktion(n)
```

```
...
>>> globale_funktion(2)
4
```

Innerhalb der globalen Funktion globale_funktion wurde eine lokale Funktion namens lokale_funktion definiert. Beachten Sie, dass der jeweilige Parameter n trotz des gleichen Namens nicht zwangsläufig denselben Wert referenziert. Die lokale Funktion kann im Namensraum der globalen Funktion völlig selbstverständlich wie jede andere Funktion auch aufgerufen werden.

Da sie einen eigenen Namensraum besitzt, hat die lokale Funktion keinen Zugriff auf lokale Referenzen der globalen Funktion. Um dennoch einige ausgewählte Referenzen an die lokale Funktion durchzuschleusen, bedient man sich eines Tricks mit vorbelegten Funktionsparametern:

```
>>> def globale_funktion(n):
...     def lokale_funktion(n=n):
...         return n**2
...     return lokale_funktion()
...
>>> globale_funktion(2)
4
```

Wie Sie sehen, muss der lokalen Funktion der Parameter n beim Aufruf nicht mehr explizit übergeben werden. Er wird vielmehr implizit in Form eines vorbelegten Parameters übergeben.

19.4.4 Zugriff auf übergeordnete Namensräume – nonlocal

Im letzten Abschnitt haben wir von den zwei existierenden Namensräumen, dem globalen und dem lokalen, gesprochen. Diese Unterteilung ist richtig, unterschlägt aber einen interessanten Fall, denn laut Abschnitt 19.3.3, »Beliebige Anzahl von Parametern«, dürfen auch lokale Funktionen innerhalb von Funktionen definiert werden. Lokale Funktionen bringen natürlich wieder ihren eigenen lokalen Namensraum im lokalen Namensraum der übergeordneten Funktion mit. Bei verschachtelten Funktionsdefinitionen kann man die Welt der Namensräume also nicht in eine lokale und eine globale Ebene unterteilen. Dennoch stellt sich auch hier die Frage, wie eine lokale Funktion auf Referenzen zugreifen kann, die im lokalen Namensraum der übergeordneten Funktion liegen.

Das Schlüsselwort global hilft dabei nicht weiter, denn es erlaubt nur den Zugriff auf den äußersten, globalen Namensraum. Für diesen Zweck existiert seit Python 3.0 das Schlüsselwort nonlocal. Betrachten wir dazu einmal folgendes Beispiel:

```
>>> def funktion1():
...     def funktion2():
...         nonlocal res
...         res += 1
...     res = 1
...     funktion2()
...     print(res)
...
>>> funktion1()
2
```

Innerhalb der Funktion funktion1 wurde eine lokale Funktion funktion2 definiert, die die Referenz res aus dem lokalen Namensraum von funktion1 inkrementieren soll. Dazu muss res innerhalb von funktion2 als nonlocal gekennzeichnet werden. Die Schreibweise lehnt sich an den Zugriff auf Referenzen aus dem globalen Namensraum via global an.

Nachdem funktion2 definiert wurde, wird res im lokalen Namensraum von funktion1 definiert und mit dem Wert 1 verknüpft. Schließlich wird die lokale Funktion funktion2 aufgerufen und der Wert von res ausgegeben. Im Beispiel gibt funktion1 den Wert 2 aus.

Das Schlüsselwort nonlocal lässt sich auch bei mehreren, ineinander verschachtelten Funktionen verwenden, wie folgende Erweiterung unseres Beispiels zeigt:

```
>>> def funktion1():
...     def funktion2():
...         def funktion3():
...             nonlocal res
...             res += 1
...         nonlocal res
...         funktion3()
...         res += 1
...     res = 1
...     funktion2()
...     print(res)
...
>>> funktion1()
3
```

Nun wurde eine zusätzliche lokale Funktion im lokalen Namensraum von funktion2 definiert. Auch aus dem lokalen Namensraum von funktion3 heraus lässt sich res mithilfe von nonlocal inkrementieren. Die Funktion funktion1 gibt in diesem Beispiel den Wert 3 aus.

Allgemein funktioniert nonlocal bei tieferen Funktionsverschachtelungen so, dass es in der Hierarchie der Namensräume aufsteigt und die erste Referenz mit dem angegebenen Namen in den Namensraum des nonlocal-Schlüsselworts einbindet.

19.5 Anonyme Funktionen

Beim Sortieren einer Liste mit der Built-in Function sorted kann eine Funktion übergeben werden, die die Ordnungsrelation der Elemente beschreibt. Auf diese Weise lassen sich die Elemente nach selbst definierten Kriterien sortieren:

```
>>> def s(x):
...     return -x
...
>>> sorted([1,4,7,3,5], key=s)
[7, 5, 4, 3, 1]
```

In diesem Fall wurde die Funktion s definiert, die einen übergebenen Wert negiert, um damit die Liste in absteigender Reihenfolge zu sortieren. Funktionen wie s, die in einem solchen oder ähnlichen Kontext verwendet werden, sind in der Regel sehr einfach und werden definiert, verwendet und dann vergessen.

Mithilfe des Schlüsselwortes lambda kann stattdessen eine kleine anonyme Funktion erstellt werden:

```
>>> s = lambda x: -x
```

Auf das Schlüsselwort lambda folgen eine Parameterliste und ein Doppelpunkt. Hinter dem Doppelpunkt muss ein beliebiger arithmetischer oder logischer Ausdruck stehen, dessen Ergebnis von der anonymen Funktion zurückgegeben wird. Beachten Sie, dass die Beschränkung auf einen arithmetischen Ausdruck zwar die Verwendung von Kontrollstrukturen ausschließt, nicht aber die Verwendung einer Conditional Expression.

Eine lambda-Form ergibt ein Funktionsobjekt und kann wie gewohnt aufgerufen werden: s(10). Der Rückgabewert wäre in diesem Fall -10. Wie der Name schon andeutet, werden anonyme Funktionen jedoch in der Regel verwendet, ohne ihnen einen Namen zuzuweisen. Ein Beispiel dafür liefert das eingangs beschriebene Sortierproblem:

```
>>> sorted([1,4,7,3,5], key=lambda x: -x)
[7, 5, 4, 3, 1]
```

Betrachten wir noch ein etwas komplexeres Beispiel einer anonymen Funktion mit drei Parametern:

```
>>> f = lambda x, y, z: (x - y) * z
```

Anonyme Funktionen können aufgerufen werden, ohne sie vorher zu referenzieren. Dazu muss der `lambda`-Ausdruck in Klammern gesetzt werden:

```
>>> (lambda x, y, z: (x - y) * z)(1, 2, 3)
-3
```

19.6 Annotationen

Die Elemente einer Funktionsschnittstelle, also die Funktionsparameter und der Rückgabewert, lassen sich mit Anmerkungen, sogenannten *Annotationen*, versehen:

```
def funktion(p1: Annotation1, p2: Annotation2) -> Annotation3:
    Funktionskörper
```

Bei der Definition einer Funktion kann hinter jeden Parameter ein Doppelpunkt geschrieben werden, gefolgt von einer Annotation. Eine Annotation darf dabei ein beliebiger Python-Ausdruck sein. Die Angabe einer Annotation ist optional. Hinter der Parameterliste kann eine ebenfalls optionale Annotation für den Rückgabewert der Funktion geschrieben werden. Diese wird durch einen Pfeil (->) eingeleitet. Erst hinter dieser Annotation folgt der Doppelpunkt, der den Funktionskörper einleitet.

Annotationen ändern an der Ausführung einer Funktion nichts, man könnte sagen: Dem Python-Interpreter sind Annotationen egal. Das Interessante an ihnen ist, dass man sie über das Attribut __annotations__ des Funktionsobjekts auslesen kann. Da Annotationen beliebige Ausdrücke sein dürfen, kann der Programmierer hier also eine Information pro Parameter und Rückgabewert »speichern«, auf die er zu einem späteren Zeitpunkt – beispielsweise wenn die Funktion mit konkreten Parameterwerten aufgerufen wird – zurückkommt.

Dabei werden die Annotationen über das Attribut __annotations__ in Form eines Dictionarys zugänglich gemacht. Dieses Dictionary enthält die Parameternamen bzw. "return" für die Annotation des Rückgabewertes als Schlüssel und die jeweiligen Annotation-Ausdrücke als Werte. Für die oben dargestellte schematische Funktionsdefinition sieht dieses Dictionary also folgendermaßen aus:

```
funktion.__annotations__ =
    {
    "p1" : Annotation1,
    "p2" : Annotation2,
    "return" : Annotation3
    }
```

Mit Function Annotations könnten Sie also beispielsweise eine Typüberprüfung an der Funktionsschnittstelle durchführen. Dazu definieren wir zunächst eine Funktion samt Annotationen:

```python
def strmult(s: str, n: int) -> str:
    return s*n
```

Die Funktion `strmult` hat die Aufgabe, einen String s n-mal hintereinander geschrieben zurückzugeben. Das geschieht durch Multiplikation von s und n.

Wir schreiben jetzt eine Funktion `call`, die dazu in der Lage ist, eine beliebige Funktion, deren Schnittstelle vollständig durch Annotationen beschrieben ist, aufzurufen bzw. eine Exception zu werfen, wenn einer der übergebenen Parameter einen falschen Typ hat:

```python
def call(f, **kwargs):
    for arg in kwargs:
        if arg not in f.__annotations__:
            raise TypeError("Parameter '{}'"
                            " unbekannt".format(arg))
        if not isinstance(kwargs[arg], f.__annotations__[arg]):
            raise TypeError("Parameter '{}'"
                            " hat ungültigen Typ".format(arg))
    ret = f(**kwargs)
    if type(ret) != f.__annotations__["return"]:
        raise TypeError("Ungültiger Rückgabewert")
    return ret
```

Die Funktion `call` bekommt ein Funktionsobjekt und beliebig viele Schlüsselwortparameter übergeben. Dann greift sie für jeden übergebenen Schlüsselwortparameter auf das Annotation-Dictionary des Funktionsobjekts f zu und prüft, ob ein Parameter dieses Namens überhaupt in der Funktionsdefinition von f vorkommt und – wenn ja – ob die für diesen Parameter übergebene Instanz den richtigen Typ hat. Ist eines von beidem nicht der Fall, wird eine entsprechende Exception geworfen.

Wenn alle Parameter korrekt übergeben wurden, wird das Funktionsobjekt f aufgerufen und der Rückgabewert gespeichert. Dessen Typ wird dann mit dem Datentyp verglichen, der in der Annotation für den Rückgabewert angegeben wurde; wenn er abweicht, wird eine Exception geworfen. Ist alles gut gegangen, wird der Rückgabewert der Funktion f von `call` durchgereicht:

```
>>> call(strmult, s="Hallo", n=3)
'HalloHalloHallo'
>>> call(strmult, s="Hallo", n="Welt")
Traceback (most recent call last):
  File "<stdin>", line 1, in <module>
TypeError: Parameter 'n' hat ungültigen Typ
>>> call(strmult, s=13, n=37)
```

```
Traceback (most recent call last):
  File "<stdin>", line 1, in <module>
TypeError: Parameter 's' hat ungültigen Typ
```

Um die Überprüfung auf den Rückgabewert testen zu können, muss natürlich die Definition der Funktion strmult verändert werden.

19.7 Rekursion

Python erlaubt es dem Programmierer, sogenannte *rekursive Funktionen* zu schreiben. Das sind Funktionen, die sich selbst aufrufen. Die aufgerufene Funktion ruft sich so lange selbst auf, bis eine Abbruchbedingung diese sonst endlose Rekursion beendet. Die Anzahl der verschachtelten Funktionsaufrufe wird *Rekursionstiefe* genannt und ist von der Laufzeitumgebung auf einen bestimmten Wert begrenzt.

Im folgenden Beispiel wurde eine rekursive Funktion zur Berechnung der Fakultät einer ganzen Zahl geschrieben:

```
def fak(n):
    if n > 0:
        return fak(n - 1) * n
    else:
        return 1
```

Es soll nicht Sinn und Zweck dieses Abschnitts sein, vollständig in die Thematik der Rekursion einzuführen. Stattdessen möchten wir Ihnen hier nur einen kurzen Überblick geben. Sollten Sie das Beispiel nicht auf Anhieb verstehen, seien Sie nicht entmutigt, denn es lässt sich auch ohne Rekursion passabel in Python programmieren. Trotzdem sollten Sie nicht leichtfertig über die Rekursion hinwegsehen, denn es handelt sich dabei um einen interessanten Weg, sehr elegante Programme zu schreiben.[8]

19.8 Eingebaute Funktionen

Es war im Laufe des Buchs schon oft von *eingebauten Funktionen* oder *Built-in Functions* die Rede. Das sind vordefinierte Funktionen, die dem Programmierer jederzeit zur Verfügung stehen. Sie kennen zum Beispiel bereits die Built-in Functions len und range. Im Folgenden werden alle bisher relevanten Built-in Functions ausführlich beschrieben. Beachten Sie, dass es noch weitere eingebaute Funktionen gibt, die an die-

---

[8] Jede rekursive Funktion kann – unter Umständen mit viel Aufwand – in eine iterative umgeformt werden. Eine iterative Funktion ruft sich selbst nicht auf, sondern löst das Problem allein durch Einsatz von Kontrollstrukturen, speziell Schleifen. Eine rekursive Funktion ist oft eleganter und kürzer als ihr iteratives Ebenbild, in der Regel aber auch langsamer.

ser Stelle nicht besprochen werden können, da sie Konzepte der objektorientierten Programmierung voraussetzen. Eine vollständige Übersicht über alle in Python eingebauten Funktionen finden Sie im Anhang dieses Buchs (Abschnitt A.2).

Built-in Function	Beschreibung	Abschnitt
abs(x)	Berechnet den Betrag der Zahl x.	19.8.1
all(iterable)	Prüft, ob alle Elemente des iterierbaren Objekts iterable den Wert True ergeben.	19.8.2
any(iterable)	Prüft, ob mindestens ein Element des iterierbaren Objekts iterable den Wert True ergibt.	19.8.3
ascii(object)	Erzeugt einen druckbaren String, der das Objekt object beschreibt. Dabei werden Sonderzeichen maskiert, sodass die Ausgabe nur ASCII-Zeichen enthält.	19.8.4
bin(x)	Gibt einen String zurück, der die Ganzzahl x als Binärzahl darstellt.	19.8.5
bool([x])	Erzeugt einen booleschen Wert.	19.8.6
bytearray([source, encoding, errors])	Erzeugt eine neue bytearray-Instanz.	19.8.7
bytes([source, encoding, errors])	Erzeugt eine neue bytes-Instanz.	19.8.8
chr(i)	Gibt das Zeichen mit dem Unicode-Codepoint i zurück.	19.8.9
complex([real, imag])	Erzeugt eine komplexe Zahl.	19.8.10
dict([arg])	Erzeugt ein Dictionary.	19.8.11
divmod(a, b)	Gibt ein Tupel mit dem Ergebnis einer Ganzzahldivision und dem Rest zurück. divmod(a, b) ist äquivalent zu (a // b, a % b)	19.8.12
enumerate(iterable, [start])	Gibt einen Aufzählungsiterator für das übergebene iterierbare Objekt zurück.	19.8.13
eval(expression, [globals, locals])	Wertet den Python-Ausdruck expression aus.	19.8.14

Tabelle 19.1 Built-in Functions, die in diesem Abschnitt besprochen werden

Built-in Function	Beschreibung	Abschnitt
exec(object, [globals, locals])	Führt einen Python-Code aus.	19.8.15
filter(function, iterable)	Ermöglicht es, bestimmte Elemente eines iterierbaren Objekts herauszufiltern.	19.8.16
float([x])	Erzeugt eine Gleitkommazahl.	19.8.17
format(value, [format_spec])	Formatiert einen Wert value mit der Formatangabe format_spec.	19.8.18
frozenset([iterable])	Erzeugt eine unveränderliche Menge.	19.8.19
globals()	Gibt ein Dictionary mit allen Referenzen des globalen Namensraums zurück.	19.8.20
hash(object)	Gibt den Hash-Wert der Instanz object zurück.	19.8.21
help([object])	Startet die eingebaute interaktive Hilfe von Python.	19.8.22
hex(x)	Gibt den Hexadezimalwert der ganzen Zahl x in Form eines Strings zurück.	19.8.23
id(object)	Gibt die Identität der Instanz object zurück.	19.8.24
input([prompt])	Liest einen String von der Tastatur ein.	19.8.25
int(x, [base])	Erzeugt eine ganze Zahl.	19.8.26
len(s)	Gibt die Länge einer Instanz s zurück.	19.8.27
list([iterable])	Erzeugt eine Liste.	19.8.28
locals()	Gibt ein Dictionary zurück, das alle Referenzen des lokalen Namensraums enthält.	19.8.29
map(function, [*iterables])	Wendet die Funktion function auf jedes Element der übergebenen iterierbaren Objekte an.	19.8.30
max(iterable, {default, key}) max(arg1, arg2, [*args], {key})	Gibt das größte Element von iterable zurück.	19.8.31

Tabelle 19.1 Built-in Functions, die in diesem Abschnitt besprochen werden (Forts.)

Built-in Function	Beschreibung	Abschnitt
min(iterable, {default, key}) min(arg1, arg2, [*args], {key})	Gibt das kleinste Element von iterable zurück.	19.8.32
oct(x)	Gibt den Oktalwert der ganzen Zahl x in Form eines Strings zurück.	19.8.33
open(file, [mode, buffering, encoding, errors, newline, closefd])	Erzeugt ein Dateiobjekt.	6.4.1
ord(c)	Gibt den Unicode-Code des Zeichens c zurück.	19.8.34
pow(x, y, [z])	Führt eine Potenzoperation durch.	19.8.35
print([*objects], {sep, end, file})	Gibt die übergebenen Objekte auf dem Bildschirm oder in andere Ausgabeströme aus.	19.8.36
range([start], stop, [step])	Erzeugt einen Iterator über eine Zahlenfolge von start bis stop.	19.8.37
repr(object)	Gibt eine String-Repräsentation der Instanz object zurück.	19.8.38
reversed(seq)	Erzeugt einen Iterator, der das iterierbare Objekt seq rückwärts durchläuft.	19.8.39
round(x, [n])	Rundet die Zahl x auf n Nachkommastellen.	19.8.40
set([iterable])	Erzeugt eine Menge.	19.8.41
sorted(iterable, [key, reverse])	Sortiert das iterierbare Objekt iterable.	19.8.42
str([object, encoding, errors])	Erzeugt einen String.	19.8.43
sum(iterable, [start])	Gibt die Summe aller Elemente des iterierbaren Objekts iterable zurück.	19.8.44
tuple([iterable])	Erzeugt ein Tupel.	19.8.45

Tabelle 19.1 Built-in Functions, die in diesem Abschnitt besprochen werden (Forts.)

Built-in Function	Beschreibung	Abschnitt
type(object)	Gibt den Datentyp einer Instanz zurück.	19.8.46
zip([*iterables])	Fasst mehrere Sequenzen zu Tupeln zusammen, um sie beispielsweise mit einer for-Schleife zu durchlaufen.	19.8.47

Tabelle 19.1 Built-in Functions, die in diesem Abschnitt besprochen werden (Forts.)

19.8.1 abs(x)

Die Funktion abs berechnet den Betrag von x. Der Parameter x muss dabei ein numerischer Wert sein, also eine Instanz der Datentypen int, float, bool oder complex.

```
>>> abs(1)
1
>>> abs(-12.34)
12.34
>>> abs(3 + 4j)
5.0
```

19.8.2 all(iterable)

Die Funktion all gibt immer dann True zurück, wenn alle Elemente des als Parameter übergebenen iterierbaren Objekts, also beispielsweise einer Liste oder eines Tupels, den Wahrheitswert True ergeben. Sie wird folgendermaßen verwendet:

```
>>> all([True, True, False])
False
>>> all([True, True, True])
True
```

Das übergebene iterierbare Objekt muss nicht zwingend nur bool-Instanzen durchlaufen. Instanzen anderer Datentypen werden nach den Regeln aus Abschnitt 12.6.2, »Wahrheitswerte nicht-boolescher Datentypen«, in Wahrheitswerte überführt.

19.8.3 any(iterable)

Die Funktion any arbeitet ähnlich wie all. Sie gibt immer dann True zurück, wenn mindestens ein Element des als Parameter übergebenen iterierbaren Objekts, also zum Beispiel einer Liste oder eines Tupels, den Wahrheitswert True ergibt. Sie wird folgendermaßen verwendet:

```
>>> any([True, False, False])
True
>>> any([False, False, False])
False
```

Das übergebene iterierbare Objekt muss nicht zwingend nur bool-Instanzen durchlaufen. Instanzen anderer Datentypen werden nach den Regeln aus Abschnitt 12.6.2, »Wahrheitswerte nicht-boolescher Datentypen«, in Wahrheitswerte überführt.

19.8.4 ascii(object)

Die Funktion ascii gibt eine lesbare Entsprechung der Instanz object in Form eines Strings zurück. Im Gegensatz zu der für denselben Zweck existierenden Built-in Function repr enthält der von ascii zurückgegebene String ausschließlich Zeichen des ASCII-Zeichensatzes:

```
>>> ascii(range(0, 10))
'range(0, 10)'
>>> ascii("Püthon")
"'P\\xfcthon'"
>>> repr("Püthon")
"'Püthon'"
```

19.8.5 bin(x)

Die Funktion bin gibt einen String zurück, der die für x übergebene ganze Zahl in ihrer Binärdarstellung enthält:

```
>>> bin(123)
'0b1111011'
>>> bin(-12)
'-0b1100'
>>> bin(0)
'0b0'
```

19.8.6 bool([x])

Hiermit wird eine Instanz des Datentyps bool mit dem Wahrheitswert der Instanz x erzeugt. Der Wahrheitswert von x wird nach den in Abschnitt 12.6.2, »Wahrheitswerte nicht-boolescher Datentypen«, festgelegten Regeln bestimmt.

Wenn kein Parameter übergeben wurde, gibt die Funktion bool den booleschen Wert False zurück.

19.8.7 bytearray([source, encoding, errors])

Die Funktion bytearray erzeugt eine Instanz des Datentyps bytearray, der eine Sequenz von Byte-Werten darstellt, also ganzen Zahlen im Zahlenbereich von 0 bis 255. Beachten Sie, dass bytearray im Gegensatz zu bytes ein veränderlicher Datentyp ist.

Der Parameter source wird zum Initialisieren des Byte-Arrays verwendet und kann verschiedene Bedeutungen haben:

Wenn für source ein String übergeben wird, wird dieser mithilfe der Parameter encoding und errors in eine Byte-Folge codiert und dann zur Initialisierung des Byte-Arrays verwendet. Die Parameter encoding und errors haben die gleiche Bedeutung wie bei der Built-in Function str.

Wenn für source eine ganze Zahl übergeben wird, wird ein Byte-Array der Länge source angelegt und mit Nullen gefüllt.

Wenn für source ein iterierbares Objekt, beispielsweise eine Liste, übergeben wird, wird das Byte-Array mit den Elementen gefüllt, über die source iteriert. Beachten Sie, dass es sich dabei um ganze Zahlen aus dem Zahlenbereich von 0 bis 255 handeln muss.

Außerdem kann für source eine beliebige Instanz eines Datentyps übergeben werden, der das sogenannte *Buffer-Protokoll* unterstützt. Das sind beispielsweise die Datentypen bytes und bytearray selbst.

```
>>> bytearray("äöü", "utf-8")
bytearray(b'\xc3\xa4\xc3\xb6\xc3\xbc')
>>> bytearray([1,2,3,4])
bytearray(b'\x01\x02\x03\x04')
>>> bytearray(10)
bytearray(b'\x00\x00\x00\x00\x00\x00\x00\x00\x00\x00')
```

Näheres zum Datentyp bytearray erfahren Sie in Abschnitt 13.4, »Strings – str, bytes, bytearray«.

> **Hinweis**
>
> Unter Windows gibt es unter Umständen Probleme mit der Eingabe von Sonderzeichen in der Eingabeaufforderung. Falls Sie solche Probleme beobachten, können Sie IDLE verwenden, um die betroffenen Beispiele auszuführen.
>
> Nähere Informationen finden Sie in Abschnitt 13.4.4.

19.8.8 bytes([source, encoding, errors])

Hiermit wird eine Instanz des Datentyps bytes[9] erzeugt, der, wie der Datentyp bytearray, eine Folge von Byte-Werten speichert. Im Gegensatz zu bytearray handelt es sich aber um einen unveränderlichen Datentyp, weswegen wir auch von einem bytes-String sprechen.

Die Parameter source, encoding und errors werden so wie bei der Built-in Function bytearray zur Initialisierung der Byte-Folge verwendet:

```
>>> bytes(10)
b'\x00\x00\x00\x00\x00\x00\x00\x00\x00\x00'
>>> bytes([1,2,3])
b'\x01\x02\x03'
>>> bytes("äöü", "utf-8")
b'\xc3\xa4\xc3\xb6\xc3\xbc'
```

19.8.9 chr(i)

Die Funktion chr gibt einen String der Länge 1 zurück, der das Zeichen mit dem Unicode-Codepoint i enthält:

```
>>> chr(65)
'A'
>>> chr(33)
'!'
>>> chr(8364)
'€'
```

19.8.10 complex([real, imag])

Hiermit wird eine Instanz des Datentyps complex[10] zur Speicherung einer komplexen Zahl erzeugt. Die erzeugte Instanz hat den komplexen Wert *real+imag·j*. Fehlende Parameter werden als 0 angenommen.

Außerdem ist es möglich, der Funktion complex einen String zu übergeben, der das Literal einer komplexen Zahl enthält. In diesem Fall darf jedoch kein weiterer Parameter angegeben werden.

```
>>> complex(1, 3)
(1+3j)
>>> complex(1.2, 3.5)
(1.2+3.5j)
```

---

9 siehe Abschnitt 13.4.4, »Zeichensätze und Sonderzeichen«
10 siehe Abschnitt 12.7, »Komplexe Zahlen – complex«

```
>>> complex("3+4j")
(3+4j)
>>> complex("3")
(3+0j)
```

Beachten Sie, dass ein eventuell übergebener String keine Leerzeichen um den +-Operator enthalten darf:

```
>>> complex("3 + 4j")
Traceback (most recent call last):
  File "<stdin>", line 1, in <module>
ValueError: complex() arg is a malformed string
```

Leerzeichen am Anfang oder Ende des Strings sind aber kein Problem.

19.8.11 dict([source])

Hiermit wird eine Instanz des Datentyps dict[11] erzeugt. Wenn kein Parameter übergeben wird, wird ein leeres Dictionary erstellt. Durch einen der folgenden Aufrufe ist es möglich, das Dictionary beim Erzeugen mit Werten zu füllen:

- Wenn source ein Dictionary ist, werden die Schlüssel und Werte dieses Dictionarys in das neue übernommen. Beachten Sie, dass dabei keine Kopien der Werte entstehen, sondern diese weiterhin dieselben Instanzen referenzieren.

    ```
    >>> dict({"a" : 1, "b" : 2})
    {'a': 1, 'b': 2}
    ```

- Alternativ kann source ein über Tupel iterierendes Objekt sein, wobei jedes Tupel zwei Elemente enthalten muss: den Schlüssel und den damit assoziierten Wert. Die Liste muss die Struktur [("a", 1), ("b", 2)] haben:

    ```
    >>> dict([("a", 1), ("b", 2)])
    {'a': 1, 'b': 2}
    ```

- Zudem erlaubt es dict, Schlüssel und Werte als Keyword Arguments zu übergeben. Der Parametername wird dabei in einen String geschrieben und als Schlüssel verwendet. Beachten Sie, dass Sie damit bei der Namensgebung den Beschränkungen eines Bezeichners unterworfen sind:

    ```
    >>> dict(a=1, b=2)
    {'a': 1, 'b': 2}
    ```

---

11 siehe Abschnitt 14.1, »Dictionary – dict«

19.8.12 divmod(a, b)

Die Funktion `divmod` gibt folgendes Tupel zurück: `(a//b, a%b)`. Mit Ausnahme von `complex` können für a und b Instanzen beliebiger numerischer Datentypen übergeben werden:

```
>>> divmod(2.5, 1.3)
(1.0, 1.2)
>>> divmod(11, 4)
(2, 3)
```

19.8.13 enumerate(iterable)

Die Funktion `enumerate` erzeugt ein iterierbares Objekt, das nicht allein über die Elemente von `iterable` iteriert, sondern über Tupel der Form `(i, iterable[i])`. Dabei ist i ein Schleifenzähler, der bei 0 beginnt. Die Schleife wird beendet, wenn i den Wert `len(iterable)-1` hat. Diese Tupelstrukturen werden deutlich, wenn man das Ergebnis eines `enumerate`-Aufrufs in eine Liste konvertiert:

```
>>> list(enumerate(["a", "b", "c", "d"]))
[(0, 'a'), (1, 'b'), (2, 'c'), (3, 'd')]
```

Damit eignet sich `enumerate` besonders für `for`-Schleifen, in denen ein numerischer Schleifenzähler mitgeführt werden soll. Innerhalb einer `for`-Schleife kann `enumerate` folgendermaßen verwendet werden:

```
>>> for i, wert in enumerate([1,2,3,4,5]):
...     print("Der Wert von iterable an", i, "ter Stelle ist:", wert)
Der Wert von iterable an 0 ter Stelle ist: 1
Der Wert von iterable an 1 ter Stelle ist: 2
Der Wert von iterable an 2 ter Stelle ist: 3
Der Wert von iterable an 3 ter Stelle ist: 4
Der Wert von iterable an 4 ter Stelle ist: 5
```

19.8.14 eval(expression, [globals, locals])

Die Funktion `eval` wertet den in Form eines Strings vorliegenden Python-Ausdruck `expression` aus und gibt dessen Ergebnis zurück:

```
>>> eval("1+1")
2
```

Beim Aufruf von `eval` können der gewünschte globale und lokale Namensraum, in denen der Ausdruck ausgewertet werden soll, über die Parameter `globals` und `locals` angegeben werden. Wenn diese Parameter nicht angegeben wurden, wird `expression` in der Umgebung ausgewertet, in der `eval` aufgerufen wurde:

```
>>> x = 12
>>> eval("x**2")
144
```

> **Hinweis**
>
> Manchmal wird eval dazu verwendet, Benutzereingaben als Python-Code zu interpretieren:
>
> ```
> >>> eval(input("Geben Sie Python-Code ein: "))
> Geben Sie Python-Code ein: 2**4
> 16
> ```
>
> Bitte beachten Sie, dass diese Verwendung von eval potenziell gefährlich ist, wenn die Benutzereingaben nicht sorgfältig geprüft werden. Ein bösartiger Benutzer kann hier die Programmausführung manipulieren.

19.8.15 exec(object, [globals, locals])

Die Funktion exec führt einen als String vorliegenden Python-Code aus:

```
>>> code = """
... x = 12
... print(x**2)
... """
>>> exec(code)
144
```

Beim Aufruf von exec können der gewünschte globale und lokale Namensraum, in denen der Code ausgeführt werden soll, über die Parameter globals und locals angegeben werden. Wenn diese Parameter nicht angegeben wurden, wird der Code in der Umgebung ausgeführt, in der exec aufgerufen wurde.

> **Hinweis**
>
> Für exec gilt die gleiche Sicherheitswarnung wie für eval aus dem vorangegangenen Abschnitt: Prüfen Sie Benutzereingaben genau, bevor sie an exec weitergeleitet werden!

19.8.16 filter(function, iterable)

Die Funktion filter erwartet ein Funktionsobjekt als ersten und ein iterierbares Objekt als zweiten Parameter. Der Parameter function muss eine Funktion oder

Lambda-Form (siehe Abschnitt 19.5, »Anonyme Funktionen«) sein, die einen Parameter erwartet und einen booleschen Wert zurückgibt.

Die Funktion filter ruft für jedes Element des iterierbaren Objekts iterable die Funktion function auf und erzeugt ein iterierbares Objekt, das alle Elemente von list durchläuft, für die function den Wert True zurückgegeben hat. Dies soll an folgendem Beispiel erklärt werden, in dem filter dazu verwendet wird, aus einer Liste von ganzen Zahlen die ungeraden Zahlen herauszufiltern:

```
>>> filterobj = filter(lambda x: x%2 == 0, range(21))
>>> print(list(filterobj))
[0, 2, 4, 6, 8, 10, 12, 14, 16, 18, 20]
```

19.8.17 float([x])

Hiermit wird eine Instanz des Datentyps float[12] erzeugt. Wenn der Parameter x nicht angegeben wurde, wird der Wert der Instanz mit 0.0, andernfalls mit dem übergebenen Wert initialisiert. Mit Ausnahme von complex können Instanzen alle numerischen Datentypen für x übergeben werden.

```
>>> float()
0.0
>>> float(5)
5.0
```

Außerdem ist es möglich, für x einen String zu übergeben, der eine Gleitkommazahl enthält:

```
>>> float("1e30")
1e+30
>>> float("0.5")
0.5
```

19.8.18 format(value, [format_spec])

Die Funktion format gibt den Wert value gemäß der Formatangabe format_spec zurück. Beispielsweise lässt sich ein Geldbetrag bei der Ausgabe folgendermaßen auf zwei Nachkommastellen runden:

```
>>> format(1.23456, ".2f") + "€"
'1.23€'
```

Ausführliche Informationen zu Formatangaben finden Sie in Abschnitt 13.4.3 über String-Formatierungen.

---

[12] siehe Abschnitt 12.5, »Gleitkommazahlen – float«

19.8.19 frozenset([iterable])

Hiermit wird eine Instanz des Datentyps frozenset[13] zum Speichern einer unveränderlichen Menge erzeugt. Wenn der Parameter iterable angegeben wurde, werden die Elemente der erzeugten Menge diesem iterierbaren Objekt entnommen. Wenn der Parameter iterable nicht angegeben wurde, erzeugt frozenset eine leere Menge.

Beachten Sie zum einen, dass ein frozenset keine veränderlichen Elemente enthalten darf, und zum anderen, dass jedes Element nur einmal in einer Menge vorkommen kann.

```
>>> frozenset()
frozenset()
>>> frozenset({1,2,3,4,5})
frozenset({1, 2, 3, 4, 5})
>>> frozenset("Pyyyyyyython")
frozenset({'t', 'P', 'n', 'y', 'h', 'o'})
```

19.8.20 globals()

Die Built-in Function globals gibt ein Dictionary mit allen globalen Referenzen des aktuellen Namensraums zurück. Die Schlüssel entsprechen den Referenznamen als Strings und die Werte den jeweiligen Instanzen.

```
>>> a = 1
>>> b = {}
>>> c = [1,2,3]
>>> globals()
{..., 'a': 1, 'b': {}, 'c': [1, 2, 3]}
```

Das zurückgegebene Dictionary enthält neben den im Beispiel angelegten noch weitere Referenzen, die im globalen Namensraum existieren.

19.8.21 hash(object)

Die Funktion hash berechnet den Hash-Wert der Instanz object und gibt ihn zurück. Bei einem Hash-Wert handelt es sich um eine ganze Zahl, die aus Typ und Wert der Instanz erzeugt wird. Ein solcher Wert wird verwendet, um effektiv zwei komplexere Instanzen auf Gleichheit prüfen zu können. So werden beispielsweise die Schlüssel eines Dictionarys intern durch ihre Hash-Werte verwaltet.

```
>>> hash(12345)
12345
```

---

13 siehe Abschnitt 15.1, »Die Datentypen set und frozenset«

```
>>> hash("Hallo Welt")
-1324507931790039535
>>> hash((1,2,3,4))
485696759010151909
```

Beachten Sie den Unterschied zwischen veränderlichen (mutablen) und unveränderlichen (immutablen) Instanzen. Aus Letzteren kann zwar formal auch ein Hash-Wert errechnet werden, dieser wäre aber nur so lange gültig, wie die Instanz nicht verändert wurde. Aus diesem Grund ist es nicht sinnvoll, Hash-Werte von veränderlichen Instanzen zu berechnen; veränderliche Instanzen sind »unhashable«:

```
>>> hash([1,2,3,4])
Traceback (most recent call last):
  File "<stdin>", line 1, in <module>
TypeError: unhashable type: 'list'
```

> **Hinweis**
>
> Seit Python 3.3 werden Hash-Werte von str-, bytes- und datetime-Instanzen aus Sicherheitsgründen randomisiert. Das bedeutet, dass sich Hash-Werte dieser Datentypen in zwei verschiedenen Interpreter-Prozessen unterscheiden. Innerhalb desselben Prozesses ändern sie sich aber nicht.

19.8.22 help([object])

Die Funktion help startet die interaktive Hilfe von Python. Wenn der Parameter object ein String ist, wird dieser im Hilfesystem nachgeschlagen. Sollte es sich um eine andere Instanz handeln, wird eine dynamische Hilfeseite zu dieser generiert.

19.8.23 hex(x)

Die Funktion hex erzeugt einen String, der die als Parameter x übergebene ganze Zahl in Hexadezimalschreibweise enthält. Die Zahl entspricht, wie sie im String erscheint, dem Python-Literal für Hexadezimalzahlen.

```
>>> hex(12)
'0xc'
>>> hex(0xFF)
'0xff'
>>> hex(-33)
'-0x21'
```

19.8.24 id(object)

Die Funktion `id` gibt die Identität einer beliebigen Instanz zurück. Bei der Identität einer Instanz handelt es sich um eine ganze Zahl, die die Instanz eindeutig identifiziert.

```
>>> id(1)
134537016
>>> id(2)
134537004
```

Näheres zu Identitäten erfahren Sie in Abschnitt 7.1.3.

19.8.25 input([prompt])

Die Funktion `input` liest eine Eingabe vom Benutzer ein und gibt sie in Form eines Strings zurück. Der Parameter `prompt` ist optional. Hier kann ein String angegeben werden, der vor der Eingabeaufforderung ausgegeben werden soll.

```
>>> s = input("Geben Sie einen Text ein: ")
Geben Sie einen Text ein: Python ist gut
>>> s
'Python ist gut'
```

> **Hinweis**
>
> Das Verhalten der Built-in Function `input` wurde mit Python 3.0 verändert. In früheren Versionen wurde die Eingabe des Benutzers als Python-Code vom Interpreter ausgeführt und das Ergebnis dieser Ausführung in Form eines Strings zurückgegeben. Die »alte« input-Funktion entsprach also folgendem Code:
>
> ```
> >>> eval(input("Prompt: "))
> Prompt: 2+2
> 4
> ```
>
> Die input-Funktion, wie sie in aktuellen Versionen von Python existiert, hieß in früheren Versionen `raw_input`.

19.8.26 int([x, base])

Hiermit wird eine Instanz des Datentyps int[14] erzeugt. Die Instanz kann durch Angabe von x mit einem Wert initialisiert werden. Wenn kein Parameter angegeben wird, erhält die erzeugte Instanz den Wert 0.

---

14 siehe Abschnitt 12.4, »Ganzzahlen – int«

Wenn der Parameter x als String übergeben wird, erwartet die Funktion int, dass dieser String den gewünschten Wert der Instanz enthält. Durch den optionalen Parameter base kann die Basis des Zahlensystems angegeben werden, in dem die Zahl geschrieben wurde.

```
>>> int(5)
5
>>> int("FF", 16)
255
>>> int(hex(12), 16)
12
```

19.8.27 len(s)

Die Funktion len gibt die Länge bzw. die Anzahl der Elemente von s zurück. Für s können Sequenzen, Mappings oder Mengen übergeben werden.

```
>>> len("Hallo Welt")
10
>>> len([1,2,3,4,5])
5
```

19.8.28 list([sequence])

Hiermit wird eine Instanz des Datentyps list[15] aus den Elementen von sequence erzeugt. Der Parameter sequence muss ein iterierbares Objekt sein. Wenn er weggelassen wird, wird eine leere Liste erzeugt.

```
>>> list()
[]
>>> list((1,2,3,4))
[1, 2, 3, 4]
>>> list({"a": 1, "b": 2})
['a', 'b']
```

Die Funktion list kann dazu verwendet werden, ein beliebiges iterierbares Objekt in eine Liste zu überführen:

```
>>> list(range(0, 10, 2))
[0, 2, 4, 6, 8]
```

---

15 siehe Abschnitt 13.2, »Listen – list«

19.8.29 locals()

Die Built-in Function locals gibt ein Dictionary mit allen lokalen Referenzen des aktuellen Namensraums zurück. Die Schlüssel entsprechen den Referenznamen als Strings und die Werte den jeweiligen Instanzen. Dies soll an folgendem Beispiel deutlich werden:

```
>>> def f(a, b, c):
...     d = a + b + c
...     print(locals())
...
>>> f(1, 2, 3)
{'d': 6, 'c': 3, 'b': 2, 'a': 1}
```

Der Aufruf von locals im Namensraum des Hauptprogramms ist äquivalent zum Aufruf von globals.

19.8.30 map(function, [*iterable])

Diese Funktion erwartet ein Funktionsobjekt als ersten und ein iterierbares Objekt als zweiten Parameter. Optional können weitere iterierbare Objekte übergeben werden, die aber die gleiche Länge wie das erste haben müssen. Die Funktion function muss genauso viele Parameter erwarten, wie iterierbare Objekte übergeben wurden, und aus den Parametern einen Rückgabewert erzeugen.

Die Funktion map ruft function für jedes Element von iterable auf und gibt ein iterierbares Objekt zurück, das die jeweiligen Rückgabewerte von function durchläuft. Sollten mehrere iterierbare Objekte übergeben werden, werden function die jeweils n-ten Elemente dieser Objekte übergeben.

Im folgenden Beispiel wird das Funktionsobjekt durch eine Lambda-Form erstellt. Es ist auch möglich, eine »echte« Funktion zu definieren und ihren Namen zu übergeben.

```
>>> f = lambda x: x**2
>>> ergebnis = map(f, [1,2,3,4])
>>> list(ergebnis)
[1, 4, 9, 16]
```

Hier wird map dazu verwendet, eine Liste mit den Quadraten der Elemente einer zweiten Liste zu erzeugen.

```
>>> f = lambda x, y: x+y
>>> ergebnis = map(f, [1,2,3,4], [1,2,3,4])
>>> list(ergebnis)
[2, 4, 6, 8]
```

Hier wird map dazu verwendet, aus zwei Listen eine zu erzeugen, die die Summen der jeweiligen Elemente beider Quelllisten enthält.

Das letzte Beispiel wird durch Abbildung 19.3 veranschaulicht. Die eingehenden und ausgehenden iterierbaren Objekte sind jeweils senkrecht dargestellt.

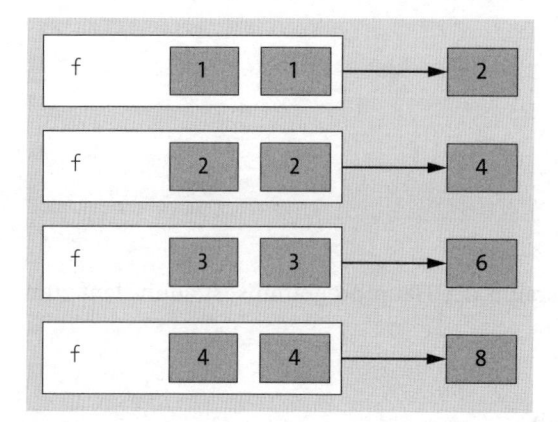

Abbildung 19.3 Arbeitsweise der Built-in Function map

In beiden Beispielen wurden Listen verwendet, die ausschließlich numerische Elemente enthielten. Das muss nicht unbedingt sein. Welche Elemente ein an map übergebenes iterierbares Objekt durchlaufen darf, hängt davon ab, welche Instanzen für function als Parameter verwendet werden dürfen.

19.8.31 max(iterable, {default, key}), max(arg1, arg2, [*args], {key})

Wenn keine zusätzlichen Parameter übergeben werden, erwartet max ein iterierbares Objekt und gibt sein größtes Element zurück.

```
>>> max([2,4,1,9,5])
9
>>> max("Hallo Welt")
't'
```

Wenn mehrere Parameter übergeben werden, verhält sich max so, dass der größte übergebene Parameter zurückgegeben wird:

```
>>> max(3, 5, 1, 99, 123, 45)
123
>>> max("Hallo", "Welt", "!")
'Welt'
```

Der Funktion max kann optional über den Schlüsselwortparameter key ein Funktionsobjekt übergeben werden. Das Maximum wird dann durch das Vergleichen der Rückgabewerte dieser Funktion bestimmt. Mit dem Parameter key lässt sich also eine eigene Ordnungsrelation festlegen. In folgendem Beispiel soll key dazu verwendet werden, die Funktion max für Strings *case insensitive* zu machen. Dazu zeigen wir zunächst den normalen Aufruf ohne key:

```
>>> max("a", "P", "q", "X")
'q'
```

Ohne eigene key-Funktion wird der größte Parameter unter Berücksichtigung von Groß- und Kleinbuchstaben ermittelt. Folgende key-Funktion konvertiert zuvor alle Buchstaben in Kleinbuchstaben:

```
>>> f = lambda x: x.lower()
>>> max("a", "P", "q", "X", key=f)
'X'
```

Durch die key-Funktion wird der größte Parameter anhand der durch f modifizierten Werte ermittelt, jedoch unmodifiziert zurückgegeben.

Über den letzten Schlüsselwortparameter default kann ein Wert festgelegt werden, der von max zurückgegeben wird, wenn iterable leer sein sollte.

19.8.32 min(iterable, {default, key}), min(arg1, arg2, [*args], {key})

Die Funktion min verhält sich wie max, ermittelt jedoch das kleinste Element einer Sequenz bzw. den kleinsten übergebenen Parameter.

19.8.33 oct(x)

Die Funktion oct erzeugt einen String, der die übergebene ganze Zahl x in Oktalschreibweise enthält.

```
>>> oct(123)
'0o173'
>>> oct(0o777)
'0o777'
```

19.8.34 ord(c)

Die Funktion ord erwartet einen String der Länge 1 und gibt den Unicode-Codepoint des enthaltenen Zeichens zurück.

```
>>> ord("P")
80
>>> ord("€")
8364
```

Näheres zu Unicode und Codepoints erfahren Sie in Abschnitt 13.4.4, »Zeichensätze und Sonderzeichen«.

19.8.35 pow(x, y, [z])

Berechnet x ** y oder, wenn z angegeben wurde, x ** y % z. Diese Berechnung ist unter Verwendung des Parameters z performanter als die Ausdrücke pow(x, y) % z bzw. x ** y % z.

```
>>> 7 ** 5 % 4
3
>>> pow(7, 5, 4)
3
```

19.8.36 print([*objects], {sep, end, file, flush])

Die Funktion print schreibt die Textentsprechungen der für objects übergebenen Instanzen in den Datenstrom file. Bislang haben wir print nur dazu verwendet, auf den Bildschirm bzw. in die Standardausgabe zu schreiben.

Hier sehen wir, dass print es über den Schlüsselwortparameter file ermöglicht, in ein beliebiges zum Schreiben geöffnetes Dateiobjekt zu schreiben:

```
>>> f = open("datei.txt", "w")
>>> print("Hallo Welt", file=f)
>>> f.close()
```

Über den Schlüsselwortparameter sep, der mit einem Leerzeichen vorbelegt ist, wird das Trennzeichen angegeben, das zwischen zwei auszugebenden Werten stehen soll:

```
>>> print("Hallo", "Welt")
Hallo Welt
>>> print("Hallo", "du", "schöne", "Welt", sep="-")
Hallo-du-schöne-Welt
```

Über den zweiten Schlüsselwortparameter end wird bestimmt, welches Zeichen print als Letztes, also nach erfolgter Ausgabe aller übergebenen Instanzen, ausgeben soll. Vorbelegt ist dieser Parameter mit einem Newline-Zeichen.

```
>>> print("Hallo", end=" Welt\n")
Hallo Welt
>>> print("Hallo", "Welt", end="AAAA")
Hallo WeltAAAA>>>
```

Im letzten Beispiel befindet sich der Eingabeprompt des Interpreters direkt hinter der von print erzeugten Ausgabe, weil im Gegensatz zum Standardverhalten von print am Ende kein Newline-Zeichen ausgegeben wurde.

Mithilfe des letzten Parameters flush können Sie ein Leeren des Datenstrompuffers nach der Ausgabe erzwingen.

19.8.37 range([start], stop, [step])

Die Funktion range erzeugt ein iterierbares Objekt über fortlaufende, numerische Werte. Dabei wird mit start begonnen, vor stop aufgehört und in jedem Schritt der vorherige Wert um step erhöht. Sowohl start als auch step sind optional und mit 0 bzw. 1 vorbelegt.

Beachten Sie, dass stop eine Grenze angibt, die nicht erreicht wird. Die Nummerierung beginnt also bei 0 und endet einen Schritt, bevor stop erreicht würde.

Bei dem von range zurückgegebenen iterierbaren Objekt handelt es sich um ein sogenanntes range-Objekt. Dies wird bei der Ausgabe im interaktiven Modus folgendermaßen angezeigt:

```
>>> range(10)
range(0, 10)
```

Um zu veranschaulichen, über welche Zahlen das range-Objekt iteriert, wurde es in den folgenden Beispielen mit list in eine Liste überführt:

```
>>> list(range(10))
[0, 1, 2, 3, 4, 5, 6, 7, 8, 9]
>>> list(range(5, 10))
[5, 6, 7, 8, 9]
>>> list(range(2, 10, 2))
[2, 4, 6, 8]
```

Es ist möglich, eine negative Schrittweite anzugeben:

```
>>> list(range(10, 0, -1))
[10, 9, 8, 7, 6, 5, 4, 3, 2, 1]
>>> list(range(10, 0, -2))
[10, 8, 6, 4, 2]
```

> **Hinweis**
>
> In Python-Versionen vor 3.0 existierten die eingebauten Funktionen range und xrange. Die alte range-Funktion gibt das Ergebnis in Form einer Liste zurück, während die xrange-Funktion so funktioniert wie die range-Funktion in aktuellen Python-Versionen.

19.8.38 repr(object)

Die Funktion repr gibt einen String zurück, der eine druckbare Repräsentation der Instanz object enthält. Für viele Instanzen versucht repr, den Python-Code in den String zu schreiben, der die entsprechende Instanz erzeugen würde. Für manche Instanzen ist dies jedoch nicht möglich bzw. nicht praktikabel. In einem solchen Fall gibt repr zumindest den Typ der Instanz aus.

```
>>> repr([1,2,3,4])
'[1, 2, 3, 4]'
>>> repr(0x34)
'52'
>>> repr(set([1,2,3,4]))
'{1, 2, 3, 4}'
>>> repr(open("datei.txt", "w"))
"<_io.TextIOWrapper name='datei.txt' mode='w' encoding='UTF-8'>"
```

19.8.39 reversed(sequence)

Mit reversed kann eine Instanz sequence eines sequenziellen Datentyps effizient rückwärts durchlaufen werden.

```
>>> for i in reversed([1, 2, 3, 4, 5, 6]):
...     print(i)
6
5
4
3
2
1
```

19.8.40 round(x, [n])

Die Funktion round rundet die Gleitkommazahl x auf n Nachkommastellen. Der Parameter n ist optional und mit 0 vorbelegt.

```
>>> round(-0.5)
0
>>> round(0.5234234234234, 5)
0.52342
>>> round(0.5, 4)
0.5
```

19.8.41 set([iterable])

Hiermit wird eine Instanz des Datentyps set[16] erzeugt. Wenn angegeben, werden alle Elemente des iterierbaren Objekts iterable in das Set übernommen. Beachten Sie, dass ein Set keine Dubletten enthalten darf, jedes in iterable mehrfach vorkommende Element also nur einmal eingetragen wird.

```
>>> set()
set()
>>> set("Hallo Welt")
{'t', 'e', 'a', 'l', ' ', 'W', 'H', 'o'}
>>> set({1,2,3,4})
{1, 2, 3, 4}
```

19.8.42 sorted(iterable, [key, reverse])

Die Funktion sorted erzeugt aus den Elementen von iterable eine sortierte Liste:

```
>>> sorted([3,1,6,2,9,1,8])
[1, 1, 2, 3, 6, 8, 9]
>>> sorted("Hallo Welt")
[' ', 'H', 'W', 'a', 'e', 'l', 'l', 'l', 'o', 't']
```

Die Funktionsweise von sorted ist identisch mit der Methode sort der sequenziellen Datentypen, die in Abschnitt 13.2.4, »Methoden von list-Instanzen«, erklärt wird.

19.8.43 str([object, encoding, errors])

Hiermit wird ein String erzeugt,[17] der eine lesbare Beschreibung der Instanz object enthält. Wenn object nicht übergeben wird, erzeugt str einen leeren String.

```
>>> str(None)
'None'
>>> str()
''
>>> str(12345)
'12345'
>>> str(str)
"<class 'str'>"
```

Die Funktion str kann dazu verwendet werden, einen bytes-String oder eine bytearray-Instanz in einen String zu überführen. Dieser Prozess wird *Decodieren* genannt, und es muss dazu mindestens der Parameter encoding angegeben worden sein:

---

16 siehe Abschnitt 15.1, »Die Datentypen set und frozenset«
17 siehe Abschnitt 13.4.4, »Zeichensätze und Sonderzeichen«

```
>>> b = bytearray([1,2,3])
>>> str(b, "utf-8")
'\x01\x02\x03'
>>> b = bytes("Hallö Wölt", "utf-8", "strict")
>>> str(b)
"b'Hall\\xc3\\xb6 W\\xc3\\xb6lt'"
>>> str(b, "utf-8")
'Hallö Wölt'
```

Dabei muss für den Parameter encoding ein String übergeben werden, der das Encoding enthält, mit dem der bytes-String codiert wurde, in diesem Fall utf-8. Der Parameter errors wurde im Beispiel oben nicht angegeben und bestimmt, wie mit Decodierungsfehlern zu verfahren ist. Tabelle 19.2 listet die möglichen Werte für errors und ihre Bedeutung auf.

errors	Beschreibung
"strict"	Bei einem Decodierungsfehler wird eine ValueError-Exception geworfen.
"ignore"	Fehler bei der Decodierung werden ignoriert.
"replace"	Ein Zeichen, das nicht decodiert werden konnte, wird durch das Unicode-Zeichen U+FFFD (�), auch Replacement Character genannt, ersetzt.

Tabelle 19.2 Mögliche Werte des Parameters errors

> **Hinweis**
>
> Beachten Sie, dass der Datentyp str mit Python 3.0 einer Überarbeitung unterzogen wurde. Im Gegensatz zum Datentyp str aus Python 2.x ist er in Python 3 dazu gedacht, Unicode-Text aufzunehmen. Er ist also vergleichbar mit dem Datentyp unicode aus Python 2. Der dortige Datentyp str lässt sich vergleichen mit dem bytes-String aus Python 3.
>
> Weitere Informationen über die Datentypen str und bytes sowie über Unicode finden Sie in Abschnitt 13.4.4, »Zeichensätze und Sonderzeichen«.

19.8.44 sum(iterable, [start])

Die Funktion sum berechnet die Summe aller Elemente des iterierbaren Objekts iterable und gibt das Ergebnis zurück. Wenn der optionale Parameter start angegeben wurde, fließt dieser als Startwert der Berechnung ebenfalls in die Summe mit ein.

```
>>> sum([1,2,3,4])
10
>>> sum({1,2,3,4}, 2)
12
>>> sum({4,3,2,1}, 2)
12
```

19.8.45 tuple([iterable])

Hiermit wird eine Instanz des Datentyps tuple[18] aus den Elementen von iterable erzeugt.

```
>>> tuple()
()
>>> tuple([1,2,3,4])
(1, 2, 3, 4)
```

19.8.46 type(object)

Die Funktion type gibt den Datentyp der übergebenen Instanz object zurück.

```
>>> type(1)
<class 'int'>
>>> type("Hallo Welt") == str
True
>>> type(sum)
<class 'builtin_function_or_method'>
```

19.8.47 zip([*iterables])

Die Funktion zip nimmt beliebig viele, gleich lange iterierbare Objekte als Parameter. Sollten nicht alle die gleiche Länge haben, werden die längeren nur bis zur Länge des kürzesten dieser Objekte betrachtet.

Als Rückgabewert wird ein iterierbares Objekt erzeugt, das über Tupel iteriert, die im i-ten Iterationsschritt die jeweils i-ten Elemente der übergebenen Sequenzen enthalten.

```
>>> ergebnis = zip([1,2,3,4], [5,6,7,8], [9,10,11,12])
>>> list(ergebnis)
[(1, 5, 9), (2, 6, 10), (3, 7, 11), (4, 8, 12)]
```

---

18 siehe Abschnitt 13.3, »Unveränderliche Listen – tuple«

```
>>> ergebnis = zip("Hallo Welt", "HaWe")
>>> list(ergebnis)
[('H', 'H'), ('a', 'a'), ('l', 'W'), ('l', 'e')]
```

Bei der bereits besprochenen Funktion enumerate handelt es sich um einen Spezialfall der zip-Funktion:

```
>>> s = "Python"
>>> list(zip(range(len(s)), s))
[(0, 'P'), (1, 'y'), (2, 't'), (3, 'h'), (4, 'o'), (5, 'n')]
```

Damit haben wir den ersten Teil der eingebauten Funktionen besprochen. In Kapitel 21, in dem die Konzepte der objektorientierten Programmierung besprochen werden, finden Sie in Abschnitt 21.5, »Built-in Functions für Objektorientierung«, die Beschreibung der eingebauten Funktionen mit objektorientiertem Hintergrund.

Kapitel 20
Modularisierung

Unter Modularisierung versteht man die Aufteilung des Quelltextes in sogenannte *Module*. Ein Modul stellt üblicherweise Datentypen und Funktionen bereit, die einem bestimmten Zweck dienen, beispielsweise der Arbeit mit Dateien eines bestimmten Dateiformats. Module können in einem Programm *eingebunden* werden und stellen dem Programmierer dann die enthaltene Funktionalität zur Verfügung. Grundsätzlich gibt es zwei Arten von Modulen:

- Zum einen kann jedes Python-Programm *globale Module*, auch *Bibliotheken* genannt, einbinden. Globale Module werden systemweit installiert und stehen allen Python-Programmen gleichermaßen zur Verfügung. Es ist möglich, eigene globale Module zu schreiben oder ein globales Modul eines Drittanbieters zu installieren.

- Die zweite Möglichkeit zur Modularisierung sind *lokale Module*. Darunter versteht man die Kapselung einzelner Programmteile in eigene Programmdateien. Diese Dateien können wie Bibliotheken eingebunden werden, sind aber in keinem anderen Python-Programm verfügbar. Diese Form der Modularisierung hilft bei der Programmierung, da sie dem Programmierer die Möglichkeit gibt, langen Programm-Code überschaubar auf verschiedene Programmdateien aufzuteilen.

In Python besteht der einzige Unterschied zwischen lokalen und globalen Modulen darin, wo sie gespeichert sind. Während sich lokale Module in der Regel im Programmverzeichnis bzw. in einem seiner Unterverzeichnisse befinden, sind globale Module in einigen festgelegten Verzeichnissen der Python-Installation gespeichert.[1]

20.1 Einbinden globaler Module

Ein globales Modul, sei es ein Teil der Standardbibliothek oder ein selbst geschriebenes, kann mithilfe der `import`-Anweisung eingebunden werden. Wir werden in den Beispielen hauptsächlich das Modul math der Standardbibliothek verwenden. Das ist ein Modul, das mathematische Funktionen wie sin oder cos sowie mathematische

---

1 Selbst geschriebene Bibliotheken können Sie in das Unterverzeichnis *site-packages* der Python-Installation speichern. Dort werden üblicherweise auch Bibliotheken von Drittanbietern installiert.

Konstanten wie pi bereitstellt. Um sich diese Funktionalität in einem Programm zunutze machen zu können, wird die import-Anweisung in der folgenden Form verwendet:

```
>>> import math
```

Eine import-Anweisung besteht aus dem Schlüsselwort import, gefolgt von einem Modulnamen. Es können mehrere Module gleichzeitig eingebunden werden, indem sie, durch Kommata getrennt, hinter das Schlüsselwort geschrieben werden:

```
>>> import math, random
```

Dies ist äquivalent zu:[2]

```
>>> import math
>>> import random
```

Obwohl eine import-Anweisung prinzipiell überall im Quellcode stehen kann, ist es der Übersichtlichkeit halber sinnvoll, alle Module zu Beginn des Quelltextes einzubinden.

Nachdem ein Modul eingebunden wurde, wird ein neuer *Namensraum* mit seinem Namen erstellt. Über diesen Namensraum sind alle Funktionen, Datentypen und Werte des Moduls im Programm nutzbar. Mit einem Namensraum kann wie mit einer Instanz umgegangen werden, und die Funktionen des Moduls können wie Methoden des Namensraums verwendet werden. So bindet folgendes Beispielprogramm das Modul math ein und berechnet den Sinus der Kreiszahl π:

```
>>> import math
>>> math.sin(math.pi)
1.2246467991473532e-16
```

Es ist möglich, den Namen des Namensraums durch eine import/as-Anweisung festzulegen:

```
>>> import math as mathematik
>>> mathematik.sin(mathematik.pi)
1.2246467991473532e-16
```

Dieser neue Name ist keine zusätzliche Option. Das Modul math ist nun ausschließlich über den Namensraum mathematik erreichbar.

Darüber hinaus kann die import-Anweisung so verwendet werden, dass kein eigener Namensraum für das eingebundene Modul erzeugt wird, sondern alle Elemente des Moduls in den globalen Namensraum des Programms eingebunden werden:

---

[2] Aus Gründen der Übersicht wird generell empfohlen, jedes Modul in einer separaten Zeile zu importieren.

```
>>> from math import *
>>> sin(pi)
1.2246467991473532e-16
```

Wenn die `import`-Anweisung in dieser Weise verwendet wird, sollten Sie beachten, dass keine Referenzen oder Funktionen des einzubindenden Moduls in den aktuellen Namensraum importiert werden, wenn sie mit einem Unterstrich beginnen. Diese Elemente eines Moduls werden als privat und damit als modulintern angesehen.

> **Hinweis**
>
> Der Sinn von Namensräumen ist es, thematisch abgegrenzte Bereiche, also zum Beispiel den Inhalt eines Moduls, zu kapseln und über einen gemeinsamen Namen anzusprechen. Wenn Sie den kompletten Inhalt eines Moduls in den globalen Namensraum eines Programms einbinden, kann es vorkommen, dass die Bibliothek mit eventuell vorhandenen Referenzen interferiert. In einem solchen Fall werden die bereits bestehenden Referenzen kommentarlos überschrieben, wie das folgende Beispiel zeigt:
>
> ```
> >>> pi = 1234
> >>> from math import *
> >>> pi
> 3.141592653589793
> ```
>
> Aus diesem Grund ist es sinnvoll, ein Modul, wenn es vollständig eingebunden wird, in einem eigenen Namensraum zu kapseln und damit die Anzahl der im globalen Namensraum eingebundenen Elemente möglichst gering zu halten.

Im Hinweiskasten wurde gesagt, dass man die Anzahl der in den globalen Namensraum importierten Objekte möglichst gering halten sollte. Aus diesem Grund ist die oben beschriebene Form der `from`/`import`-Anweisung nicht praktikabel. Es ist aber möglich, anstelle des Sterns eine Liste von zu importierenden Elementen des Moduls anzugeben:

```
>>> from math import sin, pi
>>> sin(pi)
1.2246467991473532e-16
```

In diesem Fall werden ausschließlich die Funktion `sin` und die Konstante `pi` in den globalen Namensraum importiert. Auch hier ist es möglich, durch ein dem Namen nachgestelltes `as` einen eigenen Namen festzulegen:

```
>>> from math import sin as hallo, pi as welt
>>> hallo(welt)
1.2246467991473532e-16
```

So viel zum Einbinden globaler Module. Sie werden die Standardbibliothek von Python im dritten Teil dieses Buchs noch ausführlich kennenlernen.

> **Hinweis**
>
> Die Aufzählung der mit einer from/import-Anweisung zu importierenden Objekte kann unter Umständen recht lang werden. In solchen Fällen darf sie in runde Klammern gefasst werden. Der Vorteil dieser Schreibweise ist, dass eingeklammerte Ausdrücke beliebig formatiert, unter anderem auch auf mehrere Zeilen umbrochen werden dürfen:
>
> ```
> >>> from math import (sin, cos, tan,
> ...                   sinh, cosh, tanh)
> ```
>
> Beachten Sie, dass die einzubindenden Module bei einer normalen import-Anweisung nicht in Klammern gesetzt werden dürfen.

20.2 Lokale Module

Nachdem Sie die import-Anweisung kennengelernt haben, möchten wir uns damit beschäftigen, wie lokale Module selbst erstellt und eingebunden werden können. Beachten Sie, dass es sich hier nicht um ein globales Modul handelt, das in jedem Python-Programm zur Verfügung steht, sondern um ein Modul, das nur lokal in Ihrem Python-Programm genutzt werden kann. Von der Verwendung her unterscheiden sich lokale und globale Module kaum. In diesem Abschnitt soll ein Programm erstellt werden, das eine ganze Zahl einliest, deren Fakultät und Kehrwert berechnet und die Ergebnisse ausgibt. Die mathematischen Berechnungen sollen dabei nicht nur in Funktionen, sondern auch in einem eigenen Modul gekapselt werden. Dazu schreiben wir diese zunächst in eine Datei namens *mathehelfer.py*:

```python
def fak(n):
    ergebnis = 1
    for i in range(2, n+1):
        ergebnis *= i
    return ergebnis

def kehr(n):
    return 1 / n
```

Die Funktionen sollten selbsterklärend sein. Die Datei *mathehelfer.py* erzeugt nur die Funktionen fak und kehr, die aus anderen Modulen heraus aufgerufen werden können.

Jetzt erstellen wir eine Programmdatei namens *programm.py*, in der das Hauptprogramm stehen soll. Beide Dateien müssen sich im selben Verzeichnis befinden. Im Hauptprogramm importieren wir zunächst das lokale Modul mathehelfer. Der Modulname eines lokalen Moduls entspricht dem Dateinamen der zugehörigen Programmdatei ohne Dateiendung. Der Modulname muss den Regeln der Namensgebung eines Bezeichners folgen. Das bedeutet insbesondere, dass kein Punkt im Dateinamen erlaubt ist, abgesehen von dem Punkt vor der Dateiendung.

```
>>> import mathehelfer
>>> print("Fakultät:", mathehelfer.fak(5))
Fakultät: 120
>>> print("Kehrwert:", mathehelfer.kehr(5))
Kehrwert: 0.2
```

Sie sehen, dass Sie das lokale Modul im Hauptprogramm wie ein globales Modul importieren und verwenden können.

> **Hinweis**
>
> Beim Einbinden eines Moduls wird auch unter Windows zwischen Groß- und Kleinschreibung unterschieden. Ein Modul namens *ABC.py* können Sie also mit der Anweisung import abc nicht einbinden. Stattdessen schreiben Sie import ABC.

20.2.1 Namenskonflikte

Durch das Erstellen eigener Module kann es leicht zu Namenskonflikten mit globalen Modulen kommen. Beispielsweise hätten wir unsere oben verwendete Programmdatei auch *math.py* und das Modul demzufolge math nennen können. Dieses Modul stünde im Konflikt mit dem Modul math der Standardbibliothek. Für solche Fälle ist dem Interpreter eine Reihenfolge vorgegeben, nach der er zu verfahren hat, wenn ein Modul importiert werden soll:

▶ Zunächst wird der lokale Programmordner nach einer Datei mit dem entsprechenden Namen durchsucht. In dem oben geschilderten Konfliktfall stünde bereits im ersten Schritt fest, dass ein lokales Modul namens math existiert. Wenn ein solches lokales Modul existiert, wird dieses eingebunden und keine weitere Suche durchgeführt.

▶ Wenn kein lokales Modul des angegebenen Namens gefunden wurde, wird die Suche auf globale Module ausgeweitet.

▶ Wenn auch kein globales Modul mit dem angegebenen Namen gefunden wurde, wird ein ModuleNotFoundError erzeugt:

```
Traceback (most recent call last):
  File "<stdin>", line 1, in <module>
ModuleNotFoundError: No module named bla
```

20.2.2 Modulinterne Referenzen

In jedem Modul existieren Referenzen, die Informationen über das Modul selbst enthalten. Diese werden in Tabelle 20.1 zusammengefasst. Beachten Sie, dass es sich jeweils um zwei Unterstriche vor und hinter dem Namen der Referenz handelt.

Referenz	Beschreibung
__builtins__	ein Dictionary, das die Namen aller eingebauten Typen und Funktionen als Schlüssel und die mit den Namen verknüpften Instanzen als Werte enthält
__file__	ein String, der den Namen der Programmdatei des Moduls inklusive Pfad enthält; nicht bei Modulen der Standardbibliothek verfügbar
__name__	ein String, der den Namen des Moduls enthält

Tabelle 20.1 Globale Variablen in einem Modul

20.2.3 Module ausführen

Wird das Modul über eine import-Anweisung eingebunden, wird der in ihm enthaltene Code ausgeführt. Das betrifft zum Beispiel Definitionen von Funktionen oder Klassen, die danach im resultierenden Namensraum enthalten sind. Ein Modul unterscheidet sich jedoch prinzipiell nicht von einem normalen Python-Programm. Es ist insbesondere nicht auf Funktions- oder Klassendeklarationen eingeschränkt, sondern kann beliebigen Code enthalten. Auch dieser Code wird beim Einbinden des Moduls ausgeführt. Umgekehrt muss ein Modul nicht zwangsweise eingebunden werden, sondern kann über den Python-Interpreter auch direkt ausgeführt werden. Kurz: Der Unterschied zwischen einem Programm und einem Modul besteht nur darin, auf welchem Wege es ausgeführt wird.

Ob eine Programmdatei als Programm oder als Modul ausgeführt wird, können Sie anhand des Wertes von __name__ erkennen. Bei einem eingebundenen Modul referenziert __name__ den Modulnamen, bei einem ausgeführten Programm den String "__main__". Das ermöglicht es, darauf zu reagieren, wenn ein Modul direkt ausgeführt wird:

```
if __name__ == "__main__":
    print("Dies ist ein Modul und sollte eingebunden werden.")
```

20.3 Pakete

Python ermöglicht es Ihnen, mehrere Module in einem *Paket* zu kapseln. Das ist vorteilhaft, wenn diese Module thematisch zusammengehören. Ein Paket kann im Gegensatz zu einem einzelnen Modul beliebig viele weitere Pakete enthalten, die ihrerseits wieder Module bzw. Pakete enthalten können.

Um ein Paket zu erstellen, muss ein Unterordner im Programmverzeichnis erzeugt werden. Der Name des Ordners entspricht dem Namen des Pakets. Zusätzlich kann[3] in diesem Ordner eine Programmdatei namens *__init__.py*[4] vorhanden sein. Diese Datei enthält Initialisierungscode, der beim Einbinden des Pakets einmalig ausgeführt wird.

> **Hinweis**
>
> Wenn in demselben Verzeichnis ein Paket und ein Modul gleichen Namens existieren, kommt es zu einem Namenskonflikt. Es ist grundsätzlich so, dass bei Namensgleichheit ein Paket Vorrang vor einem Modul hat, es also keine direkte Möglichkeit mehr gibt, das Modul zu importieren.

Ein Programm mit mehreren Paketen und Unterpaketen hat eine ähnliche Verzeichnisstruktur wie in Abbildung 20.1 dargestellt.

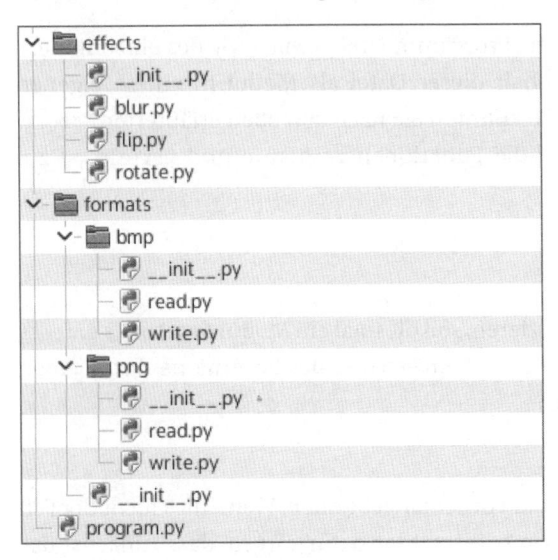

```
effects
    __init__.py
    blur.py
    flip.py
    rotate.py
formats
    bmp
        __init__.py
        read.py
        write.py
    png
        __init__.py
        read.py
        write.py
    __init__.py
program.py
```

Abbildung 20.1 Paketstruktur eines Beispielprogramms

---

3 Bei Python-Versionen vor 3.3 muss jedes Paket eine *__init__.py* enthalten. Mit Python 3.3 wurden Namespace Packages eingeführt, die keine *__init__.py* enthalten. Näheres zu Namespace Packages erfahren Sie in Abschnitt 20.3.2.

4 Beachten Sie, dass es sich jeweils um zwei Unterstriche vor und hinter »init« handelt.

Es handelt sich um die Verzeichnisstruktur eines fiktiven Bildbearbeitungsprogramms. Das Hauptprogramm befindet sich in der Datei *program.py*. Neben dem Hauptprogramm existieren im Programmverzeichnis zwei Pakete:

- Das Paket effects soll bestimmte Effekte auf ein bereits geladenes Bild anwenden. Dazu enthält das Paket neben der Datei *__init__.py* drei Module, die jeweils für einen grundlegenden Effekt sorgen. Es handelt sich um die Module blur (zum Verwischen des Bildes), flip (zum Spiegeln des Bildes) und rotate (zum Drehen des Bildes).

- Das Paket formats soll dazu in der Lage sein, bestimmte Grafikformate zu lesen und schreiben. Dazu nehmen wir an, dass in seiner *__init__.py* zwei Funktionen namens readImage und writeImage definiert sind. Es soll hier nicht näher auf Funktionsschnittstellen eingegangen werden. Damit das Lesen und Schreiben von Grafiken diverser Formate möglich ist, enthält das Paket formats zwei Unterpakete namens bmp und png, die je zwei Module zum Lesen bzw. Schreiben des entsprechenden Formats umfassen.

Im Hauptprogramm werden zunächst die Pakete effects und formats eingebunden und verwendet:

```
>>> import effects
>>> import formats
```

Durch die import-Anweisung wird die Programmdatei *__init__.py* des einzubindenden Pakets ausgeführt und der Inhalt dieser Datei als Modul in einem eigenen Namensraum verfügbar gemacht. So könnten Sie nach den oben erläuterten import-Anweisungen folgendermaßen auf die Funktionen readImage und writeImage zugreifen:

```
>>> formats.readImage()
>>> formats.writeImage()
```

Um das nun geladene Bild zu modifizieren, soll diesmal ein Modul des Pakets effects geladen werden. Dazu wird bei der import-Anweisung der Paketname durch einen Punkt vom Modulnamen getrennt:

```
>>> import effects.blur
```

In diesem Fall wurde das Paket effects vorher eingebunden. Wenn dies nicht der Fall gewesen wäre, würde der Import von effects.blur dafür sorgen, dass zunächst das Paket effects eingebunden und die dazugehörige *__init__.py* ausgeführt würde. Danach wird das Untermodul blur eingebunden und kann verwendet werden:

```
>>> effects.blur.blurImage()
```

> **Hinweis**
>
> Eine Programmdatei, die sich innerhalb einer Paketstruktur befindet, kann folgendermaßen ausgeführt werden:
>
> python -m formats.png.read
>
> Auf diese Weise wird die gesamte Paketstruktur geladen, sodass relative import-Anweisungen ihre Gültigkeit behalten.

20.3.1 Importieren aller Module eines Pakets

Beim Einbinden eines Moduls kann mit from abc import * der gesamte Modulinhalt in den aktuellen Namensraum importiert werden. Dies funktioniert für Pakete nicht, da einige Betriebssysteme, darunter vor allem Windows, bei Datei- und Ordnernamen nicht zwischen Groß- und Kleinschreibung unterscheiden – Python aber sehr wohl. Angenommen, die obige Anweisung würde wie gehabt funktionieren, und abc wäre ein Paket, wäre es beispielsweise unter Windows unklar, ob ein Untermodul namens modul als Modul, MODUL oder modul eingebunden werden soll.

Aus diesem Grund bindet die obige Anweisung nicht alle im Paket enthaltenen Module in den aktuellen Namensraum ein, sondern importiert nur das Paket an sich und führt den Initialisierungscode in __init__.py aus. Alle in dieser Datei angelegten Referenzen werden in den aktuellen Namensraum eingeführt.

Es gibt zwei Möglichkeiten, das gewünschte Verhalten der oben genannten Anweisung zu erreichen. Beide müssen durch den Autor des Pakets implementiert werden.

- Zum einen können alle Module des Pakets innerhalb der __init__.py per import-Anweisung importiert werden. Dies hat zur Folge, dass sie beim Einbinden des Pakets und damit nach dem Ausführen des Codes der __init__.py-Datei eingebunden wären.

- Zum anderen kann dies durch Anlegen einer Referenz namens __all__ geschehen. Diese muss eine Liste von Strings mit den zu importierenden Modulnamen referenzieren:

    __all__ = ["blur", "flip", "rotate"]

Es liegt im Ermessen des Programmierers, welches Verhalten from abc import * bei seinen Paketen zeigen soll. Beachten Sie aber, dass das Importieren des kompletten Modul- bzw. Paketinhalts in den aktuellen Namensraum zu unerwünschten Namenskonflikten führen kann. Aus diesem Grund sollten Sie importierte Module stets in einem eigenen Namensraum führen.

20.3.2 Namespace Packages

Mit Python 3.3 wurden Pakete eingeführt, die aus mehreren Teilen bestehen können, die an verschiedenen Orten gespeichert sind. Dies ist zum Beispiel dann interessant, wenn mehrere Komponenten einer zusammengehörigen Bibliothek unabhängig voneinander verteilt werden sollen. Beim Einbinden eines solchen Pakets werden die einzelnen Komponenten demselben Namensraum zugewiesen.

Da zu einem Namespace Package mehrere Ordner gehören können, gibt es keine eindeutige *__init__.py* mehr. Im Gegenteil: Das Vorhandensein bzw. Nichtvorhandensein der *__init__.py* entscheidet, ob ein Paket als reguläres Paket oder als Namespace Package eingebunden wird.

Angenommen, es existierten zwei Ordner namens *package* an verschiedenen Orten im Dateisystem, an denen Python nach Modulen und Paketen sucht.[5] Beide Ordner haben den gleichen Namen, enthalten aber verschiedene Module, die jeweils ihren Namen ausgeben: *verzeichnis1/package/modul1.py* und *verzeichnis2/package/modul2.py*.

Beide Module können nun über den Paketnamen package so eingebunden werden, als seien sie in einem regulären Paket im selben Ordner enthalten:

```
>>> import package.modul1
modul1
>>> import package.modul2
modul2
```

Jedes reguläre Paket kann durch Entfernen der *__init__.py*-Datei zu einem Namespace Package gemacht werden. Beachten Sie aber, dass das Einbinden von Namespace Packages länger dauert als das Einbinden regulärer Pakete, da alle bekannten Verzeichnisse nach Komponenten des Pakets durchsucht werden müssen.

20.3.3 Relative Import-Anweisungen

Große Bibliotheken bestehen häufig nicht nur aus einem Modul oder Paket, sondern enthalten diverse Unterpakete, definieren also eine beliebig komplexe *Paketstruktur*. Innerhalb einer solchen Paketstruktur wird eine relative Variante der import-Anweisung benötigt, die ein Unterpaket anhand einer relativen Pfadangabe einbindet. Auf diese Weise kann ein Paket ein zweites Paket einbinden, das in der Paketstruktur beispielsweise zwei Stufen über dem einbindenden Paket liegt. Eine relative import-Anweisung wird folgendermaßen geschrieben:

---

[5] Das sind entweder das lokale Programmverzeichnis, das globale Modulverzeichnis oder jedes andere Verzeichnis, das in der Umgebungsvariablen PYTHONPATH bzw. in der Liste sys.path enthalten ist.

```
from . import xyz
```

Diese Anweisung bindet das Paket (oder das Modul) xyz aus dem Verzeichnis ein, das zwischen from und import angegeben wird. Ein Punkt steht dabei für das aktuelle Verzeichnis. Jeder weitere Punkt symbolisiert das ein Level höher gelegene Verzeichnis.

Im Kontext des fiktiven Bildbearbeitungsprogramms aus Abbildung 20.1 würde die folgende Anweisung im Modul read des Pakets png das korrespondierende Modul für Bitmaps einbinden:

```
from ..bmp import read
```

Es wird aus dem Paket bmp, das sich in der Paketstruktur eine Ebene über dem einbindenden Paket befindet, das Modul read eingebunden.

Eine relative import-Anweisung schlägt fehl, wenn sie außerhalb einer Paketstruktur ausgeführt wird (SystemError) oder wenn eines der Pakete im relativen Pfad zwischen from und import nicht eingebunden ist (NameError).

Die klassische import-Anweisung, wie sie in den vorangegangenen Abschnitten besprochen wurde, wird auch *absolute* import-*Anweisung* genannt und kann innerhalb einer Paketstruktur ausschließlich dazu genutzt werden, globale Module einzubinden. In allen anderen Fällen muss eine relative import-Anweisung verwendet werden.

Die eingangs besprochenen Möglichkeiten zur Umbenennung eines eingebundenen Pakets oder Moduls funktionieren auch bei relativen import-Anweisungen:

```
from ..bmp import read as read_bmp
```

20.4 Das Paket importlib

Das Paket importlib der Standardbibliothek implementiert das Importverhalten, das der import-Anweisung zugrunde liegt. Es gibt drei grundlegende Einsatzzwecke für dieses Paket:

- Es enthält die Funktion import_module, über die sich ein Modul bzw. ein Paket importieren lässt, ohne die import-Anweisung zu verwenden. Das ist zum Beispiel interessant, wenn der Name des einzubindenden Moduls als String vorliegt.
- Es definiert sogenannte *Importer*. Über diese Importer ist es möglich, in den Importvorgang einzugreifen und damit das Standardverhalten der import-Anweisung zu modifizieren.
- Die Implementierung des Importvorgangs ist damit in der Sprache Python selbst geschrieben. Das bedeutet insbesondere, dass alternative Python-Interpreter keine eigene Implementierung mitbringen müssen, sondern ebenfalls auf importlib zurückgreifen können.

20.4.1 Einbinden von Modulen und Paketen

Das Paket `importlib` definiert die Funktion `import_module`, mit deren Hilfe sich ein Modul einbinden lässt, ohne die `import`-Anweisung zu verwenden. Die Funktion `import_module` bekommt den Namen des einzubindenden Moduls bzw. Pakets als String übergeben:

```
>>> import importlib
>>> math = importlib.import_module("math")
>>> math.cos(0)
1.0
```

Das eingebundene Modul wird von `import_module` zurückgegeben.

Wenn ein relativer Import durchgeführt werden soll, muss für den optionalen zweiten Parameter ein String übergeben werden, der den Pfad zum Basispaket enthält, auf den sich der relative Import bezieht.

Bezug nehmend auf die Paketstruktur aus Abbildung 20.1 ist die relative `import`-Anweisung

```
from ..bmp import read
```

aus den vorangegangenen Beispielen etwa äquivalent zu den folgenden Aufrufen von `import_module`:

```
read = importlib.import_module("..bmp.read", __package__)
read = importlib.import_module("..bmp.read", "formats.png")
read = importlib.import_module(".bmp.read", "formats")
```

20.4.2 Verändern des Import-Verhaltens

> **Hinweis**
> Dieser Abschnitt ist für fortgeschrittene Leser gedacht und behandelt ein selten benötigtes Thema. Er setzt Grundwissen in den Bereichen Objektorientierung und Ausnahmebehandlung voraus. Beide Themen werden weiter hinten in diesem Teil des Buchs besprochen.

Aus Anwendersicht ist der wesentliche Aspekt des Pakets `importlib` sicherlich die Definition der Funktion `import_module`; das Paket bietet darüber hinaus aber interessante Möglichkeiten, in den Importprozess des Interpreters einzugreifen. Es ist mit diesen Methoden zum Beispiel möglich, Module aus komprimierten Archiven oder aus dem Internet zu laden. Man könnte sich auch vorstellen, Module beim Einbinden dynamisch zu erzeugen. Deshalb geben wir Ihnen an dieser Stelle eine kurze Übersicht darüber, wie das Einbinden von Modulen und Paketen intern funktioniert und wie Sie ein selbst definiertes Verhalten implementieren können.

Das Importverhalten wird festgelegt durch eine Kombination sogenannter *Finder* und *Loader*. Ein Finder lokalisiert das einzubindende Modul anhand seines Namens und instanziiert einen passenden Loader, der es einbindet. In der Liste sys.path_hooks sind die systemweit registrierten Finder eingetragen. Da es verschiedene Arten von Orten gibt, an denen Finder nach Modulen suchen können, werden für jeden Eintrag in sys.path die registrierten Finder der Reihe nach gefragt, ob sie für diesen Pfad geeignet sind. Der erste Finder in sys.path_hooks, der sich für einen der Pfade für geeignet erklärt, ist dafür zuständig, Module in diesem Pfad zu finden.

Bei der Abarbeitung einer import-Anweisung werden die in sys.path eingetragenen Pfade der Reihe nach durchgegangen, und der assoziierte Finder wird beauftragt, das einzubindende Modul zu finden. Findet einer der Finder das Modul, muss der von ihm instanziierte Loader das Modul einbinden. Auch hier gilt: Nachdem der erste Finder das Modul gefunden hat, wird die Suche abgebrochen.

Der Finder

Ein Finder ist eine Klasse, die neben ihrem Konstruktor eine Methode find_module enthält. Diese Methode wird gerufen, wenn ein Modul in einem dem Finder zugeordneten Pfad gesucht wird. Über den Konstruktor teilt der Finder mit, für welche Pfade er geeignet ist. Im Folgenden entwickeln wir einen beispielhaften Finder, der Textdateien als Module identifiziert:

```
class TextFinder:
    def __init__(self, path):
        if path != "#":
            raise ImportError
    def find_module(self, fullname, path=None):
        try:
            open(fullname + ".txt").close()
            return TextLoader(path)
        except FileNotFoundError:
            return None
```

Für jeden Eintrag in sys.path, der noch keinen assoziierten Finder hat, werden die registrierten Finder der Reihe nach instanziiert. Bei der Instanziierung wird der jeweilige Pfad an den Konstruktor übergeben. Wenn ein Finder für den angegebenen Pfad nicht zuständig sein möchte, muss er eine ImportError-Exception werfen. Im Beispiel schreiben wir einen Finder, der nur für den Pfad "#" zuständig ist. Das ist ein künstlicher Eintrag, den wir später in sys.path hinzufügen, um das restliche Importverhalten nicht zu beeinträchtigen.

Die Methode `find_module` wird gerufen, wenn der Finder beauftragt wird, ein Modul mit dem Namen `fullname` zu finden. Dazu prüft er, ob die Datei *fullname*.txt existiert, und instanziiert gegebenenfalls einen dazu passenden Loader, in diesem Fall einen `TextLoader` zum Einbinden einer Textdatei.

Der Loader

Ein Loader implementiert im Wesentlichen die Methode `load_module`, die den Modulnamen übergeben bekommt. Sie ist dafür zuständig, das Modul einzubinden und die entstandene Modulinstanz zurückzugeben. Außerdem muss das Modul im Modulindex `sys.modules` eingetragen werden, und es müssen verschiedene Attribute des Moduls initialisiert werden.

Wenn das Modul bereits in `sys.modules` vorhanden ist, es also ein zweites Mal eingebunden wird, sollte ein Loader die in `sys.modules` enthaltene Instanz zurückgeben. Wenn das Laden eines Moduls scheitert, wirft `load_module` eine `ImportError`-Exception.

Zum Erzeugen einer neuen Modulinstanz kann die Funktion `new_module` des Moduls `imp` aus der Standardbibliothek verwendet werden.

```python
import imp
class TextLoader:
    def __init__(self, path):
        pass
    def load_module(self, fullname):
        if fullname in sys.modules:
            return sys.modules[fullname]
        else:
            module = imp.new_module(fullname)
            sys.modules[fullname] = module
        module.__file__ = fullname + ".txt"
        module.__name__ = fullname
        module.__package__ = ""
        module.__loader__ = self
        try:
            with open(fullname + ".txt") as f:
                module.text = f.read()
            return module
        except FileNotFoundError:
            del sys.modules[fullname]
            raise ImportError
```

In der Beispielimplementierung versuchen wir, die zum Modulnamen passende Textdatei zu lesen, und fügen im Erfolgsfall den enthaltenen Text als Attribut text in das Modul ein.

Um das Importieren von Textdateien zu testen, muss der TextFinder als Finder registriert und außerdem der virtuelle Pfad "#" in sys.path eingetragen werden:

```
import sys
sys.path_hooks.append(TextFinder)
sys.path.append("#")
```

Sowohl die Finder-Klasse als auch der virtuelle Pfad können weiter vorne in den jeweiligen Listen eingefügt werden, um ihnen eine höhere Priorität zu geben.

Wenn jetzt ein Modul eingebunden wird, werden wie gewohnt die in sys.path enthaltenen Pfade abgearbeitet. Da der virtuelle Pfad "#" ans Ende der Liste angefügt wurde, werden zunächst die Standard-Finder mit den Standardpfaden überprüft. Sollte keiner der Standard-Finder das Modul finden können, versucht der TextFinder, das Modul als Textdatei zu laden:

```
>>> import testdatei
>>> print(testdatei.text)
Dies ist der Inhalt der Testdatei
```

Finder und Loader können, wie im Beispiel gezeigt, voneinander getrennte Klassen sein, sie können aber auch ein und dieselbe Klasse sein. In diesem Fall darf die Methode find_module die eigene Instanz – self – zurückgeben.

Kapitel 21
Objektorientierung

In diesem Kapitel lassen wir endlich die Katze aus dem Sack: Sie werden in das wichtigste und grundlegendste Konzept von Python eingeführt, die *Objektorientierung*. Der Begriff Objektorientierung beschreibt ein Programmierparadigma, mit dem die Konsistenz von Datenobjekten gesichert werden kann und das die Wiederverwendbarkeit von Quellcode verbessert. Diese Vorteile werden dadurch erreicht, dass man Datenstrukturen und die dazugehörigen Operationen zu einem *Objekt* zusammenfasst und den Zugriff auf diese Strukturen nur über bestimmte Schnittstellen erlaubt.

Diese Vorgehensweise werden wir an einem Beispiel veranschaulichen, indem wir zuerst auf dem bisherigen Weg eine Lösung erarbeiten und diese dann ein zweites Mal, diesmal aber unter Verwendung der objektorientierten Mechanismen von Python, implementieren.

Stellen Sie sich vor, wir würden für eine Bank ein System für die Verwaltung von Konten entwickeln, das das Anlegen neuer Konten, Überweisungen sowie Ein- und Auszahlungen regelt. Ein möglicher Ansatz wäre, dass Sie für jedes Bankkonto ein Dictionary anlegen, in dem alle Informationen über den Kunden und seinen Finanzstatus gespeichert sind. Um die gewünschten Operationen zu unterstützen, definieren Sie Funktionen. Ein Dictionary für ein vereinfachtes Konto sieht dann folgendermaßen aus:[1]

```
konto = {
    "Inhaber" : "Hans Meier",
    "Kontonummer" : 567123,
    "Kontostand" : 12350.0,
    "MaxTagesumsatz" : 1500,
    "UmsatzHeute" : 10.0
    }
```

Wir gehen modellhaft davon aus, dass jedes Konto einen "Inhaber" hat, der durch einen String mit seinem Namen identifiziert wird. Das Konto hat eine ganzzahlige "Kontonummer", um es von allen anderen Konten zu unterscheiden. Mit der Gleitkom-

---

[1] Wir verwenden hier `float`-Instanzen zum Speichern von Geldbeträgen, um die Beispiele einfach zu halten. Mit diesem Datentyp können bei sehr großen Beträgen Informationen verloren gehen. Deshalb sollten Sie bei Bankanwendungen eine exakte Repräsentation der Beträge, z. B. mithilfe des Typs `decimal.Decimal`, siehe Abschnitt 26.3, »Präzise Dezimalzahlen – decimal«, wählen.

mazahl, die mit dem Schlüssel "Kontostand" verknüpft ist, wird das aktuelle Guthaben in Euro gespeichert. Die Schlüssel "MaxTagesumsatz" und "UmsatzHeute" dienen dazu, den Tagesumsatz eines jeden Kunden zu seinem eigenen Schutz auf ein bestimmtes Limit zu begrenzen. "MaxTagesumsatz" gibt dabei an, wie viel Geld pro Tag maximal von dem bzw. auf das Konto bewegt werden darf. Mit "UmsatzHeute" »merkt« sich das System, wie viel am heutigen Tag schon umgesetzt worden ist. Zu Beginn eines neuen Tages wird dieser Wert wieder auf null gesetzt.

Ausgehend von dieser Datenstruktur werden wir nun die geforderten Operationen als Funktionen definieren. Als Erstes brauchen wir eine Funktion, die ein neues Konto nach bestimmten Vorgaben erzeugt:

```
def neues_konto(inhaber, kontonummer, kontostand, max_tagesumsatz=1500):
    return {
        "Inhaber" : inhaber,
        "Kontonummer" : kontonummer,
        "Kontostand" : kontostand,
        "MaxTagesumsatz" : max_tagesumsatz,
        "UmsatzHeute" : 0
        }
```

An einem Geldtransfer sind immer ein Sender (das Quellkonto) und ein Empfänger (das Zielkonto) beteiligt. Außerdem muss zur Durchführung der Überweisung der gewünschte Geldbetrag bekannt sein. Die Funktion wird also drei Parameter erwarten: quelle, ziel und betrag. Nach unseren Voraussetzungen ist eine Überweisung nur dann möglich, wenn die Tagesumsätze der beiden Konten ihr Limit nicht überschreiten. Die Überweisungsfunktion soll einen Wahrheitswert zurückgeben, der angibt, ob die Überweisung ausgeführt werden konnte oder nicht. Damit lässt sie sich folgendermaßen implementieren:

```
def geldtransfer(quelle, ziel, betrag):
    # Hier erfolgt der Test, ob der Transfer möglich ist
    if(betrag < 0 or
       quelle["UmsatzHeute"] + betrag > quelle["MaxTagesumsatz"] or
       ziel["UmsatzHeute"] + betrag > ziel["MaxTagesumsatz"]):
        # Transfer unmöglich
        return False
    else:
        # Alles OK - Auf geht's
        quelle["Kontostand"] -= betrag
        quelle["UmsatzHeute"] += betrag
        ziel["Kontostand"] += betrag
        ziel["UmsatzHeute"] += betrag
        return True
```

Die Funktion überprüft zuerst, ob der Transfer durchführbar ist, und beendet den Funktionsaufruf frühzeitig mit dem Rückgabewert False, wenn dies nicht der Fall ist. Wenn für den Betrag ein gültiger Wert übergeben wurde und kein Tagesumsatzlimit überschritten wird, aktualisiert die Funktion Kontostände und Tagesumsätze entsprechend der Überweisung und gibt True zurück.

Die letzten Operationen für unsere Modellkonten sind das Ein- beziehungsweise Auszahlen am Geldautomaten oder Bankschalter. Beide Funktionen benötigen als Parameter das betreffende Konto und den jeweiligen Geldbetrag.

```
def einzahlen(konto, betrag):
    if betrag < 0 or konto["UmsatzHeute"] + betrag > konto["MaxTagesumsatz"]:
        # Tageslimit überschritten oder ungültiger Betrag
        return False
    else:
        konto["Kontostand"] += betrag
        konto["UmsatzHeute"] += betrag
        return True

def auszahlen(konto, betrag):
    if betrag < 0 or konto["UmsatzHeute"] + betrag > konto["MaxTagesumsatz"]:
        # Tageslimit überschritten oder ungültiger Betrag
        return False
    else:
        konto["Kontostand"] -= betrag
        konto["UmsatzHeute"] += betrag
        return True
```

Auch diese Funktionen geben, abhängig von ihrem Erfolg, einen Wahrheitswert zurück.

Um einen Überblick über den aktuellen Status unserer Konten zu erhalten, definieren wir eine einfache Ausgabefunktion:

```
def zeige_konto(konto):
    print("Konto von {}".format(konto["Inhaber"]))
    print("Aktueller Kontostand: {:.2f} Euro".format(konto["Kontostand"]))
    print("(Heute schon {:.2f} von {} Euro umgesetzt)".format(
        konto["UmsatzHeute"], konto["MaxTagesumsatz"]))
```

Mit diesen Definitionen könnten wir beispielsweise folgende Bankoperationen simulieren:

```
>>> k1 = neues_konto("Heinz Meier", 567123, 12350.0)
>>> k2 = neues_konto("Erwin Schmidt", 396754, 15000.0)
```

```
>>> geldtransfer(k1, k2, 160)
True
>>> geldtransfer(k2, k1, 1000)
True
>>> geldtransfer(k2, k1, 500)
False
>>> einzahlen(k2, 500)
False
>>> zeige_konto(k1)
Konto von Heinz Meier
Aktueller Kontostand: 13190.00 Euro
(Heute schon 1160.00 von 1500 Euro umgesetzt)
>>> zeige_konto(k2)
Konto von Erwin Schmidt
Aktueller Kontostand: 14160.00 Euro
(Heute schon 1160.00 von 1500 Euro umgesetzt)
```

Zuerst eröffnet Heinz Meier ein neues Konto k1 mit der Kontonummer 567123 und mit einem Startguthaben von 12.350 Euro. Erwin Schmidt zahlt 15.000 Euro auf sein neues Konto k2 mit der Kontonummer 396754 ein. Beide haben den standardmäßigen maximalen Tagesumsatz von 1.500 Euro gewählt. Nun treten die beiden in geschäftlichen Kontakt miteinander, wobei Herr Meier von Herrn Schmidt einen DVD-Rekorder für 160 Euro kauft und diesen per Überweisung bezahlt. Am selben Tag erwirbt Herr Meier Herrn Schmidts gebrauchten Spitzenlaptop, der für 1.000 Euro den Besitzer wechselt. Als Herr Schmidt in den Abendstunden stark an der Heimkinoanlage von Herrn Meier interessiert ist und ihm dafür 500 Euro überweisen möchte, wird er enttäuscht, denn die Überweisung schlägt fehl. Völlig verdattert zieht Herr Schmidt den voreiligen Schluss, er habe zu wenig Geld auf seinem Konto. Deshalb möchte er den Betrag auf sein Konto einzahlen und anschließend erneut überweisen. Als aber auch die Einzahlung abgelehnt wird, wendet er sich an einen Bankangestellten. Dieser lässt sich die Informationen der beteiligten Konten anzeigen. Dabei sieht er, dass die gewünschte Überweisung das Tageslimit von Herrn Schmidts Konto überschreitet und deshalb nicht ausgeführt werden kann.

Wie Sie sehen, arbeitet unsere Banksimulation wie erwartet und ermöglicht uns eine relativ einfache Handhabung von Kontodaten. Sie weist aber eine unschöne Eigenheit auf, die wir im Folgenden besprechen werden.

In dem Beispiel sind die Datenstruktur und die Funktionen für ihre Verarbeitung getrennt definiert, was dazu führt, dass das Konto-Dictionary bei jedem Funktionsaufruf als Parameter übergeben werden muss.

Man kann sich aber auf den Standpunkt stellen, dass ein Konto nur mit den dazugehörigen Verwaltungsfunktionen sinnvoll benutzt werden kann und auch umgekehrt die Verwaltungsfunktionen eines Kontos nur in Zusammenhang mit dem Konto nützlich sind.

Genau diese Wünsche befriedigt die Objektorientierung, indem sie Daten und Verarbeitungsfunktionen zu *Objekten* zusammenfasst. Dabei werden die Daten eines solchen Objekts *Attribute* und die Verarbeitungsfunktionen *Methoden* genannt. Attribute und Methoden werden unter dem Begriff *Member* einer Klasse zusammengefasst. Schematisch lässt sich das Objekt eines Kontos also folgendermaßen darstellen:

Konto	
Attribute	**Methoden**
Inhaber	neues_konto()
Kontostand	geldtransfer()
MaxTagesumsatz	einzahlen()
UmsatzHeute	auszahlen()
	zeige()

Tabelle 21.1 Schema eines Kontoobjekts

Die Begriffe »Attribut« und »Methode« sind Ihnen bereits aus früheren Kapiteln von den Basisdatentypen bekannt, denn jede Instanz eines Basisdatentyps stellt – auch wenn Sie es zu dem Zeitpunkt vielleicht noch nicht wussten – ein Objekt dar. Sie wissen auch schon, dass Sie auf die Attribute und Methoden eines Objekts zugreifen, indem Sie die Referenz auf das Objekt und das dazugehörige Member durch einen Punkt getrennt aufschreiben.

Angenommen, k1 und k2 sind Kontoobjekte, wie sie das oben dargestellte Schema zeigt, mit den Daten von Herrn Meier und Herrn Schmidt; dann können wir das letzte Beispiel folgendermaßen formulieren:[2]

```
>>> k1.geldtransfer(k2, 160)
True
>>> k2.geldtransfer(k1, 1000)
True
>>> k2.geldtransfer(k1, 500)
False
```

---

2 Der Code ist so natürlich noch nicht lauffähig, da die Definition für die Kontoobjekte fehlt, die erst im Folgenden erarbeitet wird.

```
>>> k2.einzahlen(500)
False
>>> k1.zeige()
Konto von Heinz Meier
Aktueller Kontostand: 13190.00 Euro
(Heute schon 1160.00 von 1500 Euro umgesetzt)
>>> k2.zeige()
Konto von Erwin Schmidt
Aktueller Kontostand: 14160.00 Euro
(Heute schon 1160.00 von 1500 Euro umgesetzt)
```

Die Methoden `geldtransfer` und `zeige` haben nun beim Aufruf einen Parameter weniger, da das Konto, auf das sie sich jeweils beziehen, jetzt am Anfang des Aufrufs steht. Da sich die Methode `zeige` nun automatisch auf ein Konto bezieht, haben wir den Namen der Methode entsprechend verkürzt.

Seit der Einführung der Basisdatentypen sind Sie bereits mit dem Umgang von Objekten und der Verwendung ihrer Attribute und Methoden vertraut. In diesem Kapitel werden Sie lernen, wie Sie Ihre eigenen Objekte mithilfe von Klassen erzeugen können.

21.1 Klassen

Objekte werden über *Klassen* erzeugt. Eine Klasse ist dabei eine formale Beschreibung der Struktur eines Objekts, die besagt, welche Attribute und Methoden es besitzt.

Mit einer Klasse allein kann man noch nicht sinnvoll arbeiten, da sie nur die Beschreibung eines Objekttyps darstellt, selbst aber kein Objekt ist.[3] Man kann das Verhältnis von Klasse und Objekt mit dem von Backrezept und Kuchen vergleichen: Das Rezept definiert die Zutaten und den Herstellungsprozess eines Kuchens und damit auch seine Eigenschaften. Trotzdem reicht ein Rezept allein nicht aus, um die Verwandten zu einer leckeren Torte am Sonntagnachmittag einzuladen. Erst beim Backen wird aus der abstrakten Beschreibung ein fertiger Kuchen.

Ein anderer Name für ein Objekt ist *Instanz*. Das objektorientierte Backen wird daher *Instanziieren* genannt. So, wie es zu einem Rezept mehrere Kuchen geben kann, können auch mehrere Instanzen einer Klasse erzeugt werden:

---

[3] Streng genommen sind in Python auch Klassen Instanzen sogenannter *Metaklassen*. Dies soll hier aber keine Rolle spielen.

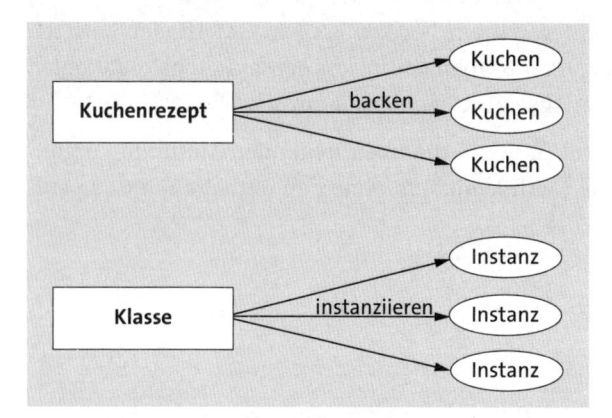

Abbildung 21.1 Analogie von Rezept/Kuchen und Klasse/Objekt

Zur Definition einer neuen Klasse in Python dient das Schlüsselwort `class`, dem der Name der neuen Klasse folgt. Die einfachste Klasse hat weder Methoden noch Attribute und wird folgendermaßen definiert:

```
class Konto:
    pass
```

Wie bereits gesagt, lässt sich mit einer Klasse allein nicht arbeiten, weil sie nur eine abstrakte Beschreibung ist. Deshalb wollen wir nun eine Instanz der noch leeren Beispielklasse `Konto` erzeugen. Um eine Klasse zu instanziieren, rufen Sie die Klasse wie eine Funktion ohne Parameter auf, indem Sie dem Klassennamen ein rundes Klammernpaar nachstellen. Der Rückgabewert dieses Aufrufs ist eine neue Instanz der Klasse:

```
>>> Konto()
<__main__.Konto object at 0x7f118556de10>
```

Die Ausgabe teilt uns mit, dass der Rückgabewert von `Konto()` eine Instanz der Klasse `Konto` im Namensraum `__main__` ist und im Speicher unter der Adresse `0xb787776c` abgelegt wurde – uns reicht als Information aus, dass eine neue Instanz der Klasse `Konto` erzeugt worden ist.

21.1.1 Definieren von Methoden

Im Prinzip unterscheidet sich eine Methode nur durch zwei Aspekte von einer Funktion: Erstens wird sie innerhalb eines von `class` eingeleiteten Blocks definiert, und zweitens erhält sie als ersten Parameter immer eine Referenz auf die Instanz, über die sie aufgerufen wird. Dieser erste Parameter muss nur bei der Definition explizit hingeschrieben werden und wird beim Aufruf der Methode automatisch mit der entsprechenden Instanz verknüpft. Da sich die Referenz auf das Objekt selbst bezieht, gibt man dem ersten Parameter den Namen `self` (dt. »selbst«). Methoden besitzen genau wie Funktionen einen eigenen Namensraum, können auf globale Variablen zugreifen und Werte per `return` an die aufrufende Ebene zurückgeben.

Damit können wir unsere Kontoklasse um die noch fehlenden Methoden ergänzen, wobei wir zunächst nur die Methodenköpfe ohne den enthaltenen Code aufschreiben:

```python
class Konto:
    def geldtransfer(self, ziel, betrag):
        pass
    def einzahlen(self, betrag):
        pass
    def auszahlen(self, betrag):
        pass
    def zeige(self):
        pass
```

Beachten Sie den Parameter `self` am Anfang der Parameterliste jeder Methode, für den automatisch eine Referenz auf die Instanz übergeben wird, die beim Aufruf auf der linken Seite des Punktes steht:

```
>>> k = Konto()
>>> k.einzahlen(500)
```

Hier wird an die Methode `einzahlen` eine Referenz auf das Konto `k` übergeben, auf das dann innerhalb von `einzahlen` über den Parameter `self` zugegriffen werden kann.

Im nächsten Abschnitt werden Sie lernen, wie Sie in den Erzeugungsprozess neuer Objekte eingreifen und neue Attribute anlegen können.

21.1.2 Der Konstruktor und die Erzeugung von Attributen

Der Lebenszyklus jeder Instanz sieht gleich aus: Sie wird erzeugt, benutzt und anschließend wieder beseitigt. Dabei ist die Klasse, also der Bauplan, dafür verantwortlich, dass sich die Instanz zu jeder Zeit in einem wohldefinierten Zustand befindet. Aus diesem Grund gibt es eine spezielle Methode, die automatisch beim Instanziieren eines Objekts aufgerufen wird, um das Objekt in einen gültigen Initialzustand zu versetzen. Man nennt diese Methode den *Konstruktor* einer Klasse.

Um einer Klasse einen Konstruktor zu geben, müssen Sie eine Methode mit dem Namen[4] `__init__` definieren.

---

[4] Dabei ist das Wort »init« sowohl von links als auch von rechts mit zwei Unterstrichen »_« umgeben. Methoden, die nach dem Schema `__WORT__` aufgebaut sind, haben in Python eine besondere Bedeutung. Wir werden später in Abschnitt 21.7, »Magic Methods und Magic Attributes«, ausführlicher darauf eingehen.

```
class Beispielklasse:
    def __init__(self):
        print("Hier spricht der Konstruktor")
```

Wenn wir jetzt eine Instanz der Klasse Beispielklasse erzeugen, wird implizit die Methode __init__ aufgerufen, und der Text »Hier spricht der Konstruktor« erscheint auf dem Bildschirm:

```
>>> Beispielklasse()
Hier spricht der Konstruktor
<__main__.Beispielklasse object at 0x7f118556dfd0>
```

Konstruktoren können sinnvollerweise keine Rückgabewerte haben, da sie nicht direkt aufgerufen werden und beim Erstellen einer neuen Instanz schon eine Referenz auf die neue Instanz zurückgegeben wird.

> **Hinweis**
>
> Falls Sie bereits andere objektorientierte Programmiersprachen beherrschen und sich fragen, wie Sie in Python einen Destruktor implementieren können, sei Ihnen an dieser Stelle gesagt, dass es in Python keinen Destruktor gibt, der garantiert am Ende der Lebenszeit einer Instanz gerufen wird.
>
> Ein ähnliches Verhalten kann mithilfe der Methode __del__ realisiert werden, die in Abschnitt 21.7.1 beschrieben wird.

Neue Attribute anlegen

Da es die Hauptaufgabe eines Konstruktors ist, einen konsistenten Initialzustand der Instanz herzustellen, sollten alle Attribute einer Klasse auch dort definiert werden.[5] Die Definition neuer Attribute erfolgt durch eine Wertezuweisung, wie Sie sie von normalen Variablen kennen. Damit können wir die Funktion neues_konto durch den Konstruktor der Klasse Konto ersetzen, der dann wie folgt implementiert werden kann:

```
class Konto:
    def __init__(self, inhaber, kontonummer, kontostand,
                 max_tagesumsatz=1500):
        self.Inhaber = inhaber
        self.Kontonummer = kontonummer
        self.Kontostand = kontostand
        self.MaxTagesumsatz = max_tagesumsatz
```

---

5 Es gibt wenige Sonderfälle, in denen von dieser Regel abgewichen werden muss. Sie sollten im Regelfall alle Attribute Ihrer Klassen im Konstruktor anlegen.

```
            self.UmsatzHeute = 0
        # hier kommen die restlichen Methoden hin
```

Da `self` eine Referenz auf die zu erstellende Instanz enthält, können wir über sie die neuen Attribute anlegen, wie das Beispiel zeigt. Auf dieser Basis können auch die anderen Funktionen der nicht objektorientierten Variante auf die Kontoklasse übertragen werden.

Im folgenden Listing sehen Sie die vollständige Klasse `Konto`.

```python
class Konto:
    def __init__(self, inhaber, kontonummer, kontostand,
                 max_tagesumsatz=1500):
        self.Inhaber = inhaber
        self.Kontonummer = kontonummer
        self.Kontostand = kontostand
        self.MaxTagesumsatz = max_tagesumsatz
        self.UmsatzHeute = 0
    def geldtransfer(self, ziel, betrag):
        # Hier erfolgt der Test, ob der Transfer möglich ist
        if (betrag < 0 or
                self.UmsatzHeute + betrag > self.MaxTagesumsatz or
                ziel.UmsatzHeute + betrag > ziel.MaxTagesumsatz):
            # Transfer unmöglich
            return False
        else:
            # Alles OK - Auf geht's
            self.Kontostand -= betrag
            self.UmsatzHeute += betrag
            ziel.Kontostand += betrag
            ziel.UmsatzHeute += betrag
            return True
    def einzahlen(self, betrag):
        if betrag < 0 or self.UmsatzHeute + betrag > self.MaxTagesumsatz:
            # Tageslimit überschritten oder ungültiger Betrag
            return False
        else:
            self.Kontostand += betrag
            self.UmsatzHeute += betrag
            return True
    def auszahlen(self, betrag):
        if betrag < 0 or self.UmsatzHeute + betrag > self.MaxTagesumsatz:
            # Tageslimit überschritten oder ungültiger Betrag
            return False
```

```
        else:
            self.Kontostand -= betrag
            self.UmsatzHeute += betrag
            return True
    def zeige(self):
        print("Konto von {}".format(self.Inhaber))
        print("Aktueller Kontostand: {:.2f} Euro".format(self.Kontostand))
        print("(Heute schon {:.2f} von {} Euro umgesetzt)".format(
            self.UmsatzHeute, self.MaxTagesumsatz))
```

An dieser Stelle haben wir unser Ziel erreicht, die Kontodaten und die dazugehörigen Verarbeitungsfunktionen zu einer Einheit zu verbinden.

Mithilfe der neuen Kontoklasse können wir die Geschäfte von Herrn Schmidt und Herrn Meier vom Beginn des Kapitels erneut durchspielen:

```
>>> k1 = Konto("Heinz Meier", 567123, 12350.0)
>>> k2 = Konto("Erwin Schmidt", 396754, 15000.0)
>>> k1.geldtransfer(k2, 160)
True
>>> k2.geldtransfer(k1, 1000)
True
>>> k2.geldtransfer(k1, 500)
False
>>> k2.einzahlen(500)
False
>>> k1.zeige()
Konto von Heinz Meier
Aktueller Kontostand: 13190.00 Euro
(Heute schon 1160.00 von 1500 Euro umgesetzt)
>>> k2.zeige()
Konto von Erwin Schmidt
Aktueller Kontostand: 14160.00 Euro
(Heute schon 1160.00 von 1500 Euro umgesetzt)
```

Im folgenden Abschnitt werden wir uns darüber Gedanken machen, wie wir unser Beispiel so strukturieren können, dass es sich leicht für neue Problemstellungen verallgemeinern lässt.

21.2 Vererbung

Neben der strukturellen Verschmelzung von Daten und den darauf arbeitenden Methoden zu einer Einheit zielt das Konzept der Objektorientierung darauf ab, die Wiederverwendbarkeit von Programm-Code zu verbessern. Damit ist gemeint, dass ein

Programm mit geringem Aufwand an Probleme angepasst werden kann, die dem Problem ähnlich sind, für das das Programm ursprünglich entwickelt wurde.

Konkret bedeutet dies, dass man von bereits bestehenden Klassen neue Klassen ableitet, um diese um zusätzliche Funktionalität zu erweitern. Dabei übernimmt die abgeleitete Klasse alle Fähigkeiten von ihrer *Basisklasse*, sodass sie zunächst eine Kopie dieser Klasse ist. Man sagt, die Basisklasse *vererbt* ihre Fähigkeiten an eine Tochterklasse. Nach diesem Vererbungsschritt kann man die abgeleitete Klasse an die neuen Anforderungen anpassen.

Bevor wir Vererbung auf unser konkretes Beispiel anwenden, werden wir Ihnen an einigen abstrakten Beispielen zeigen, wie Python dieses Konzept technisch umsetzt.

21.2.1 Technische Grundlagen

Um eine Klasse von einer anderen erben zu lassen, schreibt man bei der Definition der Tochterklasse die Basisklasse in Klammern hinter den Klassennamen. Im folgenden Beispiel erbt also die Klasse B von der Klasse A:

```
class A:
    pass
class B(A):
    pass
```

Diese Klassen A und B sind noch sehr langweilig, da sie keine Methoden oder Attribute besitzen. Daher erweitern wir unsere Klassen folgendermaßen:

```
class A:
    def __init__(self):
        self.X = 1337
        print("Konstruktor von A")
    def m(self):
        print("Methode m von A. Es ist self.X =", self.X)
class B(A):
    def n(self):
        print("Methode n von B")
b = B()
b.n()
b.m()
```

In diesem Beispiel wird die Klasse A um einen Konstruktor erweitert, der ein Attribut X mit dem Wert 1337 erzeugt. Zusätzlich erhält die Klasse A eine Methode m. Sowohl der Konstruktor als auch die Methode m geben jeweils eine Meldung auf dem Bildschirm aus. Außerdem versehen wir die Klasse B mit einer Methode n, die ebenfalls eine Meldung ausgibt. Am Ende des kleinen Programms werden eine Instanz der Klasse B erzeugt und ihre Methoden n und m gerufen.

Die Ausgabe zeigt, dass B sowohl den Konstruktor als auch die Methode m von der Klasse A geerbt hat. Auch das Attribut X wurde ordnungsgemäß angelegt.

```
Konstruktor von A
Methode n von B
Methode m von A. Es ist self.X = 1337
```

Der Konstruktor einer Klasse hat die Aufgabe, die Klasse in einen wohldefinierten Initialzustand zu bringen. Wie die Ausgabe des oben dargestellten Programms zeigt, wurde beim Erzeugen einer Instanz der Klasse B der Konstruktor der Klasse A gerufen. Nun ist es in der Praxis häufig so, dass eine abgeleitete Klasse einen anderen Konstruktor als ihre Basisklasse benötigt, um eigene Initialisierungen vorzunehmen.

Überschreiben von Methoden

Wir erweitern daher unsere Klasse B um einen eigenen Konstruktor, der ein Attribut Y anlegt und auch eine Ausgabe erzeugt. Zusätzlich erweitern wir die Methode n so, dass sie den Wert des Attributs Y ausgibt.

```python
class B(A):
    def __init__(self):
        self.Y = 10000
        print("Konstruktor von B")
    def n(self):
        print("Methode n von B. Es ist self.Y =", self.Y)
b = B()
b.n()
b.m()
```

Die Ausgabe dieses Beispiels überrascht uns mit einer Fehlermeldung:

```
Konstruktor von B
Methode n von B. Es ist self.Y = 10000
Traceback (most recent call last):
    ...
AttributeError: 'B' object has no attribute 'X'
```

Laut der Bildschirmausgabe werden der Konstruktor von B sowie die Methoden n und m gerufen. Allerdings beschwert sich die Methode m darüber, dass die Instanz kein Attribut X besitzt.

Dies ist nicht verwunderlich, da der Konstruktor von A, der für das Anlegen des Attributs X zuständig ist, nicht aufgerufen wird. Dieses Verhalten ist folgendermaßen begründet:

Die Klasse B hat die Methode __init__ – also den Konstruktor – zunächst von der Klasse A geerbt, sie aber dann mit ihrem eigenen Konstruktor *überschrieben*. Infolgedessen wird beim Erzeugen einer Instanz der Klasse B nur noch der neue von B definierte Konstruktor gerufen, während der Konstruktor von A nicht zum Zuge kommt.

Generell spricht man vom *Überschreiben einer Methode*, wenn eine Klasse eine Methode erneut implementiert, die sie bereits von ihrer Basisklasse geerbt hat.

Im Allgemeinen ist es aber erforderlich, dass der überschriebene Konstruktor der Basisklasse gerufen wird, um die Instanz in einen konsistenten Zustand zu versetzen. Daher ist es möglich, überschriebene Methoden der Basisklasse explizit zu rufen:

```
class B(A):
    def __init__(self):
        super().__init__()
        self.Y = 10000
        print("Konstruktor von B")
    def n(self):
        print("Methode n von B. Es ist self.Y =", self.Y)
b = B()
b.n()
b.m()
```

Mit der Zeile super().__init__() rufen wir im Konstruktor der Klasse B explizit den Konstruktor der Basisklasse A. Die Built-in Function super findet dabei für uns heraus, dass A die Basisklasse von B ist und dass deshalb mit super().__init__() die __init__-Methode von A gerufen werden soll.

Die Ausgabe des oben dargestellten Codes zeigt, dass der Konstruktor von A nun wie gewünscht aufgerufen wird, und auch der Aufruf der Methode m funktioniert wieder.

```
Konstruktor von A
Konstruktor von B
Methode n von B. Es ist self.Y = 10000
Methode m von A. Es ist self.X = 1337
```

Dieses Überschreiben von Methoden ist nicht auf den Konstruktor beschränkt, und es kann auch jede beliebige Methode der Basisklasse wie der Konstruktor im obigen Beispiel explizit gerufen werden. Zur Illustration überschreiben wir im folgenden Beispiel in der Klasse B die Methode m von A und nutzen super, um wieder m von A aufzurufen:

```
class B(A):
    def __init__(self):
        super().__init__()
        self.Y = 10000
        print("Konstruktor von B")
```

```
    def n(self):
        print("Methode n von B. Es ist self.Y =", self.Y)
    def m(self):
        print("Methode m von B.")
        super().m()
b = B()
b.m()
```

Die Ausgabe dieses Beispielprogramms lautet:

```
Konstruktor von A
Konstruktor von B
Methode m von B.
Methode m von A. Es ist self.X = 1337
```

Durch `super().m()` wurde also wie gewünscht die Methode m der Basisklasse A gerufen.

> **Hinweis**
>
> Methoden der Basisklasse lassen sich auch ohne super explizit aufrufen. Im Konstruktor von B kann `super().__init__()` durch `A.__init__(self)` ersetzt werden, um den Konstruktor von A zu rufen. Allerdings muss dazu bei jedem Aufruf die Basisklasse explizit angegeben werden, obwohl sie aus dem Kontext klar ist.

Nun haben wir das Werkzeug an der Hand, um das Konzept Vererbung auf unser Kontobeispiel anzuwenden. Dabei werden wir unser Programm in mehrere Klassen zerlegen, die voneinander erben.

21.2.2 Die Klasse GirokontoMitTagesumsatz

Objektorientierte Programmierung zielt darauf ab, Vorhandenes erneut zu verwenden bzw. Code bereitzustellen, der einfach an neue Anforderungen angepasst werden kann. Dies hat zur Folge, dass Sie bei der Entwicklung eines objektorientierten Programms immer darauf achten sollten, Ihre Klassen möglichst universell zu halten. Erst dadurch wird es möglich, Teile des Programms durch geschickte Vererbung für die Lösung neuer Probleme zu übernehmen.

Wir werden als Beispiel eine Klasse GirokontoMitTagesumsatz entwickeln, die das Gleiche leistet wie die oben präsentierte Klasse Konto. Allerdings werden wir diesmal darauf achten, unseren Programm-Code so zu strukturieren, dass er leicht für ähnliche Aufgaben verwendet werden kann.

Ausgangspunkt unseres Programms ist die Klasse Konto aus Abschnitt 21.1, deren Attribute sich zunächst in zwei Kategorien einteilen lassen:

1. Daten, die den Umgang mit dem Geld auf dem Konto betreffen (Kontostand, MaxTagesumsatz, UmsatzHeute)
2. Daten, die den Kunden betreffen (Inhaber, Kontonummer)

Alle Methoden mit Ausnahme der Methode zeige verwenden nur Attribute der ersten Kategorie. Daher nehmen wir an dieser Stelle die erste strukturelle Trennung vor, indem wir ein Konto in zwei Teile aufspalten.

Der eine Teil soll sich um die Verwaltung des Kontostands kümmern, und der andere Teil soll die Kundendaten speichern.

Die Klasse VerwalteterGeldbetrag

Abstrakt gesehen muss eine Klasse, die den Kontostand unseres Kontos verwaltet, Einzahlungen, Auszahlungen und Geldtransfers zu anderen Konten unterstützen. Diese Operationen müssen an bestimmte Bedingungen gekoppelt werden können, nämlich, ob die jeweiligen maximalen Tagesumsätze eingehalten werden oder nicht.

Neben Konten gibt es aber weitere Gebilde, die einen Geldbetrag nach bestimmten Regeln verwalten. Beispielsweise lässt sich das Geld, das sich in einer Geldbörse befindet, als Kontostand interpretieren. Die Operationen Einzahlen und Auszahlen beschreiben dann den Vorgang, Bargeld in die Geldbörse zu geben bzw. Bargeld aus dieser zu entnehmen. Ähnlich verhält es sich bei einem Tresor oder dem Guthaben auf einer Prepaid-Karte.

Es ist daher sinnvoll, eine Klasse zu implementieren, die es ermöglicht, einen Geldbetrag nach bestimmten Regeln zu verwalten. Diese Klasse VerwalteterGeldbetrag wird dann als Basis für unsere Klasse GirokontoMitTagesumsatz dienen, bleibt aber weiterhin nützlich für andere Anwendungen.

```python
class VerwalteterGeldbetrag:
    def __init__(self, anfangsbetrag):
        self.Betrag = anfangsbetrag
    def einzahlenMoeglich(self, betrag):
        return True
    def auszahlenMoeglich(self, betrag):
        return True
    def einzahlen(self, betrag):
        if betrag < 0 or not self.einzahlenMoeglich(betrag):
            return False
        else:
            self.Betrag += betrag
            return True
    def auszahlen(self, betrag):
        if betrag < 0 or not self.auszahlenMoeglich(betrag):
```

```
            return False
        else:
            self.Betrag -= betrag
            return True
    def zeige(self):
        print("Betrag: {:.2f}".format(self.Betrag))
```

Im Konstruktor der Klasse wird das Attribut Betrag angelegt und auf den übergebenen Initialwert gesetzt. Über die Methoden einzahlen und auszahlen kann der Betrag verändert werden, wobei jeweils True zurückgegeben wird, wenn die Operation erfolgreich war, und False, falls ein Problem aufgetreten ist. Die Methode zeige gibt den aktuell vorhandenen Betrag auf dem Bildschirm aus.

Der Clou der Klasse VerwalteterGeldbetrag liegt in den Methoden einzahlenMoeglich und auszahlenMoeglich, mit denen die Methoden einzahlen bzw. auszahlen prüfen, ob die jeweilige Operation ausgeführt werden kann.

Sie sind dazu gedacht, von abgeleiteten Klassen überschrieben zu werden, um die gewünschten Bedingungen festzulegen. Da sie in der Klasse VerwalteterGeldbetrag den Wert True zurückgeben, sind Einzahlungen und Auszahlungen ohne Einschränkungen möglich, solange diese Methoden nicht überschrieben werden.

Die Klasse AllgemeinesKonto

Unserer Klasse VerwalteterGeldbetrag fehlt unter anderem noch die Möglichkeit, Geld zwischen verschiedenen Instanzen zu transferieren, um die Funktionalität unserer Ausgangsklasse Konto nachzubilden. Da dies ein Vorgang ist, der von sämtlichen Konten beherrscht werden soll, werden wir nun eine Klasse AllgemeinesKonto von VerwalteterGeldbetrag ableiten und sie um eine Methode geldtransfer erweitern.

Außerdem gehören zu einem Konto immer die Kundendaten des jeweiligen Kontoinhabers. Diese werden wir in dem Attribut Kundendaten ablegen, dessen Wert den ersten Parameter des Konstruktors festlegt. Um die Definition der Klasse, mit der die Kundendaten gespeichert werden, kümmern wir uns später.

```
class AllgemeinesKonto(VerwalteterGeldbetrag):
    def __init__(self, kundendaten, kontostand):
        super().__init__(kontostand)
        self.Kundendaten = kundendaten
    def geldtransfer(self, ziel, betrag):
        if self.auszahlenMoeglich(betrag) and ziel.einzahlenMoeglich(betrag):
            self.auszahlen(betrag)
            ziel.einzahlen(betrag)
            return True
```

```
        else:
            return False
    def zeige(self):
        self.Kundendaten.zeige()
        VerwalteterGeldbetrag.zeige(self)
```

Die neue Methode geldtransfer greift auf die Methoden auszahlenMoeglich und einzahlenMoeglich zurück, um die Machbarkeit des Transfers zu prüfen. Für den Transfer selbst werden die Methoden auszahlen und einzahlen verwendet.

Um eine Instanz der Klasse AllgemeinesKonto auszugeben, wird die Methode zeige überschrieben, sodass zunächst die Kundendaten ausgegeben werden und anschließend die Methode zeige der Basisklasse VerwalteterGeldbetrag gerufen wird. Dabei wird vorausgesetzt, dass die Instanz, die vom Attribut Kundendaten referenziert wird, eine Methode namens zeige besitzt.

Die Klasse AllgemeinesKontoMitTagesumsatz

Nun ist es an der Zeit, die Klasse AllgemeinesKonto um die Fähigkeit zu erweitern, den Tagesumsatz zu begrenzen. Zu diesem Zweck leiten wir die Klasse AllgemeinesKontoMitTagesumsatz von AllgemeinesKonto ab und überschreiben einige der Methoden.

```
class AllgemeinesKontoMitTagesumsatz(AllgemeinesKonto):
    def __init__(self, kundendaten, kontostand, max_tagesumsatz=1500):
        super().__init__(kundendaten, kontostand)
        self.MaxTagesumsatz = max_tagesumsatz
        self.UmsatzHeute = 0.0
    def transferMoeglich(self, betrag):
        return (self.UmsatzHeute + betrag <= self.MaxTagesumsatz)
    def auszahlenMoeglich(self, betrag):
        return self.transferMoeglich(betrag)
    def einzahlenMoeglich(self, betrag):
        return self.transferMoeglich(betrag)
    def einzahlen(self, betrag):
        if AllgemeinesKonto.einzahlen(self, betrag):
            self.UmsatzHeute += betrag
            return True
        else:
            return False
    def auszahlen(self, betrag):
        if AllgemeinesKonto.auszahlen(self, betrag):
            self.UmsatzHeute += betrag
            return True
        else:
            return False
```

```
    def zeige(self):
        AllgemeinesKonto.zeige(self)
        print("Heute schon {:.2f} von {:.2f} Euro umgesetzt".format(
            self.UmsatzHeute, self.MaxTagesumsatz))
```

Es werden die Methoden `einzahlenMoeglich` und `auszahlenMoeglich` überschrieben, sodass sie – abhängig vom Tagesumsatz – Einzahlungen und Auszahlungen ermöglichen oder blockieren. Beide Methoden greifen dafür auf die neue Methode `transferMoeglich` zurück.

Die Methoden `einzahlen` und `auszahlen` werden so angepasst, dass sie das Attribut `UmsatzHeute` gegebenenfalls aktualisieren. Zu guter Letzt fügt die `zeige`-Methode der Ausgabe von `AllgemeinesKonto.zeige` Informationen über den Tagesumsatz hinzu.

Damit verfügt die Klasse `AllgemeinesKontoMitTagesumsatz` über die gleiche Funktionalität, den Kontostand zu verwalten, wie unsere Ausgangsklasse `Konto`. Was noch fehlt, ist die Verwaltung der Kundendaten.

Die Klasse GirokontoDaten

Die mit einem Girokonto assoziierten Kundendaten werden in Instanzen der Klasse `GirokontoKundendaten` abgelegt. Neben zwei Attributen, die den Namen des Kontoinhabers sowie die Kontonummer speichern, verfügt auch diese Klasse über eine Methode `zeige`, um die Informationen auf dem Bildschirm auszugeben.

```
class GirokontoKundendaten:
    def __init__(self, inhaber, kontonummer):
        self.Inhaber = inhaber
        self.Kontonummer = kontonummer
    def zeige(self):
        print("Inhaber:", self.Inhaber)
        print("Kontonummer:", self.Kontonummer)
```

Nun können wir die Klasse `GirokontoMitTagesumsatz` definieren.

Die Klasse GirokontoMitTagesumsatz

Abschließend leiten wir die Klasse `GirokontoMitTagesumsatz` von der Klasse `AllgemeinesKontoMitTagesumsatz` ab und versehen sie durch Überschreiben des Konstruktors mit passenden Kundendaten.

```
class GirokontoMitTagesumsatz(AllgemeinesKontoMitTagesumsatz):
    def __init__(self, inhaber, kontonummer, kontostand,
                 max_tagesumsatz=1500):
        kundendaten = GirokontoKundendaten(inhaber, kontonummer)
        super().__init__(kundendaten, kontostand, max_tagesumsatz)
```

Diese Klasse bildet den gesamten Funktionsumfang der Klasse Konto ab, sodass wir unser Eingangsbeispiel von Herrn Meier und Herrn Schmidt ausführen können.

```
>>> k1 = GirokontoMitTagesumsatz("Heinz Meier", 567123, 12350.0)
>>> k2 = GirokontoMitTagesumsatz("Erwin Schmidt", 396754, 15000.0)
>>> k1.geldtransfer(k2, 160)
True
>>> k2.geldtransfer(k1, 1000)
True
>>> k2.geldtransfer(k1, 500)
False
>>> k2.einzahlen(500)
False
>>> k1.zeige()
Inhaber: Heinz Meier
Kontonummer: 567123
Betrag: 13190.00
Heute schon 1160.00 von 1500.00 Euro umgesetzt
>>> k2.zeige()
Inhaber: Erwin Schmidt
Kontonummer: 396754
Betrag: 14160.00
Heute schon 1160.00 von 1500.00 Euro umgesetzt
```

Im nächsten Abschnitt werden wir verdeutlichen, dass unser Programm durch diese Strukturierung leicht zu erweitern ist.

21.2.3 Mögliche Erweiterungen der Klasse Konto

Wir haben nun durch stückweise Verfeinerung mittels Vererbung aus unserer anfänglichen Idee des verwalteten Geldbetrags die Klasse GirokontoMitTagesumsatz abgeleitet. Diese Klasse verfügt nun über den gleichen Funktionsumfang wie die Klasse Konto. Abbildung 21.2 veranschaulicht die entstehende Klassenhierarchie grafisch.

Der Nutzen dieser Strukturierung wird deutlich, wenn wir neue Klassen einführen, die auf bereits vorhandene Funktionalität zurückgreifen können. Als Beispiel dienen dazu die Klassen Geldboerse, Tresor, Girokonto, Nummernkonto und NummernkontoMitTagesumsatz.

Bevor wir die Beschreibung und Implementation dieser Klassen besprechen, werfen wir einen Blick auf die neu entstehende Klassenhierarchie, wie sie Abbildung 21.3 zeigt.

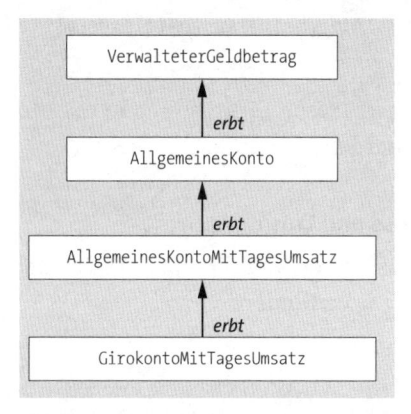

Abbildung 21.2 Die Klassenhierarchie des Kontobeispiels

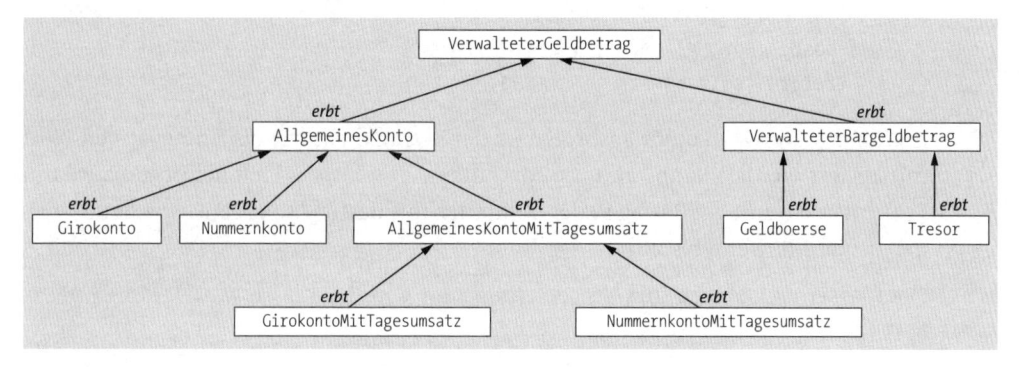

Abbildung 21.3 Eine erweiterte Klassenhierarchie des Kontobeispiels

Die Klassen Geldboerse und Tresor verwalten jeweils einen Bargeldbetrag, weshalb wir von der Klasse VerwalteterGeldbetrag zunächst eine Klasse VerwalteterBargeldbetrag ableiten. Im Unterschied zum allgemeinen verwalteten Geldbetrag kann ein Bargeldbetrag nicht negativ sein. Daher überschreibt die Klasse VerwalteterBargeldbetrag die Methode auszahlenMoeglich, um negative Beträge zu verhindern.

Zusätzlich zu dem Girokonto, dessen Transaktionen durch einen maximalen Tagesumsatz limitiert sind, modellieren wir nun Girokonten ohne Limitierung der Umsätze durch die Klasse Girokonto. Diese Klasse wird direkt von der Klasse AllgemeinesKonto abgeleitet und verwendet dieselben Kundendaten wie GirokontoMitTagesumsatz.

Um neben Girokonten auch Nummernkonten verwalten zu können, legen wir eine neue Klasse an, mit der die Kundendaten eines Nummernkontos verwaltet werden können.[6] Damit lassen sich dann die Klassen Nummernkonto und NummernkontoMit-

---

6 Diese Klasse NummernkontoKundendaten ist genau wie die Klasse GirokontoKundendaten nicht in Abbildung 21.3 aufgeführt, da sie nicht von VerwalteterGeldbetrag erben.

Tagesumsatz von den Klassen AllgemeinesKonto bzw. AllgemeinesKontoMitTagesumsatz ableiten.

Nun schauen wir uns an, wie die Klassen Geldboerse, Tresor, Girokonto, Nummernkonto und NummernkontoMitTagesumsatz implementiert werden können.

Die Klassen VerwalteterBargeldbetrag, Geldboerse und Tresor

Die Klasse VerwalteterBargeldbetrag passt die Klasse VerwalteterGeldbetrag so an, dass sie einen negativen Wert für das Attribut Betrag verhindert.

```
class VerwalteterBargeldbetrag(VerwalteterGeldbetrag):
    def __init__(self, bargeldbetrag):
        if bargeldbetrag < 0:
            bargeldbetrag = 0
        super().__init__(bargeldbetrag)
    def auszahlenMoeglich(self, betrag):
        return (self.Betrag >= betrag)
```

Im Konstruktor wird dafür gesorgt, dass der Betrag nicht mit einem negativen Wert initialisiert werden kann, und die Methode auszahlenMoeglich liefert genau dann True zurück, wenn der Betrag in der Geldbörse mindestens so groß ist wie der Betrag, der ausgezahlt werden soll.

Die Klassen Geldboerse und Tresor erben nun von der Klasse VerwalteterBargeldbetrag.

```
class Geldboerse(VerwalteterBargeldbetrag):
    # TODO: Spezielle Methoden fuer eine Geldboerse
    pass
class Tresor(VerwalteterBargeldbetrag):
    # TODO: Spezielle Methoden fuer einen Tresor
    pass
```

Mit den beiden Kommentaren soll angedeutet werden, dass an dieser Stelle noch Methoden fehlen, die eine Geldbörse und einen Tresor zu besonderen verwalteten Geldbeträgen machen. Da wir an dieser Stelle keine vollständige Software entwickeln, sondern Ihnen die prinzipielle Erweiterbarkeit des Programms demonstrieren möchten, verzichten wir auf diese Details. Sie können sich als Übung einmal selbst überlegen, welche Funktionalität in den beiden Fällen sinnvoll ist.

Die Klassen Girokonto, Nummernkonto und NummernkontoMitTagesumsatz

Die Klasse Girokonto erbt direkt von der Klasse AllgemeinesKonto.

```
class Girokonto(AllgemeinesKonto):
    def __init__(self, inhaber, kontonummer, kontostand):
        kundendaten = GirokontoKundendaten(inhaber, kontonummer)
        super().__init__(kundendaten, kontostand)
```

Analog zur Klasse GirokontoKundendaten führen wir die Klasse NummernkontoKundendaten ein, um die Kundendaten eines Nummernkontos zu verwalten. In unserem Modell wird ein Nummernkonto durch eine Identifikationsnummer beschrieben.

```
class NummernkontoKundendaten:
    def __init__(self, identifikationsnummer):
        self.Identifikationsnummer = identifikationsnummer
    def zeige(self):
        print("Identifikationsnummer:", self.Identifikationsnummer)
```

Mithilfe dieser Klasse können wir die Klassen Nummernkonto und NummernkontoMitTagesumsatz definieren.

```
class Nummernkonto(AllgemeinesKonto):
    def __init__(self, identifikationsnummer, kontostand):
        kundendaten = NummernkontoKundendaten(identifikationsnummer)
        super().__init__(kundendaten, kontostand)
class NummernkontoMitTagesumsatz(AllgemeinesKontoMitTagesumsatz):
    def __init__(self, kontonummer, kontostand, max_tagesumsatz):
        kundendaten = NummernkontoKundendaten(kontonummer)
        super().__init__(kundendaten, kontostand, max_tagesumsatz)
```

Zur Demonstration verwenden wir die beiden Klassen in einem kleinen Beispielprogramm.

```
>>> nk1 = Nummernkonto(113427613185, 5000)
>>> nk2 = NummernkontoMitTagesumsatz(45657364234, 12000, 3000)
>>> nk1.auszahlen(1000)
True
>>> nk2.einzahlen(1500)
True
>>> nk1.geldtransfer(nk2, 2000)
False
>>> nk1.zeige()
Identifikationsnummer: 113427613185
Betrag: 4000.00
>>> nk2.zeige()
Identifikationsnummer: 45657364234
Betrag: 13500.00
Heute schon 1500.00 von 3000.00 Euro umgesetzt
```

Es werden sowohl eine Instanz der Klasse Nummernkonto als auch der Klasse NummernkontoMitTagesumsatz erzeugt. Anschließend werden von dem ersten Konto 1.000 € abgehoben und 1.500 € auf das zweite eingezahlt. Schließlich versuchen wir, 2.000 € von dem Konto nk1 auf das Konto nk2 zu überweisen. Da der Tagesumsatz von nk2 damit überschritten würde, schlägt dies fehl.

Wie die Ausgabe zeigt, arbeiten die beiden Klassen genauso wie die anderen Kontoklassen.

21.2.4 Ausblick

Der große Vorteil der Vererbung ist, dass man aus vorhandenen Klassen neue Klassen ableiten kann, um diese dann an die zu lösende Problemstellung anzupassen. Dabei kann die abgeleitete Klasse auf die gesamte Funktionalität zurückgreifen, die von der Basisklasse zur Verfügung gestellt wird. Folglich müssen nur noch die Methoden implementiert bzw. überschrieben werden, die nicht zur neuen Problemstellung passen.

Würden wir beispielsweise ausgehend von der Klasse Konto die Klassen Girokonto, Nummernkonto, GirokontoMitTagesumsatz und NummernkontoMitTagesumsatz entwickeln, ohne auf Vererbung zurückzugreifen, müssten wir die Methoden zum Ein- und Auszahlen in jeder dieser Klassen neu implementieren. Dies hätte dazu geführt, dass an mehreren Stellen unseres Programms sehr ähnlicher Code stehen würde. Diese Dopplung von Code bläht den Umfang eines Programms unnötig auf. Dadurch werden Wartung und Weiterentwicklung erschwert, da immer an mehreren Stellen parallel gearbeitet bzw. korrigiert werden muss.

Durch geschickte Strukturierung mittels Vererbung sind Programme möglich, die mit einem Minimum an Funktionalitätsdopplung auskommen.

In großen Softwareprojekten haben wir es nicht wie in unserem Modellbeispiel mit einer Handvoll Klassen zu tun, sondern es kommen Hunderte oder Tausende Klassen zum Einsatz. In einem solchen Umfeld fallen die durch Vererbung gemachten Einsparungen noch deutlicher ins Gewicht.

21.2.5 Mehrfachvererbung

Bisher haben wir eine Subklasse immer von genau einer Basisklasse erben lassen. Es gibt aber Situationen, in denen eine Klasse die Fähigkeiten von zwei oder noch mehr Basisklassen erben soll, um das gewünschte Ergebnis zu erzielen. Dieses Konzept, bei dem eine Klasse von mehreren Basisklassen erbt, wird *Mehrfachvererbung* genannt.

Möchten Sie eine Klasse von mehreren Basisklassen erben lassen, schreiben Sie die Basisklassen durch Kommata getrennt in die Klammern hinter den Klassennamen:

```
class NeueKlasse(Basisklasse1, Basisklasse2, Basisklasse3):
    # Definition von Methoden und Attributen
    pass
```

In diesem Beispiel erbt die Klasse NeueKlasse von den drei Klassen Basisklasse1, Basisklasse2 und Basisklasse3.

Mehrfachvererbung ist ein sehr komplexes Thema, weshalb wir uns hier nur auf ein abstraktes Beispiel beschränken möchten, um Ihnen die dahinterstehende Idee zu verdeutlichen.

Wir nehmen an, wir hätten zwei Klassen zur Beschreibung von Geländefahrzeugen und Wasserfahrzeugen, nämlich Gelaendefahrzeug und Wasserfahrzeug. Wenn wir nun eine Klasse Amphibienfahrzeug definieren möchten, kommen sowohl die Klasse Gelaendefahrzeug als auch die Klasse Wasserfahrzeug als Basisklasse infrage, denn ein Amphibienfahrzeug ist sowohl das eine als auch das andere.

Es ist daher nur konsequent, die Klasse Amphibienfahrzeug von beiden dieser Klassen erben zu lassen, wie es Abbildung 21.4 veranschaulicht.

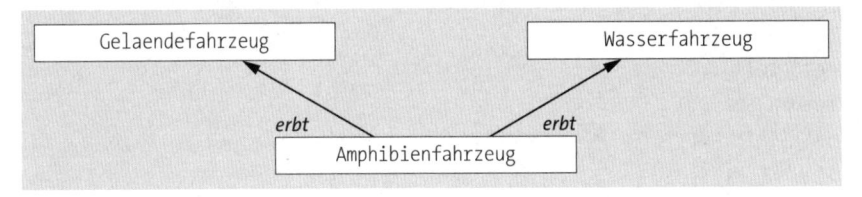

Abbildung 21.4 Mehrfachvererbung am Beispiel eines Amphibienfahrzeugs

Im Ergebnis erbt die Klasse Amphibienfahrzeug die Methoden beider Klassen Gelaendefahrzeug und Wasserfahrzeug.

Mögliche Probleme der Mehrfachvererbung

Es ist kein Zufall, dass nur wenige Sprachen das Konzept der Mehrfachvererbung unterstützen, da es eine Reihe prinzipieller Probleme gibt.

Beispielsweise kommt es vor, dass mehrere Basisklassen eine Methode mit dem gleichen Namen implementieren. Die erbende Klasse erbt diese Methode dann von derjenigen Basisklasse, die am weitesten links in der Liste der Basisklassen steht.

Nun müssen zwei Methoden mit demselben Namen aber keinesfalls die gleiche Aufgabe erfüllen. Im schlimmsten Fall kann es also passieren, dass die erbende Klasse unbenutzbar wird, weil sie nur eine der in Konflikt stehenden Methoden erben kann.

In der Praxis lässt sich Mehrfachvererbung in der Regel umgehen, weshalb wir hier nicht näher darauf eingehen.

21.3 Setter und Getter und Property Attributes

Manchmal ist es wünschenswert, den Zugriff auf die Attribute einer Klasse nach bestimmten Regeln zu beeinflussen. So gibt es Attribute, für die nur bestimmte Werte Sinn ergeben. In unserer Klasse Konto (siehe Abschnitt 21.1.2) gibt es zum Beispiel das Attribut Tagesumsatz, dessen Werte sinnvollerweise immer positiv sein sollten.

21.3.1 Setter und Getter

Ein Konzept der objektorientierten Programmierung, um den Zugriff auf Attribute zu steuern, stellen die *Setter-Methoden* und *Getter-Methoden* dar. Anstatt direkt auf das Attribut zuzugreifen, wird der Zugriff dabei über spezielle Methoden geregelt.

Um das folgende Beispiel übersichtlich zu halten, werden wir eine neue Klasse A einführen, die ein über Setter- und Getter-Methoden verwaltetes Attribut besitzt. Die Übertragung auf das Kontobeispiel ist dann eine einfache Übungsaufgabe.

```python
class A:
    def __init__(self):
        self._X = 100
    def getX(self):
        return self._X
    def setX(self, wert):
        if wert < 0:
            return
        self._X = wert
```

Mithilfe der Getter-Methode getX und der Setter-Methode setX kann nun mit dem Attribut _X von A gearbeitet werden, wobei negative Belegungen von _X durch setX verhindert werden:

```python
a = A()
print(a.getX())
a.setX(300)
print(a.getX())
a.setX(-20)
print(a.getX())
```

Die Ausgabe dieses Beispiels zeigt, dass der Versuch, _X auf den Wert -20 zu setzen, fehlschlägt.

```
100
300
300
```

> **Hinweis**
>
> Python bietet keinen technischen Schutz davor, dass Attribute ohne den Einsatz von Setter- und Getter-Methoden direkt verwendet werden. Daher ist es auch im Beispiel oben weiterhin möglich, direkt mit a._X auf das Attribut _X zuzugreifen.
>
> Es ist eine Konvention unter Python-Entwicklern, Attribute und Methoden, die mit einem Unterstrich beginnen, nach Möglichkeit nicht von außen zu verwenden. Solche Attribute und Methoden werden als Implementierungsdetail betrachtet und gehören nicht zur Schnittstelle der Klasse.
>
> Dies ist der Grund, warum wir in unserem Beispiel den Namen _X für das Attribut gewählt haben.

21.3.2 Property-Attribute

Die explizite Verwaltung von Attributen mittels Setter- und Getter-Methoden ist unschön, da man nun bei der Benutzung einer Klasse zwischen Attributen unterscheiden muss, die man direkt verwenden darf, und solchen, deren Zugriffe durch Setter- und Getter-Methoden gesteuert werden müssen.

Die sogenannten *Property-Attribute* lösen dieses Problem, indem Setter- und Getter-Methoden beim Schreiben bzw. Lesen eines Attributs implizit aufgerufen werden.

Wir können damit unsere Klasse so anpassen, dass sie sich folgendermaßen verwenden lässt und wir trotzdem für gültige Belegungen von X sorgen können:

```
a = A()
a.X = 300
print(a.X)
a.X = -20
print(a.X)
```

Um dies zu erreichen, müssen wir X mithilfe der Built-in Function property als Property-Attribut anlegen.

property([fget, fset, fdel, doc])

Für den Parameter fget wird eine Referenz auf eine Getter-Methode für das neue Attribut erwartet. Der Parameter fset gibt die dazugehörige Setter-Methode an. Mit dem Parameter fdel kann zusätzlich eine Methode angegeben werden, die dann ausgeführt werden soll, wenn das Attribut per del gelöscht wird. Über den Parameter doc kann das Attribut mit einem sogenannten *Docstring* versehen werden. Was ein Docstring ist, können Sie in Abschnitt 36.1, »Docstrings«, nachlesen.

Wir erweitern die Klasse A nun um ein Property-Attribut X, das die Methoden getX und setX für den Zugriff verwendet. Intern wird der Wert von X weiterhin in dem Attribut _X gespeichert. Außerdem fügen wir den Methoden getX und setX Ausgaben hinzu, um zu sehen, dass sie tatsächlich implizit aufgerufen werden.

```
class A:
    def __init__(self):
        self._X = 100
    def getX(self):
        print("Getter gerufen")
        return self._X
    def setX(self, wert):
        print("Setter gerufen")
        if wert < 0:
            return
        self._X = wert
    X = property(getX, setX)
a = A()
a.X = 300
print(a.X)
a.X = -20
print(a.X)
```

Wie Sie der Ausgabe entnehmen, wurden die Setter- und die Getter-Methode implizit beim Zugriff auf das Attribut gerufen. Außerdem wurde die ungültige Zuweisung des Wertes -20 verhindert.

```
Setter gerufen
Getter gerufen
300
Setter gerufen
Getter gerufen
300
```

Sie sollten bei der Verwendung von Setter- und Getter-Methoden im Hinterkopf behalten, dass dadurch bei jedem Attributzugriff eine Methode gerufen wird, was das Programm bei sehr vielen Zugriffen ausbremsen kann.

21.4 Klassenattribute und Klassenmethoden sowie statische Methoden

Die Methoden und Attribute, die wir bisher für unsere Klassen definiert haben, haben sich immer auf konkrete Instanzen bezogen. Insbesondere besitzt jede Instanz der Klasse Konto (siehe Abschnitt 21.1.2) ihre eigenen Werte für ihre Attribute Inhaber, Kontonummer, Kontostand, MaxTagesumsatz und UmsatzHeute, und die Methoden geldtransfer, einzahlen, auszahlen und zeige können nur sinnvoll in Zusammenhang mit einer bereits bestehenden Instanz der Klasse Konto gerufen werden.

Solche Methoden und Attribute, die sich immer auf konkrete Instanzen beziehen, werden als *nicht-statisch* bezeichnet. Dem stehen die *statischen* Methoden und Attribute gegenüber, die sich alle Instanzen einer Klasse teilen.

21.4.1 Statische Methoden

Zur Definition einer statischen Methode dient die Built-in Function staticmethod. Im folgenden Beispiel wird eine Klasse A definiert, die eine statische Methode m besitzt.

```
>>> def m():
...     print("Hallo statische Methode!")
>>> class A:
...     m = staticmethod(m)
>>> A.m()
Hallo statische Methode!
```

Eine statische Methode wird zunächst wie eine normale Funktion definiert und erst durch die Funktion staticmethod als statische Methode an eine Klasse gebunden.

Da eine statische Methode sich nicht auf eine Instanz der Klasse bezieht, benötigt sie keinen self-Parameter. Außerdem kann sie direkt von der Klasse aus gerufen werden, ohne dass zuvor eine Instanz erzeugt werden muss.

In Python werden statische Methoden häufig dazu genutzt, alternative Konstruktoren anzubieten. Beispielsweise können wir unsere Klasse Konto um eine statische Methode erweitern, die ein Juniorkonto erzeugt. Dabei zeichnet sich ein Juniorkonto durch ein voreingestelltes niedriges Tageslimit aus.

```
def Juniorkonto(inhaber, kontonummer, kontostand):
    return Konto(inhaber, kontonummer, kontostand, 20)
class Konto:
    # Hier gehoeren die restlichen Methoden hin
    Juniorkonto = staticmethod(Juniorkonto)
J = Konto.Juniorkonto("Emil Peters", 436574, 67)
J.zeige()
```

Die Ausgabe dieses Programms sieht folgendermaßen aus:

```
Konto von Emil Peters
Aktueller Kontostand: 67.00 Euro
(Heute schon 0.00 von 20 Euro umgesetzt)
```

Die Methode Juniorkonto erzeugt also ihrerseits eine neue Instanz der Klasse Konto, wobei für das Tageslimit der feste Wert 20 übergeben wird.

Einen solchen alternativen Konstruktor bezeichnet man auch als *Factory-Function*.

21.4.2 Klassenmethoden

Neben den statischen Methoden, die losgelöst von einer Klasse existieren können, gibt es noch eine andere Art von Methoden, die sich nicht auf eine Instanz einer Klasse beziehen. Diese sogenannten *Klassenmethoden* erwarten als ersten Parameter eine Referenz auf die Klasse, für die sie aufgerufen werden. Um eine Klassenmethode zu definieren, verwenden Sie die Built-in Function classmethod.

Im folgenden Beispiel werden drei Klassen A, B und C definiert, wobei C und B jeweils von A erben. Die Klasse A besitzt eine Klassenmethode m, die ausgibt, von welchem Typ die Instanz ist, mit der die Methode aufgerufen wurde.

```
class A:
    def m(cls):
        print("Ich bin", cls)
    m = classmethod(m)
class B(A):
    pass
class C(A):
    pass
A.m()
a = A()
b = B()
c = C()
a.m()
b.m()
c.m()
```

Die Ausgabe des Programms sieht folgendermaßen aus:

```
Ich bin <class '__main__.A'>
Ich bin <class '__main__.A'>
Ich bin <class '__main__.B'>
Ich bin <class '__main__.C'>
```

Mit A.m() rufen wir die Klassenmethode m von A auf, ohne uns dabei auf eine Instanz der Klasse zu beziehen. Wie die erste Zeile der Ausgabe uns zeigt, wurde für den ersten Parameter cls von m die Klasse A selbst übergeben.

Anschließend erzeugen wir Instanzen der Klassen A, B und C und rufen die Methode m für diese neuen Instanzen auf. Auch hier würde für den Parameter cls jeweils die

Klasse der Instanz, mit der sie aufgerufen wurde, übergeben. Bei einer gewöhnlichen Methode wäre eine Referenz auf die Instanz selbst als erster Parameter übergeben worden.

Klassenmethoden sind ein sehr spezielles Konzept, das hauptsächlich in Zusammenhang mit *Metaklassen*[7] verwendet wird. Da wir in diesem Buch keine Metaklassen behandeln, verweisen wir Sie auf die Python-Dokumentation.

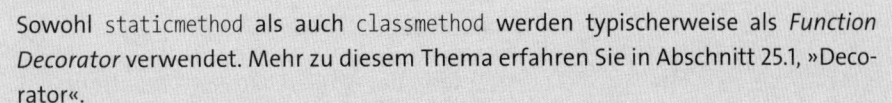

> **Hinweis**
> Sowohl staticmethod als auch classmethod werden typischerweise als *Function Decorator* verwendet. Mehr zu diesem Thema erfahren Sie in Abschnitt 25.1, »Decorator«.

21.4.3 Klassenattribute

Neben den Klassenmethoden gibt es auch Attribute, die sich nicht auf Instanzen der Klasse, sondern auf die Klasse selbst beziehen. Auf diese Attribute kann sowohl über die Klasse selbst als auch über ihre Instanzen zugegriffen werden.

Das folgende Beispiel definiert eine Klasse D mit einem Klassenattribut X.

```
class D:
    X = 10
print(D.X)
d = D()
print(d.X)
```

Ein Klassenattribut kann also direkt durch eine Zuweisung innerhalb des Körpers der class-Anweisung erzeugt werden. Das Beispiel produziert die folgende Ausgabe:

```
10
10
```

Man kann also wieder sowohl direkt über die Klasse als auch über Instanzen der Klasse auf Klassenattribute zugreifen.

21.5 Built-in Functions für Objektorientierung

Tabelle 21.2 listet diejenigen Built-in Functions auf, die sich speziell auf Objekte und Klasse beziehen.

---

[7] Eine Metaklasse ist eine Klasse, deren Instanz selbst wieder eine Klasse ist.

Name	Beschreibung
getattr(object, name, [default])	Liefert den Wert des Attributs name von der Instanz object.
setattr(object, name, value)	Setzt den Wert des Attributs name von der Instanz object auf den Wert value.
hasattr(object, name)	Prüft, ob die Instanz object das Attribut name besitzt. Ist das Attribut vorhanden, wird True, ansonsten False zurückgegeben.
delattr(object, name)	Entfernt das Attribut name von der Instanz object.
isinstance(object, classinfo)	Prüft, ob die Instanz object eine Instanz der von classinfo beschriebenen Klasse(n) ist.
issubclass(class_, classinfo)	Prüft, ob die Klasse class_ eine Tochterklasse der von classinfo beschriebenen Klasse(n) ist.

Tabelle 21.2 Built-in Functions für Objektorientierung

21.5.1 Funktionen für die Verwaltung der Attribute einer Instanz

Um die Attribute einer Instanz zu verwalten, verwenden Sie die Funktionen setattr, getattr und delattr. Dabei kann auf ein Attribut zugegriffen werden, indem der Name des Attributs als String übergeben wird.

getattr(object, name, [default])

Diese Funktion gibt das Attribut mit dem Namen name von der Instanz object zurück, sofern dieses Attribut existiert. Falls default übergeben wurde, wird der Wert von default zurückgegeben, wenn das Attribut name nicht vorhanden ist.

Das folgende Beispiel greift mittels getattr auf ein vorhandenes und ein nicht vorhandenes Attribut zu. Dabei ist der Aufruf getattr(a, "X") gleichbedeutend mit a.X.

```
>>> class A:
...     def __init__(self):
...         self.X = 42
>>> a = A()
>>> getattr(a, "X")
42
>>> getattr(a, "Y", 404)
404
```

Ist das Attribut nicht vorhanden und wird kein Wert für default übergeben, wirft getattr eine AttributeError-Exception.

```
>>> getattr(a, "Y")
Traceback (most recent call last):
  File "<stdin>", line 1, in <module>
AttributeError: 'A' object has no attribute 'Y'
```

setattr(object, name, value)

Diese Funktion setzt den Wert des Attributs name von der Instanz object auf den Wert value.

Das folgende Beispiel definiert eine Klasse, die zehn Attribute in einer Schleife anlegt.

```
>>> class B:
...     def __init__(self):
...         for i in range(10):
...             setattr(self, "X{}".format(i), i)
>>> b = B()
>>> b.X3
3
>>> b.X8
8
```

Ein Aufruf der Form setattr(a, "X", wert) ist dabei äquivalent zu a.X = wert.

delattr(object, name)

Mit delattr können Attribute einer Instanz gezielt gelöscht werden. Wir betrachten erneut die Klasse B aus dem obigen Beispiel zu setattr:

```
>>> b = B()
>>> b.X4
4
>>> delattr(b, "X4")
>>> b.X4
Traceback (most recent call last):
  File "<stdin>", line 1, in <module>
AttributeError: 'B' object has no attribute 'X4'
```

Der Aufruf delattr(b, "X4") hat dieselbe Wirkung wie del b.X4.

21.5.2 Funktionen für Informationen über die Klassenhierarchie

In diesem Abschnitt gehen wir von folgendem Beispielprogramm aus:

```
class A:
    pass
class B(A):
    pass
class C(B):
    pass
class D:
    pass
a = A()
b = B()
c = C()
d = D()
```

isinstance(object, classinfo)

Diese Funktion prüft, ob object eine Instanz der Klasse(n) classinfo ist, und liefert dementsprechend entweder True oder False zurück. Dabei kann für den Parameter classinfo entweder eine einzelne Klasse oder ein Tupel mehrerer Klassen übergeben werden.

```
>>> isinstance(a, A)
True
>>> isinstance(a, (B,C))
False
>>> isinstance(a, (A,B,C))
True
```

Der Rückgabewert von isinstance ist auch dann True, wenn object die Instanz einer Klasse ist, die von einer der Klassen in classinfo erbt.

```
>>> isinstance(c, A)
True
>>> isinstance(c, (B,D))
True
```

issubclass(class_, classinfo)

Mit der Funktion issubclass kann geprüft werden, ob die Klasse[8] class_ von einer der Klassen in classinfo abgeleitet wurde. Genau wie bei isinstance kann für classinfo entweder eine einzelne Klasse oder ein Tupel mehrerer Klassen übergeben werden.

```
>>> issubclass(B,A)
True
```

---

[8] Der Unterstrich am Ende von class_ wurde deshalb eingefügt, damit der Parameter nicht mit dem Schlüsselwort class zur Definition einer Klasse kollidiert.

```
>>> issubclass(B,(D,A))
True
>>> issubclass(A,C)
False
>>> issubclass(D,(A,B,C))
False
```

21.6 Objektphilosophie

Seitdem in Python 2.3 Datentypen und Klassen vereinigt wurden, ist Python von Grund auf objektorientiert. Das bedeutet, dass im Prinzip alles, womit Sie bei der Arbeit mit Python in Berührung kommen, eine Instanz irgendeiner Klasse ist. Von der einfachen Zahl bis zu den Klassen[9] selbst hat dabei jedes Objekt seine eigenen Attribute und Methoden.

Insbesondere ist es möglich, von eingebauten Datentypen wie `list` oder `dict` zu erben.

Das folgende Beispiel implementiert eine Subklasse von `list`, die automatisch ihre Elemente nach jeder Veränderung sortiert. Dazu werden alle Methoden von `list`, die Elemente in die Liste einfügen, so überschrieben, dass im Anschluss an die jeweilige Operation die Liste sortiert wird. Da die Liste sortiert ist, soll ihre Reihenfolge nicht umgekehrt werden können, weshalb der Methode `reverse` ihre Funktionalität genommen wird.

Für die Realisierung der Methoden wird natürlich weiterhin auf die Implementation von `list` zurückgegriffen.

```
class SortierteListe(list):
    def __init__(self, *args, **kwargs):
        super().__init__(*args, **kwargs)
        self.sort()
    def __setitem__(self, key, value):
        super().__setitem__(key, value)
        self.sort()
    def append(self, value):
        super().append(value)
        self.sort()
    def extend(self, sequence):
        super().extend(sequence)
        self.sort()
```

---

9 Der Datentyp von Klasseninstanzen sind sogenannte *Metaklassen*, deren Verwendung in diesem Buch nicht behandelt wird.

```
    def insert(self, i, x):
        super().insert(i, x)
        self.sort()
    def reverse(self):
        pass
    def __iadd__(self, s):
        erg = super().__iadd__(s)
        self.sort()
        return erg
    def __imul__(self, n):
        erg = super().__imul__(n)
        self.sort()
        return erg
```

Das nächste Beispielprogramm illustriert die Verwendung der neuen Klasse.

```
l = SortierteListe([6,4,3])
print(l)
l.append(2)
print(l)
l.extend([67,0,-56])
print(l)
l += [100,5]
print(l)
l *= 2
print(l)
```

Wie Sie sehen, kann die neue Klasse genauso wie list verwendet werden.[10] Erst die Ausgaben verdeutlichen den Unterschied in der Funktionsweise.

```
[3, 4, 6]
[2, 3, 4, 6]
[-56, 0, 2, 3, 4, 6, 67]
[-56, 0, 2, 3, 4, 5, 6, 67, 100]
[-56, -56, 0, 0, 2, 2, 3, 3, 4, 4, 5, 5, 6, 6, 67, 67, 100, 100]
```

Obwohl in willkürlicher Reihenfolge eingefügt wurde, sind die Elemente der Liste nach jeder Operation sortiert.

---

10 Wir nehmen dabei an, dass eine Ordnungsrelation für die Elemente der Liste existiert. Wenn Sie Elemente einfügen, die sich nicht sortieren lassen, führt dies zu einem Fehler.

21.7 Magic Methods und Magic Attributes

Es gibt in Python eine Reihe spezieller Methoden und Attribute, um Klassen besondere Fähigkeiten zu geben. Die Namen dieser Methoden und Attribute beginnen und enden jeweils mit zwei Unterstrichen. Im Laufe der letzten Abschnitte haben Sie bereits eine dieser sogenannten *Magic Methods* bzw. *Magic Attributes* kennengelernt, nämlich den Konstruktor namens `__init__`.

Der Umgang mit diesen Methoden und Attributen ist insofern »magisch«, als dass sie in der Regel nicht direkt mit ihrem Namen benutzt, sondern bei Bedarf implizit im Hintergrund verwendet werden. Der Konstruktor `__init__` wird beispielsweise immer dann aufgerufen, wenn ein neues Objekt einer Klasse erzeugt wird, auch wenn kein expliziter Aufruf zum Beispiel mit `Klassenname.__init__()` an der entsprechenden Stelle steht.

Mit vielen Magic Methods lässt sich das Verhalten von Built-in Functions und Operatoren für die eigenen Klassen anpassen, sodass die Instanzen Ihrer Klassen beispielsweise sinnvoll mit den Vergleichsoperatoren < und > verglichen werden können.

Tabelle 21.3 enthält häufig genutzte Magic Methods.

21.7.1 Allgemeine Magic Methods

Name	Beschreibung
`__init__(self, ...)`	Der Konstruktor einer Klasse. Wird beim Erzeugen einer neuen Instanz aufgerufen. Näheres dazu erfahren Sie in Abschnitt 21.2.1, »Technische Grundlagen«.
`__del__(self)`	Der Finalizer einer Klasse. Wird beim Zerstören einer Instanz aufgerufen.
`__repr__(self)`	Der Rückgabewert von `obj.__repr__` gibt an, was `repr(obj)` zurückgeben soll. Dies sollte nach Möglichkeit gültiger Python-Code sein, der beim Ausführen die Instanz `obj` erzeugt.
`__str__(self)`	Der Rückgabewert von `obj.__str__` gibt an, was `str(obj)` zurückgeben soll. Dies sollte nach Möglichkeit eine für den Menschen lesbare Repräsentation von `obj` in Form einer `str`-Instanz sein.
`__bytes__(self)`	Der Rückgabewert von `obj.__bytes__` gibt an, was `bytes(obj)` zurückgeben soll. Dies sollte eine `bytes`-Instanz sein.

Tabelle 21.3 Allgemeine Magic Methods

Name	Beschreibung
__bool__(self)	Die __bool__-Methode sollte einen Wahrheitswert zurückgeben, der angibt, wie das Objekt in eine bool-Instanz umzuwandeln ist. Ist __bool__ nicht implementiert, wird stattdessen der Rückgabewert von __len__ verwendet. Sind beide Methoden nicht vorhanden, werden alle Instanzen der betreffenden Klasse als True behandelt.
__call__(self, ...)	Mit der __call__-Methode werden die Instanzen einer Klasse wie Funktionen aufrufbar.
__complex__(self)	Legt fest, welchen Wert die Built-in Function complex für eine Instanz der Klasse zurückgeben soll.
__int__(self)	Legt fest, welchen Wert die Built-in Function int für eine Instanz der Klasse zurückgeben soll.
__float__(self)	Legt fest, welchen Wert die Built-in Function float für eine Instanz der Klasse zurückgeben soll.
__round__(self, [n])	Legt fest, welchen Wert die Built-in Function round für eine Instanz der Klasse zurückgeben soll. Der Parameter n gibt dabei an, auf wie viele Nachkommastellen gerundet werden soll.
__hash__(self)	Die __hash__-Methode einer Instanz bestimmt, welchen Wert die Built-in Function hash für die Instanz zurückgeben soll.
__index__(self)	Wenn ein Datentyp als Index benutzt werden soll, wie er beispielsweise für das Slicing benötigt wird, muss er die parameterlose Methode __index__(self) überschreiben. Der Rückgabewert von __index__ muss eine Ganzzahl (int) sein.

Tabelle 21.3 Allgemeine Magic Methods (Forts.)

Nun werden einige der Methoden im Detail besprochen.

__del__(self)

Der Finalizer __del__ (self) einer Instanz wird dann gerufen, wenn keine Referenz mehr auf die Instanz zeigt und sie von Pythons Speicherverwaltung zerstört wird. Im folgenden Beispiel wird der Finalizer der Klasse A daher nur einmal gerufen:

```
>>> class A:
...     def __del__(self):
...         print("Hier spricht der Destruktor.")
>>> a = A()
>>> b = a
>>> del a
>>> del b
Hier spricht der Destruktor.
```

Die Anweisung **del** x ruft also nicht sofort x.__del__.

> **Hinweis**
>
> Es wird *nicht* garantiert, dass der Finalizer innerhalb einer bestimmten Zeit gerufen wird, nachdem die letzte Referenz auf eine Instanz gelöscht wurde. Er eignet sich daher nur bedingt für Aufräumarbeiten wie das Schließen von Dateien oder das Beenden von Netzwerkverbindungen.

Im folgenden Beispiel sehen Sie zwei Instanzen a und b, die sich über das Attribut zyklisch referenzieren. Dadurch gibt es auch dann noch Referenzen auf die beiden Instanzen, wenn sie für das restliche Programm nicht mehr erreichbar sind.

```
>>> class B:
...     def __init__(self, name):
...         self.Name = name
...     def __del__(self):
...         print("Hier spricht der Destruktor von", self.Name)
>>> a = B("a")
>>> b = B("b")
>>> a.X = b
>>> b.X = a
>>> del a,b
>>>
```

Interessanterweise wird an dieser Stelle kein Finalizer der nicht mehr erreichbaren Instanzen gerufen. Erst beim Beenden des Python-Interpreters erfolgen die Aufrufe der __del__-Methode:

```
>>> exit()
Hier spricht der Destruktor von a
Hier spricht der Destruktor von b
```

Sie können sich also nicht darauf verlassen, dass der Finalizer zeitnah nach dem Löschen der letzten zugänglichen Referenz auf eine Instanz gerufen wird.

> **Hinweis**
>
> Da sich Pythons Speicherverwaltung um die Freigabe von Speicher kümmert, ist der Finalizer von geringerer Bedeutung als der Destruktor in anderen Sprachen mit manueller Speicherverwaltung wie etwa C++.
>
> Insbesondere sollten Sie sich dessen bewusst sein, dass Python den Finalizer nicht unmittelbar nach dem Löschen der letzten Referenz auf eine Instanz aufruft, sondern zu irgendeinem nicht festgelegten Zeitpunkt.

__call__(self, ...)

Mit der __call__-Methode werden die Instanzen einer Klasse wie Funktionen aufrufbar.

Das folgende Beispiel implementiert eine Klasse Potenz, die dazu dient, Potenzen zu berechnen. Welcher Exponent dabei verwendet werden soll, wird dem Konstruktor als Parameter übergeben. Durch die __call__-Methode können die Instanzen von Potenz wie Funktionen aufgerufen werden, um Potenzen zu berechnen:

```python
class Potenz:
    def __init__(self, exponent):
        self.Exponent = exponent

    def __call__(self, basis):
        return basis ** self.Exponent
```

Nun können wir bequem mit Potenzen arbeiten:

```
>>> hoch3 = Potenz(3)
>>> hoch3(2)
8
>>> hoch3(5)
125
```

__hash__(self)

Die __hash__-Methode einer Instanz bestimmt, welchen Wert die Built-in Function hash für die Instanz zurückgeben soll. Die Hash-Werte müssen Ganzzahlen sein und sind insbesondere für die Verwendung von Instanzen als Schlüssel für Dictionarys von Bedeutung.

Bedingung für einen gültigen Hash-Wert ist, dass Objekte, die bei Vergleichen mit == als gleich angesehen werden, auch den gleichen Hash-Wert besitzen. Außerdem darf sich der Hash-Wert einer Instanz nicht zur Laufzeit ändern, weshalb er nur für immutable Datentypen sinnvoll definiert werden kann.

> **Hinweis**
>
> Eine Klasse, die __hash__ implementiert, sollte zusätzlich die Methode __eq__ implementieren. Das macht sie *hashable*. Es können nur hashable Instanzen als Schlüssel für ein Dictionary verwendet oder in Mengen gespeichert werden.

Zugriff auf Attribute anpassen

Die Methoden und Attribute in diesem Abschnitt dienen dazu, festzulegen, wie Python vorgehen soll, wenn die Attribute einer Instanz gelesen oder geschrieben werden.

Name	Beschreibung
__dict__	Jede Instanz besitzt ein Attribut namens __dict__, das die Member der Instanz in einem Dictionary speichert.
__getattr__(self, name)	Wird dann aufgerufen, wenn das Attribut mit dem Namen name gelesen wird, aber nicht existiert. Die Methode __getattr__ sollte entweder einen Wert zurückgeben, der für das Attribut gelten soll, oder einen AttributeError erzeugen.
__getattribute__(self, name)	Wird immer aufgerufen, wenn der Wert des Attributs mit dem Namen name gelesen wird, auch wenn das Attribut bereits existiert.
__setattr__(self, name, value)	Die Methode __setattr__ wird immer dann aufgerufen, wenn der Wert eines Attributs per Zuweisung geändert oder ein neues Attribut erzeugt wird.
__delattr__(self, name)	Wird aufgerufen, wenn das Attribut mit dem Namen name per del gelöscht wird.
__slots__	Weist Python an, die Attribute einer Klasse speicherschonend zu verwalten.

Tabelle 21.4 Methoden und Attribute, um den Zugriff auf Attribute zu regeln

Für einige der Tabelleneinträge folgt eine ausführlichere Besprechung.

__dict__

Jede Instanz besitzt ein Attribut namens __dict__, das die Member der Instanz in einem Dictionary speichert.

Die beiden folgenden Code-Zeilen produzieren also das gleiche Ergebnis, vorausgesetzt, obj ist eine Instanz einer Klasse, die ein Attribut A definiert:

```
>>> obj.A
"Der Wert des Attributs A"
>>> obj.__dict__["A"]
"Der Wert des Attributs A"
```

__getattribute__ (self, name)

Wird immer aufgerufen, wenn der Wert des Attributs mit dem Namen name gelesen wird, auch wenn das Attribut bereits existiert.

Implementiert eine Klasse sowohl __getattr__ als auch __getattribute__(self, name), wird nur letztere Funktion beim Lesen von Attributen aufgerufen, es sei denn, __getattribute__ ruft selbst __getattr__ auf.

> **Hinweis**
>
> Greifen Sie innerhalb von __getattribute__ niemals mit self.attribut auf die Attribute der Instanz zu, weil dies eine endlose Rekursion zur Folge hätte.
>
> Benutzen Sie stattdessen immer __getattribute__ der Basisklasse, zum Beispiel object.__getattribute__(self, "attribut").

__setattr__(self, name, value)

Die Methode __setattr__ wird immer dann aufgerufen, wenn der Wert eines Attributs per Zuweisung geändert oder ein neues Attribut erzeugt wird. Der Parameter name gibt dabei einen String an, der den Namen des zu verändernden Attributs enthält. Mit value wird der neue Wert übergeben.

Mit __setattr__ lässt sich zum Beispiel festlegen, welche Attribute eine Instanz überhaupt haben darf, indem alle anderen Werte einfach ignoriert oder mit Fehlerausgaben quittiert werden.

> **Hinweis**
>
> Verwenden Sie innerhalb von __setattr__ niemals eine Zuweisung der Form self.attribut = wert, um die Attribute auf bestimmte Werte zu setzen, da dies eine endlose Rekursion bewirken würde: Bei jeder Zuweisung würde __setattr__ erneut aufgerufen.

> Um Attributwerte in __setattr__ zu verändern, verwenden Sie die __setattr__-Methode der Basisklassen, zum Beispiel object.__setattr__(self, "attribut", wert).

__slots__

Instanzen in Python sind flexibel und mächtig, was die Arbeit mit Python angenehm macht. Beispielsweise können Sie zur Laufzeit Attribute dynamisch hinzufügen.

```
>>> class A:
...     pass
>>> a = A()
>>> a.X = 10
>>> a.X
10
```

Diese Flexibilität wird durch Rechenzeit und Speicher erkauft, da für jede Instanz eine dict-Instanz erzeugt wird, um die Attribute zu verwalten.

Wenn Sie eine einfache Klasse mit wenigen Attributen definieren, von der es zur Laufzeit eine sehr große Anzahl von Instanzen gibt, kann dies unnötig Speicher vergeuden.

Um in einem solchen Fall Speicher zu sparen, können Sie die Attribute der Instanzen einer Klasse bei der Klassendefinition einschränken. Dadurch geht zwar die Flexibilität verloren, dynamisch neue Attribute anlegen zu können, aber der Python-Interpreter kann die Attribute dann effizienter verwalten, sodass Speicher eingespart wird.

Im folgenden Beispiel wird eine Klasse B definiert, deren Instanzen nur die Attribute X und Y haben können.

```
>>> class B:
...     __slots__ = ("X", "Y")
...     def __init__(self):
...         self.X = 1
...         self.Y = 2
>>> b = B()
>>> b.X
1
>>> b.Y
2
>>> b.Z = 3
```

```
Traceback (most recent call last):
  File "<stdin>", line 1, in <module>
AttributeError: 'B' object has no attribute 'Z'
```

Wie Sie sehen, ist es nicht möglich, ein weiteres Attribut Z anzulegen. Dafür verbrauchen Instanzen der Klasse B weniger Speicher als die einer Klasse ohne __slots__-Definition.

> **Hinweis**
> Es gibt einige Besonderheiten, die den Umgang mit __slots__ betreffen. Beispielsweise lässt sich eine __slots__-Definition nicht auf Subklassen vererben.

21.7.2 Operatoren überladen

Ein *Operator* ist eine Vorschrift, die aus einer Reihe von *Operanden* einen neuen Wert berechnet. Ihnen sind in diesem Buch schon häufiger Operatoren begegnet, beispielsweise in Form von Rechenzeichen.

```
>>> 1 + 2
3
```

In diesem Beispiel wurde der Operator + verwendet, um die Summe zweier int-Instanzen zu berechnen. Der Operator + kann aber auch verwendet werden, um beispielsweise Strings miteinander zu verketten.

```
>>> "Hallo " + "Welt"
'Hallo Welt'
```

Diese Mehrfachbelegung eines Operators wird dadurch ermöglicht, dass intern eine spezielle Methode gerufen wird, die festlegt, was der Operator bewirken soll. Im Falle des Operators + ist dies die Methode __add__. Die beiden folgenden Ausdrücke sind daher gleichwertig.[11]

```
>>> 1 + 2
3
>>> (1).__add__(2)
3
```

Sie können also auch für Ihre eigenen Klassen Operatoren definieren, indem Sie die dahinterstehenden Methoden überschreiben.

---

[11] Die Klammern um die 1 sind deshalb notwendig, weil ein Punkt direkt hinter der 1 als Dezimalpunkt interpretiert werden würde.

Als Beispiel werden wir eine kleine Klasse zum Verwalten von Längenangaben mit Einheiten implementieren, die die Operatoren für Addition und Subtraktion unterstützt. Dabei dient die Methode `__sub__` zur Implementation des Operators -.

Die Klasse wird intern alle Maße für die Berechnungen in Meter umwandeln. Ihre Definition sieht dann folgendermaßen aus:

```python
class Laenge:
    Umrechnung = {"m" : 1, "dm" : 0.1, "cm" : 0.01,
                  "mm" : 0.001, "km" : 1000,
                  "ft" : 0.3048,      # Fuß
                  "in" : 0.0254,      # Zoll
                  "mi" : 1609344      # Meilen
                 }
    def __init__(self, zahlenwert, einheit):
        self.Zahlenwert = zahlenwert
        self.Einheit = einheit
    def __str__(self):
        return "{:f} {}".format(self.Zahlenwert, self.Einheit)
    def __add__(self, other):
        z = self.Zahlenwert * Laenge.Umrechnung[self.Einheit]
        z += other.Zahlenwert * Laenge.Umrechnung[other.Einheit]
        z /= Laenge.Umrechnung[self.Einheit]
        return Laenge(z, self.Einheit)
    def __sub__(self, other):
        z = self.Zahlenwert * Laenge.Umrechnung[self.Einheit]
        z -= other.Zahlenwert * Laenge.Umrechnung[other.Einheit]
        z /= Laenge.Umrechnung[self.Einheit]
        return Laenge(z, self.Einheit)
```

Das Dictionary `Laenge.Umrechnung` enthält Faktoren, mit denen geläufige Längenmaße in Meter umgerechnet werden. Die Methoden `__add__` und `__sub__` überladen jeweils den Operator für Addition + bzw. den für Subtraktion -, indem sie zuerst die Zahlenwerte beider Operanden gemäß ihren Einheiten in Meter umwandeln, verrechnen und schließlich wieder in die Einheit des weiter links stehenden Operanden konvertieren.

Betrachten wir einmal folgende Anwendung der Klasse `Laenge`:

```
>>> a1 = Laenge(5, "cm")
>>> a2 = Laenge(3, "dm")
>>> print(a1 + a2)
35.000000 cm
>>> print(a2 + a1)
3.500000 dm
```

Wie Sie sehen, funktionieren die Rechnungen wie gewünscht. Bemerkenswert ist, dass sich die Einheit in der Ausgabe je nach Operandenreihenfolge verändert. Dies resultiert daraus, dass unsere Klasse Laenge immer die Einheit des weiter links stehenden Operanden als Einheit des Ergebnisses verwendet.

Neben den Operatoren + und - gibt es in Python eine Reihe weiterer Operatoren. Dabei unterscheiden wir mehrere Typen von Operatoren, wie es Tabelle 21.5 zeigt.

Kategorie	Beschreibung	Beispiele
Vergleichsoperatoren	Vergleichen zwei Instanzen miteinander und liefern eine bool-Instanz als Ergebnis.	<, >, =
binäre arithmetische Operatoren	Operatoren, die auf zwei Operanden angewendet werden. Der Rückgabetyp hängt von dem Operator und den Operanden ab.	+, -, *, /, %, @
binäre Operatoren mit umgekehrter Operandenreihenfolge	Operatoren, die auf zwei Operanden angewendet werden. Der Rückgabetyp hängt von dem Operator und den Operanden ab.	+, -, *, /, %, @
erweiterte Zuweisungen	Operatoren, die eine Operation und eine Zuweisung verbinden	+=, -=, *=, /=, @=
unäre Operatoren	Operatoren mit nur einem Operanden, wie beispielsweise Vorzeichen	+, -

Tabelle 21.5 Arten von Operatoren

Der Operator @ ist mit Python 3.5 neu hinzugekommen und dient dazu, eine gut lesbare Syntax für Matrix-Vektor-Multiplikationen anzubieten.

Vergleichsoperatoren

Die folgenden *Magic Methods* dienen dazu, das Verhalten der Vergleichsoperatoren für die Klasse anzupassen.

Um beispielsweise zwei Instanzen der Klasse Konto (siehe Abschnitt 21.1.2) zu vergleichen, kann die Kontonummer herangezogen werden. Damit gibt es eine sinnvolle Interpretation für den Vergleich mit == bei Konten. Die Methode für Vergleiche mit == heißt __eq__ (von engl. *equals* »ist gleich«) und erwartet als Parameter eine Instanz, mit der das Objekt verglichen werden soll, für das __eq__ aufgerufen wurde.

Der folgende Beispiel-Code erweitert unsere Konto-Klasse aus der Einführung zur Objektorientierung um die Fähigkeit, sinnvoll mit == verglichen zu werden:

21.7 Magic Methods und Magic Attributes

```
class Konto:
    def __init__(self, inhaber, kontonummer, kontostand,
                       max_tagesumsatz=1500):
        self.Inhaber = inhaber
        self.Kontonummer = kontonummer
        self.Kontostand = kontostand
        self.MaxTagesumsatz = max_tagesumsatz
        self.UmsatzHeute = 0

    def __eq__(self, k2):
        return self.Kontonummer == k2.Kontonummer
```

Nun erzeugen wir drei Konten, wobei zwei die gleiche Kontonummer haben, und vergleichen sie mit dem ==-Operator. Das Szenario wird natürlich immer ein Wunschtraum für Donald Duck bleiben:

```
>>> konto1 = Konto("Dagobert Duck", 1337, 9999999999999999)
>>> konto2 = Konto("Donald Duck", 1337, 1.5)
>>> konto3 = Konto("Gustav Gans", 2674, 50000)
>>> konto1 == konto2
True
>>> konto1 == konto3
False
```

Die Anweisung konto1 == konto2 wird intern von Python beim Ausführen durch konto1.__eq__(konto2) ersetzt.

Neben der __eq__-Methode gibt es eine Reihe weiterer Vergleichsmethoden, die jeweils einem Vergleichsoperator entsprechen. Alle diese Methoden erwarten neben self einen weiteren Parameter, der die Instanz referenzieren muss, mit der self verglichen werden soll.

Tabelle 21.6 zeigt alle Vergleichsmethoden mit ihren Entsprechungen. Die Herkunftsspalte kann Ihnen helfen, sich die Methodennamen und ihre Bedeutung besser zu merken.

Operator	Methode	Herkunft
<	__lt__(self, other)	less than (dt. »kleiner als«)
<=	__le__(self, other)	less or equal (dt. »kleiner oder gleich«)
==	__eq__(self, other)	equal (dt. »gleich«)
!=	__ne__(self, other)	not equal (dt. »ungleich«)

Tabelle 21.6 Die Magic Methods für Vergleiche

Operator	Methode	Herkunft
>	__gt__(self, other)	*greater than* (dt. »größer als«)
>=	__ge__(self, other)	*greater or equal* (dt. »größer oder gleich«)

Tabelle 21.6 Die Magic Methods für Vergleiche (Forts.)

> **Hinweis**
>
> Wenn eine Klasse keine der Methoden __eq__ oder __ne__ implementiert, werden Instanzen der Klasse mittels == und != anhand ihrer Identität miteinander verglichen.

Ist es nicht möglich, die von self referenzierte Instanz mit other zu vergleichen, sollte NotImplemented zurückgegeben werden.

Binäre Operatoren

Ein binärer Operator ist ein Operator, der zwei Operanden verarbeitet. Beispiele für binäre Operatoren sind +, -, * und /.

Alle Methoden zum Überladen binärer Operatoren erwarten einen Parameter, der den zweiten Operanden referenziert. Als erster Operator wird immer diejenige Instanz verwendet, die für den Parameter self übergeben wurde. Ihr Rückgabewert muss eine neue Instanz sein, die das Ergebnis der Rechnung enthält.

Ein Beispiel für die Verwendung binärer Operatoren finden Sie zu Beginn dieses Abschnitts.

In Tabelle 21.7 sind alle binären Operatoren[12] und die entsprechenden Magic Methods aufgelistet:

Operator	Magic Method	Operator	Magic Method
+	__add__(self, other)	%	__mod__(self, other)
-	__sub__(self, other)	>>	__lshift__(self, other)
*	__mul__(self, other)	<<	__rshift__(self, other)
/	__truediv__(self, other)	&	__and__(self, other)

Tabelle 21.7 Magic Methods für binäre Operatoren

---

[12] Selbstverständlich sind die Vergleichsoperatoren auch binäre Operatoren. Aus Gründen der Übersicht haben wir sie aber separat besprochen.

Operator	Magic Method	Operator	Magic Method
//	__floordiv__(self, other)	|	__or__(self, other)
divmod()	__divmod__(self, other)	^	__xor__(self, other)
**	__pow__(self, other, [modulo])		

Tabelle 21.7 Magic Methods für binäre Operatoren (Forts.)

Binäre arithmetische Operatoren mit umgekehrter Operandenreihenfolge

Wenn Python einen Ausdruck der Form *Operand1 Operator Operand2* wie beispielsweise 2 * "abc" auswerten soll, wird zuerst versucht, eine passende Methode des ersten Operanden zu benutzen. Existiert diese nicht oder gibt sie NotImplemented zurück, wird versucht, beim zweiten Operanden eine entsprechende Methode zu finden.

Allerdings muss der zweite Operand eine spezielle Methode für vertauschte Operanden implementieren.[13] Tabelle 21.8 listet alle dafür verfügbaren Methodennamen und die entsprechenden Operatoren auf, wobei es für jeden der binären Operatoren eine Entsprechung gibt.

Operator	Magic Method	Operator	Magic Method
+	__radd__(self, other)	divmod()	__rdivmod__(self, other)
-	__rsub__(self, other)	>>	__rlshift__(self, other)
*	__rmul__(self, other)	<<	__rrshift__(self, other)
/	__rtruediv__(self, other)	&	__rand__(self, other)
//	__rfloordiv__(self, other)	|	__ror__(self, other)
**	__rpow__(self, other, [modulo])	^	__rxor__(self, other)
%	__rmod__(self, other)		

Tabelle 21.8 Magic Methods für binäre Operatoren des rechten Operanden

Für nicht unterstützte Werte von other sollte auch hier NotImplemented zurückgegeben werden.

---

13 Dass hier auf die Reihenfolge geachtet wird, ist wichtig, denn nicht bei allen Operationen ist die Reihenfolge der Operanden egal. Beispielsweise macht es einen Unterschied, ob "x" + "y" oder "y" + "x" ausgewertet wird.

Erweiterte Zuweisungen

Es können auch die erweiterten Zuweisungen überladen werden, die eine arithmetische Operation mit einer Zuweisung verbinden. Bei einer erweiterten Zuweisung wird dem jeweiligen Operator ein Gleichheitszeichen nachgestellt:

```
>>> a = 10
>>> a += 5
>>> a
15
```

Standardmäßig verwendet Python für solche Zuweisungen den Operator selbst, sodass a += 5 intern wie a = a + 5 ausgeführt wird. Diese Vorgehensweise hat für komplexe Datentypen wie beispielsweise Listen den Nachteil, dass immer eine neue Liste erzeugt werden muss. Deshalb können Sie gezielt die erweiterten Zuweisungen anpassen, um die Effizienz des Programms zu verbessern. Außerdem wird bei der Anwendung einer erweiterten Zuweisung auf eine Instanz eines mutablen Datentyps erwartet, dass die Instanz selbst verändert und keine neue erzeugt wird.

In Tabelle 21.9 finden Sie alle Operatoren für erweiterte Zuweisungen und die entsprechenden Methoden:

Operator	Magic Method	Operator	Magic Method
+=	__iadd__(self, other)	%=	__imod__(self, other)
-=	__isub__(self, other)	>>=	__ilshift__(self, other)
*=	__imul__(self, other)	<<=	__irshift__(self, other)
/=	__itruediv__(self, other)	&=	__iand__(self, other)
//=	__ifloordiv__(self, other)	|=	__ior__(self, other)
**=	__ipow__(self, other, [modulo])	^=	__ixor__(self, other)

Tabelle 21.9 Methoden für die erweiterte Zuweisung

> **Hinweis**
>
> Auch wenn die Operatoren für die erweiterte Zuweisung die Instanz self verändern, müssen sie eine Referenz auf das Ergebnis der Berechnung, in diesem Fall also self, zurückgeben.

Unäre Operatoren

Mit den folgenden Methoden werden die unären Operatoren überladen. Unäre Operatoren erwarten im Gegensatz zu den binären Operatoren nur einen Operanden.

Zu den unären Operatoren zählen die Vorzeichen + und -, die Built-in Function abs zur Bestimmung des absoluten Wertes und die Tilde ~, um das Komplement eines Wertes zu berechnen:

Operator	Magic Method	Operator	Magic Method
+	__pos__(self)	abs	__abs__(self)
-	__neg__(self)	~	__invert__(self)

Tabelle 21.10 Magic Methods für die unären Operatoren

Die Methoden sollten bei erfolgreicher Rechnung das Ergebnis zurückgeben. Ist es nicht möglich, den Operanden other zu verarbeiten, sollte NotImplemented zurückgegeben werden.

21.7.3 Datentypen emulieren

In Python entscheiden die Methoden, die ein Datentyp implementiert, zu welcher Kategorie von Datentypen er gehört. Deshalb ist es möglich, Ihre eigenen Datentypen beispielsweise wie numerische oder sequenzielle Datentypen »aussehen« zu lassen, indem sie die entsprechende Schnittstelle implementieren.

Dieses Konzept, den Typ einer Instanz anhand der vorhandenen Methoden und nicht der Klasse zu beurteilen, wird *Duck-Typing* genannt. Die Bezeichnung ist an ein Gedicht von James Whitcomb Riley[14] angelehnt, dessen deutsche Übersetzung folgendermaßen lautet:

»Wenn ich einen Vogel sehe, der wie eine Ente läuft, schwimmt und quakt, so nenne ich diesen Vogel eine Ente.«[15]

Übertragen auf die Instanzen in einem Programm bedeutet dies, dass beispielsweise alle Instanzen wie Zahlen behandelt werden, die sich genauso wie andere Zahlen verhalten. Ob es sich um Instanzen der Typen int, float oder complex handelt, ist dabei egal. Insbesondere ist es möglich, eine eigene Klasse zu definieren, die sich ebenfalls wie eine Zahl verhält und somit auch wie eine solche behandelt wird.

---

[14] James Whitcomb Riley (1849–1916) war ein US-amerikanischer Dichter.
[15] Englisches Original: »*When I see a bird that walks like a duck and swims like a duck and quacks like a duck, I call that bird a duck.*«

Dabei gilt das Prinzip, nicht mit Gewalt möglichst alle Operatoren und Methoden zu implementieren, sondern nur solche, die für die Klasse Sinn ergeben. Alle anderen Methoden sollten entweder gar nicht implementiert werden oder NotImplemented zurückgeben.

Sie werden im Folgenden die Methoden kennenlernen, die ein Datentyp implementieren muss, um nach dem Duck-Typing ein numerischer Datentyp zu sein. Außerdem werden die Schnittstellen von Sequenzen und Mappings behandelt.

Numerische Datentypen emulieren

Ein numerischer Datentyp sollte möglichst viele arithmetische Operatoren implementieren. Außerdem kann er Methoden definieren, um ihn in andere numerische Datentypen zu überführen, falls dies möglich ist.

Tabelle 21.11 gibt Ihnen einen Überblick über die möglichen Methoden.

Name oder Kurzbeschreibung	Beschreibung
arithmetische Operatoren	Rechenoperatoren für die Summe, Differenz, den Quotienten etc.
__complex__	Umwandlung nach complex
__int__	Umwandlung nach int
__float__	Umwandlung nach float
__round__	Rundung des Wertes
__index__	Verwendung als Index

Tabelle 21.11 Besondere Methoden, die ein numerischer Datentyp nach Möglichkeit definieren sollte

Kontext-Manager implementieren

Unter einem *Kontext-Manager* versteht man eine Instanz, die in Zusammenhang mit der with-Anweisung verwendet werden kann. Näheres zu with erfahren Sie in Kapitel 24, »Kontextobjekte«.

Um mit with als Kontext-Manager verwendet werden zu können, müssen zwei Methoden implementiert werden, die Tabelle 21.12 auflistet.

Name	Beschreibung
`__enter__(self)`	Baut den Kontext auf und gibt das Objekt zurück, mit dem gearbeitet werden soll.
`__exit__(self, ...)`	Räumt nach Verlassen des Körpers der `with`-Anweisung auf.

Tabelle 21.12 Methoden für Kontext-Manager

Container emulieren

Mithilfe der folgenden Methoden ist es möglich, eigene Container-Datentypen zu erzeugen. Unter einem *Container* (engl. *to contain*, dt. »enthalten«), versteht man eine Instanz, die ihrerseits weitere Instanzen enthalten kann. Beispiele sind die Liste, das Dictionary oder die Menge.

Dabei wird grundsätzlich zwischen *sequenziellen Containern*, deren Elemente sich über ganze Zahlen[16] ansprechen lassen, und *Mapping-Containern*, deren Indizes beliebige Gestalt haben können, unterschieden.

Methoden für allgemeine Container

Zunächst gibt es einen Satz von Methoden, den sowohl sequenzielle als auch Mapping-Container implementieren sollten.

Methode	Beschreibung
`__len__(self)`	Liefert die Anzahl der Elemente in dem Container als ganze Zahl zurück.
`__getitem__(self, key)`	Liest ein Element oder mehrere Elemente aus dem Container, wenn der Operator `[]` verwendet wird.
`__setitem__(self, key, value)`	Verändert das Element des Containers, das dem Schlüssel `key` zugeordnet ist.
`__delitem__(self, key)`	Entfernt das Element mit dem Index `key` aus dem Container.
`__iter__(self)`	Muss einen Iterator über die Werte des sequenziellen Containers bzw. die Schlüssel des Mapping-Containers zurückgeben. Näheres über Iteratoren erfahren Sie in Abschnitt 23.3, »Iteratoren«.

Tabelle 21.13 Methoden, die alle Container-Datentypen implementieren können

---

[16] Dabei sollten die Elemente, bei 0 beginnend, fortlaufend durchnummeriert sein.

Methode	Beschreibung
__contains__(self, item)	Prüft, ob item in dem Container enthalten ist.

Tabelle 21.13 Methoden, die alle Container-Datentypen implementieren können (Forts.)

Nun stellen wir Ihnen die Methoden vor, die speziell für sequenzielle Container vorgesehen sind.

Methoden für sequenzielle Container

Alle sequenziellen Container sollten zusätzlich zu den allgemeinen Methoden für Container die Methoden für die Addition (Verkettung) und Multiplikation (Wiederholung) implementieren.

Methoden	Beschreibung
__add__(self, other) __radd__(self, other) __iadd__(self, other)	Verkettet die Sequenz mit der Sequenz other. Dabei sollte __iadd__ im Fall eines mutablen Datentyps die von self referenzierte Instanz verändern, also in-place arbeiten.

__mul__(self, other)
__rmul__(self, other)
__imul__(self, other)
	Sollte eine Sequenz erzeugen, die aus der von self referenzierten Instanz dadurch hervorgeht, dass sie other-mal wiederholt wird.
	Für Strings sieht das beispielsweise folgendermaßen aus:
	`>>> 5*"a"`
	`'aaaaa'`

Tabelle 21.14 Allgemeine Methoden für sequenzielle Container

Mutable Sequenzen sollten zusätzlich noch die in Tabelle 21.15 gezeigten Methoden definieren. Für Beispiele dieser Methoden können Sie sich den Datentyp list in Abschnitt 13.2, »Listen – list«, anschauen.

Methoden	Beschreibung
append(x)	Hängt x an das Ende der Sequenz an.
count(x)	Zählt die Vorkommen von x in der Sequenz.

Tabelle 21.15 Methoden für mutable Sequenzen

Methoden	Beschreibung
index(x, [i, j])	Liefert den Index des ersten Vorkommens von x in der Sequenz. Mit den optionalen Parametern i und j kann dabei der Suchbereich eingegrenzt werden.
extend(s)	Erweitert die Sequenz um die Elemente der Sequenz s.
insert(i, x)	Fügt das Element x an der Stelle i in die Sequenz ein.
pop([i])	Liefert das i-te Element der Sequenz und entfernt es aus dieser. Wird i nicht angegeben, wird das letzte Element zurückgegeben und anschließend entfernt.
remove(x)	Entfernt das erste Vorkommen von x in der Sequenz aus dieser.
__reversed__(self)	Liefert einen Iterator zum umgekehrten Durchlaufen des sequenziellen Datentyps. Dabei wird die Sequenz nicht verändert.
reverse()	Dreht die Reihenfolge der Sequenz in-place um.
sort([key, reverse])	Sortiert die Sequenz in-place.

Tabelle 21.15 Methoden für mutable Sequenzen (Forts.)

Methoden für Mapping-Container

Alle Mapping-Datentypen sollten zusätzlich zu den Methoden für allgemeine Container weitere Methoden implementieren, die in Tabelle 21.16 aufgelistet sind.[17]

Methode	Bedeutung
m.keys()	Gibt einen Iterator über die Schlüssel von m zurück.
m.values()	Gibt einen Iterator über die Werte von m zurück.

Tabelle 21.16 Methoden für Mapping-Typen

---

17 Wenn Ihnen die hier angegebenen Beschreibungen nicht ausführlich genug sind, können Sie sich noch einmal den Abschnitt 14.1, »Dictionary – dict«, ansehen.

Methode	Bedeutung
m.items()	Gibt einen Iterator über die Schlüssel-Wert-Paare von m zurück.
m.has_key(k)	Prüft, ob der Schlüssel k in m existiert.
m.get(k, [d])	Wenn der Schlüssel k in m existiert, wird m[k] zurückgegeben, ansonsten d.
m.clear()	Entfernt alle Elemente aus m.
m.setdefault(k, [x])	Wenn der Schlüssel k in m existiert, wird m[k] zurückgegeben. Gibt es den Schlüssel k nicht in m, wird m[k] auf den Wert x gesetzt und x zurückgegeben.
m.pop(k, [d])	Wenn der Schlüssel k in m existiert, wird m[k] zurückgegeben und danach mit del gelöscht. Gibt es den Schlüssel k nicht in m, wird d zurückgegeben.
m.popitem()	Gibt ein willkürlich ausgewähltes Schlüssel-Wert-Paar von m zurück und entfernt es anschließend aus m.
m.copy()	Gibt eine Kopie von m zurück.
m.update(b)	Übernimmt alle Schlüssel-Wert-Paare von b in m. Vorhandene Einträge werden dabei überschrieben.

Tabelle 21.16 Methoden für Mapping-Typen (Forts.)

Kapitel 22
Ausnahmebehandlung

Stellen Sie sich einmal ein Programm vor, das über eine vergleichsweise tiefe Aufrufhierarchie verfügt, das heißt, dass Funktionen weitere Unterfunktionen aufrufen, die ihrerseits wieder Funktionen aufrufen. Es ist häufig so, dass die übergeordneten Funktionen nicht korrekt weiterarbeiten können, wenn in einer ihrer Unterfunktionen ein Fehler aufgetreten ist. Die Information, dass ein Fehler aufgetreten ist, muss also durch die Aufrufhierarchie nach oben geschleust werden, damit jede übergeordnete Funktion auf den Fehler reagieren und sich daran anpassen kann.

22.1 Exceptions

Bislang konnten wir Fehler, die innerhalb einer Funktion aufgetreten sind, allein anhand des Rückgabewertes der Funktion kenntlich machen. Es ist mit viel Aufwand verbunden, einen solchen Rückgabewert durch die Funktionshierarchie nach oben durchzureichen, zumal es sich dabei um Ausnahmen handelt. Wir würden also sehr viel Code dafür aufwenden, um seltene Fälle zu behandeln.

Für solche Fälle unterstützt Python ein Programmierkonzept, das *Exception Handling* (dt. »Ausnahmebehandlung«) genannt wird. Im Fehlerfall erzeugt unsere Unterfunktion dann eine sogenannte *Exception* und wirft sie, bildlich gesprochen, nach oben. Die Ausführung der Funktion ist damit beendet. Jede übergeordnete Funktion hat jetzt drei Möglichkeiten:

▶ Sie fängt die Exception ab, führt den Code aus, der für den Fehlerfall vorgesehen ist, und fährt dann normal fort. In einem solchen Fall bemerken weitere übergeordnete Funktionen die Exception nicht.

▶ Sie fängt die Exception ab, führt den Code aus, der für den Fehlerfall vorgesehen ist, und wirft die Exception weiter nach oben. In einem solchen Fall ist auch die Ausführung dieser Funktion sofort beendet, und die übergeordnete Funktion steht vor der Wahl, die Exception abzufangen oder nicht.

▶ Sie lässt die Exception passieren, ohne sie abzufangen. In diesem Fall ist die Ausführung der Funktion sofort beendet, und die übergeordnete Funktion steht vor der Wahl, die Exception abzufangen oder nicht.

Bisher haben wir bei einer solchen Ausgabe

```
>>> abc
Traceback (most recent call last):
  File "<stdin>", line 1, in <module>
NameError: name 'abc' is not defined
```

ganz allgemein von einem »Fehler« oder einer »Fehlermeldung« gesprochen. Dies ist nicht ganz korrekt: Im Folgenden möchten wir diese Ausgabe als *Traceback* bezeichnen. Welche Informationen ein Traceback enthält und wie sie interpretiert werden können, wurde bereits in Abschnitt 4.5, »Der Fehlerfall«, behandelt. Ein Traceback wird immer dann angezeigt, wenn eine Exception bis nach ganz oben durchgereicht wurde, ohne abgefangen zu werden. Doch was genau ist eine Exception?

Eine *Exception* ist ein Objekt, das Attribute und Methoden zur Klassifizierung und Bearbeitung eines Fehlers enthält. Einige dieser Informationen werden im Traceback angezeigt, so etwa die Beschreibung des Fehlers (»`name 'abc' is not defined`«). Eine Exception kann im Programm selbst abgefangen und behandelt werden, ohne dass der Benutzer etwas davon mitbekommt. Näheres zum Abfangen einer Exception erfahren Sie im weiteren Verlauf dieses Kapitels. Sollte eine Exception nicht abgefangen werden, wird sie in Form eines Tracebacks ausgegeben, und der Programmablauf wird beendet.

22.1.1 Eingebaute Exceptions

In Python existiert eine Reihe eingebauter Exceptions, zum Beispiel die bereits bekannten Exceptions `SyntaxError`, `NameError` oder `TypeError`. Solche Exceptions werden von Funktionen der Standardbibliothek oder vom Interpreter selbst geworfen. Sie sind eingebaut, das bedeutet, dass sie zu jeder Zeit im Quelltext verwendet werden können:

```
>>> NameError
<class 'NameError'>
>>> SyntaxError
<class 'SyntaxError'>
```

Die eingebauten Exceptions sind hierarchisch organisiert, das heißt, sie erben von gemeinsamen Basisklassen. Sie sind deswegen in ihrem Attribut- und Methodenumfang weitestgehend identisch.

Im Anhang in Abschnitt A.3 finden Sie eine Liste der eingebauten Exception-Typen mit kurzer Erklärung.

BaseException

Die Klasse `BaseException` ist die Basisklasse aller Exceptions und stellt damit eine Grundfunktionalität bereit, die für alle Exception-Typen vorhanden ist. Aus diesem Grund soll sie hier besprochen werden.

Die Grundfunktionalität, die `BaseException` bereitstellt, besteht aus einem wesentlichen Attribut namens `args`. Dabei handelt es sich um ein Tupel, in dem alle Parameter abgelegt werden, die der Exception bei ihrer Instanziierung übergeben wurden. Über diese Parameter ist es dann später beim Fangen der Exception möglich, detaillierte Informationen über den aufgetretenen Fehler zu erhalten. Die Verwendung des Attributs `args` demonstriert nun das folgende Beispiel:

```
>>> e = BaseException("Hallo Welt")
>>> e.args
('Hallo Welt',)
>>> e = BaseException("Hallo Welt",1,2,3,4,5)
>>> e.args
('Hallo Welt', 1, 2, 3, 4, 5)
```

Soweit zunächst zur direkten Verwendung der Exception-Klassen. Eine Erklärung aller eingebauten Exception-Klassen finden Sie im Anhang.

22.1.2 Werfen einer Exception

Bisher haben wir nur Exceptions betrachtet, die in einem Fehlerfall vom Python-Interpreter geworfen wurden. Es ist jedoch auch möglich, mithilfe der raise-Anweisung selbst eine Exception zu werfen:

```
>>> raise SyntaxError("Hallo Welt")
Traceback (most recent call last):
  File "<stdin>", line 1, in <module>
SyntaxError: Hallo Welt
```

Dazu wird das Schlüsselwort raise, gefolgt von einer Instanz, geschrieben. Diese darf nur Instanz einer von `BaseException` abgeleiteten Klasse sein. Das Werfen von Instanzen anderer Datentypen, insbesondere von Strings, ist nicht möglich:

```
>>> raise "Hallo Welt"
Traceback (most recent call last):
  File "<stdin>", line 1, in <module>
TypeError: exceptions must derive from BaseException
```

Im folgenden Abschnitt möchten wir besprechen, wie Exceptions im Programm abgefangen werden können, sodass sie nicht in einem Traceback enden, sondern zur Ausnahmebehandlung eingesetzt werden können. Wir werden sowohl in diesem als auch im nächsten Abschnitt bei den eingebauten Exceptions bleiben. Selbst definierte Exceptions werden das Thema von Abschnitt 22.1.4, »Eigene Exceptions«, sein.

22.1.3 Abfangen einer Exception

In diesem Abschnitt geht es darum, wie eine in einer Unterfunktion geworfene Exception in den darüberliegenden Aufrufebenen abgefangen werden kann. Das Fangen einer Exception ist notwendig, um auf den aufgetretenen Fehler reagieren zu können. Stellen Sie sich ein Programm vor, das Daten aus einer vom Benutzer festgelegten Datei liest. Dazu verwendet das Programm die folgende, im Moment noch sehr simple Funktion get, die das geöffnete Dateiobjekt zurückgibt:

```
def get(name):
    return open(name)
```

Sollte keine Datei mit dem angegebenen Namen existieren, wirft die eingebaute Funktion open eine FileNotFoundError-Exception. Da die Funktion get nicht auf diese Exception reagiert, wird sie in der Aufrufhierarchie weiter nach oben gereicht und verursacht schließlich ein vorzeitiges Beenden des Programms.

Nun sind fehlerhafte Benutzereingaben Probleme, die Sie beim Schreiben eines interaktiven Programms berücksichtigen sollten. Die folgende Variante der Funktion get fängt eine von open geworfene FileNotFoundError-Exception ab und gibt in diesem Fall anstelle des geöffneten Dateiobjekts den Wert None zurück.

```
def get(name):
    try:
        return open(name)
    except FileNotFoundError:
        return None
```

Zum Abfangen einer Exception wird eine try/except-Anweisung verwendet. Eine solche Anweisung besteht zunächst aus zwei Teilen:

- Der try-Block wird durch das Schlüsselwort try eingeleitet, gefolgt von einem Doppelpunkt und einem beliebigen Code-Block, der um eine Ebene weiter eingerückt ist. Dieser Code-Block wird zunächst ausgeführt. Wenn in diesem Code-Block eine Exception auftritt, wird seine Ausführung sofort beendet und der except-Zweig der Anweisung ausgeführt.

- Der except-Zweig wird durch das Schlüsselwort except eingeleitet, gefolgt von einer optionalen Liste von Exception-Typen, für die dieser except-Zweig ausgeführt werden soll. Beachten Sie, dass mehrere Exception-Typen in Form eines Tupels angegeben werden müssen. Dazu werden Sie später noch ein Beispiel sehen. Hinter der Liste der Exception-Typen kann, ebenfalls optional, das Schlüsselwort as stehen, gefolgt von einem frei wählbaren Bezeichner. Hier legen Sie fest, unter welchem Namen Sie auf die gefangene Exception-Instanz im except-Zweig zugreifen können. Auf diesem Weg können Sie beispielsweise auf die in dem args-Attribut der Exception-Instanz abgelegten Informationen zugreifen. Auch dazu werden Sie im Verlauf dieses Kapitels noch Beispiele sehen.

Danach folgen ein Doppelpunkt und, um eine Ebene weiter eingerückt, ein beliebiger Code-Block. Dieser Code-Block wird nur dann ausgeführt, wenn innerhalb des try-Blocks eine der aufgelisteten Exceptions geworfen wurde.

Eine grundlegende try/except-Anweisung hat also folgende Struktur:

```
try:
    Anweisung
    ⋮
    Anweisung
except ExceptionTyp as Bezeichner:
    Anweisung
    ⋮
    Anweisung
```

Abbildung 22.1 Struktur einer try/except-Anweisung

Kommen wir zurück zu unserer Beispielfunktion get. Es ist durchaus möglich, dass bei einem Funktionsaufruf für name fälschlicherweise kein String, sondern zum Beispiel eine Liste übergeben wird. In einem solchen Fall wird kein FileNotFoundError, sondern ein TypeError geworfen, der von der try/except-Anweisung bislang nicht abgefangen wird:

```
>>> get([1,2,3])
Traceback (most recent call last):
  File "<stdin>", line 1, in <module>
  File "<stdin>", line 3, in get
TypeError: expected str, bytes or os.PathLike object, not list
```

Die Funktion soll nun dahingehend erweitert werden, dass auch ein TypeError abgefangen und dann ebenfalls None zurückgegeben wird. Dazu haben wir im Wesentlichen drei Möglichkeiten. Die erste besteht darin, die Liste der abzufangenden Exception-Typen im vorhandenen except-Zweig um den TypeError zu erweitern. Beachten Sie dabei, dass zwei oder mehr Exception-Typen im Kopf eines except-Zweiges als Tupel angegeben werden müssen.

```
def get(name):
    try:
        return open(name)
    except (FileNotFoundError, TypeError):
        return None
```

Dies ist einfach und führt im gewählten Beispiel zum gewünschten Resultat. Stellen Sie sich jedoch vor, Sie wollten je nach Exception-Typ unterschiedlichen Code ausführen. Um ein solches Verhalten zu erreichen, kann eine try/except-Anweisung über beliebig viele except-Zweige verfügen.

```python
def get(name):
    try:
        return open(name)
    except FileNotFoundError:
        return None
    except TypeError:
        return None
```

Die dritte – weniger elegante – Möglichkeit besteht darin, alle Arten von Exceptions auf einmal abzufangen. Dazu wird ein except-Zweig ohne Angabe eines Exception-Typs geschrieben:

```python
def get(name):
    try:
        return open(name)
    except:
        return None
```

> **Hinweis**
>
> Es ist nur in wenigen Fällen sinnvoll, alle möglichen Exceptions auf einmal abzufangen. Durch diese Art Exception Handling kann es vorkommen, dass unabsichtlich auch Exceptions abgefangen werden, die nichts mit dem oben dargestellten Code zu tun haben. Das betrifft zum Beispiel die KeyInterrupt-Exception, die bei einem Programmabbruch per Tastenkombination geworfen wird.
>
> Sollen Sie einmal jede beliebige Exception fangen wollen, verwenden Sie **except** Exception, da Exception die Basisklasse alle Exceptions ist, die das Programm nicht zwingend beenden.

Eine Exception ist nichts anderes als eine Instanz einer bestimmten Klasse. Darum stellt sich die Frage, ob und wie man innerhalb eines except-Zweiges Zugriff auf die geworfene Instanz erlangt. Das ist durch Angabe des bereits angesprochenen **as** *Bezeichner*-Teils im Kopf des except-Zweiges möglich. Unter dem dort angegebenen Namen können Sie nun innerhalb des Code-Blocks auf die geworfene Exception-Instanz zugreifen:[1]

---

[1] Die möglicherweise verwirrende Schreibweise print([1,2,3][10]) ist gleichbedeutend mit
lst = [1,2,3]
print(lst[10])

```
try:
    print([1,2,3][10])
except (IndexError, TypeError) as e:
    print("Fehlermeldung:", e.args[0])
```

Die Ausgabe des oben angeführten Beispiels lautet:

```
Fehlermeldung: list index out of range
```

Zusätzlich kann eine try/except-Anweisung über einen else- und einen finally-Zweig verfügen, die jeweils nur einmal pro Anweisung vorkommen dürfen. Der dem else-Zweig zugehörige Code-Block wird ausgeführt, wenn keine Exception aufgetreten ist, und der dem finally-Zweig zugehörige Code-Block wird in jedem Fall nach Behandlung aller Exceptions und nach dem Ausführen des entsprechenden else-Zweiges ausgeführt, egal, ob oder welche Exceptions vorher aufgetreten sind. Dieser finally-Zweig eignet sich daher besonders für Dinge, die in jedem Fall erledigt werden müssen, wie beispielsweise das Schließen eines Dateiobjekts.

Sowohl der else- als auch der finally-Zweig müssen ans Ende der try/except-Anweisung geschrieben werden. Wenn beide Zweige vorkommen, muss der else-Zweig vor dem finally-Zweig stehen.

Abbildung 22.2 zeigt eine vollständige try/except-Anweisung.

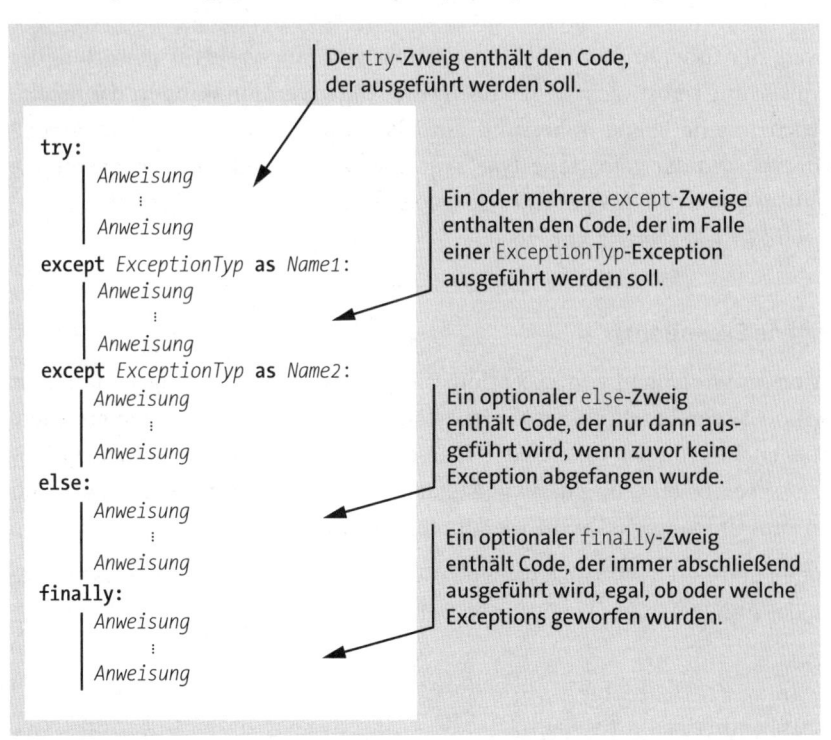

Abbildung 22.2 Eine vollständige try/except-Anweisung

Abschließend noch einige Bemerkungen dazu, wie eine try/except-Anweisung ausgeführt wird: Zunächst wird der dem try-Zweig zugehörige Code ausgeführt. Sollte innerhalb dieses Codes eine Exception geworfen werden, wird der dem entsprechenden except-Zweig zugehörige Code ausgeführt. Ist kein passender except-Zweig vorhanden, wird die Exception nicht abgefangen und endet, wenn sie auch anderswo nicht abgefangen wird, als Traceback auf dem Bildschirm. Sollte im try-Zweig keine Exception geworfen werden, wird keiner der except-Zweige ausgeführt, sondern der else-Zweig. Der finally-Zweig wird in jedem Fall zum Schluss ausgeführt.

Exceptions, die innerhalb eines except-, else- oder finally-Zweiges geworfen werden, werden so behandelt, als würfe die gesamte try/except-Anweisung diese Exception. Exceptions, die in diesen Zweigen geworfen werden, können also nicht von folgenden except-Zweigen der gleichen Anweisung wieder abgefangen werden. Es ist jedoch möglich, try/except-Anweisungen zu verschachteln:

```
try:
    try:
        raise TypeError
    except IndexError:
        print("Ein IndexError ist aufgetreten")
except TypeError:
    print("Ein TypeError ist aufgetreten")
```

Im try-Zweig der inneren try/except-Anweisung wird ein TypeError geworfen, der von der Anweisung selbst nicht abgefangen wird. Die Exception wandert dann, bildlich gesprochen, eine Ebene höher und durchläuft die nächste try/except-Anweisung. In dieser wird der geworfene TypeError abgefangen und eine entsprechende Meldung ausgegeben. Die Ausgabe des Beispiels lautet also: Ein TypeError ist aufgetreten, es wird kein Traceback angezeigt.

22.1.4 Eigene Exceptions

Beim Werfen und Abfangen von Exceptions sind Sie nicht auf den eingebauten Satz von Exception-Typen beschränkt, vielmehr können Sie selbst neue Typen erstellen. Dazu brauchen Sie lediglich eine eigene Klasse zu erstellen, die von der Exception-Basisklasse Exception erbt, und dann ganz nach Anforderung weitere Attribute und Methoden zum Umgang mit Ihrer Exception hinzuzufügen.

Im Folgenden definieren wir zunächst eine rudimentäre Kontoklasse, die als einzige Operation das Abheben eines bestimmten Geldbetrags unterstützt.

```
class Konto:
    def __init__(self, betrag):
        self.kontostand = betrag
```

```
def abheben(self, betrag):
    self.kontostand -= betrag
```

In dieser Implementierung der Klasse ist es möglich, das Konto beliebig zu überziehen. In einer etwas raffinierteren Variante soll das Überziehen des Kontos unterbunden und beim Versuch, mehr Geld abzuheben, als vorhanden ist, eine selbst definierte Exception geworfen werden. Dazu definieren wir zunächst eine von der Basisklasse Exception abgeleitete Klasse und fügen Attribute für den Kontostand und den abzuhebenden Betrag hinzu.

```
class KontoException(Exception):
    def __init__(self, kontostand, betrag):
        self.kontostand = kontostand
        self.betrag = betrag
```

Dann modifizieren wir die Methode abheben der Klasse Konto dahingehend, dass bei einem ungültigen Abhebevorgang eine KontoException-Instanz geworfen wird.

```
class Konto:
    def __init__(self, betrag):
        self.kontostand = betrag
    def abheben(self, betrag):
        if betrag > self.kontostand:
            raise KontoException(self.kontostand, betrag)
        self.kontostand -= betrag
```

Die dem Konstruktor der Klasse übergebenen zusätzlichen Informationen werden im Traceback nicht angezeigt:

```
>>> k = Konto(1000)
>>> k.abheben(2000)
Traceback (most recent call last):
  File "<stdin>", line 1, in <module>
  File "<stdin>", line 7, in abheben
KontoException: (1000, 2000)
```

Sie kommen erst zum Tragen, wenn die Exception abgefangen und bearbeitet wird:

```
try:
    k.abheben(2000)
except KontoException as e:
    print("Kontostand: {}€".format(e.kontostand))
    print("Abheben von {}€ nicht möglich.".format(e.betrag))
```

Dieser Code fängt die entstandene Exception ab und gibt daraufhin eine Fehlermeldung aus. Anhand der zusätzlichen Informationen, die die Klasse durch die Attribute kontostand und betrag bereitstellt, lässt sich der vorausgegangene Abhebevorgang rekonstruieren. Die Ausgabe des Beispiels lautet:

Kontostand: 1000€
Abheben von 2000€ nicht möglich.

Damit eine selbst definierte Exception mit weiterführenden Informationen auch eine Fehlermeldung enthalten kann, muss sie die Magic Method __str__ implementieren:

```python
class KontoException(Exception):
    def __init__(self, kontostand, betrag):
        self.kontostand = kontostand
        self.betrag = betrag
    def __str__(self):
        return "Kontostand zu niedrig"
```

Ein Traceback, der durch diese Exception verursacht wird, sieht folgendermaßen aus:

```
>>> k = Konto(1000)
>>> k.abheben(2000)
Traceback (most recent call last):
  File "<stdin>", line 1, in <module>
  File "<stdin>", line 7, in abheben
KontoException: Kontostand zu niedrig
```

22.1.5 Erneutes Werfen einer Exception

In manchen Fällen, gerade bei einer tiefen Funktionshierarchie, ist es sinnvoll, eine Exception abzufangen, die für diesen Fall vorgesehene Fehlerbehandlung zu starten und die Exception danach erneut zu werfen. Dazu folgendes Beispiel:

```python
def funktion3():
    raise TypeError
def funktion2():
    funktion3()
def funktion1():
    funktion2()
funktion1()
```

Im Beispiel wird die Funktion funktion1 aufgerufen, die ihrerseits funktion2 aufruft, in der die Funktion funktion3 aufgerufen wird. Es handelt sich also um insgesamt drei verschachtelte Funktionsaufrufe. Im Innersten dieser Funktionsaufrufe, in funktion3, wird eine TypeError-Exception geworfen. Diese Exception wird nicht abgefangen, deshalb sieht der dazugehörige Traceback so aus:

```
Traceback (most recent call last):
  File "test.py", line 10, in <module>
    funktion1()
  File "test.py", line 8, in funktion1
    return funktion2()
  File "test.py", line 5, in funktion2
    return funktion3()
  File "test.py", line 2, in funktion3
    raise TypeError
TypeError
```

Der Traceback beschreibt erwartungsgemäß die Funktionshierarchie zum Zeitpunkt der raise-Anweisung. Diese Liste wird auch *Callstack* genannt.

Hinter dem Exception-Prinzip steht der Gedanke, dass sich eine Exception in der Aufrufhierarchie nach oben arbeitet und an jeder Station abgefangen werden kann. In unserem Beispiel soll die Funktion funktion1 die TypeError-Exception abfangen, damit sie eine spezielle, auf den TypeError zugeschnittene Fehlerbehandlung durchführen kann. Nachdem funktion1 ihre funktionsinterne Fehlerbehandlung durchgeführt hat, soll die Exception weiter nach oben gereicht werden. Dazu wird sie erneut geworfen wie im folgenden Beispiel:

```python
def funktion3():
    raise TypeError
def funktion2():
    funktion3()
def funktion1():
    try:
        funktion2()
    except TypeError:
        # Fehlerbehandlung
        raise TypeError
funktion1()
```

Im Gegensatz zum vorangegangenen Beispiel sieht der nun auftretende Traceback so aus:

```
Traceback (most recent call last):
  File "test.py", line 14, in <module>
    funktion1()
  File "test.py", line 12, in funktion1
    raise TypeError
TypeError
```

Sie sehen, dass dieser Traceback Informationen über den Kontext der zweiten raise-Anweisung enthält. Diese sind aber gar nicht von Belang, sondern eher ein Nebenprodukt der Fehlerbehandlung innerhalb der Funktion funktion1. Optimal wäre es, wenn trotz des temporären Abfangens der Exception in funktion1 der resultierende Traceback den Kontext der ursprünglichen raise-Anweisung beschriebe. Um das zu erreichen, wird eine raise-Anweisung ohne Angabe eines Exception-Typs geschrieben:

```python
def funktion3():
    raise TypeError
def funktion2():
    funktion3()
def funktion1():
    try:
        funktion2()
    except TypeError as e:
        # Fehlerbehandlung
        raise
funktion1()
```

Der in diesem Beispiel ausgegebene Traceback sieht folgendermaßen aus:

```
Traceback (most recent call last):
  File "test.py", line 16, in <module>
    funktion1()
  File "test.py", line 11, in funktion1
    funktion2()
  File "test.py", line 7, in funktion2
    funktion3()
  File "test.py", line 4, in funktion3
    raise TypeError
TypeError
```

Sie sehen, dass es sich dabei um den Stacktrace der Stelle handelt, an der die Exception ursprünglich geworfen wurde. Der Traceback enthält damit die gewünschten Informationen über die Stelle, an der der Fehler tatsächlich aufgetreten ist.

22.1.6 Exception Chaining

Gelegentlich kommt es vor, dass man innerhalb eines except-Zweiges in die Verlegenheit kommt, eine weitere Exception zu werfen – entweder weil bei der Behandlung der Exception ein weiterer Fehler aufgetreten ist, oder um die entstandene Exception »umzubenennen«.

Wenn innerhalb eines except-Zweiges eine weitere Exception geworfen wird, wendet Python automatisch das sogenannte *Exception Chaining* an. Dabei wird die vorangegangene Exception als Kontext an die neu geworfene Exception angehängt, sodass ein Maximum an Information weitergegeben wird. Zum Beispiel erzeugt der folgende Code:

```
try:
    [1,2,3][128]
except IndexError:
    raise RuntimeError("Schlimmer Fehler")
```

die Ausgabe:

```
Traceback (most recent call last):
  File "test.py", line 3, in <module>
    [1,2,3][128]
IndexError: list index out of range
The above exception was the direct cause of the following exception:
Traceback (most recent call last):
  File "test.py", line 5, in <module>
    raise RuntimeError("Schlimmer Fehler") from e
RuntimeError: Schlimmer Fehler
```

Es wird auf das 128. Element einer dreielementigen Liste zugegriffen, was eine `IndexError`-Exception provoziert. Diese Exception wird gefangen und bei der Behandlung eine `RuntimeError`-Exception geworfen. Anhand des ausgegebenen Tracebacks sehen Sie, dass die ursprüngliche `IndexError`-Exception an die neue `RuntimeError`-Exception angehängt wurde.

Mithilfe der `raise/from`-Syntax lässt sich das Exception-Chaining-Verhalten steuern. Beim Werfen einer Exception kann ein Kontext angegeben werden, der dann im resultierenden Traceback berücksichtigt wird. Dieser Kontext kann zum Beispiel eine zweite Exception sein:

```
>>> raise IndexError from ValueError
ValueError
The above exception was the direct cause of the following exception:
Traceback (most recent call last):
  File "<stdin>", line 1, in <module>
IndexError
```

Es zeigt sich, dass wir mit der `raise/from`-Syntax das Exception Chaining auslösen können. Alternativ kann mit der `raise/from`-Syntax das automatische Anhängen einer Exception verhindert werden:

```
try:
    [1,2,3][128]
except IndexError:
    raise RuntimeError("Schlimmer Fehler") from None
```

In diesem Fall enthält der resultierende Traceback lediglich die neu entstandene RuntimeError-Exception. Die ursprüngliche IndexError-Exception geht verloren.

22.2 Zusicherungen – assert

Mithilfe des Schlüsselworts assert lassen sich Zusicherungen in ein Python-Programm integrieren. Durch das Schreiben einer assert-Anweisung legt der Programmierer eine Bedingung fest, die für die Ausführung des Programms essenziell ist und die bei Erreichen der assert-Anweisung zu jeder Zeit True ergeben muss. Wenn die Bedingung einer assert-Anweisung False ergibt, wird eine AssertionError-Exception geworfen. In der folgenden Sitzung im interaktiven Modus wurden mehrere assert-Anweisungen eingegeben:

```
>>> import math
>>> assert math.log(1) == 0
>>> assert math.sqrt(4) == 1
Traceback (most recent call last):
  File "<stdin>", line 1, in <module>
AssertionError:
>>> assert math.sqrt(9) == 3
>>>
```

Die assert-Anweisung ist damit ein praktisches Hilfsmittel zum Aufspüren von Fehlern und ermöglicht es, den Programmlauf zu beenden, wenn bestimmte Voraussetzungen nicht erfüllt sind. Häufig prüft man an Schlüsselstellen im Programm mit assert, ob alle Referenzen die erwarteten Werte referenzieren, um eventuelle Fehlberechnungen rechtzeitig erkennen zu können.

Beachten Sie, dass assert-Anweisungen üblicherweise nur während der Entwicklung eines Programms benötigt werden und in einem fertigen Programm eher stören würden. Deswegen werden assert-Anweisungen nur dann ausgeführt, wenn die globale Konstante __debug__ den Wert True referenziert. Diese Konstante ist nur dann False, wenn der Interpreter mit der Kommandozeilenoption -O gestartet wurde. Wenn die Konstante __debug__ den Wert False referenziert, werden assert-Anweisungen ignoriert und haben damit keinen Einfluss mehr auf die Laufzeit Ihres Programms.

> **Hinweis**
>
> Beachten Sie, dass Sie den Wert von __debug__ im Programm selbst nicht verändern dürfen, sondern nur über die Kommandozeilenoption -O bestimmen können, ob assert-Anweisungen ausgeführt oder ignoriert werden sollen.

Kapitel 23
Iteratoren

In den vorangegangenen Kapiteln war bereits häufiger die Rede von Begriffen wie »iterieren« oder »iterierbares Objekt«. Ohne diese genau definiert zu haben, ist intuitiv klar, dass damit das sukzessive Betrachten der einzelnen Elemente einer entsprechenden Instanz gemeint ist. Es kann beispielsweise mithilfe einer for-Schleife über eine Liste »iteriert« werden:

```
>>> for x in [1,2,3,4]:
...     print(x)
...
1
2
3
4
```

In diesem Kapitel möchten wir den Begriff des Iterierens auf solide Füße stellen, indem wir Ihnen das zentrale Konzept der Generatoren und Iteratoren vorstellen. Zuvor besprechen wir mit den Comprehensions eine komfortable Syntax zur Erzeugung von Instanzen iterierbarer Objekte wie Listen, Dictionarys und Sets.

23.1 Comprehensions

In diesem Abschnitt stürzen wir uns auf ein interessantes Feature von Python, die sogenannten *Comprehensions*. Das sind spezielle Anweisungen, mit denen Sie eine neue Liste bzw. ein neues Dictionary oder Set mit generischem Inhalt erzeugen. Das bedeutet, Sie geben eine Erzeugungsvorschrift an, nach der die jeweilige Instanz mit Werten gefüllt wird.

Während List Comprehensions bereits seit Längerem in Python existieren, wurden Dict Comprehensions und Set Comprehensions erst mit Python 3.0 eingeführt.

23.1.1 List Comprehensions

Es ist ein häufig auftretendes Problem, dass man aus den Elementen einer bestehenden Liste nach einer bestimmten Berechnungsvorschrift eine neue Liste erstellen möchte. Bislang würden Sie dies entweder umständlich in einer for-Schleife erledigen oder die Built-in Functions map und filter einsetzen. Letzteres ist zwar relativ kurz, bedarf jedoch einer Funktion, die auf jedes Element der Liste angewandt wird. Das ist umständlich und ineffizient.

Python unterstützt eine flexible Syntax, die für diesen Zweck geschaffen wurde: die sogenannten *List Comprehensions*. Die folgende List Comprehension erzeugt aus einer Liste mit ganzen Zahlen eine neue Liste, die die Quadrate dieser Zahlen enthält:

```
>>> lst = [1,2,3,4,5,6,7,8,9]
>>> [x**2 for x in lst]
[1, 4, 9, 16, 25, 36, 49, 64, 81]
```

Eine List Comprehension wird in eckige Klammern gefasst und besteht zunächst aus einem Ausdruck, gefolgt von beliebig vielen for/in-Bereichen. Ein for/in-Bereich lehnt sich an die Syntax der for-Schleife an und legt fest, mit welchem Bezeichner über welche Liste iteriert wird – in diesem Fall mit dem Bezeichner x über die Liste lst. Der angegebene Bezeichner kann im Ausdruck zu Beginn der List Comprehension verwendet werden. Das Ergebnis einer List Comprehension ist eine neue Liste, die als Elemente die Ergebnisse des Ausdrucks in jedem Iterationsschritt enthält. Die Funktionsweise der oben dargestellten List Comprehension lässt sich folgendermaßen zusammenfassen:

> *Für jedes Element* x *der Liste* lst *bilde das Quadrat von* x*, und füge das Ergebnis in die Ergebnisliste ein.*

Dies ist die einfachste Form der List Comprehension. Der for/in-Bereich lässt sich um eine Fallunterscheidung erweitern, sodass nur bestimmte Elemente in die neue Liste übernommen werden. So könnten wir die obige List Comprehension beispielsweise dahingehend erweitern, dass nur die Quadrate gerader Zahlen gebildet werden:

```
>>> lst = [1,2,3,4,5,6,7,8,9]
>>> [x**2 for x in lst if x%2 == 0]
[4, 16, 36, 64]
```

Dazu wird der for/in-Bereich um das Schlüsselwort if erweitert, auf das eine Bedingung folgt. Nur wenn diese Bedingung True ergibt, wird das berechnete Element in die Ergebnisliste aufgenommen. Diese Form der List Comprehension lässt sich also folgendermaßen beschreiben:

> *Für jedes Element* x *der Liste* lst *– sofern es sich bei* x *um eine gerade Zahl handelt – bilde das Quadrat von* x*, und füge das Ergebnis in die Ergebnisliste ein.*

Als nächstes Beispiel soll eine List Comprehension dazu verwendet werden, zwei als Listen dargestellte dreidimensionale Vektoren zu addieren. Die Addition von Vektoren erfolgt koordinatenweise, also in unserem Fall Element für Element:

```
>>> v1 = [1, 7, -5]
>>> v2 = [-9, 3, 12]
>>> [v1[i] + v2[i] for i in range(3)]
[-8, 10, 7]
```

Dazu wird eine von `range` erzeugte Liste von Indizes in der List Comprehension durchlaufen. In jedem Durchlauf werden die jeweiligen Koordinaten addiert und an die Ergebnisliste angehängt.

Es wurde bereits gesagt, dass eine List Comprehension beliebig viele `for/in`-Bereiche haben kann. Diese können wie verschachtelte `for`-Schleifen betrachtet werden. Im Folgenden möchten wir ein Beispiel besprechen, in dem diese Eigenschaft von Nutzen ist. Zunächst definieren wir zwei Listen:

```
>>> lst1 = ["A", "B", "C"]
>>> lst2 = ["D", "E", "F"]
```

Eine List Comprehension soll nun eine Liste erstellen, die alle möglichen Buchstabenkombinationen enthält, die gebildet werden können, indem man zunächst einen Buchstaben aus `lst1` und dann einen aus `lst2` wählt. Die Kombinationen sollen jeweils als Tupel in der Liste stehen:

```
>>> [(a,b) for a in lst1 for b in lst2]
[('A', 'D'), ('A', 'E'), ('A', 'F'), ('B', 'D'), ('B', 'E'),
('B', 'F'), ('C', 'D'), ('C', 'E'), ('C', 'F')]
```

Diese List Comprehension kann folgendermaßen beschrieben werden:

> *Für jedes Element* `a` *der Liste* `lst1` *gehe über alle Elemente* `b` *von* `lst2`*, und füge jeweils das Tupel* `(a,b)` *in die Ergebnisliste ein.*

List Comprehensions bieten einen interessanten und eleganten Weg, komplexe Operationen platzsparend zu schreiben. Viele Probleme, bei denen List Comprehensions zum Einsatz kommen, könnten auch durch die Built-in Functions `map`, `filter` oder durch eine Kombination der beiden gelöst werden, jedoch sind List Comprehensions zumeist besser lesbar und führen zu einem übersichtlicheren Quellcode.

23.1.2 Dict Comprehensions

Seit Version 3.0 bietet Python einen zu den List Comprehensions analogen Weg, um ein Dictionary zu erzeugen. Dies nennt sich *Dictionary Comprehension* bzw. kurz *Dict Comprehension*.

Der Aufbau einer Dict Comprehension ist ähnlich wie der einer List Comprehension, weswegen wir direkt mit einem Beispiel einsteigen:

```
>>> namen = ["Donald", "Dagobert", "Daisy", "Gustav"]
>>> {k:len(k) for k in namen}
{'Donald': 6, 'Dagobert': 8, 'Daisy': 5, 'Gustav': 6}
>>> {k:len(k) for k in namen if k[0] == "D"}
{'Donald': 6, 'Dagobert': 8, 'Daisy': 5}
```

Hier wurde mithilfe einer Dict Comprehension ein Dictionary erzeugt, das eine vorgegebene Liste von Strings als Schlüssel und die Längen des jeweiligen Schlüssel-Strings als Wert enthält.

Beim Betrachten des Beispiels fallen sofort zwei Unterschiede zu den List Comprehensions auf:

- Im Gegensatz zu einer List Comprehension wird eine Dict Comprehension in geschweifte Klammern gefasst.
- Bei einer Dict Comprehension muss in jedem Durchlauf der Schleife ein Schlüssel-Wert-Paar zum Dictionary hinzugefügt werden. Dieses steht am Anfang der Comprehension, wobei Schlüssel und Wert durch einen Doppelpunkt voneinander getrennt sind.

Sonst können Sie eine Dict Comprehension verwenden, wie Sie es bereits von List Comprehensions her kennen. Beide Typen lassen sich auch gemeinsam nutzen. Dazu noch ein Beispiel:

```
>>> lst1 = ["A", "B", "C"]
>>> lst2 = [2, 4, 6]
>>> {k:[k*i for i in lst2] for k in lst1}
{'A': ['AA', 'AAAA', 'AAAAAA'], 'B': ['BB', 'BBBB', 'BBBBBB'], 'C': ['CC', 'CCCC', 'CCCCCC']}
```

Dieser Code erzeugt ein Dictionary, das zu jedem Schlüssel mithilfe einer List Comprehension eine Liste als Wert erzeugt, die jeweils das Zwei-, Vier- und Sechsfache des Schlüssels enthält.

23.1.3 Set Comprehensions

Der dritte wichtige Datentyp, für den ebenfalls eine Comprehension-Syntax existiert, ist das Set. Eine *Set Comprehension* wird wie eine Dict Comprehension in geschweifte Klammern eingefasst. Im Gegensatz zur Dict Comprehension fehlen allerdings der Doppelpunkt und der dahinter angegebene Wert:

```
>>> lst = [1,2,3,4,5,6,7,8,9]
>>> {i**2 for i in lst}
{64, 1, 4, 36, 9, 16, 49, 81, 25}
```

Eine Set Comprehension funktioniert – abgesehen von den geschweiften Klammern – völlig analog zur List Comprehension. Es bedarf also keiner weiteren Beispiele, um sie erfolgreich einzusetzen.

23.2 Generatoren

In diesem Abschnitt beschäftigen wir uns mit dem Konzept der Generatoren, mit deren Hilfe sich Folgen von Werten komfortabel erzeugen lassen. Weil sich das noch sehr abstrakt anhört, beginnen wir direkt mit einem Beispiel. Sie erinnern sich sicherlich noch an die Built-in Function range, die im Zusammenhang mit for-Schleifen eine wichtige Rolle spielt:

```
>>> for i in range(10):
...     print(i, end=" ")
0 1 2 3 4 5 6 7 8 9
```

Wie Sie bereits wissen, gibt range(10) ein iterierbares Objekt zurück, mit dem sich die Zahlen 0 bis 9 in der Schleife durchlaufen lassen. Sie haben bereits gelernt, dass range dafür keine Liste mit diesen Zahlen erzeugt, sondern sie erst bei Bedarf generiert. Es kommt häufig vor, dass man eine Liste von Objekten mit einer Schleife verarbeiten möchte, ohne dass dabei die gesamte Liste als solche im Speicher liegen muss. Für das oben genannte Beispiel bedeutet dies, dass wir zwar die Zahlen von 0 bis 9 verarbeiten, die Liste [0, 1, 2, 3, 4, 5, 6, 7, 8, 9] aber zu keiner Zeit benötigen.

Dieses Prinzip wird nun verallgemeinert, um beliebige Sequenzen von Objekten, die nicht alle zusammen im Speicher stehen müssen, mithilfe von Schleifen durchlaufen zu können. Beispielsweise möchten wir über die ersten n Quadratzahlen iterieren.

An dieser Stelle kommen die sogenannten *Generatoren* ins Spiel. Ein Generator ist eine Funktion, die beim Aufruf ein iterierbares Objekt erzeugt, welches der Reihe nach die Elemente einer virtuellen[1] Sequenz liefert. Für unser Beispiel bräuchten wir also einen Generator, der nacheinander die ersten n Quadratzahlen zurückgibt. Die Definition dieser auch *Generatorfunktionen* genannten Konstrukte ist der von normalen Funktionen ähnlich. Der von uns benötigte Generator lässt sich folgendermaßen implementieren:

```
def square_generator(n):
    i = 1
    while i <= n:
        yield i*i
        i += 1
```

---

[1] Mit »virtuell« ist gemeint, dass diese Sequenz zu keiner Zeit komplett im Speicher abgelegt werden muss und trotzdem durchlaufen werden kann.

Mit diesem Generator können wir nun auf elegante Weise die ersten zehn Quadratzahlen auf dem Bildschirm ausgeben:

```
>>> for i in square_generator(10):
...     print(i, end=" ")
1 4 9 16 25 36 49 64 81 100
```

Der Funktionsaufruf square_generator(10) gibt ein iterierbares Objekt (die generator-Instanz) zurück, das mit einer for-Schleife durchlaufen werden kann.

```
>>> square_generator(10)
<generator object square_generator at 0x7feb157ebbf8>
```

Der Knackpunkt bei Generatoren liegt in der yield-Anweisung, mit der wir die einzelnen Werte der virtuellen Sequenz zurückgeben. Die Syntax von yield unterscheidet sich dabei nicht von der der return-Anweisung und muss deshalb nicht weiter erläutert werden. Entscheidend ist, wie yield sich im Vergleich zu return auf die Verarbeitung des Programms auswirkt.

Wird in einer normalen Funktion während eines Programmlaufs ein return erreicht, wird der Kontrollfluss an die nächsthöhere Ebene zurückgegeben und der Funktionslauf beendet. Außerdem werden alle lokalen Variablen der Funktion wieder freigegeben. Bei einem erneuten Aufruf der Funktion würde Python wieder am Anfang der Funktion beginnen und die komplette Funktion erneut ausführen.

Im Gegensatz dazu werden beim Erreichen einer yield-Anweisung die aktuelle Position innerhalb der Generatorfunktion und ihre lokalen Variablen gespeichert, und es erfolgt ein Rücksprung in das aufrufende Programm mit dem hinter yield angegebenen Wert. Beim nächsten Iterationsschritt macht Python dann hinter dem zuletzt ausgeführten yield weiter und kann wieder auf die alten lokalen Variablen, in dem Fall i und n, zugreifen. Erst wenn das Ende der Funktion erreicht wird, beginnen die endgültigen Aufräumarbeiten.

Generatoren können durchaus mehrere yield-Anweisungen enthalten:

```
def generator_mit_mehreren_yields():
    a = 10
    yield a
    yield a*2
    b = 5
    yield a+b
```

Auch dieser Generator kann mit einer for-Schleife durchlaufen werden:

```
>>> for i in generator_mit_mehreren_yields():
...     print(i, end=" ")
10 20 15
```

Im ersten Iterationsschritt wird die lokale Variable a in der Generatorfunktion angelegt und ihr Wert dann mit yield a an die Schleife übergeben. Beim nächsten Schleifendurchlauf wird dann bei yield a*2 weitergemacht, wobei die zurückgegebene 20 zeigt, dass der Wert von a tatsächlich zwischen den Aufrufen erhalten geblieben ist. Während des letzten Iterationsschritts erzeugen wir zusätzlich die lokale Variable b mit dem Wert 5 und geben die Summe von a und b an die Schleife weiter, wodurch die 15 ausgegeben wird. Da nun das Ende der Generatorfunktion erreicht ist, bricht die Schleife nach drei Durchläufen ab.

Es ist auch möglich, eine Generatorfunktion frühzeitig zu verlassen, wenn dies erforderlich sein sollte. Um dies zu erreichen, verwenden Sie die return-Anweisung ohne Rückgabewert. Der folgende Generator erzeugt abhängig vom Wert des optionalen Parameters auch_jungen eine Folge aus zwei Mädchennamen oder zwei Mädchen- und Jungennamen:

```python
def namen(auch_jungen=True):
    yield "Carina"
    yield "Lina"
    if not auch_jungen:
        return
    yield "Phillip"
    yield "Sven"
```

Mithilfe der Built-in Function list können wir aus den Werten des Generators eine Liste erstellen, die entweder nur "Carina" und "Lina" oder zusätzlich "Phillip" und "Sven" enthält:

```
>>> list(namen())
['Carina', 'Lina', 'Phillip', 'Sven']
>>> list(namen(False))
['Carina', 'Lina']
```

> **Hinweis**
>
> Es gibt die Möglichkeit, Daten mit einem Generator auszutauschen. Die dazu verwendeten Methoden send und throw werden im weiterführenden Abschnitt 42.6, »Generatoren als Konsumenten«, thematisiert.

23.2.1 Subgeneratoren

Ein Generator kann die Kontrolle an einen anderen Generator abgeben. Dadurch wird es möglich, Teile eines Generators in separate Generatoren auszulagern. Beispielsweise können wir den Generator namen aus dem vorangegangenen Abschnitt in die beiden Subgeneratoren jungen und maedchen aufspalten.

```python
def jungen():
    yield "Phillip"
    yield "Sven"

def maedchen():
    yield "Carina"
    yield "Lina"

def namen(auch_jungen=True):
    yield from maedchen()
    if auch_jungen:
        yield from jungen()
```

Der neue Generator namen verhält sich genau wie die Version ohne Subgeneratoren.

```
>>> list(namen())
['Carina', 'Lina', 'Phillip', 'Sven']
>>> list(namen(False))
['Carina', 'Lina']
```

Beachten Sie, dass die Werte, die ein Subgenerator erzeugt, direkt an die aufrufende Ebene durchgereicht werden. Der delegierende Generator hat keinen Zugriff auf diese Werte. Im Beispiel werden die Namen Carina, Lina, Phillip und Sven von den Generatoren maedchen und jungen direkt in die resultierende Liste geschrieben, ohne dass der Generator namen sie zu Gesicht bekommt. Um Daten an den delegierenden Generator zurückzugeben, verwenden Sie die return-Anweisung. Die yield from-Anweisung nimmt dabei nach dem Durchlaufen des Subgenerators den zurückgegebenen Wert an. Als Beispiel erweitern wir die beiden Subgeneratoren jungen und maedchen, sodass sie die Anzahl der jeweiligen Namen per return zurückgeben.

```python
def jungen():
    yield "Phillip"
    yield "Sven"
    return 2

def maedchen():
    yield "Carina"
    yield "Lina"
    return 2

def namen(auch_jungen=True):
    anzahl_maedchen = (yield from maedchen())
    print("{} Mädchen".format(anzahl_maedchen))
```

```
    if auch_jungen:
        anzahl_jungen = (yield from jungen())
        print("{} Jungen".format(anzahl_jungen))
```

Nun gibt der Generator namen die jeweiligen Anzahlen mit print aus.

```
>>> list(namen())
2 Mädchen
2 Jungen
['Carina', 'Lina', 'Phillip', 'Sven']
```

> **Hinweis**
>
> Gibt ein Generator die Kontrolle an einen Subgenerator ab, kümmert sich dieser um alle empfangenen Werte und Exceptions. Näheres zum Auslösen von Exceptions in einem Generator erfahren Sie in Abschnitt 42.6.2.

Traversieren eines Binärbaums mit Subgeneratoren

Ein praxisnäheres Beispiel für Subgeneratoren ist die Traversierung eines Binärbaums. Ein Binärbaum ist eine Datenstruktur, die sich aus einer baumartigen Verkettung von Knoten zusammensetzt. Jeder Knoten hat dabei einen Wert und kann ein linkes oder rechtes Kind haben, die jeweils wieder Knoten sind. Ein Beispiel für einen Binärbaum zeigt Abbildung 23.1.

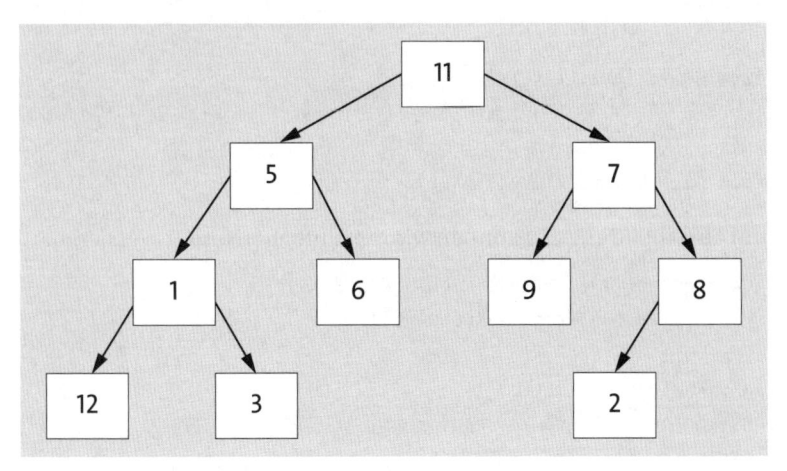

Abbildung 23.1 Ein Binärbaum

Bei der Traversierung des Baums werden der Reihe nach alle Knoten durchlaufen. Dies lässt sich beispielsweise durch die sogenannte *In-Order-Traversierung* erreichen. Dabei wird an einem Knoten zuerst der linke Teilbaum durchlaufen, dann der Wert des Knotens selbst ausgegeben und anschließend der rechte Teilbaum durchlaufen.

Dies lässt sich durch die folgende Klasse Knoten realisieren, die eine Methode traversiere besitzt.

```python
class Knoten:
    def __init__(self, wert, links=None, rechts=None):
        self.links = links
        self.wert = wert
        self.rechts = rechts

    def traversiere(self):
        if self.links:
            for k in self.links.traversiere():
                yield k
        yield self.wert
        if self.rechts:
            for k in self.rechts.traversiere():
                yield k
```

Die beiden for-Schleifen in der Generatormethode traversiere durchlaufen die Werte der linken und rechten Teilbäume und greifen dazu rekursiv auf die Generatormethode traversiere des jeweiligen Teilbaums zurück. Hier kann nun explizit mit yield from die Kontrolle abgegeben werden, sodass die Methode traversiere sich folgendermaßen umschreiben lässt:

```python
def traversiere(self):
    if self.links:
        yield from self.links.traversiere()
    yield self.wert
    if self.rechts:
        yield from self.rechts.traversiere()
```

Den Beispielbaum aus Abbildung 23.1 können wir nun aufbauen und traversieren.

```python
bl_ = Knoten(links=Knoten(12), wert=1, rechts=Knoten(3))
bl = Knoten(links=bl_, wert=5, rechts=Knoten(6))

br_ = Knoten(links=Knoten(2), wert=8)
br = Knoten(links=Knoten(9), wert=7, rechts=br_)

baum = Knoten(links=bl, wert=11, rechts=br)
print(list(baum.traversiere()))
```

Als Ausgabe erhalten wir eine Liste aller Knoten des Baums:

```
[12, 1, 3, 5, 6, 11, 9, 7, 2, 8]
```

23.2.2 Generator Expressions

In Abschnitt 23.1.1 haben Sie List Comprehensions kennengelernt, mit denen Sie auf einfache Weise Listen erzeugen können. Beispielsweise erzeugt die folgende List Comprehension eine Liste mit den ersten zehn Quadratzahlen:

```
>>> [i*i for i in range(1, 11)]
[1, 4, 9, 16, 25, 36, 49, 64, 81, 100]
```

Wenn wir nun die Summe dieser ersten zehn Quadratzahlen bestimmen wollen, können wir das mithilfe der Built-in Function sum erreichen, indem wir schreiben:

```
>>> sum([i*i for i in range(1, 11)])
385
```

So weit, so gut. Allerdings wird hier eine nicht benötigte list-Instanz erzeugt, die Speicherplatz vergeudet.

Um auch in solchen Fällen nicht auf den Komfort von List Comprehensions verzichten zu müssen, gibt es *Generator Expressions*. Generator Expressions sehen genauso aus wie die entsprechenden List Comprehensions, mit dem Unterschied, dass anstelle der eckigen Klammern [ ] runde Klammern ( ) als Begrenzung verwendet werden. Damit können wir das oben dargestellte Beispiel speicherschonend mit einer Generator Expression formulieren:

```
>>> sum((i*i for i in range(1, 11)))
385
```

Die umschließenden runden Klammern können entfallen, wenn der Ausdruck sowieso schon geklammert ist. In unserem sum-Beispiel können wir also ein Klammernpaar entfernen:

```
>>> sum(i*i for i in range(1, 11))
385
```

Generatoren können Ihnen helfen, Ihre Programme sowohl in der Lesbarkeit als auch hinsichtlich der Ausführungsgeschwindigkeit zu verbessern. Immer dann, wenn Sie es mit einer komplizierten und dadurch schlecht lesbaren while-Schleife zu tun haben, sollten Sie prüfen, ob ein Generator die Aufgabe nicht eleganter übernehmen kann.

Wir haben uns in diesem Abschnitt auf die Definition von Generatoren und ihre Anwendung in der for-Schleife oder mit list beschränkt. Im folgenden Abschnitt werden Sie die Hintergründe und die technische Umsetzung kennenlernen, denn hinter den Generatoren und der for-Schleife steht das Konzept der Iteratoren.

23.3 Iteratoren

Sie sind bei der Lektüre dieses Buchs schon oft mit dem Begriff »iterierbares Objekt« konfrontiert worden, wissen bisher allerdings nur, dass Sie solche Instanzen beispielsweise mit einer for-Schleife durchlaufen oder bestimmten Funktionen wie list als Parameter übergeben können. In diesem Abschnitt werden wir uns nun mit den Hintergründen und Funktionsweisen dieser Objekte befassen.

Ein sogenannter *Iterator* ist eine Abstraktionsschicht, die es ermöglicht, die Elemente eines Containers[2] über eine standardisierte Schnittstelle aufzuzählen.

Dabei wird von den konkreten Eigenheiten des Containers, auf seine Elemente zuzugreifen, abstrahiert, sodass mit demselben Code beliebige iterierbare Objekte durchlaufen werden können. Wie der Container die Elemente speichert und wie sonst darauf zugegriffen werden kann, spielt dann keine Rolle mehr.

Die dazu festgelegte Schnittstelle heißt *Iterator-Protokoll* und ist folgendermaßen definiert:

Jede iterierbare Instanz muss eine parameterlose __iter__-Methode implementieren, die ein *Iterator-Objekt* zurückgibt. Das Iterator-Objekt muss ebenfalls eine __iter__-Methode besitzen, die einfach eine Referenz auf das Objekt selbst zurückgibt. Außerdem muss es eine __next__-Methode aufweisen, die bei jedem Aufruf das nächste Element des zu durchlaufenden Containers liefert. Ist das Ende der Iteration erreicht, muss die __next__-Methode die StopIteration-Exception mittels raise werfen.

Um die Iteration starten zu können, muss über die Built-in Function iter eine Referenz auf den Iterator ermittelt werden. Die Anweisung iter(objekt) ruft dabei die __iter__-Methode der Instanz objekt auf und reicht das Ergebnis als Rückgabewert an die aufrufende Ebene weiter. Von der zurückgegebenen Iterator-Instanz kann dann so lange die __next__-Methode aufgerufen werden, bis diese die StopIteration-Exception wirft.

Um mehr Licht in diese abstrakte Beschreibung zu bringen, werden wir eine Klasse entwickeln, die uns über die Fibonacci-Folge[3] iterieren lässt. Die Fibonacci-Folge ist eine Folge aus ganzen Zahlen, wobei jedes Element *f(n)* durch die Summe seiner beiden Vorgänger *f(n–2) + f(n–1)* berechnet werden kann. Die beiden ersten Elemente werden per Definition auf *f(1) = f(2) = 1* gesetzt. Der Anfang der unendlichen Folge ist in Tabelle 23.1 dargestellt.

---

[2] Ein Container ist dabei die Instanz eines Datentyps, der eine Menge von Elementen speichert. Beispiele für Container sind Listen, Mengen und Dictionarys.

[3] Viele Prozesse in der Natur, wie beispielsweise die Anzahl von Samen einer Sonnenblumenblüte, lassen sich durch die Fibonacci-Zahlen beschreiben. Außerdem konvergiert der Quotient aufeinanderfolgender Elemente für große n gegen den Goldenen Schnitt (Φ = 1,618...), einem Verhältnis, das oft mit Schönheit assoziiert wird.

23.3 Iteratoren

n	1	2	3	4	5	6	7	8	9	10	11	12	13	14
f(n)	1	1	2	3	5	8	13	21	34	55	89	144	233	377

Tabelle 23.1 Die ersten 14 Elemente der Fibonacci-Folge

```
class Fibonacci:
    def __init__(self, max_n):
        self.MaxN = max_n
        self.N = 0
        self.A = 0
        self.B = 0
    def __iter__(self):
        self.N = 0
        self.A = 0
        self.B = 1
        return self
    def __next__(self):
        if self.N < self.MaxN:
            self.N += 1
            self.A, self.B = self.B, self.A + self.B
            return self.A
        else:
            raise StopIteration
```

Unsere Klasse Fibonacci erwartet als Parameter für ihren Konstruktor die Nummer des Elements, nach dem die Iteration stoppen soll. Diese Nummer speichern wir in dem Attribut MaxN und zählen dann mit dem Attribut N, wie viele Elemente bereits zurückgegeben wurden. Um uns zwischen den __next__-Aufrufen die aktuelle Position in der Folge zu merken und um das nächste Element berechnen zu können, speichern wir das zuletzt zurückgegebene Element und seinen Nachfolger in den Attributen A und B der Fibonacci-Klasse. Wir werden keine separate Iterator-Klasse definieren und lassen deshalb die __iter__-Methode eine Referenz auf die Fibonacci-Instanz selbst, also self, zurückgeben.[4] Außerdem müssen beim Beginn des Durchlaufens die Speicher für das letzte bzw. nächste Element mit ihren Anfangswerten 0 bzw. 1 belegt werden, und der N-Zähler muss auf 0 gesetzt werden. Die __next__-Methode kümmert sich um die Berechnung des aktuellen Elements der Folge und aktualisiert die Zwischenspeicher und den Zähler. Ist das Ende der gewünschten Teilfolge erreicht, wird StopIteration geworfen.

---

[4] Dies hat zur Folge, dass es nur einen Iterator auf jede Instanz der Klasse Fibonacci geben kann. Mehr dazu erfahren Sie auf den folgenden Seiten, insbesondere in Abschnitt 23.3.2, »Mehrere Iteratoren für dieselbe Instanz«.

Die Klasse lässt sich nun mit allen Konstrukten verarbeiten, die das Iterator-Protokoll unterstützen, wie beispielsweise die for-Schleife und die Built-in Functions list oder sum:

```
>>> for f in Fibonacci(14):
...     print(f, end=" ")
...
1 1 2 3 5 8 13 21 34 55 89 144 233 377
>>> list(Fibonacci(16))
[1, 1, 2, 3, 5, 8, 13, 21, 34, 55, 89, 144, 233, 377, 610, 987]
>>> sum(Fibonacci(60))
4052739537880
```

Mit einer kleinen Subklasse von Fibonacci können wir auch einen Iterator erzeugen, der uns die Verhältnisse zweier aufeinanderfolgender Fibonacci-Zahlen durchlaufen lässt. Dabei sieht man, dass sich die Quotienten dem Goldenen Schnitt nähern. Die Subklasse muss nur die __next__-Methode der Fibonacci-Klasse überschreiben und dann anstelle der Folgeelemente die Quotienten zurückgeben. Dabei kommt es uns zugute, dass wir im Attribut B bereits den Wert des nächsten Elements im Voraus berechnen. Die Implementation sieht dann folgendermaßen aus:

```python
class GoldenerSchnitt(Fibonacci):
    def __next__(self):
        Fibonacci.__next__(self)
        return self.B / self.A
```

Schon die ersten vierzehn Elemente dieser Folge lassen die Konvergenz erkennen. (Der Goldene Schnitt, bis auf sechs Nachkommastellen gerundet, lautet 1,618034.)

```
>>> for g in GoldenerSchnitt(14):
...     print("{:.6f}".format(g), end=" ")
...
1.000000 2.000000 1.500000 1.666667 1.600000 1.625000 1.615385
1.619048 1.617647 1.618182 1.617978 1.618056 1.618026 1.618037
```

Es ist möglich, die __iter__-Methode eines iterierbaren Objekts als Generator zu implementieren. Im Falle unserer Fibonacci-Folge läuft diese Technik auf wesentlich eleganteren Code hinaus, weil wir uns nun nicht mehr den Status des Iterators zwischen den __next__-Aufrufen merken müssen und auch die explizite Definition von __next__ entfällt:

```python
class Fibonacci2:
    def __init__(self, max_n):
        self.MaxN = max_n
    def __iter__(self):
```

```
n = 0
a, b = 0, 1
for n in range(self.MaxN):
    a, b = b, a + b
    yield a
```

Instanzen der Klasse `Fibonacci2` verhalten sich bei der Iteration genau wie die Lösung ohne Generatoransatz:

```
>>> list(Fibonacci2(10))
[1, 1, 2, 3, 5, 8, 13, 21, 34, 55]
```

Allerdings lässt sich die Klasse `GoldenerSchnitt` nicht mehr so einfach als Subklasse von `Fibonacci2` implementieren, da die Zwischenspeicherung der Werte und auch die `__next__`-Methode nun in dem Generator gekapselt sind.

23.3.1 Verwendung von Iteratoren

Nun haben Sie gelernt, wie Sie eine gültige Iterator-Schnittstelle in Ihren eigenen Klassen implementieren können. Wir werden diese Thematik jetzt von der anderen Seite betrachten und uns damit beschäftigen, wie die Benutzung dieser Iterator-Schnittstelle aussieht, damit Sie auch Funktionen schreiben können, die nicht Listen oder andere Sequenzen, sondern beliebige iterierbare Instanzen verarbeiten können.

Wir betrachten zu diesem Zweck eine einfache `for`-Schleife und werden dann hinter die Kulissen schauen, indem wir eine äquivalente Schleife ohne `for` programmieren werden, die explizit das Iterator-Protokoll benutzt:

```
>>> for i in range(10):
...     print(i, end=" ")
...
0 1 2 3 4 5 6 7 8 9
```

Wie Sie bereits wissen, benötigen wir zum Durchlaufen einer Sequenz das dazugehörige Iterator-Objekt. Dieses liefert uns die Built-in Function `iter`, die, wie schon im vorangegangenen Abschnitt erklärt, die `__iter__`-Methode des übergebenen Objekts aufruft:

```
>>> iter(range(10))
<range_iterator object at 0x7f7ef190dab0>
```

Über die `__next__`-Methode des Iterator-Objekts ermitteln wir nun der Reihe nach alle Elemente. Dabei rufen wir die Methode `__next__` nicht direkt auf, sondern verwenden die Built-in Function `next`. Der Aufruf `next(i)` ist dabei äquivalent zu `i.__next__()`.

```
>>> i = iter(range(3))
>>> next(i)
0
>>> next(i)
1
>>> next(i)
2
>>> next(i)
Traceback (most recent call last):
  File "<stdin>", line 1, in <module>
StopIteration:
```

Wird i.__next__ nach dem Zurückgeben des letzten Elements erneut aufgerufen, wirft die Methode erwartungsgemäß die StopIteration-Exception.

Die Built-in Function next(iterator, [default]) hat einen optionalen Parameter default. Wird ein Wert für default übergeben, fängt die Built-in Function next die StopIteration-Exception ab und gibt den Wert von default zurück:

```
>>> i = iter(range(2))
>>> next(i, 111)
0
>>> next(i, 111)
1
>>> next(i, 111)
111
>>> next(i, 111)
111
```

Wenn wir die StopIteration-Exception selbst mit einer try/except-Anweisung abfangen, können wir die for-Schleife folgendermaßen nachbauen:

```
>>> i = iter(range(10))
>>> while True:
...     try:
...         print(next(i), end=" ")
...     except StopIteration:
...         break
...
0 1 2 3 4 5 6 7 8 9
```

Die for-Schleife in Python ist natürlich nicht wie in dem Beispiel implementiert, sondern in eine optimierte Routine des Python-Interpreters ausgelagert. Dadurch erlaubt der Iterator-Ansatz auch eine Geschwindigkeitssteigerung, weil die Iteration durch eine maschinennahe C-Schleife übernommen werden kann.

> **Hinweis**
>
> Steht in einer Generatorfunktion eine `return`-Anweisung, wird der so zurückgegebene Wert in der `StopIteration` gespeichert und kann über ihr Attribut `value` ausgelesen werden.
>
> ```
> >>> def test():
> ...     yield 10
> ...     yield 20
> ...     return 1337
> ...
> >>> i = test()
> >>> while True:
> ...     try:
> ...         print(next(i))
> ...     except StopIteration as e:
> ...         print("Return:", e.value)
> ...         break
> ...
> 10
> 20
> Return: 1337
> ```
>
> Dabei ist `return wert` in einem Generator äquivalent zu **raise** `StopIteration(wert)`.

Die `for`-Schleife kann auch über einen Iterator selbst iterieren und muss diesen nicht selbst erzeugen. Die folgenden beiden Schleifen sind also äquivalent:

```
>>> for i in range(3):
...     print(i, end=" ")
...
0 1 2
>>> for i in iter(range(3)):
...     print(i, end=" ")
...
0 1 2
```

Dass `for` dabei, wie in der alternativen `while`-Schleife verdeutlicht, noch einmal selbst `iter` aufruft, ist insofern kein Problem, als die `__iter__`-Methode eines Iterator-Objekts eine Referenz auf das Objekt selbst zurückgeben muss. Ist `a` ein Iterator-Objekt, gilt immer (`a is iter(a)`), wie das folgende Beispiel verdeutlicht:

```
>>> a = iter(range(10)) # einen range-Iterator erzeugen
>>> a is iter(a)
True
```

Im Gegensatz dazu muss die __iter__-Methode eines iterierbaren Objekts weder eine Referenz auf sich selbst noch immer dieselbe Iterator-Instanz zurückgeben:

```
>>> a = list((1, 2, 3)) # ein iterierbares Objekt erzeugen
>>> iter(a) is iter(a)
False
```

23.3.2 Mehrere Iteratoren für dieselbe Instanz

Im Umkehrschluss bedeutet dies, dass die Built-in Function iter bei Aufrufen für dasselbe iterierbare Objekt verschiedene Iteratoren zurückgeben kann, was auch sinnvoll ist, um beispielsweise eine Liste mit zwei verschiedenen Iteratoren zu durchlaufen:

```
>>> l = [1, 2, 3]
>>> for i in l:
...     for j in l:
...         print(i,j, end=", ")
...     print()
...
1 1, 1 2, 1 3,
2 1, 2 2, 2 3,
3 1, 3 2, 3 3,
```

In diesem Beispiel wird jedes Element der Liste l mit jedem anderen Element der Liste kombiniert, und die entstehenden Paare werden ausgegeben. Dazu wurde jeweils eine for-Schleife verwendet.

Versuchen wir, denselben Code mit einer Instanz der Fibonacci-Klasse vom Anfang dieses Abschnitts auszuführen, erhalten wir ein anderes Ergebnis:

```
>>> l = Fibonacci(3)
>>> for i in l:
...     for j in l:
...         print(i,j, end=", ")
...     print()
...
1 1, 1 1, 1 2,
```

Wir haben erwartet, dass auch hier jede der ersten drei Fibonacci-Zahlen 1, 1, 2, mit jeder anderen kombiniert, ausgegeben wird, also eine Ausgabe wie folgt:

```
1 1, 1 1, 1 2,
1 1, 1 1, 1 2,
2 1, 2 1, 2 2,
```

Dieses abweichende Verhalten rührt daher, dass die __iter__-Methode der Klasse Fibonacci keinen neuen Iterator erzeugt, sondern eine Referenz auf das jeweilige Objekt selbst zurückgibt. Daher kann es zu einer Instanz der Klasse Fibonacci zur gleichen Zeit nur einen Iterator geben, den sich im oben dargestellten Beispiel die beiden for-Schleifen teilen müssen.

Der genaue Ablauf sieht folgendermaßen aus:

Die äußere Schleife initialisiert durch Aufruf der __iter__-Methode die Instanz l für die Iteration, das heißt, die Attribute l.N und l.A werden auf 0, das Attribut l.B wird auf 1 gesetzt. Dann wird durch Aufrufen der Methode __next__ die erste Fibonacci-Zahl 1 ermittelt und mit i referenziert.

Nun startet die innere Schleife, die ihrerseits wieder die __iter__-Methode der Instanz l ruft und dadurch erneut die Attribute l.N, l.A auf 0 und l.B auf 1 setzt. Anschließend durchläuft j in der inneren Schleife die ersten drei Fibonacci-Zahlen 1,1,2 und kombiniert sie mit dem Wert 1 von i. Nach der dritten Zahl wirft die Methode __next__ die StopIteration-Exception, sodass die innere Schleife stoppt.

Im Anschluss ruft die äußere Schleife erneut die Methode __next__ von l, die immer noch die StopIteration-Exception wirft, da das Ende des gemeinsamen Iterators schon in der inneren Schleife erreicht wurde. Damit endet das Programm an dieser Stelle.

Wie Sie sehen, kann unerwartetes Verhalten auftreten, wenn implizit ein Iterator über mehrere Schleifen geteilt wird. Abhilfe können wir dadurch schaffen, dass wir die Klasse Fibonacci so anpassen, dass sie bei jedem Aufruf von __iter__ ein neues Iterator-Objekt zurückgibt:

```python
class Fibonacci3:
    class FibonacciIterator:
        def __init__(self, max_n):
            self.MaxN = max_n
            self.N, self.A, self.B = 0, 0, 1
        def __iter__(self):
            return self
        def __next__(self):
            if self.N < self.MaxN:
                self.N += 1
                self.A, self.B = self.B, self.A + self.B
                return self.A
            else:
                raise StopIteration
```

```
        def __init__(self, max_n):
            self.MaxN = max_n
        def __iter__(self):
            return self.FibonacciIterator(self.MaxN)
```

Die neue Klasse `Fibonacci3` definiert eine weitere Klasse `FibonacciIterator`, die das eigentliche Iterieren übernimmt und genauso definiert wurde wie die Klasse `Fibonacci`. Jedes Mal, wenn ein neuer Iterator über eine Instanz der Klasse `Fibonacci3` angefordert wird, wird ein neues Objekt der Klasse `FibonacciIterator` erzeugt.

Dadurch liefern die beiden verschachtelten Schleifen von oben das erwartete Ergebnis:

```
>>> l = Fibonacci3(3)
>>> for i in l:
...     for j in l:
...         print(i,j, end=", ")
...     print()
...
1 1, 1 1, 1 2,
1 1, 1 1, 1 2,
2 1, 2 1, 2 2,
```

Aufgrund dieser möglichen Probleme ist es grundsätzlich eine gute Idee, bei jedem Aufruf von `__iter__` einen neuen Iterator zu erzeugen.

23.3.3 Nachteile von Iteratoren gegenüber dem direkten Zugriff über Indizes

Neben den schon angesprochenen Vorteilen, dass einmal geschriebener Code für alle Datentypen, die das Iterator-Interface implementieren, gilt und dass durch die maschinennahe Implementation der Schnittstelle die Ausführung der Programme beschleunigt werden kann, haben Iteratoren auch Nachteile.

Iteratoren eignen sich gut, um alle Elemente einer Sequenz zu durchlaufen und dies einheitlich für alle Container-Datentypen umzusetzen. Im Gegensatz dazu kann mit Indizes in beliebiger Reihenfolge lesend und schreibend auf die Elemente eines Containers zugegriffen werden, was mit dem Iterator-Ansatz nicht möglich ist.

Insofern lassen sich die Indizes nicht vollständig durch Iteratoren ersetzen, sondern werden für Spezialfälle durch sie ergänzt.

23.3.4 Alternative Definition für iterierbare Objekte

Neben der oben beschriebenen Definition für iterierbare Objekte gibt es eine weitere Möglichkeit, eine Klasse iterierbar zu machen. Da es bei vielen Folgen und Containern möglich ist, die Elemente durchzunummerieren und über ganzzahlige Indizes anzusprechen, ist ein Objekt schon dann iterierbar, wenn man seine Elemente über die __getitem__-Methode, also den []-Operator, über ganzzahlige Indizes ansprechen kann. Ruft man die Built-in Function iter mit einer solchen Instanz als Parameter auf, kümmert Python sich um die Erzeugung des Iterators.

Bei jedem Aufruf der __next__-Methode des erzeugten Iterators wird die __getitem__-Methode der iterierbaren Instanz aufgerufen, wobei immer eine Ganzzahl als Parameter übergeben wird. Die Zählung der übergebenen Indizes beginnt bei 0 und endet erst, wenn die __getitem__-Methode einen IndexError produziert, sobald ein ungültiger Index übergeben wurde.

Beispielsweise kann eine Klasse zum Iterieren über die ersten max_n Quadratzahlen folgendermaßen aussehen, wenn sie zudem noch die Bestimmung ihrer Länge mittels len unterstützt:

```python
class Quadrate:
    def __init__(self, max_n):
        self.MaxN = max_n
    def __getitem__(self, index):
        index += 1 # 0*0 ist nicht sehr interessant...
        if index > len(self) or index < 1:
            raise IndexError
        return index*index
    def __len__(self):
        return self.MaxN
```

Zur Demonstration dieses versteckten Iterators lassen wir uns eine Liste mit den ersten zwanzig Quadratzahlen ausgeben:

```
>>> list(Quadrate(20))
[1, 4, 9, 16, 25, 36, 49, 64, 81, 100, 121, 144, 169, 196, 225, 256, 289, 324, 361, 400]
```

23.3.5 Funktionsiteratoren

Die letzte Möglichkeit, in Python auf Iteratoren zurückzugreifen, stellen sogenannte *Funktionsiteratoren* dar. Das sind Objekte, die eine bestimmte Funktion so lange aufrufen, bis diese einen besonderen Wert, den *Terminator* der Folge, zurückgibt.

Einen Funktionsiterator erzeugen Sie mit der Built-in Function iter, wobei Sie als ersten Parameter eine Referenz auf die Funktion, über die Sie iterieren möchten, und als zweiten Parameter den Wert des Terminators übergeben.

iter(funktion, terminator)

Ein gutes Beispiel ist die Methode `readline` des `file`-Objekts, die so lange den Wert der nächsten Zeile zurückgibt, bis das Ende der Datei erreicht wurde. Wenn sich keine weiteren Daten mehr hinter der aktuellen Leseposition der `file`-Instanz befinden, gibt `readline` einen leeren String zurück. Läge im aktuellen Arbeitsverzeichnis eine Datei namens `freunde.txt`, die die vier Namen "Lucas", "Florian", "Lars" und "John" in je einer separaten Zeile enthielte, könnten wir folgendermaßen über sie iterieren:

```
>>> datei = open("freunde.txt")
>>> for zeile in iter(datei.readline, ""):
...     print(zeile.strip(), end=" ")
...
Lucas Florian Lars John
```

> **Hinweis**
>
> Dieses Beispiel dient nur der Veranschaulichung von Funktionsiteratoren. Über die Zeilen einer Datei können Sie auch direkt mit
>
> ```
> >>> for zeile in datei:
> ...     print(zeile.strip(), end=" ")
> ```
>
> iterieren.

23.4 Spezielle Generatoren – itertools

An dieser Stelle stellen wir Ihnen das Modul `itertools` der Standardbibliothek vor, das Generatorfunktionen enthält, die im Programmieralltag immer wieder benötigt werden. So ist es mit `itertools` beispielsweise möglich, über alle Kombinationen oder Permutationen aus Elementen einer gegebenen Liste zu iterieren.

Tabelle 23.2 listet die im Modul `itertools` enthaltenen Generatoren auf und erklärt diese kurz. Detaillierte Beschreibungen folgen in den anschließenden Abschnitten.

Funktion	Beschreibung
accumulate(iterable, [func])	Durchläuft die Partialsummen der Elemente aus iterable.
chain([*iterables])	Durchläuft die Verkettung der übergebenen iterierbaren Objekte.
combinations(iterable, r)	Durchläuft alle r-elementigen Kombinationen aus iterable.

Tabelle 23.2 Funktionen des Moduls itertools

23.4 Spezielle Generatoren – itertools

Funktion	Beschreibung
combinations_with_replacement(iterable, r)	Durchläuft alle r-elementigen Kombinationen aus iterable (mit Zurücklegen).
compress(data, selectors)	Durchläuft die Elemente von data, für die das korrespondierende Element von selectors den Wert True ergibt.
count(start, step)	Zählt, beginnend mit start, Zahlen im Abstand von step auf.
cycle(iterable)	Durchläuft in einer Endlosschleife die Elemente von iterable.
dropwhile(predicate, iterable)	Durchläuft alle Elemente von iterable ab dem Element, für das predicate zum ersten Mal den Wert False ergibt.
filterfalse(predicate, iterable)	Durchläuft alle Elemente von iterable, für die predicate den Wert False ergibt.
groupby(iterable, key)	Durchläuft die Elemente von iterable, gruppiert nach der Schlüsselfunktion key.
islice(iterable, [start], stop, [step])	Ermöglicht das Slicing iterierbarer Objekte.
permutations(iterable, r)	Durchläuft alle r-elementigen Permutationen aus iterable.
product([*iterables], repeat)	Durchläuft das kartesische Produkt der übergebenen iterierbaren Objekte.
repeat(object, [times])	Wiederholt das Objekt times-mal.
starmap(function, iterable)	Ruft die Funktion function mit den Elementen aus iterable als Parameter und durchläuft die Ergebnisse.
takewhile(predicate, iterable)	Durchläuft alle Elemente von iterable bis zu dem Element, für das predicate zum ersten Mal den Wert False ergibt.
tee(iterable, [n])	Erzeugt n unabhängige Iteratoren über iterable.
zip_longest([*iterables], fillvalue)	Wie die Built-in Function zip, aber schneidet die iterierbaren Objekte nicht bei der Länge des kürzesten ab.

Tabelle 23.2 Funktionen des Moduls itertools (Forts.)

Zur Veranschaulichung werden in den folgenden Beispielen die von den Generatorfunktionen zurückgegebenen Iteratoren in Listen überführt und ausgegeben. Um die Beispiele nachvollziehen zu können, müssen Sie zuvor das Modul itertools importiert haben:

```
>>> import itertools
```

23.4.1 accumulate(iterable, [func])

Die Funktion accumulate erzeugt einen Iterator, der die Partialsummen der Elemente von iterable durchläuft. Dies wird durch das folgende Beispiel veranschaulicht:

```
>>> list(itertools.accumulate([1,2,3,4]))
[1, 3, 6, 10]
```

Der erzeugte Iterator durchläuft die Elemente 1, 1+2, 1+2+3 und 1+2+3+4.

Für den optionalen Parameter func kann ein selbst definierter Operator übergeben werden, der anstelle der Addition benutzt werden soll. Es muss sich dabei um ein Funktionsobjekt handeln, das zwei Parameter erwartet und daraus einen Rückgabewert berechnet.

23.4.2 chain([*iterables])

Die Funktion chain (dt. »verketten«) erzeugt einen Iterator, der der Reihe nach alle Elemente der übergebenen iterierbaren Objekte durchläuft:

```
>>> list(itertools.chain("ABC", "DEF"))
['A', 'B', 'C', 'D', 'E', 'F']
```

Sie sehen, dass zuerst die Elemente des ersten und dann die Elemente des zweiten übergebenen Strings durchlaufen werden.

In einigen Fällen ist es ungünstig, die iterierbaren Objekte einzeln als Parameter zu übergeben. Dafür gibt es die Funktion chain.from_iterable, die eine Sequenz von iterierbaren Objekten als einzigen Parameter erwartet:

```
>>> list(itertools.chain.from_iterable(["ABC", "DEF", "GHI"]))
['A', 'B', 'C', 'D', 'E', 'F', 'G', 'H', 'I']
```

Abgesehen von der Parameterfrage sind die beiden Funktionen äquivalent.

23.4.3 combinations(iterable, r)

Die Funktion combinations durchläuft alle r-elementigen Kombinationen aus iterable. Bei einer Kombination wird nicht auf die Reihenfolge der zusammengestellten

Elemente geachtet. Das Vertauschen von Elementen einer Kombination führt also nicht zu einer neuen Kombination. Im folgenden Beispiel werden alle vierstelligen Kombinationen aus den Zahlen von 0 bis 4 durchlaufen:

```
>>> list(itertools.combinations(range(5), 4))
[(0, 1, 2, 3), (0, 1, 2, 4), (0, 1, 3, 4), (0, 2, 3, 4), (1, 2, 3, 4)]
```

Sie sehen, dass die Anordnung (4, 1, 0, 2) nicht aufgeführt ist, da sie sich nur durch Vertauschung der Elemente aus der Kombination (0, 1, 2, 4) ergibt.

Anhand des nächsten Beispiels sehen Sie, dass die erzeugten Kombinationen von der Reihenfolge der Elemente in iterable abhängen:

```
>>> list(itertools.combinations("ABC", 2))
[('A', 'B'), ('A', 'C'), ('B', 'C')]
>>> list(itertools.combinations("CBA", 2))
[('C', 'B'), ('C', 'A'), ('B', 'A')]
```

Wenn Sie an einem Generator interessiert sind, der auf die Reihenfolge der Elemente achtet, möchten Sie alle Permutationen durchlaufen. In diesem Fall ist die Funktion permutations eine bessere Wahl.

23.4.4 combinations_with_replacement(iterable, r)

Die Funktion combinations_with_replacement durchläuft wie combinations alle r-elementigen Kombinationen aus iterable, allerdings mit Zurücklegen. Das bedeutet, dass ein Element aus iterable mehrfach in einer Kombination vorkommen darf.

```
>>> list(itertools.combinations_with_replacement(range(3), 2))
[(0, 0), (0, 1), (0, 2), (1, 1), (1, 2), (2, 2)]
```

Wie bei combinations kommt es auch hier nicht auf die Reihenfolge der Elemente an.

23.4.5 compress(data, selectors)

Die Funktion compress erzeugt einen Iterator, der diejenigen Elemente des iterierbaren Objekts data durchläuft, deren korrespondierendes Element in selectors den Wert True hat. Das wird an folgendem Beispiel deutlich:

```
>>> list(itertools.compress("ABCDEFGH", [1,1,1,0,0,1,0,1]))
['A', 'B', 'C', 'F', 'H']
```

Die für selectors übergebene Liste gibt an, dass die ersten drei sowie das sechste und achte Element von data durchlaufen werden sollen.

23.4.6 count([start, step])

Die Funktion count erzeugt einen Iterator, der die Werte *start+n·step* für alle *n≥0* durchläuft, beginnend bei 0. Sowohl für start als auch für step können Gleitkommazahlen übergeben werden, wobei standardmäßig bei 0 begonnen und die Schrittweite 1 gewählt wird. Beachten Sie, dass dieser Iterator von selbst nicht aufhört zu zählen.

```
>>> for i in itertools.count(-5):
...     print(i)
...     if i >= 0:
...         break
...
-5
-4
-3
-2
-1
0
```

Interessant ist count auch in Verbindung mit der Built-in Function map (Abschnitt 19.8.30). Dies wird anhand des folgenden Beispiels demonstriert, das die Quadratzahlen zwischen 0 und 30 ausgibt:

```
>>> m = map(lambda x: x**2, itertools.count())
>>> for i in m:
...     if i > 30:
...         break
...     print(i)
...
0
1
4
9
16
25
```

23.4.7 cycle(iterable)

Die Funktion cycle durchläuft alle Elemente des iterierbaren Objekts iterable und fängt danach wieder von vorn an. Der von cycle erzeugte Iterator läuft in einer Endlosschleife. Beachten Sie, dass sich die Funktion cycle intern eine Kopie jedes Elements von iterable anlegt und diese beim erneuten Durchlaufen verwendet. Das hat je nach Länge von iterable einen signifikanten Speicherverbrauch zur Folge.

23.4.8 dropwhile(predicate, iterable)

Die Funktion dropwhile bekommt ein iterierbares Objekt iterable und eine Funktion predicate übergeben. Sie ruft zunächst für alle Elemente von iterable die Funktion predicate auf und übergeht jedes Element, für das predicate den Wert True zurückgegeben hat. Nachdem predicate zum ersten Mal den Wert False zurückgegeben hat, wird jedes nachfolgende Element von iterable durchlaufen, unabhängig davon, was predicate für diese Elemente zurückgibt. Sie können sich die Funktion predicate also als ein Startsignal vorstellen.

```
>>> p = lambda x: x.islower()
>>> list(itertools.dropwhile(p, "abcdefgHIJKLMnopQRStuvWXYz"))
['H', 'I', 'J', 'K', 'L', 'M', 'n', 'o', 'p', 'Q', 'R', 'S', 't', 'u', 'v', 'W', 'X', 'Y', 'z']
```

Im Beispiel werden alle Buchstaben nach den Kleinbuchstaben am Anfang in die Ergebnisliste aufgenommen. Sie sehen, dass auch Kleinbuchstaben im Ergebnis enthalten sind, nachdem die Prädikatfunktion p zum ersten Mal True zurückgegeben hat.

23.4.9 filterfalse(predicate, iterable)

Die Funktion filterfalse durchläuft alle Elemente von iterable, für die die Funktion predicate den Wert False zurückgibt. Ein Aufruf von filterfalse ist damit äquivalent zur folgenden Generator Expression:

(x for x in *iterable* if not *predicate*(x))

Im folgenden Beispiel werden nur die Großbuchstaben eines Strings durchlaufen:

```
>>> p = lambda x: x.islower()
>>> list(itertools.filterfalse(p, "abcDEFghiJKLmnoP"))
['D', 'E', 'F', 'J', 'K', 'L', 'P']
>>> list((x for x in "abcDEFghiJKLmnoP" if not p(x)))
['D', 'E', 'F', 'J', 'K', 'L', 'P']
```

23.4.10 groupby(iterable, [key])

Die Funktion groupby erzeugt einen Iterator, der die Elemente aus iterable gruppiert durchläuft. Die Gruppierung wird dabei anhand der für key übergebenen Schlüsselfunktion durchgeführt. Wenn der Parameter key nicht angegeben wird, werden die Elemente anhand ihres Wertes gruppiert.

Der von groupby erzeugte Iterator durchläuft Tupel, die den jeweiligen Gruppenschlüssel und einen Iterator über die Gruppenelemente enthalten. Das folgende Beispiel demonstriert die Funktionsweise von groupby:

```
>>> for l in list(itertools.groupby("AAABBBCCC")):
...     print(list(l))
...
['A', <itertools._grouper object at 0x7f4784b6c310>]
['B', <itertools._grouper object at 0x7f4784b6c5d0>]
['C', <itertools._grouper object at 0x7f4784b6c390>]
>>> [list(g) for k, g in itertools.groupby('AAABBBCCC')]
[['A', 'A', 'A'], ['B', 'B', 'B'], ['C', 'C', 'C']]
```

Mithilfe einer eigenen Schlüsselfunktion können die Elemente nach anderen Gesichtspunkten gruppiert werden. Im folgenden Beispiel wird eine Schlüsselfunktion eingesetzt, um eine Gruppierung nach der Wortlänge durchzuführen.

```
>>> def f(x):
...     return len(x)
...
>>> words = ["for", "while", "and", "or", "if", "elif", "else"]
>>> [list(g) for k, g in itertools.groupby(words, f)]
[['for'], ['while'], ['and'], ['or', 'if'], ['elif', 'else']]
```

Hier zeigt sich eine wichtige Anforderung an die Reihenfolge der Elemente in iterable. Obwohl die Wörter »for« und »and« gleich lang sind, wurden sie nicht zu einer Gruppe zusammengefasst. Damit das Gruppieren mit groupby funktioniert, müssen die in iterable enthaltenen Objekte im Hinblick auf die eingesetzte Schlüsselfunktion vorsortiert werden.

23.4.11 islice(iterable, [start], stop, [step])

Die Funktion islice bildet das Slicing, das Sie von den sequenziellen Datentypen her kennen, auf beliebige iterierbare Objekte ab. Die Funktion erzeugt einen Iterator, der bei dem Element mit der laufenden Nummer start beginnt, vor dem Element mit der Nummer stop aufhört und in jedem Schritt um step Elemente weiterspringt:

```
>>> list(itertools.islice("ABCDEFGHIJKL", 2, 8, 2))
['C', 'E', 'G']
>>> "ABCDEFGHIJKL"[2:8:2]
'CEG'
```

23.4.12 permutations(iterable, [r])

Die Funktion permutations erzeugt einen Iterator über alle r-stelligen Permutationen aus Elementen des iterierbaren Objekts iterable.

```
>>> list(itertools.permutations(range(3), 2))
[(0, 1), (0, 2), (1, 0), (1, 2), (2, 0), (2, 1)]
```

Wie Sie sehen, sind die Anordnungen (0,1) und (1,0) beide in der Ergebnisliste enthalten. Bei Permutationen kommt es im Gegensatz zu den Kombinationen auf die Reihenfolge der Anordnung an.

```
>>> list(itertools.permutations("ABC", 2))
[('A', 'B'), ('A', 'C'), ('B', 'A'), ('B', 'C'), ('C', 'A'), ('C', 'B')]
>>> list(itertools.permutations("CBA", 2))
[('C', 'B'), ('C', 'A'), ('B', 'C'), ('B', 'A'), ('A', 'C'), ('A', 'B')]
```

Dieses Beispiel zeigt, dass auch hier die Reihenfolge der Permutationen in der Ergebnisliste von der Reihenfolge der zu permutierenden Elemente in iterable abhängt.

23.4.13 product([*iterables], [repeat])

Die Funktion product erzeugt einen Iterator, der das kartesische Produkt der übergebenen iterierbaren Objekte durchläuft. Das Ergebnis sind alle Tupel, die aus je einem Element eines jeden übergebenen iterierbaren Objekts gebildet werden können. Dabei steht ein Element in dem Tupel genau an der Stelle, an der auch das iterierbare Objekt in der Parameterliste steht, aus dem es stammt. Dies veranschaulicht das folgende Beispiel:

```
>>> list(itertools.product("ABC", [1,2]))
[('A', 1), ('A', 2), ('B', 1), ('B', 2), ('C', 1), ('C', 2)]
```

Hier wurde jedes Zeichen aus dem String "ABC" einmal mit allen Elementen der Liste [1,2] in Verbindung gebracht.

Über den optionalen Schlüsselwortparameter repeat kann ein iterierbares Objekt beispielsweise mehrmals mit sich selbst »multipliziert« werden, ohne dass es der Funktion mehrfach übergeben werden muss:

```
>>> list(itertools.product("AB", "AB", "AB"))
[('A', 'A', 'A'), ('A', 'A', 'B'), ('A', 'B', 'A'), ('A', 'B', 'B'),
('B', 'A', 'A'), ('B', 'A', 'B'), ('B', 'B', 'A'), ('B', 'B', 'B')]
>>> list(itertools.product("AB", repeat=3))
[('A', 'A', 'A'), ('A', 'A', 'B'), ('A', 'B', 'A'), ('A', 'B', 'B'),
('B', 'A', 'A'), ('B', 'A', 'B'), ('B', 'B', 'A'), ('B', 'B', 'B')]
```

23.4.14 repeat(object, [times])

Die Funktion repeat erzeugt einen Iterator, der nur das Objekt object zurückgibt, dies aber fortwährend. Optional können Sie über den Parameter times festlegen, wie viele Iterationsschritte durchgeführt werden sollen:

```
>>> list(itertools.repeat("A", 10))
['A', 'A', 'A', 'A', 'A', 'A', 'A', 'A', 'A', 'A']
```

Wenn der Parameter times nicht angegeben wird, läuft der von repeat zurückgegebene Iterator endlos.

23.4.15 starmap(function, iterable)

Die Funktion starmap arbeitet ähnlich wie die Built-in Function map. Die Funktion function wird für jede in iterable enthaltene Parameterliste aufgerufen. Der von starmap erzeugte Iterator durchläuft die Ergebnisse dieser Funktionsaufrufe.

```
>>> list(itertools.starmap(max, [(1,2), (4,4,3,6), [2,3,9]]))
[2, 6, 9]
```

Im Beispiel wurde die Funktion starmap gemeinsam mit der Built-in Function max eingesetzt, um die jeweils größten Elemente der Tupel zu durchlaufen.

23.4.16 takewhile(predicate, iterable)

Die Funktion takewhile ist das Gegenstück zu dropwhile. Sie erzeugt einen Iterator, der so lange die Elemente von iterable durchläuft, wie die Funktion predicate für die Elemente den Wert True zurückgibt. Sobald ein predicate-Aufruf den Wert False ergeben hat, bricht der Iterator ab.

```
>>> p = lambda x: x.islower()
>>> list(itertools.takewhile(p, "abcdefGHIjklMNOp"))
['a', 'b', 'c', 'd', 'e', 'f']
```

In diesem Fall wurde takewhile verwendet, um nur die Kleinbuchstaben am Anfang des übergebenen Strings zu durchlaufen.

23.4.17 tee(iterable, [n])

Die Funktion tee erzeugt n voneinander unabhängige Iteratoren über die Elemente von iterable. Standardmäßig werden n=2 Iteratoren erzeugt.

```
>>> list(itertools.tee([1,2,3,4]))
[<itertools._tee object at 0x7f26a9e69e48>, <itertools._tee object at 0x7f26a9e69f08>]
>>> [list(x) for x in itertools.tee([1,2,3,4])]
[[1, 2, 3, 4], [1, 2, 3, 4]]
```

Nach dem Aufruf von tee sollten nur noch die von tee zurückgegebenen Iteratoren verwendet werden und nicht mehr der als Parameter übergebene.

23.4.18 zip_longest([*iterables], [fillvalue])

Die Funktion `zip_longest` arbeitet ähnlich wie die Built-in Function `zip`. Der Unterschied ist, dass bei `zip_longest` stets das längste der übergebenen iterierbaren Objekte ausschlaggebend ist und fehlende Elemente bei den anderen Objekten mit `fillvalue` aufgefüllt werden.

```
>>> list(zip("ABC", "abcde"))
[('A', 'a'), ('B', 'b'), ('C', 'c')]
>>> list(itertools.zip_longest("ABC", "abcde"))
[('A', 'a'), ('B', 'b'), ('C', 'c'), (None, 'd'), (None, 'e')]
>>> list(itertools.zip_longest("ABC", "abcde", fillvalue="-"))
[('A', 'a'), ('B', 'b'), ('C', 'c'), ('-', 'd'), ('-', 'e')]
```

Kapitel 24
Kontextobjekte

Es gibt Operationen, die in einem bestimmten Kontext ausgeführt werden müssen und bei denen sichergestellt werden muss, dass der Kontext jederzeit korrekt deinitialisiert wird, beispielsweise auch, wenn eine Exception auftritt. Ein Beispiel für einen solchen Kontext ist ein geöffnetes Dateiobjekt: Es muss sichergestellt sein, dass die close-Methode des Dateiobjekts gerufen wird, selbst wenn zwischen dem Aufruf von open und dem der close-Methode des Dateiobjekts eine Exception geworfen wurde.

Für diese Zwecke definiert Python sogenannte *Kontextobjekte*. Das sind Objekte, die über die Magic Members __enter__ und __exit__ verfügen, um den Kontext zu betreten bzw. zu verlassen. Speziell für die Verwendung von Kontextobjekten existiert die with-Anweisung, die Sie im folgenden Abschnitt kennenlernen.

24.1 Die with-Anweisung

Zum Realisieren eines Dateikontextes ist mit den herkömmlichen Sprachelementen von Python die folgende try/finally-Anweisung nötig:

```
f = open("datei.txt", "r")
try:
    print(f.read())
finally:
    f.close()
```

Zunächst wird eine Datei namens datei.txt zum Lesen geöffnet. Die darauffolgende try/finally-Anweisung stellt sicher, dass f.close in jedem Fall aufgerufen wird. Der Nachteil dieser Schreibweise ist, dass sich der Programmierer darum kümmern muss, dass das Dateiobjekt korrekt deinitialisiert wird. Die with-Anweisung überträgt diese Verantwortung an das Objekt selbst und erlaubt eine kurze und elegante Alternative zu dem oben dargestellten Code:

```
with open("programm.py", "r") as f:
    print(f.read())
```

Die with-Anweisung besteht aus dem Schlüsselwort with, gefolgt von einer Instanz. Optional können auf die Instanz das Schlüsselwort as und ein Bezeichner folgen. Dieser Bezeichner wird *Target* genannt, und seine Bedeutung hängt von der verwendeten Instanz ab. Im Beispiel oben referenziert f das geöffnete Dateiobjekt.

Anstatt mehrere with-Anweisungen zu verschachteln, können die jeweiligen Instanzen und Bezeichner auch, durch Kommata getrennt, in eine with-Anweisung geschrieben werden. So ist der Code

```python
with open("file1.txt", "r") as f1, open("file2.txt", "r") as f2:
    print(f1.read())
    print(f2.read())
```

äquivalent zu:

```python
with open("file1.txt") as f1:
    with open("file2.txt", "r") as f2:
        print(f1.read())
        print(f2.read())
```

Um zu verstehen, was bei einer with-Anweisung genau passiert, definieren wir im nächsten Beispiel eine eigene Klasse, die sich mit der with-Anweisung verwenden lässt. Eine solche Klasse wird *Kontext-Manager* genannt.

Die Klasse MeinLogfile ist dazu gedacht, eine rudimentäre Logdatei zu führen. Dazu implementiert sie die Funktion eintrag, die eine neue Zeile in die Logdatei schreibt. Die Klassendefinition sieht folgendermaßen aus:

```python
class MeinLogfile:
    def __init__(self, logfile):
        self.logfile = logfile
        self.f = None
    def eintrag(self, text):
        self.f.write("==>{}\n".format(text))
    def __enter__(self):
        self.f = open(self.logfile, "w")
        return self
    def __exit__(self, exc_type, exc_value, traceback):
        self.f.close()
```

Zu den beiden ersten Methoden der Klasse gibt es nicht viel zu sagen. Dem Konstruktor __init__ wird der Dateiname der Logdatei übergeben, der intern im Attribut self.logfile gespeichert wird. Zusätzlich wird das Attribut self.f angelegt, das später das geöffnete Dateiobjekt referenzieren soll.

Die Methode eintrag hat die Aufgabe, den übergebenen Text in die Logdatei zu schreiben. Dazu ruft sie die Methode write des Dateiobjekts auf. Beachten Sie, dass die Methode `eintrag` nur innerhalb einer `with`-Anweisung aufgerufen werden kann, da das Dateiobjekt erst in den folgenden Magic Methods geöffnet und geschlossen wird.

Die angesprochenen Magic Methods `__enter__` und `__exit__` sind das Herzstück der Klasse und müssen implementiert werden, wenn die Klasse im Zusammenhang mit `with` verwendet werden soll. Die Methode `__enter__` wird aufgerufen, wenn der Kontext aufgebaut, also bevor der Körper der `with`-Anweisung ausgeführt wird. Die Methode bekommt keine Parameter, gibt aber einen Wert zurück. Der Rückgabewert von `__enter__` wird später vom Target-Bezeichner referenziert, sofern einer angegeben wurde. Im Falle unserer Beispielklasse wird die Datei `self.logfile` zum Schreiben geöffnet und mit `return self` eine Referenz auf die eigene Instanz zurückgegeben.

Die zweite Magic Method `__exit__` wird aufgerufen, wenn der Kontext verlassen wird, also nachdem der Körper der `with`-Anweisung entweder vollständig durchlaufen oder durch eine Exception vorzeitig abgebrochen wurde. Im Falle der Beispielklasse wird das geöffnete Dateiobjekt `self.f` geschlossen. Näheres zu den drei Parametern der Methode `__exit__` folgt weiter unten.

Die soeben erstellte Klasse `MeinLogfile` lässt sich folgendermaßen mit `with` verwenden:

```
with MeinLogfile("logfile.txt") as log:
    log.eintrag("Hallo Welt")
    log.eintrag("Na, wie gehts?")
```

Zunächst wird eine Instanz der Klasse `MeinLogfile` erstellt und dabei der Dateiname `logfile.txt` übergeben. Die `with`-Anweisung bewirkt als Erstes, dass die Methode `__enter__` der Instanz ausgeführt und ihr Rückgabewert durch `log` referenziert wird. Dann wird der Körper der `with`-Anweisung ausgeführt, in dem insgesamt zweimal die Methode `eintrag` aufgerufen und damit Text in die Logdatei geschrieben wird. Nachdem der Anweisungskörper ausgeführt worden ist, wird einmalig die Methode `__exit__` der Instanz `inst` aufgerufen.

Im Folgenden werden die Magic Methods `__enter__` und `__exit__` vollständig erläutert.

__enter__(self)

Diese Magic Method wird einmalig zum Öffnen des Kontextes aufgerufen, bevor der Körper der `with`-Anweisung ausgeführt wird. Der Rückgabewert dieser Methode wird im Körper der `with`-Anweisung vom Target-Bezeichner referenziert.

__exit__(self, exc_type, exc_value, traceback)

Die Magic Method __exit__ wird einmalig zum Schließen des Kontextes aufgerufen, nachdem der Körper der with-Anweisung ausgeführt worden ist. Die drei Parameter exc_type, exc_value und traceback spezifizieren Typ, Wert und Traceback-Objekt einer eventuell innerhalb des with-Anweisungskörpers geworfenen Exception. Wenn keine Exception geworfen wurde, referenzieren alle drei Parameter None. Wie mit einer geworfenen Exception weiter verfahren wird, steuern Sie mit dem Rückgabewert: Gibt die Methode True zurück, wird die Exception unterdrückt. Bei einem Rückgabewert von False wird die Exception erneut geworfen.

24.2 Hilfsfunktionen für with-Kontexte – contextlib

Das Modul contextlib der Standardbibliothek enthält Funktionen und Dekoratoren zum Umgang mit with-Kontexten. So können beispielsweise Objekte zu Kontext-Managern erweitert werden, die eigentlich nicht für diesen Zweck geschaffen wurden. Andere Funktionen in contextlib ermöglichen es, bestimmte Exceptions zu unterdrücken oder Bildschirmausgaben umzuleiten.

24.2.1 Einfache Funktionen als Kontext-Manager

Ein klassischer Kontext-Manager, der in einer with-Anweisung verwendet werden kann, ist eine Klasse, die die Methoden __enter__ und __exit__ implementiert. Der Dekorator contextmanager aus dem Modul contextlib erlaubt es, wesentlich einfacher gestrickte Kontext-Manager auf der Basis einer Funktion zu schreiben.

Eine Funktion, die mit contextmanager dekoriert wird, muss ein Generatorobjekt[1] über genau ein Element zurückgeben:

```
import contextlib
import time
@contextlib.contextmanager
def laufzeit():
    start = time.perf_counter()
    try:
        yield
    finally:
        print("Laufzeit: {:.2f} s".format(time.perf_counter() - start))
```

Im Beispiel wurde die parameterlose Funktion laufzeit mit contextmanager dekoriert. Technisch gesehen muss sie jetzt einen Generator über ein einziges Element zurückgeben. Dies wird durch die yield-Anweisung im Funktionskörper realisiert. Der

---
1 Näheres zu Generatoren erfahren Sie in Abschnitt 23.2.

24.2 Hilfsfunktionen für with-Kontexte – contextlib

Funktionskörper kann jetzt gedanklich in zwei Bereiche unterteilt werden: den Bereich vor yield und den Bereich danach.

Bei der Verwendung von laufzeit in einem with-Kontext wird der Körper der with-Anweisung genau dann ausgeführt, wenn die dekorierte Funktion laufzeit ihren Wert zurückgibt. Der Bereich der Funktion laufzeit vor der yield-Anweisung entspricht also der Methode __enter__ in einem klassischen Kontext-Manager. Analog entspricht der Bereich nach der yield-Anweisung der Methode __exit__.

Die zu einem Kontext-Manager ausgebaute Funktion laufzeit kann jetzt zur Laufzeitmessung von Programmabschnitten verwendet werden:

```
>>> with laufzeit():
...     x = 0
...     for i in range(10000000):
...         x += (-1)**i * i
...
Laufzeit: 5.09 s
```

24.2.2 Bestimmte Exception-Typen unterdrücken

Das Modul contextlib enthält den Kontext-Manager suppress, der Exceptions bestimmter Typen unterdrückt, wenn sie im with-Kontext geworfen werden:

```
>>> import contextlib
>>> x = ["Ich erscheine"]
>>> with contextlib.suppress(IndexError):
...     print(x[0])
...     print(x[1])
...
Ich erscheine
```

Dieser Code ist äquivalent zu der folgenden try/except-Anweisung, die etwas schlechter lesbar ist:

```
>>> x = ["Ich erscheine"]
>>> try:
...     print(x[0])
...     print(x[1])
... except IndexError:
...     pass
...
Ich erscheine
```

Der Funktion suppress können beliebig viele Exception-Typen als Parameter übergeben werden.

24.2.3 Den Standard-Ausgabestrom umleiten

Mit dem Kontext-Manager `redirect_stdout` aus dem Modul `contextlib` können Sie den Standard-Ausgabestrom, der zum Beispiel für Bildschirmausgaben mittels `print` verwendet wird, umleiten:

```
>>> import contextlib
>>> with open("out.txt", "w") as f_out:
...     with contextlib.redirect_stdout(f_out):
...         print("Bildschirm-")
...         print("Ausgabe")
```

Im oben dargestellten Beispielprogramm wurde `redirect_stdout` dazu verwendet, alle Bildschirmausgaben in die Datei `out.txt` umzuleiten. Der Code ist äquivalent zu:

```
>>> import sys
>>> with open("out.txt", "w") as f_out:
...     sys.stdout = f_out
...     print("Bildschirm-")
...     print("Ausgabe")
...     sys.stdout = sys.__stdout__
```

Auch die Funktion `redirect_stdout` überschreibt die globale Referenz `sys.stdout`. Sie sollten daher auf mögliche Seiteneffekte achten.

Seit Python 3.5 existiert der Kontextmanager `redirect_stderr`, der analog zu `redirect_stdout` arbeitet, aber den Standardfehlerstrom `stderr` umleitet.

Kapitel 25
Manipulation von Funktionen und Methoden

In den vorangegangenen Kapiteln wurde unter anderem die Definition von Funktionen und Methoden behandelt. Aus verschiedenen Gründen möchte man Funktions- oder Methodenobjekte direkt bei der Definition oder nachträglich im Programm verändern. Beispielsweise lassen sich mit den in diesem Kapitel besprochenen Techniken Funktionsobjekte um Caching-Verfahren erweitern, ohne dass diese explizit implementiert werden müssen. Dazu behandeln wir im Folgenden zunächst die sogenannten *Decorators* und darauf aufbauend das Modul functools der Standardbibliothek, das unter anderem eine Sammlung hilfreicher Decorators enthält.

25.1 Decorator

Aus Kapitel 21, »Objektorientierung«, kennen Sie die Built-in Function staticmethod, die folgendermaßen verwendet wurde:

```
class MeineKlasse:
    def methode():
        pass
    methode = staticmethod(methode)
```

Durch diese Schreibweise wird zunächst eine Methode angelegt und später durch die Built-in Function staticmethod modifiziert. Die angelegte Methode wird dann mit dem modifizierten Funktionsobjekt überschrieben.

Diese Art, staticmethod anzuwenden, ist richtig und funktioniert, ist aber gleichzeitig auch unidiomatisch und nicht gut lesbar. Aus diesem Grund unterstützt Python eine eigene Notation, um den oben dargestellten Code lesbarer zu gestalten. Das folgende Beispiel ist zu dem vorangegangenen äquivalent:

```
class MeineKlasse:
    @staticmethod
    def methode():
        pass
```

Die Funktion, die die angelegte Methode modifizieren soll, wird nach einem @-Zeichen vor die Methodendefinition geschrieben. Eine solche Notation wird *Function Decorator* genannt. Function Decorators sind nicht auf den Einsatz mit `staticmethod` beschränkt, Sie können beliebige Decorators erstellen. Auf diese Weise können Sie eine Funktion durch bloßes Hinzufügen eines Decorators erweitern.

Function Decorators können nicht nur auf Methoden angewendet werden, sondern genauso auf Funktionen. Zudem können sie ineinander verschachtelt werden, wie folgendes Beispiel zeigt:

```python
@dec1
@dec2
def funktion():
    pass
```

Diese Funktionsdefinition ist äquivalent zu folgendem Code:

```python
def funktion():
    pass
funktion = dec1(dec2(funktion))
```

Es erübrigt sich zu sagen, dass sowohl `dec1` als auch `dec2` implementiert werden müssen, bevor die Beispiele lauffähig sind.

Das folgende Beispiel zeigt einen interessanten Ansatz zum *Cachen* (dt. »Zwischenspeichern«) von Funktionsaufrufen, bei dem die Ergebnisse komplexer Berechnungen automatisch gespeichert werden. Diese können dann beim nächsten Funktionsaufruf mit den gleichen Parametern wiedergegeben werden, ohne die Berechnungen erneut durchführen zu müssen. Das Caching einer Funktion erfolgt allein durch Angabe eines Function Decorators, also ohne in die Funktion selbst einzugreifen, und funktioniert zudem mit allen Funktionsaufrufen, bei denen nur hashbare Instanzen übergeben werden. Dazu sehen wir uns zunächst die Definition der Berechnungsfunktion an, die in diesem Fall die Fakultät einer ganzen Zahl berechnet, inklusive Function Decorator:

```python
@CacheDecorator()
def fak(n):
    ergebnis = 1
    for i in range(2, n+1):
        ergebnis *= i
    return ergebnis
```

Interessant ist hier der Function Decorator, denn es handelt sich dabei nicht um eine Funktion, sondern um eine Klasse namens `CacheDecorator`, die im Decorator instanziiert wird. Sie erinnern sich sicherlich, dass eine Klasse durch Implementieren der Magic Method `__call__` aufrufbar gemacht werden kann und sich damit wie ein

Funktionsobjekt verhält. Wir müssen diesen Umweg gehen, da wir die Ergebnisse der Berechnungen so speichern müssen, dass sie auch in späteren Aufrufen des Decorators noch verfügbar sind. Das ist mit einer Funktion nicht möglich, wohl aber mit einer Klasse. Die Definition der Decorator-Klasse sieht folgendermaßen aus:

```
class CacheDecorator:
    def __init__(self):
        self.cache = {}
        self.func = None
    def cachedFunc(self, *args):
        if args not in self.cache:
            self.cache[args] = self.func(*args)
        return self.cache[args]
    def __call__(self, func):
        self.func = func
        return self.cachedFunc
```

Im Konstruktor der Klasse CacheDecorator wird ein leeres Dictionary für die zwischengespeicherten Werte angelegt. Neben dem Konstruktor ist unter anderem die Methode __call__ implementiert. Durch diese Methode werden Instanzen der Klasse aufrufbar,[1] können also wie ein Funktionsobjekt verwendet werden. Um als Function Decorator verwendet werden zu können, muss die Methode __call__ ein Funktionsobjekt als Parameter akzeptieren und ein Funktionsobjekt zurückgeben. Das zurückgegebene Funktionsobjekt wird dann als veränderte Version der ursprünglich übergebenen Funktion mit dieser assoziiert. In unserem Beispiel gibt __call__ das Funktionsobjekt der Methode cachedFunc zurück.

Die Methode cachedFunc soll jetzt also anstelle der ursprünglich angelegten Funktion aufgerufen werden. Damit sie ihre Aufgabe erledigen kann, hat sie Zugriff auf das Funktionsobjekt der eigentlichen Funktion, das vom Attribut self.func referenziert wird. Die Methode cachedFunc akzeptiert beliebig viele Positional Arguments, da sie später für so viele Funktionsschnittstellen wie möglich funktionieren soll[2]. Diese Argumente sind innerhalb der Methode als Tupel verfügbar.

Jetzt wird geprüft, ob das Tupel mit den übergebenen Argumenten bereits als Schlüssel im Dictionary self.cache existiert. Wenn ja, wurde die Funktion bereits mit exakt den gleichen Argumenten aufgerufen, und der im Cache gespeicherte Rückgabewert kann direkt zurückgegeben werden. Ist der Schlüssel nicht vorhanden, wird die Berechnungsfunktion self.func mit den übergebenen Argumenten aufgerufen und das Ergebnis im Cache gespeichert. Anschließend wird es zurückgegeben.

---

[1] Näheres dazu erfahren Sie in Abschnitt 21.7.1, »Allgemeine Magic Methods«.
[2] Da die bei einem Funktionsaufruf übergebenen Parameter als Schlüssel für das interne Cache-Dictionary verwendet werden, dürfen nur Instanzen hashbarer Datentypen übergeben werden.

Um zu testen, ob das Speichern der Werte funktioniert, wird das Beispiel um zwei Ausgaben erweitert, je nachdem, ob ein Ergebnis neu berechnet oder aus dem Cache geladen wurde. Und tatsächlich, es funktioniert:

```
>>> fak(10)
Ergebnis berechnet
3628800
>>> fak(20)
Ergebnis berechnet
2432902008176640000
>>> fak(20)
Ergebnis geladen
2432902008176640000
>>> fak(10)
Ergebnis geladen
3628800
```

Wie Sie sehen, wurden die ersten beiden Ergebnisse berechnet, während die letzten beiden aus dem internen Cache geladen wurden. Diese Form des Cachings bietet je nach Anwendungsbereich und Komplexität der Berechnung erhebliche Geschwindigkeitsvorteile. Beachten Sie aber, dass keine Logik zum Löschen von Cache-Einträgen implementiert ist. Der Cache wird also bei Benutzung immer weiter anwachsen.

25.2 Das Modul functools

Das Modul `functools` der Standardbibliothek enthält Funktionen und Decorators, mit deren Hilfe sich aufrufbare Objekte, beispielsweise Funktionen oder Methoden, auf einer abstrakten Ebene modifizieren lassen. In diesem Kapitel werden die Vereinfachung von Schnittstellen, das Hinzufügen eines Caches und das Vervollständigen der Ordnungsrelation besprochen.

> **Hinweis**
>
> Dieser Abschnitt richtet sich an fortgeschrittene Leser und setzt teilweise Wissen aus anderen Kapiteln voraus, insbesondere aus Kapitel 21, »Objektorientierung«.

25.2.1 Funktionsschnittstellen vereinfachen

Im Modul `functools` ist die Funktion `partial` enthalten, mit der sich Funktionsschnittstellen vereinfachen lassen. Betrachten Sie dazu die folgende Funktion:

```
def f(a, b, c, d):
    print("{} {} {} {}".format(a,b,c,d))
```

Die Funktion f erwartet viele Parameter, vier an der Zahl. Stellen Sie sich nun vor, wir müssten die Funktion f sehr häufig im Programm aufrufen und übergäben dabei für die Parameter b, c und d immer die gleichen Werte. Mithilfe der Funktion partial lässt sich die Schnittstelle von f so verändern, dass nur der eigentlich interessante Parameter a übergeben werden muss.

partial(func, [*args], {kwargs})**

Die Funktion partial bekommt ein Funktionsobjekt übergeben, dessen Schnittstelle vereinfacht werden soll. Zusätzlich werden die zu fixierenden Positions- und Schlüsselwortparameter übergeben.

Die Funktion partial gibt ein neues Funktionsobjekt zurück, dessen Schnittstelle der von func entspricht, die jedoch um die in args (Arguments) und kwargs (Keyword Arguments) angegebenen Parameter erleichtert wurde. Bei einem Aufruf des zurückgegebenen Funktionsobjekts werden diese fixierten Parameter automatisch ergänzt.

Dies demonstriert das folgende Beispiel anhand der oben definierten Funktion f:

```
>>> def f(a, b, c, d):
...     print("{} {} {} {}".format(a,b,c,d))
...
>>> import functools
>>> f_neu = functools.partial(f, b="du", c="schöne", d="Welt")
>>> f_neu("Hallo")
Hallo du schöne Welt
>>> f_neu("Tschüss")
Tschüss du schöne Welt
```

Zunächst wird die Funktion f definiert, die vier Parameter akzeptiert und diese hintereinander auf dem Bildschirm ausgibt. Da die letzten drei Parameter dieser Schnittstelle in unserem Programm immer gleich sind, möchten wir sie nicht immer wiederholen und vereinfachen die Schnittstelle mittels partial.

Dazu rufen wir die Funktion partial auf und übergeben das Funktionsobjekt von f als ersten Parameter. Danach folgen die drei feststehenden Werte für die Parameter b, c und d in Form von Schlüsselwortparametern. Die Funktion partial gibt ein Funktionsobjekt zurück, das der Funktion f mit vereinfachter Schnittstelle entspricht. Dieses Funktionsobjekt kann, wie im Beispiel zu sehen, mit einem einzigen Parameter aufgerufen werden. Der Funktion f wird dieser Parameter gemeinsam mit den drei fixierten Parametern übergeben.

Abgesehen von Schlüsselwortparametern können Sie der Funktion partial auch Positionsparameter übergeben, die dann ebenfalls als solche an die zu vereinfachende Funktion weitergegeben werden. Beachten Sie dabei, dass die feststehenden Parameter dann am Anfang der Funktionsschnittstelle stehen müssen. Dazu folgendes Beispiel:

```
>>> def f(a, b, c, d):
...     print("{} {} {} {}".format(a,b,c,d))
...
>>> f_neu = functools.partial(f, "Hallo", "du", "schöne")
>>> f_neu("Welt")
Hallo du schöne Welt
>>> f_neu("Frau")
Hallo du schöne Frau
```

Die ersten drei Parameter der Funktion f sind immer gleich und sollen mithilfe der Funktion partial als Positionsparameter festgelegt werden. Das resultierende Funktionsobjekt f_neu kann mit einem Parameter aufgerufen werden, der beim daraus resultierenden Funktionsaufruf von f neben den drei festen Parametern als vierter übergeben wird.

25.2.2 Methodenschnittstellen vereinfachen

Analog zur soeben besprochenen Funktion partial zur Vereinfachung von Funktionsschnittstellen existiert die Funktion partialmethod zur Vereinfachung von Methodenschnittstellen. Mithilfe von partialmethod lassen sich Varianten einer Methode erzeugen, bei denen bestimmte Parameter vorbelegt sind. Dazu folgendes Beispiel:

```
>>> import functools
>>> class Zitat:
...     def __init__(self):
...         self.quelle = "Unbekannt"
...     def zitat(self, text):
...         print("{}: '{}'".format(self.quelle, text))
...     def setze_quelle(self, quelle):
...         self.quelle = quelle
...     setze_donald = functools.partialmethod(setze_quelle, "Donald Duck")
...     setze_goofy = functools.partialmethod(setze_quelle, "Goofy")
...
>>> zitat = Zitat()
>>> zitat.setze_donald()
>>> zitat.zitat("Quack")
Donald Duck: 'Quack'
```

Im Beispiel wurden zwei Vereinfachungen der Methode setze_quelle zur Klasse Zitat hinzugefügt, die jeweils einen bestimmten Autor festlegen. Die Funktion partialmethod verfügt über dieselbe Schnittstelle wie partial, und das Festlegen von Parametern funktioniert nach dem gleichen Prinzip.

25.2.3 Caches

Mithilfe des Decorators lru_cache, der im Modul functools enthalten ist, lässt sich eine Funktion mit einem *Cache* versehen. Ein Cache ist ein Speicher, der vergangene Funktionsaufrufe sichert. Wenn eine Parameterbelegung beim Funktionsaufruf bereits vorgekommen ist, kann das Ergebnis aus dem Cache gelesen werden, und die Funktion muss nicht noch einmal ausgeführt werden. Dieses Prinzip kann besonders bei rechenintensiven und häufig aufgerufenen Funktionen einen großen Laufzeitvorteil bringen.

> **Hinweis**
>
> Wenn ein Funktionsergebnis aus dem Cache gelesen wird, wird die Funktion nicht ausgeführt. Das Cachen ergibt also nur Sinn, wenn die Funktion frei von Seiteneffekten und deterministisch ist, also das Ergebnis bei der gleichen Parameterbelegung stets dasselbe ist.

lru_cache([maxsize, typed])

Der Decorator lru_cache versieht eine Funktion mit einem LRU Cache mit maxsize Einträgen. Bei einem *LRU Cache* (für *Least Recently Used*) verdrängt ein neuer Eintrag stets den am längsten nicht mehr aufgetretenen Eintrag, sofern der Cache vollständig gefüllt ist. Wenn für maxsize der Wert None übergeben wird, hat der Cache keine Maximalgröße und kann unbegrenzt wachsen. Der mit False vorbelegte Parameter typed gibt an, ob gleichwertige Instanzen verschiedener Datentypen, zum Beispiel 2 und 2.0, als gleich (False) oder als ungleich (True) angesehen werden sollen.

Im folgenden Beispiel wird die Funktion fak zur Berechnung der Fakultät einer ganzen Zahl definiert und mit einem Cache versehen:

```
>>> import functools
>>> @functools.lru_cache(20)
... def fak(n):
...     res = 1
...     for i in range(2, n+1):
...         res *= i
...     return res
...
>>> [fak(x) for x in [7, 5, 12, 3, 5, 7, 3]]
[5040, 120, 479001600, 6, 120, 5040, 6]
```

Mithilfe der Methode `cache_info`, die der Decorator `lru_cache` dem dekorierten Funktionsobjekt hinzufügt, erhalten Sie Informationen über den aktuellen Status des Caches:

```
>>> fak.cache_info()
CacheInfo(hits=3, misses=4, maxsize=20, currsize=4)
```

Das Ergebnis ist ein benanntes Tupel mit den folgenden Einträgen:

Eintrag	Beschreibung
hits	die Anzahl der Funktionsaufrufe, deren Ergebnisse aus dem Cache gelesen wurden
misses	die Anzahl der Funktionsaufrufe, deren Ergebnisse nicht aus dem Cache gelesen wurden
maxsize	die maximale Größe des Caches
currsize	die aktuelle Größe des Caches

Tabelle 25.1 Einträge im CacheInfo-Tupel

Zusätzlich zu `cache_info` verfügt ein mit `lru_cache` dekoriertes Funktionsobjekt über die parameterlose Methode `cache_clear`, die den Cache leert.

> **Hinweis**
>
> Intern wird der Cache in Form eines Dictionarys realisiert, bei dem die Parameterbelegung eines Funktionsaufrufs als Schlüssel verwendet wird. Aus diesem Grund dürfen nur Instanzen von hashbaren Datentypen an ein Funktionsobjekt übergeben werden, das den hier vorgestellten LRU Cache verwendet.

25.2.4 Ordnungsrelationen vervollständigen

Eine Klasse, auf der eine Ordnungsrelation definiert sein soll, für die also die Vergleichsoperatoren <, <=, >, >= funktionieren sollen, muss jede der entsprechenden magischen Methoden `__lt__`, `__le__`, `__gt__` und `__ge__` implementieren, obwohl eine dieser Methoden bereits ausreichen würde, um die Ordnungsrelation zu beschreiben.

Der Decorator `total_ordering`, der im Modul `functools` enthalten ist, erweitert eine Klasse, die nur eine der oben genannten magischen Methoden und zusätzlich die Methode `__eq__` bereitstellt, um die jeweils anderen Vergleichsmethoden. Das folgende Beispiel demonstriert die Verwendung des Decorators:

```
>>> import functools
>>> @functools.total_ordering
... class MeinString(str):
...     def __eq__(self, other):
...         return max(self) == max(other)
...
...     def __lt__(self, other):
...         return max(self) < max(other)
...
>>> MeinString("Hallo") > MeinString("Welt")
False
>>> MeinString("Hallo") <= MeinString("Welt")
True
```

Die Klasse MeinString erbt von dem eingebauten Datentyp str. Instanzen von Mein-String sollen anhand des größten enthaltenen Buchstabens miteinander verglichen werden. Dazu sind die Methoden __eq__ für den Gleichheitsoperator und __lt__ für den Kleiner-Operator implementiert. Da die Klasse mit total_ordering dekoriert wurde, können auch die nicht explizit implementierten Vergleichsoperatoren verwendet werden.

25.2.5 Überladen von Funktionen

Es gibt Operationen, die für Instanzen verschiedener Datentypen definiert sind, aber je nach Datentyp unterschiedlich implementiert werden müssen. Ein Beispiel für solch eine Operation ist die eingebaute Funktion print, die anhand der übergebenen Datentypen eine Ausgabevariante auswählt.

Das Modul functools enthält den Decorator singledispatch, der das *Überladen* von Funktionen ermöglicht. Beim Überladen werden Implementierungsvarianten einer Funktion unter dem gleichen Namen hinzugefügt. Bei einem Aufruf der Funktion wählt der Interpreter anhand des Datentyps der übergebenen Parameter aus, welche konkrete Variante ausgeführt wird. Im Falle von singledispatch wird die auszuführende Variante anhand des Datentyps des ersten übergebenen Parameters ausgewählt, daher der Name.

Im folgenden Beispiel wird die Funktion mult definiert, die sich nicht um die ihr übergebenen Datentypen kümmert und daher ein unterschiedliches Verhalten für Zahlen und Strings aufweist:

```
>>> def mult(x):
...     return x*2
...
```

```
>>> mult(5)
10
>>> mult("5")
'55'
```

Mithilfe des Decorators `singledispatch` lässt sich die Funktion für Strings überladen, sodass in diesem Fall eine Multiplikation auf dem im String enthaltenen Zahlenwert durchgeführt wird:

```
>>> import functools
>>> @functools.singledispatch
... def mult(x):
...     return x*2
...
>>> @mult.register(str)
... def _(x):
...     return str(int(x)*2)
...
```

Die Ausgangsfunktion `mult` wird wie im vorangegangenen Beispiel definiert und zusätzlich mit dem Decorator `singledispatch` versehen. Dieser Decorator erweitert sie um die Methode `register`, mithilfe derer sie sich überladen lässt.

Im zweiten Teil des Beispiels wird eine Variante der Methode `mult` für Strings implementiert. Diese Variante, die den temporären Namen »_« trägt, wird über den Decorator `mult.register` als Variante von `mult` registriert. Je nach Parameter wird jetzt eine der beiden Varianten von `mult` ausgeführt:

```
>>> mult(5)
10
>>> mult("5")
'10'
```

Auf diese Weise lässt sich eine Funktion beliebig oft überladen. Wenn eine Variante für mehrere Datentypen verfügbar sein soll, können die `register`-Decorator verkettet werden:

```
>>> @mult.register(float)
... @mult.register(str)
... def _(x):
...     return str(int(x)*2)
...
>>> mult(5.0)
'10'
>>> mult("5")
'10'
```

Hinweis

Diese Art der Funktionsüberladung ist kein grundlegendes Konzept von Python, sondern wurde eingeführt, damit grundlegende Funktionen der Standardbibliothek, darunter `print` oder `len`, bequem in Python implementiert werden können. Die Funktionsüberladung in Python ist daher mit großen Einschränkungen verbunden:

- Es können nicht beliebige Funktionen überladen werden, sondern nur solche, die mit `singledispatch` dekoriert wurden.
- Eine überladbare Funktion darf nur über einen einzigen nicht-optionalen Parameter verfügen.
- Andere Sprachen, beispielsweise C++, bieten umfassende Freiheiten beim Überladen von Funktionen. Davon müssen Sie diesen Ansatz unterscheiden.

TEIL IV

Die Standardbibliothek

Das Thema des vierten Teils dieses Buchs ist die in Python integrierte Standardbibliothek. Diese besteht aus Modulen und Paketen, die Sie zu jeder Zeit einbinden und verwenden können, um bestimmte Probleme anzugehen. In den folgenden Kapiteln besprechen wir die interessantesten Inhalte der Standardbibliothek, wobei wir uns bis auf einige besonders wichtige Module, die referenzartig beschrieben werden, an einen projektorientierten Ansatz halten werden.

Die Standardbibliothek enthält beispielsweise Module und Pakete für mathematische Hilfsfunktionen, reguläre Ausdrücke, den Zugriff auf Informationen des Betriebssystems oder auf das Dateisystem, parallele Programmierung, Datenspeicherung sowie Netzwerkkommunikation und zum Debugging bzw. zur Qualitätssicherung.

Kapitel 26
Mathematik

Wir beginnen mit den Modulen der Standardbibliothek, mit deren Hilfe sich im weitesten Sinne mathematische Berechnungen durchführen lassen. Tabelle 26.1 listet die Module auf, die in diesem Kapitel besprochen werden.

Modul	Beschreibung	Abschnitt
math	mathematische Funktionen	26.1
cmath	mathematische Funktionen für komplexe Zahlen	26.1
random	Erzeugen von Zufallszahlen oder zufälligen Auswahlen aus gegebenen Mengen	26.2
decimal	präzise Repräsentation von Dezimalzahlen	26.3

Tabelle 26.1 Mathematische Module der Standardbibliothek

26.1 Mathematische Funktionen – math, cmath

Das Modul math ist Teil der Standardbibliothek und stellt mathematische Funktionen und Konstanten bereit.

> **Hinweis**
>
> Das Modul math berücksichtigt den komplexen Zahlenraum – und damit den Datentyp complex – nicht. Das heißt vor allem, dass eine in math enthaltene Funktion niemals einen komplexen Parameter akzeptiert oder ein komplexes Ergebnis zurückgibt.
>
> Sollte ein komplexes Ergebnis ausdrücklich gewünscht sein, kann anstelle von math das Modul cmath verwendet werden, in dem die Funktionen von math enthalten sind, die eine sinnvolle Erweiterung auf den komplexen Zahlen haben.

In den folgenden Abschnitten werden die in math bzw. cmath enthaltenen Funktionen thematisch gruppiert vorgestellt. In den jeweiligen Tabellen wird in der Spalte cmath angegeben, ob eine Funktion auch im Modul cmath enthalten ist.

Abgesehen von einer Fülle von Funktionen definieren die Module math und cmath sechs Konstanten:

Konstante	Beschreibung	cmath
e	die Eulersche Zahl *e*	ja
pi	die Kreiszahl *Pi* (π)	ja
inf	der Wert »unendlich«, äquivalent zu float("inf")	ja
nan	der Wert »Not a Number«, äquivalent zu float("nan")	ja
infj	der komplexe Wert »unendlich«, äquivalent zu float("infj")	nur
nanj	der komplexe Wert »Not a Number«, äquivalent zu float("nanj")	nur

Tabelle 26.2 Konstanten der Module math und cmath

Bevor Sie die folgenden Beispiele im interaktiven Modus verwenden können, müssen Sie math oder cmath einbinden:

```
>>> import math
>>> import cmath
```

26.1.1 Zahlentheoretische Funktionen

Die Module math bzw. cmath definieren die zahlentheoretischen Funktionen in Tabelle 26.3.

Funktion	Beschreibung	cmath
ceil(x)	Rundet auf die nächsthöhere Ganzzahl auf.	nein
copysign(x, y)	Überträgt das Vorzeichen von y auf x und gibt das Ergebnis zurück.	nein
fabs(x)	Gibt den Betrag von x zurück. Das Ergebnis ist immer eine Gleitkommazahl.	nein
factorial(x)	Berechnet die Fakultät der ganzen Zahl x.	nein
floor(x)	Rundet auf die nächstniedrigere Ganzzahl ab.	nein
fmod(x, y)	Berechnet x Modulo y.	nein
frexp(x)	Extrahiert Mantisse und Exponent von x.	nein

Tabelle 26.3 Zahlentheoretische Funktionen in math und cmath

Funktion	Beschreibung	cmath
fsum(iterable)	Berechnet die Summe der in iterable enthaltenen Gleitkommazahlen.	nein
gcd(x, y)	Gibt den größten gemeinsamen Teiler von x und y zurück.	nein
isclose(a, b, {rel_tol, abs_tol})	Gibt genau dann True zurück, wenn a und b hinreichend nah beieinander liegen. Die zulässigen Toleranzen können über rel_tol und abs_tol relativ und/oder absolut festgelegt werden.	ja
isfinite(x)	Gibt genau dann True zurück, wenn x keinen der Werte inf, -inf oder nan referenziert.[*]	ja
isinf(x)	Gibt genau dann True zurück, wenn x positiv oder negativ unendlich ist.	ja
isnan(x)	Gibt genau dann True zurück, wenn x den Wert nan hat.	ja
ldexp(m, e)	Bestimmt eine Gleitkommazahl aus Mantisse m und Exponent e.	nein
modf(x)	Gibt ein Tupel mit dem Nachkomma- und dem Vorkommaanteil der Gleitkommazahl x zurück.	nein
trunc(x)	Gibt den Vorkommaanteil von x als ganze Zahl zurück. Verhält sich bei positiven Werten von x wie floor und bei negativen Werten von x wie ceil.	nein

[*] Diese Werte stehen für positiv und negativ unendlich bzw. »Not a Number«. Näheres dazu erfahren Sie in Abschnitt 26.3.2, »Nichtnumerische Werte«.

Tabelle 26.3 Zahlentheoretische Funktionen in math und cmath (Forts.)

Im Folgenden finden Sie detaillierte Erklärungen zu einer Auswahl der oben vorgestellten Funktionen.

fmod(x, y)

Die Funktion fmod berechnet x Modulo y. Beachten Sie, dass diese Funktion nicht immer dasselbe Ergebnis berechnet wie x % y. So gibt fmod das Ergebnis mit dem Vorzeichen von x zurück, während x % y das Ergebnis mit dem Vorzeichen von y zurückgibt. Generell gilt, dass fmod bei Modulo-Operationen mit Gleitkommazahlen bevorzugt werden sollte und der Modulo-Operator % bei Operationen mit ganzen Zahlen.

```
>>> math.fmod(7.5, 3.5)
0.5
```

frexp(x)

Die Funktion `frexp` extrahiert Mantisse und Exponent der übergebenen Zahl x. Das Ergebnis ist ein Tupel der Form (m, e), wobei m für die Mantisse und e für den Exponenten steht. Mantisse und Exponent sind dabei im Kontext der Formel $x = m \cdot 2^e$ zu verstehen.

```
>>> math.frexp(2.5)
(0.625, 2)
```

fsum(iterable)

Die Funktion `fsum` berechnet die Summe der in `iterable` enthaltenen Gleitkommazahlen.

```
>>> math.fsum([1.5, 7.34, 2, 4.78])
15.620000000000001
```

Der Vorteil von `fsum` gegenüber der Built-in Function `sum`, die prinzipiell für den gleichen Zweck eingesetzt werden kann, ist, dass `fsum` versucht, die durch die Summation in der Gleitkommaarithmetik entstehenden Fehler möglichst gering zu halten. Das Ergebnis von `fsum` ist also genauer als das Ergebnis von `sum`.

26.1.2 Exponential- und Logarithmusfunktionen

Die Module `math` bzw. `cmath` definieren die folgenden Funktionen, die sich auf die Exponential- bzw. Logarithmusfunktion beziehen:

Funktion	Beschreibung	cmath
exp(x)	Berechnet e^x.	ja
log(x, [base])	Berechnet den Logarithmus von x zur Basis base. Wenn base nicht angegeben wurde, wird der Logarithmus Naturalis (Basis e) berechnet.	ja
log10(x)	Berechnet den Logarithmus von x zur Basis 10.	ja
log2(x)	Berechnet den Logarithmus von x zur Basis 2.	nein
pow(x, y)	Berechnet x^y.	nein
sqrt(x)	Berechnet die Quadratwurzel von x.	ja

Tabelle 26.4 Exponential- und Logarithmusfunktionen in math und cmath

26.1.3 Trigonometrische und hyperbolische Funktionen

Die Module math bzw. cmath definieren die folgenden trigonometrischen Funktionen:

Funktion	Beschreibung	cmath
sin(x)	Berechnet den Sinus von x.	ja
cos(x)	Berechnet den Kosinus von x.	ja
tan(x)	Berechnet den Tangens von x.	ja
asin(x)	Berechnet den Arkussinus von x.	ja
acos(x)	Berechnet den Arkuskosinus von x.	ja
atan(x)	Berechnet den Arkustangens von x.	ja
sinh(x)	Berechnet den Sinus Hyperbolicus von x.	ja
cosh(x)	Berechnet den Kosinus Hyperbolicus von x.	ja
tanh(x)	Berechnet den Tangens Hyperbolicus von x.	ja
asinh(x)	Berechnet den Areasinus Hyperbolicus von x.	ja
acosh(x)	Berechnet den Areakosinus Hyperbolicus von x.	ja
atanh(x)	Berechnet den Areatangens Hyperbolicus von x.	ja
atan2(y, x)	Berechnet atan(x / y).	nein
hypot(x, y)	Berechnet die euklidische Norm des Vektors (x,y).	nein

Tabelle 26.5 Trigonometrische und hyperbolische Funktionen der Module math und cmath

26.1.4 Umrechnen von Winkeln

Zum Umrechnen von Winkeln zwischen Radiant und Grad enthält das Modul math die Funktionen degrees und radians:

```
>>> math.degrees(math.pi/2)
90.0
>>> math.radians(90)
1.5707963267948966
```

26.1.5 Darstellungsformen komplexer Zahlen

Die in cmath enthaltenen Funktionen phase, polar und rect eignen sich dazu, verschiedene Darstellungsformen komplexer Zahlen ineinander umzurechnen. Dazu wird eine komplexe Zahl a + bj als Punkt (a,b) im zweidimensionalen Raum aufgefasst. Dieser Raum wird die *gaußsche Zahlenebene* genannt. Die komplexe Zahl lässt sich jetzt entweder in kartesischen Koordinaten über die Werte a und b ausdrücken oder in Polarkoordinaten mithilfe des Winkels φ und des Radius r. Abbildung 26.1 zeigt die beiden Darstellungsformen komplexer Zahlen an einem Beispiel.

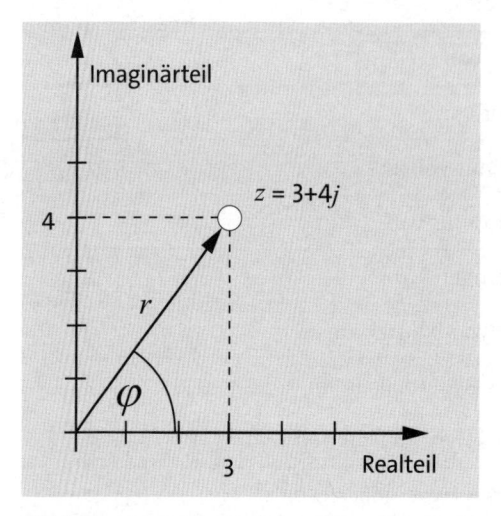

Abbildung 26.1 Die zwei Darstellungen der komplexen Zahl 3+4j

Die Funktionen phase, polar und rect erlauben es, eine komplexe Zahl in kartesischen Koordinaten oder in Polarkoordinaten darzustellen:

```
>>> cmath.phase(3+4j)
0.9272952180016122
>>> cmath.polar(3+4j)
(5.0, 0.9272952180016122)
>>> cmath.rect(5.0, 0.9272952180016122)
(3.0000000000000004+3.9999999999999996j)
```

26.2 Zufallszahlengenerator – random

Das Modul random der Standardbibliothek erzeugt Pseudozufallszahlen und bietet zusätzliche Funktionen, um zufallsgesteuerte Operationen auf Basisdatentypen anzuwenden.

> **Hinweis**
>
> Das Modul random erzeugt keine echten Zufallszahlen, sondern sogenannte *Pseudozufallszahlen*. Echte Zufallszahlen sind für einen Computer nicht berechenbar. Ein

> Generator für Pseudozufallszahlen wird mit einer ganzen Zahl initialisiert und erzeugt aufgrund dieser Basis eine deterministische, aber scheinbar zufällige Abfolge von Pseudozufallszahlen. Diese Zahlenfolge wiederholt sich dabei nach einer gewissen Anzahl von erzeugten Zufallszahlen. Im Falle des in Python standardmäßig verwendeten Algorithmus beträgt diese Periode $2^{19937}-1$ Zahlen.

Der in random implementierte Generator für Pseudozufallszahlen lässt sich mithilfe der Funktion seed initialisieren:

```
>>> import random
>>> random.seed(12)
```

Wenn es sich bei der Seed um eine ganze Zahl handelt, wird der Zufallszahlengenerator direkt mit dieser Zahl, ansonsten mit dem Hash-Wert der übergebenen Instanz initialisiert. Wenn kein Parameter übergeben wird, wird der Zufallszahlengenerator mit der aktuellen Systemzeit initialisiert. Auf diese Weise können die erzeugten Zahlen als quasi-zufällig angesehen werden:

```
>>> random.seed()
```

Wird der Zufallszahlengenerator zu unterschiedlichen Zeiten mit demselben Wert initialisiert, erzeugt er jeweils dieselbe Zahlenfolge.

26.2.1 Den Status speichern und laden

Die Funktion getstate gibt ein Tupel zurück, das den aktuellen Status des Zufallszahlengenerators beschreibt. Mithilfe der Funktion setstate lässt sich damit der Status des Generators speichern und zu einem späteren Zeitpunkt, beispielsweise nach zwischenzeitlicher Neuinitialisierung, wiederherstellen:

```
>>> state = random.getstate()
>>> random.setstate(state)
```

Der Generator läuft dann so weiter, als hätte es die Unterbrechung nicht gegeben.

26.2.2 Zufällige ganze Zahlen erzeugen

Zur Erzeugung einer (pseudo-)zufälligen ganzen Zahl existiert die Funktion randint, der die gewünschten Intervallgrenzen übergeben werden können.

```
>>> random.randint(0, 10)
4
```

In diesem Fall werden zufällig ganze Zahlen zwischen 0 und 10 erzeugt, wobei die Intervallgrenzen 0 und 10 ebenfalls gültige Ergebnisse sein können.

Etwas mehr Kontrolle über die möglichen Ergebnisse erlaubt die Funktion randrange. Sie gibt ein zufällig gewähltes Element aus dem Zahlenraum zurück, den ein Aufruf der Built-in Function range mit den gleichen Parametern erzeugen würde:

```
>>> random.randrange(0, 50, 2)
40
```

In diesem Fall wurde eine zufällige gerade Zahl zwischen 0 und 50 erzeugt.

Eine weitere Möglichkeit zur Erzeugung zufälliger Zahlen ist die Funktion getrandbits, die eine zufällige Bit-Folge festgelegter Länge erzeugt und als ganze Zahl zurückgibt.

```
>>> random.getrandbits(8)
156
```

In diesem Fall wurde die Funktion getrandbits verwendet, um ein zufälliges Byte zu erzeugen.

26.2.3 Zufällige Gleitkommazahlen erzeugen

Das Modul random enthält einige Funktionen zur Erzeugung einer zufälligen Gleitkommazahl nach einer gewählten Wahrscheinlichkeitsverteilung. Die einfachste dieser Funktionen ist random, mit deren Hilfe eine gleich verteilte Zufallszahl zwischen 0 und 1 erzeugt wird:

```
>>> random.random()
0.6018018690250143
```

Die verwandte Funktion uniform erzeugt eine gleichverteilte Zufallszahl innerhalb der angegebenen Intervallgrenzen:

```
>>> random.uniform(0, 10)
5.044950881560962
```

Darüber hinaus enthält das Modul random eine Reihe weiterer Funktionen, die Zufallszahlen nach mehr oder weniger exotischen Wahrscheinlichkeitsverteilungen erzeugen. Die bekannteste dieser Verteilungen ist die *Normal-* oder *Gauß-Verteilung*. Eine normalverteilte Zufallszahl können Sie folgendermaßen erzeugen:

```
>>> random.gauss(0, 1)
1.4999823501567913
```

Dabei werden Erwartungswert (μ) und Standardabweichung (σ) als Parameter übergeben.

26.2.4 Zufallsgesteuerte Operationen auf Sequenzen

Das Modul random enthält einige Funktionen, die zufallsgesteuerte Operationen auf Sequenzen durchführen, darunter die Funktion choice, die ein zufälliges Element der übergebenen nicht-leeren Sequenz zurückgibt:

```
>>> random.choice([1,2,3,4,5])
5
>>> random.choice([1,2,3,4,5])
2
>>> random.choice(["A", "B", "C"])
'B'
```

Analog zu choice kann choices verwendet werden, um k zufällig gewählte Elemente aus der übergebenen Sequenz zu erhalten:

```
>>> random.choices(range(100), k=4)
[76, 41, 39, 5]
```

Die Funktion sample bekommt eine Sequenz population und eine ganze Zahl k als Parameter übergeben. Das Ergebnis ist eine neue Liste mit k zufällig gewählten Elementen aus population. Auf diese Weise könnte beispielsweise eine gewisse Anzahl von Gewinnern aus einer Liste von Lotterieteilnehmern gezogen werden. Beachten Sie, dass auch die Reihenfolge der erzeugten Liste zufällig ist und dass mehrfach in population vorkommende Werte auch mehrfach gezogen werden können.

```
>>> pop = [1,2,3,4,5,6,7,8,9,10]
>>> random.sample(pop, 3)
[7, 8, 5]
>>> random.sample(pop, 3)
[5, 9, 7]
```

Die Funktion sample kann insbesondere auch in Kombination mit der Built-in Function range verwendet werden:

```
>>> random.sample(range(10000000), 3)
[4571575, 2648561, 2009814]
```

Die Funktion shuffle bringt die Elemente der Sequenz x in eine zufällige Reihenfolge. Beachten Sie, dass diese Funktion nicht seiteneffektfrei ist, sondern die übergebene Sequenz verändert wird. Aus diesem Grund dürfen für x auch nur Instanzen veränderlicher sequenzieller Datentypen übergeben werden.

```
>>> l = [1,2,3,"A","B"]
>>> random.shuffle(l)
>>> l
[1, 'B', 2, 'A', 3]
```

26.2.5 SystemRandom([seed])

Das Modul `random` enthält zusätzlich zu den oben erläuterten Funktionen eine Klasse namens `SystemRandom`, die es ermöglicht, den Zufallszahlengenerator des Betriebssystems anstelle des Python-eigenen zu verwenden. Diese Klasse existiert nicht auf allen, aber auf den gängigsten Betriebssystemen.

Beim Instanziieren der Klasse kann eine Zahl oder Instanz zur Initialisierung des Zufallszahlengenerators übergeben werden. Danach lässt sich die Klasse `SystemRandom` wie das Modul `random` verwenden, da sie die meisten im Modul enthaltenen Funktionen als Methode implementiert.

Beachten Sie jedoch, dass nicht der komplette Funktionsumfang von `random` in `SystemRandom` zur Verfügung steht. So wird ein Aufruf der Methode `seed` ignoriert, während Aufrufe der Methoden `getstate` und `setstate` eine `NotImplementedError`-Exception werfen.

```
>>> sr = random.SystemRandom()
>>> sr.randint(1, 10)
9
```

26.3 Präzise Dezimalzahlen – decimal

Sicherlich erinnern Sie sich noch an folgendes Beispiel, das zeigt, dass bei der Verwendung des eingebauten Datentyps `float` Rechenfehler auftreten:

```
>>> 1.1 + 2.2
3.3000000000000003
```

Das liegt daran, dass nicht jede Dezimalzahl durch das interne Speichermodell von `float` dargestellt werden kann, sondern nur mit einer gewissen Genauigkeit angenähert wird.[1] Diese Rechenfehler werden jedoch in der Regel aus Gründen der Effizienz in Kauf genommen. In einigen Fällen, beispielsweise beim Rechnen mit Geldbeträgen, ist die Exaktheit des Ergebnisses jedoch wichtiger als die Rechenzeit. Als wir über Gleitkommazahlen gesprochen haben, haben wir Ihnen Abhilfe durch ein Modul versprochen, und dieses Modul heißt `decimal`. Wir müssen aber deutlich darauf hinweisen, dass diese Abhilfe auf Kosten der Performance geht.

Das Modul `decimal` enthält den Datentyp `Decimal`, der Dezimalzahlen mit einer beliebigen Präzision speichern und verarbeiten kann:

```
>>> from decimal import Decimal
```

---

[1] Dabei handelt es sich nicht um ein Python-spezifisches Problem, sondern um eine grundsätzliche Einschränkung der Gleitkommadarstellung im Computer.

> **Hinweis**
>
> Das hier besprochene Modul decimal folgt in seiner Funktionsweise der *General Decimal Arithmetic Specification* von IBM. Aus diesem Grund ist es möglich, dass Ihnen ein ähnliches Modul bereits von einer anderen Programmiersprache her bekannt ist.
>
> Es existieren beispielsweise Bibliotheken, die das decimal-Modul in gleicher oder abgewandelter Form für C, C++, Java oder Perl implementieren.

26.3.1 Verwendung des Datentyps

Es gibt kein Literal, mit dem Sie Instanzen des Datentyps Decimal direkt erzeugen könnten, wie es beispielsweise bei float der Fall ist. Um eine Decimal-Instanz mit einem bestimmten Wert zu erzeugen, müssen Sie den Datentyp explizit instanziieren. Den Wert können Sie dem Konstruktor in Form eines Strings übergeben:

```
>>> Decimal("0.9")
Decimal('0.9')
>>> Decimal("1.33e7")
Decimal('1.33E+7')
```

Dies ist die geläufigste Art, Decimal zu instanziieren. Es ist außerdem möglich, dem Konstruktor eine ganze Zahl oder ein Tupel zu übergeben:

```
>>> Decimal(123)
Decimal('123')
>>> Decimal((0, (3, 1, 4, 1), -3))
Decimal('3.141')
```

Im Fall eines Tupels bestimmt das erste Element das Vorzeichen, wobei 0 für eine positive und 1 für eine negative Zahl steht. Das zweite Element muss ein weiteres Tupel sein, das alle Ziffern der Zahl enthält. Das dritte Element des Tupels ist die Verschiebung des Dezimalpunktes in der im vorangegangenen Element angegebenen Zahl.

> **Hinweis**
>
> Seit Python 3.2 ist es möglich, dem Konstruktor der Decimal-Klasse eine Gleitkommazahl direkt zu übergeben:
>
> ```
> >>> Decimal(0.7)
> Decimal('0.6999999999999999555910790149937383830547332763671875')
> ```
>
> Dabei sollten Sie stets im Hinterkopf behalten, dass sich dann die Ungenauigkeit von float bei der Initialisierung auf die Decimal-Instanz überträgt.

Sobald eine Decimal-Instanz erzeugt wurde, kann sie wie eine Instanz eines numerischen Datentyps verwendet werden. Das bedeutet insbesondere, dass alle von diesen Datentypen her bekannten Operatoren auch für Decimal definiert sind. Es ist zudem möglich, Decimal in Operationen mit anderen numerischen Datentypen zu verwenden. Kurzum: Decimal fügt sich gut in die bestehende Welt der numerischen Datentypen ein.

```
>>> Decimal("0.9") * 5
Decimal('4.5')
>>> Decimal("0.9") / 10
Decimal('0.09')
>>> Decimal("0.9") % Decimal("1.0")
Decimal('0.9')
```

Eine Besonderheit des Datentyps ist es, abschließende Nullen beim Nachkommaanteil einer Dezimalzahl beizubehalten, obwohl diese eigentlich überflüssig sind. Das ist beispielsweise beim Rechnen mit Geldbeträgen von Nutzen:

```
>>> Decimal("2.50") + Decimal("4.20")
Decimal('6.70')
```

Decimal-Instanzen können untereinander oder mit Instanzen anderer numerischer Datentypen verglichen werden.

```
>>> Decimal("0.7") < Decimal("0.8")
True
>>> Decimal(0.7) == 0.7
True
>>> Decimal("0.7") == 0.7
False
```

Ein Decimal-Wert lässt sich in einen Wert eines beliebigen anderen numerischen Datentyps überführen. Beachten Sie, dass diese Konvertierungen in der Regel verlustbehaftet sind, der Wert also an Genauigkeit verliert.

```
>>> float(Decimal("1.337"))
1.337
>>> float(Decimal("0.9"))
0.9
>>> int(Decimal("1.337"))
1
```

Diese Eigenschaft ermöglicht es, Decimal-Instanzen ganz selbstverständlich als Parameter etwa von Built-in Functions oder Funktionen der Bibliothek math zu übergeben:

```
>>> import math
>>> math.sqrt(Decimal("2"))
1.4142135623730951
```

> **Hinweis**
>
> Auch wenn Decimal-Instanzen an Funktionen des Moduls math übergeben werden können, geben diese Funktionen niemals eine Decimal-Instanz zurück. Sie laufen also Gefahr, durch den float-Rückgabewert an Genauigkeit zu verlieren.

Für einige mathematische Funktionen stellt eine Decimal-Instanz spezielle Methoden bereit. Jede dieser Methoden erlaubt es, neben ihren spezifischen Parametern ein sogenanntes Context-Objekt zu übergeben. Ein solches Context-Objekt beschreibt den Kontext, in dem die Berechnungen durchgeführt werden sollen, beispielsweise auf wie viele Nachkommastellen genau gerundet werden soll. Näheres zum Context-Objekt erfahren Sie weiter hinten in diesem Abschnitt.

Die wichtigsten Methoden einer Decimal-Instanz d sind:

Methode	Bedeutung
d.exp([context])	e^d
d.fma(other, third[, context])	d·other+third*
d.ln([context])	$\log_e(d)$
d.log10([context])	$\log_{10}(d)$
d.logb([context])	$\log_b(d)$
d.sqrt([context])	$\sqrt{d}$
d.as_integer_ratio()	Gibt Zähler und Nenner von d als Tupel zurück.

* Der Vorteil dieser Methode ist, dass sie die Berechnung »in einem Guss« durchführt, dass also nicht mit einem gerundeten Zwischenergebnis der Multiplikation weitergerechnet wird.

Tabelle 26.6 Mathematische Methoden des Datentyps Decimal

Die Verwendung dieser Methoden demonstriert das folgende Beispiel:

```
>>> d = Decimal("9")
>>> d.sqrt()
Decimal('3')
```

```
>>> d.ln()
Decimal('2.1972245773362219382790490474')
>>> d.fma(2, -7)
Decimal('11')
```

> **Hinweis**
>
> Das Programmieren mit dem Datentyp Decimal ist mit viel Schreibarbeit verbunden, da kein Literal für diesen Datentyp existiert. Viele Python-Programmierer behelfen sich damit, dem Datentyp einen kürzeren Namen zu verpassen:
>
> ```
> >>> from decimal import Decimal as D
> >>> D("1.5e-7")
> Decimal('1.5E-7')
> ```

26.3.2 Nichtnumerische Werte

Aus Abschnitt 12.5, »Gleitkommazahlen – float«, kennen Sie bereits die Werte nan und inf des Datentyps float, die immer dann auftreten, wenn eine Berechnung nicht möglich ist bzw. eine Zahl den Zahlenraum von float sprengt. Der Datentyp Decimal baut auf diesem Ansatz auf und ermöglicht es Ihnen, Decimal-Instanzen mit einem solchen Zustand zu initialisieren. Folgende Werte sind möglich:

Wert	Bedeutung
Infinity, Inf	positiv unendlich
-Infinity, -Inf	negativ unendlich
NaN	ungültiger Wert (»Not a Number«)
sNaN	ungültiger Wert (»signaling Not a Number«)*

* Der Unterschied zu NaN besteht darin, dass eine Exception geworfen wird, sobald versucht wird, mit sNaN weiterzurechnen. Rechenoperationen mit NaN werden durchgeführt, ergeben allerdings immer wieder NaN.

Tabelle 26.7 Nichtnumerische Werte des Datentyps Decimal

Diese nichtnumerischen Werte können wie Zahlen verwendet werden:

```
>>> Decimal("NaN") + Decimal("42.42")
Decimal('NaN')
>>> Decimal("Infinity") + Decimal("Infinity")
Decimal('Infinity')
>>> Decimal("sNaN") + Decimal("42.42")
```

```
Traceback (most recent call last):
  File "<stdin>", line 1, in <module>
InvalidOperation: sNaN
>>> Decimal("Inf") - Decimal("Inf")
Traceback (most recent call last):
  File "<stdin>", line 1, in <module>
InvalidOperation: -INF + INF
```

26.3.3 Das Context-Objekt

Der Datentyp Decimal erlaubt es, Dezimalzahlen mit beliebiger Genauigkeit zu speichern. Die Genauigkeit, also die Anzahl der Nachkommastellen, ist eine von mehreren globalen Einstellungen, die innerhalb eines sogenannten Context-Objekts gekapselt werden.

Um auf den aktuellen Kontext der arithmetischen Operationen zugreifen zu können, existieren innerhalb des Moduls decimal die Funktionen getcontext und setcontext.

An dieser Stelle möchten wir nur auf drei Attribute des Context-Objekts eingehen, die die Berechnungen beeinflussen können.

prec

Das Attribut prec (für *precision*) bestimmt die Genauigkeit der Decimal-Instanzen des aktuellen Kontextes. Der Wert versteht sich als Anzahl der zu berechnenden Nachkommastellen und ist mit 28 vorbelegt.

```
>>> import decimal
>>> c = decimal.getcontext()
>>> c.prec = 3
>>> Decimal("1.23456789") * Decimal("2.3456789")
Decimal('2.90')
```

Emin, Emax

Die Attribute Emin und Emax legen die maximale bzw. minimale Größe des Exponenten fest. Beide müssen eine ganze Zahl referenzieren. Wenn das Ergebnis einer Berechnung dieses Limit überschreitet, wird eine Exception geworfen.

```
>>> import decimal
>>> c = decimal.getcontext()
>>> c.Emax = 9
>>> Decimal("1e100") * Decimal("1e100")
Traceback (most recent call last):
  File "<stdin>", line 1, in <module>
Overflow: above Emax
```

Dieser Abschnitt versteht sich als grundlegende Einführung in das Modul decimal. Dieses Modul bietet noch viele weitere Möglichkeiten, Berechnungen anzustellen oder Ergebnisse dieser Berechnungen an die eigenen Bedürfnisse anzupassen. Sollte Ihr Interesse an diesem Modul geweckt worden sein, fühlen Sie sich dazu ermutigt, insbesondere in der Python-Dokumentation nach weiteren Verwendungswegen zu forschen.

Beachten Sie aber, dass üblicherweise kein Bedarf an solch präzisen Berechnungen besteht, wie sie der Datentyp Decimal ermöglicht. Der Geschwindigkeitsvorteil von float wiegt in der Regel schwerer als der Genauigkeitsgewinn von Decimal.

Kapitel 27
Kryptografie

Kryptografische Algorithmen sind ein wichtiger Bestandteil moderner Software. Sie werden zur klassischen symmetrischen oder asymmetrischen Verschlüsselung eingesetzt, beispielsweise um sensible Daten des Benutzers zu schützen. Ein weiterer Anwendungsfall kryptografischer Algorithmen ist das *Hashing*, bei dem es darum geht, aus komplexen Instanzen, etwa langen Dokumenten, einen kurzen, möglichst kollisionsfreien Hash-Wert zu bestimmen. Dieser Hash-Wert kann dann zum Beispiel zum effizienten Vergleich zweier Dokumente verwendet werden.

Wir werden im Folgenden zunächst das Modul hashlib der Standardbibliothek besprechen, das verschiedene Hash-Funktionen implementiert, und danach das Drittanbietermodul PyCrypto behandeln, das eine umfassende Sammlung kryptografischer Algorithmen bereitstellt.

27.1 Hash-Funktionen – hashlib

Das Modul hashlib der Standardbibliothek implementiert die gängigsten *Hash-Funktionen*. Das sind komplexe Algorithmen, die aus einem Parameter, zumeist einem String, einen *Hash-Wert* berechnen. Wozu kann ein solcher Hash-Wert verwendet werden?

Stellen Sie sich vor, Sie würden eine Forensoftware entwickeln, die später für eine Community im Internet eingesetzt werden soll. Bevor ein Benutzer Beiträge im Forum verfassen darf, muss er sich mit seinem Benutzernamen und dem dazu passenden Passwort anmelden. Natürlich ist es im Sinne des Forenbetreibers und vor allem des Benutzers selbst, dass das Passwort nicht in falsche Hände gerät. Es stellt sich also die Frage, wie die Anmeldeprozedur möglichst sicher gestaltet werden kann.

Die intuitivste Möglichkeit wäre es, Benutzernamen und Passwort an die Forensoftware zu übermitteln. Dort werden diese beiden Informationen mit den Anmeldedaten aller Benutzer verglichen, und bei einem Treffer wird der Zugang zum Forum ermöglicht.

Würde eine solche Software die Anmeldeprozedur tatsächlich so durchführen, müssten Benutzername und Passwort im Klartext in der internen Datenbank des Forums gespeichert werden. Das ist beim Benutzernamen kein größeres Problem, da es sich dabei im Allgemeinen um eine öffentliche Information handelt. Doch das Passwort im Klartext in einer solchen Datenbank zu speichern, wäre grob fahrlässig. Ein Angreifer, der über eine Sicherheitslücke in einem anderen Teil der Software Zugriff auf die Datenbank erlangt, wäre sofort im Besitz aller Passwörter der angemeldeten Benutzer. Das wird besonders dann brisant, wenn man bedenkt, dass viele Leute das gleiche Passwort für mehrere Benutzerkonten verwenden.

Wünschenswert wäre es also, die Korrektheit eines Passworts mit an Sicherheit grenzender Wahrscheinlichkeit zu ermitteln, ohne Referenzpasswörter im Klartext speichern zu müssen. Und genau hier kommen Hash-Funktionen ins Spiel. Eine Hash-Funktion bekommt einen Parameter übergeben und errechnet daraus den sogenannten *Hash-Wert*. Wenn sich jetzt ein neuer Benutzer bei der Forensoftware anmeldet und sein Passwort wählt, wird dieses nicht im Klartext in die Datenbank eingetragen, sondern es wird der Hash-Wert des Passworts gespeichert.

Beim Einloggen schickt der Benutzer sein Passwort an den Server. Dieser errechnet dann den Hash-Wert des übertragenen Passworts und vergleicht ihn mit den gespeicherten Hash-Werten.[1]

Damit eine solche Anmeldeprozedur funktioniert und ein potenzieller Angreifer auch mit Zugriff auf die Datenbank keine Passwörter errechnen kann, müssen Hash-Funktionen einige Bedingungen erfüllen:

- Eine Hash-Funktion stellt eine *Einwegcodierung* dar. Das heißt, dass die Berechnung des Hash-Wertes nicht umkehrbar ist, man also aus einem Hash-Wert nicht auf den ursprünglichen Parameter schließen kann.
- Bei Hash-Funktionen treten grundsätzlich sogenannte *Kollisionen* auf, das sind zwei verschiedene Parameter, die denselben Hash-Wert ergeben. Ein wesentlicher Schritt zum Knacken einer Hash-Funktion ist es, solche Kollisionen berechnen zu können. Eine Hash-Funktion sollte also die Berechnung von Kollisionen so stark erschweren, dass sie nur unter extrem hohem Zeitaufwand zu bestimmen sind.
- Eine Hash-Funktion sollte möglichst willkürlich sein, sodass man nicht aufgrund eines ähnlichen Hash-Wertes darauf schließen kann, dass man in der Nähe des gesuchten Passworts ist. Sobald der Parameter der Hash-Funktion minimal verändert wird, sollte ein völlig anderer Hash-Wert berechnet werden.
- Zu guter Letzt sollte eine Hash-Funktion schnell zu berechnen sein. Außerdem müssen sich die entstehenden Hash-Werte untereinander effizient vergleichen lassen.

---

[1] Da Hash-Funktionen deterministisch sind, ist es für den Angreifer weiterhin möglich, Passwörter auszuprobieren und die Hash-Werte mit den in der Datenbank gespeicherten zu vergleichen. Ein solcher Wörterbuchangriff wird mithilfe eines *Salts* erschwert. Das ist eine Zufallszahl, die an ein Passwort gehängt wird, bevor dessen Hash-Wert bestimmt wird.

Das Anwendungsfeld von Hash-Funktionen ist weit gefächert. So werden sie, abgesehen von dem oben genannten Passwortbeispiel, unter anderem auch zum Vergleich großer Dateien verwendet. Anstatt diese Dateien untereinander Byte für Byte zu vergleichen, werden ihre Hash-Werte berechnet und verglichen. Mit den Hash-Werten lässt sich sagen, ob die Dateien mit Sicherheit verschieden oder mit großer Wahrscheinlichkeit identisch sind. Das ist besonders dann interessant, wenn es aufgrund eingeschränkter Bandbreite gar nicht möglich ist, die Dateien direkt zu vergleichen. So ist der Vergleich der Hash-Werte beispielsweise die effizienteste Methode, die Authentizität einer aus dem Internet heruntergeladenen Datei zu überprüfen.

Beachten Sie, dass die Wahrscheinlichkeit einer Kollision bei den im Modul hashlib implementierten Verfahren sehr gering, aber theoretisch immer noch vorhanden ist.

27.1.1 Verwendung des Moduls

Zunächst enthält das Modul hashlib eine Reihe von Klassen, die jeweils einen Hash-Algorithmus implementieren:

Klasse	Algorithmus	Hash-Größe	Beschreibung
md5	MD5	128 Bit	Message-Digest Algorithm 5
sha1	SHA-1	160 Bit	Secure Hash Algorithm 1
sha224	SHA-224	224 Bit	Secure Hash Algorithm 224
sha256	SHA-256	256 Bit	Secure Hash Algorithm 256
sha384	SHA-384	384 Bit	Secure Hash Algorithm 384
sha512	SHA-512	512 Bit	Secure Hash Algorithm 512

Tabelle 27.1 Unterstützte Hash-Funktionen

> **Hinweis**
> Beachten Sie, dass die Algorithmen MD5 und SHA-1 bereits ansatzweise gebrochen wurden. Sie sollten daher in sicherheitsrelevanten Anwendungen nicht mehr verwendet werden.

Die Verwendung dieser Klassen ist identisch. Deshalb wird sie hier exemplarisch an der Klasse md5 gezeigt. Beim Instanziieren der Klasse md5 wird eine bytes-Instanz übergeben, deren Hash-Wert berechnet werden soll.

```
>>> import hashlib
>>> m = hashlib.md5(b"Hallo Welt")
```

Durch Aufruf der Methode `digest` wird der berechnete Hash-Wert als Byte-Folge zurückgegeben. Beachten Sie, dass die zurückgegebene `bytes`-Instanz durchaus nicht druckbare Zeichen enthalten kann.

```
>>> m.digest()
b'\\7*2\xc9\xaet\x8aL\x04\x0e\xba\xdcQ\xa8)'
```

Durch Aufruf der Methode `hexdigest` wird der berechnete Hash-Wert als String zurückgegeben, der eine Folge zweistelliger Hexadezimalzahlen enthält. Diese Hexadezimalzahlen repräsentieren jeweils ein Byte des Hash-Wertes. Der zurückgegebene String enthält ausschließlich druckbare Zeichen.

```
>>> m.hexdigest()
'5c372a32c9ae748a4c040ebadc51a829'
```

27.1.2 Weitere Algorithmen

Neben den eingangs aufgelisteten Hash-Algorithmen, die garantiert in `hashlib` vorhanden sind, stellt das Modul eine Reihe weiterer Algorithmen bereit, deren Vorhandensein von den Gegebenheiten des Betriebssystems abhängt. Diese zusätzlichen Algorithmen lassen sich über die Funktion `new` instanziieren; ihr muss der Name des Algorithmus übergeben werden:

```
>>> m = hashlib.new("md4", b"Hallo Welt")
>>> m.hexdigest()
'5f7efe84c39847ee689edb9a7848ad74'
```

Die Menge der insgesamt zur Verfügung stehenden Algorithmen wird über `algorithms_available` bereitgestellt:

```
>>> hashlib.algorithms_available
{'SHA', 'mdc2', 'RIPEMD160', 'DSA', 'SHA384', 'sha384', 'shake_
128', 'ripemd160', 'blake2s', 'sha3_384', 'sha3_224', 'blake2b',
'ecdsa-with-SHA1', 'dsaEncryption', 'MDC2', 'sha224', 'sha3_256', 'sha1',
'sha3_512', 'shake_256', 'SHA512', 'sha', 'SHA1', 'md5', 'dsaWithSHA', 'md4',
'sha512', 'sha256', 'whirlpool', 'SHA256', 'MD4', 'MD5', 'SHA224', 'DSA-SHA'}
```

27.1.3 Vergleich großer Dateien

Hash-Funktionen berechnen aus einer prinzipiell unbegrenzten Datenmenge einen kurzen Hash-Wert. Aufgrund der Eigenschaften einer Hash-Funktion ist die Wahrscheinlichkeit, zwei verschiedene Datenmengen zu finden, die den gleichen Hash-Wert ergeben, sehr gering. Dadurch eignen sich Hash-Funktionen dazu, große Dateien miteinander zu vergleichen, ohne dass die Dateien an einem gemeinsamen Ort liegen müssen. Auf diese Weise lässt sich beispielsweise feststellen, ob eine auf einem

Server gespeicherte Datei neu hochgeladen werden muss, weil sie sich auf dem Rechner des Nutzers verändert hat.

Das folgende Beispielprogramm liest zwei Dateien ein und vergleicht sie anhand ihrer Hash-Werte:

```
import hashlib
with open("datei1.txt", "rb") as f1, open("datei2.txt", "rb") as f2:
    if hashlib.md5(f1.read()).digest() == hashlib.md5(f2.read()).digest():
        print("Die Dateien sind gleich")
    else:
        print("Die Dateien sind verschieden")
```

In diesem Fall wurde die verbreitete Hash-Funktion md5 verwendet, es können aber auch die anderen in hashlib enthaltenen Funktionen eingesetzt werden.

Für die Arbeit mit Datenströmen enthalten die Hash-Klassen die Methode update, mit deren Hilfe sich die bei der Erzeugung angegebene Datenmenge erweitern lässt:

```
>>> h1 = hashlib.md5(b"Erstens.")
>>> h1.update(b"Zweitens.")
>>> h1.update(b"Drittens.")
>>>
>>> h2 = hashlib.md5(b"Erstens.Zweitens.Drittens.")
>>> h1.digest() == h2.digest()
True
```

27.1.4 Passwörter

Das folgende Beispielprogramm verwendet das Modul hashlib, um einen Passwortschutz zu realisieren. Das Passwort soll dabei nicht als Klartext im Quelltext gespeichert werden, sondern als Hash-Wert. Dadurch ist gewährleistet, dass die Passwörter nicht einsehbar sind, selbst wenn jemand in den Besitz der Hash-Werte kommen sollte. Auch anmeldepflichtige Internetportale wie beispielsweise Foren speichern die Passwörter der Benutzer als Hash-Werte.

```
import hashlib
pwhash = "578127b714de227824ab105689da0ed2"
m = hashlib.md5(bytes(input("Ihr Passwort bitte: "), "utf-8"))
if pwhash == m.hexdigest():
    print("Zugriff erlaubt")
else:
    print("Zugriff verweigert")
```

Das Programm liest ein Passwort vom Benutzer ein, errechnet den MD5-Hash-Wert dieses Passworts und vergleicht ihn mit dem gespeicherten Hash-Wert. Der vorher berechnete Hash-Wert `pwhash` ist in diesem Fall im Programm vorgegeben. Unter normalen Umständen stünde er mit anderen Hash-Werten in einer Datenbank oder wäre in einer Datei gespeichert. Wenn beide Werte übereinstimmen, wird symbolisch »Zugriff erlaubt« ausgegeben. Das Passwort für dieses Programm lautet »Mein Passwort«.

Einen Hash-Wert zum Speichern von Passwörtern zu verwenden, ist gängige Praxis. Die bislang besprochenen Hash-Funktionen, darunter insbesondere die oben eingesetzte Funktion `md5`, eignen sich dazu aber nur bedingt, da sie anfällig gegenüber Brute-Force-Angriffen sind. Damit Passwörter sicher gespeichert werden können, muss eine Hash-Funktion weitere Eigenschaften besitzen:

- Sie muss einen *Salt* unterstützen. Das ist eine Zeichenfolge, die an das Passwort angehängt wird, bevor der Hash-Wert berechnet wird. Auf diese Weise können für zwei Benutzer verschiedene Hash-Werte gespeichert werden, selbst wenn sie das gleiche Passwort verwenden. Das verhindert das Knacken von Passwörtern mithilfe vorberechneter Klartexttabellen, sogenannter *Rainbow Tables*.

- Sie muss in einer parametrisierbaren Anzahl Runden ablaufen, damit die Rechendauer der Hash-Funktion eingestellt werden kann. Das erschwert das massenhafte Ausprobieren möglicher Passwörter.

- Speziell für das Speichern von Passwörtern enthält das Modul `hashlib` die Funktion `pbkdf2_hmac`[2]:

    pbkdf2_hmac(name, password, salt, rounds)

Sie berechnet einen Passwort-Hash für das Passwort `password` mit dem Salt `salt` unter Verwendung von `round` Runden des Algorithmus. Der hier implementierte Algorithmus basiert auf einer der grundlegenden Hash-Funktionen, die zu Beginn des Abschnitts besprochen wurden. Über den Parameter `name` kann festgelegt werden, welche der Hash-Funktionen verwendet werden soll:

```
>>> hashlib.pbkdf2_hmac("sha256", b"password", b"salt", 100000)
b'\x03\x94\xa2\xed\xe32\xc9\xa1>\xb8.\x9b$c\x16\x04\xc3\x1d\xf9x\xb4\xe2\xf0\xfb\xd2\xc5I\x940\x9dy\xa5'
```

27.2 Verschlüsselung – PyCrypto

Das Drittanbieterpaket `PyCrypto`[3] implementiert eine Reihe von kryptografischen Algorithmen zur symmetrischen und asymmetrischen Verschlüsselung. Im letzten

---

[2] für Password-Based Key Derivation Function 2
[3] *https://pypi.python.org/pypi/pycrypto*

Abschnitt werden die asymmetrischen Verfahren auch zum Signieren von Dokumenten eingesetzt.

27.2.1 Symmetrische Verschlüsselungsverfahren

Bei einem symmetrischen Verschlüsselungsverfahren wird ein Klartext mithilfe eines Schlüssels zu einem Chiffrat verschlüsselt. Derselbe Schlüssel kann danach verwendet werden, um das Chiffrat wieder zu einem Klartext zu entschlüsseln. Eine wichtige Bedeutung hat dabei der Raum der möglichen Schlüssel: Ist dieser groß genug und ist das Verschlüsselungsverfahren an sich sicher, steigt der Rechenaufwand zum Brechen der Verschlüsselung enorm.

Symmetrische Verschlüsselungsverfahren lassen sich in zwei Klassen unterteilen:

- *Stromchiffren* verschlüsseln einen Datenstrom Bit für Bit.
- *Blockchiffren* verschlüsseln einen Datenstrom in Blöcken einer bestimmten Blockgröße.

Stromchiffren

Stromchiffren nehmen eine bitweise Verschlüsselung eines kontinuierlich eingehenden Datenstroms vor. Im Gegensatz zu Blockchiffren muss keine Mindestmenge an Daten vorliegen, damit die Verschlüsselung funktioniert. Sie eignen sich daher besonders für die Echtzeitübertragung von Daten.

Eine Stromchiffre ist ein symmetrisches Verschlüsselungsverfahren und basiert daher auf einem Schlüssel. In der Regel wird der Datenstrom mit einem aus dem Schlüssel berechneten Schlüsselstrom bitweise verrechnet, beispielsweise über ein exklusives ODER (XOR).

Im Modul PyCrypto.Cipher sind zwei Typen von Stromchiffren implementiert: XOR und ARC4. Beide verfügen über die gleiche Schnittstelle und werden hier anhand von XOR exemplarisch vorgestellt:

```
>>> from Crypto.Cipher import XOR
>>> sender = XOR.new("Passwort")
>>> chiffrat = sender.encrypt("Das ist mein geheimer Text")
>>> chiffrat
b'\x14\x00\x00S\x1e\x1c\x06T=\x04\x1a\x1dW\x08\x17\x1c5\x08\x1e\x16\x05O&\x11(\x15'
```

Über die Methode new wird eine neue XOR-Chiffre mit dem angegebenen Schlüssel erzeugt. Diese lässt sich jetzt mithilfe der Methoden encrypt und decrypt zum Verschlüsseln bzw. Entschlüsseln von Daten verwenden. Die Gegenseite verfährt analog und entschlüsselt den Datenstrom mittels decrypt:

```
>>> empfaenger = XOR.new("Passwort")
>>> klartext = empfaenger.decrypt(chiffrat)
>>> klartext
b'Das ist mein geheimer Text'
```

Beachten Sie, dass eine Stromchiffre aufgrund des Schlüsselstroms einen internen Zustand hat. Ein weiterer Aufruf von XOR.encrypt auf den gleichen Eingabedaten würde daher ein unterschiedliches Chiffrat ergeben. Das bedeutet insbesondere, dass ein eingehender verschlüsselter Datenstrom von Beginn an entschlüsselt werden muss, damit die Schlüsselströme auf beiden Seiten synchron sind.

Es genügt, im obigen Beispiel die Klasse XOR durch ARC4 auszutauschen, um eine ARC4-Chiffre zu verwenden. Die Schlüsselgrößen sind bei beiden Verfahren variabel.

Blockchiffren

Im Gegensatz zu einer Stromchiffre verschlüsselt eine Blockchiffre einen Datenblock fester Größe. Auch das entstehende Chiffrat hat eine feste Größe. Um beliebig große Datenmengen zu verschlüsseln, gibt es verschiedene Verfahren, sogenannte *kryptografische Betriebsmodi*, die durch eine kombinierte Chiffrierung der einzelnen Datenblöcke eine sichere Gesamtchiffrierung erreichen. Zwei Beispiele für standardisierte Betriebsmodi sind:

- *Electronic Code Book* (ECB); die Datenblöcke werden unabhängig voneinander verschlüsselt.[4]
- *Cipher Block Chaining* (CBC); ein Datenblock wird vor der Verschlüsselung mit dem Chiffrat des vorangegangenen Datenblocks verrechnet.

Es existiert eine Reihe weiterer Betriebsmodi mit jeweils eigenen Besonderheiten, die wir an dieser Stelle nicht erschöpfend behandeln können.

Im Modul PyCrypto.Cipher sind die in Tabelle 27.2 aufgeführten Typen von Blockchiffren implementiert.

Name	Schlüsselgröße	Blockgröße
AES	16, 24 oder 32 Byte	16 Byte
ARC2	variabel	8 Byte
Blowfish	variabel	8 Byte

Tabelle 27.2 Blockchiffren im Paket PyCrypto

---

[4] Vorsicht, dieser Betriebsmodus führt dazu, dass gleiche Klartextblöcke auch gleiche Chiffratblöcke ergeben, was ein für einen Angreifer interessanter Ansatzpunkt ist.

Name	Schlüsselgröße	Blockgröße
CAST	variabel	8 Byte
DES	8 Byte	8 Byte
DES3	16 Byte	8 Byte
IDEA	16 Byte	8 Byte
RC5	variabel	8 Byte

Tabelle 27.2 Blockchiffren im Paket PyCrypto (Forts.)

Die in PyCrypto.Cipher enthaltenen Blockchiffren können alle gleich verwendet werden, weswegen wir sie Ihnen exemplarisch am Beispiel von AES vorstellen:

```
>>> from Crypto.Cipher import AES
>>> chiffre = AES.new("PasswortPasswort", AES.MODE_ECB)
>>> chiffrat = chiffre.encrypt("Python - das umfassende Handbuch")
>>> chiffrat
b"\xd1'\x86\xe3\xd0\xd0\x94V<\xfe\x14Z\x16\x85*\xc6\x16}\xe0\xbd\x04g\xbe\xb5
\xbc\xf2;\xf2\xe0\xcd\nn"
>>> chiffre.decrypt(chiffrat)
b'Python - das umfassende Handbuch'
```

Ähnlich wie bei den Stromchiffren wird eine Blockchiffre über die Methode new erzeugt. Dabei wird ein Schlüssel angegeben, der in diesem Fall eine Länge von 16 Zeichen haben muss, sowie der gewünschte kryptografische Betriebsmodus, in diesem Fall ECB. Die anschließende Ver- bzw. Entschlüsselung über die Methoden encrypt bzw. decrypt unterscheidet sich nicht von den Stromchiffren.

Beachten Sie, dass eine Blockchiffre im Gegensatz zu einer Stromchiffre keinen internen Zustand hat. Jede Eingabe wird als eigenständiger Datenblock neu verschlüsselt. Daher führen zwei aufeinanderfolgende Aufrufe von encrypt mit den gleichen Eingabedaten auch zum gleichen Chiffrat.

Für die kryptografischen Betriebsmodi CBC und CFB muss beim Erzeugen der Chiffre ein zusätzliches Argument für den *Initialisierungsvektor* übergeben werden. Diese Betriebsmodi beziehen bei der Verschlüsselung eines Datenblocks den vorangegangenen Datenblock mit ein und benötigen daher einen Initialisierungsvektor zur Verschlüsselung des ersten Datenblocks. Dabei handelt es sich um einen String von Blockgröße:

```
chiffre = AES.new("PasswortPasswort", AES.MODE_CBC, "ABCDEFGHabcdefgh")
```

27.2.2 Asymmetrische Verschlüsselungsverfahren

Ein asymmetrisches Verschlüsselungsverfahren, auch Public-Key-Verschlüsselungsverfahren, umgeht die größte Schwachstelle symmetrischer Verfahren: den Schlüsselaustausch. Bei verschlüsselter Kommunikation müssen beide Kommunikationspartner den gleichen Schlüssel besitzen. Sollte ein Angreifer den Schlüssel beim Schlüsselaustausch[5] in Erfahrung bringen können, ist das Entschlüsseln der nachfolgenden Kommunikation sehr einfach.

Bei den erst in den 1970er-Jahren entwickelten asymmetrischen Verschlüsselungsverfahren gibt es keinen gemeinsamen geheimen Schlüssel, sondern jeder Kommunikationsteilnehmer besitzt einen *privaten Schlüssel*, der geheim gehalten wird, und einen dazu passenden *öffentlichen Schlüssel*, der allen Kommunikationspartnern – und damit auch allen potenziellen Angreifern – bekannt ist. Der Sender verschlüsselt seine Nachricht mit dem öffentlichen Schlüssel des Empfängers in einer Weise, dass sie nur mithilfe des privaten Schlüssels wieder entschlüsselt werden kann. Wichtig ist dabei, dass sich der private Schlüssel nicht aus dem öffentlichen Schlüssel berechnen lässt.

Ein Beispiel für ein asymmetrisches Verschlüsselungsverfahren ist das 1977 entwickelte *RSA-Verfahren* (für Rivest, Shamir und Adleman). Vereinfacht gesagt basiert RSA auf der Annahme, dass die Zerlegung einer sehr großen Zahl in ihre Primfaktoren eine kaum zu berechnende Operation ist, wobei die Betonung hier auf *sehr groß* liegt. Die umgekehrte Operation, nämlich das Erzeugen dieser sehr großen Zahl aus ihren Primfaktoren, ist hingegen simpel. Jeder Kommunikationsteilnehmer erzeugt sich zwei Primzahlen und hält diese geheim. Das Produkt dieser Zahlen ist der öffentliche Schlüssel und wird zusammen mit einer weiteren benötigten Zusatzinformation veröffentlicht. Der öffentliche Schlüssel reicht aus, um eine Nachricht zu verschlüsseln, wer sie aber wieder entschlüsseln möchte, benötigt die Primfaktorzerlegung des öffentlichen Schlüssels.

Obwohl die Sicherheit von RSA bis heute nicht bewiesen ist, erfreut sich das Verfahren großer Beliebtheit und wird in modifizierter Form vielfach eingesetzt.

Asymmetrische Verschlüsselungsverfahren können häufig nicht nur zum Verschlüsseln, sondern auch zum Signieren von Nachrichten angewandt werden. Die in `PyCrypto.PublicKey` enthaltenen asymmetrischen Verfahren werden in Tabelle 27.3 vorgestellt. Daran anschließend werden beide Anwendungsfälle anhand von RSA vorgestellt.

---

5 Auch dafür gibt es kryptografische Verfahren, beispielsweise das *Diffie-Hellman-Protokoll*.

Name	Verschlüsseln	Signieren
RSA	ja	ja
ElGamal	ja	ja
DSA	nein	ja
qNEW	nein	ja

Tabelle 27.3 Asymmetrische Verschlüsselungsverfahren in PyCrypto

Einen Schlüssel erzeugen

Bevor ein asymmetrisches Verfahren verwendet werden kann, muss ein Schlüsselpaar erzeugt werden. Das geschieht über die Methode generate des eingebundenen Verfahrens:

```
>>> from Crypto.PublicKey import RSA
>>> key = RSA.generate(1024)
```

Das erzeugte Schlüsselobjekt key enthält zunächst sowohl den öffentlichen als auch den privaten Schlüssel. Dieser Umstand ist über die Methode has_private erkennbar. Die Methode publickey erzeugt ein Schlüsselobjekt, das nur den öffentlichen Schlüssel enthält:

```
>>> key.has_private()
True
>>> public_key = key.publickey()
>>> public_key.has_private()
False
```

Die Methode exportKey erlaubt es, die Schlüssel in Form eines Strings zu exportieren. Über die Methode RSA.importKey kann ein exportierter Schlüssel wieder geladen werden:

```
>>> key_txt = key.exportKey()
>>> key_txt
b'-----BEGIN RSA PRIVATE KEY----- […] -----END RSA PRIVATE KEY-----'
>>> key = RSA.importKey(key_txt)
```

Beim Exportieren des Schlüsselpaars key werden sowohl der öffentliche als auch der private Schlüssel exportiert. Wird nur der öffentliche Schlüssel public_key exportiert, ist der private Schlüssel nicht enthalten. Die exportierten Daten können also veröffentlicht werden:

```
>>> public_key_txt = public_key.exportKey()
>>> public_key_txt
b'-----BEGIN PUBLIC KEY----- […] -----END PUBLIC KEY-----'
>>> public_key = RSA.importKey(public_key_txt)
```

Verschlüsseln

Die Schlüsselobjekte key und public_key besitzen die Methoden encrypt und decrypt. Es ist aber nicht ratsam, diese direkt zu verwenden, da sie das unmodifizierte RSA-Verfahren durchführen, das sogenannte *Textbook-RSA*. Diese Variante wird allgemein als unsicher angesehen und sollte nicht verwendet werden. Stattdessen gibt es sichere Varianten von RSA, die auch in PyCrypto implementiert sind, darunter PKCS1_OAEP für die Verschlüsselung und PKCS1_v1_5 für das Signieren.[6]

Im folgenden Beispiel wird eine sichere RSA-Verschlüsselung mit den im vorangegangenen Abschnitt erzeugten Schlüsseln durchgeführt:

```
>>> from Crypto.Cipher import PKCS1_OAEP
>>> chiffre = PKCS1_OAEP.new(public_key)
>>> chiffrat = chiffre.encrypt(b"Dies ist der geheime Text")
```

Der Empfänger kann das Chiffrat mithilfe seines privaten Schlüssels entschlüsseln:

```
>>> chiffre = PKCS1_OAEP.new(key)
>>> chiffre.decrypt(chiffrat)
b'Dies ist der geheime Text'
```

Signieren

Viele asymmetrische Verschlüsselungsverfahren lassen sich zum Signieren von Dokumenten einsetzen. Dabei geht es darum zu beweisen, dass ein Dokument in der Form vorliegt, wie es vom Urheber erstellt wurde.

Im Falle einer RSA-basierten Signatur wird eine Entschlüsselungsoperation mit dem privaten Schlüssel des Autors auf einem Hash-Wert des Dokuments durchgeführt. Der resultierende Wert wird als *Signatur* gemeinsam mit dem Dokument versendet. Jeder Empfänger des Dokuments kann die Signatur mit dem öffentlichen Schlüssel des Autors »verschlüsseln« und erhält dann den ursprünglichen Hash-Wert des Dokuments. Damit kann er prüfen, ob die vorliegende Version des Dokuments mit der ursprünglichen Version übereinstimmt.

Im folgenden Beispiel wird ein Dokument mithilfe der im Vorhinein erzeugten Schlüssel signiert und verifiziert. Dabei bedienen wir uns der angesprochenen RSA-Variante PKCS1_v1_5.

---

6 Diese kryptischen Namen stehen für die standardisierten Protokolle *PKCS#1 OAEP* bzw. *PKCS#1 v1.5*.

```
>>> from Crypto.Signature import PKCS1_v1_5
>>> from Crypto.Hash import SHA
>>> nachricht = b"Dies ist mein Dokument"
>>> hash = SHA.new(nachricht)
>>> signatur = PKCS1_v1_5.new(key).sign(hash)
```

Die erzeugte Signatur kann jetzt mithilfe des öffentlichen Schlüssels – und mit dem Hash-Wert des Dokuments, den auch der Empfänger erzeugen kann – verifiziert werden:

```
>>> PKCS1_v1_5.new(public_key).verify(hash, signatur)
True
```

Im folgenden Beispiel wurde die Signatur verändert, was die Verifikation fehlschlagen lässt:

```
>>> PKCS1_v1_5.new(public_key).verify(hash, signatur[:-1])
0
```

Kapitel 28
Reguläre Ausdrücke

Das Modul re der Standardbibliothek bietet umfangreiche Möglichkeiten zur Arbeit mit *regulären Ausdrücken* (engl. *regular expressions*). In einem solchen regulären Ausdruck wird durch eine spezielle Syntax ein Textmuster beschrieben, das dann auf verschiedene Texte oder Textfragmente angewendet werden kann. Grundsätzlich gibt es zwei große Anwendungsbereiche von regulären Ausdrücken.

- Beim *Matching* wird geprüft, ob ein Textabschnitt auf das Muster des regulären Ausdrucks passt oder nicht. Ein Beispiel für Matching ist ein Test, ob eine eingegebene E-Mail-Adresse syntaktisch gültig ist.
- Die zweite Einsatzmöglichkeit regulärer Ausdrücke ist das *Searching*, bei dem innerhalb eines größeren Textes nach Textfragmenten gesucht wird, die auf einen regulären Ausdruck passen.

Beim Searching handelt es sich um eine eigene Disziplin, da dieses Verhalten vom Programmierer selbst nicht effizient durch Einsatz des Matchings implementiert werden kann. Ein Anwendungsbeispiel ist der Syntax Highlighter Ihrer Python-Umgebung, der durch Searching nach speziellen Code-Abschnitten wie Schlüsselwörtern oder Strings sucht, um diese grafisch hervorzuheben.

Ein regulärer Ausdruck ist in Python ein String, der die entsprechenden Regeln enthält. Im Gegensatz zu manch anderen Programmiersprachen existiert hier kein eigenes Literal zu diesem Zweck.

Im Folgenden möchten wir Ihnen die Syntax regulärer Ausdrücke vorstellen. Allein zu diesem Thema sind bereits ganze Bücher erschienen, weswegen die Beschreibung hier vergleichsweise knapp, aber grundlegend ausfällt. Es gibt verschiedene Notationen zur Beschreibung regulärer Ausdrücke. Python hält sich an die Syntax, die in der Programmiersprache Perl verwendet wird.

28.1 Syntax regulärer Ausdrücke

Grundsätzlich ist der String "python" bereits ein regulärer Ausdruck, der exakt auf den String "python" passt. Direkt angegebene einzelne Buchstaben werden *Zeichenliterale* genannt. Zeichenliterale innerhalb regulärer Ausdrücke sind *case sensitive*, das heißt, dass der obige Ausdruck nicht auf den String "Python" passen würde.

In regulären Ausdrücken kann eine Reihe von Steuerungszeichen verwendet werden, die den Ausdruck flexibler und mächtiger machen. Diese werden im Folgenden besprochen.

> **Hinweis**
>
> Sollten Sie sich mit regulären Ausdrücken bereits auskennen, sind Sie vielleicht gerade auf ein Problem aufmerksam geworden, denn der Backslash ist ein wichtiges Zeichen zur Beschreibung regulärer Ausdrücke, und ausgerechnet dieses Zeichen trägt innerhalb eines Strings bereits eine Bedeutung: Normalerweise leitet ein Backslash eine Escape-Sequenz ein. Sie können nun entweder immer die Escape-Sequenz für einen Backslash ("\\") verwenden oder auf Pythons Raw-Strings zurückgreifen, die durch ein vorangestelltes r gekennzeichnet werden:
>
> r"\Hallo Welt"

28.1.1 Beliebige Zeichen

Die einfachste Verallgemeinerung, die innerhalb eines regulären Ausdrucks verwendet werden kann, ist die Kennzeichnung eines beliebigen Zeichens durch einen Punkt[1]. So passt der Ausdruck

r".ython"

sowohl auf "python" und "Python" als auch auf "Jython", nicht jedoch auf "Blython" oder "ython", da es sich um genau ein einzelnes beliebiges Zeichen handelt.

28.1.2 Zeichenklassen

Abgesehen davon, ein Zeichen ausdrücklich als beliebig zu kennzeichnen, ist es auch möglich, eine Klasse von Zeichen vorzugeben, die an dieser Stelle vorkommen dürfen. Dazu werden die gültigen Zeichen in eckige Klammern an die entsprechende Position geschrieben:

r"[jp]ython"

Dieser reguläre Ausdruck arbeitet ähnlich wie der des letzten Abschnitts, lässt jedoch nur die Buchstaben j und p als erstes Zeichen des Wortes zu. Damit passt der Ausdruck sowohl auf "jython" als auch auf "python", jedoch nicht auf "Python", "jpython"

---

[1] Hier zeigt sich, dass ein Punkt innerhalb eines regulären Ausdrucks eine spezielle Bedeutung hat. Um das eigentliche Zeichen ».« zu beschreiben, muss ihm im regulären Ausdruck ein Backslash vorangestellt werden: r"P\.thon" passt nur auf den String "P.thon". Dies gilt analog für andere Sonderzeichen wie beispielsweise Klammern.

oder "ython". Um auch die jeweiligen Großbuchstaben im Wort zu erlauben, können Sie den Ausdruck folgendermaßen erweitern:

r"[jJpP]ython"

Innerhalb einer Zeichenklasse ist es möglich, ganze Bereiche von Zeichen zuzulassen. Dadurch wird folgende Syntax verwendet:

r"[A-Z]ython"

Dieser reguläre Ausdruck lässt jeden Großbuchstaben als Anfangsbuchstaben des Wortes zu, beispielsweise aber keinen Kleinbuchstaben und keine Zahl. Um mehrere Bereiche zuzulassen, schreiben Sie diese einfach hintereinander:

r"[A-Ra-r]ython"

Dieser reguläre Ausdruck passt beispielsweise sowohl auf "Qython" als auch auf "qython", nicht aber auf "Sython" oder "3ython".

Auch Ziffernbereiche können als Zeichenklasse verwendet werden:

r"[0-9]ython"

Als letzte Möglichkeit, die eine Zeichengruppe bietet, können Zeichen oder Zeichenbereiche ausgeschlossen werden. Dazu wird zu Beginn der Zeichengruppe ein Zirkumflex (^) geschrieben. So erlaubt der reguläre Ausdruck

r"[^pP]ython"

jedes Zeichen, abgesehen von einem großen oder kleinen »P«. Demzufolge passen sowohl "Sython" als auch "wython", während "Python" und "python" außen vor bleiben.

Beachten Sie, dass es innerhalb einer Zeichenklasse, abgesehen vom Bindestrich und dem Zirkumflex, keine Zeichen mit spezieller Bedeutung gibt. Das heißt insbesondere, dass ein Punkt in einer Zeichenklasse tatsächlich das Zeichen ».« beschreibt und nicht etwa ein beliebiges Zeichen.

28.1.3 Quantoren

Bisher können wir in einem regulären Ausdruck bestimmte Regeln für einzelne Zeichen aufstellen. Wir stehen allerdings vor einem Problem, wenn wir an einer bestimmten Stelle des Wortes eine gewisse Anzahl oder gar beliebig viele dieser Zeichen erlauben möchten. Für diesen Zweck werden *Quantoren* eingesetzt. Das sind spezielle Zeichen, die hinter ein einzelnes Zeichenliteral oder eine Zeichenklasse geschrieben werden und kennzeichnen, wie oft diese auftreten dürfen. Tabelle 28.1 listet alle Quantoren auf und erläutert kurz ihre Bedeutung. Danach werden wir Beispiele für die Verwendung von Quantoren bringen.

Quantor	Bedeutung
?	Das vorangegangene Zeichen bzw. die vorangegangene Zeichenklasse darf entweder keinmal oder einmal vorkommen.
*	Das vorangegangene Zeichen bzw. die vorangegangene Zeichenklasse darf beliebig oft hintereinander vorkommen, das heißt unter anderem, dass sie auch weggelassen werden kann.
+	Das vorangegangene Zeichen bzw. die vorangegangene Zeichenklasse darf beliebig oft hintereinander vorkommen, mindestens aber einmal. Sie darf also nicht weggelassen werden.

Tabelle 28.1 Quantoren in regulären Ausdrücken

Die folgenden drei Beispiele zeigen einen regulären Ausdruck mit je einem Quantor.

- r"P[Yy]?thon"

    Dieser reguläre Ausdruck erwartet an der zweiten Stelle des Wortes ein höchstens einmaliges Auftreten des großen oder kleinen »Y«. Damit passt der Ausdruck beispielsweise auf die Wörter "Python" und "Pthon", jedoch nicht auf "Pyython".

- r"P[Yy]*thon"

    Dieser reguläre Ausdruck erwartet an der zweiten Stelle des Wortes ein beliebig häufiges Auftreten des großen oder kleinen »Y«. Damit passt der Ausdruck beispielsweise auf die Wörter "Python", "Pthon" und "PyyYYYyython", jedoch nicht auf "Pzthon".

- r"P[Yy]+thon"

    Dieser reguläre Ausdruck erwartet an der zweiten Stelle des Wortes ein mindestens einmaliges Auftreten des großen oder kleinen »Y«. Damit passt der Ausdruck beispielsweise auf die Wörter "Python", "PYthon" und "PyyYYYyython", jedoch nicht auf "Pthon".

Neben den Quantoren gibt es eine Syntax, die es ermöglicht, exakt anzugeben, wie viele Wiederholungen einer Zeichengruppe erlaubt sind. Dabei werden die Unter- und Obergrenzen für Wiederholungen in geschweifte Klammern hinter das entsprechende Zeichen bzw. die entsprechende Zeichengruppe geschrieben. Tabelle 28.2 listet die Möglichkeiten der Notation auf.

Syntax	Bedeutung
{anz}	Das vorangegangene Zeichen bzw. die vorangegangene Zeichenklasse muss exakt anz-mal vorkommen.

Tabelle 28.2 Wiederholungen in regulären Ausdrücken

Syntax	Bedeutung
{min,}	Das vorangegangene Zeichen bzw. die vorangegangene Zeichenklasse muss mindestens min-mal vorkommen.
{,max}	Das vorangegangene Zeichen bzw. die vorangegangene Zeichenklasse darf maximal max-mal vorkommen.
{min,max}	Das vorangegangene Zeichen bzw. die vorangegangene Zeichenklasse muss mindestens min-mal und darf maximal max-mal vorkommen.

Tabelle 28.2 Wiederholungen in regulären Ausdrücken (Forts.)

Auch für diese Quantoren ändern wir das bisherige Beispiel ab und untersuchen ihre Auswirkungen.

- r"P[Yy]{2}thon"
  Dieser reguläre Ausdruck erwartet an der zweiten Stelle des Wortes exakt zwei jeweils große oder kleine »Y«. Damit passt der Ausdruck beispielsweise auf die Wörter "Pyython" oder "PYython", jedoch nicht auf "Pyyython".

- r"P[Yy]{2,}thon"
  Dieser reguläre Ausdruck erwartet an der zweiten Stelle des Wortes mindestens zwei jeweils große oder kleine »Y«. Damit passt der Ausdruck beispielsweise auf die Wörter "Pyython", "PYython" und "PyyYYYyython", jedoch nicht auf "Python".

- r"P[Yy]{,2}thon"
  Dieser reguläre Ausdruck erwartet an der zweiten Stelle des Wortes maximal zwei jeweils große oder kleine »Y«. Damit passt der Ausdruck beispielsweise auf die Wörter "Python", "Pthon" und "PYYthon", jedoch nicht auf "Pyyython".

- r"P[Yy]{1,2}thon"
  Dieser reguläre Ausdruck erwartet an der zweiten Stelle des Wortes mindestens ein und maximal zwei große oder kleine »Y«. Damit passt der Ausdruck z. B. auf die Wörter "Python" oder "PYython", jedoch nicht auf "Pthon" oder "PYYYthon".

28.1.4 Vordefinierte Zeichenklassen

Damit Sie nicht bei jedem regulären Ausdruck das Rad neu erfinden müssen, existiert eine Reihe vordefinierter Zeichenklassen, die beispielsweise alle Ziffern oder alle alphanumerischen Zeichen umfassen. Diese Zeichenklassen werden bei der Arbeit mit regulären Ausdrücken häufig benötigt und können deswegen durch einen speziellen Code abgekürzt werden. Jeder dieser Codes beginnt mit einem Backslash. Tabelle 28.3 listet alle vordefinierten Zeichenklassen mit ihren Bedeutungen auf.

Zeichenklasse	Bedeutung
\d	Passt auf alle Ziffern des Dezimalsystems. Ist äquivalent zu [0-9].
\D	Passt auf alle Zeichen, die nicht Ziffern des Dezimalsystems sind. Ist äquivalent zu [^0-9].
\s	Passt auf alle Whitespace-Zeichen. Ist äquivalent zu [\t\n\r\f\v].
\S	Passt auf alle Zeichen, die kein Whitespace sind. Ist äquivalent zu [^ \t\n\r\f\v].
\w	Passt auf alle alphanumerischen Zeichen und den Unterstrich. Ist äquivalent zu [a-zA-Z0-9_].
\W	Passt auf alle Zeichen, die nicht alphanumerisch und kein Unterstrich sind. Ist äquivalent zu [^a-zA-Z0-9_].

Tabelle 28.3 Vordefinierte Zeichenklassen in regulären Ausdrücken

[»] Hinweis

Operationen mit regulären Ausdrücken können in zwei Modi durchgeführt werden, die anhand des Typs[2] des regulären Ausdrucks unterschieden werden:

- Ist der reguläre Ausdruck ein bytes-String, werden die Operationen im ASCII-Zeichenraum durchgeführt.
- Ist der reguläre Ausdruck ein String, werden die Operationen im Unicode-Zeichenraum durchgeführt.

Die in der obigen Tabelle angegebenen Äquivalenzklassen erweitern sich im Falle eines Unicode-Ausdrucks analog. So zählen die deutschen Umlaute in diesem Fall beispielsweise zu den alphanumerischen Zeichen.

Die vordefinierten Zeichenklassen können wie ein normales Zeichen im regulären Ausdruck verwendet werden. So passt der Ausdruck

r"P\w*th\dn"

auf die Wörter "Pyth0n" oder "P_th1n", beispielsweise jedoch nicht auf "Python".

---

[2] Einen alternativen Weg bietet das ASCII-Flag, das Sie in Abschnitt 28.2.7, »Flags«, finden.

Beachten Sie, dass die üblichen Escape-Sequenzen, die innerhalb eines Strings verwendet werden können, auch innerhalb eines regulären Ausdrucks – selbst wenn er in einem Raw-String geschrieben wird – ihre Bedeutung behalten und nicht mit den hier vorgestellten Zeichenklassen interferieren. Gebräuchlich sind hier vor allem \n, \t, \r oder \\, insbesondere aber auch \x.[3]

Zudem ist es mit dem Backslash möglich, einem Sonderzeichen die spezielle Bedeutung zu nehmen, die es innerhalb eines regulären Ausdrucks trägt. Auf diese Weise können Sie zum Beispiel mit den Zeichen »*« oder »+« arbeiten, ohne dass diese als Quantoren angesehen werden. So passt der folgende reguläre Ausdruck

r"*Py\.\.\.on*"

allein auf den String "*Py...on*".

28.1.5 Weitere Sonderzeichen

Manchmal müssen Regeln aufgestellt werden, die über die bloße Zeichenebene hinausgehen. So ist es beispielsweise interessant, einen regulären Ausdruck zu erschaffen, der nur passt, wenn sich das Wort am Anfang oder Ende einer Textzeile befindet. Für solche und ähnliche Fälle gibt es einen Satz an Sonderzeichen, die genauso angewendet werden wie die vordefinierten Zeichenklassen. Tabelle 28.4 listet alle zusätzlichen Sonderzeichen auf und gibt zu jedem eine kurze Erklärung.

Sonderzeichen	Bedeutung
\A	Passt nur am Anfang eines Strings.
\b	Passt nur am Anfang oder Ende eines Wortes. Ein Wort kann aus allen Zeichen der Klasse \w bestehen und wird durch ein Zeichen der Klasse \s begrenzt.
\B	Passt nur, wenn es sich nicht um den Anfang oder das Ende eines Wortes handelt.
\Z	Passt nur am Ende eines Strings.
^	Passt nur am Anfang eines Strings. Wenn das MULTILINE-Flag gesetzt wurde, passt ^ auch direkt nach jedem Newline-Zeichen innerhalb des Strings.*

Tabelle 28.4 Sonderzeichen in regulären Ausdrücken

---

[3] Erklärungen der Escape-Sequenzen finden Sie in den Abschnitt 13.4.1, »Steuerzeichen«, und Abschnitt 13.4.4, »Zeichensätze und Sonderzeichen«.

Sonderzeichen	Bedeutung
$	Passt nur am Ende eines Strings. Wenn das MULTILINE-Flag gesetzt wurde, passt $ auch direkt vor jedem Newline-Zeichen innerhalb des Strings.*

* Näheres zum MULTILINE-Flag erfahren Sie in Abschnitt 28.2.7, »Flags«.

Tabelle 28.4 Sonderzeichen in regulären Ausdrücken (Forts.)

Im konkreten Beispiel passt also der reguläre Ausdruck r"Python\Z" nur bei dem String "Python", nicht jedoch bei "Python rockt".

28.1.6 Genügsame Quantoren

Wir haben bereits die Quantoren ?, * und + besprochen. Diese werden in der Terminologie regulärer Ausdrücke als »gefräßig« (engl. *greedy*) bezeichnet. Diese Klassifizierung ist besonders beim Searching von Bedeutung. Betrachten Sie dazu einmal folgenden regulären Ausdruck:

r"Py.*on"

Dieser Ausdruck passt auf jeden Teil-String, der mit Py beginnt und mit on endet. Dazwischen können beliebig viele, nicht näher spezifizierte Zeichen stehen. Behalten Sie im Hinterkopf, dass wir uns beim Searching befinden, der Ausdruck also dazu verwendet werden soll, aus einem längeren String verschiedene Teil-Strings zu isolieren, die auf den regulären Ausdruck passen.

Nun möchten wir den regulären Ausdruck gedanklich auf den folgenden String anwenden:

"Python Python Python"

Sie meinen, dass drei Ergebnisse gefunden werden? Irrtum, es handelt sich um exakt ein Ergebnis, nämlich den Teil-String "Python Python Python". Zur Erklärung: Es wurde der »gefräßige« Quantor * eingesetzt. Ein solcher gefräßiger Quantor hat die Ambition, die maximal mögliche Anzahl Zeichen zu »verschlingen«. Beim Searching wird also, solange die »gefräßigen« Quantoren eingesetzt werden, stets der größtmögliche passende String gefunden.

Dieses Verhalten lässt sich umkehren, sodass immer der kleinstmögliche passende String gefunden wird. Dazu können Sie an jeden Quantor ein Fragezeichen anfügen. Dadurch wird der Quantor »genügsam« (engl. *non-greedy*). Angenommen, das Searching auf dem oben genannten String wäre mit dem regulären Ausdruck

r"Py.*?on"

durchgeführt worden, wäre als Ergebnis tatsächlich dreimal der Teil-String "Python" gefunden worden. Dies funktioniert für die Quantoren ?, *, + und { }.

28.1.7 Gruppen

Ein Teil eines regulären Ausdrucks kann durch runde Klammern zu einer *Gruppe* zusammengefasst werden. Eine solche Gruppierung hat im Wesentlichen drei Vorteile:

- Eine Gruppe kann als Einheit betrachtet und als solche mit einem Quantor versehen werden. Auf diese Weise lässt sich beispielsweise das mehrmalige Auftreten einer bestimmten Zeichenkette erlauben:

  r"(?Python)+ ist gut"

  In diesem Ausdruck existiert eine Gruppe um den Teilausdruck r" ?Python". Dieser Teilausdruck passt auf den String "Python" mit einem optionalen Leerzeichen zu Beginn. Die gesamte Gruppe kann nun beliebig oft vorkommen, womit der obige reguläre Ausdruck sowohl auf "Python ist gut" als auch auf "Python Python Python ist gut" passt. Die Gruppe muss aber mindestens einmal auftreten, der Ausdruck passt nicht auf den String " ist gut".

  Beachten Sie das Leerzeichen zu Beginn der Gruppe, um die Funktionsweise des Ausdrucks zu verstehen.

- Der zweite Vorteil einer Gruppe ist, dass Sie auf sie zugreifen können, nachdem das Searching bzw. Matching durchgeführt wurde. Das heißt, Sie könnten beispielsweise überprüfen, ob eine eingegebene URL gültig ist, und gleichzeitig Subdomain, Domain und TLD herausfiltern.

  Näheres dazu, wie der Zugriff auf Gruppen funktioniert, erfahren Sie in Abschnitt 28.2, »Verwendung des Moduls«.

- Es gibt Gruppen, die in einem regulären Ausdruck häufiger gebraucht werden. Um diese nicht jedes Mal erneut schreiben zu müssen, werden Gruppen, mit 1 beginnend, durchnummeriert und können dann anhand ihres Index referenziert werden. Eine solche Referenz besteht aus einem Backslash, gefolgt von dem Index der jeweiligen Gruppe, und passt auf den gleichen Teil-String, auf den die Gruppe gepasst hat. So passt der reguläre Ausdruck r"(Python) \1" auf "Python Python".

28.1.8 Alternativen

Eine weitere Möglichkeit, die die Syntax regulärer Ausdrücke vorsieht, sind *Alternativen*. Im Prinzip handelt es sich dabei um eine ODER-Verknüpfung zweier Zeichen oder Zeichengruppen, wie Sie sie bereits von dem Operator or her kennen. Diese Verknüpfung wird durch den senkrechten Strich |, auch *Pipe* genannt, durchgeführt.

r"P(ython|eter)"

Dieser reguläre Ausdruck passt sowohl auf den String "Python" als auch auf "Peter". Durch die Gruppe kann später ausgelesen werden, welche der beiden Alternativen aufgetreten ist.

28.1.9 Extensions

Damit ist die Syntax regulärer Ausdrücke beschrieben. Zusätzlich zu dieser mehr oder weniger standardisierten Syntax erlaubt Python die Verwendung sogenannter *Extensions*. Eine Extension ist folgendermaßen aufgebaut:

(?...)

Die drei Punkte werden durch eine Kennung der gewünschten Extension und weitere extensionspezifische Angaben ersetzt. Diese Syntax wurde gewählt, da eine öffnende Klammer, gefolgt von einem Fragezeichen, keine syntaktisch sinnvolle Bedeutung hat und demzufolge »frei« war. Beachten Sie aber, dass eine Extension nicht zwingend eine neue Gruppe erzeugt, auch wenn die runden Klammern dies nahelegen. Im Folgenden gehen wir näher auf die Extensions ein, die in Pythons regulären Ausdrücken verwendet werden können.

(?aiLmsux)

Diese Extension erlaubt es, ein oder mehrere Flags für den gesamten regulären Ausdruck zu setzen. Dabei bezeichnet jedes der Zeichen »a«, »i«, »L«, »m«, »s«, »u« und »x« ein bestimmtes Flag. Der Begriff *Flag* ist bereits verwendet worden und beschreibt eine Einstellung, die entweder aktiviert oder deaktiviert werden kann. Ein Flag kann entweder im regulären Ausdruck selbst, eben durch diese Extension, oder durch einen Parameter der Funktion re.compile (Abschnitt 28.2.6) gesetzt werden. Im Zusammenhang mit dieser Funktion werden wir näher darauf eingehen, welche Flags wofür stehen. Das Flag i macht den regulären Ausdruck beispielsweise *case insensitive*:

r"(?i)P"

Dieser Ausdruck passt sowohl auf "P" als auch auf "p". Seit Python 3.6 können Flags für einen Teil des regulären Ausdrucks gesetzt oder entfernt werden. Die folgenden beiden regulären Ausdrücke ändern die case sensitivity jeweils für die inneren zwei Buchstaben des Wortes »Python«:

r"Py(?i:th)on"
r"(?i)Py(?-i:th)on"

(?:...)

Diese Extension wird wie normale runde Klammern verwendet, erzeugt dabei aber keine Gruppe. Das heißt, auf einen durch diese Extension eingeklammerten Teilausdruck können Sie später nicht zugreifen. Ansonsten ist diese Syntax äquivalent zu runden Klammern:

r"(?:abc|def)"

Mithilfe dieses Konstrukts lässt sich ein regulärer Ausdruck strukturieren, ohne dass dabei ein Overhead durch die Bildung von Gruppen entsteht.

(?P<name>...)

Diese Extension erzeugt eine Gruppe mit dem angegebenen Namen. Das Besondere an einer solchen benannten Gruppe ist, dass sie nicht allein über ihren Index, sondern auch über ihren Namen referenziert werden kann. Der Name muss ein gültiger Bezeichner sein:

r"(?P<hallowelt>abc|def)"

(?P=name)

Diese Extension passt auf all das, auf das die bereits definierte Gruppe mit dem Namen name gepasst hat. Diese Extension erlaubt es also, eine benannte Gruppe zu referenzieren.

r"(?P<py>[Pp]ython) ist, wie (?P=py) sein sollte"

Dieser reguläre Ausdruck passt auf den String "Python ist, wie Python sein sollte".

(?#...)

Diese Extension stellt einen Kommentar dar. Der Inhalt der Klammern wird schlicht ignoriert:

r"Py(?#lalala)thon"

(?=...)

Diese Extension passt nur dann, wenn der reguläre Ausdruck ... als Nächstes passt. Diese Extension greift also vor, ohne in der Auswertung des Ausdrucks tatsächlich voranzuschreiten.

Mit dem regulären Ausdruck r"\w+(?=Meier)" lässt sich beispielsweise nach den Vornamen aller im Text vorkommenden Meiers suchen. Die naheliegende Alternative r"\w+ Meier" würde nicht nur die Vornamen, sondern immer auch den Nachnamen Meier in das Ergebnis mit aufnehmen. Dieses Beispiel können Sie leicht auf die folgenden drei Extensions übertragen, weswegen wir dort auf ein Beispiel verzichten.

(?!...)

Diese Extension passt nur dann, wenn der reguläre Ausdruck ... als Nächstes nicht passt. Diese Extension ist das Gegenstück zu der vorherigen.

(?<=...)

Diese Extension passt nur, wenn der reguläre Ausdruck ... zuvor gepasst hat. Diese Extension greift also auf bereits ausgewertete Teile des Strings zurück, ohne die Auswertung selbst zurückzuwerfen.

(?<!...)

Diese Extension passt nur, wenn der reguläre Ausdruck ... zuvor nicht gepasst hat. Diese Extension ist damit das Gegenstück zu der vorherigen.

(?(id/name)yes-pattern|no-pattern)

Diese kompliziert anmutende Extension kann in einem regulären Ausdruck als Fallunterscheidung verwendet werden. Abhängig davon, ob eine Gruppe mit dem angegebenen Index bzw. dem angegebenen Namen auf einen Teil-String gepasst hat, wird entweder (im positiven Fall) auf das *yes-pattern* oder (im negativen Fall) auf das *no-pattern* getestet. Das *no-pattern* wird durch einen senkrechten Strich vom *yes-pattern* getrennt, kann aber auch weggelassen werden.

```
r"(?P<klammer>\()?Python(?(klammer)\))"
```

In diesem Ausdruck wird zunächst eine Gruppe namens klammer erstellt, die maximal einmal vorkommen darf und aus einer öffnenden runden Klammer besteht. Danach folgt die Zeichenkette Python, und schließlich wird durch die Extension eine schließende Klammer gefordert, sofern zuvor eine öffnende aufgetreten ist, also sofern die Gruppe klammer zuvor gepasst hat.

Damit passt der reguläre Ausdruck auf die Strings "Python" und "(Python)", beispielsweise aber nicht auf "(Python".

Damit wäre den syntaktischen Regeln für reguläre Ausdrücke Genüge getan. Auch wenn dieser Abschnitt möglicherweise etwas trocken und theoretisch war, ist es durchaus wichtig, sich mit regulären Ausdrücken auseinanderzusetzen, denn in vielen Fällen ist ihr Einsatz besonders elegant.

In den folgenden Abschnitten sprechen wir über die praktische Anwendung regulärer Ausdrücke in Python. Dazu gehört zunächst einmal die Verwendung des Moduls re. Danach zeigen wir Ihnen jeweils ein kleines Beispielprojekt zum Matching bzw. Searching.

28.2 Verwendung des Moduls

Nachdem die Syntax der regulären Ausdrücke besprochen wurde, kümmern wir uns hier um ihre konkrete Verwendung in Python. Die Beispiele der folgenden Abschnitte werden im interaktiven Modus umgesetzt und setzen voraus, dass das Modul re eingebunden wurde:

```
>>> import re
```

> **Hinweis**
>
> Die in den folgenden Abschnitten vorgestellten Funktionen erlauben es, über den optionalen letzten Parameter flags eine Menge von Einstellungen zu übergeben, mithilfe derer sich die Auswertung der regulären Ausdrücke beeinflussen lässt. Näheres zu Flags erfahren Sie in Abschnitt 28.2.7.

28.2.1 Searching

Die Funktion search bekommt einen regulären Ausdruck pattern und einen String string übergeben. Sie gibt daraufhin den ersten auf pattern passenden Teil-String von string als *Match-Objekt*[4] zurück:

```
>>> re.search(r"P[Yy]thon", "Python oder PYthon und Python")
<_sre.SRE_Match object; span=(0, 6), match='Python'>
```

Die Funktion findall hat die gleiche Schnittstelle wie search und sucht in string nach Übereinstimmungen mit dem regulären Ausdruck pattern. Alle gefundenen nicht überlappenden Übereinstimmungen werden in Form einer Liste von Strings zurückgegeben:

```
>>> re.findall(r"P[Yy]thon", "Python oder PYthon und Python")
['Python', 'PYthon', 'Python']
```

Wenn pattern eine oder mehrere Gruppen enthält, werden diese anstelle der übereinstimmenden Teil-Strings in die Ergebnisliste geschrieben.

```
>>> re.findall(r"P([Yy])thon", "Python oder PYthon und Python")
['y', 'Y', 'y']
>>> re.findall(r"P([Yy])th(.)n", "Python oder PYthon und Python")
[('y', 'o'), ('Y', 'o'), ('y', 'o')]
```

Bei mehreren Gruppen handelt es sich um eine Liste von Tupeln. Die alternative Funktion finditer funktioniert wie findall, gibt das Ergebnis aber in Form eines Iterators über Match-Objekte zurück.

---

[4] Näheres zu Match-Objekten erfahren Sie in Abschnitt 28.2.8.

28.2.2 Matching

Die Funktion match bekommt einen regulären Ausdruck pattern und einen String string übergeben und prüft, ob pattern auf den Anfang von string passt. Bei einem erfolgreichen Matching wird das Ergebnis als Match-Objekt zurückgegeben.

```
>>> re.match(r"P.th", "python")
>>> re.match(r"P.th", "Python")
<_sre.SRE_Match object; span=(0, 4), match='Pyth'>
```

Die Funktion fullmatch hat die gleiche Schnittstelle wie match und prüft im Gegensatz zu match, ob pattern auf den kompletten String string passt.

```
>>> re.fullmatch(r"P.th", "Python")
>>> re.fullmatch(r"P.thon", "Python")
<_sre.SRE_Match object; span=(0, 6), match='Python'>
```

28.2.3 Einen String aufspalten

Die Funktion split bekommt einen regulären Ausdruck pattern und einen String string übergeben und durchsucht string nach Übereinstimmungen mit pattern. Alle passenden Teil-Strings werden als Trennzeichen angesehen, und die dazwischenliegenden Teile werden als Liste von Strings zurückgegeben.

```
>>> re.split(r"\s", "Python Python Python")
['Python', 'Python', 'Python']
```

Eventuell vorkommende Gruppen innerhalb des regulären Ausdrucks werden ebenfalls als Elemente dieser Liste zurückgegeben:

```
>>> re.split(r"(,)\s", "Python, Python, Python")
['Python', ',', 'Python', ',', 'Python']
```

In diesem regulären Ausdruck werden alle Kommata, denen ein Whitespace folgt, als Trennzeichen behandelt.

Wenn der optionale letzte Parameter maxsplit angegeben wurde und ungleich 0 ist, wird der String maximal maxsplit-mal unterteilt. Der Rest-String wird als letztes Element der Liste zurückgegeben.

```
>>> re.split(r"\s", "Python Python Python", 1)
['Python', 'Python Python']
```

28.2.4 Teile eines Strings ersetzen

Die Funktionen sub hat die folgende Schnittstelle:

```
sub(pattern, repl, string, [count, flags])
```

Sie sucht in string nach nicht überlappenden Übereinstimmungen mit dem regulären Ausdruck pattern. Es wird eine Kopie von string zurückgegeben, in der alle passenden Teil-Strings durch den String repl ersetzt wurden:

```
>>> re.sub(r"[Jj]a[Vv]a","Python", "Java oder java und jaVa")
'Python oder Python und Python'
```

Anstelle eines Strings kann für repl auch ein Funktionsobjekt übergeben werden. Dieses wird für jede gefundene Übereinstimmung aufgerufen und bekommt das jeweilige Match-Objekt als einzigen Parameter übergeben. Der übereinstimmende Teil-String wird durch den Rückgabewert der Funktion ersetzt.

Im folgenden Beispiel wird für den Parameter repl ein Funktionsobjekt übergeben, um unanständige Wörter in einem Text zu zensieren:

```
>>> def f(m):
...     return "x" * len(m.group(0))
...
>>> re.sub(r"\b(\w*?sex\w*?)\b", f,
...     "Wirtschaftsexperten auf Arktisexpedition")
'xxxxxxxxxxxxxxxxxx auf xxxxxxxxxxxxxxxx'
```

Die Funktion sub sucht im angegebenen Text nach Wörtern, die das Teilwort »sex« enthalten. Diese Wörter werden dann mithilfe der Funktion f durch genauso viele »x« ersetzt, wie das entsprechende Wort lang ist.

Es ist möglich, durch die Schreibweisen \g<name> oder \g<index> Gruppen des regulären Ausdrucks zu referenzieren:

```
>>> re.sub(r"([Jj]ava)","Python statt \g<1>", "Nimm doch Java")
'Nimm doch Python statt Java'
```

Durch den optionalen Parameter count kann die maximale Anzahl an Ersetzungen festgelegt werden, die vorgenommen werden dürfen.

Die alternative Funktion subn funktioniert analog zu sub, gibt aber zusätzlich zum Ergebnis-String die Anzahl der vorgenommenen Ersetzungen zurück:

```
>>> re.subn(r"[Jj]a[Vv]a","Python", "Java oder java und jaVa")
('Python oder Python und Python', 3)
```

28.2.5 Problematische Zeichen ersetzen

Die Funktion escape wandelt alle nicht-alphanumerischen Zeichen des übergebenen Strings in ihre entsprechende Escape-Sequenz um und gibt das Ergebnis als String zurück. Diese Funktion ist sinnvoll, wenn Sie einen String in einen regulären Ausdruck einbetten möchten, aber nicht sicher sein können, ob Sonderzeichen wie Punkte oder Fragezeichen enthalten sind.

```
>>> re.escape("Funktioniert das wirklich? ... (ja!)")
'Funktioniert\\ das\\ wirklich\\?\\ \\.\\.\\.\\ \\(ja\\!\\)'
```

Beachten Sie, dass die Escape-Sequenzen im String-Literal jeweils durch einen doppelten Backslash eingeleitet werden. Das liegt daran, dass das Ergebnis als String und nicht als Raw-String zurückgegeben wird.

28.2.6 Einen regulären Ausdruck kompilieren

Die Funktion `compile` kompiliert einen regulären Ausdruck zu einem *Regular-Expression-Objekt* (RE-Objekt). Das zurückgegebene Objekt bietet im Wesentlichen den gleichen Funktionsumfang wie das Modul `re`, darauf ausgeführte Operationen sind aber in der Regel schneller:

```
>>> regexp = re.compile(r"P[Yy]thon")
>>> regexp.findall("Python oder PYthon und Python")
['Python', 'PYthon', 'Python']
```

Insbesondere Programme, die viele verschiedene reguläre Ausdrucke in hoher Frequenz auswerten, sollten diese kompilieren. Aufgrund eines internen Caching-Mechanismus des `re`-Moduls ist die häufige Auswertung desselben regulären Ausdrucks nicht kritisch.

28.2.7 Flags

In den vorangegangenen Abschnitten wurden mehrfach die sogenannten *Flags* angesprochen. Das sind Einstellungen, die die Auswertung eines regulären Ausdrucks beeinflussen. Flags können Sie entweder im Ausdruck selbst durch eine Extension oder als Parameter einer der im Modul `re` verfügbaren Funktionen angeben. Sie beeinflussen nur den Ausdruck, der aktuell verarbeitet wird, und bleiben nicht nachhaltig im System. Jedes Flag ist als Konstante im Modul `re` enthalten und kann über eine Lang- oder eine Kurzversion seines Namens angesprochen werden. Tabelle 28.5 listet alle Flags auf und erläutert ihre Bedeutung.

Alias	Name	Bedeutung
re.A	re.ASCII	Wenn dieses Flag gesetzt wurde, werden die Zeichenklassen \w, \W, \b, \B, \s und \S auf den ASCII-Zeichensatz beschränkt.

Tabelle 28.5 Flags

Alias	Name	Bedeutung
re.I	re.IGNORECASE	Wenn dieses Flag gesetzt wurde, wird die Auswertung des regulären Ausdrucks *case insensitive*, das heißt, dass die Zeichengruppe [A-Z] sowohl auf Groß- als auch auf Kleinbuchstaben passen würde.
re.L	re.LOCALE	Wenn dieses Flag gesetzt wurde, werden bestimmte vordefinierte Zeichenklassen von der aktuellen Lokalisierung abhängig gemacht. Das betrifft die Gruppen \w, \W, \b, \B, \s und \S.
re.M	re.MULTILINE	Wenn dieses Flag gesetzt wurde, passt ^ sowohl zu Beginn des Strings als auch nach jedem Newline-Zeichen und $ vor jedem Newline-Zeichen. Normalerweise passen ^ und $ nur am Anfang bzw. am Ende des Strings.
re.S	re.DOTALL	Wenn dieses Flag gesetzt wurde, passt das Sonderzeichen ».« tatsächlich auf jedes Zeichen. Normalerweise passt der Punkt auf jedes Zeichen außer auf das Newline-Zeichen \n.
re.X	re.VERBOSE	Wenn dieses Flag gesetzt wurde, werden Whitespace-Zeichen wie Leerzeichen, Tabulatoren oder Newline-Zeichen im regulären Ausdruck ignoriert, solange sie nicht durch einen Backslash eingeleitet werden. Zudem leitet ein #-Zeichen einen Kommentar ein. Das heißt, dass alles hinter diesem Zeichen bis zu einem Newline-Zeichen ignoriert wird.

Tabelle 28.5 Flags (Forts.)

Die meisten der zuvor vorgestellten Funktionen des Moduls re haben einen optionalen Parameter flags, über den eine Kombination von Flags angegeben werden kann:

```
>>> print(re.match(r"python", "Python"))
None
>>> print(re.match(r"python", "Python", re.I))
<_sre.SRE_Match object; span=(0, 6), match='Python'>
```

Wie Sie im Beispiel sehen, passt sich das Verhalten der Funktion match an die übergebenen Flags an. In diesem Fall wurde zuerst ein case-sensitives Matching durchgeführt und danach ein case-insensitives. Flags lassen sich mithilfe des binären ODER kombinieren, zum Beispiel:

re.I | re.S | re.M

28.2.8 Das Match-Objekt

Die Ergebnisse von Match- oder Search-Operationen werden von den zuvor eingeführten Funktionen, beispielsweise match und search, als Match-Objekte zurückgegeben. Das Match-Objekt enthält nähere Details zu diesen gefundenen Übereinstimmungen. Dazu definiert ein Match-Objekt die folgenden Attribute:

Attribut	Beschreibung
pos, endpos	Start- bzw. Endindex des Teil-Strings, auf den sich das Matching bzw. Searching bezog, das dieses Match-Objekt ergab
re	der ursprüngliche reguläre Ausdruck als String
string	der String, auf den sich dieses Match-Objekt bezieht

Tabelle 28.6 Attribute eines Match-Objekts

Zugriff auf Gruppen-Matchings

Die Methode group erlaubt einen komfortablen Zugriff auf die Teil-Strings, die auf die verschiedenen Gruppen des regulären Ausdrucks gepasst haben. Wenn nur ein Argument übergeben wurde, ist der Rückgabewert ein String, ansonsten ein Tupel von Strings. Wenn eine Gruppe auf keinen Teil-String gepasst hat, wird für diese None zurückgegeben.

```
>>> m1 = re.match(r"(P[Yy])(th.n)", "Python")
>>> m1.group(1)
'Py'
>>> m1.group(1, 2)
('Py', 'thon')
```

Ein Index von 0 gibt den vollständigen passenden String zurück.

```
>>> m1.group(0)
'Python'
```

Die Methode groups gibt eine Liste aller auf die im regulären Ausdruck enthaltenen Gruppen passenden Teil-Strings zurück:

```
>>> m1.groups()
('Py', 'thon')
```

Über die Methoden start und end bzw. span kann der auf eine Gruppe passende Teil-String über seinen Start- bzw. Endindex im Eingabe-String bezogen werden:

```
>>> m1.start(2)
2
>>> m1.end(2)
```

```
6
>>> m1.span(2)
(2, 6)
```

Speziell für benannte Gruppen existiert die Funktion groupdict, die die Namen der Gruppen auf die darauf passenden Teil-Strings abbildet:

```
>>> m2 = re.match(r"(?P<gruppe1>P[Yy])(?P<gruppe2>th.n)", "Python")
>>> m2.groupdict()
{'gruppe1': 'Py', 'gruppe2': 'thon'}
```

Seit Python 3.6 erlauben Match-Objekte einen indexbasierten Zugriff, der äquivalent zu einem Aufruf von **groups** ist:

```
>>> m1[1]
'Py'
>>> m2["gruppe2"]
'thon'
```

28.3 Ein einfaches Beispielprogramm – Searching

Bisher wurden die Syntax regulärer Ausdrücke und deren Verwendung durch das Modul re der Standardbibliothek besprochen. Wir möchten Ihnen an dieser Stelle noch zwei kleine Beispielprojekte vorstellen, bei denen die Anwendung regulärer Ausdrücke im Mittelpunkt steht. Zunächst erklären wir in diesem einfach gehaltenen Beispiel das Searching und im nächsten, etwas komplexeren Beispiel das Matching.

Mithilfe des Searchings werden Muster innerhalb eines längeren Textes gefunden und herausgefiltert. In unserem Beispielprogramm soll das Searching dazu dienen, alle Links aus einer beliebigen HTML-Datei mitsamt Beschreibung herauszulesen. Dazu müssen wir uns zunächst den Aufbau eines HTML-Links vergegenwärtigen:

```
<a href="URL">Beschreibung</a>
```

Dazu ist zu sagen, dass HTML nicht zwischen Groß- und Kleinschreibung unterscheidet, wir den regulären Ausdruck also mit dem IGNORECASE-Flag verwenden sollten. Darüber hinaus handelt es sich bei dem oben dargestellten Beispiel um die einfachste Form eines HTML-Links, denn neben der URL und der Beschreibung können weitere Angaben gemacht werden.

Der folgende reguläre Ausdruck passt sowohl auf den oben beschriebenen als auch auf weitere, komplexere HTML-Links:

```
r"<a.*?href=[\"\'](.*?)[\"\'].*?>(.*?)</a>"
```

Der reguläre Ausdruck enthält zwei Gruppen, jeweils für die URL und die Beschreibung, sodass diese beiden Angaben später ausgelesen werden können. Innerhalb dieser Gruppen werden »genügsame« Quantoren eingesetzt, da sonst mehrere Links fälschlicherweise zu einem zusammengefasst werden könnten.

Doch nun zum Beispielprogramm:

```
import re
f = open("test.html", "r")
html = f.read()
f.close()
it = re.finditer(r"<a .*?href=[\"\'](.*?)[\"\'].*?>(.*?)</a>", html, re.I)
for m in it:
    print("Name: {}, Link: {}".format(m.group(2), m.group(1)))
```

Zunächst wird eine HTML-Datei, in diesem Fall test.html, geöffnet und mithilfe der Methode read des Dateiobjekts ausgelesen. Danach wird die Funktion finditer des Moduls re aufgerufen, um alle Übereinstimmungen mit dem vorhin besprochenen regulären Ausdruck im HTML-Code zu finden. Das Ergebnis wird als Iterator zurückgegeben und von it referenziert.

Schließlich wird über it iteriert, wobei in jedem Iterationsschritt die aktuelle Übereinstimmung als Match-Objekt m verfügbar ist. Jetzt werden noch die Teil-Strings ausgegeben, die auf die beiden Gruppen des regulären Ausdrucks gepasst haben.

Sie können das Programm mit beliebigen HTML-Seiten testen. Besuchen Sie dazu im Internet eine möglichst komplexe Website, beispielsweise die eines Nachrichtenmagazins, und speichern Sie diese als HTML-Datei ab. Sie werden sehen, dass das Beispielprogramm auch hier die enthaltenen Links findet.

> **Hinweis**
>
> Dieses Beispiel demonstriert die Arbeit mit regulären Ausdrücken. Allerdings sollten Sie in der Praxis HTML-Dateien aufgrund ihrer Komplexität nicht mit regulären Ausdrücken verarbeiten, sondern stattdessen auf einen HTML-Parser zurückgreifen.

28.4 Ein komplexeres Beispielprogramm – Matching

Es ist besonders im Web ein häufiges Problem, eingegebene Formulardaten zu validieren und die wichtigen Informationen aus den Eingaben herauszufiltern. Dies ist selbstverständlich auch mit normalen String-Operationen möglich, doch lässt sich dieses Problem mithilfe regulärer Ausdrücke elegant und mit verhältnismäßig wenig Code lösen.

Unser Beispielprogramm soll aus einer Art elektronischer Visitenkarte alle relevanten Informationen auslesen und maschinenlesbar aufbereiten. Die Visitenkarte ist in einer Textdatei in folgendem Format gespeichert:

```
Name: Max Mustermann
Adr:  Musterstr 123
      12345 Musterhausen
Tel:  +49 1234 56789
```

Das Programm soll nun diese Textdatei einlesen, die enthaltenen Informationen extrahieren und zu einem solchen Dictionary aufbereiten:

```
{
'Tel': ('+49', '1234', '56789'),
'Name': ('Max', 'Mustermann'),
'Adr': ('Musterstr', '123', '12345', 'Musterhausen')
}
```

In der Textdatei steht dabei immer nur ein Datensatz.

Zunächst gehen wir detaillierter auf die Funktionsweise des Beispielprogramms ein. Die Visitenkarte besteht aus verschiedenen Informationen, denen immer eine Überschrift bzw. Kategorie gegeben wurde (»Name«, »Adr« und »Tel«). Die Kategorie von der Information zu trennen, ist keine komplizierte Angelegenheit, da der Doppelpunkt innerhalb der Kategorienamen nicht vorkommt und somit das erste Auftreten eines Doppelpunktes in einer Zeile stets den Übergang zwischen Kategorie und Information markiert. Ein Problem ist die dritte Zeile, da hier keine explizite Überschrift gegeben ist. In einem solchen Fall wird die Zeile an die Information der vorherigen Überschrift angehängt. Auf diese Weise lässt sich ein Dictionary erzeugen, das die Überschriften auf die jeweiligen Informationen abbildet.

Kommen wir zur Implementierung. Dazu schreiben wir zunächst eine Funktion, die die Daten zeilenweise einliest und zu einem Dictionary aufbereitet:

```python
def leseDatei(datei):
    d = {}
    f = open(datei)
    for zeile in f:
        if ":" in zeile:
            key, d[key] = (s.strip() for s in zeile.split(":",1))
        elif "key" in locals():
            d[key] += "\n{}".format(zeile.strip())
    f.close()
    return d
```

Die Funktion `leseDatei` bekommt den String `datei` mit einer Pfadangabe übergeben. Innerhalb der Funktion wird die Datei zeilenweise eingelesen. Jede Zeile wird anhand des ersten Doppelpunktes in die beiden Teile »Kategorie« und »Information« aufgeteilt und, durch Einsatz der Methode `strip`, von überflüssigen Leerzeichen befreit.

Danach werden Überschrift und Information in das Dictionary d geschrieben, und die jeweils aktuelle Überschrift wird zusätzlich durch key referenziert.

Wenn in einer Zeile kein Doppelpunkt vorkommt, wurde die Information auf mehrere Zeilen umbrochen. Das bedeutet für uns, dass wir zunächst auch die Methode strip auf den kompletten Zeileninhalt anwenden und sie dann unter der Überschrift key an den bereits bestehenden Wert im Dictionary anhängen. Zu diesem Zweck muss die Referenz key selbstverständlich existieren. Da diese erst innerhalb der if-Anweisung angelegt wird, wird vorausgesetzt, dass eine Zeile mit Doppelpunkt vor einer Zeile ohne Doppelpunkt kommen muss. Obwohl es keine sinnvolle Datei gibt, in der das nicht gilt, überprüfen wir im elif-Zweig explizit, ob die Referenz key existiert.

Das Resultat dieser Funktion ist ein Dictionary mit den Überschriften als Schlüsseln und den dazugehörigen Informationen (in Form von Strings) als Werten. Die zweite Funktion des Beispiels analysiert die Daten mithilfe regulärer Ausdrücke und legt sie dann als Tupel im Dictionary ab. Dazu erzeugen wir zunächst ein Dictionary namens regexp, das für jede Überschrift einen regulären Ausdruck bereitstellt, der verwendet werden kann, um die Information zu validieren:

```
regexp = {
         "Name" : r"([A-Za-z]+)\s([A-Za-z]+)",
         "Adr"  : r"([A-Za-z]+)\s(\d+)\s*(\d{5})\s([A-Za-z]+)",
         "Tel"  : r"(\+\d{2})\s(\d{4})\s(\d{3,})"
         }
```

Diese regulären Ausdrücke verfügen über mehrere Gruppen, um das Aufteilen der Information in die verschiedenen Einzelinformationen zu erleichtern.

Die Funktion, mit der die Daten analysiert werden, sieht folgendermaßen aus:

```
def analysiereDaten(daten, regexp):
    for key in daten:
        if key not in regexp:
            return False
        m = re.match(regexp[key], daten[key])
        if not m:
            return False
        daten[key] = m.groups()
    return True
```

Die Funktion analysiereDaten bekommt zwei Dictionarys als Parameter übergeben: zum einen das soeben erstellte Dictionary regexp und zum anderen das Dictionary, das von der Funktion leseDatei erstellt wurde und die eingelesenen Daten enthält.

Die Funktion iteriert in einer for-Schleife über das Dictionary daten und wendet, jeweils passend zur aktuellen Überschrift, mithilfe der Funktion re.match den regulären Ausdruck auf den eingelesenen String an. Das zurückgegebene Match-Objekt wird durch m referenziert.

Im Folgenden wird getestet, ob re.match den Wert None zurückgegeben hat. Ist das der Fall, gibt die Funktion analysiereDaten ihrerseits False zurück. Andernfalls wird der aktuelle Wert des Dictionarys daten mit den Teil-Strings überschrieben, die auf die einzelnen Gruppen der regulären Ausdrücke gepasst haben. Die Methode group des Match-Objekts gibt ein Tupel von Strings zurück. Nach dem Durchlaufen der Funktion analysiereDaten enthält das Dictionary die gewünschten Daten in aufbereiteter Form.

Zu guter Letzt fehlt noch der Code, der den Anstoß zum Einlesen und Aufbereiten der Daten gibt:

```
daten = leseDatei("id.txt")
if analysiereDaten(daten, regexp):
    print(daten)
else:
    print("Die Angaben sind fehlerhaft")
```

Je nachdem, welchen Wahrheitswert die Funktion analysiereDaten zurückgegeben hat, werden die aufbereiteten Daten oder eine Fehlermeldung ausgegeben.

Hoffentlich haben Ihnen die beiden Beispiele geholfen, einen praxisbezogenen Einstieg in die Welt der regulären Ausdrücke zu finden. Bleibt noch zu sagen, dass das vorgestellte Programm zwar funktioniert, aber nicht perfekt ist. Fühlen Sie sich dazu ermutigt, es zu erweitern oder anzupassen. So erlauben die regulären Ausdrücke etwa noch keine Umlaute oder Interpunktionszeichen im Straßennamen. Sie könnten beispielsweise auch Visitenkarte und Programm um die Angabe einer E-Mail-Adresse erweitern.

Kapitel 29
Schnittstelle zu Betriebssystem und Laufzeitumgebung

Um Ihre Programme mit dem Betriebssystem interagieren zu lassen, auf dem sie ausgeführt werden, benötigen Sie Zugriff auf dessen Funktionen. Ein Problem dabei ist, dass sich die verschiedenen Betriebssysteme teilweise sehr stark in ihrem Funktionsumfang und in der Art unterscheiden, wie die vorhandenen Operationen verwendet werden. Python wurde aber von Grund auf als plattformübergreifende Sprache konzipiert. Um auch Programme, die auf Funktionen des Betriebssystems zurückgreifen müssen, auf möglichst vielen Plattformen ohne Änderungen ausführen zu können, hat man eine Schnittstelle geschaffen, die einheitlichen Zugriff auf Betriebssystemfunktionen bietet. Im Klartext bedeutet dies, dass Sie durch die Benutzung dieser einheitlichen Schnittstelle Programme schreiben können, die plattformunabhängig bleiben, selbst wenn sie auf Betriebssystemfunktionen zurückgreifen.

Diese Schnittstelle wird durch die Module os und sys implementiert, mit denen wir uns in den nächsten Abschnitten beschäftigen werden.

29.1 Funktionen des Betriebssystems – os

Mit dem os-Modul können Sie auf eine Vielzahl von Betriebssystemoperationen zugreifen. Da die gebotenen Funktionen sehr umfangreich sind und zu einem großen Teil nur selten gebraucht werden, beschränken wir uns hier auf eine nützliche Teilmenge.

Das Modul os beinhaltet einige Funktionen, die sich auf das Dateisystem beziehen, sowie das Submodul os.path für die Manipulation und Verarbeitung von Pfadnamen. Dies wird Thema der Abschnitte 31.1 und 31.2 in Kapitel 31, »Dateisystem«, sein.

Das Modul os hat eine eigene Exception-Klasse namens os.error. Immer wenn Sie Fehler innerhalb dieses Moduls abfangen möchten, können Sie os.error nutzen. Ein alternativer Name für die Fehlerklasse ist OSError.

> **Hinweis**
>
> Seit Python 3.0 wird streng zwischen Text und Daten durch die Datentypen str und bytes unterschieden, wie Sie in Kapitel 13, »Sequenzielle Datentypen«, gelernt

> haben. Alle Methoden und Funktionen, die von os bereitgestellt werden und str-Objekte als Parameter akzeptieren, können stattdessen auch mit bytes-Objekten gerufen werden. Allerdings ändert sich damit auch der Rückgabewert entsprechend, denn anstelle von Strings werden dann bytes-Objekte zurückgegeben.
>
> Kurz: str rein – str raus; bytes rein – bytes raus.

Um die folgenden Beispielprogramme ausführen zu können, muss zunächst das Modul os eingebunden werden:

```
>>> import os
```

29.1.1 environ

Enthält ein Dictionary, mit dem auf die Umgebungsvariablen, die für unser Programm vom Betriebssystem bereitgestellt wurden, zugegriffen werden kann. Beispielsweise lässt sich auf vielen Plattformen mit os.environ['HOME'] der Ordner für die Dateien des aktiven Benutzers ermitteln. Die folgenden Beispiele zeigen den Wert von os.environ['HOME'] auf einem Windows- und einem Linux-Rechner:

```
>>> print(os.environ['HOME'])
C:\Dokumente und Einstellungen\username
>>> print(os.environ['HOME'])
/home/username
```

Sie können die Werte des os.environ-Dictionarys auch verändern, was allerdings auf bestimmten Plattformen zu Problemen führen kann und deshalb mit Vorsicht zu genießen ist.

29.1.2 getpid()

Der Python-Prozess, der das aktuell laufende Programm ausführt, hat eine eindeutige Identifikationsnummer. Sie lässt sich mit os.getpid() ermitteln:

```
>>> os.getpid()
1360
```

Diese Funktion ist nur unter Windows- und Unix-Systemen verfügbar.

29.1.3 cpu_count()

Gibt die Anzahl der Prozessoren des Computers zurück. Dabei werden virtuelle Kerne als eigene Prozessoren gezählt.

```
>>> os.cpu_count()
8
```

Das System, auf dem diese Zeile ausgeführt wurde, verfügt beispielsweise über einen Prozessor mit vier Kernen, die jeweils zwei virtuelle Kerne haben.

29.1.4 system(cmd)

Mit os.system können Sie beliebige Kommandos des Betriebssystems so ausführen, als ob Sie es in einer echten Konsole tun würden. Beispielsweise lassen wir uns mit folgendem Beispiel einen neuen Ordner mit dem Namen test_ordner über das mkdir-Kommando anlegen:

```
>>> os.system("mkdir test_ordner")
0
```

Der Rückgabewert von os.system ist der Status-Code, mit dem das aufgerufene Programm beendet wurde, in diesem Fall 0, was Erfolg bedeutet.

Ein Problem der os.system-Funktion ist, dass die Ausgabe des aufgerufenen Programms nicht ohne Weiteres ermittelt werden kann. Für solche Zwecke eignet sich die Funktion os.popen.

29.1.5 popen(command, [mode, buffering])

Mit der Funktion os.popen werden beliebige Befehle wie auf einer Kommandozeile des Betriebssystems ausgeführt. Die Funktion gibt ein *dateiähnliches Objekt*[1] zurück, mit dem Sie auf die Ausgabe des ausgeführten Programms zurückgreifen können. Der Parameter mode gibt wie bei der Built-in Function open an, ob das Dateiobjekt lesend ("r") oder schreibend ("w") geöffnet werden soll. Bei schreibendem Zugriff können Daten an das laufende Programm übergeben werden.

Im folgenden Beispiel nutzen wir das Windows-Kommando dir, um eine Liste der Dateien und Ordner unter *C:* zu erzeugen:[2]

```
>>> ausgabe = os.popen("dir /B C:\\")
>>> dateien = [zeile.strip() for zeile in ausgabe]
>>> dateien
['AUTOEXEC.BAT', 'CONFIG.SYS', 'Dokumente und Einstellungen', 'Programme',
'WINDOWS']
```

Die genaue Bedeutung von mode und buffering können Sie in Abschnitt 6.4.1 über den Umgang mit Dateien nachlesen.

---

1 Ein dateiähnliches Objekt bietet die gleiche Schnittstelle wie ein Dateiobjekt an. Die Daten müssen jedoch nicht in einer Datei gelesen werden, sondern können beispielsweise auch im Arbeitsspeicher liegen oder über eine Netzwerkverbindung gelesen werden.
2 Der Parameter /B des dir-Kommandos sorgt dafür, dass nur eine Liste der Dateien und Verzeichnisse ohne Zusatzinformationen erzeugt wird.

> **Hinweis**
> Das Modul os stellt eine Reihe von Funktionen zur Verfügung, mit denen auf das Dateisystem zugegriffen werden kann, die wir in Abschnitt 31.1, »Zugriff auf das Dateisystem mit os«, besprechen.

29.2 Zugriff auf die Laufzeitumgebung – sys

Das Modul sys der Standardbibliothek stellt vordefinierte Variablen und Funktionen zur Verfügung, die sich auf den Python-Interpreter selbst beziehen oder eng mit diesem zusammenhängen. So können Sie über das Modul sys beispielsweise die Versionsnummer des Interpreters oder des Betriebssystems abfragen. Das Modul stellt dem Programmierer eine Reihe von Informationen zur Verfügung, die mitunter sehr nützlich sein können.

Um die Beispiele dieses Abschnitts ausführen zu können, muss zuvor das Modul sys eingebunden werden:

```
>>> import sys
```

29.2.1 Kommandozeilenparameter

Die Liste sys.argv enthält die Kommandozeilenparameter, mit denen das Python-Programm aufgerufen wurde. argv[0] ist der Name des Programms selbst. Im interaktiven Modus ist argv leer. Bei dem beispielhaften Programmaufruf

```
programm.py -bla 0 -blubb abc
```

referenziert argv die folgende Liste:

```
['programm.py', '-bla', '0', '-blubb', 'abc']
```

Verwenden Sie das Modul argparse, wenn Sie Kommandozeilenparameter komfortabel verwalten möchten (vgl. Kapitel 30, »Kommandozeilenparameter«).

29.2.2 Standardpfade

Die Liste path enthält Pfade, die beim Einbinden eines Moduls der Reihe nach vom Interpreter durchsucht werden. Das zuerst gefundene Modul mit dem gesuchten Namen wird eingebunden.

Es steht dem Programmierer frei, die Liste so zu modifizieren, dass das Einbinden eines Moduls nach seinen Wünschen erfolgt.

29.2.3 Standard-Ein-/Ausgabeströme

Das Modul sys enthält Referenzen auf die Standard-Ein-/Ausgabeströme des Systems. Das sind die Dateiobjekte, die für Ein- und Ausgaben des Interpreters verwendet werden. Dabei bezeichnet sys.stdin (für *Standard Input*) das Dateiobjekt, aus dem die Benutzereingaben beim Aufruf von input gelesen werden. In das Dateiobjekt sys.stdout (*Standard Output*) werden alle Ausgaben des Python-Programms geschrieben, während Ausgaben des Interpreters, beispielsweise Tracebacks, in sys.stderr (*Standard Error*) geschrieben werden.

Das Überschreiben dieser vorbelegten Dateiobjekte mit eigenen Dateiobjekten erlaubt es, Ein- und Ausgaben auf andere Streams, beispielsweise in eine Datei, umzulenken. Beachten Sie dabei, dass sys.stdin stets ein vollwertiges Dateiobjekt sein muss, während für sys.stdout und sys.stderr eine Instanz reicht, die eine Methode write implementiert.

Die ursprünglichen Streams von sys.stdin, sys.stdout und sys.stderr werden in sys.__stdin__, sys.__stdout__ und sys.__stderr__ gespeichert, sodass sie wiederhergestellt werden können.

29.2.4 Das Programm beenden

Die Funktion exit des Moduls sys wirft eine SystemExit-Exception. Diese hat, sofern sie nicht abgefangen wird, zur Folge, dass das Programm ohne Traceback-Ausgabe beendet wird.

```
>>> sys.exit()
```

Optional können Sie eine ganze Zahl übergeben, die als *Exit Code* ans Betriebssystem übergeben wird. Ein Exit Code von 0 steht im Allgemeinen für ein erfolgreiches Beenden des Programms, und ein Exit Code ungleich 0 repräsentiert einen Programmabbruch aufgrund eines Fehlers.

```
>>> sys.exit(1)
```

Wenn Sie eine andere Instanz übergeben haben, beispielsweise einen String, wird diese nach stderr ausgegeben, bevor das Programm mit dem Exit Code 0 beendet wird.

```
>>> sys.exit("Fehler")
Fehler
```

29.2.5 Details zur Python-Version

Das benannte Tupel sys.implementation stellt Informationen über den laufenden Python-Interpreter bereit. Neben den auch individuell bereitgestellten Einträgen hexversion und version_info enthält das Tupel mit dem Eintrag name den Namen des Interpreters, beispielsweise "cpython" für die Standardimplementierung.

```
>>> sys.implementation
namespace(_multiarch='x86_64-linux-gnu', cache_tag='cpython-36',
hexversion=50725104, name='cpython', version=sys.version_info(major=3,
minor=6, micro=0, releaselevel='final', serial=0))
```

Die beiden Komponenten version und hexversion von sys.implementation können auch gesondert über sys.version_info bzw. sys.hexversion abgerufen werden:

```
>>> sys.version_info
sys.version_info(major=3, minor=6, micro=0, releaselevel='final', serial=0)
>>> hex(sys.hexversion)
'0x30600f0'
```

Die Konstante sys.hexversion enthält die Versionsnummer des Python-Interpreters als ganze Zahl. Wenn sie wie im oben dargestellten Beispiel, ausgeführt unter Python 3.6.0, durch Aufruf der Built-in Function hex als Hexadezimalzahl geschrieben wird, wird der Aufbau der Zahl deutlich. Es ist garantiert, dass hexversion mit jeder Python-Version größer wird, dass Sie also mit den Operatoren < und > testen können, ob die verwendete Version des Interpreters aktueller ist als eine bestimmte, die für die Ausführung des Programms mindestens vorausgesetzt wird.

Schließlich können Sie über den String sys.executable den vollständigen Pfad zum aktuell laufenden Python-Interpreter herausfinden.

29.2.6 Details zum Betriebssystem

Der String sys.platform enthält eine Kennung des laufenden Betriebssystems. Die Kennungen der drei gängigsten Betriebssysteme können Sie Tabelle 29.1 entnehmen.

System	Kennung
Linux	"linux"
macOS	"darwin"
Windows	"win32"

Tabelle 29.1 Kennungen verschiedener Betriebssysteme

> **Hinweis**
>
> Bis Python 3.2 war der Wert von platform unter Linux "linux2" bzw. "linux3", abhängig von der Linux-Version. Ab Python 3.3 ist der Wert unter Linux durchweg "linux".

> Aus diesem Grund ist es ratsam, mittels
>
> sys.platform.startswith("linux")
>
> zu prüfen, ob das Programm auf einem Linux-System ausgeführt wird.

Unter Windows-Systemen existiert die Funktion sys.getwindowsversion, die Details über die Version des aktuell verwendeten Windows-Betriebssystems zurückgibt:

```
>>> sys.getwindowsversion()
sys.getwindowsversion(major=10, minor=0, build= 14393, platform=2,
service_pack='')
```

Die Funktion gibt ein benanntes Tupel zurück, dessen erste drei Elemente ganze Zahlen sind und die Versionsnummer beschreiben. Das vierte Element ist ebenfalls eine ganze Zahl und steht für die verwendete Plattform. Folgende Werte sind hier gültig:

Plattform	Bedeutung
0	Windows 3.1 (32 Bit)
1	Windows 95/98/ME
2	Windows NT/2000/XP/Server 2003/Vista/Server 2008/7/8/10
3	Windows CE

Tabelle 29.2 Windows-Plattformen

Das letzte Element des Tupels ist ein String, der weiterführende Informationen enthält.

Um zwischen den einzelnen Windows-Versionen zu unterscheiden, die unter Plattform 2 zusammengefasst sind, können Sie die Versionsnummer (bestehend aus dem major- und dem minor-Feld des Tupels) heranziehen:

Name	Major	Minor
Windows 2000	5	0
Windows XP	5	1
Windows Server 2003	5	2
Windows Vista bzw. Windows Server 2008	6	0
Windows 7	6	1

Tabelle 29.3 Windows-Versionen

Name	Major	Minor
Windows 8	6	2
Windows 10	10	0

Tabelle 29.3 Windows-Versionen (Forts.)

Unter anderen Betriebssystemen als Microsoft Windows ist die Funktion getwindowsversion nicht verfügbar.

Die Konstante sys.byteorder spezifiziert die Byte-Order[3] des aktuellen Systems. Der Wert ist entweder "big" für ein *Big-Endian*-System, bei dem das signifikanteste Byte an erster Stelle gespeichert wird, oder "little" für ein *Little-Endian*-System, bei dem das am wenigsten signifikante Byte zuerst gespeichert wird.

29.2.7 Hooks

Das Modul sys erlaubt den Zugriff auf sogenannte *Hooks* (dt. »Haken«). Das sind Funktionen, die bei gewissen Aktionen des Python-Interpreters aufgerufen werden. Durch Überschreiben dieser Funktionen kann sich der Programmierer in den Interpreter »einhaken« und so die Funktionsweise des Interpreters verändern.

displayhook(value)

Diese Funktion wird immer dann aufgerufen, wenn das Ergebnis eines Ausdrucks im interaktiven Modus ausgegeben werden soll, also beispielsweise in der folgenden Situation:

```
>>> 42
42
```

Durch Überschreiben von displayhook mit einer eigenen Funktion lässt sich dieses Verhalten ändern. Im folgenden Beispiel möchten wir erreichen, dass bei einem eingegebenen Ausdruck nicht das Ergebnis selbst, sondern die Identität des Ausdrucks ausgegeben wird:

```
>>> def f(value):
...     print(id(value))
...
>>> sys.displayhook = f
>>> 42
```

---

[3] Die Byte-Order gibt an, in welcher Reihenfolge die einzelnen Bytes eines Wertes im Speicher abgelegt werden, der mehr als ein Byte belegt. Die Byte-Order ist relevant, wenn Binärdaten zwischen verschiedenen Plattformen ausgetauscht werden. Ein x86-PC ist ein Little-Endian-System.

```
139716935035616
>>> 97 + 32
139716935038400
>>> "Hallo Welt"
139716901939824
```

Beachten Sie, dass `displayhook` nicht aufgerufen wird, wenn eine Ausgabe mittels `print` erfolgt:[4]

```
>>> print("Hallo Welt")
Hallo Welt
```

Das ursprüngliche Funktionsobjekt von `displayhook` können Sie über `sys.__displayhook__` erreichen und somit die ursprüngliche Funktionsweise wiederherstellen:

```
>>> sys.displayhook = sys.__displayhook__
```

excepthook(type, value, traceback)

Diese Funktion wird immer dann aufgerufen, wenn eine nicht abgefangene Exception auftritt. Sie ist dafür verantwortlich, den Traceback auszugeben. Durch Überschreiben dieser Funktion mit einem eigenen Funktionsobjekt lassen sich zum Beispiel Fehler protokollieren oder die Ausgabe eines Tracebacks verändern.

Der Funktion `excepthook` werden beim Aufruf der Exception-Typ, der Exception-Wert (üblicherweise die Fehlermeldung) und ein sogenanntes *Traceback-Objekt* übergeben, das Informationen über die Stelle enthält, an der die Exception geworfen wurde.

Im folgenden Beispiel richten wir einen Hook ein, um bei einer nicht abgefangenen Exception keinen drögen Traceback mehr zu erhalten, sondern einen hämischer Kommentar:

```
>>> def f(type, value, traceback):
...     print('gnahahaha: "{}"'.format(value))
...
>>> sys.excepthook = f
>>> abc
gnahahaha: "name 'abc' is not defined"
```

Das ursprüngliche Funktionsobjekt von `excepthook` können Sie über `sys.__excepthook__` erreichen und so die ursprüngliche Funktionsweise wiederherstellen:

```
>>> sys.excepthook = sys.__excepthook__
```

---

4 Das wäre auch sehr ungünstig, da wir im Hook selbst ja eine `print`-Ausgabe vornehmen. Riefe eine `print`-Ausgabe wieder den Hook auf, befänden wir uns in einer endlosen Rekursion.

Kapitel 30
Kommandozeilenparameter

Im Abschnitt über das Modul sys der Standardbibliothek haben wir die globale Liste sys.argv besprochen, mithilfe derer Sie auf die Kommandozeilenparameter zugreifen können, die beim Aufruf eines Programms übergeben wurden. Dieser rudimentäre Zugang zu den Kommandozeilenparametern ist jedoch oft nicht ausreichend. Das Modul argparse, das in diesem Abschnitt besprochen wird, erlaubt Ihnen einen komfortableren Umgang mit Kommandozeilenparametern.

Bislang wurden in diesem Buch ausschließlich Konsolenprogramme behandelt, also Programme, die eine rein textbasierte Schnittstelle zum Benutzer haben. Solche Programme werden üblicherweise aus einer *Konsole*, auch *Shell* genannt, gestartet. Eine Konsole ist beispielsweise die Eingabeaufforderung unter Windows.[1]

Unter Windows wird ein Python-Programm aus der Eingabeaufforderung heraus gestartet, indem in das Programmverzeichnis gewechselt und dann der Name der Programmdatei eingegeben wird. Hinter dem Namen können *Optionen* und *Argumente* übergeben werden:

- Ein Argument wird hinter den Namen der Programmdatei geschrieben. Um einen Vergleich zu Funktionsparametern zu ziehen, könnte man von *Positional Arguments* sprechen. Das bedeutet vor allem, dass die Argumente anhand ihrer Reihenfolge zugeordnet werden. Ein Programmaufruf mit drei Argumenten kann beispielsweise folgendermaßen aussehen:

    programm.py karl 1337 heinz

- Neben den Argumenten können Sie Optionen übergeben, die mit *Keyword Arguments* vergleichbar sind. Das bedeutet, dass jede Option einen Namen hat und über diesen angesprochen wird. Beim Programmaufruf müssen Optionen vor den Argumenten geschrieben und jeweils durch einen Bindestrich eingeleitet werden. Dann folgen der Optionsname, ein Leerzeichen und der gewünschte Wert. Ein Programmaufruf mit Optionen und Argumenten kann also folgendermaßen aussehen:

    programm.py -a karl -b heinz -c 1337 hallo welt

---

[1] In neueren Windows-Versionen ersetzt die PowerShell die Eingabeaufforderung.

In diesem Fall existieren drei Optionen namens a, b und c mit den Werten "karl", "heinz" und 1337. Zudem sind zwei Argumente angegeben: die Strings "hallo" und "welt".

Neben diesen parameterbehafteten Optionen gibt es parameterlose Optionen, die mit einem Flag vergleichbar sind. Das bedeutet, dass sie entweder vorhanden (aktiviert) oder nicht vorhanden (deaktiviert) sind:

```
programm.py -a -b 1 hallo welt
```

In diesem Fall handelt es sich bei a um eine parameterlose Option.

Im weiteren Verlauf dieses Kapitels besprechen wir die Verwendung des Moduls argparse anhand zweier Beispiele.

30.1 Taschenrechner – ein einfaches Beispiel

Das erste Beispiel ist ein einfaches Taschenrechnerprogramm, bei dem sowohl die Rechenoperation als auch die Operanden über Kommandozeilenparameter angegeben werden.

Das Programm soll folgendermaßen aufgerufen werden können:

```
calc.py -o plus 7 5
calc.py -o minus 13 29
calc.py -o mal 4 11
calc.py -o geteilt 3 2
```

Über die Option -o wird eine Rechenoperation festgelegt, die auf die beiden folgenden Argumente angewendet wird. Wenn die Option -o fehlt, sollen die Argumente addiert werden.

Zu Beginn des Programms muss die Klasse ArgumentParser des Moduls argparse eingebunden und instanziiert werden:

```
from argparse import ArgumentParser
parser = ArgumentParser()
```

Jetzt können durch die Methode add_argument der ArgumentParser-Instanz erlaubte Optionen hinzugefügt werden. In unserem Fall ist es nur eine:

```
parser.add_argument("-o", "--operation", dest="operation", default="plus")
```

Der erste Parameter der Methode gibt den Kurznamen der Option an. Jede Option ist auch mit einer ausgeschriebenen Version des Namens verwendbar, sofern diese Alternative durch Angabe des zweiten Parameters gegeben ist. In diesem Fall sind die Optionen -o und --operation gleichbedeutend. Der dritte Parameter, wohlgemerkt ein Keyword-Argument, gibt an, unter welchem Namen der Wert der Option später im Programm verfügbar gemacht werden soll. Über den letzten Parameter wird ein Standardwert für diese Option festgelegt, der verwendet wird, wenn die Option nicht angegeben ist.

Neben der Option -o müssen noch die Argumente für die beiden Operanden hinzugefügt werden. Dabei werden der Name und der zulässige Datentyp der Argumente angegeben.

```
parser.add_argument("op1", type=float)
parser.add_argument("op2", type=float)
```

Nachdem alle Optionen und Argumente hinzugefügt worden sind, wird die Methode parse_args aufgerufen, die die Kommandozeilenparameter ausliest und in der gewünschten Form aufbereitet.

```
args = parser.parse_args()
```

Als Nächstes legen wir ein Dictionary an, das alle möglichen Rechenoperationen als Schlüssel und die dazugehörige Berechnungsfunktion als jeweiligen Wert enthält. Die Schlüssel sind dieselben, die über die Option -o angegeben werden können, sodass wir anhand des bei der Option übergebenen Strings direkt auf die zu verwendende Berechnungsfunktion schließen können:

```
calc = {
      "plus"   : lambda a, b: a + b,
      "minus"  : lambda a, b: a - b,
      "mal"    : lambda a, b: a * b,
      "geteilt" : lambda a, b: a / b
      }
```

Prinzipiell muss jetzt nur noch der Wert ausgelesen werden, der mit der Option -o übergeben wurde. Der Zugriff auf eine Option ist anhand der von parse_args zurückgegebenen Instanz args einfach, da jede Option unter ihrem gewählten Namen als Attribut dieser Instanz verfügbar ist. Der von uns gewählte Name für die Option -o war operation. Analog kann auf Argumente zugegriffen werden.

```
op = args.operation
if op in calc:
    print("Ergebnis:", calc[op](args.op1, args.op2))
else:
    parser.error("{} ist keine Operation".format(op))
```

Für Fehler, die aufgrund falscher oder fehlender Kommandozeilenparameter auftreten, eignet sich die Methode error der ArgumentParser-Instanz, die eine entsprechende Fehlermeldung ausgibt und das Programm beendet.

Bevor wir zu einem komplexeren Beispielprogramm übergehen, besprechen wir den Konstruktor der Klasse `ArgumentParser` sowie deren Methode `add_argument` im Detail.

ArgumentParser([description, epilog, prog, usage, add_help, argument_default])

Dem Konstruktor der Klasse `ArgumentParser` kann eine Reihe von Schlüsselwortparametern übergeben werden, von denen die wichtigsten hier kurz erläutert werden. Viele der Parameter beziehen sich auf die dynamisch generierte Hilfeseite, die das Modul `argparse` zur Verfügung stellt. Ein Beispiel zur Verwendung dieser Hilfeseite finden Sie im nächsten Abschnitt.

Parameter	Bedeutung
description	ein String, der auf der Hilfeseite vor der Erklärung der Optionen und Argumente angezeigt wird
epilog	ein String, der auf der Hilfeseite nach der Erklärung der Optionen und Argumente angezeigt wird
prog	Der Programmname, wie er auf der Hilfeseite angezeigt wird. Standardmäßig wird hier der Name der ausgeführten Datei verwendet.
usage	Ein String, der die Verwendung des Programms mit seinen Kommandozeilenparametern zusammenfasst. Standardmäßig wird dieser String automatisch erzeugt.
add_help	Gibt an, ob eine Hilfeseite über die Optionen -h bzw. --help angeboten werden soll. Standardwert: True
argument_default	Setzt einen globalen Standardwert für nicht angegebene Optionen oder Argumente. Der Wert `argparse.SUPPRESS` bewirkt, dass nicht angegebene Optionen oder Argumente ignoriert werden. Standardwert: None

Tabelle 30.1 Schlüsselwortparameter des Konstruktors ArgumentParser

add_argument([*name_or_flags, action, nargs, const, default, type, choices, required, help, metavar, dest, version])

Die Methode `add_argument` fügt ein Argument bzw. eine Option zur Programmschnittstelle hinzu. Dabei kann eine Reihe von Parametern angegeben werden, von denen die wichtigsten hier besprochen werden.

Parameter	Bedeutung
*name_or_flags	Bei einem Argument ein einzelner String, der den Argumentnamen angibt. Bei einer Option eine Reihe von Strings, die die alternativen Namen der Option angeben. Zwischen einem Argument und einer Option wird anhand eines führenden Bindestrichs unterschieden.
action	Spezifiziert, wie der programminterne Wert des Parameters aus dem vom Benutzer angegebenen Wert gebildet werden soll. Mögliche Werte sind: ▶ "store": Speichert den Wert unmodifiziert. ▶ "store_const": Speichert einen konstanten Wert. Dieser wird durch den Schlüsselwortparameter const festgelegt. ▶ "store_true": wie store_const mit const=True ▶ "store_false": wie store_const mit const=False ▶ "append": Speichert den Wert als Element einer Liste. Dies ist sinnvoll, wenn die Mehrfachangabe einer Option zulässig sein soll. ▶ "append_const": wie append mit dem konstanten Wert, der durch den Schlüsselwortparameter const festgelegt wird ▶ "version": Gibt eine Versionsinformation aus und beendet das Programm. Der Schlüsselwortparameter version muss angegeben sein. ▶ Standardwert: "store"
nargs	Erlaubt es zu steuern, wie oft ein Argument oder eine Option angegeben werden darf bzw. muss. Die übergebenen Werte werden dann als Elemente einer Liste programmintern verfügbar gemacht. Mögliche Werte für nargs sind: eine ganze Zahl N für genau N-maliges Vorkommen, "?" für ein- oder keinmal, "*" für beliebig oft und "+" für beliebig oft, aber mindestens einmal. Standardwert: 1, sofern nichts Gegenteiliges für action übergeben wird
default	Gibt den Wert an, den eine Option annehmen soll, wenn kein entsprechender Wert vom Benutzer übergeben wurde. Standardwert: None

Tabelle 30.2 Parameter der Methode add_argument

Parameter	Bedeutung
type	Normalerweise werden die Benutzerangaben als Strings interpretiert. Mithilfe des type-Parameters werden die Angaben automatisch in einen anderen Datentyp überführt.
choices	ein iterierbares Objekt, das die Werte für eine Option oder ein Argument enthält, aus denen der Benutzer auswählen kann
required	Legt fest, ob eine Option vom Benutzer angegeben werden muss.
help	Ein String, der das Argument bzw. die Option beschreibt. Diese Beschreibung wird auf der automatisch generierten Hilfeseite angezeigt.
metavar	Auf der Hilfeseite werden standardmäßig die eigentlich programminternen Namen der Argumente und Optionen verwendet, die für dest angegeben werden. Mithilfe des Parameters metavar lässt sich dieser Name ändern.
dest	der programminterne Name eines Arguments bzw. einer Option

Tabelle 30.2 Parameter der Methode add_argument (Forts.)

30.2 Ein weiteres Beispiel

Im vorangegangenen Abschnitt haben wir Ihnen ein Minimalbeispiel für die Verwendung von argparse gezeigt. Dieses Beispielprogramm wird in diesem Abschnitt erweitert, um weitere Möglichkeiten vorzustellen, die das Modul argparse bietet. Hier sehen Sie zunächst den Quellcode des veränderten Beispielprogramms:

```python
from argparse import ArgumentParser
parser = ArgumentParser(description = "Ein Taschenrechner")
parser.add_argument("-o", "--operation", dest="operation",
                    default="plus", help="Rechenoperation")
parser.add_argument("operanden", metavar="Operand", type=float,
                    nargs="+", help="Operanden")
parser.add_argument("-i", "--integer", dest="type",
                    action="store_const", const=int, default=float,
                    help="Ganzzahlige Berechnung")
args = parser.parse_args()
calc = {
    "plus" : lambda a, b: a + b,
    "minus" : lambda a, b: a - b,
    "mal" : lambda a, b: a * b,
```

```
        "geteilt" : lambda a, b: a / b
    }
op = args.operation
if op in calc:
    ergebnis = args.type(args.operanden[0])
    for z in args.operanden[1:]:
        ergebnis = calc[op](ergebnis, args.type(z))
    print("Ergebnis:", ergebnis)
else:
    parser.error("{} ist keine gültige Operation".format(op))
```

Zunächst wird beim Hinzufügen neuer Argumente konsequent der Schlüsselwortparameter `help` übergeben. Hier kann eine Beschreibung des Arguments in Form eines Strings angegeben werden, die das Modul `argparse` dazu verwendet, eine dynamisch generierte Hilfeseite anzubieten. Diese Hilfeseite wird angezeigt, wenn das Programm mit der Option `-h` bzw. `--help` aufgerufen wird. Für das oben dargestellte Beispiel sieht die Hilfeseite folgendermaßen aus:

```
usage: taschenrechner2.py [-h] [-o OPERATION] [-i] Operand [Operand ...]
Ein Taschenrechner
positional arguments:
  Operand               Operanden
optional arguments:
  -h, --help            show this help message and exit
  -o OPERATION, --operation OPERATION
                        Rechenoperation
  -i, --integer         Ganzzahlige Berechnung
```

Anhand der Hilfeseite wird eine weitere Änderung im Beispielprogramm ersichtlich: Es werden nicht mehr zwei Argumente `op1` und `op2` erwartet, sondern eine Liste von beliebig vielen Argumenten (aber mindestens einem Argument). Dies erreichen Sie, indem Sie beim `add_argument`-Aufruf den Parameter `nargs` auf den Wert "+" setzen. Zusätzlich wird mittels `metavar` ein Name festgelegt, unter dem das Argument auf der Hilfeseite erscheint. Die Berechnung des Ergebnisses aus der Operandenliste `args.operanden` erfolgt von links nach rechts, was insbesondere bei den nicht assoziativen Operatoren - und / wichtig ist. Der beispielhafte Aufruf

```
python taschenrechner2.py -o minus 1 2 3
```

führt die Berechnung 1 - 2 - 3 durch und kommt zu dem Ergebnis -4.

Kapitel 31
Dateisystem

In diesem Kapitel werden Module besprochen, die Funktionen zum Zugriff auf das Dateisystem bereitstellen. Dazu gehören das Modul os.path zur Arbeit mit Dateipfaden sowie os und shutil für grundlegende Dateisystem-Operationen. Zum Schluss besprechen wir das Modul tempfile, über das temporäre Dateien erzeugt werden können.

Zunächst lernen Sie die Funktionen kennen, die das Modul os für die Arbeit mit dem Dateisystem bereitstellt.

31.1 Zugriff auf das Dateisystem mit os

Mit den im Folgenden beschriebenen Funktionen können Sie sich wie mit einer Shell oder einem Dateimanager durch das Dateisystem bewegen, Informationen zu Dateien und Ordnern ermitteln, diese umbenennen, löschen oder erstellen. Um die im Folgenden aufgeführten Beispiele ausführen zu können, muss zunächst das Modul os eingebunden werden:

```
>>> import os
```

Sie werden oft einen *Pfad* (engl. *path*) als Parameter an die beschriebenen Funktionen übergeben können. Dabei unterscheiden wir zwischen absoluten und relativen Pfaden, wobei Letztere sich auf das jeweils aktuelle Arbeitsverzeichnis des laufenden Programms beziehen.

Sofern nichts anderes angemerkt ist, werden Pfade als str- oder bytes-Instanzen übergeben.

Name	Beschreibung
access(path, mode)	Prüft die Rechte, die das Programm auf den übergebenen Pfad path hat.
chdir(path)	Setzt das aktuelle Arbeitsverzeichnis auf den mit path übergebenen Pfad.

Tabelle 31.1 Methoden für den Zugriff auf das Dateisystem

Name	Beschreibung
getcwd()	Gibt einen String zurück, der den Pfad des aktuellen Arbeitsverzeichnisses (*Current Working Directory*) enthält.
chmod(path, mode)	Ändert die Zugriffsrechte des Pfades path.
listdir([path])	Erzeugt eine Liste mit allen Dateien und Verzeichnissen, die sich unter path befinden.
mkdir(path, [mode])	Legt ein neues Verzeichnis an der Stelle path an.
makedirs(path, [mode])	Legt ein neues Verzeichnis an der Stelle path an. Falls erforderlich, werden auch übergeordnete Verzeichnisse mit angelegt.
remove(path)	Entfernt die mit path angegebene Datei aus dem Dateisystem.
removedirs(path)	Löscht eine ganze Ordnerstruktur. Dabei löscht es von der tiefsten bis zur höchsten Ebene nacheinander alle Ordner, sofern diese leer sind.
rename(src, dst)	Benennt die mit src angegebene Datei oder den Ordner in dst um.
renames(src, dst)	Wie rename, legt aber bei Bedarf die Verzeichnisstruktur des Zielpfades an. Außerdem wird nach dem Benennungsvorgang versucht, den src-Pfad mittels removedirs von leeren Ordnern zu reinigen.
replace(src, dst)	Ersetzt die Datei oder das Verzeichnis dst durch src.
rmdir(path)	Entfernt das übergebene Verzeichnis aus dem Dateisystem oder wirft os.error, wenn das Verzeichnis nicht existiert. Dies funktioniert nur mit leeren Verzeichnissen.
walk(top, [topdown, onerror])	Durchläuft den Verzeichnisbaum unter top rekursiv.

Tabelle 31.1 Methoden für den Zugriff auf das Dateisystem (Forts.)

access(path, mode)

Mit access überprüfen Sie, welche Rechte das laufende Python-Programm für den Pfad path hat. Der Parameter mode gibt dabei eine Bit-Maske an, die die zu überprüfenden Rechte enthält.

Folgende Werte können einzeln oder mithilfe des bitweisen ODER zusammengefasst übergeben werden:

Konstante	Bedeutung
F_OK	Prüft, ob der Pfad überhaupt existiert.
R_OK	Prüft, ob der Pfad gelesen werden darf.
W_OK	Prüft, ob der Pfad geschrieben werden darf.
X_OK	Prüft, ob der Pfad ausführbar ist.

Tabelle 31.2 Wert für den mode-Parameter von os.access

Der Rückgabewert von access ist True, wenn alle für mode übergebenen Werte auf den Pfad zutreffen, und False, wenn mindestens ein Zugriffsrecht für das Programm nicht gilt.

```
>>> os.access("python.exe", os.F_OK | os.X_OK)
True
```

Der Aufruf von os.access im obigen Beispiel ergibt, dass die lokale Datei *python.exe* existiert und ausführbar ist.

chmod(path, mode)

Diese Funktion setzt die Zugriffsrechte der Datei oder des Ordners unter dem übergebenen Pfad. Der Parameter mode ist dabei eine dreistellige Oktalzahl, bei der jede Ziffer die Zugriffsrechte für eine Benutzerklasse angibt. Die erste Ziffer steht für den *Besitzer* der Datei, die zweite für seine *Gruppe* und die dritte für alle *anderen Benutzer*.

Dabei sind die einzelnen Ziffern Summen aus den folgenden drei Werten:

Wert	Beschreibung
1	ausführen
2	schreiben
4	lesen

Tabelle 31.3 Zugriffsflags für os.chmod

Wenn Sie nun beispielsweise den folgenden chmod-Aufruf vornehmen, erteilen Sie dem Besitzer vollen Lese- und Schreibzugriff:

```
>>> os.chmod("eine_datei", 0o640)
```

Ausführen kann er die Datei aber trotzdem nicht. Die restlichen Benutzer seiner Gruppe dürfen die Datei lesen, aber nicht verändern, und für alle anderen bleibt aufgrund der fehlenden Leseberechtigung auch der Inhalt der Datei verborgen.

Beachten Sie das führende 0o bei den Zugriffsrechten, das das Literal einer Oktalzahl einleitet.

Diese Funktion ist nur auf Windows- und Unix-Systemen verfügbar.

listdir([path])

Diese Funktion gibt eine Liste zurück, die alle Dateien und Unterordner des Ordners angibt, der mit path übergeben wurde. Diese Liste enthält nicht die speziellen Einträge für das Verzeichnis selbst (".") und für das nächsthöhere Verzeichnis ("..").

Die Elemente der Liste haben den gleichen Typ wie der übergebene path-Parameter, also entweder str oder bytes. Dabei werden auftretende Sonderzeichen mithilfe von UTF-8 codiert.

mkdir(path, [mode])

Diese Funktion legt einen neuen Ordner in dem mit path übergebenen Pfad an. Der optionale Parameter mode gibt dabei eine Bit-Maske an, die die Zugriffsrechte für den neuen Ordner festlegt. Standardmäßig wird für mode die Oktalzahl 0o777 verwendet (siehe zu mode auch chmod).

Ist der angegebene Ordner bereits vorhanden, wird eine os.error-Exception geworfen.

Beachten Sie, dass mkdir nur dann den neuen Ordner erstellen kann, wenn alle übergeordneten Verzeichnisse bereits existieren:

```
>>> os.mkdir(r"C:\Diesen\Pfad\gibt\es\so\noch\nicht")
[…]
FileNotFoundError: [
WinError 3] Das System kann den angegebenen Pfad nicht finden: 'C:\\Diesen\\Pfad\\gibt\\es\\so\\noch\\nicht'
```

Wenn Sie bei Bedarf die Erzeugung der kompletten Ordnerstruktur wünschen, verwenden Sie makedirs.

makedirs(path, [mode])

Wie mkdir; aber diese Funktion erzeugt im Gegensatz dazu die komplette Verzeichnisstruktur inklusive aller übergeordneten Verzeichnisse.

Damit funktioniert auch folgendes Beispiel:

```
>>> os.makedirs(r"C:\Diesen\Pfad\gibt\es\so\noch\nicht")
>>>
```

Wenn der übergebene Ordner schon existiert, wird eine `os.error`-Exception geworfen.

remove(path)

Diese Funktion entfernt die mit `path` angegebene Datei aus dem Dateisystem. Übergeben Sie anstelle eines Pfades zu einer Datei einen Pfad zu einem Ordner, wirft `remove` eine `os.error`-Exception.

> **Hinweis**
> Beachten Sie, dass es auf Windows-Systemen nicht möglich ist, eine Datei zu löschen, die gerade benutzt wird. In diesem Fall wird ebenfalls eine Exception geworfen.

removedirs(path)

Diese Funktion löscht eine ganze Ordnerstruktur, wobei von der tiefsten bis zur höchsten Ebene nacheinander alle Ordner gelöscht werden, sofern diese leer sind. Kann der tiefste Ordner nicht gelöscht werden, wird eine `os.error`-Exception geworfen. Fehler, die beim Entfernen der Elternverzeichnisse auftreten, werden ignoriert.

Wenn Sie beispielsweise

```
>>> os.removedirs(r"C:\Irgend\ein\Beispielpfad")
```

schreiben, wird zuerst versucht, den Ordner *C:\Irgend\ein\Beispielpfad* zu löschen. Wenn dies erfolgreich war, wird *C:\Irgend\ein* entfernt und bei Erfolg anschließend *C:\Irgend*.

Um verschachtelte, nicht leere Verzeichnisse zu löschen, können Sie die Funktion `shutil.rmtree` verwenden.

rename(src, dst)

Diese Funktion benennt die mit `src` angegebene Datei oder den Ordner in `dst` um. Wenn unter dem Pfad `dst` bereits eine Datei oder ein Ordner existieren, wird `os.error` geworfen.

> **Hinweis**
> Auf Unix-Systemen wird eine bereits unter dem Pfad `dst` erreichbare Datei ohne Meldung überschrieben, wenn Sie `rename` aufrufen. Bei bereits existierenden Ordnern wird aber weiterhin eine Exception erzeugt.

Die Methode os.rename funktioniert nur dann, wenn bereits alle übergeordneten Verzeichnisse von dst existieren. Wenn Sie die Erzeugung der nötigen Verzeichnisstruktur wünschen, benutzen Sie stattdessen os.renames.

walk(top, [topdown, onerror])

Eine komfortable Möglichkeit, einen Verzeichnisbaum komplett zu durchlaufen, stellt die Funktion walk bereit. Der Parameter top gibt die Wurzel des zu durchlaufenden Teilbaums an. Die Iteration erfolgt dabei so, dass walk für den Ordner top und für jeden seiner Unterordner ein Tupel mit drei Elementen zurückgibt. Ein solches Tupel kann beispielsweise folgendermaßen aussehen:

('ein\\pfad', ['ordner1'], ['datei1', 'datei2'])

Das erste Element ist der relative Pfad von top zu dem Unterordner, das zweite Element enthält eine Liste mit allen Ordnern, die der aktuelle Unterordner selbst enthält, und das letzte Element speichert alle Dateien des Unterordners.

Um dies genau zu verstehen, betrachten wir einen Beispielverzeichnisbaum:

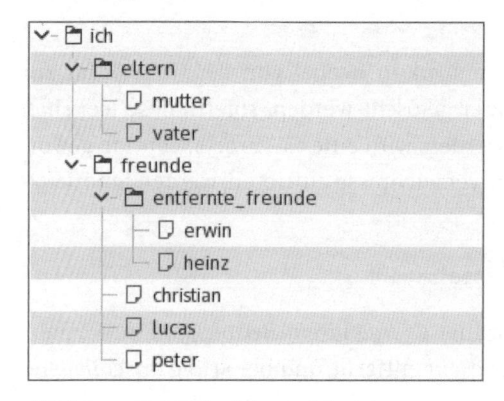

```
v- 📂 ich
    v- 📂 eltern
        ├─ 🗋 mutter
        └─ 🗋 vater
    v- 📂 freunde
        v- 📂 entfernte_freunde
            ├─ 🗋 erwin
            └─ 🗋 heinz
        ├─ 🗋 christian
        ├─ 🗋 lucas
        └─ 🗋 peter
```

Abbildung 31.1 Beispielverzeichnisbaum

Wir nehmen an, dass unser aktuelles Arbeitsverzeichnis der Ordner ist, der dem Ordner ich direkt übergeordnet ist.

Dann könnten wir uns einmal die Ausgabe von walk für das Verzeichnis ich ansehen:

```
>>> for t in os.walk("ich"):
...     print(t)
...
('ich', ['freunde', 'eltern'], [])
('ich\\freunde', ['entfernte_freunde'],
    ['peter', 'christian', 'lucas'])
('ich\\freunde\\entfernte_freunde',[], ['heinz', 'erwin'])
('ich\\eltern', [], ['vater', 'mutter'])
```

Wie Sie sehen, wird für jeden Ordner ein Tupel erzeugt, das die beschriebenen Informationen enthält. Die doppelten Backslashs "\\" rühren daher, dass das Beispiel auf einem Windows-Rechner ausgeführt wurde und Backslashs innerhalb von String-Literalen als Escape-Sequenz geschrieben werden müssen.

Sie können die in dem Tupel gespeicherten Listen auch bei Bedarf anpassen, um beispielsweise die Reihenfolge zu verändern, in der die Unterverzeichnisse des aktuellen Verzeichnisses besucht werden sollen, oder wenn Sie Änderungen wie das Hinzufügen oder Löschen von Dateien und Ordnern vorgenommen haben.

Mit dem optionalen Parameter topdown, dessen Standardwert True ist, legen Sie fest, wo mit dem Durchlaufen begonnen werden soll. Bei der Standardeinstellung wird in dem Verzeichnis begonnen, das im Verzeichnisbaum der Wurzel am nächsten ist, im Beispiel ich. Wird topdown auf False gesetzt, geht os.walk genau umgekehrt vor und beginnt mit dem am tiefsten verschachtelten Ordner. In unserem Beispielbaum ist das ich/freunde/entfernte_freunde:

```
>>> for t in os.walk("ich", False):
...     print(t)
...
('ich\\freunde\\entfernte_freunde', [], ['heinz', 'erwin'])
('ich\\freunde', ['entfernte_freunde'],
    ['peter', 'christian', 'lucas'])
('ich\\eltern', [], ['vater', 'mutter'])
('ich', ['freunde', 'eltern'], [])
```

Zu guter Letzt können Sie mit dem letzten Parameter namens onerror festlegen, wie die Funktion sich verhalten soll, wenn ein Fehler beim Ermitteln des Inhalts eines Verzeichnisses auftritt. Wenn Sie onerror nicht auf dem Standardwert None, der keine Operation vorsieht, belassen wollen, müssen Sie eine Referenz auf eine Funktion, die einen Parameter erwartet, übergeben. Im Fehlerfall wird dann diese Funktion mit einer os.error-Instanz, die den Fehler beschreibt, als Parameter aufgerufen.

> **Hinweis**
>
> Wenn Sie mit einem Betriebssystem arbeiten, das symbolische Verknüpfungen auf Verzeichnisse unterstützt, werden diese beim Durchlaufen der Struktur nicht mit berücksichtigt, um Endlosschleifen zu vermeiden.

> **Hinweis**
>
> Wenn Sie wie in unserem Beispiel einen relativen Pfadnamen angeben, dürfen Sie das aktuelle Arbeitsverzeichnis nicht während des Durchlaufens mittels os.walk verändern. Tun Sie es dennoch, kann dies zu nicht definiertem Verhalten führen.

31.2 Dateipfade – os.path

Verschiedene Plattformen – verschiedene Pfadnamenskonventionen. Während beispielsweise Windows-Betriebssysteme zu Beginn eines absoluten Pfadnamens das Laufwerk erwarten, auf das sich der Pfad bezieht, wird unter Unix ein Slash vorangestellt. Außerdem unterscheiden sich auch die Trennzeichen für einzelne Ordner innerhalb des Pfadnamens, denn Microsoft hat sich im Gegensatz zur Unix-Welt, in der der Slash üblich ist, für den Backslash entschieden.

Als Programmierer für plattformübergreifende Software stehen Sie nun vor dem Problem, dass Ihre Programme mit diesen verschiedenen Konventionen und auch denen dritter Betriebssysteme zurechtkommen müssen.

Damit dafür keine programmtechnischen Verrenkungen notwendig werden, wurde das Modul os.path entwickelt, mit dem Sie Pfadnamen komfortabel verwenden können.

Sie können das Modul auf zwei verschiedene Arten nutzen:

- Sie importieren erst os und greifen dann über os.path darauf zu.
- Sie importieren os.path direkt.

Tabelle 31.4 gibt Ihnen einen Überblick über die wichtigsten Funktionen des Moduls os.path.

Name	Beschreibung
abspath(path)	Gibt zu einem relativen Pfad den dazugehörigen absoluten und normalisierten Pfad (siehe dazu os.normpath) zurück.
basename(path)	Gibt den Basisnamen des Pfades zurück.
commonprefix(list)	Gibt den längsten gemeinsamen Basispfad der Pfadliste list zurück.
dirname(path)	Gibt den Pfad zu dem Verzeichnis zurück, in dem sich path befindet.
exists(path)	Gibt True zurück, wenn der Pfad path im Dateisystem existiert, sonst False.
getatime(path)	Gibt den Zeitpunkt des letzten Zugriffs auf path als Unix-Zeitstempel zurück.
getmtime(path)	Gibt den Zeitpunkt der letzten Änderung von path als Unix-Zeitstempel zurück.

Tabelle 31.4 Die wichtigsten Funktionen des Moduls os.path

Name	Beschreibung
getsize(path)	Gibt die Größe der unter path zu findenden Datei in Bytes zurück. Der Rückgabewert ist dabei immer eine int-Instanz.
isabs(path)	Der Rückgabewert ist True, wenn es sich bei path um eine absolute Pfadangabe handelt, sonst False.
isfile(path)	Gibt True zurück, wenn path auf eine Datei verweist, sonst False. Die Funktion folgt dabei gegebenenfalls symbolischen Links.
isdir(path)	Wenn der übergebene Pfad auf einen Ordner verweist, wird True zurückgegeben, ansonsten False.
islink(path)	Gibt True zurück, wenn unter path ein symbolischer Link zu finden ist, sonst False.
join(path1, [path2, …])	Verkettet die übergebenen Pfadbausteine zu einem Gesamtpfad.
normcase(path)	Wandelt einen Unix-Pfad in einen Windows-Pfad um.
realpath(path)	Gibt einen zu path äquivalenten Pfad zurück, der keine Umwege über symbolische Links enthält.
split(path)	Spaltet path in Verzeichnis und Datei auf.
splitdrive(path)	Spaltet path in den Laufwerksbuchstaben und Pfad auf dem Laufwerk auf.
splitext(path)	Teilt den path in den Pfad zu der Datei und die Dateiendung. Beide Elemente werden in einem Tupel zurückgegeben.

Tabelle 31.4 Die wichtigsten Funktionen des Moduls os.path (Forts.)

abspath(path)

Diese Funktion gibt zu einem relativen Pfad den dazugehörigen absoluten und normalisierten Pfad (siehe dazu os.normpath) zurück. Das folgende Beispiel verdeutlicht die Arbeitsweise:

```
>>> os.path.abspath(".")
'Z:\\beispiele\\os'
```

In diesem Fall haben wir mithilfe des relativen Pfades "." auf das aktuelle Verzeichnis herausgefunden, dass unser Skript unter 'Z:\\beispiele\\os' gespeichert ist.

basename(path)

Diese Funktion gibt den sogenannten *Basisnamen* des Pfades zurück. Der Basisname eines Pfades ist der Teil hinter dem letzten Ordnertrennzeichen, wie zum Beispiel \ oder /. Diese Funktion eignet sich sehr gut, um den Dateinamen aus einem vollständigen Pfad zu extrahieren:

```
>>> os.path.basename(r"C:\Windows\System32\ntoskrnl.exe")
'ntoskrnl.exe'
```

> **Hinweis**
>
> Diese Funktion unterscheidet sich von dem Unix-Kommando basename dadurch, dass sie einen leeren String zurückgibt, wenn der String mit einem Ordnertrennzeichen endet:
>
> ```
> >>> os.path.basename(r"/usr/include/")
> ''
> ```
>
> Im Gegensatz dazu sieht die Ausgabe des gleichnamigen Unix-Kommandos so aus:
>
> ```
> $ basename /usr/include/
> include
> ```

commonprefix(list)

Diese Funktion gibt einen möglichst langen String zurück, mit dem alle Elemente der als Parameter übergebenen Pfadliste list beginnen:

```
>>> os.path.commonprefix([r"C:\Windows\System32\ntoskrnl.exe",
...                       r"C:\Windows\System\TAPI.dll",
...                       r"C:\Windows\system32\drivers"])
'C:\\Windows\\'
```

Es ist aber nicht garantiert, dass der resultierende String auch ein gültiger und existierender Pfad ist, da die Pfade als einfache Strings betrachtet werden.

dirname(path)

Diese Funktion gibt den Ordnerpfad von path zurück:

```
>>> os.path.dirname(r"C:\Windows\System\TAPI.dll")
'C:\\Windows\\System'
```

Genau wie bei os.path.basename müssen Sie auch hier das abweichende Verhalten bei Pfaden beachten, die mit einem Ordnertrennzeichen enden:

```
>>> os.path.dirname(r"/usr/include")
'/usr'
>>> os.path.dirname(r"/usr/include/")
'/usr/include'
```

exists(path)

Diese Funktion gibt True zurück, wenn der angegebene Pfad auf eine existierende Datei oder ein vorhandenes Verzeichnis verweist, ansonsten False.

getatime(path)

Diese Funktion gibt den Unix-Zeitstempel des letzten Zugriffs auf den übergebenen Pfad zurück. Kann auf die übergebene Datei oder den Ordner nicht zugegriffen werden oder ist dieses Element nicht vorhanden, führt dies zu einem os.error.[1]

getmtime(path)

Diese Funktion gibt einen Unix-Zeitstempel zurück, der angibt, wann die Datei oder der Ordner unter path zum letzten Mal verändert wurde. Existiert der übergebene Pfad nicht im Dateisystem, wird os.error geworfen.

join(path1, [path2, ...])

Diese Funktion fügt die übergebenen Pfadangaben zu einem einzigen Pfad zusammen, indem sie verkettet werden. Dabei wird das übliche Trennzeichen des Betriebssystems verwendet:

```
>>> os.path.join(r"C:\Windows", r"System\ntoskrnl.exe")
'C:\\Windows\\System\\ntoskrnl.exe'
```

Wird ein absoluter Pfad als zweites oder späteres Argument übergeben, ignoriert os.path.join alle vorher übergebenen Pfade:

```
>>> os.path.join(r"Das\wird\ignoriert", r"C:\Windows", r"System\ntoskrnl.exe")
'C:\\Windows\\System\\ntoskrnl.exe'
```

normcase(path)

Auf Betriebssystemen, die bei Pfaden nicht hinsichtlich Groß- und Kleinschreibung unterscheiden (z. B. Windows), werden alle Großbuchstaben durch ihre kleinen Entsprechungen ersetzt. Außerdem werden unter Windows alle Slashs durch Backslashs ausgetauscht:

```
>>> os.path.normcase(r"C:\Windows/System32/ntoskrnl.exe")
'c:\\windows\\system32\\ntoskrnl.exe'
```

Unter Unix wird der übergebene Pfad ohne Änderung zurückgegeben.

---

[1] Unix-Zeitstempel sind Ganzzahlen, die die Sekunden seit Beginn der Unix-Epoche, also seit dem 01.01.1970 angeben.

split(path)

Diese Funktion teilt den übergebenen Pfad in den Namen des Ordners oder der Datei, die er beschreibt, und den Pfad zu dem direkt übergeordneten Verzeichnis und gibt ein Tupel zurück, das die beiden Teile enthält:

```
>>> os.path.split(r"C:\Windows\System32\ntoskrnl.exe")
('C:\\Windows\\System32', 'ntoskrnl.exe')
```

> **Hinweis**
>
> Wenn der Pfad mit einem Slash oder Backslash endet, ist das zweite Element des Tupels ein leerer String:
>
> ```
> >>> os.path.split("/home/revelation/")
> ('/home/revelation', '')
> ```

splitdrive(path)

Diese Funktion teilt den übergebenen Pfad in die Laufwerksangabe und den Rest, sofern die Plattform Laufwerksangaben unterstützt:

```
>>> os.path.splitdrive(r"C:\Windows/System32/ntoskrnl.exe")
('C:', '\\Windows/System32/ntoskrnl.exe')
```

Unter Betriebssystemen, die keine Laufwerksbuchstaben unterstützen, ist der erste String des Tupels ein leerer String:

```
>>> os.path.splitdrive("/usr/share/bin")
('', '/usr/share/bin')
```

splitext(path)

Diese Funktion teilt den path in den Pfad zu der Datei und die Dateiendung. Beide Elemente werden in einem Tupel zurückgegeben:

```
>>> os.path.splitext(r"C:\Windows\System32\Notepad.exe")
('C:\\Windows\\System32\\Notepad', '.exe')
```

31.3 Zugriff auf das Dateisystem – shutil

Das Modul shutil ist als Ergänzung zu os und os.path anzusehen und enthält Funktionen, die insbesondere das Kopieren und Entfernen von Dateien betreffen. Dabei wird von den plattformspezifischen Programmen wie beispielsweise copy unter Windows oder cp unter Unix abstrahiert.

Mit Python 3.2 sind außerdem Funktionen zum Erzeugen und Entpacken von Archivdateien (wie ZIP- oder TAR-Archiven) hinzugekommen.

Folgende Funktionen werden von shutil implementiert, wobei die Parameter src und dst jeweils Strings sind, die den Pfad der Quell- bzw. der Zieldatei enthalten:

Name	Beschreibung
Verzeichnis- und Dateioperationen	
chown(path, [user, group])	Setzt den Eigentümer und die Gruppe von path auf die übergebenen Werte user bzw. group.
copy(src, dst, [follow_symlinks])	Kopiert die Datei unter dem Pfad src nach dst. Im Unterschied zu copyfile kann dst dabei auch auf ein Verzeichnis verweisen, in das die Datei kopiert werden soll.
copyfile(src, dst, [follow_symlinks])	Kopiert die Datei unter src nach dst. Wenn die Datei unter dst bereits existiert, wird sie ohne Rückfrage überschrieben. Dabei muss der Pfad dst schreibbar sein. Ansonsten wird eine PermissionError-Exception geworfen.
copyfileobj(fsrc, fdst, [length])	Kopiert den Inhalt des zum Lesen geöffneten Dateiobjekts fsrc in das zum Schreiben geöffnete fdst-Objekt.
copymode(src, dst, [follow_symlinks])	Kopiert die Zugriffsrechte vom Pfad src auf den Pfad dst. Dabei bleiben der Inhalt von dst sowie der Besitzer und die Gruppe unangetastet. Beide Pfade müssen bereits im Dateisystem existieren.
copystat(src, dst, [follow_symlinks])	Wie copymode, aber es werden zusätzlich die Zeiten für den letzten Zugriff in die letzte Modifikation kopiert.
copy2(src, dst, [follow_symlinks])	Wie copy, aber es werden zusätzlich die Zeiten des letzten Zugriffs und der letzten Änderung kopiert.
copytree(src, dst, [symlinks ignore, copy_function, ignore_dangling_symlinks])	Kopiert die gesamte Verzeichnisstruktur unter src nach dst.
disc_usage(path)	Gibt Informationen über die Speicherkapazität, Belegung und den freien Speicher unter path als Tupel zurück.

Tabelle 31.5 Funktionen des Moduls shutil

Name	Beschreibung
ignore_patterns([*patterns])	Erzeugt eine Funktion, die bei der copytree-Funktion für den Parameter ignore übergeben werden kann, um bestimmte Dateien vom Kopieren auszuschließen.
move(src, dst)	Verschiebt die Datei oder den Ordner von src nach dst.
rmtree(src, [ignore_errors, onerror])	Löscht die gesamte Verzeichnisstruktur unter src.
which(cmd, [mode, path])	Gibt den Pfad der ausführbaren Datei zurück, die zum Kommando cmd gehört.
Archivoperationen	
make_archive(base_name, format, [root_dir])	Erzeugt eine Archivdatei, in der Dateien im Verzeichnis root_dir enthalten sind, und gibt den Namen des Archivs zurück.
get_archive_formats()	Gibt eine Liste der verfügbaren Archivformate zum Erzeugen von Archiven zurück.
get_unpack_formats()	Gibt eine Liste verfügbarer Archivformate zum Entpacken von Archiven zurück.
unpack_archive(filename, [extract_dir, format])	Entpackt das Archiv unter filename in das Verzeichnis extract_dir.

Tabelle 31.5 Funktionen des Moduls shutil (Forts.)

Im Folgenden werden zunächst die Funktionen für Verzeichnisse und Dateien und danach die Archivoperationen im Detail besprochen. Um die aufgeführten Beispiele ausführen zu können, muss zunächst das Modul shutil eingebunden werden:

```
>>> import shutil
```

31.3.1 Verzeichnis- und Dateioperationen

copy(src, dst [follow_symlinks])

Diese Operation kopiert die Datei unter dem Pfad src nach dst. Der Parameter dst kann dabei einen Pfad zu einer Datei enthalten, die dann erzeugt oder überschrieben wird. Verweist dst auf einen Ordner, wird eine neue Datei mit dem Dateinamen von src im Ordner dst erzeugt oder gegebenenfalls überschrieben. Dies ist der wesentliche Unterschied zur Funktion copyfile, die keinen Ordner als Ziel akzeptiert.

Die Zugriffsrechte werden mitkopiert.

Hat der Parameter follow_symlinks den Wert False, werden symbolische Links selbst kopiert, während der Standardwert True dafür sorgt, dass anstelle eines symbolischen Links die davon referenzierte Datei kopiert wird.

copytree(src, dst, [symlinks, ignore, copy_function, ignore_dangling_symlinks])

Diese Operation kopiert die gesamte Verzeichnisstruktur unter src nach dst. Der Pfad dst darf dabei nicht auf einen bereits existierenden Ordner verweisen, und es werden alle fehlenden Verzeichnisse des Pfades dst erzeugt.

Der optionale Parameter symlinks gibt an, wie mit symbolischen Links verfahren werden soll. Hat symlinks den Wert False oder wird symlinks nicht angegeben, werden die verlinkten Dateien oder Ordner selbst in die kopierte Verzeichnisstruktur eingefügt. Bei einem symlinks-Wert von True werden nur die Links kopiert. Falls symlinks den Wert False hat und der Parameter ignore_dangling_symlinks auf True gesetzt ist, werden Fehler ignoriert, die auftreten, falls ein symbolischer Link auf eine nicht vorhandene Datei zeigt.

Der Parameter ignore erwartet eine Funktion, die bestimmte Dateien vom Kopieren ausschließt. Die Funktion ignore_patterns dient dazu, eine solche Funktion zu erzeugen. Das folgende Beispiel erzeugt eine Funktion, mit der alle auf ".txt" endenden Dateinamen aussortiert werden. Außerdem werden Dateinamen ignoriert, die mit "tmp" beginnen.

```
>>> my_ignore_function = shutil.ignore_patterns("*.txt", "tmp*")
```

Für das Kopieren der Dateien wird die Funktion verwendet, die mit dem Parameter copy_function übergeben wird, wobei copy2 die Standardeinstellung ist.

Die Funktion copytree greift intern auf die Funktion copystat zurück, um die Rechte der erzeugten Verzeichnisse und Dateien zu setzen.

rmtree(src, [ignore_errors, onerror])

Hiermit wird die gesamte Verzeichnisstruktur unter src gelöscht. Für ignore_errors kann ein Wahrheitswert übergeben werden, der bestimmt, ob beim Löschen auftretende Fehler ignoriert oder von der Funktion, die für onerror übergeben wurde, behandelt werden sollen. Wird ignore_errors nicht angegeben, erzeugt jeder auftretende Fehler eine Exception.

Wenn Sie onerror angeben, muss es eine Funktion sein, die drei Parameter erwartet:

- function – eine Referenz auf die Funktion, die den Fehler verursacht hat. Dies können os.listdir, os.remove oder os.rmdir sein.

- path – der Pfad, für den der Fehler auftrat
- excinfo – der Rückgabewert von sys.exc_info im Kontext des Fehlers

> **Hinweis**
>
> Exceptions, die von der Funktion onerror geworfen werden, werden nicht abgefangen.

31.3.2 Archivoperationen

Für die folgenden Tests gehen wir davon aus, dass sich im aktuellen Arbeitsverzeichnis ein Verzeichnis namens daten befindet, das aufgebaut ist wie in Abbildung 31.2 gezeigt.

```
daten
├── unterordner1
│   ├── datei4.txt
│   └── datei5.txt
├── unterordner2
│   ├── unterordner3
│   │   └── datei7.txt
│   └── datei6.txt
├── datei1.txt
├── datei2.txt
└── datei3.txt
```

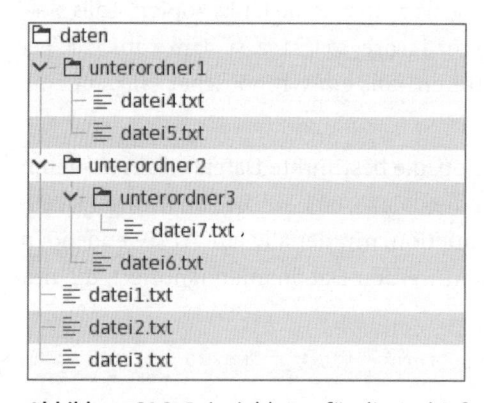

Abbildung 31.2 Beispieldaten für die Archivfunktionen

make_archive(base_name, format, [root_dir, base_dir, verbose, dry_run, owner, group, logger])

Diese Funktion erzeugt ein neues Archiv, das die Dateien im Verzeichnis root_dir enthält. Wird root_dir nicht angegeben, werden die Dateien des aktuellen Arbeitsverzeichnisses gepackt. Mit dem Parameter base_name werden der Speicherort und der Name der Archivdatei festgelegt, wobei die Dateiendung *nicht* mit angegeben werden sollte.

Über den Parameter format wird das gewünschte Format der Archivdatei angegeben. Die verfügbaren Archivformate können Sie mit der Funktion get_archive_formats ermitteln (siehe unten).

Ein typischer Aufruf von make_archive sieht folgendermaßen aus:

```
>>> shutil.make_archive("test", "zip", "daten")
'[…]/test.zip'
```

Mithilfe des Unix-Programms unzip sehen wir, dass das Archiv alle Dateien im Verzeichnis daten enthält:

```
computer ~ $ unzip -v test.zip
Archive:  test.zip
 Length   Method    Size   Name
      2   Defl:N       4   datei2.txt
      2   Defl:N       4   datei3.txt
      2   Defl:N       4   datei1.txt
      2   Defl:N       4   unterordner1/datei5.txt
      2   Defl:N       4   unterordner1/datei4.txt
      2   Defl:N       4   unterordner2/datei6.txt
      2   Defl:N       4   unterordner2/unterordner3/datei7.txt
```

Möchten Sie nur die Dateien eines Unterverzeichnisses von root_dir inklusive des zugehörigen relativen Pfades packen, können Sie dies mit dem Parameter base_dir erreichen.

Wir werden im folgenden Beispiel nur die Dateien im Unterverzeichnis unterordner2 packen, wobei jedoch der relative Pfad innerhalb des Verzeichnisses daten erhalten bleibt:

```
>>> shutil.make_archive("test2", "zip", "daten", "unterordner2")
'[…]/test2.zip'
```

Wieder überprüfen wir mithilfe von unzip den Inhalt des Archivs:

```
computer ~ $ unzip -v test2.zip
Archive:  test2.zip
 Length   Method    Size   Name
      2   Defl:N       4   unterordner2/datei6.txt
      2   Defl:N       4   unterordner2/unterordner3/datei7.txt
```

Sie sehen, dass alle Dateien und Ordner im Verzeichnis unterordner2 gepackt worden sind, wobei der relative Pfad zum Verzeichnis daten, nämlich unterordner2, erhalten geblieben ist.

Für die technischen und selten gebrauchten Parameter verbose, dry_run, owner, group und logger verweisen wir Sie auf die Python-Dokumentation.

get_archive_formats()

Diese Funktion gibt eine Liste zweielementiger Tupel zurück, in denen die verfügbaren Formate zum Erstellen von Archiven beschrieben werden.

```
>>> shutil.get_archive_formats()
[('bztar', "bzip2'ed tar-file"),
 ('gztar', "gzip'ed tar-file"),
```

```
('tar', 'uncompressed tar file'),
('xztar', "xz'ed tar-file"),
('zip', 'ZIP file')]
```

Jedes Tupel in dieser Liste enthält zwei Strings: den Namen des Formats und eine kurze Beschreibung.

get_unpack_formats()

Diese Funktion arbeitet wie `get_archive_formats`, nur werden hier die verfügbaren Formate zum Entpacken von Archiven aufgelistet.

unpack_archive(filename, [extract_dir, format])

Diese Funktion entpackt das Archiv unter dem Pfad `filename` in das Zielverzeichnis `extract_dir`. Wird `extract_dir` nicht angegeben, werden die Daten in das aktuelle Arbeitsverzeichnis entpackt.

Mit dem Parameter `format` kann das Format des Archivs angegeben werden. Falls kein Wert für `format` übergeben wurde, versucht `unpack_archive`, das Format des Archivs anhand der Dateiendung zu ermitteln.

31.4 Temporäre Dateien – tempfile

Wenn Ihre Programme umfangreiche Daten verarbeiten müssen, ist es oft nicht sinnvoll, alle Daten auf einmal im Arbeitsspeicher zu halten. Für diesen Zweck existieren temporäre Dateien, die es Ihnen erlauben, gerade nicht benötigte Daten vorübergehend auf die Festplatte auszulagern. Allerdings eigenen sich temporäre Dateien nicht dazu, Daten dauerhaft zu speichern.

Für den komfortablen Umgang mit temporären Dateien stellt Python das Modul `tempfile` bereit.

Die wichtigste Funktion dieses Moduls ist `TemporaryFile`, die ein geöffnetes Dateiobjekt zurückgibt, das mit einer neuen temporären Datei verknüpft ist. Die Datei wird für Lese- und Schreibzugriffe im Binärmodus ("w+b") geöffnet. Wir als Benutzer der Funktion brauchen uns dabei um nichts weiter als das Lesen und Schreiben unserer Daten zu kümmern. Das Modul sorgt dafür, dass die temporäre Datei angelegt wird, und löscht sie auch wieder, wenn das Dateiobjekt von der Garbage Collection entsorgt wird.

Das Auslagern von Daten eines Programms auf die Festplatte ist ein Sicherheitsrisiko, weil andere Programme die Daten auslesen und damit unter Umständen Zugriff auf sicherheitsrelevante Informationen erhalten könnten. Deshalb versucht

TemporaryFile, die Datei sofort nach ihrer Erzeugung aus dem Dateisystem zu entfernen, um sie vor anderen Programmen zu verstecken, falls dies vom Betriebssystem unterstützt wird. Außerdem wird für den Dateinamen ein zufälliger String benutzt, der aus sechs Zeichen besteht, wodurch es für andere Programme schwierig wird, herauszufinden, zu welchem Programm eine temporäre Datei gehört.

Auch wenn Sie TemporaryFile in den meisten Fällen ohne Parameter aufrufen werden, wollen wir die vollständige Schnittstelle besprechen:

TemporaryFile([mode, [bufsize, suffix, prefix, dir])

Die Parameter mode und bufsize entsprechen den gleichnamigen Argumenten der Built-in Function open (Mehr darüber erfahren Sie in Kapitel 6, »Dateien«). Mit suffix und prefix passen Sie bei Bedarf den Namen der neuen temporären Datei an. Das, was Sie für prefix übergeben, wird vor den automatisch erzeugten Dateinamen gesetzt, und der Wert für suffix wird hinten an den Dateinamen angehängt. Zusätzlich können Sie mit dem Parameter dir angeben, in welchem Ordner die Datei erzeugt werden soll. Standardmäßig kümmert sich TemporaryFile automatisch um einen Speicherort für die Datei.

Zur Veranschaulichung der Nutzung von TemporaryFile folgt ein kleines Beispiel, das erst einen String in einer temporären Datei ablegt und ihn anschließend wieder einliest:

```
>>> import tempfile
>>> tmp = tempfile.TemporaryFile()
>>> tmp.write(b"Hallo Zwischenspeicher")
22
>>> tmp.seek(0)
0
>>> data = tmp.read()
>>> data
b'Hallo Zwischenspeicher'
```

Beachten Sie im obigen Beispiel, dass wir einen bytes-String übergeben mussten, weil die temporäre Datei im Binärmodus geöffnet wurde. Möchten Sie str-Objekte in temporäre Dateien schreiben, müssen Sie die Datei im Textmodus "w" öffnen oder die Strings beim Speichern mithilfe der encode-Methode in ein bytes-Objekt umwandeln.

Falls Sie nicht wünschen, dass die temporäre Datei verborgen wird, benutzen Sie die Funktion NamedTemporaryFile, die die gleiche Schnittstelle wie TemporaryFile hat und sich auch ansonsten bis auf das Verstecken genauso verhält.

tempfile.TemporaryDirectory([suffix, prefix, dir])

Mithilfe von `tempfile.mkdtemp` ist es möglich, temporäre Ordner anzulegen, wobei alle vom Betriebssystem angebotenen Mittel genutzt werden, um unberechtigte Zugriffe auf die temporären Daten zu unterbinden. Die Schnittstelle von `tempfile.mkdtemp` verwenden Sie analog zu `tempfile.TemporaryFile`.

Als Rückgabewert erhalten Sie den absoluten Pfadnamen des temporären Ordners:

```
>>> tempfile.mkdtemp()
'/tmp/tmpFvqxTh'
```

Kapitel 32
Parallele Programmierung

Dieses Kapitel wird Sie in die parallele Programmierung mit Python einführen, wodurch es möglich wird, mehrere Aufgaben gleichzeitig auszuführen. Bevor wir mit den technischen Details und Beispielprogrammen beginnen können, erläutern wir Ihnen einige Begriffe, und wir betrachten die prinzipielle Arbeitsweise moderner Betriebssysteme.

32.1 Prozesse, Multitasking und Threads

Im Folgenden werden die Begriffe *Programm* und *Prozess* synonym für ein laufendes Programm verwendet.

Wir sind es als Benutzer moderner Computer gewohnt, dass mehrere Programme gleichzeitig ausgeführt werden können. Beispielsweise schreiben wir eine E-Mail, während im Hintergrund das letzte Urlaubsvideo in ein anderes Format umgewandelt wird und eine MP3-Software unseren Lieblingssong aus den Computerlautsprechern ertönen lässt. Abbildung 32.1 zeigt eine typische Arbeitssitzung, wobei jeder Kasten für ein laufendes Programm steht. Die Länge der Kästen entlang der Zeitachse zeigt an, wie lange der jeweilige Prozess läuft.

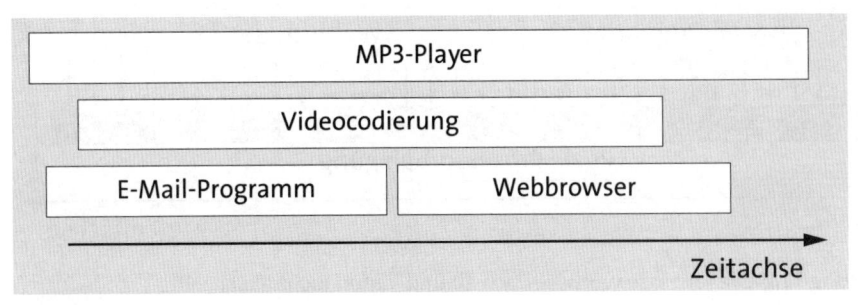

Abbildung 32.1 Mehrere Prozesse laufen gleichzeitig ab.

Faktisch kann ein Prozessor aber nur genau eine Aufgabe zu einem bestimmten Zeitpunkt übernehmen und nicht mehrere gleichzeitig. Selbst bei modernen Prozessoren mit mehr als einem Kern oder bei Rechnern mit vielen Prozessoren ist die Anzahl der gleichzeitig ausführbaren Programme durch die Anzahl der Kerne bzw. Prozessoren beschränkt. Wie ist es also möglich, dass das einleitend beschriebene Szenario auch auf einem Computer mit nur einem Prozessor, der nur einen einzigen Kern besitzt, funktioniert?

Der dahinterstehende Trick ist im Grunde sehr einfach, denn man versteckt die Limitierung der Maschine geschickt vor dem Benutzer, indem man ihm nur vorgaukelt, es würden mehrere Programme simultan laufen. Dies wird dadurch erreicht, dass man den Programmen in *Zeitscheiben* abwechselnd für kurze Zeit die Kontrolle über einen Prozessor zuteilt. Nach Ablauf einer solchen Zeitscheibe wird dem Programm die Kontrolle wieder entzogen, wobei sein aktueller Zustand gespeichert wird. Nun kann dem nächsten Programm eine Zeitscheibe zugeteilt werden. In der Zeit, in der ein Programm darauf wartet, eine Zeitscheibe zugeteilt zu bekommen, wird es als *schlafend* bezeichnet.

Sie können sich die Arbeit eines Computers so vorstellen, dass in rasender Geschwindigkeit alle laufenden Programme geweckt, für eine kurze Zeit ausgeführt und dann wieder schlafen gelegt werden. Durch die hohe Geschwindigkeit des Umschaltens zwischen den Prozessen nimmt der Benutzer dies nicht wahr. Die Verwaltung der verschiedenen Prozesse und die Zuteilung der Zeitscheiben wird vom Betriebssystem übernommen, das deshalb auch *Multitasking-System* (dt. »Mehrprozessbetriebssystem«) genannt wird.

Die korrekte Darstellung unseres anfänglichen Beispiels müsste also eher wie Abbildung 32.2 aussehen. Dabei symbolisiert jedes kleine Kästchen eine Zeitscheibe:

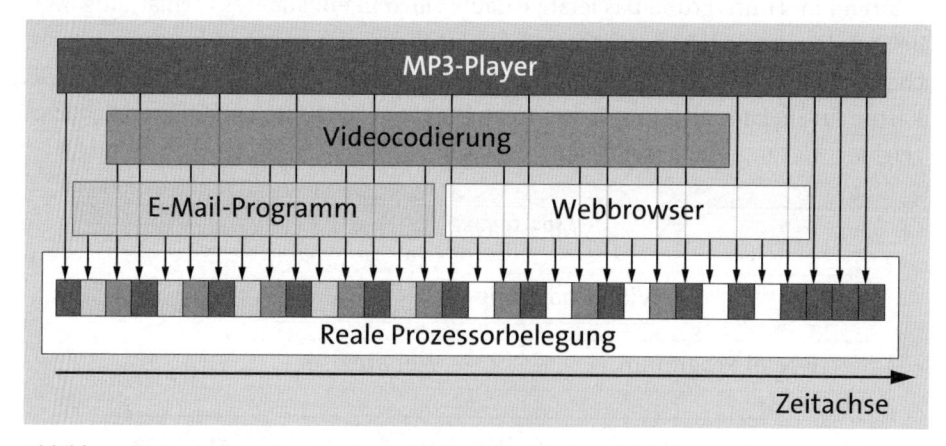

Abbildung 32.2 Die Prozesse wechseln sich ab und laufen nicht gleichzeitig.

32.1.1 Die Leichtgewichte unter den Prozessen – Threads

Innerhalb eines Prozesses selbst kann nur eine Aufgabe zur selben Zeit ausgeführt werden, wenn das Programm sequenziell abgearbeitet wird. In vielen Situationen ist es aber von Vorteil, dass ein Programm mehrere Operationen zeitgleich durchführt. Beispielsweise darf die Benutzeroberfläche während einer aufwendigen Berechnung nicht blockieren, sondern soll den aktuellen Status anzeigen, und der Benutzer muss die Möglichkeit haben, die Berechnung gegebenenfalls abbrechen zu können. Ein anderes Beispiel ist ein Webserver, der während der Verarbeitung einer Client-Anfrage auch für weitere Zugriffe verfügbar sein muss.

Es ist möglich, die Beschränkung auf nur eine Operation zur selben Zeit dadurch zu umgehen, dass weitere Prozesse erzeugt werden. Allerdings ist die Erzeugung eines Prozesses ressourcenaufwendig, und auch der Datenaustausch zwischen den Prozessen muss geregelt werden, weil jeder Prozess seine eigenen Variablen hat, die von den anderen Prozessen abgeschirmt sind.

Eine weitere Möglichkeit, um ein Programm zu parallelisieren, bieten sogenannte *Threads*. Ein Thread (dt. »Faden«) ist ein Ausführungsstrang innerhalb eines Prozesses. Standardmäßig besitzt jeder Prozess genau einen Thread, der die Ausführung des Prozesses organisiert.

Nun kann ein Prozess aber auch mehrere Threads starten, die dann durch das Betriebssystem wie Prozesse scheinbar gleichzeitig ausgeführt werden. Der Vorteil von Threads gegenüber Prozessen besteht darin, dass sich die Threads eines Prozesses denselben Speicherbereich für globale Variablen teilen. Wenn also in einem Thread eine globale Variable verändert wird, ist der neue Wert auch sofort für alle anderen Threads des Prozesses sichtbar[1]. Außerdem ist die Verwaltung von Threads für das Betriebssystem weniger aufwendig als die Verwaltung von Prozessen. Deshalb werden Threads auch *Leichtgewichtprozesse* genannt.

Die Threads in einem Prozess können Sie sich vorstellen wie in Abbildung 32.3.

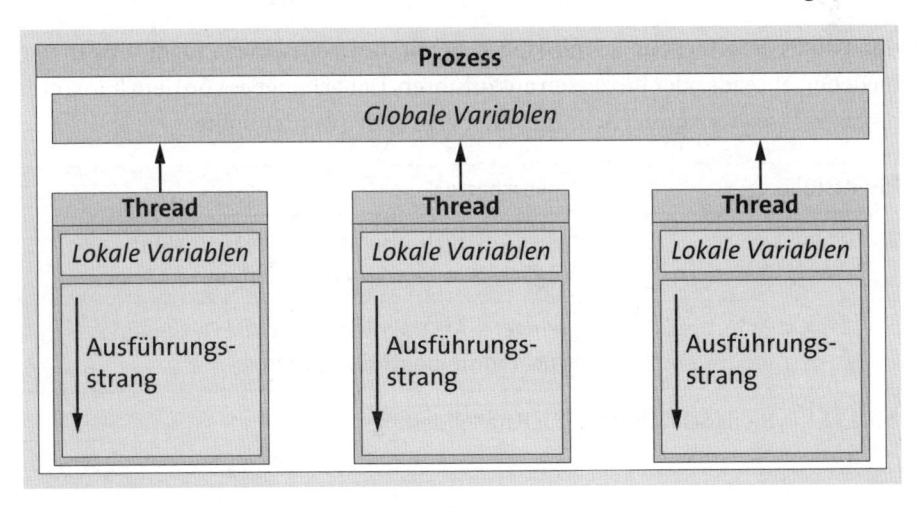

Abbildung 32.3 Ein Prozess mit drei Threads

---

[1] Um Fehler zu vermeiden, müssen solche Zugriffe in mehreren Threads speziell mit sogenannten *Critical Sections* abgesichert werden. Wir werden diese Thematik später in Abschnitt 32.5.1 noch ausführlicher behandeln.

In CPython[2] gibt es aus technischen Gründen derzeit leider keine Möglichkeit, verschiedene Threads auf verschiedenen Prozessoren oder Prozessorkernen auszuführen. Dies hat zur Folge, dass selbst Python-Programme, die intensiv auf Threading setzen, nur einen einzigen Prozessor oder Prozessorkern nutzen können.

32.1.2 Threads oder Prozesse?

Ob Sie für Ihr Programm Threads oder Prozesse für die Parallelisierung verwenden sollten, hängt von Ihren Anforderungen ab. Wenn Sie beispielsweise ein Programm entwickeln, das eine langwierige Rechnung im Hintergrund durchführt, während die Oberfläche des Programms weiterhin verzögerungsfrei auf Benutzereingaben reagieren soll, sind Threads eine gute Wahl. Ebenso eignen sich Threads dafür, um mit langsamen Ein-/Ausgabeschnittstellen wie Netzwerkverbindungen zu arbeiten: Während ein Thread auf neue Daten wartet, kann ein anderer bereits erhaltene Daten verarbeiten.

Anders sieht es aus, wenn Ihr Programm große Datenmengen verarbeiten oder komplexe Rechnungen durchführen muss, sodass Sie gerne die gesamte verfügbare Rechenleistung mehrerer Prozessorkerne verwenden möchten. In diesem Fall sind Sie aufgrund der oben erwähnten Beschränkung von CPython gezwungen, Prozesse zu verwenden.

32.2 Pythons Schnittstellen zur Parallelisierung

Python stellt verschiedene Schnittstellen bereit, um Teile eines Programms in verschiedenen Threads oder Prozessen auszuführen. Dabei hängt es von dem konkreten Einsatzzweck ab, welche der Schnittstellen verwendet werden sollte.

Schnittstelle	Eigenschaften
concurrent.futures	hoher Abstraktionsgrad, geringe Flexibilität, keine Möglichkeiten zur Synchronisierung
threading, multiprocessing	geringerer Abstraktionsgrad, hohe Flexibilität, Synchronisierungsmöglichkeiten

Tabelle 32.1 Pythons Schnittstellen zur Parallelisierung

---

[2] Mit CPython wird die Referenzimplementierung von Python bezeichnet. Eine Übersicht über andere Python-Varianten finden Sie in Abschnitt 37.4 und Abschnitt 35.6.9.

Für einfache Aufgaben, die unabhängig voneinander und ohne Datenaustausch durchgeführt werden können, gibt es das Modul concurrent.futures[3]. Es stellt eine komfortable Schnittstelle zur Verfügung, die es ermöglicht, Funktionsaufrufe in verschiedenen Threads oder Prozessen auszuführen. Dabei wird davon ausgegangen, dass jeder Funktionsaufruf unabhängig von den anderen durchlaufen werden kann, wobei die Reihenfolge der Aufrufe keine Rolle spielen darf und auch keine Daten zwischen den verschiedenen Funktionsaufrufen ausgetauscht werden dürfen.

Die Module threading und multiprocessing hingegen stellen mächtige Werkzeuge bereit, um bei parallelen Programmen auch Daten zwischen Prozessen beziehungsweise Threads in sicherer Weise auszutauschen. Intern verwendet concurrent.futures die Fähigkeiten der Module threading beziehungsweise multiprocessing, sodass es sich dabei nicht um eine gesonderte Implementierung, sondern eine zusätzliche Abstraktionsschicht handelt.

Wir werden in diesem Kapitel zunächst die abstraktere Schnittstelle concurrent.futures betrachten und später auf ausgewählte Probleme der Synchronisierung mehrerer Threads oder Prozesse in threading und multiprocessing eingehen.

32.3 Parallelisierung von Funktionsaufrufen

Für den Anwendungsfall, dass ein Programm komplexe, aber voneinander unabhängige Aufgaben ausführen muss, existiert das Modul concurrent.futures. Mit concurrent.futures können Funktionsaufrufe in komfortabler Weise in Threads oder Prozessen ausgeführt werden.

Es werden die Klassen ThreadPoolExecutor und ProcessPoolExecutor bereitgestellt, deren Instanzen jeweils eine Menge von Threads beziehungsweise Prozessen repräsentieren. Beide Klassen implementieren eine gemeinsame Schnittstelle, die eines *Executors*. Ein Executor dient dazu, eine Folge von Aufgaben abzuarbeiten, wobei er sich mehrerer *Workers*, eben der Threads beziehungsweise Prozesse, bedienen kann.

Die Schnittstelle eines Executors umfasst die folgenden Methoden:

Methode	Beschreibung
submit(fn, [*args], {**kwargs})	Meldet eine neue Aufgabe beim Executor an. Die Aufgabe besteht darin, die Funktion fn mit den Parametern args und kwargs aufzurufen.

Tabelle 32.2 Die Methoden der Executor-Klassen

---

[3] Das Modul concurrent.futures wurde in Python 3.2 eingeführt. Mit dem Modul futures im Python Package Index kann diese Funktion aber auch in älteren Versionen von Python genutzt werden.

Methode	Beschreibung
map(fn, [*iterables], {timeout})	Wendet die Funktion fn auf alle Elemente der iterierbaren Objekte iterables an und erzeugt einen Iterator über die Ergebnisse.
shutdown([wait])	Weist den Executor an, alle verwendeten Ressourcen wieder freizugeben, sobald die übergebenen Aufgaben abgearbeitet sind.

Tabelle 32.2 Die Methoden der Executor-Klassen (Forts.)

Sie können sich einen Executor wie den Chef eines Teams aus mehreren Arbeitern vorstellen, dem Sie über die Methode submit die Aufgaben mitteilen, die das Team für uns erledigen soll. Die Verteilung dieser Aufgaben an die einzelnen Arbeiter wird dabei vom Executor übernommen.

Beim Erzeugen einer neuen Executor-Instanz können wir die Anzahl der gewünschten Workers über den Schlüsselwortparameter max_workers festlegen.

32.3.1 Ein Beispiel mit einem futures.ThreadPoolExecutor

Im folgenden Beispiel verwenden wir einen ThreadPoolExecutor, um vier Aufrufe einer einfachen Beispielfunktion in drei Threads auszuführen.

```python
from concurrent import futures
from time import sleep, time

def test(t):
    sleep(t)
    print("Ich habe {} Sekunden gewartet. Zeit: {:.0f}".format(t, time()))

e = futures.ThreadPoolExecutor(max_workers=3)
print("Startzeit:                       {:.0f}".format(time()))
e.submit(test, 9)
e.submit(test, 2)
e.submit(test, 5)
e.submit(test, 6)
print("Alle Aufgaben gestartet.")
e.shutdown()
print("Alle Aufgaben erledigt.")
```

Die Funktion test erzeugt eine verzögerte Ausgabe auf dem Bildschirm, wobei mit dem Parameter t die Länge der Verzögerung festgelegt werden kann. Im Beispiel lassen wir den Executor diese Funktion mit verschiedenen Verzögerungen aufrufen, was die folgende Ausgabe erzeugt:

```
Startzeit:                      1428830988
Alle Aufgaben gestartet.
Ich habe 2 Sekunden gewartet. Zeit: 1428830990
Ich habe 5 Sekunden gewartet. Zeit: 1428830993
Ich habe 6 Sekunden gewartet. Zeit: 1428830996
Ich habe 9 Sekunden gewartet. Zeit: 1428830997
Alle Aufgaben erledigt.
```

Die Zeitstempel der Ausgaben belegen, dass die Funktionsaufrufe parallel ausgeführt worden sind, denn die Ausgaben für die Wartezeiten von 2, 5 und 9 Sekunden erfolgen genau um die jeweilige Wartezeit verzögert nach der Startzeit. Wären die Aufrufe sequenziell abgearbeitet worden, hätten sich die Zeiten aufsummiert.

Eine Ausnahme bildet der Aufruf für die Wartezeit von 6 Sekunden, die erst nach 8 Sekunden auf dem Bildschirm erscheint. Der Grund für diese Verzögerung ist die Anzahl der Worker-Threads unseres Executors. Der Executor verwaltet intern eine Warteschlange der Aufgaben, die ihm per submit übergeben worden sind. Diese Warteschlange wird in derselben Reihenfolge abgearbeitet, in der die jeweiligen Aufrufe von submit erfolgt sind. In unserem Beispiel stehen dem Executor drei Threads zur Verfügung, um die vier Aufgaben zu erledigen. Zuerst wird also der Aufruf der Funktion test mit dem Parameter 9 in einem Thread gestartet. Nachdem dann auch noch die Aufrufe mit den Parametern 2 und 5 in eigenen Threads gestartet worden sind, hat der Executor die von uns festgelegte maximale Anzahl von Workers erreicht. Deshalb erfolgt der Aufruf mit dem Parameter 6 erst dann, wenn wieder ein Worker-Thread frei geworden ist. Nach 2 Sekunden ist die Aufgabe mit der kürzesten Wartezeit abgearbeitet, sodass der Aufruf für den Parameter 6 mit der entsprechenden Verzögerung gestartet wird.

Interessant ist außerdem das unterschiedliche Verhalten der Methoden submit und shutdown, denn jeder Aufruf von submit gibt die Kontrolle sofort wieder an die aufrufende Ebene zurück, ohne darauf zu warten, dass die übergebene Funktion ihre Arbeit vollendet hat. Deshalb erscheint die Ausgabe »Alle Aufgaben gestartet.« vor den Ausgaben der Funktion test. Der Aufruf von shutdown hingegen blockiert die Ausführung der aufrufenden Ebene so lange, bis alle Aufgaben abgearbeitet sind, und gibt dann die verwendeten Ressourcen wieder frei.

Wird für den Parameter wait der Wert False übergeben, gibt auch shutdown die Kontrolle sofort wieder an die aufrufende Ebene zurück, sodass dort ohne Verzögerung weitergearbeitet werden kann. Das gesamte Programm wird dann trotzdem so lange nicht beendet, wie noch Arbeiten im Hintergrund ausgeführt werden. Wichtig ist dabei, dass ein Executor nach dem Aufruf von shutdown keine weiteren Aufgaben mehr entgegennehmen kann.

Ersetzen wir im Beispielprogramm die Zeile e.shutdown() durch e.shutdown(False), ändert sich die Ausgabe deshalb folgendermaßen:

```
Startzeit:                        1428829782
Alle Aufgaben gestartet.
Alle Aufgaben erledigt.
Ich habe 2 Sekunden gewartet. Zeit: 1428829784
Ich habe 5 Sekunden gewartet. Zeit: 1428829787
Ich habe 6 Sekunden gewartet. Zeit: 1428829788
Ich habe 9 Sekunden gewartet. Zeit: 1428829791
```

Wie Sie sehen, erscheint die Ausgabe nach dem Aufruf von e.shutdown nun sofort auf dem Bildschirm, obwohl noch Hintergrundarbeiten laufen. Trotzdem wartet Python auf die noch laufenden Hintergrundprozesse, sodass noch alle verbleibenden Ausgaben erfolgen, bevor das Programm beendet wird.

32.3.2 Executor-Instanzen als Kontext-Manager

Der typische Lebenszyklus einer Executor-Instanz sieht so aus, dass sie erzeugt wird, ihr Aufgaben zugeteilt werden und sie dann auf das Ende der Aufgaben wartet, um abschließend wieder freigegeben zu werden.

Um diesen typischen Ablauf abzubilden, können Sie jeden Executor als Kontext-Manager mit der with-Anweisung verwenden, wodurch der explizite Aufruf von shutdown entfällt. Der letzte Teil in unserem Beispiel kann durch den folgenden with-Block ersetzt werden:

```
print("Startzeit:                        {:.0f}".format(time()))
with futures.ThreadPoolExecutor(max_workers=3) as e:
    e.submit(test, 9)
    e.submit(test, 2)
    e.submit(test, 5)
    e.submit(test, 6)
    print("Alle Aufgaben gestartet.")
print("Alle Aufgaben erledigt.")
```

Wenn Sie einen Executor als Kontext-Manager mit with verwenden, wird der with-Block erst dann verlassen, wenn alle zugeteilten Aufgaben erledigt sind, da die Methode e.shutdown implizit ohne Parameter gerufen wird.

32.3.3 Die Verwendung von futures.ProcessPoolExecutor

Um anstelle von Threads im obigen Beispiel Prozesse für die Parallelisierung zu verwenden, wird die Klasse futures.ThreadPoolExecutor durch futures.ProcessPoolExecutor ersetzt. Außerdem muss dafür gesorgt werden, dass die Kindprozesse ihrerseits nicht wieder neue Prozesse starten. Das angepasste Beispielprogramm sieht dann folgendermaßen aus, wobei wir die Version mit with-Anweisung zugrunde gelegt haben:

```python
from concurrent import futures
from time import sleep, time

def test(t):
    sleep(t)
    print("Ich habe {} Sekunden gewartet. Zeit: {:.0f}".format(t, time()))

if __name__ == "__main__":
    print("Startzeit:                        {:.0f}".format(time()))
    with futures.ProcessPoolExecutor(max_workers=3) as e:
        e.submit(test, 9)
        e.submit(test, 2)
        e.submit(test, 5)
        e.submit(test, 6)
        print("Alle Aufgaben gestartet.")
    print("Alle Aufgaben erledigt.")
```

Neben der Verwendung von ProcessPoolExecutor anstelle von ThreadPoolExecutor haben wir mit der Abfrage der globalen Variablen __name__ geprüft, ob die Python-Datei direkt ausgeführt wird, und nur in diesem Fall die Unterprozesse gestartet. Hintergrund ist, dass die Python-Datei, in der die Unterprozesse gestartet werden, von diesen als Modul importierbar sein muss. Der Wert der globalen Variablen __name__ ist nur dann "__main__", wenn die Datei direkt mit dem Python-Interpreter ausgeführt wird. Wird die Datei hingegen als Modul importiert, hat sie einen anderen Wert, nämlich den Namen des Moduls. Durch diese Abfrage wird somit verhindert, dass ein Unterprozess beim Importieren des Moduls erneut den Code im if-Block ausführt.

> **Hinweis**
> Eine interaktive Session kann natürlich nicht von einem Unterprozess importiert werden. Daher funktioniert der ProcessPoolExecutor nicht im interaktiven Modus von Python.

Nun sind Sie in der Lage, eine Funktion parallel in verschiedenen Threads oder Prozessen auszuführen. Im nächsten Abschnitt beschäftigen wir uns damit, wie Sie auf die Rückgabewerte der Funktionsaufrufe zugreifen können.

32.3.4 Die Verwaltung der Aufgaben eines Executors

Die Funktion test in unserem einführenden Beispiel ist von besonders einfacher Bauart, da sie keinen Rückgabewert besitzt, den die aufrufende Ebene verwenden könnte. Interessanter sind hingegen Funktionen, die nach einer (unter Umständen langwierigen) Berechnung einen Wert zurückgeben.

Eine Modellfunktion für eine aufwendige Berechnung

Als Modellbeispiel verwenden wir im Folgenden eine Funktion, die die Kreiszahl π mithilfe des wallisschen Produkts[4] approximiert.

$$\frac{2}{1} \cdot \frac{2}{3} \cdot \frac{4}{3} \cdot \frac{4}{5} \cdot \frac{6}{5} \cdot \frac{6}{7} \cdot \frac{8}{7} \cdot \frac{8}{9} \cdots = \frac{\pi}{2}$$

Im Zähler stehen dabei immer gerade Zahlen, die sich bei jedem zweiten Faktor um 2 erhöhen. Der Nenner enthält nur ungerade Zahlen, die sich mit Ausnahme des ersten Faktors ebenfalls alle zwei Faktoren um 2 erhöhen.

Die Funktion naehere_pi_an, die als Parameter die Anzahl der zu berücksichtigenden Faktoren erhält, implementieren wir folgendermaßen:

```
def naehere_pi_an(n):
    pi_halbe = 1
    zaehler, nenner = 2.0, 1.0
    for i in range(n):
        pi_halbe *= zaehler / nenner
        if i % 2:
            zaehler += 2
        else:
            nenner += 2
    return 2*pi_halbe
```

Mit dem Parameter 1000 für n erzeugt die Funktion beispielsweise folgende Ausgabe, bei der nur die ersten beiden Nachkommastellen korrekt sind.

```
>>> naehere_pi_an(1000)
3.140023818600586
```

---

[4] Das Produkt ist nach dem englischen Mathematiker John Wallis (1616–1703) benannt, der es im Jahre 1655 entdeckte.

Mit größer werdendem Wert für n werden immer bessere Näherungen von π berechnet, was aber auch mit mehr Rechenzeit bezahlt werden muss. Beispielsweise benötigt ein Aufruf mit n = 30000000 auf unserem Testrechner ca. acht Sekunden.

Mit naehere_pi_an haben wir damit eine Beispielfunktion, die einen Prozessorkern voll auslastet und für größere Werte von n immer länger für die Berechnung benötigt. In den folgenden Programmen dient naehere_pi_an als Beispiel für eine aufwendige Funktion, die von einem Parameter abhängt.

Nun werden wir naehere_pi_an in mehreren Threads beziehungsweise Prozessen ausführen.

Der Zugriff auf die Ergebnisse der Berechnung

Im einführenden Beispiel haben wir die Methode submit einer Executor-Instanz verwendet, um neue Aufgaben in die Warteschlange des Executors einzureihen. Dabei erzeugt die Methode submit bei jedem Aufruf eine Instanz vom Typ futures.Future, was wir bisher ignoriert haben. Sie können sich diese Instanz wie einen Abholschein vorstellen, mit dem Sie den Status der übergebenen Aufgabe prüfen und nach Abschluss der Berechnung das Ergebnis abholen können. Im einfachsten Fall verwenden wir die Methode result der Future-Instanz, um das Ergebnis zu erhalten.

```
with futures.ThreadPoolExecutor(max_workers=4) as e:
    f = e.submit(naehere_pi_an, 10000000)
    print(f.result())
```

Als Ausgabe erhalten wir wie gewünscht eine näherungsweise Berechnung von π mit 10000000 Faktoren im wallisschen Produkt. Die Methode result einer Future-Instanz blockiert die aufrufende Ebene dabei so lange, bis die zugehörige Berechnung abgeschlossen ist. Insbesondere wenn Sie gleichzeitig mehrere Aufgaben mit unterschiedlicher Laufzeit ausführen lassen, müssen Sie dadurch unter Umständen auf bereits verfügbare Ergebnisse unnötig lange warten.

```
with futures.ThreadPoolExecutor(max_workers=4) as e:
    f1 = e.submit(naehere_pi_an, 10000000)
    f2 = e.submit(naehere_pi_an, 100)
    print("f1:", f1.result())
    print("f2:", f2.result())
```

In diesem Beispiel werden zwei Berechnungen durchgeführt, wobei die eine deutlich länger rechnet als die andere. Trotzdem wird zunächst das Ergebnis der Rechnung mit n=10000000 und erst danach das zu n=100 ausgegeben.

```
f1: 3.1415924965090136
f2: 3.126078900215409
```

Das Modul concurrent.futures stellt Funktionen bereit, um bequem auf die Ergebnisse mehrerer Berechnungen zuzugreifen.

concurrent.futures.as_completed(fs, [timeout])

Mit der Funktion as_completed wird ein Iterator erzeugt, der über die Ergebnisse des Containers fs von Future-Instanzen iteriert. Dabei werden die Ergebnisse in der Reihenfolge durchlaufen, in der sie zur Verfügung stehen. Dadurch kann die aufrufende Ebene die Ergebnisse sofort weiterverarbeiten, wenn die jeweilige Berechnung abgeschlossen ist.

```
N = (12345678, 123456, 1234, 12)
with futures.ThreadPoolExecutor(max_workers=4) as e:
    fs = {e.submit(naehere_pi_an, n): n for n in N}
    for f in futures.as_completed(fs):
        print("n={:10}: {}".format(fs[f], f.result()))
```

Im Beispiel lassen wir die Funktion naehere_pi_an mit verschiedenen Parametern durch einen ThreadPoolExecutor mit 4 Threads ausführen. Durch die Verwendung von futures.as_completed erhalten wir die folgende Ausgabe, bei der die Ergebnisse der kürzeren Rechnungen zuerst ausgegeben werden:

```
n=        12: 3.02317019200136
n=      1234: 3.1403210113038207
n=    123456: 3.1415799301866607
n=  12345678: 3.1415925263536626
```

Das Dictionary fs verwenden wir, um uns die Zuordnung von Eingabeparametern zur zugehörigen Future-Instanz zu merken. Interessant ist noch, dass wir wie oben die Methode result der Future-Instanzen verwenden, um das Ergebnis der Berechnung abzufragen. Da die Funktion futures.as_completed nur die Future-Instanzen liefert, deren Berechnung schon abgeschlossen ist, muss result nicht auf die Vollendung der Berechnung warten, sondern liefert sofort den bereits bestimmten Wert.

Mit dem Parameter timeout kann optional eine Zeit in Sekunden angegeben werden, die futures.as_completed auf die Berechnung aller Ergebnisse warten soll. Ist nach timeout Sekunden das letzte Ergebnis noch nicht berechnet, wird eine TimeoutError-Exception geworfen.

concurrent.futures.wait(fs, [timeout, return_when])

Die Funktion futures.wait wartet so lange, bis das von return_when spezifizierte Ereignis eingetreten oder die Zeit timeout abgelaufen ist. Der Rückgabewert ist eine Instanz, die die beiden Attribute done und not_done besitzt. Dabei referenziert done die Menge der Future-Instanzen in fs, die zum Zeitpunkt des Ereignisses bereits abgearbeitet worden sind, während not_done die noch ausstehenden Future-Instanzen in einer Menge enthält.

Die möglichen Werte für return_when sind in Tabelle 32.3 aufgelistet.

Konstante	Bedeutung
futures.FIRST_COMPLETED	Die erste Aufgabe in fs ist fertiggestellt.
futures.FIRST_EXCEPTION	Die erste Aufgabe in fs wirft eine Exception. Wird keine Exception geworfen, wird gewartet, bis alle Aufgaben in fs abgearbeitet sind.
futures.ALL_COMPLETED	Alle Aufgaben in fs sind fertiggestellt.

Tabelle 32.3 Die von futures.wait unterstützten Ereignisse

Standardmäßig wird gewartet, bis alle Aufgaben abgearbeitet sind, wie im folgenden Beispiel gezeigt.

```
with futures.ThreadPoolExecutor(max_workers=4) as e:
    fs = {e.submit(naehere_pi_an, n): n for n in N}
    res = futures.wait(fs)
    for f in res.done:
        print("n={:10}: {}".format(fs[f], f.result()))
```

Ähnlich wie bei futures.as_completed kann mit timeout eine Maximalzeit in Sekunden angegeben werden, die wait abwartet, bevor es die Kontrolle wieder an die aufrufende Ebene zurückgibt. Das folgende Beispiel gibt jede Sekunde die fertigen Ergebnisse aus, bis keine mehr übrig sind.

```
with futures.ThreadPoolExecutor(max_workers=4) as e:
    fs = {e.submit(naehere_pi_an, n): n for n in N}
    fertig = False
    while not fertig:
        res = futures.wait(fs, timeout=1.0)
        for f in res.done:
            print("n={:10}: {}".format(fs[f], f.result()))
            del fs[f]
        fertig = (len(res.not_done) == 0)
```

Durch die Festlegung eines Timeouts kann sichergestellt werden, dass die aufrufende Ebene in regelmäßigen Abständen die Kontrolle zurückerhält, während auf das nächste Ergebnis gewartet wird.

> **Hinweis**
>
> Sowohl bei der Funktion futures.as_completed als auch bei futures.wait kann fs auch Futures-Instanzen enthalten, die zu verschiedenen Executor-Instanzen gehören.

Executor.map(func, [*iterables], {timeout, chunksize})

Die Executor-Instanzen selbst besitzen eine Methode map, mit der sich eine Funktion auf alle Werte in iterierbaren Objekten, also beispielsweise Listen, anwenden lässt. Sie verhält sich also genauso wie die Built-in Function map[5], mit der Ausnahme, dass sie die Funktion func mithilfe des Executors parallel in Threads oder Prozessen ausführen kann.

Mit dem Parameter timeout kann eine Zeitspanne in Sekunden festgelegt werden, die das Abarbeiten der Funktionsaufrufe insgesamt dauern darf. Dauert die Berechnung länger, wird eine concurrent.futures.TimeoutError-Exception geworfen. Standardmäßig ist die erlaubte Zeit unbegrenzt.

Mit chunksize kann dafür gesorgt werden, dass die Elemente von iterables blockweise abgearbeitet werden. Wird beispielsweise eine Liste mit 100 Elementen als iterables zusammen mit chunksize=20 übergeben, werden 5 Pakete mit jeweils 20 Elementen verarbeitet. Standardmäßig wird für jedes Element ein neuer Prozess gestartet. Ein von 1 abweichender Wert von chunksize kann die Verarbeitungsgeschwindigkeit gegebenenfalls stark verbessern. Beachten Sie, dass chunksize nur bei Verwendung der Klasse ProcessPoolExecutor von Bedeutung ist.

Nun werden wir untersuchen, wie sich die Verwendung von Threads und Prozessen auf die Laufzeit eines Programms auswirkt.

Rechnungen auf mehreren Prozessoren mit ProcessPoolExecutor

Das folgende Beispiel ruft die Funktion naehere_pi_an für eine Liste relativ großer Werte für n auf, wobei mithilfe eines Kommandozeilenparameters festgelegt wird, ob die Built-in Function map oder Executor.map mit Threads beziehungsweise Prozessen verwendet werden soll. Das Programm errechnet die Laufzeit, indem es die Differenz zwischen Start- und Endzeit berechnet und ausgibt.

```
from concurrent import futures
import sys
import time

def naehere_pi_an(n):
    ...

if __name__ == "__main__":
    start = time.perf_counter()
    N = (34567890, 5432198, 44444444, 22222222, 56565656,
         43236653, 23545353, 32425262)
    if sys.argv[1] == "threads":
```

---

[5] Die Beschreibung zur Built-in Function map finden Sie in Abschnitt 19.8.30.

```
            with futures.ThreadPoolExecutor(max_workers=4) as e:
                res = e.map(naehere_pi_an, N)
        elif sys.argv[1] == "processes":
            with futures.ProcessPoolExecutor(max_workers=4) as e:
                res = e.map(naehere_pi_an, N)
        else:
            res = map(naehere_pi_an, N)
        print(list(res))
        print(time.perf_counter()-start)
```

Auf einem Beispielrechner mit vier Prozessorkernen haben sich folgende Ausgaben ergeben, wobei die Liste der Ergebnisse weggelassen wurde.

```
$ python benchmark.py builtin
70.19322323799133
$ python benchmark.py threads
89.58459234237671
$ python benchmark.py processes
26.78869891166687
```

Wie Sie sehen, ist der Durchlauf mit vier Worker-Prozessen um etwa den Faktor 2,5 schneller als der Durchlauf mit der Built-In-Funktion map. Dies liegt daran, dass das Programm alle vier Kerne des Rechners nutzen konnte, um die Berechnung zu beschleunigen. Die Berechnung lief also tatsächlich parallel auf verschiedenen Prozessorkernen ab.

Auf den ersten Blick verwunderlich ist die im Vergleich zur Built-in Function map verlängerte Laufzeit beim Durchlauf mit vier Worker-Threads. Wenn man aber bedenkt, dass aufgrund der Einschränkungen von CPython immer nur ein Thread zur gleichen Zeit ausgeführt werden kann, wird klar, dass man keinen Geschwindigkeitszuwachs erwarten kann. Dass die Threads-Variante sogar langsamer ist, liegt an dem zusätzlichen Aufwand, der für die Verwaltung der Threads betrieben werden muss. In CPython eignen sich Threads also nicht für die Beschleunigung aufwendiger Rechnungen, sondern nur, um ein Blockieren des Programms zu verhindern.

> **Hinweis**
>
> Die Funktion perf_counter des Moduls time ist ein Zeitgeber speziell zum Messen von Programmlaufzeiten. Nähere Informationen finden Sie im Abschnitt 17.1.2.

Der Umgang mit Instanzen des Typs futures.Future

Bisher haben wir Instanzen des Typs futures.Future nur dazu genutzt, um die Ergebnisse von Executor-Aufgaben auszulesen. Tatsächlich bieten sie eine Reihe weiterer Methoden, um ihren aktuellen Status zu erfragen oder ihre Ausführung zu beeinflussen.

Tabelle 32.4 listet diese Methoden auf.

Methode	Beschreibung
cancel()	Versucht, die Aufgabe abzubrechen, und gibt bei Erfolg True, ansonsten False zurück.
cancelled()	Gibt True zurück, wenn die Aufgabe abgebrochen wurde, sonst False.
running()	Gibt True zurück, wenn die Aufgabe gerade ausgeführt wird, sonst False.
done()	Ist der Rückgabewert True, wurde die Aufgabe abgeschlossen oder abgebrochen.
result([timeout])	Liefert das Ergebnis der Aufgabe, wobei maximal timeout Sekunden gewartet wird.
exception([timeout])	Liefert die in der Aufgabe-Funktion geworfene Exception, wobei maximal timeout Sekunden gewartet wird. Falls die Aufgabe erfolgreich abgeschlossen wird, wird None zurückgegeben.
add_done_callback(fn)	Sorgt dafür, dass die Funktion fn mit dem Ergebnis der Aufgabe aufgerufen wird, sobald das Ergebnis vorliegt. Die Methode add_done_callback kann mehrfach für verschiedene Funktionen aufgerufen werden.

Tabelle 32.4 Die Methoden einer Instanz des Typs futures.Future

32.4 Die Module threading und multiprocessing

Jetzt können Sie die Schnittstelle concurrent.futures nutzen, um einfache Aufgaben sowohl mit Threads als auch mit Prozessen zu parallelisieren. Wenn die Aufgaben komplexer werden, sodass auch Daten ausgetauscht werden müssen oder bestimmte Aktionen nicht zeitgleich von verschiedenen Threads oder Prozessen ausgeführt werden dürfen, benötigen Sie weitere Hilfsmittel. Diese werden von den im Folgenden besprochenen Modulen threading beziehungsweise multiprocessing zur Verfügung gestellt.

32.5 Die Thread-Unterstützung in Python

Mit dem Modul threading wird eine objektorientierte Schnittstelle für die Arbeit mit Threads angeboten.

Jeder Thread ist dabei Instanz einer Klasse, die von threading.Thread erbt. Wir wollen ein Programm schreiben, das in mehreren Threads parallel prüft, ob vom Benutzer eingegebene Zahlen Primzahlen[6] sind. Zu diesem Zweck definieren wir eine Klasse PrimzahlThread, die von threading.Thread erbt und als Parameter für den Konstruktor die zu überprüfende Zahl erwartet.

Die Klasse threading.Thread besitzt eine Methode namens start, die den Thread ausführt. Was genau ausgeführt werden soll, bestimmt die run-Methode, die wir mit unserer Primzahlberechnung überschreiben. Im ersten Schritt soll der Benutzer in einer Eingabeaufforderung Zahlen eingeben können, die dann überprüft werden. Ist die Überprüfung abgeschlossen, wird das Ergebnis auf dem Bildschirm ausgegeben. Das Programm inklusive der Klasse PrimzahlThread sieht folgendermaßen aus:[7]

```python
import threading
class PrimzahlThread(threading.Thread):
    def __init__(self, zahl):
        super().__init__()
        self.Zahl = zahl
    def run(self):
        i = 2
        while i*i <= self.Zahl:
            if self.Zahl % i == 0:
                print("{} ist nicht prim, "
                      "da {} = {} * {}".format( self.Zahl,
                              self.Zahl, i, self.Zahl // i))
                return
            i += 1
        print("{} ist prim".format(self.Zahl))
meine_threads = []
eingabe = input("> ")
while eingabe != "e":
    try:
        thread = PrimzahlThread(int(eingabe))
        meine_threads.append(thread)
        thread.start()
```

---

6 Eine Primzahl ist eine natürliche Zahl, die genau zwei Teiler besitzt. Die ersten sechs Primzahlen sind demnach 2, 3, 5, 7, 11 und 13.

7 Der verwendete Algorithmus für die Primzahlprüfung ist sehr primitiv und dient hier nur als Beispiel für eine rechenintensive Funktion.

```python
        except ValueError:
            print("Falsche Eingabe!")
    eingabe = input("> ")
for t in meine_threads:
    t.join()
```

> **Hinweis**
>
> Der obige Code sollte in einer Python-Konsole ausgeführt werden, da er eine Schwachstelle enthält, die erst in Abschnitt 32.5.1 beschrieben und behoben wird. Insbesondere in Entwicklungsumgebungen wie IDLE können Darstellungsfehler bei der Ausgabe auftreten.

Innerhalb der Schleife wird die Eingabe vom Benutzer eingelesen, und es wird geprüft, ob es sich um das Schlüsselwort "e" (für »Ende«) zum Beenden des Programms handelt. Wurde etwas anderes als "e" eingegeben und lässt sich dies in eine ganze Zahl umwandeln, wird eine neue Instanz der Klasse PrimzahlThread mit der Benutzereingabe als Parameter erzeugt und mit der start-Methode gestartet.

Das Programm verwaltet außerdem eine Liste namens meine_threads, in der alle Threads gespeichert werden. Nach dem Verlassen der Eingabeschleife wird über meine_threads iteriert und für jeden Thread die join-Methode aufgerufen. Die Methode join sorgt dafür, dass das Hauptprogramm so lange wartet, bis alle gestarteten Threads beendet worden sind, denn join unterbricht die Programmausführung so lange, bis der Thread, für den es aufgerufen wurde, terminiert wurde.

Ein Programmlauf könnte dann so aussehen, wobei die teils verzögerten Ausgaben zeigen, dass tatsächlich im Hintergrund gerechnet wurde:

```
> 737373737373737
> 5672435793
5672435793 ist nicht prim, da 5672435793 = 3 * 1890811931
> 909091
909091 ist prim
> 10000000000037
> 5643257
5643257 ist nicht prim, da 5643257 = 23 * 245359
> 4567
4567 ist prim
10000000000037 ist prim
737373737373737 ist prim
> e
```

32.5.1 Kritische Bereiche mit Lock-Objekten absichern

Eine Schwachstelle des Programms besteht darin, dass ein Thread nach beendeter Rechnung das Ergebnis ausgeben kann, während der Benutzer die nächste Zahl zur Prüfung eingibt. Dadurch verliert der Benutzer unter Umständen die Übersicht, was er schon eingegeben hat, wie das folgende Beispiel zeigt:

```
> 10000000000037
> 5610000000000037 ist prim
547
56547 ist nicht prim, da 56547 = 3 * 18849
> ende
```

In diesem Fall hat der Benutzer die Zahl 10000000000037 auf ihre Primzahleigenschaft hin untersuchen wollen. Unglücklicherweise wurde der Thread, der die Überprüfung übernahm, genau dann fertig, als der Benutzer bereits die ersten beiden Ziffern 56 der nächsten zu prüfenden Zahl 56547 eingegeben hatte. Dies führte zu einer »Zerstückelung« der Eingabe und sollte natürlich vermieden werden.

Um solche Probleme zu vermeiden, kann ein Programm Stellen markieren, die nicht parallel in mehreren Threads laufen dürfen. Man bezeichnet solche Stellen auch als *Critical Sections* (dt. »kritische Abschnitte«). Critical Sections werden durch sogenannte *Lock-Objekte* (von engl. *to lock* = »sperren«) realisiert. Das Modul threading stellt die Klasse threading.Lock zur Verfügung, um solche Lock-Objekte zu erzeugen.

```
lock_objekt = threading.Lock()
```

Lock-Objekte haben die beiden Methoden acquire und release, die jeweils beim Betreten bzw. beim Verlassen einer Critical Section aufgerufen werden müssen. Wenn die acquire-Methode eines Lock-Objekts aufgerufen wurde, ist es *gesperrt*. Ruft ein Thread die acquire-Methode eines gesperrten Lock-Objekts auf, muss er so lange warten, bis das Lock-Objekt wieder mit release freigegeben worden ist. Diese Technik verhindert, dass eine Critical Section von mehreren Threads gleichzeitig ausgeführt wird.

Typischerweise werden Lock-Objekte in der folgenden Weise verwendet:

```
lock_objekt.acquire()
# Hier kommt der kritische Code
lock_objekt.release()
```

Um nicht jedes Mal die umschließenden Aufrufe von acquire und release schreiben zu müssen, lassen sich Lock-Objekte als Kontext-Manager mit der with-Anweisung verwenden. Der oben gezeigte Code lässt sich dann übersichtlicher in der folgenden Form schreiben:

```python
with lock_objekt:
    # Hier kommt der kritische Code
```

Wir können unser Beispielprogramm nun folgendermaßen um Critical Sections erweitern, wobei sowohl die Benutzereingabe als auch die Ausgaben der Threads mit demselben Lock-Objekt gesichert werden.

```python
import threading
class PrimzahlThread(threading.Thread):
    EinAusLock = threading.Lock()
    def __init__(self, zahl):
        super().__init__()
        self.Zahl = zahl
    def run(self):
        i = 2
        while i*i <= self.Zahl:
            if self.Zahl % i == 0:
                with PrimzahlThread.EinAusLock:
                    print("{} ist nicht prim, "
                          "da {} = {} * {}".format( self.Zahl,
                                    self.Zahl, i, self.Zahl // i))
                    return
            i += 1
        with PrimzahlThread.EinAusLock:
            print("{} ist prim".format(self.Zahl))
meine_threads = []
eingabe = input("> ")
while eingabe != "e":
    try:
        thread = PrimzahlThread(int(eingabe))
        meine_threads.append(thread)
        thread.start()
    except ValueError:
        with PrimzahlThread.EinAusLock:
            print("Falsche Eingabe!")
    with PrimzahlThread.EinAusLock:
        eingabe = input("> ")
for t in meine_threads:
    t.join()
```

Mit dieser Erweiterung kann es nicht mehr passieren, dass ein Thread unkontrolliert sein Ergebnis ausgibt, während der Benutzer eine Eingabe vornimmt. Wir wollen uns überlegen, wie dies genau funktioniert.

Während das Programm in der Zeile `eingabe = input("> ")` auf die Benutzereingabe wartet, ist das Lock-Objekt `PrimzahlThread.EinAusLock` gesperrt. Erreicht zu diesem Zeitpunkt einer der Threads eine Critical Section in der Methode `run`, ruft die `with`-Anweisung die Methode `acquire` von `PrimzahlThread.EinAusLock`. Da das Lock-Objekt aber gesperrt ist, blockiert dieser Aufruf, und die Methode `run` wird angehalten. Erst wenn der Benutzer seine Eingabe bestätigt hat und die Critical Section in der `while`-Schleife verlassen worden ist, wird das Lock-Objekt `PrimzahlThread.EinAusLock` wieder freigegeben, und die Methode `run` kann ihre Ausgabe auf den Bildschirm bringen.

Der folgende Abschnitt beschreibt eine besonders wichtige Anwendung von Critical Sections.

32.5.2 Datenaustausch zwischen Threads mit Critical Sections

Threads haben gegenüber Prozessen den Vorteil, dass sie sich dieselben globalen Variablen teilen und deshalb einfach Daten austauschen können. Insbesondere eignen sich Klassenattribute der jeweiligen Thread-Klasse oder globale Variablen für den Datenaustausch.

Trotzdem gibt es ein paar Stolperfallen, die Sie beim Zugriff auf dieselbe Variable durch mehrere Threads beachten müssen.[8]

Um die Problematik zu verdeutlichen, betrachten wir ein einfaches Beispiel, bei dem wir zwei Threads starten, die jeweils `2000000`-mal die Zahl 1 zu einem gemeinsamen Zähler addieren.

```
import threading

class MeinThread(threading.Thread):
    zaehler = 0
    def run(self):
        for i in range(2000000):
            MeinThread.zaehler += 1

A = MeinThread()
B = MeinThread()
A.start(), B.start()
A.join(), B.join()

print(MeinThread.zaehler)
```

---

[8] Die eigentliche Kunst bei der parallelen Programmierung ist es, diese Stolperfallen zu umgehen. Es ist oft schwierig, die Abläufe in parallelen Programmen zu überblicken, weswegen sich leicht Fehler einschleichen.

Der gemeinsame Zähler ist als Klassenattribut der Klasse `MeinThread` realisiert. Nachdem wir die Threads A und B gestartet und mit ihrer Methode `join` jeweils gewartet haben, bis ihre Arbeit abgeschlossen ist, geben wir den Wert des gemeinsamen Zählers aus. Da insgesamt zweimal 2000000 Additionen durchgeführt worden sind, erwarten wir als Ausgabe den Wert 4000000. Überraschenderweise gibt das Programm aber folgenden Wert aus:

3542419

Es ist sogar so, dass anscheinend jeder Aufruf des Programms einen anderen Wert ausgibt. In zehn Durchläufen auf unserem Testrechner wurden verschiedene Werte im Bereich von 2894816 bis 3235044 ausgegeben.

Bevor wir dieses Problem in unserem Programm beheben, untersuchen wir, wie es überhaupt zu diesem Verhalten kommt.

Ein Beispiel einer Race Condition

Wie Sie in der Einleitung gelernt haben, wird Nebenläufigkeit in modernen Betriebssystemen dadurch erreicht, dass Threads[9] kleine Zeitfenster eingeräumt werden, um ihre Arbeit zu verrichten. Endet ein solches Zeitfenster, wird der aktuelle Zustand des Threads gespeichert, und die Kontrolle wird an den nächsten Thread weitergereicht.

Es kommt nun vor, dass das Zeitfenster eines Threads genau während der Veränderung von `MeinThread.zaehler` endet, denn das Erhöhen des Wertes besteht intern aus mehreren Schritten. Zuerst muss der Wert von `MeinThread.zaehler` gelesen werden, dann muss eine neue Instanz mit dem um eins vergrößerten bzw. verringerten Wert erzeugt werden, die im letzten Schritt mit der Referenz `MeinThread.zaehler` verknüpft wird.

Wenn beispielsweise der Thread A beim Erhöhen von `MeinThread.zaehler` vor der Erzeugung der neuen Instanz schlafen gelegt wird, kann der Thread B aktiviert werden, der ebenfalls `MeinThread.zaehler` erhöhen möchte. Weil aber Thread A seinen neuen Wert von `MeinThread.zaehler` noch nicht berechnet und auch nicht mit der Referenz verknüpft hat, liest der neu aktivierte Thread B den *alten* Wert von `MeinThread.zaehler` und erhöht diesen. Wird dann später der Thread A wieder aktiv, erhöht er den schon vorher eingelesenen Wert um eins und weist ihn `MeinThread.zaehler` zu. Im Ergebnis ist der Wert von `MeinThread.zaehler` nur um eins erhöht worden, obwohl beide Threads jeweils eine Addition durchgeführt haben.

Tabelle 32.5 veranschaulicht das beschriebene Szenario im Detail.

---

[9] Wir beziehen uns hier der Übersichtlichkeit halber nur auf Threads. Die beschriebene Problematik betrifft aber genauso Prozesse, wenn sie auf gemeinsamen Daten arbeiten.

Z	Thread A	Thread B
1	Wert von MeinThread.zaehler einlesen, beispielsweise 2	*schläft*
Zeitfenster von A endet, und B wird aktiviert.		
2	*schläft*	Wert von MeinThread.zaehler einlesen, in diesem Fall ebenfalls 2. Den Wert um 1 erhöhen. Im Speicher existiert nun eine neue Instanz mit dem Wert 3. Die neue Instanz an die Referenz MeinThread.zaehler knüpfen. Damit verweist MeinThread.zaehler auf den Wert 3.
Zeitfenster von B endet, und A wird aktiviert.		
3	Den Wert um 1 erhöhen. Im Speicher existiert nun eine neue Instanz mit dem Wert 3. Die neue Instanz an die Referenz MeinThread.zaehler knüpfen. Damit verweist MeinThread.zaehler auf den Wert 3.	*schläft*

Tabelle 32.5 Problemszenario beim gleichzeitigen Zugriff auf eine gemeinsame Variable. Die Spalte Z zählt die Zeitfenster, die das Betriebssystem vorgibt.

Dieses Szenario erklärt, warum das Endergebnis kleiner als die erwarteten 200000 ausfallen kann. Wie oft dieses Problem in einem Lauf des Programms auftritt, hängt davon ab, wie genau das Betriebssystem die Zeitfenster der beiden Threads wählt, was wiederum von dem System selbst, den ansonsten laufenden Programmen und weiteren, nicht kalkulierbaren Bedingungen abhängt. Man bezeichnet eine solche Konstellation als *Race Condition* (engl. *Wettlauf*).

Machen Sie sich klar, dass diese Unzuverlässigkeit unser Programm komplett wertlos macht, da das Ergebnis in dramatischer Weise von Umständen abhängt, die wir weder vorhersehen noch beeinflussen können.

Um das Problem zu lösen, müssen wir verhindern, dass einer der Threads mit der Anpassung des Wertes von MeinThread.zaehler beginnt, wenn der andere noch nicht damit fertig ist. Wie im vorangegangenen Abschnitt können wir dies dadurch erreichen, dass wir die Zeile MeinThread.zaehler += 1 als Critical Section mit einem Lock-Objekt absichern.

Dazu ändern wir die Klasse MeinThread folgendermaßen ab:

```
class MeinThread(threading.Thread):
    lock = threading.Lock()
    zaehler = 0
    def run(self):
        for i in range(100000):
            with MeinThread.lock:
                MeinThread.zaehler += 1
```

Nach dieser Anpassung liefert unser Programm in jedem Durchlauf den gleichen erwarteten Wert von 200000.

Tabelle 32.6 zeigt im Detail, wie die Critical Section das Problem behebt.

Z	Thread A	Thread B
1	Erreicht den with-Block. Sperren des Lock-Objekts mit acquire durch with. Wert von MeinThread.zaehler einlesen, beispielsweise 2	*schläft*
	Zeitfenster von A endet, und B wird aktiviert.	
2	*schläft*	Erreicht den with-Block. Die Methode acquire wird durch with aufgerufen, aber das Lock-Objekt ist bereits gesperrt. Deshalb wird B schlafen gelegt.
	B wurde durch acquire schlafen gelegt. A wird weiter ausgeführt.	
3	Den Wert um 1 erhöhen. Im Speicher existiert nun eine neue Instanz mit dem Wert 3. Die neue Instanz an die Referenz MeinThread.zaehler knüpfen. Damit verweist MeinThread.zaehler auf den Wert 3. Das Lock-Objekt wird mit release nach Verlassen des with-Blocks freigegeben.	*schläft*

Tabelle 32.6 Lösung des MeinThread.zaehler-Problems mit einem Lock-Objekt

Z	Thread A	Thread B
Zeitfenster von A endet, und B wird aktiviert.		
4	*schläft*	Das Lock-Objekt wird automatisch gesperrt, da in B die Methode acquire durch with aufgerufen wurde.
		Wert von MeinThread.zaehler einlesen, in diesem Fall 3.
		Den Wert um 1 erhöhen. Im Speicher existiert nun eine neue Instanz mit dem Wert 4.
		Die neue Instanz an die Referenz MeinThread.zaehler knüpfen. Damit verweist MeinThread.zaehler auf den Wert 4.
		Das Lock-Objekt wird mit release nach Verlassen des with-Blocks wieder freigegeben.

Tabelle 32.6 Lösung des MeinThread.zaehler-Problems mit einem Lock-Objekt (Forts.)

Sie sollten darauf achten, dass Sie in Ihren eigenen Programmen alle Stellen, in denen Probleme durch Zugriffe von mehreren Threads vorkommen können, durch Critical Sections schützen.

Unzureichend abgesicherte Programme mit mehreren Threads können schwer reproduzierbare und lokalisierbare Fehler enthalten. Eine Herausforderung bei der parallelen Programmierung besteht deshalb darin, solche Probleme zu umgehen.

32.5.3 Gefahren von Critical Sections – Deadlocks

Wenn Sie mehrere Lock-Objekte verwenden, kann es passieren, dass das Programm in einen Zustand gerät, den es nicht mehr verlassen kann, weil zwei gelockte Threads gegenseitig aufeinander warten. Dies wird *Deadlock* genannt.

Das folgende Ablaufprotokoll zeigt, wie ein Deadlock entstehen kann. Dabei sind die Threads A und B zwei Threads und M und L zwei Lock-Objekte.

Z	Thread A	Thread B
1	Das Lock-Objekt L mit L.acquire sperren	*schläft*

Tabelle 32.7 Beispielszenario eines Deadlocks

Z	Thread A	Thread B
Zeitfenster von A endet, und B wird aktiviert.		
2	*schläft*	Mit M.acquire wird das Lock-Objekt M gesperrt.
Zeitfenster von B endet, und A wird aktiviert.		
3	M.acquire wird gerufen. Da M bereits gesperrt ist, wird A schlafen gelegt.	*schläft*
A wurde durch M.acquire schlafen gelegt. B wird weiter ausgeführt.		
4	*schläft*	Ruft L.acquire, woraufhin B schlafen gelegt wird, da L bereits gesperrt ist.
A wurde durch M.aquire und B durch L.aquire gesperrt.		
5	*schläft*	*schläft*

Tabelle 32.7 Beispielszenario eines Deadlocks (Forts.)

Am Ende dieses Ablaufs befinden sich beide Threads im Schlafzustand und warten auf die Freigabe eines Lock-Objekts. Da aber der jeweils andere Thread das Lock-Objekt gesperrt hat, auf dessen Freigabe gewartet wird, werden die Threads nie aufgeweckt. Der Programmablauf hängt also in diesem Zustand fest – ein Deadlock hat sich eingestellt.

Zum Abschluss dieses Kapitels geben wir Ihnen jetzt noch einen kurzen Einblick in die Verwendung des Moduls multiprocessing.

32.6 Einblick in das Modul multiprocessing

Das Modul multiprocessing bietet eine objektorientierte Schnittstelle zur Verwaltung mehrerer Prozesse. Die Handhabung von multiprocessing ist dabei eng an die des Moduls threading aus Abschnitt 32.5 angelehnt, wobei die Klasse multiprocessing.Process das Pendant zur Klasse threading.Thread darstellt.

Als Beispiel betrachten wir erneut den interaktiven Primzahltest, wobei anstelle von Threads Prozesse zur Parallelisierung verwendet werden.

```
import multiprocessing

class PrimzahlProzess(multiprocessing.Process):
    def __init__(self, zahl, einauslock):
        super().__init__()
```

```
            self.Zahl = zahl
            self.EinAusLock = einauslock
        def run(self):
            i = 2
            while i*i <= self.Zahl:
                if self.Zahl % i == 0:
                    with self.EinAusLock:
                        print("{} ist nicht prim, "
                              "da {} = {} * {}".format( self.Zahl,
                                  self.Zahl, i, self.Zahl // i))
                    return
                i += 1
            with self.EinAusLock:
                print("{} ist prim".format(self.Zahl))

    if __name__ == "__main__":
        meine_prozesse = []
        EinAusLock = multiprocessing.Lock()
        eingabe = input("> ")
        while eingabe != "e":
            try:
                prozess = PrimzahlProzess(int(eingabe), EinAusLock)
                meine_prozesse.append(prozess)
                prozess.start()
            except ValueError:
                with EinAusLock:
                    print("Falsche Eingabe!")

            with EinAusLock:
                eingabe = input("> ")
        for p in meine_prozesse:
            p.join()
```

Im Vergleich zur Thread-Version des Programms gibt es zwei wesentliche Unterschiede.

Erstens müssen wir dafür sorgen, dass jeder neu gestartete Prozess die Datei importieren kann, ohne dass dadurch erneut der Code zum Erzeugen der Unterprozesse ausgeführt wird. Dafür prüfen wir mit der Variablen __name__, ob das Python-Programm direkt mit dem Interpreter ausgeführt oder importiert wurde. Wenn das Modul importiert worden ist, wird der Code im if-Block nicht ausgeführt.[10]

---

10 Dieses Problem haben wir im Abschnitt über concurrent.futures in der gleichen Weise gehabt und gelöst.

Zweitens können wir keine gemeinsamen Variablen mehr verwenden, um Daten zwischen den Prozessen auszutauschen. Dies gilt auch für das Lock-Objekt, das wir in der Thread-Version als Klassenattribut der Klasse `PrimzahlThread` realisiert haben. Wir umgehen das Problem, indem wir im Hauptprozess ein Lock-Objekt anlegen, das wir dann als zusätzlichen Parameter an die Unterprozesse übergeben.

32.7 Ausblick

Die beiden Module `threading` und `multiprocessing` bieten viele weitere Funktionen, um sichere und effiziente parallele Programme zu schreiben. Im Rahmen dieses einführenden Kapitels haben wir uns auf einige ausgewählte Aspekte beschränkt. Wenn Sie weitere Informationen zur Verwaltung von oder zum Datenaustausch zwischen Threads oder Prozessen suchen, verweisen wir Sie auf die Python-Dokumentation.

Kapitel 33
Datenspeicherung

In den folgenden Abschnitten werden wir uns mit der permanenten Speicherung von Daten in den verschiedensten Formaten befassen. Das schließt unter anderem komprimierte Archive, XML-Dateien und Datenbanken ein.

33.1 Komprimierte Dateien lesen und schreiben – gzip

Mit dem Modul gzip der Standardbibliothek können Sie auf einfache Weise Dateien verarbeiten, die mit der *zlib*-Bibliothek[1] erstellt wurden. Außerdem können Sie damit zlib-komprimierte Dateien erzeugen.

Das Modul stellt eine Funktion namens open bereit, die sich in ihrer Verwendung an die Built-in Function open anlehnt.

gzip.open(filename, [mode, compressleve])

Die Funktion gzip.open gibt ein Objekt zurück, das wie ein ganz normales Dateiobjekt verwendet werden kann.

Die Parameter filename und mode sind gleichbedeutend mit denen der Built-in Function open.

Mit dem letzten Parameter, compresslevel, können Sie angeben, wie stark die Daten beim Schreiben in die Datei komprimiert werden sollen. Erlaubt sind Ganzzahlen von 0 bis 9, wobei 0 für die schlechteste und 9 für die beste Kompressionsstufe steht. Je höher die Kompressionsstufe ist, desto mehr Rechenzeit ist auch für das Komprimieren der Daten erforderlich. Wird der Parameter compresslevel nicht angegeben, verwendet gzip standardmäßig die stärkste Kompression.

```
>>> import gzip
>>> f = gzip.open("testdatei.gz", "wb")
>>> f.write(b"Hallo Welt")
10
>>> f.close()
```

---

[1] Die zlib ist eine quelloffene Kompressionsbibliothek, die unter anderem vom Unix-Programm gzip verwendet wird. Nähere Informationen finden Sie auf der Website der Bibliothek unter *http://www.zlib.net*.

```
>>> g = gzip.open("testdatei.gz")
>>> g.read()
b'Hallo Welt'
```

In dem Beispiel schreiben wir einen einfachen bytes-String in die Datei testdatei.gz und lesen ihn anschließend wieder aus.

Andere Module für den Zugriff auf komprimierte Daten

Es existieren in der Standardbibliothek von Python weitere Module, die den Zugriff auf komprimierte Daten erlauben. Da diese dem eben vorgestellten Modul gzip stark ähneln, verzichten wir an dieser Stelle auf eine ausführliche Beschreibung und verweisen auf die Python-Dokumentation.

Tabelle 33.1 gibt Ihnen einen Überblick über alle Module, die komprimierte Daten verwalten:

Modul	Beschreibung
bz2	Bietet komfortablen Zugriff auf Daten, die mit dem *bzip2*-Algorithmus komprimiert wurden, und ermöglicht es, neue komprimierte Dateien zu erzeugen. In der Regel ist die Kompression von *bzip2* der von *zlib* in puncto Kompressionsrate überlegen.
gzip	Bietet komfortablen Zugriff auf Daten, die mit *zlib* komprimiert wurden.
lzma	Ermöglich den Zugriff auf LZMA-komprimierte Dateien in den Formaten .xz und .lzma. Das LZMA-Verfahren zeichnet sich durch seine gute Kompressionsrate und die hohe Geschwindigkeit beim Entpacken aus.
zlib	Eine Low-Level-Bibliothek, die direkten Zugriff auf die Funktionen der *zlib* ermöglicht. Mit ihr ist es unter anderem möglich, Strings zu komprimieren oder zu entpacken. Das Modul gzip greift intern auf das Modul zlib zurück.
zipfile	Ermöglicht den Zugriff auf ZIP-Archive, wie sie beispielsweise von dem bekannten Programm *WinZip* erstellt werden. Auch die Manipulation und Erzeugung neuer Archive ist möglich.
tarfile	Implementiert Funktionen und Klassen, um die in der Unix-Welt weitverbreiteten TAR-Archive zu lesen oder zu schreiben.

Tabelle 33.1 Übersicht über Pythons Kompressionsmodule

33.2 XML

Das Modul `xml` der Standardbibliothek erlaubt es, XML-Dateien einzulesen und zu schreiben. XML (kurz für »Extensible Markup Language«) ist eine standardisierte Beschreibungssprache, die es ermöglicht, komplexe, hierarchisch aufgebaute Datenstrukturen in einem lesbaren Textformat abzuspeichern. XML kann daher gut zum Datenaustausch bzw. zur Datenspeicherung verwendet werden. Besonders in der Welt des Internets finden sich viele auf XML basierende Beschreibungssprachen, wie beispielsweise XHTML, RSS, MathML oder SVG.

An dieser Stelle erhalten Sie eine kurze Einführung in XML. Dazu dient folgende einfache XML-Datei, die eine Möglichkeit darstellt, den Inhalt eines Python-Dictionarys dauerhaft abzuspeichern:

```xml
<?xml version="1.0" encoding="UTF-8"?>
<dictionary>
    <eintrag>
        <schluessel>Hallo</schluessel>
        <wert>0</wert>
    </eintrag>
    <eintrag>
        <schluessel>Welt</schluessel>
        <wert>1</wert>
    </eintrag>
</dictionary>
```

Die erste Zeile der Datei ist die *XML-Deklaration*. Diese optionale Angabe kennzeichnet die verwendete XML-Version und das Encoding, in dem die Datei gespeichert wurde. Durch Angabe des Encodings, in diesem Fall `UTF-8`, können auch Umlaute und andere Sonderzeichen korrekt verarbeitet werden. Näheres zu Encodings erfahren Sie im Zusammenhang mit Strings in Abschnitt 13.4.4.

Abgesehen von der XML-Deklaration besteht ein XML-Dokument aus *Tags*. Ein Tag gibt es wie eine Klammer in einer öffnenden und einer schließenden Variante. Es stellt damit eine Art Gruppe dar, die weitere Tags enthalten kann. Jedes Tag hat einen Namen, den *Tag-Namen*. Um ein Tag zu öffnen, wird dieser Tag-Name in spitze Klammern geschrieben. Ein schließendes Tag besteht aus dem Tag-Namen, der zusammen mit einem Slash ebenfalls in spitze Klammern geschrieben wird. Das folgende Beispiel zeigt ein öffnendes Tag, direkt gefolgt von dem entsprechenden schließenden Tag:

```xml
<wert></wert>
```

Zwischen einem öffnenden und dem korrespondierenden schließenden Tag können sowohl Text als auch weitere Tags stehen. Auf diese Weise lässt sich eine hierarchische Struktur erstellen, die dazu in der Lage ist, auch komplexe Datensätze abzubilden.

Zudem können Sie bei einem Tag *Attribute* angeben. Dazu erweitern wir das vorangegangene Beispiel dahingehend, dass der Datentyp der Schlüssel und Werte des abzubildenden Dictionarys als Attribut des jeweiligen `schluessel`- bzw. `wert`-Tags gespeichert wird.

```xml
<?xml version="1.0" encoding="UTF-8"?>
<dictionary>
    <eintrag>
        <schluessel typ="str">Hallo</schluessel>
        <wert typ="int">0</wert>
    </eintrag>
    <eintrag>
        <schluessel typ="str">Welt</schluessel>
        <wert typ="int">1</wert>
    </eintrag>
</dictionary>
```

Ein Attribut stellt ein Schlüssel-Wert-Paar dar. Im Beispiel wird jedem `schluessel`- und `wert`-Tag ein Attribut `typ` verpasst, über das der Datentyp des Schlüssels bzw. des Wertes angegeben werden kann. Den Wert eines XML-Attributs müssen Sie immer in Anführungszeichen schreiben.

> **Hinweis**
>
> Eine Besonderheit bei XML-Tags stellen *körperlose Tags* dar. Ein körperloses Tag sieht folgendermaßen aus:
>
> `<tag attr="wert" />`
>
> Ein körperloses Tag ist öffnendes und schließendes Tag zugleich und darf demzufolge nur über Attribute verfügen. Ein solches Tag kann keinen Text oder weitere Tags enthalten. Ein XML-Parser behandelt ein körperloses Tag, als stünde `<tag attr="wert"></tag>` in der XML-Datei.

Zum Einlesen von XML-Dateien stellt Python, wie die meisten anderen Programmiersprachen oder XML-Bibliotheken auch, verschiedene *Parser* zur Verfügung. Der Begriff des Parsers ist nicht auf XML beschränkt, sondern bezeichnet allgemein ein Programm, das eine Syntaxanalyse bestimmter Daten eines speziellen Formats leistet.

Grundsätzlich können zwei Herangehensweisen an das XML-Dokument unterschieden werden:

1. Das Dokument wird als Ganzes gelesen und zu einer Klassenstruktur aufbereitet. Inhalte können erst bearbeitet werden, nachdem das Dokument vollständig eingelesen wurde. Diese Methode ermöglicht den wahlfreien Datenzugriff.
2. Das Dokument wird sequenziell gelesen. Inhalte können bereits bearbeitet werden, wenn das Dokument noch nicht vollständig eingelesen wurde. Außerdem muss das Dokument zu keiner Zeit vollständig in den Arbeitsspeicher geladen werden.

Für den ersten Ansatz stehen im Modul xml die Parser dom und ElementTree zur Verfügung. Während dom das standardisierte *Document Object Model* implementiert, das in äquivalenter Form auch für viele andere Programmiersprachen verfügbar ist, stellt ElementTree eine auf Python zugeschnittene Schnittstelle zu XML-Dateien bereit. Aus diesem Grund werden wir an dieser Stelle ausschließlich auf ElementTree eingehen.

Für die zweite, sequenzielle Herangehensweise an ein XML-Dokument können Sie das Modul sax des Pakets xml verwenden. Dieses Modul lernen Sie in Abschnitt 33.2.2, »SAX – Simple API for XML«, kennen.

33.2.1 ElementTree

Das Modul xml.etree.ElementTree liest eine XML-Datei vollständig ein und bereitet die enthaltenen Daten zu einer Baumstruktur auf. Damit ermöglicht es, auf einzelne Elemente der XML-Datei zuzugreifen und diese zu modifizieren. Tags werden in dem resultierenden *Element Tree* durch Klassen repräsentiert, die sogenannten *Knoten* (engl. *nodes*). Durch Methoden und Attribute dieser Knotenklassen können die enthaltenen Informationen ausgelesen oder verändert werden.

Diese Herangehensweise ist vor allem dann interessant, wenn ein wahlfreier Zugriff auf die XML-Daten erforderlich ist. Unter einem *wahlfreien Zugriff* versteht man den punktuellen Zugriff auf verschiedene, voneinander unabhängige Teile des Datensatzes. Das Gegenteil des wahlfreien Zugriffs ist das sequenzielle Einlesen der XML-Datei. Dieser Ansatz wird mit dem SAX-Parser verfolgt, der in Abschnitt 33.2.2 besprochen wird.

Da die Datei zur Erzeugung des Element Trees stets vollständig eingelesen wird, ist die Verwendung von ElementTree für große Dateien speicherintensiv. Im Gegensatz dazu liest das Konkurrenzmodell SAX immer nur kleine Teile der XML-Daten ein und stellt sie sofort zur Weiterverarbeitung zur Verfügung. Diese Herangehensweise benötigt weniger Arbeitsspeicher und erlaubt es, Teile der gespeicherten Daten bereits zu verwenden, beispielsweise anzuzeigen, während die Datei selbst noch nicht vollständig eingelesen ist. Ein wahlfreier Zugriff auf die XML-Daten und ihre Manipulation ist mit SAX allerdings nicht möglich.

Der Element Tree

Kommen wir darauf zu sprechen, wie die XML-Daten bei Verwendung von ElementTree aufbereitet werden. Betrachten Sie dazu noch einmal unser vorangegangenes Beispiel einer XML-Datei:

```
<?xml version="1.0" encoding="UTF-8"?>
<dictionary>
    <eintrag>
        <schluessel typ="str">Hallo</schluessel>
        <wert typ="int">0</wert>
    </eintrag>
    <eintrag>
        <schluessel typ="str">Welt</schluessel>
        <wert typ="int">1</wert>
    </eintrag>
</dictionary>
```

Mit dem ElementTree-Parser werden die XML-Daten zu einem *Baum* aufbereitet. Ein Baum besteht aus einzelnen *Knoten*, die durch Klassen abgebildet werden. Jede dieser Knotenklassen enthält verschiedene Referenzen auf benachbarte Knoten, nämlich:

- ihr *Elternelement* (engl. *parent*). Das ist der Knoten, der im Baum direkt über diesem Knoten steht.
- ihre *Kindelemente* (engl. *children*). Das sind alle Knoten, die im Baum direkt unter diesem Knoten stehen.
- ihre *Geschwisterelemente* (engl. *siblings*). Das sind alle Knoten, die im Baum direkt neben diesem Knoten stehen und dasselbe Elternelement haben.

Somit enthält jeder Knoten des Baums Referenzen zu allen umliegenden verwandten Knoten. Auf diese Weise lässt sich der Baum vollständig durchlaufen und verarbeiten. Die aus dem oben dargestellten Beispiel erzeugte Baumstruktur sieht so aus:

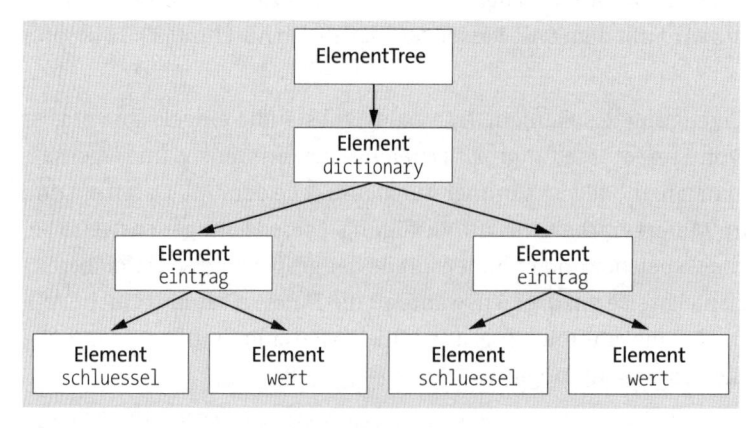

Abbildung 33.1 Erzeugter Element Tree

Die *Wurzel* des Element Trees (engl. *root*) ist eine Instanz der Klasse `ElementTree`, die eine Hierarchie von `Element`-Instanzen enthält, die jeweils über einen Tag-Namen verfügen. Außerdem können `Element`-Instanzen eine beliebige Menge von Attributen besitzen und einen Text enthalten.

Eine XML-Datei lesen

An dieser Stelle zeigen wir Ihnen die Verwendung von `ElementTree` an einem einfachen Beispiel. Dazu rufen wir uns erneut unsere Beispieldatei ins Gedächtnis, deren Zweck es war, den Inhalt eines Python-Dictionarys abzubilden:

```
<?xml version="1.0" encoding="UTF-8"?>
<dictionary>
    <eintrag>
        <schluessel typ="str">Hallo</schluessel>
        <wert typ="int">0</wert>
    </eintrag>
</dictionary>
```

Die Datei besteht aus einem Tag erster Ordnung namens `dictionary`, in dem mehrere `eintrag`-Tags vorkommen dürfen. Jedes `eintrag`-Tag enthält zwei untergeordnete Tags namens `schluessel` und `wert`, die gemeinsam jeweils ein Schlüssel-Wert-Paar des Dictionarys repräsentieren. Der Datentyp des Schlüssels bzw. des Wertes wird über das Attribut `typ` festgelegt, das bei den Tags `schluessel` und `wert` vorkommen muss.

Ein Programm, das `ElementTree` verwendet, um eine XML-Datei dieses Formats zu laden, sieht folgendermaßen aus:

```python
import xml.etree.ElementTree as ElementTree
typen = {
    "int" : int,
    "str" : str
    }
def lese_element(element):
    typ = element.get("typ", "str")
    try:
        return typen[typ](element.text)
    except KeyError:
        return element.text
def lade_dict(dateiname):
    d = {}
    baum = ElementTree.parse(dateiname)
    tag_dict = baum.getroot()
    for eintrag in tag_dict:
```

```
            tag_schluessel = eintrag.find("schluessel")
            tag_wert = eintrag.find("wert")
            d[lese_element(tag_schluessel)] = lese_element(tag_wert)
    return d
```

Zunächst wird die Funktion `lese_element` implementiert, die aus der `Element`-Instanz eines `schluessel`- oder `wert`-Tags das Attribut `typ` ausliest und den vom jeweiligen Tag umschlossenen Text in den durch `typ` angegebenen Datentyp konvertiert. Der Inhalt des Tags wird dann als Instanz des passenden Datentyps zurückgegeben.

Die Hauptfunktion des Beispielprogramms `lade_dict` bekommt den Dateinamen einer XML-Datei übergeben und soll die darin enthaltenen Daten zu einem Python-Dictionary aufbereiten. Dazu wird die XML-Datei zunächst mithilfe der Funktion `parse` des Moduls `ElementTree` zu einem Baum aufbereitet. Dieser Funktion kann sowohl ein Dateiname als auch ein geöffnetes Dateiobjekt übergeben werden. Danach wird der Referenz `tag_dict` das Wurzelelement des Baums zugewiesen, um auf diesem weiterzuoperieren.

Die nun folgende Schleife iteriert über alle Kindelemente des Wurzelelements, also über alle `eintrag`-Tags. In jedem Iterationsschritt werden die ersten Kindelemente mit den Tag-Namen `schluessel` und `wert` gesucht und den Referenzen `tag_schluessel` und `tag_wert` zugewiesen. Am Ende des Schleifenkörpers werden die `Element`-Instanzen der jeweiligen `schluessel`- oder `wert`-Tags durch die Funktion `lese_text` geschleust, was den im Tag-Körper enthaltenen Text in eine Instanz des korrekten Datentyps konvertiert. Die resultierenden Instanzen werden als Schlüssel bzw. als Wert in das Dictionary `d` eingetragen. Schließlich wird das erzeugte Dictionary `d` zurückgegeben.

Das mit `lade_dict` aus der eingangs angegebenen XML-Datei gelesene Dictionary sieht folgendermaßen aus:

```
>>> lade_dict("dict.xml")
{'Hallo': 0}
```

> **Hinweis**
>
> Anstatt die XML-Daten aus einer Datei zu lesen, können sie auch in einem String vorliegen und mithilfe der Methode `fromstring` zu einem Element Tree aufbereitet werden:
>
> ```
> >>> daten = "<tag attr='wert'/>"
> >>> ElementTree.fromstring(daten)
> <Element 'tag' at 0x7f4762a31548>
> ```
>
> Beachten Sie, dass in diesem Fall eine `Element`-Instanz zurückgegeben wird und keine `ElementTree`-Instanz.

Eine XML-Datei schreiben

Im vorangegangenen Abschnitt wurde das Einlesen einer XML-Datei behandelt. Selbstverständlich existiert auch das umgekehrte Problem: In einem Programm entstandene Daten sollen in einem XML-Format exportiert werden.

Dazu muss zunächst ein Element Tree erzeugt werden. Dies kann, wie oben beschrieben, durch das Einlesen einer Datei bzw. eines Strings geschehen. Alternativ lässt sich ein Element Tree auch elementweise erzeugen:

```
>>> dictionary = ElementTree.Element("dictionary")
>>> eintrag = ElementTree.SubElement(dictionary, "eintrag")
>>> schluessel = ElementTree.SubElement(eintrag, "schluessel", {"typ":"str"})
>>> schluessel.text = "Hallo"
>>> wert = ElementTree.SubElement(eintrag, "wert", {"typ":"int"})
>>> wert.text = "0"
```

Zunächst wird eine `Element`-Instanz mit dem Tag-Namen `dictionary` erzeugt, die als Wurzel unseres Baums fungiert. Die Funktion `SubElement` erlaubt es dann, Elemente in den Baum einzufügen. Dazu müssen das gewünschte Elternelement und der Tag-Name übergeben werden. Optional kann ein Dictionary mit Attribut-Wert-Paaren übergeben werden.

Nachdem ein Element Tree konstruiert wurde, kann die Funktion `tostring` verwendet werden. Diese schreibt eine `Element`-Instanz mit all ihren Unterelementen als XML in einen String und gibt diesen zurück:

```
>>> ElementTree.tostring(dictionary)
b'<dictionary><eintrag><schluessel typ="str">Hallo</schluessel><wert typ=
"int">0</wert></eintrag></dictionary>'
```

Anstatt die Daten als String zu exportieren, können sie auch direkt in eine Datei geschrieben werden. Dazu existiert die Methode `write`, der sowohl ein Dateiname als auch ein geöffnetes Dateiobjekt übergeben werden kann. In diesem Fall muss jedoch zuvor eine `ElementTree`-Instanz erzeugt werden:

```
>>> et = ElementTree.ElementTree(dictionary)
>>> et.write("file.xml")
```

Über die optionalen zweiten Parameter der Methoden `tostring` und `write` kann ein Encoding zum Schreiben festgelegt werden.

Attribute der Klasse Element

Im vorangegangenen Abschnitt wurde auf das Attribut `text` der erzeugten `Element`-Instanzen zugegriffen, um den Text festzulegen, den sie enthalten. Es existieren insgesamt vier dieser Attribute, die in Tabelle 33.2 kurz erläutert werden:

Attribut	Beschreibung
attrib	Referenziert ein Dictionary, das alle im Element enthaltenen XML-Attribute als Schlüssel-Wert-Paare enthält.
tag	Referenziert den Tag-Namen des Elements.
tail	Referenziert den Text, der in der XML-Datei zwischen dem schließenden Tag des Elements und dem nächsten öffnenden oder schließenden Tag steht.
text	Referenziert den Text, der in der XML-Datei zwischen dem öffnenden Tag des Elements und dem nächsten öffnenden oder schließenden Tag steht.

Tabelle 33.2 Attribute der Klasse Element

Jedes dieser Attribute kann sowohl gelesen als auch geschrieben werden.

XML-Attribute schreiben und lesen

Die Klasse Element definiert die Methoden get und set, um auf ihre XML-Attribute[2] zuzugreifen:

```
>>> wert.get("typ")
'int'
>>> wert.set("typ", "str")
>>> wert.get("typ")
'str'
```

Der Methode get kann ein optionaler Standardwert übergeben werden, der zurückgegeben wird, falls das Element über kein Attribut des gewünschten Namens verfügt.

Einen Element Tree durchlaufen

Grundsätzlich erbt die Klasse Element alle Eigenschaften einer Liste. Es ist also insbesondere möglich, über einen Index auf Kindelemente zuzugreifen. Deshalb können die Kindelemente einer Element-Instanz ganz selbstverständlich in einer Schleife durchlaufen werden:

```
>>> for e in eintrag:
...     print(e.tag)
...
schluessel
wert
```

---

[2] nicht zu verwechseln mit den Attributen der Klasse Element selbst

Jedes Element eines Element Trees bietet darüber hinaus die Methode iter an, die einen Iterator über alle in der Hierarchie untergeordneten Elemente, inklusive des Elements, auf dem die Methode gerufen wird, zurückgibt. Auf diese Weise lässt sich auch der in den vorangegangenen Abschnitten erstellte Element Tree komfortabel durchlaufen:

```
>>> list(dictionary.iter())
[<Element 'dictionary' at 0x7f4762a31638>,
<Element 'eintrag' at 0x7f476187e278>,
<Element 'schluessel' at 0x7f476187e188>,
<Element 'wert' at 0x7f4762a314f8>]
```

Über den optionalen Parameter tag lässt sich der Iterator auf Elemente mit einem bestimmten Tag-Namen einschränken:

```
>>> list(dictionary.iter("wert"))
[<Element 'wert' at 0x7f4762a314f8>]
```

Wenn eine ElementTree-Instanz durchlaufen werden soll, kann dies über das Wurzelelement geschehen, das über die Methode getroot erreichbar ist:

```
>>> et = ElementTree.ElementTree(dictionary)
>>> list(et.getroot().iter("wert"))
[<Element 'wert' at 0x7f4762a314f8>]
```

Elemente im Element Tree finden

Die Klasse Element bietet die Methoden find, findall und findtext an, um untergeordnete Elemente nach bestimmten Kriterien zu durchsuchen. Das Suchkriterium wird über einen sogenannten *Pfad* definiert. Betrachten wir dazu die folgende XML-Datei:

```
<A>
    <B>
        <D>Hallo</D>
    </B>
    <C>
        <E>
            <F>Welt</F>
        </E>
    </C>
</A>
```

Diese XML-Datei laden wir in eine ElementTree-Instanz und führen dann auf dem Element A einige Suchoperationen aus.

```
>>> et = ElementTree.parse("test.xml")
>>> e = et.getroot()
```

Zunächst suchen wir mithilfe des Wildcard-Zeichens * und der Methode `find` nach einem beliebigen Tag-Namen. Das erste passende Element ist das Element B, das zurückgegeben wird:

```
>>> e.find("*")
<Element 'B' at 0x7f15ce584f10>
```

Die Methode `find` durchsucht nur die direkten Kindelemente des Elements, für das sie aufgerufen wird. Daher führt eine Suche nach dem Tag-Namen E zu keinem Ergebnis:

```
>>> e.find("E")
>>>
```

Um nach Elementen zu suchen, die tiefer in der XML-Hierarchie liegen, muss ein Pfad übergeben werden. Dieser kann auch Wildcards enthalten.

```
>>> e.find("C/*/F")
<Element 'F' at 0x7f15ce58a050>
```

Die Methoden `findall` und `findtext` funktionieren ähnlich wie `find`, mit dem Unterschied aber, dass `findall` eine Liste aller passenden `Element`-Instanzen zurückgibt und `findtext` den in der passenden `Element`-Instanz enthaltenen Text.

Elemente einfügen und entfernen

Wie bereits gesagt, kann eine `Element`-Instanz als Liste ihrer Kindelemente gesehen werden, sie erbt sogar die Funktionalität einer Liste. Das betrifft insbesondere auch die Möglichkeit, sie zu erweitern. Kindelemente lassen sich also über die Methoden `append`, `extent`, `remove` und `clear` einer Liste hinzufügen bzw. daraus entfernen:

```
>>> x = ElementTree.Element("x")
>>> x.append(ElementTree.Element("y"))
>>> x.append(ElementTree.Element("z"))
>>> ElementTree.tostring(x)
b'<x><y /><z /></x>'
```

33.2.2 SAX – Simple API for XML

Die *Simple API for XML*, kurz *SAX*, baut im Gegensatz zu `ElementTree` kein vollständiges Abbild der XML-Datei im Speicher auf, sondern liest die Datei fortlaufend ein und setzt den Programmierer durch Aufrufen bestimmter Funktionen davon in Kenntnis, dass beispielsweise ein öffnendes oder schließendes Tag gelesen wurde. Diese

Herangehensweise hat einen Vorteil: Beim Laden sehr großer XML-Dateien können bereits eingelesene Teile weiterverarbeitet werden, obwohl die Datei noch nicht vollständig eingelesen worden ist.

Allerdings sind mit der Verwendung von SAX auch einige Nachteile verbunden. So ist beispielsweise, anders als bei `ElementTree`, kein wahlfreier Zugriff auf einzelne Elemente der XML-Daten möglich. Außerdem sieht SAX keine Möglichkeit vor, die XML-Daten komfortabel zu verändern oder wieder zu speichern.

Das Einlesen einer XML-Datei durch einen SAX-Parser, in der SAX-Terminologie auch *Reader* genannt, geschieht *ereignisgesteuert*. Das bedeutet, dass der Programmierer beim Erstellen des Readers verschiedene *Callback-Funktionen* einrichten und mit einem bestimmten *Event* verknüpfen muss. Wenn beim Einlesen der XML-Datei durch den Reader dann das besagte Event auftritt, wird die damit verknüpfte Callback-Funktion aufgerufen und somit der Code ausgeführt, den der Programmierer für diesen Zweck vorgesehen hat. Ein Event kann beispielsweise das Auffinden eines öffnenden Tags sein.

Der SAX-Reader stellt also nur die Infrastruktur zum Einlesen der XML-Datei bereit. Ob und in welcher Form die gelesenen Daten aufbereitet werden, entscheidet allein der Programmierer.

> **Hinweis**
>
> Die Beschreibungssprache HTML für Webseiten basiert zu großen Teilen auf XML, erlaubt aber etwas größeren syntaktischen Freiraum.[3] Aus diesem Grund lässt sich nicht jedes HTML-Dokument mit jedem XML-Parser einlesen.
>
> Speziell für das Parsen von HTML-Dokumenten existiert das Modul `html.parser` in der Standardbibliothek. Die dort enthaltene Klasse `HTMLParser` implementiert einen SAX-Parser für HTML-Dokumente.

Beispiel

Die Verwendung von SAX möchten wir Ihnen direkt an einem einfachen Beispiel zeigen. Dazu dient uns das bereits bekannte Szenario: Ein Python-Dictionary wurde in einer XML-Datei abgespeichert und soll durch das Programm eingelesen und wieder in ein Dictionary verwandelt werden. Die Daten liegen im folgenden Format vor:

```
<?xml version="1.0" encoding="UTF-8"?>
<dictionary>
    <eintrag>
        <schluessel typ="str">Hallo</schluessel>
```

---

3 Der neuere Standard XHTML genügt hingegen den strengeren XML-Regeln.

```
            <wert typ="int">0</wert>
        </eintrag>
</dictionary>
```

Zum Einlesen dieser Datei dient das folgende Programm, das einen SAX-Reader verwendet:

```python
import xml.sax as sax
class DictHandler(sax.handler.ContentHandler):
    typen = {
        "int" : int,
        "str" : str
        }
    def __init__(self):
        self.ergebnis = {}
        self.schluessel = ""
        self.wert = ""
        self.aktiv = None
        self.typ = None
    def startElement(self, name, attrs):
        if name == "eintrag":
            self.schluessel = ""
            self.wert = ""
        elif name in ("schluessel", "wert"):
            self.aktiv = name
            try:
                self.typ = self.typen[attrs["typ"]]
            except KeyError:
                self.typ = str
    def endElement(self, name):
        if name == "eintrag":
            self.ergebnis[self.schluessel] = self.typ(self.wert)
        elif name in ("schluessel", "wert"):
            self.aktiv = None
    def characters(self, content):
        if self.aktiv == "schluessel":
            self.schluessel += content
        elif self.aktiv == "wert":
            self.wert += content
```

Zunächst wird die Klasse `DictHandler` angelegt, in der wir alle interessanten Callback-Funktionen, auch *Callback-Handler* genannt, in Form von Methoden implementieren. Die Klasse muss von der Basisklasse `sax.handler.ContentHandler` abgeleitet werden.

Ein Nachteil des SAX-Modells ist es, dass wir nach jedem Schritt den aktuellen Zustand speichern müssen, damit beim nächsten Aufruf einer der Callback-Funktionen klar ist, ob der eingelesene Text beispielsweise innerhalb eines schluessel- oder eines wert-Tags gelesen wurde. Aus diesem Grund legen wir im Konstruktor der Klasse einige Attribute an:

- self.ergebnis für das resultierende Dictionary
- self.schluessel für den Inhalt des aktuell bearbeiteten Schlüssels
- self.wert für den Inhalt des aktuell bearbeiteten Wertes
- self.aktiv für den Tag-Namen des Tags, das zuletzt eingelesen wurde
- self.typ für den Datentyp, der im Attribut typ eines schluessel- oder wert-Tags steht

Zuerst implementieren wir die Methode startElement, die immer dann aufgerufen wird, wenn ein öffnendes Tag eingelesen wurde. Die Methode bekommt den Tag-Namen und die enthaltenen Attribute als Parameter übergeben. In dieser Methode wird zunächst ausgelesen, um welches öffnende Tag es sich handelt. Im Falle eines schluessel- oder wert-Tags wird self.name entsprechend angepasst und das Attribut typ des Tags ausgelesen.

Die Methode endElement wird aufgerufen, wenn ein schließendes Tag eingelesen wurde. Auch ihr wird der Tag-Name als Parameter übergeben. Im Falle eines schließenden eintrag-Tags fügen wir das eingelesene Schlüssel-Wert-Paar, das aus self.schluessel und self.wert besteht, in das Dictionary self.ergebnis ein. Wenn ein schließendes schluessel- oder wert-Tag gefunden wurde, wird das Attribut self.aktiv wieder auf None gesetzt, sodass keine weiteren Zeichen mehr verarbeitet werden.

Die letzte Methode characters wird aufgerufen, wenn Zeichen eingelesen wurden, die nicht zu einem Tag gehören. Der SAX-Reader garantiert nicht, dass eine zusammenhängende Zeichenfolge auch in einem einzelnen Aufruf von characters resultiert. Je nachdem, welchen Namen das zuletzt eingelesene Tag hatte, werden die gelesenen Zeichen an self.schluessel oder self.wert angehängt.

Schließlich fehlt noch die Hauptfunktion lade_dict des Beispielprogramms, in der der SAX-Parser erzeugt und gestartet wird.

```
def lade_dict(dateiname):
    handler = DictHandler()
    parser = sax.make_parser()
    parser.setContentHandler(handler)
    parser.parse(dateiname)
    return handler.ergebnis
```

Im Funktionskörper wird die Klasse DictHandler instanziiert und durch die Funktion make_parser des Moduls xml.sax ein SAX-Parser erzeugt. Dann wird die Methode setContentHandler des Parsers aufgerufen, um die DictHandler-Instanz mit den enthaltenen Callback-Handlern anzumelden. Zum Schluss wird der Parsing-Prozess durch Aufruf der Methode parse eingeleitet.

Das mit lade_dict aus der eingangs angegebenen XML-Datei gelesene Dictionary sieht folgendermaßen aus:

```
>>> lade_dict("dict.xml")
{'Hallo': 0}
```

Die Klasse ContentHandler

Die Klasse ContentHandler dient als Basisklasse und implementiert alle SAX-Callback-Handler als Methoden. Um einen SAX-Parser einsetzen zu können, muss eine eigene Klasse erstellt werden, die von ContentHandler erbt und die benötigten Callback-Handler überschreibt. Eine Instanz einer von ContentHandler abgeleiteten Klasse wird von der Methode setContentHandler des SAX-Parsers erwartet. Tabelle 33.3 listet die wichtigsten Callback-Handler auf, die in einer von ContentHandler abgeleiteten Klasse überschrieben werden können.

Methode	Beschreibung
startDocument()	Wird einmalig aufgerufen, wenn der SAX-Parser damit beginnt, ein XML-Dokument einzulesen.
endDocument()	Wird einmalig aufgerufen, wenn der SAX-Parser ein XML-Dokument vollständig eingelesen hat.
startElement(name, attrs)	Wird aufgerufen, wenn ein öffnendes Tag eingelesen wurde.
endElement(name)	Wird aufgerufen, wenn ein schließendes Tag mit dem Namen name eingelesen wurde.
characters(content)	Wird aufgerufen, wenn ein Textabschnitt eingelesen wurde.
ignorableWhitespace(whitespace)	Wird aufgerufen, wenn Whitespace-Zeichen eingelesen wurden.

Tabelle 33.3 Methoden der Klasse ContentHandler

33.3 Datenbanken

Je mehr Daten ein Programm verwalten muss und je komplexer die Struktur dieser Daten wird, desto größer wird der programmtechnische Aufwand für die dauerhafte Speicherung und Verwaltung der Daten. Außerdem müssten Aufgaben wie das Lesen, Schreiben oder Aktualisieren von Daten, die in vielen Programmen benötigt werden, immer wieder neu implementiert werden.

Abhilfe für diese Problematik wird geschaffen, indem man eine Abstraktionsschicht zwischen dem benutzenden Programm und dem physikalischen Massenspeicher einzieht, die sogenannte *Datenbank*. Dabei erfolgt die Kommunikation zwischen Benutzerprogramm und Datenbank über eine vereinheitlichte Schnittstelle.

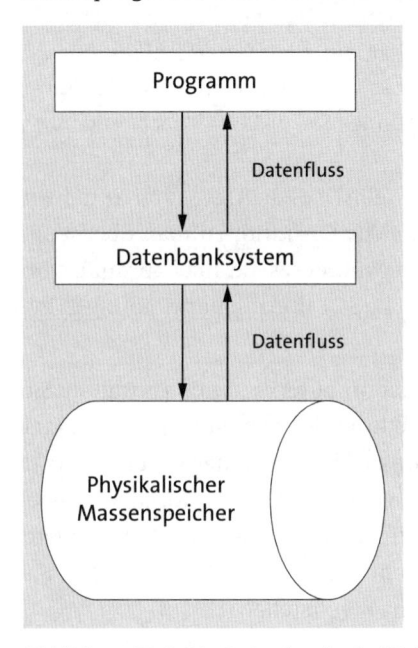

Abbildung 33.2 Die Datenbankschnittstelle

Das Datenbanksystem nimmt Abfragen, sogenannte *Querys*, entgegen und gibt alle Datensätze zurück, die den Bedingungen der Abfragen genügen.

Wir beschäftigen uns in diesem Kapitel ausschließlich mit *relationalen Datenbanken*, die einen Datenbestand in Tabellen organisieren.[4] Für die Abfragen in relationalen Datenbanken wurde eine eigene Sprache entwickelt, deren Name *SQL* (*Structured Query Language*, dt. »strukturierte Abfragesprache«) ist. SQL ist zu komplex, um es in diesem Kapitel erschöpfend zu beschreiben. Wir werden hier nur auf grundlegende SQL-Befehle eingehen, die nötig sind, um das Prinzip von Datenbanken und deren Anwendung in Python zu verdeutlichen.

SQL ist standardisiert und wird von den meisten relationalen Datenbanksystemen unterstützt. Beachten Sie dabei, dass die Systeme häufig nur Teilmengen der Sprache

---

4 Das Attribut »relational« geht auf den Begriff der *Relation* aus der Mathematik zurück. Vereinfacht gesagt, ist eine Relation eine Zuordnung von Elementen zweier oder mehrerer Mengen in Form einer Tabelle.

implementieren und sie teilweise geringfügig abändern. Aus diesem Grund werden wir Ihnen hier die SQL-Variante vorstellen, die von SQLite, der Standarddatenbank in Python, genutzt wird.

> **Hinweis**
>
> Neben der Abfragesprache SQL ist in Python auch die Schnittstelle der Datenbankmodule standardisiert. Dies hat für den Programmierer den angenehmen Nebeneffekt, dass sein Code mit minimalen Anpassungen auf allen Datenbanksystemen lauffähig ist, die diesen Standard implementieren. Die genaue Definition dieser sogenannten *Python Database API Specification* können Sie in PEP 249 nachlesen.

Bevor wir uns aber mit der Abfragesprache SQL selbst beschäftigen, erarbeiten wir eine kleine Beispieldatenbank und überlegen, welche Operationen man überhaupt ausführen kann. Anschließend implementieren wir dieses Beispiel mithilfe von SQLite und gehen dabei auf Teile der Abfragesprache SQL und die Verwendung in Python-Programmen ein.

Stellen Sie sich vor, Sie müssten das Lager eines Computerversands verwalten. Sie sind dafür verantwortlich, dass die gelieferten Teile an der richtigen Stelle im Lager aufbewahrt werden, wobei für jede Komponente der Lieferant, der Lieferzeitpunkt und die Nummer des Fachs im Lager gespeichert werden sollen. Für Kunden, die bei dem Versand ihre Rechner bestellen, werden die entsprechenden Teile reserviert, und diese sind dann für andere Kunden nicht mehr verfügbar. Außerdem sollen Sie Listen mit allen Kunden und Lieferanten der Firma bereitstellen.

Um ein Datenbankmodell für dieses Szenario zu erstellen, legen Sie zuerst eine Tabelle namens »Lager« an, die alle im Lager befindlichen Komponenten enthält. Sie gehen der Einfachheit halber davon aus, dass Ihr Lager in Fächer eingeteilt ist, die fortlaufend nummeriert sind. Dabei kann jedes Fach nur ein einzelnes Computerteil aufnehmen.

Eine entsprechende Tabelle mit ein paar Beispieldatensätzen für das Lager könnte dann wie folgt aussehen, wenn Sie zusätzlich den Lieferanten und den Reservierungsstatus speichern möchten.

Fachnummer	Seriennummer	Komponente	Lieferant	Reserviert
1	26071987	Grafikkarte Typ 1	FC	0
2	19870109	Prozessor Typ 13	LPE	57
10	06198823	Netzteil Typ 3	FC	0

Tabelle 33.4 Tabelle »Lager« für den Lagerbestand

Fachnummer	Seriennummer	Komponente	Lieferant	Reserviert
25	11198703	LED-Lüfter	FC	57
26	19880105	Festplatte 128 GB	LPE	12

Tabelle 33.4 Tabelle »Lager« für den Lagerbestand (Forts.)

Die Spalte »Lieferant« enthält dabei das Kürzel der liefernden Firma, und das Feld »Reserviert« ist auf »0« gesetzt, wenn der betreffende Artikel noch nicht von einem Kunden reserviert wurde. Ansonsten enthält das Feld die Kundennummer des reservierenden Kunden. In der Tabelle werden nur die belegten Fächer gespeichert, weshalb alle Fächer, für die kein Eintrag existiert, mit neuen Teilen gefüllt werden können.

Die ausführlichen Informationen zu Lieferanten und Kunden werden in zwei weiteren Tabellen namens »Lieferanten« und »Kunden« abgelegt:

Kurzname	Name	Telefonnummer
FC	FiboComputing Inc.	011235813
LPE	LettgenPetersErnesti	026741337
GC	Golden Computers	016180339

Tabelle 33.5 Tabelle »Lieferanten«

Kundennummer	Name	Anschrift
12	Heinz Elhurg	Turnhallenstr. 1, 3763 Sporthausen
57	Markus Altbert	Kämperweg 24, 2463 Duisschloss
64	Steve Apple	Podmacstr. 2, 7467 Iwarhausen

Tabelle 33.6 Tabelle »Kunden«

Damit Sie als Lagerverwalter von dieser Datenbank profitieren können, müssen Sie die Möglichkeit haben, den Datenbestand zu manipulieren. Sie brauchen Routinen, um neue Kunden und Lieferanten hinzuzufügen, ihre Daten beispielsweise bei einem Umzug zu aktualisieren oder sie auf Wunsch aus Ihrer Datenbank zu entfernen. Auch in die Tabelle »Lager« müssen Sie neue Einträge einfügen und alte löschen oder anpassen. Um die Datenbank aktuell zu halten, benötigen Sie also Funktionen zum *Hinzufügen* und *Löschen*.

Wirklich nützlich wird die Datenbank aber erst, wenn Sie die enthaltenen Daten nach bestimmten Kriterien abfragen können. Im einfachsten Fall möchten Sie beispielsweise einfach nur eine Liste aller Kunden oder Lieferanten anfordern oder sich informieren, welche Fächer zurzeit belegt sind. Es könnte Sie aber auch interessieren, ob der Kunde mit dem Namen »Markus Altbert« Artikel reserviert hat und – wenn ja – welche Artikel das sind und wo diese gelagert werden; oder Sie möchten wissen, welche Komponenten Sie von dem Lieferanten mit der Telefonnummer »011235813« nachbestellen müssen, weil sie nicht mehr vorhanden oder bereits reserviert sind. Bei diesen Operationen werden immer Datensätze nach bestimmten Kriterien *ausgewählt* und an das aufrufende Benutzerprogramm zurückgegeben.

Nach dieser theoretischen Vorbereitung werden wir uns nun der Implementation des Beispiels in einer SQLite-Datenbank zuwenden.

33.3.1 Pythons eingebaute Datenbank – sqlite3

SQLite ist ein einfaches Datenbanksystem, das im Gegensatz zu anderen Systemen ohne separaten Datenbankserver auskommt und die gesamte Datenbank in einer einzigen Datei abspeichert. Die Programmbibliothek von SQLite ist nur einige Hundert Kilobyte groß, wodurch sie sich besonders für eingebettete Systeme eignet.

Trotzdem unterstützt SQLite einen Großteil der Sprache SQL und hat sich in der Praxis in puncto Skalierbarkeit und Geschwindigkeit bewährt.[5]

In Python müssen Sie das Modul `sqlite3` importieren, um mit der Datenbank zu arbeiten. Anschließend können Sie eine Verbindung zu der Datenbank aufbauen, indem Sie die `connect`-Funktion, die ein `Connection`-Objekt zu der Datenbank zurückgibt, aufrufen und ihr den Dateinamen für die Datenbank übergeben:

```
import sqlite3
connection = sqlite3.connect("lagerverwaltung.db")
```

Die Dateiendung kann frei gewählt werden und hat keinerlei Einfluss auf die Funktionsweise der Datenbank. Der oben dargestellte Code führt dazu, dass die Datenbank, die in der Datei `lagerverwaltung.db` im selben Verzeichnis wie das Programm liegt, eingelesen und mit dem `Connection`-Objekt `connection` verbunden wird. Wenn es noch keine Datei mit dem Namen `lagerverwaltung.db` gibt, wird eine leere Datenbank erzeugt und die Datei angelegt.

Oft benötigt man eine Datenbank nur während des Programmlaufs, um Daten zu verwalten oder zu ordnen, ohne dass diese dauerhaft auf der Festplatte gespeichert werden müssen. Zu diesem Zweck gibt es die Möglichkeit, eine Datenbank im

---

5 Beispielsweise verwendet Apple SQLite in der Software für das iPhone, und der populäre Browser Firefox verwaltet damit Lesezeichen und Cookies.

Arbeitsspeicher zu erzeugen, indem Sie anstelle eines Dateinamens den String
":memory:" an die connect-Methode übergeben:

```
connection = sqlite3.connect(":memory:")
```

Um mit der verbundenen Datenbank zu arbeiten, werden sogenannte *Cursors* (dt. »Positionsanzeigen«) verwendet. Einen Cursor können Sie sich ähnlich wie den blinkenden Strich in Textverarbeitungsprogrammen als aktuelle Bearbeitungsposition innerhalb der Datenbank vorstellen. Mit solchen Cursors können wir Datensätze verändern oder abfragen, wobei es zu einer Datenbankverbindung beliebig viele Cursors geben kann. Ein neuer Cursor wird mithilfe der cursor-Methode des Connection-Objekts erzeugt:

```
cursor = connection.cursor()
```

Neue Tabellen anlegen

Nun können wir unser erstes SQL-Statement an die Datenbank schicken, um unsere Tabellen anzulegen. Für das Anlegen der Tabelle »Lager« sieht das SQL-Statement folgendermaßen aus:

```
CREATE TABLE lager (
    fachnummer INTEGER, seriennummer INTEGER, komponente TEXT,
    lieferant TEXT, reserviert INTEGER
)
```

> **Hinweis**
>
> Alle großgeschriebenen Wörter sind Bestandteile der Sprache SQL. Allerdings unterscheidet SQL nicht zwischen Groß- und Kleinschreibung, weshalb wir auch alles hätten kleinschreiben können. Wegen der besseren Lesbarkeit werden wir SQL-Schlüsselwörter immer komplett groß- und von uns vergebene Namen durchgängig kleinschreiben.

Die Zeichenketten INTEGER und TEXT hinter den Spaltennamen geben den Datentyp an, der in den Spalten gespeichert werden soll. Sinnvollerweise werden die Spalten fachnummer, seriennummer und reserviert als Ganzzahlen und die Spalten komponente und lieferant als Zeichenketten definiert. SQLite kennt mehrere solcher Datentypen für die Spalten der Datenbank.

Standardmäßig werden Python-Datentypen beim Schreiben in eine SQLite-Datenbank automatisch in entsprechende SQLite-Datentypen umgewandelt. Tabelle 33.7 zeigt das Umwandlungsschema von Python- zu SQLite-Datentypen.

Python-Datentyp (Quelltyp)	SQLite-Datentyp (Zieltyp)
None	NULL
int	INTEGER
float	REAL
str	TEXT
bytes	BLOB

Tabelle 33.7 So konvertiert SQLite beim Schreiben der Daten.

Es ist auch möglich, andere Datentypen in SQLite-Datenbanken abzulegen, wenn entsprechende Konvertierungsfunktionen definiert wurden. Wie das genau erreicht werden kann, wird im Abschnitt »Adapter und Konvertierer« behandelt.

Nun senden wir das SQL-Statement mithilfe der execute-Methode des Cursor-Objekts an die SQLite-Datenbank:

```
cursor.execute("""CREATE TABLE lager (
    fachnummer INTEGER, seriennummer INTEGER,
    komponente TEXT, lieferant TEXT, reserviert INTEGER)""")
```

Die Tabellen für die Lieferanten und Kunden erzeugen wir auf die gleiche Weise:

```
cursor.execute("""CREATE TABLE lieferanten (
    kurzname TEXT, name TEXT, telefonnummer TEXT)""")
```

```
cursor.execute("""CREATE TABLE kunden (
    kundennummer INTEGER, name TEXT, anschrift TEXT)""")
```

Daten in die Tabellen einfügen

Als Nächstes werden wir die noch leeren Tabellen mit unseren Beispieldaten füllen. Zum Einfügen neuer Datensätze in eine bestehende Tabelle dient das INSERT-Statement, das für den ersten Beispieldatensatz folgendermaßen aussieht:

```
INSERT INTO lager VALUES (
    1, 26071987, 'Grafikkarte Typ 1', 'FC', 0
)
```

Innerhalb der Klammern hinter VALUES stehen die Werte für jede einzelne Spalte in der gleichen Reihenfolge, wie auch die Spalten selbst definiert wurden. Wie bei allen anderen Datenbankabfragen auch können wir mit der execute-Methode unser Statement abschicken:

```
cursor.execute("""INSERT INTO lager VALUES (
    1, 26071987, 'Grafikkarte Typ 1', 'FC', 0)""")
```

Beim Einfügen von Datensätzen müssen Sie allerdings beachten, dass die neuen Daten nicht sofort nach dem Ausführen eines INSERT-Statements in die Datenbank daten geschrieben werden, sondern vorerst nur im Arbeitsspeicher liegen. Um sicherzugehen, dass die Daten wirklich auf der Festplatte landen und damit dauerhaft gespeichert sind, müssen Sie die commit-Methode des Connection-Objekts aufrufen:

```
connection.commit()
```

Dies ist deshalb notwendig, damit die Datenbank *transaktionssicher* ist. Transaktionen sind Ketten von Operationen, die vollständig ausgeführt werden müssen, damit die Konsistenz der Datenbank erhalten bleibt. Stellen Sie sich einmal vor, bei einer Bank würde während einer Überweisung zwar das Geld von Ihrem Konto abgebucht, jedoch aufgrund eines Fehlers nicht dem Empfänger gutgeschrieben. Mit der Methode rollback können alle Operationen seit dem letzten commit-Aufruf wieder rückgängig gemacht werden, um solche Probleme zu vermeiden.

Um die Konsistenz der Datenbank sicherzustellen, können Sie kritische Datenbankmanipulationen mit einer try-except-Anweisung umgeben und im Fehlerfall die Änderungen mit rollback als Ganzes verwerfen.

```
try:
    cursor = connection.cursor()
    cursor.execute("""INSERT INTO lager VALUES (
        1, 26071987, 'Grafikkarte Typ 1', 'FC', 0)""")

    # Hier können andere Datenbankmanipulationen stehen

    connection.commit()
except:
    print("Ein Problem trat auf -> Rollback")
    connection.rollback()
```

Alternativ können Sie das connection-Objekt als Transaktionsmanager zusammen mit der with-Anweisung verwenden, um kritische Bereiche abzusichern. Dabei sorgt die with-Anweisung automatisch dafür, dass beim erfolgreichen Ausführen aller Zeilen im with-Block ein Commit und im Fehlerfall ein Rollback ausgeführt wird. Allerdings werden auftretende Exceptions an die nächsthöhere Ebene durchgereicht und müssen dort abgefangen werden. Das Beispiel oben lässt sich folgendermaßen mit with umsetzen:

```
try:
    with connection:
        cursor = connection.cursor()
```

```
        cursor.execute("""INSERT INTO lager VALUES (
            1, 26071987, 'Grafikkarte Typ 1', 'FC', 0)""")

        # Hier können andere Datenbankmanipulationen stehen
except:
    print("Ein Problem trat auf -> Automatischer Rollback")
```

Mehr zur `with`-Anweisung erfahren Sie in Abschnitt 24.1.

Zur Verbesserung der Übersichtlichkeit werden wir in den Beispielen auf Fehlerbehandlungen und Absicherungen verzichten.

Sicherer Datentransfer

In der Regel werden die Daten, die wir in die Datenbank einfügen wollen, nicht schon vor dem Programmlauf bekannt sein und deshalb auch nicht in Form von String-Konstanten im Quellcode stehen. Stattdessen werden es Benutzereingaben oder Berechnungsergebnisse sein, die wir dann als Python-Instanzen im Speicher haben. Auf den ersten Blick scheint für solche Fälle die Formatierungsmethode `format` für Strings ein geeignetes Mittel zu sein, und die letzte INSERT-Anweisung hätte auch folgendermaßen zusammengebaut werden können:

```
>>> werte = (1, 26071987, "Grafikkarte Typ 1", "FC", 0)
>>> "INSERT INTO lager VALUES ({}, {}, '{}', '{}', {})".format(*werte)
"INSERT INTO lager VALUES (1, 26071987, 'Grafikkarte Typ 1', 'FC', 0)"
```

Diese auf den ersten Blick elegante Methode entpuppt sich bei genauer Betrachtung aber als gefährliche Sicherheitslücke. Betrachten wir einmal folgende INSERT-Anweisung, die einen neuen Lieferanten in die Tabelle »Lieferanten« einfügen soll:

```
>>> werte = ("DR", "Danger Electronics",
...          "666'); Hier kann Schadcode stehen")
>>> "INSERT INTO lieferanten VALUES ('{}', '{}', '{}')".format(*werte)
"INSERT INTO lieferanten VALUES ('DR', 'Danger Electronics', '666'); Hier kann
 Schadcode stehen')"
```

Wie Sie sehen, haben wir dadurch, dass der Wert für die Telefonnummer den String `"');"` enthält, die SQL-Abfrage verunstaltet, sodass der Versuch, sie auszuführen, zu einem Fehler führen und damit unser Programm zum Absturz bringen würde. Durch den außerdem enthaltenen Text `"Hier kann Schadcode stehen"` haben wir angedeutet, dass es unter Umständen sogar möglich ist, eine Abfrage so zu manipulieren, dass wieder gültiger SQL-Code dabei herauskommt, wobei jedoch eine andere Operation als beabsichtigt (zum Beispiel das Auslesen von Benutzerdaten) ausgeführt wird.[6]

---

[6] Man nennt diese Form des Angriffs auf verwundbare Programme auch *SQL Injection*.

> **Hinweis**
> Verwenden Sie deshalb niemals die String-Formatierung zur Übergabe von Parametern in SQL-Abfragen!

Um sichere Parameterübergaben durchzuführen, schreiben Sie in den Query-String an die Stelle, an der der Parameter stehen soll, ein Fragezeichen und übergeben der execute-Methode ein Tupel mit den entsprechenden Werten als zweiten Parameter:

```
werte = ("DR", "Danger Electronics",
        "666'); Hier kann Schadcode stehen")
sql = "INSERT INTO lieferanten VALUES (?, ?, ?)"
cursor.execute(sql, werte)
```

In diesem Fall kümmert sich SQLite darum, dass die übergebenen Werte korrekt umgewandelt werden und es nicht zu Sicherheitslücken durch böswillige Parameter kommen kann.

Analog zur String-Formatierung gibt es auch hier die Möglichkeit, den übergebenen Parametern Namen zu geben und anstelle der tuple-Instanz mit einem Dictionary zu arbeiten. Dazu schreiben Sie im Query-String anstelle des Fragezeichens einen Doppelpunkt, gefolgt von dem symbolischen Namen des Parameters, und übergeben das passende Dictionary als zweiten Parameter an execute:

```
werte = {"kurz" : "DR", "name" : "Danger Electronics",
         "telefon" : "123456"}
sql = "INSERT INTO lieferanten VALUES (:kurz, :name, :telefon)"
cursor.execute(sql, werte)
```

Mit diesem Wissen können wir unsere Tabellen elegant und sicher mit Daten füllen:

```
for row in ((1, "2607871987", "Grafikkarte Typ 1", "FC", 0),
            (2, "19870109", "Prozessor Typ 13", "LPE", 57),
            (10, "06198823", "Netzteil Typ 3", "FC", 0),
            (25, "11198703", "LED-Lüfter", "FC", 57),
            (26, "19880105", "Festplatte 128 GB", "LPE", 12)):
    cursor.execute("INSERT INTO lager VALUES (?,?,?,?,?)", row)
connection.commit()
```

Strukturen wie die oben dargestellte for-Schleife, die die gleiche Datenbankoperation sehr oft für jeweils andere Daten durchführen, kommen häufig vor und bieten großes Optimierungspotenzial. Aus diesem Grund haben cursor-Instanzen zusätzlich die Methode executemany, die als zweiten Parameter eine Sequenz oder ein anderes iterierbares Objekt erwartet, das die Daten für die einzelnen Operationen enthält. Wir nutzen executemany, um unsere Tabellen »Lieferanten« und »Kunden« mit Daten zu füllen:

```
lieferanten = (("FC", "FiboComputing Inc.", "011235813"),
               ("LPE", "LettgenPetersErnesti", "026741337"),
               ("GC", "Golden Computers", "016180339"))
cursor.executemany("INSERT INTO lieferanten VALUES (?,?,?)",
                   lieferanten)

kunden = ((12, "Heinz Elhurg",
           "Turnhallenstr. 1, 3763 Sporthausen"),
          (57, "Markus Altbert",
           "Kämperweg 24, 2463 Duisschloss"),
          (64, "Steve Apple",
           "Podmacstr 2, 7467 Iwarhausen"))
cursor.executemany("INSERT INTO kunden VALUES (?,?,?)", kunden)
connection.commit()
```

Nun haben Sie gelernt, wie Sie Datenbanken und Tabellen anlegen und diese mit Daten füllen. Im nächsten Schritt wollen wir uns mit dem Abfragen von Daten beschäftigen.

Daten abfragen

Um Daten aus der Datenbank abzufragen, verwenden Sie das SELECT-Statement. SELECT erwartet als Parameter, durch Kommata getrennt, die Spalten, die Sie von den Datensätzen interessieren, und den Tabellennamen der Tabelle, die Sie abfragen wollen. Standardmäßig werden alle Zeilen aus der abgefragten Tabelle zurückgegeben. Mit einer WHERE-Klausel können Sie nur bestimmte Datensätze auswählen, indem Sie Bedingungen für die Auswahl angeben. Ein einfaches SELECT-Statement ist folgendermaßen aufgebaut:

```
SELECT <spaltenliste> FROM <tabellenname> [WHERE <bedingung>]
```

Wie durch die eckigen Klammern angedeutet wird, ist die WHERE-Klausel optional und kann entfallen.

Wenn Sie beispielsweise alle belegten Fachnummern und die dazugehörigen Komponenten abfragen wollen, formulieren Sie das folgende Statement:

```
SELECT fachnummer, komponente FROM lager
```

Bevor wir Daten aus einer Datenbank lesen können, muss diese geladen worden sein. Sie können mit der in den vorherigen Abschnitten verwendeten Datenbank im Arbeitsspeicher fortfahren oder eine gespeicherte Datenbank von der Festplatte laden:

```
>>> connection = sqlite3.connect("lagerverwaltung.db")
>>> cursor = connection.cursor()
```

Auch bei Datenabfragen benutzen Sie die execute-Methode des Cursor-Objekts, um der Datenbank Ihr Anliegen mitzuteilen. Anschließend können Sie sich mit cursor.fetchall alle Datensätze zurückgeben lassen, die Ihre Abfrage ergeben hat:

```
>>> cursor.execute("SELECT fachnummer, komponente FROM lager")
>>> cursor.fetchall()
[(1, 'Grafikkarte Typ 1'), (2, 'Prozessor Typ 13'),
 (10, 'Netzteil Typ 3'), (25, 'LED-Lüfter'),
 (26, 'Festplatte 128 GB')]
```

Der Rückgabewert von fetchall ist eine Liste, die für jeden Datensatz ein Tupel mit den Werten der angeforderten Spalten enthält.

Mit einer passenden WHERE-Klausel können Sie die Auswahl auf die Computerteile beschränken, die noch nicht reserviert sind:

```
>>> cursor.execute("""
...     SELECT fachnummer, komponente FROM lager WHERE reserviert=0
... """)
>>> cursor.fetchall()
[(1, 'Grafikkarte Typ 1'), (10, 'Netzteil Typ 3')]
```

Sie können auch mehrere Bedingungen mittels logischer Operatoren wie AND und OR zusammenfassen. Damit ermitteln Sie beispielsweise, welche Artikel, die von der Firma »FiboComputing Inc.« geliefert wurden, schon reserviert worden sind:

```
>>> cursor.execute("""
...     SELECT fachnummer, komponente FROM lager
...     WHERE reserviert!=0 AND lieferant='FC'
... """)
>>> cursor.fetchall()
[(25, 'LED-Lüfter')]
```

Da es lästig ist, immer die auszuwählenden Spaltennamen anzugeben und man oft Abfragen über alle Spalten vornehmen möchte, gibt es dafür eine verkürzte Schreibweise, bei der die Spaltenliste durch ein Sternchen ersetzt wird:

```
>>> cursor.execute("SELECT * FROM kunden")
>>> cursor.fetchall()
[(12, 'Heinz Elhurg', 'Turnhallenstr. 1, 3763 Sporthausen'),
 (57, 'Markus Altbert', 'Kämperweg 24, 2463 Duisschloss'),
 (64, 'Steve Apple', 'Podmacstr 2, 7467 Iwarhausen')]
```

Die Reihenfolge der Spaltenwerte richtet sich danach, in welcher Reihenfolge die Spalten der Tabelle mit CREATE definiert wurden.

Als letzte Ergänzung zum SELECT-Statement wollen wir uns mit den Abfragen über mehrere Tabellen, den sogenannten *Joins* (dt. »Verbindungen«), beschäftigen. Sie möchten zum Beispiel abfragen, welche Komponenten des Lieferanten mit der Telefonnummer »011235813« zurzeit im Lager vorhanden sind und in welchen Fächern sie liegen.

Eine Abfrage über mehrere Tabellen unterscheidet sich von einfachen Abfragen dadurch, dass anstelle des einfachen Tabellennamens eine durch Kommata getrennte Liste angegeben wird, die alle an der Abfrage beteiligten Tabellen enthält. Wenn auf Spalten, zum Beispiel in der WHERE-Bedingung, verwiesen wird, muss der jeweilige Tabellenname mit angegeben werden. Das gilt auch für die auszuwählenden Spalten direkt hinter SELECT. Unsere Beispielabfrage betrifft nur die Tabellen »Lager« und »Lieferanten« und lässt sich als Join folgendermaßen formulieren:

```
SELECT lager.fachnummer, lager.komponente, lieferanten.name
FROM lager, lieferanten
WHERE lieferanten.telefonnummer='011235813' AND
      lager.lieferant=lieferanten.kurzname
```

Sie können sich die Verarbeitung eines solchen Joins so vorstellen, dass die Datenbank jede Zeile der Tabelle »Lager« mit jeder Zeile der Tabelle »Lieferanten« zu neuen Datensätzen verknüpft und aus der dadurch entstehenden Liste alle Zeilen zurückgibt, bei denen die Spalte lieferanten.telefonnummer den Wert '011235813' hat und die Spalten lager.lieferant und lieferanten.kurzname übereinstimmen.

Führen Sie die Abfrage mit SQLite aus, erhalten Sie die erwartete Ausgabe:

```
>>> sql = """
...     SELECT lager.fachnummer, lager.komponente, lieferanten.name
...     FROM lager, lieferanten
...     WHERE lieferanten.telefonnummer='011235813' AND
...       lager.lieferant=lieferanten.kurzname"""
>>> cursor.execute(sql)
>>> cursor.fetchall()
[(1, 'Grafikkarte Typ 1', 'FiboComputing Inc.'),
 (10, 'Netzteil Typ 3', 'FiboComputing Inc.'),
 (25, 'LED-Lüfter', 'FiboComputing Inc.')]
```

Bis hierher haben Sie nach einer Abfrage mit cursor.fetchall immer alle Ergebnisse der Abfrage auf einmal aus der Datenbank geladen und dann gesammelt ausgegeben. Diese Methode eignet sich allerdings nur für relativ kleine Datenmengen, da erstens das Programm so lange warten muss, bis die Datenbank alle Ergebnisse ermittelt und zurückgegeben hat, und zweitens das Resultat komplett als Liste im Speicher gehalten wird. Dass dies bei sehr umfangreichen Ergebnissen eine Verschwendung von Speicherplatz darstellt, bedarf keiner weiteren Erklärung. Aus diesem Grund gibt es die Möglichkeit, die Daten zeilenweise, also immer in kleinen Portionen, abzufragen. Sie erreichen durch dieses Vorgehen, dass Sie nicht mehr auf die Berechnung der kompletten Ergebnismenge warten müssen, sondern schon währenddessen mit der Verarbeitung beginnen können. Außerdem müssen nicht mehr alle Datensätze zeitgleich im Arbeitsspeicher verfügbar sein.

Mit der Methode fetchone der cursor-Klasse fordern wir jeweils ein Ergebnis-Tupel an. Wurden bereits alle Datensätze der letzten Abfrage ausgelesen, gibt fetchone den Wert None zurück. Damit lassen sich auch große Datenmengen speichereffizient auslesen, auch wenn unser Beispiel mangels einer großen Datenbank nur drei Zeilen ermittelt:

```
>>> cursor.execute("SELECT * FROM kunden")
>>> row = cursor.fetchone()
>>> while row:
...     print(row)
...     row = cursor.fetchone()
(12, 'Heinz Elhurg', 'Turnhallenstr. 1, 3763 Sporthausen')
(57, 'Markus Altbert', 'Kämperweg 24, 2463 Duisschloss')
(64, 'Steve Apple', 'Podmacstr 2, 7467 Iwarhausen')
```

Diese Methode führt durch die while-Schleife zu etwas holprigem Code und wird deshalb seltener eingesetzt. Eine wesentlich elegantere Methode bietet die Iterator-Schnittstelle der cursor-Klasse, die es uns erlaubt, wie bei einer Liste mithilfe von for über die Ergebniszeilen zu iterieren:

```
>>> cursor.execute("SELECT * FROM kunden")
>>> for row in cursor:
...     print(row)
(12, 'Heinz Elhurg', 'Turnhallenstr. 1, 3763 Sporthausen')
(57, 'Markus Altbert', 'Kämperweg 24, 2463 Duisschloss')
(64, 'Steve Apple', 'Podmacstr 2, 7467 Iwarhausen')
```

Aufgrund des besser lesbaren Programmtextes sollten Sie die Iterator-Methode für solche Anwendungen der Methode fetchone vorziehen. Sie sollten fetchone nur dann benutzen, wenn Sie gezielt jede Ergebniszeile separat und auf eine andere Weise verarbeiten wollen.

Datentypen bei SQLite

Aus dem einleitenden Teil dieses Abschnitts kennen Sie bereits das Schema, nach dem SQLite Daten beim Schreiben der Datenbank konvertiert. Die entsprechende Rückübersetzung von SQLite-Datentypen zu Python-Datentypen beschreibt Tabelle 33.8:

SQLite-Datentyp (Quelltyp)	Python-Datentyp (Zieltyp)
NULL	None
INTEGER	int
REAL	float
TEXT	str
BLOB	bytes

Tabelle 33.8 Typumwandlung beim Lesen von SQLite-Datenbanken

Im Wesentlichen wirft diese Tabelle zwei Fragen auf: Wie werden andere Datentypen, beispielsweise Listen oder eigene Klassen, in der Datenbank gespeichert, wenn doch nur diese Typen unterstützt werden? Und wie können wir in den Rückübersetzungsprozess eingreifen, um Daten beim Auslesen aus der Datenbank unseren Vorstellungen entsprechend anzupassen?

Wir werden zuerst die zweite Frage beantworten.

Connection.text_factory

Jede von sqlite3.connect erzeugte Connection-Instanz hat ein Attribut text_factory, das eine Referenz auf eine Funktion enthält, die immer dann aufgerufen wird, wenn TEXT-Spalten ausgelesen werden. Im Ergebnis-Tupel der Datenbankabfrage steht dann der Rückgabewert dieser Funktion. Standardmäßig ist das text_factory-Attribut auf die Built-in Function str gesetzt.

```
>>> connection = sqlite3.connect("lagerverwaltung.db")
>>> connection.text_factory
<class 'str'>
```

Um Ihr Ziel zu erreichen, str-Instanzen für TEXT-Spalten zu erhalten, in denen alle Buchstaben groß sind, können Sie eine eigene text_factory-Funktion angeben. Diese Funktion muss einen Parameter erwarten und den konvertierten Wert zurückgeben. Der Parameter ist ein bytes-String, der die Rohdaten aus der Datenbank mit UTF-8 codiert enthält. In unserem Fall reicht also eine einfache Funktion aus, die den ausgelesenen Wert erst in einen String umwandelt und anschließend mit der upper-Methode alle Buchstaben zu Großbuchstaben macht:

```
>>> def my_text_factory(value):
...     return str(value, "utf-8", "ignore").upper()
```

Nun müssen Sie nur noch das Attribut text_factory Ihres Connection-Objekts auf Ihre neue Funktion setzen und können sich über das erwartete Ergebnis freuen:

```
>>> connection.text_factory = my_text_factory
>>> cursor = connection.cursor()
>>> cursor.execute("SELECT * FROM kunden")
>>> cursor.fetchall()
[(12, 'HEINZ ELHURG', 'TURNHALLENSTR. 1, 3763 SPORTHAUSEN'),
 (57, 'MARKUS ALTBERT', 'KÄMPERWEG 24, 2463 DUISSCHLOSS'),
 (64, 'STEVE APPLE', 'PODMACSTR 2, 7467 IWARHAUSEN')]
```

Es ist noch interessant zu wissen, dass sqlite3 schon über eine alternative text_factory-Funktion verfügt: sqlite3.OptimizedUnicode. Diese erkennt automatisch, ob es sich bei dem gerade aus der Datenbank gelesenen bytes-String um gültiges UTF-8 oder um binäre Daten handelt. Davon abhängig entscheidet sqlite3.OptimizedUnicode dann, ob ein str-Objekt oder ein bytes-String zurückgegeben werden soll. Um das Verhalten von sqlite3.OptimizedUnicode zu demonstrieren, legen Sie eine Datenbank im Arbeitsspeicher an und erzeugen eine Tabelle »test«. Anschließend schreiben Sie einen normalen String und einen UTF-16-codierten String in die Tabelle »test«.

```
>>> connection1 = sqlite3.connect(":memory:")
>>> connection1.text_factory = sqlite3.OptimizedUnicode
>>> cursor1 = connection1.cursor()
>>> cursor1.execute("CREATE TABLE test (spalte TEXT)")
>>> cursor1.execute("INSERT INTO test VALUES('Hallo Welt')")
>>> cursor1.execute("INSERT INTO test VALUES(?)", ("foo".encode("UTF-16"),))
```

Da Sie "foo" mit UTF-16 codieren, sieht sqlite3 diesen Eintrag als Binärdatum. Nun lesen Sie die beiden Zeilen wieder aus und stellen fest, dass tatsächlich im ersten Fall eine str-Instanz und im zweiten Fall ein bytes-String zurückgeliefert wird:

```
>>> cursor1.execute("SELECT * FROM test")
>>> cursor1.fetchall()
[('Hallo Welt',), (b'\xff\xfef\x00o\x00o\x00',)]
```

Der Name OptimizedUnicode kommt nicht von ungefähr, denn diese Funktion ist auf Geschwindigkeit optimiert.

Um das ursprüngliche Ausgabeverhalten wiederherzustellen, weisen Sie text_factory einfach den Standardwert str zu:

```
>>> connection.text_factory = str
```

Connection.row_factory

Ein ähnliches Attribut wie text_factory für TEXT-Spalten existiert auch für ganze Datensätze. In dem Attribut row_factory kann eine Referenz auf eine Funktion gespeichert werden, die Zeilen für das Benutzerprogramm aufbereitet. Standardmäßig wird die Funktion tuple benutzt. Wir wollen beispielhaft eine Funktion implementieren, die uns auf die Spaltenwerte eines Datensatzes über die Namen der jeweiligen Spalten zugreifen lässt. Das Ergebnis soll dann folgendermaßen aussehen:

```
>>> cursor.execute("SELECT * FROM kunden")
>>> cursor.fetchall()
[(12, 'Heinz Elhurg', 'Turnhallenstr. 1, 3763 Sporthausen'),
 (57, 'Markus Altbert', 'Kämperweg 24, 2463 Duisschloss'),
 (64, 'Steve Apple', 'Podmacstr 2, 7467 Iwarhausen')]
```

Um dies zu erreichen, benötigen wir noch das Attribut description der Cursor-Klasse, das uns Informationen zu den Spaltennamen der letzten Abfrage liefert. Das Attribut description enthält dabei eine Sequenz, die für jede Spalte ein Tupel mit sieben Elementen bereitstellt, von denen uns aber nur das erste, nämlich der Spaltenname interessiert:[7]

```
>>> connection = sqlite3.connect("lagerverwaltung.db")
>>> cursor = connection.cursor()
>>> cursor.execute("SELECT * FROM kunden")
>>> cursor.description
(('kundennummer', None, None, None, None, None, None),
 ('name', None, None, None, None, None, None),
 ('anschrift', None, None, None, None, None, None))
```

Die row_factory-Funktion erhält als Parameter eine Referenz auf den Cursor, der für die Abfrage verwendet wurde, und die Ergebniszeile als Tupel.

Mit diesem Wissen können wir unsere row_factory-Funktion namens zeilen_dict wie folgt implementieren:

```
def zeilen_dict(cursor, zeile):
    ergebnis = {}
    for spaltennr, spalte in enumerate(cursor.description):
        ergebnis[spalte[0]] = zeile[spaltennr]
    return ergebnis
```

> **Hinweis**
>
> Zur Erinnerung: enumerate erzeugt einen Iterator, der für jedes Element der übergebenen Sequenz ein Tupel zurückgibt, das den Index des Elements in der Sequenz und seinen Wert enthält. Mehr dazu erfahren Sie in Abschnitt 19.8.13.

---

[7] Die anderen sechs Einträge existieren nur aus Kompatibilitätsgründen zur Python DB API und sind immer mit dem Wert None belegt.

In der Praxis arbeitet unsere row_factory wie folgt:

```
>>> connection.row_factory = zeilen_dict
>>> cursor = connection.cursor()
>>> cursor.execute("SELECT * FROM kunden")
>>> cursor.fetchall()
[{'kundennummer': 12, 'name': 'Heinz Elhurg', 'anschrift':
'Turnhallenstr. 1, 3763 Sporthausen'},
{'kundennummer': 57, 'name': 'Markus Altbert', 'anschrift': 'Kämperweg 24,
2463 Duisschloss'}, {'kundennummer': 64, 'name': 'Steve Apple', 'anschrift':
'Podmacstr 2, 7467 Iwarhausen'}]
```

Pythons sqlite3-Modul liefert schon eine erweiterte row_factory namens sqlite3.Row mit, die die Zeilen in ähnlicher Weise verarbeitet wie unsere zeilen_dict-Funktion. Da sqlite3.Row stark optimiert ist und außerdem der Zugriff auf die Spaltenwerte über den jeweiligen Spaltennamen unabhängig von Groß- und Kleinschreibung erfolgen kann, sollten Sie die eingebaute Funktion unserem Beispiel vorziehen und nur dann eine eigene row_factory implementieren, wenn Sie etwas ganz anderes erreichen möchten.

Nach diesem kleinen Ausflug zu den factory-Funktionen wenden wir uns der ersten unserer beiden Fragen zu: Wie können wir beliebige Datentypen in SQLite-Datenbanken speichern?

Adapter und Konvertierer

Wie Sie bereits wissen, unterstützt SQLite nur eine beschränkte Menge von Datentypen. Als Folge davon müssen wir alle anderen Datentypen, die wir in der Datenbank ablegen möchten, durch die vorhandenen abbilden. Aufgrund ihrer unbeschränkten Länge eignen sich die TEXT-Spalten am besten, um beliebige Daten aufzunehmen, weshalb wir uns im Folgenden auf sie beschränken werden.

Bei der String-Codierung haben wir str-Instanzen mittels ihrer encode-Methode in gleichwertige bytes-Instanzen umgeformt und die ursprünglichen Unicode-Daten mithilfe der decode-Methode wiederherstellen können. Analog dazu betrachten wir nun Operationen, um *beliebige* Datentypen erst in Strings zu transformieren und anschließend die Ursprungsdaten wieder aus dem String zu extrahieren. Dabei geht es uns darum, die generierten Strings in einer Datenbank zu speichern und später wieder auszulesen.

Das Umwandeln beliebiger Datentypen in einen String wird *Adaption* genannt, und die Rückgewinnung der Daten aus diesem String heißt *Konvertierung*. Abbildung 33.3 veranschaulicht diesen Zusammenhang am Beispiel der Klasse Kreis, die als Attribute die Koordinaten des Kreismittelpunktes Mx und My sowie die Länge des Radius R besitzt:

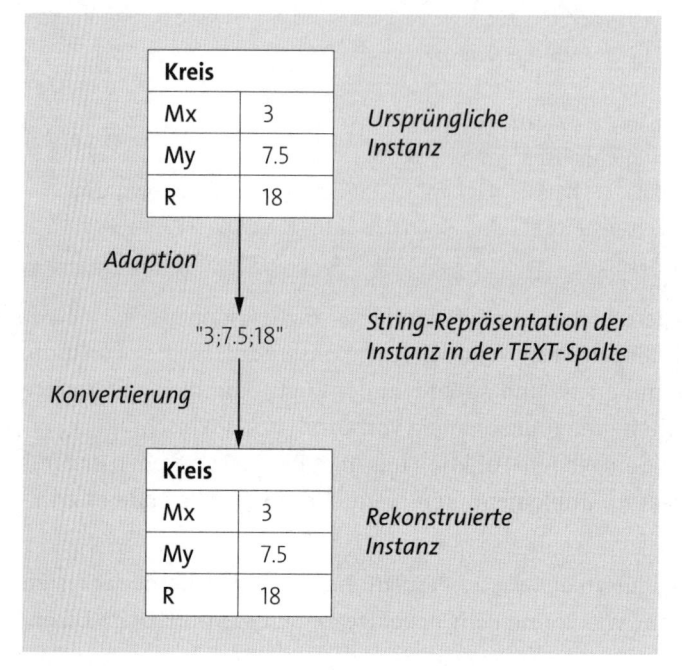

Abbildung 33.3 Schema der Adaption und Konvertierung

Eine entsprechende Kreis-Klasse lässt sich folgendermaßen definieren:

```
class Kreis:
    def __init__(self, mx, my, r):
        self.Mx = mx
        self.My = my
        self.R = r
```

Nun müssen wir eine Adapterfunktion erstellen, die aus unseren Kreis-Instanzen Strings macht.

Die Umwandlung nehmen wir so vor, dass wir einen String erstellen, der, durch Semikola getrennt, die drei Attribute des Kreises enthält:

```
def kreisadapter(k):
    return "{};{};{}".format(k.Mx, k.My, k.R)
```

Damit die Datenbank weiß, dass wir die Kreise mit dieser Funktion adaptieren möchten, muss sie registriert und mit dem Datentyp Kreis verknüpft werden. Dies geschieht durch den Aufruf der sqlite3.register_adapter-Methode, die als ersten

Parameter den zu adaptierenden Datentyp und als zweiten Parameter die Adapterfunktion erwartet:

```
>>> sqlite3.register_adapter(Kreis, kreisadapter)
```

Durch diese Schritte ist es uns möglich, Kreise in TEXT-Spalten abzulegen. Wirklich nützlich wird das Ganze aber erst dann, wenn beim Auslesen auch automatisch wieder Kreis-Instanzen generiert werden.

Deshalb müssen wir noch die Umkehrfunktion von kreisadapter, den Konverter, definieren, der aus dem String die ursprüngliche Kreis-Instanz wiederherstellt. In unserem Beispiel erweist sich das als sehr einfach:

```python
def kreiskonverter(bytestring):
    mx, my, r = bytestring.split(b";")
    return Kreis(float(mx), float(my), float(r))
```

Genau wie der Adapter muss auch die Konverterfunktion bei SQLite registriert werden, was wir mit der Methode sqlite3.register_converter() erreichen:

```
>>> sqlite3.register_converter("KREIS", kreiskonverter)
```

Anders als register_adapter erwartet register_convert dabei einen String als ersten Parameter, der dem zu konvertierenden Datentyp einen Namen innerhalb von SQLite zuweist. Dadurch haben wir einen neuen SQLite-Datentyp namens KREIS definiert, den wir genau wie die eingebauten Typen für die Spalten unserer Tabellen verwenden können. Allerdings müssen wir SQLite beim Verbinden zu der Datenbank mitteilen, dass wir von uns definierte Typen verwenden möchten. Dazu übergeben wir der connect-Methode einen entsprechenden Wert als Schlüsselwortparameter detect_types:

```
>>> connection = sqlite3.connect(":memory:",
...                     detect_types=sqlite3.PARSE_DECLTYPES)
```

Im Folgenden demonstrieren wir die Definition und Verwendung unseres neuen Datentyps Kreis in einem Miniprogramm:

```python
import sqlite3

class Kreis:
    def __init__(self, mx, my, r):
        self.Mx = mx
        self.My = my
        self.R = r
    def __str__(self):
        return "Kreis({}, {}, {})".format(self.Mx, self.My, self.R)
```

```python
def kreisadapter(k):
    return "{};{};{}".format(k.Mx, k.My, k.R)

def kreiskonverter(bytestring):
    mx, my, r = bytestring.split(b";")
    return Kreis(float(mx), float(my), float(r))

# Adapter und Konverter registrieren
sqlite3.register_adapter(Kreis, kreisadapter)
sqlite3.register_converter("KREIS", kreiskonverter)

# Hier wird eine Beispieldatenbank im Arbeitsspeicher mit
# einer einspaltigen Tabelle für Kreise definiert
connection = sqlite3.connect(":memory:",
                    detect_types=sqlite3.PARSE_DECLTYPES)
cursor = connection.cursor()
cursor.execute("CREATE TABLE kreis_tabelle(k KREIS)")

# Kreis in die Datenbank schreiben
kreis = Kreis(1, 2.5, 3)
cursor.execute("INSERT INTO kreis_tabelle VALUES (?)", (kreis,))

# Kreis wieder auslesen
cursor.execute("SELECT * FROM kreis_tabelle")

gelesener_kreis = cursor.fetchall()[0][0]
print(type(gelesener_kreis))
print(gelesener_kreis)
```

Die Ausgabe dieses Programms ergibt sich wie folgt und zeigt, dass `gelesener_kreis` tatsächlich eine Instanz unserer Kreis-Klasse mit den korrekten Attributen ist:

```
<class '__main__.Kreis'>
Kreis(1.0, 2.5, 3.0)
```

Einschränkungen

Das Datenbanksystem SQLite ist im Vergleich zu anderen Datenbanken in bestimmten Punkten eingeschränkt. Beispielsweise wird eine Datenbank beim Verändern oder Hinzufügen von Datensätzen für Lesezugriffe gesperrt, was besonders bei Webanwendungen unpraktisch ist: In der Regel werden mehrere Besucher eine Internetseite gleichzeitig aufrufen, und wenn jemand zum Beispiel einen neuen Foreneintrag erstellt, wollen die anderen Besucher nicht länger auf die Anzeige der Seite warten müssen.

33.4 Serialisierung von Instanzen – pickle

Das Modul `pickle` (dt. »pökeln«) bietet komfortable Funktionen für das *Serialisieren* von Objekten. Beim Serialisieren eines Objekts wird ein `bytes`-Objekt erzeugt, das alle Informationen des Objekts speichert, sodass es später wieder durch das sogenannte *Deserialisieren* rekonstruiert werden kann.

Besonders für die dauerhafte Speicherung von Daten in Dateien ist `pickle` gut geeignet. Folgende Datentypen können mithilfe von `pickle` serialisiert bzw. deserialisiert werden:

- `None`, `True`, `False`
- numerische Datentypen (`int`, `float`, `complex`, `bool`)
- `str`, `bytes`
- sequenzielle Datentypen (`tuple`, `list`), Mengen (`set`, `frozenset`) und Dictionarys (`dict`), solange alle ihre Elemente auch von `pickle` serialisiert werden können
- globale Funktionen
- Built-in Functions
- globale Klassen
- Klasseninstanzen, deren Attribute serialisiert werden können

Bei Klassen und Funktionen müssen Sie beachten, dass solche Objekte beim Serialisieren nur mit ihrem Klassennamen gespeichert werden. Der Code einer Funktion oder die Definition der Klasse und ihre Attribute werden nicht gesichert. Wenn Sie also beispielsweise eine Instanz einer selbst definierten Klasse deserialisieren möchten, muss die Klasse in dem aktuellen Kontext genauso wie bei der Serialisierung definiert sein. Ist das nicht der Fall, wird ein `UnpicklingError` erzeugt.

Es gibt vier Formate, in denen `pickle` seine Daten speichern kann. Jedes dieser Formate hat eine Identifikationsnummer. Tabelle 33.9 listet die verfügbaren Protokolle auf und nennt die Version von Python, in der das jeweilige Protokoll eingeführt wurde:

Nummer	Eingeführt in	Bemerkungen
0	–	ASCII-Format
1	–	Binärformat
2	Python 2.3	Binärformat
3	Python 3.0	Binärformat
4	Python 3.4	Binärformat

Tabelle 33.9 Die pickle-Protokolle

Das Modul pickle bietet seine Funktionalität über zwei Schnittstellen an: eine über die Funktionen dump und load und eine objektorientierte mit den Klassen Pickler und Unpickler.

Um pickle verwenden zu können, muss das Modul importiert werden:

```
>>> import pickle
```

33.4.1 Funktionale Schnittstelle

pickle.dump(obj, file, [protocol])

Diese Funktion schreibt die Serialisierung von obj in das Dateiobjekt file. Das übergebene Dateiobjekt muss dabei für den Schreibzugriff geöffnet worden sein.

Mit dem Parameter protocol können Sie das Protokoll für die Speicherung übergeben. Der Standardwert für protocol ist 3. Geben Sie ein Binärformat an, muss das für file übergebene Dateiobjekt im binären Schreibmodus geöffnet worden sein.

```
>>> with open("pickle-test.dat", "wb") as f:
...     pickle.dump([1, 2, 3], f)
```

Für file können Sie neben echten Dateiobjekten jedes Objekt übergeben, das eine write-Methode mit einem String-Parameter implementiert, zum Beispiel StringIO-Instanzen.

pickle.load(file)

Diese Funktion lädt – ausgehend von der aktuellen Leseposition des Dateiobjekts file – das nächste serialisierte Objekt. Dabei erkennt load selbstständig, in welchem Format die Daten gespeichert wurden.

Das folgende Beispiel setzt voraus, dass im aktuellen Arbeitsverzeichnis eine Datei mit dem Namen pickle-test.dat existiert, die eine serialisierte Liste enthält:

```
>>> with open("pickle-test.dat", "rb") as f:
...     print(pickle.load(f))
[1, 2, 3]
```

Auch hier müssen Sie darauf achten, die Dateien im Binärmodus zu öffnen, wenn Sie andere pickle-Protokolle als 0 verwenden.

pickle.dumps(obj, [protocol])

Diese Funktion gibt die serialisierte Repräsentation von obj als bytes-String zurück, wobei der Parameter protocol angibt, welches der drei Serialisierungsprotokolle verwendet werden soll. Standardmäßig wird das Protokoll mit der Kennung 3 benutzt.

```
>>> pickle.dumps([1, 2, 3])
b'\x80\x03]q\x00(K\x01K\x02K\x03e.'
```

pickle.loads(string)

Diese Funktion stellt das in string serialisierte Objekt wieder her. Das verwendete Protokoll wird dabei automatisch erkannt, und überflüssige Zeichen am Ende des Strings werden ignoriert:

```
>>> s = pickle.dumps([1, 2, 3])
>>> pickle.loads(s)
[1, 2, 3]
```

33.4.2 Objektorientierte Schnittstelle

Gerade dann, wenn viele Objekte in dieselbe Datei serialisiert werden sollen, ist es lästig und schlecht für die Lesbarkeit, jedes Mal das Dateiobjekt und das zu verwendende Protokoll bei den Aufrufen von dump mit anzugeben.

Neben den schon vorgestellten Modulfunktionen gibt es deshalb noch die beiden Klassen Pickler und Unpickler.

Pickler und Unpickler haben außerdem den Vorteil, dass Klassen von ihnen erben und so die Serialisierung anpassen können.

pickle.Pickler(file, [protocol])

Die beiden Parameter file und protocol haben die gleiche Bedeutung wie bei der pickle.dump-Funktion. Das resultierende Pickler-Objekt hat eine Methode namens dump, die als Parameter ein Objekt erwartet, das serialisiert werden soll.

Alle an die load-Methode gesendeten Objekte werden in das beim Erzeugen der Pickler-Instanz übergebene Dateiobjekt geschrieben.

```
>>> with open("eine_datei.dat", "wb") as f:
...     p = pickle.Pickler(f, 2)
...     p.dump({"vorname" : "Donald", "nachname" : "Duck"})
...     p.dump([1, 2, 3, 4])
```

pickle.Unpickler(file)

Das Gegenstück zu Pickler ist Unpickler, um aus der übergebenen Datei die ursprünglichen Daten wiederherzustellen. Unpickler-Instanzen besitzen eine parameterlose Methode namens load, die jeweils das nächste Objekt aus der Datei liest.

Das folgende Beispiel setzt voraus, dass die im Beispiel zur Pickler-Klasse erzeugte Datei eine_datei.dat im aktuellen Arbeitsverzeichnis liegt:

```
>>> with open("eine_datei.dat", "rb") as f:
...     u = pickle.Unpickler(f)
...     print(u.load())
...     print(u.load())
{'vorname': 'Donald', 'nachname': 'Duck'}
[1, 2, 3, 4]
```

33.5 Das Datenaustauschformat JSON – json

Das ursprünglich für JavaScript entwickelte Datenformat *JSON*[8] hat sich zu einem Quasi-Standard für den einfachen Datenaustausch zwischen Webanwendungen entwickelt und konkurriert damit gewissermaßen mit XML. Im Gegensatz zur Markup-Sprache XML speichert JSON Daten in Form von gültigem JavaScript-Code. Trotzdem gibt es JSON-Parser für alle verbreiteten Programmiersprachen, selbstverständlich auch für Python.

Ein in JSON repräsentiertes Objekt kann aus den in Tabelle 33.10 aufgelisteten Datentypen zusammengestellt werden, die jeweils ein bedeutungsgleiches Ebenbild in Python finden.

JSON-Datentyp	Notation	Korrespondierender Python-Datentyp
Object	{}	dict
Array	[]	list
Number	12 12.34	int float
String	""	str
Value	true false null	bool bool NoneType

Tabelle 33.10 Datentypen in JSON und ihre Ebenbilder in Python

Analog zu Dictionarys und Listen können Objects und Arrays in JSON weitere Instanzen enthalten, insbesondere weitere Objects bzw. Arrays.

In der Standardbibliothek existiert das Modul `json`, das Python-Instanzen ins JSON-Format serialisieren bzw. aus dem JSON-Format erstellen kann. Dazu erzeugen wir zunächst einen Datensatz, der in den folgenden Beispielen verwendet werden soll:

---

8 für *JavaScript Object Notation*

```
>>> eintrag = {
...     "Vorname" : "Donald",
...     "Nachname" : "Duck",
...     "Adresse" : ["Erpelweg", 12, 12345, "Entenhausen"],
...     "Alter" : 81
...     }
```

Ähnlich wie pickle bietet das Modul json die Funktionen dump, dumps bzw. load und loads an, um Daten zu speichern bzw. zu laden. Zum Ausführen der folgenden Beispiele muss das Modul json zunächst eingebunden werden:

```
>>> import json
```

Die Funktion dump bekommt eine Python-Instanz übergeben, die aus den in der vorangegangenen Tabelle aufgeführten Datentypen bestehen darf, und speichert diese in ein zum Schreiben geöffnetes Dateiobjekt.

```
>>> with open("eintrag.json", "w") as f:
...     json.dump(eintrag, f)
```

Beachten Sie, dass JSON ein menschenlesbares Datenformat ist. Das Dateiobjekt muss daher nicht wie bei pickle im Binärmodus geöffnet werden. Analog zu dump gibt die Funktion dumps die JSON-Repräsentation einer Instanz als String zurück.

```
>>> s = json.dumps(eintrag)
>>> s
'{"Vorname": "Donald", "Nachname": "Duck", "Adresse": ["Erpelweg", 12, 12345, "Entenhausen"], "Alter": 81}'
```

Die gespeicherten Daten können nun mit den korrespondierenden Funktionen load und loads wieder eingelesen und in eine Python-Instanz zurückkonvertiert werden:

```
>>> with open("eintrag.json", "r") as f:
...     print(json.load(f))
{'Vorname': 'Donald', 'Nachname': 'Duck', 'Adresse': [
'Erpelweg', 12, 12345, 'Entenhausen'], 'Alter': 81}
>>> json.loads(s)
{'Vorname': 'Donald', 'Nachname': 'Duck', 'Adresse': [
'Erpelweg', 12, 12345, 'Entenhausen'], 'Alter': 81}
```

33.6 Das Tabellenformat CSV – csv

Ein weitverbreitetes Import- und Exportformat für Datenbanken und Tabellenkalkulationen ist das *CSV-Format* (CSV steht für *Comma Separated Values*). CSV-Dateien sind Textdateien, die zeilenweise Datensätze enthalten. Innerhalb der Datensätze sind die einzelnen Werte durch ein Trennzeichen, wie beispielsweise das Komma, voneinander getrennt, daher auch der Name.

Eine CSV-Datei, die Informationen zu Personen speichert und das Komma als Trennzeichen nutzt, könnte beispielsweise so aussehen:

```
vorname,nachname,geburtsdatum,wohnort,haarfarbe
Heinrich,Huhn,19.07.1980,Berlin,Braun
Rudolf,Geier,19.09.1990,Dortmund,Braun
Haken,Habicht,14.04.1959,Hamburg,Dunkelblond
Edith,Falke,13.09.1987,Köln,Schwarz
Rüdiger,Amsel,25.03.1988,München,Hellrot
```

Die erste Zeile enthält die jeweiligen Spaltenköpfe, und alle folgenden Zeilen enthalten die eigentlichen Datensätze.

Leider existiert kein Standard für CSV-Dateien, sodass sich beispielsweise das Trennzeichen von Programm zu Programm unterscheiden kann. Dieser Umstand erschwert es, CSV-Dateien von verschiedenen Quellen zu lesen, da immer auf das besondere Format der exportierenden Anwendung eingegangen werden muss.

Um trotzdem mit CSV-Dateien der verschiedensten Formate umgehen zu können, stellt Python das Modul csv zur Verfügung. Das csv-Modul implementiert reader- und writer-Klassen, die den Lese- bzw. Schreibzugriff auf CSV-Daten kapseln. Mithilfe sogenannter *Dialekte* kann dabei das Format der Datei angegeben werden. Standardmäßig gibt es vordefinierte Dialekte für die CSV-Dateien, die von Microsoft Excel generiert werden. Außerdem stellt das Modul eine Klasse namens Sniffer (dt. »Schnüffler«) bereit, die den Dialekt einer Datei erraten kann.

Eine Liste aller definierten Dialekte erhalten Sie mit csv.list_dialects:

```
>>> import csv
>>> csv.list_dialects()
['excel', 'excel-tab', 'unix']
```

33.6.1 reader-Objekte – Daten aus einer CSV-Datei lesen

Mithilfe von reader-Objekten können CSV-Dateien gelesen werden. Der Konstruktor sieht dabei wie im Folgenden beschrieben aus.

csv.reader(csvfile, [dialect], {**fmtparam})

Der Parameter csvfile muss eine Referenz auf ein für den Lesezugriff geöffnetes Dateiobjekt sein, aus dem die Daten gelesen werden sollen.

Mit dialect können Sie angeben, in welchem Format die zu lesende Datei geschrieben wurde. Dazu übergeben Sie als dialect einen String, der in der Liste enthalten ist, die csv.list_dialects zurückgibt. Alternativ geben Sie eine Instanz der Klasse Dialect an, die wir in Abschnitt 33.6.2 besprechen werden. Standardmäßig wird der Wert "excel" für dialect verwendet, wobei die damit codierten Dateien das Komma als Trennzeichen verwenden.

Der Platzhalter **fmtparam steht nicht für einen einzelnen Parameter, sondern für Schlüsselwortparameter, die übergeben werden können, um den Dialekt ohne Umweg über die Dialect-Klasse festzulegen. Ein Beispiel, bei dem wir auf diese Weise das Semikolon als Trennzeichen zwischen den einzelnen Werten festlegen, sieht folgendermaßen aus:

```
>>> reader = csv.reader(open("datei.csv"), delimiter=";")
```

Eine Übersicht über Dialekte und mögliche Werte für fmtparam finden Sie in Abschnitt 33.6.2.

Die reader-Instanzen implementieren das Iterator-Protokoll und lassen sich deshalb zum Beispiel komfortabel mit einer for-Schleife verarbeiten. Im folgenden Beispiel lesen wir die CSV-Datei mit den Personen:

```
>>> reader = csv.reader(open("namen.csv"))
>>> for row in reader:
...     print(row)
['vorname', 'nachname', 'geburtsdatum', 'wohnort', 'haarfarbe']
['Heinrich', 'Huhn', '19.07.1980', 'Berlin', 'Braun']
['Rudolf', 'Geier', '19.09.1990', 'Dortmund', 'Braun']
['Haken', 'Habicht', '14.04.1959', 'Hamburg', 'Dunkelblond']
['Edith', 'Falke', '13.09.1987', 'Köln', 'Schwarz']
['Rüdiger', 'Amsel', '25.03.1988', 'München', 'Hellrot']
```

Wie Sie sehen, gibt uns der reader für jede Zeile eine Liste mit den Werten der einzelnen Spalten zurück. Wichtig ist dabei, dass die Spaltenwerte immer als Strings zurückgegeben werden.

Neben dem Standard-reader, der Listen zurückgibt, existiert noch der sogenannte DictReader, der für jede Zeile ein geordnetes Dictionary (OrderedDict) erzeugt, das den Spaltenköpfen die Werte der jeweiligen Zeile zuordnet.

Unser letztes Beispiel verändert sich durch die Verwendung von DictReader wie folgt, wobei wir nur die ersten beiden Datensätze beispielhaft ausgeben:

```
>>> reader = csv.DictReader(open("namen.csv"))
>>> for row in reader:
...     print(row)
OrderedDict([
('vorname', 'Heinrich'), ('nachname', 'Huhn'), ('geburtsdatum', '19.07.1980'),
```

```
('wohnort', 'Berlin'), ('haarfarbe', 'Braun')])
OrderedDict([
('vorname', 'Rudolf'), ('nachname', 'Geier'), ('geburtsdatum', '19.09.1990'),
('wohnort', 'Dortmund'), ('haarfarbe', 'Braun')])
[…]
```

writer-Objekte – Daten in CSV-Dateien schreiben

Der Konstruktor der writer-Klasse erwartet die gleichen Parameter wie der Konstruktor der reader-Klasse, mit der Ausnahme, dass das für csvfile übergebene Dateiobjekt für den Schreibzugriff geöffnet worden sein muss.

csv.writer(csvfile, [dialect], {**fmtparam})

Das resultierende writer-Objekt hat die beiden Methoden writerow und writerows, mit denen sich einzelne bzw. mehrere Zeilen auf einmal in die CSV-Datei schreiben lassen:

```
>>> writer = csv.writer(open("autos.csv", "w"))
>>> writer.writerow(["marke", "modell", "leistung_in_ps"])
29
>>> daten = (
... ["Volvo", "P245", "130"], ["Ford", "Focus", "90"],
... ["Mercedes", "CLK", "250"], ["Audi", "A6", "350"],
... )
>>> writer.writerows(daten)
```

In dem Beispiel erzeugen wir eine neue CSV-Datei mit dem Namen "autos.csv". Mit der writerow-Methode schreiben wir die Spaltenköpfe in die erste Zeile der neuen Datei und mit writerows anschließend vier Beispieldatensätze.

Analog zur DictReader-Klasse existiert auch eine DictWriter-Klasse, die sich fast genauso wie die normale writer-Klasse erzeugen lässt, außer dass Sie neben dem Dateiobjekt noch eine Liste mit den Spaltenköpfen übergeben müssen. Für ihre writerow- und writerows-Methoden erwarten DictWriter-Instanzen Dictionarys als Parameter, und mit der Methode writeheader werden die Spaltenköpfe in die CSV-Datei geschrieben. Das folgende Beispiel erzeugt die gleiche CSV-Datei wie das letzte:

```
>>> writer = csv.DictWriter(open("autos.csv", "w"),
...                 ["marke", "modell", "leistung_in_ps"])
>>> writer.writeheader()
>>> daten = ({"marke" : "Volvo", "modell" : "P245",
...           "leistung_in_ps" : "130"},
...          {"marke" : "Ford", "modell" : "Focus",
...           "leistung_in_ps" : "90"},
...          {"marke" : "Mercedes", "modell" : "CLK",
```

```
...              "leistung_in_ps" : "250"},
...          {"marke" : "Audi", "modell" : "A6",
...              "leistung_in_ps" : "350"})
>>> writer.writerows(daten)
```

33.6.2 Dialect-Objekte – eigene Dialekte verwenden

Die Instanzen der Klasse csv.Dialect dienen dazu, den Aufbau von CSV-Dateien zu beschreiben. Sie sollten Dialect-Objekte nicht direkt erzeugen, sondern stattdessen die Funktion csv.register_dialect verwenden. Mit register_dialect erzeugen Sie einen neuen Dialekt und versehen ihn mit einem Namen. Dieser Name kann dann später als Parameter an die Konstruktoren der reader- und writer-Klassen übergeben werden. Außerdem ist jeder registrierte Name in der von csv.get_dialects zurückgegebenen Liste enthalten.

Die Funktion register_dialect hat die im Folgenden beschriebene Schnittstelle.

csv.register_dialect(name, [dialect], {**fmtparam})

Der Parameter name muss dabei ein String sein, der den neuen Dialekt identifiziert. Mit dialect kann ein bereits bestehendes Dialect-Objekt übergeben werden, das dann mit dem entsprechenden Namen verknüpft wird.

Am wichtigsten ist der Platzhalter **fmtparam, der für eine Reihe optionaler Schlüsselwortparameter steht, die den neuen Dialekt beschreiben. Es sind die in Tabelle 33.11 aufgeführten Parameter erlaubt:

Name	Bedeutung
delimiter	Trennzeichen zwischen den Spaltenwerten. Der Standardwert ist das Komma ",".
quotechar	Ein Zeichen, um Felder zu umschließen, die besondere Zeichen wie das Trennzeichen oder den Zeilenumbruch enthalten. Der Standardwert sind die doppelten Anführungszeichen '"'.
doublequote	Ein boolescher Wert, der angibt, wie das für quotechar angegebene Zeichen innerhalb von Feldern selbst maskiert werden soll. Hat doublequote den Wert True, wird quotechar zweimal hintereinander eingefügt. Ist der Wert von doublequote False, wird stattdessen das für escapechar angegebene Zeichen vor quotechar geschrieben. Standardmäßig hat doublequote den Wert True.

Tabelle 33.11 Schlüsselwortparameter für register_dialect

Name	Bedeutung
escapechar	Ein Zeichen, das benutzt wird, um das Trennzeichen innerhalb von Spaltenwerten zu maskieren, sofern quoting den Wert QUOTE_NONE hat. Bei einem doublequote-Wert von False wird escapechar außerdem für die Maskierung quotechar verwendet. Standardmäßig ist die Maskierung deaktiviert, und escapechar hat den Wert None.
lineterminator	Zeichen, das zum Trennen der Zeilen benutzt wird. Standardmäßig ist es auf "\r\n" gesetzt. Bitte beachten Sie, dass diese Einstellung nur den Writer betrifft. Alle reader-Objekte bleiben von der lineterminator-Einstellung unbeeinflusst und verwenden immer "\r", "\n" oder die Kombination aus beiden als Zeilentrennzeichen.
quoting	Gibt an, ob und wann Spaltenwerte mit quotechar umschlossen werden sollen. Gültige Werte sind: ▶ QUOTE_ALL: Alle Spaltenwerte werden umschlossen. ▶ QUOTE_MINIMAL: Nur die Felder mit speziellen Zeichen wie Zeilenvorschüben oder dem Trennzeichen für Spaltenwerte werden umschlossen. ▶ QUOTE_NONNUMERIC: Beim Schreiben werden alle nicht-numerischen Felder von quotechar umschlossen. Beim Lesen werden alle nicht umschlossenen Felder automatisch nach float konvertiert. ▶ QUOTE_NONE: Keine Umschließung mit quotechar wird vorgenommen. ▶ Standardmäßig ist quoting auf QUOTE_MINIMAL eingestellt.
skipinitialspace	Ein boolescher Wert, der angibt, wie mit führenden Whitespaces in einem Spaltenwert verfahren werden soll. Eine Einstellung auf True bewirkt, dass alle führenden Whitespaces ignoriert werden; bei einem Wert von False wird der komplette Spalteninhalt gelesen und zurückgegeben. Der Standardwert ist False.

Tabelle 33.11 Schlüsselwortparameter für register_dialect (Forts.)

Wir wollen als Beispiel einen neuen Dialekt namens `"mein_dialekt"` registrieren, der als Trennzeichen den Tabulator verwendet und alle Felder mit Anführungszeichen umschließt:

```
>>> csv.register_dialect("mein_dialekt", delimiter="\t",
...                      quoting=csv.QUOTE_ALL)
```

Diesen neuen Dialekt können wir nun dem Konstruktor unserer `reader`- und `writer`-Klassen übergeben und auf diese Weise unsere eigenen CSV-Dateien schreiben und lesen.

Dialekte automatisch ermitteln

Das Modul `csv` stellt die Klasse `csv.Sniffer` bereit, mit der sich der Dialekt einer CSV-Datei aus einem Auszug automatisch erzeugen lässt. Im folgenden Beispiel verwenden wir `csv.Sniffer`, um den Dialekt der Datei `"autos.csv"` aus den vorangegangenen Beispielen zu ermitteln.

```
>>> sample = open("autos.csv").read(1024)
>>> dialect = csv.Sniffer().sniff(sample)
>>> dialect.delimiter
','
```

Das Programm hat also das Trennzeichen korrekt als Komma identifiziert. Mit dem so erzeugten Dialekt kann es nun die CSV-Datei einlesen.

```
>>> reader = csv.reader(open("autos.csv"), dialect)
>>> for row in reader:
...     print(row)
['marke', 'modell', 'leistung_in_ps']
['Volvo', 'P245', '130']
['Ford', 'Focus', '90']
['Mercedes', 'CLK', '250']
['Audi', 'A6', '350']
```

Die Klasse `csv.Sniffer` besitzt außerdem eine Methode `has_header`, die ermittelt, ob die erste Zeile der Datei Spaltenköpfe enthält oder nicht. In unserem Beispiel liefert sie den Wert `True` zurück.

```
>>> csv.Sniffer().has_header(sample)
True
```

> **Hinweis**
> Die Klasse `csv.Sniffer` verwendet Heuristiken, um den Dialekt zu ermitteln und zu prüfen, ob Spaltenköpfe in der ersten Zeile der Datei vorhanden sind. Diese Heuristiken können fehlschlagen, sodass Sie die zurückgegebenen Werte als qualifizierte Vermutung und nicht als sichere Aussagen betrachten sollten.

Kapitel 34
Netzwerkkommunikation

Nachdem wir uns ausführlich mit der Speicherung von Daten in Dateien verschiedener Formate oder Datenbanken beschäftigt haben, folgt nun ein Kapitel, das sich mit einer weiteren interessanten Programmierdisziplin beschäftigt: mit der Netzwerkprogrammierung.

Grundsätzlich lässt sich das Themenfeld der Netzwerkkommunikation in mehrere sogenannte *Protokollebenen* (engl. *layer*) aufteilen. Abbildung 34.1 zeigt eine stark vereinfachte Version des *OSI-Schichtenmodells*[1], das die Hierarchie der verschiedenen Protokollebenen veranschaulicht.

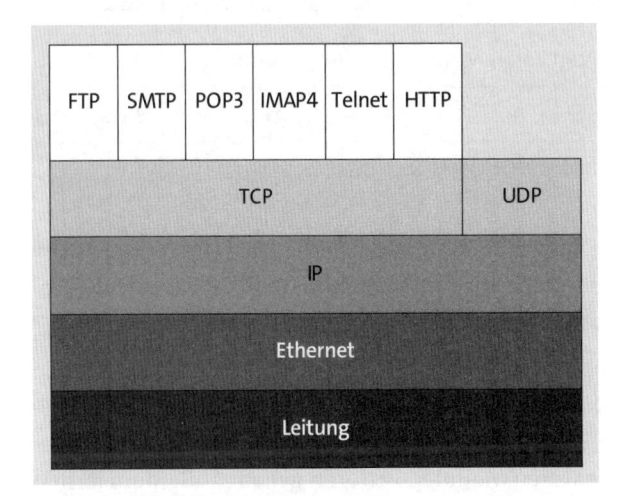

Abbildung 34.1 Netzwerkprotokolle

Das rudimentärste Protokoll steht in der Grafik ganz unten. Dabei handelt es sich um die blanke Leitung, über die die Daten in Form elektrischer Impulse übermittelt werden. Darauf aufbauend existieren etwas abstraktere Protokolle wie Ethernet und IP. Doch der für Anwendungsprogrammierer eigentlich interessante Teil fängt erst oberhalb des IP-Protokolls an, nämlich bei den Transportprotokollen TCP und UDP. Beide Protokolle werden wir ausführlich im Zusammenhang mit Sockets im nächsten Abschnitt besprechen.

---

[1] Das OSI-Modell wurde 1983 von der Internationalen Organisation für Normung (ISO) standardisiert und spezifiziert auch, was die Protokolle der einzelnen Schichten zu leisten haben.

Die Protokolle, die auf TCP aufbauen, sind am weitesten abstrahiert und deshalb für uns ebenfalls interessant. In diesem Buch werden wir folgende Protokolle behandeln:

Protokoll	Beschreibung	Modul	Abschnitt
UDP	grundlegendes verbindungsloses Netzwerkprotokoll	socket	34.1.2
TCP	grundlegendes verbindungsorientiertes Netzwerkprotokoll	socket	34.1.3
HTTP	Übertragen von Textdateien, beispielsweise Webseiten	urllib	34.2
FTP	Dateiübertragung	ftplib	34.3
SMTP	Versenden von E-Mails	smtplib	34.4.1
POP3	Abholen von E-Mails	poplib	34.4.2
IMAP4	Abholen und Verwalten von E-Mails	imaplib	34.4.3
Telnet	Terminalemulation	telnetlib	34.5

Tabelle 34.1 Netzwerkprotokolle

Es gibt auch abstrakte Protokolle, die auf UDP aufbauen, beispielsweise NFS (*Network File System*). Wir werden in diesem Buch aber ausschließlich auf TCP basierende Protokolle behandeln, da diese die am häufigsten verwendeten sind.

Wir werden Ihnen im ersten Abschnitt dieses Kapitels zunächst eine grundlegende Einführung in das systemnahe Modul socket geben. Es lohnt sich, einen Blick in dieses Modul zu riskieren, denn es bietet viele Möglichkeiten der Netzwerkprogrammierung, die bei den anderen, abstrakteren Modulen verloren gehen. Außerdem lernen Sie den Komfort, den die abstrakten Schnittstellen bieten, erst wirklich zu schätzen, wenn Sie das socket-Modul kennengelernt haben.

Nachdem wir uns mit der Socket API beschäftigt haben, folgen einige spezielle Module, die beispielsweise mit bestimmten Protokollen wie HTTP oder FTP umgehen können.

34.1 Socket API

Das Modul socket der Standardbibliothek bietet grundlegende Funktionalität zur Netzwerkkommunikation. Es bildet dabei die standardisierte *Socket API* ab, die so oder in ähnlicher Form auch für viele andere Programmiersprachen implementiert ist.

Hinter der Socket API steht die Idee, dass das Programm, das Daten über die Netzwerkschnittstelle senden oder empfangen möchte, dies beim Betriebssystem anmeldet und von diesem einen sogenannten *Socket* (dt. »Steckdose«) bekommt. Über diesen Socket kann das Programm jetzt eine Netzwerkverbindung zu einem anderen Socket aufbauen. Dabei spielt es keine Rolle, ob sich der Ziel-Socket auf demselben Rechner, einem Rechner im lokalen Netzwerk oder einem Rechner im Internet befindet.

Zunächst ein paar Worte dazu, wie ein Rechner in der komplexen Welt eines Netzwerks adressiert werden kann. Jeder Rechner besitzt in einem Netzwerk, auch dem Internet, eine eindeutige *IP-Adresse*, über die er angesprochen werden kann. Eine IP-Adresse ist ein String der folgenden Struktur:

```
"192.168.1.23"
```

Dabei repräsentiert jeder der vier Zahlenwerte ein Byte und kann somit zwischen 0 und 255 liegen. In diesem Fall handelt es sich um eine IP-Adresse eines lokalen Netzwerks, was an der Anfangssequenz 192.168 zu erkennen ist.

Damit ist es jedoch noch nicht getan, denn auf einem einzelnen Rechner können mehrere Programme laufen, die gleichzeitig Daten über die Netzwerkschnittstelle senden und empfangen möchten. Aus diesem Grund wird eine Netzwerkverbindung zusätzlich an einen sogenannten *Port* gebunden. Der Port ermöglicht es, ein bestimmtes Programm anzusprechen, das auf einem Rechner mit einer bestimmten IP-Adresse läuft.

Bei einem Port handelt es sich um eine 16-Bit-Zahl – grundsätzlich sind also 65.535 verschiedene Ports verfügbar. Allerdings sind viele dieser Ports für Protokolle und Anwendungen registriert und sollten nicht verwendet werden. Beispielsweise sind für HTTP- und FTP-Server die Ports 80 bzw. 21 registriert. Grundsätzlich können Sie Ports ab 49152 bedenkenlos verwenden.

Beachten Sie, dass beispielsweise eine Firewall oder ein Router bestimmte Ports blockieren können. Sollten Sie also auf Ihrem Rechner einen Server betreiben wollen, zu dem sich Clients über einen bestimmten Port verbinden können, müssen Sie diesen Port gegebenenfalls mit der entsprechenden Software freischalten.

34.1.1 Client-Server-Systeme

Die beiden Kommunikationspartner einer Netzwerkkommunikation haben in der Regel verschiedene Aufgaben. So existiert zum einen ein *Server* (dt. »Diener«), der bestimmte Dienstleistungen anbietet, und zum anderen ein *Client* (dt. »Kunde«), der diese Dienstleistungen in Anspruch nimmt.

Ein Server ist unter einer bekannten Adresse im Netzwerk erreichbar und operiert passiv, das heißt, er wartet auf eingehende Verbindungen. Sobald eine Verbindungsanfrage eines Clients eintrifft, wird, sofern der Server die Anfrage akzeptiert, ein neuer Socket erzeugt, über den die Kommunikation mit diesem speziellen Client läuft. Wir werden uns zunächst mit *seriellen Servern* befassen, das sind Server, bei denen die Kommunikation mit dem vorherigen Client abgeschlossen sein muss, bevor eine neue Verbindung akzeptiert werden kann. Dem stehen die Konzepte der *parallelen Server* und der *multiplexenden Server* gegenüber, auf die wir auch noch zu sprechen kommen werden.

Der Client stellt den aktiven Kommunikationspartner dar. Das heißt, er sendet eine Verbindungsanfrage an den Server und nimmt dann aktiv dessen Dienstleistungen in Anspruch.

Die Stadien, in denen sich ein serieller Server und ein Client vor, während und nach der Kommunikation befinden, verdeutlicht das Flussdiagramm in Abbildung 34.2. Sie können es als eine Art Bauplan für einen seriellen Server und den dazugehörigen Client auffassen.

Zunächst wird im Serverprogramm der sogenannte *Verbindungssocket* erzeugt. Das ist ein Socket, der ausschließlich dazu gedacht ist, auf eingehende Verbindungen zu horchen und diese gegebenenfalls zu akzeptieren. Über den Verbindungssocket läuft keine Kommunikation. Durch Aufruf der Methoden `bind` und `listen` wird der Verbindungssocket an eine Netzwerkadresse gebunden und dazu instruiert, nach einkommenden Verbindungsanfragen zu lauschen.

Nachdem eine Verbindungsanfrage eingetroffen ist und mit `accept` akzeptiert wurde, wird ein neuer Socket, der sogenannte *Kommunikationssocket*, erzeugt. Über einen solchen Kommunikationssocket wird die vollständige Kommunikation zwischen Server und Client über Methoden wie `send` oder `recv` abgewickelt. Ein Kommunikationssocket ist immer nur für einen verbundenen Client zuständig.

Sobald die Kommunikation beendet ist, wird das Kommunikationsobjekt geschlossen und eventuell eine weitere Verbindung eingegangen. Verbindungsanfragen, die nicht sofort akzeptiert werden, sind keineswegs verloren, sondern werden gepuffert. Sie befinden sich in der sogenannten *Queue* und können nacheinander abgearbeitet werden. Zum Schluss wird auch der Verbindungssocket geschlossen.

Die Struktur des Clients ist vergleichsweise einfach. So gibt es beispielsweise nur einen Kommunikationssocket, über den mithilfe der Methode `connect` eine Verbindungsanfrage an einen bestimmten Server gesendet werden kann. Danach erfolgt, ähnlich wie beim Server, die tatsächliche Kommunikation über Methoden wie `send` oder `recv`. Nach dem Ende der Kommunikation wird der Verbindungssocket geschlossen.

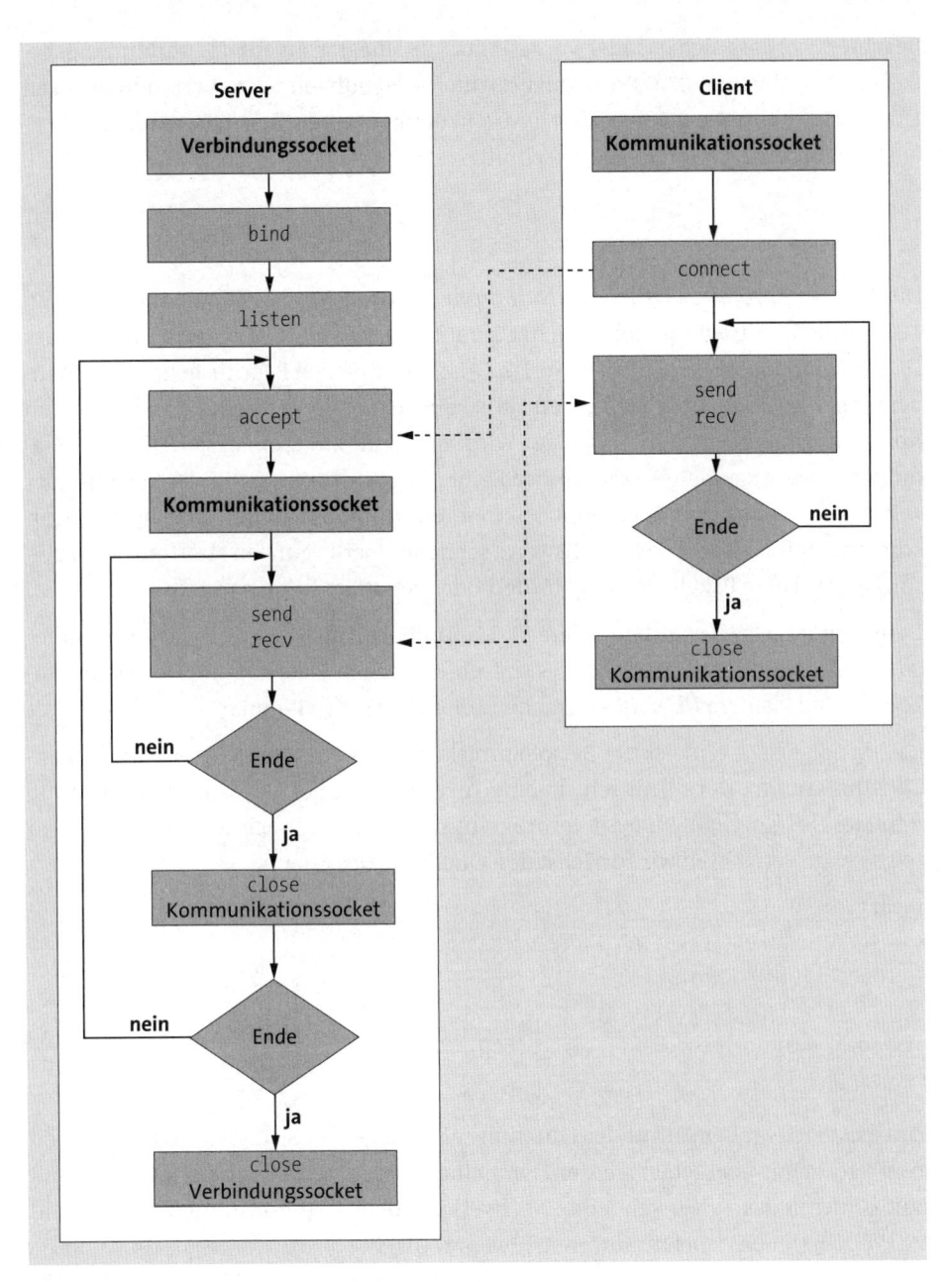

Abbildung 34.2 Das Client-Server-Modell

Grundsätzlich kann für die Datenübertragung zwischen Server und Client aus zwei verfügbaren Netzwerkprotokollen gewählt werden: UDP und TCP. In den folgenden beiden Abschnitten sollen kleine Beispielserver und -clients für beide dieser Protokolle implementiert werden.

Beachten Sie, dass sich das hier vorgestellte Flussdiagramm auf das verbindungsbehaftete und üblichere TCP-Protokoll bezieht. Die Handhabung des verbindungslosen UDP-Protokolls unterscheidet sich davon in einigen wesentlichen Punkten. Näheres dazu erfahren Sie im folgenden Abschnitt.

34.1.2 UDP

Das Netzwerkprotokoll *UDP (User Datagram Protocol)* wurde 1977 als Alternative zu TCP für die Übertragung menschlicher Sprache entwickelt. Charakteristisch ist, dass UDP verbindungslos und nicht zuverlässig ist. Diese beiden Begriffe gehen miteinander einher und bedeuten zum einen, dass keine explizite Verbindung zwischen den Kommunikationspartnern aufgebaut wird, und zum anderen, dass UDP weder garantiert, dass gesendete Pakete in der Reihenfolge ankommen, in der sie gesendet wurden, noch dass sie überhaupt ankommen. Aufgrund dieser Einschränkungen können mit UDP jedoch vergleichsweise schnelle Übertragungen stattfinden, da beispielsweise keine Pakete neu angefordert oder gepuffert werden müssen.

Damit eignet sich UDP insbesondere für Multimedia-Anwendungen wie VoIP, Audio- oder Videostreaming, bei denen es auf eine schnelle Übertragung der Daten ankommt und kleinere Übertragungsfehler toleriert werden können.

Das im Folgenden entwickelte Beispielprojekt besteht aus einem Server- und einem Clientprogramm. Der Client schickt eine Textnachricht per UDP an eine bestimmte Adresse. Das dort laufende Serverprogramm nimmt die Nachricht entgegen und zeigt sie an. Betrachten wir zunächst den Quellcode des Clients:

```python
import socket
s = socket.socket(socket.AF_INET, socket.SOCK_DGRAM)
ip = input("IP-Adresse: ")
nachricht = input("Nachricht: ")
s.sendto(nachricht.encode(), (ip, 50000))
s.close()
```

Zunächst erzeugt der Aufruf der Funktion socket eine Socket-Instanz. Dabei können zwei Parameter übergeben werden: zum einen der zu verwendende Adresstyp und zum anderen das zu verwendende Netzwerkprotokoll. Die Konstanten AF_INET und SOCK_DGRAM stehen dabei für Internet/IPv4 und UDP.

Danach werden zwei Angaben vom Benutzer eingelesen: die IP-Adresse, an die die Nachricht geschickt werden soll, und die Nachricht selbst.

Zum Schluss wird die Nachricht unter Verwendung der Socket-Methode sendto zur angegebenen IP-Adresse geschickt, wozu der Port 50000 verwendet wird. Da die zu versendende Nachricht nicht unbedingt ein String sein muss, sondern beliebige Byte-Folgen enthalten darf, wird an der Schnittstelle von s.sendto kein String erwartet, sondern eine `bytes`- oder `bytearray`-Instanz. Im Beispiel muss der eingelesene String also zuvor codiert werden.

Das Clientprogramm allein ist so gut wie wertlos, solange es kein dazu passendes Serverprogramm auf der anderen Seite gibt, das die Nachricht entgegennehmen und verwerten kann. Beachten Sie, dass UDP verbindungslos ist und sich die Implementation daher etwas vom Flussdiagramm eines Servers aus Abschnitt 34.1.1, »Client-Server-Systeme«, unterscheidet. Der Quelltext des Servers sieht folgendermaßen aus:

```python
import socket
s = socket.socket(socket.AF_INET, socket.SOCK_DGRAM)
try:
    s.bind(("", 50000))
    while True:
        daten, addr = s.recvfrom(1024)
        print("[{}] {}".format(addr[0], daten.decode()))
finally:
    s.close()
```

Auch hier wird zunächst eine `Socket`-Instanz erstellt. In der darauffolgenden `try`/`finally`-Anweisung wird dieser Socket durch Aufruf der Methode `bind` an eine Adresse gebunden. Beachten Sie, dass diese Methode ein Adressobjekt als Parameter übergeben bekommt. Immer wenn im Zusammenhang mit Sockets von einem Adressobjekt die Rede ist, ist damit ein Tupel mit zwei Elementen gemeint: einer IP-Adresse als String und einer Portnummer als ganzer Zahl.

Das Binden eines Sockets an eine Adresse legt fest, über welche interne Schnittstelle der Socket Pakete empfangen kann. Wenn keine IP-Adresse angegeben wurde, bedeutet dies, dass Pakete über alle dem Server zugeordneten Adressen empfangen werden können, beispielsweise auch über 127.0.0.1 oder `localhost`.

Nachdem der Socket an eine Adresse gebunden wurde, können Daten empfangen werden. Dazu wird die Methode `recvfrom` (für *receive from*) in einer Endlosschleife aufgerufen. Die Methode wartet so lange, bis ein Paket eingegangen ist, und gibt die gelesenen Daten mitsamt den Absenderinformationen als Tupel zurück. Beachten Sie, dass die empfangenen Daten ebenfalls in Form einer `bytes`-Instanz zurückgegeben werden.

Der Parameter von `recvfrom` kennzeichnet die maximale Paketgröße und sollte eine Zweierpotenz sein.

An dieser Stelle wird auch der Sinn der `try`/`finally`-Anweisung deutlich: Das Programm wartet in einer Endlosschleife auf eintreffende Pakete und kann daher nur mit einem Programmabbruch durch Tastenkombination, also durch eine Keyboard-

Interrupt-Exception, beendet werden. In einem solchen Fall muss der Socket trotzdem noch mit close geschlossen werden.

34.1.3 TCP

TCP (Transmission Control Protocol) ist kein Konkurrenzprodukt zu UDP, sondern füllt mit seinen Möglichkeiten die Lücken auf, die UDP offen lässt. So ist TCP vor allem verbindungsorientiert und zuverlässig. Verbindungsorientiert bedeutet, dass nicht wie bei UDP einfach Datenpakete an IP-Adressen geschickt werden, sondern dass zuvor eine Verbindung aufgebaut wird und auf Basis dieser Verbindung weitere Operationen durchgeführt werden. Zuverlässig bedeutet, dass es mit TCP nicht wie bei UDP vorkommen kann, dass Pakete verloren gehen, fehlerhaft oder in falscher Reihenfolge ankommen. Solche Vorkommnisse korrigiert das TCP-Protokoll automatisch, indem es beispielsweise unvollständige oder fehlerhafte Pakete neu anfordert.

Aus diesem Grund ist TCP zumeist die erste Wahl, wenn es um eine Netzwerkschnittstelle geht. Bedenken Sie aber unbedingt, dass jedes Paket, das neu angefordert werden muss, Zeit kostet und die Latenz der Verbindung somit steigen kann. Außerdem sind fehlerhafte Übertragungen in einem LAN äußerst selten, weswegen Sie gerade dort die Performance von UDP und die Verbindungsqualität von TCP gegeneinander abwägen sollten.

Im Folgenden wird die Verwendung von TCP anhand eines kleinen Beispielprojekts erläutert: Es soll ein rudimentäres Chat-Programm entstehen, bei dem der Client eine Nachricht an den Server sendet, auf die der Server wieder antworten kann. Die Kommunikation soll also immer abwechselnd erfolgen. Der Quelltext des Servers sieht folgendermaßen aus:

```python
import socket
s = socket.socket(socket.AF_INET, socket.SOCK_STREAM)
s.bind(("", 50000))
s.listen(1)
try:
    while True:
        komm, addr = s.accept()
        while True:
            data = komm.recv(1024)
            if not data:
                komm.close()
                break
            print("[{}] {}".format(addr[0], data.decode()))
            nachricht = input("Antwort: ")
            komm.send(nachricht.encode())
```

```
finally:
    s.close()
```

Bei der Erzeugung des Verbindungssockets unterscheidet sich TCP von UDP nur in den zu übergebenden Werten. In diesem Fall wird `AF_INET` für das IPv4-Protokoll und `SOCK_STREAM` für die Verwendung von TCP übergeben. Damit ist allerdings nur der Socket in seiner Rohform instanziiert. Auch bei TCP muss der Socket an eine IP-Adresse und einen Port gebunden werden. Beachten Sie, dass `bind` ein Adressobjekt als Parameter erwartet, die Angaben von IP-Adresse und Port also noch in ein Tupel gefasst sind. Auch hier werden wieder alle IP-Adressen des Servers genutzt.

Danach wird der Server durch Aufruf der Methode `listen` in den passiven Modus geschaltet und instruiert, nach Verbindungsanfragen zu horchen. Beachten Sie, dass diese Methode noch keine Verbindung herstellt. Der übergebene Parameter bestimmt die maximale Anzahl von zu puffernden Verbindungsversuchen und sollte mindestens 1 sein.

In der darauffolgenden Endlosschleife wartet die aufgerufene Methode `accept` des Verbindungssockets auf eine eingehende Verbindungsanfrage und akzeptiert diese. Zurückgegeben wird ein Tupel, dessen erstes Element der Kommunikationssocket ist, der zur Kommunikation mit dem verbundenen Client verwendet werden kann. Das zweite Element des Tupels ist das Adressobjekt des Verbindungspartners.

Nachdem eine Verbindung hergestellt wurde, wird eine zweite Endlosschleife eingeleitet, deren Schleifenkörper im Prinzip aus zwei Teilen besteht: Zunächst wird immer eine Nachricht per `komm.recv` vom Verbindungspartner erwartet und ausgegeben. Sollte von `komm.recv` ein leerer String zurückgegeben werden, bedeutet dies, dass der Verbindungspartner die Verbindung beendet hat. In einem solchen Fall wird die innere Schleife abgebrochen. Wenn eine wirkliche Nachricht angekommen ist, erlaubt es der Server dem Benutzer, eine Antwort einzugeben, und verschickt diese per `komm.send`.

Jetzt soll der Quelltext des Clients besprochen werden:

```python
import socket
ip = input("IP-Adresse: ")
s = socket.socket(socket.AF_INET, socket.SOCK_STREAM)
s.connect((ip, 50000))
try:
    while True:
        nachricht = input("Nachricht: ")
        s.send(nachricht.encode())
        antwort = s.recv(1024)
        print("[{}] {}".format(ip, antwort.decode()))
finally:
    s.close()
```

Auf der Clientseite wird der instanziierte Socket s durch Aufruf der Methode connect mit dem Verbindungspartner verbunden. Die Methode connect verschickt genau die Verbindungsanfrage, die beim Server durch accept akzeptiert werden kann. Wenn die Verbindung abgelehnt wurde, wird eine Exception geworfen.

Die folgende Endlosschleife funktioniert ähnlich wie die des Servers, mit dem Unterschied, dass zuerst eine Nachricht eingegeben und abgeschickt und danach auf eine Antwort des Servers gewartet wird. Damit sind Client und Server in einen Rhythmus gebracht, bei dem der Server immer dann auf eine Nachricht wartet, wenn beim Client eine eingegeben wird und umgekehrt.

Betrachten Sie es als Herausforderung, Client und Server beispielsweise durch Threads[2] zu einem brauchbaren Chat-Programm zu erweitern. Das könnte so aussehen, dass ein Thread jeweils s.recv abhört und eingehende Nachrichten anzeigt und ein zweiter Thread es dem Benutzer ermöglicht, Nachrichten per input einzugeben und zu verschicken.

34.1.4 Blockierende und nicht-blockierende Sockets

Wenn ein Socket erstellt wird, befindet er sich standardmäßig im sogenannten *blockierenden Modus* (engl. *blocking mode*). Das bedeutet, dass alle Methodenaufrufe warten, bis die von ihnen angestoßene Operation durchgeführt wurde. So blockiert ein Aufruf der Methode recv eines Sockets so lange das komplette Programm, bis tatsächlich Daten eingegangen sind und aus dem internen Puffer des Sockets gelesen werden können.

In vielen Fällen ist dieses Verhalten durchaus gewünscht, doch möchte man bei einem Programm, in dem viele verbundene Sockets verwaltet werden, beispielsweise nicht, dass einer dieser Sockets mit seiner recv-Methode das komplette Programm blockiert, nur weil noch keine Daten eingegangen sind, während an einem anderen Socket Daten zum Lesen bereitstehen. Um solche Probleme zu umgehen, lässt sich der Socket in den *nicht-blockierenden Modus* (engl. *non-blocking mode*) versetzen. Dies wirkt sich folgendermaßen auf diverse Socket-Operationen aus:

- Die Methoden recv und recvfrom des Socket-Objekts geben nur noch ankommende Daten zurück, wenn sich diese bereits im internen Puffer des Sockets befinden. Sobald die Methode auf weitere Daten warten muss, wirft sie eine OSError-Exception und gibt damit den Kontrollfluss wieder an das Programm ab.

- Die Methoden send und sendto versenden die angegebenen Daten nur, wenn sie direkt in den Ausgangspuffer des Sockets geschrieben werden können. Gelegentlich kommt es vor, dass dieser Puffer voll ist und send bzw. sendto zu warten hätten, bis der Puffer weitere Daten aufnehmen kann. In einem solchen Fall wird im

---

2 siehe Kapitel 32, »Parallele Programmierung«

nicht-blockierenden Modus eine `OSError`-Exception geworfen und der Kontrollfluss damit an das Programm zurückgegeben.

- Die Methode `connect` sendet eine Verbindungsanfrage an den Ziel-Socket und wartet nicht, bis diese Verbindung zustande kommt. Durch mehrmaligen Aufruf von `connect` lässt sich feststellen, ob die Operation immer noch durchgeführt wird. Wenn `connect` aufgerufen wird und die Verbindungsanfrage noch läuft, wird eine `OSError`-Exception mit der Fehlermeldung »Operation now in progress« geworfen.

  Alternativ kann im nicht-blockierenden Modus die Methode `connect_ex` für Verbindungsanfragen verwendet werden. Diese wirft keine `OSError`-Exception, sondern zeigt eine erfolgreiche Verbindung mit einem Rückgabewert von 0 an. Bei Fehlern, die bei der Verbindung auftreten, wirft auch `connect_ex` eine Exception.

Ein Socket lässt sich durch Aufruf seiner Methode `setblocking` in den nicht-blockierenden Zustand versetzen:

```
s.setblocking(False)
```

In diesem Fall würden sich Methodenaufrufe des Sockets s wie oben beschrieben verhalten. Der Parameter `True` versetzt den Socket wieder in den ursprünglichen blockierenden Modus.

Socket-Operationen werden im Falle des blockierenden Modus auch *synchrone Operationen* und im Falle des nicht-blockierenden Modus *asynchrone Operationen* genannt.

> **Hinweis**
> Es ist möglich, auch während des Betriebs zwischen dem blockierenden und dem nicht-blockierenden Modus eines Sockets umzuschalten. So können Sie beispielsweise die Methode `connect` blockierend und anschließend die Methode `read` nicht-blockierend verwenden.

34.1.5 Erzeugen eines Sockets

Dieser Abschnitt behandelt die zwei wesentlichen Wege, einen Socket zu erzeugen. Neben der bereits in Beispielen verwendeten Funktion `socket` ist dies die Funktion `create_connection`.

socket([family, type])

Diese Funktion erzeugt einen neuen Socket. Der erste Parameter `family` kennzeichnet dabei die Adressfamilie und sollte entweder `socket.AF_INET` für den IPv4-Namensraum oder `socket.AF_INET6` für den IPv6-Namensraum sein.

> **Hinweis**
>
> IPv6 (Internet Protocol version 6) ist der Nachfolger des weitverbreiteten IPv4-Protokolls, dessen Adressraum inzwischen nahezu erschöpft ist.
>
> Python bietet eine grundlegende IPv6-Unterstützung, für die es in der Regel ausreicht, bei der Socket-Instanziierung den Wert AF_INET6 anstelle von AF_INET zu übergeben. Einige Funktionen des socket-Moduls sind inkompatibel zu IPv6, was bei der Besprechung der jeweiligen Funktion erwähnt wird.
>
> IPv6 muss vom Betriebssystem unterstützt werden. Ob dies der Fall ist, können Sie anhand der booleschen Variablen socket.has_ipv6 ablesen.

Der zweite Parameter type kennzeichnet das zu verwendende Netzwerkprotokoll und sollte entweder socket.SOCK_STREAM für TCP oder socket.SOCK_DGRAM für UDP sein.

create_connection(address, [timeout, source_address])

Diese Funktion verbindet sich über TCP mit der über das Adressobjekt address identifizierten Gegenstelle und gibt das zum Verbindungsaufbau verwendete Socket-Objekt zurück. Für den Parameter timeout kann ein Timeout-Wert übergeben werden, der beim Verbindungsaufbau berücksichtigt wird.

Wenn für den Parameter source_address ein Adressobjekt übergeben wird, wird das Socket-Objekt vor dem Verbindungsaufbau an diese Adresse gebunden. Der Aufruf

```python
import socket
s = socket.create_connection((ip1,port1), timeout, (ip2, port2))
```

ist damit äquivalent zu:

```python
import socket
s = socket.socket(socket.AF_INET, socket.SOCK_STREAM)
s.settimeout(timeout)
s.bind((ip2, port2))
s.connect((ip1, port1))
```

Die Funktion create_connection kann im Zusammenhang mit der with-Anweisung verwendet werden:

```python
with socket.create_connection(("ip", port)) as s:
    s.send(b"Hallo Welt")
```

34.1.6 Die Socket-Klasse

Nachdem durch Aufruf der Funktionen socket oder create_connection eine neue Instanz der Klasse Socket erzeugt wurde, stellt diese weitere Funktionen bereit, um sich mit einem zweiten Socket zu verbinden oder Daten an den Verbindungspartner zu übermitteln. Die wichtigsten Methoden der Socket-Klasse werden Tabelle 34.2 beschrieben.

Beachten Sie, dass sich das Verhalten der Methoden im blockierenden und im nicht-blockierenden Modus unterscheidet. Näheres dazu finden Sie in Abschnitt 34.1.4, »Blockierende und nicht-blockierende Sockets«.

Methode	Beschreibung	Protokoll
accept()	Wartet auf eine eingehende Verbindungsanfrage und akzeptiert diese.	TCP
bind(address)	Bindet den Socket an die Adresse address.	–
close()	Schließt den Socket. Das bedeutet, dass keine Daten mehr über ihn gesendet oder empfangen werden können.	–
connect(address) connect_ex(address)	Verbindet zu einem Server mit der Adresse address.	TCP
getpeername()	Gibt das Adressobjekt des verbundenen Sockets zurück. Das Adressobjekt ist ein Tupel aus IP-Adresse und Portnummer.	TCP
getsockname()	Gibt das Adressobjekt des Sockets selbst zurück.	–
listen()	Lässt den Socket auf Verbindungsanfragen achten.	TCP
recv(bufsize)	Liest maximal bufsize Byte der beim Socket eingegangenen Daten und gibt sie als String zurück.	TCP
recv_into(buffer, [nbytes])	Wie recv, schreibt die gelesenen Daten aber in buffer, anstatt sie als bytes-String zurückzugeben. Für buffer kann beispielsweise eine bytearray-Instanz übergeben werden.	TCP
recvfrom(bufsize)	Wie recv, gibt aber zusätzlich das Adressobjekt des Verbindungspartners zurück.	UDP

Tabelle 34.2 Methoden der Socket-Klasse

Methode	Beschreibung	Protokoll
recvfrom_into(buffer, [nbytes])	Wie recvfrom, schreibt die gelesenen Daten aber in buffer, anstatt sie als bytes-String zurückzugeben. Für buffer kann beispielsweise eine bytearray-Instanz übergeben werden.	UDP
send(bytes) sendall(bytes)	Sendet die Daten bytes an den verbundenen Socket.	TCP
sendto(bytes, address)	Sendet die Daten bytes an einen Socket mit dem Adressobjekt address.	UDP
setblocking(flag)	Versetzt den Socket in den blockierenden bzw. nicht-blockierenden Modus.	–
settimeout(value) gettimeout()	Schreibt bzw. liest den Timeout-Wert des Sockets.	–

Tabelle 34.2 Methoden der Socket-Klasse (Forts.)

accept()

Diese Methode wartet auf eine eingehende Verbindungsanfrage und akzeptiert diese. Die Socket-Instanz muss zuvor durch Aufruf der Methode bind an eine bestimmte Adresse und einen Port gebunden worden sein und Verbindungsanfragen erwarten. Letzteres geschieht durch Aufruf der Methode listen.

Die Methode accept gibt ein Tupel zurück, dessen erstes Element eine neue Socket-Instanz, auch *Connection-Objekt* genannt, ist, über die die Kommunikation mit dem Verbindungspartner erfolgen kann. Das zweite Element des Tupels ist ein weiteres Tupel, das IP-Adresse und Port des verbundenen Sockets enthält.

bind(address)

Diese Methode bindet den Socket an die Adresse address. Der Parameter address muss ein Tupel der Form sein, wie es accept zurückgibt.

Nachdem ein Socket an eine bestimmte Adresse gebunden wurde, kann er, im Falle von TCP, in den passiven Modus geschaltet werden und auf Verbindungsanfragen warten oder, im Falle von UDP, direkt Datenpakete empfangen.

connect(address), connect_ex(address)

Diese Methode verbindet zu einem Server mit der Adresse address. Beachten Sie, dass dort ein Socket existieren muss, der auf dem gleichen Port auf Verbindungsanfragen wartet, damit die Verbindung zustande kommen kann. Der Parameter address muss im Falle des IPv4-Protokolls ein Tupel sein, das aus der IP-Adresse und der Portnummer besteht.

Die Methode connect_ex unterscheidet sich von connect nur darin, dass im nichtblockierenden Modus keine Exception geworfen wird, wenn die Verbindung nicht sofort zustande kommt. Der Verbindungsstatus wird über einen ganzzahligen Rückgabewert angezeigt. Ein Rückgabewert von 0 bedeutet, dass der Verbindungsversuch erfolgreich durchgeführt wurde.

Beachten Sie, dass bei echten Fehlern, die beim Verbindungsversuch auftreten, weiterhin Exceptions geworfen werden, beispielsweise wenn der Ziel-Socket nicht erreicht werden konnte.

listen(backlog)

Diese Methode versetzt einen Server-Socket in den sogenannten *Listen-Modus*, das heißt, der Socket achtet auf Sockets, die sich mit ihm verbinden wollen. Nachdem diese Methode aufgerufen wurde, können eingehende Verbindungswünsche mit accept akzeptiert werden.

Der Parameter backlog legt die maximale Anzahl an gepufferten Verbindungsanfragen fest und sollte mindestens 1 sein. Den größtmöglichen Wert für backlog legt das Betriebssystem fest, meistens liegt er bei 5.

send(bytes), sendall(bytes)

Diese Methode sendet den bytes-String bytes zum verbundenen Socket. Die Anzahl der gesendeten Bytes wird zurückgegeben. Beachten Sie, dass unter Umständen die Daten nicht vollständig gesendet wurden. In einem solchen Fall ist die Anwendung dafür verantwortlich, die verbleibenden Daten erneut zu senden.

Im Gegensatz dazu versucht die Methode sendall so lange, die Daten zu senden, bis entweder der vollständige Datensatz versendet wurde oder ein Fehler aufgetreten ist. Im Fehlerfall wird eine entsprechende Exception geworfen.

settimeout(value), gettimeout()

Diese Methode setzt einen Timeout-Wert für diesen Socket. Dieser Wert bestimmt im blockierenden Modus, wie lange auf das Eintreffen bzw. Versenden von Daten gewartet werden soll. Dabei können Sie für value die Anzahl an Sekunden in Form einer Gleitkommazahl oder None übergeben.

Über die Methode gettimeout kann der Timeout-Wert ausgelesen werden.

Wenn ein Aufruf von beispielsweise send oder recv die maximale Wartezeit überschreitet, wird eine socket.timeout-Exception geworfen.

34.1.7 Netzwerk-Byte-Order

Das Schöne an standardisierten Protokollen wie TCP oder UDP ist, dass Computer verschiedenster Bauart eine gemeinsame Schnittstelle haben, über die sie miteinander kommunizieren können. Allerdings hören diese Gemeinsamkeiten hinter der Schnittstelle unter Umständen wieder auf. So ist beispielsweise die *Byte-Order* ein signifikanter Unterschied zwischen diversen Systemen. Diese Byte-Order legt die Speicherreihenfolge von Zahlen fest, die mehr als ein Byte Speicher benötigen.

Bei der Übertragung von Binärdaten führt es zu Problemen, wenn diese ohne Konvertierung zwischen zwei Systemen mit verschiedener Byte-Order ausgetauscht werden. Das Protokoll TCP garantiert dabei nur, dass die gesendeten Bytes in der Reihenfolge ankommen, in der sie abgeschickt wurden.

Solange Sie sich bei der Netzwerkkommunikation auf reine ASCII-Strings beschränken, können keine Probleme auftreten, da ASCII-Zeichen nie mehr als ein Byte Speicher benötigen. Außerdem sind Verbindungen zwischen zwei Computern derselben Plattform problemlos. So können beispielsweise Binärdaten zwischen zwei x86er-PCs übertragen werden, ohne Probleme befürchten zu müssen.

Allerdings möchte man bei einer Netzwerkverbindung in der Regel Daten übertragen, ohne sich über die Plattform des verbundenen Rechners Gedanken zu machen. Dazu hat man die sogenannte *Netzwerk-Byte-Order* definiert. Das ist die Byte-Order, die Sie für Binärdaten im Netzwerk verwenden müssen. Um diese Netzwerk-Byte-Order sinnvoll umzusetzen, enthält das Modul `socket` vier Funktionen, die entweder Daten von der Host-Byte-Order in die Netzwerk-Byte-Order (»hton«) oder umgekehrt (»ntoh«) konvertieren.

Tabelle 34.3 listet diese Funktionen auf und erläutert ihre Bedeutung:

Alias	Bedeutung
ntohl(x)	Konvertiert eine 32-Bit-Zahl von der Netzwerk- in die Host-Byte-Order.
ntohs(x)	Konvertiert eine 16-Bit-Zahl von der Netzwerk- in die Host-Byte-Order.
htonl(x)	Konvertiert eine 32-Bit-Zahl von der Host- in die Netzwerk-Byte-Order.
htons(x)	Konvertiert eine 16-Bit-Zahl von der Host- in die Netzwerk-Byte-Order.

Tabelle 34.3 Konvertierung von Binärdaten

Der Aufruf dieser Funktionen ist möglicherweise überflüssig, wenn das entsprechende System bereits die Netzwerk-Byte-Order verwendet. Der gebräuchliche x86er-PC verwendet diese übrigens nicht.

34.1.8 Multiplexende Server – selectors

Ein Server ist in den meisten Fällen nicht dazu gedacht, immer nur einen Client zu bedienen, wie es in den bisherigen Beispielen vereinfacht angenommen wurde. In der Regel muss ein Server eine ganze Reihe von verbundenen Clients verwalten, die sich in verschiedenen Phasen der Kommunikation befinden. Es stellt sich die Frage, wie so etwas sinnvoll in einem Prozess, also ohne den Einsatz von Threads, durchgeführt werden kann.

Selbstverständlich könnte man alle verwendeten Sockets in den nicht-blockierenden Modus schalten und die Verwaltung selbst in die Hand nehmen. Das ist aber nur auf den ersten Blick eine Lösung, denn der blockierende Modus besitzt einen unschätzbaren Vorteil: Ein blockierender Socket veranlasst, dass das Programm bei einer Netzwerkoperation so lange schlafen gelegt wird, bis die Operation durchgeführt werden kann. Auf diese Weise kann die Prozessorauslastung reduziert werden.

Im Gegensatz dazu müssten wir beim Einsatz nicht-blockierender Sockets in einer Schleife ständig über alle verbundenen Sockets iterieren und prüfen, ob sich etwas getan hat, also ob beispielsweise Daten zum Auslesen bereitstehen. Dieser Ansatz, auch *Busy Waiting* genannt, ermöglicht uns zwar das quasi-parallele Auslesen mehrerer Sockets, das Programm lastet den Prozessor aber wesentlich mehr aus, da es über den gesamten Zeitraum aktiv ist.

Das Modul `selectors` ermöglicht es, im gleichen Prozess mehrere Sockets zu verwalten und auf bei diesen Sockets eingehende Ereignisse zu warten. Ein solcher Server wird *multiplexender Server* genannt. Das Modul definiert die Klasse `DefaultSelector`, bei der Sockets registriert werden können.

Im folgenden Beispiel wird ein Server geschrieben, der Verbindungen von beliebig vielen Clients akzeptiert und verwaltet. Diese Clients sollen dazu in der Lage sein, dem Server mehrere Nachrichten zu schicken, die von diesem dann am Bildschirm angezeigt werden. Aus Gründen der Einfachheit verzichten wir auf eine Antwortmöglichkeit des Servers.

```
server = socket.socket(socket.AF_INET, socket.SOCK_STREAM)
server.bind(("", 50000))
server.setblocking(False)
server.listen(1)

selector = selectors.DefaultSelector()
selector.register(server, selectors.EVENT_READ, accept)
```

Zunächst erzeugen wir in gewohnter Weise einen nicht-blockierenden Server-Socket. Dieser wird dann bei einer `DefaultSelector`-Instanz gemeinsam mit einem Ereignis registriert. Mögliche Ereignisse sind `EVENT_READ` bzw. `EVENT_WRITE`, die auftreten, wenn Daten bei einem Socket zum Lesen bereitliegen bzw. wenn ein Socket bereit ist zum

Schreiben. Als dritter Parameter wird der Methode `register` ein Callback-Handler übergeben, den wir im Falle des Ereignisses aufrufen werden. In diesem Fall verknüpfen wir ein `READ`-Ereignis beim Verbindungssocket mit der Handler-Funktion `accept`, die eine eingehende Verbindung akzeptieren soll:

```
def accept(selector, sock):
    connection, addr = sock.accept()
    connection.setblocking(False)
    selector.register(connection, selectors.EVENT_READ, message)
```

Der Callback-Handler `accept` bekommt den Selector und den Socket übergeben, bei dem das Ereignis aufgetreten ist, in diesem Fall handelt es sich dabei um den Verbindungssocket. Er akzeptiert daraufhin die Verbindung und knüpft seinerseits das Ereignis beim entstandenen Client-Socket eingehender Daten an die Handler-Funktion `message`:

```
def message(selector, client):
    nachricht = client.recv(1024)
    ip = client.getpeername()[0]
    if nachricht:
        print("[{}] {}".format(ip, nachricht.decode()))
    else:
        print("+++ Verbindung zu {} beendet".format(ip))
        selector.unregister(client)
        client.close()
```

Die Handler-Funktion `message` bekommt ebenfalls den Selector sowie den betreffenden Socket, in diesem Fall den Client-Socket, übergeben. Sie liest daraufhin die eingegangenen Daten und gibt sie als Nachricht auf dem Bildschirm aus. Aus Gründen der Einfachheit verzichten wir auf eine Antwortmöglichkeit des Servers.

Wenn die Verbindung seitens des Clients beendet wurde, gibt `recv` einen leeren String zurück. In diesem Fall müssen wir die Methode `unregister` des Selectors aufrufen, um diesen Client-Socket auszutragen. Danach kann die Verbindung geschlossen werden.

Zum Schluss muss der multiplexende Server noch in Betrieb genommen werden. Dazu rufen wir in einer Endlosschleife die Methode `select` des Selectors auf, die so lange blockiert, bis eines der registrierten Ereignisse aufgetreten ist:

```
while True:
    for key, mask in selector.select():
        key.data(selector, key.fileobj)
```

Im Falle eines aufgetretenen Ereignisses gibt `select` ein Tupel (key, mask) zurück. Über die Instanz `key` können wir auf die mit dem Ereignis verknüpften Daten zugrei-

fen, in diesem Fall die entsprechende Handler-Funktion. Außerdem kann über
key.fileobj auf den Socket zugegriffen werden, bei dem das Ereignis aufgetreten ist.
Die Instanz mask spezifiziert, welches Ereignis konkret aufgetreten ist. Mithilfe des
binären UND lassen sich hier die Ereignistypen EVENT_READ und EVENT_WRITE prüfen.

Der Vollständigkeit halber folgt hier noch der Quelltext des zu diesem Server passenden Clients:

```python
import socket
ip = input("IP-Adresse: ")
s = socket.socket(socket.AF_INET, socket.SOCK_STREAM)
s.connect((ip, 50000))
try:
    while True:
        nachricht = input("Nachricht: ")
        s.send(nachricht.encode())
finally:
    s.close()
```

Dabei handelt es sich um reine Socket-Programmierung, wie wir sie bereits in den vorangegangenen Abschnitten behandelt haben. Der Client bemerkt abgesehen von eventuell auftretenden Latenzen nicht, ob er von einem seriellen oder einem multiplexenden Server bedient wird.

34.1.9 Objektorientierte Serverentwicklung – socketserver

Sie können sich vorstellen, dass die Implementierung eines komplexeren Servers unter Verwendung des Moduls socket schnell unübersichtlich und kompliziert werden kann. Aus diesem Grund enthält Pythons Standardbibliothek das Modul socketserver, das es erleichtern soll, einen Server zu schreiben, der in der Lage ist, mehrere Clients zu bedienen.

Im folgenden Beispiel soll der Chat-Server des vorangegangenen Abschnitts mit dem Modul socketserver nachgebaut werden. Dazu muss zunächst ein sogenannter *Request Handler* erstellt werden. Das ist eine Klasse, die von der Basisklasse socketserver.BaseRequestHandler abgeleitet wird. Im Wesentlichen muss in dieser Klasse die Methode handle überschrieben werden, in der die Kommunikation mit einem Client ablaufen soll:

```python
import socketserver
class ChatRequestHandler(socketserver.BaseRequestHandler):
    def handle(self):
        addr = self.client_address[0]
        print("[{}] Verbindung hergestellt".format(addr))
```

```
            while True:
                s = self.request.recv(1024)
                if s:
                    print("[{}] {}".format(addr, s.decode()))
                else:
                    print("[{}] Verbindung geschlossen".format(addr))
                    break
```

Hier wurde die Klasse `ChatRequestHandler` erzeugt, die von `BaseRequestHandler` erbt. Später erzeugt die socketserver-Instanz bei jeder hergestellten Verbindung eine neue Instanz dieser Klasse und ruft die Methode `handle` auf. In dieser Methode läuft dann die Kommunikation mit dem verbundenen Client ab. Zusätzlich zur Methode `handle` können noch die Methoden `setup` und `finish` überschrieben werden, die entweder vor oder nach dem Aufruf von `handle` aufgerufen werden.

Neben den angesprochenen Methoden definiert die Basisklasse `BaseRequestHandler` das Attribut `request`, über das Informationen über die aktuelle Anfrage eines Clients zugänglich sind. Bei einem TCP-Server referenziert `request` die Socket-Instanz, die zur Kommunikation mit dem Client verwendet wird. Mit ihr können Daten gesendet oder empfangen werden. Bei Verwendung des verbindungslosen UDP-Protokolls referenziert `request` ein Tupel, das die vom Client gesendeten Daten und den Kommunikationssocket enthält, der für die Antwort verwendet werden kann.

Das Attribut `client_address` referenziert ein Adress-Tupel, das die IP-Adresse und die Portnummer des Clients enthält, dessen Anfrage mit dieser `BaseRequestHandler`-Instanz behandelt wird.

In unserem Beispiel werden innerhalb der Methode `handle` in einer Endlosschleife eingehende Daten eingelesen. Wenn ein leerer String eingelesen wurde, wird die Verbindung vom Kommunikationspartner geschlossen. Andernfalls wird der gelesene String ausgegeben.

Damit ist die Arbeit am Request Handler beendet. Was jetzt noch fehlt, ist der Server, der eingehende Verbindungen akzeptiert und daraufhin den Request Handler instanziiert:

```
server = socketserver.ThreadingTCPServer(("", 50000), ChatRequestHandler)
server.serve_forever()
```

Um den tatsächlichen Server zu erstellen, erzeugen wir eine Instanz der Klasse `ThreadingTCPServer`. Dem Konstruktor übergeben wir dabei ein Adress-Tupel und die soeben erstellte Request-Handler-Klasse `ChatRequestHandler`. Durch Aufruf der Methode `serve_forever` der `ThreadingTCPServer`-Instanz instruieren wir den Server, alle von nun an eingehenden Verbindungsanfragen zu akzeptieren.

Neben der Methode `serve_forever` stellt eine Serverinstanz die Methode `handle_request` bereit, die genau eine Verbindungsanfrage akzeptiert und behandelt. Außerdem existiert die Methode `shutdown` zum Stoppen eines Servers.

> **Hinweis**
>
> Der Programmierer trägt selbst die Verantwortung für eventuell von mehreren Threads gemeinsam genutzte Ressourcen. Diese müssen gegebenenfalls durch Critical Sections abgesichert werden.
>
> Näheres zur parallelen Programmierung erfahren Sie in Kapitel 32.

Neben der Klasse `ThreadingTCPServer` können auch andere Serverklassen instanziiert werden, je nachdem, wie sich der Server verhalten soll. Die Schnittstelle ist bei allen Konstruktoren gleich.

TCPServer, UDPServer

Dies ist ein einfacher TCP- bzw. UDP-Server. Beachten Sie, dass diese Server immer nur eine Verbindung gleichzeitig eingehen können. Aus diesem Grund ist die Klasse `TCPServer` für unser Beispielprogramm nicht einsetzbar.

ThreadingTCPServer, ThreadingUDPServer

Diese Klassen implementieren einen TCP- bzw. UDP-Server, der jede Anfrage eines Clients in einem eigenen Thread behandelt, sodass der Server mit mehreren Clients gleichzeitig in Kontakt sein kann. Damit ist die Klasse `ThreadingTCPServer` ideal für unser oben dargestelltes Beispiel.

ForkingTCPServer, ForkingUDPServer

Diese Klassen implementieren einen TCP- bzw. UDP-Server, der jede Anfrage eines Clients in einem eigenen Prozess behandelt, sodass der Server mit mehreren Clients gleichzeitig in Kontakt sein kann. Die Methode `handle` des Request Handlers wird in einem eigenen Prozess ausgeführt, kann also nicht auf Instanzen des Hauptprozesses zugreifen.

34.2 URLs – urllib

Eine *URL* (für *Uniform Resource Locator*) spezifiziert eine Ressource, beispielsweise im Internet, über ihren Ort und das zum Zugriff zu verwendende Protokoll.

Das Paket `urllib` bietet eine komfortable Schnittstelle zum Umgang mit Ressourcen im Internet. Dazu enthält `urllib` die folgenden Module:

Modul	Beschreibung	Abschnitt
urllib.request	Enthält Funktionen und Klassen zum Zugriff auf eine Ressource im Internet.	34.2.1
urllib.response	Enthält die im urllib-Paket verwendeten Datentypen.	–
urllib.parse	Enthält Funktionen zum komfortablen Einlesen, Verarbeiten und Erstellen von URLs.	34.2.2
urllib.error	Enthält die im urllib-Paket verwendeten Exception-Klassen.	–
urllib.robotparser	Enthält eine Klasse, die die *robots.txt*-Datei* einer Website interpretiert.	–

* Programme, die automatisiert das Internet durchforsten, lesen in der Regel zunächst eine Datei namens *robots.txt* im Hauptverzeichnis des Webservers. Dort kann festgelegt werden, welche Teile der Website durchsucht werden dürfen.

Tabelle 34.4 Module des Pakets urllib

In den folgenden Abschnitten sollen die Module request und parse des Pakets urllib erläutert werden.

34.2.1 Zugriff auf entfernte Ressourcen – urllib.request

Die zentrale Funktion des Moduls urllib.request zum Zugriff auf entfernte Ressourcen ist urlopen, die der eingebauten Funktion open ähnelt, bis auf die Tatsache, dass anstelle eines Dateinamens eine URL übergeben wird. Außerdem können auf dem resultierenden Dateiobjekt aus naheliegendem Grund keine Schreiboperationen durchgeführt werden.

Im Folgenden werden die wichtigsten im Modul urllib.request enthaltenen Funktionen detailliert besprochen. Um die Beispiele nachzuvollziehen, muss das Modul request des Pakets urllib eingebunden werden:

```
>>> import urllib.request
```

urllib.request.urlopen(url, [data, timeout], {cafile, capath})

Die Funktion urlopen greift auf die durch url adressierte Netzwerkressource zu und gibt ein geöffnetes Dateiobjekt auf dieser Ressource zurück. Damit ermöglicht die Funktion es beispielsweise, den Quelltext einer Website herunterzuladen und wie eine lokale Datei einzulesen.

Für url kann entweder eine URL als String oder ein Request-Objekt angegeben werden. Näheres zu Request-Objekten erfahren Sie weiter unten. Wenn bei der URL kein Protokoll wie beispielsweise http:// oder ftp:// angegeben wurde, wird angenommen, dass die URL auf eine Ressource der lokalen Festplatte verweist. Für Zugriffe auf die lokale Festplatte können Sie außerdem das Protokoll file:// angeben.

Über den dritten optionalen Parameter timeout wird ein Zeitlimit in Sekunden festgelegt, das beim Zugriff auf eine Internetressource berücksichtigt werden soll. Wenn dieser Parameter nicht übergeben wird, wird ein Standardwert des Betriebssystems verwendet.

Die optionalen reinen Schlüsselwortparameter cafile und capath erlauben es, Zertifikate bereitzustellen, über die sich die Funktion urlopen bei der Gegenstelle authentifiziert. Für cafile kann ein Pfad zu einer Datei angegeben werden, die ein Zertifikat im PEM-Format enthält. Über den Parameter capath können Sie ein Verzeichnis festlegen, in dem die Zertifikat-Dateien liegen.

Parameterübergabe

Wenn das verwendete Protokoll http ist, dient der optionale Parameter data der Funktion urlopen dazu, POST-Parameter[3] an die Ressource zu übermitteln. Für den Parameter data müssen diese POST-Werte speziell aufbereitet werden. Dazu wird die Funktion urlencode des Moduls urllib.parse verwendet:

```
>>> prm = urllib.parse.urlencode({"prm1" : "wert1", "prm2" : "wert2"})
>>> urllib.request.urlopen("http://www.beispiel.de", prm.encode("ascii"))
<http.client.HTTPResponse object at 0x7fa3f74b4e48>
```

Neben POST existiert eine weitere Methode zur Parameterübergabe an eine Website: GET. Bei GET werden die Parameter direkt in die URL geschrieben:

```
>>> urllib.request.urlopen("http://www.beispiel.de?prm=wert")
<http.client.HTTPResponse object at 0x7fa3f74b4860>
```

Rückgabewert

Das von der Funktion urlopen zurückgegebene Dateiobjekt ist ein dateiähnliches Objekt (engl. *file-like object*), da es nur eine Untermenge der Funktionalität eines echten Dateiobjekts bereitstellt. Tabelle 34.5 zeigt die wichtigsten verfügbaren Methoden des dateiähnlichen Objekts mit einer kurzen Beschreibung.

---

[3] Das HTTP-Protokoll kennt zwei Arten der Argumentübertragung: Bei *POST* werden die Daten für den Benutzer unsichtbar im HTTP-Body mitgesendet, während sie bei *GET* in die URL hineincodiert werden.

Methode	Beschreibung
read([size])	Liest size Byte aus der Ressource aus und gibt sie als bytes-String zurück. Wenn size nicht angegeben wurde, wird der komplette Inhalt ausgelesen.
readline([size])	Liest eine Zeile aus der Ressource aus und gibt sie als bytes-String zurück. Wenn size angegeben wurde, werden maximal size Byte gelesen.
readlines([sizehint])	Liest die Ressource zeilenweise aus und gibt sie in Form einer Liste von Strings zurück. Wird sizehint angegeben, werden Zeilen nur so lange eingelesen, bis die Gesamtgröße der gelesenen Zeilen sizehint überschreitet.
close()	Schließt das geöffnete Objekt. Nach Aufruf dieser Methode sind keine weiteren Operationen mehr möglich.
info()	Gibt ein dictionary-ähnliches Info-Objekt zurück, das Metainformationen der heruntergeladenen Seite enthält.
geturl()	Gibt einen String mit der URL der Ressource zurück.

Tabelle 34.5 Methoden des zurückgegebenen dateiähnlichen Objekts

Info-Objekte

Die Methode info des von urlopen zurückgegebenen dateiähnlichen Objekts stellt eine Instanz bereit, die verschiedene Informationen über die Netzwerkressource enthält. Auf diese Informationen kann wie bei einem Dictionary zugegriffen werden. Dazu folgendes Beispiel:

```
>>> f = urllib.request.urlopen("http://www.rheinwerk-verlag.de")
>>> d = f.info()
>>> d.keys()
['Server', 'Date', 'Content-Type', 'Content-
Length', 'Connection', 'Vary', 'Strict-Transport-Security', 'Accept-Ranges']
```

Im Beispiel wurde auf die Internetressource http://www.rheinwerk-verlag.de zugegriffen und durch Aufruf der Methode info das dictionary-ähnliche Objekt erzeugt, das Informationen zu der Website enthält. Durch die Methode keys eines Dictionarys lassen sich alle enthaltenen Schlüssel anzeigen. Welche Informationen enthalten sind, hängt vom verwendeten Protokoll ab. Beim HTTP-Protokoll enthält das dictionary-ähnliche Objekt alle vom Server gesendeten Informationen. So können Sie beispielsweise über die Schlüssel "Content-Length" und "Server" die Größe der heruntergeladenen Datei in Byte bzw. den Identifikationsstring der Serversoftware auslesen:

```
>>> d["Content-Length"]
'223290'
>>> d["Server"]
'nginx/1.10.2'
```

Request-Objekte

Die Funktion urlopen erwartet als ersten Parameter entweder eine URL als String oder ein sogenanntes *Request-Objekt*. Das ist eine Instanz der Klasse Request, die es ermöglicht, die Zugriffseigenschaften detaillierter festzulegen:

```
>>> req = urllib.request.Request("http://www.rheinwerk-verlag.de")
>>> f = urllib.request.urlopen(req)
```

Das Request-Objekt kann beispielsweise verwendet werden, um den bei einem HTTP-Zugriff mitgeschickten Header zu modifizieren. Auf diese Weise lässt sich zum Beispiel die Browserkennung verändern:[4]

```
>>> req = urllib.request.Request("http://www.rheinwerk-verlag.de")
>>> req.add_header("User-agent", "Mein Browser")
>>> req.header_items()
[('User-agent', 'Mein Browser')]
>>> f = urllib.request.urlopen(req)
```

Installieren von Openern

Beim Zugriff auf entfernte Ressourcen gibt es viele Spezialfälle, die über die bislang besprochene Standardmethode hinausgehen. So muss man sich beispielsweise bei vielen Servern vor einem Zugriff authentifizieren. Ein anderes Beispiel sind Zugriffe, die über einen Proxy-Server laufen sollen.

Um solche komplexeren Zugriffe zu realisieren, muss ein eigener sogenannter *Opener* erzeugt und verwendet werden. Ein Opener ist eine Instanz der Klasse OpenerDirector, die dafür zuständig ist, auf die durch die URL beschriebene Ressource zuzugreifen. Es gibt einen Standard-Opener, den wir in den vorangegangenen Beispielen implizit verwendet haben.

Ein Opener besitzt einen oder mehrere *Handler*, aus denen er den für einen Zugriff passenden aussucht. Jeder Handler ist für einen konkreten Anwendungsfall konzipiert.

---

[4] Einige Webseiten nutzen diese Kennung, um spezifische Features von Browsern auszunutzen oder nicht unterstützte Browser auszuschließen. Deshalb kann es hilfreich sein, über den HTTP-Header einen bekannten Browser vorzutäuschen.

```
>>> opener = urllib.request.OpenerDirector()
>>> opener.add_handler(urllib.request.HTTPHandler())
>>> opener.open("http://www.rheinwerk-verlag.de")
<http.client.HTTPResponse object at 0x7f37b9334fd0>
```

Im Beispiel wurde ein Opener erzeugt, der nur den Standard-HTTP-Handler besitzt. Dieser Opener kann mithilfe seiner Methode open für einen Zugriff verwendet werden. Alternativ kann der Opener installiert werden, wodurch er auch von der Funktion urlopen verwendet wird:

```
>>> urllib.request.install_opener(opener)
```

Neben dem Standard HTTP-Handler existiert eine Reihe weiterer Handler. Dazu zählen HTTPDefaultErrorHandler und HTTPRedirectHandler für das Behandeln von Fehlern und Umleitungen in HTTP-Zugriffen, ProxyHandler und ProxyBasicAuthHandler für das Zwischenschalten von Proxy-Servern, HTTPBasicAuthHandler und HTTPDigestAuthHandler für die Authentifizierung bei HTTP-Servern sowie HTTPSHandler, FTPHandler und FileHandler für die Protokolle HTTPS, FTP bzw. für lokale Dateien.

34.2.2 Einlesen und Verarbeiten von URLs – urllib.parse

Das Modul urllib.parse enthält Funktionen, die es ermöglichen, eine URL in ihre Bestandteile zu zerlegen oder diese Bestandteile wieder zu einer gültigen URL zusammenzufügen.

Um die Beispiele ausführen zu können, muss zuvor das Modul urllib.parse eingebunden worden sein:

```
>>> import urllib.parse
```

Escape-Sequenzen

Die Funktion quote ersetzt Sonderzeichen, die in einer URL nicht als solche vorkommen dürfen, durch Escape-Sequenzen der Form %xx, wie sie in URLs erlaubt sind. Durch den optionalen Parameter safe, einen String, geben Sie Zeichen an, die nicht in eine Escape-Sequenz umgewandelt werden sollen.

```
>>> urllib.parse.quote("www.test.de/hallo welt.html")
'www.test.de/hallo%20welt.html'
```

Das Gegenstück zu quote heißt unquote:

```
>>> urllib.parse.unquote("www.test.de/hallo%20welt.html")
'www.test.de/hallo welt.html'
```

Neben den Funktionen quote_from_bytes und unquote_to_bytes für bytes-Strings existieren die Funktionen quote_plus bzw. unquote_plus, die sich wie quote bzw.

unquote verhalten, zusätzlich aber ein Leerzeichen in der URL durch ein + ersetzen. Dies ist insbesondere im Zusammenhang mit HTML-Formularen interessant.

Aufbrechen und Zusammensetzen einer URL

Die Funktion urlparse bricht eine URL in mehrere Teile auf. Dabei kann eine URL grundsätzlich aus sechs Teilen[5] bestehen:

scheme://netloc/path;params?query#fragment

Der netloc-Bereich der URL wird außerdem in vier weitere Bereiche unterteilt:

username:password@host:port

Bis auf die Host-Angabe im netloc-Bereich sind alle Angaben optional und können weggelassen werden.

Die sechs Bestandteile der URL werden in Form eines tupelähnlichen Objekts mit sechs Elementen zurückgegeben. Diese am meisten verwendeten Teile der URL lassen sich wie bei einem echten Tupel über die Indizes 0 bis 5 ansprechen. Zusätzlich – und das unterscheidet die zurückgegebene Instanz von einem Tupel – kann auf alle Teile der URL über Attribute der Instanz zugegriffen werden. Sie können über Attribute auch auf die vier Unterbereiche des netloc-Teils zugreifen, die nicht über einen Index erreichbar sind.

Tabelle 34.6 listet alle Attribute des Rückgabewertes der Funktion urlparse auf und erläutert sie jeweils mit einem kurzen Satz. Zusätzlich ist der entsprechende Index angegeben, sofern sich das entsprechende Attribut auch über einen Index ansprechen lässt. Die Attributnamen entsprechen den Namen der Bereiche, wie sie in den oben dargestellten URL-Beispielen verwendet wurden.

Attribut	Index	Beschreibung
scheme	0	das Protokoll der URL, beispielsweise http oder file
netloc	1	Die *Network Location* besteht üblicherweise aus einem Domainnamen mit Subdomain und TLD. Optional können auch Benutzername, Passwort und Portnummer in netloc enthalten sein.
path	2	eine Pfadangabe, die einen Unterordner der Network Location kennzeichnet
params	3	Parameter für das letzte Element des Pfades

Tabelle 34.6 Teile einer URL

---

[5] Der params-Teil einer URL wird nur sehr selten verwendet.

Attribut	Index	Beschreibung
query	4	Über den *Query-String* können zusätzliche Informationen an ein serverseitiges Skript übertragen werden.
fragment	5	Das Fragment, auch *Anker* genannt. Ein geläufiges Beispiel für einen Anker ist eine Sprungmarke innerhalb einer HTML-Datei.
username	–	der in der URL angegebene Benutzername, sofern vorhanden
password	–	das in der URL angegebene Passwort, sofern vorhanden
hostname	–	der Hostname der URL
port	–	die in der URL angegebene Portnummer, sofern vorhanden

Tabelle 34.6 Teile einer URL (Forts.)

Im folgenden Beispiel wird die URL

http://www.beispiel.de/pfad/zur/datei.py?prm=abc

in ihre Bestandteile zerlegt:

```
>>> url = "http://www.beispiel.de/pfad/zur/datei.py?prm=abc"
>>> teile = urllib.parse.urlparse(url)
>>> teile.scheme
'http'
>>> teile.netloc
'www.beispiel.de'
>>> teile.path
'/pfad/zur/datei.py'
>>> teile.params
''
>>> teile.query
'prm=abc'
>>> teile.fragment
''
>>> teile.hostname
'www.beispiel.de'
```

Als Gegenstück zu urlparse existiert die Funktion urlunparse, die aus einem Tupel mit sechs Elementen einen URL-String erzeugt. Anstelle eines reinen Tupels können Sie ein beliebiges iterierbares Objekt mit sechs Elementen, unter anderem beispielsweise auch den Rückgabewert von urlparse, übergeben.

34.2 URLs – urllib

```
>>> url = ("http", "beispiel.de", "/pfad/datei.py", "", "", "")
>>> urllib.parse.urlunparse(url)
'http://beispiel.de/pfad/datei.py'
```

> **Hinweis**
>
> Der Ausdruck
>
> `urllib.parse.urlunparse(urllib.parse.urlparse(url)) == url`
>
> ergibt nicht immer True, da überflüssige Angaben, wie beispielsweise ein leeres Fragment am Ende einer URL, beim Aufruf von urlparse verloren gehen.

Aufbrechen und Zusammensetzen eines Query-Strings

Die Funktionen parse_qs und parse_qsl ermöglichen das Zerlegen des Query-Strings einer URL in seine Bestandteile. Die im Query-String enthaltenen Schlüssel und Werte werden zu einem Dictionary bzw. einer Liste aufbereitet und zurückgegeben:

```
>>> url = "http://www.beispiel.de?hallo=welt&hallo=blubb&xyz=12"
>>> teile = urllib.parse.urlparse(url)
>>> urllib.parse.parse_qs(teile.query)
{'hallo': ['welt', 'blubb'], 'xyz': ['12']}
>>> urllib.parse.parse_qsl(teile.query)
[('hallo', 'welt'), ('hallo', 'blubb'), ('xyz', '12')]
```

Als Gegenstück erzeugt die Funktion urlencode aus den Schlüssel-Wert-Paaren des Dictionarys query einen String des folgenden Formats:

```
>>> urllib.parse.urlencode({"abc" : 1, "def" : "ghi"})
'abc=1&def=ghi'
```

URLs kombinieren

Die Funktion urljoin kombiniert die Basis-URL und eine relative URL zu einer absoluten Pfadangabe:

```
>>> base = "http://www.test.de"
>>> relativ = "pfad/zur/datei.py"
>>> urllib.parse.urljoin(base, relativ)
'http://www.test.de/pfad/zur/datei.py'
>>> base = "http://www.test.de/hallo/welt.py"
>>> relativ = "du.py"
>>> urllib.parse.urljoin(base, relativ)
'http://www.test.de/hallo/du.py'
```

Sie sehen, dass urljoin die beiden übergebenen Pfade nicht einfach aneinanderhängt, sondern Dateinamen am Ende der Basis-URL abschneidet.

34.3 FTP – ftplib

Das Modul `ftplib` ermöglicht einer Anwendung, sich mit einem FTP-Server zu verbinden und Operationen auf diesem durchzuführen. *FTP* steht für *File Transfer Protocol* und bezeichnet ein Netzwerkprotokoll, das für Dateiübertragungen in TCP/IP-Netzwerken entwickelt wurde. Gerade im Internet ist FTP verbreitet. So erfolgen beispielsweise Dateiübertragungen auf einen Webserver üblicherweise via FTP.

Das Protokoll FTP ist sehr einfach aufgebaut und besteht aus einer Reihe von Befehlen, die auch von Menschen gelesen werden können. Im Prinzip könnte man also auch direkt mit dem FTP-Server kommunizieren, ohne eine abstrahierende Bibliothek zwischenzuschalten. Tabelle 34.7 listet die wichtigsten FTP-Befehle auf und erläutert kurz ihre Bedeutung. Sie werden sehen, dass sich das Modul `ftplib` stark an diese Befehle anlehnt.

Befehl	Beschreibung
OPEN	Baut eine Verbindung zu einem FTP-Server auf.
USER	Überträgt einen Benutzernamen zum Login an den FTP-Server.
PASS	Überträgt ein Passwort zum Login an den FTP-Server.
CWD	Ändert das aktuelle Arbeitsverzeichnis auf dem FTP-Server (CWD für *change working directory*).
PWD	Gibt das aktuelle Arbeitsverzeichnis auf dem FTP-Server zurück (PWD für *print working directory*).
DELE	Löscht eine Datei auf dem FTP-Server (DELE für *delete*).
LIST LS	Überträgt eine Liste aller im Arbeitsverzeichnis enthaltenen Dateien und Ordner.
MKD	Erstellt ein Verzeichnis auf dem FTP-Server (MKD für *make directory*).
RMD	Löscht ein Verzeichnis auf dem FTP-Server (RMD für *remove directory*).
RETR	Überträgt eine Datei vom FTP-Server (RETR für *retrieve*).
STOR	Überträgt eine Datei vom Client an den FTP-Server (STOR für *store*).
QUIT	Beendet die Verbindung zwischen Server und Client.

Tabelle 34.7 FTP-Befehle

Die Kommunikation mit einem FTP-Server läuft auf zwei Kanälen ab: auf dem Steuerkanal zum Senden von Befehlen an den Server und auf dem Datenkanal zum Empfangen von Daten. Diese Trennung von Kommando- und Übertragungsebene ermöglicht es, dass auch während einer laufenden Datenübertragung Befehle, beispielsweise zum Abbruch der Übertragung, an den Server gesendet werden können.

Grundsätzlich kann eine Datenübertragung in zwei Modi ablaufen: Im *aktiven Modus* fordert der Client eine Datei an und öffnet gleichzeitig einen Port, über den dann die Übertragung der Datei ablaufen soll. Dem gegenüber steht der *passive Modus*, bei dem der Client den Server instruiert, einen Port zu öffnen, um die Datenübertragung durchzuführen. Das hat den Vorteil, dass auch Datenübertragungen mit Clients stattfinden können, die für den Server nicht direkt adressierbar sind, weil sie beispielsweise hinter einem Router oder einer Firewall stehen.

Das Modul ftplib stellt die Klasse FTP zur Verfügung, die es einer Anwendung ermöglicht, sich mit einem FTP-Server zu verbinden und die dort unterstützten Operationen auszuführen. Mit diesem Modul können Sie also einen vollwertigen FTP-Client implementieren.

34.3.1 Mit einem FTP-Server verbinden

Bereits beim Instanziieren der Klasse FTP kann eine Verbindung mit einem FTP-Server hergestellt werden. Dazu muss dem Konstruktor mindestens die Adresse des FTP-Servers als String übergeben werden. Der Konstruktor der Klasse FTP hat die im Folgenden beschriebene Schnittstelle:

FTP([host, user, passwd, acct, timeout, source_address])

Der Konstruktor erzeugt eine Instanz der Klasse FTP, die mit dem FTP-Server host verbunden ist. Bei der Anmeldung an diesem Server werden der Benutzername user und das Passwort passwd verwendet. Über den optionalen Parameter timeout wird ein Timeout-Wert in Sekunden für die Verbindungsanfrage eingestellt. Wenn Sie timeout nicht angeben, wird ein System-Default verwendet.

Über den Parameter acct (für *accounting information*) können weitere Informationen an den FTP-Server gesendet werden, was aber in der Regel nicht benötigt wird. Mit source_address wird die Herkunftsadresse, die bei der Verbindung verwendet werden soll, als Tupel im Format (ip, port) angegeben.

Alternativ lässt sich die FTP-Klasse parameterlos instanziieren. Dann wird die Verbindung über die Methoden connect und login hergestellt, denen jeweils die Verbindungs- bzw. Login-Daten übergeben werden müssen:

```
>>> import ftplib
>>> ftp = ftplib.FTP()
```

```
>>> ftp.connect("ftp.server.de")
'220 Serverantwort'
>>> ftp.login("Benutzername", "Passwort")
'230 Login successful.'
```

Die Methode connect unterstützt zusätzlich die optionalen Parameter port und timeout.

Die Verbindung zu einem FTP-Server kann über die parameterlosen Methoden quit und close beendet werden. Dabei trennt quit die Verbindung sauber, indem es ein QUIT-Kommando an den Server sendet und dessen Antwort abwartet, während close die Verbindung trennt, ohne den Server davon in Kenntnis zu setzen.

Um die Beispiele in den folgenden Abschnitten ausführen zu können, müssen Sie sowohl das Modul ftplib importieren als auch eine FTP-Instanz ftp erzeugen, die mit einem FTP-Server Ihrer Wahl verbunden ist:

```
>>> import ftplib
>>> ftp = ftplib.FTP("ftp.server.de")
>>> ftp.login("Benutzername", "Passwort")
'230 Login successful.'
```

> **Hinweis**
>
> Die FTP-Klasse lässt sich mit dem with-Statement verwenden:
>
> ```
> with ftplib.FTP("ftp.server.de") as f:
>     f.login("Benutzername", "Passwort")
> ```

34.3.2 FTP-Kommandos ausführen

Die Klasse FTP definiert, wie Sie in den folgenden Abschnitten sehen werden, Methoden für die gängigsten FTP-Kommandos. Um darüber hinaus direkt mit dem FTP-Server zu kommunizieren, existiert die Methode sendcmd, die ein Kommando als String an den Server sendet und die Antwort des Servers ebenfalls als String zurückgibt.

```
>>> ftp.sendcmd("PWD")
'257 "/" is the current directory.'
```

34.3.3 Mit Dateien und Verzeichnissen arbeiten

Analog zu den eingangs besprochenen Befehlen, die das FTP-Protokoll definiert, existieren Methoden der Klasse FTP, die grundlegende Operationen auf Dateien und Verzeichnissen durchführen. Tabelle 34.8 fasst die vorhandenen Methoden zusammen und erklärt kurz ihre Bedeutung:

Methode	Bedeutung
cwd(pathname)	Ändert das aktuelle Arbeitsverzeichnis in pathname.
delete(filename)	Löscht die Datei filename.
mkd(pathname)	Erzeugt das Verzeichnis pathname.
mlsd([path])	Gibt den Inhalt des aktuellen Arbeitsverzeichnisses bzw. des Verzeichnisses path zurück.
pwd()	Gibt den Pfad des aktuellen Arbeitsverzeichnisses zurück.
rename(fromname, toname)	Benennt die Datei fromname in toname um.
rmd(dirname)	Löscht das Verzeichnis dirname Server. Das Verzeichnis muss vorhanden und leer sein.
size(filename)	Ermittelt die Dateigröße der Datei filename.*

* Beachten Sie, dass das dieser Methode zugrunde liegende FTP-Kommando SIZE nicht standardisiert ist und somit nicht von allen FTP-Servern unterstützt wird.

Tabelle 34.8 Datei- und Verzeichnisoperationen auf einem FTP-Server

Die Methode mlsd gibt ein iterierbares Objekt zurück, das die Dateien und Unterverzeichnisse des als Parameter übergebenen Verzeichnisses path auf dem FTP-Server enthält:

```
>>> for x in ftp.mlsd():
...     print("{}: {}".format(x[0], x[1]["type"]))
...
bild.png: file
hallo.txt: file
ordner1: dir
ordner2: dir
```

Jedes Element im Verzeichnis wird durch ein Tupel mit zwei Einträgen repräsentiert, das den Namen und ein Dictionary mit weiteren Attributen enthält. Im Beispiel wurde neben dem Datei- bzw. Ordnernamen der Wert des Attributs type ausgegeben, das kennzeichnet, ob es sich um eine Datei oder um ein Verzeichnis handelt.

34.3.4 Übertragen von Dateien

Zum Austausch einer Datei mit einem FTP-Server müssen zwei grundlegende Entscheidungen getroffen werden: die *Richtung* des Dateitransfers – eine Datei kann gesendet oder empfangen werden – und der *Übertragungsmodus*. Jede der vier möglichen Kombinationen dieser Transferparameter wird in der Klasse FTP über eine Methode repräsentiert. Die Methoden heißen retrbinary, retrlines, storbinary und storlines und werden im Folgenden vorgestellt.

Die Methode set_pasv versetzt die FTP-Instanz, abhängig vom übergebenen booleschen Parameter, in den aktiven bzw. passiven Modus. Im aktiven Zustand muss der Client für den Server erreichbar sein, darf sich also nicht hinter einer Firewall oder einem Router befinden.

> **Hinweis**
>
> Die parameterlose Methode abort unterbricht einen laufenden Datentransfer. Je nach Server kann eine solche Unterbrechung nicht zu jedem Zeitpunkt durchgeführt werden.

retrbinary(cmd, callback, [maxblocksize, rest])

Diese Methode leitet einen Datentransfer im Binärmodus ein. Dazu muss als erster Parameter ein entsprechendes FTP-Kommando übergeben werden, aufgrund dessen der Server einen Datentransfer über den Datenkanal startet. Für einen simplen Dateitransfer wird das Kommando RETR *dateiname* verwendet.

An zweiter Stelle muss ein Funktionsobjekt übergeben werden. Die dahinterstehende Funktion muss exakt einen Parameter akzeptieren. Nach jedem erfolgreich übermittelten Block wird die Funktion callback aufgerufen. Die übertragenen Binärdaten werden dabei als Parameter in Form eines bytes-Strings übergeben.

Der Parameter maxblocksize bestimmt die maximale Größe der Blöcke, in die die Datei zum Herunterladen aufgeteilt wird.

Über den vierten, optionalen Parameter rest wird ein Offset in der zu übertragenden Datei angegeben, ab dem der Server den Dateiinhalt senden soll. Dies ist zum Beispiel nützlich, um abgebrochene Downloads wieder aufzunehmen, ohne dabei Teile der Datei doppelt herunterladen zu müssen.

Zur Verwendung von retrbinary nun folgendes Beispiel:

```
>>> class Downloader:
...     def __init__(self):
...         self.data = bytes()
...     def __call__(self, data):
...         self.data += data
... bild = Downloader()
... ftp.retrbinary("RETR bild.png", bild)
```

```
...
>>> len(bild.data)
473831
```

Das Beispielprogramm lädt die Bilddatei bild.png aus dem aktuellen Arbeitsverzeichnis des FTP-Servers herunter und speichert die Binärdaten im bytes-String bild.data. Um zum Speichern der Daten nicht auf eine globale Referenz zurückgreifen zu müssen, haben wir eine Klasse Downloader erstellt, die sich mithilfe der Magic Method __call__ wie eine Funktion aufrufen lässt.

Alternativ kann auch ein LIST-Kommando abgesetzt werden. Der Verzeichnisinhalt wird vom Server ebenfalls über den Datenkanal gesendet.

```
>>> def f(data):
...     print(data.decode())
...
>>> ftp.retrbinary("LIST", f)
-rw-r--r--   1 peter    users      473831 Mar 07 17:42 bild.png
-rw-r--r--   1 peter    users          35 Mar 07 17:55 hallo.txt
drwxr-xr-x   2 peter    users        4096 Mar 07 17:39 ordner1
drwxr-xr-x   2 peter    users        4096 Mar 07 17:39 ordner2

'226 Transfer complete.'
```

retrlines(command, [callback])

Diese Methode leitet einen Dateitransfer im ASCII-Modus ein. Dazu müssen Sie als ersten Parameter ein entsprechendes FTP-Kommando übergeben. Für einen simplen Dateitransfer wäre dies RETR *dateiname*. Möglich ist aber beispielsweise auch, den Inhalt des Arbeitsverzeichnisses durch ein LIST-Kommando zu übertragen.

Eine Dateiübertragung im ASCII-Modus erfolgt zeilenweise. Das heißt, die Callback-Funktion callback wird nach jeder vollständig übertragenen Zeile aufgerufen. Sie bekommt dabei die gelesene Zeile als Parameter übergeben. Beachten Sie, dass das abschließende Newline-Zeichen nicht mit übergeben wird.

Wenn Sie keine Callback-Funktion angegeben haben, werden die übertragenen Daten ausgegeben.

```
>>> class Downloader:
...     def __init__(self):
...         self.lines = []
...     def __call__(self, line):
...         self.lines.append(line)
...
>>> text = Downloader()
```

```
>>> ftp.retrlines("RETR hallo.txt", text)
'226 Transfer complete.'
>>> print("\n".join(text.lines))
Dies ist der Inhalt von hallo.txt
```

Dieses Beispielprogramm lädt die Textdatei text.txt zeilenweise herunter und fügt die heruntergeladenen Zeilen im String text wieder zu einem Gesamttext zusammen. Dabei bedienen wir uns wieder der aufrufbaren Klasse Downloader, um die Zwischenergebnisse zu speichern.

storbinary(command, file, [blocksize, callback, rest])

Diese Methode leitet einen Datei-Upload ein. Dabei muss als erster Parameter ein entsprechender FTP-Befehl in Form eines bytes-Strings übergeben werden. Für einen simplen Datei-Upload lautet dieser Befehl STOR *dateiname*, wobei *dateiname* der Zielname der Datei auf dem FTP-Server ist. Als zweiten Parameter müssen Sie ein im Binärmodus geöffnetes Dateiobjekt übergeben, dessen Inhalt hochgeladen werden soll.

Optional kann in Form des dritten Parameters, blocksize, die maximale Größe der Datenblöcke angegeben werden, in denen die Datei hochgeladen wird.

Wenn für den vierten Parameter callback das Funktionsobjekt einer Funktion mit einem Parameter übergeben wird, wird diese Funktion nach jedem gesendeten Block gerufen. Dabei bekommt sie die gesendeten Daten als bytes-String übergeben. Der letzte Parameter rest hat die gleiche Bedeutung wie bei retrbinary.

Das folgende Beispielprogramm führt einen binären Datei-Upload durch:

```
f = open("hallo.png", "rb")
ftp.storbinary("STOR bild.png", f)
f.close()
```

Die Datei heißt im lokalen Arbeitsverzeichnis hallo.png, wird jedoch unter dem Namen bild.png hochgeladen.

storlines(command, file, [callback])

Diese Methode verhält sich ähnlich wie storbinary – mit dem Unterschied, dass die Datei im ASCII-Modus zeilenweise hochgeladen wird. Die Parameter command, file und callback lassen sich wie bei storbinary verwenden.

Beachten Sie, dass Sie das für file übergebene Dateiobjekt wie bei storbinary auch im Binärmodus geöffnet haben müssen.

34.4 E-Mail

In diesem Abschnitt werden wir Module der Standardbibliothek vorstellen, die es ermöglichen, mit einem E-Mail-Server zu kommunizieren, das heißt, E-Mails von diesem abzuholen bzw. E-Mails über den Server zu versenden.

Das Versenden einer E-Mail erfolgt über einen sogenannten *SMTP-Server*, mit dem über ein gleichnamiges Protokoll kommuniziert werden kann. Im ersten Unterabschnitt werden wir Ihnen deshalb das Modul smtplib der Standardbibliothek vorstellen, das dieses Kommunikationsprotokoll implementiert.

Für das Herunterladen einer empfangenen E-Mail gibt es zwei verbreitete Möglichkeiten: das POP3- und das IMAP4-Protokoll. Beide können mit dem jeweiligen Modul poplib bzw. imaplib verwendet werden.

Im letzten Abschnitt wird das Modul email der Standardbibliothek besprochen, das es über die MIME-Codierung ermöglicht, beliebige Dateien (üblicherweise Bilder oder Dokumente) mit der E-Mail zu versenden.

34.4.1 SMTP – smtplib

Das *SMTP-Protokoll* (für *Simple Mail Transfer Protocol*) wird zum Versenden einer E-Mail über einen SMTP-Server verwendet. Das SMTP-Protokoll ist ähnlich wie FTP ein textbasiertes, menschenlesbares Protokoll. Ursprünglich bot das SMTP-Protokoll keine Möglichkeit zur Authentifizierung des angemeldeten Benutzers, beispielsweise durch Benutzernamen und Passwort. Dies war bei der rasanten Entwicklung des Internets schnell nicht mehr tragbar, und so wurde das SMTP-Protokoll um den *ESMTP-Standard* (*Extended SMTP*) erweitert. Tabelle 34.9 listet die wichtigsten SMTP-Befehle in der Reihenfolge ihrer Benutzung in einer SMTP-Sitzung auf und erklärt sie kurz.

Befehl	Beschreibung
HELO	Startet eine SMTP-Sitzung.
EHLO	Startet eine ESMTP-Sitzung.
MAIL FROM	Leitet das Absenden einer E-Mail ein. Diesem Kommando wird die Absenderadresse beigefügt.
RCPT TO	Fügt einen Empfänger der E-Mail hinzu. (RCPT steht für *Recipient*, dt. »Empfänger«.)

Tabelle 34.9 SMTP-Befehle

Befehl	Beschreibung
DATA	Mit diesem Kommando wird der Inhalt der E-Mail angegeben und die Mail schließlich verschickt.
QUIT	Beendet die SMTP- bzw. ESMTP-Sitzung.

Tabelle 34.9 SMTP-Befehle (Forts.)

Das Modul smtplib enthält im Wesentlichen eine Klasse namens SMTP. Nachdem diese Klasse instanziiert wurde, läuft über sie alle weitere Kommunikation mit dem Server.

SMTP([host, port, local_hostname, timeout, source_address])

Beim Erzeugen der Klasse SMTP können optional bereits die Verbindungsdaten zum SMTP-Server übergeben werden. Der Port muss nur explizit angegeben werden, wenn er sich vom SMTP-Standardport 25 unterscheidet.

Als dritter Parameter kann der Domainname des lokalen Hosts übergeben werden. Dieser wird dem SMTP-Server als Identifikation im ersten gesendeten Kommando übermittelt. Wenn der Parameter local_hostname nicht angegeben wird, wird versucht, den lokalen Hostnamen automatisch zu ermitteln.

Für den vierten Parameter können Sie einen speziellen Timeout-Wert in Sekunden übergeben, der bei der Verbindung zum SMTP-Server berücksichtigt wird. Wenn Sie timeout nicht angeben, wird ein Standardwert verwendet.

Mit source_address wird die Herkunftsadresse, die bei der Verbindung verwendet werden soll, als Tupel im Format (ip, port) angegeben. Um die Beispiele der folgenden Abschnitte nachvollziehen zu können, muss das Modul smtplib eingebunden werden und eine Instanz der Klasse SMTP mit dem Namen s existieren:

```
>>> import smtplib
>>> s = smtplib.SMTP("smtp.server.de")
```

[»] Hinweis

Die SMTP-Klasse lässt sich mit dem with-Statement verwenden:

```
with smtplib.SMTP("smtp.server.de") as s:
    s.login("Benutzername", "Passwort")
```

Eine Verbindung aufbauen und beenden

Das Aufbauen einer SMTP-Verbindung erfolgt in der Regel in zwei Schritten: dem eigentlichen Verbindungsaufbau und dem Login. Im Modul smtplib werden diese beiden Schritte durch die Funktionen connect und login repräsentiert:

```
>>> s.connect("smtp.server.de", 25)
(220, 'Die Botschaft des Servers')
>>> s.login("Benutzername", "Passwort")
(235, '2.0.0 Authentication successful')
```

Die Angabe des Ports bei `connect` ist optional und kann weggelassen werden, wenn es sich um den SMTP-Standardport 25 handelt.

Zum Beenden einer SMTP-Verbindung wird die Funktion `quit` aufgerufen.

Eine E-Mail versenden

Zum Versenden einer E-Mail über SMTP existiert die Funktion `sendmail` mit der folgenden Schnittstelle:

`sendmail(from_addr, to_addrs, msg, [mail_options, rctp_options])`

Beachten Sie, dass die `SMTP`-Instanz dafür an einem SMTP-Server angemeldet und zumeist auch authentifiziert sein muss.

Die ersten beiden Parameter enthalten die E-Mail-Adressen des Absenders (`from_addr`) bzw. eine Liste der E-Mail-Adressen der Empfänger (`to_addr`). Als E-Mail-Adresse wird dabei ein String des folgenden Formats bezeichnet:

`Vorname Nachname <em@il.addr>`

Alternativ kann auch nur die E-Mail-Adresse im String stehen.

Als dritten Parameter, `msg`, übergeben Sie den Text der E-Mail. Hier werden auch weitere Angaben wie beispielsweise der Betreff der E-Mail definiert. Wie so etwas genau aussieht und welche Möglichkeiten Python bietet, diesen Header komfortabel zu erzeugen, erfahren Sie in Abschnitt 34.4.4, »Erstellen komplexer E-Mails – email«.

Die Methode `sendmail` gibt stets ein Dictionary zurück, in dem alle Empfänger, die vom SMTP-Server zurückgewiesen wurden, als Schlüssel enthalten sind und der jeweilige Error-Code mit Fehlerbezeichnung als Wert aufgeführt ist. Wenn alle Empfänger die E-Mail bekommen haben, ist das zurückgegebene Dictionary leer.

> **Hinweis**
>
> Der Text einer E-Mail darf nur aus ASCII-Zeichen bestehen. Um auch andere Zeichen und insbesondere auch Binärdaten verschicken zu können, bedient man sich der sogenannten *MIME-Codierung*, die wir in Abschnitt 34.4.4, »Erstellen komplexer E-Mails – email«, behandeln werden.

Über die optionalen Parameter `mail_options` und `rcpt_options` kann je eine Liste von Strings übergeben werden, die Optionen des ESMTP-Standards (*Extended SMTP*) enthalten. Die für `mail_options` übergebenen Optionen werden dem Kommando MAIL

FROM angefügt, während die für `rcpt_options` übergebenen Optionen dem Kommando RCPT TO angehängt werden.

Beispiel

Nachdem Sie die wichtigsten Methoden einer SMTP-Instanz kennengelernt haben, folgt nun ein kleines Beispiel, in dem zu einem SMTP-Server verbunden wird, um zwei E-Mails an verschiedene Empfänger zu verschicken:

```
>>> smtp = smtplib.SMTP("smtp.server.de", 25)
>>> smtp.login("Benutzername", "Passwort")
(235, '2.0.0 Authentication successful')
>>> smtp.sendmail(
...     "Peter Kaiser <kaiser@python-buch.de>",
...     "Johannes Ernesti <ernesti@python-buch.de>",
...     "Dies ist der Text")
{}
>>> smtp.sendmail(
...     "Peter Kaiser <kaiser@python-buch.de>",
...     ["ernesti@python-buch.de", "kaiser@python-buch.de"],
...     "Dies ist der Text")
{}
>>> smtp.quit()
```

Bei der ersten E-Mail wurden die vollen Namen des Absenders bzw. des Empfängers angegeben. Das zweite Beispiel zeigt, dass auch die E-Mail-Adresse allein reicht, und demonstriert, wie eine E-Mail an mehrere Empfänger versandt werden kann.

34.4.2 POP3 – poplib

Nachdem anhand von `smtplib` erläutert wurde, wie E-Mails über einen SMTP-Server versandt werden können, besprechen wir in diesem Abschnitt das Modul `poplib` der Standardbibliothek. Dieses Modul implementiert das POP3-Protokoll (*Post Office Protocol Version 3*). Bei POP3 handelt es sich um ein Protokoll, das dazu verwendet wird, auf einem POP3-Server gespeicherte E-Mails einzusehen und abzuholen. Das POP3-Protokoll steht damit in Konkurrenz zu IMAP4, dessen Benutzung mit der `imaplib` im nächsten Abschnitt besprochen wird.

Tabelle 34.10 listet die wichtigsten POP3-Kommandos mit ihrer Bedeutung auf. Die Befehle stehen dabei in der Reihenfolge, wie sie in einer üblichen POP3-Sitzung verwendet werden.

34.4 E-Mail

Befehl	Beschreibung
USER	Überträgt den Benutzernamen zur Authentifizierung auf dem Server.
PASS	Überträgt das Passwort zur Authentifizierung auf dem Server.
STAT	Liefert den Status des Posteingangs, beispielsweise die Anzahl der neu eingegangenen E-Mails.
LIST	Liefert Informationen zu einer bestimmten E-Mail des Posteingangs.
RETR	Überträgt eine bestimmte E-Mail.
DELE	Löscht eine bestimmte E-Mail.
RSET	Widerruft alle anstehenden Löschvorgänge.*
QUIT	Beendet die POP3-Sitzung.

* Löschvorgänge werden gepuffert und erst am Ende der Sitzung ausgeführt.

Tabelle 34.10 POP3-Befehle

Wie bereits beim Modul smtplib ist im Modul poplib im Wesentlichen die Klasse POP3 enthalten, die instanziiert werden muss, bevor Operationen auf einem POP3-Server durchgeführt werden können. Die Schnittstelle des Konstruktors wird im folgenden Abschnitt beschrieben.

POP3(host, [port, timeout])

Dem Konstruktor der Klasse POP3 wird der Hostname des Servers übergeben, zu dem verbunden werden soll. Optional kann ein Port angegeben werden, wenn dieser sich vom voreingestellten Standardport 110 unterscheiden soll. Zusätzlich kann ein Timeout in Sekunden angegeben werden, der bei der Verbindung zum Server berücksichtigt wird.

Um die in den folgenden Abschnitten vorgestellten Beispiele ausführen zu können, muss zum einen das Modul poplib eingebunden sein und zum anderen eine Instanz der Klasse POP3 mit dem Namen pop existieren:

```
>>> import poplib
>>> pop = poplib.POP3("pop.server.de")
```

Für die meisten Beispiele muss diese Instanz außerdem mit einem POP3-Server verbunden und bei diesem authentifiziert sein.

Eine Verbindung aufbauen und beenden

Nach der Instanziierung der Klasse POP3, bei der bereits zum Zielserver verbunden wird, folgt in der Regel ein Authentifizierungsschritt. Dazu müssen die Methoden user und pass_ der POP3-Instanz aufgerufen werden:

```
>>> pop.user("Benutzername")
b'+OK'
>>> pop.pass_("Passwort")
b'+OK logged in.'
```

> **[»] Hinweis**
>
> Der bevorzugte Name pass für die Passwort-Methode ist in Python bereits mit einem Schlüsselwort belegt. In solchen Fällen wird an den belegten Namen häufig ein Unterstrich angehängt.

Nachdem das Passwort vom Server akzeptiert worden ist, darf auf den Posteingang zugegriffen werden. Dieser ist bis zum Aufruf von quit für andere Login-Versuche gesperrt:

```
>>> pop.quit()
b'+OK Logging out'
```

Vorhandene E-Mails auflisten

Nach der Authentifizierung bei einem POP3-Server können die dort gespeicherten E-Mails eingesehen und gelöscht werden. Dazu können Sie sich zunächst mithilfe der Methoden stat und list einen Überblick über die vorhandenen E-Mails verschaffen.

Die Methode stat gibt den Status des Posteingangs zurück. Das Ergebnis ist ein Tupel mit zwei ganzen Zahlen: der Anzahl der enthaltenen Nachrichten und der Größe des Posteingangs in Byte.

```
>>> pop.stat()
(1, 623)
```

In diesem Fall befindet sich eine E-Mail im Posteingang, und die Gesamtgröße des Posteingangs beläuft sich auf 623 Byte.

Die Methode list gibt eine Liste der im Posteingang liegenden Mails zurück. Der Rückgabewert dieser Methode ist ein Tupel der folgenden Form:

(antwort, [b"mailID länge", ...], datlen)

Dabei enthält das Tupel als erstes Element den Antwort-String des Servers und als zweites Element eine Liste von bytes-Strings, die je für eine E-Mail des Posteingangs stehen. Der String enthält zwei Angaben: Die Angabe mailID ist die laufende Nummer der Mail, eine Art Index, und `laenge` ist die Gesamtgröße der Mail in Byte. In Bezug auf den Index sollten Sie beachten, dass alle E-Mails auf dem Server fortlaufend von 1 an indiziert werden.

```
>>> pop.list()
(b'+OK […].', [b'1 623'], 7)
```

Das erste Element des Tupels (`antwort`) enthält nicht den vollständigen Antwort-String des Servers, denn die Informationen, die zum zweiten Element des Tupels aufbereitet wurden, wurden aus `antwort` entfernt. Um dennoch die komplette Länge der Serverantwort berechnen zu können, existiert das dritte Element des Tupels (`datlen`). Dieses referenziert die Länge des Datenbereichs der Antwort des Servers. Damit entspräche `len(antwort)` + `datlen` der Gesamtgröße des vom Server tatsächlich gesendeten Antwort-Strings.

Optional kann die laufende Nummer einer E-Mail angegeben werden, über die nähere Informationen zurückgegeben werden sollen. In diesem Fall gibt die Methode einen `bytes`-String des Formats `b"+OK mailID länge"` zurück:

```
>>> pop.list(1)
b'+OK 1 623'
```

E-Mails abrufen und löschen

Mithilfe der Methode `retr` lässt sich eine E-Mail abrufen. Diese Methode gibt den Inhalt der E-Mail in Form des folgenden Tupels zurück:

(antwort, zeilen, länge)

Das erste Element des Tupels entspricht dem Antwort-String des Servers.[6] An zweiter Stelle steht eine Liste von `bytes`-Strings, die je eine Zeile der E-Mail inklusive des E-Mail-Headers enthalten. Das letzte Element des Tupels ist die Größe der E-Mail in Byte.

Im folgenden Beispiel wird die E-Mail mit der laufenden Nummer 1 vom Server abgerufen:

```
>>> pop.retr(1)
(b'+OK 623 octets follow.', […], 623)
```

Anstelle des Auslassungszeichens stünde eine Liste von Strings, die die Zeilen der vollständigen E-Mail enthält.

In analoger Art und Weise funktioniert das Löschen einer E-Mail über die Methode `dele`:

---

[6] Im Antwort-String ist von »623 octets« die Rede. Mit Octets (dt. »Achtergruppen«) sind Bytes gemeint.

```
>>> pop.dele(1)
b'+OK Deleted.'
```

> **Hinweis**
>
> Beachten Sie, dass die meisten Server Löschbefehle puffern und erst nach Aufruf der Methode quit tatsächlich ausführen.
>
> In einem solchen Szenario kann die Methode rset aufgerufen werden, um alle anstehenden Löschvorgänge zu verwerfen.

Beispiel

Das folgende Beispielprogramm verwendet das Modul poplib dazu, alle E-Mails von einem POP3-Server abzuholen und auf dem Bildschirm anzuzeigen:

```
import poplib
pop = poplib.POP3("pop.server.de")
pop.user("benutzername")
pop.pass_("passwort")
for i in range(1, pop.stat()[0]+1):
    for zeile in pop.retr(i)[1]:
        print(zeile)
    print("***")
pop.quit()
```

Zunächst wird eine Instanz der Klasse POP3 erzeugt, und das Programm meldet sich mit den Methoden user und pass_ beim POP3-Server an. Der Ausdruck pop.stat()[0] liefert die Zahl der Mails, die sich im Posteingang befinden. In der for-Schleife werden also alle Mail-Indizes durchlaufen. Die Indizierung der E-Mails im Posteingang beginnt mit 1.

In der inneren Schleife wird die jeweils aktuelle Mail mit dem Index i durch Aufruf der Methode retr heruntergeladen. Das zweite Element, also das mit dem Index 1 des von dieser Methode zurückgegebenen Tupels, enthält eine Liste mit allen Zeilen des Mail-Inhalts. Diese Liste wird in der Schleife durchlaufen, und es wird jeweils die aktuelle Zeile ausgegeben.

> **Hinweis**
>
> Aus Gründen der Übersichtlichkeit wurde im Beispielprogramm auf jegliche Fehlerbehandlung verzichtet. In einem fertigen Programm sollten Sie prüfen, ob die Verbindung zum Server hergestellt werden konnte und ob die Authentifizierung erfolgreich war.

34.4.3 IMAP4 – imaplib

Das Modul `imaplib` stellt die Klasse `IMAP4` zur Verfügung, mit deren Hilfe Sie eine Verbindung zu einem IMAP4-Server herstellen und mit diesem kommunizieren. Das IMAP4-Protokoll (*Internet Message Access Protocol 4*) ist ähnlich wie das POP3-Protokoll zur Verwaltung von E-Mails auf einem Mail-Server gedacht. Anders als bei POP3 verbleiben die E-Mails bei IMAP4 zumeist auf dem Mail-Server, was den Vorteil hat, dass man von überall – beispielsweise auch von einem Internet-Café im Urlaub aus – vollen Zugriff auf alle archivierten E-Mails hat. Heutzutage bieten die meisten E-Mail-Anbieter sowohl einen POP3- als auch einen IMAP4-Zugang an. Im Vergleich zu POP3 unterstützt IMAP4 Kommandos zur komfortablen Verwaltung der Mails auf dem Server. So können beispielsweise Unterordner angelegt werden.

Im Gegensatz zu den bisherigen Protokollen wie FTP oder POP3 ist IMAP4 mit einem hohen Funktionsumfang ausgestattet, und obwohl das Protokoll immer noch auf lesbaren Textnachrichten basiert, ist es zu komplex, um es im Stil der bisherigen Abschnitte mit einer kurzen Tabelle ausreichend zu beschreiben.

Bei IMAP4 lassen sich E-Mails in verschiedene *Mailboxen* einsortieren. Dabei können Sie sich eine Mailbox als ein Verzeichnis vorstellen, das E-Mails enthalten kann, wie ein Ordner Dateien enthält. Die Mailbox-Struktur des verwendeten Beispielservers sieht folgendermaßen aus:

```
INBOX
   ├─INBOX.Ham
   └─INBOX.Spam
```

Abbildung 34.3 Mailbox-Struktur des Beispielservers

Es existieren eine übergeordnete Mailbox namens *INBOX* sowie zwei untergeordnete Mailboxen namens *INBOX.Ham* und *INBOX.Spam*.

IMAP4([host, port])

Um eine Verbindung zu einem IMAP4-Server herzustellen, muss eine Instanz der Klasse `IMAP4` erzeugt werden. Der Konstruktor dieser Klasse kann direkt eine Verbindung zu einem IMAP4-Server mit dem Hostnamen `host` unter Verwendung des Ports `port` aufbauen. Wenn der Parameter `port` nicht angegeben wurde, wird der IMAP4-Standardport 143 verwendet.

Nachdem eine Instanz der Klasse `IMAP4` erzeugt wurde, stellt diese verschiedene Methoden bereit, um mit dem verbundenen Server zu kommunizieren. Jede Methode, die ein IMAP4-Kommando repräsentiert, gibt ein Tupel der folgenden Form zurück:

(*Status*, [*Daten*, …])

Dabei steht im resultierenden Tupel für *Status* entweder "OK" oder "NO", je nachdem, ob die Operation erfolgreich verlaufen oder fehlgeschlagen ist. Das zweite Element des Tupels ist eine Liste der Daten, die der Server als Antwort geschickt hat. Diese Daten können entweder bytes-Strings oder Tupel sein. Wenn es sich um Tupel handelt, verfügen diese über jeweils zwei Elemente, beides bytes-Strings:

(*Header*, *Daten*)

Die Beispiele in den folgenden Abschnitten setzen zumeist eine verbundene IMAP4-Instanz im voraus:

```
>>> import imaplib
>>> im = imaplib.IMAP4("imap.server.de")
```

In den meisten Fällen muss die IMAP4-Instanz zudem beim Server eingeloggt sein, was im folgenden Abschnitt behandelt wird.

> **Hinweis**
>
> Die IMAP4-Klasse ist seit Python 3.5 ein Kontextmanager und lässt sich mit der with-Anweisung verwenden:
>
> ```
> with imaplib.IMAP4("imap.server.de") as i:
>     pass
> ```

Eine Verbindung aufbauen und beenden

Sofern die IMAP4-Instanz im nicht bereits bei ihrer Erzeugung mit einem Server verbunden wurde, lässt sich dies über die Methode open nachholen. Diese verfügt ebenfalls über die Parameter host und port, analog zur Schnittstelle des IMAP4-Konstruktors.

Im zweiten Schritt wird die Methode login gerufen, um sich beim Server zu authentifizieren. Diese Methode bekommt den Benutzernamen und das Passwort als String übergeben. Eine bestehende Verbindung können Sie über die Methode logout beenden.

```
>>> im.login("Benutzername", "Passwort")
('OK', [b'Logged in'])
>>> im.logout()
('BYE', [b'Logging out'])
```

Eine Mailbox suchen und auswählen

Nach der Verbindung zu einem IMAP4-Server muss eine Mailbox ausgewählt werden, um an die darin enthaltenen E-Mails zu gelangen. Die Methode list gibt die Namen aller Mailboxen zurück, die auf ein bestimmtes Pattern passen. Dazu bekommt sie den Basisordner übergeben, in dem gesucht werden soll, sowie das Pattern, auf das die Ergebnisse passen müssen. Das übergebene Pattern muss ein String sein und enthält üblicherweise Fragmente eines Mailbox-Namens inklusive Platzhalter *:

```
>>> im.list(".", "*Ham")
('OK', [b'(\\HasNoChildren) "." "INBOX.Ham"'])
>>> im.list(".", "*am")
('OK', [b'(\\HasNoChildren) "." "INBOX.Ham"',
b'(\\HasNoChildren) "." "INBOX.Spam"'])
>>> im.list(".", "*")
('OK', [b'(\\HasNoChildren) "." "INBOX.Ham"',
b'(\\HasNoChildren) "." "INBOX.Spam"',
b'(\\Unmarked \\HasChildren) "." "INBOX"'])
>>> im.list(".", "NichtVorhandeneMailbox")
('OK', [None])
```

Wenn kein Verzeichnis übergeben wird, werden Mailboxen des Hauptordners zurückgegeben. Geben Sie kein Pattern an, werden alle im jeweiligen Ordner enthaltenen Mailboxen zurückgegeben.

Jeder Eintrag der Ergebnisliste ist ein bytes-String und enthält drei jeweils durch ein Leerzeichen voneinander getrennte Informationen: die sogenannten *Flags* der Mailbox in Klammern, das Verzeichnis der Mailbox und den Mailbox-Namen, jeweils in doppelten Anführungsstrichen. Aus den Flags kann man beispielsweise die Information entnehmen, ob eine Mailbox untergeordnete Mailboxen enthält (\HasChildren) oder nicht (\HasNoChildren).

Nachdem eine passende Mailbox gefunden wurde, kann sie durch Aufruf der Methode select ausgewählt werden, um weitere Operationen auf ihr durchführen zu können. Dabei übergeben Sie als ersten Parameter den Namen der auszuwählenden Mailbox. Die Methode select gibt die Anzahl der E-Mails zurück, die sich in der gewählten Mailbox befinden.

```
>>> im.select("INBOX")
('OK', [b'2'])
```

Es wird keine Exception geworfen, wenn die gewünschte Mailbox nicht existiert. Stattdessen muss der Fehler anhand des Rückgabewertes ausgemacht werden:

```
>>> im.select("INBOX.NichtExistent")
('NO', [b'Mailbox does not exist, or must be subscribed to.'])
```

Eine ausgewählte Mailbox kann über die Methode close geschlossen werden.

Operationen mit Mailboxen

Neben dem Auswählen und Schließen lassen sich weitere Operationen mit Mailboxen durchführen, die in Tabelle 34.11 kurz zusammengefasst werden. Jede dieser

Operationen kann über eine entsprechende Methode einer verbundenen IMAP4-Instanz ausgeführt werden und bekommt einen oder mehrere Mailbox-Namen übergeben.

Methode	Beschreibung
create(mailbox)	Erstellt eine neue Mailbox namens mailbox.
delete(mailbox)	Löscht die Mailbox mailbox.
rename(oldmailbox, newmailbox)	Benennt die Mailbox oldmailbox in newmailbox um.

Tabelle 34.11 Operationen auf Mailboxen

E-Mails suchen

Die Methode search sucht innerhalb der ausgewählten Mailbox nach E-Mails, die auf ein oder mehrere angegebene Kriterien passen. Dazu hat die Methode die folgende Schnittstelle:

search(charset, [*criteria])

Als Kriterium kann entweder der String "ALL" (alle Mails erfüllen dieses Kriterium) oder ein String des Formats "(FROM \"Johannes\")" verwendet werden. Das zweite Kriterium ist für alle Mails erfüllt, die von einem gewissen »Johannes« geschrieben wurden. Der Parameter charset spezifiziert das Encoding der Kriterium-Strings. Üblicherweise wird dieser Parameter nicht benötigt und None übergeben.

Die Methode search gibt die IDs der gefundenen E-Mails in Form einer Liste zurück.

```
>>> im.search(None, '(FROM "Johannes")')
('OK', [b'1 2 3'])
>>> im.search(None, '(FROM "Johann")')
('OK', [b'1 2 3'])
>>> im.search(None, '(FROM "Johanninski")')
('OK', [b''])
```

E-Mails abrufen

Zum Abrufen von E-Mails existiert die Methode fetch mit der folgenden Schnittstelle:

fetch(message_set, message_parts)

Der Parameter message_set muss ein String sein, der die Mail-IDs der herunterzuladenden E-Mails enthält. Dabei können diese entweder einzeln im String vorkommen ("1"), als Bereich ("1:4" für Mails Nr. 1 bis 4), als Liste von Bereichen ("1:4,7:9" für Mails Nr. 1 bis 4 und Nr. 7 bis 9) oder als Bereich mit unbestimmter oberer Grenze ("3:*" für alle Mails ab Mail Nr. 3).

Der zweite Parameter `message_parts` kennzeichnet, welche Teile der angegebenen E-Mails heruntergeladen werden sollen. Ein Wert von `"(RFC822)"` bedeutet, die gesamte Mail, also inklusive des Mail-Headers, herunterzuladen. Bei einem Wert von `"(BODY[TEXT])"` wird nur der Text und bei `"(BODY[HEADER])"` nur der Header der E-Mail heruntergeladen.

```
>>> im.fetch("1", "(BODY[TEXT])")
('OK', [(b'1 (BODY[TEXT] {29}',
b'Dies ist eine Testnachricht\r\n'), b')'])
>>> im.fetch("1:2", "(BODY[TEXT])")
('OK', [(b'1 (BODY[TEXT] {29}',
b'Dies ist eine Testnachricht\r\n'), b')',
(b'2 (BODY[TEXT] {25}',
b'Noch eine Testnachricht\r\n'), b')'])
```

Im Falle einer nicht vorhandenen Mail-ID wird keine Exception geworfen, sondern ein leeres Ergebnis zurückgegeben. Wenn die ID ungültig ist, kommt eine entsprechende Fehlermeldung zurück:

```
>>> im.fetch("100", "(BODY[TEXT])")
('OK', [None])
>>> im.fetch("KeineID", "(BODY[TEXT])")
('NO', [b'Error in IMAP command received by server.'])
```

Beispiel

Im folgenden Beispielprogramm wird das Modul `imaplib` dazu verwendet, zu einem IMAP4-Server zu verbinden und alle enthaltenen E-Mails einer bestimmten Mailbox anzuzeigen. Dabei erhält der Benutzer die Möglichkeit, die Mailbox zu wählen. Der Quelltext des Beispielprogramms sieht folgendermaßen aus:

```python
import imaplib
im = imaplib.IMAP4("imap.server.de")
im.login("Benutzername", "Passwort")
print("Vorhandene Mailboxen:")
for mb in im.list()[1]:
    name = mb.split(b'"."')[-1]
    print(" - {}".format(name.decode().strip(' "')))
mb = input("Welche Mailbox soll angezeigt werden: ")
im.select(mb)
status, daten = im.search(None, "ALL")
for mailnr in daten[0].split():
    typ, daten = im.fetch(mailnr, "(RFC822)")
    print("{}\n+++\n".format(daten[0][1].decode()))
im.close()
im.logout()
```

Zunächst wird eine Instanz der Klasse IMAP4 erzeugt und zu einem IMAP4-Server verbunden. Dann werden mithilfe der Methode list alle im Hauptordner des IMAP4-Kontos vorhandenen Mailboxen durchlaufen und die Namen der Mailboxen auf dem Bildschirm angezeigt. Beachten Sie dabei, dass die Methode list die Namen der Mailboxen mit zusätzlichen Informationen zurückgibt. Diese Informationen müssen herausgefiltert werden, bevor der Mailbox-Name angezeigt werden kann. Nachdem die Namen angezeigt wurden, wird der Benutzer dazu aufgefordert, einen der angegebenen Mailbox-Namen auszuwählen.

Die vom Benutzer ausgewählte Mailbox wird dann mithilfe der Methode select auch auf dem Server ausgewählt. Der danach aufgerufenen Methode search übergeben wir den String "ALL", was den Mail-Server dazu veranlasst, Daten über alle E-Mails der ausgewählten Mailbox zurückzugeben.

Anschließend iterieren wir in einer for-Schleife über die Liste von Mail-IDs, die search zurückgegeben hat, und laden die jeweilige Mail mit fetch vollständig herunter. Die heruntergeladene Mail wird auf dem Bildschirm ausgegeben.

Zuletzt schließen wir die ausgewählte Mailbox und beenden die Verbindung mit dem Server.

Auch bei diesem Beispielprogramm wurde keine Fehlerbehandlung durchgeführt. In einem fertigen Programm sollten sowohl die Verbindungsanfrage als auch das Login und insbesondere die Benutzereingabe überprüft werden.

34.4.4 Erstellen komplexer E-Mails – email

In den vorangegangenen Abschnitten haben Sie erfahren, wie Sie E-Mails über einen SMTP-Server versenden und von einem POP3- oder IMAP4-Server herunterladen. Wie Sie wissen, basiert das Senden und Empfangen von E-Mails auf reinen ASCII-Protokollen. Das bedeutet vor allem, dass mit diesen Protokollen keine Binärdaten verschickt werden können. Außerdem sind Sonderzeichen, die nicht dem 7-Bit-ASCII-Standard entsprechen, problematisch.

Um solche Zeichen oder Binärdaten verschicken zu können, wurde der *MIME-Standard*[7] entwickelt, der Sonderzeichen und Binärdaten so codiert, dass sie als eine Folge reiner ASCII-Zeichen versandt werden können. Zudem definiert der MIME-Standard verschiedene Dateitypen und legt eine Syntax fest, mit der Dateianhänge einem bestimmten Dateityp zugeordnet werden, sodass die Dateien beim Empfänger leichter verarbeitet werden können.

Das zugehörige Paket email ist sehr mächtig, weswegen hier nur ein Teil seines Funktionsumfangs besprochen werden kann. Zunächst werden wir uns darum kümmern,

---

7 *Multipurpose Internet Mail Extension*

wie eine einfache ASCII-Mail mittels email erstellt werden kann. Darauf aufbauend werden wir zu komplexeren MIME-codierten Mails übergehen.

Erstellen einer einfachen E-Mail

Als Basisklasse für eine neue E-Mail dient die Klasse Message des Moduls email.message. Das folgende Beispielprogramm zeigt, wie sie verwendet wird:

```
from email.message import Message
msg = Message()
msg.set_payload("Dies ist meine selbst erstellte E-Mail.")
msg["Subject"] = "Hallo Welt"
msg["From"] = "Donald Duck <don@ld.de>"
msg["To"] = "Onkel Dagobert <d@gobert.de>"
print(msg.as_string())
```

Die Ausgabe des Beispielprogramms, also die erzeugte E-Mail, sieht folgendermaßen aus:

```
Subject: Hallo Welt
From: Donald Duck <don@ld.de>
To: Onkel Dagobert <d@gobert.de>

Dies ist meine selbst erstellte E-Mail.
```

Zunächst erzeugen wir eine Instanz der Klasse Message. Der Konstruktor dieser Klasse erwartet keine Argumente. Durch die Methode set_payload (dt. »Nutzlast«) wird der E-Mail ein Text hinzugefügt.

Jetzt fehlt nur noch der E-Mail-Header. Um diesen hinzuzufügen, kann die Message-Instanz wie ein Dictionary angesprochen werden. Auf diese Weise werden die einzelnen Teile des Headers hinzugefügt. Wichtig sind dabei "Subject" für den Betreff, "From" für den Absender und "To" für den Empfänger der Mail.

Zu guter Letzt wird die entstandene E-Mail durch die Methode as_string in einen String geschrieben und ausgegeben.[8]

Erstellen einer E-Mail mit Anhängen

Wir haben angekündigt, dass es das Paket email ermöglicht, Binärdaten per E-Mail zu verschicken. Dafür ist das Modul email.mime zuständig. Das folgende Beispielprogramm erstellt eine E-Mail und fügt eine Bilddatei als Anhang ein:

```
from email.mime.multipart import MIMEMultipart
from email.mime.image import MIMEImage
```

---

[8] Mithilfe des Moduls smtplib kann der erzeugte E-Mail-String oder die Message-Instanz direkt verschickt werden.

```
from email.mime.text import MIMEText
msg = MIMEMultipart()
msg["Subject"] = "Hallo Welt"
msg["From"] = "Donald Duck <don@ld.de>"
msg["To"] = "Onkel Dagobert <d@gobert.de>"
text = MIMEText("Dies ist meine selbst erstellte E-Mail.")
msg.attach(text)
f = open("lena.png", "rb")
bild = MIMEImage(f.read())
f.close()
msg.attach(bild)
print(msg.as_string())
```

Zunächst wird eine Instanz der Klasse `MIMEMultipart` erzeugt. Diese repräsentiert eine E-Mail, die MIME-codierte Binärdaten enthalten kann. Wie im vorangegangenen Beispiel werden Betreff, Absender und Empfänger nach Art eines Dictionarys hinzugefügt.

Danach wird eine Instanz der Klasse `MIMEText` erzeugt, die den reinen Text der E-Mail enthalten soll. Diese Instanz wird mithilfe der Methode `attach` an die `MIMEMultipart`-Instanz angehängt.

Genauso verfahren wir mit dem Bild: Es wird eine Instanz der Klasse `MIMEImage` erzeugt und mit den Binärdaten des Bildes gefüllt. Danach wird sie mittels `attach` an die E-Mail angefügt.

Schließlich wird die `MIMEMultipart`-Instanz durch Aufruf der Methode `as_string` in einen String konvertiert, der so als reine ASCII-E-Mail versendet werden kann. Der angefügte Anhang wird von E-Mail-Programmen als Grafik erkannt und dann dementsprechend präsentiert. Die Ausgabe des Beispiels sieht so aus:

```
Content-Type: multipart/mixed; boundary="===========0094312333=="
MIME-Version: 1.0
Subject: Hallo Welt
From: Donald Duck <don@ld.de>
To: Onkel Dagobert <d@gobert.de>

--===============0094312333==
Content-Type: text/plain; charset="us-ascii"
MIME-Version: 1.0
Content-Transfer-Encoding: 7bit

Dies ist meine selbst erstellte E-Mail.
--===============0094312333==
Content-Type: image/png
```

```
MIME-Version: 1.0
Content-Transfer-Encoding: base64


iVBORw0KGgoAAAANSUhEUgAAAMgAAADICAIAAAAiOjnJAAAACXBIWXMAAA7EAAAOxAGVKw4bAAAg
AElEQVR4nIS8Sa9tXXYsFBFjzrXPucVXXYYYsFBFjzrXPucVXZWlnukC200bvGR6FEeJ1wAghJPgxgOjSR+JPICHRgA4N
[…]
--================0094312333==--
```

Sie sehen, dass sowohl der Text als auch das Bild in ähnlicher Form codiert wurden. Die Aufbereitung der beiden Sektionen zum Textteil der E-Mail und zu einem Bild im Anhang erledigt Ihr Mail-Programm. Das mime-Paket bietet auch eine entsprechende Funktionalität an, auf die wir noch zu sprechen kommen werden.

Tabelle 34.12 listet die verfügbaren MIME-Datentypen auf:

MIME-Datentyp	Zweck
email.mime.application.MIMEApplication	Programme
email.mime.audio.MIMEAudio	Audiodateien
email.mime.image.MIMEImage	Grafikdateien
email.mime.message.MIMEMessage	Message-Instanzen
email.mime.image.MIMEText	reiner Text

Tabelle 34.12 Verfügbare MIME-Datentypen

Beim Instanziieren all dieser Klassen müssen Sie die jeweiligen Binärdaten bzw. den Text, den die entsprechende Instanz enthalten soll, als ersten Parameter des Konstruktors übergeben. Wichtig ist noch, dass alle hier vorgestellten Klassen von der Basisklasse Message abgeleitet sind, also über die Methoden dieser Basisklasse verfügen.

Internationale Zeichensätze

Bisher wurde besprochen, wie der MIME-Standard dazu verwendet werden kann, Binärdaten im Anhang einer E-Mail zu versenden. Beim Text der E-Mail waren wir aber bislang auf die Zeichen des 7-Bit-ASCII-Standards beschränkt. Die Frage ist, wie ein spezielles Encoding innerhalb einer E-Mail verwendet werden kann. Auch dies ermöglicht der MIME-Standard. Das folgende Beispielprogramm erstellt eine einfache E-Mail, deren Text ein Eurozeichen enthält:

```python
from email.mime.text import MIMEText
text = "39,90\u20AC"
msg = MIMEText(text.encode("cp1252"), _charset="cp1251")
msg["Subject"] = "Hallo Welt"
```

```
msg["From"] = "Donald Duck <don@ld.de>"
msg["To"] = "Onkel Dagobert <d@gobert.de>"
print(msg.as_string())
```

Als Erstes erzeugen wir einen String, der das Eurozeichen enthält, das nicht Teil des ASCII-Standards ist. Im Folgenden wird der String ins Windows-Encoding `cp1252` codiert und bei der Instanziierung der Klasse `MIMEText` übergeben. Das verwendete Encoding muss dem Konstruktor ebenfalls über den Parameter `_charset` bekannt gemacht werden. Der nun folgende Teil des Programms ist Ihnen bereits von den anderen Beispielen her bekannt.

Der MIME-codierte Text, den das Beispielprogramm ausgibt, sieht folgendermaßen aus:

```
Content-Type: text/plain; charset="cp1252"
MIME-Version: 1.0
Content-Transfer-Encoding: base64
Subject: Hallo Welt
From: Donald Duck <don@ld.de>
To: Onkel Dagobert <d@gobert.de>

MzksOTCA
```

Dabei entspricht `MzksOTCA` der MIME-Codierung des Textes 39,90€.

Es kann durchaus vorkommen, dass auch Einträge im Header der E-Mail Sonderzeichen enthalten. Sie können mithilfe der Klasse `Header` codiert werden:

```
from email.mime.text import MIMEText
from email.header import Header
msg = MIMEText("Hallo Welt")
msg["Subject"] = Header("39,90\u20AC", "cp1252")
[...]
```

Eine E-Mail einlesen

Zum Schluss möchten wir Ihnen noch ein kurzes Beispiel dazu geben, dass eine abgespeicherte E-Mail auch wieder eingelesen und automatisch zu der bislang besprochenen Klassenstruktur aufbereitet werden kann. Dazu folgendes Beispiel:

```
import email
mail = """Subject: Hallo Welt
From: Donald Duck <don@ld.de>
To: Onkel Dagobert <d@gobert.de>

Hallo Welt
"""
```

```
msg = email.message_from_string(mail)
print(msg["From"])
```

Im Beispielprogramm ist eine E-Mail in Form eines Strings vorhanden und wird durch die Funktion message_from_string eingelesen. Diese Funktion gibt eine Message-Instanz zurück, wie die darauffolgende print-Ausgabe beweist:

Donald Duck <don@ld.de>

Alternativ hätten wir auch die Funktion message_from_file verwenden können, um die E-Mail aus einer Datei zu lesen. Dieser Funktion hätten wir dann ein geöffnetes Dateiobjekt übergeben müssen.

34.5 Telnet – telnetlib

Das Modul telnetlib ermöglicht die Verwendung des sogenannten *Telnet*-Netzwerkprotokolls (*Teletype Network*). Telnet wurde als möglichst einfaches bidirektionales Netzwerkprotokoll konzipiert. Häufig wird Telnet dazu verwendet, einen kommandozeilenbasierenden Zugriff auf einen entfernten Rechner zu ermöglichen. Der Vorteil des Telnet-Protokolls liegt in seiner Einfachheit, so ist keine große Infrastruktur notwendig, um es einzusetzen. Auf der anderen Seite bietet es aber keine Möglichkeit zur Verschlüsselung der übertragenen Daten und wurde deshalb nach und nach von anderen, in diesem Bereich stärkeren Protokollen wie beispielsweise SSH verdrängt.

34.5.1 Die Klasse Telnet

Das Modul telnetlib enthält im Wesentlichen die Klasse Telnet, über die die weitere Kommunikation mit dem entfernten Rechner abläuft. Der Konstruktor der Klasse Telnet hat die im Folgenden beschriebene Schnittstelle.

Telnet([host, port, timeout])

Hiermit wird eine Instanz der Klasse Telnet erzeugt. Optional übergeben Sie bereits hier den Hostnamen und den Port des Rechners, zu dem eine Verbindung hergestellt werden soll. Wenn keiner der Parameter angegeben wird, muss die erzeugte Telnet-Instanz explizit durch Aufruf der Methode open verbunden werden. Die Angabe einer Portnummer ist nur dann notwendig, wenn die Verbindung nicht über den Standardport 23 ablaufen soll.

Über den optionalen Parameter timeout lässt sich ein Timeout-Wert in Sekunden angeben, der beim Verbindungsversuch zum Server eingehalten werden soll. Wenn timeout nicht angegeben wurde, wird ein Standardwert als Timeout verwendet.

Die Verbindung zu einem Server kann auch nach der Instanziierung von Telnet über die Methode open erfolgen. Diese Methode hat die gleiche Schnittstelle wie der Konstruktor. Eine bestehende Verbindung lässt sich über einen Aufruf der parameterlosen Methode close beenden.

Nachdem sie erzeugt und mit dem Zielrechner verbunden wurde, kann eine Telnet-Instanz zur Kommunikation mit dem verbundenen Rechner verwendet werden. Dazu enthält sie eine Reihe Methoden, von denen die wichtigsten im Folgenden erläutert werden.

> **Hinweis**
>
> Die Telnet-Klasse ist seit Python 3.6 ein Kontextmanager und lässt sich mit der with-Anweisung verwenden:
>
> ```
> with telnetlib.Telnet(host, port) as t:
>     pass
> ```

read_until(expected, [timeout])

Diese Methode liest ankommende Daten, bis der String expected empfangen wurde. Alternativ geben Sie einen Timeout in Sekunden als zweiten Parameter an, nach dessen Ablauf der Lesevorgang abgebrochen wird. Die gelesenen Daten werden als bytes-String zurückgegeben.

read_all()

Diese Methode liest alle ankommenden Daten, bis die Verbindung geschlossen wird. Beachten Sie, dass diese Methode das Programm auch so lange blockiert. Die gelesenen Daten werden als bytes-String zurückgegeben.

write(buffer)

Diese Methode sendet den String buffer zum Verbindungspartner. Diese Funktion kann das Programm blockieren, wenn die Daten nicht sofort geschrieben werden können.

34.5.2 Beispiel

Im folgenden Beispielprogramm wird das Modul telnetlib dazu verwendet, zu einem POP3-Server zu verbinden. Dabei möchten wir auf die abstrahierte Schnittstelle des Moduls poplib verzichten und dem Server direkt POP3-Kommandos senden. Da das POP3-Protokoll jedoch relativ simpel ist und auf lesbaren Kommandos basiert, stellt dies kein großes Problem dar.

Das Ziel des Programms ist es, die Ausgabe des POP3-Kommandos LIST zu erhalten, das die Indizes aller im Posteingang liegenden Mails auflistet.

Im Programm soll die Telnet-Kommunikation möglichst komfortabel über eine auf POP3 zugeschnittene Klasse ablaufen:

```python
import telnetlib
class POP3Telnet:
    def __init__(self, host, port):
        self.tel = telnetlib.Telnet(host, port)
        self.lese_daten()
    def close(self):
        self.tel.close()
    def lese_daten(self):
        return self.tel.read_until(b".\r\n", 20.0)
    def kommando(self, kom):
        self.tel.write(("{}\r\n".format(kom)).encode())
        return self.lese_daten()
```

Dem Konstruktor der Klasse POP3Telnet werden Hostname und Port des POP3-Servers übergeben. Intern wird dann eine Instanz der Klasse Telnet erzeugt und mit diesem Server verbunden. Durch Aufruf der Methode lese_daten wird die Begrüßungsnachricht des Servers ausgelesen und verworfen, da sie nicht weiter von Interesse ist, aber bei späteren Lesevorgängen stören würde.

Wichtig sind die Methoden lese_daten und kommando. Die Methode lese_daten liest genau einen Antwort-String des POP3-Servers ein. Eine solche Antwort wird stets durch den String ".\r\n" beendet. Der gelesene String wird zurückgegeben. Damit dieser Lesevorgang das Programm bei einem unerreichbaren Server nicht auf unbestimmte Zeit blockiert, wurde ein Timeout von 20 Sekunden festgelegt.

Die zweite wichtige Methode ist kommando. Sie erlaubt es, einen POP3-Befehl an den Server zu senden. Dieser Befehl wird inklusive eines abschließenden "\r\n" in die Telnet-Instanz geschrieben und von dieser an den verbundenen Rechner weitergeleitet. Schließlich wird die Antwort des Servers eingelesen und zurückgegeben.

Doch die Klasse ist nur der erste Teil des Beispielprogramms. Im nun folgenden zweiten Teil setzen wir die Klasse POP3Telnet zur Kommunikation mit einem POP3-Server ein. Dazu legen wir zunächst die Zugangsdaten für den POP3-Server fest:

```python
host = "pop.server.de"
port = 110
user = "benutzername"
passwd = "passwort"
```

Jetzt erzeugen wir eine Instanz der Klasse `POP3Telnet`, die mit dem angegebenen POP3-Server verbunden ist. Dann führen wir die Anmeldeprozedur durch Senden der Kommandos `USER` und `PASS` durch.

```
pop = POP3Telnet(host, port)
pop.kommando("USER {}".format(user))
pop.kommando("PASS {}".format(passwd))
```

Wenn bei der Anmeldung alles gut gelaufen ist, sind wir an dieser Stelle in der Lage, mit beliebigen POP3-Kommandos auf den Posteingang zuzugreifen. Dann schicken wir das eingangs erwähnte `LIST`-Kommando. Das `LIST`-Kommando des POP3-Protokolls liefert eine Liste aller im Posteingang enthaltenen E-Mails. Jeder Eintrag besteht dabei aus dem ganzzahligen Index der jeweiligen E-Mail und ihrer Größe in Byte.

Der Server sendet auf `LIST` zwei Antwort-Strings. Von diesen interessiert uns nur der zweite, da dieser die Daten über vorhandene E-Mails enthält. Aus diesem Grund müssen wir nach dem Aufruf der Methode `kommando` noch einmal den zweiten Antwort-String einlesen. Der zurückgegebene String wird ausgegeben. Im Code sieht das folgendermaßen aus:

```
pop.kommando("LIST")
print(pop.lese_daten().decode())
pop.kommando("QUIT")
pop.close()
```

Zum Schluss schicken wir das Kommando `QUIT` an den Server und schließen die Telnet-Verbindung. Die Ausgabe des Beispielprogramms könnte folgendermaßen aussehen:

```
1 623
2 614
3 1387
.
```

In diesem Fall befinden sich drei E-Mails mit den Größen 623, 614 und 1387 Byte im Posteingang.

34.6 XML-RPC

Der Standard *XML-RPC*[9] ermöglicht den entfernten Funktions- und Methodenaufruf über eine Netzwerkschnittstelle. Dabei können entfernte Funktionen aus Sicht des Programmierers aufgerufen werden, als gehörten sie zum lokalen Programm. Das Übertragen der Funktionsaufrufe und insbesondere der Parameter und des Rück-

---

9 *XML Remote Procedure Call*

gabewertes wird vollständig von der XML-RPC-Bibliothek übernommen, sodass der Programmierer die Funktionen tatsächlich nur aufzurufen braucht.

Neben XML-RPC existieren weitere mehr oder weniger standardisierte Verfahren zum entfernten Funktionsaufruf. Da aber XML-RPC auf zwei bereits bestehenden Standards, nämlich XML und HTTP, basiert und keine neuen binären Protokolle einführt, ist es vergleichsweise einfach umzusetzen und daher in vielen Programmiersprachen verfügbar.

Da XML-RPC unabhängig von einer bestimmten Programmiersprache entwickelt wurde, ist es möglich, Client und Server in zwei verschiedenen Sprachen zu schreiben. Aus diesem Grund musste man sich bei der XML-RPC-Spezifikation auf einen kleinsten gemeinsamen Nenner einigen, was die Eigenheiten bestimmter Programmiersprachen und besonders die verfügbaren Datentypen anbelangt. Sie werden feststellen, dass Sie bei einer Funktion mit einer XML-RPC-fähigen Schnittstelle bestimmte Einschränkungen zu beachten haben.

Im Folgenden werden wir uns zunächst damit beschäftigen, wie durch einen XML-RPC-Server bestimmte Funktionen nach außen hin aufrufbar werden. Danach widmen wir uns der Clientseite und klären, wie solche Funktionen dann aufgerufen werden können.

34.6.1 Der Server

Zum Aufsetzen eines XML-RPC-Servers wird das Modul `xmlrpc.server` benötigt. Dieses Modul enthält im Wesentlichen die Klasse `SimpleXMLRPCServer`, die einen entsprechenden Server aufsetzt und Methoden zur Verwaltung desselben bereitstellt. Der Konstruktor der Klasse hat die im Folgenden beschriebene Schnittstelle.

SimleXMLRPCServer(addr, [requestHandler, logRequests, allow_none, encoding, bind_and_activate])

Der einzige zwingend erforderliche Parameter ist `addr`; er spezifiziert die IP-Adresse und den Port, an die der Server gebunden wird. Die Angaben müssen in einem Tupel der Form `(ip, port)` übergeben werden, wobei die IP-Adresse ein String und die Portnummer eine ganze Zahl zwischen 0 und 65535 ist. Technisch wird der Parameter an die zugrunde liegende `Socket`-Instanz weitergereicht. Der Server kann sich nur an Adressen binden, die ihm auch zugeteilt sind. Wenn für `ip` im Tupel ein leerer String angegeben wird, wird der Server an alle dem PC zugeteilten Adressen gebunden, beispielsweise auch an `127.0.0.1` oder `localhost`.

Über den optionalen Parameter `requestHandler` legen Sie ein Backend fest. In den meisten Fällen reicht die Voreinstellung des Standard-Handlers `SimpleXMLRPC-`

RequestHandler. Die Aufgabe dieser Klasse ist es, eingehende Daten in einen Funktionsaufruf zurückzuverwandeln.

Über den Parameter logRequest können Sie bestimmen, ob einkommende Funktionsaufrufe protokolliert werden sollen oder nicht. Der Parameter ist mit True vorbelegt.

Der vierte Parameter, allow_none, ermöglicht es, sofern hier True übergeben wird, None in XML-RPC-Funktionen zu verwenden. Normalerweise verursacht die Verwendung von None eine Exception, da kein solcher Datentyp im XML-RPC-Standard vorgesehen ist. Weil dies aber eine übliche Erweiterung des Standards darstellt, wird allow_none von vielen XML-RPC-Implementationen unterstützt.

Über den fünften Parameter encoding kann ein Encoding zur Datenübertragung festgelegt werden. Standardmäßig wird hier UTF-8 verwendet.

Der letzte optionale Parameter bind_and_activate bestimmt, ob der Server direkt nach der Instanziierung an die Adresse gebunden und aktiviert werden soll. Das ist interessant, wenn Sie die Serverinstanz vor dem Aktivieren noch manipulieren möchten, wird aber in der Regel nicht benötigt. Der Parameter ist mit True vorbelegt.

Für gewöhnlich reicht zur Instanziierung eines lokalen XML-RPC-Servers folgender Aufruf des Konstruktors:

```
>>> from xmlrpc.server import SimpleXMLRPCServer
>>> srv = SimpleXMLRPCServer(("127.0.0.1", 1337))
```

Nachdem eine Instanz der Klasse SimpleXMLRPCServer erzeugt wurde, verfügt diese über Methoden, um beispielsweise Funktionen zum entfernten Aufruf zu registrieren. Die wichtigsten Methoden einer SimpleXMLRPCServer-Instanz werden im Folgenden erläutert.

s.register_function(function, [name])

Diese Methode registriert das Funktionsobjekt function für einen RPC-Aufruf. Das bedeutet, dass ein mit diesem Server verbundener XML-RPC-Client die Funktion function über das Netzwerk aufrufen kann.

Optional kann der Funktion ein anderer Name gegeben werden, über den sie für den Client zu erreichen ist. Wenn Sie einen solchen Namen angeben, kann dieser aus beliebigen Unicode-Zeichen bestehen, auch solchen, die in einem Python-Bezeichner eigentlich nicht erlaubt sind, beispielsweise einem Bindestrich oder einem Punkt.

s.register_instance(instance, [allow_dotted_names])

Diese Methode registriert die Instanz instance für den entfernten Zugriff. Wenn der verbundene Client eine Methode dieser Instanz aufruft, wird der Aufruf durch die spezielle Methode _dispatch geleitet. Die Methode muss folgendermaßen definiert sein:

```python
def _dispatch(self, method, params):
    pass
```

Bei jedem entfernten Aufruf einer Methode dieser Instanz wird _dispatch aufgerufen. Der Parameter method enthält den Namen der aufgerufenen Methode und params die dabei angegebenen Parameter.

Eine konkrete Implementierung der Methode _dispatch, die die tatsächliche Methode der registrierten Instanz mit dem Namen method aufruft und die Parameter übergibt, kann folgendermaßen aussehen:

```python
def _dispatch(self, method, params):
    try:
        return getattr(self, method)(*params)
    except (AttributeError, TypeError):
        return None
```

Diese Funktion gibt sowohl dann None zurück, wenn keine Methode mit dem Namen method vorhanden ist, als auch dann, wenn die Methode mit der falschen Zahl oder einem unpassenden Parameter aufgerufen wird.

> **Hinweis**
>
> Wenn Sie für den optionalen Parameter allow_dotted_names den Wert True übergeben, sind Punkte im entfernten Methodenaufruf möglich. Dadurch können Sie auch Methoden von Attributen über das Netzwerk aufrufen. Beachten Sie unbedingt, dass es damit einem Angreifer möglich gemacht wird, auf die globalen Variablen des Programms zuzugreifen und möglicherweise schädlichen Code auszuführen. Sie sollten allow_dotted_names nur innerhalb eines lokalen, vertrauenswürdigen Netzes auf True setzen.

s.register_introspection_functions()

Diese Methode registriert die Funktionen system.listMethods, system.methodHelp und system.methodSignature für den entfernten Zugriff. Diese Funktionen ermöglichen es einem verbundenen Client, eine Liste aller verfügbaren Funktionen und Informationen zu einzelnen dieser Funktionen zu bekommen.

Näheres zur Verwendung der Funktionen system.listMethods, system.methodHelp und system.methodSignature erfahren Sie in Abschnitt 34.6.2, »Der Client«.

s.register_multicall_functions()

Diese Methode registriert die Funktion system.multicall für den entfernten Zugriff. Durch Aufruf der Funktion system.multicall kann der Client mehrere Methodenaufrufe bündeln, um so Traffic zu sparen. Auch die Rückgabewerte der Methodenaufrufe werden gebündelt zurückgegeben.

Näheres zur Verwendung der Funktion system.multicall erläutert Abschnitt 34.6.3, »Multicall«.

Beispiel

Nachdem die wichtigsten Funktionen der Klasse SimpleXMLRPCServer erläutert wurden, soll an dieser Stelle ein kleines Beispielprogramm entwickelt werden. Bei dem Programm handelt es sich um einen XML-RPC-Server, der zwei mathematische Funktionen (genauer gesagt, die Berechnungsfunktionen für die Fakultät und das Quadrat einer ganzen Zahl) bereitstellt, die ein verbundener Client aufrufen kann.[10]

```
from xmlrpc.server import SimpleXMLRPCServer as Server
def fak(n):
    """ Berechnet die Fakultaet der ganzen Zahl n. """
    erg = 1
    for i in range(2, n+1):
        erg *= i
    return erg
def quad(n):
    """ Berechnet das Quadrat der Zahl n. """
    return n*n
srv = Server(("127.0.0.1", 50000))
srv.register_function(fak)
srv.register_function(quad)
srv.serve_forever()
```

Zunächst werden die beiden Berechnungsfunktionen fak und quad für die Fakultät bzw. das Quadrat einer Zahl erstellt. Danach wird ein auf Port 50000 horchender XML-RPC-Server erzeugt. Dann werden die soeben erstellten Funktionen registriert. Schließlich wird der Server durch Aufruf der Methode serve_forever gestartet und ist nun bereit, eingehende Verbindungsanfragen und Methodenaufrufe entgegenzunehmen und zu bearbeiten.

Der hier vorgestellte Server ist natürlich nur eine Hälfte des Beispielprogramms. Im nächsten Abschnitt werden wir besprechen, wie ein XML-RPC-Client auszusehen hat, und schließlich werden wir am Ende des folgenden Abschnitts einen Client entwickeln, der mit diesem Server kommunizieren kann.

---

10 Dieses Szenario ist durchaus sinnvoll, wenn man sich vorstellt, der Server liefe auf einem Rechner, der für diese mathematischen Operationen besonders geeignet ist. Clients könnten diese Berechnungen dann an den Server delegieren.

34.6.2 Der Client

Um einen XML-RPC-Client zu schreiben, wird das Modul xmlrpc.client der Standardbibliothek verwendet. In diesem Modul ist vor allem die Klasse ServerProxy enthalten, über die die Kommunikation mit einem XML-RPC-Server abläuft. Hier sehen Sie zunächst die Schnittstelle des Konstruktors der Klasse ServerProxy:

ServerProxy(uri, [transport, encoding, verbose, allow_none, use_datetime])

Hiermit wird eine Instanz der Klasse ServerProxy erzeugt, die mit dem XML-RPC-Server verbunden ist, den die URI[11] uri beschreibt.

An zweiter Stelle kann wie bei der Klasse SimpleXMLRPCServer ein Backend festgelegt werden. Die voreingestellten Klassen Transport für das HTTP-Protokoll und SafeTransport für das HTTPS-Protokoll dürften in den meisten Anwendungsfällen genügen.

Wenn für den vierten Parameter, verbose, der Wert True übergeben wird, gibt die ServerProxy-Instanz alle ausgehenden und ankommenden XML-Pakete auf dem Bildschirm aus. Dies kann zur Fehlersuche hilfreich sein.

Wenn Sie für den letzten Parameter use_datetime den Wert True übergeben, wird zur Repräsentation von Datums- und Zeitangaben anstelle der xmlrpc.client-internen Klasse DateTime die Klasse datetime des gleichnamigen Moduls (Abschnitt 17.2) verwendet, die einen wesentlich größeren Funktionsumfang besitzt.

Die Parameter encoding und allow_none haben dieselbe Bedeutung wie die gleichnamigen Parameter des Konstruktors der Klasse SimpleXMLRPCServer, der zu Beginn des letzten Abschnitts besprochen wurde.

Nach der Instanziierung der Klasse ServerProxy ist diese mit einem XML-RPC-Server verbunden. Das bedeutet insbesondere, dass Sie alle bei diesem Server registrierten Funktionen wie Methoden der ServerProxy-Instanz aufrufen und verwenden können. Es ist also keine weitere Sonderbehandlung nötig.

Zusätzlich umfasst eine ServerProxy-Instanz drei Methoden, die weitere Informationen über die verfügbaren entfernten Funktionen bereitstellen. Beachten Sie jedoch, dass der Server diese Methoden explizit zulassen muss. Dies geschieht durch Aufruf der Methoden register_introspection_functions der SimpleXMLRPCServer-Instanz.

Im Folgenden sei s eine Instanz der Klasse ServerProxy.

s.system.listMethods()

Diese Methode gibt die Namen aller beim XML-RPC-Server registrierten entfernten Funktionen in Form einer Liste von Strings zurück. Die Systemmethoden listMethods, methodSignature und methodHelp sind nicht in dieser Liste enthalten.

---

[11] Ein URI (für *Uniform Resource Identifier*) ist die Verallgemeinerung einer URL.

s.system.methodSignature(name)

Diese Methode gibt Auskunft über die Schnittstelle der registrierten Funktion mit dem Funktionsnamen name. Die Schnittstellenbeschreibung ist ein String im Format:

`"string, int, int, int"`

Dabei entspricht die erste Angabe dem Datentyp des Rückgabewertes und alle weiteren den Datentypen der Funktionsparameter. Der XML-RPC-Standard sieht vor, dass zwei verschiedene Funktionen den gleichen Namen haben dürfen, sofern sie anhand ihrer Schnittstelle unterscheidbar sind.[12] Aus diesem Grund gibt die Methode system.methodSignature nicht einen einzelnen String, sondern eine Liste von Strings zurück.

Beachten Sie, dass der Methode system.methodSignature nur eine tiefere Bedeutung zukommt, wenn der XML-RPC-Server in einer Sprache geschrieben wurde, bei der Funktionsparameter jeweils an einen Datentyp gebunden werden. Solche Sprachen sind beispielsweise C, C++, C# oder Java. Sollten Sie system.methodSignature bei einem XML-RPC-Server aufrufen, der in Python geschrieben wurde, wird der String "signatures not supported" zurückgegeben.

s.system.methodHelp(name)

Diese Methode gibt den Docstring der entfernten Funktion name zurück, wenn ein solcher existiert. Wenn kein Docstring gefunden werden konnte, wird ein leerer String zurückgegeben.

Beispiel

Damit ist die Verwendung einer ServerProxy-Instanz beschrieben. Das folgende Beispiel implementiert einen zu dem XML-RPC-Server des letzten Abschnitts passenden Client:

```
from xmlrpc.client import ServerProxy
cli = ServerProxy("http://127.0.0.1:50000")
print(cli.fak(5))
print(cli.quad(5))
```

Sie sehen, dass das Verbinden zu einem XML-RPC-Server und das Ausführen einer entfernten Funktion nur wenige Code-Zeilen benötigt und damit fast so einfach ist, als befände sich die Funktion im Clientprogramm selbst.

---

12 Dies wird auch *Funktionsüberladung* genannt.

34.6.3 Multicall

Das Modul `xmlrpc.client` enthält eine Klasse namens `MultiCall`. Diese Klasse ermöglicht es, mehrere Funktionsaufrufe gebündelt an den Server zu schicken, und instruiert diesen, die Rückgabewerte ebenfalls gebündelt zurückzusenden. Auf diese Weise minimieren Sie bei häufigen Funktionsaufrufen die Netzlast.

Die Verwendung der `MultiCall`-Klasse wird an folgendem Beispiel verdeutlicht. Das Beispiel benötigt einen laufenden Server, der die Funktionen `fak` und `quad` für den entfernten Zugriff bereitstellt, also genau so einen, wie wir ihn in Abschnitt 34.6.1, »Der Server«, vorgestellt haben. Zusätzlich muss der Server den Einsatz von Multicall durch Aufruf der Methode `register_multicall_functions` erlauben.

```python
from xmlrpc.client import ServerProxy, MultiCall
cli = ServerProxy("http://127.0.0.1:50000")
mc = MultiCall(cli)
for i in range(10):
    mc.fak(i)
    mc.quad(i)
for ergebnis in mc():
    print(ergebnis)
```

Zunächst stellen wir wie gehabt eine Verbindung zum XML-RPC-Server her. Danach erzeugen wir eine Instanz der Klasse `MultiCall` und übergeben dem Konstruktor die zuvor erzeugte `ServerProxy`-Instanz.

Ab jetzt läuft die gebündelte Kommunikation mit dem Server über die `MultiCall`-Instanz. Dazu können die entfernten Funktionen `fak` und `quad` aufgerufen werden, als wären es lokale Methoden der `MultiCall`-Instanz. Beachten Sie aber, dass diese Methodenaufrufe keinen sofortigen entfernten Funktionsaufruf zur Folge haben und somit auch zu dieser Zeit keinen Wert zurückgeben.

Im Beispiel werden `fak` und `quad` jeweils zehnmal mit einer fortlaufenden ganzen Zahl aufgerufen.

Durch Aufruf der `MultiCall`-Instanz (`mc()`) werden alle gepufferten entfernten Funktionsaufrufe zusammen an den Server geschickt. Als Ergebnis wird ein Iterator zurückgegeben, der über alle Rückgabewerte in der Reihenfolge des jeweiligen Funktionsaufrufs iteriert. Im Beispielprogramm nutzen wir den Iterator dazu, die Ergebnisse mit `print` auszugeben.

Gerade bei wenigen Rückgabewerten ist es sinnvoll, diese direkt zu referenzieren.

```python
wert1, wert2, wert3 = mc()
```

Hier wird davon ausgegangen, dass zuvor drei entfernte Funktionsaufrufe durchgeführt wurden und dementsprechend auch drei Rückgabewerte vorliegen.

34.6.4 Einschränkungen

Der XML-RPC-Standard ist nicht auf Python allein zugeschnitten, sondern es wurde bei der Ausarbeitung des Standards versucht, einen kleinsten gemeinsamen Nenner vieler Programmiersprachen zu finden, sodass beispielsweise Server und Client auch dann miteinander kommunizieren können, wenn sie in verschiedenen Sprachen geschrieben wurden.

Aus diesem Grund bringt die Verwendung von XML-RPC einige Einschränkungen mit sich, was die komplexeren bzw. exotischeren Datentypen von Python betrifft. So gibt es im XML-RPC-Standard beispielsweise keine Repräsentation der Datentypen complex, set und frozenset. Auch None darf nur verwendet werden, wenn dies bei der Instanziierung der Server- bzw. Clientklasse explizit angegeben wurde. Das bedeutet natürlich nur, dass Instanzen dieser Datentypen nicht über die XML-RPC-Schnittstelle versendet werden können. Programmintern können Sie sie weiterhin verwenden. Sollten Sie versuchen, beispielsweise eine Instanz des Datentyps complex als Rückgabewert einer Funktion über die XML-RPC-Schnittstelle zu versenden, wird eine xmlrpc.client.Fault-Exception geworfen. Es ist natürlich dennoch möglich, eine komplexe Zahl über eine XML-RPC-Schnittstelle zu schicken, indem Sie Real- und Imaginärteil getrennt jeweils als ganze Zahl übermitteln.

Tabelle 34.13 listet alle im XML-RPC-Standard vorgesehenen Datentypen auf und beschreibt, wie Sie diese in Python verwenden können.

XML-RPC	Python	Anmerkungen
boolesche Werte	bool	–
ganze Zahlen	int	–
Gleitkommazahlen	float	–
Strings	str	–
Arrays	list	In der Liste dürfen als Elemente nur XML-RPC-konforme Instanzen verwendet werden.
Strukturen	dict	Alle Schlüssel müssen Strings sein. Als Werte dürfen nur XML-RPC-konforme Instanzen verwendet werden.
Datum/Zeit	DateTime	Der spezielle Datentyp xmlrpc.client.DateTime wird verwendet.[*]

Tabelle 34.13 Erlaubte Datentypen bei XML-RPC

XML-RPC	Python	Anmerkungen
Binärdaten	Binary	Der spezielle Datentyp xmlrpc.client.Binary wird verwendet.
Nichts	None	Nur möglich, wenn der Client mit allow_none=True erzeugt wurde.
Gleitkommazahlen mit beliebiger Genauigkeit	decimal.Decimal	–

* Dabei handelt es sich nicht um den Datentyp datetime aus dem Modul datetime der Standardbibliothek.

Tabelle 34.13 Erlaubte Datentypen bei XML-RPC (Forts.)

Es ist möglich, Instanzen von selbst erstellten Klassen zu verwenden. In einem solchen Fall wird die Instanz in ein Dictionary, also eine Struktur, umgewandelt, in der die Namen der enthaltenen Attribute als Schlüssel und die jeweils referenzierten Instanzen als Werte eingetragen werden. Dies geschieht automatisch. Beachten Sie jedoch, dass das auf der Gegenseite ankommende Dictionary nicht automatisch wieder in eine Instanz der ursprünglichen Klasse umgewandelt wird.

Die letzten beiden Datentypen, die in der Tabelle aufgelistet sind, sind uns noch nicht begegnet. Es handelt sich dabei um Datentypen, die im Modul xmlrpc.client enthalten und speziell auf die Verwendung im Zusammenhang mit XML-RPC zugeschnitten sind. Die beiden erwähnten Datentypen DateTime und Binary werden im Folgenden erläutert.

Der Datentyp DateTime

Der Datentyp DateTime des Moduls xmlrpc.client kann verwendet werden, um Datums- und Zeitangaben über eine XML-RPC-Schnittstelle zu versenden. Sofern der entsprechende Parameter bei der Instanziierung der ServerProxy-Instanz übergeben wurde, kann anstelle einer DateTime-Instanz auch direkt eine Instanz der bekannten Datentypen datetime.date, datetime.time oder datetime.datetime verwendet werden.

Bei der Erzeugung einer Instanz des Datentyps DateTime kann entweder einer der Datentypen des Moduls datetime übergeben werden oder ein UNIX-Timestamp als ganze Zahl:

```
>>> import xmlrpc.client
>>> import datetime
>>> xmlrpc.client.DateTime(987654321)
```

```
<DateTime '20010419T06:25:21' at 0x7f91671fb7f0>
>>> xmlrpc.client.DateTime(datetime.datetime(1970, 1, 1))
<DateTime '19700101T00:00:00' at 0x7f1d72595278>
```

Die erste `DateTime`-Instanz wurde aus einem UNIX-Timestamp erzeugt, während dem `DateTime`-Konstruktor bei der zweiten Instanziierung eine `datetime.datetime`-Instanz übergeben wurde.

Instanzen des Datentyps `DateTime` können Sie bedenkenlos in Form eines Rückgabewertes oder eines Parameters über eine XML-RPC-Schnittstelle senden.

Der Datentyp Binary

Der Datentyp `Binary` des Moduls `xmlrpclib` wird zum Versenden von Binärdaten über eine XML-RPC-Schnittstelle verwendet. Bei der Instanziierung des Datentyps `Binary` wird ein `bytes`-String übergeben, der die binären Daten enthält. Diese können auf der Gegenseite über das Attribut `data` wieder ausgelesen werden:

```
>>> import xmlrpc.client
>>> b = xmlrpc.client.Binary(b"\x00\x01\x02\x03")
>>> b.data
b'\x00\x01\x02\x03'
```

Instanzen des Datentyps `Binary` können Sie bedenkenlos in Form eines Rückgabewertes oder eines Parameters über eine XML-RPC-Schnittstelle senden.

Kapitel 35
Debugging und Qualitätssicherung

Das *Debugging* bezeichnet das Aufspüren und Beseitigen von Fehlern, sogenannten *Bugs*, in einem Programm. Üblicherweise steht dem Programmierer dabei ein *Debugger* zur Verfügung. Das ist ein Entwicklerwerkzeug, das es ermöglicht, den Ablauf eines Programms zu überwachen und an bestimmten Stellen anzuhalten. Wenn der Programmablauf in einem Debugger angehalten wurde, kann der momentane Programmstatus analysiert werden. Auf diese Weise können Fehler schneller gefunden werden als durch bloßes gedankliches Durchgehen des Quellcodes oder die Analyse von Programmausgaben.

Ein weiterer Aspekt, der in diesem Kapitel behandelt wird, ist die Qualitätssicherung. Die Qualität einer Software kann nach vielen Maßstäben bewertet werden, beispielsweise nach Fehlerfreiheit oder Laufzeiteffizienz.

Im ersten Abschnitt widmen wir uns dem Debugging allgemein. Danach erläutern wir Module, die nicht direkt etwas mit dem Debugger zu tun haben, sondern allgemein bei der Fehlersuche hilfreich sind. Das betrifft die Module pprint zum formatierten Ausgeben von Instanzen und logging zum Erstellen einer Logdatei. Danach beschäftigen wir uns mit der Qualitätssicherung durch automatisierte Tests und dem Erstellen einer Laufzeitanalyse. Im letzten Abschnitt dieses Kapitels finden Sie eine Reihe von Hinweisen, wie Sie effiziente Programme in Python schreiben können.

35.1 Der Debugger

Im Lieferumfang von Python ist ein Programm zum Debuggen von Python-Code enthalten, der sogenannte *PDB* (*Python Debugger*). Dieser Debugger läuft in einem Konsolenfenster und ist damit weder übersichtlich noch intuitiv. Aus diesem Grund haben wir uns dagegen entschieden, den PDB an dieser Stelle zu besprechen. Sollten Sie dennoch Interesse an diesem Debugger haben, beispielsweise gerade wegen seiner kommandozeilenbasierenden Benutzerschnittstelle, finden Sie nähere Informationen dazu in der Python-Dokumentation.

Viele moderne Entwicklungsumgebungen für Python beinhalten einen umfangreichen integrierten Debugger mit grafischer Benutzeroberfläche, der die Fehlersuche in einem Python-Programm recht komfortabel gestaltet. Auch IDLE bietet einen rudimentären grafischen Debugger:

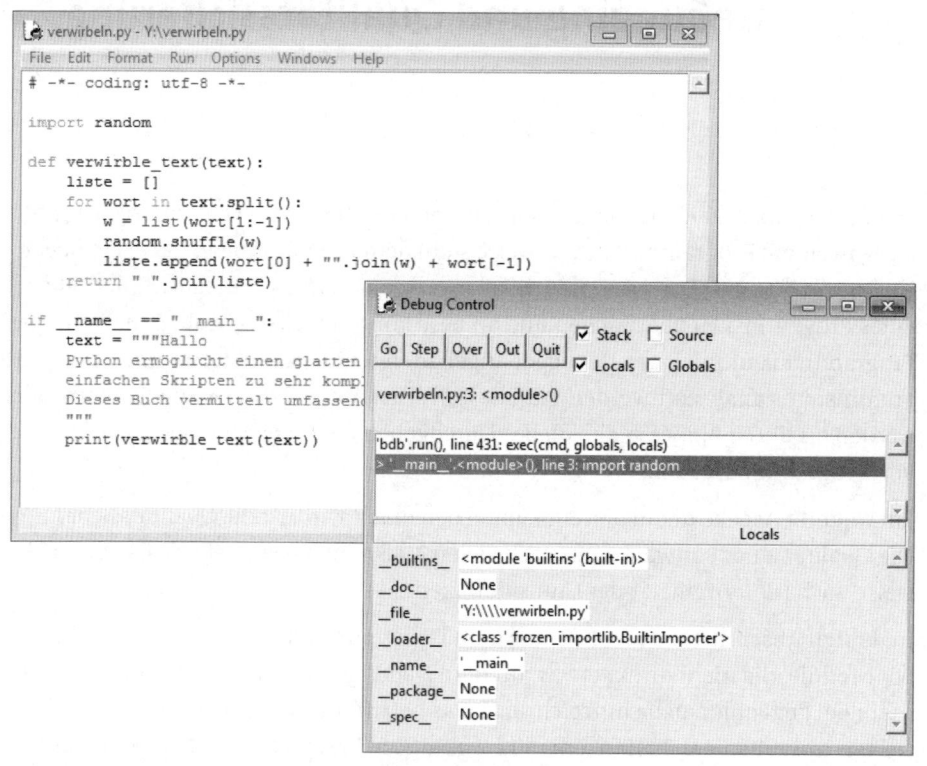

Abbildung 35.1 Der grafische Debugger von IDLE

Um den Debugger in IDLE zu aktivieren, klicken Sie in der Python-Shell auf den Menüpunkt DEBUG • DEBUGGER und führen dann das Programm, das Sie auf Fehler untersuchen möchten, ganz normal per RUN • RUN MODULE aus. Es erscheint zusätzlich zum Editorfenster ein Fenster, in dem die aktuell ausgeführte Code-Zeile steht. Durch einen Doppelklick auf diese Zeile wird sie im Programm-Code hervorgehoben, sodass Sie stets wissen, wo genau Sie sich im Programmablauf befinden.

Das grundsätzliche Prinzip eines Debuggers ist es, dem Programmierer das schrittweise Ausführen eines Programms zu ermöglichen, um sich auf diese Weise von Zeile zu Zeile ein genaues Bild davon zu machen, welche Änderungen sich ergeben haben und wie sich diese im Laufe des Programms auswirken. Eine *Debugging-Session* beginnt zumeist damit, dass der Programmierer sogenannte *Breakpoints* im Programm verteilt. Beim Starten des Debuggers wird das Programm normal ausgeführt, bis der Programmfluss auf den ersten Breakpoint stößt. An dieser Stelle hält der Debugger den Programmlauf an und erlaubt das Eingreifen des Programmierers.

Viele Debugger halten auch direkt nach dem Starten an der ersten Programmzeile und warten auf weitere Instruktionen des Programmierers.

Wenn das Programm angehalten wurde und der Programmfluss somit an einer bestimmten Zeile im Quellcode steht, hat der Programmierer mehrere Möglichkeiten, den weiteren Programmlauf zu steuern. Diese Möglichkeiten, im Folgenden *Befehle* genannt, finden Sie in einem grafischen Debugger üblicherweise an prominenter Stelle in einer Toolbar am oberen Rand des Fensters, da es sich dabei um die essenziellen Fähigkeiten eines Debuggers handelt.

- Mit dem Befehl *Step over* veranlassen Sie den Debugger dazu, zur nächsten Quellcodezeile zu springen und dort erneut zu halten.
- Der Befehl *Step into* verhält sich ähnlich wie *Step over*, mit dem Unterschied, dass bei *Step into* auch in Funktions- oder Methodenaufrufe hineingesprungen wird, während diese bei *Step over* übergangen werden.
- Der Befehl *Step out* springt aus der momentanen Unterfunktion heraus wieder dorthin, wo die Funktion aufgerufen wurde. *Step out* kann damit gewissermaßen als Umkehrfunktion zu *Step into* gesehen werden.
- Der Befehl *Run* führt das Programm weiter aus, bis der Programmfluss auf den nächsten Breakpoint stößt oder das Programmende eintritt. Einige Debugger erlauben es mit einem ähnlichen Befehl, zu einer bestimmten Quellcodezeile zu springen oder den Programm-Code bis zur Cursor-Position auszuführen.

Neben diesen Befehlen, mit denen sich der Programmlauf steuern lässt, stellt ein Debugger einige Hilfsmittel bereit, mit deren Hilfe der Programmierer den Zustand des angehaltenen Programms vollständig erfassen kann. Welche dieser Werkzeuge vorhanden sind und wie sie bezeichnet werden, ist von Debugger zu Debugger verschieden, dennoch möchten wir Ihnen an dieser Stelle eine Übersicht über die gebräuchlichsten Hilfsmittel geben:

- Das grundlegendste Hilfsmittel ist eine Liste aller lokalen und globalen Referenzen mitsamt referenzierter Instanz, die im momentanen Programmkontext existieren. Auf diese Weise lassen sich Wertänderungen verfolgen und Fehler, die dabei entstehen, leichter aufspüren.
- Zusätzlich zu den lokalen und globalen Referenzen ist der *Stack* von Interesse. In diesem wird die momentane Aufrufhierarchie aufgelistet, sodass sich genau verfolgen lässt, welche Funktion welche Unterfunktion aufgerufen hat.
- Gerade in Bezug auf die Programmiersprache Python bieten einige Debugger eine interaktive Shell, die sich im Kontext des angehaltenen Programms befindet und es dem Programmierer erlaubt, komfortabel Referenzen zu verändern, um somit in den Programmfluss einzugreifen.

- Ein sogenannter *Post-Mortem-Debugger* kann in Anlehnung an den vorherigen Punkt betrachtet werden. In einem solchen Modus hält der Debugger das Programm erst an, wenn eine nicht abgefangene Exception aufgetreten ist. Im angehaltenen Zustand verfügt der Programmierer wieder über eine Shell sowie über die genannten Hilfsmittel, um dem Fehler auf die Spur zu kommen. Diese Form des Debuggens wird »post mortem« genannt, da sie erst nach dem Auftreten des tatsächlichen Fehlers, also nach dem »Tod« des Programms, aktiviert wird.

Mithilfe dieser Einführung in die Techniken des Debuggens und mit ein wenig Experimentierfreude dürfte es für Sie kein Problem darstellen, den Debugger Ihrer favorisierten IDE in den Griff zu bekommen.

Abgesehen von dem eigentlichen Debugger umfasst die Standardbibliothek von Python noch einige Module, die speziell im Kontext des Debuggens von Bedeutung sind – sei es innerhalb der interaktiven Python-Shell eines Debuggers oder völlig losgelöst vom Debugger. Diese Module werden in den folgenden Abschnitten besprochen.

35.2 Formatierte Bildschirmausgabe – pprint

In der Standardbibliothek existiert das Modul pprint (für *pretty print*), das für eine formatierte Repräsentation eines Python-Datentyps auf dem Bildschirm verwendet werden kann. Das Modul macht insbesondere die Ausgabe komplexer Datentypen, zum Beispiel langer Listen, besser lesbar und bietet sich somit an, in einer interaktiven Debug-Sitzung zur Ausgabe verschiedener Werte verwendet zu werden.

Bevor Beispiele ausgeführt werden können, muss das Modul eingebunden werden:

```
>>> import pprint
```

Das Modul pprint enthält im Wesentlichen eine gleichnamige Funktion, die zur Ausgabe einer Instanz aufgerufen werden kann.

pprint(object, [stream, indent, width, depth], {compact})

Die Funktion pprint gibt die Instanz object, formatiert auf dem Stream stream, aus. Wenn Sie den Parameter stream nicht übergeben, wird in den Standardausgabestrom sys.stdout geschrieben. Über die Parameter indent, width und depth lässt sich die Formatierung der Ausgabe steuern. Dabei kann für indent die Anzahl der Leerzeichen übergeben werden, die für eine Einrückung verwendet werden sollen. Der Parameter indent ist mit 1 vorbelegt.

Über den optionalen Parameter width kann die maximale Anzahl an Zeichen angegeben werden, die die Ausgabe breit sein darf. Dieser Parameter ist mit 80 Zeichen vorbelegt.

Im folgenden Beispiel wird sys.path, die Liste der Standardpfade, mithilfe von pprint formatiert ausgegeben:

```
>>> import sys
>>> pprint.pprint(sys.path)
['',
 'C:\\Program Files\\Python36\\python36.zip',
 'C:\\Program Files\\Python36\\DLLs',
 'C:\\Program Files\\Python36\\lib',
 'C:\\Program Files\\Python36',
 'C:\\Program Files\\Python36\\lib\\site-packages']
>>>
```

Zum Vergleich geben wir sys.path noch einmal unformatiert mit print aus:

```
>>> print(sys.path)
['', 'C:\\Program Files\\Python36\\python36.zip', 'C:\\Program Files\\
Python36\\DLLs', 'C:\\Program Files\\Python36\\lib', 'C:\\Program Files\\
Python36', 'C:\\Program Files\\Python36\\lib\\site-packages']
```

Der Parameter depth ist eine ganze Zahl und bestimmt, bis zu welcher Tiefe Unterinstanzen, beispielsweise also verschachtelte Listen, ausgegeben werden sollen.

Über den Schlüsselwortparameter compact lässt sich steuern, wie kompakt umfangreiche Strukturen (z. B. lange Listen) dargestellt werden. Wird hier True übergeben, wird beispielsweise nicht jedes Element von sys.path in eine eigene Zeile geschrieben.

Sollten Sie die Ausgabe von pprint weiterverarbeiten wollen, verwenden Sie die Funktion pformat, die die formatierte Repräsentation in Form eines Strings zurückgibt:

```
>>> s = pprint.pformat(sys.path)
>>> print(s)
['',
 'C:\\Program Files\\Python36\\python36.zip',
 'C:\\Program Files\\Python36\\DLLs',
 'C:\\Program Files\\Python36\\lib',
 'C:\\Program Files\\Python36',
 'C:\\Program Files\\Python36\\lib\\site-packages']
```

Die Funktion pformat hat die gleiche Schnittstelle wie pprint – mit dem Unterschied, dass der Parameter stream fehlt.

35.3 Logdateien – logging

Das Modul `logging` stellt ein flexibles Interface zum Protokollieren eines Programmablaufs bereit. Protokolliert wird der Programmablauf, indem an verschiedenen Stellen im Programm Meldungen an das `logging`-Modul abgesetzt werden. Diese Meldungen können unterschiedliche Dringlichkeitsstufen haben. So gibt es beispielsweise Fehlermeldungen, Warnungen oder Debug-Informationen. Das Modul `logging` kann diese Meldungen auf vielfältige Weise verarbeiten. Üblich ist es, die Meldung mit einem Zeitstempel zu versehen und entweder auf dem Bildschirm auszugeben oder in eine Datei zu schreiben.

In diesem Abschnitt wird die Verwendung des Moduls `logging` anhand mehrerer Beispiele im interaktiven Modus gezeigt. Um die Beispielprogramme korrekt ausführen zu können, muss zuvor das Modul `logging` eingebunden sein:

```
>>> import logging
```

Bevor Meldungen an den *Logger* geschickt werden können, muss dieser durch Aufruf der Funktion `basicConfig` initialisiert werden. Der Funktion `basicConfig` werden verschiedene Schlüsselwortparameter übergeben. Im folgenden Beispiel wird ein Logger eingerichtet, der alle eingehenden Meldungen in die Logdatei `programm.log` schreibt:

```
>>> logging.basicConfig(filename = "programm.log")
```

Jetzt können mithilfe der im Modul enthaltenen Funktion `log` Meldungen an den Logger übergeben werden. Die Funktion `log` bekommt dabei die Dringlichkeitsstufe der Meldung als ersten und die Meldung selbst in Form eines Strings als zweiten Parameter übergeben:

```
>>> logging.log(logging.ERROR, "Ein Fehler ist aufgetreten")
>>> logging.log(logging.INFO, "Dies ist eine Information")
```

Durch das Aufrufen der Funktion `shutdown` wird der Logger korrekt deinitialisiert, und eventuell noch anstehende Schreiboperationen werden durchgeführt:

```
>>> logging.shutdown()
```

Natürlich sind nicht nur die Dringlichkeitsstufen `ERROR` und `INFO` verfügbar. Tabelle 35.1 listet alle vordefinierten Stufen auf, aus denen Sie wählen können. Die Tabelle ist dabei nach Dringlichkeit geordnet, wobei die dringendste Stufe zuletzt aufgeführt wird.

Level	Beschreibung
NOTSET	keine Dringlichkeitsstufe
DEBUG	eine Meldung, die nur für den Programmierer zur Fehlersuche interessant ist
INFO	eine Informationsmeldung über den Programmstatus
WARNING	eine Warnmeldung, die auf einen möglichen Fehler hinweist
ERROR	eine Fehlermeldung, nach der das Programm weiterarbeiten kann
CRITICAL	eine Meldung über einen kritischen Fehler, der das sofortige Beenden des Programms oder der aktuell durchgeführten Operation zur Folge hat

Tabelle 35.1 Vordefinierte Dringlichkeitsstufen

Aus Gründen des Komforts existiert zu jeder Dringlichkeitsstufe eine eigene Funktion. So sind die beiden Funktionsaufrufe von log aus dem letzten Beispiel äquivalent zu:

```
logging.error("Ein Fehler ist aufgetreten")
logging.info("Dies ist eine Information")
```

Wenn Sie sich die Logdatei nach dem Aufruf dieser beiden Funktionen ansehen, werden Sie feststellen, dass es lediglich einen einzigen Eintrag gibt:

```
ERROR:root:Ein Fehler ist aufgetreten
```

Das liegt daran, dass der Logger in seiner Basiskonfiguration nur Meldungen loggt, deren Dringlichkeit größer oder gleich der einer Warnung ist. Um auch Debug- und Info-Meldungen mitzuloggen, müssen Sie beim Aufruf der Funktion basicConfig im Schlüsselwortparameter level einen geeigneten Wert übergeben:

```
logging.basicConfig(
    filename="programm.log",
    level = logging.DEBUG)
logging.error("Ein Fehler ist aufgetreten")
logging.info("Dies ist eine Information")
```

In diesem Beispiel wurde die Mindestdringlichkeit auf DEBUG gesetzt. Das bedeutet, dass alle Meldungen, die mindestens eine Dringlichkeit von DEBUG haben, geloggt werden. Folglich erscheinen auch beide Meldungen in der Logdatei:

```
ERROR:root:Ein Fehler ist aufgetreten
INFO:root:Dies ist eine Information
```

Tabelle 35.2 listet die wichtigsten Schlüsselwortparameter auf, die der Funktion basicConfig übergeben werden können.

Parameter	Beschreibung
datefmt	Spezifiziert das Datumsformat. Näheres dazu erfahren Sie im folgenden Abschnitt.
filemode	Gibt den Modus* an, in dem die Logdatei geöffnet werden soll (Standardwert: "a").
filename	Gibt den Dateinamen der Logdatei an.
format	Spezifiziert das Meldungsformat. Näheres dazu erfahren Sie im folgenden Abschnitt.
handlers	Gibt eine Liste von Handlern an, die registriert werden sollen. Näheres dazu erfahren Sie in Abschnitt 35.3.2, »Logging Handler«.
level	Legt die Mindestdringlichkeit für Meldungen fest, damit diese in der Logdatei erscheinen.
stream	Gibt einen Stream an, in den die Logmeldungen geschrieben werden sollen. Wenn die Parameter stream und filename gemeinsam angegeben werden, wird stream ignoriert.
style	Bestimmt die Formatierungssyntax für die Meldung. Der voreingestellte Wert "%" bedingt die alte %-Syntax aus Python 2, während ein Wert von "{" die neue Syntax zur String-Formatierung** erzwingt.

* Die verschiedenen Modi, in denen Dateien geöffnet werden können, sind in Abschnitt 6.4, »Das Dateiobjekt erzeugen«, aufgeführt.

** Näheres zur String-Formatierung erfahren Sie in Abschnitt 13.4.3.

Tabelle 35.2 Schlüsselwortparameter der Funktion basicConfig

35.3.1 Das Meldungsformat anpassen

Wie in den vorangegangenen Beispielen zu sehen war, wird ein Eintrag in einer Logdatei standardmäßig nicht mit einem Zeitstempel versehen. Es gibt eine Möglichkeit, das Format der geloggten Meldung anzupassen. Dazu übergeben Sie beim Funktionsaufruf von basicConfig den Schlüsselwortparameter format:

```
logging.basicConfig(
    filename="programm.log",
    level = logging.DEBUG,
    style = "{",
    format = "{asctime} [{levelname:8}] {message}")
```

```
logging.error("Ein Fehler ist aufgetreten")
logging.info("Dies ist eine Information")
logging.error("Und schon wieder ein Fehler")
```

Sie sehen, dass ein Format-String übergeben wurde, der die Vorlage für eine Meldung enthält, wie sie später in der Logdatei stehen soll. Dabei stehen die Bezeichner asctime für den Timestamp, levelname für die Dringlichkeitsstufe und message für die Meldung. Die von diesem Beispiel generierten Meldungen sehen so aus:

```
2017-02-05 14:28:55,811 [ERROR   ] Ein Fehler ist aufgetreten
2017-02-05 14:29:00,690 [INFO    ] Dies ist eine Information
2017-02-05 14:29:12,686 [ERROR   ] Und schon wieder ein Fehler
```

Tabelle 35.3 listet die wichtigsten Bezeichner auf, die innerhalb des format-Format-Strings verwendet werden dürfen. Je nach Kontext, in dem die Meldung erzeugt wird, haben einige der Bezeichner keine Bedeutung.

Bezeichner	Beschreibung
asctime	Zeitpunkt der Meldung. Das Datums- und Zeitformat kann beim Funktionsaufruf von basicConfig über den Parameter datefmt angegeben werden. Näheres dazu folgt im Anschluss an diese Tabelle.
filename	der Dateiname der Programmdatei, in der die Meldung abgesetzt wurde
funcName	der Name der Funktion, in der die Meldung abgesetzt wurde
levelname	die Dringlichkeitsstufe der Meldung
lineno	die Quellcodezeile, in der die Meldung abgesetzt wurde
message	der Text der Meldung
module	Der Name des Moduls, in dem die Meldung abgesetzt wurde. Der Modulname entspricht dem Dateinamen ohne Dateiendung.
pathname	der Pfad zur Programmdatei, in der die Meldung abgesetzt wurde
process	die ID des Prozesses, in dem die Meldung abgesetzt wurde
thread	die ID des Threads, in dem die Meldung abgesetzt wurde

Tabelle 35.3 Bezeichner im Format-String

Was an diesen Meldungen noch stört, ist das Format des Zeitstempels. Zum einen wird das amerikanische Datumsformat verwendet, und zum anderen ist eine Auflösung bis auf die Millisekunde für unsere Zwecke etwas zu fein. Das Format des

Timestamps kann beim Aufruf von `basicConfig` über den Schlüsselwortparameter `datefmt` angegeben werden:

```
logging.basicConfig(
    filename="programm.log",
    level = logging.DEBUG,
    style = "{",
    format = "{asctime} [{levelname:8}] {message}",
    datefmt = "%d.%m.%Y %H:%M:%S")
logging.error("Ein Fehler ist aufgetreten")
```

Die in der Vorlage für das Datumsformat verwendeten Platzhalter wurden in Abschnitt 17.1, »Elementare Zeitfunktionen – time«, eingeführt. Die von diesem Beispiel erzeugte Meldung sieht folgendermaßen aus:

```
05.02.2017 14:38:49 [ERROR   ] Ein Fehler ist aufgetreten
```

35.3.2 Logging Handler

Bisher haben wir ausschließlich besprochen, wie das Modul `logging` dazu verwendet werden kann, alle eingehenden Meldungen in eine Datei zu schreiben. Tatsächlich ist das Modul in dieser Beziehung sehr flexibel und erlaubt es, nicht nur in Dateien, sondern beispielsweise auch in Streams zu schreiben oder die Meldungen über eine Netzwerkverbindung zu schicken. Dafür werden sogenannte *Logging Handler* verwendet. Um genau zu sein, haben wir in den vorangegangenen Abschnitten bereits einen impliziten Handler verwendet, ohne uns darüber im Klaren zu sein.

Um einen speziellen Handler einzurichten, muss eine Instanz der Handler-Klasse erzeugt werden. Diese kann dann vom Logger verwendet werden. Im folgenden Beispiel sollen alle Meldungen auf einen Stream, nämlich `sys.stdout`, geschrieben werden; dazu wird die Handler-Klasse `logging.StreamHandler` verwendet:

```python
import logging
import sys
handler = logging.StreamHandler(sys.stdout)
frm = logging.Formatter("{asctime} {levelname}: {message}",
                        "%d.%m.%Y %H:%M:%S", style="{")
handler.setFormatter(frm)
logger = logging.getLogger()
logger.addHandler(handler)
logger.setLevel(logging.DEBUG)
logger.critical("Ein wirklich kritischer Fehler")
logger.warning("Und eine Warnung hinterher")
logger.info("Dies hingegen ist nur eine Info")
```

Zunächst wird der Handler, in diesem Fall ein StreamHandler, instanziiert. Im nächsten Schritt wird eine Instanz der Klasse Formatter erzeugt. Diese Klasse kapselt die Formatierungsanweisungen, die wir in den vorangegangenen Beispielen beim Aufruf der Funktion basicConfig übergeben haben. Mithilfe der Methode setFormatter werden dem Handler die Formatierungsanweisungen bekannt gegeben.

Um den Handler beim Logger zu registrieren, benötigen wir Zugriff auf die bisher implizit verwendete Logger-Instanz. Diesen Zugriff erlangen wir über die Funktion getLogger. Danach wird über addHandler der Handler hinzugefügt und über setLevel die gewünschte Dringlichkeitsstufe eingestellt.

Die Meldungen werden im Folgenden nicht über Funktionen des Moduls logging, sondern über die Methoden critical, warning und info der Logger-Instanz logger abgesetzt. Das Beispielprogramm gibt folgenden Text auf dem Bildschirm aus:

```
05.02.2017 17:21:46 CRITICAL: Ein wirklich kritischer Fehler
05.02.2017 17:21:46 WARNING: Und eine Warnung hinterher
05.02.2017 17:21:46 INFO: Dies hingegen ist nur eine Info
```

Im Folgenden sollen die wichtigsten zusätzlichen Handler-Klassen beschrieben werden, die im Paket logging bzw. logging.handlers enthalten sind.

logging.FileHandler(filename, [mode, encoding, delay])

Dieser Handler schreibt die Logeinträge in die Datei filename. Dabei wird die Datei im Modus mode geöffnet. Der Handler FileHandler kann auch implizit durch Angabe der Schlüsselwortparameter filename und filemode beim Aufruf der Funktion basicConfig verwendet werden.

Der Parameter encoding kann dazu verwendet werden, das zum Schreiben der Datei verwendete Encoding festzulegen. Wenn Sie für den letzten Parameter True übergeben, wird mit dem Öffnen der Datei so lange gewartet, bis tatsächlich Daten geschrieben werden sollen.

logging.StreamHandler([stream])

Dieser Handler schreibt die Logeinträge in den Stream stream. Beachten Sie, dass der Handler StreamHandler auch implizit durch Angabe des Schlüsselwortparameters stream beim Aufruf der Funktion basicConfig verwendet werden kann.

logging.handlers.SocketHandler(host, port) logging.handlers.DatagramHandler(host, port)

Diese Handler senden die Logeinträge über eine TCP-Schnittstelle (SocketHandler) bzw. über eine UDP-Netzwerkschnittstelle (DatagramHandler) an den Rechner mit dem Hostnamen host unter Verwendung des Ports port.

logging.handlers.SMTPHandler(mailhost, from, to, subject, [credentials])

Dieser Handler sendet die Logeinträge als E-Mail an die Adresse to. Dabei werden subject als Betreff und from als Absenderadresse eingetragen. Über den Parameter mailhost geben Sie den zu verwendenden SMTP-Server an. Sollte dieser Server eine Authentifizierung verlangen, können Sie ein Tupel, das Benutzername und Passwort enthält, für den optionalen letzten Parameter credentials übergeben.

35.4 Automatisiertes Testen

Pythons Standardbibliothek stellt zwei Module zur *testgetriebenen Entwicklung* (engl. *test-driven development*) bereit. Unter testgetriebener Entwicklung versteht man eine Art der Programmierung, bei der viele kleine Abschnitte des Programms, sogenannte *Units*, durch automatisierte Testdurchläufe auf Fehler geprüft werden. Bei der testgetriebenen Entwicklung wird das Programm nach kleineren, in sich geschlossenen Arbeitsschritten so lange verbessert, bis es wieder alle bisherigen und alle hinzugekommenen Tests besteht. Auf diese Weise können sich durch das Hinzufügen von neuem Code keine Fehler in alten, bereits getesteten Code einschleichen.

In Python ist das Ihnen möglicherweise bekannte Konzept der Unit Tests im Modul unittest implementiert. Das Modul doctest ermöglicht es, Testfälle innerhalb eines Docstrings, beispielsweise einer Funktion, unterzubringen. Im Folgenden werden wir uns zunächst mit dem Modul doctest beschäftigen, um danach zum Modul unittest voranzuschreiten.

35.4.1 Testfälle in Docstrings – doctest

Das Modul doctest erlaubt es, Testfälle innerhalb des Docstrings einer Funktion, Methode, Klasse oder eines Moduls zu erstellen, die beim Aufruf der im Modul doctest enthaltenen Funktion testmod getestet werden. Die Testfälle innerhalb eines Docstrings werden dabei nicht in einer neuen Definitionssprache verfasst, sondern können direkt aus einer Sitzung im interaktiven Modus in den Docstring kopiert werden.

> **Hinweis**
> Docstrings sind auch bzw. hauptsächlich für die Dokumentation beispielsweise einer Funktion gedacht. Aus diesem Grund sollten Sie die Testfälle im Docstring möglichst einfach und lehrreich halten, sodass der resultierende Docstring auch in Dokumentationen Ihres Programms verwendet werden kann.

Das folgende Beispiel erläutert die Verwendung des Moduls doctest anhand der Funktion fak, die die Fakultät einer ganzen Zahl berechnen und zurückgeben soll.

```python
import doctest
def fak(n):
    """
        Berechnet die Fakultaet einer ganzen Zahl.

        >>> fak(5)
        120
        >>> fak(10)
        3628800
        >>> fak(20)
        2432902008176640000

        Es muss eine positive ganze Zahl uebergeben werden.

        >>> fak(-1)
        Traceback (most recent call last):
            ...
        ValueError: Keine negativen Zahlen!
    """
    res = 1
    for i in range(2, n+1):
        res *= i
    return res
if __name__ == "__main__":
    doctest.testmod()
```

Im Docstring der Funktion fak steht zunächst ein erklärender Text. Dann folgt, durch eine leere Zeile davon abgetrennt, ein Auszug aus dem interaktiven Modus von Python, in dem Funktionsaufrufe von fak mit ihren Rückgabewerten stehen. Diese Testfälle werden beim Ausführen des Tests nachvollzogen und entweder für wahr oder für falsch befunden.

Auf diese einfachen Fälle folgen, jeweils durch eine Leerzeile eingeleitet, ein weiterer erklärender Text sowie ein Ausnahmefall, in dem eine negative Zahl übergeben wurde. Beachten Sie, dass Sie den Stacktrace eines auftretenden Tracebacks im Docstring weglassen können. Auch die im Beispiel stattdessen geschriebenen Auslassungszeichen sind optional.

Der letzte Testfall wurde in der Funktion noch nicht berücksichtigt, sodass dieser im Test fehlschlagen wird. Um den Test zu starten, muss die Funktion testmod des Moduls doctest aufgerufen werden. Aufgrund der if-Abfrage

```python
if __name__ == "__main__":
    doctest.testmod()
```

wird diese Funktion immer dann aufgerufen, wenn die Programmdatei direkt ausgeführt wird. Der Test wird hingegen nicht durchgeführt, wenn die Programmdatei von einem anderen Python-Programm als Modul eingebunden wird. Im provozierten Fehlerfall lautet das Testresultat folgendermaßen:

```
**********************************************************************
File "fak.py", line 17, in __main__.fak
Failed example:
    fak(-1)
Expected:
    Traceback (most recent call last):
    ...
    ValueError: Keine negativen Zahlen!
Got:
    1
**********************************************************************
1 items had failures:
   1 of   4 in __main__.fak
***Test Failed*** 1 failures.
```

Jetzt erweitern wir die Funktion `fak` dahingehend, dass sie im Falle eines negativen Parameters die gewünschte Exception wirft:

```
def fak(n):
    """
        […]
    """
    if n < 0:
        raise ValueError("Keine negativen Zahlen!")
    res = 1
    for i in range(2, n+1):
        res *= i
    return res
```

Durch diese Änderung werden bei erneutem Durchführen des Tests keine Fehler mehr angezeigt. Um genau zu sein: Es wird überhaupt nichts angezeigt. Das liegt daran, dass generell nur fehlgeschlagene Testfälle auf dem Bildschirm ausgegeben werden. Sollten Sie auch auf die Ausgabe geglückter Testfälle bestehen, starten Sie die Programmdatei mit der Option -v (für *verbose*).

Beachten Sie bei der Verwendung von Doctests, dass die in den Docstrings geschriebenen Vorgaben Zeichen für Zeichen mit den Ausgaben der intern ausgeführten Testfälle verglichen werden. Dabei sollten Sie stets im Hinterkopf behalten, dass die Ausgaben bestimmter Datentypen nicht immer gleich sind. So stehen beispielsweise die Schlüssel-Wert-Paare eines Dictionarys in keiner garantierten Reihenfolge. Darüber hinaus gibt es Informationen, die vom Interpreter oder anderen Gegebenheiten abhängen; beispielsweise entspricht die Identität einer Instanz intern ihrer Speicheradresse und wird sich deswegen natürlich beim Neustart des Programms ändern.

Eine weitere Besonderheit, auf die Sie achten müssen, ist, dass eine Leerzeile in der erwarteten Ausgabe einer Funktion durch den String <BLANKLINE> gekennzeichnet werden muss, da eine Leerzeile als Trennung zwischen Testfällen und Dokumentation fungiert:

```
def f(a, b):
    """
    >>> f(3, 4)
    7
    <BLANKLINE>
    12
    """
    print(a + b)
    print()
    print(a * b)
```

Flags

Um einen Testfall genau an Ihre Bedürfnisse anzupassen, können Sie *Flags* vorgeben. Das sind Einstellungen, die Sie aktivieren oder deaktivieren können. Ein Flag wird in Form eines Kommentars hinter den Testfall im Docstring geschrieben. Wird das Flag von einem Plus (+) eingeleitet, wird es aktiviert, bei einem Minus (-) deaktiviert. Bevor wir zu einem konkreten Beispiel kommen, lernen Sie die drei wichtigsten Flags kennen.

Flag	Bedeutung
ELLIPSIS	Wenn dieses Flag gesetzt ist, kann die Angabe ... für eine beliebige Ausgabe einer Funktion verwendet werden. So können veränderliche Angaben wie Speicheradressen oder Ähnliches in größeren Ausgaben überlesen werden.
NORMALIZE_WHITESPACES	Wenn dieses Flag gesetzt ist, werden Whitespace-Zeichen nicht in den Ergebnisvergleich einbezogen. Das ist besonders dann interessant, wenn Sie ein langes Ergebnis auf mehrere Zeilen umbrechen möchten.

Tabelle 35.4 Doctest-Flags

Flag	Bedeutung
SKIP	Dieses Flag veranlasst das Überspringen des Tests. Das ist beispielsweise dann nützlich, wenn Sie im Docstring zu Dokumentationszwecken eine Reihe von Beispielen liefern, aber nur wenige davon bei einem Testlauf berücksichtigt werden sollen.

Tabelle 35.4 Doctest-Flags (Forts.)

In einem einfachen Beispiel erweitern wir den Doctest der bereits bekannten Fakultätsfunktion um die Berechnung der Fakultät einer relativ großen Zahl. Da es müßig wäre, alle Stellen des Ergebnisses im Doctest anzugeben, soll die Zahl mithilfe des Flags ELLIPSIS gekürzt angegeben werden.

```python
import doctest
def fak(n):
    """
    Berechnet die Fakultaet einer ganzen Zahl.

    >>> fak(1000) # doctest: +ELLIPSIS
    40238726007709377354702...000
    >>> fak("Bla") # doctest: +SKIP
    'BlubbBlubb'
    """
    res = 1
    for i in range(2, n+1):
        res *= i
    return res
if __name__ == "__main__":
    doctest.testmod()
```

Das Setzen der Flags wurde fett hervorgehoben. Wie Sie sehen, umfasst das Beispiel einen zweiten – offensichtlich fehlschlagenden – Test, bei dem aber das SKIP-Flag gesetzt wurde. Deshalb wird ein Testlauf hier keinen Fehler feststellen.

Bleibt noch zu sagen, dass insbesondere die Funktion testmod eine Fülle von Möglichkeiten bietet, die Testergebnisse im Programm zu verwenden oder den Prozess des Testens an Ihre Bedürfnisse anzupassen. Sollten Sie daran interessiert sein, bietet sich die Python-Dokumentation an, in der die Funktion besprochen wird.

35.4.2 Unit Tests – unittest

Das zweite Modul zur testgetriebenen Entwicklung heißt unittest und ist ebenfalls in der Standardbibliothek enthalten. Das Modul unittest implementiert die Funktionalität des aus Java bekannten Moduls JUnit, das den De-facto-Standard zur testgetriebenen Entwicklung in Java darstellt.

Der Unterschied zum Modul doctest besteht darin, dass die Testfälle bei unittest außerhalb des eigentlichen Programm-Codes in einer eigenen Programmdatei in Form von regulärem Python-Code definiert werden. Das vereinfacht die Ausführung der Tests und hält die Programmdokumentation sauber. Umgekehrt ist mit dem Erstellen der Testfälle allerdings mehr Aufwand verbunden.

Um einen neuen Testfall mit unittest zu erstellen, müssen Sie eine von der Basisklasse unittest.TestCase abgeleitete Klasse erstellen, in der einzelne Testfälle als Methoden implementiert sind. Die folgende Klasse implementiert die gleichen Testfälle, die wir im vorangegangenen Abschnitt mit dem Modul doctest durchgeführt haben. Dabei muss die zu testende Funktion fak in der Programmdatei fak.py implementiert sein, die von unserer Test-Programmdatei als Modul eingebunden wird.

```python
import unittest
import fak
class MeinTest(unittest.TestCase):
    def testBerechnung(self):
        self.assertEqual(fak.fak(5), 120)
        self.assertEqual(fak.fak(10), 3628800)
        self.assertEqual(fak.fak(20), 2432902008176640000)
    def testAusnahmen(self):
        self.assertRaises(ValueError, fak.fak, -1)
if __name__ == "__main__":
    unittest.main()
```

Es wurde eine Klasse namens MeinTest erzeugt, die von der Basisklasse unittest.TestCase erbt. In der Klasse MeinTest wurden zwei Testmethoden namens testBerechnung und testAusnahmen implementiert. Beachten Sie, dass der Name solcher Testmethoden mit test beginnen muss, damit sie später auch tatsächlich zum Testen gefunden und ausgeführt werden.

Innerhalb der Testmethoden werden die Methoden assertEqual bzw. assertRaises verwendet, die den Test fehlschlagen lassen, wenn die beiden angegebenen Werte nicht gleich sind bzw. wenn die angegebene Exception nicht geworfen wurde.

Um den Testlauf zu starten, wird die Funktion unittest.main aufgerufen. Die Fallunterscheidung

```python
if __name__ == "__main__":
    unittest.main()
```

bewirkt, dass der Unit Test nur durchgeführt wird, wenn die Programmdatei direkt ausgeführt wird, und ausdrücklich nicht, wenn die Programmdatei als Modul in ein anderes Python-Programm importiert wurde. Die aufgerufene Funktion `unittest.main` erzeugt, um den Test durchzuführen, Instanzen aller Klassen, die im aktuellen Namensraum existieren und von `unittest.TestCase` erben. Dann werden alle Methoden dieser Instanzen aufgerufen, deren Namen mit `test` beginnen.

Die Ausgabe des Beispiels lautet im Erfolgsfall:

```
..
----------------------------------------------------------------
Ran 2 tests in 0.000s

OK
```

Dabei stehen die beiden Punkte zu Beginn für zwei erfolgreich durchgeführte Tests. Ein fehlgeschlagener Test würde durch ein `F` gekennzeichnet.

Im Fehlerfall wird die genaue Bedingung angegeben, die zum Fehler geführt hat:

```
.F
================================================================
FAIL: testBerechnung (__main__.MeinTest)
----------------------------------------------------------------
Traceback (most recent call last):
  File "testen.py", line 7, in testBerechnung
    self.assertEqual(fak.fak(5), 12)
AssertionError: 120 != 12


----------------------------------------------------------------
Ran 2 tests in 0.001s

FAILED (failures=1)
```

Die Klasse `TestCase` erlaubt es zusätzlich, die parameterlosen Methoden `setUp` und `tearDown` zu überschreiben, die vor bzw. nach den Aufrufen der einzelnen Testfunktionen ausgeführt werden. In diesen Funktionen können also Initialisierungs- und Deinitialisierungsoperationen implementiert werden. Exceptions, die in `setUp` oder `tearDown` geworfen werden, lassen den jeweils aktuellen Test fehlschlagen.

Grundlegende Testmethoden

Aus den vorangegangenen Beispielen kennen Sie bereits die Assert-Methoden `assertEqual` und `assertRaises`, mithilfe derer der einem Test zugrunde liegende Vergleich implementiert wird. Die Klasse `TestCase` definiert eine ganze Reihe solcher Methoden, die im Folgenden zusammengefasst werden.

Die Methoden verfügen alle über den optionalen Parameter msg, für den eine Fehlerbeschreibung angegeben werden kann, die im Falle eines fehlschlagenden Tests ausgegeben wird. Dieser Parameter wurde aus Gründen der Übersichtlichkeit in Tabelle 35.5 ausgelassen.

Methode	Testet auf
assertEqual(first, second)	first == second
assertNotEqual(first, second)	first != second
assertTrue(expr)	bool(expr) is True
assertFalse(expr)	bool(expr) is False
assertIs(first, second)	first is second
assertIsNot(first, second)	first is not second
assertIsNone(expr)	expr is None
assertIsNotNone(expr)	expr is not None
assertIn(first, second)	first in second
assertNotIn(first, second)	first not in second
assertIsInstance(obj, cls)	isinstance(obj, cls)
assertNotIsInstance(obj, cls)	not isinstance(obj, cls)
assertGreater(first, second)	first > second
assertGreaterEqual(first, second)	first >= second
assertLess(first, second)	first < second
assertLessEqual(first, second)	first <= second

Tabelle 35.5 Methoden der Klasse TestCase

Testen auf Exceptions

Die Klasse TestCase enthält die Methoden assertRaises und assertWarns, die verwendet werden können, um zu testen, ob Funktionen Exceptions bzw. Warnungen werfen. Sie können mit einer funktionalen Schnittstelle verwendet werden:

assertRaises(exc, fun, *args, **kwds)

Dabei wird getestet, ob das Funktionsobjekt fun bei der Ausführung mit den Parametern args und kwargs eine Exception vom Typ exc wirft.

Alternativ können sowohl `assertRaises` als auch `assertWarns` ein Kontextobjekt erzeugen:

```
with self.assertRaises(TypeError):
    pass
```

Der Vorteil dieser Schreibweise ist, dass der zu testende Code nicht extra in eine Funktion gekapselt werden muss.

Testen auf reguläre Ausdrücke

Zum Prüfen von Strings existieren die Methoden `assertRegex` und `assertNotRegex`, denen die Parameter `text` und `regex` übergeben werden. Ein Aufruf einer dieser Funktionen prüft, ob `text` auf den regulären Ausdruck `regex` passt bzw. nicht passt. Der reguläre Ausdruck `regex` kann sowohl als String als auch als RE-Objekt übergeben werden.

```
self.assertRegex("Test", r"Te.t")
```

Analog dazu existieren die Methoden `assertWarnsRegex` und `assertRaisesRegex`, die wie ihre Pendants aus dem vorangegangenen Abschnitt funktionieren, aber zusätzlich den Text der geworfenen Exception gegen einen regulären Ausdruck prüfen. Der reguläre Ausdruck wird als zweiter Parameter übergeben:

```
with self.assertRaises(TypeError, r"."):
    pass
```

35.5 Analyse des Laufzeitverhaltens

Die Optimierung eines Programms kann viel Zeit in Anspruch nehmen. In der Regel wird zunächst ein lauffähiges Programm erstellt, das alle gewünschten Anforderungen erfüllt, bei dem jedoch noch nicht unbedingt Wert auf die Optimierung der Algorithmik gelegt wird. Das liegt vor allem daran, dass man oftmals erst beim fertigen Programm die tatsächlichen Engpässe erkennt und im frühen Stadium somit eventuell viel Zeit in die Optimierung unkritischer Bereiche investiert hätte.

Um das Laufzeitverhalten eines Python-Programms möglichst genau zu erfassen, existieren die drei Module `timeit`, `profile` und `cProfile` in der Standardbibliothek von Python. Diese Module sind das Thema der nächsten Abschnitte.

35.5.1 Laufzeitmessung – timeit

Das Modul `timeit` der Standardbibliothek ermöglicht es, genau zu messen, wie lange ein Python-Programm zur Ausführung braucht. Üblicherweise wird `timeit` dazu verwendet, die Laufzeit zweier verschiedener Algorithmen für dasselbe Problem zu vergleichen.

Sie erinnern sich sicherlich noch, dass im Kapitel über Funktionen ein rekursiver Algorithmus zur Berechnung der Fakultät angegeben wurde. Es wurde gesagt, dass ein laufzeitoptimierter iterativer Algorithmus im Vergleich zu seinem rekursiven Pendant stets effizienter ist. Das wollen wir in diesem Abschnitt anhand des timeit-Moduls überprüfen und zusätzlich testen, um wie viel Prozent die iterative Variante tatsächlich schneller ausgeführt werden kann.

Um die Laufzeit eines Python-Codes zu testen, muss die im Modul timeit enthaltene Klasse Timer instanziiert werden. Der Konstruktor der Klasse Timer hat die im Folgenden beschriebene Schnittstelle:

Timer([stmt, setup])

Hiermit wird eine Instanz der Klasse Timer erzeugt. Der zu analysierende Python-Code kann dem Konstruktor in Form des Parameters stmt als String übergeben werden. Für den zweiten Parameter setup kann ebenfalls ein String übergeben werden, der den Python-Code enthält, der zur Initialisierung von stmt benötigt wird. Demzufolge wird setup auch vor stmt ausgeführt. Beide Parameter sind optional und mit dem String "pass" vorbelegt.

Nachdem eine Instanz der Klasse Timer erzeugt wurde, besitzt sie drei Methoden, die im Folgenden besprochen werden.

t.timeit([number])

Diese Methode führt zunächst den setup-Code einmalig aus und wiederholt danach den beim Konstruktor für stmt übergebenen Code number-mal. Wenn der optionale Parameter number nicht angegeben wurde, wird der zu messende Code 1.000.000-mal ausgeführt.

Die Funktion gibt die Zeit zurück, die das Ausführen des gesamten Codes (also inklusive aller Wiederholungen, jedoch exklusive des Setup-Codes) in Anspruch genommen hat. Der Wert wird in Sekunden als Gleitkommazahl zurückgegeben.

> **Hinweis**
> Um das Ergebnis von äußeren Faktoren möglichst unabhängig zu machen, wird für die Dauer der Messung die Garbage Collection des Python-Interpreters deaktiviert. Sollte die Garbage Collection ein wichtiger mitzumessender Teil Ihres Codes sein, können Sie sie mit einem Setup-Code von "gc.enable()" wieder aktivieren.

t.repeat([repeat, number])

Diese Methode ruft die Methode `timeit` repeat-mal auf und gibt die Ergebnisse in Form einer Liste von Gleitkommazahlen zurück. Der Parameter number wird dabei der Methode `timeit` bei jedem Aufruf übergeben.

> **Hinweis**
>
> Es ist normalerweise keine gute Idee, den Mittelwert aller von repeat zurückgegebenen Werte zu bilden und diesen als durchschnittliche Laufzeit auszugeben. Andere Prozesse, die auf Ihrem System laufen, verfälschen die Ergebnisse aller Messungen. Vielmehr sollten Sie den kleinsten Wert der zurückgegebenen Liste als minimale Laufzeit annehmen, da dies die Messung mit der geringsten Systemaktivität war.

t.print_exc([file])

Sollte im zu analysierenden Code eine Exception geworfen werden, wird die Analyse sofort abgebrochen und ein Traceback ausgegeben. Der Stacktrace dieses Tracebacks ist jedoch nicht immer optimal, da er sich nicht auf den tatsächlich ausgeführten Quellcode bezieht.

Um einen aussagekräftigeren Stacktrace auszugeben, können Sie eine geworfene Exception abfangen und die Methode `print_exc` aufrufen. Diese Methode gibt einen Traceback auf dem Bildschirm aus, der sich direkt auf den zu analysierenden Code bezieht und damit die Fehlersuche erleichtert. Durch Angabe des optionalen Parameters `file` leiten Sie die Ausgabe in eine Datei um.

Beispiel

Eingangs wurde erwähnt, dass wir das Modul `timeit` dazu verwenden werden zu prüfen, um wie viel Prozent die iterative Fakultätsberechnung schneller ist als die rekursive. Dazu binden wir zunächst das Modul `timeit` ein und implementieren die beiden Berechnungsfunktionen:

```python
import timeit
def fak1(n):
    res = 1
    for i in range(2, n+1):
        res *= i
    return res
def fak2(n):
    if n > 0:
        return fak2(n-1)*n
    else:
        return 1
```

Danach erzeugen wir für beide Funktionen jeweils eine Instanz der Klasse Timer:

```
t1 = timeit.Timer("fak1(50)", "from __main__ import fak1")
t2 = timeit.Timer("fak2(50)", "from __main__ import fak2")
```

Beachten Sie, dass wir im Setup-Code zunächst die gewünschte Berechnungsfunktion aus dem Namensraum des Hauptprogramms __main__ in den Namensraum des zu testenden Programms importieren müssen. Im eigentlich zu analysierenden Code wird nur noch die Berechnung der Fakultät von 50 unter Verwendung der jeweiligen Berechnungsfunktion angestoßen.

Schließlich wird die Laufzeitmessung mit 1.000.000 Wiederholungen gestartet und das jeweilige Ergebnis ausgegeben:

```
print("Iterativ: ", t1.timeit())
print("Rekursiv: ", t2.timeit())
```

Die Ausgabe des Programms lautet:

```
Iterativ:  3.3135700230195653
Rekursiv:  9.360691823996603
```

Das bedeutet, dass der iterative Algorithmus etwa doppelt so schnell ist wie der rekursive. Doch diese Daten sind noch nicht wirklich repräsentativ, denn es könnte sein, dass der Test der rekursiven Funktion durch einen im System laufenden Prozess ausgebremst wurde. Aus diesem Grund starten wir einen erneuten Test:

```
print("Iterativ: ", min(t1.repeat(100, 10000)))
print("Rekursiv: ", min(t2.repeat(100, 10000)))
```

Dieses Mal führen wir eine Testreihe durch, die einen Test mit 10.000 Einzelwiederholungen 100-mal wiederholt und das kleinste der Ergebnisse ausgibt. Die Ergebnisse sind annäherungsweise deckungsgleich mit denen der vorherigen Tests:

```
Iterativ:  0.031242681987350807
Rekursiv:  0.09040119699784555
```

Die absoluten Zahlenwerte hängen stark vom verwendeten System ab. Auf einem schnelleren Computer sind sie dementsprechend kleiner.

35.5.2 Profiling – cProfile

Um eine Laufzeitanalyse eines vollständigen Python-Programms anzufertigen, wird ein *Profiler* verwendet. Ein Profiler überwacht einen kompletten Programmdurchlauf und listet nach Beenden des Programms detailliert auf, wie viel Prozent der Laufzeit in welcher Funktion verbraucht wurden. Auf diese Weise kann der Programmierer die laufzeittechnischen Engpässe des Programms erkennen und an sinnvollen Stellen mit der Optimierung des Programms beginnen.

Grundsätzlich gilt: Je mehr Prozent der Laufzeit in einer bestimmten Funktion verbracht werden, desto mehr Zeit sollten Sie investieren, um diese Funktion zu optimieren.

> **Hinweis**
>
> Seit Python-Version 2.5 ist in der Standardbibliothek der Profiler cProfile enthalten. Dieser bildet die Schnittstelle des alten Profilers profile ab, ist jedoch im Gegensatz zu diesem in C und nicht in Python geschrieben. Aus diesem Grund ist der Overhead von cProfile kleiner, und die Zeitmessungen sind somit besser. Wir werden hier den Profiler cProfile besprechen. Da dieser jedoch über die gleiche Schnittstelle wie profile verfügt, gilt die Beschreibung genauso für den alten Profiler.
>
> Der Profiler cProfile ist möglicherweise nicht für alle Python-Interpreter verfügbar. Das reine Python-Pendant profile hingegen kann überall verwendet werden.

Im Modul cProfile sind zwei wichtige Funktionen enthalten, die im Folgenden besprochen werden.

run(command, [filename, sort])

Diese Funktion führt den als command übergebenen String mithilfe einer exec-Anweisung aus und nimmt während der Ausführung eine detaillierte Laufzeitanalyse vor. Üblicherweise wird für command ein Funktionsaufruf der Hauptfunktion eines größeren Programms übergeben.

Über den zweiten, optionalen Parameter filename kann eine Datei angegeben werden, in die das Ergebnis der Laufzeitanalyse geschrieben wird. Wenn dieser Parameter nicht angegeben wurde, wird das Ergebnis auf dem Bildschirm ausgegeben. Bei diesem Ergebnis der Analyse handelt es sich um eine tabellarische Auflistung aller Funktionsaufrufe. Wie diese Tabelle aussieht und wie sie zu lesen ist, erfahren Sie anhand des nächsten Beispiels.

Der Parameter sort steuert, wonach die Ergebnistabelle sortiert werden soll. Die folgenden Werte sind möglich:

Wert	Sortierung nach
"stdname"	Programmdatei und Funktionsname, dies ist die Standardeinstellung.
"calls"	Anzahl der Aufrufe der Funktion
"time"	Gesamtzeit, die in der Funktion verbracht wurde

Tabelle 35.6 Mögliche Werte für den Parameter sort

Wert	Sortierung nach
`"cumulative"`	Gesamtzeit, die in der Funktion und ihren Unterfunktionen verbracht wurde

Tabelle 35.6 Mögliche Werte für den Parameter sort (Forts.)

runctx(command, globals, locals, [filename])

Diese Funktion verhält sich wie run, mit dem Unterschied, dass über die Parameter globals und locals der globale und lokale Kontext festgelegt werden können, in denen command ausgeführt wird. Für die Parameter globals und locals kann ein Dictionary übergeben werden, wie es von den Built-in Functions globals und locals zurückgegeben wird.

Beispiel

Im Folgenden wird eine Laufzeitanalyse für ein kleines Beispielprogramm erstellt. Dazu betrachten wir zunächst den Quelltext des Programms:

```python
import math
def calc1(n):
    return n**2
def calc2(n):
    return math.sqrt(n)
def calc3(n):
    return math.log(n+1)
def programm():
    for i in range(100):
        calc1(i)
        for j in range(100):
            calc2(j)
            for k in range(100):
                calc3(k)
programm()
```

Im Programm existieren drei kleine Funktionen namens calc1, calc2 und calc3, die jeweils eine ganze Zahl als Parameter übergeben bekommen, dann eine mathematische Operation auf diese Zahl anwenden und das Ergebnis zurückgeben. In der Hauptfunktion programm befinden sich drei ineinander verschachtelte Schleifen, die jeweils über alle ganzen Zahlen von 0 bis 99 iterieren und eine der drei Berechnungsfunktionen aufrufen. Die Frage, die wir mithilfe des Profilers lösen möchten, lautet, an welcher Stelle sich eine Optimierung des Programms besonders lohnen würde und wo sie überflüssig wäre.

Der Profiler wird folgendermaßen in das Programm eingebunden:

```
import cProfile
# Beispielprogramm
cProfile.run("programm()")
```

Dabei steht `Beispielprogramm` für den Code des Beispielprogramms. Die Code-Zeile `programm()` des Beispielprogramms ist jetzt überflüssig. Das Ausführen der Laufzeitanalyse gibt folgendes Ergebnis aus:

```
        2020104 function calls in 0.576 seconds

   Ordered by: standard name

   ncalls  tottime  percall  cumtime  percall filename:lineno(function)
        1    0.000    0.000    0.576    0.576 <string>:1(<module>)
      100    0.000    0.000    0.000    0.000 test.py:10(calc1)
    10000    0.002    0.000    0.003    0.000 test.py:12(calc2)
  1000000    0.203    0.000    0.407    0.000 test.py:14(calc3)
        1    0.166    0.166    0.576    0.576 test.py:16(programm)
        1    0.000    0.000    0.576    0.576 {built-in method builtins.exec}
  1000000    0.204    0.000    0.204    0.000 {built-in method math.log}
    10000    0.001    0.000    0.001    0.000 {built-in method math.sqrt}
        1    0.000    0.000    0.000    0.000 {method 'disable' of '_
lsprof.Profiler' objects}
```

- Jede Zeile dieser Tabelle bezieht sich auf eine Funktion des Beispielprogramms. Die Spaltenbeschriftungen der Tabelle sind vielleicht nicht ganz klar, weswegen sie kurz erläutert werden sollen:
- `ncalls` steht für die Anzahl von Funktionsaufrufen der Funktion.
- `tottime` steht für die Gesamtzeit in Sekunden, die in der Funktion verbracht wurde. Dabei werden Aufrufe von Unterfunktionen nicht einbezogen.
- `percall` steht für den Quotienten von `tottime` und `ncalls`.
- `cumtime` steht für die Gesamtzeit in Sekunden, die in der Funktion verbracht wurde. Dabei werden Aufrufe von Unterfunktionen einbezogen.
- `percall` steht für den Quotienten von `cumtime` und `ncalls`.
- `filename:lineno(function)` steht für den Funktionsnamen inklusive Angabe der Programmdatei und der Zeile, an der die Funktion im Quellcode steht.

Die vom Profiler angezeigte Tabelle gibt Ihnen einen guten Überblick darüber, wo die zeitkritischen Funktionen des Programms liegen. In diesem Fall sticht die Funktion `calc3` hervor, die insgesamt 1.000.000-mal aufgerufen wird und in der sich satte

70 % der Laufzeit abspielen. Die 10.000-mal aufgerufene Funktion calc2 macht hingegen nur 0,5 % der Gesamtlaufzeit aus. Die restliche Laufzeit wird, abgesehen von einem verschwindend geringen Prozentsatz in calc1, in der Hauptfunktion programm verbracht.

Zugegebenermaßen hätte man dieses Ergebnis auch anhand des Programms abschätzen können. Jede Schleife iteriert über 100 Zahlen und ruft in jedem Iterationsschritt »ihre« Funktion auf. Damit wird die innerste Funktion $100^3 = 1.000.000$-mal aufgerufen. Auch die prozentuale Laufzeit der Funktionen calc3 und calc2 liegt in etwa um Faktor 100 auseinander. Etwaige Schwankungen ergeben sich daraus, dass unterschiedliche Berechnungen durchgeführt werden.

Auch wenn dieses Beispiel etwas künstlich wirkt, lässt sich die Vorgehensweise auf ein größeres, zeitkritisches Projekt übertragen. Im Falle unseres Beispiels soll das Augenmerk auf die Optimierung der Funktion calc3 gelegt werden, da diese mit 1.000.000 Aufrufen und 70 % Laufzeitanteil stark dominiert.

35.5.3 Tracing – trace

Im letzten Abschnitt haben wir besprochen, welche Möglichkeiten Python bietet, ein Programm mithilfe eines Profilers zu untersuchen. Dies funktioniert im besprochenen Beispiel sehr gut, hat aber auch einen großen Nachteil: Der Profiler arbeitet auf der Funktionsebene. Das bedeutet, dass immer nur die Laufzeit ganzer Funktionen gemessen wird. Häufig ist es aber so, dass es auch innerhalb einer größeren Funktion Teile gibt, die laufzeittechnisch gesehen bedeutungslos sind, und Teile, die sehr laufzeitintensiv sind. In einem solchen Fall greift man zu einem anderen Hilfsmittel, dem *Tracer*.

Ein Tracer, in Python über das Modul trace verfügbar, überwacht einen Programmlauf und registriert dabei, wie oft jede einzelne Code-Zeile des Programms ausgeführt wurde. Eine solche *Überdeckungsanalyse* wird im Wesentlichen aus zwei Gründen durchgeführt:

- Mithilfe einer Überdeckungsanalyse lassen sich Code-Zeilen ausfindig machen, die besonders häufig aufgerufen werden und daher möglicherweise besonders laufzeitintensiv sind. Diese Zeilen könnten Sie dann gezielt optimieren. Beachten Sie aber, dass ein Tracer nicht die tatsächliche Laufzeit einer Code-Zeile misst, sondern nur, wie oft diese Zeile im Programmfluss ausgeführt wurde.
- Häufig muss bei sicherheitsrelevanten Programmen eine Überdeckungsanalyse vorgelegt werden, um zu beweisen, dass bei einem Test jede Code-Zeile mindestens einmal ausgeführt wurde. Auf diese Weise versucht man zu vermeiden, dass beispielsweise der Autopilot eines Flugzeugs ausfällt, weil ein Fall eingetreten ist, an den man beim Testen der Software nicht gedacht hat.

In diesem Abschnitt möchten wir die Überdeckungsanalyse durchführen, um laufzeitkritische Stellen in einem Programm zu identifizieren. Dazu erstellen wir eine leicht modifizierte Version des Beispielprogramms aus dem vorangegangenen Abschnitt. »Modifiziert« bedeutet, dass der Code ohne Unterfunktionen geschrieben wurde.

```python
import math
def programm():
    for i in range(100):
        i**2
        for j in range(100):
            math.sqrt(j)
            for k in range(100):
                math.log(k+1)
```

Die Überdeckungsanalyse wird mithilfe des Moduls trace durchgeführt. Dazu ist folgender zusätzlicher Code nötig:

```python
import trace
import sys
tracer = trace.Trace(ignoredirs = [sys.prefix, sys.exec_prefix], trace = 0)
tracer.run("programm()")
r = tracer.results()
r.write_results(show_missing=True, coverdir="ergebnis")
```

Zunächst wird eine Instanz der Klasse Tracer erzeugt. Diese bekommt zwei Schlüsselwortparameter übergeben. Über den Parameter ignoredirs wird eine Liste von Verzeichnissen übergeben, deren enthaltene Module nicht in die Überdeckungsanalyse einbezogen werden sollen. In diesem Fall möchten wir keine Module der Standardbibliothek übergeben und fügen deshalb die entsprechenden Verzeichnisse sys.prefix und sys.exec_prefix an. Den zweiten Parameter, trace, setzen wir auf 0, da sonst jede während des Programmlaufs ausgeführte Zeile auf dem Bildschirm ausgegeben wird.

Danach führen wir analog zum Profiler die Methode run der Trace-Instanz aus und übergeben dabei den auszuführenden Python-Code. Nachdem der Tracer durchgelaufen ist, können die Ergebnisse über die Methode results der Trace-Instanz abgeholt werden. Wir möchten die Ergebnisse in diesem Fall nicht weiterverarbeiten und speichern sie deshalb mithilfe der Methode write_results auf der Festplatte. Dabei geben wir über den Parameter coverdir das Unterverzeichnis an, in dem die Ergebnisse gespeichert werden sollen. Wenn für den Parameter show_missing der Wert True übergeben wird, werden Code-Zeilen, die während des Programmlaufs niemals ausgeführt wurden, mit einem Pfeil gekennzeichnet.

35.5 Analyse des Laufzeitverhaltens

Das Ergebnis wird im Unterordner ergebnis als Textdatei mit dem Dateinamen modulname.cover abgespeichert, wobei modulname durch den Namen Ihres getesteten Moduls ersetzt wird.

In unserem Beispiel sieht das Ergebnis folgendermaßen aus:

```
        import trace
>>>>>>  import sys
>>>>>>  import math
>>>>>>  def programm():
  101:      for i in range(100):
  100:          i**2
10100:         for j in range(100):
10000:             math.sqrt(j)
1010000:           for k in range(100):
1000000:               math.log(k+1)
>>>>>>  tracer = trace.Trace(
>>>>>>      ignoredirs = [sys.prefix, sys.exec_prefix],
>>>>>>      trace = 0)
>>>>>>  tracer.run("programm()")
>>>>>>  r = tracer.results()
>>>>>>  r.write_results(show_missing=True, coverdir="ergebnis")
```

Sie sehen, dass die Ergebnisse zu einer gut lesbaren Datei aufbereitet werden. Im Prinzip ist die Datei in zwei Spalten aufgeteilt: Rechts steht der Quellcode des Programms und links die Anzahl der Aufrufe jeder Code-Zeile. Die Pfeile in der linken Spalte weisen auf Code-Zeilen hin, die während des überwachten Programmlaufs niemals ausgeführt wurden. Diese Zeilen wurden natürlich nur nicht ausgeführt, solange die Überwachung des Programms aktiv war.

> **Hinweis**
>
> Es mag zunächst verwirrend erscheinen, dass die Zeile
>
> `for i in range(100):`
>
> insgesamt 101-mal ausgeführt wird, obwohl die Schleife von 0 bis 99 zählt. Das liegt daran, dass der Kontrollfluss nach Abarbeitung des 100. Schleifendurchlaufs noch einmal zum Schleifenkopf zurückkehrt, um die Abbruchbedingung zu prüfen. Nach diesem 101. Ausführen des Schleifenkopfs verlässt der Kontrollfluss die Schleife.
>
> Analog erklären sich die Werte 10100 und 1010000 in den Zeilen 7 und 9 der Überdeckungsanalyse.

35.6 Optimierung

Als Programmierer sollten Sie mit der Zeit einen Sinn für die Ästhetik und Eleganz eines Programms entwickeln, der Ihnen sagt, wann Ihr Programm »schön« ist. Zwei wichtige Punkte eines eleganten Programms sind die Einfachheit des Ansatzes und die Laufzeiteffizienz. Diese beiden Grundsätze stehen sich in gewissem Maße gegenüber, denn häufig ist der effizienteste Ansatz nicht gerade von Klarheit geprägt.

Aus diesem Grund ist es bei einem nicht-zeitkritischen Programm absolut legitim, Effizienz und Einfachheit gegeneinander abzuwägen und zu einem gesunden Kompromiss zu gelangen. Bei einem zeitkritischen Programm ist die beste Lösung hingegen immer die effizienteste. Wir werden uns in diesem Kapitel mit der Optimierung der Laufzeit eines Python-Programms beschäftigen. Abgesehen von der Laufzeit können Programme noch in Hinblick auf andere Bereiche optimiert werden. So ist es beispielsweise durchaus üblich, eine Speicherplatzoptimierung durchzuführen, und letztlich kann ein Programm auch im Hinblick auf die Einfachheit und Klarheit des Quelltextes hin optimiert werden. Der Begriff »Optimierung« wird im Folgenden ausschließlich im Sinne von »Laufzeitoptimierung« verstanden.

Beachten Sie, dass wir uns dabei rein auf Python-spezifische Optimierungsstrategien konzentrieren. Den höchsten Laufzeitgewinn erzielen Sie jedoch mit der Optimierung der Algorithmik selbst. Doch das Optimieren von Algorithmen ist ein Thema für sich und soll hier keine Berücksichtigung finden. Beachten Sie zudem, dass wir häufig kleinere Python-Codes einander gegenüberstellen werden, die den gleichen Effekt haben, sich jedoch teils gravierend in ihrer Laufzeit unterscheiden. Die in diesem Zusammenhang als »falsch« dargestellte Alternative ist natürlich nicht tatsächlich falsch, sondern im Vergleich zur anderen Variante nur ineffizient. Dennoch führen beide Alternativen zum gesteckten Ziel, sodass Sie frei entscheiden können, welcher der Varianten Sie den Vorzug gewähren möchten.

Bei einigen der hier gezeigten Optimierungsmöglichkeiten, beispielsweise dem »Inlinen« von Funktionsaufrufen oder dem Umgehen von Lookups, ist der absolute Laufzeitgewinn gering und der Verlust an Übersichtlichkeit im Quellcode deutlich. Deswegen sollten Sie solche Optimierungsstrategien nur einsetzen, wenn es unbedingt nötig ist. Beachten Sie auch, dass die angegebenen Laufzeitmessungen beispielhafte Spezialfälle beschreiben, die nicht auf beliebige reale Implementierungen übertragbar sind.

Zu guter Letzt werden wir Ihnen den alternativen Interpreter PyPy vorstellen, der im Gegensatz zum Referenz-Interpreter CPython über einen Just-in-time-Compiler verfügt. Deshalb lassen sich insbesondere algorithmisch aufwendige Programme mit PyPy schneller ausführen als mit CPython.

35.6.1 Die Optimize-Option

Grundsätzlich können Sie das Laufzeitverhalten eines Python-Programms beeinflussen, indem Sie es mit der Kommandozeilenoption -O ausführen. Diese Option veranlasst den Interpreter dazu, den resultierenden Byte-Code zu optimieren. Das bedeutet, dass assert-Anweisungen und Konstrukte wie

```
if __debug__:
    mache_etwas()
```

nicht ins Kompilat aufgenommen werden und somit keinen Einfluss mehr auf das Laufzeitverhalten des optimierten Programms haben.

Durch die Kommandozeilenoption -OO ist es möglich, das Programm über das normale Maß hinaus zu optimieren. Wenn dies gewünscht ist, werden alle im Quelltext enthaltenen Docstrings ignoriert und nicht mit in das Kompilat aufgenommen. Auch damit erreichen Sie ein wenig mehr Laufzeiteffizienz, obwohl sich der Gewinn in Grenzen halten sollte. Es ist dann aber beispielsweise für die Built-in Function help nicht mehr möglich, eine Hilfeseite zu Elementen Ihres Moduls zu generieren, weil keine Docstrings mehr vorhanden sind.

35.6.2 Mutabel vs. immutabel

Bei der Einführung der Basisdatentypen zu Beginn dieses Buchs haben wir unterschieden zwischen Datentypen, die mutabel (also veränderlich), und solchen, die immutabel (also unveränderlich) sind. Dass diese Unterscheidung auch performancetechnische Relevanz hat, sehen Sie in diesem Abschnitt.

Im folgenden Beispiel soll ein Tupel mit den Zahlen von 0 bis 1000 gefüllt werden. Selbstverständlich kennen wir dafür effiziente Möglichkeiten, doch versuchen wir es einmal mit der naiven Herangehensweise:

```
tup = ()
for i in range(1000):
    tup += (i,)
```

Zunächst wird das Tupel angelegt und dann in einer Schleife über alle Zahlen von 0 bis 1000 die jeweils aktuelle Zahl an das Tupel angehängt. Leider haben wir beim Schreiben dieses Codes nicht berücksichtigt, dass es sich bei tuple um einen unveränderlichen Datentyp handelt. Das bedeutet, dass beim Hinzufügen eines Wertes zu unserem Tupel tup jedes Mal eine neue tuple-Instanz erzeugt wird und die Einträge der alten Instanz in diese neue umkopiert werden müssen. Das kostet Zeit.

Als Alternative zu diesem Beispiel verwenden wir nun das veränderliche Pendant des Tupels, die Liste:

```
lst = []
for i in range(1000):
    lst += [i]
```

Im Gegensatz zur vorherigen Version muss hier beim Anhängen einer neuen Zahl keine neue `list`-Instanz erzeugt werden, was sich beim Vergleich der Laufzeit der beiden Beispiele deutlich niederschlägt: Die zweite Variante kann ca. 16-mal so schnell ausgeführt werden wie die erste.

Interessant ist in diesem Beispiel auch die Entwicklung des Laufzeitunterschieds in Abhängigkeit von der Anzahl der einzutragenden Zahlen. Je mehr Elemente ein Tupel enthält, desto aufwendiger ist es, seine Elemente in eine neue `tuple`-Instanz zu überführen. Hätten wir die oben genannten Beispiele also mit Zahlen zwischen 0 und 10000 durchgeführt, hätte sich ein noch um einiges eindrucksvollerer Laufzeitunterschied zwischen den beiden Varianten ergeben.

> **Hinweis**
>
> Das hier gezeigte Beispiel hat in Python-Versionen vor 2.5 auch für Strings funktioniert. In neueren Versionen greifen hier Optimierungen des Python-Interpreters, die verhindern, dass in jedem Schleifendurchlauf ein neuer String erzeugt wird.

35.6.3 Schleifen

Betrachten wir noch einmal das zweite Beispiel aus dem vorangegangenen Abschnitt:

```
lst = []
for i in range(1000):
    lst += [i]
```

Wenn eine Schleife zum Erzeugen einer Liste, eines Dictionarys oder eines Sets verwendet wird, sollten Sie sich stets überlegen, ob Sie dasselbe Ergebnis nicht auch mit einer List bzw. Dict oder Set Comprehension erreichen können. Diese können schneller ausgeführt werden als eine analoge `for`-Schleife. Die folgende List Comprehension, die die gleiche Liste wie die oben dargestellte Schleife erzeugt, kann mehr als doppelt so schnell ausgeführt werden:

```
lst = [i for i in range(1000)]
```

> **Hinweis**
>
> Ein Aufruf der Built-in Function `map` ist ähnlich effizient wie eine List Comprehension.

35.6.4 Funktionsaufrufe

Eine weitere – laufzeittechnisch gesehen – teure Angelegenheit sind Funktionsaufrufe, weswegen Sie Funktionsaufrufe in häufig durchlaufenen Schleifen auf ihre Notwendigkeit hin überprüfen sollten. Bei besonders simplen Funktionen kann es sinnvoll sein, die Funktion zu »inlinen«, den Funktionsinhalt also direkt in die Schleife zu schreiben.

Der folgende – zugegebenermaßen etwas künstliche – Code:

```
def f(s):
    return s.upper()
ergebnis = f("Hallo Welt")
```

kann durch diese mehr als 1,5-mal so schnelle Variante ersetzt werden:

```
ergebnis = "Hallo Welt".upper()
```

Insbesondere bei dieser Optimierung ist anzumerken, dass der Laufzeitgewinn durch das »inlinen« von f natürlich in Relation gesehen werden muss zur Laufzeit von f selbst.

35.6.5 C

Ein in Python geschriebener Programmteil ist aufgrund des zwischengeschalteten Interpreters in der Regel langsamer als ein vergleichbares C-Programm. Aus diesem Grund sollten Sie an einer laufzeitkritischen Stelle so oft wie möglich auf Algorithmen zurückgreifen, die in C implementiert wurden. So lohnt es sich beispielsweise immer, eine Built-in Function einzusetzen, anstatt den entsprechenden Algorithmus selbst zu implementieren.

In Kapitel 37, »Anbindung an andere Programmiersprachen«, erfahren Sie, wie Sie eigene Module oder Programmteile in C schreiben.

35.6.6 Lookups

Wenn über einen Modulnamen auf eine Funktion zugegriffen wird, die in diesem Modul enthalten ist, muss bei jedem Funktionsaufruf ein sogenannter *Lookup* durchgeführt werden. Dieser Lookup ist nicht erforderlich, wenn eine direkte Referenz auf das Funktionsobjekt besteht. Stellen Sie sich einmal vor, Sie wollten die Quadratwurzeln aller natürlichen Zahlen zwischen 0 und 100 bestimmen. Dazu kommt einem zunächst folgender Ansatz in den Sinn:

```
import math
wurzeln = [math.sqrt(i) for i in range(100)]
```

Wesentlich effizienter ist es jedoch, die Funktion sqrt des Moduls math direkt zu referenzieren und über diese Referenz anzusprechen:

```
import math
s = math.sqrt
wurzeln = [s(i) for i in range(100)]
```

Die Schleife der zweiten Variante kann ca. 1,5-mal so schnell ausgeführt werden wie die Schleife der ersten Variante.

35.6.7 Exceptions

Im folgenden Beispiel möchten wir in einer sehr frequentierten Schleife mit einem sich ständig ändernden Index i auf eine Liste liste zugreifen, können uns aber nicht sicher sein, ob ein Element liste[i] tatsächlich existiert. Wenn ein Element mit dem Index i existiert, soll dieses zurückgegeben werden, andernfalls 0. In einem solchen Fall ist es in der Regel ineffizient, vor dem Zugriff zu prüfen, ob ein i-tes Element existiert:

```
def f(liste, i):
    if i in range(len(liste)):
        return liste[i]
    else:
        return 0
```

In der Regel ist es wesentlich effizienter, einfach auf das i-te Element zuzugreifen und im Falle einer geworfenen IndexError-Exception den Wert 0 zurückzugeben:

```
def f(liste, i):
    try:
        return liste[i]
    except IndexError:
        return 0
```

Bei einer Liste mit 1.000 Einträgen und einer Fehlzugriffsrate von 20 % ist die untere Variante der Funktion f ca. 30 % schneller als die obere. Je kleiner die Liste, desto effizienter ist das Durchsuchen im Vergleich zum Behandeln von Exceptions.

35.6.8 Keyword Arguments

Die Übergabe von Positionsparametern beim Funktions- oder Methodenaufruf ist im Vergleich zu Schlüsselwortparametern grundsätzlich effizienter. Dazu schauen wir uns folgende Funktion an, die vier Parameter erwartet:

```
def f(a, b, c, d):
    return "{} {} {} {}".format(a,b,c,d)
```

Der Funktionsaufruf

```
f("Hallo", "du", "schöne", "Welt")
```

kann ca. 1,1-mal so schnell ausgeführt werden wie der Funktionsaufruf

```
f(a="Hallo", b="du", c="schöne", d="Welt")
```

An dieser Stelle möchten wir nochmal darauf hinweisen, dass sich solche feinen Optimierungen nur für Funktionen lohnen, die extrem häufig aufgerufen werden.

35.6.9 Alternative Interpreter: PyPy

Die in den bisherigen Abschnitten besprochenen Tipps zur Optimierung beziehen sich auf die Programmiersprache Python selbst und dabei insbesondere im Zusammenhang mit ihrer Referenzimplementierung CPython. Neben CPython gibt es eine Reihe alternativer Interpreter, die jeweils einen besonderen Fokus setzen. Ein im Zusammenhang mit der Optimierung erwähnenswerter Python-Interpreter ist *PyPy*[1], der im Gegensatz zu CPython über einen *Just-in-Time Compiler (JIT Compiler)* verfügt. Ein solcher JIT-Compiler übersetzt besonders häufig ausgeführte Teile eines laufenden Programms in Maschinen-Code, um diese effizienter zu machen. Da die Kompilierung erst zur Laufzeit erfolgt, können Informationen über den aktuellen Programmlauf bei der Optimierung berücksichtigt werden, die bei *Ahead-of-Time-Kompilierung* nicht einfließen können. Eine Just-in-Time Kompilierung ist besonders bei rechenintensiven Programmen sinnvoll. PyPy steht wie CPython unter der freien MIT-Lizenz und kann unter *http://www.pypy.org* heruntergeladen werden.

Um die Stärken von PyPy zu demonstrieren, verwenden wir das folgende kurze Beispielprogramm, das die Zahlen von 0 bis 10000000 mit alternierendem Vorzeichen aufsummiert:

```
ergebnis = 0
for n in range(10000000):
    ergebnis += (-1)**n * n
```

Dieses Beispielprogramm lässt sich mit PyPy ca. 5-mal so schnell ausführen wie mit CPython. Selbstverständlich hängt der Laufzeitgewinn stark von der Art des ausgeführten Programms ab. Ein I/O-gebundenes Programm, beispielsweise eines, das hauptsächlich Festplattenzugriffe durchführt, lässt sich durch Just-in-Time-Kompilierung kaum beschleunigen.

---

[1] PyPy ist übrigens selbst in Python geschrieben.

> **Hinweis**
>
> Die amerikanische Firma Dropbox hat die Entwicklung des quelloffenen Python-Interpreters *Pyston* gestartet. Der auf der Compiler-Architektur LLVM aufbauende Interpreter erlaubt – ähnlich wie PyPy – eine Just-in-Time-Kompilierung und soll deutlich effizienter werden als CPython.
>
> Pyston ist vergleichsweise jung und bislang noch als experimentell anzusehen. Trotzdem lohnt es sich, ein Auge auf das Projekt zu werfen.

Kapitel 36
Dokumentation

Wenn Sie Ihre Programme und Module an Benutzer und andere Entwickler weitergeben, ist eine gute Dokumentation sehr wichtig. Ohne vernünftige Funktionsbeschreibung ist selbst das beste Programm wertlos, da es zu aufwendig ist, die Funktionsweise allein aus dem Quellcode herauszulesen oder durch Ausprobieren zu erahnen.

Von Programmierern wird das Schreiben von Dokumentationen oft als lästig empfunden, weil es verhältnismäßig viel Zeit in Anspruch nimmt, ohne die Programme selbst zu verbessern. Aus diesem Grund gibt es auch in der Python-Welt viele Module und Programme, die nicht ausreichend dokumentiert sind.

Es gibt allerdings Werkzeuge und Methoden, die das Schreiben von Dokumentationen so einfach wie möglich machen. Wir werden uns in diesem Abschnitt mit dem Programm pydoc beschäftigen, das Python-Programme anhand ihres Quellcodes dokumentieren kann. Das Werkzeug pydoc analysiert den Programmtext und sammelt insbesondere die Informationen aus den sogenannten *Docstrings*. Die gesammelten Informationen werden aufbereitet und als HTML-Datei exportiert.

36.1 Docstrings

Die Grundlage für die Hilfetexte, die von der dynamischen Hilfefunktion help angezeigt werden, sind spezielle Kommentare im Quelltext, auch *Docstrings* genannt (kurz für »Documentation String«). Docstrings sind dazu gedacht, Funktionen, Module oder Klassen zu beschreiben. Diese Beschreibungen können durch externe Tools oder die angesprochene Funktion help gelesen und wiedergegeben werden. Auf diese Weise lassen sich einfach Dokumentationen aus den – eigentlich programminternen – Kommentaren erzeugen.

Die folgenden beiden Beispiele zeigen eine Klasse und eine Funktion jeweils mit einem Docstring dokumentiert. Beachten Sie, dass ein Docstring immer am Anfang des Funktions- bzw. Klassenkörpers stehen muss, um als Docstring erkannt zu werden. Ein Docstring kann durchaus auch an anderen Stellen stehen, kann dann jedoch keiner Klasse oder Funktion zugeordnet werden und fungiert somit nur als Blockkommentar.

```
class MeineKlasse:
    """Beispiel fuer Docstrings.
    
    Diese Klasse zeigt, wie Docstrings verwendet
    werden.
    """
    pass

def MeineFunktion():
    """Diese Funktion macht nichts.
    
    Im Ernst, diese Funktion macht wirklich nichts.
    """
    pass
```

Um den Docstring programmintern verwenden zu können, besitzt jede Instanz ein Attribut namens __doc__, das ihren Docstring enthält. Beachten Sie, dass auch Funktionsobjekte und eingebundene Module Instanzen sind:

```
>>> print(MeineKlasse.__doc__)
Beispiel fuer Docstrings.
    
    Diese Klasse zeigt, wie Docstrings verwendet
    werden.
>>> print(MeineFunktion.__doc__)
Diese Funktion macht nichts.
    
    Im Ernst, diese Funktion macht wirklich nichts.
```

Auch ein Modul kann durch einen Docstring kommentiert werden. Der Docstring eines Moduls muss zu Beginn der entsprechenden Programmdatei stehen und ist ebenfalls über das Attribut __doc__ erreichbar. Beispielsweise kann der Docstring des Moduls math der Standardbibliothek folgendermaßen ausgelesen werden:

```
>>> import math
>>> print(math.__doc__)
This module is always available.  It provides access to the
mathematical functions defined by the C standard.
```

Die eingebaute Funktion help erzeugt aus den in einem Objekt enthaltenen Docstrings eine Hilfeseite und zeigt diese im interaktiven Modus an:

```
>>> import math
>>> help(math)
```

In Abbildung 36.1 sehen Sie die durch das oben dargestellte Beispiel erzeugte Hilfeseite.

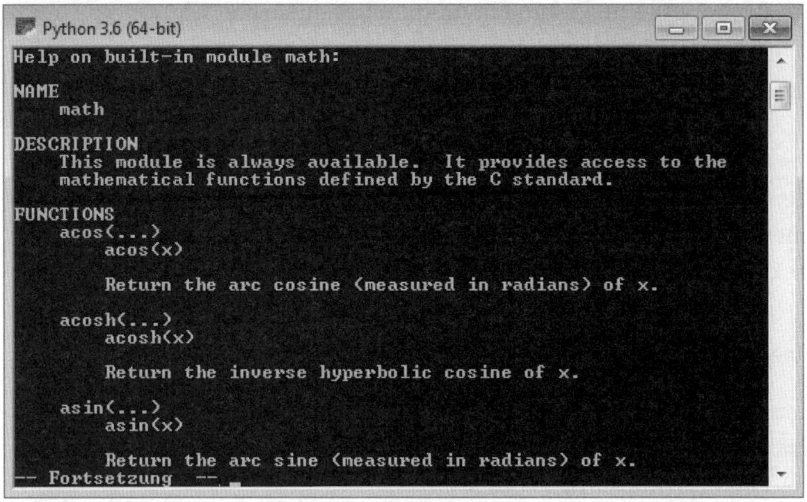

```
Python 3.6 (64-bit)
Help on built-in module math:

NAME
    math

DESCRIPTION
    This module is always available.  It provides access to the
    mathematical functions defined by the C standard.

FUNCTIONS
    acos(...)
        acos(x)

        Return the arc cosine (measured in radians) of x.

    acosh(...)
        acosh(x)

        Return the inverse hyperbolic cosine of x.

    asin(...)
        asin(x)

        Return the arc sine (measured in radians) of x.
-- Fortsetzung --
```

Abbildung 36.1 Mittels help erzeugte Hilfeseite

Sobald Sie damit anfangen, größere Programme in Python zu realisieren, sollten Sie Funktionen, Methoden, Klassen und Module mit Docstrings versehen. Das hilft nicht nur beim Programmieren selbst, sondern auch beim späteren Erstellen einer Programmdokumentation, die zum Teil automatisch aus den vorhandenen Docstrings generiert werden kann.

36.2 Automatisches Erstellen einer Dokumentation – pydoc

Das in der Standardbibliothek enthaltene Modul pydoc beinhaltet ein Skript namens pydoc bzw. pydoc3, das zum automatischen Erstellen einer Programmdokumentation verwendet wird.

> **Hinweis**
>
> Unter Windows ist das Skript pydoc gegebenenfalls nicht im Systempfad für ausführbare Dateien eingetragen. In diesem Fall finden Sie es im Unterordner *Tools* der Python-Installation.

Im einfachsten Fall rufen Sie pydoc mit den Modulen als Parameter auf, die Sie dokumentieren möchten. Voraussetzung für eine erfolgreiche Dokumentationsgenerierung ist, dass die übergebenen Module von Python importiert werden können. Die Module müssen also im lokalen Arbeitsverzeichnis oder in einem der in sys.path eingetragenen Verzeichnisse liegen. Als Beispiel erzeugen wir die Dokumentation des Moduls time der Standardbibliothek:

```
$ pydoc time
```

Dieser Aufruf generiert eine Dokumentation und zeigt sie ähnlich wie die Built-in Function help in der Konsole an.[1]

Alternativ können Sie einen Pfad zur zu dokumentierenden Programmdatei angeben:

```
$ pydoc /pfad/zum/modul.py
```

Neben einem Modul oder Programm kann pydoc auch Dokumentationen für einzelne Elemente eines Programms erstellen, beispielsweise für einzelne Klassen, Funktionen oder Methoden. Dazu wird der entsprechende Name als Parameter angegeben:

```
$ pydoc time.sleep
```

Die generierte Dokumentation direkt in der Shell anzuzeigen, ist nur eine der möglichen Darstellungsformen, die pydoc unterstützt. Mithilfe der Option -w lässt sich die Dokumentation im HTML-Format speichern:

```
$ pydoc -w time
```

Die erzeugte Datei *time.html* kann in einem Webbrowser betrachtet werden. Anstatt die Dokumentation zunächst im HTML-Format zu speichern, können Sie über die Option -b einen Webserver starten, der eine Modulübersicht anbietet. In dieser Übersicht finden Sie sowohl Module der Standardbibliothek als auch Module, die sich im lokalen Arbeitsverzeichnis befinden.

```
$ pydoc -b
```

Die vom Webserver angebotene Dokumentationsseite wird automatisch im Standardbrowser des Systems geöffnet. Wenn Sie den Webserver auf einem bestimmten Port laufen lassen möchten, können Sie dies über die Option -p tun:

```
$ pydoc -p 3000
```

Die beiden Optionen können auch kombiniert werden.

---

[1] Die Built-in Function help verwendet intern übrigens pydoc, um die dargestellten Hilfetexte zu erzeugen.

TEIL V

Weiterführende Themen

Im fünften und letzten Teil dieses Buchs behandeln wir ausgewählte Themengebiete im Detail und besprechen sowohl Lösungen, die die Standardbibliothek anbietet, als auch bei Bedarf darüber hinausreichende Lösungen von Drittanbietern. Die in diesem Teil behandelten Themen sind die Distribution von Python-Projekten, die Programmierung grafischer Benutzeroberflächen, das wissenschaftliche Rechnen mit Python sowie die Anbindung von Python an andere Programmiersprachen.

Zum Ende dieses Teils finden Sie das Kapitel »Insiderwissen«, in dem kurze, informative Artikel über Module gesammelt wurden, die sonst zu klein oder zu unbedeutend für ein eigenes Kapitel wären. Diese Module sind oft für einen ganz bestimmten Zweck gedacht und dementsprechend übersichtlich. Den Abschluss macht Kapitel 43, in dem die Unterschiede zwischen den Python-Generationen 2.x und 3.x erklärt werden.

Kapitel 37
Anbindung an andere Programmiersprachen

Dieses Kapitel beschäftigt sich mit der Interoperabilität zwischen Python und anderen Programmiersprachen. Dazu werden drei wesentliche Szenarien besprochen, deren Fokus auf der Interoperabilität mit den Programmiersprachen C und C++ sowie den Laufzeitumgebungen JRE und .NET liegt:

1. **C-Code in einem Python-Programm ausführen**
   In einem größeren Projekt kann Python als komfortable und gut zu wartende Sprache beispielsweise für die Programmlogik eingesetzt werden, während man einige wenige zeitkritische Algorithmen des Projekts aus Effizienzgründen in einer nicht interpretierten Sprache wie C oder C++ schreibt. Zu diesem Ansatz besprechen wir, wie Sie mit dem Modul ctypes der Standardbibliothek auf dynamische Bibliotheken, beispielsweise Windows-DLLs, zugreifen können.

2. **Python-Code in einem C-Programm ausführen**
   Häufig möchte man auch den umgekehrten Weg beschreiten und in einem größeren C/C++-Projekt Python als eingebettete Skriptsprache für dynamische Elemente des Programms verwenden. In einem Computerspiel könnte beispielsweise C/C++ für die hauptsächlich laufzeitkritische Hauptanwendung und die gesamte Algorithmik verwendet werden, während Python für die dynamischen Elemente des Spiels, beispielsweise Ereignisse in bestimmten Levels oder das Verhalten verschiedener Spielfiguren, genutzt wird. Dieser Ansatz wird in Abschnitt 37.3, »Python als eingebettete Skriptsprache«, verfolgt.

3. **Python-Programme für andere Laufzeitumgebungen schreiben**
   Um die Programmiersprache Python in anderen, eigentlich fremden Laufzeitumgebungen wie der *Java Runtime Environment (JRE)* oder Microsofts *.NET Framework* zu verwenden, stehen die alternativen Interpreter *Jython* und *IronPython* zur Verfügung, die anstelle des Standard-Interpreters CPython zur Ausführung von Python-Code verwendet werden können. Diese alternativen Interpreter sind vollständig in Java bzw. C# geschrieben und passen sich daher nahtlos in die jeweilige Laufzeitumgebung ein. Auf diese Weise ist es beispielsweise möglich, Python als Skriptsprache in Java-Programmen zu verwenden oder aus einem Python-Programm heraus auf die umfangreichen Java-Bibliotheken zuzugreifen. Näheres zu Jython und IronPython erfahren Sie in Abschnitt 37.4, »Alternative Interpreter«.

37.1 Dynamisch ladbare Bibliotheken – ctypes

Mit dem Modul ctypes ist es möglich, Funktionen einer *dynamisch ladbaren Bibliothek*, im Folgenden *dynamische Bibliothek* genannt, aufzurufen. Zu solchen dynamischen Bibliotheken zählen beispielsweise DLL-Dateien (*Dynamic Link Library*) unter Windows oder SO-Dateien (*Shared Object*) unter Linux bzw. Unix.

Das Aufrufen von Funktionen einer dynamischen Bibliothek ist besonders dann sinnvoll, wenn bestimmte laufzeitkritische Teile eines Python-Programms in einer hardwarenäheren und damit effizienteren Programmiersprache geschrieben werden sollen oder wenn Sie schlicht eine in C oder C++ geschriebene Bibliothek in Python nutzen möchten.

Beachten Sie, dass das Erstellen einer dynamischen Bibliothek keine Eigenschaft der Programmiersprache C ist. Im Gegenteil: Eine dynamische Bibliothek kann als eine sprachunabhängige Schnittstelle zwischen verschiedenen Programmen betrachtet werden. Es ist beispielsweise möglich, ein Python-Programm zu schreiben, das auf eine in C geschriebene dynamische Bibliothek zugreift, die ihrerseits auf eine dynamische Bibliothek zugreift, die in Pascal geschrieben wurde.

37.1.1 Ein einfaches Beispiel

Zum Einstieg in das Modul ctypes dient ein einfaches Beispiel. Im Beispielprogramm soll die dynamische Bibliothek der *C Runtime Library* eingebunden und die darin enthaltene Funktion printf dazu genutzt werden, den Text »Hallo Welt« auszugeben. Die C Runtime Library ist unter Windows unter dem Namen *msvcrt.dll* und unter Unix-ähnlichen Systemen unter dem Namen *libc.so.6* zu finden. Dazu betrachten wir zunächst den Quellcode des Beispielprogramms:

```
import ctypes
bibliothek = ctypes.CDLL("MSVCRT")
bibliothek.printf(b"Hallo Welt\n")
```

Zunächst wird das Modul ctypes eingebunden und dann eine Instanz der Klasse CDLL[1] erzeugt. Eine Instanz dieser Klasse repräsentiert eine geladene dynamische Bibliothek. Beachten Sie, dass die Dateiendung *.dll* unter Windows weggelassen werden muss, wenn eine System-Bibliothek geladen werden soll. Unter Linux sieht die Instanziierung der Klasse CDLL folgendermaßen aus:

```
bibliothek = ctypes.CDLL("libc.so.6")
```

---

[1] Die Klasse CDLL ist nur für Bibliotheken zuständig, die der cdecl-Aufrufkonvention genügen. Gerade Bibliotheken der Windows-API verwenden jedoch die stdcall-Konvention. Zum Laden solcher Bibliotheken existiert unter Windows die Klasse WinDLL.

Unter macOS können Sie die folgende Zeile verwenden:

```
bibliothek = ctypes.CDLL("libc.dylib")
```

Nachdem die dynamische Bibliothek eingebunden worden ist, kann die Funktion printf wie eine Methode der CDLL-Instanz aufgerufen werden.

> **Hinweis**
>
> Die Funktion printf schreibt nicht nach sys.stdout, sondern in den tatsächlichen stdout-Stream des Betriebssystems. Das bedeutet für Sie, dass Sie im oben dargestellten Beispiel nur dann eine Ausgabe sehen, wenn Sie das Programm in einer Python-Shell ausführen. Keine Ausgabe erscheint dagegen beispielsweise in IDLE.

Die normale printf-Funktion erwartet einen bytes-String. Um mit richtigen Strings zu arbeiten, kann ihr Pendant wprintf gerufen werden:

```
bibliothek.wprintf("Hallo Welt\n")
```

Behalten Sie bei der Arbeit mit ctypes immer im Hinterkopf, dass es teilweise große Unterschiede zwischen den Datentypen von C/C++ und denen von Python gibt. Es können also nicht alle Funktionen so einfach verwendet werden. Im Laufe dieses Abschnitts werden wir noch eingehend darauf zurückkommen.

> **Hinweis**
>
> Häufig verlangen C-Funktionen einen Pointer auf einen String als Parameter, über den der String dann manipuliert wird. Beachten Sie unbedingt, dass Sie dann keine Instanzen der Python-Datentypen str oder bytes übergeben dürfen. Das liegt daran, dass diese zu den unveränderlichen Datentypen gehören und auch von einer C-Funktion nicht verändert werden können.
>
> Um einer solchen Funktion dennoch einen beschreibbaren String zur Verfügung zu stellen, verwenden Sie die Funktion create_string_buffer, die wir zusammen mit den anderen Funktionen des Moduls ctypes am Ende dieses Abschnitts besprechen werden.

37.1.2 Die eigene Bibliothek

An dieser Stelle wird eine beispielhafte dynamische Bibliothek erstellt, auf die wir in den folgenden Abschnitten zugreifen werden. Die Bibliothek ist in C geschrieben und enthält drei Funktionen mit unterschiedlich komplexer Schnittstelle.

```c
// Berechnet die Fakultaet einer ganzen Zahl
int fakultaet(int n)
{
```

```
    int i;
    int ret = 1;
    for(i = 2; i <= n; i++)
        ret *= i;
    return ret;
}
```

Die erste Funktion, fakultaet, berechnet die Fakultät einer ganzen Zahl und gibt das Ergebnis ebenfalls in Form einer ganzen Zahl zurück.

```
// Berechnet die Laenge eines Vektors im R^3
double veclen(double x, double y, double z)
{
    return sqrt(x*x + y*y + z*z);
}
```

Die zweite Funktion, veclen, errechnet die Länge eines dreidimensionalen Vektors. Sie bekommt dazu die drei Koordinaten des Vektors in Form von drei Gleitkommazahlen übergeben und gibt die Länge des Vektors ebenfalls in Form einer Gleitkommazahl zurück.

```
// Bubblesort
void sortiere(int *array, int len)
{
    int i, j, tmp;
    for(i = 0; i < len; i++)
    {
        for(j = 0; j < i; j++)
        {
            if(array[j] > array[i])
            {
                tmp = array[j];
                array[j] = array[i];
                array[i] = tmp;
            }
        }
    }
}
```

Die dritte, etwas komplexere Funktion, sortiere, implementiert den *Bubblesort*-Algorithmus[2], um ein Array von beliebig vielen ganzen Zahlen aufsteigend zu sortie-

---

2 Der Bubblesort-Algorithmus ist einer der einfachsten Sortieralgorithmen. Sein Name ergibt sich daraus, dass die zu sortierenden Elemente wie Luftblasen im Wasser nach oben steigen, bis sie ihre Endposition erreichen. Der Bubblesort-Algorithmus hat eine quadratische Laufzeit und ist damit nicht besonders effizient.

ren. Dazu übergeben wir der Funktion einen Pointer auf das erste Element sowie die Anzahl der Elemente des Arrays.

Im Folgenden gehen wir davon aus, dass der oben stehende Quellcode zu einer dynamischen Bibliothek kompiliert wurde und unter dem Namen *bibliothek.dll* im jeweiligen Programmverzeichnis der kommenden Beispielprogramme zu finden ist.

37.1.3 Datentypen

An dieser Stelle haben wir eine fertige dynamische Bibliothek mit drei Funktionen, die wir jetzt mit ctypes aus einem Python-Programm heraus aufrufen können. Der praktischen Umsetzung dieses Vorhabens stehen jedoch die teilweise inkompatiblen Datentypen von C und Python im Wege. Solange Instanzen der Datentypen int, str, bytes oder NoneType[3] übergeben werden, funktioniert der Funktionsaufruf einwandfrei, denn diese Instanzen können eins zu eins nach C übertragen werden. So ist beispielsweise der Aufruf der Funktion fakultaet mit keinerlei Problemen verbunden:

```
>>> import ctypes
>>> bib = ctypes.CDLL("bibliothek.dll")
>>> print(bib.fakultaet(5))
120
```

Doch bereits das Übergeben einer float-Instanz scheitert. Für diesen und andere Datentypen von C implementiert das Modul ctypes entsprechende Gegenstücke in Python, deren Instanzen über die Schnittstelle geschickt werden können. Tabelle 37.1 listet alle in ctypes enthaltenen Datentypen sowie ihre Entsprechungen in C und Python auf.

Datentyp (ctypes)	Datentyp (C)	Datentyp (Python)
c_char	char	bytes (ein Zeichen)
c_wchar	wchar_t	str (ein Zeichen)
c_byte	char	int
c_ubyte	unsigned char	int
c_short	short	int
c_ushort	unsigned short	int
c_int	int	int

Tabelle 37.1 Datentypen des Moduls ctypes

---

[3] Wenn die Instanz None an eine C-Funktion übergeben wird, kommt sie dort als NULL-Pointer an. Umgekehrt wird ein von einer C-Funktion zurückgegebener NULL-Pointer in Python zu None.

Datentyp (ctypes)	Datentyp (C)	Datentyp (Python)
c_uint	unsigned int	int
c_long	long	int
c_ulong	unsigned long	int
c_longlong	__int64, long long	int
c_ulonglong	unsigned __int64, unsigned long long	int
c_float	float	float
c_double	double	float
c_char_p	char *	bytes, None
c_wchar_p	wchar_t *	str, None
c_void_p	void *	int, None

Tabelle 37.1 Datentypen des Moduls ctypes (Forts.)

Diese ctypes-Datentypen können durch Aufruf ihres Konstruktors instanziiert und mit einer Instanz des angegebenen Python-Datentyps initialisiert werden. Über das Attribut value lässt sich der jeweilige Wert eines ctypes-Datentyps verändern.

```
>>> f = ctypes.c_float(1.337)
>>> f
c_float(1.3370000123977661)
>>> s = ctypes.c_char_p(b"Hallo Welt")
>>> s.value
b'Hallo Welt'
>>> null = ctypes.c_void_p(None)
>>> null
c_void_p(None)
```

Um ein Array eines bestimmten Datentyps anzulegen, wird der zugrunde liegende Datentyp mit der Anzahl der Elemente, die er aufnehmen soll, multipliziert. Das Ergebnis ist ein Datentyp, der das gewünschte Array speichert. Im konkreten Beispiel sieht das so aus:

```
>>> arraytyp = ctypes.c_int * 5
>>> a = arraytyp(1, 5, 2, 1, 9)
>>> a
<__main__.c_int_Array_5 object at 0x7fb0f9549c80>
```

Einen solchen Array-Typ können wir beispielsweise der Funktion sortiere übergeben, die ein Array von ganzen Zahlen sortiert:

```
import ctypes
bib = ctypes.CDLL("bibliothek.dll")
arraytyp = ctypes.c_int * 10
a = arraytyp(0,2,5,2,8,1,4,7,3,8)
print("Vorher: ", [i for i in a])
bib.sortiere(a, 10)
print("Nachher: ", [i for i in a])
```

Die Ausgabe dieses Beispielprogramms lautet:

```
Vorher:  [0, 2, 5, 2, 8, 1, 4, 7, 3, 8]
Nachher: [0, 1, 2, 2, 3, 4, 5, 7, 8, 8]
```

Gelegentlich ist es notwendig, die Größe eines ctypes-Datentyps zu bestimmen. Das ist der Platz in Byte, den der korrelierende C-Datentyp belegt. Dazu implementiert ctypes die Funktion sizeof, die den gleichnamigen Operator von C auf Python abbildet. Zurückgegeben wird die Größe der übergebenen Instanz bzw. des übergebenen ctypes-Datentyps in Byte.

```
>>> ctypes.sizeof(ctypes.c_int)
4
>>> ctypes.sizeof(ctypes.c_char)
1
>>> ctypes.sizeof(ctypes.c_double(1.7))
8
```

37.1.4 Schnittstellenbeschreibung

Die Funktion veclen bekommt drei Gleitkommazahlen übergeben, interpretiert diese als dreidimensionalen Vektor und gibt dessen Länge zurück.

```
from ctypes import CDLL, c_double
bib = CDLL("bibliothek.dll")
print(bib.veclen(c_double(1.5), c_double(2.7), c_double(3.9)))
```

Wird dieser Code ausgeführt, erhalten wir mit -285338777 einen Wert zurück, der nun wirklich nicht der gesuchten Vektorlänge entspricht. Das liegt daran, dass eine dynamische Bibliothek keine Informationen über die Funktionsschnittstellen speichern muss. Bei der Programmierung mit C bzw. C++ wird daher zusätzlich zur dynamischen Bibliothek noch ein Header benötigt, der die Schnittstellen definiert.

Beim Laden einer dynamischen Bibliothek mit ctypes ist diese Header-Information nicht verfügbar, weswegen für alle Funktionen der Rückgabetyp int angenommen wird, was natürlich in vielen Fällen falsch ist. Die von veclen zurückgegebene Gleitkommazahl wurde also aus Unwissenheit als ganze Zahl interpretiert und entsprechend ausgegeben. Damit dies in Zukunft nicht mehr passiert, können wir über das Attribut restype eines Funktionsobjekts den Datentyp des Rückgabewertes explizit angeben:

```
from ctypes import CDLL, c_double
bib = CDLL("bibliothek.dll")
bib.veclen.restype = c_double
print(bib.veclen(c_double(1.5), c_double(2.7), c_double(3.9)))
```

Die Ausgabe von 4.97493718553 zeigt, dass der Rückgabewert jetzt korrekt interpretiert wird.

Neben den Rückgabetypen fehlen in dynamischen Bibliotheken auch Informationen über die Parameter von Funktionen. Solange wie in den vorangegangenen Beispielen Instanzen der passenden Typen übergeben werden, fällt dies nicht weiter ins Gewicht. Ähnlich wie im Falle der Rückgabetypen kann das Modul ctypes ohne weitere Information aber nicht prüfen, ob die übergebenen Datentypen stimmen. Würden Sie beispielsweise im oben dargestellten Programm anstelle des Datentyps c_double Instanzen des Datentyps c_float übergeben, dann würde bereits bei der Parameterübergabe ein Fehler in der Interpretation der Daten passieren, der letztlich in einen falschen Rückgabewert mündete.

Das Modul ctypes bietet Ihnen an, über das Attribut argtypes einer Funktion die Parameterschnittstelle festzulegen. Wenn das gemacht wird, werden übergebene Instanzen eines falschen Datentyps in den korrekten Datentyp konvertiert, oder es wird, wenn dies nicht möglich ist, eine ctypes.ArgumentError-Exception geworfen.

Im folgenden Programm wird die vollständige Schnittstelle der Funktion veclen vorgegeben:

```
from ctypes import CDLL, c_double
bib = CDLL("bibliothek.dll")
bib.veclen.restype = c_double
bib.veclen.argtypes = [c_double, c_double, c_double]
print(bib.veclen(c_double(1.5), c_double(2.7), c_double(3.9)))
```

> **Hinweis**
> Zwar werden unter Verwendung des Moduls ctypes in vielen Fehlerfällen Exceptions geworfen, beispielsweise wenn zu viele, zu wenige oder die falschen Parameter übergeben werden, doch Sie sollten sich immer vergegenwärtigen, dass Sie mit ctypes viele Schutzmechanismen von Python umgehen und möglicherweise direkt im Speicher arbeiten. Es ist also durchaus möglich, unter Verwendung von ctypes den Python-Interpreter zum Absturz zu bringen.

37.1.5 Pointer

Ein zentrales Konzept der Programmiersprache C sind Pointer. Ein Pointer ist ein Zeiger auf eine Stelle im Arbeitsspeicher. Der Typ eines Pointers legt fest, wie der Inhalt der Speicherstelle interpretiert wird. Das Modul ctypes enthält einige Funktionen, die es ermöglichen, Pointer zu verwenden.

ctypes.addressof(obj)

Gibt die Adresse der Instanz obj eines ctypes-Datentyps zurück.

ctypes.byref(obj, [offset])

Erzeugt einen Pointer auf die Instanz obj eines ctypes-Datentyps. Der zurückgegebene Pointer kann einer C-Funktion übergeben werden. Ein für offset übergebenes ganzzahliges Offset wird auf den Pointer aufaddiert.

```
>>> x = ctypes.c_int()
>>> bib.scanf(b"%d", ctypes.byref(x))
27
1
>>> x
c_int(27)
```

Im Beispiel wurde die Funktion scanf der Standard C Library verwendet, um eine ganze Zahl vom Benutzer einzulesen. Dazu muss ein Pointer auf eine int-Variable übergeben werden. Dieser wird über die Funktion byref erzeugt. Wie Sie sehen, ist die eingegebene 27 tatsächlich in die Variable x geschrieben worden. Bei der 1 handelt es sich um den Rückgabewert von scanf.

ctypes.cast(obj, type)

Die Funktion cast bildet den Cast-Operator von C in Python ab. Die Funktion gibt eine neue Instanz des ctypes-Pointer-Datentyps type zurück, die auf die gleiche Speicherstelle verweist wie obj.

```
>>> s = ctypes.c_char_p(b"Hallo Welt")
>>> vp = ctypes.cast(s, ctypes.c_void_p)
>>> vp.value
140011580525696
>>> ctypes.cast(vp, ctypes.c_char_p).value
b'Hallo Welt'
```

Hier wurde ein char-Pointer in einen void-Pointer und dieser wieder zurück in einen char-Pointer gecastet.

ctypes.string_at(address, [size])

Diese Funktion gibt den String zurück, der an der Speicheradresse address steht. Sollte der String im Speicher nicht null-terminiert sein, kann über den Parameter size die genaue Länge des Strings übergeben werden. Analog existiert die Funktion wstring_at für Unicode-Strings.

Für address muss eine ganze Zahl übergeben werden, die sinnvollerweise mit addressof geholt und verändert wurde.

37.1.6 Strings

Im Gegensatz zu Python sind Strings in C veränderliche Datentypen. Das liegt daran, dass sie als Pointer auf ein char-Array implementiert sind. Funktionen in C nehmen häufig einen solchen Pointer entgegen und manipulieren den String direkt im Speicher. Damit solche Schnittstellen mit ctypes verwendet werden können, existiert die Funktion create_string_buffer.

ctypes.create_string_buffer(init_or_size, [size])

Diese Funktion erzeugt einen veränderlichen String-Buffer, in den aus einer C-Funktion heraus geschrieben werden kann. Zurückgegeben wird ein Array von c_char-Instanzen. Für den ersten Parameter init_or_size können Sie entweder eine ganze Zahl übergeben, die die Länge des zu erzeugenden Buffers enthält, oder einen String, mit dem der Buffer initialisiert werden soll. Im Falle eines Strings wird der Buffer ein Zeichen größer gemacht, als der String lang ist. In dieses letzte Zeichen wird der *Terminator* »\0« geschrieben.

Wenn Sie für init_or_size einen String übergeben haben, können Sie über den Parameter size die Größe des Buffers festlegen, sofern nicht die Länge des Strings genommen werden soll.

```
>>> s = ctypes.create_string_buffer(20)
>>> bib.sprintf(s, b"Die Zahl ist: %d", 12)
16
>>> s.value
b'Die Zahl ist: 12'
```

Im Beispiel wurde ein String-Buffer der Länge 20 erzeugt und mittels sprintf ein formatierter Text hineingeschrieben.

37.2 Schreiben von Extensions

Im letzten Abschnitt haben wir uns damit beschäftigt, dynamische Bibliotheken zu laden und aus einem Python-Programm heraus anzusprechen. Jetzt behandeln wir das Schreiben von Python-Modulen in C. Solche Module werden *Extensions* (dt. »Erweiterungen«) genannt.

Extensions werden mithilfe der sogenannten *Python API* geschrieben. Die Python API enthält beispielsweise Funktionen zur Verarbeitung von Python-Datentypen in C. Auch das Werfen von Python-Exceptions aus einer C-Extension heraus wird mithilfe der Python API möglich. Beides ist unerlässlich, wenn man bedenkt, dass die in C geschriebene Extension später als vollwertiges Modul auftreten soll. Der Benutzer soll keinen Unterschied in der Schnittstelle zwischen einem Python-Modul und einer C-Extension bemerken können.

> **Hinweis**
>
> Die Python API ist sehr umfangreich und kann an dieser Stelle nicht erschöpfend behandelt werden. Stattdessen ermöglichen Ihnen die folgenden Abschnitte einen praxisorientierten Einblick in das Schreiben von Extensions.
>
> Eine umfassende Referenz zur Python API finden Sie in der Python-Dokumentation unter den Stichworten »Python/C API« und »Extending and Embedding the Python Interpreter«.

37.2.1 Ein einfaches Beispiel

In diesem Abschnitt nehmen wir uns vor, eine einfache Extension namens chiffre zu erstellen, die verschiedene Funktionen zur Verschlüsselung eines Strings bereitstellt. Da es sich um ein Beispiel handelt, werden wir uns auf eine einzelne Funktion namens caesar beschränken, die eine Verschiebechiffre, auch »Cäsar-Verschlüsselung« genannt, durchführt. Die Funktion soll später folgendermaßen verwendet werden können:

```
>>> chiffre.caesar("HALLOWELT", 13)
'UNYYBJRYG'
```

Dabei entspricht der zweite Parameter der Anzahl Stellen, um die jeder Buchstabe des ersten Parameters verschoben wird.

Im Folgenden werden wir eine Extension schreiben, die das Modul chiffre inklusive der Funktion caesar für ein Python-Programm bereitstellt. Die Quelldatei der Erweiterung lautet *chiffre.c*. Der Quelltext der Erweiterung wird nun Schritt für Schritt besprochen.

```c
#include <Python.h>
static PyObject *chiffre_caesar(PyObject *self, PyObject *args);
```

Zunächst wird der Header der Python API eingebunden. Sie finden die Header-Datei *Python.h* im Unterordner *include* Ihrer Python-Installation. Außerdem schreiben wir zu Beginn der Quelldatei den Prototyp der Funktion chiffre_caesar, die später der Funktion caesar des Moduls chiffre entsprechen soll.[4]

> **Hinweis**
>
> Der Header *Python.h* enthält einige Präprozessor-Anweisungen, die sich auf andere Header-Dateien auswirken. Aus diesem Grund sollte *Python.h* immer vor den Standard-Headern eingebunden werden.

Dann wird die sogenannte *Method Table* erstellt, die alle Funktionen der Extension auflistet:

```
static PyMethodDef ChiffreMethods[] =
{
    {"caesar", chiffre_caesar, METH_VARARGS,
     "Perform Caesar cipher encryption."},
    {NULL, NULL, 0, NULL}
};
```

Jeder Eintrag der Method Table enthält zunächst den Namen, den die Funktion oder Methode in Python tragen soll, dann den Namen der assoziierten C-Funktion, dann die Kennzeichnung der Art der Parameterübergabe und schließlich eine Beschreibung der Funktion als String. Das Makro METH_VARARGS besagt, dass alle Parameter, die der Funktion caesar in Python übergeben werden, in der C-Funktion chiffre_caesar in Form eines Tupels ankommen. Dies ist die bevorzugte Art der Parameterübergabe. Ein mit Nullen gefüllter Eintrag beendet die Method Table.

Nach der Method Table muss noch eine zweite Struktur gefüllt werden, die Informationen über unser Modul chiffre enthält:

```
static PyModuleDef ChiffreModule =
{
    PyModuleDef_HEAD_INIT,
    "chiffre",
    "Performs insane encryption operations",
    -1,
    ChiffreMethods
};
```

Die in diesem Beispiel wichtigen Angaben sind der Modulname und der Docstring des Moduls an zweiter bzw. dritter sowie die zuvor erstellte Method Table an letzter Stelle.

---

[4] Das Schlüsselwort static bedeutet in diesem Fall, dass der Name chiffre_caesar nur innerhalb der Quelldatei *chiffre.c* mit der angelegten Funktion verknüpft ist. Dieses Verhalten wird »internal linkage« genannt.

Es folgt die Initialisierungsfunktion der Erweiterung namens PyInit_chiffre:

```
PyMODINIT_FUNC PyInit_chiffre(void)
{
    return PyModule_Create(&ChiffreModule);
}
```

Sie wird vom Interpreter aufgerufen, wenn das Modul chiffre zum ersten Mal eingebunden wird, und hat die Aufgabe, das Modul einzurichten und dem Interpreter die Moduldefinition (ChiffreModule) zu übergeben. Dazu wird die Funktion PyModule_Create aufgerufen.

Die Funktion muss PyInit_chiffre genannt werden, wobei Sie chiffre bei einem anderen Modulnamen entsprechend anpassen müssen.

Jetzt folgt die Funktion chiffre_caesar. Das ist die C-Funktion, die bei einem Aufruf der Python-Funktion chiffre.caesar aufgerufen wird.

```
static PyObject *chiffre_caesar(PyObject *self, PyObject *args)
{
    char *text, *encrypted, *c, *e;
    PyObject *result = NULL;
    int cipher, length;
    if(!PyArg_ParseTuple(args, "si", &text, &cipher))
        return NULL;
    length = strlen(text);
    encrypted = (char *)malloc(length+1);
    encrypted[length] = '\0';
    for(c = text, e = encrypted; *c; c++, e++)
        *e = ((*c - 'A' + cipher) % 26) + 'A';
    result = Py_BuildValue("s", encrypted);
    free(encrypted);
    return result;
}
```

Dabei werden als Parameter immer zwei Pointer auf eine PyObject-Struktur übergeben. Eine solche PyObject-Struktur entspricht ganz allgemein einer Referenz auf ein Python-Objekt. In C werden also alle Instanzen aller Datentypen auf PyObject-Strukturen abgebildet. Durch Funktionen der Python API lassen sich dann datentypspezifische Eigenschaften der Instanzen auslesen. Doch kommen wir nun zur Bedeutung der übergebenen Parameter im Einzelnen.

Der erste Parameter, self, wird nur dann benötigt, wenn die Funktion chiffre_caesar eine Python-Methode implementiert, und ist in diesem Beispiel immer NULL. Der zweite Parameter, args, ist ein Tupel und enthält alle der Python-Funktion übergebenen Parameter. Auf die Parameter kann über die API-Funktion PyArg_ParseTuple zugegriffen werden. Diese Funktion bekommt zunächst den Parameter args selbst übergeben und danach einen String, der die Datentypen der enthaltenen Parameter kennzeichnet. Im Folgenden zeigt text auf den übergebenen String, während cipher den zweiten übergebenen Parameter, die ganze Zahl, enthält. Beachten Sie, dass text auf den Inhalt des übergebenen Python-Strings zeigt und aus diesem Grund nicht verändert werden darf.

Nachdem der zu verschlüsselnde Text in text und die zu verwendende Anzahl Stellen in cipher stehen, kann die tatsächliche Verschlüsselung durchgeführt werden. Dazu wird zunächst ein neuer C-String mit der Länge des Strings text erzeugt, der später den verschlüsselten Text enthalten soll. Zum Verschlüsseln wird dann in einer Schleife über alle Buchstaben des übergebenen Strings iteriert und jeder Buchstabe um die angegebene Anzahl Stellen verschoben. Der auf diese Weise veränderte Buchstabe wird dann in den neu erstellten String encrypted geschrieben.

Beachten Sie, dass dieser Algorithmus weder für Kleinbuchstaben noch für Sonderzeichen, sondern ausschließlich für Großbuchstaben funktioniert. Diese Einschränkung erhöht nicht nur die Übersicht, sondern erlaubt es uns später auch, einen – zugegebenermaßen künstlichen – Fehlerfall zu erzeugen. Zuvor werden aber noch die beiden Funktionen Py_BuildValue und PyArg_ParseTuple im Detail besprochen.

PyObject *Py_BuildValue(const char *format, ...)
Diese Funktion erzeugt eine Instanz eines Python-Datentyps mit einem bestimmten Wert. Der String format spezifiziert dabei den Datentyp. Tabelle 37.2 listet die wichtigsten Werte für format mit ihrer jeweiligen Bedeutung auf.

Format-String	Beschreibung
"s"	Erzeugt eine Instanz des Python-Datentyps str aus einem C-String (char *).
"y"	Erzeugt eine Instanz des Python-Datentyps bytes aus einem C-String (char *).
"u"	Erzeugt eine Instanz des Python-Datentyps str aus einem C-Buffer mit Unicode-Daten (Py_UNICODE *).
"i"	Erzeugt eine Instanz des Python-Datentyps int aus einem C-Integer (int).
"c"	Erzeugt eine Instanz des Python-Datentyps str aus einem C-Zeichen (char). Der resultierende String hat die Länge 1.

Tabelle 37.2 Mögliche Angaben im Format-String

Format-String	Beschreibung
"d"	Erzeugt eine Instanz des Python-Datentyps float aus einer C-Gleitkommazahl (double).
"f"	Erzeugt eine Instanz des Python-Datentyps float aus einer C-Gleitkommazahl (float).
"(...)"	Erzeugt eine Instanz des Python-Datentyps tuple. Anstelle der Auslassungszeichen müssen die Datentypen der Elemente des Tupels angegeben werden. "(iii)" würde beispielsweise ein Tupel mit drei ganzzahligen Elementen erzeugen.
"[...]"	Erzeugt eine Instanz des Python-Datentyps list. Der Format-String "[iii]" erzeugt zum Beispiel eine Liste mit drei ganzzahligen Elementen.
"{...}"	Erzeugt eine Instanz des Python-Datentyps dict. Der Format-String "{i:s,i:s}" erzeugt ein Dictionary mit zwei Schlüssel-Wert-Paaren, die jeweils aus einer ganzen Zahl als Schlüssel und einem String als Wert bestehen.

Tabelle 37.2 Mögliche Angaben im Format-String (Forts.)

Ein C-String wird stets kopiert, wenn er an die Funktion Py_BuildValue übergeben wird, um einen Python-String zu erzeugen. Das bedeutet insbesondere, dass Sie jeden dynamisch allokierten String wieder freigeben müssen, selbst wenn er an die Funktion Py_BuildValue übergeben wurde.

int PyArg_ParseTuple(PyObject *args, const char *format, ...)

Die Funktion PyArg_ParseTuple liest die einer Funktion übergebenen Positionsargumente aus und speichert sie in lokalen Variablen. Als erster Parameter muss ein Tupel übergeben werden, das die Parameter enthält. Ein solches Tupel bekommt jede Python-Funktion in C übergeben.

Der zweite Parameter format ist ein String, ähnlich dem Format-String von Py_BuildValue, und legt fest, wie viele Parameter ausgelesen werden und welche Datentypen diese haben sollen. Zum Schluss akzeptiert die Funktion PyArg_ParseTuple beliebig viele Pointer auf Variablen, die mit den ausgelesenen Werten gefüllt werden sollen.

Im Erfolgsfall gibt die Funktion True zurück. Bei einem Fehler wirft sie eine entsprechende Exception und gibt False zurück.

37.2.2 Exceptions

Wir haben bereits gesagt, dass der in der Funktion chiffre_caesar verwendete Algorithmus nur mit Strings arbeiten kann, die ausschließlich aus Großbuchstaben bestehen. Es wäre natürlich ein Leichtes, die Funktion chiffre_caesar dahingehend anzupassen, dass auch Kleinbuchstaben verschlüsselt und Sonderzeichen übersprungen werden. Doch zu Demonstrationszwecken soll in diesem Beispiel stattdessen eine ValueError-Exception geworfen werden, wenn der übergebene String nicht ausschließlich aus Großbuchstaben besteht.

Eine eingebaute Exception kann mithilfe der Funktion PyErr_SetString geworfen werden, wobei der Funktion der Exception-Typ, in diesem Fall PyExc_ValueError, und die Fehlerbeschreibung übergeben werden. Die Funktion chiffre_caesar sieht inklusive Fehlerbehandlung so aus:

```c
static PyObject *chiffre_caesar(PyObject *self, PyObject *args)
{
    char *text, *encrypted, *c, *e;
    PyObject *result = NULL;
    int cipher, length;
    if(!PyArg_ParseTuple(args, "si", &text, &cipher))
        return NULL;
    length = strlen(text);
    encrypted = (char *)malloc(length+1);
    encrypted[length] = '\0';
    for(c = text, e = encrypted; *c; c++, e++)
    {
        if((*c < 'A') || (*c > 'Z'))
        {
            PyErr_SetString(PyExc_ValueError, "Character out of range");
            return NULL;
        }
        *e = ((*c - 'A' + cipher) % 26) + 'A';
    }
    result = Py_BuildValue("s", encrypted);
    free(encrypted);
    return result;
}
```

Nachdem die Extension kompiliert, gelinkt und installiert wurde (Näheres zu diesen Vorgängen erfahren Sie im nächsten Abschnitt.), können wir sie tatsächlich im interaktiven Modus ausprobieren:

```
>>> import chiffre
>>> chiffre.caesar("HALLOWELT", 13)
'UNYYBJRYG'
```

```
>>> chiffre.caesar("UNYYBJRYG", 13)
'HALLOWELT'
>>> chiffre.caesar("Hallo Welt", 13)
Traceback (most recent call last):
  File "<stdin>", line 1, in <module>
ValueError: Character out of range
```

> **Hinweis**
>
> Bislang haben wir die Cäsar-Verschlüsselung immer mit dem Verschiebungsparameter 13 durchgeführt. Das entspricht dem *ROT13*-Algorithmus, der eine große Bekanntheit genießt.[5] Der Vorteil von ROT13 ist, dass der verschlüsselte String durch nochmaliges Verschlüsseln mit ROT13 entschlüsselt wird, wie auch im oben dargestellten Beispiel zu sehen ist. Selbstverständlich sind aber auch andere Verschiebungsparameter möglich.

37.2.3 Erzeugen der Extension

Um eine Extension zu erzeugen, verwenden wir das Paket setuptools, das die dazu notwendigen Schritte automatisiert. Zum Kompilieren der Extension muss ein C-Compiler auf Ihrem System installiert sein. Unter Linux wird von setuptools der GCC- und unter Windows der MSVC-Compiler von Visual Studio[6] verwendet. Sollten Sie ein Windows-System einsetzen und Visual Studio nicht installiert haben, bietet Ihnen das Paket setuptools an, stattdessen eine MinGW-Installation zu verwenden.

Das Installationsskript setup.py sieht in Bezug auf unsere einfache Beispiel-Extension folgendermaßen aus:

```
from setuptools import setup, Extension
modul = Extension("chiffre", sources=["chiffre.c"])
setup(
    name = "PyChiffre",
    version = "1.0",
    description = "Module for encryption techniques.",
    ext_modules = [modul]
    )
```

Zunächst wird eine Instanz der Klasse Extension erzeugt und ihrem Konstruktor der Name der Extension und eine Liste der zugrunde liegenden Quelldateien übergeben. Beim Aufruf der Funktion setup wird, abgesehen von den üblichen Parametern, der Schlüsselwortparameter ext_modules übergeben. Dort muss eine Liste von Extension-

---

5 Was aber nicht heißt, dass er besonders sicher wäre.
6 Das Visual Studio erhalten Sie in einer eingeschränkten Version kostenlos von Microsoft.

Instanzen übergeben werden, die mit dem Installationsskript kompiliert, gelinkt und in die Distribution aufgenommen werden sollen.

Jetzt kann das Installationsskript wie gewohnt ausgeführt werden und kompiliert bzw. installiert die Erweiterung automatisch.

Neben dem Schlüsselwortparameter sources können bei der Instanziierung der Klasse Extension noch weitere Parameter übergeben werden:

Parameter	Bedeutung
include_dirs	eine Liste von Verzeichnissen, die für das Kompilieren der Erweiterung benötigte Header-Dateien enthalten
define_macros	Eine Liste von Tupeln, über die beim Kompilieren der Erweiterung Makros definiert werden können. Das Tupel muss folgende Struktur haben: ("MAKRONAME", "Wert").
undef_macros	eine Liste von Makronamen, die beim Kompilieren nicht definiert sein sollen
libraries	eine Liste von Bibliotheken, gegen die die Erweiterung gelinkt werden soll
library_dirs	eine Liste von Verzeichnissen, in denen nach den bei libraries angegebenen Bibliotheken gesucht wird

Tabelle 37.3 Schlüsselwortparameter des Extension-Konstruktors

Nachdem die Extension mit setuptools kompiliert und installiert wurde, kann sie in einer Python-Shell verwendet werden:

```
>>> import chiffre
>>> chiffre.caesar("HALLOWELT", 13)
'UNYYBJRYG'
>>> chiffre.caesar("UNYYBJRYG", 13)
'HALLOWELT'
```

37.2.4 Reference Counting

Wie Sie wissen, basiert die Speicherverwaltung von Python auf einem *Reference-Counting*-Algorithmus. Das bedeutet, dass Instanzen zur Entsorgung freigegeben werden, sobald keine Referenzen mehr auf sie bestehen. Das hat den Vorteil, dass sich der Programmierer nicht um das Freigeben von allokiertem Speicher zu kümmern braucht.

Vermutlich wissen Sie ebenfalls, dass es so etwas wie Reference Counting in C nicht gibt, sondern dass dort der Programmierer für die Speicherverwaltung selbst verantwortlich ist. Wie verträgt es sich damit also, wenn man Python-Instanzen in einem C-Programm verwendet?

Grundsätzlich sollten Sie sich von dem C-Idiom verabschieden, im Besitz einer bestimmten Instanz bzw. in diesem Fall einer PyObject-Struktur zu sein. Vielmehr können Sie allenfalls im Besitz einer Referenz auf eine Instanz bzw. eines Pointers auf eine PyObject-Struktur sein. Damit implementiert die Python API im Grunde das Speichermodell von Python in C. Im Gegensatz zum Speichermodell von Python erhöht bzw. verringert sich der Referenzzähler einer Instanz jedoch nicht automatisch, sondern muss in einer C-Extension explizit mitgeführt werden. Dazu können die Makros Py_INCREF und Py_DECREF der Python API folgendermaßen verwendet werden:

```
PyObject *string = PyBytes_FromString("Hallo Welt");
Py_INCREF(string);
Py_DECREF(string);
Py_DECREF(string);
```

Zunächst wird mithilfe der Funktion PyBytes_FromString eine Instanz des Python-Datentyps bytes erzeugt. In diesem Moment besitzen Sie eine Referenz auf diese Instanz. Der Reference Count ist damit gleich 1. Im Folgenden wird der Reference Count durch die Makros Py_INCREF und Py_DECREF einmal erhöht und zweimal verringert. Am Ende des Beispiels erreicht der Reference Count 0, und der erzeugte String wird der Garbage Collection zum Fraß vorgeworfen.

> **Hinweis**
>
> Der den Makros Py_INCREF und Py_DECREF übergebene Pointer darf nicht den Wert NULL haben. Sollte dies nicht garantiert sein, können Sie die Makros Py_XINCREF bzw. Py_XDECREF verwenden, die den übergebenen Pointer vorher überprüfen.

Jetzt bleibt nur noch die Frage zu klären, wann Sie den Referenzzähler erhöhen bzw. verringern müssen. Immer dann, wenn Sie in Ihrem Programm eine Instanz eines Python-Datentyps erzeugen und eine oder mehrere Referenzen auf diese Instanz halten, müssen Sie diese Referenzen freigeben, wenn sie nicht mehr benötigt werden. Sollten Sie die Referenzen nicht freigeben, verweilt die Instanz im Speicher, obwohl sie eigentlich nicht mehr benötigt wird. Es handelt sich dann um ein *Memory Leak*[7], und Memory Leaks sind kein erstrebenswerter Umstand in einem Programm.

Die zweite Möglichkeit sind *geliehene Referenzen* (engl. *borrowed references*). Solche Referenzen gehören Ihnen nicht. Das bedeutet, dass sie nicht von Ihnen freigegeben

---

[7] Ein Memory Leak ist ein Fehler in einer Anwendung, durch den ein allokierter Speicherbereich von dieser Anwendung nicht mehr verwendet oder freigegeben werden kann, beispielsweise weil alle Pointer auf diesen Bereich überschrieben wurden. Solche Speicherbereiche können erst nach Beendigung der Anwendung vom Betriebssystem freigegeben werden.

werden müssen. Ein Beispiel für geliehene Referenzen sind Funktionsparameter. Wenn Sie eine geliehene Referenz zu einer eigenen Referenz aufwerten möchten, müssen Sie den Referenzzähler der dahinterliegenden Instanz mittels `Py_INCREF` erhöhen. Das Freigeben geliehener Referenzen führt dazu, dass daraufhin möglicherweise auf bereits freigegebene Speicherbereiche zugegriffen wird. Das kann in einigen Fällen gut gehen, führt aber häufig zu einem *Speicherzugriffsfehler*. Ähnlich wie Memory Leaks sollten Sie Speicherzugriffsfehler nach Möglichkeit vermeiden.

Als letzte Möglichkeit geben Sie eine vollwertige Referenz in Form eines Rückgabewertes an eine andere Funktion ab. Sie brauchen sich also nicht um die Freigabe Ihrer zurückgegebenen Instanzen zu kümmern.

37.3 Python als eingebettete Skriptsprache

In den vorangegangenen Abschnitten haben Sie Möglichkeiten kennengelernt, in C geschriebene Programmteile von einem Python-Programm aus aufzurufen und so beispielsweise laufzeitkritische Teile in ein C-Programm auszulagern.

In diesem Abschnitt wird der entgegengesetzte Weg beschritten: Wir möchten Python-Programme aus einem C/C++-Programm heraus ausführen, Python also als eingebettete Skriptsprache (engl. *embedded script language*) verwenden. Auf diese Weise können wir bestimmte Teile eines C-Programms in Python schreiben, für die Python aufgrund seiner Flexibilität besser geeignet ist.

37.3.1 Ein einfaches Beispiel

Zum Einstieg wird ein C-Programm erstellt, das ein möglichst simples Python-Programm ausführt. Dieses Python-Programm gibt lediglich ein wenig Text und eine Zufallszahl auf dem Bildschirm aus:

```
#include <Python.h>
const char *programm =
    "import random\n"
    "print('Guten Tag, die Zahl ist:', random.randint(0, 100))\n"
    "print('Das war ... Python')\n";
int main(int argc, char *argv[])
{
    Py_Initialize();
    PyRun_SimpleString(programm);
    Py_Finalize();
}
```

Zunächst wird die Header-Datei der Python API eingebunden. Sie sehen, dass sowohl zum Erweitern als auch zum Einbetten von Python dieselbe API verwendet wird. Danach wird der String `programm` angelegt, der den später auszuführenden Python-Code enthält.

In der Hauptfunktion `main` wird der Python-Interpreter zuerst durch Aufruf von `Py_Initialize` initialisiert. Danach wird das zuvor im String `programm` abgelegte Python-Skript durch Aufruf der Funktion `PyRun_SimpleString`[8] ausgeführt und der Interpreter schließlich durch die Funktion `Py_Finalize` wieder beendet.

Wichtig ist, dass dem Compiler das Verzeichnis bekannt ist, in dem die Header-Datei *Python.h* liegt. Außerdem muss das Programm gegen die Python API gelinkt werden.

Kompilieren unter Windows

Um das Programm unter Windows zu kompilieren, können Sie die *Visual Studio Build Tools* verwenden, was allerdings mit relativ viel Aufwand bei der Installation verbunden ist.

Alternativ installieren Sie `mingw` über `conda`:

```
conda install mingw
```

Anschließend müssen Sie einen neuen Anaconda Prompt öffnen, damit der Compiler gefunden wird. Danach können Sie das Programm folgendermaßen übersetzen:

```
gcc -I%USERPROFILE%\Anaconda3\include -L%USERPROFILE%\Anaconda3
-lpython36 beispiel.c -o beispiel.exe
```

Durch den Aufruf wird die Datei `beispiel.c` in das ausführbare Programm `beispiel.exe` übersetzt.

Kompilieren unter Linux und macOS

Wenn Sie Anaconda unter Linux oder macOS verwenden, können Sie das Programm folgendermaßen übersetzen, sofern Sie einen entsprechenden Compiler installiert haben:

```
$ export LIBRARY_PATH=$HOME/anaconda3/lib:$LIBRARY_PATH
$ gcc -I$HOME/anaconda3/include/python3.6m -lpython3.6m beispiel.c -o beispiel
```

Zum Ausführen müssen Sie noch die Umgebungsvariable `PYTHONHOME` setzen und dafür sorgen, dass die Python-Bibliothek geladen werden kann:

```
$ export PYTHONHOME=$HOME/anaconda3/
$ export LD_LIBRARY_PATH=$HOME/anaconda3/lib:$LD_LIBRARY_PATH
```

---

8 Anstelle der Funktion `PyRun_SimpleString` hätten wir auch die Funktion `PyRun_SimpleFile` aufrufen können, um den Python-Code aus einer Datei zu lesen.

Nun können Sie die ausführbare Datei beispiel starten:

```
$ ./beispiel
```

Ausführen des Programms

Wenn sowohl das Kompilieren als auch das Linken ohne Probleme erfolgt sind, werden Sie feststellen, dass das Programm tatsächlich funktioniert:

```
Guten Tag, die Zufallszahl ist: 64
Das war ... Python
```

Das Python-Skript läuft bislang völlig autonom, und es können keine Werte zwischen ihm und dem C-Programm ausgetauscht werden. Aber gerade die Interaktion mit dem Hauptprogramm macht die Qualität einer eingebetteten Skriptsprache aus.

37.3.2 Ein komplexeres Beispiel

Im vorangegangenen Abschnitt haben Sie ein triviales Beispiel für die Einbettung von Python als Skriptsprache kennengelernt. Basierend auf diesen Ergebnissen können wir in diesem Abschnitt ein komplexeres Einsatzbeispiel angehen, in dem Werte über eine Funktionsschnittstelle geschickt bzw. entgegengenommen werden. Außerdem soll das C-Programm dazu in der Lage sein, eigene Funktionen zu definieren, die aus dem Python-Skript heraus aufgerufen werden können. Sie werden feststellen, dass auch dies dem Schreiben von Erweiterungen ähnelt.

Das folgende C-Programm lädt ein Python-Skript, das eine Funktion entscheide implementiert. Diese Funktion soll sich für einen von zwei übergebenen Strings entscheiden. Die Funktion könnte beispielsweise deshalb in ein Python-Skript ausgelagert worden sein, weil der Programmierer es dem Anwender ermöglichen will, die Funktion selbst zu implementieren und das Programm somit an die eigenen Bedürfnisse anzupassen.

Der Quellcode des Beispielprogramms sieht folgendermaßen aus:

```c
#include <Python.h>
int main(int argc, char *argv[])
{
    char *ergebnis;
    PyObject *modul, *funk, *prm, *ret;
    Py_Initialize();
    PySys_SetPath(L".");
    modul = PyImport_ImportModule("script");
    if(modul)
    {
        funk = PyObject_GetAttrString(modul, "entscheide");
```

37.3 Python als eingebettete Skriptsprache

```
        prm = Py_BuildValue("(yy)", "Hallo", "Welt");
        ret = PyObject_CallObject(funk, prm);
        ergebnis = PyBytes_AsString(ret);
        printf("Das Skript hat sich fuer '%s' entschieden\n", ergebnis);
        Py_DECREF(prm);
        Py_DECREF(ret);
        Py_DECREF(funk);
        Py_DECREF(modul);
    }
    else
        printf("Fehler: Modul nicht gefunden\n");
    Py_Finalize();
}
```

In der Hauptfunktion main des C-Programms wird zunächst der Python-Interpreter durch Aufruf von Py_Initialize initialisiert. Danach wird durch die Funktion PySys_SetPath das lokale Programmverzeichnis als einziger Ordner festgelegt, aus dem Module importiert werden können. Beachten Sie, dass dieser Funktionsaufruf sowohl dem C- als auch dem Python-Programm verbietet, globale Module wie beispielsweise math einzubinden. Wenn Sie solche Module benötigen, dürfen Sie die import-Pfade nicht, wie es in diesem Beispiel geschehen ist, überschreiben, sondern Sie sollten sich den Pfad mit Py_GetPath holen, ihn um das Verzeichnis . erweitern und mit PySys_SetPath setzen. Beachten Sie, dass das lokale Programmverzeichnis standardmäßig nicht als import-Pfad eingetragen ist.

Durch Aufruf der Funktion PyImport_ImportModule wird ein Modul eingebunden und als PyObject-Pointer zurückgegeben. Wenn die entsprechenden Pfade festgelegt wurden, können sowohl lokale als auch globale Module mit dieser Funktion eingebunden werden. Im Folgenden prüfen wir, ob das Modul erfolgreich geladen wurde. Bei einem Misserfolg gibt die Funktion PyImport_ImportModule wie die meisten anderen Funktionen, die einen PyObject-Pointer zurückgeben, NULL zurück. Beachten Sie, dass es immer ratsam ist, die zurückgegebenen PyObject-Pointer auf NULL zu testen. Im Beispielprogramm wurde dies nur exemplarisch bei modul gemacht.

Nun beziehen wir durch Aufruf der Funktion PyObject_GetAttrString einen Pointer auf die Funktion entscheide des Moduls script. Um die Funktion aufrufen zu können, müssen wir die Funktionsparameter in Form eines Tupels übergeben. Dazu erzeugen wir mittels Py_BuildValue ein neues Tupel, das die beiden bytes-Strings "Hallo" und "Welt" enthält, von denen die Funktion entscheide einen auswählen soll.

Durch Aufruf der Funktion PyObject_CallObject wird die Funktion funk schließlich aufgerufen und ihr Rückgabewert ebenfalls in Form eines Pointers auf PyObject zurückgegeben. Da es sich bei dem Rückgabewert um einen bytes-String handelt, können wir diesen mit `PyBytes_AsString` zu einem C-String konvertieren und dann mit `printf` ausgeben.

Die in diesem Beispiel aufgerufene Python-Funktion `entscheide` sieht folgendermaßen aus und befindet sich in der Programmdatei `script.py`:

```python
def entscheide(a, b):
    return (a if min(a) < min(b) else b)
```

Die Funktion bekommt zwei Sequenzen a und b übergeben und gibt eine der beiden zurück. Die Entscheidung, welche der beiden Sequenzen zurückgegeben wird, hängt davon ab, welche das in der jeweiligen Ordnungsrelation kleinste Element enthält. Bei zwei Strings bzw. bytes-Strings wird beispielsweise derjenige zurückgegeben, der den alphabetisch kleinsten Buchstaben enthält.

Im nächsten Beispielprogramm soll es dem Python-Skript ermöglicht werden, bestimmte Funktionen des C-Programms aufzurufen. Es soll dem Skript also gewissermaßen eine API zur Verfügung gestellt werden, die es verwenden kann. Diese Idee liegt nicht nur gedanklich nah an den in Abschnitt 37.2, »Schreiben von Extensions«, besprochenen Extensions, sondern wird auch ganz ähnlich umgesetzt. Der Quelltext des Beispielprogramms sieht folgendermaßen aus:

```c
#include <Python.h>
static PyObject *testfunktion(PyObject *self, PyObject *args)
{
    int a, b;
    if(!PyArg_ParseTuple(args, "ii", &a, &b))
        return NULL;
    return Py_BuildValue("i", a + b);
}
static PyMethodDef MethodTable[] =
{
    {"testfunktion", testfunktion, METH_VARARGS, "Testfunktion"},
    {NULL, NULL, 0, NULL}
};
static PyModuleDef APIModule =
{
    PyModuleDef_HEAD_INIT,
    "api", NULL, -1, MethodTable
};
static PyObject *PyInit_api()
{
    return PyModule_Create(&APIModule);
}
```

```c
int main(int argc, char *argv[])
{
    FILE *f;
    PyImport_AppendInittab("api", &PyInit_api);
    Py_Initialize();
    f = _Py_fopen("script.py", "r");
    PyRun_SimpleFile(f, "script.py");
    fclose(f);
    Py_Finalize();
}
```

Zunächst wird die Funktion `testfunktion` definiert, die später dem Python-Skript über ein Modul namens `api` zur Verfügung gestellt werden soll. Im Beispiel berechnet die Funktion schlicht die Summe zweier ganzer Zahlen, die ihr als Parameter übergeben werden. Danach werden die `MethodTable` und die Moduldefinition erstellt, ganz als würden wir eine Erweiterung schreiben. Ebenfalls analog zu den Erweiterungen wird eine Initialisierungsfunktion für das Modul namens `PyInit_api` benötigt. Durch Aufruf der Funktion `PyImport_AppendInittab` wird unser Modul `api` in die Liste der verfügbaren Module eingetragen.

Schließlich brauchen wir nur noch die Funktion `PyRun_SimpleFile` aufzurufen, um das Python-Skript `script.py` zu interpretieren. Der Funktion müssen wir dabei ein geöffnetes Dateiobjekt übergeben.

Das Python-Skript, das von diesem C-Programm aufgerufen wird, kann beispielsweise folgendermaßen aussehen:

```python
import api
print("Zwei plus zwei ist:", api.testfunktion(2, 2))
```

37.4 Alternative Interpreter

Der im Lieferumfang von Python enthaltene Interpreter *CPython* kann als Referenzimplementierung der Sprache Python angesehen werden. Er wird von den Kernentwicklern gepflegt, und neue Sprachversionen werden zuerst von CPython unterstützt. Aufgrund der vielseitigen Einsatzzwecke von Python sind im Laufe der Zeit Alternativen zu CPython entstanden, die einen anderen Fokus setzen. In diesem Abschnitt werden die alternativen Interpreter Jython und IronPython besprochen, die in Java bzw. C# implementiert sind und damit eine Verbindung zwischen der Programmiersprache Python und der Java Runtime Environment (JRE) bzw. dem .NET Framework herstellen.

Neben den hier besprochenen Interpretern, die eine Verbindung zu anderen Laufzeitumgebungen herstellen, gibt es Interpreter mit einem anderen Fokus, beispielsweise einer höheren Laufzeit- bzw. Speichereffizienz durch Just-in-Time-Kompilierung. Solche Interpreter, dazu gehört beispielsweise *PyPy*, werden in Abschnitt 35.6.9 behandelt.

> **Hinweis**
>
> Beachten Sie beim Einsatz alternativer Interpreter, dass diese nicht zwangsläufig die gleiche Sprachversion unterstützen müssen wie die Referenzimplementierung CPython. Es ist im Gegenteil sogar üblich, dass sich neue Sprachversionen, besonders wenn sie große Veränderungen mit sich bringen, erst nach einiger Zeit in den verschiedenen alternativen Interpretern wiederfinden.

Im Folgenden wird zunächst die Interoperabilität zwischen Python und der JRE anhand des Interpreters Jython behandelt. Danach besprechen wir den Interpreter IronPython, der eine Brücke zwischen Python und .NET schlägt.

37.4.1 Interoperabilität mit der Java Runtime Environment – Jython

Mit der Entwicklung des alternativen Interpreters Jython wurde bereits im Jahr 2000, damals unter dem Namen JPython, begonnen. Jython steht, wie CPython, unter der freien PSF-Lizenz.

> **Hinweis**
>
> Zum Zeitpunkt der Drucklegung dieses Buchs ist Jython für die Python-Sprachversion 2.7 verfügbar. Eine Version, die Python 3 unterstützt, ist in Arbeit, aber noch nicht fertiggestellt.
>
> Zwischen den Sprachversionen 2.x und 3.x gibt es wichtige Unterschiede, über die Sie sich im Migrationskapitel 43, »Von Python 2 nach Python 3«, informieren können.

Installation

Jython können Sie sich unter *http://www.jython.org* als Java-Applikation herunterladen. Jython setzt zumindest eine installierte Java Runtime Environment (JRE) voraus. Wenn Sie selbst geschriebene Java-Klassen in einem Python-Programm verwenden wollen oder umgekehrt Python-Skripte in ein Java-Programm einbinden möchten, benötigen Sie das Java Development Kit (JDK), das den Java-Compiler beinhaltet.

Jython-Programme ausführen

Die grundlegende Verwendung von Jython unterscheidet sich nicht von der des Referenz-Interpreters CPython. Analog zu CPython lässt sich über den Befehl `jython` ein Programm ausführen bzw. eine interaktive Jython-Shell öffnen:

```
>>> $ jython
Jython 2.7.0 (default:9987c746f838, Apr 29 2015, 02:25:11)
[OpenJDK 64-Bit Server VM (Oracle Corporation)] on java1.8.0_121
Type "help", "copyright", "credits" or "license" for more information.
>>> import math
>>> math.cos(math.pi)
-1.0
```

Da Jython eine vollständige Kompatibilität zu Python anstrebt, kann ein Python-Programm, sofern es keine Features von nicht unterstützten Sprachversionen verwendet, jederzeit auch mit Jython ausgeführt werden. Dies trifft zumindest auf die Sprachelemente selbst und große Teile der Standardbibliothek zu.

Unterstützung von Python-Bibliotheken

Module und Pakete für Python, sowohl in der Standardbibliothek als auch von Drittanbietern, können in zwei Arten unterteilt werden: solche, die in Python selbst geschrieben sind, und solche, die als C-Extensions implementiert sind.

Module und Pakete, die in Python implementiert sind, können problemlos auch mit Jython verwendet werden. Dies trifft leider nicht für Module und Pakete der Standardbibliothek zu, die in C implementiert sind. Eine Unterstützung der CPython C API in Jython ist zwar möglich und für zukünftige Versionen geplant, existiert zurzeit aber nicht.

Aus diesem Grund sind in C geschriebene Python-Bibliotheken in Jython nicht verwendbar. Das betrifft Teile der Standardbibliothek, beispielsweise das Paket `tkinter`, aber auch Drittanbieterbibliotheken wie NumPy oder SciPy. Teile der in C geschriebenen Standardbibliothek von CPython wurden für Jython nach Java bzw. Python portiert, sodass diese problemlos verwendet werden können.

Java-Bibliotheken in Jython-Programmen verwenden

Ein häufiger Anwendungsfall von Jython ist das Einbinden von Java-Bibliotheken – entweder von Teilen der umfangreichen Java-Standardbibliothek oder von Drittanbieterbibliotheken – in Python-Programme. Dies funktioniert analog zum Einbinden von Python-Modulen über das Schlüsselwort `import`:

```
>>> from java.util import HashMap
>>> m = HashMap()
>>> m.put(0, "Null")
>>> m.put(1, "Eins")
>>> m
{0: Null, 1: Eins}
```

In diesem Fall haben wir mit der `HashMap` das Java-Analogon zu einem Dictionary instanziiert, mit Werten gefüllt und ausgegeben. Die Java-Standardbibliothek ist in Jython über das Paket `java` verfügbar.

In dieser Art und Weise lassen sich Java-Bibliotheken aus Jython heraus verwenden. Einige Teile der Java-Bibliotheken sind von den Jython-Entwicklern dahingehend angepasst worden, dass sie sich besser in die Sprache Python integrieren. Das betrifft zum Beispiel die oben verwendete `HashMap`. So lässt sich eine `HashMap` auch in Kombination mit Sprachelementen von Python verwenden:

```
>>> m[2] = "Zwei"
>>> for key in m:
...     print key, "->", m[key]
...
0 -> Null
1 -> Eins
2 -> Zwei
```

Für die Verwendung von Java-Objekten in Jython-Code lassen sich die folgenden Regeln aufstellen:

- In einem logischen Ausdruck werden der Wert `False` des Typs `java.lang.Boolean` sowie leere Instanzen der Klassen bzw. Interfaces `java.util.Vector`, `java.util.Hashtable`, `java.util.Dictionary`, `java.util.List`, `java.util.Map` und `java.util.Collection` zu `False` ausgewertet. Alle anderen Instanzen, insbesondere eine ganze Zahl mit dem Wert 0 und ein leerer String, werden zu `True` ausgewertet.

- Eine `for`-Schleife kann Instanzen der Klassen `java.util.Vector`, `java.util.Enumeration`, `java.util.List` und `java.util.Iterator` durchlaufen.

- Ein Index-basierter Zugriff ist auf Instanzen der Klassen `java.util.Vector`, `java.util.Dictionary`, `java.util.List` und `java.util.Map` möglich. Slicing ist jedoch für keine dieser Klassen implementiert.

- Alle von `java.lang.Exception` abgeleiteten Klassen können wie Python-Exceptions geworfen und gefangen werden.

- Jython erlaubt auch eine flexible Verwendung von Python-Datentypen im Java-Kontext. Instanzen werden bei Bedarf in den entsprechenden Java-Datentyp konvertiert:

  ```
  >>> x = [1,2,3,4]
  >>> java.util.Collections.shuffle(x)
  >>> x
  [2, 1, 4, 3]
  >>> type(x)
  <type 'list'>
  ```

▶ In diesem Fall wurde der Java-Funktion shuffle zum zufälligen Umordnen einer Liste eine Python-Liste übergeben. Das Ergebnis wird wieder als Python-Liste zurückgegeben.

Eigene Java-Objekte einbinden

Neben der Standardbibliothek lassen sich mithilfe von Jython auch selbst geschriebene Java-Objekte einbinden. Dazu definieren wir eine Klasse in einer Datei namens *Person.java*:

```java
public class Person
{
    private String vorname;
    private String nachname;
    public Person(String vorname, String nachname)
    {
        this.vorname = vorname;
        this.nachname = nachname;
    }
    public String getName()
    {
        return vorname + " " + nachname;
    }
}
```

Nachdem die Datei mithilfe des Java-Compilers[9] zu einer *Person.class* kompiliert wurde, kann die Klasse Person mithilfe der import-Anweisung eingebunden werden. Danach wird sie verwendet, als wäre es eine Python-Klasse:

```
>>> import Person
>>> p = Person("Donald", "Duck")
>>> p.getName()
u'Donald Duck'
```

Anhand des Beispiels erkennen Sie eine weitere Besonderheit von Jython: Java-Strings werden in Unicode-Strings übersetzt.

Python-Programme in Java einbinden

Wie eingangs beschrieben, erlaubt Jython es, aus einem Python-Programm heraus auf die umfangreichen Java-Bibliotheken zuzugreifen oder selbst geschriebene Java-Klassen einzubinden. Die umgekehrte Richtung ist auch möglich: Ein in Java geschriebenes Programm kann mithilfe von Jython auf die Python-Standardbibliothek zugreifen oder Python-Code ausführen.

---

9 in der Regel über den Befehl javac Person.java

Im Folgenden möchten wir das Beispiel aus dem vorangegangenen Abschnitt anpassen, sodass die Klasse Person in Python implementiert und aus einem Java-Programm heraus verwendet wird. Dazu muss zunächst ein Java-Interface definiert werden, das die Schnittstelle der Klasse Person beschreibt, zum Beispiel in einer Datei *PersonInterface.java*:

```java
public interface PersonInterface
{
    public String getName();
}
```

In der Datei *python_person.py* implementieren wir jetzt das Interface PersonInterface in Form der Klasse Person:

```python
import PersonInterface
class Person(PersonInterface):
    def __init__(self, vorname, nachname):
        self.vorname = vorname
        self.nachname = nachname
    def getName(self):
        return self.vorname + " " + self.nachname
```

Die Implementierung unterscheidet sich strukturell nicht von der Java-Implementierung aus dem vorangegangenen Abschnitt. Schließlich schreiben wir ein Java-Hauptprogramm, das den Jython-Interpreter instanziiert, um das Modul person einzubinden:

```java
import org.python.util.PythonInterpreter;
import org.python.core.PyObject;
import org.python.core.PyString;

public class Main
{
    public static void main(String[] args)
    {
        PythonInterpreter interpreter = new PythonInterpreter();
        interpreter.exec("from python_person import Person");
        PyObject Person = interpreter.get("Person");
        PyObject p = Person.__call__(new PyString("Donald"),
                                    new PyString("Duck"));
        PersonInterface donald = (PersonInterface)p.__tojava__(
                                    PersonInterface.class);
        System.out.println(donald.getName());
    }
}
```

Nach dem Erzeugen des Jython-Interpreters wird dessen Methode exec aufgerufen, um die Klasse Person aus dem Modul person einzubinden. Diese Klasse kann daraufhin im Java-Programm als PyObject-Instanz verwendet werden.

Nachdem die Python-Klasse Person im Java-Programm bekannt ist, kann sie durch explizites Aufrufen der Methode __call__ instanziiert werden. Dabei bekommt sie die gewünschten Namen in Form von Python-Strings übergeben. Das Ergebnis, die Person-Instanz, liegt wieder in Form einer PyObject-Instanz p vor.

In einem letzten Schritt wird p mithilfe der Methode __tojava__ in eine PersonInterface-Instanz konvertiert. Diese kann jetzt verwendet werden, als handle es sich um eine Instanz einer Java-Klasse.

> **Hinweis**
>
> Um das Beispielprogramm kompilieren und ausführen zu können, muss der Java-Umgebung das Paket org.python bekannt gemacht werden. Dieses befindet sich in der Datei *jython.jar* im Installationsverzeichnis der Jython-Distribution. Zum Kompilieren und Ausführen des Beispielprogramms sind unter Linux die folgenden Befehle nötig:
>
> ```
> $ javac -cp /pfad/zu/jython.jar PersonInterface.java Main.java
> $ java -cp .:/pfad/zu/jython.jar Main
> ```
>
> Unter Windows muss ein Semikolon als Trennzeichen verwendet werden:
>
> ```
> $ java -cp .;C:\pfad\zu\jython.jar Main
> ```

37.4.2 Interoperabilität mit .NET – IronPython

Der 2006 zuerst erschienene alternative Interpreter *IronPython* ist ein vollständig in C# geschriebener Python-Interpreter für die Sprachversion 2.7. Die Implementierung in C# ermöglicht die Anbindung von Python-Programmen an eine *Common Language Infrastructure (CLI)*, beispielsweise Microsofts *.NET Framework* oder das freie *Mono*, das unter anderem unter Linux läuft.

IronPython können Sie sich unter *http://www.ironpython.net* herunterladen.

> **Hinweis**
>
> Zum Zeitpunkt der Drucklegung dieses Buchs ist IronPython für die Python-Sprachversion 2.7 verfügbar. Eine Version, die Python 3 unterstützt, ist in Arbeit, aber noch nicht fertiggestellt.
>
> Zwischen den Sprachversionen 2.x und 3.x gibt es wichtige Unterschiede, über die Sie sich im Migrationskapitel 43, »Von Python 2 nach Python 3«, informieren können.

Die grundlegende Verwendung von IronPython unterscheidet sich nicht von der des Referenz-Interpreters CPython. Analog zu CPython können Sie über die Befehle ipy.exe bzw. ipy64.exe ein Programm ausführen bzw. eine interaktive IronPython-Shell öffnen.[10]

CLI-Bibliotheken in IronPython-Programmen verwenden

In einem IronPython-Programm oder in der interaktiven IronPython-Shell verwenden Sie die import-Anweisung, um CLI-Bibliotheken einzubinden. Diese sind danach nutzbar, als wären sie Python-Module:

```
>>> import System
>>> System.Console.WriteLine("Hallo Welt")
Hallo Welt
```

Analog zu Python-Modulen hat ein lokales Modul gleichen Namens beim Einbinden Vorrang. Sollte also ein Modul System.py lokal existieren, wird dieses anstelle des CLI-Namensraums System eingebunden.

Automatische Übersetzung von Datentypen

Ein wichtiger Aspekt bei der Verwendung von Bibliotheken aus fremden Sprachumgebungen ist die Übersetzung der Datentypen. Bei den rudimentären Datentypen kann zwischen Python und der CLI eine 1:1-Beziehung hergestellt werden, die von IronPython so reibungslos wie möglich umgesetzt wird.

Die elementaren Datentypen int, float, bool und str werden von IronPython auf die CLI-Datentypen System.Int32, System.Double, System.Boolean und System.String bzw. System.Char[11] abgebildet. Durch Einbinden des Moduls clr[12] werden Instanzen dieser Python-Datentypen um ihre CLI-Schnittstelle erweitert:

```
>>> "Python".ToUpper()
Traceback (most recent call last):
  File "<stdin>", line 1, in <module>
AttributeError: 'str' object has no attribute 'ToUpper'
>>> import clr
>>> "Python".ToUpper()
'PYTHON'
```

---

10 Gegebenenfalls müssen Sie das IronPython-Installationsverzeichnis in den Systempfad eintragen bzw. einen vollen Programmpfad verwenden, beispielsweise *C:\Programme\ IronPython\ ipy.exe*.

11 Der CLI-Datentyp System.Char für ein einzelnes Zeichen hat in Python kein passendes Gegenstück. In Schnittstellen, die eine System.Char-Instanz erwarten, kann ein einstelliger Python-String übergeben werden.

12 für »Common Language Runtime«

Die Python-Schnittstelle der Basisdatentypen bleibt auch nach dem `clr`-Import erhalten. Es ist also weiterhin möglich, die bekannte Methode `upper` zu verwenden.

Die komplexeren Datentypen `list`, `tuple`, `dict`, `set` und `frozenset` werden in der CLI-Terminologie *generische Typen* genannt, da sie als Containertypen Instanzen verschiedener Datentypen enthalten können. Im Gegensatz zu Python darf sich dieser enthaltene Datentyp jedoch nicht ändern, er muss bei der Instanziierung beispielsweise einer Liste angegeben werden. Generische Typen sind im CLI-Namensraum `System.Collections.Generic` enthalten und können in IronPython folgendermaßen instanziiert werden:

```
>>> from System.Collections.Generic import List, Dictionary
>>> l = List[int]([1,2,3])
>>> l
List[int]([1, 2, 3])
>>> d = Dictionary[str, int]({"1" : 1})
>>> d
Dictionary[str, int]({'1' : 1})
>>> dict(d)
{'1': 1}
```

Die in `System.Collections.Generic` enthaltenen Datentypen werden zunächst mit den zu enthaltenen Datentypen spezialisiert. Dies geschieht in IronPython in eckigen Klammern. Dem Konstruktor kann dann eine Instanz der zugehörigen Python-Datentypen, also beispielsweise `list` oder `dict`, übergeben werden. Umgekehrt kann ein generischer Typ in einen dazu passenden Python-Typ konvertiert werden.

> **Hinweis**
>
> Instanzen generischer Typen können erzeugt werden, indem die zur Instanziierung erforderlichen Datentypen in eckige Klammern geschrieben werden. Auf analoge Art und Weise lassen sich generische Methoden aufrufen:
>
> `Objekt.GenerischeMethode[typ1, typ2](parameter)`

Überladene Methoden aufrufen

Ein weiterer wichtiger Unterschied zu Python ist, dass die CLI das Überladen von Methoden erlaubt. Das bedeutet, dass mehrere gleichnamige Methoden existieren dürfen, die sich anhand ihrer Schnittstelle unterscheiden. Anhand von Anzahl und Typen der übergebenen Parameter wird bei einem Methodenaufruf entschieden, welche der Überladungen konkret aufgerufen wird.

Dieses Konzept gibt es in Python nicht, IronPython versucht aber, anhand der übergebenen Typen die passendste Überladung auszuwählen. Sollten mehrere Überladungen passen, wird ein `TypeError` geworfen. In einem solchen Fall kann die gewünschte Überladung ausgewählt werden. Dazu besitzt jede Methode das Overloads-Objekt, über das eine Überladung anhand ihrer Schnittstelle ausgewählt werden kann:

```
>>> from System import String
>>> String.Compare.Overloads[str, str]("Hallo", "Welt")
-1
```

In diesem Fall wurde die Variante der String-Methode Compare aufgerufen, die zwei Strings als Parameter erwartet.

Assemblys in IronPython-Programmen einbinden

IronPython kann *CLI-Assemblys* laden. Das sind kompilierte Bibliotheken, die in einer beliebigen CLI-Sprache, beispielsweise C#, geschrieben werden können und unter Windows üblicherweise im DLL-Format vorliegen.

Zum Laden eines Assemblys wird die Funktion AddReference aus dem Modul clr verwendet:

```
>>> import clr
>>> clr.AddReference("System.Web")
>>> import System.Web
```

Beim Start von IronPython werden automatisch die Assemblys *mscorelib.dll* und *System.dll* geladen. Weitere benötigte Assemblys müssen über AddReference nachgeladen werden.

Python-Komponenten in CLI-Programmen einbinden

Mithilfe von IronPython lassen sich CLI-Assemblys aus einem Python-Programm heraus nutzen. Der umgekehrte Weg, ein Python-Skript in ein CLI-Programm, beispielsweise ein C#-Programm, einzubinden, ist ebenfalls möglich. Dazu enthält IronPython die Assemblys *IronPython* und *Microsoft.Scripting*, mit deren Hilfe sich beispielsweise Funktionen aus einem externen Python-Skript aufrufen lassen:[13]

```
using IronPython.Hosting;
class Beispiel
{
    static void Main(string[] args)
    {
        var engine = Python.CreateEngine();
```

---

[13] Um das Beispiel kompilieren zu können, müssen dem Compiler die Assemblys *IronPython.dll* und *Microsoft.Scripting.dll* aus dem IronPython-Installationsverzeichnis bekannt gemacht werden: `csc.exe /reference:IronPython.dll /reference:Microsoft.Scripting.dll main.cs`

```
        var scope = engine.CreateScope();
        engine.ExecuteFile("script.py", scope);
        System.Console.Write(
            engine.Operations.Invoke(scope.GetVariable("quadrat"),5)
        );
    }
}
```

Zunächst wird die Python-Umgebung engine instanziiert und ein Scope scope erzeugt. Unter einem *Scope* versteht man einen Teilbereich eines Programms, außerhalb dessen lokale Variablen ihre Sichtbarkeit verlieren. Mithilfe der Engine lässt sich nun ein Python-Skript ausführen. Dazu wird die Methode ExecuteFile aufgerufen und der Scope übergeben, in dem das Skript ausgeführt werden soll.

Nachdem das Skript ausgeführt wurde, können Variablen aus dem Scope ausgelesen werden. Dazu zählen auch Funktionen wie die Beispielfunktion quadrat, die über die Methode engine.Operations.Invoke ausgeführt werden. Das zum Beispiel passende Python-Skript sieht folgendermaßen aus:

```
def quadrat(x):
    return x**2
```

In analoger Art und Weise lässt sich über die Methode engine.Execute Python-Code ausführen, der nicht in einer externen Datei, sondern als String im C#-Programm selbst vorliegt.

Kapitel 38
Distribution von Python-Projekten

Es ist anzunehmen, dass Sie im Laufe dieses Buchs bereits das eine oder andere eigenständige Python-Programm geschrieben haben. Vielleicht haben Sie sogar schon ein Programm oder Modul in Python geschrieben, das auch für andere Anwender von Nutzen sein könnte. In diesem Moment stellt sich die Frage, wie ein Python-Programm oder -Modul adäquat veröffentlicht werden kann. Idealerweise sollte es so geschehen, dass der Benutzer kein Experte sein muss, um es zu installieren.

Zunächst werden wir die bestehenden Ansätze zur Distribution von Python-Paketen zusammenfassen und dann in Abschnitt 38.2 ausführlich auf das Drittanbieterpaket setuptools eingehen. Zum Schluss, in Abschnitt 38.5, beleuchten wir einen weiteren wichtigen Aspekt beim Erzeugen von Distributionen: die Lokalisierung von Programmen.

38.1 Eine Geschichte der Distributionen in Python

Bei der Distribution von Software geht es darum, die relevanten Daten, beispielsweise Bibliotheken, ausführbare Dateien oder auch Quellcode, in einer *Distribution* oder einem *Paket* anzubieten, das für den Benutzer komfortabel zu installieren ist. Grundsätzlich unterscheidet man zwei Typen von Distributionen:

- Eine *Quellcodedistribution* (engl. *source distribution*) enthält keine vorkompilierten Daten, sondern nur den Quellcode der angebotenen Software. Dieser Quellcode muss auf der Benutzerseite kompiliert werden. Eine Quellcodedistribution hat den Vorteil, dass sie unverändert auf allen unterstützten Plattformen verwendet werden kann.

- Eine *Binärdistribution* (engl. *binary distribution*) enthält ein Kompilat der Software. Aus diesem Grund sind Binärdistributionen in der Regel plattformabhängig, es müssen also für viele Zielplattformen eigene Distributionen erstellt werden. Der Vorteil einer Binärdistribution liegt in ihrer einfachen Installation: Die enthaltenen Dateien müssen nur an die richtige Stelle im System kopiert werden. Insbesondere ist kein Build-Schritt notwendig.

In der Python-Welt existiert eine verwirrende Vielfalt von Ansätzen zur Erzeugung von Distributionen. In den folgenden Abschnitten stellen wir Ihnen die wichtigsten dieser Ansätze vor.

38.1.1 Der klassische Ansatz – distutils

Das Paket distutils ist in der Standardbibliothek enthalten und war für lange Zeit der Standard zur Distribution von Python-Software. Zum Erstellen einer Distribution wird ein Installationsskript namens *setup.py* angelegt, das die Eigenschaften der Distribution beschreibt. Dazu gehören beispielsweise Metadaten wie der Urheber oder die Lizenz und eine Liste der Dateien, die in die Distribution aufgenommen werden soll. Durch das Ausführen des Installationsskripts kann eine Quellcode- oder Binärdistribution erzeugt werden:

- Eine Quellcodedistribution enthält ihrerseits das Installationsskript *setup.py*, das in diesem Fall verwendet werden kann, um die Software auf dem Zielsystem zu installieren.
- Eine Binärdistribution wird in Form eines Windows-Installers oder eines RPM-Pakets für bestimmte Linux-Distributionen erstellt.

Das Paket distutils findet auch heute noch Verwendung und kann, da es in der Standardbibliothek enthalten ist, auch bedenkenlos verwendet werden. Es hat aber den großen Nachteil, dass Abhängigkeiten zwischen Distributionen nicht berücksichtigt werden können. Dies ist einer der Gründe, die zur Entwicklung von setuptools geführt haben.

38.1.2 Der neue Standard – setuptools

Das Drittanbieterpaket setuptools basiert auf distutils, wird also in ähnlicher Weise verwendet und ist kompatibel zu distutils-Installationsskripten. Es übertrifft den Funktionsumfang von distutils in einigen wichtigen Punkten, was es zum neuen Standard bei der Distribution von Python-Software gemacht hat:

- Mit setuptools können sogenannte *Python Eggs* erstellt werden. Das sind spezielle Distributionen, erkennbar an der Endung *.egg*, die zusätzliche Metadaten enthalten, insbesondere Abhängigkeiten zu anderen Eggs. Python Eggs müssen nicht installiert werden, sondern können direkt eingebunden werden.

  Das Prinzip von Eggs in Python ist mit dem von JAR-Dateien in Java vergleichbar.

- Mithilfe von Python Eggs ist es möglich, Namensraumpakete zu erstellen. Das sind Metapakete, die aus einer Menge weiterer Pakete bestehen.

- Das in setuptools enthaltene Tool EasyInstall kann Paketabhängigkeiten auflösen und eventuell fehlende Pakete installieren oder aktualisieren. Dazu verwendet es den *Python-Paketindex PyPI* (siehe Abschnitt 38.1.3).

Da es sich bei setuptools um ein Drittanbieterpaket handelt, das nicht in der Standardbibliothek enthalten ist, muss es vor dem Erstellen und Installieren von Distributionen installiert sein. Die Installation von setuptools erfolgt über ein sogenanntes *Bootstrap-Skript* namens *ez_setup.py*, das Sie sich von der Projektseite[1] herunterladen können. Dieses Bootstrap-Skript kann auch in Distributionen eingebunden werden, damit bei der Installation automatisch setuptools heruntergeladen und mit installiert wird, sollte es nicht bereits vorhanden sein.

> **Hinweis**
> Python Eggs werden in Zukunft durch das neuere und vollständig standardisierte Distributionsformat *Python Wheel* ersetzt. Am grundlegenden Arbeitsablauf ändert sich jedoch nichts, auch Wheels können mit setuptools erzeugt werden.

38.1.3 Der Paketindex – PyPI und pip

Der *Python Package Index PyPI* ist eine von der Python Software Foundation verwaltete Sammlung von Python-Paketen, die unter *https://pypi.python.org* abrufbar ist. Er ist vergleichbar mit dem bekannteren CPAN für die Programmiersprache Perl.

Die im PyPI aufgeführten Pakete können mit einem kompatiblen Paketmanager bequem heruntergeladen und installiert werden. Dabei installiert bzw. aktualisiert der Paketmanager gegebenenfalls Abhängigkeiten. Neben dem bereits angesprochenen Paketmanager EasyInstall steht auch der fortschrittlichere Paketmanager pip, der in Abschnitt 38.3 vorgestellt wird, zur Verfügung.

Es ist nach einer Anmeldung auch möglich, eigene Pakete in den PyPI einzutragen.

38.2 Erstellen von Distributionen – setuptools

Zum Erstellen einer Distribution mit dem setuptools-Paket sind im Allgemeinen folgende Arbeitsschritte nötig:

- Schreiben Ihres Moduls oder Pakets[2]
- Schreiben des Installationsskripts *setup.py*
- Erstellen einer Quellcodedistribution bzw. einer Binärdistribution

Diese Arbeitsschritte werden in den folgenden Abschnitten detailliert besprochen.

---

1 *https://pypi.python.org/pypi/setuptools*
2 Eigentlich handelt es sich dabei nicht um einen Arbeitsschritt zum Erstellen einer Distribution; dennoch ist es einleuchtenderweise eine unverzichtbare Voraussetzung. Sie können auch mehrere Module und/oder Pakete in eine gemeinsame Distribution verpacken. Näheres dazu erfahren Sie im Laufe dieses Abschnitts.

> **Hinweis**
>
> Grundsätzlich lassen sich mit setuptools nicht nur Distributionen von Modulen oder Paketen erstellen, sondern auch von *Extensions* (dt. »Erweiterungen«). Solche Extensions können später wie ein Modul oder Paket eingebunden werden, sind aber im Gegensatz zu normalen Modulen oder Paketen in einer anderen Programmiersprache, üblicherweise C oder C++, geschrieben. In Abschnitt 37.2.3, »Erzeugen der Extension«, sind wir bereits auf die Verwendung von setuptools im Zusammenhang mit Extensions eingegangen.

38.2.1 Schreiben des Moduls

Rufen Sie sich noch einmal ins Gedächtnis, dass es einen Unterschied zwischen einem *Modul* und einem *Paket* gibt. Während ein Modul aus nur einer Programmdatei besteht, ist ein Paket ein Ordner, der mehrere Untermodule oder -pakete enthalten kann. Ein Paket erkennt man an der Programmdatei __init__.py im Paketverzeichnis. Die Unterscheidung der Begriffe »Modul« und »Paket« wird beim Erstellen des Installationsskripts noch eine Rolle spielen.

An dieser Stelle wird das Beispielmodul entwickelt, auf das wir uns im gesamten Kapitel beziehen werden. Dabei handelt es sich um ein sehr einfaches Modul, das die grundlegende Funktionalität von setuptools demonstriert. Bemerkungen zu komplexeren Distributionen, die beispielsweise Pakete oder Ähnliches enthalten, finden Sie an der jeweiligen Stelle im Text.

Sinn und Zweck des Beispielmoduls ist es, einen beliebigen Text so zu verändern, dass er sich ähnlich wie dieser liest:

> *Nach eienr Stidue der Cmabridge Uinverstiaet ist es eagl, in wlehcer Reiehnfogle die Bchustebaen in Woeretrn vokrmomen.*
>
> *Es ist nur withcig, dsas der ertse und lettze Bchusatbe an der ricthgien Stlele snid. Der Rset knan total falcsh sein, und man knan es onhe Porbelme leesn.*
>
> *Das ist so, wiel das mneschilche Geihrn nihct jeedn Bchustbaen liset, sodnern das Wrot als Gaznes.*

Das Modul stellt dabei eine Funktion verwirble_text bereit, die einen String übergeben bekommt und diesen dann so »verwirbelt« zurückgibt, dass nur der erste und letzte Buchstabe sicher auf ihrem Platz bleiben.

```python
import random
def verwirble_text(text):
    liste = []
    for wort in text.split():
        w = list(wort[1:-1])
```

```
        random.shuffle(w)
        liste.append(wort[0] + "".join(w) + wort[-1])
    return " ".join(liste)
```

Die Funktion iteriert in einer Schleife über alle im übergebenen String enthaltenen Wörter. Bei jedem Schleifendurchlauf wird aus dem jeweiligen Wort der Teil-String extrahiert, der verwirbelt werden soll. Dabei wird sichergestellt, dass der erste und der letzte Buchstabe nicht in diesen Teil-String mit aufgenommen werden. Zum Verwirbeln der Buchstaben wird die Funktion shuffle des Moduls random verwendet. Schließlich werden der verwirbelte String, der Anfangsbuchstabe und der Endbuchstabe zusammengefügt und an die Liste der erzeugten Wörter liste angehängt. Am Schluss wird diese Wortliste zu einem Text zusammengefügt und zurückgegeben.

Die Funktion geht der Einfachheit halber von einem gutartigen String aus. Das bedeutet insbesondere, dass der String keine Satzzeichen enthalten sollte.

Im Folgenden soll nun eine Distribution des Moduls verwirbeln erstellt werden, damit auch andere Python-Programmierer möglichst komfortabel in den Genuss dieses überaus mächtigen Werkzeugs gelangen können.

38.2.2 Das Installationsskript

Der erste Schritt zur Distribution des eigenen Moduls ist das Erstellen eines *Installationsskripts*. Dies ist eine Python-Programmdatei namens setup.py, über die später das Erstellen der Distribution abläuft. Auch die Installation einer Quellcodedistribution aufseiten des Benutzers erfolgt durch den Aufruf dieser Programmdatei.

In unserem Beispiel muss im Installationsskript nur die Funktion setup des Moduls setuptools aufgerufen werden.

```
from setuptools import setup
setup(
    name = "verwirbeln",
    version = "1.0",
    author = "Micky Maus",
    author_email = "micky@maus.de",
    py_modules = ["verwirbeln"]
)
```

Dieser Funktion übergeben wir verschiedene Schlüsselwortparameter, die Informationen über das Modul enthalten. Zusätzlich bekommt die Funktion über den Parameter py_modules alle Programmdateien übergeben, die der Distribution angehören sollen. Auf diese Weise ist es auch möglich, mehrere selbst geschriebene Module in einer Distribution anzubieten.

38 Distribution von Python-Projekten

Das ist tatsächlich schon alles. Diese Programmdatei kann jetzt dazu verwendet werden, das Modul auf einem beliebigen Rechner mit Python-Installation zu installieren oder eine Distribution des Moduls zu erstellen. Wie das im Einzelnen funktioniert, klären wir später, zunächst betrachten wir die Funktion setup.

setuptools.setup({arguments})

Die Funktion setup des Pakets setuptools muss in der Programmdatei setup.py aufgerufen werden und stößt den jeweils gewünschten Installationsprozess an. Dazu müssen Sie der Funktion verschiedene Schlüsselwortparameter übergeben, die Informationen über das Modul bzw. Paket bereitstellen. Tabelle 38.1 listet die wichtigsten möglichen Argumente auf und klärt kurz ihre Bedeutung.

Wenn nichts anderes angegeben ist, handelt es sich bei den jeweiligen Parametern um Strings.

Parametername	Beschreibung
author	der Name des Autors
author_email	die E-Mail-Adresse des Autors
data_files	eine Liste von Tupeln, über die zusätzliche Dateien in die Distribution mit aufgenommen werden können
description	eine kurze Beschreibung der Distribution
download_url	die URL, unter der die Distribution direkt heruntergeladen werden kann
ext_modules	eine Liste von setuptools.Extension-Instanzen, die die Namen aller Python-Erweiterungen enthält, die kompiliert werden und in der Distribution enthalten sein sollen*
license	die Lizenz, unter der die Distribution steht
long_description	eine ausführliche Beschreibung der Distribution
maintainer	der Name des Paketverwalters
maintainer_email	die E-Mail-Adresse des Paketverwalters
name	der Name der Distribution
package_data	ein Dictionary, über das Dateien, die zu einem Paket gehören, mit in die Distribution aufgenommen werden können

Tabelle 38.1 Mögliche Schlüsselwortparameter für setup

Parametername	Beschreibung
package_dir	ein Dictionary, über das Pakete in Unterverzeichnissen in die Distribution aufgenommen werden können
packages	eine Liste von Strings, die die Namen aller Pakete enthält, die in der Distribution enthalten sein sollen
py_modules	eine Liste von Strings, die die Namen aller Python-Module enthält, die in der Distribution enthalten sein sollen
script_name	Der Name des Installationsskripts, das in der Distribution verwendet werden soll. Dieser Parameter ist mit sys.argv[0], also dem Namen des Skripts, vorbelegt, das gerade ausgeführt wird.
scripts	eine Liste von Strings, die die Namen aller Skriptdateien enthält, die in der Distribution enthalten sein sollen
url	die URL einer Homepage mit weiteren Informationen zur Distribution
version	die Versionsnummer der Distribution

* Näheres zu diesem Thema erfahren Sie in Abschnitt 37.2, »Schreiben von Extensions«.

Tabelle 38.1 Mögliche Schlüsselwortparameter für setup (Forts.)

Distribution von Paketen

Wenn Ihr Projekt anstelle einzelner Module aus einem oder mehreren Paketen besteht, müssen Sie die Namen aller Pakete, die in die Distribution aufgenommen werden sollen, über den Schlüsselwortparameter packages angeben:

```
from setuptools import setup
setup(
    […]
    packages = ["paket1", "paket2", "paket1.unterpaket1"]
)
```

In diesem Fall werden die Pakete paket1 und paket2, die sich im Hauptverzeichnis befinden müssen, in die Distribution aufgenommen. Zusätzlich wird noch das Paket unterpaket1 aufgenommen, das sich innerhalb des Pakets paket1 befindet. Sie können durchaus sowohl Pakete über packages als auch einzelne Module über py_modules in die Distribution aufnehmen.

Oftmals existiert im Hauptordner neben dem Installationsskript ein Ordner *src* oder *source*, in dem sich dann die Module oder Pakete der Distribution befinden. Um solch einen Unterordner im Installationsskript bekannt zu machen, übergeben Sie den Schlüsselwortparameter package_dir beim Aufruf von setup:

```
from setuptools import setup
setup(
    [...]
    package_dir = {"" : "src"},
    packages = ["paket1", "paket2", "paket1.unterpaket1"]
)
```

Damit wird das Programmverzeichnis ("") auf das Verzeichnis src gelegt. Diese Angabe können Sie auch für einzelne Pakete vornehmen. So können Sie beispielsweise über einen weiteren Eintrag in diesem Dictionary mit dem Schlüssel "paket3" und dem Wert "pfad/zu/meinem/paket/paket3" ein drittes Paket einbinden, das sich in einem anderen Verzeichnis befindet als die beiden Pakete paket1 und paket2. Danach kann paket3 über die Liste packages in die Distribution aufgenommen werden. Auch Unterpakete von paket3 brauchen dann nicht mehr über den vollständigen Pfad angesprochen zu werden.

Alternativ lassen sich über die Funktion find_packages alle Pakete im Paketverzeichnis automatisch eintragen:

```
from setuptools import setup, find_packages
setup(
    [...]
    packages = find_packages()
)
```

Distribution von Skriptdateien

Neben Modulen und Paketen gehören möglicherweise weitere Dateien zu Ihrem Projekt und sollten damit auch Platz in der Distribution finden. Dazu zählen zunächst einfache Skriptdateien. Diese implementieren beispielsweise ein Tool, das im Zusammenhang mit Ihrem Paket steht. Der Unterschied zwischen einem Modul und einer Skriptdatei ist, dass das Modul selbst keinen Python-Code ausführt, sondern nur Funktionen oder Klassen bereitstellt, während eine Skriptdatei ein lauffähiges Programm enthält. Das distutils-Paket installiert Skriptdateien in ein Verzeichnis, in dem sie systemweit ausführbar sind.[3]

Solche Skriptdateien können beim Aufruf von setup durch den Schlüsselwortparameter scripts übergeben werden. Dabei muss für scripts, wie für andere Parameter auch, eine Liste von Strings übergeben werden, die jeweils einen Dateinamen enthalten.

---

[3] Unter Windows ist das der Unterordner *Scripts* der Python Installation, unter Linux das Verzeichnis */usr/bin*.

Ein kleiner Service, den das Paket setuptools in Bezug auf Skriptdateien durchführt, ist das automatische Anpassen der Shebang-Zeile an das Betriebssystem, auf dem die Distribution installiert wird.

Distribution von Ressourcen

Die nächste Kategorie zusätzlicher Dateien sind Ressourcen, die von bestimmten Paketen benötigt werden und in diesen enthalten sind. Beispielsweise erfordert das Paket paket1 die beiden Dateien hallo.txt und welt.txt. In einem solchen Fall können diese Dateien über den Schlüsselwortparameter package_data in Form eines Dictionarys übergeben werden:

```
setup(
    […]
    packages = ["paket1", "paket2", "paket1.unterpaket1"],
    package_data = {"paket1" : ["hallo.txt", "welt.txt"]}
)
```

Anstatt jede Datei einzeln anzugeben, können auch Wildcards verwendet werden. So würde der Wert ["*.txt"] alle Textdateien einbinden, die sich im Verzeichnis des Pakets paket1 befinden.

> **Hinweis**
>
> Sie sollten Ordner innerhalb eines Pfades immer durch einen einfachen Slash (/) voneinander trennen. Das Paket setuptools kümmert sich dann um die korrekte »Übersetzung« des Pfades in das Format des jeweiligen Betriebssystems.

Abhängigkeiten

Sollte Ihre Software Abhängigkeiten zu anderen Paketen haben, können Sie diese über den Schlüsselwortparameter install_requires angeben:

```
setup(
    […]
    install_requires = ['paket>=1.0']
)
```

In diesem Fall setzt die Installation der Software die Installation des Pakets paket in einer Version größer als 1.0 voraus. Wenn die Installation mit einem Paketmanager wie pip oder EasyInstall durchgeführt wird, kann das Paket paket jetzt automatisch aus dem Python Package Index heruntergeladen und installiert werden, sofern es dort vorhanden ist.

Sollte eine Abhängigkeit zu einem Paket notwendig sein, das nicht im Package Index enthalten ist, können Sie über den Schlüsselwortparameter `dependency_links` eine Liste von URLs angeben, unter denen nach unbekannten Paketen gesucht wird.

38.2.3 Erstellen einer Quellcodedistribution

Nachdem Sie das Installationsskript geschrieben haben, können Sie mit dessen Hilfe eine Quellcodedistribution Ihrer Software erstellen. Dazu wechseln Sie in das Verzeichnis, in dem das Installationsskript liegt, und führen es mit dem Argument `sdist` aus:

```
setup.py sdist
```

Dieser Befehl erzeugt die Quellcodedistribution im Unterordner `dist` nach dem Namensschema *Projektname-Version.Format*. Dabei können Sie das Format des Archivs über die Option `--formats` festlegen. Es ist zudem möglich, eine Distribution in mehreren Archivformaten zu erstellen:

```
setup.py sdist --formats=zip,gztar
```

Mögliche Werte sind dabei `zip` für ein ZIP-Archiv (*.zip*), `gztar` für ein gz-komprimiertes TAR-Archiv (*.tar.gz*), `bztar` für ein bz2-komprimiertes TAR-Archiv (*.tar.bz2*), `xztar` für ein xz-komprimiertes TAR-Archiv (*.tar.xz*), `ztar` für ein Z-komprimiertes TAR-Archiv (*.tar.Z*) sowie `tar` für ein unkomprimiertes TAR-Archiv. Wenn die Option `--formats` nicht angegeben wurde, wird unter Windows ein ZIP-Archiv und unter Unix-Systemen ein gz-komprimiertes TAR-Archiv erstellt.

In das Archiv werden alle Dateien aufgenommen, die im Installationsskript eingetragen wurden. Zusätzlich wird eine Datei namens *README* oder *README.txt* automatisch in das Archiv mit aufgenommen, sofern eine solche im selben Ordner wie das Installationsskript existiert.

Das resultierende Archiv, die Quellcodedistribution, kann jetzt veröffentlicht und verbreitet werden. Der Benutzer, der diese Distribution herunterlädt, kann Ihr Modul bzw. Ihr Paket so installieren, wie es in Abschnitt 38.2.5, »Distributionen installieren«, beschrieben ist.

38.2.4 Erstellen einer Binärdistribution

Neben einer Quellcodedistribution ist das Erstellen einer Binärdistribution von besonderem Interesse, da diese den wenigsten Installationsaufwand hat. Umgekehrt bedeutet es allerdings mehr Arbeit für Sie, da für verschiedene Betriebssysteme unter Umständen unterschiedliche Formate für Binärdistributionen erstellt werden müssen. Das prominenteste dieser Formate ist ein Windows-Installer, aber auch RPM-Pakete für RPM-basierende Linux-Distributionen[4] und Python Eggs können erstellt werden.

Beachten Sie, dass Sie neben einer Binärdistribution stets auch eine Quellcodedistribution Ihres Projekts veröffentlichen sollten, da es Betriebssysteme gibt, die weder mit einem RPM-Paket noch mit einem Windows-Installer etwas anfangen können.

Zum Erzeugen einer Binärdistribution wird das Installationsskript mit den folgenden Argumenten aufgerufen:

Argument	Bedeutung
bdist_msi	Erzeugt einen MSI-Installer für Windows-Systeme.
bdist_rpm	Erzeugt ein RPM-Paket für bestimmte Linux-Systeme.
bdist_wininst	Erzeugt einen klassischen Windows-Installer.
bdist_egg	Erzeugt ein Python Egg.
bdist_wheel	Erzeugt ein Python Wheel.*

* Dazu wird zusätzlich zu setuptools das Paket wheel aus dem Package Index benötigt.

Tabelle 38.2 Mögliche Argumente des Installationsskripts

Da alle Informationen, die zum Erstellen der Binärdistribution benötigt werden, bereits im Installationsskript angegeben wurden, ist das Erzeugen einer Binärdistribution mit den folgenden Aufrufen von setup.py erledigt:

```
setup.py bdist_wininst
setup.py bdist_egg
```

> **Hinweis**
> Solange Ihr Projekt aus reinen Python-Modulen besteht, also weder Pakete noch Extensions umfasst, kann die Installationsdatei für Windows auch unter anderen Betriebssystemen, beispielsweise unter Linux, erzeugt werden. Sobald aber Pakete oder Erweiterungen enthalten sind, muss dafür ein Windows-System verwendet werden.

---

4 Dies sind unter anderem Red Hat, Fedora, SUSE und Mandriva.

38.2.5 Distributionen installieren

Nachdem Sie jetzt das grundlegende Handwerkszeug zum Erstellen einer Binär- und Quellcodedistribution erhalten haben, sollen hier noch ein paar Worte zur Verwendung der Distributionen selbst folgen.

Zu einer Binärdistribution brauchen wir dabei nicht viel zu sagen, denn die Installationsprozedur entspricht dem auf dem jeweiligen Betriebssystem üblichen Vorgehen. Eggs oder Wheels können mit einem Paketmanager wie `pip` installiert werden, siehe dazu Abschnitt 38.3.

Eine Quellcodedistribution wird ebenfalls über einen Aufruf von *setup.py* installiert:

```
setup.py install
```

Wenn die Programmdatei *setup.py* mit dem Argument `install` ausgeführt wird, installiert sie die Distribution in die Python-Umgebung, die auf dem System installiert ist. Beachten Sie, dass dafür je nach System Administrator- oder Root-Rechte erforderlich sind.

> **Hinweis**
>
> Die Distribution wird in das Standardverzeichnis für Python-Drittanbieterbibliotheken des Systems installiert. Wenn Sie dies nicht wünschen, können Sie über das Argument `--prefix` ein Zielverzeichnis vorgeben:
>
> `python setup.py install --prefix="Pfad/Zum/Zielverzeichnis"`

38.2.6 Eigenständige Distributionen erstellen

Das Installieren einer Distribution, die mit `setuptools` erstellt wurde, setzt eine setuptools-Installation auf dem Zielrechner voraus. Da `setuptools` nicht in der Standardbibliothek enthalten ist und obwohl `setuptools` weit verbreitet ist, ist dies nicht garantiert.

Mithilfe des bereits angesprochenen Bootstrap-Skripts *ez_setup.py*, über das sich `setuptools` installieren lässt, kann die Installation auch bei einer fehlenden setuptools-Installation durchgeführt werden. Dazu wird das Skript *ez_setup.py* aus dem PyPI heruntergeladen und in die Distribution aufgenommen. Das Installationsskript *setup.py* muss folgendermaßen beginnen:

```
import ez_setup
ez_setup.use_setuptools()
```

Auf diese Weise wird die Installation von `setuptools` angestoßen, noch bevor die eigentliche Distribution installiert wird.

38.2.7 Erstellen von EXE-Dateien – cx_Freeze

Mit dem `setuptools`-Paket lassen sich Distributionen aus Python-Projekten erzeugen, die dann auf dem Zielsystem im Kontext einer existierenden Python-Umgebung installiert werden können. Besonders unter Windows ist es manchmal wünschenswert, ein Programm als einfache ausführbare Datei auszuliefern, die ohne weitere Voraussetzungen auch auf Systemen läuft, auf denen keine Python-Umgebung installiert ist. Eine solche Distribution kann mit dem Drittanbietermodul `cx_Freeze` erstellt werden.[5]

In diesem Abschnitt verwenden wir das Modul `cx_Freeze`, um aus einem kleinen Beispielprogramm eine ausführbare Datei zu schnüren. Hier sehen Sie zunächst den Quelltext des Beispielprogramms:

```python
import sys
if len(sys.argv) > 2:
    print("Ergebnis: {}".format(int(sys.argv[1]) + int(sys.argv[2])))
```

Es handelt sich dabei um ein einfaches Programm, das zwei als Argument übergebene Zahlen addiert und das Ergebnis ausgibt.

Es gibt zwei Möglichkeiten, das Modul `cx_Freeze` zu verwenden: einmal über das Skript *cxfreeze*[6], dem der Pfad zur zu bearbeitenden Programmdatei als Argument übergeben werden muss, oder alternativ in Kombination mit `setuptools`. Dazu schreiben wir im Kontext des oben dargestellten Beispielprogramms die folgende Programmdatei *setup.py*:

```python
from cx_Freeze import setup, Executable
setup(
    [...]
    executables = [Executable("calc.py")]
)
```

Anstelle der Auslassungszeichen stehen die üblichen Parameter der Funktion `setup` im Quellcode, über die beispielsweise der Name des Programms oder die E-Mail-Adresse des Autors angegeben werden kann. Um mit `cx_Freeze` eine ausführbare Datei zu erstellen, muss der Schlüsselwortparameter `executables` angegeben werden. Für diesen wird eine Liste von `Executable`-Instanzen übergeben, die jeweils eine zu erzeugende ausführbare Datei repräsentieren.

---

5 *https://pypi.python.org/pypi/cx_Freeze/*
6 Unter Windows und macOS finden Sie `cxfreeze` im Unterverzeichnis *Scripts* der Python-Installation. Unter Linux wird `cxfreeze` üblicherweise in das globale Systemverzeichnis für ausführbare Dateien installiert.

Nachdem das Installationsskript fertig ist, kann die ausführbare Datei erzeugt werden. Dazu muss das Installationsskript *setup.py* mit dem Argument build aufgerufen werden:

```
setup.py build
```

Jetzt werden automatisch die konfigurierten ausführbaren Dateien erzeugt. Dabei erzeugt cx_Freeze die für das jeweilige Betriebssystem nativen Formate. Es ist beispielsweise nicht möglich, unter Linux eine Windows-Executable zu erstellen.

Nachdem sich das Installationsskript beendet hat, finden Sie im Programmverzeichnis den Unterordner *dist*, der die fertige Distribution Ihres Python-Programms enthält. Diese beinhaltet nicht nur die ausführbare Datei selbst, in diesem Fall *calc.exe*, sondern noch weitere für das Programm benötigte Dateien. So sind beispielsweise der Python-Interpreter in der DLL *python36.dll* und die benötigten Teile der Standardbibliothek im Archiv *library.zip* ausgelagert.

38.3 Der Python-Paketmanager – pip

In den vorangegangenen Abschnitten wurde häufig auf den Python Package Index PyPI verwiesen. Das ist ein Archiv von ca. 60.000 Python-Paketen, das unter *https://pypi.python.org* zu finden ist. Um dieses riesige Archiv von Python-Software adäquat verwenden zu können, existiert der Paketmanager pip[7], der nicht nur einzelne Pakete aus dem PyPI herunterladen und installieren kann, sondern zudem auch Abhängigkeiten auflöst.

Der Paketmanager pip ist selbst im PyPI enthalten und kann über *https://pypi.python.org/pypi/pip* als Quellcodedistribution heruntergeladen und installiert werden.

Nach der Installation können Pakete in einer Shell über den Befehl pip installiert werden:

```
$ pip install paket
```

In diesem Fall wird das Paket mit dem Namen *paket* im PyPI gesucht und, sofern es vorhanden ist, installiert. Für paket kann auch ein lokaler Pfad zu einem Python Wheel angegeben werden. Ein installiertes Paket lässt sich ähnlich einfach wieder entfernen:

```
$ pip uninstall paket
```

Über den Befehl pip list lassen sich alle aktuell installierten Pakete mit Versionsnummern auflisten. Der Befehl pip show gibt Informationen über ein installiertes Paket:

---

7 pip kann als rekursives Akronym für »pip installs packages« gelesen werden.

```
$ pip show matplotlib
Name: matplotlib
Version: 2.0.0
Summary: Python plotting package
Home-page: http://matplotlib.org
Author: John D. Hunter, Michael Droettboom
Author-email: matplotlib-users@python.org
License: BSD
Location: c:\program files\python36\lib\site-packages
Requires: python-dateutil, six, pyparsing, cycler, pytz, numpy
```

Mithilfe von `pip` können Sie speziell auf Systemen, die keinen eigenen Paketmanager bereitstellen, beispielsweise Microsoft Windows, bequem Python-Software installieren.

> **Hinweis**
>
> Viele Betriebssysteme, darunter die meisten Linux-Distributionen, beinhalten einen Paketmanager, der die Installation und Verwaltung von Programmen übernimmt. Damit `pip` nicht mit einem solchen Paketmanager interferiert, steht die Option `--user` zur Verfügung:
>
> `pip install --user matplotlib`
>
> Ist diese Option angegeben, installiert `pip` das Paket in das lokale Benutzerverzeichnis.

> **Hinweis**
>
> Sollten Sie bei der Installation eines Pakets mit `pip` unter Windows eine Fehlermeldung bekommen, die auf fehlende Zugriffsrechte schließen lässt (»permission denied«), versuchen Sie, die Eingabeaufforderung bzw. die PowerShell, in der Sie `pip` ausführen, mit Administratorrechten zu starten.

38.4 Der Paketmanager conda

Wenn Sie die Python-Distribution Anaconda verwenden, steht Ihnen neben `pip` noch der Paketmanager `conda` zur Verfügung, mit dem Sie bequem Python-Pakete installieren können. Ein Vorteil von `conda` gegenüber `pip` und anderen Paketmanagern ist, dass er neben Python-Paketen noch andere Programme installieren und verwalten kann. Außerdem ist sichergestellt, dass die von `conda` installierten Pakete und Programme in jeweils zueinander passenden Versionen vorliegen.

Der Paketmanager conda bietet umfangreiche Funktionalität[8] an, die weit über unsere Anforderungen im Rahmen dieses Buchs hinausgeht. Er steht in einer Version für die Kommandozeile oder in einer grafischen Variante bereit. Wir werden uns hier auf einige Basisfunktionalitäten in der Version für die Kommandozeile beschränken.

Um conda zu verwenden, öffnen Sie unter Windows eine Kommandozeile über den Startmenüeintrag ANACONDA PROMPT und unter Linux oder macOS eine Shell.

> **Hinweis für Linux oder macOS**
>
> Wenn Sie den Python-Interpreter von Anaconda bei der Installation nicht als Standard-Python eingestellt haben, wie in Abschnitt 2.2 beschrieben, müssen Sie zunächst das folgende Kommando ausführen:
>
> ```
> $ export PATH=/home/ihr_benutzer/anaconda3/bin:$PATH
> ```
>
> Dabei ist */home/ihr_benutzer/anaconda3* der Pfad, in dem Sie Anaconda installiert haben.

Innerhalb der Kommandozeile oder Shell können Sie conda nun ausführen. Beispielsweise erhalten Sie mit dem folgenden Aufruf die aktuell installierte Version von conda:

```
$ conda --version
conda 4.3.14
```

Ein typischer Aufruf von conda hat die folgende Struktur:

```
$ conda befehl argumente
```

Ähnlich wie bei pip gibt es hier unter anderem Befehle zum Installieren und Deinstallieren von Python-Paketen. Tabelle 38.3 zeigt eine Auswahl der verfügbaren Befehle.

Befehl	Bedeutung
info	Zeigt Informationen über die Installation von conda an.
help	Gibt eine Beschreibung der Verwendung von conda in englischer Sprache aus.
search	Sucht nach Paketen anhand ihres Namens.
list	Zeigt alle installierten Pakete an.

Tabelle 38.3 Einige der Befehle von conda

---

[8] Es werden beispielsweise Mechanismen angeboten, um verschiedene Versionen von Python und Paketen parallel zu installieren und zwischen den installierten Versionen komfortabel zu wechseln. Weitere Informationen finden Sie in der (englischsprachigen) Dokumentation zu conda unter *https://conda.io/docs/using/*.

Befehl	Bedeutung
install	Installiert Pakete.
remove	Deinstalliert Pakete.
update	Aktualisiert Pakete.

Tabelle 38.3 Einige der Befehle von conda (Forts.)

Als Beispiel wird uns das Paket django dienen, welches in Kapitel 40 besprochen wird.

Zunächst verwenden wir die Suchfunktion von conda, um nach dem Paket zu suchen. Dabei müssen wir nicht exakt den Namen des Pakets angeben, sondern ein Teil des Namens reicht aus:

```
$ conda search jan
Fetching package metadata .........
django                        1.6.5              py26_0  defaults
[…]
                              1.10.5             py27_0  defaults
                              1.10.5             py34_0  defaults
                              1.10.5             py35_0  defaults
                              1.10.5             py36_0  defaults
r-janeaustenr                 0.1.4              r3.3.2_0 defaults
```

Die Ausgabe informiert uns darüber, dass conda die Pakete django und r-janeaustenr zu unserer Anfrage gefunden hat. Außerdem werden zu jedem gefundenen Paket die verfügbaren Kombinationen aus Version des Pakets und Version des Python-Interpreters angezeigt.

Mit dem folgenden Befehl installieren Sie django in der aktuellsten Version für den aktuell ausgewählten Python-Interpreter:

```
$ conda install django
Fetching package metadata .........
Solving package specifications: .
Package plan for installation in environment /home/ihr_benutzer/anaconda3:
The following NEW packages will be INSTALLED:
    django: 1.10.5-py36_0
Proceed ([y]/n)?
```

Um die Installation zu bestätigen, quittieren Sie die letzte Frage mit ⏎. Wenn Sie anschließend die Liste der installierten Pakete anzeigen lassen, ist django dort enthalten.

```
$ conda list
[…]
django                      1.10.5                    py36_0
[…]
```

Um das Paket wieder zu entfernen, können Sie den Befehl remove verwenden:

```
$ conda remove django
Fetching package metadata .........
Solving package specifications: .
Package plan for package removal in environment /home/ihr_benutzer/anaconda3:
The following packages will be REMOVED:
    django: 1.10.5-py36_0
Proceed ([y]/n)?
```

In einigen Anwendungsfällen benötigen Sie eine bestimmte Version eines Pakets. Nehmen wir einmal an, wir bräuchten aus irgendeinem Grund die Version 1.10.4 von django. Mithilfe von conda können wir sie dadurch installieren, dass wir dem Paketnamen ein Gleichheitszeichen nachstellen, gefolgt von der gewünschten Versionsnummer:

```
$ conda install django=1.10.4
Fetching package metadata .........
Solving package specifications: .
Package plan for installation in environment /home/ihr_benutzer/anaconda3:
The following NEW packages will be INSTALLED:
    django: 1.10.4-py36_0
Proceed ([y]/n)?
```

Selbstverständlich können Sie auf diese Weise nur die Versionen installieren, die in der Datenbank von conda verfügbar sind.

> **Hinweis**
>
> In der Praxis sollten Sie immer die neuste verfügbare Version einer Software verwenden, wenn es keinen triftigen Grund für die Verwendung einer alten Version gibt.

38.5 Lokalisierung von Programmen – gettext

Das Modul gettext der Standardbibliothek ist bei der *Internationalisierung* und *Lokalisierung* von Python-Programmen von Nutzen. Mit Internationalisierung wird der Vorgang bezeichnet, die Benutzerschnittstelle eines Programms so zu abstrahieren, dass sie leicht an andere sprachliche oder kulturelle Umgebungen angepasst werden kann. Als Lokalisierung wird das Anpassen des Programms an die Gegebenheiten eines bestimmten Landes oder einer Region bezeichnet. Beachten Sie, dass sich das Modul gettext dabei auf die Übersetzung von Strings beschränkt. Andere Unterschiede, wie etwa Datumsformate oder Währungssymbole, werden nicht berücksichtigt.

Das Modul gettext lehnt sich an die *GNU gettext API*[9] an, die als Teil des GNU-Projekts weitverbreitet ist und die rein sprachliche Anpassung eines Programms gewährleistet. Das Modul erlaubt es, eine möglichst genaue Nachbildung der GNU gettext API zu verwenden. Zudem ist eine gegenüber der GNU gettext API etwas abstraktere, objektorientierte Schnittstelle vorhanden, auf die wir uns in diesem Abschnitt beziehen werden.

Zunächst ein paar Worte dazu, wie die Lokalisierung eines Programms vonstattengeht. Der Programmierer schreibt sein Programm, in dem die Benutzerführung vorzugsweise in englischer Sprache erfolgt. Zur Lokalisierung des Programms wird jeder String, der ausgegeben werden soll, durch eine sogenannte *Wrapper-Funktion* geschickt. Das ist eine Funktion, die den nicht lokalisierten englischen String als Parameter übergeben bekommt und die passende Übersetzung zurückgibt.

Intern verwendet gettext zur Übersetzung verschiedene Sprachkompilate. Das sind Binärdateien, die die Übersetzung des Programms in jeweils eine bestimmte Sprache enthalten. Diese Binärdateien werden aufgrund ihrer Dateiendung *.mo-Dateien* genannt. Wie diese Dateien erzeugt werden, ist unter anderem Inhalt des nächsten Abschnitts.

38.5.1 Beispiel für die Verwendung von gettext

Internationalisierung spielt immer dann eine Rolle, wenn ein Programm veröffentlicht und somit einer großen Gruppe von Anwendern zugänglich gemacht wird. Dabei ist es besonders bei Open-Source-Projekten üblich, dass das Programm ursprünglich nur in einer oder zwei Sprachen veröffentlicht wird und weitere Übersetzungen später von den Anwendern erstellt und an den Autor geschickt werden. Damit das funktioniert, sollte der Programmierer zumindest die Übersetzbarkeit seines Programms gewährleisten.

An dieser Stelle zeigen wir Ihnen die Verwendung von gettext an einem kleinen Beispielprogramm. Der Quellcode des Beispielprogramms sieht folgendermaßen aus:

```
import gettext
import random
trans = gettext.translation("meinprogramm", "locale", ["de"])
trans.install()
werte = []
```

---

[9] http://www.gnu.org/s/gettext

```
while True:
    w = input(_("Please enter a value: "))
    if not w:
        break
    werte.append(w)
print(_("The random choice is {}").format(random.choice(werte)))
```

Das Programm selbst ist unspektakulär – es liest so lange Strings vom Benutzer ein, bis einer dieser Strings leer ist, der Benutzer also ⏎ gedrückt hat, ohne eine Eingabe vorzunehmen. Dann wählt das Programm zufällig einen dieser Strings und gibt ihn aus. Mit diesem Programm könnte also beispielsweise eine zufällig gewählte Person einer Gruppe für den nächsten Samstagabend zum Fahrer ernannt werden. Die Interaktion mit dem Benutzer erfolgt ausschließlich auf Englisch, jeder String, der ausgegeben wird, wird aber vorher durch eine Funktion namens _ geschickt.

> **Hinweis**
> Bei der print-Ausgabe am Ende des Beispielprogramms wird die Funktion _ für einen mit einem Platzhalter behafteten String aufgerufen, bevor dieser Platzhalter durch dynamischen Inhalt ersetzt wird. Das ist wichtig, da sonst keine Übersetzung erfolgen kann.

Der eigentlich interessante Teil des Programms sind die beiden Zeilen nach den import-Anweisungen:

```
trans = gettext.translation("meinprogramm", "locale", ["de"])
trans.install()
```

Hier wird ein sogenanntes *Translation-Objekt* erstellt. Das ist eine Instanz, die die Übersetzung aller Strings in eine bestimmte Sprache gewährleistet. Um ein solches Objekt zu erstellen, wird die Funktion gettext.translation aufgerufen. Diese bekommt einen frei wählbaren Namen, die sogenannte *Domain*, als ersten Parameter. Der zweite Parameter ist das Unterverzeichnis, in dem sich die Übersetzungen befinden, und der dritte Parameter ist schließlich eine Liste von Sprachen. Das Translation-Objekt übersetzt nun in die erste Sprache aus der Liste, für die ein Sprachkompilat gefunden werden kann.

Durch Aufruf der Methode install des Translation-Objekts installiert dieses seine interne Übersetzungsmethode als Funktion _ im lokalen Namensraum. Damit werden alle Strings, mit denen die Funktion _ aufgerufen wird, in die Sprache übersetzt, für die das Translation-Objekt steht, sofern denn eine Übersetzung verfügbar ist.

> **Hinweis**
> Es ist möglich, mehrere Translation-Objekte anzulegen und im Laufe des Programms verschiedene dieser Objekte zu installieren. Strings werden dann mithilfe des jeweils aktuell installierten Translation-Objekts übersetzt.

38.5.2 Erstellen des Sprachkompilats

Zum Erstellen des Sprachkompilats müssen Sie zunächst eine Liste aller zu übersetzenden Strings erstellen. Das sind all jene, die vor der Ausgabe durch die Funktion _ geschickt werden. Da es eine unzumutbare Arbeit wäre, diese Liste von Hand anzufertigen, ist in Python ein Programm namens *pygettext.py*[10] im Lieferumfang enthalten, das genau dies für Sie erledigt. Das Programm erstellt eine sogenannte *.po*-Datei. Das ist eine für Menschen lesbare Variante des *.mo*-Dateiformats. Diese *.po*-Datei wird dann von den Übersetzern in verschiedene Sprachen übersetzt. Dies kann von Hand geschehen oder durch Einsatz diverser Tools, die für diesen Zweck erhältlich sind. Die für unser Beispielprogramm erstellte *.po*-Datei sieht folgendermaßen aus:[11]

```
[…]
#: main.py:9
msgid "Please enter a value: "
msgstr "Bitte geben Sie einen Wert ein: "
#: main.py:13
msgid "The random choice is {}"
msgstr "Die Zufallswahl ist {}"
```

Anstelle der Auslassungszeichen enthält die Datei Informationen wie etwa den Autor, die verwendete Software oder das Encoding der Datei.

Eine übersetzte *.po*-Datei wird durch das Programm *msgfmt.py*[12], das ebenfalls zum Lieferumfang von Python gehört, in das binäre *.mo*-Format kompiliert. Ein fertiges

---

[10] Unter Windows finden Sie das Programm pygettext.py im Unterordner *Tools/i18n* Ihrer Python-Installation. Unter Unix-ähnlichen Betriebssystemen wie beispielsweise Linux sollte sich die Programmdatei im Systempfad befinden und direkt ausführbar sein. Möglicherweise installiert Ihre Linux-Distribution das Programm pygettext.py von Python 3 unter einem veränderten Namen, beispielsweise pygettext3.py, um die parallele Installation von Python 2 und 3 zu ermöglichen.

[11] Dabei sind nur die deutschsprachigen Inhalte der Datei manuell hineingeschrieben worden. Der Rest wurde mithilfe von pygettext automatisch erzeugt.

[12] Unter Windows finden Sie das Programm msgfmt.py im Unterordner *Tools/i18n* Ihrer Python-Installation. Unter Unix-ähnlichen Betriebssystemen wie beispielsweise Linux sollte sich die Programmdatei im Systempfad befinden und direkt ausführbar sein. Hier gilt derselbe Hinweis wie bei pygettext.py.

Sprachkompilat muss sich in folgendem Ordner befinden, damit es von gettext als solches gefunden wird:

Programmverzeichnis/Unterordner/Sprache/LC_MESSAGES/Domain.mo

Der Name des Verzeichnisses *Unterordner* wird beim Aufruf der Funktion gettext.translate angegeben und war in unserem Beispiel locale. Dieses Verzeichnis muss für jede vorhandene Sprache ein weiteres Verzeichnis enthalten, das seinerseits über ein Unterverzeichnis *LC_MESSAGES* verfügen muss. Das Sprachkompilat selbst muss die im Programm angegebene Domain als Namen haben.

In unserem Beispielprogramm muss das Sprachkompilat also in folgendem Verzeichnis liegen:

Programmverzeichnis/locale/de/LC_MESSAGES/meinprogramm.mo

Wenn das Sprachkompilat nicht vorhanden ist, wird beim Aufruf der Funktion gettext.translation eine entsprechende Exception geworfen:

```
Traceback (most recent call last):
  [...]
FileNotFoundError: [
Errno 2] No translation file found for domain: 'meinprogramm'
```

Wenn das Sprachkompilat an seinem Platz ist, werden Sie beim Ausführen des Programms feststellen, dass alle Strings ins Deutsche übersetzt wurden:

```
Bitte geben Sie einen Wert ein: Donald Duck
Bitte geben Sie einen Wert ein: Daisy Duck
Bitte geben Sie einen Wert ein: Onkel Dagobert
Bitte geben Sie einen Wert ein:
Die Zufallswahl ist Donald Duck
```

Kapitel 39
Grafische Benutzeroberflächen

Nachdem wir uns bisher ausschließlich mit Konsolenanwendungen beschäftigt haben, also mit Programmen, die über eine rein textbasierte Schnittstelle zum Benutzer verfügen, kann das Kribbeln in den Fingern und damit der Schritt zur grafischen Benutzeroberfläche nicht mehr länger unterdrückt werden. Im Gegensatz zur textorientierten Oberfläche von Konsolenanwendungen sind Programme mit grafischer Oberfläche intuitiver zu bedienen, grafisch ansprechender und werden im Allgemeinen als moderner empfunden. Die grafische Benutzeroberfläche eines Programms, auch *GUI* (*Graphical User Interface*) genannt, besteht zunächst aus *Fenstern* (engl. *windows*). Innerhalb dieser Fenster lassen sich beliebige *Steuerelemente*, häufig auch *Widgets* oder *Controls* genannt, platzieren. Unter Steuerelementen versteht man einzelne Bedieneinheiten, aus denen sich die grafische Benutzeroberfläche als Ganzes zusammensetzt. So ist beispielsweise eine Schaltfläche (engl. *button*) oder ein Textfeld ein Steuerelement.

Sowohl die Terminologie als auch die Implementierung einer grafischen Oberfläche hängen sehr stark davon ab, welche Bibliothek, auch *Toolkit* genannt, verwendet wird. Aus diesem Grund werden wir zunächst verschiedene Toolkits besprechen, die mit Python verwendet werden können, und erst im zweiten Abschnitt zur eigentlichen Programmierung einer grafischen Benutzeroberfläche kommen. Dort behandeln wir zunächst das Modul `tkinter`, das das Tk-Toolkit verwendet und in der Standardbibliothek enthalten ist. Danach präsentieren wir Ihnen einen projektorientierten Einstieg in das umfangreichere und zeitgemäßere Qt-Framework unter Verwendung von PyQt.

39.1 Toolkits

Unter einem Toolkit versteht man eine Bibliothek, mit deren Hilfe sich Programme mit grafischer Benutzeroberfläche erstellen lassen. Neben einigen plattformabhängigen Toolkits, beispielsweise den MFC (*Microsoft Foundation Classes*) für Windows, sind gerade im Zusammenhang mit Python plattformunabhängige Toolkits wie Qt, Gtk oder wxWidgets interessant. Diese Toolkits sind zumeist für C (Gtk) oder C++ (Qt, wxWidgets) geschrieben, lassen sich jedoch durch sogenannte *Bindings* auch mit

Python ansprechen. Im Folgenden werden die wichtigsten Python-Bindings für GUI-Toolkits aufgelistet und kurz erläutert.

TkInter

Website: *http://wiki.python.org/moin/TkInter*

Toolkit: Tk

Das Toolkit Tk wurde ursprünglich für die Sprache Tcl (*Tool Command Language*) entwickelt und ist das einzige Toolkit, das in der Standardbibliothek von Python enthalten ist. Das Modul `tkinter` (*Tk interface*) erlaubt es, Tk-Anwendungen zu schreiben, und bietet damit eine interessante Möglichkeit, kleinere Anwendungen mit einer grafischen Benutzeroberfläche zu versehen, für die der Benutzer später keine zusätzlichen Bibliotheken installieren muss. Ein Beispiel für ein Tk-Programm ist die Entwicklungsumgebung IDLE, die jeder Python-Version beiliegt.

Im Anschluss an diese Vorstellung der im Zusammenhang mit Python gängigsten Toolkits finden Sie eine Einführung in die Programmierung grafischer Benutzeroberflächen mit `tkinter`.

PyGObject

Website: *https://pygobject.readthedocs.io*

Toolkit: Gtk

Das Toolkit Gtk (GIMP Toolkit) wurde ursprünglich für das Grafikprogramm GIMP entwickelt und zählt heute neben Qt zu den am meisten verbreiteten plattformübergreifenden Toolkits. Sowohl das Toolkit selbst als auch die Python-Bindings PyGtk stehen unter der *GNU Lesser General Public License* und können frei heruntergeladen und verwendet werden.

Das Gtk-Toolkit ist die Grundlage der freien Desktop-Umgebung GNOME und erfreut sich daher gerade unter Linux-Anwendern einer großen Beliebtheit. Obwohl es eigentlich für C geschrieben wurde, ist Gtk von Grund auf objektorientiert und kann deshalb gut mit Python verwendet werden.

PyQt

Website: *https://riverbankcomputing.com*

Toolkit: Qt

Bei Qt handelt es sich um ein umfassendes Framework, das von der Firma *The Qt Company*, entstanden aus der norwegischen Firma *Trolltech*, entwickelt wird und sowohl ein GUI-Toolkit als auch GUI-fremde Funktionalität enthält. Das durch und durch objektorientierte C++-Framework ist die Basis der freien Desktop-Umgebung

KDE (*K Desktop Environment*) und aus diesem Grund ähnlich verbreitet und beliebt wie das Gtk-Toolkit. Sowohl Qt selbst als auch die Python-Bindings sind unter einem dualen Lizenzsystem erhältlich. Solange Sie Ihre Software unter einer freien Lizenz, beispielsweise der GPL, veröffentlichen, stehen Qt und PyQt unter der GPL. Im Gegensatz zu Qt kann PyQt jedoch nicht unter der LGPL verwendet werden. Für den kommerziellen Gebrauch muss eine Lizenzgebühr entrichtet werden. Qt wird für viele kommerzielle Projekte verwendet, darunter zum Beispiel Google Earth, Mathematica oder die Linux-Versionen von Skype und Spotify.

PySide

Website: *http://www.pyside.org*

Toolkit: Qt

PySide ist ein weiteres Projekt zur Entwicklung von Python Bindings für das Qt-Framework. PySide ist unter den Bestimmungen der LGPL erhältlich und kann damit sowohl für nicht kommerzielle als auch für kommerzielle Zwecke kostenlos verwendet werden.

PyQt und PySide sind in hohem Maße kompatibel, sodass es häufig ausreicht, die import-Anweisungen zu ändern, um ein PyQt-Programm unter PySide lauffähig zu machen. Diese API-Kompatibilität ist aber nicht vollständig und auch für die Zukunft nicht garantiert.

Zum Zeitpunkt der Drucklegung dieses Buchs gibt es keine zu Qt5 kompatible Version von PySide.

wxPython

Website: *http://www.wxpython.org*

Toolkit: wxWidgets

Bei wxWidgets, ehemals wxWindows, handelt es sich um ein freies GUI-Toolkit, dessen erste Version bereits 1992 erschienen ist. Das Toolkit ist dementsprechend weit entwickelt und für alle gängigen Plattformen verfügbar. Gerade in Bezug auf Python ist wxWidgets beliebt und gut dokumentiert. Eines der Ziele des wxWidgets-Projekts ist es, das Look & Feel der verschiedenen Plattformen, auf denen das Toolkit lauffähig ist, bestmöglich abzubilden. Dies wird insbesondere dadurch erreicht, dass wxWidgets die Steuerelemente nicht selbst zeichnet, sondern dafür auf die Routinen der jeweiligen Plattform zurückgreift. Sowohl wxWidgets als auch wxPython befinden sich ständig in aktiver Entwicklung.

Eine Version von wxPython für Python 3 ist unter dem Namen »Project Phoenix« in Entwicklung.

39.2 Einführung in tkinter

Nachdem wir Ihnen die verschiedenen GUI-Toolkits vorgestellt haben, für die Python-Bindings existieren, möchten wir uns der Programmierung grafischer Benutzeroberflächen widmen. Dazu ist in der Standardbibliothek das Modul tkinter enthalten, über das sich grafische Oberflächen mit dem Tk-Toolkit programmieren lassen. Das Modul tkinter ist die einzige Möglichkeit, ohne die Installation von Drittanbieterbibliotheken eine grafische Benutzeroberfläche in Python zu schreiben.

Deshalb lohnt es sich, einen Blick auf tkinter und seine Möglichkeiten zu werfen.

39.2.1 Ein einfaches Beispiel

Zum Einstieg in die Verwendung von tkinter möchten wir ein einfaches Beispielprogramm präsentieren und anschließend besprechen. Das Programm bringt einen Dialog auf den Bildschirm, der den Benutzer dazu auffordert, seinen Namen einzugeben. Durch einen Klick auf einen Button wird der Name umgedreht, die Buchstaben erscheinen also in umgekehrter Reihenfolge. Ein weiterer Button beendet den Dialog. Die folgende Grafik zeigt, wie die Oberfläche später aussehen wird. Links sehen Sie die GUI vor dem Anklicken des UMDREHEN-Buttons und rechts danach.

Abbildung 39.1 Die erste grafische Oberfläche

Diesem Beispielprogramm liegt der folgende Quelltext zugrunde:

```python
import tkinter
class MyApp(tkinter.Frame):
    def __init__(self, master=None):
        super().__init__(master)
        self.pack()
        self.createWidgets()
    def createWidgets(self):
        self.nameEntry = tkinter.Entry(self)
        self.nameEntry.pack()
        self.name = tkinter.StringVar()
        self.name.set("Ihr Name...")
        self.nameEntry["textvariable"] = self.name
        self.ok = tkinter.Button(self)
        self.ok["text"] = "Ok"
```

```
        self.ok["command"] = self.quit
        self.ok.pack(side="right")
        self.rev = tkinter.Button(self)
        self.rev["text"] = "Umdrehen"
        self.rev["command"] = self.onReverse
        self.rev.pack(side="right")
    def onReverse(self):
        self.name.set(self.name.get()[::-1])
```

Zunächst wird das Modul tkinter eingebunden und eine Klasse erstellt, die von tkinter.Frame erbt. Die Basisklasse Frame repräsentiert ein Rahmen-Widget. Das ist ein Steuerelement, das standardmäßig unsichtbar und ohne nennenswerte Funktionalität ist; es stellt den Ausgangspunkt für ein eigenes Widget bzw. einen eigenen Dialog dar. Wir benutzen das Frame-Widget als Container für die Steuerelemente unseres Dialogs.

Im Konstruktor von MyApp werden der Konstruktor der Basisklasse und die Methode pack gerufen. Diese Methode meldet das Widget, für das die Methode aufgerufen wurde, beim sogenannten *Packer* an. Der Packer ordnet die angemeldeten Steuerelemente dann gemäß den Wünschen des Programmierers auf der Oberfläche an. Insbesondere werden die Positionen der Steuerelemente in der Regel nicht durch feste Koordinaten vorgegeben, sondern durch den Packer dynamisch ermittelt.

Die Methode createWidget wird als letzte im Konstruktor aufgerufen und hat die Aufgabe, die für unseren Dialog benötigten Steuerelemente zu initialisieren. Dazu wird zunächst eine Instanz der Klasse tkinter.Entry erzeugt, die ein Eingabefeld repräsentiert. Dieses wird dann mittels pack auf die Oberfläche gebracht. Danach wird eine Instanz der Klasse tkinter.StringVar unter dem Namen self.name erzeugt, über die wir später den im Eingabefeld self.nameEntry eingegebenen Text auslesen oder verändern können. Initial setzen wir den Text auf »Ihr Name...« und melden die Steuerelementvariable beim Entry-Widget an. Dies geschieht, indem Sie wie bei einem Dictionary den Schlüssel »textvariable« der Entry-Instanz beschreiben.

Auf analoge Art und Weise erzeugen wir im weiteren Verlauf der Funktion noch die beiden Buttons, die im Dialog zur Verfügung stehen sollen. Bei einem Button können auf ähnliche Weise wie bei einem Entry-Widget die Optionen text für die Beschriftung des Buttons und command beschrieben werden. Über die Option command wird eine Funktion festgelegt, die gerufen wird, wenn der Benutzer auf den Button geklickt hat. Im Falle des OK-Buttons setzen wir das command-Attribut auf die quit-Methode. Diese Methode stammt von der Basisklasse Frame und beendet den Dialog.[1]

---

[1] Wenn Sie das Beispiel in der Entwicklungsumgebung IDLE ausführen, lässt sich der Dialog möglicherweise nicht beenden. Versuchen Sie in diesem Fall, das Beispiel direkt auszuführen.

Beim Aufruf der pack-Methoden der beiden Buttons sehen Sie einen Weg, dem Packer einen Positionswunsch für ein Steuerelement mitzuteilen. Über den Schlüsselwortparameter side können Sie also beispielsweise festlegen, ob das Steuerelement links- oder rechtsbündig angeordnet werden soll. Dies ist natürlich nicht die einzige mögliche Angabe. Weitere Möglichkeiten lernen Sie im Laufe dieses Kapitels kennen.

Zum Schluss folgt die Implementation der Funktion onReverse, die gerufen wird, wenn der Benutzer auf den Button self.rev geklickt hat. Hier wird über die Steuerelementvariable self.name der im Eingabefeld eingegebene Text ausgelesen, umgedreht und wieder in das Eingabefeld geschrieben.

Wir haben jetzt eine Klasse erstellt, die unseren Dialog repräsentiert. Was noch fehlt, ist der Code, der die Klasse instanziiert und den Dialog anzeigt. Das geht folgendermaßen:

```
root = tkinter.Tk()
app = MyApp(root)
app.mainloop()
```

Zunächst wird eine Instanz der Klasse tkinter.Tk erzeugt, die den Dialograhmen repräsentiert. Danach instanziieren wir unsere Applikationsklasse MyApp und übergeben dabei die Tk-Instanz als Vaterinstanz. Durch den Aufruf von mainloop in der dritten Zeile wird der Dialog angezeigt. Die Methode blockiert so lange, bis der Dialog beendet wird.

So viel zum ersten einführenden Tk-Programm. Im Folgenden werden wir uns mit wichtigen Aspekten von Tk befassen, beispielsweise dem Konzept der Steuerelementvariablen und dem Packer. Anschließend besprechen wir die wichtigsten Steuerelemente.

39.2.2 Steuerelementvariablen

Im einführenden Beispiel wurden *Steuerelementvariablen* verwendet, um den Datenaustausch zwischen Programm und Oberfläche zu realisieren. Eine Steuerelementvariable ist an eine bestimmte Information eines Steuerelements gebunden, beispielsweise an den Text eines Eingabefeldes, und enthält stets den Wert, den das Steuerelement momentan anzeigt. Umgekehrt lässt sich über die Steuerelementvariable die entsprechende Information des Steuerelements aus dem Programm heraus verändern.

Es ist klar, dass Steuerelementvariablen nicht zwangsläufig Strings sein müssen, denken Sie an ein Steuerelement zur Eingabe einer ganzen Zahl. Die Basisdatentypen von Python können nicht als Datentypen für Steuerelementvariablen verwendet werden,[2] hier muss auf spezielle Datentypen des `tkinter`-Moduls zurückgegriffen werden. Tabelle 39.1 listet alle verfügbaren Typen auf.

Datentyp	Entsprechender Python-Typ
tkinter.BooleanVar	bool
tkinter.DoubleVar	float
tkinter.IntVar	int
tkinter.StringVar	str

Tabelle 39.1 Datentypen für Steuerelementvariablen

Alle diese Datentypen erben von der Basisklasse `tkinter.Variable`, deren Konstruktor die im Folgenden beschriebene Schnittstelle hat:

Variable([master, value])

Über das Argument `master` kann ein Master-Widget angegeben werden. Dies ist insbesondere dann sinnvoll, wenn Sie mehrere `Tk`-Instanzen gleichzeitig verwenden. Sollte nur eine `Tk`-Instanz existieren, wird diese automatisch als Master-Widget verwendet, und der Parameter `master` braucht nicht angegeben zu werden.

Für den Parameter `value` kann ein Wert angegeben werden, den die erzeugte Instanz speichern soll. Der hier übergebene Wert wird in den Datentyp der Steuerelementvariablen konvertiert. Beachten Sie, dass eine gescheiterte Konvertierung erst beim Aufruf der Methode `get` auffällt.

Nach der Instanziierung bietet eine Steuerelementvariable die Methoden `get` und `set` an, um auf den in ihr gespeicherten Wert zuzugreifen.

```
>>> t = tkinter.Tk()
>>> v = tkinter.StringVar(value="Hallo Welt")
>>> v.get()
'Hallo Welt'
>>> v.set("Bla Blubb")
>>> v.get()
'Bla Blubb'
```

Beachten Sie, dass erst beim Aufruf von `get` eine Exception geworfen wird, wenn die Variable einen ungültigen Wert speichert, während ein Aufruf der Methode `set` mit einem ungültigen Wert stillschweigend ignoriert wird.

---

[2] Das liegt daran, dass das mit einer Steuerelementvariablen verbundene Widget benachrichtigt werden muss, wenn sich der Wert der Variablen ändert. Dies ist mit den Basisdatentypen nicht möglich.

> **Hinweis**
>
> Eine interessante Eigenschaft von Steuerelementvariablen ist, dass sie von mehreren Steuerelementen gleichzeitig verwendet werden können. Auf diese Weise können einfache Zusammenhänge zwischen den Inhalten der Steuerelemente hergestellt werden.
>
> So lässt sich im einführenden Beispielprogramm die Steuerelementvariable self.name neben dem Eingabefeld self.nameEntry auch der Schaltfläche self.rev zuordnen:
>
> self.rev["textvariable"] = self.name
>
> Auf diese Weise wird der im Eingabefeld eingegebene Name unmittelbar als Beschriftung der Schaltfläche übernommen.

39.2.3 Der Packer

Eine grafische Benutzeroberfläche besteht aus einer Reihe von Steuerelementen, die in einer sinnvollen Struktur im Dialog angeordnet sind. Theoretisch ist es möglich, die Position eines jeden Steuerelements »per Hand« festzulegen. Dieser Ansatz ist problematisch, denn der Programmierer interessiert sich in der Regel nicht für die genauen Koordinaten der Steuerelemente, sondern möchte vielmehr die Struktur vorgeben, in der sie angeordnet werden sollen. Zudem müsste der Programmierer beispielsweise das Vergrößern und Verkleinern des Dialogs selbst behandeln und die Steuerelemente gegebenenfalls verschieben oder in ihrer Größe anpassen.

Bei Tk gibt es den sogenannten *Packer*, der die Aufgabe übernimmt, die Steuerelemente im Dialog anzuordnen. Der Programmierer braucht nur in Form von Anweisungen zur Ausrichtung eines Steuerelements eine Struktur für den Dialog vorzugeben.

Die Steuerelemente eines Dialogs sind in Tk, ähnlich wie bei anderen Toolkits, hierarchisch angeordnet. Das bedeutet, dass jedes Steuerelement über ein übergeordnetes Vaterelement verfügt. Außerdem darf jedes Steuerelement beliebig viele Kindelemente enthalten. In der Tk-Terminologie wird ein Vaterelement *Master* und ein Kindelement *Slave* genannt. Die Hierarchie der Steuerelemente in unserem Beispielprogramm zu Beginn dieses Kapitels soll durch die folgende Grafik veranschaulicht werden:

Die Hierarchie der Steuerelemente ist wichtig, um die Arbeitsweise des Packers zu verstehen. Dieser ordnet nämlich die Kindelemente innerhalb ihres Vaterelements an und dann das Vaterelement mitsamt den Kindelementen in dessen Vaterelement. Es ist also sinnvoll, Steuerelemente zu kapseln, damit sie gemeinsam vom Packer angeordnet werden können. Zu diesem Zweck verwendet man häufig das Frame-Widget.

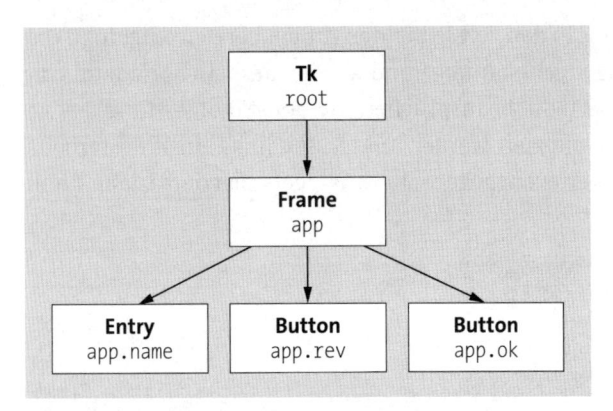

Abbildung 39.2 Steuerelementhierarchie im Beispielprogramm

Wie bereits gesagt, kann dem Packer ein Layout vorgegeben werden, nach dem er die Widgets anzuordnen hat. Im Beispielprogramm haben wir das erreicht, indem wir beim Aufruf der Methode pack der beiden Buttons den Schlüsselwortparameter side mit dem Wert "right" übergeben haben. Der Packer platziert Widgets mit dieser Layoutanweisung rechtsbündig an der Oberfläche. Im Folgenden möchten wir exemplarisch anhand des inzwischen bekannten Programms demonstrieren, wie der Packer funktioniert.

Der Packer arbeitet stets in einem rechteckigen Teilbereich des Fensters (in den folgenden Bildern schwarz umrandet). Zu Beginn, wenn noch kein Widget »gepackt« wurde, ist dies das gesamte Fenster (siehe Abbildung 39.3).

Abbildung 39.3 Arbeitsweise des Packers, Schritt 1

Als Erstes wird das Entry-Widget ohne nähere Layoutangabe gepackt. In einem solchen Fall ordnet der Packer die Widgets vertikal an. Das Entry-Widget wird also ganz nach oben und über die volle Breite des Dialogs gelegt (siehe Abbildung 39.4).

Abbildung 39.4 Arbeitsweise des Packers, Schritt 2

Interessant ist, was mit dem Arbeitsbereich passiert. Dieser wird verkleinert und umfasst das soeben gepackte Widget nicht mehr. Ein einmal platziertes Widget wird also nicht mehr aufgrund von Layoutangaben späterer Widgets hin- und hergeschoben.

Als Nächstes werden die Buttons in den verbleibenden Arbeitsbereich eingefügt. Diese haben die Layoutanweisung »rechtsbündig« und werden deshalb horizontal vom rechten Dialograd aus platziert. Sie beanspruchen die vollständige Höhe des Arbeitsbereichs, da sie horizontal platziert werden, und lassen links einen Restarbeitsbereich übrig, in dem der Packer eventuelle weitere Widgets platziert (siehe Abbildung 39.5).

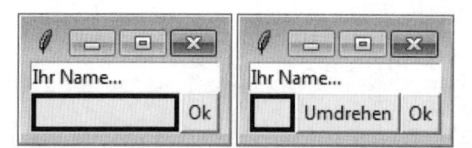

Abbildung 39.5 Arbeitsweise des Packers, Schritt 3

So viel zur allgemeinen Arbeitsweise des Packers. Im Folgenden möchten wir die Layoutanweisungen, die dem Packer in Form von Schlüsselwortparametern beim Aufruf der pack-Methode erteilt werden können, genauer unter die Lupe nehmen.

Parameter	Mögliche Werte	Bedeutung
after	Widget	Das Steuerelement soll nach dem angegebenen Widget gepackt werden.
anchor	"n", "ne", "e", "se", "s", "sw", "w", "nw", "center"	Wenn der dem Widget zugeteilte Bereich größer ist als das Widget, kann über anchor die Ausrichtung des Widgets innerhalb dieses Bereichs festgelegt werden. Bei den möglichen Werten handelt es sich um die Himmelsrichtungen sowie »zentriert«.
before	Widget	Das Steuerelement soll vor dem angegebenen Widget gepackt werden.
expand	bool	Legt fest, ob die Position des Widgets bei Vergrößerung des Master-Widgets angepasst werden soll (siehe Abbildung 39.7).
fill	"x", "y", "both", "none"	Die Größe des Widgets wird bei Vergrößerung des Master-Widgets angepasst. Die Größe kann dabei horizontal, vertikal, vollständig oder gar nicht angepasst werden (siehe Abbildung 39.7).

Tabelle 39.2 Layoutanweisungen

Parameter	Mögliche Werte	Bedeutung
in	Widget	Fügt das Steuerelement in das angegebene Master-Widget ein.
ipadx ipady	int	Pixelgröße für das horizontale bzw. vertikale innere Padding
padx pady	int	Pixelgröße für das horizontale bzw. vertikale äußere Padding
side	"left", "right", "top", "bottom"	Die Seite des Arbeitsbereichs, an der das Widget eingefügt wird. Ein auf der linken bzw. rechten Seite platziertes Widget beansprucht die gesamte Höhe und ein oben bzw. unten platziertes Widget die gesamte Breite des Arbeitsbereichs. Differenziertere Layouts erreichen Sie mithilfe eines Frame-Widgets.

Tabelle 39.2 Layoutanweisungen (Forts.)

Padding

Sicherlich ist Ihnen schon aufgefallen, dass der Dialog, den wir in unserer Beispielanwendung erzeugt haben, recht seltsam aussieht. Das liegt daran, dass die Widgets ohne Zwischenraum direkt aneinandergelegt werden. Mithilfe des sogenannten *Paddings* (dt. »Füllmaterial«) kann man die Größe dieses Zwischenraums festlegen und so ein weniger gedrungenes Dialogbild erreichen.

Grundsätzlich unterscheidet man zwei Arten von Padding: äußeres und inneres. Das *äußere Padding* beschreibt den Abstand, mit dem ein Widget neben einem anderen platziert wird. Dieser Wert wird mithilfe der Schlüsselwortparameter padx und pady der pack-Methode übergeben. Als Wert muss hier eine ganze Zahl angegeben werden, die dem gewünschten Abstand in Pixel entspricht. Die folgende Abbildung zeigt unseren Dialog, bei dem jedes Steuerelement ein äußeres Padding von fünf Pixeln verpasst bekommen hat:

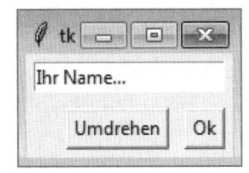

Abbildung 39.6 Padding im Einsatz

Beim *inneren Padding* handelt es sich um eine Abstandsangabe innerhalb eines Widgets. In diesem Widget enthaltene Slave-Widgets[3] respektieren dieses Padding und werden entsprechend weiter innen angeordnet. Diese Form des Paddings ist besonders für Frame-Widgets interessant. Das innere Padding wird analog zum äußeren Padding über die Schlüsselwortparameter ipadx und ipady festgelegt.

Verhalten bei Vergrößerung des Master-Widgets

Die folgende Grafik demonstriert die Auswirkungen der Layoutanweisungen fill und expand konkret an einem Beispiel:

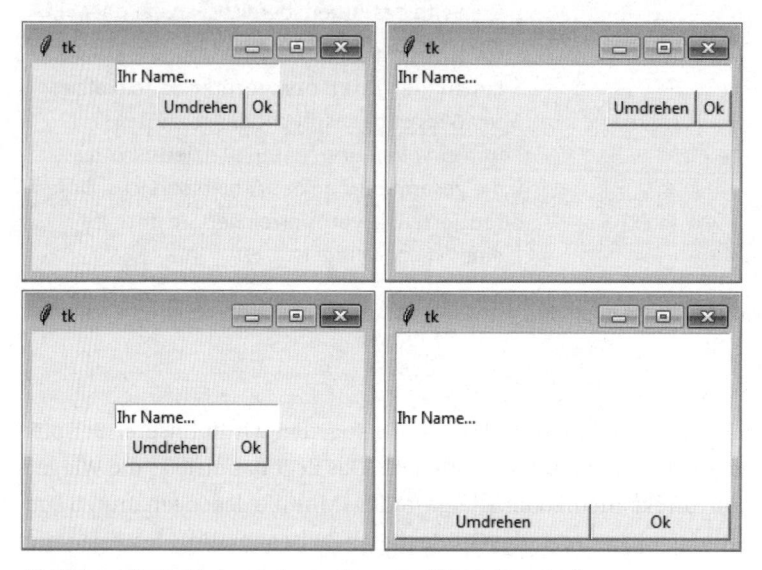

Abbildung 39.7 Die Layoutanweisungen fill und expand

Das obere linke Bild zeigt das Verhalten des Dialogs ohne weitere Layoutanweisungen beim Vergrößern des Fensters. Rechts daneben wurde die Layoutanweisung fill="both" verwendet, unten links expand=True und unten rechts schließlich die Kombination aus expand und fill. Die Layoutanweisungen wurden stets bei allen pack-Aufrufen gleichermaßen übergeben, auch beim **pack**-Aufruf für das übergeordnete **Frame**-Widget.

39.2.4 Events

Beim Schreiben einer Tk-Anwendung wird nach dem Erstellen und Instanziieren der Applikationsklasse der Kontrollfluss durch Aufruf der Methode mainloop an das Tk-

---

3 Slave-Widget ist die TkInter-Terminologie für ein untergeordnetes Steuerelement. Bei der abgebildeten Oberfläche ist das Eingabefeld beispielsweise ein Slave des übergeordneten Frame-Widgets.

Framework abgegeben. Es stellt sich die Frage, auf welchem Wege wir beispielsweise auf Eingaben des Benutzers reagieren können, wenn wir gar keine wirkliche Kontrolle über das Programm und die grafische Oberfläche haben. Aus diesem Grund ist in Tk eine Reihe von *Events* definiert. Ein Event ist beispielsweise ein Tastendruck oder Mausklick des Benutzers. Mithilfe der Methode bind eines Widgets können wir eine selbst definierte Methode an ein Event binden. Eine an ein Event gebundene Methode wird vom Tk-Framework immer dann gerufen, wenn das entsprechende Event eintritt, der Benutzer also beispielsweise eine spezielle Taste gedrückt hat.

Events binden

Die Methode bind(event, func, [add]) eines Steuerelements bindet die Funktion func an das Event event. Dabei muss für func das Funktionsobjekt einer Funktion übergeben werden, die genau einen Parameter, das sogenannte *Event-Objekt*, erwartet. Diese Funktion wird *Eventhandler* genannt. Wenn für den optionalen Parameter add der Wert True übergeben wird und es bereits andere Funktionen gibt, die an das Event event gebunden sind, werden diese nicht gelöscht, sondern func wird nur in die Liste dieser Funktionen eingereiht. Standardmäßig werden vorherige Bindungen überschrieben.

Für den wichtigsten Parameter event muss ein String übergeben werden, der das Event spezifiziert, an das die Funktion func gebunden werden soll. Eine solche Event-Spezifikation hat die folgende Form:

"<Modifier-Modifier-Type-Detail>"

Die beiden Modifier-Einträge in der Event-Spezifikation sind optional und erlauben es beispielsweise, einen Mausklick bei gedrückter ⇧-Taste und einen normalen Mausklick gesondert zu betrachten. Der Type-Eintrag kennzeichnet den Event-Typ, und über den Detail-Eintrag kann eine nähere Spezifikation erfolgen, beispielsweise kann hier angegeben werden, welche Maustaste gedrückt werden muss, um das Event auszulösen.

Der folgende Aufruf von bind lässt beispielsweise immer dann einen Aufruf der Funktion f auslösen, wenn der Benutzer bei gedrückter ⇧-Taste mit der linken Maustaste in das Widget klickt.

widget.bind("<Shift-ButtonPress-1>", f)

Alternativ lässt sich ein Event für alle Widgets der Applikation auf einmal binden. Dazu wird die Methode bind_all verwendet, die über die gleiche Schnittstelle verfügt wie bind:

widget.bind_all("<Shift-ButtonPress-1>", f)

Die Methoden `bind` und `bind_all` geben eine Funktions-ID zurück, über die sich die hergestellte Verbindung referenzieren lässt. Das ist insbesondere dann wichtig, wenn Event-Bindings wieder aufgehoben werden sollen. Das geschieht über die Methoden `unbind` und `unbind_all`. Beide Funktionen bekommen einen Event-String übergeben und heben alle mit diesem Event bestehenden Verbindungen auf:

```
widget.unbind("<Shift-ButtonPress-1>")
widget.unbind_all("<Shift-ButtonPress-1>")
```

Der Methode `unbind` kann zusätzlich eine Funktions-ID übergeben werden, um eine konkrete Event-Bindung aufzuheben.

Im Folgenden möchten wir näher auf die Elemente des Event-Strings eingehen.

Event-Modifier

Beginnen wir mit den Werten, die für die `Modifier`-Einträge in der Event-Spezifikation verwendet werden können. Dabei handelt es sich, wie bereits anhand eines Beispiels demonstriert, um Zusatzbedingungen, unter denen das `Type`-Event auftreten muss, beispielsweise also die Eingabe eines »a« bei gedrückter ⸢Strg⸥-Taste. Die wichtigsten Modifier sind in Tabelle 39.3 aufgelistet und erläutert.

Attribut	Bedeutung
Alt, Control, Shift, Lock	Beim Auftreten des Events muss die spezifizierte Taste (⸢Alt⸥, ⸢Strg⸥, ⸢⇧⸥ bzw. die ⸢⇩⸥) gedrückt sein.
Buttonx Bx	Die Maustaste x muss beim Auftreten des Events gedrückt sein. Die Zahl x spezifiziert dabei, welche Taste gemeint ist: 1 steht für die linke, 2 für die mittlere* und 3 für die rechte Maustaste. Weitere Maustasten werden entsprechend fortlaufend nummeriert.
Double Triple	Das Event muss zweimal bzw. dreimal kurz hintereinander auftreten, wie beispielsweise bei einem Doppelklick.

* Das Scrollrad zählt als mittlere Maustaste. Ist weder ein Scrollrad noch eine echte mittlere Maustaste vorhanden, zählt ein gleichzeitiger Klick mit der linken und der rechten Maustaste als Klicken der mittleren Maustaste.

Tabelle 39.3 Modifier

Event-Typen

Nachdem wir uns um die Modifier gekümmert haben, werden wir nun den Type-Eintrag der Event-Spezifikation besprechen. Diese werden in Tabelle 39.4 aufgelistet und erläutert. Sollte ein Detail-Argument erforderlich sein, wird dies ebenfalls erwähnt.

Beachten Sie, dass ein Widget unter Umständen den Eingabefokus haben muss, um ein bestimmtes Event zu empfangen.

Event	Bedeutung
KeyPress Key	Der Benutzer hat eine Taste gedrückt. Über den Detail-Eintrag in der Event-Spezifikation kann das Event auf eine bestimmte Taste beschränkt werden.*
KeyRelease	Der Benutzer hat eine Taste losgelassen. Hier können die gleichen Detail-Angaben verwendet werden wie bei KeyPress.
ButtonPress	Der Benutzer hat eine Maustaste über dem Widget gedrückt.** Im Detail-Eintrag der Event-Spezifikation kann die Nummer einer Maustaste angegeben werden, um sich auf diese zu beschränken. Dabei entspricht 1 der linken, 2 der mittleren und 3 der rechten Maustaste.
ButtonRelease	Der Benutzer hat eine Maustaste losgelassen. Auch hier kann über den Detail-Eintrag in der Event-Spezifikation angegeben werden, welche Maustaste gemeint ist.
Motion	Der Benutzer hat die Maus über dem Widget bewegt. Mithilfe des Buttonx-Modifiers kann dabei festgelegt werden, dass eine bestimmte Maustaste gedrückt sein soll, während der Benutzer die Maus bewegt.
Enter, Leave	Der Benutzer hat mit dem Mauszeiger den Bereich des Widgets betreten bzw. verlassen.
FocusIn, FocusOut	Das Widget hat den Eingabefokus bekommen bzw. verloren.
Expose	Das Widget war vollständig oder zum Teil von anderen Fenstern verdeckt und wurde vom Benutzer wieder hervorgeholt. In diesem Fall müssen möglicherweise Teile des Widgets neu gezeichnet werden.
Destroy	Das Widget wurde zerstört.

Tabelle 39.4 Events

Event	Bedeutung
Configure	Das Widget hat seine Größe oder Position verändert.
MouseWheel	Der Benutzer hat das Mausrad bewegt.
* Hier sind die folgenden, meist selbsterklärenden Werte möglich: Alt_L, Alt_R, BackSpace, Cancel, Caps_Lock, Control_L, Control_R, Delete, End, Escape, F1–F12, Home (»Pos1«), Insert, Left, Up, Right, Down, Next (»Page Down«), Num_Lock, Pause, Print, Prior (»Page Up«), Return, Scroll_Lock, Shift_L, Shift_R, Tab. Außerdem kann ein einzelnes Zeichen angegeben werden.	
** Das Widget, über dem die Maustaste gedrückt wurde, bekommt sozusagen ein »Abonnement« auf Maus-Events. Konkret bedeutet das, dass die Release- und Motion-Events auch an dieses Widget gesendet werden, wenn sich die Maus inzwischen über einem anderen Widget befindet. Erst das Loslassen der Taste hebt dieses »Abonnement« auf.	

Tabelle 39.4 Events (Forts.)

Eventhandler

Nachdem ein Event ausgelöst wird, wird der damit verbundene Eventhandler aufgerufen. Dieser Handler bekommt dann ein *Event-Objekt* – genauer: eine tkinter.Event-Instanz – übergeben, das nähere Informationen über das aufgetretene Event enthält. Tabelle 39.5 listet die wichtigsten Attribute des Event-Objekts auf und erklärt sie. Beachten Sie dabei, dass abhängig vom ausgelösten Event nur ein Teil der Attribute sinnvoll ist.

Attribut	Bedeutung
char	Enthält das eingegebene Zeichen als String. gültig für: KeyPress, KeyRelease
delta	Gibt an, wie weit der Benutzer das Mausrad gedreht hat. Dabei gibt das Vorzeichen die Drehrichtung an. gültig für: MouseWheel
focus	Gibt an, ob das Widget, über dem sich die Maus befindet, den Eingabefokus hat oder nicht. gültig für: Enter, Leave
height, width	Enthält die neue Höhe bzw. Breite des Widgets in Pixel. gültig für: Configure, Expose

Tabelle 39.5 Attribute des Event-Objekts

Attribut	Bedeutung
keycode, keysym	Enthält den Keycode bzw. den symbolischen Namen der gedrückten Taste. gültig für: KeyPress, KeyRelease
time	Enthält einen ganzzahligen Timestamp, der den Zeitpunkt des Events beschreibt. Es handelt sich um die seit dem Systemstart vergangene Zeit in Millisekunden.
type	Enthält den ganzzahligen Identifier des Event-Typs.
widget	Referenziert das Widget, in dem das Event aufgetreten ist.
x, y	Enthält die X- bzw. Y-Koordinate des Mauszeigers in Pixel. Diese Angabe versteht sich relativ zur linken oberen Ecke des Widgets.
x_root, y_root	Enthält die X- bzw. Y-Koordinate des Mauszeigers, diesmal allerdings relativ zur linken oberen Ecke des Bildschirms. gültig für: ButtonPress, ButtonRelease, KeyPress, KeyRelease, Motion

Tabelle 39.5 Attribute des Event-Objekts (Forts.)

Beispiel

Damit ist die Einführung in die wichtigsten Event-Typen abgeschlossen. An dieser Stelle möchten wir Ihnen ein Beispielprogramm vorstellen, das die Verwendung von Events veranschaulicht. Die grafische Oberfläche des Programms beinhaltet ein Label, ein Widget, das nur einen Text anzeigt, ein Eingabefeld sowie einen Button, über den sich der Dialog beenden lässt. Das Programm soll bestimmte Events, die an das Eingabefeld gesendet werden, empfangen und den Eingang des Events durch eine entsprechende Nachricht im Label bestätigen:

```python
import tkinter
class MyApp(tkinter.Frame):
    def __init__(self, master=None):
        super().__init__(master)
        self.pack()
        self.createWidgets()
        self.createBindings()
    def createWidgets(self):
        self.label = tkinter.Label(self)
        self.label.pack()
        self.label["text"] = "Bitte sende ein Event"
        self.entry = tkinter.Entry(self)
```

```
            self.entry.pack()
            self.ok = tkinter.Button(self)
            self.ok.pack()
            self.ok["text"] = "Beenden"
            self.ok["command"] = self.quit
    def createBindings(self):
        self.entry.bind("Entenhausen", self.eventEntenhausen)
        self.entry.bind("<ButtonPress-1>", self.eventMouseClick)
        self.entry.bind("<MouseWheel>", self.eventMouseWheel)
    def eventEntenhausen(self, event):
        self.label["text"] = "Sie kennen das geheime Passwort!"
    def eventMouseClick(self, event):
        self.label["text"] = "Mausklick an Position " \
                             "({},{})".format(event.x, event.y)
    def eventMouseWheel(self, event):
        if event.delta < 0:
            self.label["text"] = "Bitte bewegen Sie das Mausrad"\
                                 " in die richtige Richtung."
        else:
            self.label["text"] = "Vielen Dank."
```

Zunächst werden wie gehabt die drei Widgets der Anwendung in der Methode createWidgets initialisiert, die vom Konstruktor aufgerufen wird. Danach wird die Methode createBindings aufgerufen, die dafür zuständig ist, die Eventhandler zu registrieren. In dieser Methode werden drei Events berücksichtigt: das Eingeben der Zeichenfolge »Entenhausen«, das Klicken mit der linken Maustaste und das Bewegen des Mausrads. Beachten Sie, dass sich alle drei Events auf das Eingabefeld, das Entry-Widget, beziehen. Es werden also beispielsweise nur Mausklicks über diesem Eingabefeld als Event registriert.

Danach folgen die Eventhandler-Methoden eventEntenhausen, eventMouseClick und eventMouseWheel. In der Methode eventMouseWheel wird ausgenutzt, dass das Vorzeichen von event.delta angibt, in welche Richtung das Mausrad bewegt wurde.

Wir haben die Verwendung des Label-Widgets noch nicht im Detail besprochen, doch es ist ersichtlich, dass man über den Schlüssel text den Text verändern kann, den es anzeigt. Eine ausführlichere Besprechung dieses Widgets finden Sie im nächsten Abschnitt.

> **Hinweis**
>
> Eine Bewegung des Mausrads löst unter Windows das in diesem Beispielprogramm verbundene Event MouseWheel aus. Unter Linux werden die beiden Richtungen des Mausrades als alternative Buttons 4 und 5 der Maus interpretiert. Eine Bewegung des Mausrades löst hier eines der Events ButtonPress-4 und ButtonPress-5 aus.

Im Onlineangebot zu diesem Buch (*www.rheinwerk-verlag.de/4467*) finden Sie eine Variante des Beispielprogramms, die sowohl unter Windows als auch unter Linux funktioniert.

Schließlich fehlt noch der Code, der den Dialog an die Oberfläche bringt. Dieser hat sich in Bezug auf das vorangegangene Beispielprogramm nicht verändert:

```
root = tkinter.Tk()
app = MyApp(root)
app.mainloop()
```

Das Beispielprogramm sieht folgendermaßen aus:

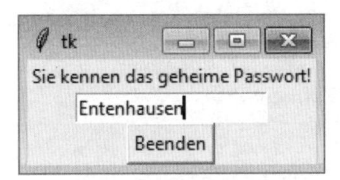

Abbildung 39.8 Beispielprogramm mit Events

Damit ist die Einführung in die Welt der Events beendet. Im Folgenden möchten wir die verschiedenen Steuerelementtypen besprechen, die Sie in tkinter-Anwendungen verwenden können.

39.2.5 Steuerelemente

Nachdem wir uns mit den Grundlagen von Tk beschäftigt haben, werden Sie jetzt erfahren, welche Widgets uns zur Verfügung stehen und wie Sie sie benutzen können. Tabelle 39.6 listet alle Tk-Widgets auf, die in diesem Kapitel besprochen werden.

Widget	Bedeutung
Widget	die Basisklasse aller Steuerelemente
Button	eine Schaltfläche
Canvas	ein Steuerelement für Zeichnungen und Grafiken
Checkbutton	ein Steuerelement, das entweder aktiviert oder deaktiviert sein kann
Entry	ein einzeiliges Eingabefeld
Label	ein Steuerelement für Beschriftungen
LabelFrame	ein Steuerelement für beschriftete Rahmen

Tabelle 39.6 Erklärte Widgets

39 Grafische Benutzeroberflächen

Widget	Bedeutung
Listbox	eine Liste von Einträgen
Menu	ein Kontextmenü
Menubutton	eine Schaltfläche, die ein Kontextmenü anzeigt, wenn sie angeklickt wird
OptionMenu	eine Schaltfläche, die eine Auswahlliste anzeigt, wenn sie angeklickt wird
Radiobutton	Ein Steuerelement, das entweder aktiviert oder deaktiviert sein kann. Innerhalb einer Gruppe darf nur genau ein Radiobutton aktiviert sein.
Scrollbar	eine Leiste, die das Scrollen übergroßer Widgets ermöglicht
Spinbox	ein Steuerelement zum Einstellen eines Zahlenwertes
Text	ein mehrzeiliges Eingabefeld

Tabelle 39.6 Erklärte Widgets (Forts.)

> **[»] Hinweis**
>
> Die zu den jeweiligen Widgets vorgestellten Beispielprogramme sind verkürzt dargestellt, um das grundlegende Prinzip zu veranschaulichen. Im Onlineangebot zu diesem Buch (*www.rheinwerk-verlag.de/4467*) finden Sie etwas ausführlichere und lauffähige Versionen der Beispielprogramme.

Die Basisklasse Widget

Die Klasse `tkinter.Widget` ist die Basisklasse aller Widgets, sie stellt eine Grundfunktionalität bereit, die für jedes Widget verfügbar ist. Dazu zählen zunächst einmal die sogenannten `winfo`-Methoden (für *Widget Info*), mit deren Hilfe Sie Informationen über ein Widget, beispielsweise seine Position, herausfinden können. In Tabelle 39.7 werden die wichtigsten `winfo`-Methoden erläutert. Dabei sei w ein Widget.

Schnittstelle	Bedeutung
w.winfo_children()	Gibt eine Liste der Unter-Widgets von w zurück.
w.winfo_class()	Gibt den Namen der Widget-Klasse von w als String zurück.

Tabelle 39.7 winfo-Methoden

Schnittstelle	Bedeutung
w.winfo_geometry()	Gibt die Position und die Dimension des Widgets w relativ zum übergeordneten Widget in Form eines Strings des Formats "BxH+X+Y" zurück.
w.winfo_height() w.winfo_width()	Gibt die Höhe bzw. Breite des Widgets w in Pixel zurück.
w.winfo_pointerx() w.winfo_pointery() w.winfo_pointerxy()	Gibt die X-, Y-Koordinate des Mauszeigers bzw. ein Tupel aus beiden Koordinaten relativ zur oberen linken Ecke des Bildschirms zurück.
w.winfo_rootx() w.winfo_rooty()	Gibt die X- bzw. Y-Position des Widgets w relativ zur oberen linken Ecke des Bildschirms zurück.
w.winfo_screenheight() w.winfo_screenwidth()	Gibt die Höhe bzw. Breite des Bildschirms in Pixel zurück.
w.winfo_x() w.winfo_y()	Gibt die X- bzw. Y-Koordinate des Widgets w relativ zum übergeordneten Widget zurück.

Tabelle 39.7 winfo-Methoden (Forts.)

Wie Sie es bereits aus vorangegangenen Beispielen kennen, kann ein Widget konfiguriert werden. Dazu wird wie bei einem Dictionary auf Konfigurationsschlüssel zugegriffen.

```
w["width"] = 200
w["height"] = 100
```

Alternativ können Widgets beim Instanziieren konfiguriert werden. Dazu können dem jeweiligen Konstruktor die gewünschten Einstellungen in Form von Schlüsselwortparametern übergeben werden:

```
frame = tkinter.Frame(width=200, height=200)
```

Viele Widgets verfügen über die Schlüssel width und height für die Breite bzw. Höhe des Widgets,[4] padx und pady für das horizontale bzw. vertikale Padding, state für den Zustand des Widgets[5] sowie foreground und background für Vordergrund- bzw. Hintergrundfarbe.

---

[4] Breite und Höhe werden abhängig vom Steuerelement in Pixel bzw. Zeichenbreiten und Zeilenhöhen angegeben.
[5] Mögliche Werte sind hier zum Beispiel "enabled", "disabled" und "active".

Welche weiteren Schlüssel ein Widget anbietet, hängt von seinem Typ ab und kann in diesem Kapitel nicht erschöpfend behandelt werden. In den folgenden Abschnitten lernen Sie die wichtigsten in tkinter enthaltenen Widget-Typen kennen.

Button

Eine Instanz der Klasse tkinter.Button stellt ein Button-Widget dar und entspricht einer Schaltfläche in der grafischen Oberfläche. Sie haben bereits im Beispielprogramm gesehen, wie man einen Button verwendet. Wichtig ist dabei, nach dem Instanziieren der Button-Klasse die Optionen text und command zu setzen, über die die Beschriftung des Buttons und die Handler-Funktion festgelegt werden. Die Handler-Funktion wird vom Tk-Framework gerufen, wenn der Benutzer auf den Button geklickt hat:

```python
class MyApp(tkinter.Frame):
    def __init__(self, master=None):
        super().__init__(master)
        self.pack()
        self.ok = tkinter.Button(self)
        self.ok["text"] = "Beschriftung"
        self.ok["command"] = self.handler
        self.ok.pack()
    def handler(self):
        print("Button gedrückt")
```

Nach der Einrichtung des Buttons ok wird stets die Methode handler aufgerufen, wenn der Benutzer den Button anklickt.

Checkbutton

Der *Checkbutton*, auch Checkbox genannt, ist ein mit dem Button verwandtes Steuerelement. Ein Checkbutton besteht aus einer kleinen Box und einer Beschriftung und kann zwei Status annehmen: aktiviert und deaktiviert. Der Benutzer kann durch einen Klick auf die kleine Box den Status ändern. Der aktivierte Zustand eines Checkbuttons wird durch ein Häkchen oder ein Kreuz in der Box angezeigt.

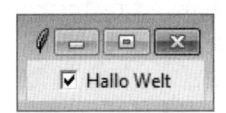

Abbildung 39.9 Ein Checkbutton im Einsatz

Erstellung und Verwendung eines Checkbuttons sind denkbar einfach und funktionieren ähnlich wie bei einem Button. Zusätzlich muss aber eine Steuerelementvariable für den aktuellen Status des Checkbuttons angelegt werden:

```
check = tkinter.Checkbutton(master)
check["text"] = "Hallo Welt"
checked = tkinter.BooleanVar()
checked.set(True)
check["variable"] = checked
check.pack()
```

Nach der Instanziierung des Checkbuttons kann über die Option text eine Beschriftung festgelegt werden. Dann wird mithilfe der Option variable eine Steuerelementvariable für den Status des Checkbuttons zugewiesen. Schließlich wird der Checkbutton durch Aufruf der Methode pack an die grafische Oberfläche gebracht.

Analog zu einem Button kann über die Option command eine Handler-Funktion angegeben werden, die vom Tk-Framework gerufen wird, wenn der Benutzer den Status des Checkbuttons wechselt. Innerhalb dieser Handler-Funktion kann dann über die Steuerelementvariable checked der aktuelle Status des Checkbuttons erfragt werden.

Checkbuttons treten häufig nicht alleine auf, sondern repräsentieren Einstellungsgruppen, deren einzelne Elemente unabhängig voneinander aktiviert bzw. deaktiviert werden können. Das folgende komplexere Beispielprogramm zeigt, wie mehrere Checkbuttons erzeugt und ihre Events von einer gemeinsamen Handler-Funktion verarbeitet werden können:

```
class MyApp(tkinter.Frame):
    def __init__(self, master=None):
        super().__init__(master)
        self.pack()
        self.names = ("Donald Duck", "Dagobert Duck", "Gustav Gans")
        self.checks = []
        self.vars = []
        for name in self.names:
            var = tkinter.BooleanVar()
            var.set(False)
            check = tkinter.Checkbutton(self)
            check["text"] = name
            check["command"] = self.handler
            check["variable"] = var
            check.pack(anchor="w")
            self.checks.append(check)
            self.vars.append(var)
    def handler(self):
        x = " und ".join(
            [name for name, var in zip(self.names, self.vars) if var.get()]
            )
```

Für jeden Eintrag des Tupels `self.names` werden ein Checkbutton und eine Steuerelementvariable erzeugt und jeweils in den Listen `self.checks` und `self.vars` abgelegt. Jedem erzeugten Checkbutton wird die gemeinsame Handler-Funktion `handler` zugewiesen. In diesem Handler wird mithilfe der Built-in Function `zip` über Tupel aus Namen und korrespondierender Steuerelementvariablen iteriert, um diejenigen Namen auszugeben, deren Checkboxen vom Benutzer ausgewählt wurden.

Radiobutton

Ein *Radiobutton* ist wie ein Checkbutton ein Steuerelement, das durch einen Klick des Benutzers aktiviert oder deaktiviert werden kann. Das Besondere am Radiobutton ist, dass man eine Gruppe von Radiobuttons definieren kann, innerhalb derer immer genau einer der Radiobuttons aktiviert ist. Dabei bilden die Radiobuttons eine Gruppe, die sich dieselbe Steuerelementvariable teilt. Im folgenden Beispiel-Code darf sich der Benutzer die Hauptstadt eines G8-Staates aussuchen:

```python
class MyApp(tkinter.Frame):
    def __init__(self, master=None):
        super().__init__(master)
        self.pack()
        self.auswahl = ["Berlin", "London", "Moskau", "Ottawa",
                        "Paris", "Rom", "Tokio", "Washington DC"]
        self.stadt = tkinter.StringVar()
        self.stadt.set("Moskau")
        for a in self.auswahl:
            b = tkinter.Radiobutton(self)
            b["text"] = a
            b["value"] = a
            b["variable"] = self.stadt
            b["command"] = self.handler
            b.pack(anchor="w")
    def handler(self):
        print(self.stadt.get())
```

Zunächst werden eine Liste aller Städte, die zur Auswahl stehen sollen, und eine Steuerelementvariable angelegt. Diese Variable enthält später stets den Namen der Stadt, die aktuell vom Benutzer ausgewählt ist. Zu Beginn wird Moskau ausgewählt.

Dann wird in einer Schleife über alle Städte iteriert und für jede Stadt ein Radiobutton angelegt. In diesem Fall werden die Optionen `text` für die Beschriftung, `value` für den Wert, den die Steuerelementvariable annimmt, wenn der Radiobutton ausgewählt wird, `variable` für die Steuerelementvariable und `command` für die Handler-Funktion gesetzt. Analog zum Checkbutton wird diese Handler-Funktion immer dann gerufen, wenn der Benutzer seine Auswahl verändert.

Die grafische Oberfläche des oben dargestellten Beispielprogramms sehen Sie in Abbildung 39.10.

Abbildung 39.10 Eine Menge Radiobuttons

Entry

Bei einem *Entry-Widget* handelt es sich um ein einzeiliges Eingabefeld, in das der Benutzer beliebigen Text schreiben kann. Der folgende Beispiel-Code erzeugt ein Entry-Widget und schreibt einen Text hinein:

```
class MyApp(tkinter.Frame):
    def __init__(self, master=None):
        super().__init__(master)
        self.pack()
        self.entryVar = tkinter.StringVar()
        self.entryVar.set("Hallo Welt")
        self.entry = tkinter.Entry(self)
        self.entry["textvariable"] = self.entryVar
        self.entry.pack()
        self.entry.bind("<Return>", self.handler)
    def handler(self, event):
        print(self.entryVar.get())
```

Es werden ein Entry-Widget und eine Steuerelementvariable instanziiert. Dann wird die Steuerelementvariable auf einen Wert gesetzt und mit dem Eingabefeld verbunden. Nachdem das Eingabefeld dem Packer übergeben wurde, verbinden wir noch das Event Return, das beim Drücken der ⏎-Taste im Eingabefeld ausgelöst wird, mit einer Handler-Funktion, die den aktuellen Inhalt des Eingabefeldes ausgibt. Die grafische Oberfläche dieses Beispielprogramms sieht so aus:

Abbildung 39.11 Ein Entry-Widget

Label

Ein *Label-Widget* ist ein sehr einfaches Widget, dessen einzige Aufgabe es ist, einen Text auf der grafischen Oberfläche anzuzeigen. Das folgende Beispielprogramm zeigt exemplarisch die Verwendung des Label-Widgets:

```
class MyApp(tkinter.Frame):
    def __init__(self, master=None):
        super().__init__(master)
        self.pack()
        self.label = tkinter.Label(self)
        self.label["text"] = "Hallo Welt"
        self.label.pack()
```

Nach dem Instanziieren der Klasse tkinter.Label wird über die Option text die Beschriftung des Labels verändert und das Label schließlich dem Packer übergeben. Anstatt die Option text zu verwenden, wäre es an dieser Stelle auch möglich gewesen, über die Option textvariable eine Steuerelementvariable zu definieren und diese mit dem gewünschten Text zu beschreiben.

Die grafische Oberfläche dieses Beispielprogramms ist wenig spektakulär und in folgender Abbildung zu sehen:

Abbildung 39.12 Ein Label im Einsatz

LabelFrame

Ein *LabelFrame-Widget* ist eine spezielle Form des Frame-Widgets und dient zur Gruppierung von Steuerelementen. Das LabelFrame-Widget zeichnet einen beschrifteten Rahmen um die ihm untergeordneten Widgets. Im folgenden Beispielprogramm wird das Checkbutton-Beispiel um einen LabelFrame erweitert:

```
class MyApp(tkinter.Frame):
    def __init__(self, master=None):
        super().__init__(master)
        self.pack()
        self.names = ("Donald Duck", "Dagobert Duck", "Gustav Gans")
        self.group = tkinter.LabelFrame(self)
        self.group["text"] = "Entenhausen"
        self.group.pack()
        self.checks = []
        self.vars = []
        for name in self.names:
```

```
                var = tkinter.BooleanVar()
                var.set(False)
                check = tkinter.Checkbutton(self.group)
                check["text"] = name
                check["command"] = self.handler
                check["variable"] = var
                check.pack(anchor="w")
                self.checks.append(check)
                self.vars.append(var)
    def handler(self):
        print(" und ".join(
            [name for name, var in zip(self.names, self.vars) if var.get()])
        )
```

Die Verwendung des LabelFrame-Widgets beschränkt sich auf die Instanziierung der tkinter.LabelFrame-Klasse, die Angabe der text-Option für die Beschriftung des Rahmens und die Erzeugung der untergeordneten Widgets. Die in diesem Beispiel erzeugte grafische Oberfläche sieht folgendermaßen aus:

Abbildung 39.13 Ein LabelFrame-Widget

Listbox

Bei einer *Listbox* handelt es sich um ein Steuerelement, das eine Liste von Einträgen darstellt. Je nach Anwendung darf der Benutzer einen oder mehrere Einträge auswählen oder modifizieren. Im einfachsten Fall kann eine Listbox folgendermaßen erzeugt werden:

```
class MyApp(tkinter.Frame):
    def __init__(self, master=None):
        super().__init__(master)
        self.pack()
        self.eintraege = ["Berlin", "London", "Moskau", "Ottawa",
                          "Paris", "Rom", "Tokio", "Washington DC"]
        self.lb = tkinter.Listbox(master)
        self.lb.insert("end", *self.eintraege)
        self.lb.pack()
```

Zunächst legen wir die Liste `self.eintraege` an, die die Einträge enthält, die wir später in die Listbox schreiben möchten. Dann wird eine Instanz der Klasse `tkinter.Listbox` erzeugt und gepackt. Schließlich rufen wir für jeden gewünschten Eintrag die Methode `insert` der Listbox auf, die den jeweiligen Eintrag ans Ende der Listbox anhängt.

Die von diesem Quellcode erzeugte Listbox sieht folgendermaßen aus:

Abbildung 39.14 Die fertige Listbox

Die Einträge einer Listbox werden von 0 beginnend durchnummeriert. Über diesen Index kann auf die Einträge zugegriffen werden. Dazu definiert die Klasse `Listbox` eine Reihe von Methoden, die in Tabelle 39.8 zusammengefasst werden. Einige der Methoden bekommen dabei einen Index `first` und einen optionalen Index `last` übergeben. Wenn `last` angegeben wird, bezieht sich die Methode sinngemäß auf alle Einträge mit einem Index zwischen `first` und `last`. Wird `last` nicht angegeben, beziehen sie sich ausschließlich auf das Element mit dem Index `first`. Anstelle konkreter Indizes kann für `first` und `last` auch der String `"end"` übergeben werden.

Methode	Bedeutung
curselection()	Gibt eine Liste mit den Indizes der aktuell ausgewählten Einträge zurück.
delete(first, [last])	Löscht einen bzw. mehrere Einträge.
get(first, [last])	Gibt einen bzw. mehrere Einträge als String zurück.
insert(index, [*elements])	Fügt die Elemente `elements` an der Position `index` in die Listbox ein.
selection_clear(first, [last])	Hebt eine eventuelle Auswahl eines bzw. mehrerer Einträge auf.
selection_includes(index)	Gibt an, ob ein Eintrag ausgewählt ist.

Tabelle 39.8 Methoden einer Listbox

Methode	Bedeutung
selection_set(first, [last])	Wählt ein bzw. mehrere Elemente aus.
size()	Gibt die Anzahl der Einträge zurück.

Tabelle 39.8 Methoden einer Listbox (Forts.)

Das eingangs besprochene Beispielprogramm zur Listbox war statisch. Der Benutzer konnte zwar einen Eintrag der Listbox auswählen, doch passiert ist daraufhin nichts. Das folgende Beispielprogramm zeigt, wie man auf eine Änderung der Benutzerauswahl reagieren kann. Dazu erstellen wir die folgende Applikationsklasse:

```
class MyApp(tkinter.Frame):
    def __init__(self, master=None):
        super().__init__(master)
        self.pack()
        self.eintraege = ["Berlin", "London", "Moskau", "Ottawa",
                          "Paris", "Rom", "Tokio", "Washington DC"]
        self.lb = tkinter.Listbox(self)
        self.lb.pack(fill="both", expand="true")
        self.lb["selectmode"] = "extended"
        self.lb.insert("end", *self.eintraege)
        self.lb.bind("<<ListboxSelect>>", self.selectionChanged)
        self.lb.selection_set(0)
        self.label = tkinter.Label(self)
        self.label.pack()
        self.selectionChanged(None)
```

Im Konstruktor wird zunächst eine Listbox angelegt und mit den bereits bekannten Städtenamen gefüllt. Der Benutzer soll eine beliebige Menge von Städten auswählen können. Dieses Verhalten entspricht dem Wert extended des Konfigurationsschlüssels selectmode. Andere mögliche Werte sind single, browse und multiple.

Danach verbinden wir eine Handler-Methode mit dem sogenannten *virtuellen Event* <<ListboxSelect>>. Ein virtuelles Event ist ein spezielles Event, das nur mit einem bestimmten Widget-Typ verwendet werden kann. Das <<ListboxSelect>>-Event wird immer dann gerufen, wenn der Benutzer die Auswahl in der Listbox verändert hat.

Dann wird das erste Element der Listbox als einziges ausgewählt und ein Label-Widget erzeugt. Zum Schluss wird die Handler-Methode selectionChanged aufgerufen, um das Label-Widget mit einem sinnvollen Text zu versehen. Die selectionChanged-Methode sieht folgendermaßen aus:

```
    def selectionChanged(self, event):
        self.label["text"] = "Wir fahren nach: " + ", ".join(
            (self.lb.get(i) for i in self.lb.curselection()))
```

Jedes Mal, wenn der Benutzer die Auswahl in der Listbox verändert hat, wird diese Methode gerufen. Hier werden die Indizes der ausgewählten Einträge ausgelesen, die dazugehörigen Städtenamen herausgefunden und durch ein Komma getrennt in das Label geschrieben.

Die mit diesem Beispielprogramm erzeugte grafische Oberfläche ist in der folgenden Abbildung dargestellt:

Abbildung 39.15 Eine Listbox mit Benutzerinteraktion

Menu

Bei einer komplexeren grafischen Benutzeroberfläche befindet sich direkt unter der Titelleiste eines Dialogs häufig eine *Menüleiste*, die mehrere Menüs enthält. Ein *Menü* ist eine Schaltfläche, über die der Benutzer eine Liste weiterer Kommandos erreichen kann. Üblicherweise findet man zum Beispiel im Menü DATEI die Kommandos SPEICHERN und SPEICHERN UNTER. Das folgende Beispielprogramm zeigt exemplarisch, wie Sie einen tkinter-Dialog mit einem Menü ausstatten können:

```
class MyApp(tkinter.Frame):
    def __init__(self, master):
        super().__init__(master)
        self.pack()
        self.menuBar = tkinter.Menu(master)
        master.config(menu=self.menuBar)
        self.fillMenuBar()
    def fillMenuBar(self):
        self.menuFile = tkinter.Menu(self.menuBar, tearoff=False)
        self.menuFile.add_command(label="Öffnen", command=self.handler)
        self.menuFile.add_command(label="Speichern", command=self.handler)
        self.menuFile.add_command(label="Speichern unter",
                                  command=self.handler)
```

```
        self.menuFile.add_separator()
        self.menuFile.add_command(label="Beenden", command=self.quit)
        self.menuBar.add_cascade(label="Datei", menu=self.menuFile)
    def handler(self):
        print("Hallo Welt!")
```

Die `tkinter.Tk`-Instanz, die jeder `tkinter`-Anwendung zugrunde liegt, besitzt eine Option `menu`, über die eine Menüleiste gesetzt werden kann. Das geschieht innerhalb des Konstruktors der Klasse `MyApp`, in dem über den Parameter `master` auf die `tkinter.Tk`-Instanz zugegriffen werden kann. Dort wird zunächst die Menüleiste als `tkinter.Menu`-Instanz erzeugt und schließlich über die Option `menu` als Menüleiste eingetragen.

Die Methode `fillMenuBar`, die vom Konstruktor aus aufgerufen wird, hat die Aufgabe, die frisch erzeugte Menüleiste zu befüllen. Dazu wird zunächst ein Menü erzeugt, das fortan unter dem Namen `menuFile` verfügbar ist. Über den Parameter `tearoff` kann gesteuert werden, ob ein Ablösen des Menüs möglich sein soll. Dieses Verhalten ist bei den meisten Desktop-Umgebungen unpassend und wurde deshalb nicht zugelassen. Sie können aber mit dieser Einstellung experimentieren.

Danach werden dem Menü über die Methode `add_command` Menüpunkte hinzugefügt. Diese erhalten eine Beschriftung (`label`) und eine Handler-Funktion (`command`), die analog zur Handler-Funktion eines Buttons aufgerufen wird, wenn der Benutzer den jeweiligen Menüpunkt angewählt hat. In diesem Beispiel wird dann die Methode `handler` aufgerufen, die durch Ausgabe eines Textes demonstriert, dass das Beispielprogramm funktioniert. Einzig beim Menüpunkt BEENDEN wird `self.quit` als Handler-Methode eingetragen, um die Anwendung zu beenden.

Über die Methode `add_separator` kann eine Trennlinie ins Menü eingefügt werden, um thematisch zusammengehörende Menüpunkte auch optisch zu gruppieren.

Schließlich wird über die Methode `add_cascade` der Menüleiste das neue Menü unter dem Titel DATEI hinzugefügt.

Die grafische Oberfläche des Beispielprogramms sieht folgendermaßen aus:

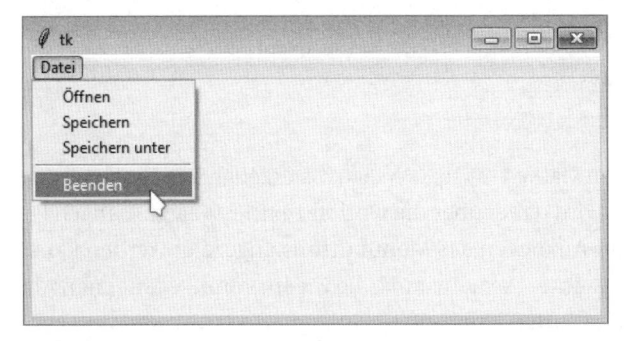

Abbildung 39.16 Eine Menüleiste

Dieses simple Beispiel lässt sich noch erweitern, denn neben den Methoden add_command zum Hinzufügen eines einfachen Menüpunktes und add_separator zum Hinzufügen einer Trennlinie verfügt eine Menu-Instanz noch über die Methoden add_checkbutton und add_radiobutton. Diese beiden Methoden erlauben es, Radiobuttons und Checkbuttons in einem Menü zu verwenden. Die Optionen, die die Radio- bzw. Checkbuttons näher spezifizieren, werden den Methoden als Schlüsselwortparameter übergeben:

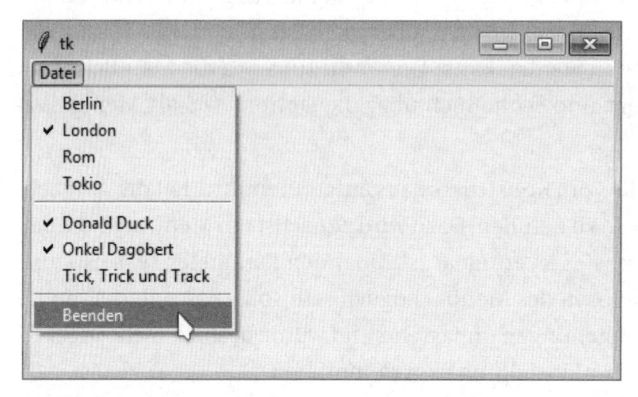

Abbildung 39.17 Eine komplexere Menüleiste

Menubutton

Bei einem Menubutton handelt es sich um eine Schaltfläche, die ein Menü anzeigt, wenn der Benutzer sie anklickt. Wie ein solches Steuerelement verwendet werden kann, zeigt der folgende Beispiel-Code:

```python
class MyApp(tkinter.Frame):
    def __init__(self, master):
        super().__init__(master)
        self.pack()
        self.mb = tkinter.Menubutton(self, text="Hallo Welt")
        self.menu = tkinter.Menu(self.mb, tearoff=False)
        self.menu.add_checkbutton(label="Donald Duck")
        self.menu.add_checkbutton(label="Onkel Dagobert")
        self.menu.add_checkbutton(label="Tick, Trick und Track")
        self.mb["menu"] = self.menu
        self.mb.pack()
```

Zunächst wird eine Instanz der Klasse tkinter.Menubutton erzeugt. Die Beschriftung der Menubutton-Schaltfläche wird dabei über die Option text festgelegt. Danach erstellen wir das Menü, das beim Anklicken des Menubuttons angezeigt werden kann. Dabei handelt es sich um eine tkinter.Menu-Instanz, die wie im vorangegangenen Abschnitt erzeugt und verwendet werden kann.

Schließlich wird das Menü über die Option menu des Menubuttons an diesen gebunden und der Menubutton an den Packer übergeben. Die resultierende grafische Oberfläche sieht wie folgt aus:

Abbildung 39.18 Ein Menubutton im Einsatz

Die Beschriftung des Menubuttons ändert sich unabhängig von dem im Menü ausgewählten Eintrag nicht.

OptionMenu

Bei dem vorhin besprochenen Menubutton haben wir festgestellt, dass sich die Beschriftung des Buttons nicht automatisch ändert, wenn der Benutzer einen Menüpunkt angewählt hat. Dieses Verhalten ist jedoch häufig gewünscht. Ein Steuerelement, das sich so verhält, wird oft als *Dropdown-Liste* bezeichnet. Im Tk-Framework nennt sich dieses Steuerelement *OptionMenu*. Der folgende Code zeigt, wie Sie das OptionMenu-Widget verwenden können:

```
class MyApp(tkinter.Frame):
    def __init__(self, master):
        super().__init__(master)
        self.pack()
        self.lst = ["Linux", "macOS", "Windows"]
        self.var = tkinter.StringVar()
        self.var.set("Linux")
        self.op = tkinter.OptionMenu(self, self.var, *self.lst,
                                     command=self.handler)
        self.op.pack()
    def handler(self, text):
        print(text, self.var.get())
```

Nachdem wir eine Liste mit den für die Dropdown-Liste gewünschten Einträgen und eine Steuerelementvariable angelegt haben, instanziieren wir eine tkinter.OptionMenu-Instanz und übergeben dabei sowohl die Steuerelementvariable var als auch die Liste der Einträge. Beachten Sie, dass die Liste der Einträge ausgepackt wird, die Einträge also in Form von Positionsparametern übergeben werden müssen.

Über den Schlüsselwortparameter command wird eine Handler-Funktion festgelegt, die aufgerufen wird, wenn der Benutzer die Auswahl verändert hat. Im Gegensatz zu den Handler-Funktionen aus den vorangegangenen Beispielen bekommt handler in diesem Fall den Namen der neuen Auswahl übergeben. In der Handler-Funktion geben wir den Namen der neuen Auswahl zweimal aus: einmal durch den übergebenen Parameter und ein weiteres Mal durch Auslesen der Steuerelementvariablen. Beide Varianten sollten stets den gleichen Namen liefern.

Das vom Beispielprogramm erzeugte GUI sieht folgendermaßen aus:

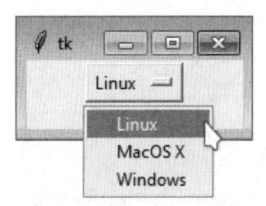

Abbildung 39.19 Ein OptionMenu-Widget im Einsatz

Um auf eine Auswahl des Benutzers reagieren zu können, existiert wieder die Option command. Über diese Option kann eine Handler-Funktion angegeben werden, die immer dann vom Tk-Framework gerufen wird, wenn der Benutzer eine Auswahl getroffen hat. Die Handler-Funktion muss einen Parameter, den Text des aktuell ausgewählten Elements, erwarten.

Scrollbar

Es kommt häufig vor, dass der Inhalt eines Widgets, beispielsweise die Einträge einer Liste, mehr Platz benötigen, als das Widget bietet. Für solche Fälle erlauben es bestimmte Widget-Typen, eine sogenannte *Scrollbar* anzubinden. Das folgende Beispiel zeigt, wie Sie eine Scrollbar im Zusammenhang mit einer Listbox verwenden:

```python
class MyApp(tkinter.Frame):
    def __init__(self, master):
        super().__init__(master)
        self.pack()
        self.lb = tkinter.Listbox(self)
        self.lb.pack(side="left")
        self.sb = tkinter.Scrollbar(self)
        self.sb.pack(fill="y", side="left")
        self.lb.insert("end", *[i*i for i in range(50)])
        self.lb["yscrollcommand"] = self.sb.set
        self.sb["command"] = self.lb.yview
```

Zunächst werden eine Listbox und eine Scrollbar erzeugt und auf der Oberfläche so angeordnet, dass die Scrollbar rechts neben der Listbox steht. Danach wird die Listbox mit den Quadraten der Zahlen zwischen 0 und 50 gefüllt. Was jetzt noch fehlt, ist die Verbindung zwischen der Scrollbar und der Listbox, denn momentan haben wir nur zwei voneinander unabhängige Widgets erzeugt.

Um die Scrollbar an die Listbox zu binden, setzen wir zunächst die Option `yscrollcommand` der Listbox auf die Methode `set` der Scrollbar. Dies erlaubt ein automatisches Anpassen der Scrollbar, wenn die Einträge der Listbox über die Pfeiltasten oder das Mausrad gescrollt werden. Danach wird die `command`-Option der Scrollbar auf die Methode `yview` der Listbox gesetzt. Nun ist auch das Scrollen der Listbox mit der Scrollbar möglich.

Die im oben genannten Beispiel erzeugte grafische Oberfläche ist in der folgenden Abbildung dargestellt:

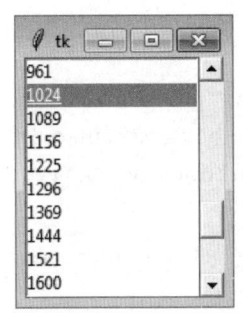

Abbildung 39.20 Eine Listbox mit angebundener Scrollbar

Anstelle der Option `yscrollcommand` und der Methode `yview` hätten wir auch die Option `xscrollcommand` und die Methode `xview` verwenden können, um eine horizontale Scrollbar zu realisieren.

Die hier demonstrierte Möglichkeit, eine Scrollbar anzubinden, funktioniert nicht nur bei `Listbox`-, sondern auch bei `Canvas`-, `Entry`-, `Spinbox`- und `Text`-Widgets.

Spinbox

Bei einer Spinbox handelt es sich um ein Widget, in das der Benutzer eine ganze Zahl eintragen kann. Zusätzlich kann er die eingetragene Zahl über zwei Schaltflächen am Rand des Widgets nach oben oder unten korrigieren. Der folgende Code-Ausschnitt demonstriert die Verwendung einer Spinbox:

```
s = tkinter.Spinbox(master)
s["from"] = 0
s["to"] = 100
s.pack()
```

Die Spinbox wird instanziiert, danach werden über die Optionen `from` und `to` die Grenzen festgelegt, in denen sich die gespeicherte Zahl bewegen darf. In diesem Beispiel darf keine Zahl größer als 100 oder kleiner als 0 eingetragen werden. Die im Beispiel erzeugte Spinbox ist in der folgenden Grafik abgebildet:

Abbildung 39.21 Eine Spinbox im Einsatz

Anstatt zwei Grenzen über die Optionen from und to anzugeben, können Sie die erlaubten Werte auch konkret angeben. Dies geschieht über die Option values:

```
s = tkinter.Spinbox(master)
s["values"] = (2,3,5,7,11,13,19)
s.pack()
```

In diesem Fall kann der Benutzer eine der Primzahlen zwischen 2 und 19 in der Spinbox auswählen. Die Reihenfolge, in der die Zahlen in der Spinbox erscheinen, ist durch die Reihenfolge der Werte im Tupel gegeben. Es muss kein Zusammenhang zur tatsächlichen Ordnungsrelation der Zahlen vorhanden sein.

Wenn die Werte, die die Spinbox annehmen kann, konkret angegeben werden, können dort auch andere Datentypen als int verwendet werden:

```
s["values"] = ("A", "B", "C")
```

In diesem Beispiel kann der Benutzer die Spinbox verwenden, um einen der drei Buchstaben auszuwählen.

Text

Bisher haben Sie nur eine Möglichkeit kennengelernt, mithilfe des Entry-Widgets einzeilige Texteingaben vom Benutzer zu verlangen. Das Text-Widget erlaubt es Ihnen, einen mehrzeiligen und formatierten Text anzuzeigen oder vom Benutzer eingeben zu lassen.

Das folgende Beispiel zeigt, wie Sie das Text-Widget dazu verwenden, formatierten Text anzuzeigen:

```python
class MyApp(tkinter.Frame):
    def __init__(self, master):
        super().__init__(master)
        self.pack()
        self.text = tkinter.Text(master)
        self.text.pack()
        self.text.tag_config("o", foreground="orange")
        self.text.tag_config("u", underline=True)
        self.text.insert("end", "Hallo Welt\n")
        self.text.insert("end", "Dies ist ein langer, oranger Text\n", "o")
        self.text.insert("end", "Und unterstrichen ebenfalls", "u")
```

Zunächst wird das Text-Widget instanziiert und gepackt. Danach definieren wir sogenannte *Tags*, die es uns später erlauben, den darzustellenden Text zu formatieren. In diesem Fall definieren wir das Tag o für orangefarbenen und das Tag u für unterstrichenen Text.

Danach fügen wir drei Textzeilen jeweils ans Ende des im Widget enthaltenen Textes an. Die erste Textzeile soll unformatiert, die zweite orangefarben und die dritte unterstrichen angezeigt werden. Die folgende Abbildung zeigt, wie der Text dargestellt wird:

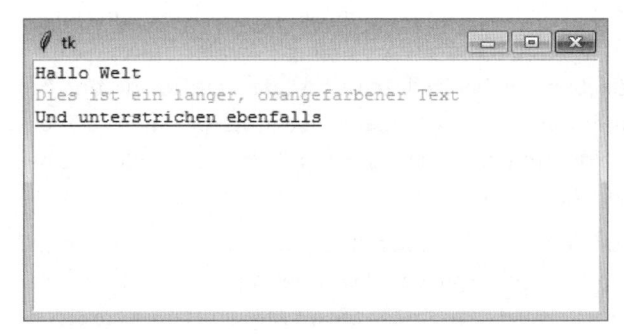

Abbildung 39.22 Das Text-Widget

Standardmäßig ist es dem Benutzer erlaubt, den im Text-Widget dargestellten Text zu verändern. Das folgende Beispiel zeigt, wie man auf eine Eingabe des Benutzers im Text-Widget reagiert und den eingegebenen Text ausliest:

```python
class MyApp(tkinter.Frame):
    def __init__(self, master):
        super().__init__(master)
        self.pack()
        self.text = tkinter.Text(master)
        self.text.pack()
        self.text.bind("<KeyRelease>", self.textChanged)
    def textChanged(self, event):
        print("Text:", self.text.get("1.0", "end"))
```

Im Gegensatz zum Entry-Widget ist es nicht möglich, eine Steuerelementvariable für den in einem Text-Widget enthaltenen Text einzurichten. Das liegt daran, dass das Text-Widget auch Formatierungsanweisungen für den darzustellenden Text benötigt. Diese müssten in einer String-Steuerelementvariablen umständlich über spezielle Code-Folgen nachgebildet werden.

Anstelle einer Steuerelementvariablen bietet das Text-Widget die Methode get, über die man den im Widget dargestellten Text auslesen kann. Es handelt sich dabei um den reinen Text, jegliche Formatierungsanweisungen gehen beim Auslesen mittels get verloren.

Im Beispielprogramm wurde ein Eventhandler für das KeyRelease-Event eingerichtet. Dieses wird immer dann ausgelöst, wenn der Benutzer eine Taste loslässt, während das Text-Widget den Eingabefokus besitzt. Beachten Sie, dass wir das KeyRelease-Event verwenden und nicht KeyPress. Würden wir das KeyPress-Event verwenden, würde unser Eventhandler aufgerufen, bevor das vom Benutzer eingegebene Zeichen ins Text-Widget eingetragen wurde.

Im Eventhandler textChanged rufen wir die Methode get des Text-Widgets auf. Diese Methode bekommt zwei Indizes übergeben, die angeben, welches Teilstück des Textes ausgelesen werden soll. In diesem Fall interessieren wir uns für den gesamten im Widget enthaltenen Text und geben die Indizes 1.0 und end an. Der Index 1.0 liest sich als »erste Zeile, nulltes Zeichen«, wobei zu beachten ist, dass die Indizierung der Zeilen bei 1 und die der Spalten, also der Zeichen, bei 0 beginnt. Der Index 1.0 bezeichnet also das erste Zeichen des im Widget dargestellten Textes. Der Index end bezeichnet selbstverständlich das letzte Zeichen des im Widget enthaltenen Textes.

Es ist möglich, eine horizontale oder vertikale Scrollbar mit einem Text-Widget zu verbinden. Dies geschieht analog zum Listbox-Widget über die Optionen xscrollcommand und yscrollcommand. Ein Beispiel dazu finden Sie im Abschnitt über die Scrollbar. In Abschnitt 39.2.7, »Weitere Module«, besprechen wir das Modul scrolledtext, das ein Text-Widget bereitstellt, das bereits mit Scrollbars ausgestattet ist.

39.2.6 Zeichnungen – das Canvas-Widget

Das Canvas-Widget (dt. »Leinwand«) ist ein Widget, in dem beliebige Grafiken dargestellt werden können. Sie können das Canvas-Widget beispielsweise benutzen, um ein Diagramm zu zeichnen oder um ein Bild darzustellen. Im folgenden Beispielprogramm wird das Canvas-Widget verwendet, um einen Kreis und zwei Linien zu zeichnen.

```
class MyApp(tkinter.Frame):
    def __init__(self, master):
        super().__init__(master)
        self.pack()
        self.cv = tkinter.Canvas(self, width=200, height=200)
        self.cv.pack()
        self.cv.create_oval(50, 50, 150, 150, fill="orange", width=3)
        self.cv.create_line(50, 150, 150, 50, width=3)
        self.cv.create_line(50, 50, 150, 150, width=3)
```

Zunächst wird ein quadratisches Canvas-Widget mit einer Seitenlänge von 200 Pixel erzeugt. In dieser Zeichenfläche können wir nun über die create-Methoden des Canvas-Widgets grundlegende geometrische Formen zeichnen. In diesem Fall verwenden wir die Methoden create_oval und create_line, um den Kreis bzw. die beiden Linien zu zeichnen.

Die create-Methoden bekommen jeweils zwei Koordinatenpaare als erste Parameter übergeben. Diese spezifizieren die Position, an der die Form gezeichnet werden soll. Die Koordinatenangaben beziehen sich auf das lokale Koordinatensystem im Canvas-Widget, dessen Ursprung in der oberen linken Ecke des Widgets liegt. Die positive Y-Achse dieses Koordinatensystems zeigt nach unten. Das Koordinatenpaar (50, 100) bezeichnet also den Punkt, der 50 Pixel rechts und 100 Pixel unterhalb der oberen linken Ecke des Canvas-Widgets liegt.

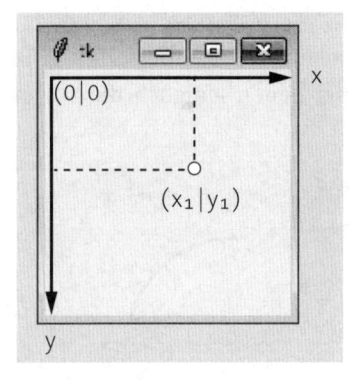

Abbildung 39.23 Das TkInter-Koordinatensystem

Die Methode create_oval bekommt die obere linke und die untere rechte Ecke des die Ellipse umgebenden Rechtecks übergeben. Dadurch sind Position und Form der Ellipse vollständig beschrieben. Die Methode create_line bekommt Start- und Zielpunkt der Linie übergeben.

Zusätzlich können den create-Methoden Optionen in Form von Schlüsselwortparametern übergeben werden, die das Aussehen der gezeichneten Form spezifizieren. In diesem Fall werden die Optionen fill für die Füllfarbe und width für die Stiftdicke gesetzt. Die von diesem Code erzeugte Zeichnung sieht folgendermaßen aus:

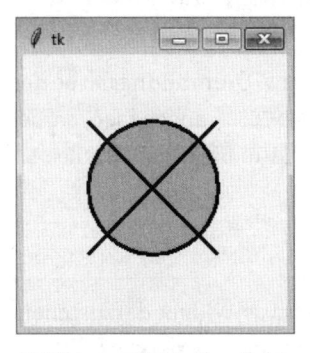

Abbildung 39.24 Eine Zeichnung in einem Canvas-Widget

Im Folgenden möchten wir die create-Methoden, die das Canvas-Widget bereitstellt, besprechen und Ihnen gegebenenfalls ein Beispiel zeigen.

create_arc(x1, y1, x2, y2, {**kw})

Die Methode create_arc fügt ein Teilstück der durch die Koordinaten x1, y1, x2 und y2 festgelegten Ellipse zum Canvas-Widget hinzu. In Form von Schlüsselwortparametern können Optionen übergeben werden. Zwei wichtige Informationen werden durch diese Optionen festgelegt: welches Teilstück gezeichnet werden soll und welche Form es haben soll.

Die Option style darf auf einen der Strings "pieslice", "chord" oder "arc" gesetzt werden und legt fest, wie der Ellipsenausschnitt aussehen soll. Die folgende Grafik zeigt die Resultate dreier Aufrufe von create_arc, bei denen lediglich die style-Option verändert wurde.

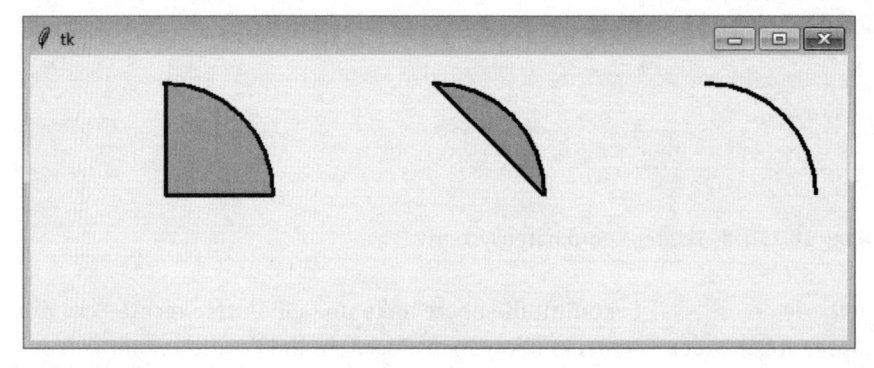

Abbildung 39.25 Von links nach rechts: pieslice, chord und arc

Um festzulegen, welches Teilstück der Ellipse gezeichnet werden soll, sind die Optionen start und extent notwendig. Über die start-Option kann der Winkel bestimmt werden, ab dem das zu zeichnende Teilstück beginnt. Die extent-Option ist ebenfalls ein Winkel und bezeichnet die Ausdehnung des Teilstücks. Die Winkel werden in Grad gemessen und gegen den Uhrzeigersinn abgetragen. Die Optionen start und extent sind mit 0.0 bzw. 90.0 vorbelegt.

Über die Optionen fill und outline können Sie die Füll- bzw. Umrandungsfarbe der Ellipse festlegen. Farben werden als Strings im Format "#RRGGBB" angegeben, wobei die einzelnen Komponenten für die hexadezimalen Rot-, Grün bzw. Blauanteile stehen. Die Option width legt die Breite der Umrandung fest.

create_image(x, y, {**kw})

Die Methode create_image erlaubt es, ein Bild in einem Canvas-Widget darzustellen. Wie das funktioniert, wird anhand des folgenden Beispielprogramms erklärt:

```
class MyApp(tkinter.Frame):
    def __init__(self, master):
        super().__init__(master)
        self.pack()
        self.cv = tkinter.Canvas(self, width=200, height=200)
        self.cv.pack()
        self.img = tkinter.PhotoImage(file="lena.png")
        self.cv.create_image(0, 0, image=self.img, anchor="nw")
```

Zunächst wird mithilfe der tkinter.PhotoImage-Klasse das Bild cover.png geladen. Beachten Sie, dass die PhotoImage-Klasse ausschließlich die Grafikformate GIF und PPM/PGM unterstützt.[6] Danach wird die geladene Grafik durch Aufruf der Methode create_image an der Stelle (0,0) ins Canvas-Widget gezeichnet. Über die image-Option teilen wir beim Aufruf von create_image mit, welche Grafik wir zeichnen möchten.

Die zweite angegebene Option anchor gibt an, in welcher Beziehung das übergebene Koordinatenpaar zur gezeichneten Grafik stehen soll. Der im Beispiel übergebene Wert "nw" bedeutet, dass an der Position (x,y) im lokalen Koordinatensystem des Canvas-Widgets die obere linke Ecke des Bildes liegen soll. Die anchor-Option ist mit "center" vorbelegt, hätten wir sie also nicht angegeben, läge die Mitte des Bildes im Punkt (x,y).

Die vom oben dargestellten Beispielprogramm erzeugte grafische Oberfläche sieht folgendermaßen aus:

Abbildung 39.26 Eine Grafik im Canvas-Widget

create_line([*coords], {**kw})

Die Methode create_line zeichnet einen Linienzug ins Canvas-Widget. Dazu werden ihr eine beliebige Anzahl Koordinatenpaare als Positionsparameter übergeben. Die Optionen, über die die Eigenschaften des Linienzugs definiert werden können, wer-

---

[6] Wenn Sie weitere Grafikformate benötigen, sollten Sie sich mit der Drittanbieterbibliothek *Pillow* auseinandersetzen, die eine zu PhotoImage kompatible Klasse bereitstellt und in Abschnitt 42.10 besprochen wird.

den als Schlüsselwortparameter übergeben. Im folgenden Beispiel zeichnen wir das bekannte »Haus vom Nikolaus« mithilfe eines einzigen Aufrufs der create_line-Methode:

```python
class MyApp(tkinter.Frame):
    def __init__(self, master):
        super().__init__(master)
        self.pack()
        self.cv = tkinter.Canvas(self, width=200, height=200)
        self.cv.pack()
        punkte = (10, 140,    90, 60,    10, 60,
                  50, 10,     90, 60,    90, 140,
                  10, 140,    10, 60,    90, 140)
        self.cv.create_line(*punkte, width=3)
```

Das Resultat dieses Beispielprogramms sieht folgendermaßen aus:

Abbildung 39.27 Das Haus vom Nikolaus

Beachten Sie, dass der mit der Methode create_line gezeichnete Linienzug nicht zwangsläufig geschlossen ist, auch wenn das im Beispiel der Fall ist. Dies ist ein Unterscheidungsmerkmal zu der sonst ähnlichen Methode create_polygon.

create_oval(x1, y1, x2, y2, {kw})**

Die Methode create_oval zeichnet eine Ellipse. Position und Form der Ellipse werden über die beiden Punkte (x1, y1) und (x2, y2) festgelegt, die den oberen linken und den unteren rechten Eckpunkt des die Ellipse umfassenden Rechtecks angeben. Die folgende Abbildung zeigt eine mittels create_oval gezeichnete Ellipse samt umfassendem Rechteck und Lage der beiden Eckpunkte:

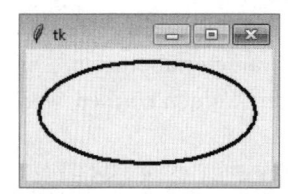

Abbildung 39.28 Eine Ellipse im Canvas-Widget

Der Methode create_oval können dieselben Optionen übergeben werden wie der Methode create_line.

create_polygon([*coords], {kw})**

Die Methode create_polygon zeichnet ein Polygon in das Canvas-Widget. Das Polygon ist durch seine Eckpunkte gegeben, die in Form beliebig vieler Koordinatenpaare übergeben werden. Im folgenden Beispielprogramm verwenden wir die Methode create_polygon dazu, ein orange gefülltes Dreieck zu zeichnen:

```
class MyApp(tkinter.Frame):
    def __init__(self, master):
        super().__init__(master)
        self.pack()
        self.cv = tkinter.Canvas(self, width=200, height=200)
        self.cv.pack()

        punkte = (10, 10,
                  90, 50,
                  10, 90)
        self.cv.create_polygon(*punkte, width=3,
                               fill="orange", outline="black")
```

Das resultierende Polynom sieht folgendermaßen aus:

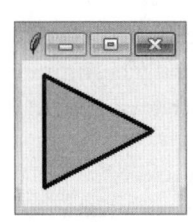

Abbildung 39.29 Ein Dreieck mit create_polygon

Sie sehen, dass die übergebenen Punkte miteinander verbunden werden. Zusätzlich wird die Fläche durch eine Verbindung zwischen dem ersten und dem letzten Punkt geschlossen und kann gefüllt werden. Die Methode create_polygon ist auch dazu in der Lage, nichtkonvexe Polygone[7] zu zeichnen und zu füllen, wie die folgende Grafik zeigt:

---

7 Ein nichtkonvexes Polygon ist ein Polygon, das zwei Punkte enthält, deren Verbindungslinie nicht vollständig innerhalb des Polygons verläuft. Nichtkonvexe Polygone werden häufig als konkav bezeichnet, was streng genommen falsch ist: Ein konkaves Polygon ist ein Polygon, dessen Komplement konvex ist.

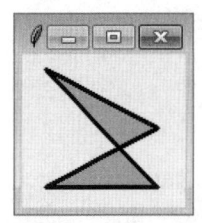

Abbildung 39.30 Ein nichtkonvexes Polynom

In diesem Fall wurde die Liste der Punkte aus dem vorangegangenen Beispiel um den Punkt (90, 90) erweitert.

create_rectangle(x1, y1, x2, y2, {**kw})

Die Methode create_rectangle zeichnet ein Rechteck in das Canvas-Widget. Das Rechteck wird durch die obere linke Ecke (x1, y1) und die untere rechte Ecke (x2, y2) festgelegt.

Der einzige Unterschied zu create_ellipse besteht darin, dass nicht die von dem beschriebenen Rechteck eingefasste Ellipse, sondern das Rechteck selbst gezeichnet wird. Auch die möglichen Optionen entsprechen denen der Methode create_ellipse. Es sind daher keine weiteren Beispiele notwendig.

create_text(x, y, {**kw})

Die Methode create_text ermöglicht es, beliebigen Text in ein Canvas-Widget zu schreiben. Standardmäßig wird der Text zentriert an die durch x und y bestimmte Position geschrieben. Dieses Verhalten lässt sich über die Option anchor verändern.

Dies wird anhand des folgenden Beispielprogramms demonstriert:

```python
class MyApp(tkinter.Frame):
    def __init__(self, master):
        super().__init__(master)
        self.pack()
        self.cv = tkinter.Canvas(self, width=200, height=200)
        self.cv.pack()
        self.font1 = ("Arial", 12, "italic")
        self.font2 = ("Courier New", 12, "bold italic")
        self.font3 = ("Comic Sans MS", 12, "bold")
        self.cv.create_text(55, 30, text="Python ", font=self.font1)
        self.cv.create_text(55, 50, text="Python ", font=self.font2)
        self.cv.create_text(55, 70, text="Python ", font=self.font3)
```

Nach dem Erzeugen des Canvas-Widgets werden drei Tupel angelegt, die jeweils einen Schrifttyp definieren. Näheres dazu, wie Sie die auf dem aktuellen System verfügbaren Schriftarten herausfinden können, erfahren Sie in Abschnitt 39.2.7, »Weitere Module«, unter »tkinter.font«. An dieser Stelle möchten wir uns damit begnügen, dass das erste Element des Tupels die Schriftart enthält, das zweite die Schriftgröße und im dritten Element weitere Angaben wie Fettdruck (bold) oder Kursivschrift (italic) stehen können.

Nachdem die Schriftarten spezifiziert wurden, rufen wir die Methode create_text dreimal, jeweils mit einer anderen Schriftart, auf. Der zu schreibende Text wird über die Option text und der Schrifttyp über die Option font angegeben. Das Beispielprogramm erzeugt folgende grafische Oberfläche:

Abbildung 39.31 Text in einem Canvas-Widget

create_window(x, y, {**kw})

Die Methode create_window ermöglicht es, Steuerelemente innerhalb eines Canvas-Widgets zu platzieren. Das Steuerelement wird an die durch x und y festgelegte Position gezeichnet, wobei ein eventuell für die Option anchor übergebener Wert berücksichtigt wird. Das Steuerelement selbst muss vorher instanziiert werden und wird über die Option window angegeben.

Das folgende Beispielprogramm kombiniert eine kleine Zeichnung und ein Steuerelement zu einer bedrohlichen grafischen Oberfläche:

```
class MyApp(tkinter.Frame):
    def __init__(self, master):
        super().__init__(master)
        self.pack()
        self.cv = tkinter.Canvas(self, width=200, height=200)
        self.cv.pack()
        self.cv.create_oval(10, 10, 190, 90, fill="red", width=3)
        self.b = tkinter.Button(None, text="Selbstzerstörung",
                               background="red", activebackground="red",
                               foreground="white", activeforeground="white")
        self.cv.create_window(100, 50, window=self.b)
```

Der Quellcode sollte selbstverständlich sein und erzeugt die folgende GUI:

Abbildung 39.32 Ein in einem Canvas-Widget eingebetteter Button

Nun ja, Sie müssen den Button ja nicht anklicken ...

Zum Abschluss möchten wir noch einige Bemerkungen dazu machen, wie Sie eine einmal angefertigte Zeichnung wieder modifizieren können. Dazu ist zu sagen, dass jede create-Methode einen ganzzahligen Index zurückliefert, über den Sie nachträglich auf das erstellte Element zugreifen können.

39.2.7 Weitere Module

Zum Schluss möchten wir Ihnen noch einen Überblick über weitere, im tkinter-Paket enthaltenen Module geben, da diese einige durchaus interessante Bereiche abdecken und in mancher Hinsicht die Arbeit mit dem Tk-Framework erleichtern. Im Folgenden werden die Module scrolledtext, filedialog, font und messagebox besprochen.

tkinter.scrolledtext

Im Abschnitt über das Text-Widget haben wir gesagt, dass es über die Option yscrollcommand möglich ist, ein Text-Widget mit einer vertikalen Scrollbar auszustatten. Da aber eine solche vertikale Scrollbar bei einem Text-Widget in der Regel erwünscht ist, wäre es umständlich, jedes Mal den Code zum Instanziieren und Anbinden der Scrollbar schreiben zu müssen.

Für diesen Zweck existiert das Modul scrolledtext im Paket tkinter, das das Widget ScrolledText bereitstellt. Dieses Widget verhält sich wie ein Text-Widget, ist aber standardmäßig mit einer vertikalen Scrollbar ausgestattet, sodass sich der Programmierer um diese nicht mehr zu kümmern braucht.

Intern besteht das ScrolledText-Widget aus einem Text-Widget, einer Scrollbar und einem Frame-Widget, das die beiden anderen Widgets umfasst. Über die Attribute vbar und frame des ScrolledText-Widgets können Sie auf die Scrollbar und das Frame-Widget zugreifen.

Beachten Sie, dass das ScrolledText-Widget standardmäßig keine horizontale Scrollbar mitbringt. Diese müssen Sie genau wie beim Text-Widget selbst erzeugen und anbinden.

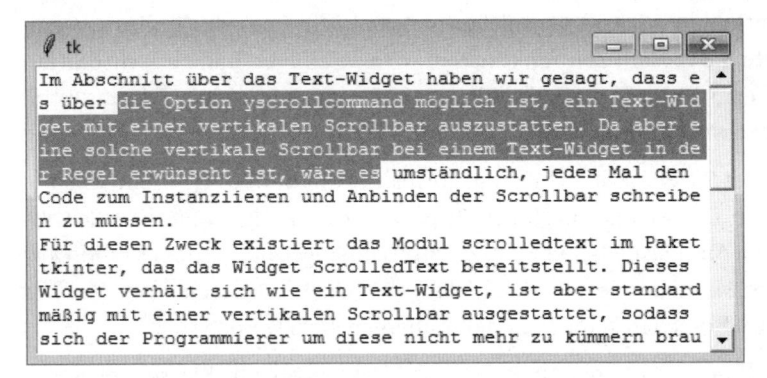

Abbildung 39.33 Das ScrolledText-Widget

tkinter.filedialog

Bei der Programmierung grafischer Benutzeroberflächen gibt es *Standarddialoge*, die für bestimmte Fragen an den Benutzer gemacht sind, die immer wieder gestellt werden. Solche Standarddialoge haben für den Programmierer den Vorteil, dass er keinen eigenen kreieren muss. Für den Benutzer liegt der Vorteil darin, dass er sich nicht ständig mit verschiedenen grafischen Oberflächen für dieselbe Fragestellung konfrontiert sieht, sondern immer denselben vertrauten Dialog vorfindet. Auch im Tk-Framework ist es möglich, die Standarddialoge des Betriebssystems bzw. der Desktop-Umgebung zu nutzen.

Eine wichtige Klasse von Standarddialogen sind Dateidialoge, die den Benutzer dazu auffordern, Dateien oder Ordner von der Festplatte auszuwählen. Sei es, um sie in das Programm hineinzuladen oder Inhalte dorthin zu speichern. Dateidialoge werden ständig benötigt.

Das Modul filedialog des Pakets tkinter stellt vorgefertigte Dateidialoge bereit. In der Regel genügt ein Funktionsaufruf, um den Dialog in die eigene Anwendung zu integrieren. Im Folgenden besprechen wir die vom Modul filedialog bereitgestellten Funktionen.

Funktion	Standarddialog für
askdirectory({**options})	die Auswahl eines Verzeichnisses
askopenfilename({**options})	die Auswahl einer Datei
asksaveasfilename({**options})	die Auswahl eines Speicherorts für eine Datei

Tabelle 39.9 Standarddialoge im Modul tkinter.filedialog

tkinter.font

In Abschnitt 39.2.6 haben Sie in den Ausführungen über das Canvas-Widget erfahren, wie Sie einen beliebigen Text in das Canvas-Widget zeichnen können. Dabei konnten Sie über eine Option eine Schriftart angeben, die zum Schreiben des Textes verwendet werden sollte. Zu diesem Zeitpunkt haben wir uns einiger Standardschriftarten bedient, die auf jedem System verfügbar sind. Es fehlte eine Möglichkeit herauszufinden, auf welche Schriftarten wir tatsächlich zurückgreifen können.

Das Modul font des Pakets tkinter bietet in Form der Funktion families eine Lösung für dieses Problem. Diese Funktion gibt ein Tupel zurück, das die Namen aller Schriftarten enthält, die Sie beispielsweise im Zusammenhang mit der font-Option bei einem Aufruf der Methode create_text des Canvas-Widgets verwenden können. Der Funktion families brauchen keine Parameter übergeben zu werden.

Abgesehen von dieser Funktion enthält das font-Modul noch eine Klasse Font, deren Beschreibung außerhalb des Fokus dieser Einführung liegt. Nähere Informationen dazu finden Sie beispielsweise in der interaktiven Hilfe zu tkinter.font.

tkinter.messagebox

Das Modul messagebox des Pakets tkinter ermöglicht es, durch einen einfachen Funktionsaufruf sogenannte *Message Boxes* anzuzeigen. Eine *Message Box* ist ein kleines Fenster mit einer Botschaft an den Benutzer. Sie kann dazu verwendet werden, den Benutzer über einen Fehler zu informieren oder ihm eine Frage zu stellen. Es gibt mehrere Typen von Message Boxes, beispielsweise einen, der zusätzlich zur Botschaft ein entsprechendes Icon für eine Fehlermeldung anzeigt, oder einen, der die beiden Buttons Ja und Nein anbietet, über die der Benutzer eine in der Botschaft gestellte Frage beantworten kann.

Das Modul messagebox stellt eine Reihe von Funktionen bereit, über die verschiedene Arten von Message Boxes erzeugt und angezeigt werden können. Diese Funktionen verfügen alle über dieselbe Schnittstelle und können wie im folgenden Beispiel verwendet werden:

```
import tkinter.messagebox
tkinter.messagebox.askokcancel("Beispielprogramm",
    "Die Installation von 'virus.exe' wird jetzt gestartet.")
```

Die Message Box kann über die Buttons OK und Abbrechen geschlossen werden. Welchen der Buttons der Benutzer angeklickt hat, erfahren Sie über den Rückgabewert der Funktion. Die Funktion gibt True zurück, wenn der Benutzer die Message Box über den Button OK geschlossen hat, und False bei Abbrechen.

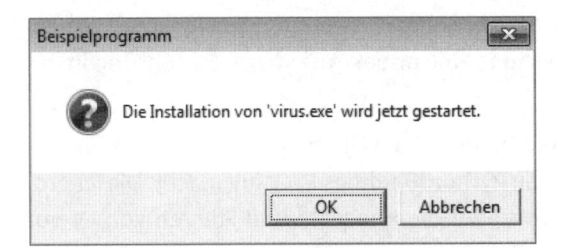

Abbildung 39.34 Eine mit askokcancel erzeugte Message Box

Abgesehen von `askokcancel` sind die in Tabelle 39.10 aufgelisteten Funktionen vorhanden:

Funktion	Schaltflächen	Rückgabewert
askokcancel	OK	True
	ABBRECHEN	False
askquestion	JA	"yes"
	NEIN	"no"
askretrycancel	WIEDERHOLEN	True
	ABBRECHEN	False
askyesno	JA	True
	NEIN	False
askyesnocancel	JA	True
	NEIN	False
	ABBRECHEN	None
showerror	OK	"ok"
showinfo	OK	"ok"
showwarning	OK	"ok"

Tabelle 39.10 Standarddialoge im Modul tkinter.filedialog

39.3 Einführung in PyQt

Im vorangegangenen Abschnitt wurde das Modul `tkinter` besprochen, mit dessen Hilfe sich Tk-GUIs unter Python schreiben lassen. Der große Vorteil von `tkinter` ist, dass es in der Standardbibliothek enthalten ist und somit nicht separat installiert werden muss. Demgegenüber steht, dass Tk nicht mehr zeitgemäß ist und sich eher zum Schreiben von Prototypen oder kleineren GUI-Anwendungen eignet. Als Gegenpol zu Tk erhalten Sie in diesem Abschnitt eine projektorientierte Einführung in das umfangreiche Qt-Framework.

Sie haben in Abschnitt 39.1, »Toolkits«, bereits einen Überblick darüber erhalten, was das Framework *Qt*[8] und damit auch die Python-Bindings *PyQt* ausmacht. Dieser grobe Überblick wird hier verfeinert, wobei wir die Konzepte und Stärken von Qt vor allem von der technischen Seite her beleuchten werden.

Dazu beschäftigen wir uns im nächsten Abschnitt zunächst mit der Frage, wo und wie Qt und PyQt bezogen und installiert werden können. Danach geben wir Ihnen eine Übersicht über die grundlegenden Konzepte des Qt-Frameworks.

39.3.1 Installation

Wenn Sie Anaconda einsetzen, ist PyQt bereits standardmäßig installiert oder kann wie in Abschnitt 38.4 beschrieben nachinstalliert werden:

```
$ conda install pyqt
```

Für Leser, die Anaconda nicht einsetzen

Um PyQt manuell einzurichten, müssen zwei Komponenten installiert werden: das Qt-Framework und die zugehörigen Python-Bindings. Sollten Sie beides noch nicht auf Ihrem PC installiert haben und ein Windows-Betriebssystem einsetzen, können Sie das Komplettpaket von der Website des PyQt-Entwicklers herunterladen: *http://www.riverbankcomputing.com*.

Wenn aus gewissen Gründen das Komplettpaket für Sie nicht infrage kommt, können Qt und PyQt auch getrennt voneinander installiert werden. Sie können sich Qt von der Website *http://www.qt.io* kostenlos herunterladen.

Falls Sie Linux einsetzen, lohnt es sich, in den verfügbaren Paketen Ihrer Distribution nachzuschauen, ob PyQt dort verfügbar ist. Unter Ubuntu können Sie PyQt beispielsweise folgendermaßen installieren:

```
$ sudo apt-get install python3-pyqt5
```

> **[»] Hinweis**
>
> Sollten Sie während der Installation von Qt unter Windows eine Warnung bekommen, dass keine MinGW-Installation auf Ihrem Rechner gefunden wurde, können Sie diese ignorieren, sofern Sie ausschließlich mit PyQt arbeiten möchten. MinGW ist eine freie Compiler-Distribution für C und C++.

---

8 sprich *cute*, dt. »süß«, »pfiffig«

39.3.2 Grundlegende Konzepte von Qt

Als Einführung in die Programmierung mit Qt bzw. PyQt erhalten Sie in diesem Abschnitt eine Übersicht über die wichtigsten Konzepte und Stärken des Qt-Frameworks.

Lizenz

Qt und PyQt stehen unter einem dualen Lizenzsystem. Projekte, die Sie mit den angebotenen freien Versionen von Qt und PyQt entwickeln, dürfen Sie nur unter einer ebenfalls freien Lizenz, beispielsweise der GPL, veröffentlichen. Um ein kommerzielles Programm veröffentlichen zu dürfen, muss eine Lizenzgebühr entrichtet werden.

Umfang

Ihnen wird bereits aufgefallen sein, dass im Zusammenhang mit Qt nicht von einem Toolkit, sondern von einem *Framework* gesprochen wurde. Das hängt damit zusammen, dass der überwiegende Teil der Klassen, die das Qt-Framework enthält, nichts mit der Programmierung grafischer Benutzeroberflächen zu tun hat, sondern anderweitige nützliche Funktionen bereitstellt. So enthält das Qt-Framework beispielsweise Klassen zur Arbeit mit XML-Daten oder zur Netzwerkkommunikation. Viele dieser Klassen sind zwar in Kombination mit Python aufgrund der Standardbibliothek faktisch überflüssig, bieten aber in Programmiersprachen wie C++, die nicht über so umfangreiche Standardbibliotheken verfügen, einen erheblichen Mehrwert.

Signale und Slots

Einer der größten Unterschiede zu anderen GUI-Toolkits ist das Signal-und-Slot-Prinzip, das Qt zur Kommunikation einzelner Objekte untereinander einsetzt. Bei jedem Ereignis, das in einem Qt-Objekt auftritt, beispielsweise beim Anklicken einer Schaltfläche, wird ein *Signal* gesendet, das dann von verbundenen *Slots* empfangen werden kann. Signale und Slots sind flexibler als das Überladen von Methoden, das in anderen Toolkits zur Kommunikation verwendet wird.

Näheres zum Signal-und-Slot-Prinzip erfahren Sie in Abschnitt 39.4.

Layouts

Das Qt-Framework unterstützt *Layouts* in der grafischen Oberfläche eines Programms. Mithilfe eines Layouts lassen sich Steuerelemente relativ zueinander automatisch positionieren. Diese Gruppe von Steuerelementen kann dann gemeinsam verschoben oder in der Größe verändert werden, ohne ihre relative Ausrichtung zueinander zu verlieren.

Näheres zu Layouts erfahren Sie in Abschnitt 39.3.3, »Entwicklungsprozess«.

Zeichenfunktionen

Qt stellt umfangreiche Funktionalität zum Zeichnen in der grafischen Benutzeroberfläche bereit. So erlaubt Qt das Zeichnen verschiedenster Formen mit verschiedensten Arten der Füllung oder des Linienstils. Darüber hinaus bietet Qt Möglichkeiten zur Transformation von Zeichnungen mithilfe von Transformationsmatrizen, was erstaunliche Effekte ermöglicht und wodurch sich Qt von vielen anderen GUI-Toolkits abhebt. Ebenso ermöglicht Qt das Lesen und Schreiben vieler Grafikformate, darunter vor allem auch des Vektorformats SVG.

Näheres zum Zeichnen mittels Qt erfahren Sie in Abschnitt 39.6, »Zeichenfunktionalität«.

Das Model-View-Konzept

Qt implementiert das *Model-View-Konzept*, das eine Trennung von Form und Inhalt ermöglicht. So ist es in Qt möglich, die Daten, die ein Programm verarbeitet, in einer eigenen Klassenstruktur zu speichern – getrennt von der Funktionalität, die diese Daten anzeigt. Auf diese Weise wird der Programmaufbau insgesamt übersichtlicher, und die unabhängige Weiterentwicklung und Wiederverwertung einzelner Komponenten werden erleichtert.

Näheres zum Model-View-Konzept erfahren Sie in Abschnitt 39.7.

QML

Seit Version 4.7 enthält Qt mit QML eine an CSS angelehnte Skriptsprache, die das Gestalten grafischer Oberflächen und das Erstellen einfacher Programmlogiken auf abstrakter Ebene ermöglicht.

Werkzeuge

Der nächste herausragende Bereich von Qt sind die mitgelieferten Werkzeuge. Bei einer Qt-Installation werden für gewöhnlich die Programme *Qt Designer*, *Qt Assistant* und *Qt Linguist* mit installiert. Ersteres ist ein Programm zur komfortablen Gestaltung grafischer Benutzeroberflächen. Wir werden im Laufe dieses Kapitels noch auf den Qt Designer zurückkommen.

Die ebenfalls mitgelieferten Programme Qt Assistant und Qt Linguist werden in diesem Buch nicht besprochen. Es sei nur erwähnt, dass es sich bei Qt Assistant um ein Tool zum Lesen der Qt-Hilfe und bei Qt Linguist um ein Hilfsmittel zur Lokalisierung von Qt-Anwendungen handelt.

Dokumentation

Als letzter Punkt ist die Dokumentation des Qt-Frameworks zu nennen, die entweder Ihrer Qt-Installation beiliegt oder im Internet unter *http://doc.qt.io* zu finden ist. Die Qt-Dokumentation ist sehr umfangreich und mit vielen Beispielen versehen.

Mit der PyQt-Installation erhalten Sie zudem eine auf Python abgestimmte Version der Qt-Dokumentation, in der alle Schnittstellen und ein Teil der Beispiele für Python beschrieben werden. Auch diese Dokumentation ist mittlerweile umfangreich genug, um mit ihr arbeiten zu können. Beachten Sie, dass in der PyQt-Dokumentation viele Beispiele noch nicht von C++ nach Python übersetzt worden sind.

39.3.3 Entwicklungsprozess

In diesem Abschnitt wird der vollständige Entwicklungsprozess einer einfachen PyQt-Anwendung dargestellt. Auf dem hier erarbeiteten Wissen werden wir später aufbauen, wenn es an eine komplexere Anwendung geht.

Bei dem Beispielprogramm, das in diesem Abschnitt entwickelt wird, handelt es sich um ein Formular, das einige persönliche Daten vom Benutzer einliest.

Der Dialog

In diesem Beispiel sollen Vorname, Nachname, Geburtsdatum und Adresse des Benutzers eingelesen und gespeichert werden. Zusätzlich soll der Benutzer die allgemeinen Geschäftsbedingungen unseres Pseudoportals akzeptieren müssen und optional einen Newsletter bestellen können.

Auf Basis dieser Voraussetzungen können wir im nächsten Schritt einen *Dialog* erstellen. Ein Dialog ist ein einzelnes Fenster einer grafischen Oberfläche und enthält mehrere *Widgets*. Unter einem Widget (dt. »Dingsbums«) versteht man ein einzelnes Steuer- oder Bedienelement der grafischen Oberfläche. Ein Widget kann beliebig viele untergeordnete Widgets enthalten, sogenannte *Children* (dt. »Kinder«). Im Dialog aus Abbildung 39.35 sind beispielsweise die Eingabefelder, die ihrerseits ebenfalls Widgets sind, dem Gruppierungswidget PERSÖNLICHE DATEN untergeordnet.

Abbildung 39.35 zeigt den Hauptdialog unserer ersten Anwendung und erklärt die Namen und Bedeutungen der einzelnen Widgets.

Jetzt können wir damit beginnen, den Dialog zu erstellen. Qt stellt dafür ein komfortables Entwicklungswerkzeug, den *Qt Designer*, bereit. Mithilfe des Qt Designers lassen sich auch komplexe Dialoge problemlos editieren.

Unter Windows finden Sie das Programm Qt Designer im Startmenü unter dem Eintrag QT bzw. PYQT. Sollten Sie Linux oder macOS einsetzen, müssen Sie den Qt Designer gegebenenfalls über den Befehl `designer` aus einer Shell heraus starten.

39 Grafische Benutzeroberflächen

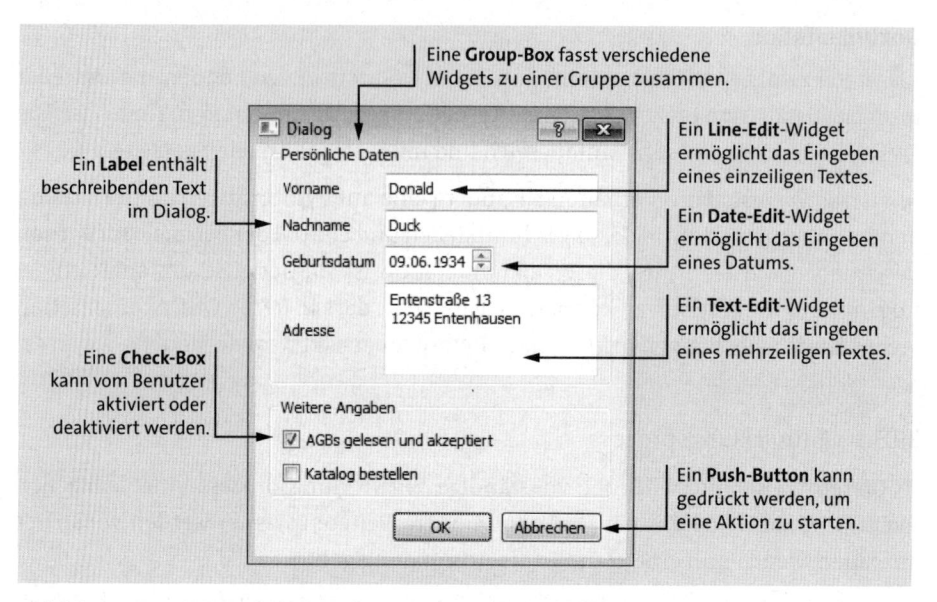

Abbildung 39.35 Die verschiedenen Widgets des Hauptdialogs

Nach dem Starten des Designers wird die Möglichkeit angeboten, ein sogenanntes *Template* (dt. »Schablone«) zu laden. Wir entscheiden uns in diesem Fall für das Template DIALOG WITHOUT BUTTONS, das einen vollständig leeren Dialog bereitstellt. Danach präsentiert sich der Qt Designer so wie in Abbildung 39.36.

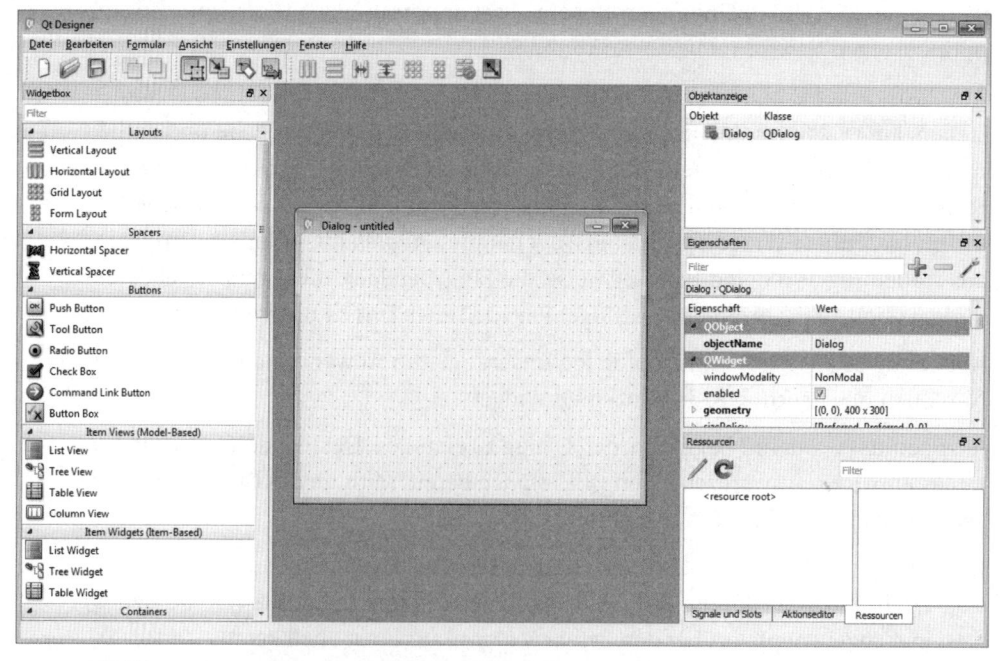

Abbildung 39.36 Der Qt Designer

844

Die Arbeitsfläche des Qt Designers lässt sich grob in drei Bereiche unterteilen:

- In der Mitte finden Sie Ihre Dialogvorlage, die zu diesem Zeitpunkt noch leer ist.
- Auf der linken Seite befindet sich eine Liste aller verfügbaren Steuerelemente. Um eines dieser Steuerelemente zum Dialog hinzuzufügen, wählen Sie es aus und ziehen es auf den Dialog. Nachdem ein Steuerelement zum Dialog hinzugefügt worden ist, kann es beliebig positioniert oder in seiner Größe verändert werden.
- Auf der rechten Seite können die Eigenschaften des aktuell ausgewählten Steuerelements bearbeitet werden.

Wir beginnen damit, die beiden Schaltflächen OK und ABBRECHEN im Dialog zu platzieren. Dazu ziehen Sie zwei Buttons aus der Liste am linken Rand und platzieren sie im Dialog. Die Aufschrift der Schaltflächen lässt sich durch einen Doppelklick auf den bisherigen Text verändern. Um die Schaltfläche OK zur Standardschaltfläche des Dialogs zu machen, ändern Sie die Eigenschaft `default` des Buttons in der Liste auf der rechten Seite auf `true`. Ziehen Sie danach zwei Groupboxen auf den Dialog, und passen Sie Größe und Position Ihren Wünschen an. Den Titel einer Groupbox können Sie durch einen Doppelklick auf den bisherigen Text anpassen (siehe Abbildung 39.37).

Abbildung 39.37 Dialog mit Groupboxen

Jetzt könnten im Prinzip weitere Widgets zum Dialog hinzugefügt werden, indem sie in eine der beiden Gruppen platziert werden. Das macht sie automatisch zu untergeordneten Widgets, die in ihrer jeweiligen Gruppe absolut positioniert werden. Damit sich die untergeordneten Widgets bei einer Größenänderung des Hauptdialogs automatisch anpassen, erstellen wir für sie ein Layout. Um ein Layout zu erstellen, markieren Sie alle Widgets, die dazugehören sollen, und wählen eine der Schaltflächen aus der Layout-Toolbar (siehe Abbildung 39.38).

Abbildung 39.38 Die Layout-Toolbar

Ein Klick auf das erste Icon ordnet die Steuerelemente horizontal an, ein Klick auf das zweite Icon vertikal. Die beiden folgenden Icons erstellen einen *Splitter* (dt. »Trenner«) zwischen den Steuerelementen, der später vom Benutzer verschoben werden kann. Dies ist für unseren Dialog nicht weiter wichtig, deshalb benötigen wir den Splitter nicht. Interessant ist noch die fünfte Schaltfläche, die die markierten Steuerelemente tabellarisch anordnet. Ein Klick auf das letzte Icon löst ein bestehendes Layout auf.

Mithilfe von Layouts lässt sich die oben dargestellte absolute Anordnung von Groupboxen bzw. Buttons zu einem vollwertigen Dialog machen, dessen Elemente sich bei einer Größenveränderung automatisch mit anpassen. Dazu werden die beiden Buttons, inklusive eines *Spacers* für den linken Rand, horizontal angeordnet. Die Groupboxen und das Button-Layout werden dann in einem übergeordneten Layout vertikal angeordnet:

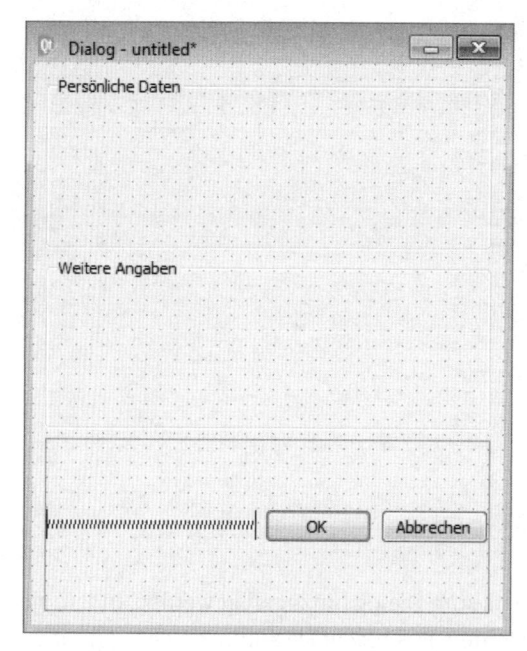

Abbildung 39.39 Das Basislayout

In analoger Weise können die weiteren Steuerelemente des geplanten Dialogs eingefügt und mit Layouts versehen werden. Um den Text der Label-Widgets zu bearbeiten, klicken Sie wie bei einer Groupbox doppelt auf den bisherigen Text. Der fertige Dialog sieht im Designer folgendermaßen aus:

Abbildung 39.40 Das fertige Layout

Damit ist der Dialog äußerlich gestaltet, doch eine wichtige Sache fehlt noch. Jedes Steuerelement benötigt einen Namen, unter dem es nachher im Programm angesprochen werden kann. Diesen Namen können Sie im Qt Designer festlegen. Um einem Widget einen neuen Namen zu verpassen, markieren Sie es, öffnen mit einem Rechtsklick das entsprechende Kontextmenü und wählen den Menüpunkt OBJEKTNAMEN ÄNDERN.

Tabelle 39.11 listet die im Beispiel vergebenen Namen für alle wichtigen Steuerelemente auf. Steuerelemente, die nur aus Layoutgründen existieren, beispielsweise die Groupboxen und Labels, müssen nicht benannt werden, da später keine Operationen mit ihnen durchgeführt werden.

Steuerelement	Name
der Dialog selbst	Hauptdialog
das Line-Edit-Widget »Vorname«	vorname
das Line-Edit-Widget »Nachname«	nachname
das Date-Edit-Widget »Geburtsdatum«	geburtsdatum
das Text-Edit-Widget »Adresse«	adresse

Tabelle 39.11 Die Namen der wichtigen Steuerelemente

Steuerelement	Name
das Check-Box-Widget »AGB«	agb
das Check-Box-Widget »Katalog bestellen«	katalog
das Button-Widget »OK«	buttonOK
das Button-Widget »Abbrechen«	buttonAbbrechen

Tabelle 39.11 Die Namen der wichtigen Steuerelemente (Forts.)

Nachdem alle Namen vergeben wurden, ist das Layout des Hauptdialogs fertig und kann im Projektverzeichnis gespeichert werden. Im Falle dieses Beispielprogramms soll der Dialog unter dem Dateinamen *hauptdialog.ui* gespeichert werden.

Das Programm

Es gibt zwei Wege, den erstellten Dialog aus einem Programm heraus zu nutzen:

▶ Der in einer UI-Datei gespeicherte Dialog kann mithilfe des bei PyQt mitgelieferten Programms pyuic5 in eine Python-Klasse überführt werden. Diese Klasse kann dann von einem Programm eingebunden und verwendet werden. Das Programm pyuic5 bekommt den Pfad zur UI-Datei als Kommandozeilenparameter übergeben und gibt die daraus erstellte Python-Klasse standardmäßig auf dem Bildschirm aus. Um die Ausgabe in eine Programmdatei umzulenken, können Sie die Kommandozeilenoption -o verwenden:[9]

```
C:\Python36\Lib\site-packages\PyQt5\pyuic5 -o hauptdialog.py hauptdialog.ui
```

▶ Die zweite, an dieser Stelle aufgrund ihrer Einfachheit bevorzugte Möglichkeit ist das Laden einer UI-Datei zur Laufzeit eines PyQt-Programms. Diese Variante wird im Folgenden anhand eines Beispielprogramms erläutert.

Um den vorbereiteten Dialog zu verwenden, erstellen wir die Programmdatei *programm.py*. Das einfachste Programm, das den Hauptdialog anzeigt und sonst keine weiteren Operationen durchführt, sieht folgendermaßen aus:

```python
import sys
from PyQt5 import QtWidgets, uic
class MeinDialog(QtWidgets.QDialog):
    def __init__(self, parent=None):
        super().__init__(parent)
        self.ui = uic.loadUi("hauptdialog.ui", self)
```

---

[9] Bei vielen Linux-Distributionen kann das Konvertierungsprogramm nach der Installation über das Kommando pyuic5 direkt gestartet werden, ohne einen Pfad angeben zu müssen.

```
app = QtWidgets.QApplication(sys.argv)
dialog = MeinDialog()
dialog.show()
sys.exit(app.exec_())
```

Zunächst werden alle benötigten Module eingebunden. Das sind insbesondere das Modul QtWidgets, in dem alle Widget-Klassen des Qt-Frameworks gekapselt sind, und das Modul uic, mit dessen Hilfe die erstellte UI-Datei gelesen werden kann. Danach wird die Klasse MeinDialog erstellt, die von der Basisklasse aller Qt-Dialoge, QDialog, abgeleitet wird.

Der Konstruktor von MeinDialog ruft neben dem QDialog-Konstruktor die Funktion loadUi auf, um den Hauptdialog aus der UI-Datei *hauptdialog.ui* zu laden. Die als zweiter Parameter übergebene Instanz, in diesem Fall die MeinDialog-Instanz selbst, fungiert als Eltern-Widget des neuen Dialogs. Die Funktion loadUi gibt das erzeugte Widget zurück.

Im darauffolgenden Code-Block wird eine Instanz der Klasse QApplication erstellt, die den Rahmen einer Anwendung mit grafischer Benutzeroberfläche bereitstellt. Dazu gehört beispielsweise die *Main Event Loop*, die Hauptschleife der Anwendung. Dem Konstruktor der Klasse QApplication werden die Kommandozeilenparameter sys.argv übergeben. Jede Qt-Anwendung darf immer nur eine einzige QApplication-Instanz haben, unabhängig davon, wie viele Dialoge später angezeigt werden sollen.

Nachdem der Rahmen für die Qt-Anwendung erstellt wurde, kann der Hauptdialog erzeugt werden, indem die Klasse MeinDialog instanziiert wird. Durch die von der Basisklasse QDialog vererbte Methode show wird der Dialog sichtbar. Zu guter Letzt muss die eben angesprochene Main Event Loop durch die Methode exec_ der QApplication-Instanz gestartet werden. Da wir im Moment keine weiteren Operationen durchführen möchten, nachdem der Dialog vom Benutzer geschlossen wurde, geben wir den Rückgabewert von app.exec_ direkt an sys.exit weiter und beenden damit das Beispielprogramm. Das Programm blockiert nach Aufruf von app.exec_ so lange, bis der Benutzer den Hauptdialog schließt.

Dieses einfache Beispielprogramm wird im Folgenden sinnvoll erweitert. So sollen die vom Benutzer eingegebenen Werte ausgelesen und in das neben der Benutzeroberfläche existierende Konsolenfenster geschrieben werden. Anhand der dazu notwendigen Erweiterungen erklären wir im Folgenden das *Signal-und-Slot*-Konzept von Qt.

39.4 Signale und Slots

Beim Schreiben eines Programms mit grafischer Benutzeroberfläche wird das Prinzip der *ereignisgesteuerten Programmierung* angewandt. Dieses Prinzip sieht nicht vor, dass ein Programm sequenziell von oben nach unten abgearbeitet wird, sondern führt beim Auftreten bestimmter Ereignisse einen Code-Abschnitt aus, der vom Programmierer für dieses Ereignis vorgesehen wurde. Die Anwendung der ereignisgesteuerten Programmierung ist im Falle einer grafischen Benutzeroberfläche notwendig, da hier der Benutzer das Programm steuert und nicht das Programm den Benutzer, wie es bei einer Konsolenanwendung der Fall war. Der Benutzer steuert das Programm durch seine Eingaben, die im Programm in Form von Ereignissen ankommen. Wann und in welcher Reihenfolge der Benutzer seine Eingaben macht, ist durch das Programm nicht vorgegeben.

In Qt finden sich zwei Techniken der ereignisgesteuerten Programmierung: zum einen *Events* und zum anderen *Signale und Slots*. Beide Techniken werden Sie im Folgenden kennenlernen.

Jedes Widget in der grafischen Benutzeroberfläche wird programmintern durch eine Instanz einer entsprechenden Qt-Klasse repräsentiert. Jede dieser Klassen bietet *Eventhandler* an. Das sind Methoden, die der Programmierer in einer abgeleiteten Klasse überschreiben kann, um beim Eintreten eines speziellen Ereignisses (engl. *event*) eigenen Code ausführen zu können. Events werden nur für wenige Ereignisse verwendet, die aber häufig eintreten. Ein Beispiel für ein solches Ereignis ist das paintEvent, das immer dann eintritt, wenn der Inhalt eines Widgets neu gezeichnet werden muss. Das Widget reagiert auf das Event durch Ausführung seines Eventhandlers. Dies kann unter Umständen sehr häufig passieren. Ein Beispiel für die Implementation eines Eventhandlers finden Sie in Abschnitt 39.6 im Zusammenhang mit der Zeichenfunktionalität von Qt.

Neben den Events bietet das Qt-Framework *Signale und Slots* für die Behandlung von Ereignissen an. Dieses zentrale Konzept zur Kommunikation von Qt-Objekten ist womöglich das größte Unterscheidungsmerkmal zwischen Qt und anderen GUI-Toolkits.

Ein *Signal* wird von einem Widget gesendet, wenn ein bestimmtes Ereignis, beispielsweise eine Benutzereingabe, eingetreten ist. Es gibt für jedes Widget in Qt vordefinierte Signale für die meisten Anwendungsfälle. Zusätzlich ist es möglich, eigene Signale zu selbst bestimmten Ereignissen zu senden.

Um ein Signal zu empfangen, muss ein *Slot* (dt. »Steckplatz«) eingerichtet werden. Ein Slot ist eine Funktion oder Methode, die immer dann aufgerufen wird, wenn ein bestimmtes Signal gesendet wird. Dazu muss ein Slot mit einem Signal verbunden werden. Es ist möglich, einen Slot mit mehreren Signalen zu verbinden.

Im Folgenden wird das Beispiel des letzten Kapitels zu einer sinnvollen Anwendung erweitert. Diese Anwendung soll die Daten, die der Benutzer in den Dialog eingibt, in das parallel geöffnete Konsolenfenster ausgeben, sofern der Benutzer die Eingaben durch Anklicken der OK-Schaltfläche bestätigt. Beim Klick auf ABBRECHEN sollen keine Daten ausgegeben werden.

```python
import sys
from PyQt5 import QtWidgets, QtCore, uic
class MeinDialog(QtWidgets.QDialog):
    def __init__(self, parent=None):
        super().__init__(parent)
        self.ui = uic.loadUi("hauptdialog.ui", self)
        # Slots einrichten
        self.ui.buttonOK.clicked.connect(self.onOK)
        self.ui.buttonAbbrechen.clicked.connect(self.onAbbrechen)

    def onOK(self):
        # Daten auslesen
        print("Vorname: {}".format(self.ui.vorname.text()))
        print("Nachname: {}".format(self.ui.nachname.text()))
        print("Adresse: {}".format(self.ui.adresse.toPlainText()))
        datum = self.ui.geburtsdatum.date().toString("dd.MM.yyyy")
        print("Geburtsdatum: {}".format(datum))
        if self.ui.agb.checkState():
            print("AGBs akzeptiert")
        if self.ui.katalog.checkState():
            print("Katalog bestellt")
        self.close()

    def onAbbrechen(self):
        print("Schade")
        self.close()
```

Im Konstruktor der Dialogklasse `MeinDialog` werden die `clicked`-Signale für den OK- und den ABBRECHEN-Button mit den dafür vorgesehenen Slots verbunden. Die `clicked`-Signale werden immer dann ausgelöst, wenn der Benutzer die Schaltfläche anklickt. Die Signale, die ein Widget bereitstellt, sind als Attribute in der entsprechenden Widget-Instanz enthalten. Um ein Signal mit einem Slot zu verbinden, wird die Methode `connect` des Signals aufgerufen und der Slot als Parameter übergeben. Im Beispielprogramm werden die `clicked`-Signale der Schaltflächen `ui.buttonOK` und `ui.buttonAbbrechen` mit den Slots `onOK` und `onAbbrechen` verbunden. Diese werden ab jetzt immer dann aufgerufen, wenn der Benutzer die assoziierte Schaltfläche anklickt.[10]

---

10 Dieser komfortable Weg, Signale und Slots zu verbinden, ist eine Neuerung von PyQt und im C++-Framework Qt so nicht möglich. Sollten Sie mit Qt bereits vertraut sein, sei Ihnen gesagt, dass die klassische Variante des Verbindens von Signalen und Slots auch mit PyQt funktioniert, allerdings den Nachteil mit sich bringt, dass die C++-Schnittstelle der Signale angegeben werden muss.

> **Hinweis**
>
> In diesem Fall sind die verbundenen Signale parameterlos. Es gibt komplexere Signale, die einen oder mehrere Parameter übergeben. In einem solchen Fall muss auch der verbundene Slot eine entsprechende Anzahl von Parametern erwarten.

In der Methode onOK sollen die Eingaben des Benutzers aus den verschiedenen Widgets des Hauptdialogs ausgelesen werden. Jedes dieser Widgets wird durch eine Instanz einer entsprechenden Qt-Klasse repräsentiert. Die Namen dieser Instanzen haben wir zuvor im Qt Designer festgelegt. Welches Widget dabei welchen Namen bekam, können Sie in der Tabelle in Abschnitt 39.3.3, »Entwicklungsprozess«, nachlesen.

Über die angesprochenen Attribute können wir den Inhalt der Steuerelemente auslesen. Wie dies geschieht, ist von Widget zu Widget verschieden. So kann beispielsweise auf den Inhalt eines Line-Edit-Widgets über die Methode text zugegriffen werden. Erwähnenswert ist noch, dass die Methode date der Date-Edit-Instanz geburtsdatum das gespeicherte Datum nicht direkt in Form eines Strings, sondern in Form einer QDate-Instanz zurückgibt. Diese muss durch Aufruf der Methode toString in einen String konvertiert werden. Zum Schluss, nachdem alle Daten ausgelesen und ausgegeben wurden, wird der Dialog durch Aufruf der Methode close geschlossen.

Im zweiten Slot, onAbbrechen, sind, abgesehen vom Schließen des Dialogs, keine weiteren Operationen notwendig.

```
app = QtWidgets.QApplication(sys.argv)
dialog = MeinDialog()
dialog.show()
sys.exit(app.exec_())
```

Bei dem Code, der die Applikations- und Dialogklasse instanziiert und die Main Event Loop startet, handelt es sich um denselben, der schon im letzten Beispielprogramm seinen Dienst getan hat.

> **Hinweis**
>
> Wie das Beispiel demonstriert, öffnet auch ein Python-Programm mit grafischer Benutzeroberfläche unter Windows immer noch ein Konsolenfenster, in das mittels print geschrieben werden kann.
>
> Das mag in einigen Fällen wünschenswert sein, ist jedoch häufig störend, wenn die Kommunikation mit dem Benutzer vollständig über die grafische Oberfläche ablaufen soll. Wenn Sie nicht möchten, dass ein Konsolenfenster geöffnet wird, können Sie die Dateiendung der Python-Programmdatei von *.py* nach *.pyw* ändern. Dann werden alle Ausgaben in die Konsole unterdrückt, und es wird kein Konsolenfenster geöffnet.

39.5 Wichtige Widgets

Nachdem wir anhand eines kleinen Beispielprogramms in die Arbeit mit Qt eingestiegen sind, werden in diesem Abschnitt die wichtigsten Widget-Klassen vorgestellt, die Qt zur Verfügung stellt. Dabei finden Sie für jedes Steuerelement eine knappe Einführung sowie eine Tabelle, die die wichtigsten Methoden und Signale auflistet.

39.5.1 QCheckBox

Die Klasse QCheckBox repräsentiert eine *Checkbox* an der grafischen Benutzeroberfläche. Eine Checkbox ist ein Steuerelement, das vom Benutzer entweder aktiviert oder deaktiviert werden kann und dabei in seiner Bedeutung unabhängig von anderen Checkboxes ist.

Methode	Beschreibung
checkState()	Gibt den Status der Checkbox zurück. Gültige Status sind QtCore.Qt.Checked, QtCore.Qt.Unchecked oder QtCore.Qt.PartiallyChecked.
setCheckState(state)	Setzt den Status der Checkbox. Hier können die Status gesetzt werden, die von checkState zurückgegeben werden.
Signal	Beschreibung
stateChanged(int)	Wird gesendet, wenn der Benutzer den Status der Checkbox ändert. Der neue Status wird als Parameter übergeben.

Tabelle 39.12 Wichtige Methoden und Signale von QCheckBox

39.5.2 QComboBox

Die Klasse QComboBox repräsentiert eine Combobox, auch bekannt als Dropdown-Menü, auf der grafischen Benutzeroberfläche.

Methode	Beschreibung
addItem([icon], text)	Fügt ein Element mit dem Namen text zur Combobox hinzu. Optional kann eine QIcon-Instanz übergeben werden, um ein Icon neben dem Namen anzeigen zu lassen.
clear()	Löscht alle Elemente der Combobox.

Tabelle 39.13 Wichtige Methoden und Signale von QComboBox

Methode	Beschreibung
currentIndex() currentText()	Gibt den Index bzw. den Namen des ausgewählten Elements zurück.
setModel(model)	Setzt ein QAbstractItemModel.*
setView(itemView)	Setzt einen QAbstractItemView.
Signal	**Beschreibung**
currentIndexChanged(int)	Wird gesendet, wenn sich das ausgewählte Element ändert. Der Index dieses Elements wird als Parameter übergeben.

* Näheres zur Model-View-Architektur von Qt erfahren Sie in Abschnitt 39.7.

Tabelle 39.13 Wichtige Methoden und Signale von QComboBox (Forts.)

39.5.3 QDateEdit, QTimeEdit, QDateTimeEdit

Die Klassen QDateEdit, QTimeEdit und QDateTimeEdit repräsentieren Widgets, die eine Datumsangabe bzw. Zeitangabe vom Benutzer einlesen. Dem Benutzer wird zur Eingabe ein Kalender angezeigt.

Die folgenden Methoden beziehen sich auf den Umgang mit Datumsangaben bei QDateEdit- und QDateTimeEdit-Widgets. Die Methoden setMinimumTime, setMaximumTime, minimumTime, maximumTime, setTime und time funktionieren analog für Zeitangaben bei QDateTimeEdit- und TimeEdit-Widgets.

Methode	Beschreibung
setMinimumDate(date) setMaximumDate(date)	Setzt das kleinstmögliche bzw. größtmögliche Datum. Für date kann eine QDate- oder eine datetime.date-Instanz übergeben werden.
minimumDate() maximumDate()	Gibt das kleinstmögliche bzw. größtmögliche Datum als QDate-Instanz zurück.
setDate(date)	Setzt das im Widget angezeigte Datum.
date()	Gibt das gewählte Datum als QDate-Instanz zurück.
Signal	**Beschreibung**
dateChanged(QDate)	Wird gesendet, wenn ein neues Datum ausgewählt wurde.

Tabelle 39.14 Wichtige Methoden und Signale von QDateEdit

Signal	Beschreibung
`dateTimeChanged(QDateTime)`	Wird gesendet, wenn ein neues Datum oder ein neuer Zeitpunkt ausgewählt wurde.
`timeChanged(QTime)`	Wird gesendet, wenn ein neuer Zeitpunkt ausgewählt wurde.

Tabelle 39.14 Wichtige Methoden und Signale von QDateEdit (Forts.)

39.5.4 QDialog

Die Klasse `QDialog` repräsentiert einen Dialog in der grafischen Benutzeroberfläche. Ein Dialog kann wie jede andere Widget-Klasse verwendet werden, mit dem Unterschied, dass sich Dialoge nicht in andere Widgets einbetten lassen.

Grundsätzlich unterscheidet man zwei Arten von Dialogen – modale und nicht modale Dialoge:

▶ Unter einem *modalen Dialog* versteht man einen Dialog, der sich im Vordergrund der Anwendung platziert und sich den Eingabefokus nimmt. Der Benutzer kann keine anderen Dialoge der Anwendung bedienen, während ein modaler Dialog geöffnet ist. Ein modaler Dialog bietet sich also für eine wichtige Teilkommunikation mit dem Benutzer an, die für den weiteren Programmlauf essenziell ist.

▶ Dem gegenüber steht der *nicht modale Dialog*. Wird ein Dialog nicht modal geöffnet, kann er parallel zum restlichen Teil der Anwendung bedient werden. Ein bekanntes Beispiel für einen nicht modalen Dialog ist der Suchen-und-Ersetzen-Dialog in einem Textverarbeitungsprogramm, bei dem es dem Benutzer möglich sein muss, während des geöffneten Dialogs Änderungen im Hauptfenster vorzunehmen.

Um einen Dialog modal anzuzeigen, wird die Methode `exec` aufgerufen. Diese blockiert den Programmfluss so lange, bis der Benutzer den Dialog beendet hat. Der Rückgabewert von `exec` gibt an, in welcher Form der Dialog beendet wurde. Es wird eine der beiden Konstanten `QtCore.Qt.Accepted` und `QtCore.Qt.Rejected` zurückgegeben, wobei die erste ein Beenden des Dialogs über den OK- und die zweite ein Beenden über den ABBRECHEN-Button repräsentiert. Innerhalb der Dialogklasse können die Methoden `accept` und `reject` aufgerufen werden, um den Dialog mit dem entsprechenden Rückgabewert zu beenden.

Ein nicht modaler Dialog wird mithilfe der Methode `show` angezeigt. Diese Methode kehrt sofort zurück, ohne auf das Beenden des Dialogs zu warten, und ermöglicht auf diese Weise das parallele Verarbeiten von Dialog und Hauptanwendung.

39.5.5 QLineEdit

Die Klasse `QLineEdit` repräsentiert ein einzeiliges Eingabefeld in der grafischen Benutzeroberfläche.

Methode	Beschreibung
setText(text)	Setzt den Text des Eingabefelds.
text()	Gibt den Text des Eingabefelds zurück.
Signal	**Beschreibung**
textChanged(QString)	Wird gesendet, wenn der Text des Eingabefelds verändert wurde.

Tabelle 39.15 Wichtige Methoden und Signale von QLineEdit

39.5.6 QListWidget, QListView

Die Klassen `QListWidget` und `QListView` repräsentieren Widgets zur Anzeige von Listen. Während es sich bei `QListWidget` um ein klassisches Widget handelt, verwendet `QListView` die Model-View-Architektur. Eine Einführung in das Konzept der Model-View-Programmierung anhand des `QListView`-Widgets finden Sie in Abschnitt 39.7. Ein `QListWidget` wird immer dann eingesetzt, wenn das Erstellen einer Model-View-Architektur für die anzuzeigenden Daten unverhältnismäßig aufwendig wäre und die Flexibilität, die eine Model-View-Architektur bietet, nicht benötigt wird.

Methode	Beschreibung
addItem(label)	Fügt einen Eintrag mit dem Namen label ans Ende der Liste an.
currentItem()	Gibt den momentan ausgewählten Eintrag als QListWidgetItem-Instanz zurück. Den Namen des Eintrags finden Sie über die Methode text des Items heraus.
Signal	**Beschreibung**
currentItemChanged(QListWidgetItem, QListWidgetItem)	Wird gesendet, wenn ein neuer Eintrag ausgewählt wurde. Als Parameter werden der neu ausgewählte Eintrag und der zuvor ausgewählte Eintrag übergeben.

Tabelle 39.16 Wichtige Methoden und Signale von QListWidget

39.5.7 QProgressBar

Die Klasse `QProgressBar` repräsentiert einen Fortschrittsbalken in einer grafischen Benutzeroberfläche. Ein Fortschrittsbalken zeigt den Fortschritt einer langwierigen Operation an. Das `QProgressBar`-Widget erlaubt dabei keine Interaktion mit dem Benutzer.

Methode	Beschreibung
`setMinimum(minimum)` `setMaximum(maximum)`	Setzt die ganzzahlige untere bzw. obere Grenze des Wertebereichs.
`setValue(value)`	Setzt den aktuell darzustellenden Wert. Der Wert `value` muss ganzzahlig sein und in den angegebenen Grenzen liegen.
`setOrientation(orientation)`	Setzt die Orientierung des Fortschrittsbalkens. Möglich sind die Werte `QtCore.Qt.Horizontal` und `QtCore.Qt.Vertical` für eine horizontale bzw. vertikale Ausrichtung.

Tabelle 39.17 Wichtige Methoden von QProgressBar

39.5.8 QPushButton

Die Klasse `QPushButton` repräsentiert eine Schaltfläche in der grafischen Benutzeroberfläche. Eine Schaltfläche ist ein beschriftetes Widget, auf das der Benutzer klicken kann, um eine Aktion auszulösen.

Methode	Beschreibung
`setText(text)`	Setzt die Beschriftung der Schaltfläche.
Signal	**Beschreibung**
`clicked()`	Wird gesendet, wenn der Benutzer auf die Schaltfläche geklickt hat.

Tabelle 39.18 Wichtige Methoden und Signale von QPushButton

39.5.9 QRadioButton

Die Klasse `QRadioButton` repräsentiert einen Radiobutton in der grafischen Benutzeroberfläche. Ein Radiobutton wird verwendet, um den Benutzer eine Auswahl aus mehreren vorgegebenen Möglichkeiten treffen zu lassen. Alle Radiobuttons eines Dialogs, die über dasselbe Eltern-Widget verfügen, gehören zu einer Gruppe. Innerhalb einer Gruppe kann immer nur ein Radiobutton aktiviert sein. Wenn der Benutzer einen anderen aktiviert, wird der vorher aktivierte deaktiviert. Um mehrere Gruppen von Radiobuttons in demselben Dialog unterzubringen, müssen diese über verschiedene Eltern-Widgets verfügen. Dazu bietet sich das *Frame-Widget*, repräsentiert durch die Klasse QFrame, an, das einem unsichtbaren Rahmen im Widget entspricht.

Methode	Beschreibung
isChecked()	Gibt den Status des Radiobuttons zurück.
Signal	Beschreibung
toggled()	Wird gesendet, wenn der Radiobutton aktiviert oder deaktiviert wurde.

Tabelle 39.19 Wichtige Methoden und Signale von QRadioButton

39.5.10 QSlider, QDial

Die Klasse QSlider repräsentiert einen Slider in der grafischen Benutzeroberfläche. Bei einem Slider handelt es sich um einen Schieberegler, wie Sie ihn beispielsweise von einem Mischpult her kennen. Grundsätzlich wird ein Slider dazu verwendet, den Benutzer einen ganzzahligen Wert auswählen zu lassen, der innerhalb eines bestimmten Bereichs liegen muss. Die Klasse QDial funktioniert ähnlich wie QSlider, entspricht aber einem Drehregler anstelle eines Schiebereglers.

Methode	Beschreibung
setMinimum(minimum) setMaximum(maximum)	Setzt die ganzzahlige untere bzw. obere Grenze des Wertebereichs.
setValue(value)	Setzt den aktuell darzustellenden Wert. Der Wert value muss ganzzahlig sein und in den angegebenen Grenzen liegen.
value()	Gibt den momentan eingestellten Wert zurück.
setOrientation(orientation)	Setzt die Orientierung des Sliders. Möglich sind die Werte QtCore.Qt.Horizontal und QtCore.Qt.Vertical für eine horizontale bzw. vertikale Ausrichtung.
Signal	Beschreibung
valueChanged()	Wird gesendet, wenn der eingestellte Wert des Sliders bzw. des Drehreglers verändert wurde.

Tabelle 39.20 Wichtige Methoden und Signale von QSlider und QDial

39.5.11 QTextEdit

Die Klasse `QTextEdit` repräsentiert ein mehrzeiliges Eingabefeld in der grafischen Benutzeroberfläche. In ein solches Eingabefeld kann der Benutzer beliebigen Text schreiben.

Methode	Beschreibung
`setPlainText(text)`	Setzt den Text des Eingabefeldes.
`toPlainText()`	Gibt den Text des Eingabefeldes zurück.
Signal	**Beschreibung**
`textChanged()`	Wird gesendet, wenn der Text des Eingabefeldes verändert wurde.

Tabelle 39.21 Wichtige Methoden und Signale von QTextEdit

39.5.12 QWidget

Die Klasse `QWidget` ist die Basisklasse aller Steuerelemente und implementiert einen Großteil der steuerelementübergreifenden Funktionalität. Allgemein können Widgets in zwei Sorten unterteilt werden:

- Der häufigste Fall ist ein *untergeordnetes Widget*. Ein solches untergeordnetes Widget wird relativ zu seinem Eltern-Widget (engl. *parent*) positioniert und kann nicht über die Ränder des Parent-Widgets hinausragen.
- Ein Widget ohne Parent-Widget ist ein *Fenster* (engl. *window*). Theoretisch kann jede Instanz einer von `QWidget` abgeleiteten Klasse als Fenster dienen, beispielsweise also auch ein Button oder eine Checkbox. Praktisch ergibt dies jedoch wenig Sinn, und es werden nur geeignetere Klassen wie beispielsweise `QDialog` als Fenster verwendet.

Tabelle 39.22 listet die wichtigsten Eventhandler auf, die beim Auftreten verschiedener Events aufgerufen werden. Ein Eventhandler kann eingerichtet werden, indem eine selbst erstellte Klasse, die von `QWidget` direkt oder von einer Steuerelementklasse erbt, die genannte Methode implementiert.

Event	Beschreibung
`paintEvent(event)`	Wird aufgerufen, wenn das Widget neu gezeichnet werden muss. Die Methode bekommt eine `QPaintEvent`-Instanz übergeben.

Tabelle 39.22 Events eines Widgets

Event	Beschreibung
resizeEvent(event)	Wird aufgerufen, wenn das Widget in seiner Größe verändert wurde. Der Methode wird eine QResizeEvent-Instanz übergeben.
mousePressEvent(event)	Wird aufgerufen, wenn der Benutzer mit der Maus auf das Widget klickt. Der Methode wird eine QMouseEvent-Instanz übergeben.
mouseMoveEvent(event)	Wird aufgerufen, wenn der Benutzer die Maus bewegt, während er eine Maustaste gedrückt hält. Über die Methode setMouseTracking kann das Widget so eingestellt werden, dass die Methode auch gerufen wird, wenn der Benutzer die Maus bewegt, ohne eine Taste gedrückt zu halten.
keyPressEvent(event)	Wird aufgerufen, wenn das Widget den Eingabefokus hat und der Benutzer eine Taste drückt. Wenn die Taste ausreichend lange gedrückt wird, wird die Methode keyPressEvent mehrfach aufgerufen. Es wird eine QKeyEvent-Instanz übergeben.

Tabelle 39.22 Events eines Widgets (Forts.)

39.6 Zeichenfunktionalität

In den vorangegangenen Abschnitten haben wir Ihnen das Qt-Framework anhand eines kleinen Beispielprogramms vorgestellt und daraufhin die wichtigsten Widgets besprochen. In diesem Abschnitt wird das Zeichnen in Qt behandelt. Thema des letzten Abschnitts zu Qt wird die Model-View-Architektur sein.

Wenn Sie ein eigenes Widget erstellen, also eine Klasse definieren, die von einem Steuerelement oder direkt von QWidget erbt, haben Sie die Möglichkeit, selbst beliebige Inhalte in das Widget zu zeichnen. Das ist besonders dann interessant, wenn eine Anwendung Inhalte in einem Widget anzeigen möchte, für die es im Qt-Framework keine vorgefertigte Klasse gibt. Das kann zum Beispiel ein Diagramm oder eine spezifische Grafik sein.

Im Folgenden beschäftigen wir uns zunächst mit den Grundlagen des Zeichnens in Qt und bringen danach einige einfache Formen, beispielsweise einen Kreis oder ein Rechteck, auf den Bildschirm.

Die in den folgenden Abschnitten präsentierten Beispielklassen verstehen sich im folgenden Kontext:

```
from PyQt5 import QtWidgets, QtGui, QtCore
import sys
class MeinWidget(QtWidgets.QWidget):
    def __init__(self, parent=None):
        super().__init__(parent)
app = QtWidgets.QApplication(sys.argv)
widget = MeinWidget()
widget.resize(150, 150)
widget.show()
sys.exit(app.exec_())
```

Wir werden in den Abschnitten jeweils nur die Klasse `MeinWidget` neu implementieren. Um aus diesen Beispielen ein lauffähiges PyQt-Programm zu erstellen, muss die vorgestellte Klasse in den oben dargestellten Kontext eingefügt werden.

39.6.1 Werkzeuge

Um innerhalb eines Widgets zeichnen zu können, muss der Eventhandler `paintEvent` implementiert werden. Dabei handelt es sich um eine Methode, die vom Qt-Framework immer dann aufgerufen wird, wenn das Widget teilweise oder vollständig neu gezeichnet werden muss. Das passiert beispielsweise dann, wenn das Anwendungsfenster teilweise verdeckt oder minimiert war und vom Benutzer in den Vordergrund geholt wurde. Die Methode `paintEvent` bekommt eine Instanz der Klasse `QPaintEvent` übergeben, die unter anderem den Bereich des Widgets enthält, der neu gezeichnet werden soll.[11]

Innerhalb der `paintEvent`-Methode muss ein *Painter* (dt. »Maler«) erzeugt werden, mit dessen Hilfe die Zeichenoperationen durchgeführt werden können. Bei einem Painter handelt es sich um eine Instanz der Klasse `QtGui.QPainter`. Ein grundlegendes Widget, das das Paint-Event implementiert und einen Painter erzeugt, sieht folgendermaßen aus:

```
class MeinWidget(QtWidgets.QWidget):
    def __init__(self, parent=None):
        super().__init__(parent)
    def paintEvent(self, event):
        painter = QtGui.QPainter(self)
```

Zum Zeichnen gibt es in Qt neben dem Painter zwei grundsätzliche Werkzeuge: den Pen und den Brush.

---

11 In unseren einfachen Beispielen werden wir beim Aufrufen der `paintEvent`-Methode stets die komplette Grafik neu zeichnen. Je komplexer und aufwendiger eine Grafik jedoch ist, desto eher sollten Sie nur den durch die `QPaintEvent`-Instanz spezifizierten Bereich tatsächlich neu zeichnen.

Als *Pen* (dt. »Stift«) wird eine Instanz der Klasse `QtGui.QPen` bezeichnet. Um einen Pen zu verwenden, muss dieser dem Painter mithilfe der Methode `setPen` bekannt gegeben werden. Grundsätzlich wird ein Pen zum Zeichnen von Linien, beispielsweise für Umrandungen bestimmter Figuren, verwendet. Dazu benötigt ein Pen im Wesentlichen drei Informationen: die Linienfarbe, die Liniendicke und den Linienstil. Ein Pen wird folgendermaßen erzeugt:

```
pen = QtGui.QPen(QtGui.QColor(255,0,0))
```

Dem Konstruktor des Pens wird eine Instanz der Klasse `QColor` übergeben, um die Farbe des Pens, in diesem Fall Rot[12], zu spezifizieren. Nachdem ein Pen erzeugt worden ist, kann seine Liniendicke bzw. der Linienstil durch die Methoden `setWidth` und `setStyle` festgelegt werden:

```
pen.setWidth(7)
pen.setStyle(QtCore.Qt.DashLine)
```

Die der Methode `setWidth` übergebene ganze Zahl entspricht der Liniendicke in Pixel, die eine mit diesem Pen gezeichnete Linie später auf dem Bildschirm haben wird. Der Methode `setStyle` können verschiedene Konstanten übergeben werden, die jeweils einen bestimmten Linienstil vorschreiben. Eine Auswahl dieser Konstanten finden Sie in Tabelle 39.23.

Konstante	Beschreibung
`QtCore.Qt.SolidLine`	Eine durchgezogene Linie. Dies ist die Standardeinstellung und braucht nicht explizit gesetzt zu werden.
`QtCore.Qt.DashLine`	eine gestrichelte Linie
`QtCore.Qt.DotLine`	eine gepunktete Linie
`QtCore.Qt.DashDotLine`	eine Linie, die abwechselnd gestrichelt und gepunktet ist

Tabelle 39.23 Linienstile eines Pens

Das zweite wichtige Werkzeug zum Zeichnen ist der *Brush* (dt. »Pinsel«), mit dessen Hilfe Flächen gefüllt werden. Ein Brush spezifiziert, ähnlich wie ein Pen, zunächst einmal die Füllfarbe. Analog zum Pen wird ein Brush folgendermaßen erzeugt:

```
brush = QtGui.QBrush(QtGui.QColor(0,0,255))
```

Auch dem Konstruktor des Brushes wird der Farbwert, in diesem Fall Blau, in Form einer `QColor`-Instanz übergeben. Nachdem der Brush erzeugt worden ist, kann auch hier mit der Methode `setStyle` ein Stil festgelegt werden. Hier können beispielsweise

---

[12] Eine RGB-Farbangabe besteht aus drei einzelnen Werten zwischen 0 und 255. Der erste übergebene Wert spezifiziert den Rot-, der zweite den Grün- und der dritte den Blauanteil der Farbe.

Schraffierungen, Farbverläufe oder Texturen gesetzt werden, worauf wir an dieser Stelle aber nicht näher eingehen werden.

Allgemein gilt, dass Pens und Brushes ausgewählt werden müssen, bevor sie benutzt werden können. Dazu werden die Methoden `setPen` bzw. `setBrush` des Painters mit der jeweiligen `QPen`- bzw. `QBrush`-Instanz als Parameter aufgerufen. Eine darauffolgende Zeichenoperation wird dann mit den ausgewählten Werkzeugen durchgeführt. Es können immer nur ein Brush und ein Pen gleichzeitig ausgewählt sein.

39.6.2 Koordinatensystem

Bevor es ans Zeichnen geht, müssen wir uns Gedanken über das in Qt verwendete Koordinatensystem machen. Dieses lehnt sich an andere GUI-Toolkits an und ist in Abbildung 39.41 dargestellt.

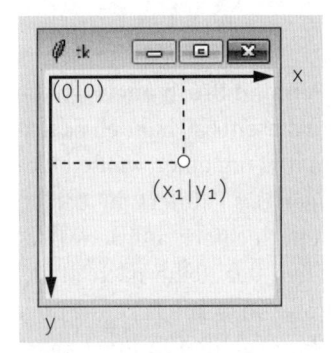

Abbildung 39.41 Das Qt-Koordinatensystem

Der Ursprung des Koordinatensystems liegt in der oberen linken Ecke des Widgets, und die Y-Achse zeigt, im Gegensatz zu dem in der Mathematik verwendeten kartesischen Koordinatensystem, nach unten. Die Einheit des Koordinatensystems ist Pixel.

Jedes Widget verfügt über ein eigenes lokales Koordinatensystem, dessen Ursprung stets relativ zur Position des Widgets in dessen oberer linker Ecke liegt. Das hat den Vorteil, dass eine Zeichnung nicht angepasst werden muss, wenn das Widget in seiner Position auf dem Bildschirm oder innerhalb eines anderen Widgets verändert wird.

39.6.3 Einfache Formen

Das Qt-Framework bietet eine Reihe abstrakter Zeichenoperationen, die das Zeichnen einfacher geometrischer Formen, wie beispielsweise eines Rechtecks oder einer Ellipse, ermöglichen. Grundsätzlich sind Zeichenoperationen als Methoden der Klasse `QPainter`, also eines Painters, implementiert.

Wir beginnen damit, ein Rechteck zu zeichnen. Dazu wird die Methode drawRect eines Painters verwendet. Bevor ein Rechteck gezeichnet werden kann, sollten ein Pen für den Rand des Rechtecks und ein Brush für die Füllung erzeugt und ausgewählt werden:

```
class MeinWidget(QtWidgets.QWidget):
    def __init__(self, parent=None):
        super().__init__(parent)
        self.pen = QtGui.QPen(QtGui.QColor(0,0,0))
        self.pen.setWidth(3)
        self.brush = QtGui.QBrush(QtGui.QColor(255,255,255))
    def paintEvent(self, event):
        painter = QtGui.QPainter(self)
        painter.setPen(self.pen)
        painter.setBrush(self.brush)
        painter.drawRect(10, 10, 130, 130)
```

Im Konstruktor der Widget-Klasse MeinWidget werden Pen und Brush angelegt, die zum Zeichnen des Rechtecks verwendet werden sollen. In diesem Fall handelt es sich um einen schwarzen Stift mit einer Dicke von drei Pixeln und um einen weißen Pinsel. In der Methode paintEvent werden nach dem Erzeugen des Painters die beiden Werkzeuge ausgewählt. Danach wird mittels drawRect ein Rechteck auf dem Bildschirm gemalt. Die übergebenen Parameter kennzeichnen der Reihe nach die X-Koordinate der oberen linken Ecke, die Y-Koordinate der oberen linken Ecke, die Breite des Rechtecks sowie die Höhe des Rechtecks. Alle Werte werden in Pixel angegeben.

Auf dem Bildschirm erscheint das Rechteck, genauer betrachtet, ein Quadrat (siehe Abbildung 39.42).

Abbildung 39.42 Ein mit drawRect gezeichnetes Quadrat

Auf ähnliche Weise können noch weitere Figuren gezeichnet werden, deren Form durch Angabe eines umschließenden Rechtecks beschrieben ist. So brauchen Sie beispielsweise nur den Methodennamen drawRect auszutauschen, um ein Rechteck mit runden Ecken (drawRoundRect) oder eine Ellipse (drawEllipse) zu zeichnen.

Um eine dieser Figuren in ihrer Größe an das Widget anzupassen, kann die parameterlose Methode `rect` einer Widget-Klasse verwendet werden, die die Dimensionen des Widgets als `QRect`-Instanz[13] zurückgibt. Auf diese Weise ist es beispielsweise möglich, das gesamte Widget mit einer Form zu füllen.

Neben diesen drei grundlegenden Formen existiert eine Reihe weiterer Methoden zum Zeichnen spezieller Formen. Tabelle 39.24 gibt Ihnen eine Übersicht über die wichtigsten dieser Methoden, die in diesem Kapitel nicht weiter besprochen werden.

Methode	Beschreibung
drawArc(x, y, w, h, a, alen)	Zeichnet einen geöffneten Bogen mit dem Startwinkel a und dem Spannwinkel alen. Die anderen Parameter spezifizieren das umgebende Rechteck. »Geöffnet« bedeutet in diesem Fall, dass die beiden Enden des Bogens nicht durch eine Linie miteinander verbunden sind.
drawChord(x, y, w, h, a, alen)	Zeichnet einen geschlossenen Bogen. »Geschlossen« bedeutet, dass die beiden Enden des Bogens durch eine Linie miteinander verbunden sind.
drawConvexPolygon(point, ...)	Zeichnet ein konvexes Polygon*. Es können entweder eine QPolygon-Instanz oder beliebig viele QPoint-Instanzen übergeben werden.
drawLine(x1, y1, x2, y2)	Zeichnet eine Linie von (x1, y1) nach (x2, y2).
drawLines(line)	Zeichnet einen Linienzug. Dieser kann in Form einer Liste von QPoint-Instanzen übergeben werden.
drawPie(x, y, w, h, a, alen)	Zeichnet einen Ausschnitt einer Ellipse, der umgangssprachlich als *Tortenstück* bezeichnet wird.
drawPolygon(point, ...)	Zeichnet ein beliebiges Polygon. Diese Methode ist allgemeiner als drawConvexPolygon.

* Ein Polygon ist eine Fläche, die durch einen Linienzug begrenzt ist. Eine Fläche heißt konvex, wenn die Verbindungslinie zwischen je zwei Punkten in der Fläche vollständig innerhalb der Fläche verläuft. Ein nichtkonvexes Polygon ist wesentlich aufwendiger darzustellen als ein konvexes.

Tabelle 39.24 Methoden eines Painters

---

13 Die Klasse QRect beschreibt ein Rechteck und verfügt unter anderem über die parameterlosen Methoden x, y, width und height, mit denen auf die Koordinaten der oberen linken Ecke und die Dimensionen des Rechtecks zugegriffen werden kann.

39.6.4 Grafiken

Neben dem Zeichnen der grundlegenden geometrischen Formen ermöglicht es das Qt-Framework über die Klasse QImage, Grafiken der verschiedensten Formate von der Festplatte zu laden und mithilfe eines Painters anzuzeigen.[14] Das folgende Beispielprogramm lädt die Grafik buch.jpg und zeigt sie mithilfe der Methode drawImage des Painters an:

```python
class MeinWidget(QtWidgets.QWidget):
    def __init__(self, parent=None):
        super().__init__(parent)
        self.grafik = QtGui.QImage("lena.jpg")
        self.ziel = QtCore.QRect(10, 10, 130, 130)
        self.quelle = QtCore.QRect(0, 0, self.grafik.width(),
                                   self.grafik.height())
    def paintEvent(self, event):
        painter = QtGui.QPainter(self)
        painter.drawImage(self.ziel, self.grafik, self.quelle)
```

Im Konstruktor der Widget-Klasse MeinWidget wird zunächst unter Angabe des Pfades der zu ladenden Grafik eine Instanz der Klasse QImage erzeugt. Danach werden zwei Rechtecke namens self.quelle und self.ziel erzeugt. Das Rechteck self.ziel spezifiziert das Rechteck im Widget, in das die Grafik gezeichnet werden soll. Das Rechteck self.quelle entspricht dem Ausschnitt der Grafik, der dabei gezeichnet werden soll. In diesem Fall umschließt das Quellrechteck das gesamte Bild. Das mit diesem Code erstellte Widget sieht so aus wie in Abbildung 39.43.

Abbildung 39.43 Eine Grafik in einem Widget

> **Hinweis**
>
> In diesem Fall wurde ein nicht quadratisches Bild auf eine quadratische Fläche gezeichnet und somit beim Zeichnen leicht gestreckt. Um dies zu vermeiden, muss das Seitenverhältnis des Zielrechtecks an das des Quellrechtecks angepasst werden.

---

14 Qt »versteht« unter anderem die Dateiformate BMP, GIF, JPG und PNG.

39.6.5 Text

Nachdem Sie nun sowohl geometrische Formen als auch Grafiken in ein Widget zeichnen können, fehlt noch das Zeichnen von Text, beispielsweise für die Beschriftung von Diagrammen.

Zum Zeichnen von Text in einem Widget wird die Methode drawText eines Painters verwendet. Im folgenden Beispiel wird der Text »Hallo Welt« im Widget zentriert ausgegeben:

```python
class MeinWidget(QtWidgets.QWidget):
    def __init__(self, parent=None):
        super().__init__(parent)
        self.font = QtGui.QFont("Helvetica", 16)
        self.pen = QtGui.QPen(QtGui.QColor(0,0,255))
    def paintEvent(self, event):
        painter = QtGui.QPainter(self)
        painter.setPen(self.pen)
        painter.setFont(self.font)
        painter.drawText(self.rect(), QtCore.Qt.AlignCenter, "Hallo Welt")
```

Im Konstruktor der Klasse MeinWidget wird zunächst eine Instanz der Klasse QFont erzeugt. Diese Klasse repräsentiert einen Schrifttyp in einer bestimmten Größe. Zudem wird ein Pen erzeugt, der die Schriftfarbe vorgibt, in der der Text geschrieben werden soll.

In der Methode paintEvent wird zunächst, wie gehabt, ein Painter erzeugt. Danach werden mittels setFont und setPen Schriftart und Stift ausgewählt. Durch einen Aufruf der Methode drawText wird der Text gezeichnet. Die Methode bekommt ein Rechteck als ersten und eine Positionsanweisung innerhalb dieses Rechtecks als zweiten Parameter übergeben. Als dritter Parameter wird der zu schreibende Text übergeben. Zur Positionierung des Textes innerhalb des angegebenen Rechtecks können mehrere Konstanten mithilfe des binären ODER verknüpft werden. Die wichtigsten dieser Konstanten sind in Tabelle 39.25 aufgelistet und kurz erläutert:

Konstante	Ausrichtung
QtCore.Qt.AlignLeft	links
QtCore.Qt.AlignRight	rechts
QtCore.Qt.AlignHCenter	horizontal zentriert
QtCore.Qt.AlignTop	oben
QtCore.Qt.AlignBottom	unten

Tabelle 39.25 Konstanten zur Positionierung des Textes

Konstante	Ausrichtung
QtCore.Qt.AlignVCenter	vertikal zentriert
QtCore.Qt.AlignCenter	horizontal und vertikal zentriert

Tabelle 39.25 Konstanten zur Positionierung des Textes (Forts.)

Das mit diesem Code erstellte Widget ist in Abbildung 39.44 dargestellt.

Abbildung 39.44 Mit drawText kann Text gezeichnet werden.

Es gibt noch eine zweite, vereinfachte Variante, drawText zu verwenden. Dabei werden ebenfalls drei Parameter übergeben: die X- und Y-Koordinate, an die der Text geschrieben werden soll, und ein String, der den Text enthält. Wenn im oben dargestellten Beispielprogramm der Aufruf von drawText durch folgende Code-Zeile ersetzt wird:

```
painter.drawText(0, 16, "Hallo Welt")
```

dann erscheint der Text in der oberen linken Ecke des Fensters. Beachten Sie, dass sich die Koordinaten, die bei der zweiten Variante von drawText übergeben werden, auf die untere linke Ecke des Textes beziehen, sodass der Text nicht an die Position 0/0 geschrieben werden kann. Der als Y-Koordinate übergebene Wert von 16 Pixeln entspricht der gewählten Schriftgröße, weswegen der Text direkt unter dem oberen Rand des Widgets erscheint.

39.6.6 Eye Candy

Eingangs wurde erwähnt, dass das Qt-Framework unter anderem in Bezug auf seine Zeichenfunktionalität aus der Masse der GUI-Toolkits heraussticht. Zugegebenermaßen sind die bislang besprochenen Grundlagen zum Zeichnen in einem Qt-Widget zwar wichtig, aber auch nicht besonders beeindruckend. Funktionen zum Zeichnen grundlegender geometrischer Formen, Grafiken und Text finden Sie so oder so ähnlich auch in vielen anderen Toolkits. Aus diesem Grund möchten wir in diesem Kapitel einige Aspekte der Zeichenfunktionalität von Qt in den Vordergrund holen und als »Eye Candy« (dt. »Blickfang, Augenweide«) präsentieren. Die hier besprochenen Aspekte des Zeichnens in Qt dienen als Demonstration der Zeichenfunktionalität und sollen Stichwörter liefern, unter denen Sie in der Qt-Dokumentation später genauer nachforschen können.

Den lauffähigen Quellcode zu den gezeigten Beispielen finden Sie im Onlineangebot zu diesem Buch (*www.rheinwerk-verlag.de/4467*).

Farbverläufe

Abgesehen von einem flächigen Farbanstrich kann ein Brush einen Bereich auch mit komplexeren Strukturen füllen. So kann beispielsweise das Innere eines Rechtecks mit einem Farbverlauf gefüllt werden, wie in Abbildung 39.45 zu sehen ist.

Abbildung 39.45 Ein Farbverlauf mit QLinearGradient

Um einen Brush zu erstellen, der Flächen mit einem Farbverlauf füllt, müssen Sie zunächst eine Instanz einer *Gradient*-Klasse (dt. »Gefälle«) erzeugen. Eine solche Klasse enthält alle Informationen, die benötigt werden, um einen Farbverlauf zu zeichnen. Es existieren drei verschiedene Gradient-Klassen, die jeweils einen eigenen Typus von Farbverlauf beschreiben:

Klasse	Beschreibung
QtGui.QConicalGradient	Beschreibt einen konischen Farbverlauf. Das Ergebnis ähnelt der Draufsicht eines Kegels.
QtGui.QLinearGradient	Beschreibt einen linearen Farbverlauf. Ein solcher wurde im Beispiel-Widget aus Abbildung 39.45 verwendet.
QtGui.QRadialGradient	Beschreibt einen kreisförmigen Farbverlauf.

Tabelle 39.26 Gradient-Klassen

Nachdem eine Instanz einer Gradient-Klasse mit den erforderlichen Informationen über den Farbverlauf erzeugt wurde, kann diese dem Konstruktor eines Brushs als Parameter übergeben werden. Ein auf diese Weise erzeugter Brush kann dann verwendet werden, um eine Fläche mit einem Farbverlauf zu füllen.

Transparenz

Das Qt-Framework unterstützt sowohl bei einem Brush als auch bei einem Pen das sogenannte *Alpha-Blending*. Darunter versteht man das Zeichnen teilweise transparenter Strukturen. Abbildung 39.46 zeigt zwei sich überschneidende, semitransparente Kreise.

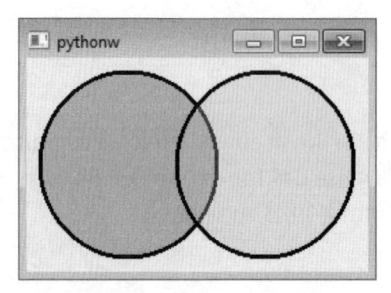

Abbildung 39.46 Alpha-Blending

Zum Verwenden von Alpha-Blending reicht es aus, bei der Erzeugung eines Brushs bzw. eines Pens eine QColor-Instanz mit einem Transparenzwert zu übergeben. Dieser Transparenzwert wird dem QColor-Konstruktor als vierter Parameter übergeben. Hier sind ganzzahlige Werte zwischen 0 (vollständig transparent) und 255 (opak) möglich.

Diese Möglichkeiten zur Darstellung von Transparenzen lassen sich auch im Zusammenhang mit den bereits besprochenen Farbverläufen für interessante Effekte nutzen (siehe Abbildung 39.47).

Abbildung 39.47 Transparenzeffekt

In diesem Beispiel-Widget wird eine von einem Rechteck überlagerte Grafik angezeigt. Das Innere dieses Rechtecks ist mit einem Farbverlauf-Brush gezeichnet. Die Zielfarbe dieses Farbverlaufs ist vollständig transparent.

Anti-Aliasing

Wenn Sie sich das Beispiel-Widget mit den beiden überlappenden, teilweise transparenten Kreisen noch einmal ansehen, werden Sie feststellen, dass man die einzelnen

Pixel, aus denen der Umriss der Kreise besteht, erkennen kann. Die Kreise sehen deswegen nicht besonders ansprechend aus. In vielen Fällen soll eine solche oder ähnliche Zeichnung »sauber« aussehen. Zu diesem Zweck existiert eine Technik namens *Anti-Aliasing*, von der Sie vielleicht schon im Zusammenhang mit Computerspielen gehört haben. Beim Anti-Aliasing werden die Randbereiche einer Zeichnung geglättet, sodass einzelne Pixel nicht mehr auszumachen sind. Das Qt-Framework bietet grundlegende Unterstützung zum Zeichnen mit Anti-Aliasing.

Das Transparenz-Beispiel mit aktiviertem Anti-Aliasing sehen Sie in Abbildung 39.48.

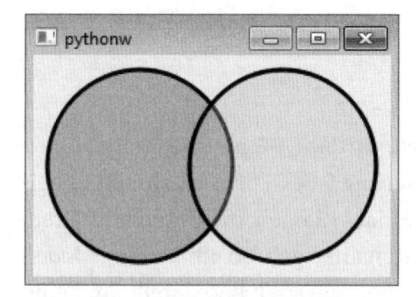

Abbildung 39.48 Anti-Aliasing

Um Anti-Aliasing bei einem Painter zu aktivieren, wird die Code-Zeile

`painter.setRenderHints(QtGui.QPainter.Antialiasing)`

verwendet, wobei `painter` eine `QPainter`-Instanz ist.

Transformationen

Eine weitere interessante Möglichkeit, die Qt bietet, sind *Transformationen*, die mithilfe von *Transformationsmatrizen* auf beliebige zu zeichnende Formen angewendet werden können. Eine Transformationsmatrix wird durch die Klasse `QMatrix` repräsentiert.

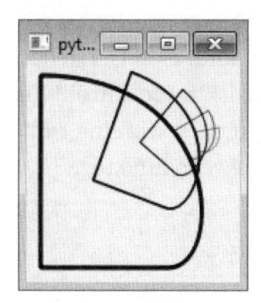

Abbildung 39.49 Matrixtransformationen

Im Beispiel aus Abbildung 39.49 wurde zunächst eine Figur erstellt. Da es sich dabei nicht um eine vorgefertigte Form handelt, muss die Figur mithilfe eines sogenannten *Painter Path* zu einer Einheit zusammengefügt werden. Ein Painter Path ist eine Instanz der Klasse `QPainterPath`. Die Form dieses Beispiels besteht aus zwei Linien und einer *Bézierkurve*[15].

Nachdem sowohl die Transformation als `QTransform`-Instanz als auch der Painter Path erstellt worden sind, kann die Transformation auf den Painter angewandt und der resultierende transformierte Painter Path schließlich gezeichnet werden. Im Beispiel wurde die Transformation in fünf Iterationsschritten immer wieder verändert und die entstandene Figur jeweils gezeichnet.

39.7 Model-View-Architektur

Mit der Version 4 wurde die *Model-View-Architektur* in das Qt-Framework eingeführt. Die grundlegende Idee dieser Art der Programmierung ist es, Form und Inhalt voneinander zu trennen. Bezogen auf Qt bedeutet das, dass Klassen, die Daten enthalten, von Klassen getrennt werden sollen, die diese Daten anzeigen. So gibt es eine *Model-Klasse*, die ein bekanntes Interface für die gespeicherten Daten bereitstellt, und eine *View-Klasse*, die über die Model-Klasse auf die Daten zugreift und diese auf der grafischen Oberfläche anzeigt. Es wird nicht vorausgesetzt, dass die Daten tatsächlich in der Model-Klasse gespeichert sind, sondern nur, dass die Model-Klasse Methoden bereitstellt, um auf die Daten zuzugreifen. Die Daten selbst können in einer Datenbank oder Datei stehen.

Das Aufteilen der Programmlogik in Model- und View-Klassen hat den Vorteil, dass das Programm insgesamt einfacher und besser strukturiert wird. Außerdem führen Änderungen in der Datenrepräsentation nicht dazu, dass die Anzeigeklasse angepasst werden muss. Umgekehrt ist es der Model-Klasse egal, in welcher Form die von ihr bereitgestellten Daten am Bildschirm angezeigt werden.

Das Verhältnis zwischen Model- und View-Klasse wird in Abbildung 39.50 veranschaulicht.

Das Qt-Framework bietet einige Klassen, die dem Programmierer beim Erstellen einer Model-View-Architektur helfen. Darunter finden sich Basisklassen sowohl für die Model- als auch für die View-Klassen. Im Folgenden besprechen wir eine rudimentäre Adressbuch-Applikation als Beispiel für eine Model-View-Architektur.

---

15 Eine Bézierkurve ist eine Kurve, die durch eine mathematische Funktion mit – im Falle einer kubischen Bézierkurve – vier Parametern beschrieben wird. Bézierkurven können auch in vielen Grafikprogrammen erstellt werden.

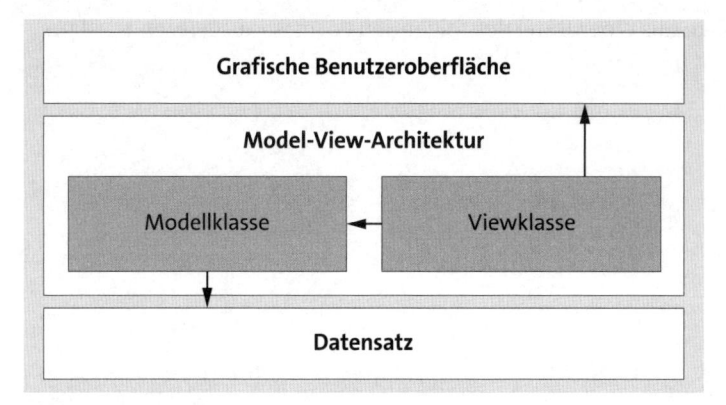

Abbildung 39.50 Die Model-View-Architektur

39.7.1 Beispielprojekt: ein Adressbuch

In diesem Abschnitt zeigen wir Ihnen einen praxisorientierten Einstieg in die Programmierung einer Model-View-Architektur anhand eines einfachen Beispielprogramms. Dazu dient ein grafisches Adressbuch, das beim Starten mehrere Adresssätze aus einer Textdatei einliest und dann grafisch auf dem Bildschirm darstellt. Intern werden die Datensätze durch eine Model-Klasse eingelesen und aufbereitet. Eine View-Klasse kümmert sich dann um die Anzeige der Daten.

Im ersten Schritt konzentrieren wir uns dabei auf das Einlesen und Anzeigen der Daten. Danach werden durch Erweiterungen des Beispielprogramms weitere Aspekte der Model-View-Programmierung in Qt vorgestellt. Die vorläufige Anwendung, die in diesem Abschnitt entwickelt wird, ist in Abbildung 39.51 dargestellt.

Abbildung 39.51 Ein Adressbuch

Die Adressdaten sollen aus einer Datei des folgenden Formats ausgelesen werden:

```
Donald Duck
don@ld.de
Pechvogelgasse 13
12345 Entenhausen
01234/313

Dagobert Duck
d@gobert.de
Geldspeicherweg 42
12345 Entenhausen
0190/123456
[…]
```

Die Adressdaten sind also zeilenweise in einer Datei gespeichert. Zwei Einträge im Adressbuch werden durch eine Leerzeile in der Quelldatei voneinander getrennt. Abgesehen davon, dass der Name der Person, zu der der Eintrag gehört, in der ersten Zeile des Eintrags steht, gibt es keine weiteren Anforderungen an die Formatierung der Daten.[16]

Das Adressbuch stellt eine Beispiel-Implementation für eine Model-View-Architektur dar:

- Die Model-Klasse hat die Aufgabe, die Quelldatei mit den Adressdaten einzulesen und eine Schnittstelle bereitzustellen, über die auf diese Daten zugegriffen werden kann.
- Die View-Klasse greift auf die in der Model-Klasse gespeicherten Daten zu und präsentiert diese dann in geeigneter Form auf dem Bildschirm. Da es sich bei dem Adressbuch im Prinzip um eine Liste von Adresseinträgen handelt, können wir hier auf die Basisklasse `QListView` des Qt-Frameworks zurückgreifen, die die grundlegende Funktionalität zum Anzeigen von Modelldaten mit Listenstruktur bereitstellt. Lägen die Daten in einer anderen Struktur vor, könnten die Basisklassen `QTreeView` oder `QTableView` verwendet werden, die eine baumartige bzw. tabellarische Struktur der Daten visualisieren.

Abbildung 39.52 stellt die Programmstruktur grafisch dar.

---

16 Tatsächlich ist das Dateiformat für den vorgestellten Verwendungszweck eher ungeeignet, da es beispielsweise für das Programm, das die Datei einliest, keine effiziente Möglichkeit gibt, die einzelnen Teilinformationen des Eintrags zuzuordnen, beispielsweise also die E-Mail-Adresse herauszufiltern. Das Dateiformat wird hier jedoch aufgrund seiner Einfachheit verwendet.

39.7 Model-View-Architektur

```
                    Grafische Benutzeroberfläche
                    Die View-Klasse ist ein Widget im GUI.


    Modell-Klasse                        View-Klasse
    QAbstractListModel                   QListView
    Liest die Daten ein und              Greift über die Schnittstelle
    stellt eine Schnittstelle            der Modell-Klasse auf die
    für diese zur Verfügung.             Daten zu und zeigt sie
                                         als Liste im GUI an.


                              Datensatz
              Die Adressdaten sind in einer Textdatei gespeichert.
```

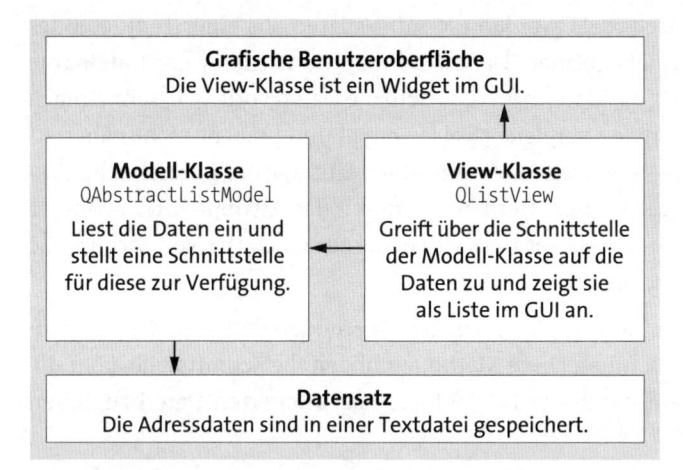

Abbildung 39.52 Die Model-View-Architektur des Beispielprogramms

Der Quellcode der Model-Klasse befindet sich in der Programmdatei *modell.py* und sieht folgendermaßen aus:

```python
from PyQt5 import QtCore
class Modell(QtCore.QAbstractListModel):
    def __init__(self, dateiname, parent=None):
        super().__init__(parent)
        self.datensatz = []
        # Lade Datensatz
        with open(dateiname) as f:
            lst = []
            for zeile in f:
                if not zeile.strip():
                    self.datensatz.append(lst)
                    lst = []
                else:
                    lst.append(zeile.strip())
            if lst:
                self.datensatz.append(lst)
    def rowCount(self, parent=QtCore.QModelIndex()):
        return len(self.datensatz)
    def data(self, index, role=QtCore.Qt.DisplayRole):
        return self.datensatz[index.row()]
```

Es wird die Model-Klasse Modell definiert, die von der Basisklasse QtCore.QAbstractListModel erbt. Diese Basisklasse implementiert die grundlegende Funktionalität einer Model-Klasse für einen Datensatz mit Listenstruktur.

Im Konstruktor der Klasse Modell werden die Adressdaten aus einer Textdatei des oben beschriebenen Formats geladen. Dazu wird dem Konstruktor der Dateiname dieser Datei übergeben. Da das Dateiformat, in dem die Daten vorliegen, sehr einfach ist, ist auch der Einlesevorgang vergleichsweise simpel und braucht nicht näher erläutert zu werden. Wichtig ist aber, dass die einzelnen Einträge des Adressbuchs klassenintern in einer Liste gespeichert werden, die durch das Attribut self.datensatz referenziert wird. Jeder Eintrag dieser Liste ist wiederum eine Liste von Strings, die den Zeilen des Eintrags entsprechen.

Am Ende der Klassendefinition werden noch zwei Methoden definiert, die jede Model-Klasse implementieren muss. Diese Methoden bilden die Schnittstelle, über die die View-Klasse später auf die in der Model-Klasse gespeicherten Daten zugreifen kann.

Die Methode rowCount muss die Anzahl der Elemente als ganze Zahl zurückgeben, die der Datensatz enthält. Der dabei übergebene Parameter parent spielt an dieser Stelle keine Rolle.

Die Methode data wird von der View-Klasse aufgerufen, um auf ein bestimmtes Element des Datensatzes zuzugreifen. Welches das ist, wird über den Parameter index mitgeteilt. Bei index handelt es sich aber nicht um eine ganze Zahl, sondern um eine QModelIndex-Instanz. Auf den numerischen Index kann über die Methode row dieser Instanz zugegriffen werden.

Die zur Model-Klasse passende View-Klasse ist in der Programmdatei *view.py* enthalten und sieht folgendermaßen aus:

```
class View(QtWidgets.QListView):
    def __init__(self, modell, parent=None):
        super().__init__(parent)
        self.delegate = ViewDelegate()
        self.setItemDelegate(self.delegate)
        self.setModel(modell)
        self.setVerticalScrollMode(QtWidgets.QListView.ScrollPerPixel)
```

Die View-Klasse View wird von der Basisklasse QListView abgeleitet. Diese Basisklasse stellt die Funktionalität bereit, die benötigt wird, um einen listenartigen Datensatz grafisch darzustellen. Alternativ hätten auch die Klassen QTreeView und QTableView als Basisklassen dienen können, wenn zur Darstellung der Daten eine baumartige oder tabellarische Struktur besser gewesen wäre.

Dem Konstruktor der Klasse View wird eine Instanz der soeben definierten Model-Klasse Modell übergeben, deren Inhalt grafisch dargestellt werden soll. Um die Daten jedoch tatsächlich anzuzeigen, wird eine weitere Klasse benötigt, der sogenannte *Delegate* (dt. »Abgesandter«). Ein Delegate, den wir im Anschluss an die View-Klasse besprechen, wird der View-Klasse über die Methode `setItemDelegate` zugewiesen. Die Delegate-Klasse enthält die Zeichenroutinen für ein Element des Datensatzes.

Zum Schluss wird noch das Modell mittels `setModel` eingebunden und, was eher eine kosmetische Angelegenheit ist, der Scrollmodus auf »pixelweise« gesetzt. Im Normalzustand verschiebt das `QListView`-Widget den Inhalt beim Scrollen immer um ganze Einträge, was bei großen Einträgen nicht schön aussieht.

Noch zu besprechen ist die Delegate-Klasse, die das Zeichnen der Einträge übernimmt. Dazu kann sie über die Schnittstelle der Model-Klasse auf den eingelesenen Datensatz zugreifen. In der Grafik, die eingangs die Model-View-Architektur des Beispielprogramms veranschaulichte, wurde die Delegate-Klasse aus Gründen der Einfachheit weggelassen. Das möchten wir an dieser Stelle nachholen und zeigen in Abbildung 39.53, wie sich die Delegate-Klasse in die Model-View-Architektur integriert.

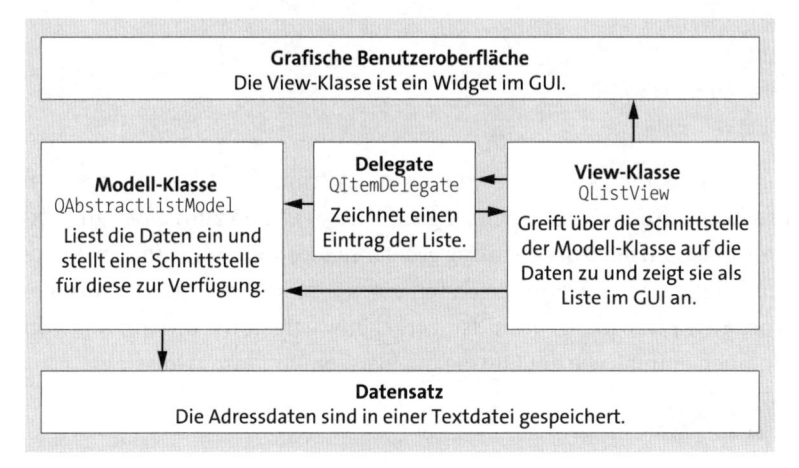

Abbildung 39.53 Die Model-View-Architektur des Beispielprogramms

Die Delegate-Klasse positioniert sich als Hilfsklasse zwischen der View- und der Model-Klasse. Die View-Klasse ruft die Methode `paint` der Delegate-Klasse für jeden Eintrag im Datensatz auf und stellt aus den Einzelzeichnungen das `ListView`-Widget zusammen, das auf der grafischen Benutzeroberfläche angezeigt wird. Wie bei der View- und Model-Klasse existiert im Qt-Framework eine Basisklasse, von der eine selbst definierte Delegate-Klasse abgeleitet werden muss.

Um einen Eintrag adäquat zeichnen zu können, kann die Delegate-Klasse über die von der Model-Klasse bereitgestellte Schnittstelle auf den Datensatz zugreifen. Selbstverständlich kann auch die View-Klasse selbst auf diesem Wege Daten des Datensatzes lesen.

Im Folgenden wird das Beispielprogramm um die noch fehlende Delegate-Klasse erweitert. Diese ist in der gleichen Programmdatei definiert wie die View-Klasse. Da die

Delegate-Klasse vergleichsweise umfangreich ist, werden wir sie Methode für Methode besprechen:

```python
from PyQt5 import QtWidgets, QtGui, QtCore
class ViewDelegate(QtWidgets.QItemDelegate):
    def __init__(self, parent=None):
        super().__init__(parent)
        self.rahmenStift = QtGui.QPen(QtGui.QColor(0,0,0))
        self.titelTextStift = QtGui.QPen(QtGui.QColor(255,255,255))
        self.titelFarbe = QtGui.QBrush(QtGui.QColor(120,120,120))
        self.textStift = QtGui.QPen(QtGui.QColor(0,0,0))
        self.titelSchriftart = QtGui.QFont("Helvetica", 10, QtGui.QFont.Bold)
        self.textSchriftart = QtGui.QFont("Helvetica", 10)
        self.zeilenHoehe = 15
        self.titelHoehe = 20
        self.abstand = 4
        self.abstandInnen = 2
        self.abstandText = 4
```

Im Konstruktor der Klasse `ViewDelegate` werden die Attribute initialisiert, die zum Zeichnen eines Adresseintrags von Bedeutung sind. Dazu zählen zum einen die Zeichenwerkzeuge, mit denen der Adresseintrag gezeichnet werden soll, und zum anderen Konstanten, die Richtgrößen zum Zeichnen eines Eintrags festlegen. Um zu besprechen, welches Attribut wozu gedacht ist, vergegenwärtigen wir uns anhand von Abbildung 39.54 noch einmal, wie ein Eintrag im späteren Programm aussieht.

Dagobert Duck
d@gobert.de
Geldspeicherweg 42
12345 Entenhausen
0190/123456

Abbildung 39.54 Ein Eintrag im Adressbuch

Tabelle 39.27 listet alle Attribute der Klasse `ViewDelegate` mit einer kurzen Beschreibung der jeweiligen Bedeutung auf.

Attribut	Beschreibung
rahmenStift	der Stift, mit dem der dünne schwarze Rahmen um den Eintrag gezeichnet wird
titelTextStift	der Stift, mit dem die Überschrift geschrieben wird

Tabelle 39.27 Attribute der Klasse ViewDelegate

Attribut	Beschreibung
titelFarbe	der Pinsel, mit dem das graue Rechteck unter der Überschrift gezeichnet wird
titelSchriftart	die Schriftart, in der die Überschrift geschrieben wird
textStift	der Stift, mit dem die Adressdaten geschrieben werden
textSchriftart	die Schriftart, in der die Adressdaten geschrieben werden
zeilenHoehe	die Höhe einer Adressdatenzeile in Pixel
titelHoehe	die Höhe der Überschrift in Pixel
abstand	der Abstand eines Eintrags vom Dialogrand und von anderen Einträgen in Pixel
abstandInnen	der Abstand zwischen dem grauen Rechteck unter der Überschrift und der Umrandung des Eintrags in Pixel
abstandText	der Abstand des Textes von der Umrandung des Eintrags auf der linken Seite in Pixel

Tabelle 39.27 Attribute der Klasse ViewDelegate (Forts.)

Damit ist der Konstruktor vollständig beschrieben. Es folgt die Methode sizeHint, die jede Delegate-Klasse implementieren muss.

```
def sizeHint(self, option, index):
    anz = len(index.data())
    return QtCore.QSize(170, self.zeilenHoehe*anz + self.titelHoehe)
```

Die Methode wird von der View-Klasse aufgerufen, um die Höhe und die Breite eines einzelnen Eintrags in Erfahrung zu bringen. Dabei werden ihr zwei Parameter übergeben: option und index.

Für den Parameter option wird eine Instanz der Klasse QStyleOptionViewItem übergeben, die verschiedene Anweisungen enthalten kann, in welcher Form der Eintrag gezeichnet werden soll. Da diese Formatanweisungen möglicherweise auch Einfluss auf die Maße eines Eintrags haben, werden sie auch der Funktion sizeHint übergeben. In unserem Beispielprogramm ist der Parameter option nicht von Belang und wird nicht weiter erläutert.

Mit dem zweiten Parameter, index, wird das Element spezifiziert, dessen Dimensionen zurückgegeben werden sollen. Für index wird eine Instanz der Klasse QModelIndex übergeben. Wichtig ist vor allem die Methode data der QModelIndex-Instanz, über die auf die Daten des Eintrags zugegriffen werden kann.

Die Implementierung der Methode `sizeHint` berechnet Breite und Höhe eines Eintrags und gibt die Werte als `QSize`-Instanz zurück. Die Breite liegt dabei bei konstanten 170 Pixeln.[17]

Die folgende Methode `paint` muss von einer Delegate-Klasse implementiert werden und wird immer dann aufgerufen, wenn ein einzelner Eintrag neu gezeichnet werden muss. Es wird pro `paint`-Aufruf immer nur ein Eintrag gezeichnet.

```python
def paint(self, painter, option, index):
    rahmen = option.rect.adjusted(self.abstand, self.abstand,
                    -self.abstand, -self.abstand)
    rahmenTitel = rahmen.adjusted(self.abstandInnen,
            self.abstandInnen, -self.abstandInnen+1, 0)
    rahmenTitel.setHeight(self.titelHoehe)
    rahmenTitelText = rahmenTitel.adjusted(self.abstandText,
                        0, self.abstandText, 0)
    datensatz = index.data()
    painter.save()
    painter.setPen(self.rahmenStift)
    painter.drawRect(rahmen)
    painter.fillRect(rahmenTitel, self.titelFarbe)
    # Titel schreiben
    painter.setPen(self.titelTextStift)
    painter.setFont(self.titelSchriftart)
    painter.drawText(rahmenTitelText,
            QtCore.Qt.AlignLeft | QtCore.Qt.AlignVCenter,
            datensatz[0])
    # Adresse schreiben
    painter.setPen(self.textStift)
    painter.setFont(self.textSchriftart)
    for i, eintrag in enumerate(datensatz[1:]):
        painter.drawText(rahmenTitel.x() + self.abstandText,
            rahmenTitel.bottom() + (i+1)*self.zeilenHoehe,
            eintrag)
    painter.restore()
```

Der Methode `paint` werden die drei Parameter `painter`, `option` und `index` übergeben. Für den Parameter `painter` wird eine `QPainter`-Instanz übergeben, die zum Zeichnen verwendet werden soll. Die beiden Parameter `option` und `index` haben die gleiche Bedeutung wie bei der Methode `sizeHint`.

---

17 Dabei handelt es sich um eine Vereinfachung des Beispielprogramms. Alternativ kann die Breite des Eintrags anhand der längsten Zeile berechnet werden. Dazu verwenden Sie die Methode `width` einer `QFontMetrics`-Instanz.

In der Methode paint werden zunächst einige Rechtecke berechnet, die nachher zum Zeichnen des Eintrags verwendet werden. Beachten Sie, dass option.rect die Zeichenfläche für den Eintrag in Form einer QRect-Instanz beschreibt. Alle Zeichenoperationen sollten sich also an diesem Rechteck ausrichten. Die angelegten lokalen Referenzen haben die folgenden Bedeutungen:

Attribut	Beschreibung
rahmen	das Rechteck, um das der dünne schwarze Rahmen gezogen wird
rahmenTitel	das Rechteck der grau hinterlegten Titelzeile
rahmenTitelText	das Rechteck, in das der Text in der Titelzeile geschrieben wird

Tabelle 39.28 Lokale Referenzen in der Methode paint

Nachdem die lokalen Referenzen angelegt wurden, wird der Status des Painters mittels save gespeichert, um ihn am Ende der Methode mittels restore wiederherstellen zu können. Ein als Parameter übergebener Painter sollte immer in den Ausgangszustand zurückversetzt werden, nachdem die Zeichenoperationen durchgeführt wurden, da sonst ein ungewollter Seiteneffekt in einer übergeordneten Funktion auftreten könnte.

Danach werden mithilfe der Methoden drawRect und fillRect des Painters der Rahmen um den Eintrag und die grau hinterlegte Titelzeile gezeichnet. Jetzt fehlen nur noch die Beschriftungen. Dazu werden zunächst die passende Schriftart und das gewünschte Stiftwerkzeug mittels setFont und setPen ausgewählt. Die Titelzeile des Eintrags wird im Rechteck rahmenTitelText linksbündig und vertikal zentriert mit der fetten Schriftart titelSchriftart und einem weißen Pen geschrieben.

Die Methode drawText des Painters kann in mehreren Varianten aufgerufen werden. So ist es beispielsweise möglich, (wie bei der Titelzeile) ein Rechteck und eine Positionsanweisung innerhalb dieses Rechtecks zu übergeben oder (wie bei den Adresszeilen des Eintrags) direkt die Koordinaten anzugeben, an die der Text geschrieben werden soll.

Zu guter Letzt werfen wir noch einen Blick auf das Hauptprogramm, das in der Programmdatei programm.py steht:

```
from PyQt5 import QtWidgets
import sys, modell, view
m = modell.Modell("adressbuch.txt")
app = QtWidgets.QApplication(sys.argv)
liste = view.View(m)
```

```
liste.resize(200, 500)
liste.show()
sys.exit(app.exec_())
```

Nachdem die lokalen Module `modell` und `view` eingebunden wurden, wird eine Instanz der Klasse `Modell` erzeugt, die den Datensatz aus der Datei `adressbuch.txt` repräsentiert.

Die View-Klasse `View` dient als einziges Widget der Applikation gleichzeitig als Fensterklasse. Bevor das Widget mittels `show` angezeigt wird, setzen wir seine Größe durch Aufruf der Methode `resize` auf einen sinnvollen Wert (200 Pixel breit und 500 Pixel hoch).

Wenn das Hauptprogramm ausgeführt wird, können Sie sehen, dass sich die Basisklasse `QListView` der View-Klasse tatsächlich um Feinheiten wie das Scrollen von Einträgen oder das Anpassen der Einträge bei einer Größenänderung kümmert (siehe Abbildung 39.55).

Abbildung 39.55 Scrollen im Adressbuch

39.7.2 Auswählen von Einträgen

Nachdem die Adressdaten als Liste angezeigt wurden, stellt sich die Frage, in welcher Form Benutzerinteraktionen umgesetzt werden können. In diesem Abschnitt wird das Beispielprogramm dahingehend erweitert, dass der Benutzer einen Eintrag des Adressbuchs auswählen kann. Im darauffolgenden Abschnitt behandeln wir dann das Editieren von Einträgen.

An der Grundstruktur des Beispielprogramms muss dafür nicht viel verändert werden, denn genau genommen ist das Auswählen im letzten Beispielprogramm schon möglich gewesen, wir haben bis jetzt nur alle Einträge der Liste gleich gezeichnet. Was noch fehlt, ist also die grafische Hervorhebung des ausgewählten Eintrags.

Das Adressbuch mit einem ausgewählten Eintrag ist in Abbildung 39.56 dargestellt.

Abbildung 39.56 Ein ausgewählter Eintrag im Adressbuch

Der ausgewählte Eintrag unterscheidet sich in der Farbe der Titelleiste und des Hintergrunds von den anderen Einträgen. Statt in Grau werden diese Flächen bei ausgewählten Einträgen blau gezeichnet. Dazu legen wir im Konstruktor der Delegate-Klasse zunächst einen neuen Brush mit den gewünschten Blautönen als Farbe an:

```
def __init__(self, parent=None):
    super().__init__(parent)
    […]
    self.titelFarbeAktiv = QtGui.QBrush(QtGui.QColor(0,0,120))
    self.hintergrundFarbeAktiv = QtGui.QBrush(QtGui.QColor(230,230,255))
    […]
```

Jetzt muss nur noch beim Zeichnen eines Eintrags, also in der Methode paint, unterschieden werden, ob es sich bei dem zu zeichnenden Eintrag um den momentan ausgewählten handelt oder nicht. Dies lässt sich anhand des Attributs state der QStyle-OptionViewItem-Instanz feststellen, die beim Aufruf der Methode paint für den Parameter option übergeben wird.

Wir ändern also das Zeichnen des grauen Titelrechtecks in folgenden Code:

```
if option.state & QtWidgets.QStyle.State_Selected:
    painter.fillRect(rahmen, self.hintergrundFarbeAktiv)
    painter.fillRect(rahmenTitel, self.titelFarbeAktiv)
else:
    painter.fillRect(rahmenTitel, self.titelFarbe)
```

Dieser Code muss vor dem Zeichnen des dünnen schwarzen Rahmens stehen:

```
painter.setPen(self.rahmenStift)
painter.drawRect(rahmen)
```

Das waren schon alle notwendigen Schritte, um es dem Benutzer zu erlauben, einen Eintrag des Adressbuchs auszuwählen.

39.7.3 Bearbeiten von Einträgen

Nachdem wir uns damit beschäftigt haben, wie die Adressdaten in einem `QListView`-Widget angezeigt werden können, und das Beispielprogramm dahingehend erweitert haben, dass ein Eintrag vom Benutzer ausgewählt werden kann, liegt die Frage nahe, ob wir dem Benutzer auch das Bearbeiten eines Datensatzes erlauben können. Es ist zwar nicht so einfach wie das Selektieren im vorangegangenen Abschnitt, doch auch für das Editieren eines Eintrags bietet die Model-View-Architektur von Qt eine komfortable Schnittstelle an.

Im späteren Programm wird das Bearbeiten eines Eintrags so aussehen, wie es in Abbildung 39.57 gezeigt ist.

Abbildung 39.57 Bearbeiten eines Adresseintrags

Um das Bearbeiten von Einträgen zu ermöglichen, müssen die einzelnen Einträge des Datensatzes von der Model-Klasse zunächst explizit als editierbar gekennzeichnet werden. Dazu muss die Model-Klasse die Methode `flags` implementieren:

```
def flags(self, index):
    return QtCore.Qt.ItemIsSelectable | QtCore.Qt.ItemIsEditable\
                    | QtCore.Qt.ItemIsEnabled
```

Diese Methode wird immer dann aufgerufen, wenn das QListView-Widget nähere Informationen über den Eintrag erhalten will, der durch die QModelIndex-Instanz index spezifiziert wird. In unserem Fall werden unabhängig vom Index des Eintrags pauschal die Flags ItemIsSelectable, ItemIsEditable und ItemIsEnabled zurückgegeben, die für einen selektierbaren, editierbaren und aktivierten Eintrag stehen. Standardmäßig – also wenn die Methode flags nicht implementiert wird – erhält jeder Eintrag die Flags ItemIsSelectable und ItemIsEnabled.

Zusätzlich zur Methode flags sollte die Model-Klasse die Methode setData implementieren, die die Aufgabe hat, die vom Benutzer veränderten Einträge in den Datensatz zu übernehmen.

```
def setData(self, index, value, role=QtCore.Qt.EditRole):
    self.datensatz[index.row()] = value
    self.layoutChanged.emit()
    return True
```

Der Methode werden der Index des veränderten Eintrags und der veränderte Inhalt dieses Eintrags übergeben. Der zusätzliche Parameter role soll uns an dieser Stelle nicht weiter interessieren. Im Körper der Methode wird der alte Eintrag in dem in der Model-Klasse gespeicherten Datensatz self.datensatz durch den veränderten ersetzt. Danach wird das Signal layoutChanged gesendet, das die View-Klasse dazu veranlasst, die Anzeige vollständig neu aufzubauen. Das ist sinnvoll, da sich durch die Änderungen des Benutzers die Zeilenzahl und damit die Höhe des jeweiligen Eintrags verändert haben könnte.

Das sind alle Änderungen, die an der Model-Klasse vorgenommen werden müssen, um das Editieren eines Eintrags zu erlauben. Doch auch die Delegate-Klasse muss einige zusätzliche Methoden implementieren. Dabei handelt es sich um die Methoden createEditor, setEditorData, updateEditorGeometry, setModelData und eventFilter, die im Folgenden besprochen werden.

Die Methode createEditor wird aufgerufen, wenn der Benutzer doppelt auf einen Eintrag klickt, um diesen zu editieren. Die Methode createEditor muss ein Widget zurückgeben, das dann anstelle des entsprechenden Eintrags zum Editieren angezeigt wird.

```
def createEditor(self, parent, option, index):
    return QtWidgets.QTextEdit(parent)
```

Der Methode werden die bereits bekannten Parameter option und index übergeben, die den zu editierenden Eintrag spezifizieren. Zusätzlich wird für parent das Widget übergeben, das als Eltern-Widget des Editor-Widgets eingetragen werden soll. In diesem Fall erstellen wir ein QTextEdit-Widget, in dem der Benutzer den Eintrag bearbeiten soll.

Die Methode `setEditorData` wird vom `QListView`-Widget aufgerufen, um das von `createEditor` erzeugte Widget mit Inhalt zu füllen.

```
def setEditorData(self, editor, index):
    editor.setPlainText("\n".join(index.data()))
```

Dazu bekommt die Methode das Editor-Widget in Form des Parameters `editor` und den bekannten Parameter `index` übergeben, der den zu editierenden Eintrag spezifiziert. Im Methodenkörper werden die Daten des zu editierenden Eintrags ausgelesen und mittels `join` zu einem einzigen String zusammengefügt. Dieser String wird dann durch Aufruf der Methode `setPlainText` in das `QTextEdit`-Widget geschrieben.

Die Methode `updateEditorGeometry` wird vom `QListView`-Widget aufgerufen, um die Größe des Editor-Widgets festlegen zu lassen.

```
def updateEditorGeometry(self, editor, option, index):
    rahmen = option.rect.adjusted(self.abstand, self.abstand,
                                  -self.abstand, -self.abstand)
    editor.setGeometry(rahmen)
```

Die Methode bekommt die bekannten Parameter `option` und `index` und zusätzlich das Editor-Widget `editor` übergeben. In diesem Fall verpassen wir dem Editor-Widget mittels `setGeometry` die gleiche Größe, die der entsprechende Eintrag gehabt hätte, wenn er normal gezeichnet worden wäre.

Die Methode `setModelData` wird aufgerufen, wenn das Editieren durch den Benutzer erfolgt ist, um die veränderten Daten aus dem Editor-Widget auszulesen und an die Model-Klasse weiterzureichen.

```
def setModelData(self, editor, model, index):
    model.setData(index, editor.toPlainText().split("\n"))
```

Die Methode bekommt sowohl das Editor-Widget als auch die Model-Klasse in Form der Parameter `editor` und `model` übergeben. Zusätzlich wird eine `QModelIndex`-Instanz übergeben, die den editierten Eintrag spezifiziert. In der Methode wird der Text des `QTextEdit`-Widgets ausgelesen und in einzelne Zeilen unterteilt. Danach wird die vorhin angelegte Methode `setData` der Model-Klasse aufgerufen.

Damit ist die grundlegende Funktionalität zum Editieren eines Eintrags implementiert. Allerdings werden Sie beim Ausführen des Programms feststellen, dass die Enter -Taste beim Editieren eines Eintrags sowohl eine neue Zeile beginnt als auch das Editieren des Eintrags beendet. Das ist nicht besonders glücklich und sollte behoben werden. Dazu implementieren wir die Methode `eventFilter`, die immer dann aufgerufen wird, wenn ein Event eintritt. Ein Event ist beispielsweise das Drücken einer Taste während des Editierens eines Eintrags.

```
def eventFilter(self, editor, event):
    if event.type() == QtCore.QEvent.KeyPress \
        and event.key() in (QtCore.Qt.Key_Return, QtCore.Qt.Key_Enter):
        return False
    return QtWidgets.QItemDelegate.eventFilter(self, editor, event)
```

Die Methode bekommt das Editor-Widget editor und eine QEvent-Instanz übergeben, die das aufgetretene Event spezifiziert. Im Körper der Methode wird überprüft, ob es sich bei dem Event um einen Tastendruck handelt und – wenn ja – ob es sich bei der gedrückten Taste um die Enter - oder die ↵ -Taste handelt.[18] Nur wenn es sich bei dem Event nicht um eine gedrückte Enter - oder ↵ -Taste handelt, wird die Standard-Implementation der Methode aufgerufen, beispielsweise soll also bei gedrückter Esc -Taste weiterhin das Editieren des Eintrags abgebrochen werden. Im Falle der Enter - oder der ↵ -Taste wird nichts dergleichen unternommen.

---

[18] Es gibt einen Unterschied zwischen diesen beiden Tasten. Enter finden Sie auf der Tastatur in der unteren rechten Ecke des Nummernblocks, während die ↵ -Taste diejenige ist, die Sie verwenden, um in einem Text eine neue Zeile zu beginnen.

Kapitel 40
Python als serverseitige Programmiersprache im WWW – ein Einstieg in Django

In der heutigen Zeit unterscheidet sich die Technik im World Wide Web drastisch von ihren Anfängen: Das rein informative Netzwerk aus statischen HTML-Seiten hat sich zu einer interaktiven Austauschplattform entwickelt, mit der praktisch alles möglich ist. Man kann über das Internet einkaufen, seinen nächsten Urlaub buchen, die Nachrichten verfolgen, seine sozialen Kontakte in Chats oder auf Community-Seiten pflegen oder bei der Gestaltung von Wissensdatenbanken wie der Wikipedia mitwirken.

Alle diese neuen Möglichkeiten verdankt das Internet im Wesentlichen den Programmen, die die Webseiten dynamisch mit den geforderten Daten generieren. Die Webprogrammierung war lange Zeit hauptsächlich eine Domäne für die Skriptsprache PHP[1], die sich in der Vergangenheit – mangels Alternativen – durchgesetzt hat. Skriptsprachen im Allgemeinen eignen sich besonders für die Programmierung von Webanwendungen, weil die Entwicklungszeiten aufgrund der geringeren technischen Komplexität gegenüber maschinennahen Programmiersprachen oft erheblich kürzer sind, sodass sich neue Funktionen schnell umsetzen lassen und weniger Code für die gleiche Funktionalität benötigt wird. Außerdem ist gerade bei Programmen im WWW die Ausführungsgeschwindigkeit häufig weniger wichtig, da die meiste Zeit in der Regel nach dem Ende des Programms durch die verhältnismäßig langsame Verbindung zwischen Server und Client verloren geht.

Heutzutage ist PHP nicht mehr die einzige serverseitige Programmiersprache, die die oben genannten Kriterien erfüllt. An die Seite von PHP gesellen sich Sprachen wie Perl, Java, Ruby und im Besonderen Python.

Um den speziellen Anforderungen gerecht zu werden, die sich bei der Entwicklung dynamischer Webseiten ergeben, werden sogenannte *Webframeworks* verwendet. Das Ziel dieser Frameworks besteht darin, dem Programmierer die immer wiederkehrenden Aufgaben abzunehmen, die sich bei der Erstellung dynamischer Internetseiten ergeben. Dazu zählen

---

[1] PHP (rekursive Abkürzung von *PHP: Hypertext Preprocessor*) ist eine Skriptsprache, die für die Einbettung in HTML-Seiten entwickelt wurde. Die Syntax von PHP ist an die Programmiersprache C angelehnt. Nahezu jeder Hosting-Service bietet heute Unterstützung für PHP-Skripte an.

- die Kommunikation mit dem Webserver,
- die Generierung von HTML-Ausgaben durch Template-Systeme und
- der Zugriff auf Datenbanken.

Im Optimalfall braucht der Entwickler sich nicht mehr um die Besonderheiten der Datenbank und des Servers zu kümmern, sondern kann sich darauf konzentrieren, die Funktionen seiner Anwendung zu implementieren.

Es gibt viele Webframeworks für Python, die alle ihre Vor- und Nachteile haben. Wir werden im Rahmen dieses Buchs das Framework *Django* behandeln, das sich durch seinen Funktionsumfang, seine Eleganz und seine weite Verbreitung auszeichnet. Django ist ein ausgereiftes Framework, das 2005 zum ersten Mal veröffentlicht wurde. Es ist kostenlos unter der BSD-Lizenz verfügbar und besonders für die Entwicklung komplexer datenbankgestützter Anwendungen konzipiert. Beispiele für Internetplattformen, die auf Django setzen, sind Instagram, Pinterest oder die Hilfeseiten des Webbrowsers Firefox.

Aufgrund des großen Umfangs von Django werden wir Ihnen in diesem Kapitel nur grundlegendes Wissen vermitteln können. Es gibt aber im Internet sehr viel gute Dokumentation zum Thema Django. Besonders sei Ihnen dabei die Homepage des Projekts, *http://www.djangoproject.com*, ans Herz gelegt, die ausführliche Beschreibungen in englischer Sprache bereitstellt.

Um Sie mit den Grundlagen von Django vertraut zu machen, werden wir im Folgenden eine kleine Webanwendung implementieren, die News-Beiträge verwalten kann. Außerdem wird es für die Besucher der Seite möglich sein, Kommentare zu den einzelnen Meldungen abzugeben.

40.1 Konzepte und Besonderheiten von Django

Django setzt auf das *Model-View-Konzept*, das Sie schon in Abschnitt 39.7 über Qt kennengelernt haben. Eine typische Django-Anwendung definiert ein *Datenmodell*, das automatisch von Django in einer Datenbank verwaltet wird. Die Ausgabe für Endbenutzer übernehmen sogenannte *Views* (dt. *Ansichten*), die auf das Datenmodell zurückgreifen können.

Zurzeit unterstützt Django die Datenbanken MySQL, SQLite3 und PostgreSQL[2]. Außerdem befinden sich Anbindungen für Microsofts SQL-Server MSSQL und für den Oracle-Datenbankserver in der Entwicklung.

---

2 SQLite3 ist als Modul in Pythons Standardbibliothek enthalten und kann ohne besondere Konfiguration sofort benutzt werden. Für MySQL und PostgreSQL benötigen Sie einen separaten Datenbankserver.

Der Webentwickler bleibt beim Umgang mit den Datenmodellen vor technischen Details wie der Abfragesprache SQL vollkommen verschont. Seine Aufgabe besteht nur darin, Django mitzuteilen, welche Datenbank verwendet werden soll. Das Datenbanklayout wird über Python-Code definiert, und Django übernimmt die Kommunikation mit der Datenbank.

Als besonderes Bonbon für den Webentwickler erstellt Django anhand der Modelldefinition automatisch eine Administrationsoberfläche, um die Daten des Modells zu verwalten.

Django unterscheidet zwischen *Projekten* und *Applikationen* (auch *Apps* genannt). Als Projekt wird eine Website als Ganzes bezeichnet, die beispielsweise eine News-Seite, ein Forum und ein Gästebuch umfassen kann. Applikationen sind dafür zuständig, die Funktionen eines Projekts zu realisieren. Im Beispiel hätte das Projekt also drei Applikationen: eine News-Applikation, eine Forum-Applikation und eine Applikation für das Gästebuch.

Django vertritt das Prinzip des *Loose Coupling* (dt. *schwache Kopplung*) für alle Teile der Webanwendung. Das bedeutet, dass möglichst viel unabhängig voneinander entwickelt werden kann, sodass die einzelnen Teile auf anderen Seiten verwendet werden können. Insbesondere soll es problemlos möglich sein, Applikationen in verschiedenen Projekten zu verwenden, ohne den Code wesentlich anpassen zu müssen.

Ein weiteres Prinzip von Django lautet *DRY* für *Don't Repeat Yourself* (dt. *wiederhole dich nicht*). In der Praxis sorgt die Umsetzung dieses Prinzips beispielsweise dafür, dass Django Angaben zu den verwendeten Datenobjekten einerseits zur Verwaltung der Datenbank, andererseits zur Bereitstellung einer Administrationsoberfläche verwendet.

40.2 Installation von Django

Wir werden in diesem Abschnitt die Installation des Moduls *Django* beschreiben, das notwendig ist, um Django-Anwendungen zu entwickeln. Wie Sie fertige Anwendungen auf einem Webserver der Öffentlichkeit zur Verfügung stellen, können Sie in der Django-Dokumentation auf *http://www.djangoproject.com* nachlesen beziehungsweise bei Ihrem Hosting-Service erfragen.[3]

Django befindet sich in aktiver Entwicklung und wird stetig verbessert und erweitert. Zum Zeitpunkt der Drucklegung dieses Buchs wird die Version 1.10.5 von Django in der Anaconda-Distribution mitgeliefert, die mit den Python-Versionen 2.7, 3.4 und

---

[3] Stichwörter dazu sind z. B. Apache-Webserver, `mod_python`, `mod_wsgi` und WSGI.

3.5 funktioniert.[4] Wir werden uns daher in diesem Kapitel auf die Version 1.10.5 von Django beziehen.

Nachdem Sie die Installation erfolgreich abgeschlossen haben, sollten Sie das Modul `django` in Python importieren können. Außerdem sollte die Funktion von `django.get_version()` den String `'1.10.5'` liefern.

```
>>> import django
>>> django.get_version()
'1.10.5'
```

Bitte stellen Sie sicher, dass Sie die korrekte Version von Django installiert haben, bevor Sie in Abschnitt 40.3, »Erstellen eines neuen Django-Projekts«, fortfahren.[5]

40.2.1 Installation mit Anaconda

Die Python-Distribution Anaconda bietet ein Paket für Django an, das Sie wie in Abschnitt 38.4 beschrieben durch

```
$ conda install django=1.10.5
```

installieren können.

40.2.2 Für Leser, die Anaconda nicht verwenden

Wenn Sie Linux verwenden, stellt Ihre Distribution wahrscheinlich ein Paket mit Django zur Verfügung. Unter Ubuntu können Sie es beispielsweise mit folgendem Kommando installieren:

```
$ sudo apt-get install python3-django
```

Es ist allerdings möglich, dass dieses Paket eine ältere Version von Django als 1.10.5 enthält. Um dies herauszufinden, starten Sie den Python-Interpreter, importieren das Modul `django` und prüfen, ob die Ausgabe von `django.get_version()` den Wert `'1.10.5'` liefert.

Falls Ihre Distribution kein oder ein veraltetes Paket für Django mit Python 3 anbietet, verwenden Sie den Python-Paketmanager `pip`, um Django zu installieren.[6] Vorher sollten Sie gegebenenfalls das veraltete Paket Ihrer Distribution wieder deinstallieren.

---

[4] Offiziell wird Python 3.6 erst mit der Django-Version 1.11 unterstützt. Die Testprogramme in diesem Kapitel wurden aber auch mit Version 1.10.5 unter Python 3.6 getestet.

[5] Aufgrund der raschen Weiterentwicklung kann es sein, dass hier beschriebene Funktionen in anderen Versionen von Django nicht vorhanden sind oder sich geändert haben.

[6] Weitere Informationen zum Python-Paketmanager finden Sie in Abschnitt 38.1.3.

Mit `pip` können Sie Django dann folgendermaßen installieren, wobei wir uns hier auf die Distribution Ubuntu beziehen:[7]

```
$ pip3 install --user Django==1.10.5
Collecting Django==1.10.5
  Downloading Django-1.10.5-py2.py3-none-any.whl (6.8MB)
    100% |################################| 6.8MB 61kB/s
Installing collected packages: Django
Successfully installed Django
```

Nun können Sie das Modul `django` in der richtigen Version in Python importieren.

Abschluss der Installation

Wir werden im weiteren Verlauf das Programm `django-admin.py` verwenden, das von Django mitgeliefert wird. Daher müssen Sie dafür sorgen, dass das Programm von Ihrem Betriebssystem gefunden wird.

Um zu prüfen, ob ihr System das Programm bereits findet, führen Sie folgenden Befehl in einer Konsole aus:

```
$ django-admin.py version
```

Antwortet das Programm mit der Ausgabe `1.10.5`, ist keine weitere Konfiguration nötig, und Sie können in Abschnitt 40.3 fortfahren.

Falls ein Fehler ausgegeben wird, weil das Programm nicht gefunden werden konnte, müssen Sie den Pfad zu `django-admin.py` der Umgebungsvariablen für ausführbare Dateien hinzufügen.

Unter Windows befindet sich das Programm `django-admin.py` im Unterverzeichnis *Scripts* der Python-Installation. In der Systemsteuerung von Windows können Sie nun eine Umgebungsvariable `Path` anlegen, die den Pfad zum Verzeichnis *Scripts* enthält. Standardmäßig ist dies *C:\Python36\Scripts*.

Unter Linux und macOS müssen Sie ebenfalls den Pfad zu `django-admin.py` zur Umgebungsvariablen `PATH` hinzufügen. Wenn Sie Django mit dem Python-Paketmanager und der Option `--user` installiert haben, finden Sie das Programm im Verzeichnis *~/.local/bin*. Für die aktuelle Sitzung können Sie die Variable `PATH` dann folgendermaßen anpassen:

```
export PATH=~/.local/bin:$PATH
```

Um diese Einstellung auch nach einem Neustart der Konsole zu erhalten, sollten Sie die Konfiguration Ihrer Shell entsprechend anpassen.

Nun können wir uns endlich an unser erstes Django-Projekt wagen.

---

[7] Das Programm `pip3` wird in Ubuntu vom Paket `python3-pip` bereitgestellt.

40.3 Erstellen eines neuen Django-Projekts

Bevor wir mit Django arbeiten können, müssen wir einen Projektordner erstellen, der die Konfiguration unseres Projekts enthält. Django stellt dazu das Tool django-admin.py bereit. Mit dem folgenden Befehl in der Kommandozeile wird die Projektstruktur angelegt.

```
$ django-admin.py startproject news_seite
```

Die Zeichenfolge news_seite ist dabei der gewünschte Name des neuen Projekts. Nach der erfolgreichen Ausführung von django-admin.py existiert eine neue Ordnerstruktur mit den Projektdateien auf der Festplatte (siehe Abbildung 40.1).

```
news_seite
└── news_seite
    ├── __init__.py
    ├── settings.py
    ├── urls.py
    └── wsgi.py
└── manage.py
```

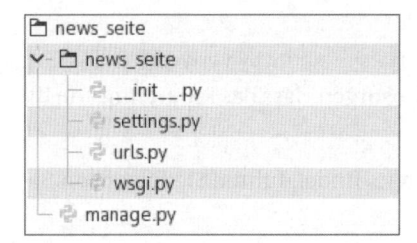

Abbildung 40.1 Ordnerstruktur eines frischen Django-Projekts

Wie Sie sehen, wurden zwei verschachtelte Verzeichnisse mit dem Namen des Projekts *news_seite* angelegt. Dabei enthält das innere Verzeichnis das eigentliche Projekt, während das äußere Verzeichnis zur Verwaltung dient.

In Tabelle 40.1 sind die Bedeutungen der einzelnen Dateien erklärt.

Dateiname	Zweck
news_seite/__init__.py	Die Datei ist standardmäßig leer und nur deshalb notwendig, damit das Projekt als Python-Modul importiert werden kann. Jedes Django-Projekt muss ein gültiges Python-Modul sein.
news_seite/settings.py	In dieser Datei sind alle Einstellungen für unser Projekt gespeichert. Dazu zählt insbesondere die Konfiguration der Datenbank.
news_seite/urls.py	Hier wird festgelegt, über welche Adressen die Seiten unseres Projekts erreichbar sein sollen.
news_seite/wsgi.py	Diese Datei wird benötigt, um das Projekt mit einem WSGI-kompatiblen Webserver zu nutzen.*

Tabelle 40.1 Bedeutung der Dateien in einem Django-Projekt

Dateiname	Zweck
manage.py	Das Programm manage.py dient zur Verwaltung unseres Projekts. Mit ihm können wir beispielsweise die Datenbank aktualisieren oder das Projekt für die Fehlersuche ausführen.
* Das *Web Server Gateway Interface* (WSGI) ist eine Spezifikation, die die Kommunikation von Python-Programmen mit einem Webserver standardisiert.	

Tabelle 40.1 Bedeutung der Dateien in einem Django-Projekt (Forts.)

Nun können wir mit der Arbeit an dem Projekt beginnen.

40.3.1 Der Entwicklungswebserver

Das frische Projektskelett kann in diesem Zustand schon getestet werden. Um die Entwicklung von Django-Anwendungen zu erleichtern, bietet das Framework einen einfachen Webserver an. Dieser Server überwacht ständig die Änderungen, die Sie am Code Ihrer Anwendung vornehmen, und lädt automatisch die veränderten Programmteile nach, ohne dass er dazu neu gestartet werden muss.

Den Entwicklungswebserver können Sie über das Verwaltungsprogramm manage.py starten, indem Sie den Parameter runserver übergeben. Bevor Sie den Befehl ausführen, müssen Sie in das Projektverzeichnis *news_seite* wechseln. Unter Windows entfällt das Kommando python zu Beginn des folgenden Beispiels, falls Sie *.py*-Dateien mit Python verknüpft haben.

```
$ cd news_seite
$ python manage.py runserver
python manage.py runserver
Performing system checks...

System check identified no issues (0 silenced).

You have 13 unapplied migration(s). Your project may not work properly until
you apply the migrations for app(s): admin, auth, contenttypes, sessions.
Run 'python manage.py migrate' to apply them.

February 12, 2017 - 16:28:08
Django version 1.10.5, using settings 'news_seite.settings'
Starting development server at http://127.0.0.1:8000/
Quit the server with CONTROL-C.
```

Wie Sie der Ausgabe entnehmen können, ist der Entwicklungsserver unter der Adresse *http://127.0.0.1:8000/* erreichbar. Die Seite sieht im Browser folgendermaßen aus:

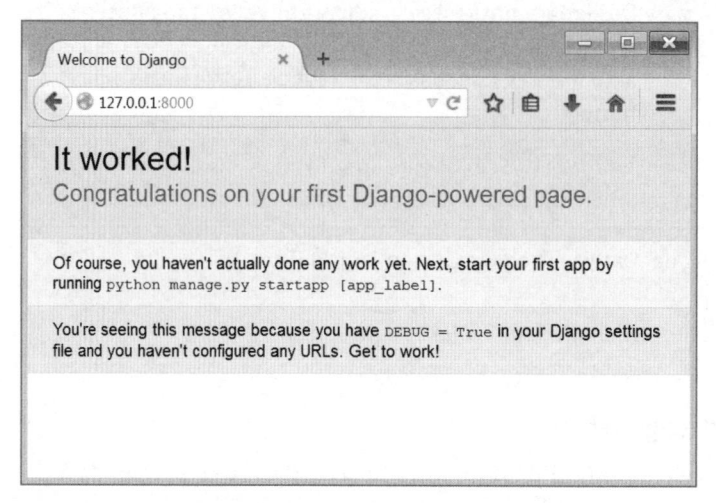

Abbildung 40.2 Ausgabe des noch leeren Projekts im Browser

> **Hinweis**
>
> Djangos Einwicklungswebserver ist ausschließlich für die *Entwicklung* von Webanwendungen gedacht und sollte niemals für eine *öffentliche* Seite benutzt werden. Verwenden Sie für den produktiven Einsatz Ihrer Webanwendungen ausgereifte Webserver wie beispielsweise Apache. Eine Anleitung zur Konfiguration von Apache mit Django finden Sie in der Django-Dokumentation.

40.3.2 Konfiguration des Projekts

Bevor wir sinnvoll mit unserem Projekt arbeiten können, muss es konfiguriert werden. Dazu öffnen wir die Datei *settings.py* in einem Texteditor. Es handelt sich bei der Datei um ein einfaches Python-Modul, das Django über globale Variablen konfiguriert. Allerdings beinhaltet es auch sehr spezielle Einstellungen, die uns an dieser Stelle nicht interessieren.

Wir beschränken uns im ersten Schritt auf die Einstellungen, die die Datenbank von Django betreffen. In der Datei finden Sie einen Block der folgenden Gestalt:

```
DATABASES = {
    'default': {
        'ENGINE': 'django.db.backends.sqlite3',
        'NAME': os.path.join(BASE_DIR, 'db.sqlite3'),
    }
}
```

Das Dictionary DATABASES definiert die Datenbanken, die mit dem Django-Projekt verwendet werden sollen. Dabei wird dem Namen jeder Datenbank ein weiteres Dictionary mit der Datenbankkonfiguration zugeordnet. In einem Projekt, das nur eine Datenbank verwendet, gibt es nur den obligatorischen Eintrag 'default'.

Der Wert zum Schlüssel ENGINE legt den verwendeten Datenbanktreiber fest. Django liefert die folgenden Treiber mit:[8]

Datenbanktreiber	Datenbank
django.db.backends.sqlite3	SQLite3
django.db.backends.mysql	MySQL (ab Version 5.5); benötigt z. B. mysqlclient.
django.db.backends.postgresql_psycopg2	PostgreSQL (ab Version 9.2); benötigt psycopg.
django.db.backends.oracle	Oracle Database Server (ab Version 11.2); benötigt cx_Oracle.

Tabelle 40.2 Von Django mitgelieferte Datenbanktreiber. Gegebenenfalls werden Drittanbietermodule benötigt.

Die weiteren Angaben legen die Parameter der Datenbank fest. Für SQLite3 im Beispiel gibt der Parameter NAME den Pfad zu der Datenbankdatei an. Weitere Parameter sind HOST, PORT, USER und PASSWORD, mit denen der Zugang zu einem Datenbankserver zum Beispiel bei MySQL oder PostgreSQL festgelegt werden kann.

Da SQLite standardmäßig mit Python ausgeliefert wird und daher bei der Verwendung von SQLite keine zusätzlichen Module installiert werden müssen, wird unser Beispielprojekt eine SQLite-Datenbank nutzen. Dazu belassen wir die beiden für SQLite relevanten Einstellungen ENGINE und NAME wie in der Standardkonfiguration, wodurch die Datenbankdatei im selben Verzeichnis wie *manage.py* angelegt wird.

Außerdem sollten Sie die Sprache von Django auf die Gegebenheiten von Deutschland umstellen. Dies geschieht mit der Anpassung der Variablen LANGUAGE_CODE.

LANGUAGE_CODE = 'de-DE'

Der Einfachheit halber deaktivieren wir außerdem Djangos Unterstützung für Zeitzonen, indem wir die Variable USE_TZ anpassen.

USE_TZ = False

---

[8] Neben diesen mitgelieferten Treibern gibt es weitere Treiber, die von anderen Anbietern zur Verfügung gestellt werden. Informationen dazu finden Sie unter *https://docs.djangoproject.com/en/1.10/ref/databases/#third-party-notes*.

Wenn Sie nun in Ihrem Webbrowser die Adresse *http://127.0.0.1:8000/* neu laden, erscheint die Standardausgabe des neuen Projekts aus Abbildung 40.2 in deutscher Sprache.

Damit sind die grundlegenden Einstellungen vorgenommen, und wir können uns an unsere erste Django-Applikation wagen.

40.4 Erstellung einer Applikation

Ein Projekt ist nur der Rahmen für eine Webseite. Die eigentliche Funktionalität wird durch die *Applikationen* implementiert, die in das Projekt eingebunden werden. Genau wie für Projekte bietet Django auch für Applikationen ein Werkzeug an, um das Grundgerüst einer Applikation zu erzeugen.

Um unsere News-Applikation zu anzulegen, wechseln wir mit einer Konsole in das Projektverzeichnis, in dem die Datei *manage.py* liegt, und führen den folgenden Befehl aus (das python am Anfang kann unter Windows entfallen).

```
$ python manage.py startapp news
```

Das Programm erzeugt in unserem Projektverzeichnis einen neuen Ordner namens *news*, der ein weiteres Verzeichnis und mehrere Dateien enthält (siehe Abbildung 40.3). Dabei ist news der Name der neuen Applikation.

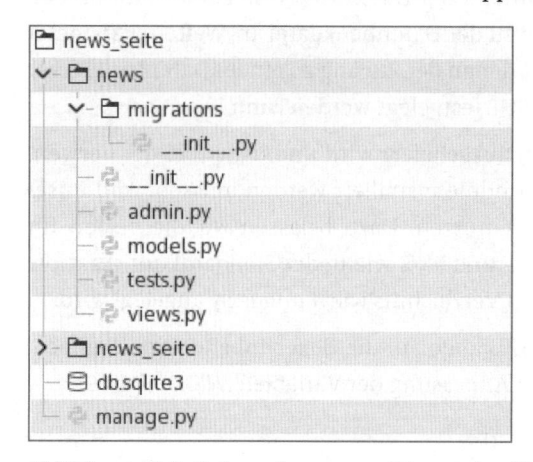

```
📁 news_seite
├── 📁 news
│   ├── 📁 migrations
│   │   └── __init__.py
│   ├── __init__.py
│   ├── admin.py
│   ├── models.py
│   ├── tests.py
│   └── views.py
├── 📁 news_seite
├── 🗄 db.sqlite3
└── manage.py
```

Abbildung 40.3 Ordner einer neuen Django-Applikation

Für uns sind zunächst die beiden Dateien *models.py* und *views.py* interessant, die dazu dienen, das Django zugrunde liegende *Model-View-Konzept* umzusetzen.

Das sogenannte *Model* definiert die Struktur unserer Daten in der Datenbank. Außerdem bieten Models eine komfortable Schnittstelle für den Zugriff auf die gespeicherten Daten. Wie die konkrete Kommunikation mit der Datenbank abläuft, braucht den

Programmierer nicht zu interessieren. Er kann beim Umgang mit den Daten auf die Schnittstellen des Models zurückgreifen, ohne sich um technische Details wie SQL-Statements kümmern zu müssen.[9] Die Datenbank selbst bleibt vor ihm »verborgen«, weil er sie nur indirekt durch das Model »sieht«. Insbesondere werden anhand der Model-Definition automatisch alle benötigten Tabellen in der Datenbank angelegt.

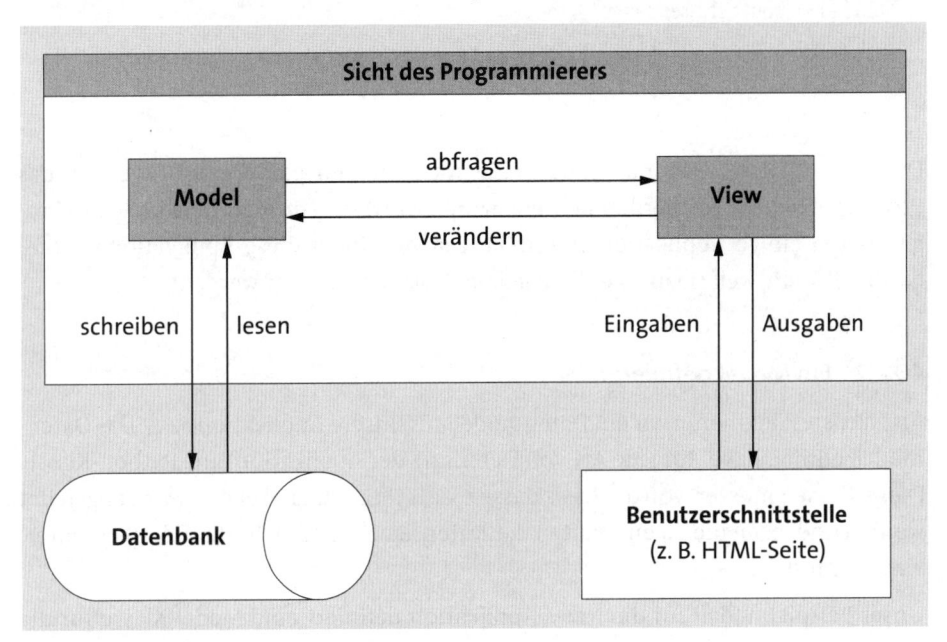

Abbildung 40.4 Das Model-View-Konzept

Die sogenannte *View* (dt. *Ansicht*) kümmert sich um die Aufbereitung der Daten für den Benutzer. Sie kann dabei auf die Models zurückgreifen und deren Daten auslesen und verändern. Wie dabei die Benutzerschnittstelle konkret aussieht, ist der View egal. Die Aufgabe der Views ist nur, die vom Benutzer abgefragten Daten zu ermitteln, diese zu verarbeiten und dann an ein sogenanntes *Template* zu übergeben, das die eigentliche Anzeige übernimmt. Mit Templates werden wir uns später beschäftigen.

40.4.1 Die Applikation in das Projekt einbinden

Wir müssen Django noch mitteilen, dass unsere neu erstellte Applikation in das Projekt news_seite eingebunden werden soll. Dazu fügen wir die Applikation news zum Tupel INSTALLED_APPS in der *settings.py* hinzu.

---

9 Natürlich ist es möglich, eigene SQL-Befehle an die Datenbank zu senden, falls die Modellschnittstelle von Django für einen speziellen Fall nicht ausreichen sollte. In der Praxis werden Sie allerdings nur in Ausnahmefällen davon Gebrauch machen müssen.

```
INSTALLED_APPS = [
    'django.contrib.admin',
    'django.contrib.auth',
    'django.contrib.contenttypes',
    'django.contrib.sessions',
    'django.contrib.messages',
    'django.contrib.staticfiles',
    'news',
]
```

Die Liste INSTALLED_APPS enthält dabei die Importnamen aller Applikationen, die das Projekt verwendet. Sie werden sich jetzt wundern, warum unser eigentlich leeres Projekt schon einige Applikationen enthält. Django bindet diese Applikationen standardmäßig ein, weil sie in eigentlich jedem Projekt gebraucht werden.

40.4.2 Ein Model definieren

Als Nächstes definieren wir ein Datenmodell für unsere Applikation news. Das Datenmodell enthält dabei für jede Art von Datensatz der Applikation eine Python-Klasse. Diese Klassen müssen von der Basisklasse models.Model im Paket django.db abgeleitet werden und legen die Eigenschaften der Datensätze und ihre Verknüpfungen untereinander fest.

Unser Beispielmodell für die News-Applikation definiert eine Model-Klasse für die Meldungen und eine für die Besucherkommentare. Wir schreiben die Definition in die Datei *models.py*, die dann Folgendes enthält:

```
from django.db import models

class Meldung(models.Model):
    titel = models.CharField(max_length=100)
    zeitstempel = models.DateTimeField()
    text = models.TextField('Meldungstext')

class Kommentar(models.Model):
    meldung = models.ForeignKey(Meldung)
    autor = models.CharField(max_length=70)
    text = models.TextField('Kommentartext')
```

Die Attribute der Datensätze werden über Klassenmember festgelegt, wobei jedes Attribut eine Instanz eines speziellen Feldtyps[10] von Django sein muss. Über die

---

10 Django stellt für viele Anwendungsfälle Feldtypen zur Verfügung. Wir beschränken uns hier nur auf solche Feldtypen, die für unser Beispielprojekt relevant sind.

Parameter der Feldtyp-Konstruktoren werden dabei die Eigenschaften der Attribute angegeben.

Die Klasse Meldung besitzt ein CharField namens titel, das eine maximale Länge von 100 Zeichen hat. Der Feldtyp CharField dient zum Speichern von Texten begrenzter Länge. Das Attribut zeitstempel soll den Veröffentlichungszeitpunkt jeder Meldung angeben und benutzt den für Zeitangaben gedachten Feldtyp DateTimeField. Im letzten Attribut namens text wird der eigentliche Meldungstext gespeichert. Der verwendete Feldtyp TextField kann beliebig lange Texte speichern.

Die beiden Attribute autor und text der Klasse Kommentar speichern den Namen desjenigen Besuchers, der den Kommentar geschrieben hat, und den Kommentartext selbst.

Interessant ist das Attribut meldung, mit dem eine Beziehung zwischen den Meldungen und Kommentaren hergestellt wird.

40.4.3 Beziehungen zwischen Modellen

Zu einer Meldung kann es mehrere Kommentare geben, und umgekehrt bezieht sich jeder Kommentar auf eine Meldung. Mit dem Feldtyp ForeignKey (dt. *Fremdschlüssel*) wird eine *One-To-Many Relation* (dt. *Eins-zu-viele-Relation*) festgelegt, die besagt, dass es zu einem Kommentar genau eine Meldung gibt.

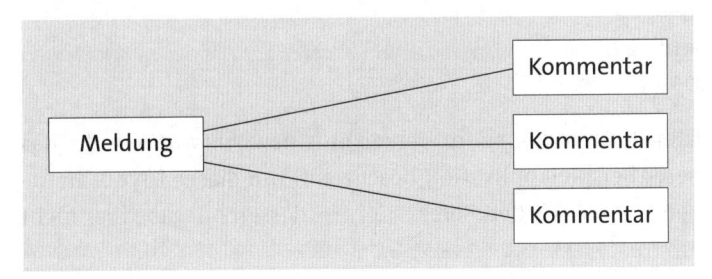

Abbildung 40.5 One-To-Many Relation bei Meldung und Kommentar

Neben den One-To-Many Relations unterstützt Django auch *Many-To-Many Relations* (dt. *Viele-zu-vielen-Relationen*) und *One-To-One Relations* (dt. *Eins-zu-eins-Relationen*), die wir aber nicht thematisieren werden.

40.4.4 Übertragung des Modells in die Datenbank

Nachdem wir nun unsere Applikation erzeugt, sie in das Projekt eingefügt und ihr Datenmodell definiert haben, können wir die dazugehörige Datenbank erstellen. Dazu werfen wir einen Blick auf Djangos Mechanismus, der das Datenbanklayout mit dem Datenmodell synchronisiert.

Während der Entwicklung mit Django legen Sie das Datenbanklayout indirekt über die Modelle fest, die Sie in der Datei *models.py* definieren. Deshalb müssen Änderungen aus *models.py* in die Datenbank übertragen werden, damit das Datenbanklayout zu Ihren Modellen passt. Insbesondere entstehen Inkonsistenzen, wenn Sie ein Modell ändern, ohne dass die Datenbank entsprechend angepasst wird.

In unserem Beispiel haben wir in der Datei *models.py* die Modelle Meldung und Kommentar angelegt. Die Datenbank unseres Projekts ist allerdings noch leer. Diese Inkonsistenz werden wir nun beseitigen.

Djangos Migrations

Um Änderungen am Datenmodell komfortabel flexibel auf die Datenbank zu übertragen, bietet Django *Migrations* an. Eine Migration ist ein Python-Programm, das Änderungen des Datenmodells beschreibt. Django bietet Befehle an, um diese Migrations automatisch zu erzeugen, sodass Sie als Programmierer weitgehend von den technischen Details verschont bleiben.[11] Mit dem folgenden Kommando erzeugen wir die Migration für das initiale Datenbanklayout für unsere Applikation news, wobei der Befehl python am Anfang unter Windows entfällt.

```
$ python manage.py makemigrations news
Migrations for 'news':
  news/migrations/0001_initial.py:
    - Create model Kommentar
    - Create model Meldung
    - Add field meldung to kommentar
```

Nun existiert eine Datei *0001_initial.py* im Verzeichnis *news/migrations*, die das Datenbanklayout unserer Beispielapplikation beschreibt. Um dieses Layout in die Datenbank zu schreiben, nutzen wir den Befehl migrate, dessen Ausgabe hier nicht abgedruckt wird.

```
$ python manage.py migrate
```

Die längliche Ausgabe des Befehls teilt uns mit, welche Migrations zu welchen Applikationen ausgeführt worden sind. Die Details sollen uns hier nicht weiter interessieren. Wichtig ist nur, dass wir nun eine Datenbank erzeugt haben, die zu unserem Datenmodell passt.

---

11 Es ist aber ausdrücklich vorgesehen, dass der Programmierer manuell Migrations anpasst, wenn Djangos Automatismen einmal nicht ausreichen sollten.

> **Hinweis**
>
> Das Konzept der Migrations ist sehr mächtig und ermöglicht komfortabel, das Datenbanklayout nachträglich zu verändern oder auch Änderungen rückgängig zu machen.
>
> Der Arbeitsablauf gestaltet sich dabei folgendermaßen:
>
> 1. Sie verändern Ihr Datenmodell in der Datei *models.py*.
> 2. Sie erzeugen eine Migration mit dem Kommando
>
>    ```
>    $ python manage.py makemigrations
>    ```
>
> 3. Sie übertragen die Änderungen in die Datenbank mit
>
>    ```
>    $ python manage.py migrate
>    ```
>
> Mehr dazu erfahren Sie in der Django-Dokumentation unter *https://docs.djangoproject.com/en/1.10/topics/migrations/*.

Unser Beispielprojekt ist damit initialisiert, sodass wir uns der Verwaltung von Meldungen und Kommentaren zuwenden können.

40.4.5 Das Model-API

In diesem Abschnitt werden Sie das Model-API kennenlernen, mit dem Sie auf die Daten Ihres Models zugreifen können. Das Programm manage.py kann mit dem Parameter shell in einem Shell-Modus gestartet werden, in dem wir unsere Models in einer interaktiven Python-Shell verwenden können.

Anlegen von Datensätzen

Zuerst wollen wir die Shell nutzen, um eine News-Meldung in die Datenbank zu schreiben.

```
$ python manage.py shell
>>> from news.models import Meldung, Kommentar
>>> from datetime import datetime
>>> m = Meldung(titel='Unsere erste Meldung',
...             zeitstempel=datetime.today(),
...             text="Klassischerweise steht hier 'Hallo Welt'.")
>>> m.save()
```

Mit diesem einfachen Code wurde eine neue Meldung erzeugt und auch schon in der Datenbank gespeichert. Da sowohl das Projekt als auch die Applikation einfache Python-Module sind, können wir sie über ein import-Statement einbinden.

Um neue Datensätze zu erzeugen, müssen wir nur die dazugehörige Model-Klasse instanziieren. Der Konstruktor der Model-Klasse erwartet dabei Schlüsselwortparameter für alle Attribute des Datensatzes. Wichtig ist außerdem, dass Django für jeden Spaltenwert einen Wert mit einem Datentyp erwartet, der zu der Spaltendefinition passt. Deshalb muss für den Umgang mit Datumsangaben der Typ datetime.datetime importiert werden. Für die Textspalten sind Strings passend.

Sie können auf die Attribute einer Model-Instanz auf gewohnte Weise zugreifen und sie auch über Zuweisungen verändern.

```
>>> m.titel
'Unsere erste Meldung'
>>> m.titel = "'Hallo Welt'-Meldung"
>>> m.save()
>>> m.id
1
```

Mit der letzten Abfrage m.id greifen wir auf die automatisch von Django eingefügte id-Spalte des Models zu. Da es sich bei m um den ersten Eintrag handelt, hat m.id den Wert 1.

Kommentare können wir direkt über die jeweilige Meldung einfügen. Durch die Bindung der Klasse Kommentar an die Meldung bekommt jede Meldung-Instanz ein Attribut kommentar_set, das Zugriff auf die Kommentare der Meldung bietet.

```
>>> m2 = Meldung(titel='Umfrage zu Django',
...              zeitstempel=datetime.today(),
...              text='Wie findet ihr das Framework?')
>>> m2.save()
>>> k1 = m2.kommentar_set.create(autor='Heinz', text='Super!')
>>> k2 = m2.kommentar_set.create(autor='Jens', text='Klasse!')
>>> m2.kommentar_set.count()
2
>>> m2.save()>
```

Nun gibt es eine zweite Meldung in unserer News-Tabelle, die bereits mit zwei Kommentaren versehen ist. Das erste m2.save() ist deshalb erforderlich, da erst beim Speichern ein id-Spaltenwert von der Datenbank erzeugt wird, um Kommentare mit dem Datensatz zu verknüpfen.

Es gibt noch eine unschöne Eigenheit in unserem Model, die wir beseitigen sollten. Schauen Sie sich einmal an, was Python ausgibt, wenn wir eine Meldung-Instanz ausgeben lassen.

```
>>> m2
<Meldung: Meldung object>
```

Diese Form der Darstellung ist nicht sehr nützlich, da sie uns keine Informationen über den Inhalt des Objekts liefert. Sie können in der *models.py* jeder Klasse die Magic Method `__str__` angeben, die eine aussagekräftige Repräsentation des Objektinhalts zurückgeben sollte. Wir ändern unsere *models.py* so ab, dass die `__str__`-Methoden der Klassen `Meldung` und `Kommentar` jeweils das kennzeichnende Attribut text zurückgeben.

```python
class Meldung(models.Model):
    ...
    def __str__(self):
        return self.titel


class Kommentar(models.Model):
    ...
    def __str__(self):
        return "{} sagt '{}'".format(self.autor, self.text)
```

Damit die Änderungen auch für die Python-Shell wirksam werden, müssen Sie sie mit `python manage.py shell` neu starten. Sie beenden dazu einfach den Python-Interpreter mit dem Funktionsaufruf `exit()` und starten ihn dann erneut. Dabei sollten Sie nicht vergessen, nach dem Neustart auch wieder die Model-Klassen und `datetime` zu importieren.

Wenn Sie nun in der neuen Shell eine Meldung erzeugen, können Sie sie auch in sinnvoller Weise ausgeben lassen.

```python
>>> m = Meldung(titel='Nun auch mit guten Ausgaben',
...             zeitstempel=datetime.today(),
...             text='Jetzt sehen die Ausgaben auch gut aus.')
>>> m
<Meldung: Nun auch mit guten Ausgaben>
>>> m.save()
```

Sie sollten nach Möglichkeit alle Ihre Model-Klassen mit einer `__str__`-Methode ausstatten, da Django oft darauf zurückgreift, um Informationen zu den Datensätzen auszugeben.

Abfrage von Datensätzen

Mittlerweile wissen Sie, wie man neue Datensätze in die Datenbank eines Django-Projekts einfügt. Genauso wichtig wie das Anlegen neuer Datensätze ist aber auch das Abfragen von Datensätzen aus der Datenbank. Für den Zugriff auf die bereits in der Datenbank vorhandenen Datensätze bietet jede Model-Klasse ein Klassenattribut namens `objects` an, dessen Methoden ein komfortables Auslesen von Daten ermöglichen.

```
>>> Meldung.objects.all()
<QuerySet [<Meldung: 'Hallo Welt'-Meldung>,
           <Meldung: Umfrage zu Django>,
           <Meldung: Nun auch mit guten Ausgaben>]>
```

Mit der `all`-Methode von `Meldung.objects` können wir uns eine Liste[12] mit allen Meldungen in der Datenbank zurückgeben lassen. Besonders interessant sind die Methoden `get` und `filter` des `objects`-Attributs, mit denen sich gezielt Datensätze ermitteln lassen, die bestimmte Bedingungen erfüllen. Die gewünschten Bedingungen werden bei den Abfragen als Schlüsselwortparameter übergeben. Wird mehr als eine Bedingung angegeben, verknüpft Django sie automatisch mit einem logischen UND.

Mit `get` lassen sich einzelne Datensätze abfragen. Sollten die geforderten Bedingungen auf mehr als einen Datensatz zutreffen, wirft `get` eine `MultipleObjectsReturned`-Exception. Wird kein passender Datensatz gefunden, quittiert `get` dies mit einem `DoesNotExist`-Fehler. Wir nutzen `get`, um unsere Umfrage-Meldung aus der Datenbank zu lesen.

```
>>> umfrage = Meldung.objects.get(titel='Umfrage zu Django')
>>> umfrage.kommentar_set.all()
<QuerySet [<Kommentar: Heinz sagt 'Super!'>,
           <Kommentar: Jens sagt 'Klasse!'>]>
```

Wie Sie sehen, liest Django den entsprechenden Datensatz nicht nur aus der Datenbank, sondern erzeugt auch eine passende Instanz der dazugehörigen Model-Klasse, die sich anschließend genauso verwenden lässt, als sei sie gerade erst von uns angelegt worden.

Field Lookups

Mit der Methode `filter` können wir auch mehrere Datensätze auf einmal auslesen, sofern sie den übergebenen Kriterien entsprechen.

```
>>> Kommentar.objects.filter(meldung__id=2)
<QuerySet [<Kommentar: Heinz sagt 'Super!'>,
           <Kommentar: Jens sagt 'Klasse!'>]>
```

Bei dieser Abfrage liefert Django alle `Kommentar`-Datensätze, die mit einer `Meldung` verknüpft sind, deren `id`-Attribut den Wert 2 hat. Diese Art der Abfrage ist deshalb möglich, weil Django in der Lage ist, Verknüpfungen auch über mehrere Tabellen hinweg

---

12 Es handelt sich bei dem Rückgabewert von `all` nicht um eine Liste im Sinne einer Instanz des Datentyps `list`. Tatsächlich wird eine Instanz des Django-eigenen Datentyps `QuerySet` zurückgegeben, der sich nach außen aber ähnlich wie `list`-Instanzen verhält.

zu »folgen«. Der doppelte Unterstrich wird dabei als Trennung zwischen Objekt und Unterobjekt betrachtet, ähnlich dem Punkt in der Python-Syntax. Diese Art der Bedingungsübergabe wird auch von get unterstützt.

Der doppelte Unterstrich kann neben der Abfrage über die Verknüpfungen von verschiedenen Model-Klassen hinweg auch zur Verfeinerung normaler Bedingungen genutzt werden. Dazu wird einem Schlüsselwortparameter der doppelte Unterstrich, gefolgt von einem speziellen Namen, nachgestellt. Mit dem folgenden filter-Aufruf können Sie beispielsweise alle Umfragen ermitteln, deren text-Attribut mit der Zeichenfolge 'Jetzt' beginnt:

```
>>> Meldung.objects.filter(text__startswith='Jetzt')
<QuerySet [<Meldung: Nun auch mit guten Ausgaben>]>
```

Diese Art der verfeinerten Abfrage wird in Django *Field Lookup* (dt. *Feldnachschlagen*) genannt. Alle Field Lookups werden in der Form attribut__lookuptyp=wert an die Methode filter übergeben. Django definiert viele und teilweise sehr spezielle Field-Lookup-Typen, weshalb Tabelle 40.3 nur als Einblick zu verstehen ist.

Field-Lookup-Typ	Erklärung
exact	Prüft, ob das attribut genau gleich wert ist. Dies ist das Standardverhalten, wenn kein Field-Lookup angegeben wird.
contains	Prüft, ob attribut den Wert von wert enthält.
gt	Prüft, ob attribut größer als wert ist. (gt: engl. *Greater Than*)
gte	Prüft, ob attribut größer als oder gleich wert ist. (gte: engl. *Greater Than or Equal*)
lt	Prüft, ob attribut kleiner als wert ist. (lt: engl. *Less Than*)
lte	Prüft, ob attribut kleiner als oder gleich wert ist. (lte: engl. *Less Than or Equal*)
in	Prüft, ob attribut in der für wert übergebenen Liste ist, z. B. Meldung.objects.filter(id__in=[3, 2]).
startswith	Prüft, ob der Wert von attribut mit wert beginnt.
endswith	Prüft, ob der Wert von attribut mit wert endet.

Tabelle 40.3 Eine Übersicht über die wichtigsten Field-Lookup-Typen

Field-Lookup-Typ	Erklärung
range	Prüft, ob attribut in dem Bereich ist, der vom zweielementigen Tupel wert definiert wird: Meldung.objects.filter(id__range=(1, 3))
regex	Prüft, ob das attribut den regulären Ausdruck wert matcht.
iexact, icontains, istartswith, iendswith, iregex	Verhalten sich wie der jeweilige Field-Lookup-Typ ohne führendes i, wobei beim Vergleich nicht zwischen Groß- und Kleinschreibung unterschieden wird.

Tabelle 40.3 Eine Übersicht über die wichtigsten Field-Lookup-Typen (Forts.)

Abfragen auf Ergebnismengen

Die filter-Methode gibt eine Instanz des Datentyps QuerySet zurück. Das Besondere an dem Datentyp QuerySet ist, dass man auf seinen Instanzen wiederum die Methoden für den Datenbankzugriff ausführen kann. Auf diese Weise lassen sich sehr komfortabel Teilmengen von Abfrageergebnissen erzeugen.

Beispielhaft ermitteln wir zuerst die Menge aller Kommentare, deren zugehörige Meldung im Titel das Wort 'Umfrage' enthält. Anschließend extrahieren wir aus der Menge die Meldungen, deren Text 'Super!' lautet:

```
>>> k = Kommentar.objects.filter(meldung__titel__regex='Umfrage zu Django')
>>> k
<QuerySet [<Kommentar: Heinz sagt 'Super!'>,
           <Kommentar: Jens sagt 'Klasse!'>]>
>>> k.filter(text='Super!')
<QuerySet [<Kommentar: Heinz sagt 'Super!'>]>
```

Natürlich können Sie die filter-Methode des ersten Resultats auch direkt aufrufen, ohne die Referenz k anlegen zu müssen.

```
Kommentar.objects.filter(
    meldung__titel__regex='.*Umfrage.*').filter(text='Super!')
```

Sie sollten sich vor dem Weiterlesen durch »Herumspielen« mit dem Model-API vertraut machen, weil es eine Schlüsselkomponente für den Umgang mit Django darstellt.

40.4.6 Unser Projekt bekommt ein Gesicht

Bis hierher ist unser Projekt so weit gediehen, dass eine Datenbank mit News-Meldungen und Kommentaren erstellt worden ist. In diesem Abschnitt werden wir uns mit dem »Gesicht« unserer Seite beschäftigen, also dem, was der Besucher der Website zu sehen bekommen soll.

Sie erinnern sich sicherlich noch an das Schema zum Aufbau der Model-View-Architektur im Abschnitt zur Einführung von Django.

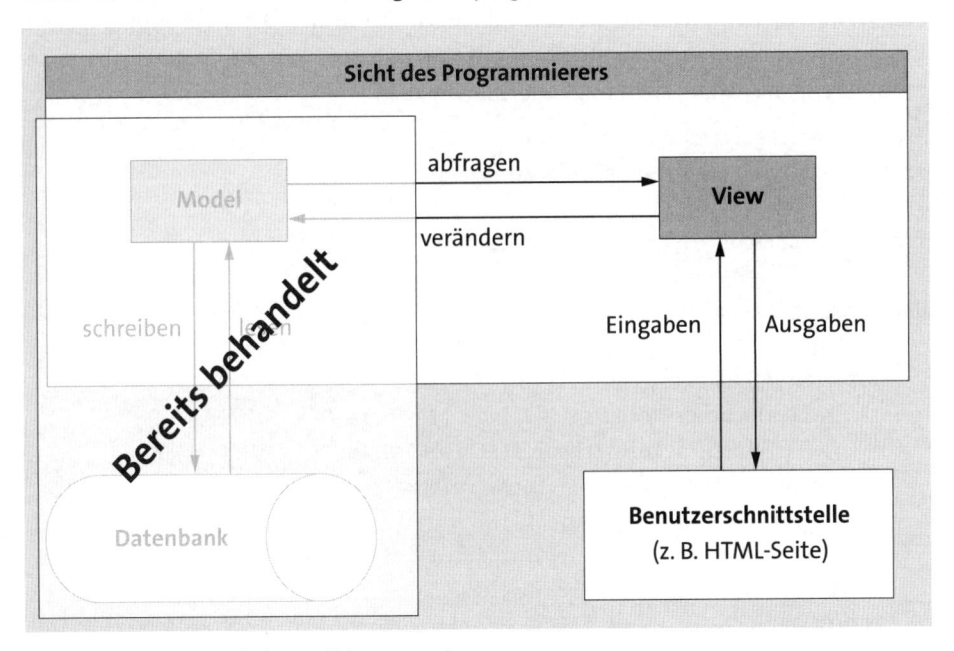

Abbildung 40.6 Den linken Teil kennen wir nun.

Bildlich gesprochen, haben wir uns von links nach rechts genau bis zur Mitte vorgearbeitet, da wir uns bereits mit Modellen und Datenbanken, nicht aber mit den Views und der Benutzerschnittstelle beschäftigt haben. Wir werden uns nun um die rechte Seite des Schemas kümmern.

Views

Eine *View* ist eine einfache Python-Funktion, die das zurückgibt, was im Browser des Besuchers angezeigt werden soll. Welche Art von Daten das genau ist, kann frei gewählt werden. Eine View kann beispielsweise HTML-Quelltext zurückgeben, aber auch einfacher Text oder sogar Binärdateien wie Bilder oder PDF-Dateien sind möglich. In der Regel werden Sie für alles eine eigene View definieren, was Sie auf einer Website anzeigen wollen.

Unser Beispielprojekt wird zwei Views haben: eine zum Anzeigen einer Meldungsübersicht und eine für die Ansicht einer einzelnen Meldung inklusive ihrer Kommentare. Die View-Funktion für die Meldungsübersicht bekommt von uns den Namen `meldungen`, und die andere nennen wir `meldungen_detail`.

Da wir uns in diesem Abschnitt auf den prinzipiellen Umgang mit Views konzentrieren möchten, werden wir eine normale Textausgabe verwenden. Wie Sie auch komfortabel HTML-Quellcode erzeugen können, zeigen wir dann im nächsten Abschnitt.

Die Views einer Applikation werden üblicherweise in der Datei *views.py* abgelegt. Eine `views.py`, die eine einfache View-Funktion `meldungen` für die Textausgabe unserer Meldungen enthält, sieht folgendermaßen aus:

```python
from django.shortcuts import render
from django.http import HttpResponse

from .models import Meldung, Kommentar


def meldungen(request):
    zeilen = []
    for m in Meldung.objects.all():
        zeilen.append("Meldung: '{}' vom {}".format(
            m.titel, m.zeitstempel.strftime('%d.%m.%Y um %H:%M')))
        zeilen.append('Text: {}'.format(m.text))
        zeilen += ['', '-' * 30, '']
    antwort = HttpResponse('\n'.join(zeilen))
    antwort['Content-Type'] = 'text/plain'
    return antwort
```

Am Anfang binden wir per `import` die beiden Model-Klassen aus der `news`-Applikation des Projekts ein. Anschließend importieren wir eine Klasse namens `HttpResponse` aus dem Modul `django.http`, die wir in unseren Views benutzen, um das Ergebnis zurückzugeben.

Die View-Funktion `meldungen` bekommt von Django einen Parameter namens `request` übergeben, mit dem wir auf bestimmte Informationen der Abfrage zugreifen können. Wir werden `request` erst im nächsten Abschnitt benötigen.

Innerhalb von `meldungen` verwalten wir eine Liste namens `zeilen`, die alle Textzeilen des Ergebnisses speichert. In einer `for`-Schleife iterieren wir über alle Meldungen in der Datenbank, die wir mit der Model-API auslesen, und fügen jeweils fünf Zeilen für jede Meldung in die Liste `zeilen` ein.

Am Ende erstellen wir eine Instanz des Datentyps `HttpResponse`, dessen Konstruktor wir die Verkettung der Zeilen als Parameter übergeben. Wichtig ist, dass wir über den

[]-Operator den 'Content-Type' (dt. *Inhaltstyp*) der Ausgabe mit 'text/plain' auf einfachen Text setzen, weil es sonst im Browser zu Darstellungsproblemen kommt.[13]

Bevor wir uns das Ergebnis unserer Bemühungen im Browser ansehen können, müssen wir Django mitteilen, unter welcher Adresse die View zu erreichen sein soll.

Adressen definieren

Wenn Sie schon selbst Webseiten erstellt haben, sind Sie es wahrscheinlich gewohnt, dass Sie Ihre Programme (beispielsweise *index.php*) und andere Dateien (wie beispielsweise Bilddateien) direkt über deren Adresse auf dem Server ansprechen können. Liegt beispielsweise eine Datei *index.php* im Verzeichnis *meine_seite/scripts/* relativ zum Wurzelverzeichnis des Webservers unter der Adresse *http://www.server.de*, können Sie sie über die Adresse *http://www.server.de/meine_seite/scripts/index.php* ansprechen.

Django geht einen anderen Weg, indem es vollständig von der Ordnerstruktur des Servers abstrahiert. Anstatt die Adressen der realen Dateien auf dem Server für den öffentlichen Zugang zu übernehmen, können Sie selbst angeben, über welche Adresse ein bestimmter Teil der Seite erreichbar sein soll. Dabei ist jede View einzeln ansprechbar und kann mit einer beliebigen Adresse verknüpft werden.

Die Konfiguration der Adressen erfolgt über Regular Expressions[14] in Konfigurationsdateien mit dem Namen *urls.py*. Dabei besitzen in der Regel das Projekt selbst sowie jede der Applikationen eine eigene *urls.py*. In einer solchen Datei wird eine Variable namens urlpatterns definiert, die eine Liste mit allen Adressen des Projekts enthält. Die Adressangaben selbst sind Tupel mit zwei Elementen, wobei das erste Element den regulären Ausdruck für die Adresse und das zweite Element die Informationen zu der verknüpften View enthält. Die Datei *news_seite/urls.py* für unser Projekt, die auch schon eine Adressangabe für unsere meldungen-View enthält, sieht folgendermaßen aus:

```python
from django.conf.urls import include, url
from django.contrib import admin

urlpatterns = [
    url(r'^meldungen/', include('news.urls', namespace='news')),
    url(r'^admin/', admin.site.urls),
]
```

Für den Moment ist für uns nur die Zeile

```python
url(r'^meldungen/', include('news.urls', namespace='news'))
```

---

13 Mit dem []-Operator von HttpResponse-Instanzen können beliebige HTTP-Kopfdaten gesetzt werden.
14 Details zu Regular Expressions (dt. *regulären Ausdrücken*) können Sie in Kapitel 28 nachlesen.

von Interesse. Hier legen wir fest, dass eine Adresse, die nach der Serveradresse mit 'meldungen/' beginnt,[15] im Modul news.urls weiterverarbeitet werden soll. Dieses Modul befindet sich in der Datei *news/urls.py*, die wir mit folgendem Inhalt füllen:

```
from django.conf.urls import url
from . import views

urlpatterns = [
    url(r'^$', views.meldungen, name='meldungen'),
]
```

Die Regel zum regulären Ausdruck r'^$' legt nun fest, dass eine leere Adresse das Ergebnis unserer zuvor definierten Funktion meldungen liefern soll.

Rufen wir nun in unserem Browser die Adresse *http://127.0.0.1:8000/meldungen/* auf, erscheint tatsächlich eine Übersicht der Meldungen, wie in Abbildung 40.7 gezeigt.[16]

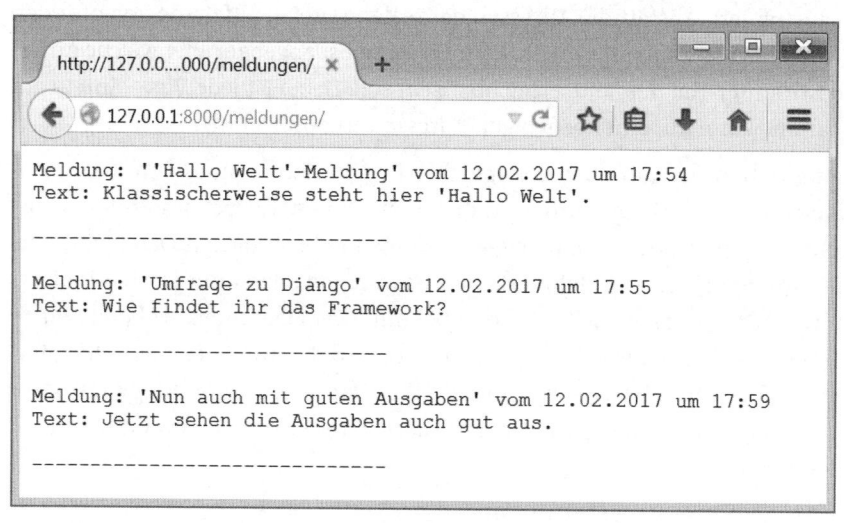

Abbildung 40.7 Unsere erste eigene Django-Seite im Browser

Die Auflösung der Adresse ist dabei nach folgendem Schema erfolgt:

Der Webserver wurde nach der Adresse 'http://127.0.0.1:8000/meldungen/' gefragt, die sich aus der Serveradresse, also 'http://127.0.0.1:8000/', und dem Pfad auf dem Server, hier 'meldungen/', zusammensetzt. Für die Auflösung wird in der *urls.py* im

---

15 Ein führender Zirkumflex sorgt dafür, dass der reguläre Ausdruck am Anfang des Strings stehen muss, um zu passen.
16 Falls noch nicht geschehen, müssen Sie den Entwicklungswebserver von Django mit python manage.py runserver starten.

Projektverzeichnis nach einer Regel gesucht, die auf den Pfad `'meldungen/'` passt. In unserem Fall ist das die erste Regel aus der folgenden Zeile:

```
url(r'^meldungen/', include('news.urls', namespace='news')),
```

Anschließend entfernt Django den zur Regel gehörenden Teil der relativen Adresse und sucht für den Rest eine passende Regel im Modul `'news.urls'`. Weil nach dem Entfernen von `'meldungen/'` aus der relativen Adresse nichts mehr übrig bleibt, passt nun die Regel aus der Datei *news/urls.py*, die mit `r'^$'` nach dem leeren String sucht.

Durch dieses Entfernen übergeordneter Adressteile können Applikationen mit relativen Adressen arbeiten, ohne die übergeordnete Struktur kennen zu müssen.

> **Hinweis**
> Die Parameterwerte für `namespace` und `name` sind im Moment noch unwichtig. Sie werden später im Zusammenhang mit der Erzeugung von Adressen verwendet.

Parametrisierte Adressen

Wir wollen nun auch die Detailseite jeder Meldung für den Benutzer zugänglich machen. Dabei wäre es äußerst unschön, für jede Meldung eine eigene View-Funktion zu definieren, da wir einerseits den Programm-Code aufblähen und andererseits die Anzahl möglicher Meldungen dadurch begrenzen würden, wie viele View-Funktionen wir implementieren.

Wesentlich eleganter ist es, wenn wir eine View-Funktion definieren, die jede beliebige Meldung darstellen kann. Welche Meldung konkret angefordert wird, soll dabei über einen Parameter festgelegt werden, der die `id` der gewünschten Meldung enthält.

Django unterstützt die Parameterübergabe für Views über sogenannte *benannte Gruppen*, die in Abschnitt 28.1.7 über reguläre Ausdrücke behandelt werden. Mit benannten Gruppen können wir Teile aus einem String extrahieren und ihnen Namen geben, wenn ein bestimmter regulärer Ausdruck auf den String passt.

Um die einzelnen Meldungen über Adressen wie *http://www.server.de/meldungen/1/* und *http://www.server.de/meldungen/2/* erreichbar zu machen, ergänzen wir in der Datei *news/urls.py* folgenden Eintrag:

```
url(r'^(?P<meldungs_id>\d+)/$', views.meldungen_detail,
                    name='meldungen_detail'),
```

Wenn nun ein Besucher der Seite auf die Adresse *http://www.server.de/meldungen/2/* zugreift, findet Django zunächst den passenden Eintrag `r'^meldungen/'` in der Datei *news_seite/urls.py*. Nachdem anschließend der Anfang `'meldungen/'` abgeschnitten wurde, bleibt noch der String '2/' übrig, wofür Django dann in der Datei *news/urls.py* eine passende Regel sucht. Diese wird mit dem regulären Ausdruck r'^(?P<meldungs_id>\d+)/$' gefunden, wobei der String '2' von der benannten Gruppe mit dem Namen meldungs_id gematcht wird.

Nun ruft Django die View-Funktion news.views.meldungen_detail auf, wobei zusätzlich zum request-Parameter ein Schlüsselwortparameter meldungs_id mit dem Wert '2' übergeben wird.

Eine URL-Regel kann durchaus mehrere benannte Gruppen umfassen, wie das folgende Beispiel zeigt:

```
url(r'^(?P<a>\d+)/(?P<b>\w+)/(?P<c>\d+)$', views.view_fkt, name='bsp')
```

Eine Anfrage für die Adresse *http://www.server.de/meldungen/99/waldkauz/2017/* führt mit dieser Regel zu dem Aufruf view.view_fkt(request, a='99', b='waldkauz', c='2017'). Dabei haben wir vorausgesetzt, dass sich die Regel in der Datei *news/urls.py* befindet.

Alternativ zu benannten Gruppen können auch unbenannte Gruppen in den regulären Ausdrücken der Adressspezifikation verwendet werden. Im Unterschied zu den benannten Gruppen werden die Werte unbenannter Gruppen als Positionsparameter an die View-Funktion übergeben. Wir betrachten das folgende Beispiel:

```
url(r'^(\d+)/(\w+)/(\d+)$', views.view_fkt, name='bsp2')
```

Die Anfrage für die oben genannte Adresse *http://www.server.de/meldungen/99/waldkauz/2017/* führt dann zu dem folgenden Aufruf:

```
view.view_fkt(request, '99', 'waldkauz', '2017')
```

Die View-Funktion meldungen_detail

Nun implementieren wir die View-Funktion meldungen_detail, indem wir Folgendes in die Datei *views.py* schreiben:

```python
from django.http import HttpResponse, Http404
from .models import Meldung, Kommentar

def meldungen(request):
    ...

def meldungen_detail(request, meldungs_id):
    try:
        m = Meldung.objects.get(id=meldungs_id)
    except Meldung.DoesNotExist:
        raise Http404
```

```
zeilen = [
    "Titel: '{}' vom {}".format(
        m.titel, m.zeitstempel.strftime('%d.%m.%Y um %H:%M')),
    'Text: {}'.format(m.text),
    '', '-' * 30,
    'Kommentare:', '']
zeilen += ['{}: {}'.format(k.autor, k.text)
           for k in m.kommentar_set.all()]
antwort = HttpResponse('\n'.join(zeilen))
antwort['Content-Type'] = 'text/plain'
return antwort
```

Wir importieren zusätzlich die Exception Http404, um einen Fehler an den Browser des Besuchers zu senden, falls er eine nicht vorhandene Meldung aufruft. Als Wert für den Parameter meldungs_id bekommen wir bei jedem Aufruf der View den Wert übergeben, der in der Adresse angegeben wurde. In einer try/except-Anweisung versuchen wir, die passende Meldung auszugeben, und erzeugen bei Misserfolg den oben genannten Http404-Fehler.

Konnte die Meldung erfolgreich aus der Datenbank gelesen werden, speichern wir die Textzeilen für die Benutzerseite in der Liste zeilen und erzeugen außerdem mittels einer List Comprehension Ausgaben für alle Kommentare der Meldung.

Schließlich verpacken wir das Ganze auf gewohnte Weise in einer HttpResponse-Instanz, die wir per return zurückgeben.

Die von meldungen_detail erzeugte Ausgabe sieht nun beispielsweise so aus wie in Abbildung 40.8.

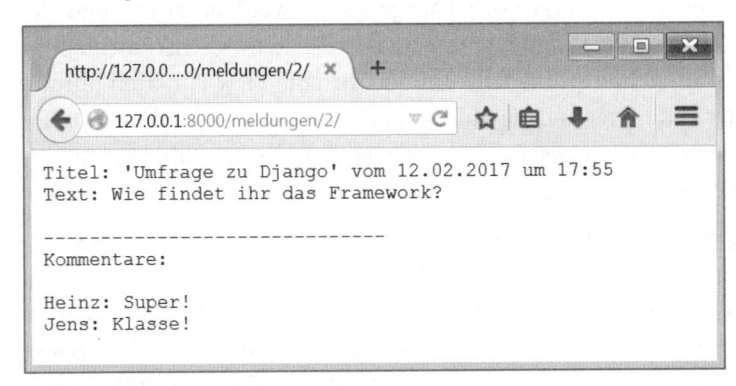

Abbildung 40.8 Beispiel einer Meldungsdetailseite

Shortcut-Funktionen

Wenn Sie Webanwendungen entwickeln, werden sich in Ihrem Code sehr oft ähnliche Strukturen wiederfinden. Beispielsweise ist es sehr gängig, einen Datensatz aus der Datenbank abzurufen und, wenn dieser nicht existiert, einen Http404-Fehler zu erzeugen.

Damit Sie nicht jedes Mal den gleichen Code eintippen müssen und dadurch Ihren Programmtext künstlich aufblasen, bietet Django sogenannte *Shortcut-Funktionen* an, die häufig benötigte Aufgaben für Sie übernehmen. Die Shortcut-Funktionen befinden sich im Modul django.shortcuts und können per import eingebunden werden.

Um beispielsweise einen Datensatz aus der Datenbank abzufragen und bei Misserfolg eine Http404-Exception zu werfen, verwenden Sie die Shortcut-Funktion get_object_or_404. Die Funktion get_object_or_404 hat fast die gleiche Schnittstelle wie die get-Methode der Model-API, mit der einzigen Ausnahme, dass als erster Parameter die Model-Klasse des gesuchten Datensatzes übergeben werden muss.

Damit wird aus der try/except-Anweisung eine einzeilige Zuweisung (vergessen Sie nicht, get_object_or_404 aus django.shortcuts zu importieren):

```
m = get_object_or_404(Meldung, id=meldungs_id)
```

Django definiert eine Reihe weiterer Shortcut-Funktionen, die wir hier nicht thematisieren werden. In der Dokumentation zu Django finden Sie eine ausführliche Beschreibung aller verfügbaren Shortcuts.

40.4.7 Djangos Template-System

Unsere bisher implementierten Views sind noch alles andere als optimal: Erstens sind sie optisch wenig ansprechend, da nur einfacher Text ausgegeben wird, und außerdem werden sie direkt aus String-Konstanten in der View-Funktion erzeugt. Besonders im zweiten Punkt muss noch nachgebessert werden, da es eines der Hauptziele von Django ist, die Komponenten eines Projekts möglichst unabhängig voneinander zu gestalten. Im Optimalfall kümmert sich die View-Funktion nur um die Verarbeitung der Parameter und die Abfrage und Aufbereitung der Daten. Die Erzeugung der Ausgabe für den Browser sollte einem anderen System übertragen werden, das sich wirklich nur um die Ausgabe kümmert.

Hier kommen sogenannte *Templates* (dt. *Schablonen*) ins Spiel, die darauf spezialisiert sind, aus übergebenen Daten ansprechende Ausgaben zu generieren. Im Prinzip handelt es sich bei Templates um Dateien, die Platzhalter enthalten. Wird ein Template mit bestimmten Werten für die Platzhalter aufgerufen, werden die Platzhalter durch eben diese Werte ersetzt, und als Ergebnis enthält man die gewünschte Ausgabe. Neben einfachen Ersetzungen von Platzhaltern unterstützt das Template-System von Django auch Kontrollstrukturen wie Fallunterscheidungen und Schleifen.

Bevor wir uns mit der Definition von Templates selbst beschäftigen, werden wir das Einbinden von Templates in View-Funktionen besprechen.

Django kapselt sein Template-System in dem Untermodul django.template. Mit der Klasse loader dieses Moduls können wir eine Template-Datei laden und daraus ein neues Template-Objekt erzeugen. Die Werte für die Platzhalter in dem Template werden über einen sogenannten *Kontext* übergeben, der über die Klasse RequestContext erzeugt werden kann.

Einbinden von Templates in View-Funktionen

In Django wird ein Template durch eine Datei repräsentiert. Dabei ist es wichtig, wo diese Datei abgelegt wird, damit Djangos Template-System sie finden kann. Standardmäßig sucht Django in Unterverzeichnissen namens *template* in allen Applikationsverzeichnissen. Beispielsweise sollten Templates zur Applikation news in dem Verzeichnis *news_seite/news/templates/news* abgelegt werden.

Das Template für die Übersichtsseite unserer News-Applikation speichern wir daher unter dem Pfad *news_seite/news/templates/news/meldungen.html* ab.

Bevor wir das Template mit Inhalt füllen, passen wir die View-Funktion meldungen so an, dass sie das neue Template verwendet.

```
from django.http import HttpResponse
from django.template import RequestContext, loader

from .models import Meldung, Kommentar

def meldungen(request):
    template = loader.get_template('news/meldungen.html')
    context = RequestContext(request,
                             {'meldungen' : Meldung.objects.all()})
    return HttpResponse(template.render(context))
```

Durch diese Anpassung ist die View-Funktion meldungen im Wesentlichen auf drei Zeilen geschrumpft.[17]

Mit der get_template-Methode der loader-Klasse laden wir das gewünschte Template. Dann erzeugen wir einen Kontext, der die Liste aller Meldungen mit dem Platzhalter 'meldungen' verknüpft. Die endgültige Ausgabe des Templates für den erzeugten Kontext generieren wir mit der render-Methode und übergeben das Ganze als Parameter an HttpResponse. Die Änderung des Kontexttyps nach 'text/plain' entfällt, da unsere Templates im folgenden HTML-Code erzeugen werden.[18]

Nun können wir uns mit dem Template *meldungen.html* selbst befassen.

---

17 Man kann sich auf den Standpunkt stellen, dass so einfach gestrickte View-Funktionen überflüssig sind. Django bietet dafür sogenannte *Generic Views* (dt. *allgemeine Ansichten*) an. Näheres dazu erfahren Sie in der Django-Dokumentation.
18 Natürlich können Sie auch Templates schreiben, die weiterhin reine Textausgaben erzeugen.

> **Hinweis**
>
> Sie wundern sich wahrscheinlich, warum wir innerhalb des Verzeichnisses *news/templates* ein weiteres Verzeichnis *news* angelegt haben, anstatt das Template direkt in *news/templates* zu speichern.
>
> Diese Ablagestrategie verhindert, dass Mehrdeutigkeiten entstehen, wenn Sie mehrere Applikationen in einem Projekt verwenden, die gleichnamige Templates haben. Nehmen wir einmal an, unser Projekt hätte eine weitere Applikation staus, die Informationen über den aktuellen Verkehr bereitstellt und auch eine Template-Datei mit dem Namen *meldungen.html* verwendet. In diesem Fall ist der Name 'meldungen.html' zur Identifizierung nicht mehr eindeutig, während die Namen 'news/meldungen.html' und 'staus/meldungen.html' es weiterhin sind.

Die Template-Sprache von Django

Django implementiert für die Definition von Templates eine eigene Sprache. Diese ist so ausgelegt, dass damit jeder beliebige Ausgabedatentyp erzeugt werden kann, solange er sich als Text ausdrücken lässt. Es bleibt also Ihnen überlassen, ob Sie einfachen Text, HTML-Quelltext, XML-Dokumente oder andere textbasierte Dateitypen generieren.

Das Template *meldungen.html* enthält in unserem Beispiel folgenden Template-Code:[19]

```
<h1>News-&Uuml;bersicht</h1>

{% for m in meldungen %}
  <div class="container">
    <div class="titelzeile">
      <div class="titel">{{ m.titel|escape }}</div>
      <div class="zeitstempel">
        {{ m.zeitstempel|date:'Y.m.d' }} um
        {{ m.zeitstempel|time:'H:i' }} Uhr
      </div>
      <div style="clear: both"></div>
    </div>
    <div class="text">
      {{ m.text|escape|linebreaksbr }}
      <div class="link_unten">
        <a href="{% url 'news:meldungen_detail' m.id %}">Details</a>
```

---

[19] Bitte beachten Sie, dass hier bewusst wegen der Übersichtlichkeit auf wichtige HTML-Elemente verzichtet wurde, wodurch der HTML-Code nicht mehr den Standards entspricht. Sie sollten natürlich in Ihren eigenen Programmen nur gültige HTML-Dateien erzeugen.

```
            </div>
        </div>
    </div>
{% endfor %}
```

Im Prinzip ist das oben dargestellte Template eine einfache HTML-Datei, die durch spezielle Anweisungen der Template-Sprache ergänzt wird. In dem Beispiel wurden alle Stellen fett gedruckt, an denen Djangos Template-Sprache zum Einsatz kommt.

Wir werden nun die markierten Stellen unter die Lupe nehmen.

Variablen ausgeben

Die Ausgabe von Elementen des verwendeten Kontextes erfolgt über doppelte geschweifte Klammern. Mit `{{ meldungen }}` wird dabei beispielsweise die Kontextvariable `meldungen` ausgegeben, und mit `{{ m.titel }}` wird auf das Attribut `titel` der Kontextvariablen `n` zugegriffen. Wie Sie sehen, kann bei der Ausgabe auch der Punkt verwendet werden, um auf die Attribute von Kontextvariablen zuzugreifen.

Der Zugriff auf Attribute ist aber nur eine spezielle Anwendung des Punktoperators in Djangos Template-Sprache. Wenn Django bei der Verarbeitung eines Templates auf eine Angabe wie `{{ variable.member }}` stößt, ermittelt es die Daten in folgender Weise:

1. Zuerst wird versucht, wie bei einem Dictionary mit `variable['member']` einen Wert zu finden.
2. Schlägt dies fehl, wird versucht, den Wert mit `variable.member` auszulesen.
3. Bei erneutem Fehlschlag wird probiert, `member` als einen Listenindex zu interpretieren, indem mit `variable[member]` ein Wert gelesen wird. (Dies geht natürlich nur, wenn `member` eine Ganzzahl ist.)
4. Wenn alle diese Versuche scheitern, nimmt Django den Wert, der in der *settings.py* unter `TEMPLATES['OPTIONS']['string_if_invalid']` gesetzt wurde. Standardmäßig ist dies ein leerer String.

Aufgrund dieses Vorgehens ist z. B. auch der als Python-Code ungültige Ausdruck `{{ meldungen.0 }}` zulässig, um auf das erste Element der Kontextvariablen `meldungen` zuzugreifen.

Ergibt sich bei der Auswertung nach dem oben dargestellten Schema eine aufrufbare Instanz, wird sie aufgerufen und ihr Rückgabewert ausgegeben. Hat die Kontextvariable `variable` beispielsweise eine Methode `irgendwas`, wird ihr Rückgabewert durch `{{ variable.irgendwas }}` im Template ausgegeben.

Filter für Variablen

Sie können das Ersetzen von Kontextvariablen durch sogenannte *Filter* anpassen. Ein Filter ist eine Funktion, die einen String verarbeiten kann, und wird so verwendet, dass man der Variablen bei ihrer Ausgabe einen senkrechten Strich, gefolgt vom Filternamen, nachstellt.

`{{ variable|filter }}`

Es ist auch möglich, mehrere Filter hintereinanderzuschalten, indem sie durch einen senkrechten Strich getrennt hintereinandergeschrieben werden.

`{{ variable|filter1|filter2|filter3 }}`

In dem Beispiel würde zuerst `filter1` auf den Wert von `variable` angewandt, das Ergebnis an `filter2` übergeben und dessen Rückgabewert schließlich mit `filter3` verarbeitet.

Manchen Filtern können auch Parameter übergeben werden. Dazu wird dem Filternamen ein Doppelpunkt gefolgt, von einem String mit dem Parameter, nachgestellt.

`{{ variable|filter:'parameter'}}`

Im Beispiel wurde dies angewandt, um die Ausgabe des Zeitstempels anzupassen.[20]

Django implementiert eine ganze Reihe solcher Filter. In Tabelle 40.4 sind die Filter erklärt, die in unserem Beispiel Verwendung finden.

Filter	Bedeutung
Escape	Ersetzt die Zeichen <, >, &, " und ' durch entsprechende HTML-Codierungen.
linebreaksbr	Ersetzt alle Zeilenvorschübe durch das HTML-Tag , das eine neue Zeile erzeugt.
Date	Formatiert das Datum mit dem Format, das der übergebene Parameter festlegt.
Time	Formatiert die Zeit mit dem Format, das der übergebene Parameter festlegt.

Tabelle 40.4 Einige Filter von Django

Im Übrigen ist es auch möglich, eigene Filter zu definieren. Informationen dazu und eine ausführliche Übersicht mit allen Django-Filtern finden Sie in der Dokumentation.

---

20 Das Format für Datums- und Zeitformatierungen ist an die PHP-Funktion `date` angelehnt und unterscheidet sich daher vom Format der Funktion `strftime` im Modul `time` der Standardbibliothek. Für nähere Informationen verweisen wir Sie auf die Dokumentation unter:
https://docs.djangoproject.com/en/1.10/ref/templates/builtins/#std:templatefilter-date

Tags

Djangos Template-Sprache arbeitet mit sogenannten *Tags* (dt. *Kennzeichnungen*), mit denen Sie den Kontrollfluss innerhalb eines Templates steuern können. Jedes Tag hat die Form {% tag_bezeichnung %}, wobei tag_bezeichnung vom jeweiligen Tag abhängt.

Es gibt auch Tags, die einen Block umschließen. Solche Tags haben die folgende Struktur:

```
{% tag_bezeichnung parameter %}
    Inhalt des Tags
{% endtag_bezeichnung %}
```

Es gibt Tags, mit denen sich Kontrollstrukturen wie die bedingte Ausgabe oder die wiederholte Ausgabe eines Blocks abbilden lassen.

Der if-Block dient dazu, einen bestimmten Teil des Templates nur dann auszugeben, wenn eine Bedingung erfüllt ist.

```
{% if besucher.hat_geburtstag % }
    Willkommen und herzlichen Glückwunsch zum Geburtstag!
{% else %}
    Willkommen auf unserer Seite!
{% endif %}
```

Wenn besucher.hat_geburtstag den Wahrheitswert True ergibt, wird dem Besucher der Seite zum Geburtstag gratuliert. Ansonsten wird er normal begrüßt, was über den else-Zweig festgelegt wird. Natürlich kann der else-Zweig auch entfallen.

Als Bedingung können auch komplexe logische Ausdrücke gebildet werden:

```
{% if bedingung1 and bedingung2 or bedingung3 %}
    Es gelten bedingung1 und bedingung2 und/oder es gilt
    bedingung3
{% endif %}
```

Neben den Fallunterscheidungen gibt es auch ein Äquivalent zu Python-Schleifen: das for-Tag. Das for-Tag ist dabei eng an die Syntax von Python angelehnt und kann beispielsweise folgendermaßen verwendet werden:

```
{% for name in namen %}
    {{ name }} ist ein toller Name
{% endfor %}
```

Diese Schleife funktioniert natürlich nur dann, wenn die Kontextvariable namen auf ein iterierbares Objekt verweist.

Hätte name den Wert ['Constantin', 'Lothar', 'Cathy'], würde das oben dargestellte Template folgende Ausgabe produzieren:

```
Constantin ist ein toller Name
Lothar ist ein toller Name.
Cathy ist ein toller Name.
```

Adressen erzeugen

Django ist in der Lage, Adressen auf die Seiten Ihres Projekts automatisch zu erzeugen. Dazu dient das Tag `url`, das wir im Beispiel verwendet haben, um Links auf die Detailseiten der Meldungen zu erzeugen.

```
{% url 'news:meldungen_detail' m.id %}
```

Die Angabe `'news:meldungen_detail'` identifiziert dabei die aufzurufende Seite nach dem Schema `<Namensraum>:<View-Name>`. In Abschnitt 40.4.6 unter »Adressen definieren« haben wir in der Datei *news_seite/urls.py* alle Regeln der Datei *news/urls.py* durch `namespace='news'` mit dem Namensraum `'news'` verknüpft. Also sucht Django dort nach einer Regel mit dem Namen `'meldungen_detail'`. Außerdem haben wir eine entsprechende Regel definiert, die einen Parameter für die `id` der Meldung erwartet. Dadurch ist Django in der Lage, die passende Adresse zu erzeugen, wobei der Wert `m.id` für den Parameter `meldungs_id` verwendet wird.

Wenn Sie diesen Mechanismus verwenden, müssen Sie in Templates die Adressen zu Unterseiten des Projekts nicht explizit angeben, sondern Sie können die Namen der entsprechenden URL-Regeln verwenden. Um die Adressierung in Ihrem Projekt nachträglich zu verändern, können Sie deshalb zentral die Regeln in den *urls.py*-Dateien anpassen, ohne alle Templates bearbeiten zu müssen.

Vererbung bei Templates

Es kommt häufig vor, dass viele Seiten einer Webanwendung das gleiche Grundgerüst wie beispielsweise eine Kopfzeile oder Navigation besitzen. Wenn aber jede Seite ein eigenes Template hat, müsste dieses Grundgerüst in allen Templates enthalten sein, was zu unnötigen Code-Dopplungen führt.

Um dieses Problem zu lösen, können Sie das Grundgerüst der Seite in einem zentralen Template definieren und von diesem die konkret benötigten Templates ableiten.

Angenommen, das Template in der Datei *basis.html* enthält das Grundgerüst der Webseite, kann mithilfe des `extends`-Tags ein anderes Template davon abgeleitet werden:

```
{% extends 'basis.html' %}
```

Dies hat zur Folge, dass der komplette Inhalt von *basis.html* in das erbende Template eingefügt wird. Damit ein erbendes Template auch den Inhalt der entstehenden Seite selbst bestimmen kann, kann ein Template sogenannte *Blöcke* mit dem `block`-Tag definieren.

Ein Block ist dabei eine Stelle innerhalb eines Templates, die mit einem Namen versehen wird und durch erbende Templates mit konkretem Inhalt versehen werden kann.

Betrachten wir zwei Beispieldateien:

basis.html

```
---------- Kopfzeile ------------
{% block inhalt %}Standardinhalt{% endblock %}
---------- Fußzeile -------------
```

Wenn Sie dieses Template mit Django ausgeben lassen, wird das `block`-Tag einfach ignoriert und durch seinen Inhalt ersetzt.

```
---------- Kopfzeile ------------
Standardinhalt
---------- Fußzeile -------------
```

Interessant wird es dann, wenn wir ein anderes Template von *basis.html* erben lassen.

erbendes_template.html

```
{% extends 'basis.html' %}
{% block inhalt %}Hallo, ich habe geerbt!{% endblock}
```

Die Ausgabe von *erbendes_template.html* sieht dann so aus:

```
---------- Kopfzeile ------------
Hallo, ich habe geerbt!
---------- Fußzeile -------------
```

Natürlich ist ein Grundgerüst einer Seite nicht die einzige Anwendung für die Template-Vererbung. Sie können Vererbung immer dann einsetzen, wenn mehrere Templates auf einer gemeinsamen Struktur basieren.

Mit diesem Wissen können wir nun ein ansprechendes HTML-Template-Gefüge für unser Webprojekt erstellen. In einer Datei *basis.html* werden wir das Grundgerüst der Seite mitsamt den CSS-Stylesheets[21] ablegen. Die Datei *basis.html* hat den folgenden Inhalt, wobei aus Gründen der Übersichtlichkeit auf die Angabe einiger Teile verzichtet wurde.

```
<!DOCTYPE html>
<html>
<head>
  <title>Unsere Django-Seite</title>
  <style type="text/css">
```

---

21 *Cascading Style Sheets (CSS)* ist eine Formatierungssprache, um beispielsweise die Ausgabe von HTML-Seiten anzupassen.

```
        /* Hier kommen die CSS-Styles hin */
      </style>
  </head>
  <body>
    <div id="inhalt">
      <h2>{% block titel %}Django Beispielseite{% endblock %}</h2>
      {% block inhalt %}
      {% endblock %}
    </div>
  </body>
</html>
```

Das Template definiert eine einfache HTML-Seite, in der es zwei Template-Blöcke gibt: `titel` und `inhalt`. Diese Blöcke sollen nun von den Templates für die Meldungsübersicht und die Meldungsdetails mit Inhalt gefüllt werden.

Wir gehen in unserem Beispiel davon aus, dass unser Webprojekt `news_seite` aus mehreren Applikationen bestehen wird, die sich alle dasselbe Grundgerüst teilen. Deshalb ist es sinnvoll, die Template-Datei *basis.html* an einem zentralen Ort abzulegen, sodass alle Applikationen darauf zugreifen können. Dazu erstellen wir im Verzeichnis *news_seite/news_seite* ein Unterverzeichnis *templates*. Genau wie vorher bei Templates zur Applikation `news` legen wir in diesem Template-Verzeichnis ein Unterverzeichnis *main* an, in dem die zentralen Templates des Projekts wie z. B. *basis.html* abgelegt werden. Die entstehende Verzeichnisstruktur sehen Sie in Abbildung 40.9.

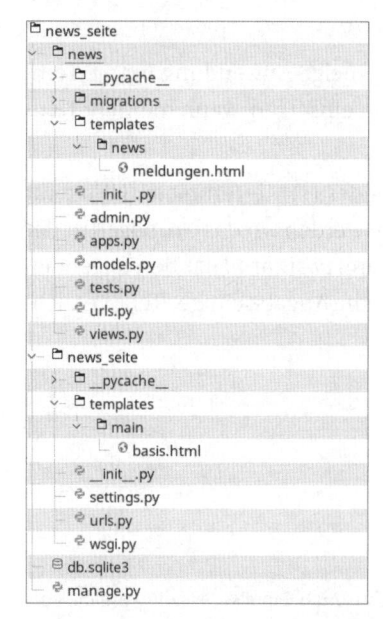

```
news_seite
├── news
│   ├── __pycache__
│   ├── migrations
│   ├── templates
│   │   └── news
│   │       └── meldungen.html
│   ├── __init__.py
│   ├── admin.py
│   ├── apps.py
│   ├── models.py
│   ├── tests.py
│   ├── urls.py
│   └── views.py
├── news_seite
│   ├── __pycache__
│   ├── templates
│   │   └── main
│   │       └── basis.html
│   ├── __init__.py
│   ├── settings.py
│   ├── urls.py
│   └── wsgi.py
├── db.sqlite3
└── manage.py
```

Abbildung 40.9 mit Main-Template

Jetzt müssen wir noch dafür sorgen, dass Django das Template *main/basis.html* in unserem zentralen Template-Verzeichnis findet. Dazu passen wir die Einstellung TEMPLATES in der Datei *settings.py* folgendermaßen an:

```
TEMPLATES = [
    {
        # Andere Einstellungen
         'DIRS': [os.path.join(BASE_DIR, 'news_seite', 'templates')],
        # Noch mehr andere Einstellungen
    },
]
```

Nun verändern wir die Datei *meldungen.html* der news-Applikation so, dass sie von *main/basis.html* erbt und die Blöcke titel und inhalt füllt.

```
{% extends 'main/basis.html' %}
{% block titel %}News-&Uuml;bersicht{% endblock %}
{% block inhalt %}
    {% for m in meldungen %}
        <div class="container">
          <div class="titelzeile">
            <div class="titel">{{ m.titel|escape }}</div>
            <div class="zeitstempel">
                {{ m.zeitstempel|date:'Y.m.d' }} um
                {{ m.zeitstempel|time:'H:i' }} Uhr
            </div>
            <div style="clear: both"></div>
          </div>
          <div class="text">
            {{ m.text|escape|linebreaksbr }}
            <div class="link_unten">
              <a href="{% url 'news:meldungen_detail' m.id %}">Details</a>
            </div>
          </div>
        </div>
    {% endfor %}
{% endblock %}
```

Wenn Sie die Dateien gespeichert haben, können Sie das Ergebnis in Ihrem Browser betrachten[22] (siehe Abbildung 40.10).

---

[22] Die vollständige *basis.html*-Datei inklusive aller CSS-Styles finden Sie im Onlineangebot zu diesem Buch (*www.rheinwerk-verlag.de/4467*).

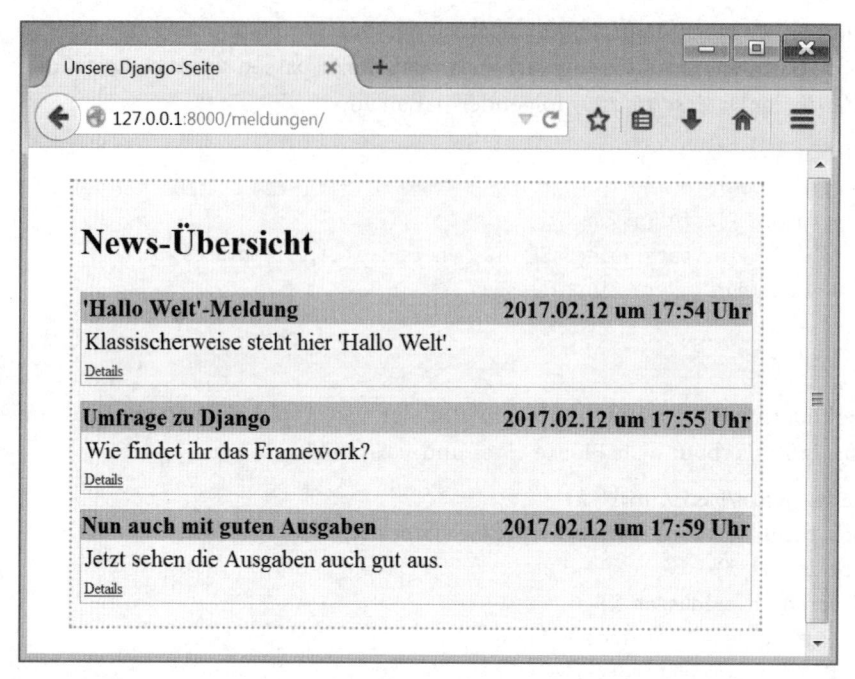

Abbildung 40.10 Schicke HTML-Ausgabe unseres ersten Templates

Wenn Sie auf dieser Seite den DETAILS-Link anklicken, gelangen Sie natürlich weiterhin zu der tristen Textansicht der jeweiligen Meldung. Um dies zu ändern, passen wir auch die View-Funktion meldungen_detail an.

```python
from django.http import HttpResponse, Http404
from django.shortcuts import render, get_object_or_404
from django.template import RequestContext, loader

from .models import Meldung, Kommentar

def meldungen(request):
    ...

def meldungen_detail(request, meldungs_id):
    template = loader.get_template('news/meldungen_detail.html')
    meldung = get_object_or_404(Meldung, id=meldungs_id)
    kontext = RequestContext(request, {'meldung' : meldung})
    return HttpResponse(template.render(kontext))
```

Beachten Sie den neu hinzugekommenen Import von get_object_or_404.

Um unsere HTML-Ausgabe zu komplettieren, fehlt nur noch das Template für die Detailseite unserer Meldungen, das wir im selben Verzeichnis wie *meldungen.html* unter dem Namen *meldungen_detail.html* ablegen.

```
{% extends 'main/basis.html' %}
{% block titel %}
  News-Details f&uuml;r Eintrag {{ meldung.id }}
{% endblock %}
{% block inhalt %}
  <div class="container">
    <div class="titelzeile">
      <div class="titel">{{ meldung.titel|escape }}</div>
      <div class="zeitstempel">{{ meldung.zeitstempel }}</div>
      <div style="clear: both"></div>
    </div>
    <div class="text">
      {{ meldung.text|escape|linebreaksbr }}
    </div>
  </div>
  <div class="container">
    <div class="titelzeile">Kommentare</div>
    {% if meldung.kommentar_set.count %}
      <table>
      {% for k in meldung.kommentar_set.all %}
        <tr class="kommentarzeile">
          <td class="spaltenbezeichner">{{ k.autor }}:</td>
          <td>{{ k.text|escape|linebreaksbr }}</td>
        </tr>
      {% endfor %}
      </table>
    {% else %}
      Keine Kommentare
    {% endif %}
  </div>
  <div class="link_unten">
    <a href="{% url 'news:meldungen' %}">Zur&uuml;ck</a>
  </div>
{% endblock %}
```

Im Browser stellt sich das Ganze dann so dar wie in Abbildung 40.11.

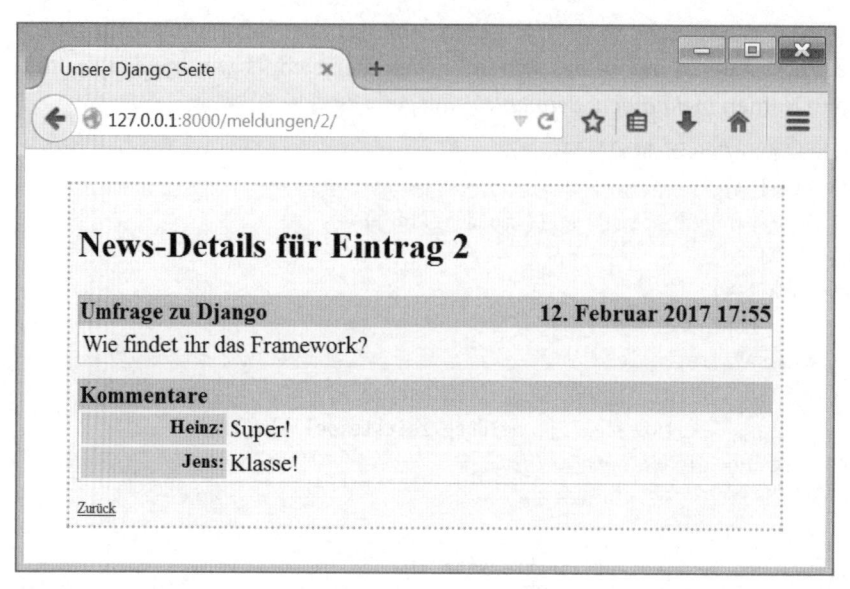

Abbildung 40.11 Detailseite einer Meldung mit zwei Kommentaren

Ihnen wird sicherlich aufgefallen sein, dass sich die beiden Views meldungen und meldungen_detail strukturell sehr stark ähneln: Zuerst wird ein Template geladen, dann der Kontext über ein Dictionary erzeugt und schließlich ein HTTPResponse-Objekt zurückgegeben, das den Rückgabewert von template.render enthält.

Um den Programm-Code kompakter zu machen, bietet Django für solche Fälle eine Shortcut-Funktion render an. Mit render können wir die beiden View-Funktionen noch einmal verkürzen.

```python
from django.shortcuts import render

def meldungen(request):
    return render(request, 'news/meldungen.html',
        context={'meldungen' : Meldung.objects.all()})

def meldungen_detail(request, meldungs_id):
    meldung = get_object_or_404(Meldung, id=meldungs_id)
    return render(request, 'news/meldungen_detail.html',
        context={'meldung' : meldung})
```

Der Shortcut-Funktion render wird der Pfad zu dem gewünschten Template als zweiter und der Kontext als dritter Parameter übergeben.

Wir sind nun so weit, dass wir ansprechende Ausgaben mit wenig Aufwand erzeugen können. Unser Projekt ist damit fast fertiggestellt. Es fehlt nur noch die Möglichkeit für die Besucher der Seite, Kommentare zu den Meldungen abgeben zu können.

40.4.8 Verarbeitung von Formulardaten

Um eine dynamische Webanwendung wirklich interaktiv werden zu lassen, müssen die Benutzer neben dem einfachen Navigieren über die Seite auch zum Inhalt der Seite beitragen können. Dies geschieht oft über Gästebücher, Foren oder Kommentarfunktionen wie in unserem Beispiel.

Auf der technischen Seite muss für diese Funktionalitäten eine Schnittstelle vorhanden sein, mit der Daten vom Browser des Benutzers an die Serveranwendung übertragen werden können.

Das HTTP-Protokoll bietet für diesen Zweck zwei Methoden für die sogenannte *Argumentübertragung* an: *GET* und *POST*. Der prinzipielle Unterschied zwischen den beiden Übertragungsarten ist, dass mit GET übertragene Daten direkt an die Adresse der jeweiligen Seite angehängt werden und so für den Benutzer unmittelbar sichtbar sind, während die POST-Methode für den Benutzer unsichtbar im Hintergrund Daten übertragen kann.

Beide Methoden arbeiten mit benannten Platzhaltern, die üblicherweise durch HTML-Formulare mit Daten verknüpft werden.

Unser Formular für die Kommentarabgabe

Wir werden auf der Detailseite jeder Meldung ein Formular anbieten, in dem der Besucher neue Kommentare zu der angezeigten Meldung eingeben kann. Das Formular wird zwei Textfelder besitzen: eines für den Namen des Besuchers und eines für den Kommentar selbst. Im Browser soll es später so aussehen wie in Abbildung 40.12.

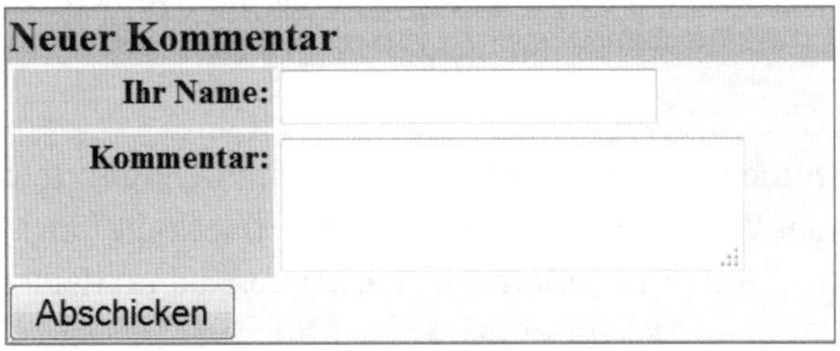

Abbildung 40.12 Unser Kommentarformular

Als Übertragungsart für die eingegebenen Daten wählen wir die POST-Methode, um die Adressleiste nicht zu überfüllen. Das Speichern der neuen Kommentare wird unsere View-Funktion `meldungen_detail` übernehmen, der beim Abschicken des Formulars ein POST-Parameter namens `speichere_kommentar` übergeben wird. Außerdem soll das Formular ein Feld für Fehlerausgaben besitzen, falls der Benutzer zu wenige Angaben gemacht hat.

Das Template für die Formulardefinition sieht dann folgendermaßen aus:[23]

```
<div class="container">
  <div class="titelzeile">Neuer Kommentar</div>
  <span class="fehler">{{ fehler }}</span>
  <form method="post" action="">
    {% csrf_token %}
    <input type="hidden" name="speichere_kommentar" value="1"/>
    <table>
      <tr class="kommentarzeile">
        <td class="spaltenbezeichner">Ihr Name:</td>
        <td><input type="text" name="besuchername"
                   value="{{ besuchername }}"/></td>
      </tr>
      <tr class="kommentarzeile">
        <td class="spaltenbezeichner">Kommentar:</td>
        <td>
          <textarea name="kommentartext">{{ kommentartext }}</textarea>
        </td>
      </tr>
    </table>
    <input type="submit" value="Abschicken" />
  </form>
</div>
```

Wie Sie der Zeile `<form method="post" action="">` entnehmen können, wird beim Versenden des Formulars die Detailseite der Meldung selbst aufgerufen. Außerdem werden die Werte der Textfelder `besuchername` und `kommentartext` als POST-Daten übergeben.[24]

Sollten beim Speichern eines Kommentars Fehler auftreten, kann eine Meldung über die Kontextvariable `fehler` von der View-Funktion gesetzt werden. Damit die Eingaben des Benutzers in einem solchen Fall nicht verloren gehen, können die Textfelder über die Kontextvariablen `benutzername` und `kommentar` von der View mit Initialwerten versehen werden.

---

23 Dieser Teil wird unten in der Datei *meldungen_detail.html* eingefügt. Die vollständige Template-Datei finden Sie im Onlineangebot zu diesem Buch (*www.rheinwerk-verlag.de/4467*).
24 Das Tag `{% csrf_token %}` dient zum Schutz vor einem geläufigen Angriff auf Webseiten. Die genaue Bedeutung soll uns hier nicht weiter interessieren. Sie sollten in allen Formularen dieses Tag verwenden.

Zugriff auf POST- und GET-Variablen in View-Funktionen

Wie Sie bereits wissen, bekommt jede View-Funktion von Django einen Parameter namens request übergeben. Dieser Parameter enthält Informationen über den Seitenaufruf und insbesondere die GET- und POST-Parameter. Dazu hat request zwei Attribute namens GET und POST, die den Zugriff auf die Parameter über ihre Namen wie in einem Dictionary ermöglichen.

Mit diesem Wissen können wir unsere View-Funktion model_detail folgendermaßen erweitern (die noch nicht bekannten Elemente im Listing werden anschließend erläutert):

```python
from django.http import HttpResponseRedirect

def meldungen_detail(request, meldungs_id):
    meldung = get_object_or_404(Meldung, id=meldungs_id)

    if 'speichere_kommentar' in request.POST:
        name = request.POST.get('besuchername', '')
        text = request.POST.get('kommentartext', '')

        if name and text:
            kommentar = meldung.kommentar_set.create(
                autor=name, text=text)
            kommentar.save()
            return HttpResponseRedirect('.')

        else:
            return render(request, 'news/meldungen_detail.html',
                context={'meldung' : meldung,
                         'fehler': 'Geben Sie Ihren Namen und ' \
                                   'einen Kommentar an.',
                         'besuchername' : name, 'kommentartext' : text})

    return render(request, 'news/meldungen_detail.html',
        context={'meldung' : meldung})
```

Am Anfang der Funktion lesen wir wie gehabt die betreffende Meldung aus der Datenbank oder geben einen Http404-Fehler zurück. Anschließend prüfen wir mit dem in-Operator, ob 'kommentar_speichern' per POST übergeben worden ist, um gegebenenfalls einen neuen Kommentar zu speichern. Wurde 'kommentar_speichern' nicht übergeben, wird der if-Block ausgelassen und die Detailseite angezeigt.

Wenn ein neuer Kommentar gespeichert werden soll, lesen wir den eingegebenen Namen und den Kommentartext aus request.POST. Anschließend prüfen wir, ob in beide Textfelder etwas eingegeben wurde. Fehlt eine Angabe, wird im `else`-Zweig die Detailseite erneut angezeigt, wobei ein entsprechender Fehlertext ausgegeben wird. Dadurch, dass wir die Kontextvariablen `besuchername` und `kommentartext` auf die zuvor übergebenen Werte setzen, gehen eventuell vom Benutzer gemachte Eingaben nicht verloren, sondern erscheinen wieder in den Textfeldern, wie in Abbildung 40.13 gezeigt.

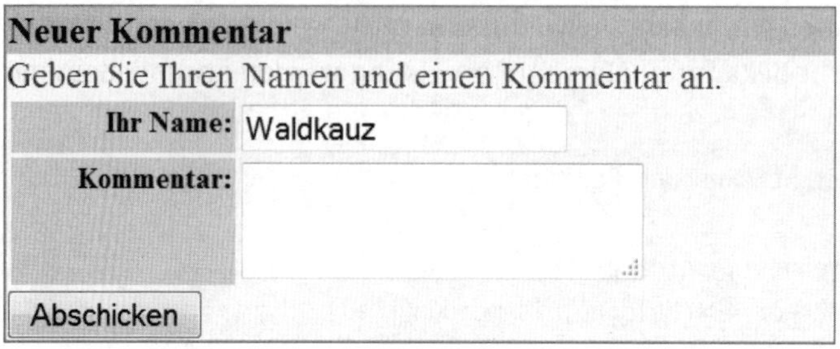

Neuer Kommentar
Geben Sie Ihren Namen und einen Kommentar an.

Ihr Name: Waldkauz
Kommentar:

[Abschicken]

Abbildung 40.13 Das Formular mit einer fehlerhaften Eingabe

Haben die beiden Variablen `name` und `text` korrekte Werte, erzeugen wir ein neues Kommentarobjekt in der Datenbank. Allerdings benutzen wir in diesem Fall die Klasse `HttpResponseRedirect`, um den Besucher zu der Detailseite weiterzuleiten, anstatt ein Template auszugeben. Der Grund dafür ist einfach: Wenn ein Besucher einen neuen Kommentar verfasst hat und nun wieder auf der Detailseite gelandet ist, könnte er die Aktualisieren-Funktion seines Browsers benutzen, um die Seite neu zu laden. Beim Aktualisieren einer Seite werden aber sowohl GET- als auch POST-Daten erneut übertragen. Deshalb würde bei jeder Aktualisierung derselbe Kommentar noch einmal gespeichert werden. Durch die indirekte Weiterleitung mittels `HttpResponseRedirect` lösen wir dieses Problem, da nun die POST- und GET-Variablen verworfen werden.

Sie können `HttpResponseRedirect` per `import` aus dem Modul `django.http` einbinden.

Damit ist unser Beispielprojekt voll funktionsfähig, sodass Meldungen aufgerufen und kommentiert werden können. Es fehlt allerdings eine Möglichkeit für den Betreiber der Seite, die Meldungen komfortabel zu verwalten. Deshalb werfen wir zum Abschluss einen Blick auf Djangos Fähigkeiten, automatisch die Administrationsoberfläche zu einer Webanwendung zu erzeugen.

40.4.9 Djangos Administrationsoberfläche

Eine zeitaufwendige Aufgabe bei der Erstellung einer Webanwendung ist die Entwicklung einer *Administrationsoberfläche*, kurz *ACP* (engl. *Admin Control Panel*). ACPs sind Werkzeuge, die den Betreibern einer Seite die Verwaltung von Seiteninhalten ermöglichen, ohne den Programm-Code verändern oder direkt auf die Datenbank zugreifen zu müssen.

Beispielsweise sollte das ACP unserer Nachrichtenseite neue Meldungen hinzufügen und alte bearbeiten oder löschen können. Ebenso sollte es möglich sein, Kommentare zu verwalten.

Im Prinzip ist ein ACP eine eigene Webanwendung, mit der sich alle Daten der zu administrierenden Anwendung bearbeiten lassen. Dementsprechend hoch ist auch der Entwicklungsaufwand.

Die gute Nachricht für Sie als angehenden Django-Entwickler ist, dass Sie sich in Ihren Projekten nur wenig um die Programmierung von ACPs kümmern müssen. Django erstellt fast vollautomatisch eine komfortable und zweckmäßige Administrationsoberfläche, sodass Sie von der lästigen Eigenimplementierung verschont bleiben. Sie müssen nur kleine Änderungen an der Konfiguration des Projekts vornehmen.

Einen Administratorbenutzer anlegen

Da die Administrationsoberfläche nicht für den öffentlichen Zugriff vorgesehen ist, legen wir zunächst einen privilegierten Benutzer an. Dazu navigieren Sie mit einer Kommandozeile in das Verzeichnis, in dem sich die manage.py Ihres Projekts befindet. In unserem Beispiel ist dies das äußere Verzeichnis *news_seite*. Dort rufen wir manage.py mit dem Parameter createsuperuser auf, wobei unter Windows python am Zeilenbeginn entfallen kann.

```
$ python manage.py createsuperuser
Username (leave blank to use 'p'): admin
Email address: waldkauz@vogel-des-jahres.org
Password:
Password (again):
Superuser created successfully.
```

Das Programm fragt nach dem gewünschten Benutzernamen und der E-Mail-Adresse des Administrators. Außerdem muss ein Passwort vergeben werden, mit dem sich der Administrator später im ACP anmelden kann.

Der Umgang mit Djangos ACP

Nun starten wir Djangos Entwicklungswebserver und öffnen das ACP unter *http://127.0.0.1:8000/admin/*, das uns mit der Login-Maske aus Abbildung 40.14 begrüßt.[25]

---

[25] Die Adresse des ACP wird wie alle anderen Adressen in der Datei *news_seite/urls.py* festgelegt. Django hat standardmäßig einen entsprechenden Eintrag eingefügt, wie Sie im Abschnitt 40.4.6 gesehen haben.

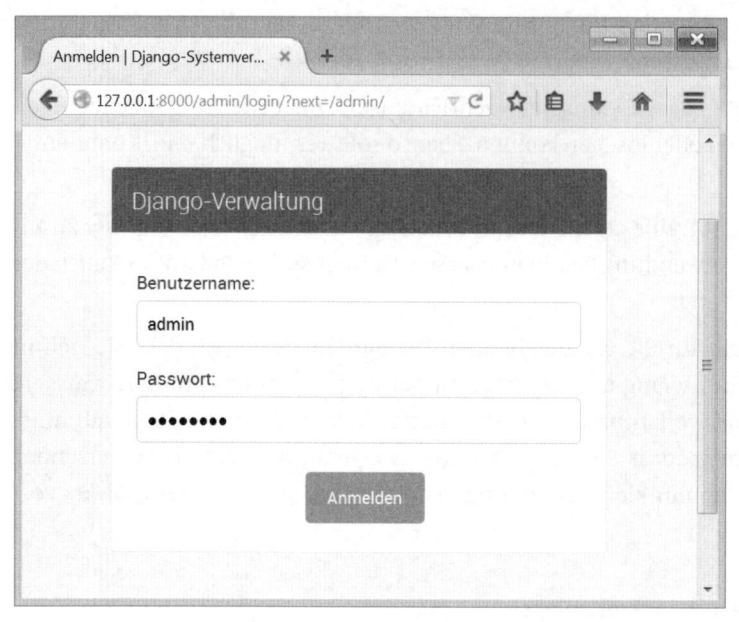

Abbildung 40.14 Djangos Login zum Administrationsbereich

Nach dem Einloggen zeigt sich die Standardansicht des ACP wie in Abbildung 40.15, wobei Django standardmäßig Funktionen zur Benutzerverwaltung anbietet, mit denen wir uns hier nicht weiter beschäftigen werden.

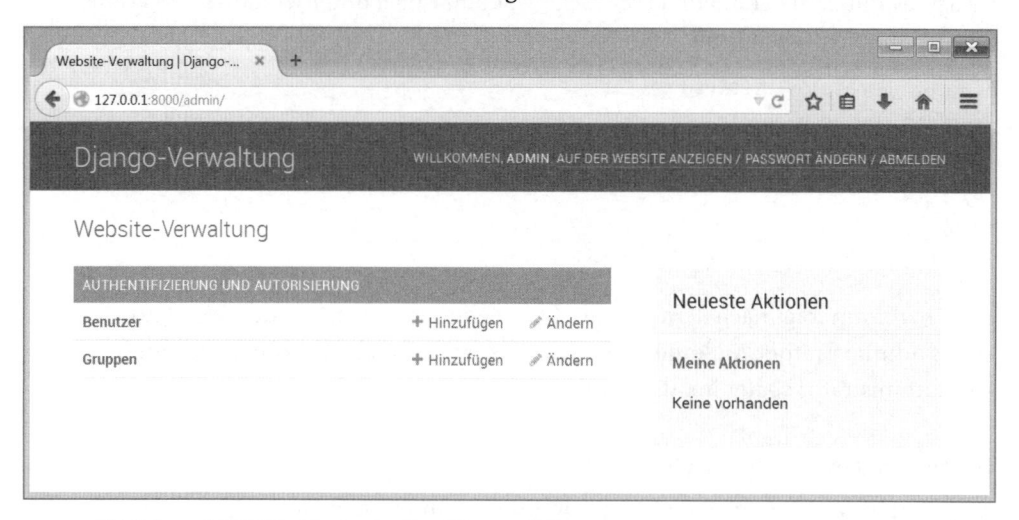

Abbildung 40.15 Die Startseite des Django-ACP

Damit auch unsere News-Meldungen und die Kommentare hier bearbeitet werden können, müssen wir Django entsprechend konfigurieren. Dazu registrieren wir das

Modell Meldung bei der Admin-Seite, indem wir die Datei *news/admin.py* wie folgt anpassen:

```
from django.contrib import admin
from .models import Meldung

admin.site.register(Meldung)
```

Wenn Sie nun das ACP in Ihrem Browser neu laden, gibt es dort einen neuen Eintrag »Meldungs«[26], um die Einträge unserer Meldungen zu bearbeiten (siehe Abbildung 40.16).

Abbildung 40.16 ACP-Eintrag zum Bearbeiten von Meldungen

Jetzt können Sie jede Meldung verändern, neue Meldungen hinzufügen und Meldungen löschen. Wie Sie sehen, hat Django für die Anzeige der Meldungen die __str__-Methode des Models Meldung verwendet.

Da die Handhabung des ACP intuitiv ist, wollen wir uns als Beispiel mit dem Verändern einer Meldung begnügen. Mit einem Klick auf den Link »Meldungs« gelangen wir zur Übersicht aller Meldungen, wie in Abbildung 40.17 dargestellt.

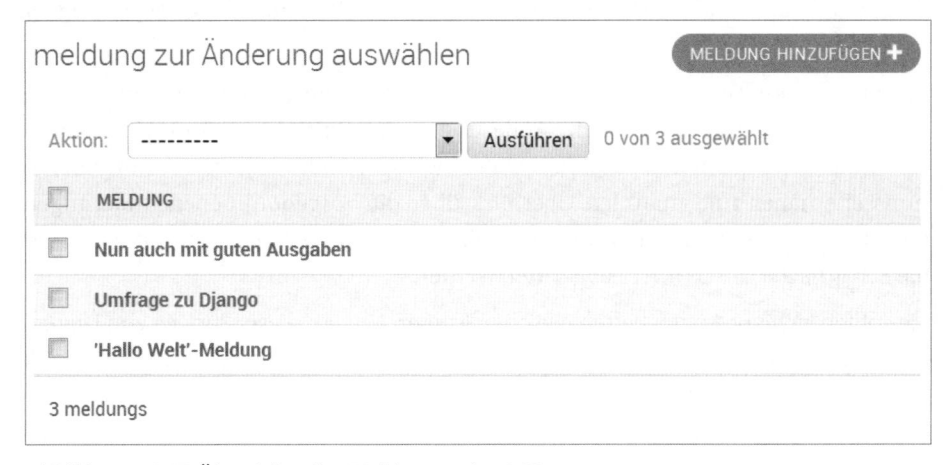

Abbildung 40.17 Übersicht aller Meldungen im ACP

---

26 Django bildet den Plural immer durch Anhängen eines »s«. Dies ist manchmal nicht besonders sinnvoll, wie das Beispiel oben zeigt.

Klicken wir beispielsweise auf die Meldung mit dem Text »Umfrage zu Django«, gelangen wir zur Editieransicht. Dort werden wir zur Demonstration den Titel in »Umfrage zum Framework Django« umändern (siehe Abbildung 40.18).

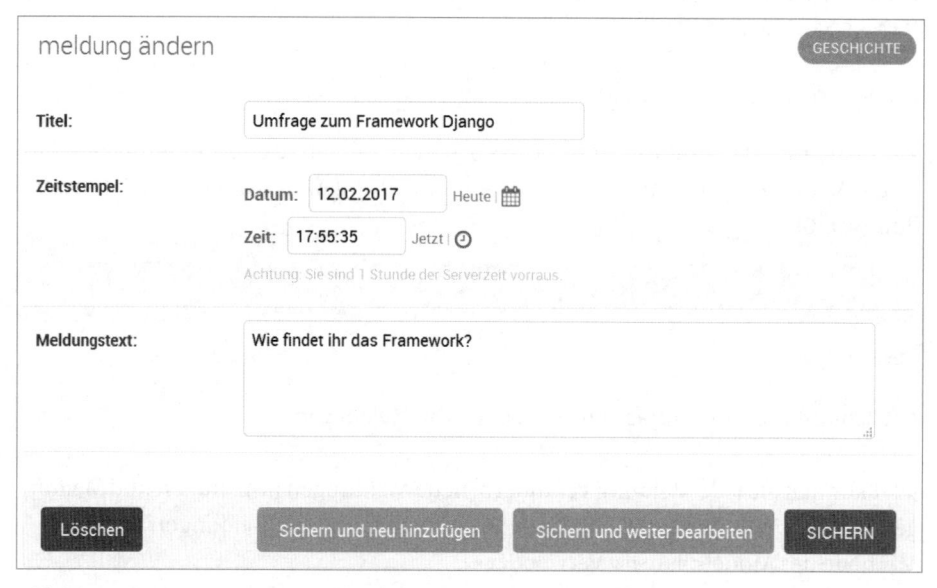

Abbildung 40.18 Editieren einer Meldung

Nach dem Klick auf die Schaltfläche SICHERN in der Ecke rechts unten ist die Meldung mit ihrem neuen Text in der Datenbank gespeichert, und Sie gelangen wieder zur Meldungsübersicht.

Als interessantes Feature speichert Django zu jedem Datensatz seine »Veränderungsgeschichte«, also wann wer welche Änderung an den Daten vorgenommen hat. Dieses Extra ist vor allem dann nützlich, wenn viele Anwender Zugang zur Administrationsseite haben und man den Überblick über die vorgenommenen Änderungen behalten möchte. Die Veränderungen zu einem bestimmten Datensatz können über die Schaltfläche GESCHICHTE abgerufen werden.

Sie sollten sich vor Augen halten, welchen großen Nutzen dieser Service von Django für Sie hat: Aus einer einfachen Model-Definition werden die gesamte Datenbank und sogar das dazugehörige Verwaltungswerkzeug generiert. Diese Arbeit hätte Sie sonst Stunden gekostet.

Anpassung der Administrationsoberfläche

Das Standardlayout von Djangos ACP ist in der Praxis oft nicht optimal an die Arbeitsabläufe der Administratoren angepasst. Wenn wir beispielsweise die Kommentare zu unseren Meldungen im ACP veränderbar machen möchten, können wir wie oben eine Zeile `admin.site.register(Kommentar)` in die Datei *news/admin.py* einfügen. Dann hätten wir allerdings genau wie bei den Meldungen eine Liste aller Kommentare, ohne dass die Zugehörigkeit zur jeweiligen Meldung berücksichtigt wird. Viel natürlicher ist es, die Kommentare gemeinsam mit der zugehörigen Meldung zu bearbeiten.

Glücklicherweise bietet Django umfangreiche Möglichkeiten, um das ACP an die Wünsche des Entwicklers anzupassen. Die beschriebene Erweiterung für das Bearbeiten von Kommentaren lässt sich durch eine wie folgt angepasste Datei *news/admin.py* realisieren:

```
from django.contrib import admin
from .models import Meldung, Kommentar

class KommentarInline(admin.TabularInline):
    model = Kommentar
    extra = 1

class MeldungAdmin(admin.ModelAdmin):
    inlines = [KommentarInline]

admin.site.register(Meldung, MeldungAdmin)
```

Beim Registrieren eines Modells für das ACP kann zusätzlich eine Klasse übergeben werden, die das Aussehen der ACP-Seite beeinflusst. Diese Klasse erbt dabei von der Klasse `admin.ModelAdmin` und ist in unserem Beispiel durch `MeldungAdmin` realisiert. Innerhalb dieser Klasse wird nun das Layout der ACP-Seite über Klassenattribute gesteuert. Im Beispiel nutzen wir das Attribut `inlines`, um die Kommentare der Meldung *inline* (also direkt auf der Seite) einzubinden. Der Wert für `inlines` ist dabei eine Liste, die alle gewünschten einzubettenden Elemente enthält. In unserem Beispiel hat sie nur den Eintrag `KommentarInline`. Die Klasse `KommentarInline` erbt von `admin.TabularInline`, wodurch die Einträge als Tabelle eingebettet werden. Der Wert von `extra` legt fest, wie viele leere Einträge zum Erstellen neuer Kommentare unter den bereits vorhandenen Kommentaren angezeigt werden sollen. Im Beispiel wird also nur ein leerer Eintrag angezeigt.

Das Ergebnis unserer Anpassung zeigt Abbildung 40.19.

Dieses Beispiel ist nur als Einblick zu verstehen. Django bietet weitere umfangreiche Anpassungsmöglichkeiten für das ACP, die den Rahmen dieses einführenden Kapitels sprengen würden.

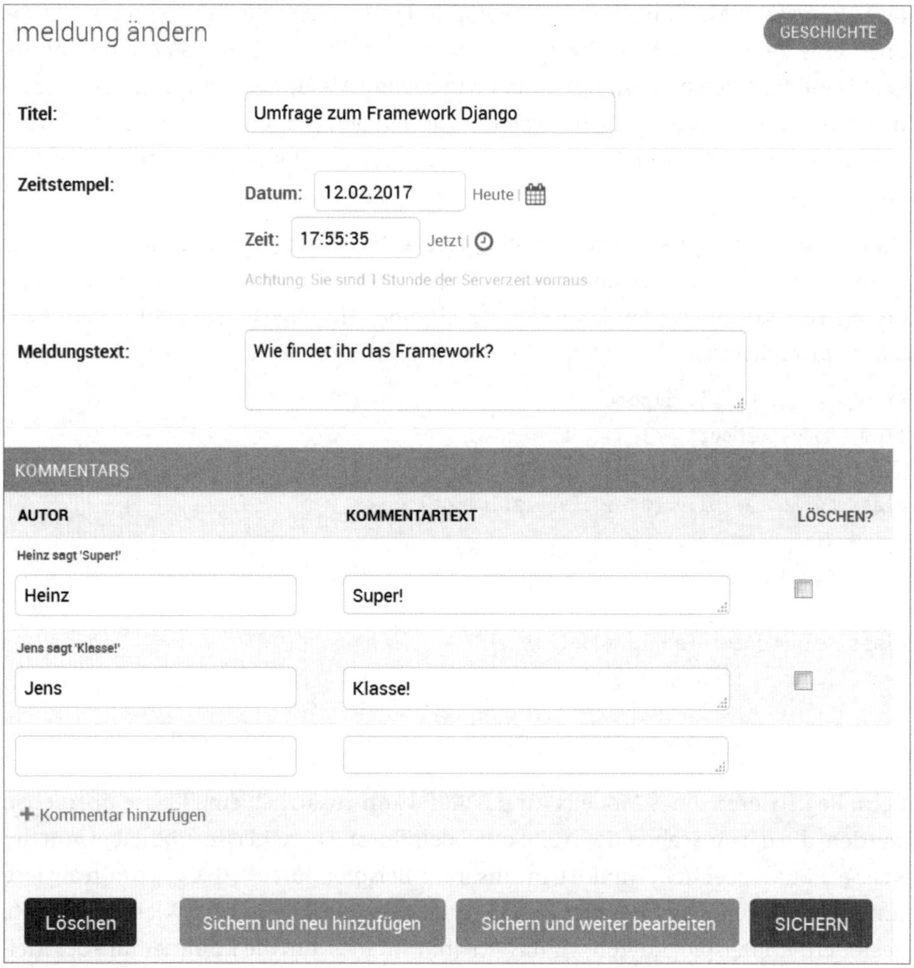

Abbildung 40.19 Angepasste ACP-Seite zum Bearbeiten einer Meldung

Damit ist auch die Administrationsoberfläche unserer Beispielanwendung vollständig funktionsfähig. Wenn Sie Ihre Django-Kenntnisse vertiefen möchten, um auch die weiterführenden Techniken kennenzulernen, empfehlen wir Ihnen die Lektüre der ausgezeichneten Onlinedokumentation auf der Django-Homepage unter *http://djangoproject.com*.

Kapitel 41
Wissenschaftliches Rechnen

In diesem Kapitel werden wir Ihnen Module vorstellen, mit deren Hilfe Python zur numerischen Lösung mathematischer Probleme verwendet werden kann. Die Möglichkeiten sind mit Umgebungen wie *MATLAB* oder *Scilab* vergleichbar.

Mithilfe der hier vorgestellten Module numpy und scipy lassen sich beispielsweise Gleichungen und Optimierungsprobleme lösen, Integrale berechnen, statistische Berechnungen durchführen oder simulieren. Die Ergebnisse können mit dem Modul matplotlib visualisiert werden.

Die Berechnungen werden intern durch hardwarenahe Routinen durchgeführt, sodass sich bei geschickter Programmierung effiziente Programme schreiben lassen.

In diesem Kapitel präsentieren wir Ihnen keine erschöpfende Erklärung der mannigfaltigen Fähigkeiten von numpy, scipy und matplotlib, sondern Sie werden anhand eines einfachen Beispiels an den prinzipiellen Umgang mit den Modulen herangeführt. Außerdem finden Sie am Schluss des Kapitels eine Übersicht über den strukturellen Aufbau von scipy sowie weitere Beispiele für die Verwendung des Datentyps numpy.ndarray.

Ziel dieses Kapitels ist es, Ihnen einen Überblick zu geben, ob numpy, scipy und matplotlib für Ihre konkreten Programme nützlich sind. Nach der Lektüre dieser Einleitung sind Sie dann in der Lage, gezielt auf die Onlinedokumentationen zurückzugreifen.

Tabelle 41.1 enthält eine kurze Beschreibung der drei Module.

Modul	Beschreibung
numpy	Stellt den flexiblen Datentyp ndarray für mehrdimensionale Arrays zur Verfügung, mit dessen Hilfe umfangreiche Rechnungen effizient durchgeführt werden können.
	Die Onlinedokumentation finden Sie auf der Seite: *http://docs.scipy.org/doc/* unter NUMPY REFERENCE GUIDE

Tabelle 41.1 Die Module für numerische Berechnungen und Visualisierung

Modul	Beschreibung
scipy	Implementiert aufbauend auf numpy vielfältige mathematische Operationen. Die Onlinedokumentation finden Sie auf der Seite: *http://docs.scipy.org/doc/* unter SCIPY REFERENCE GUIDE
matplotlib	Visualisiert Daten grafisch. Dabei ist es erklärtes Ziel der Entwickler, hochwertige Grafiken zu erzeugen, die beispielsweise in wissenschaftlichen Veröffentlichungen verwendet werden können. Die Onlinedokumentation finden Sie auf der Seite: *http://matplotlib.sourceforge.net/* unter DOCS

Tabelle 41.1 Die Module für numerische Berechnungen und Visualisierung (Forts.)

Die Module sind nicht in der Standardbibliothek von Python enthalten und müssen daher separat installiert werden. Wie dies funktioniert, erfahren Sie im folgenden Abschnitt.

41.1 Installation

Falls Sie Anaconda einsetzen, sind alle drei Module standardmäßig vorinstalliert oder können bei Bedarf folgendermaßen nachinstalliert werden, wie in Abschnitt 38.4 beschrieben:

```
$ conda install numpy scipy matplotlib
```

Für Leser, die Anaconda nicht verwenden

Die neusten Versionen der Module numpy und scipy finden Sie auf der offiziellen Homepage unter *http://www.scipy.org/* bzw. auf den zugehörigen Download-Seiten von Sourceforge:

- *http://sourceforge.net/projects/numpy/files/NumPy/*
- *http://sourceforge.net/projects/scipy/files/scipy/*

Dort werden sowohl der Quellcode als auch vorkompilierte Pakete für Windows und macOS angeboten.

Falls Sie unter Linux arbeiten, gibt es mit hoher Wahrscheinlichkeit vorgefertigte Pakete für Ihre Distribution, die numpy und scipy enthalten. Wir empfehlen Ihnen, auf diese Pakete zurückzugreifen. Unter Ubuntu 16.04 beispielsweise können Sie alle drei Module folgendermaßen installieren:

```
$ sudo apt-get install python3-numpy python3-scipy python3-matplotlib
```

Die neuste Version von matplotlib finden Sie auf der Seite *http://www.matplotlib.org* unter DOWNLOAD.

41.2 Das Modellprogramm

Wir betrachten ein einfaches Modellprogramm, das zu einer Funktion $f(x) = x^3 - 10\sin(x) - 4$ die Ableitung und eine Stammfunktion numerisch berechnet und grafisch im Intervall [−3,3] darstellt. Anhand dieses Modellprogramms erläutern wir typische Vorgehensweisen beim Umgang mit numpy, scipy und matplotlib.

```python
import numpy as np
import scipy as sp
import matplotlib as mpl
import matplotlib.pyplot as plt
import scipy.misc
import scipy.integrate
def f(x):
    return x**3 - 10*np.sin(x) - 4
def df(x):
    return sp.misc.derivative(f, x)
@np.vectorize
def F(x):
    return sp.integrate.quad(f, 0, x)[0]
X = np.linspace(-3, 3, 200)
Y = f(X)
Y1 = df(X)
Y2 = F(X)
plt.plot(X, Y, linewidth=2, label="f")
plt.plot(X, Y1, linewidth=2, linestyle="dashed", label="f'")
plt.plot(X, Y2, linewidth=2, linestyle="dotted", label="F")
plt.legend()
plt.show()
```

Abbildung 41.1 zeigt die entstehende Grafik.

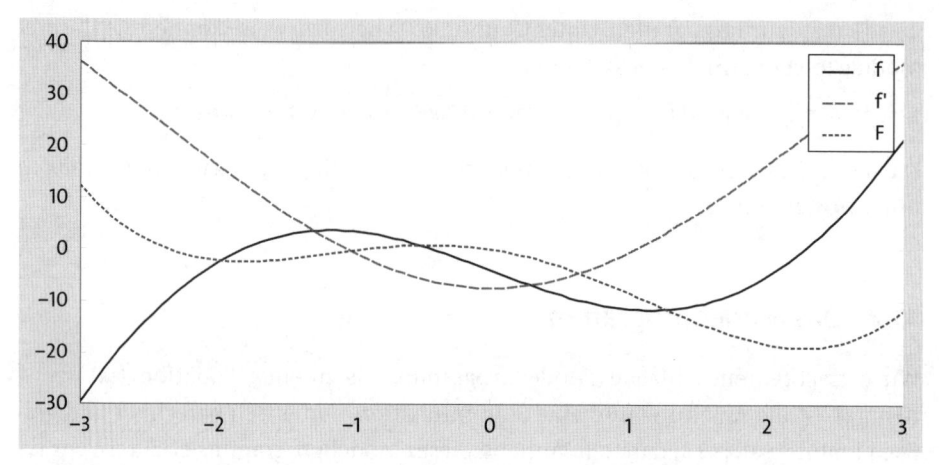

Abbildung 41.1 Die Funktion f mit Ableitung f' und Stammfunktion F

Dieses einfache Beispielprogramm zeigt bereits die wichtigsten Besonderheiten, die Sie bei der Arbeit mit numpy, scipy und matplotlib beachten sollten. Wir werden das Programm nun stückweise besprechen.

41.2.1 Der Import von numpy, scipy und matplotlib

In den ersten vier Zeilen werden die Module numpy, scipy und matplotlib importiert und mit Kurznamen versehen.

```python
import numpy as np
import scipy as sp
import matplotlib as mpl
import matplotlib.pyplot as plt
```

Diese Art, die Module zu importieren, hat sich in der Praxis bewährt und wurde daher als Konvention eingeführt. Wir werden in den Beispielen in diesem Kapitel immer annehmen, dass die Module in dieser Weise importiert wurden, und empfehlen Ihnen, dieser Konvention auch in Ihren eigenen Programmen zu folgen.

Im Anschluss an die grundlegenden import-Anweisungen werden zusätzlich noch die Module scipy.misc und scipy.integrate geladen.

Da scipy sehr umfangreich ist, ist es nicht sinnvoll, dass jedes Programm alle Funktionen auf einmal importiert. Aus diesem Grund ist scipy in mehrere Pakete unterteilt, die bei Bedarf eingebunden werden müssen. In unserem Beispiel verwenden wir die Funktion derivative aus dem Paket scipy.misc zum Berechnen der Ableitung. Die Stammfunktion ermitteln wir mithilfe der Funktion quad aus dem Paket scipy.integrate.

Eine Übersichtstabelle über die Struktur von scipy finden Sie in Abschnitt 41.3.2.

41.2.2 Vektorisierung und der Datentyp numpy.ndarray

Nach den import-Anweisungen werden drei Funktionen f, df und F definiert, die die Funktion f, ihre Ableitung f' und eine Stammfunktion F auswerten.

Für die Arbeit mit numpy und scipy ist es wichtig, dass die Funktionen f, df und F nicht nur für einzelne Zahlen, sondern für ganze Arrays von Zahlen funktionieren. Ein *Array* ist dabei eine geordnete Folge von gleichartigen Objekten, in der Regel von Zahlen. Bevor wir auf das Zusammenspiel von Arrays und Funktionen eingehen, besprechen wir kurz den elementaren Umgang mit Arrays.[1]

Um ein Array zu erzeugen, können Sie die Funktion numpy.array verwenden, der Sie zum Beispiel eine Liste mit den gewünschten Elementen des Arrays übergeben.

```
>>> a = np.array([0.5, 1, 2, 3])
>>> a
array([ 0.5,  1. ,  2. ,  3. ])
```

Das Besondere an Instanzen des Datentyps numpy.ndarray ist, dass mit ihnen wie mit Zahlen gerechnet werden kann. Die Operationen werden dabei elementweise durchgeführt.[2]

```
>>> a+a
array([ 1.,  2.,  4.,  6.])
>>> a*a
array([ 0.25,  1. ,  4. ,  9. ])
>>> a**3
array([ 0.125,  1. ,  8. ,  27. ])
>>> 4*a
array([ 2.,  4.,  8., 12.])
```

Neben den Rechenoperationen können auch Funktionen auf Arrays angewendet werden, indem jedes Element des Arrays in die Funktion eingesetzt wird und die Ergebnisse als neues Array zusammengefasst werden.

Beispielsweise können wir die Funktion f aus unserem Beispielprogramm auf das Array a anwenden.

```
>>> f(a)
array([ -8.66925539, -11.41470985,  -5.09297427,  21.58879992])
```

---

[1] Genaueres zum Umgang mit Arrays erfahren Sie später in Abschnitt 41.3.1.
[2] Sind A ein zweidimensionales und x ein eindimensionales Array, bewirkt A*x *keine* Matrix-Vektor-Multiplikation, wie sie in der linearen Algebra üblich ist. Für die Matrix-Vektor-Multiplikation können Sie auf numpy.dot oder die Methode ndarray.dot zurückgreifen: np.dot(A,x) bzw. A.dot(x). Außerdem wurde in Python 3.5 der Operator @ eingeführt, sodass sich in neueren Python-Versionen anstelle von np.dot(A,x) auch A@x schreiben lässt.

Hier werden die Werte $f(0.5)$, $f(1)$, $f(2)$ und $f(3)$ berechnet, in einem neuen Array abgelegt und zurückgegeben.

Dieses Prinzip, die gleiche Operation auf ein ganzes Array von Zahlen anzuwenden, nennt man *Vektorisierung*. Wenn eine Funktion außer Zahlen auch Arrays verarbeiten kann, wird sie als *vektorisiert* bezeichnet.

Die Funktionen des Moduls math der Python-Standard-Library wie beispielsweise sin, cos, tan oder exp sind nicht vektorisiert, weshalb numpy und scipy ihre eigenen vektorisierten Versionen dieser Funktionen mitbringen. In unserem Beispiel verwenden wir daher anstelle von math.sin die Funktion numpy.sin, die in der Lage ist, für ein Array von Zahlen die Sinuswerte zu berechnen.

Mit dem Wissen über Arrays und Vektorisierung können Sie die nächsten beiden Zeilen des Modellprogramms verstehen:

```
X = np.linspace(-3, 3, 100)
Y = f(X)
```

Zunächst generiert die Funktion numpy.linspace ein neues Array X, auf das anschließend die Funktion f elementweise angewendet wird. Die berechneten Funktionswerte werden im Array Y gespeichert.

Mithilfe von numpy.linspace kann ein Array mit einer bestimmten Anzahl von Elementen erzeugt werden, die alle den gleichen Abstand haben. Über die ersten beiden Parameter von numpy.linspace werden das größte und das kleinste Element des Arrays festgelegt. Der folgende Aufruf erzeugt beispielsweise ein Array mit fünf Elementen im Intervall von -1 bis 1.

```
>>> np.linspace(-1,1,5)
array([-1. , -0.5, 0. , 0.5, 1. ])
```

In unserem Modellprogramm wird also ein Array erzeugt, das 100 Zahlen aus dem Intervall von -3 bis 3 enthält und zu jeder dieser Zahlen den entsprechenden Wert der Funktion f berechnet.

Die folgende Zeile Y1 = df(X) bestimmt dann die Ableitung von f an den Stellen, die im Array X gespeichert sind. Bei der Definition von df nutzen wir aus, dass die Funktion scipy.misc.derivative vektorisiert ist und daher auch mit einem Array als Parameter funktioniert.

Vektorisieren nicht-vektorisierter Funktionen mittels numpy.vectorize

Wenn eine Funktion wie oben f oder df nur aus vektorisierten Operationen zusammengesetzt ist, ist auch das Ergebnis automatisch wieder vektorisiert. Es gibt allerdings auch Fälle, in denen die Vektorisierung nicht automatisch garantiert wird. Sie müssen sich jedoch nicht selbst Gedanken darüber machen, wie eine Funktion am besten vektorisiert werden kann, numpy bietet Ihnen dazu ein praktisches Hilfsmittel an.

Als Beispiel betrachten wir eine Funktion mit dem Namen clip_positive, die den Wert einer Zahl zurückgeben soll, wenn diese positiv ist, und 0, falls die Zahl einen negativen Wert hat. Eine mögliche Implementation dieser Funktion zeigt das folgende Listing:

```
>>> def clip_positive(x):
...     if x > 0: return x
...     else: return 0
>>> clip_positive(10)
10
>>> clip_positive(-5)
0
>>> clip_positive(2)
2
```

Wir möchten dieser Funktion auch Arrays als Wert für x übergeben, sodass ein neues Array erzeugt wird, das für positive Einträge von x den Eintrag selbst und für negative Einträge den Wert 0 enthält. So wie die Funktion jetzt implementiert ist, funktioniert sie jedoch nicht für Arrays, da sich die Fallunterscheidung in dieser Form nicht auf Arrays übertragen lässt.

Abhilfe schafft der Function Decorator[3] numpy.vectorize, der eine Funktion so anpasst, dass sie neben einzelnen Zahlen auch Arrays als Parameter akzeptiert.

```
>>> @np.vectorize
... def clip_positive(x):
...     if x > 0: return x
...     else: return 0
>>> clip_positive(10)
array(10)
>>> clip_positive(-5)
array(0)
>>> b = np.array([4, -3, 0.7, -10, 8])
>>> clip_positive(b)
array([ 4. ,  0. ,  0.7,  0. ,  8. ])
```

Wie Sie sehen, funktioniert die Funktion clip_positive nun sowohl mit einzelnen Zahlen als auch mit ganzen Arrays als Parametern. Allerdings wird jetzt auch dann ein Array erzeugt, wenn für den Parameter x eine Zahl übergeben wurde. Dies ist deshalb kein Problem, weil sich Arrays der Länge 1 wie Zahlen verhalten und daher auch in weiteren Berechnungen wie solche verwendet werden können.

---

[3] Näheres über die Verwendung der Function Decorator erfahren Sie im Abschnitt 25.1.

Mit diesem Wissen können wir die Implementation der Funktion F in unserem Modellprogramm verstehen. Das folgende Listing wiederholt die Definition aus dem Programm.

```
@np.vectorize
def F(x):
    return sp.integrate.quad(f, 0, x)[0]
```

Die Funktion `scipy.integrate.quad` erwartet als ersten Parameter die zu integrierende Funktion. Mit den beiden folgenden Parametern werden die Integrationsgrenzen angegeben. Der Rückgabewert von `scipy.integrate.quad` ist ein Tupel, bestehend aus zwei Elementen, wobei der erste Eintrag eine Näherung des Integrals und der zweite Eintrag eine obere Schranke für den Approximationsfehler darstellt.

```
>>> sp.integrate.quad(f, 0, 4)
(31.463563791363885, 7.668063971742951e-13)
```

Die Funktion F liefert somit für ein x das Integral über f von 0 bis x, also

$$F(x) = \int_0^x f(t)dt$$

Sie ist damit nach dem Hauptsatz der Differenzial- und Integralrechnung eine Stammfunktion von f. Durch den Function Decorator `numpy.vectorize` wird die Funktion für die Verwendung von Arrays als Parameterwerten erweitert.

Die Zeile Y2 = F(X) des Modellprogramms bestimmt die Werte einer Stammfunktion von f an den Stellen, die im Array X gespeichert sind.

> **Hinweis**
>
> Die vektorisierten Funktionen von `numpy` und `scipy` sind hardwarenah implementiert und dadurch sehr effizient. Wenn Sie eine Funktion mittels `numpy.vectorize` vektorisieren, geht dieser Geschwindigkeitsvorteil verloren.
>
> Sie sollten daher versuchen, bei laufzeitkritischen Funktionen soweit möglich auf die schnellen Routinen von `numpy` und `scipy` zurückzugreifen.

41.2.3 Visualisieren von Daten mit matplotlib.pyplot

Nachdem nun die gewünschten Daten berechnet wurden, möchten wir sie grafisch darstellen. Wir verwenden dazu das Modul `matplotlib.pyplot`, das an die Zeichenschnittstelle von *MATLAB* angelehnt ist.

Sie können sich diese Schnittstelle wie ein leeres Blatt Papier vorstellen, zu dem durch Aufrufe von Funktionen aus dem Modul `matplotlib.pyplot` neue grafische Elemente hinzugefügt werden. Ist das Zeichnen beendet, wird das Ergebnis mit der Funktion `matplotlib.pyplot.show` auf dem Bildschirm angezeigt.

Die wichtigste Funktion ist `matplotlib.pyplot.plot`, mit der sich beliebige Daten visualisieren lassen. Im einfachsten Fall übergeben Sie der Funktion `plot` eine Liste von Zahlen.

```
>>> plt.plot([1, 3, 5, 2, 1, 4, 6, 7, 3])
[<matplotlib.lines.Line2D object at 0x7f3c5e0947f0>]
>>> plt.show()
```

Diese Zahlen werden nun als Funktionswerte aufgefasst, wobei die Indizes der Liste, also 0, 1, 2, ..., 8, als zugehörige Werte auf der x-Achse interpretiert werden. Zwischen den angegebenen Funktionswerten wird linear interpoliert, sodass die einzelnen Datenpunkte durch gerade Linien miteinander verbunden werden.

Abbildung 41.2 veranschaulicht das Ergebnis.

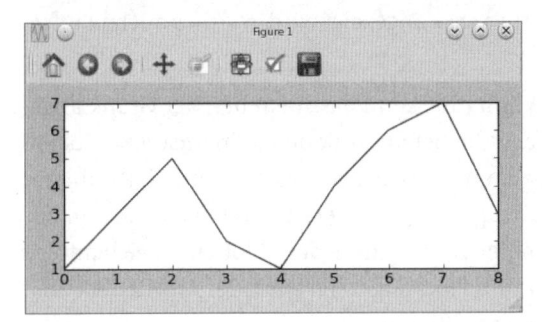

Abbildung 41.2 Ein einfacher Plot einer Liste von Zahlen

Die Werkzeugleiste am oberen Rand des Fensters bietet eine Reihe von Operationen, um die Grafik zu verändern. Außerdem kann die Grafik in verschiedenen Grafikformaten (beispielsweise PNG, PS, EPS, PDF, SVG) gespeichert werden.

In der Regel möchten Sie die Werte auf der x-Achse, die zu den Funktionswerten gehören, explizit angeben und nicht automatisch über die Indizes ermitteln lassen. Dazu übergeben Sie der Funktion `plot` zwei Listen oder Arrays, wobei der erste Parameter die x-Werte und der zweite Parameter die zugehörigen y-Werte enthält.

Um beispielsweise eine Periode der Sinusfunktion zu zeichnen, erzeugen wir mit `numpy.linspace` zunächst ein Array, das Datenpunkte im Intervall $[0, 2\pi]$ enthält, und wenden anschließend die Funktion `numpy.sin` darauf an. Die Ergebnisse geben wir dann an `plot` weiter.

```
>>> X = np.linspace(0, 2*np.pi, 200)
>>> Y = np.sin(X)
>>> plt.plot(X, Y)
[<matplotlib.lines.Line2D object at 0x7f3c5d495e80>]
>>> plt.show()
```

Das Resultat ist in Abbildung 41.3 dargestellt.

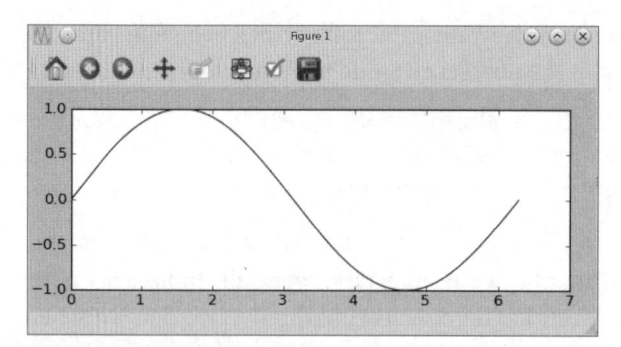

Abbildung 41.3 Plot der Sinusfunktion

Möchten Sie mehrere Funktionen in einer Grafik darstellen, können Sie plot mehrmals aufrufen, bevor das Ergebnis mittels show angezeigt wird, wie dies auch in unserem Modellprogramm gemacht wird.

Über zusätzliche Parameter der Funktion plot kann das Aussehen der Grafik angepasst werden. Das folgende Listing zeigt die Befehle, mit denen in unserem Modellprogramm die grafische Ausgabe erzeugt wird. Dabei verwenden wir den Parameter linewidth, um die Dicke der Linien anzupassen, und verändern über linestyle das Aussehen der Linien. Mit dem Parameter label kann jedem Plot eine Zeichenfolge zugeordnet werden, die in der Legende des Plots angezeigt wird. Der Aufruf der Funktion legend sorgt dafür, dass die Legende sichtbar wird.

```
plt.plot(X, Y, linewidth=2, label="f")
plt.plot(X, Y1, linewidth=2, linestyle="dashed", label="f'")
plt.plot(X, Y2, linewidth=2, linestyle="dotted", label="F")
plt.legend()
plt.show()
```

In Abbildung 41.4 ist das Ausgabefenster des Modellprogramms dargestellt.

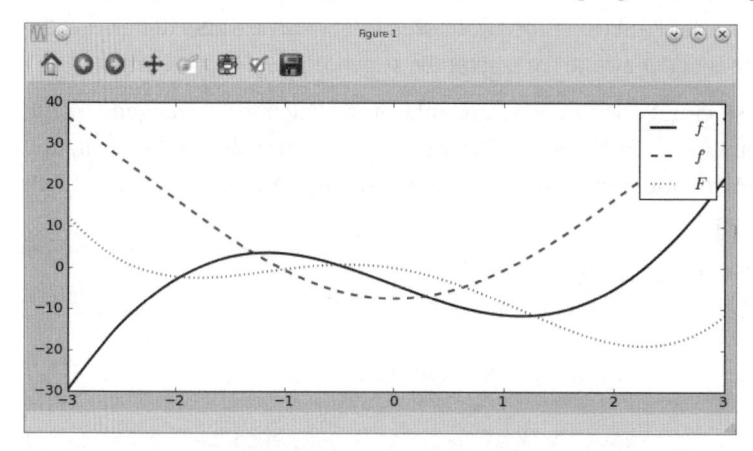

Abbildung 41.4 Endgültige Ausgabe des Modellprogramms

Das Modul `matplotlib` ist in der Lage, komplexe 2-D- und 3-D-Visualisierungen zu erzeugen und zu gestalten. Insbesondere verfügt es über umfangreiche Exportmöglichkeiten, um die Visualisierungen beispielsweise in wissenschaftlichen Arbeiten zu verwenden.

Die verfügbaren Möglichkeiten gehen weit über den hier präsentierten Einstieg hinaus. Wir verweisen Sie für weitere Informationen auf die Onlinedokumentation auf der Seite *http://www.matplotlib.org*.

41.3 Überblick über die Module numpy und scipy

Dieser Abschnitt gibt Ihnen Hinweise zur praktischen Arbeit mit dem Datentyp `numpy.ndarray`. Außerdem zeigen wir Ihnen eine Übersichtstabelle der Untermodule von `scipy`.

41.3.1 Überblick über den Datentyp numpy.ndarray

Das Herzstück von `numpy` und `scipy` ist der Datentyp `numpy.ndarray`, der mehrdimensionale Arrays verwalten kann. Wir werden Ihnen daher in diesem Kapitel die Grundlagen für den Umgang mit `numpy.ndarray` vermitteln. Diese Einführung ist als erster Einstieg gedacht und deckt nicht alle Möglichkeiten ab, die Ihnen `numpy.ndarray` bietet.

Für weiterführende Informationen verweisen wir Sie auf die Onlinedokumentation von `numpy` auf der Seite *http://docs.scipy.org/doc/* unter NUMPY REFERENCE GUIDE.

Die Form und der Datentyp eines Arrays

Ein *Array* ist eine Zusammenfassung mehrerer gleichartiger Elemente zu einer Einheit, wobei auf die Elemente über ganzzahlige Indizes zugegriffen werden kann. Wir werden uns in den Beispielen dieses Kapitels aus Gründen der Übersicht auf ein- und zweidimensionale Arrays beschränken.

Jedes Array hat eine *Form* und einen *Datentyp*. Dabei legt die Form die Dimensionen des Arrays fest, und der Datentyp gibt an, welche Art von Daten die Elemente des Arrays speichern können. Sowohl die Form als auch der Datentyp werden beim Erzeugen des Arrays festgelegt und können anschließend nicht mehr verändert werden.

Strukturell ähneln Arrays verschachtelten `list`-Instanzen. Arrays sind jedoch darauf optimiert, eine große Zahl von gleichartigen Datenobjekten zu speichern und mit ihnen zu rechnen. Eine Liste hingegen kann Referenzen auf beliebige Datenobjekte verwalten, was durch eine im Vergleich zum Array langsamere Geschwindigkeit erkauft wird.

Tabelle 41.2 listet die wichtigsten verfügbaren Datentypen für die Elemente von numpy.ndarray-Instanzen auf.[4]

Name	Beschreibung der möglichen Werte
numpy.bool	boolesche Werte (True oder False), die intern jeweils als ein Byte gespeichert werden
numpy.int	ganze Zahlen, wobei je nach Plattform 32 oder 64 Bit zur Speicherung verwendet werden
numpy.float	Gleitkommazahlen doppelter Genauigkeit, für die 64 Bit Speicherplatz verwendet werden
numpy.complex	komplexe Zahlen, wobei sowohl Real- als auch Imaginärteil als 64-Bit-Gleitkommazahl gespeichert werden

Tabelle 41.2 Übersicht über die wichtigsten Datentypen von numpy

Neben diesen Basistypen gibt es noch eine Reihe weiterer Typen, die sich genauso verhalten wie die Basisdatentypen, allerdings eine andere Menge an Speicher belegen.

So bezeichnet int8 beispielsweise einen Typ, der ganze Zahlen mit 8 Bit speichern kann. Für Details zu diesen Typen verweisen wir Sie auf die Onlinedokumentation von numpy.

Bei der Erzeugung von Arrays sollten Sie immer darauf achten, den richtigen Typ anzugeben, da ansonsten Ungenauigkeiten auftreten können, wenn der gewählte Datentyp nicht den Wertebereich abbilden kann, mit dem Sie arbeiten möchten.

Erzeugen von Arrays und grundlegende Eigenschaften

Im Modellprogramm des letzten Abschnitts wurden bereits eindimensionale Arrays mithilfe der Funktionen numpy.array und numpy.linspace erzeugt, wie es das folgende Beispiel zeigt:

```
>>> np.array([-1, 4, -5, 7])
array([-1, 4, -5, 7])
>>> np.linspace(0, 1, 11)
array([ 0. , 0.1, 0.2, 0.3, 0.4, 0.5, 0.6, 0.7, 0.8, 0.9, 1. ])
```

Jedes Array besitzt ein Attribut dtype, das den Datentyp des Arrays speichert.

---

[4] Die Datentypen heißen genauso wie die eingebauten numerischen Datentypen von Python, da sie ähnliche Werte speichern können. Es handelt sich dennoch um besondere Datentypen für den Umgang mit numpy.

```
>>> x = np.array([-1, 4, -5, 7])
>>> x.dtype
dtype('int64')
>>> y = np.array([-1, 4, -5.2, 7])
>>> y.dtype
dtype('float64')
```

Wie Sie sehen, hängt der gewählte Datentyp davon ab, welche Werte der Funktion numpy.array übergeben wurden. Dabei wählt numpy immer einen möglichst einfachen Typ, der alle übergebenen Werte speichern kann. Dies kann eine ungewollte Einschränkung sein, wenn ein Array nach der Erzeugung andere Werte speichern soll. Beispielsweise kann das Array x des oben genannten Beispiels keine Gleitkommazahlen speichern.

Um den Datentyp eines Arrays explizit festzulegen, können Sie den meisten Funktionen zur Erzeugung von Arrays einen Schlüsselwortparameter dtype übergeben.

```
>>> x = np.array([-1,4,-5,7], dtype=np.float)
>>> x
array([-1.,  4., -5.,  7.])
>>> x.dtype
dtype('float64')
```

Die Form als zweite grundlegende Eigenschaft eines Arrays wird in dem Attribut shape gespeichert.

```
>>> x.shape
(4,)
```

Das Attribut shape speichert ein Tupel, das für jede Dimension des Arrays die Anzahl der Komponenten speichert. Im Beispiel hat das Array x demnach eine Dimension mit vier Komponenten.

Um ein Array mit mehreren Dimensionen zu erzeugen, können Sie der Funktion numpy.array eine verschachtelte Struktur von iterierbaren Objekten übergeben. Im einfachsten Fall ist dies eine Liste, die weitere Listen enthält.

```
>>> b = np.array([[1,2], [3,4], [5,6]])
>>> b
array([[1, 2],
       [3, 4],
       [5, 6]])
>>> b.shape
(3, 2)
```

In diesem Beispiel wird ein Array mit zwei Dimensionen, also eine Matrix, erzeugt, die zeilenweise die Elemente der übergebenen Listen beinhaltet.

Es gibt eine Reihe spezieller Funktionen, mit denen Arrays einer bestimmten Gestalt erzeugt werden können. Tabelle 41.3 gibt Ihnen eine kurze Übersicht über einige dieser Funktionen.

Name	Beschreibung
array(object)	Erzeugt ein Array aus den von object referenzierten Daten. Häufig ist object eine Referenz auf eine verschachtelte Liste.
linspace(start, stop, num)	Erzeugt ein Array, das num äquidistante Datenpunkte von start bis stop (jeweils inklusive) enthält.
empty(shape)	Erzeugt ein Array mit den Ausmaßen shape. Der Parameter shape ist dabei ein Tupel, das für jede Dimension die Anzahl der gewünschten Komponenten enthält. Die Werte des Arrays werden nicht initialisiert, weshalb sie willkürliche Zahlen enthalten können.
eye(N, [M, k])	Erzeugt ein zweidimensionales Array mit N Zeilen und M Spalten, das überall mit Ausnahme der Hauptdiagonalen Nullen enthält. Auf der Hauptdiagonalen wird der Wert 1 gesetzt. Über den Parameter k kann die Diagonale mit dem Wert 1 verschoben werden. Wird der Parameter M nicht angegeben, wird ein Array mit N Zeilen und N Spalten erzeugt.
ones(shape)	Erzeugt ein Array der Form shape, dessen Elemente alle den Wert 1 haben.
zeros(shape)	Erzeugt ein Array der Form shape, dessen Elemente alle den Wert 0 haben.
diag(v, [k])	Erzeugt ein Array, das auf der Hauptdiagonalen die Werte der Sequenz v besitzt und dessen sonstige Elemente mit 0 aufgefüllt werden. Über den Parameter k kann die Diagonale verschoben werden, die die Werte von v annehmen soll.

Tabelle 41.3 Einige der Funktionen zum Erzeugen von Arrays

Als Beispiel möchten wir eine 9*9-Matrix erzeugen, die auf der Hauptdiagonalen die Werte von 1 bis 9 und auf den beiden Nebendiagonalen den Wert 5 hat. Alle anderen Werte sollen mit 3 belegt sein.

```
>>> M = 3*(np.ones((9,9)) - np.eye(9,9))
>>> M += 2*(np.eye(9,9,1) + np.eye(9,9,-1))
>>> M += np.diag(range(1,10))
```

Dazu erzeugen wir zunächst mit `np.ones` und `np.eye` eine Matrix M, die überall bis auf die Hauptdiagonale den Wert 3 hat. Anschließend addieren wir zu den beiden Nebendiagonalen mittels `np.eye` den Wert 2 hinzu, um auf die gewünschte 5 zu kommen. Zum Schluss erzeugen wir mithilfe von `np.diag` eine Diagonalmatrix mit den Werten von 1 bis 9 auf der Hauptdiagonalen und addieren diese zu M, um das Endergebnis zu erhalten.

```
>>> M
array([[ 1.,  5.,  3.,  3.,  3.,  3.,  3.,  3.,  3.],
       [ 5.,  2.,  5.,  3.,  3.,  3.,  3.,  3.,  3.],
       [ 3.,  5.,  3.,  5.,  3.,  3.,  3.,  3.,  3.],
       [ 3.,  3.,  5.,  4.,  5.,  3.,  3.,  3.,  3.],
       [ 3.,  3.,  3.,  5.,  5.,  5.,  3.,  3.,  3.],
       [ 3.,  3.,  3.,  3.,  5.,  6.,  5.,  3.,  3.],
       [ 3.,  3.,  3.,  3.,  3.,  5.,  7.,  5.,  3.],
       [ 3.,  3.,  3.,  3.,  3.,  3.,  5.,  8.,  5.],
       [ 3.,  3.,  3.,  3.,  3.,  3.,  3.,  5.,  9.]])
```

Dieses Vorgehen, mithilfe der vorgefertigten Bausteine komplexere Arrays zusammenzubauen, ist typisch für den Umgang mit `numpy.ndarray`.

Zugriff auf die Elemente eines Arrays

Auf die einzelnen Elemente eines Arrays kann wie bei Listen über einen Index zugegriffen werden. Auch das Slicing funktioniert bei eindimensionalen Arrays analog zum Slicing bei Listen.[5]

```
>>> a = np.array([-1,4,-5,7])
>>> a[2]
-5
>>> a[2:]
array([-5,  7])
```

Da `numpy.ndarray` ein *mutabler* Datentyp ist, können die Werte eines Arrays auch nach der Erzeugung verändert werden.

```
>>> a[2] = 1337
>>> a
array([  -1,    4, 1337,    7])
```

---

[5] Es gibt noch weiterführende Slicing-Möglichkeiten für Arrays mit mehr als zwei Dimensionen. Für die Details verweisen wir Sie auf die Onlinedokumentation von numpy.

```
>>> a[0:2] = [-20, -20]
>>> a
array([ -20,  -20, 1337,    7])
```

Hat ein Array mehrere Dimensionen, bestehen die Indizes für einzelne Elemente aus mehreren Zahlen.

```
>>> a = np.zeros((5,5))
>>> a[0,1] = 1
>>> a[3,2] = 2
>>> a[1,3] = 3
>>> a
array([[ 0.,  1.,  0.,  0.,  0.],
       [ 0.,  0.,  0.,  3.,  0.],
       [ 0.,  0.,  0.,  0.,  0.],
       [ 0.,  0.,  2.,  0.,  0.],
       [ 0.,  0.,  0.,  0.,  0.]])
```

Auch das Slicing funktioniert mit mehrdimensionalen Arrays, indem für jede Dimension ein Bereich angegeben wird. Auf diese Weise können Sie beispielsweise gezielt einzelne Blöcke einer Matrix verändern.

```
>>> a[0:3,0:3] = 5*np.ones((3,3))
>>> a[3:,3:] = 11
>>> a
array([[ 5.,  5.,  5.,  0.,  0.],
       [ 5.,  5.,  5.,  3.,  0.],
       [ 5.,  5.,  5.,  0.,  0.],
       [ 0.,  0.,  2., 11., 11.],
       [ 0.,  0.,  0., 11., 11.]])
```

Dabei können Sie einem ganzen Block eine Zahl zuweisen, wie es in der zweiten Zeile des oben dargestellten Beispiels gezeigt wird. In diesem Fall wird jedem Eintrag des betreffenden Blocks der Wert 11 zugewiesen.

Genauso ist es möglich, aus einer bestehenden Matrix einen Teil zu extrahieren.

```
>>> b = a[1:4,1:4]
>>> b
array([[ 5.,  5.,  3.],
       [ 5.,  5.,  0.],
       [ 0.,  2., 11.]])
```

Allerdings ist hier Vorsicht geboten, denn die Matrizen a und b teilen sich dieselben Daten, sodass Änderungen an der Matrix b auch die Matrix a betreffen und umgekehrt. Um einen Teil einer Matrix zu kopieren, verwenden Sie die Methode copy() des

Datentyps `numpy.ndarray`. Das folgende Beispiel extrahiert den gleichen Bereich aus a wie das Beispiel zuvor, allerdings werden die Daten diesmal kopiert.

```
>>> b = a[1:4,1:4].copy()
```

Zum Abschluss dieser Einführung erhalten Sie eine Übersicht über eine Auswahl von Attributen und Methoden des Datentyps `numpy.ndarray`. Dabei ist a eine Instanz von `numpy.ndarray`.

Zur Übersicht wurden einige Parameterlisten vereinfacht. Für eine vollständige Liste verweisen wir Sie auf die Onlinedokumentation.

Name	Beschreibung
Attribute	
`a.shape`	Beschreibt die Form des Arrays a als Tupel.
`a.ndim`	Gibt die Anzahl der Dimensionen des Arrays a an.
`a.size`	Gibt die Gesamtanzahl der Elemente des Arrays a an.
`a.itemsize`	Gibt an, wie viele Bytes jedes einzelne Element des Arrays a im Speicher belegt.
`a.dtype`	Beschreibt den Datentyp der Elemente des Arrays a.
`a.nbytes`	Gibt den Speicher in Bytes an, den die Elemente von a insgesamt belegen.
`a.real`	Gibt ein Array zurück, das die Realteile der Elemente von a als Elemente enthält.
`a.imag`	Gibt ein Array zurück, das die Imaginärteile der Elemente von a als Elemente enthält.
Generelle Methoden	
`a.tolist()`	Erzeugt eine verschachtelte Liste, die die Elemente von a enthält.
`a.dump(file)`	Schreibt das Array a so in das Dateiobjekt file, dass es anschließend mit dem Modul `pickle` wieder ausgelesen werden kann. Näheres zum Modul `pickle` erfahren Sie in Abschnitt 33.4, »Serialisierung von Instanzen – pickle«.

Tabelle 41.4 Eine Auswahl von Attributen und Methoden des Datentyps `numpy.ndarray`

Name	Beschreibung
a.astype(dtype)	Erzeugt eine Kopie des Arrays a. Die Elemente des resultierenden Arrays haben dabei den Datentyp dtype.
a.copy()	Erzeugt eine Kopie des Arrays a.
a.fill(value)	Setzt alle Elemente von a auf den Wert value.
Methoden für die Größenanpassung	
a.reshape(shape)	Gibt ein Array der Form shape zurück, das die gleichen Daten wie a enthält. Teilt sich das zurückgegebene Array und seine Daten mit a.
a.resize(new_shape)	Verändert die Form von a in-place zu der Form new_shape.
a.transpose()	Gibt ein Array zurück, das die an der Hauptdiagonalen gespiegelten Werte von a enthält. Dabei teilen sich das zurückgegebene Array und a dieselben Daten.
a.flatten()	Kopiert die Elemente des Arrays a in ein Array mit einer Dimension, indem die Daten aus mehreren Dimensionen aneinandergehängt werden.
a.ravel()	wie a.flatten, außer dass keine Kopie erzeugt wird, sodass sich das zurückgegebene Array die Daten mit a teilt
Berechnungsmethoden	
a.argmax()	Gibt den Index eines Elements von a zurück, das den größten Wert in a hat.
a.max	Gibt den größten Wert in a zurück.
a.argmin()	Gibt den Index eines Elements von a zurück, das den kleinsten Wert in a hat.
a.min()	Gibt den kleinsten Wert in a zurück.
a.clip(min, max)	Gibt ein Array zurück, bei dem die Werte von a durch min und max limitiert wurden.
a.conj()	Erzeugt ein neues Array aus dem Array a, indem alle Elemente komplex konjugiert werden.
a.sum()	Gibt die Summe aller Elemente von a zurück.

Tabelle 41.4 Eine Auswahl von Attributen und Methoden des Datentyps numpy.ndarray (Forts.)

Name	Beschreibung
a.mean()	Gibt den Mittelwert aller Elemente in a zurück.
a.var()	Berechnet die Varianz aller Elemente von a.
a.std()	Berechnet die Standardabweichung aller Elemente von a.
a.prod()	Gibt das Produkt aller Elemente von a zurück.
a.all()	Gibt True zurück, wenn der Wahrheitswert aller Elemente von a True ist. Ist dies nicht der Fall, wird False zurückgegeben.
a.any()	Gibt True zurück, wenn es in a ein Element gibt, dessen Wahrheitswert True ist. Ansonsten wird False zurückgegeben.

Tabelle 41.4 Eine Auswahl von Attributen und Methoden des Datentyps numpy.ndarray (Forts.)

Der geschickte Umgang mit dem Datentyp numpy.ndarray erfordert einige Übung. Haben Sie sich aber einmal an die Besonderheiten der Vektorisierung gewöhnt, können Sie sehr kompakte und effiziente Programme damit schreiben.

41.3.2 Überblick über scipy

Das Modul scipy bietet eine Reihe von Untermodulen für bestimmte Arten von Berechnungen. Tabelle 41.5 gibt Ihnen einen Überblick, welche Module vorhanden sind und welche Funktionalitäten sie bereitstellen.

Nähere Informationen zu den angegebenen Modulen können Sie der Onlinedokumentation von scipy unter *http://docs.scipy.org/doc/scipy/reference/* entnehmen.

Untermodul	Beschreibung
cluster	Bietet Funktionen zur Clusteranalyse, um Datensätze zu kategorisieren.
constants	Stellt mathematische und physikalische Konstanten bereit.
fftpack	Bietet Funktionen für die diskrete Fourier-Transformation (implementiert mit der Fast Fourier Transform). Außerdem werden Differentialoperatoren und Faltungen bereitgestellt.

Tabelle 41.5 Untermodule von scipy

Untermodul	Beschreibung
integrate	Stellt Funktionen bereit, um Integrale numerisch zu approximieren. Dabei können sowohl Funktionsobjekte als auch Listen mit diskreten Funktionswerten integriert werden.
	Zusätzlich gibt es Funktionen, mit deren Hilfe gewöhnliche Differentialgleichungen in einer oder mehreren Dimensionen numerisch gelöst werden können.
interpolate	Stellt Funktionen für die Interpolation bereit. Dabei werden unter anderem Polynominterpolation (Lagrange und Taylor) sowie Splines in einer und mehreren Dimensionen unterstützt.
io	Bietet Komfortfunktionen, um Daten aus verschiedenen Formaten zu lesen und zu schreiben.
	Unterstützt werden Daten der Programme *MATLAB* und *IDL* sowie das Format *Matrix Market File* und *Arff*-Dateien.
	Außerdem können Daten im *NetCDF*-Format sowie *WAV*-Sounddateien gelesen und geschrieben werden.
linalg	Bietet Funktionen aus der linearen Algebra an.
	Dazu gehören Funktionen zum Lösen linearer Gleichungen, zur Berechnung von Eigenwerten und Eigenvektoren sowie Standardzerlegungen von Matrizen (beispielsweise LU, Cholesky, SVD).
	Außerdem werden Matrizenfunktionen wie beispielsweise die Matrixexponentialfunktion implementiert und Funktionen zur Erzeugung spezieller Matrizen (beispielsweise die Hilbert-Matrix) angeboten.
misc	Bietet generelle Funktionen an, die in keine der anderen Kategorien passen.
	Dazu gehören beispielsweise Funktionen zur Berechnung der Fakultät oder der numerischen Differentiation.
ndimage	Stellt Funktionen bereit, mit denen Bilddaten verarbeitet werden können.
	Es gibt Filter- und Interpolationsfunktionen sowie Funktionen für Morphologie und Analyse.

Tabelle 41.5 Untermodule von scipy (Forts.)

Untermodul	Beschreibung
odr	Implementiert Regressionsroutinen für die orthogonale Regression, mit der auch Messfehler in den unabhängigen Variablen ausgeglichen werden können.
optimize	Bietet Funktionen, um Extremwertaufgaben zu lösen und Nullstellen zu finden. Es werden Probleme in einer und mehreren Dimensionen mit und ohne Nebenbedingungen unterstützt.
signal	Stellt Funktionen für die Signalverarbeitung bereit. Dazu gehören beispielsweise Filter- und Faltungsfunktionen sowie B-Splines und Wavelets.
sparse	Bietet Funktionen für den effizienten Umgang mit dünn besetzten Matrizen.
spatial	Bietet Funktionen, um Bereichsanfragen zu beantworten (k-d-Baum). Außerdem wird eine Klasse für die Delaunay-Triangulierung angeboten.
special	Stellt eine Menge spezieller Funktionen wie beispielsweise die Gamma-Funktion oder Orthogonalpolynome bereit.
stats	Bietet vielfältige statistische Funktionen und Wahrscheinlichkeitsverteilungen.
weave	Ermöglicht es, C/C++-Code in Python-Programme einzubetten.

Tabelle 41.5 Untermodule von scipy (Forts.)

Zusätzlich zu den Modulen, die in scipy enthalten sind, gibt es eine Reihe weiterer Module, die aus verschiedenen Gründen nicht zum Standardumfang von scipy gehören. Diese Module sind unter der Bezeichnung *SciKits* zusammengefasst und können unter der Internetadresse *http://scikits.appspot.com/* heruntergeladen werden.

Kapitel 42
Insiderwissen

Dieses Kapitel ist eine Sammlung thematisch unabhängiger, kleinerer Module, die Ihnen im Programmieralltag von Nutzen sein können. Es lohnt sich, einen Blick auf die folgenden Abschnitte zu werfen und die vorgestellten Module im Hinterkopf zu behalten.

42.1 URLs im Standardbrowser öffnen – webbrowser

Das Modul `webbrowser` dient dazu, eine Website im Standardbrowser des gerade verwendeten Systems zu öffnen. Das Modul enthält im Wesentlichen die Funktion `open`, die im Folgenden erklärt wird.

open(url, [new, autoraise])

Diese Funktion öffnet die URL `url` im Standardbrowser des Systems. Für den Parameter `new` kann eine ganze Zahl zwischen 0 und 2 übergeben werden. Dabei bedeutet ein Wert von 0, dass die URL nach Möglichkeit in einem bestehenden Browserfenster geöffnet wird, 1, dass die URL in einem neuen Browserfenster geöffnet werden soll, und 2, dass die URL nach Möglichkeit in einem neuen Tab eines bestehenden Browserfensters geöffnet werden soll. Der Parameter ist mit 0 vorbelegt.

Wenn für den Parameter `autoraise` der Wert `True` übergeben wird, wird versucht, das Browserfenster mit der geöffneten URL in den Vordergrund zu holen. Beachten Sie, dass dies bei vielen Systemen automatisch geschieht.

```
>>> import webbrowser
>>> webbrowser.open("http://www.rheinwerk-verlag.de", 2)
True
```

42.2 Interpretieren von Binärdaten – struct

Wenn eine Datei im Binärmodus gelesen wird, kommt der Dateiinhalt im Programm als Byte-Folge an. Ein Byte besteht aus acht Bit und repräsentiert somit eine Zahl zwischen 0 und 255. Werte, die nicht in diesen Zahlenraum passen, werden durch eine

Folge von Bytes dargestellt. In Abschnitt 6.4.3, »Die Schreib-/Leseposition verändern«, haben wir eine Grafik im Bitmap-Dateiformat binär eingelesen, um die Höhe, die Breite und die Farbtiefe des Bildes zu erhalten:

```python
def bytes2int(b):
    res = 0
    for x in b[::-1]:
        res = (res << 8) + x
    return res
with open("bild.bmp", "rb") as f:
    f.seek(18)
    print("Breite:", bytes2int(f.read(4)), "px")
    print("Höhe:", bytes2int(f.read(4)), "px")
    f.seek(2, 1)
    print("Farbtiefe:", bytes2int(f.read(2)), "bpp")
```

Da Bilder eine Kantenlänge von mehr als 255 Pixeln haben können, werden Höhe und Breite des Bildes im Bitmap-Format durch eine Folge von vier Bytes gespeichert. Zur Umrechnung dieser Byte-Folge in eine Zahl dient die Funktion bytes2int, die die Byte-Folge rückwärts durchläuft, das jeweils aktuelle Zwischenergebnis in seiner Binärdarstellung um acht Bit nach links verschiebt und dann den nächsten Byte-Wert aufaddiert. Auf diese Weise lassen sich vier 8-Bit-Werte zu einem 32-Bit-Wert zusammenfügen.

Pythons Standardbibliothek enthält das Modul struct, das uns das Interpretieren von Byte-Folgen abnimmt. Das oben dargestellte Beispiel lässt sich unter Verwendung des Moduls struct folgendermaßen schreiben:

```python
import struct
with open("bild.bmp", "rb") as f:
    f.seek(18)
    werte = struct.unpack("iihh", f.read(12))
    print("Breite:", werte[0], "px")
    print("Höhe:", werte[1], "px")
    print("Farbtiefe:", werte[3], "bpp")
```

Zunächst wird die Leseposition wie gehabt auf das 18. Byte gesetzt. Danach lesen wir die folgenden 12 Byte in einem Rutsch und übergeben sie zusammen mit einer Formatbeschreibung an die Funktion unpack des Moduls struct. Die Funktion unpack zerlegt die Byte-Folge anhand der Formatbeschreibung und fügt die Einzelwerte zusammen. Das von unpack zurückgegebene Tupel enthält die interpretierten Werte.

Tabelle 42.1 listet die wichtigsten Formatangaben zusammen mit der Größe und dem Python-Datentyp auf, in den sie konvertiert werden.

Angabe	Datentyp	Größe	Vorzeichenbehaftet
c	bytes	1 Byte*	–
b	int	1 Byte	ja
B	int	1 Byte	nein
?	bool	1 Byte	–
h	int	2 Byte	ja
H	int	2 Byte	nein
i	int	4 Byte	ja
I	int	4 Byte	nein
l	int	4 Byte	ja
L	int	4 Byte	nein
q	int	8 Byte	ja
Q	int	8 Byte	nein
e	float	2 Byte	ja
f	float	4 Byte	ja
d	float	8 Byte	ja
s	bytes	–	–

* Die Formatangabe c steht für ein einzelnes Zeichen, während s für einen String von beliebiger Länge steht.

Tabelle 42.1 Formatangaben bei unpack

Abgesehen von der Funktion unpack enthält das Modul struct noch weitere Funktionen, die im Folgenden kurz beschrieben werden:

- **pack(fmt, [*values])**

  Diese Funktion ist das Gegenstück zu unpack: Sie codiert die übergebenen Werte anhand der Formatangaben fmt in eine Byte-Folge.

  ```
  >>> struct.pack("iif", 12, 34, 5.67)
  b'\x0c\x00\x00\x00"\x00\x00\x00\xa4p\xb5@'
  ```

- **pack_into(fmt, buffer, offset, [*values])**
  Diese Funktion arbeitet wie pack, schreibt die codierten Daten aber an der Stelle offset in die bytearray-Instanz buffer.
- **unpack_from(fmt, buffer, [offset])**
  Diese Funktion arbeitet wie unpack, liest die Daten aber erst ab der Stelle offset aus der Byte-Folge. Mithilfe von unpack_from lässt sich im oben dargestellten Bitmap-Beispiel der seek-Aufruf einsparen.
- **calcsize(fmt)**
  Diese Funktion gibt die Größe der Byte-Folge zurück, die durch einen Aufruf von pack mit der Formatangabe fmt entstehen würde.

42.3 Versteckte Passworteingabe

Das Modul getpass ermöglicht das komfortable Einlesen eines Passworts über die Tastatur. Im Folgenden werden die im Modul getpass enthaltenen Funktionen erklärt. Um die Beispiele ausführen zu können, müssen Sie zuvor das Modul einbinden:

```
>>> import getpass
```

getpass([prompt, stream])

Die Funktion getpass liest ähnlich wie etwa input eine Eingabe vom Benutzer ein und gibt diese als String zurück. Der Unterschied zu input besteht darin, dass getpass zur Eingabe von Passwörtern gedacht ist. Das bedeutet, dass die Eingabe des Benutzers unter Verwendung von getpass verdeckt geschieht, also in der Konsole nicht angezeigt wird.

Über den optionalen Parameter prompt kann der Text angegeben werden, der den Benutzer zur Eingabe des Passworts auffordert. Der Parameter ist mit "Password: " vorbelegt. Für den zweiten optionalen Parameter, stream, kann ein dateiähnliches Objekt übergeben werden, in das die Aufforderung prompt geschrieben wird. Das funktioniert nur unter Unix-ähnlichen Betriebssystemen, unter Windows wird der Parameter prompt ignoriert.

```
>>> s = getpass.getpass("Ihr Passwort bitte: ")
Ihr Passwort bitte:
>>> print(s)
Dies ist mein Passwort
```

getpass.getuser()

Die Funktion getuser gibt den Namen zurück, mit dem sich der aktuelle Benutzer im Betriebssystem eingeloggt hat.

```
>>> getpass.getuser()
'Benutzername'
```

42.4 Kommandozeilen-Interpreter

Das Modul cmd bietet eine einfache und abstrahierte Schnittstelle zum Schreiben eines zeilenorientierten *Kommando-Interpreters* – cmd. Unter einem zeilenorientierten Kommando-Interpreter versteht man eine interaktive Konsole, in der zeilenweise Kommandos eingegeben und direkt nach Bestätigung der Eingabe interpretiert werden. Der interaktive Modus ist ein bekanntes Beispiel für solch einen Kommando-Interpreter. In einem eigenen Projekt ließe sich cmd beispielsweise für eine Administratorkonsole verwenden.

Das Modul cmd enthält die Klasse Cmd, die als Basisklasse für eigene Kommando-Interpreter verwendet werden kann und dafür ein grobes Gerüst bereitstellt. Da Cmd als Basisklasse gedacht ist, ergibt es keinen Sinn, die Klasse direkt zu instanziieren. Das folgende Beispielprojekt verwendet die Klasse Cmd, um eine rudimentäre Konsole zu erstellen. Die Konsole soll die beiden Kommandos date und time verstehen und jeweils das aktuelle Datum bzw. die aktuelle Uhrzeit ausgeben.

```python
import cmd
import time
class MeineKonsole(cmd.Cmd):
    def __init__(self):
        super().__init__()
        self.prompt = "==> "
    def do_date(self, prm):
        d = time.localtime()
        print("Heute ist der {:02}.{:02}.{:02}".format(d[2],d[1],d[0]))
        return False
    def help_date(self):
        print("Gibt das aktuelle Datum aus")
    def do_time(self, prm):
        z = time.localtime()
        print("Es ist {:02}:{:02}:{:02} Uhr".format(z[3], z[4], z[5]))
        return False
    def do_timer(self, prm):
        if prm == "start":
            self.startTime = time.perf_counter()
```

```
        elif prm == "get":
            print("Es sind {} Sekunden vergangen.".format(
                       int(time.perf_counter() - self.startTime)))
    def do_exit(self, prm):
        print("Auf Wiedersehen")
        return True
```

Im Beispiel wurde die Klasse MeineKonsole definiert, die von cmd.Cmd abgeleitet ist. Im Konstruktor der Klasse wird die Basisklasse initialisiert und das Attribut self.prompt gesetzt. Dieses Attribut stammt von der Basisklasse und referenziert den String, der zur Eingabe eines Kommandos auffordern soll.

Unsere Konsole soll insgesamt vier Kommandos unterstützen: date zum Ausgeben des aktuellen Datums, time zum Ausgeben der aktuellen Uhrzeit, timer zum Initialisieren und Auslesen einer Stoppuhr und exit zum Beenden der Konsole. Um ein Kommando in einer cmd.Cmd-Konsole zu implementieren, wird einfach eine Methode do_kommando angelegt, wobei kommando durch den Namen des jeweiligen Kommandos ersetzt werden muss. In diesem Sinne finden Sie in der Klasse MeineKonsole die Methoden do_date, do_time, do_timer und do_exit für die drei verfügbaren Kommandos. Jede dieser Methoden wird aufgerufen, wenn das Kommando vom Benutzer eingegeben wurde, und bekommt als einzigen Parameter prm den String übergeben, den der Benutzer hinter das Kommando geschrieben hat. Die Beispiel-Implementation der Methoden ist denkbar einfach und braucht an dieser Stelle nicht näher erläutert zu werden.

Wichtig ist, dass eine Kommandomethode anhand des Rückgabewertes angibt, ob die Konsole nach diesem Kommando noch weitere Kommandos annehmen soll. Wenn die Methode False zurückgibt, werden weitere Kommandos entgegengenommen. Bei einem Rückgabewert von True wird die Kommandoschleife beendet. Der Rückgabewert False einiger Methoden ist im oben dargestellten Beispiel überflüssig, da eine Funktion oder Methode ohne Rückgabewert implizit None zurückgibt und der Wahrheitswert von None False ist. Dennoch ist die entsprechende return-Anweisung zu Demonstrationszwecken im Quellcode enthalten.

Zusätzlich zu den Kommandomethoden existiert eine Methode help_date als Beispiel-Implementation der interaktiven Hilfe, die die Klasse cmd.Cmd bereitstellt. Wenn der Benutzer ein Fragezeichen oder den Befehl help eingibt, gefolgt von einem Kommandonamen, wird die Methode help_kommando mit dem entsprechenden Kommandonamen aufgerufen. Diese gibt dann einen kurzen erklärenden Text zu dem jeweiligen Kommando aus.

Um den oben dargestellten Code zu einem vollwertigen Programm zu ergänzen, muss die Klasse instanziiert und die Kommandoschleife durch Aufruf der Methode cmdloop gestartet werden:

```
konsole = MeineKonsole()
konsole.cmdloop()
```

Nach dem Starten des Programms wird der Benutzer durch Ausgabe des Prompts ==> dazu aufgefordert, ein Kommando einzugeben. Eine Beispielsitzung in unserer Konsole sieht folgendermaßen aus:

```
==> date
Heute ist der 10.03.2017
==> time
Es ist 19:26:50 Uhr
==> time
Es ist 19:26:54 Uhr
==> timer start
==> timer get
Es sind 5 Sekunden vergangen.
==> exit
Auf Wiedersehen
```

Die Hilfetexte der Kommandos können folgendermaßen angezeigt werden:

```
==> help date
Gibt das aktuelle Datum aus
==> ? date
Gibt das aktuelle Datum aus
==> help

Documented commands (type help <topic>):
========================================
date

Undocumented commands:
======================
exit  help  time
```

Der Befehl `help` ohne Parameter gibt eine Liste aller dokumentierten und undokumentierten Kommandos Ihrer Konsole aus.

Das hier vorgestellte Beispielprogramm versteht sich als eine einfache Möglichkeit, die Klasse `Cmd` zu verwenden. Neben der hier gezeigten Funktion bietet die Klasse weitere Möglichkeiten, um das Verhalten der Konsole genau an Ihre Bedürfnisse anzupassen.

42.5 Dateiinterface für Strings – io.StringIO

Das Modul io der Standardbibliothek enthält die Klasse `StringIO`, die die Schnittstelle eines Dateiobjekts bereitstellt, intern aber auf einem String arbeitet.

Das ist beispielsweise dann nützlich, wenn eine Funktion ein geöffnetes Dateiobjekt als Parameter erwartet, um dort hineinzuschreiben, Sie die geschriebenen Daten aber lieber in Form eines Strings vorliegen haben würden. Hier kann in der Regel eine StringIO-Instanz übergeben werden, sodass die geschriebenen Daten danach als String weiterverwendet werden können.

```
>>> from io import StringIO
>>> pseudodatei = StringIO()
```

Dem Konstruktor kann optional ein String übergeben werden, der den anfänglichen Inhalt der Datei enthält. Von nun an kann die zurückgegebene Instanz, referenziert durch pseudodatei, wie ein Dateiobjekt verwendet werden.

```
>>> pseudodatei.write("Hallo Welt")
10
>>> print(" Hallo Welt", file=pseudodatei)
```

Neben der Funktionalität eines Dateiobjekts bietet eine Instanz der Klasse StringIO eine zusätzliche Methode namens getvalue, durch die auf den internen String zugegriffen werden kann:

```
>>> pseudodatei.getvalue()
'Hallo Welt Hallo Welt\n'
```

Ebenso wie ein Dateiobjekt sollte eine StringIO-Instanz durch Aufruf der Methode close geschlossen werden, wenn sie nicht mehr gebraucht wird.

```
>>> pseudodatei.close()
```

42.6 Generatoren als Konsumenten

In Abschnitt 23.2 haben Sie Generatoren kennengelernt. Generatoren sind spezielle Funktionen, die mehrere Werte nacheinander zurückgeben, sodass über sie iteriert werden kann.

Ein Beispiel ist der folgende Generator, der die ersten n Quadratzahlen erzeugt:

```python
def square_generator(n):
    for i in range(1,n+1):
        yield i*i
for q in square_generator(3):
    print(q)
```

Dieses Beispielprogramm gibt die Zahlen 1, 4 und 9 auf dem Bildschirm aus. Dabei nutzt jede for-Schleife das Iterator-Protokoll, sodass die zweite for-Schleife im Beispiel semantisch zu folgendem Programm äquivalent ist:

```
g = square_generator(3)
try:
    while True:
        v = next(g)
        print(v)
except StopIteration:
    pass
```

Es wird also zunächst eine Generatorinstanz g erzeugt, und anschließend wird so lange der nächste Wert mit `next(g)` gelesen, bis eine `StopIteration`-Exception geworfen wird, also keine Werte mehr übrig sind. Dabei liefert der Generator nach seiner Erzeugung Werte an die aufrufende Ebene, ohne dass diese Informationen an den Generator weitergeben kann – der Generator agiert als *Produzent* und die aufrufende Ebene als *Konsument* der Daten.

Es gibt in Python die Möglichkeit, diese Beziehung umzukehren, sodass ein Generator Daten von der aufrufenden Ebene empfangen kann und damit zum Konsumenten wird. Dazu hat ein Generator eine Methode `send(wert)`, die einen Wert an eine Generatorinstanz sendet. Im Generator kann ein so gesendeter Wert empfangen werden, indem der Rückgabewert der `yield`-Anweisung gelesen wird. Das folgende Beispielprogramm implementiert einen konsumierenden Generator, der alle empfangenen Werte mit `print` ausgibt:

```
def printer():
    while True:
        wert = (yield)
        print(wert)

p = printer()
next(p)

p.send(87)
p.send("Habicht")
p.send([4,3,2])
```

Das Programm erzeugt die folgende Ausgabe:

```
87
Habicht
[4, 3, 2]
```

Nach der Definition der Generatorfunktion `printer` wird mit `p = printer()` eine Generatorinstanz erzeugt, und der Aufruf `next(p)` lässt die Generatorinstanz bis zum ersten `yield` laufen. Dies ist deshalb notwendig, weil nur Daten an eine Generatorinstanz gesendet werden können, wenn diese an einer `yield`-Anweisung wartet. Nun senden wir mit `p.send(87)` den Wert 87 an den Generator, was dazu führt, dass dieser seine Arbeit dort wieder aufnimmt, wo er durch `yield` unterbrochen wurde, also in der Zeile `wert = (yield)`. Entscheidend ist nun, dass die `yield`-Anweisung den gesendeten Wert annimmt, sodass nach dem Ausführen der Zeile die Referenz `wert` auf 87 zeigt. Anschließend erfolgt die Ausgabe, und die Schleife beginnt von Neuem, wodurch der Generator die Kontrolle wieder an die aufrufende Ebene abgibt und bei `yield` wartet.

Wird der Rückgabewert der `yield`-Anweisung verwendet, muss die Anweisung geklammert werden. Die Klammern können nur dann entfallen, wenn die `yield`-Anweisung als einziger Operand auf der rechten Seite einer Zuweisung steht, aber auch dann ist es guter Stil, trotzdem Klammern zu setzen. Beispiele für gültige `yield`-Anweisungen sind:

```python
def yield_darf_nur_innerhalb_von_def_bloecken_stehen():
    a = yield
    a = yield 5
    a = (yield) + 10
    print((yield))
    funktion(10, (yield 20))
```

Unzulässige `yield`-Anweisungen zeigen die folgenden Beispiele:

```python
def yield_darf_nur_innerhalb_von_def_bloecken_stehen():
    a = yield + 10
    print(yield)
    funktion(10, yield 20)
```

> **Hinweis**
>
> Wenn Sie Subgeneratoren mit `yield from` verwenden, werden die mit `send` gesendeten Werte bis zum am tiefsten verschachtelten Subgenerator durchgereicht.

42.6.1 Ein Decorator für konsumierende Generatorfunktionen

Um eine konsumierende Generatorfunktion beim Erzeugen automatisch zum ersten `yield` laufen zu lassen, eignet sich der folgende Decorator `konsument`. Wird `printer` in unserem Beispiel mit `konsument` dekoriert, entfällt der explizite Aufruf `next(p)`.

```python
def konsument(f):
    def h_f(*args, **kwargs):
        gen = f(*args, **kwargs)
        next(gen)
        return gen
    return h_f
```

```
@konsument
def printer():
    while True:
        wert = (yield)
        print(wert)
```

Mit diesem Decorator entfällt der explizite Aufruf `next(p)` nach dem Erzeugen des Generators.

42.6.2 Auslösen von Exceptions in einem Generator

Von der aufrufenden Ebene aus können Exceptions in einer Generatorfunktion ausgelöst werden, indem sie der Methode `throw` der Generatorinstanz übergeben werden. Innerhalb der Generatorfunktion tritt die Exception dann bei der `yield`-Anweisung auf, bei der der Generator angehalten wurde.

Das folgende Beispiel nutzt diese Möglichkeit, um bei einem Fehler Informationen zum internen Zustand eines Generators mit in den Traceback aufzunehmen.

```
def generator(n):
    for i in range(1,n+1):
        try:
            yield i*i
        except Exception as e:
            raise Exception("Fehler beim Index {}".format(i))
```

```
g = generator(100)
next(g)
next(g)
g.throw(ValueError)
```

Das Beispiel ergibt folgende Ausgabe:

```
Traceback (most recent call last):
  File "gen.py", line 4, in generator
    yield i*i
ValueError

During handling of the above exception, another exception occurred:

Traceback (most recent call last):
  File "gen.py", line 11, in <module>
    g.throw(ValueError)
```

```
  File "gen.py", line 6, in generator
    raise Exception("Fehler beim Index {}".format(i))
Exception: Fehler beim Index 2
```

> **Hinweis**
> Wenn Sie Subgeneratoren mit `yield from` verwenden, werden die mit `throw` ausgelösten Exceptions bis zum am tiefsten verschachtelten Subgenerator durchgereicht.

42.6.3 Eine Pipeline als Verkettung konsumierender Generatorfunktionen

Eine Anwendung konsumierender Generatorfunktionen ist die Konstruktion von Pipelines durch die Verkettung einzelner Bausteine. Als Beispiel betrachten wir eine Pipeline, die ein Signal, also eine Folge von Zahlenwerten, verarbeitet. Dabei gibt es zwei Arten von Bausteinen:

1. Filterblöcke, die Zahlen empfangen können und diese an einen weiteren Block weitergeben
2. Ausgabeblöcke, die Zahlen empfangen können und diese nicht weitergeben, sondern zum Beispiel auf dem Bildschirm ausgeben

Im folgenden Programm implementieren wir die beiden Filterblöcke `filter_hebe(stufe, ziel)` und `filter_mittelwert(fenster, ziel)`:

```
@konsument
def filter_hebe(stufe, ziel):
    while True:
        ziel.send(stufe + (yield))


@konsument
def filter_mittelwert(fenster, ziel):
    werte = []
    while True:
        werte.append((yield))
        if len(werte) >= fenster:
            ziel.send(sum(werte)/fenster)
            werte.pop(0)


@konsument
def ausgabe():
    while True:
        print((yield))

p = ausgabe()
```

```
f = filter_hebe(10, p)
f = filter_mittelwert(2, f)

for d in [1, 3, 2, 4, 2, 1]:
    f.send(d)
```

Der Block `filter_hebe` addiert zu jedem empfangenen Wert die Zahl `stufe` hinzu und schickt das Ergebnis an den Konsumenten `ziel` weiter. In dem zweiten Block `filter_mittelwert` wird der Mittelwert der letzten in `fenster` empfangenen Werte an `ziel` weitergeschickt. Dazu werden die letzten Werte in der Liste `werte` gespeichert.

Die Generatorfunktion `ausgabe` ist ein einfacher Ausgabenblock, der jeden empfangenen Wert mit `print` auf dem Bildschirm ausgibt.

Mit den folgenden Zeilen wird eine Signalverarbeitungspipeline aus drei Blöcken aufgebaut:

```
p = ausgabe()
f = filter_hebe(10, p)
f = filter_mittelwert(2, f)
```

Wird nun in der `for`-Schleife mit `f.send(d)` ein Wert in die Pipeline geschickt, wird dieser zunächst von `filter_mittelwert` verarbeitet. Nachdem genügend Werte von `filter_mittelwert` gesammelt worden sind (in diesem Beispiel 2), wird ihr Mittelwert an `filter_hebe` weitergesendet, dort um 10 vergrößert und an `ausgabe` geschickt, wo der Wert schließlich ausgegeben wird.

Das Beispielprogramm erzeugt also die folgende Ausgabe:

```
12.0
12.5
13.0
13.0
11.5
```

Sie können dieses Beispiel erweitern, indem Sie weitere Filter- oder Ausgabeblöcke definieren und diese in unterschiedlichen Reihenfolgen zu einer Pipeline verbinden.

42.7 Kopieren von Instanzen – copy

Wie Sie bereits wissen, wird in Python bei einer Zuweisung nur eine neue Referenz auf ein und dieselbe Instanz erzeugt, anstatt eine Kopie der Instanz zu erzeugen.

Im folgenden Beispiel verweisen `s` und `t` auf dieselbe Liste, wie der Vergleich mit `is` offenbart:

```
>>> s = [1, 2, 3]
>>> t = s
>>> t is s
True
```

Dieses Vorgehen ist nicht immer erwünscht, weil Änderungen an der von s referenzierten Liste über Seiteneffekte auch t betreffen und umgekehrt.

Wenn beispielsweise eine Methode einer Klasse eine Liste zurückgibt, die auch innerhalb der Klasse verwendet wird, kann die Liste auch über die zurückgegebene Referenz verändert werden, was im Regelfall unerwünscht ist:

```
class MeineKlasse:
    def __init__(self):
        self.Liste = [1, 2, 3]
    def getListe(self):
        return self.Liste
    def zeigeListe(self):
        print(self.Liste)
```

Wenn wir uns nun mit der getListe-Methode eine Referenz auf die Liste zurückgeben lassen, können wir über einen Seiteneffekt das Attribut Liste der Instanz verändern:

```
>>> instanz = MeineKlasse()
>>> liste = instanz.getListe()
>>> liste.append(1337)
>>> instanz.zeigeListe()
[1, 2, 3, 1337]
```

Um dies zu verhindern, sollte die Methode getListe anstelle der intern verwalteten Liste selbst eine Kopie derselben zurückgeben.

An dieser Stelle kommt das Modul copy ins Spiel, das dazu gedacht ist, echte Kopien einer Instanz zu erzeugen. Für diesen Zweck bietet copy zwei Funktionen an: copy.copy und copy.deepcopy. Beide Methoden erwarten als Parameter die zu kopierende Instanz und geben eine Referenz auf eine Kopie von ihr zurück:[1]

```
>>> import copy
>>> s = [1, 2, 3]
>>> t = copy.copy(s)
>>> t
[1, 2, 3]
>>> t is s
False
```

---

[1] Natürlich kann eine Liste auch per Slicing kopiert werden. Das Modul copy erlaubt aber das Kopieren beliebiger Instanzen.

Das Beispiel zeigt, dass t zwar die gleichen Elemente wie s enthält, aber trotzdem nicht auf dieselbe Instanz wie s referenziert, sodass der Vergleich mit is negativ ausfällt.

Der Unterschied zwischen copy.copy und copy.deepcopy besteht darin, wie mit Referenzen umgegangen wird, die die zu kopierenden Instanzen enthalten. Die Funktion copy.copy erzeugt zwar eine neue Liste, aber die Referenzen innerhalb der Liste verweisen trotzdem auf dieselben Elemente. Mit copy.deepcopy hingegen wird die Instanz selbst kopiert und anschließend rekursiv auch alle von ihr referenzierten Instanzen.

Wir veranschaulichen diesen Unterschied anhand einer Liste, die eine weitere Liste enthält:

```
>>> liste = [1, [2, 3]]
>>> liste2 = copy.copy(liste)
>>> liste2.append(4)
>>> liste2
[1, [2, 3], 4]
>>> liste
[1, [2, 3]]
```

Wie erwartet, verändert sich beim Anhängen des neuen Elements 4 an liste2 nicht die von liste referenzierte Instanz. Wenn wir aber die innere Liste [2, 3] verändern, betrifft dies sowohl liste als auch liste2:

```
>>> liste2[1].append(1337)
>>> liste2
[1, [2, 3, 1337], 4]
>>> liste
[1, [2, 3, 1337]]
```

Der is-Operator zeigt uns den Grund für dieses Verhalten: Bei liste[1] und liste2[1] handelt es sich um dieselbe Instanz:

```
>>> liste[1] is liste2[1]
True
```

Arbeiten wir stattdessen mit copy.deepcopy, wird die Liste inklusive aller enthaltenen Elemente kopiert:

```
>>> liste = [1, [2, 3]]
>>> liste2 = copy.deepcopy(liste)
>>> liste2[1].append(4)
>>> liste2
[1, [2, 3, 4]]
>>> liste
```

```
[1, [2, 3]]
>>> liste[1] is liste2[1]
False
```

Sowohl die Manipulation von `liste2[1]` als auch der `is`-Operator zeigen, dass es sich bei `liste2[1]` und `liste[1]` um verschiedene Instanzen handelt.

Zurück zum Eingangsbeispiel

Nun können wir unsere Beispielklasse `MeineKlasse` so anpassen, dass die Methode `getListe` eine Kopie der intern verwalteten Liste zurückgibt:

```
class MeineKlasse:
    def __init__(self):
        self.Liste = [1, 2, 3]
    def getListe(self):
        return copy.deepcopy(self.Liste)
    def zeigeListe(self):
        print(self.Liste)
```

Führen wir nun denselben Test-Code wie oben mit der neuen Klasse aus, ist der unerwünschte Seiteneffekt verschwunden:

```
>>> instanz = MeineKlasse()
>>> liste = instanz.getListe()
>>> liste.append(1337)
>>> instanz.zeigeListe()
[1, 2, 3]
```

Wir verwenden hier `deepcopy`, damit das Attribut `Liste` auch dann vor Seiteneffekten geschützt ist, wenn sich veränderbare Elemente in der Liste befinden.

> **Hinweis**
>
> Es gibt Datentypen, die sowohl von `copy.copy` als auch von `copy.deepcopy` nicht wirklich kopiert, sondern nur ein weiteres Mal referenziert werden. Dazu zählen unter anderem Modulobjekte, Methoden, `file`-Objekte, `socket`-Instanzen und `traceback`-Instanzen.

> **Hinweis**
>
> Beim Kopieren einer Instanz mithilfe des `copy`-Moduls wird das Objekt ein weiteres Mal im Speicher erzeugt. Dies kostet mehr Speicherplatz und Rechenzeit als eine einfache Zuweisung. Deshalb sollten Sie `copy` nur dann benutzen, wenn Sie tatsächlich eine echte Kopie brauchen.

42.8 Die interaktive Python-Shell – IPython

Mit dem Open-Source-Projekt *IPython* wird eine alternative Python-Shell entwickelt, die gegenüber dem klassischen interaktiven Modus einige Vorteile bietet. Abgesehen von einer Fülle hilfreicher Werkzeuge, die die interaktive Arbeit mit Python erleichtern, trennt IPython die Shell konzeptuell von dem darunterliegenden Python-Interpreter. Diese Trennung macht interessante Anwendungen möglich, beispielsweise eine Architektur zum interaktiven parallelen Rechnen in Python, die wir an dieser Stelle jedoch nicht behandeln werden.

Für Benutzer der Python-Distribution Anaconda ist IPython bereits vorinstalliert oder kann bei Bedarf folgendermaßen nachinstalliert werden, wie in Abschnitt 38.4 beschrieben:

```
$ conda install ipython
```

Außerdem ist IPython im PyPI enthalten und kann über den Paketmanager `pip` installiert werden:

```
$ pip install ipython
```

Näheres zu PyPI und `pip` erfahren Sie in Abschnitt 38.1.3.

42.8.1 Die interaktive Shell

IPython lässt sich mit dem Befehl `ipython` starten und präsentiert sich dann in einer interaktiven Shell ähnlich dem interaktiven Modus von CPython:

```
Python 3.6.0 (default, Jan 16 2017, 12:12:55)
Type "copyright", "credits" or "license" for more information.

IPython 5.1.0 -- An enhanced Interactive Python.
?         -> Introduction and overview of IPython's features.
%quickref -> Quick reference.
help      -> Python's own help system.
object?   -> Details about 'object', use 'object??' for extra details.

In [1]:
```

Tab-Vervollständigung

Die wohl bequemste der in der interaktiven IPython-Shell eingeführten Verbesserungen ist die *Tab-Vervollständigung*. Beim Drücken von ⇥ versucht IPython, die aktuelle Eingabe zu vervollständigen, was insbesondere für Methoden und Attribute gut funktioniert. Ist die Vervollständigung nicht eindeutig, bietet IPython eine Liste von Möglichkeiten an.

```
In [2]: import sys

In [3]: sys.path<TAB>
sys.path              sys.path_hooks           sys.path_importer_cache
```

Informationen über Instanzen

Durch Anhängen eines Fragezeichens gibt IPython Detailinformationen zu einer Instanz aus. Diese beinhalten unter anderem den Datentyp und einen eventuellen Docstring:

```
In [4]: x = "test"

In [5]: x?
Type:         str
String form:  test
Length:       4
Docstring:
str(object='') -> str
str(bytes_or_buffer[, encoding[, errors]]) -> str
[…]
```

Noch detailliertere Informationen über eine Instanz erhalten Sie durch das Anhängen eines zweiten Fragezeichens: x??.

Eingabehistorie

Ähnlich wie im interaktiven Modus führt IPython eine Eingabehistorie, die über die Tasten ⬆ und ⬇ durchlaufen werden kann. Im Gegensatz zum interaktiven Modus bekommt jede Eingabe einen Index zugewiesen, der in eckigen Klammern im Eingabeprompt steht:

```
In [6]:
```

In diesem Fall würde die nächste Eingabe in der Historie den Index 6 zugewiesen bekommen. Über ihren Index können alte Eingaben erneut ausgeführt werden. Dazu wird die *magische Funktion* %rerun verwendet, die sowohl einzelne Indizes als auch ganze Bereiche der Eingabehistorie erneut ausführen kann. Zunächst führen wir einige Beispieleingaben aus, die wir später wiederholen möchten:

```
In [6]: x = "test"

In [7]: x *= 2
```

```
In [8]: x
Out[8]: 'testtest'
```

Mithilfe der magischen Funktion %rerun können jetzt die Eingaben mit den Indizes zwischen 6 und 8 erneut ausgeführt werden, ohne sie noch einmal eingeben zu müssen.

```
In [9]: %rerun 6-8
=== Executing: ===
x = "test"
x *= 2
x
=== Output: ===
Out[9]: 'testtest'
```

Die magische Funktion %history funktioniert analog zu %rerun und zeigt die betreffenden Teile der Eingabehistorie an, ohne sie erneut auszuführen.

Magische Funktionen

Wie im vorangegangenen Abschnitt dargestellt, bietet die IPython-Shell dem Benutzer sogenannte *magische Funktionen* an, die allesamt mit einem Prozentzeichen beginnen, damit sie nicht mit regulären Bezeichnern interferieren. Tabelle 42.2 listet die wichtigsten zur Verfügung stehenden magischen Funktionen auf und erklärt ihre Bedeutung.

Magische Funktion	Bedeutung
%cd	Wechselt das aktuelle Arbeitsverzeichnis.
%debug	Startet den interaktiven IPython-Debugger.
%edit	Startet einen externen Editor zur Code-Eingabe.
%history	Zeigt die Eingabehistorie an.
%load	Lädt externen Programm-Code in die aktuelle Umgebung.
%logstart	Startet das Logging der eingegebenen Befehle.
%logstop	Stoppt das Logging der eingegebenen Befehle.
%lsmagic	Listet die verfügbaren magischen Funktionen auf.
%macro	Erzeugt ein Makro aus Teilen der Eingabehistorie.

Tabelle 42.2 Magische Funktionen in IPython

Magische Funktion	Bedeutung
%matplotlib	Bestimmt, wie `matplotlib`-Plots behandelt werden sollen.
%pdef	Gibt die Schnittstelle eines aufrufbaren Objekts aus.
%pfile	Gibt die Datei aus, in der ein Objekt definiert wurde.
%prun	Führt einen Ausdruck im Profiler* aus.
%pwd	Gibt das aktuelle Arbeitsverzeichnis aus.
%recall	Führt eine vorherige Eingabe erneut aus.
%save	Speichert eingegebene Befehle in eine Datei.
%time	Führt einen Ausdruck aus und misst dessen Laufzeit.
%timeit	Führt einen Ausdruck mehrfach aus und erzeugt daraus Laufzeitstatistiken.

* Näheres zu Profiling in Python erfahren Sie in Abschnitt 35.5, »Analyse des Laufzeitverhaltens«.

Tabelle 42.2 Magische Funktionen in IPython (Forts.)

Auch zu den magischen Funktionen können Sie sich mithilfe eines angehängten Fragezeichens eine Hilfeseite einblenden lassen, die ihre Benutzung erläutert.

42.9 Das Jupyter Notebook

Das *Jupyter Notebook*, ehemals *IPython Notebook*, ist eine Webanwendung, die einen neuartigen Weg zur interaktiven Nutzung von Python beschreitet. Ein Notebook-Dokument besteht aus einer Aneinanderreihung von *Zellen*. Dabei gibt es vier grundlegende Typen von Zellen:

- *Code-Zellen* enthalten Python-Code, der jederzeit bearbeitet und neu ausgeführt werden kann.
- *Markdown-Zellen* enthalten formatierten Text zur Beschreibung. Sie können beispielsweise auch LaTeX-Formeln beinhalten.
- *Raw-Zellen* enthalten unformatierten Text.
- *Heading-Zellen* enthalten Überschriften zur Strukturierung des Dokuments.

Über das Kommando `jupyter notebook` lässt sich ein Webserver starten, der das Jupyter Notebook ausführt. Daraufhin startet automatisch ein Browser mit dem Notebook. In der angezeigten Liste kann jetzt ein gespeichertes Notebook-Dokument geladen werden. Alternativ erstellen Sie über den Menüpunkt NEW • PYTHON 3 ein neues Notebook-Dokument für Python 3.

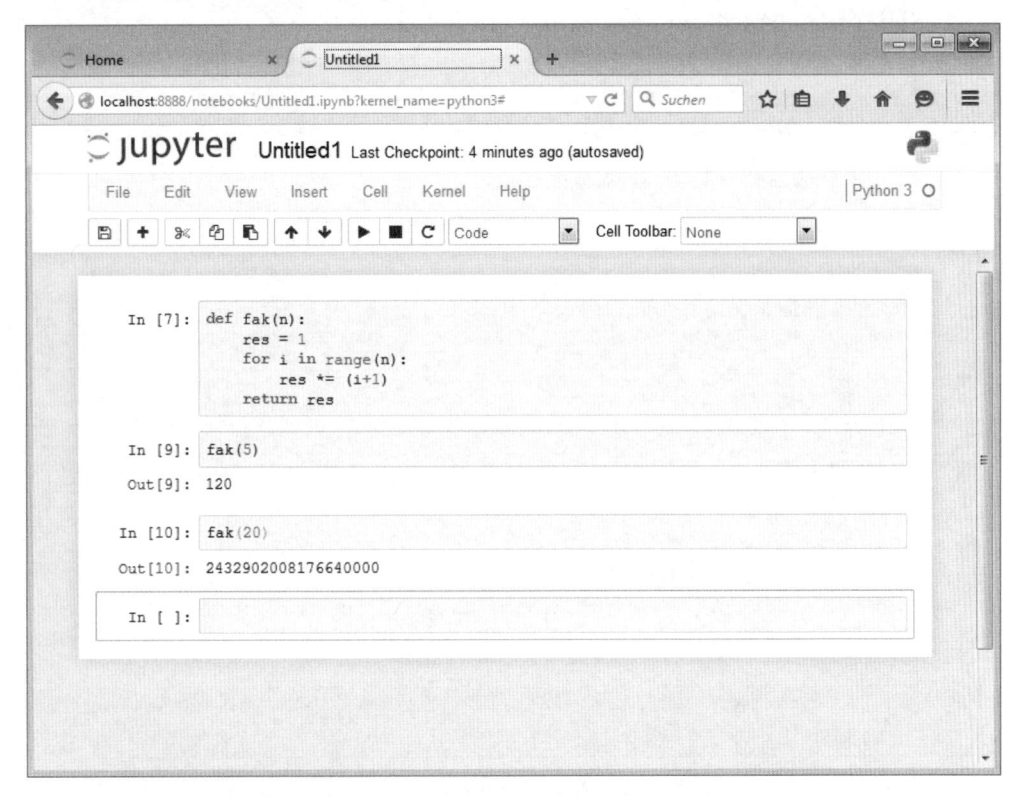

Abbildung 42.1 Das IPython-Notebook

Das in Abbildung 42.1 dargestellte Dokument beinhaltet drei Code-Zellen, in denen die Fakultätsfunktion `fak` definiert und zweimal ausgewertet wird. Innerhalb einer Code-Zelle können Sie Ihren Python-Code wie in einem Editor schreiben. Durch Drücken von ⇧ + Enter wird der eingegebene Code als Ganzes ausgeführt. Alternativ können Sie dazu den PLAY-Button im Menü verwenden.

Es ist problemlos möglich, die Fakultätsfunktion nachträglich zu ändern. Davon abhängige Zellen können daraufhin ausgewählt und durch Drücken von ⇧ + Enter erneut ausgeführt werden.

Zwischen den Code-Zellen können wir Markdown-Zellen einfügen, um den ausgeführten Code zu beschreiben. Über den Menüpunkt INSERT können neue Code-Zellen eingefügt werden, die dann über die Auswahlliste in der Menüzeile zu Markdown-Zellen gemacht werden können.

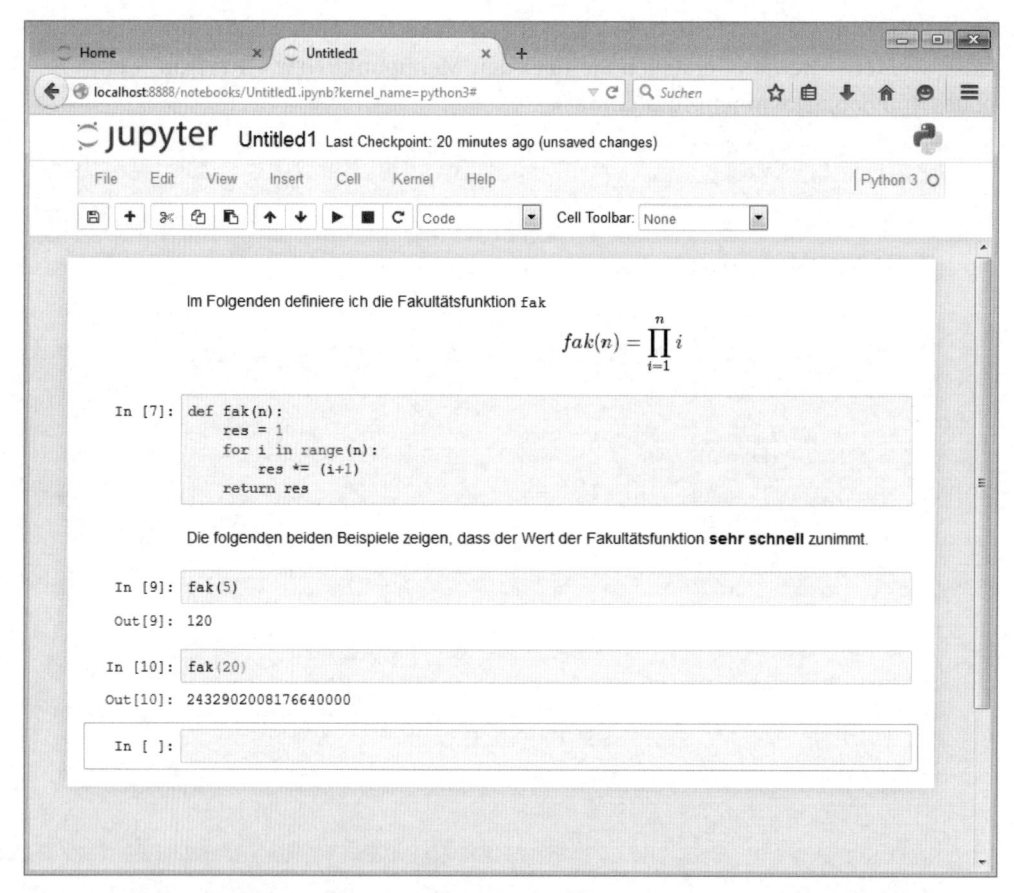

Abbildung 42.2 Ein Notebook mit Markdown-Zellen

Innerhalb von Markdown-Zellen können Sie die Formatierungssprache *Markdown* verwenden, um den Text zu formatieren. So wird in doppelte Sternchen eingefasster Text beispielsweise fett geschrieben. Außerdem wird die LaTeX-Mathematikumgebung unterstützt: Zwischen ein Paar von einfachen oder doppelten Dollarzeichen kann eine mathematische Formel geschrieben werden, die dann grafisch dargestellt wird. Der Code für die in Abbildung 42.2 dargestellte Formel lautet:

$$fak(n) = \prod_{i=1}^n i$$

Besonders interessant ist die Verwendung des IPython-Notebooks in Kombination mit dem Modul `matplotlib`, das Sie in Kapitel 41, »Wissenschaftliches Rechnen«, kennengelernt haben. Wenn über die magische Funktion `%matplotlib` der Inline-Modus eingerichtet wurde, werden `matplotlib`-Plots ebenfalls in das Notebook integriert:

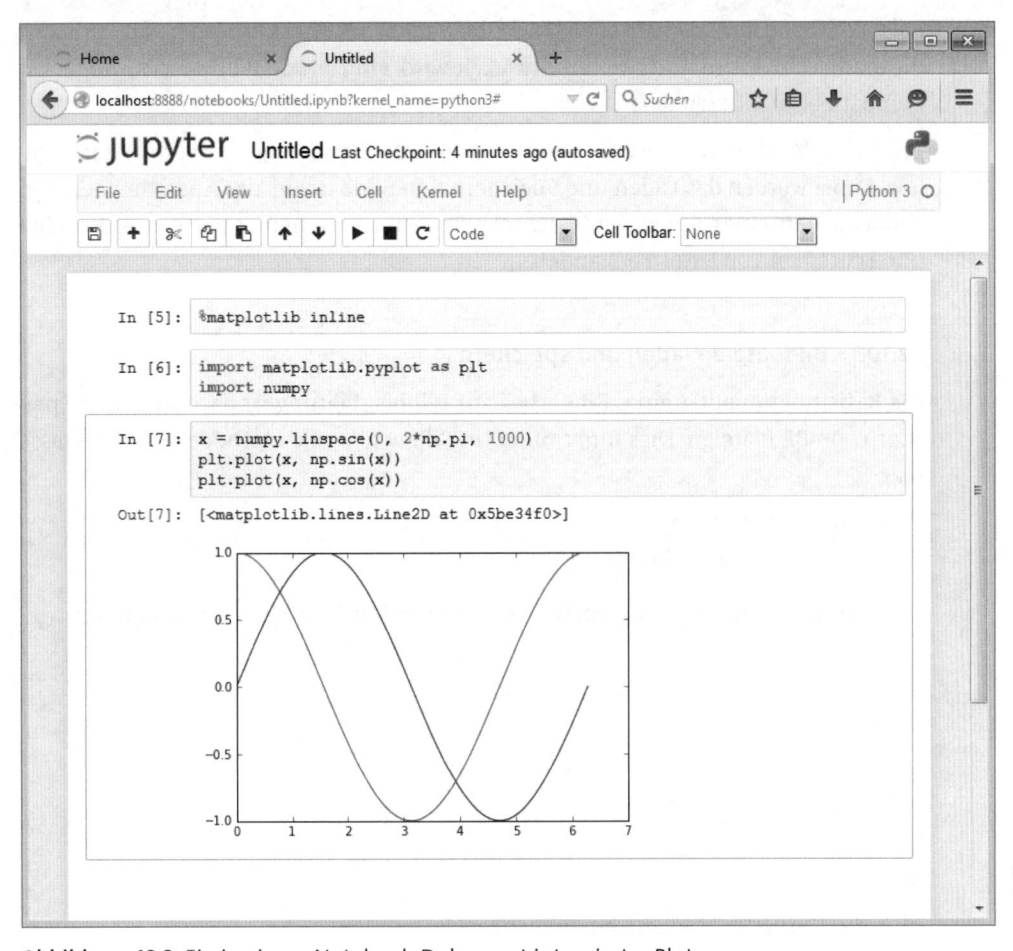

Abbildung 42.3 Ein in einem Notebook-Dokument integrierter Plot

42.10 Bildverarbeitung – Pillow

Die Drittanbieterbibliothek Pillow ermöglicht die Verarbeitung von Rastergrafiken in Python.

Die Python-Distribution Anaconda installiert Pillow standardmäßig mit. Ansonsten lässt Pillow sich folgendermaßen nachinstallieren, wie in Abschnitt 38.4 beschrieben:

```
$ conda install pillow
```

Pillow ist außerdem im PyPI enthalten und kann über den Paketmanager `pip` installiert werden:

```
$ pip install pillow
```

Bei Pillow handelt es sich um einen Fork[2] der *Python Imaging Library (PIL)* für Python 2, die inzwischen kaum noch weiterentwickelt wird. Ein Ziel von Pillow ist es, möglichst kompatibel zu PIL zu bleiben.

An dieser Stelle finden Sie eine beispielorientierte Einführung in die Arbeit mit Pillow. Dabei werden das Laden und Speichern von Bilddateien, das Ausschneiden von Teilbereichen eines Bildes, geometrische Transformationen sowie das Anwenden und Schreiben von Filtern behandelt.

42.10.1 Bilddateien laden und speichern

Die Basisfunktionalität einer Bibliothek zur Bildbearbeitung ist das Laden und Speichern von Bilddateien. Dies funktioniert in Pillow über die Methode open der Klasse Image:

```
>>> from PIL import Image
>>> lena = Image.open("lena.png")
```

Die Eigenschaften des geladenen Bildes sind über Attribute der resultierenden Image-Instanz verfügbar:

```
>>> lena.format
'PNG'
>>> lena.size
(512, 512)
>>> lena.mode
'RGBA'
```

Über die Methode show kann ein Bild angezeigt werden:

```
>>> lena.show()
```

Dazu speichert Pillow die Grafik in ein temporäres Verzeichnis und verwendet die Methoden des Betriebssystems zur Anzeige von Bilddateien.

Analog zu open existiert die Methode save, um geladene Bilddateien zu speichern. Dabei wird das Dateiformat anhand der angegebenen Dateiendung bestimmt. In diesem Fall speichern wir das geöffnete PNG-Bild als JPEG ab:

```
>>> lena.save("lena.jpg")
```

Pillow unterstützt die Formate BMP, EPS, GIF, IM, JPEG, JPEG 2000, MSP, PCX, PNG, PPM, SPIDER, TIFF, WebP und XBM. Darüber hinaus gibt es eine Teilunterstützung für eine Reihe weiterer Formate. Diese können gelesen, aber nicht geschrieben werden.

---

2 Unter einem *Fork* versteht man ein Projekt, das durch Abspaltung aus einem anderen Projekt entstanden ist.

Abbildung 42.4 Pillow kann geladene Bilder direkt anzeigen.[3]

42.10.2 Zugriff auf einzelne Pixel

Über die Methode load einer geöffneten Image-Instanz kann auf die dem Bild zugrunde liegende Pixelmatrix zugegriffen werden:

```
>>> px = lena.load()
>>> px[100, 100]
(178, 68, 78, 255)
>>> px[100, 100] = (255, 255, 255, 255)
```

Um auf ein bestimmtes Pixel zuzugreifen, werden seine Koordinaten[4] in eckige Klammern hinter die Pixelmatrix-Instanz px geschrieben. In diesem Fall ist der Farbwert des Pixels mit den Koordinaten (100, 100) gleich (178, 68, 78) bei voller Opazität. Der Farbwert kann verändert werden, was sich auf das zugrunde liegende Bild lena auswirkt.

---

3 Das hier verwendete Bild stammt aus einer Playboy-Ausgabe aus dem Jahre 1972 und hat sich kurz danach zu einem Standardbeispiel in der Bildverarbeitung entwickelt. Das abgebildete schwedische Playmate Lena Söderberg erfuhr erst viel später von seiner Popularität in der Wissenschaft.

4 Die Angaben beziehen sich auf das lokale Bild-Koordinatensystem, dessen Ursprung in der oberen linken Ecke des Bildes liegt.

42.10.3 Teilbereiche eines Bildes ausschneiden

Eine Image-Instanz bietet die Methode crop an, mit deren Hilfe sich Teilbereiche eines Bildes ausschneiden lassen:

```
>>> gesicht = lena.crop((150, 150, 400, 400))
```

Der gewünschte Teilbereich des Bildes wird in Form eines Tupels mit vier Werten spezifiziert. Die vorderen beiden Werte legen die Koordinaten der oberen linken Ecke und die hinteren beiden Werte die Koordinaten der unteren rechten Ecke in Pixeln fest. Der in diesem Beispiel ausgeschnittene Bereich beginnt damit an der Stelle (150, 150) und ist 250 Pixel breit bzw. hoch.

Das Ergebnis eines crop-Aufrufs wird als Image-Instanz zurückgegeben und kann ebenfalls mittels show dargestellt werden:

Abbildung 42.5 Ein ausgeschnittener Teilbereich des Bildes

42.10.4 Bilder zusammenfügen

Eine Image-Instanz, unabhängig davon, ob sie aus einem Bild ausgeschnitten oder eigenständig geladen wurde, lässt sich in eine zweite Image-Instanz einfügen. Im folgenden Beispiel erzeugen wir eine neue Image-Instanz in der passenden Größe und verwenden dann die Methode paste, um den im vorangegangenen Abschnitt ausgeschnittenen Teilbereich gesicht zweimal einzufügen:

```
>>> ergebnis = Image.new("RGBA", (500, 250))
>>> ergebnis.paste(gesicht, (0, 0, 250, 250))
>>> ergebnis.paste(gesicht, (250, 0, 500, 250))
>>> ergebnis.show()
```

Die statische Methode new der Klasse Image erzeugt ein neues Bild der angegebenen Größe, in diesem Fall 500 Pixel breit und 250 Pixel hoch. Zusätzlich wird der Farbraum des Bildes angegeben, in diesem Fall RGBA[5]. Das Ergebnisbild der paste-Operationen sieht folgendermaßen aus:

Abbildung 42.6 Zusammenfügen von Bildern

42.10.5 Geometrische Bildtransformationen

Pillow unterstützt eine Reihe von Operationen zur geometrischen Transformation von Image-Instanzen. Dazu zählt beispielsweise das Skalieren eines Bildes:

```
>>> klein = lena.resize((100, 100))
```

In diesem Fall wird das Beispielbild lena auf eine Größe von 100 * 100 Pixeln verkleinert und als neue Image-Instanz zurückgegeben.

Eine zweite Klasse von Bildtransformationen sind Spiegelungen und Rotationen um ganzzahlige Vielfache von 90°. Solche Transformationen ändern die Bildgeometrie nicht und werden in Pillow als *Transpositionen* bezeichnet. Eine Transposition kann über die Methode transpose einer Image-Instanz durchgeführt werden:

```
>>> trans1 = lena.transpose(Image.FLIP_LEFT_RIGHT)
>>> trans2 = lena.transpose(Image.FLIP_TOP_BOTTOM)
>>> trans3 = lena.transpose(Image.ROTATE_90)
>>> trans4 = lena.transpose(Image.ROTATE_180)
>>> trans5 = lena.transpose(Image.ROTATE_270)
```

Abbildung 42.7 zeigt die Ergebnisse der einzelnen Transpositionsoperationen in einem gemeinsamen Bild.

---

5 Das bedeutet, dass sich der Farbwert eines Pixels aus seinen Rot-, Grün- und Blauanteilen zusammensetzt. Zusätzlich gibt es eine Alpha-Komponente, die den Transparenzwert eines Pixels angibt. Pillow unterstützt neben RGBA eine Reihe weiterer Farbräume.

Abbildung 42.7 Geometrische Transpositionen: vertikale bzw. horizontale Spiegelung sowie Rotationen um 90°, 180° und 270°

Rotationen um ganzzahlige Vielfache von 90° sind angenehm, weil sie die Bildgeometrie unverändert lassen. Selbstverständlich können Sie Bilder mit Pillow auch beliebig rotieren. Dazu können Sie die Methode rotate verwenden:

```
>>> lena.rotate(30).show()
```

Auch in diesem Fall wird die Geometrie des Bildes beibehalten. Durch die Rotation entstandene Freiflächen werden mit der Standardhintergrundfarbe des Bildes, in diesem Fall Schwarz, gefüllt (siehe Abbildung 42.8).

Abbildung 42.8 Eine Rotation um 30°

Alternativ kann über den Schlüsselwortparameter expand beim Aufruf von rotate angegeben werden, dass die Bilddimensionen an das rotierte Bild angepasst werden sollen:

```
>>> lena.rotate(30, expand=True).show()
```

42.10.6 Vordefinierte Bildfilter

Das Modul ImageFilter enthält eine Reihe vordefinierter Filterfunktionen, die über die Methode filter einer Image-Instanz angewendet werden können. Auf diese Weise lässt sich beispielsweise ein GaussianBlur-Filter über ein Bild legen:

```
>>> from PIL import ImageFilter
>>> lena.filter(ImageFilter.GaussianBlur(10)).show()
```

Dieser Filter berechnet den Farbwert eines jeden Pixels anhand der Farbwerte der Pixel in seiner Umgebung. Der Grad der entstehenden Unschärfe lässt sich über die Umgebungsgröße variieren, in diesem Fall beträgt die Umgebungsgröße 10 Pixel. Das Ergebnis ist in Abbildung 42.9 dargestellt.

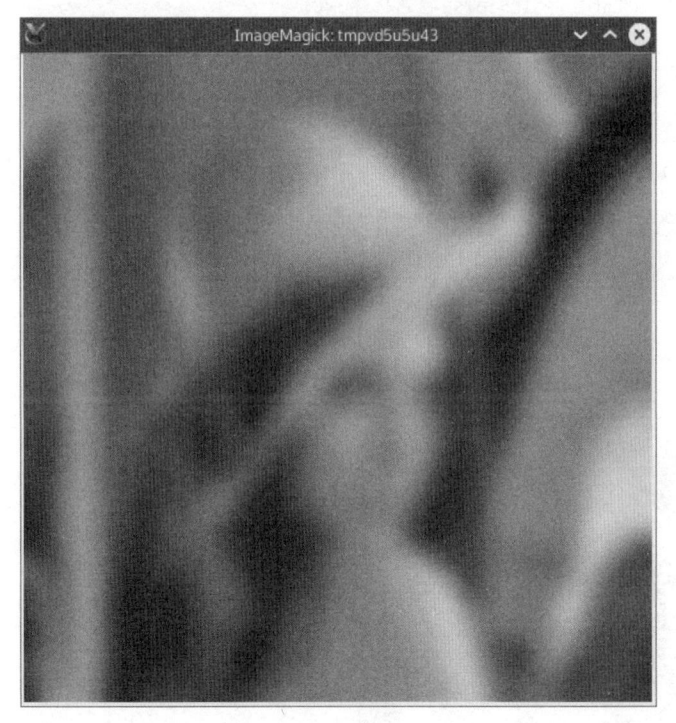

Abbildung 42.9 Ein GaussianBlur-Filter

Neben dem hier gezeigten GaussianBlur-Filter enthält das Modul ImageFilter die Filterklassen UnsharpMask für eine Unschärfemaske, Kernel für eine Faltungsoperation sowie `RankFilter`, `MedianFilter`, `MinFilter` und `MaxFilter` für einfache umgebungsbasierte Filter.

Darüber hinaus sind die vorkonfigurierten und daher parameterlosen Filter `BLUR`, `CONTOUR`, `DETAIL`, `EDGE_ENHANCE`, `EDGE_ENHANCE_MORE`, `EMBOSS`, `FIND_EDGES`, `SMOOTH`, `SMOOTH_MORE` und `SHARPEN` in `ImageFilter` enthalten, die ebenfalls über `filter` angewendet werden können:

```
>>> lena.filter(ImageFilter.FIND_EDGES).show()
```

42.10.7 Eigene Pixeloperationen

Wie im vorangegangenen Abschnitt geschildert, enthält Pillow eine Reihe vordefinierter Filter. Über die Methode `point` einer Image-Instanz ist es möglich, einfache Filterfunktionen selbst zu schreiben. Dabei dürfen sich diese Filter nur auf das betreffende Pixel selbst beziehen und nicht auf seine Umgebung. Der Methode `point` wird ein Funktionsobjekt übergeben, das für jede Farbkomponente jedes Pixels aufgerufen wird und diese verändern kann:

```
>>> lena.point(lambda i: 0 if i < 125 else 255).show()
```

In diesem Beispiel wird ein Schwellwertfilter angewandt, der zwischen voller Intensität (Wert 255) und keiner Intensität (Wert 0) entscheidet. Diese Entscheidung wird für jede Farbkomponente unabhängig getroffen. Das Ergebnis entspricht einer maximalen Kontrasteinstellung und ist künstlerisch wertvoll, wie Abbildung 42.10 zeigt.

Abbildung 42.10 Eine selbst definierte Pixeloperation

42.10.8 Bildverbesserungen

Neben den bereits angesprochenen Filtern im Modul `ImageFilter` gibt es das Modul `ImageEnhance`, das eine Reihe von Klassen enthält, die verschiedene Aspekte eines Bildes, beispielsweise Helligkeit oder Kontrast, verbessern können:

```
>>> from PIL import ImageEnhance
>>> enhancer = ImageEnhance.Contrast(lena)
>>> enhancer.enhance(0.5).show()
```

Zunächst wird eine Instanz der Klasse `Contrast` mit dem zu bearbeitenden Bild erzeugt. Diese Instanz kann dann verwendet werden, um verschiedene Kontrasteinstellungen anzuwenden. Dazu wird die Methode `enhance` der Enhancer-Instanz mit dem Kontrastwert aufgerufen. Ein Wert kleiner als 1 verringert den Kontrast des Ausgangsbildes, während ein Wert größer als 1 den Kontrast erhöht.

Auf analoge Art und Weise können die Verbesserungsfilter `Color` für die Farbbalance, `Brightness` für die Helligkeit und `Sharpness` für die Schärfe verwendet werden.

42.10.9 Zeichenoperationen

Pillow unterstützt grundlegende Zeichenoperationen, mit deren Hilfe einfache geometrische Formen zu einem Bild hinzugefügt werden können. Außerdem kann Text in Bilder geschrieben werden. Dazu werden die beiden Pillow-Module `ImageDraw` und `ImageFont` benötigt.

```
>>> from PIL import ImageDraw
>>> draw = ImageDraw.Draw(lena)
>>> draw.rectangle((150, 150, 400, 400), outline=(255,255,255,255))
```

Zunächst muss eine Instanz der Klasse `ImageDraw` erzeugt werden, die daraufhin zum Zeichnen in das bei der Instanziierung angegebene Bild verwendet werden kann, zum Beispiel zum Zeichnen eines weißen Rechtecks. Neben der Methode `rectangle` gibt es die in Tabelle 42.3 zusammengefassten Zeichenmethoden.

Methode	Beschreibung
arc	Zeichnet einen offenen Bogen.
chord	Zeichnet einen geschlossenen Bogen.
ellipse	Zeichnet eine Ellipse.
line	Zeichnet eine Linie.
pieslice	Zeichnet ein »Tortenstück«.

Tabelle 42.3 Zeichenmethoden von ImageDraw

Methode	Beschreibung
point	Zeichnet einen Punkt bzw. ein Pixel.
polygon	Zeichnet ein Polygon.
rectangle	Zeichnet ein Rechteck.
text	Zeichnet einen Text.

Tabelle 42.3 Zeichenmethoden von ImageDraw (Forts.)

Die Klasse `ImageFont` kann verwendet werden, um Text in ein geöffnetes Bild zu schreiben. Dazu wird über die Methode `truetype` eine Schriftart geladen und in einer Schriftgröße, in diesem Fall 40 Punkt, instanziiert. Danach kann über die Methode `text` einer `ImageDraw`-Instanz ein Text in das Bild geschrieben werden.

```
>>> from PIL import ImageFont
>>> font = ImageFont.truetype("arial.ttf", 40)
>>> draw.text((230, 410), "Lena", font=font, fill=(255,255,255,255))
```

Das kombinierte Ergebnis der beiden vorangegangenen Beispiele sehen Sie in Abbildung 42.11.

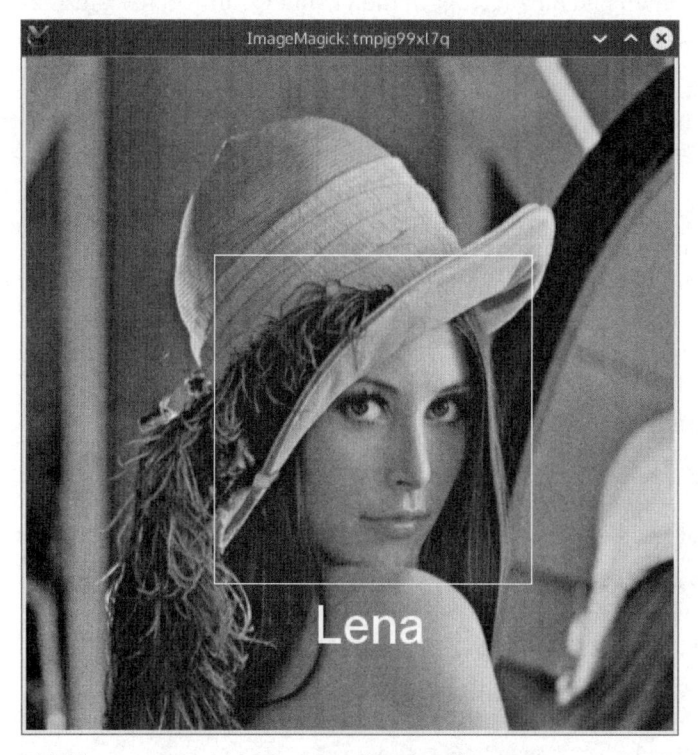

Abbildung 42.11 Zeichenfunktionalität in Pillow

42.10.10 Interoperabilität

Pillow ermöglicht es, Bilddateien komfortabel zu bearbeiten und nach der Bearbeitung entweder zu speichern oder mithilfe der Methoden des Betriebssystems darzustellen. Darüber hinaus kann Pillow mit verschiedenen GUI-Toolkits interagieren, um eine möglichst einfache Darstellung einer Image-Instanz auf einer grafischen Oberfläche zu erreichen. Dazu gibt es die Klassen ImageQt für die Interoperabilität mit PyQt und ImageTk für die Interoperabilität mit TkInter:

```
>>> from PIL import ImageQt
>>> lenaQt = ImageQt.ImageQt(lena)
```

bzw.

```
>>> from PIL import ImageTk
>>> from tkinter import Tk
>>> root = Tk()
>>> lenaTk = ImageTk.PhotoImage(lena)
```

Die angesprochenen Klassen erben von den entsprechenden Gegenstücken QtGui.QImage bzw. tkinter.PhotoImage und lassen sich daher direkt im Kontext von PyQt bzw. TkInter verwenden.

Kapitel 43
Von Python 2 nach Python 3

Die Programmiersprache Python befindet sich in fortlaufender Entwicklung und hat seit der Veröffentlichung der Version 1.0 im Januar 1994 viele Veränderungen erfahren. In diesem Kapitel werden wir die Entwicklung der Sprache Python beschreiben. Dabei beginnen wir mit der Version 2.0, die im Jahr 2000 veröffentlicht wurde.

Im Anschluss daran wird der große Sprung auf Version 3.0 im Detail besprochen. Python 2 ist auch heute noch im Einsatz, weswegen Sie sich über die bestehenden Unterschiede im Klaren sein sollten.

Tabelle 43.1 nennt die wichtigen Neuerungen der einzelnen Python-Versionen. Diese Liste ist nicht vollständig, die Änderungen sind zu zahlreich, um sie hier vollständig wiederzugeben.

Eine umfassende Auflistung aller Änderungen einer Python-Version finden Sie in der entsprechenden Dokumentation unter dem Titel »What's New in Python x.y«.

Version	Jahr	Wesentliche Neuerungen
2.0	2000	▸ der `unicode`-Datentyp für Unicode-Strings ▸ List Comprehensions ▸ erweiterte Zuweisungen ▸ Garbage Collection für zyklische Referenzen
2.1	2001	▸ das `__future__`-Modul ▸ Vergleichsoperatoren können einzeln überladen werden. ▸ Die `import`-Anweisung arbeitet auch unter Windows und macOS case-sensitive.

Tabelle 43.1 Entwicklung von Python

Version	Jahr	Wesentliche Neuerungen
2.2	2001	▶ verschachtelte Namensräume ▶ New-Style Classes erlauben das Erben von eingebauten Datentypen. ▶ Mehrfachvererbung ▶ Properties ▶ das Iterator-Konzept ▶ statische Methoden und Klassenmethoden ▶ automatische Konvertierung der Datentypen long und int
2.3	2003	▶ der set-Datentyp (zunächst noch im sets-Modul, ab 2.4 als eingebauter Datentyp) ▶ Generatorfunktionen ▶ der Datentyp bool
2.4	2004	▶ Generator Expressions ▶ Funktions- und Klassendecorator ▶ das decimal-Modul
2.5	2006	▶ Conditional Expressions ▶ die relative import-Anweisung ▶ Vereinheitlichung der try-except-finally-Anweisung. Zuvor konnten except- und finally-Zweige nicht gemeinsam verwendet werden.
2.6	2008	Die Version 2.6 wurde zeitgleich zu 3.0 entwickelt und enthält die Neuerungen aus Version 3.0, die die Abwärtskompatibilität der Sprache nicht beeinträchtigen: ▶ die with-Anweisung ▶ das multiprocessing-Paket ▶ eine neue Syntax zur String-Formatierung ▶ print wird zu einer Funktion. ▶ Literale für Zahlen im Oktal- und Binärsystem
2.7	2010	Die Version 2.7 ist die letzte Version von Python 2 und beinhaltet einige der Neuerungen von Python 3.1 bzw. 3.2: ▶ Dictionary- und Set Comprehensions ▶ das argparse-Modul

Tabelle 43.1 Entwicklung von Python (Forts.)

Version	Jahr	Wesentliche Neuerungen
3.0	2008	Änderungen, die nicht auch in Version 2.6 enthalten sind: ▸ Viele eingebaute Funktionen und Methoden geben jetzt Iteratoren anstelle von Listen zurück. ▸ Der Datentyp long verschwindet. ▸ der bytes-Datentyp für Binärdaten ▸ Der Datentyp str speichert jetzt ausschließlich Unicode-Strings. ▸ Dictionary Comprehensions ▸ reine Schlüsselwortparameter ▸ die nonlocal-Anweisung ▸ ein Literal für den Datentyp set ▸ Viele Module der Standardbibliothek wurden entfernt, umbenannt oder verändert.
3.1	2009	▸ der Datentyp OrderedDict im collections-Modul ▸ die Methode bit_length des Datentyps int ▸ die automatische Nummerierung von Platzhaltern bei der String-Formatierung ▸ ein neuer Algorithmus zur internen Repräsentation von float-Werten
3.2	2011	▸ Die *.pyc-Kompilate werden jetzt in einem Unterverzeichnis namens __pycache__ gesammelt. ▸ Viele Module der Standardbibliothek wurden erweitert.
3.3	2012	▸ die yield from-Syntax ▸ Die u"string" Syntax ist wieder erlaubt. ▸ Die Exception-Hierarchie wurde überarbeitet.
3.4	2014	▸ umfassende Integration von PIP ▸ das Modul enum
3.5	2015	▸ der Operator @ für Matrizenmultiplikation ▸ Koroutinen mit async und await
3.6	2016	▸ das f-Literal für formatierte Strings ▸ eine Syntax für die Annotation von Variablen ▸ asynchrone Generatoren und Comprehensions

Tabelle 43.1 Entwicklung von Python (Forts.)

Im Folgenden wird der einschneidende Versionssprung von Python 2 auf Python 3 besprochen. Das Besondere an der Version 3.0 ist, dass sie nicht mehr abwärtskompatibel mit älteren Python-Versionen ist. Das bedeutet, dass ein Programm, das für Python 2 geschrieben wurde, mit großer Wahrscheinlichkeit nicht unter Python 3 lauffähig ist. Der Bruch mit der Abwärtskompatibilität erlaubte es den Python-Entwicklern, lange mitgeschleppte Unschönheiten und Inkonsequenzen aus der Sprache zu entfernen und so eine rundum erneuerte Version von Python zu veröffentlichen.

Alles in allem sind die mit Python 3.0 eingeführten Änderungen nicht dramatisch, es bedarf jedoch einer gewissen Umgewöhnung, um von Python 2 auf Python 3 umzusteigen. Aus diesem Grund besprechen wir in diesem Kapitel übersichtlich die wichtigsten Unterschiede zwischen Python 2 und 3.

Python 3 beinhaltet ein Tool namens 2to3, das das Umstellen eines größeren Projekts von Python 2 auf 3 erleichtert, indem es den Quellcode zu großen Teilen automatisch konvertiert. Die Handhabung dieses Programms erklären wir im zweiten Abschnitt.

43.1 Die wichtigsten Unterschiede

Im Folgenden sind die wichtigsten Unterschiede zwischen den Python-Versionen 2 und 3 aufgeführt.

> **Hinweis**
>
> Mit Python 3 wurden auch viele subtile Änderungen, beispielsweise an den Schnittstellen vieler Module der Standardbibliothek, vorgenommen, die hier aus naheliegenden Gründen nicht alle erläutert werden können. Antworten auf solch detaillierte Fragen finden Sie in den Onlinedokumentationen auf der Python-Website *http://www.python.org*.

43.1.1 Ein-/Ausgabe

In puncto Ein-/Ausgabe gab es zwei auffällige, aber schnell erklärte Änderungen:

- Das Schlüsselwort `print` aus Python 2 ist einer Built-in Function gleichen Namens gewichen. In der Regel brauchen hier also nur Klammern um den auszugebenden Ausdruck ergänzt zu werden:

Python 2	Python 3
`>>> print "Hallo Welt"` `Hallo Welt`	`>>> print("Hallo Welt")` `Hallo Welt`
`>>> print "ABC", "DEF", 2+2` `ABC DEF 4`	`>>> print("ABC", "DEF", 2+2)` `ABC DEF 4`
`>>> print >>f, "Dateien"`	`>>> print("Dateien", file=f)`

`>>> for i in range(3):`
`...     print i,`
`...`
`0 1 2`
	`>>> for i in range(3):`
	`...     print(i, end=" ")`
	`...`
	`0 1 2`

Tabelle 43.2 print ist jetzt eine Funktion.

Nähere Informationen, insbesondere zu den Schlüsselwortparametern der Built-in Function print, finden Sie in Abschnitt 19.8, »Eingebaute Funktionen«

▶ Die zweite auffällige Änderung hinsichtlich der Ein-/Ausgabe betrifft die Built-in Function input. Die input-Funktion aus Python 3 entspricht der raw_input-Funktion aus Python 2. Eine Entsprechung für die input-Funktion aus Python 2 gibt es in Python 3 als Built-in Function nicht, doch ihr Verhalten kann mithilfe von eval nachgebildet werden:

Python 2	Python 3

`>>> input("Ihr Wert: ")`
`Ihr Wert: 2**5`
`32`
	`>>> eval(input("Ihr Wert: "))`
	`Ihr Wert: 2**5`
	`32`

`>>> raw_input("Ihr Wert: ")`
`Ihr Wert: 2**5`
`'2**5'`
	`>>> input("Ihr Wert: ")`
	`Ihr Wert: 2**5`
	`'2**5'`

Tabelle 43.3 input vs. raw_input

Dies waren die beiden gewöhnungsbedürftigsten Änderungen, was die Bildschirmausgabe bzw. Tastatureingabe betrifft.

43.1.2 Iteratoren

Obwohl Python 2 das Iterator-Konzept bereits unterstützt, geben viele Funktionen, die für gewöhnlich zum Iterieren über eine bestimmte Menge verwendet werden, eine Liste der Elemente dieser Menge zurück, so beispielsweise die prominente Funktion range. Üblicherweise wird diese Liste aber nur in einer for-Schleife durchlaufen. Dies kann durch Verwendung von Iteratoren eleganter und speicherschonender durchgeführt werden.

Aus diesem Grund geben viele der Funktionen und Methoden, die in Python 2 eine Liste zurückgeben, in Python 3 einen auf die Gegebenheiten zugeschnittenen Iterator zurück. Um diese Objekte in eine Liste zu überführen, können sie einfach der Built-in Function list übergeben werden.

Damit verhält sich zum Beispiel die range-Funktion aus Python 3 gerade so wie die xrange-Funktion aus Python 2. Ein Aufruf von list(range()) in Python 3 ist äquivalent zur range-Funktion aus Python 2.

Python 2	Python 3
>>> xrange(5) xrange(5)	>>> range(5) range(0, 5)
>>> range(5) [0, 1, 2, 3, 4]	>>> list(range(5)) [0, 1, 2, 3, 4]

Tabelle 43.4 range gibt jetzt einen Iterator zurück.

Abgesehen von range sind von dieser Änderung die Built-in Functions map, filter und zip betroffen, die nun einen Iterator zurückgeben. Die Methoden keys, items und values eines Dictionarys geben jetzt ein sogenanntes view-Objekt zurück, das ebenfalls iterierbar ist. Die Methoden iterkeys, iteritems und itervalues eines Dictionarys sowie die Built-in Function xrange aus Python 2 existieren in Python 3 nicht mehr.

43.1.3 Strings

Die wohl grundlegendste Änderung in Python 3 ist die Umdeutung des Datentyps str. In Python 2 existieren zwei Datentypen für Strings: str und unicode. Während Ersterer zum Speichern beliebiger Byte-Folgen verwendet werden kann, war Letzterer für Unicode-Text zuständig.

In Python 3 ist der Datentyp str ausschließlich für Text zuständig und mit dem unicode-Datentyp aus Python 2 vergleichbar. Zum Speichern von byte-Folgen gibt es in Python 3 die Datentypen bytes und bytearray, wobei es sich bei bytes um einen unveränderlichen und bei bytearray um einen veränderlichen Datentyp handelt. In Python 3 existiert weder das u-Literal für Unicode-Strings noch der Datentyp unicode.

Die Datentypen bytes und str sind in Python 3 klarer voneinander abgegrenzt, als es bei den Datentypen str und unicode in Python 2 der Fall ist. So ist es beispielsweise nicht mehr möglich, einen String und einen bytes-String ohne explizites Codieren bzw. Decodieren zusammenzufügen.

Tabelle 43.5 weist die Unterschiede zwischen str in Python 2 und str in Python 3 exemplarisch auf.

Python 2	Python 3

>>> u = u"Ich bin Unicode"
>>> u
u'Ich bin Unicode'
>>> u.encode("ascii")
'Ich bin Unicode'
	>>> u = "Ich bin Unicode"
	>>> u
	'Ich bin Unicode'
	>>> u.encode("ascii")
	b'Ich bin Unicode'

>>> a = "Ich bin ASCII"
>>> a.decode()
u'Ich bin ASCII'
	>>> a = b"Ich bin ASCII"
	>>> a.decode()
	'Ich bin ASCII'

>>> "abc" + u"def" u'abcdef'	>>> b"abc" + "def" Traceback (most recent call last): [...] TypeError: can't concat bytes to str

Tabelle 43.5 Strings

Die stärkere Abgrenzung von str und bytes in Python 3 hat Auswirkungen auf die Standardbibliothek. So dürfen Sie beispielsweise zur Netzwerkkommunikation nur bytes-Strings verwenden. Wichtig ist auch, dass der Typ der aus einer Datei eingelesenen Daten nun vom Modus abhängt, in dem die Datei geöffnet wurde. Der Unterschied zwischen Binär- und Textmodus ist in Python 3 also auch unter Betriebssystemen von Interesse, die diese beiden Modi von sich aus gar nicht unterscheiden.

> **Hinweis**
> Um den Aufwand zum Konvertieren von Code zwischen Python 2.x und Python 3.x zu verringern, ist die Schreibweise u"Hallöchen" für Strings seit Python 3.3 wieder erlaubt. Sie hat allerdings keine besondere Bedeutung, sondern ist äquivalent zu "Hallöchen".

43.1.4 Ganze Zahlen

In Python 2 existieren zwei Datentypen zum Speichern ganzer Zahlen: int für Zahlen im 32- bzw. 64-Bit-Zahlenbereich und long für Zahlen beliebiger Größe. In Python 3 gibt es nur noch einen solchen Datentyp namens int, der sich aber wie long aus Python 2 verhält. Die Unterscheidung zwischen int und long ist auch in Python 2 für den Programmierer im Wesentlichen schon uninteressant, da die beiden Datentypen automatisch ineinander konvertiert werden.

Eine zweite Änderung erfolgt in Bezug auf die Division ganzer Zahlen. In Python 2 wird in diesem Fall eine ganzzahlige Division (Integer-Division) durchgeführt, das Ergebnis ist also wieder eine ganze Zahl. In Python 3 ist das Ergebnis der Division zweier Ganzzahlen eine Gleitkommazahl. Für die Integer-Division existiert hier der Operator //:

Python 2	Python 3
>>> 10 / 4 2	>>> 10 / 4 2.5
>>> 10 // 4 2	>>> 10 // 4 2
>>> 10.0 / 4 2.5	>>> 10.0 / 4 2.5

Tabelle 43.6 Integer-Division

43.1.5 Exception Handling

Beim Werfen und Fangen von Exceptions wurden kleinere syntaktische Änderungen durchgeführt. Die alte und die neue Syntax werden in Tabelle 43.7 anhand eines Beispiels einander gegenübergestellt.

Python 2	Python 3

try:
    raise SyntaxError, "Hilfe"
except SyntaxError, e:
    print e.args
	try:
	    raise SyntaxError("Hilfe")
	except SyntaxError as e:
	    print(e.args)

Tabelle 43.7 Exception Handling

Dabei ist anzumerken, dass die im oben genannte Beispiel unter Python 3 für das Werfen der Exception verwendete Syntax unter Python 2 auch funktioniert. Die unter Python 2 angegebene Syntax ist aber mit Python 3 aus der Sprache entfernt worden.

43.1.6 Standardbibliothek

Mit Python 3 wurde auch in der Standardbibliothek gründlich aufgeräumt. Viele Module, die kaum verwendet wurden, sind entfernt worden, andere umbenannt oder mit anderen zu Paketen zusammengefasst. Tabelle 43.8 listet die wichtigsten Module auf, die in Python 3 umbenannt wurden.

Python 2	Python 3
ConfigParser	configparser
cPickle	_pickle
Queue	queue
SocketServer	socketserver
repr	reprlib
thread	_thread

Tabelle 43.8 Umbenannte Module der Standardbibliothek

Die meisten der oben aufgeführten Module werden in diesem Buch nicht thematisiert, da sie sehr speziell sind. Nähere Informationen zu ihnen finden Sie aber in der Onlinedokumentation von Python.

Neben umbenannten Modulen wurden auch einige thematisch zusammengehörige Module zu Paketen zusammengefasst. Diese sind in Tabelle 43.9 aufgelistet.

Paket in Python 3	Module aus Python 2
html	HTMLParser, htmlentitydefs
http	httplib, BaseHTTPServer, CGIHTTPServer, SimpleHTTPServer, Cookie, cookielib
tkinter	abgesehen von turtle alle Module, die etwas mit Tkinter zu tun haben
urllib	urllib, urllib2, urlparse, robotparse
xmlrpc	xmlrpclib, DocXMLRPCServer, SimpleXMLRPCServer

Tabelle 43.9 Verschobene Module der Standardbibliothek

43.1.7 Neue Sprachelemente in Python 3

Mit Python 3 wurde eine Reihe neuer Sprachelemente in die Sprache aufgenommen, die wir in Tabelle 43.10 kurz auflisten möchten. In der zweiten Spalte finden Sie einen Verweis, in welchem Abschnitt dieses Buchs die Neuerung besprochen wird.

Sprachelement	Abschnitt
Literal für Oktal- und Binärzahlen	12.4.1
Literal für Mengen	15.1
nonlocal-Anweisung	19.3.4
Dict- und Set Comprehensions	23.1
with-Anweisung	24.1
Function Annotations	19.6

Tabelle 43.10 Neue Sprachelemente

43.2 Automatische Konvertierung

Um die Migration von Python 2 nach Python 3 auch bei größeren Projekten zu vereinfachen, gibt es in der Python-3-Distribution ein Tool namens 2to3, das wir Ihnen in diesem Abschnitt vorstellen möchten. Das Tool 2to3 finden Sie im Unterverzeichnis *Tools/scripts* Ihrer Python-Distribution.

Die Verwendung von 2to3 wird exemplarisch an folgendem Python-2-Beispielprogramm demonstriert:

```python
def getInput(n):
    liste = []
    for i in xrange(n):
        try:
            z = int(raw_input("Bitte eine Zahl eingeben: "))
        except Exception, e:
            raise ValueError("Das ist keine Zahl!")
        liste.append(z)
    return liste
try:
    res = getInput(5)
    print res
except ValueError, e:
    print e.args[0]
```

Dieses Programm liest mithilfe der Funktion getInput fünf Zahlen vom Benutzer ein und gibt eine mit diesen Zahlen gefüllte Liste aus. Wenn der Benutzer etwas eingibt, was keine Zahl ist, beendet sich das Programm mit einer Fehlermeldung. Sie sehen sofort, dass sich dieses Programm so nicht unter Python 3 ausführen lässt. Die Aufrufe von xrange, raw_input sowie die beiden except-Anweisungen verhindern dies.

Bereits bei den oben dargestellten 14 Quellcodezeilen ist es mühselig, den Code per Hand mit Python 3 kompatibel zu machen. Stellen Sie sich diese Arbeit einmal für ein größeres Projekt vor! Doch glücklicherweise gibt es 2to3. Wir rufen 2to3 einmal mit dem Namen unseres Python-Programms als einzigem Parameter auf. Das Ergebnis sieht folgendermaßen aus:

```
--- test.py (original)
+++ test.py (refactored)
@@ -1,15 +1,15
 def getInput(n):
     liste = []
-    for i in xrange(n):
+    for i in range(n):
         try:
-            z = int(raw_input("Bitte eine Zahl eingeben: "))
-        except ValueError, e:
+            z = int(input("Bitte eine Zahl eingeben: "))
+        except ValueError as e:
             raise ValueError("Das ist keine Zahl!")
         liste.append(z)
     return liste
 try:
     res = getInput(5)
-    print res
-except ValueError, e:
-    print e.args[0]
+    print(res)
+except ValueError as e:
+    print(e.args[0])
```

Das Konvertierungsprogramm ändert Ihre angegebenen Quellcodedateien standardmäßig nicht, sondern produziert nur einen diff-Ausdruck. Das ist eine spezielle Beschreibungssprache für die Unterschiede zwischen zwei Textstücken. Diesen diff-Ausdruck können Sie beispielsweise mithilfe des Unix-Programms patch in Ihre Quelldatei einpflegen. Alternativ erlauben Sie es dem 2to3-Skript über den Kommandoschalter -w, die angegebene Quelldatei direkt zu modifizieren. Der ursprüngliche Python-2-Code wird dabei als *dateiname.py.bak* gesichert. Wenn 2to3 mit dem Schalter -w und unserem oben dargestellten Beispielquellcode gefüttert wird, sieht der konvertierte Code hinterher so aus:

```python
def getInput(n):
    liste = []
    for i in range(n):
        try:
            z = int(eval(input("Bitte eine Zahl eingeben: ")))
        except Exception as e:
            raise ValueError("Das ist keine Zahl!")
        liste.append(z)
    return liste
try:
    res = getInput(5)
    print(res)
except ValueError as e:
    print(e.args[0])
```

Sie sehen, dass die eingangs angesprochenen Stellen geändert wurden, und werden feststellen, dass der übersetzte Code unter Python 3 lauffähig ist.

Anstelle einer einzelnen Programmdatei können Sie dem 2to3-Skript auch eine Liste von Dateien oder Ordnern übergeben. Wenn Sie einen Ordner übergeben haben, wird jede Quelldatei in ihm oder einem seiner Unterordner konvertiert.

Zum Schluss möchten wir noch auf die wichtigsten Kommandozeilenschalter zu sprechen kommen, mit deren Hilfe Sie das Verhalten von 2to3 an Ihre Bedürfnisse anpassen können:

Schalter	Alternativ	Beschreibung
-d	--doctests_only	Ist dieser Schalter gesetzt, werden ausschließlich die in der angegebenen Quelldatei enthaltenen Doctests nach Python 3 konvertiert. Standardmäßig werden Doctests nicht angerührt. Näheres über Doctests erfahren Sie in Abschnitt 35.4.1.
-f FIX	--fix=FIX	Mit dieser Option geben Sie vor, welche sogenannten *Fixes* angewandt werden sollen. Bei einem Fix handelt es sich um eine bestimmte Ersetzungsregel, beispielsweise das Ersetzen von xrange durch range.
-x NOFIX	--nofix=NOFIX	Das Gegenstück zu -f. Hier bestimmen Sie, welche Fixes nicht angewandt werden dürfen.
-l	--list-fixes	Durch Setzen dieses Schalters erhalten Sie eine Liste aller verfügbaren Fixes.

Tabelle 43.11 Kommandozeilenoptionen von 2to3

Schalter	Alternativ	Beschreibung
-p	--print-function	Wenn dieser Schalter gesetzt ist, werden print-Anweisungen nicht konvertiert. Das ist nützlich, wenn Sie print bereits in Python 2.6 wie eine Funktion geschrieben oder den entsprechenden Future Import print_function eingebunden haben. Das Programm 2to3 kann nicht von selbst entscheiden, ob es eine print-Anweisung mit Klammern versehen muss oder nicht.
-w	--write	Ist dieser Schalter gesetzt, werden die Änderungen direkt in die untersuchte Quelldatei geschrieben. Ein Backup wird unter *dateiname.py.bak* angelegt.
-n	--nobackups	Wenn dieser Schalter gesetzt ist, wird auf das Anlegen der Backup-Datei verzichtet.

Tabelle 43.11 Kommandozeilenoptionen von 2to3 (Forts.)

43.3 Geplante Sprachelemente

Die Sprache Python befindet sich in ständiger Entwicklung, und jede neue Version bringt neue Sprachelemente mit sich, die alten Python-Code unter Umständen inkompatibel mit der neusten Version des Interpreters machen. Zwar geben sich die Entwickler Mühe, größtmögliche Kompatibilität zu wahren, doch ist beispielsweise durch das bloße Hinzufügen eines Schlüsselwortes schon derjenige Code inkompatibel geworden, der das neue Schlüsselwort als normalen Bezeichner verwendet.

Der Interpreter besitzt einen Modus, mit dem sich einige ausgewählte Sprachelemente der kommenden Python-Version bereits mit der aktuellen Version testen lassen. Dies soll den Wechsel von einer Version zur nächsten vereinfachen, da bereits gegen einige neue Features der nächsten Version getestet werden kann, bevor diese herausgegeben wird.

Zum Einbinden eines geplanten Features wird eine import-Anweisung verwendet:

```
from __future__ import sprachelement
```

Die Sprachelemente können verwendet werden, als wären sie in einem Modul namens __future__ gekapselt. Beachten Sie aber, dass Sie mit dem Modul __future__ nicht ganz so frei umgehen können, wie Sie das von anderen Modulen her gewohnt sind. Sie dürfen es beispielsweise nur am Anfang einer Programmdatei einbinden. Vor einer solchen import-Anweisung dürfen nur Kommentare, leere Zeilen oder andere *Future Imports* stehen.

Ein Beispiel für einen Future Import ist `print_function`, das ab Python 2.6 existiert und dort die `print`-Funktion einbindet. Gleichzeitig wird das Schlüsselwort `print` aus der Sprache entfernt. Auf diese Weise kann das Verhalten von Python 3 nachgebildet werden:

```
>>> from __future__ import print_function
>>> print "Test"
  File "<stdin>", line 1
    print "Test"
               ^
SyntaxError: invalid syntax
>>> print("Test")
Test
```

Anhang

A.1 Reservierte Wörter

Tabelle A.1 enthält Wörter, die nicht als Bezeichner verwendet werden dürfen, weil sie einem Schlüsselwort entsprechen.

and	continue	finally	is	raise
as	def	for	lambda	return
assert	del	from	None	True
async	elif	global	nonlocal	try
await	else	if	not	while
break	except	import	or	with
class	False	in	pass	yield

Tabelle A.1 Liste reservierter Wörter

A.2 Eingebaute Funktionen

Python enthält eine Menge Built-in Functions, die aus didaktischen Gründen an verschiedenen Stellen des Buchs eingeführt wurden. Deshalb gibt es im Buch bislang keine Liste aller Built-in Functions. Tabelle A.2 listet alle Built-in Functions mitsamt einer kurzen Beschreibung und einem Vermerk auf, wo die Funktion ausführlich behandelt wird. Beachten Sie, dass die Funktionen in dieser Tabelle ohne Parametersignaturen angegeben werden.

Built-in Function	Beschreibung	Abschnitt
__import__	Bindet ein Modul oder Paket ein.	20.4
abs	Berechnet den Betrag einer Zahl.	19.8.1
all	Prüft, ob alle Elemente einer Sequenz True ergeben.	19.8.2
any	Prüft, ob mindestens ein Element einer Sequenz True ergibt.	19.8.3

Tabelle A.2 Built-in Functions in Python

Built-in Function	Beschreibung	Abschnitt
ascii	Erzeugt einen druckbaren String, der das übergebene Objekt beschreibt. Dabei werden Sonderzeichen maskiert, sodass die Ausgabe nur ASCII-Zeichen enthält.	19.8.4
bin	Gibt einen String zurück, der die übergebene Ganzzahl als Binärzahl darstellt.	19.8.5
bool	Erzeugt einen booleschen Wert.	12.6, 19.8.6
bytearray	Erzeugt eine neue bytearray-Instanz.	13.4, 19.8.7
bytes	Erzeugt eine neue bytes-Instanz.	13.4, 19.8.8
callable	Gibt an, ob eine Instanz aufrufbar ist.	–
chr	Gibt das Zeichen mit einem bestimmten Unicode-Codepoint zurück.	19.8.9
classmethod	Erzeugt eine Klassenmethode.	21.4.2
complex	Erzeugt eine komplexe Zahl.	12.7, 19.8.10
delattr	Löscht ein bestimmtes Attribut einer Instanz.	21.5.1
dict	Erzeugt ein Dictionary.	19.8.11
dir	Gibt eine Liste aller Attribute eines Objekts zurück.	–
divmod	Gibt ein Tupel mit dem Ergebnis einer Ganzzahldivision und dem Rest zurück. divmod(a, b) ist äquivalent zu (a // b, a % b)	19.8.12
enumerate	Gibt einen Aufzählungsiterator für die übergebene Sequenz zurück.	19.8.13
eval	Wertet einen Python-Ausdruck aus.	19.8.14
exec	Wertet einen Python-Ausdruck aus.	19.8.15
filter	Ermöglicht es, bestimmte Elemente einer Liste herauszufiltern.	19.8.16

Tabelle A.2 Built-in Functions in Python (Forts.)

Built-in Function	Beschreibung	Abschnitt
float	Erzeugt eine Gleitkommazahl.	12.5, 19.8.17
format	Formatiert einen Wert mit der angegebenen Formatangabe.	19.8.18
frozenset	Erzeugt eine unveränderliche Menge.	15.1, 19.8.19
getattr	Gibt ein bestimmtes Attribut einer Instanz zurück.	21.5.1
globals	Gibt ein Dictionary mit allen Referenzen des globalen Namensraums zurück.	19.8.20
hasattr	Überprüft, ob eine Instanz über ein bestimmtes Attribut verfügt.	21.5.1
hash	Gibt den Hash-Wert einer Instanz zurück.	19.8.21
help	Startet die eingebaute interaktive Hilfe von Python.	19.8.22
hex	Gibt den Hexadezimalwert einer ganzen Zahl in Form eines Strings zurück.	19.8.23
id	Gibt die Identität einer Instanz zurück.	7.1.3, 19.8.24
input	Liest einen String von der Tastatur ein.	19.8.25
int	Erzeugt eine ganze Zahl.	12.4, 19.8.26
isinstance	Prüft, ob ein Objekt Instanz einer bestimmten Klasse ist.	21.5.2
issubclass	Prüft, ob eine Klasse von einer bestimmten Basisklasse erbt.	21.5.2
iter	Erzeugt ein Iterator-Objekt.	23.3.1, 23.3.5
len	Gibt die Länge einer bestimmten Instanz zurück.	19.8.27
list	Erzeugt eine Liste.	19.8.28
locals	Gibt ein Dictionary zurück, das alle Referenzen des lokalen Namensraums enthält.	19.8.29

Tabelle A.2 Built-in Functions in Python (Forts.)

Built-in Function	Beschreibung	Abschnitt
map	Wendet eine Funktion auf jedes Element einer Liste an.	19.8.30
max	Gibt das größte Element einer Sequenz zurück.	19.8.31
min	Gibt das kleinste Element einer Sequenz zurück.	19.8.32
next	Gibt das nächste Element des übergebenen Iterators zurück.	23.3.1
oct	Gibt den Oktalwert einer ganzen Zahl in Form eines Strings zurück.	19.8.33
open	Erzeugt ein Dateiobjekt.	6.4.1
ord	Gibt den Unicode-Code eines bestimmten Zeichens zurück.	19.8.34
pow	Führt eine Potenzoperation durch.	19.8.35
print	Gibt die übergebenen Objekte auf dem Bildschirm in anderen Ausgabegeräten aus.	3.9, 19.8.36
property	Erzeugt ein Managed Attribute.	21.3.2
range	Erzeugt einen Iterator, mit dem gezählt werden kann.	19.8.37, 23.3.1
repr	Gibt eine String-Repräsentation einer Instanz zurück.	19.8.38
reversed	Erzeugt einen Iterator, der ein iterierbares Objekt rückwärts durchläuft.	19.8.39
round	Rundet eine Zahl.	19.8.40
set	Erzeugt ein Set.	15.1, 19.8.41
setattr	Setzt ein bestimmtes Attribut einer Instanz auf einen bestimmten Wert.	21.5.1
sorted	Sortiert ein iterierbares Objekt.	19.8.42
staticmethod	Erzeugt eine statische Methode.	21.4.1

Tabelle A.2 Built-in Functions in Python (Forts.)

Built-in Function	Beschreibung	Abschnitt
str	Erzeugt einen String.	13.4, 19.8.43
sum	Gibt die Summe aller Elemente einer Sequenz zurück.	19.8.44
tuple	Erzeugt ein Tupel.	13.3, 19.8.45
type	Gibt den Datentyp einer Instanz zurück.	7.1.1, 19.8.46
vars	Gibt das Dictionary x.__dict__ zurück, wenn eine Instanz x übergeben wird. Ohne Argument is vars äquivalent zu locals.	–
zip	Fasst mehrere Sequenzen zu Tupeln zusammen, um sie beispielsweise mit einer for-Schleife zu durchlaufen.	19.8.47

Tabelle A.2 Built-in Functions in Python (Forts.)

A.3 Eingebaute Exceptions

In Python existieren eine Reihe von eingebauten Exception-Typen. Diese Exceptions werden von Funktionen der Standardbibliothek oder vom Interpreter selbst geworfen. Sie sind eingebaut, das bedeutet, dass sie zu jeder Zeit im Quelltext verwendet werden können. Tabelle A.3 listet die eingebauten Exception-Typen auf und nennt übliche Umstände, unter denen sie auftreten. Die Vererbungshierarchie ist dabei durch die Einrückungstiefe des Typnamens angedeutet.

Exception-Typ	Auftreten
BaseException	Basisklasse aller eingebauter Exception-Typen (siehe Abschnitt 22.1.1)
SystemExit	Beim Beenden des Programms durch sys.exit. Diese Exception verursacht keinen Traceback.
KeyboardInterrupt	beim Beenden des Programms per Tastenkombination (üblicherweise mit [Strg] + [C])
GeneratorExit	beim Beenden eines Generators

Tabelle A.3 Hierarchie der eingebauten Exception-Typen

Exception-Typ	Auftreten
Exception	Basisklasse aller »normalen« Exceptions. Auch alle selbstdefinierten Exception-Typen sollten von Exception erben.
StopIteration	beim Aufruf der Methode next eines Iterators, wenn kein nächstes Element existiert
ArithmeticError	Basisklasse der Exception-Typen für Fehler in arithmetischen Operationen
FloatingPointError	bei einer fehlschlagenden Gleitkommaoperation
OverflowError	bei einer arithmetischen Berechnung, deren Ergebnis zu groß für den verwendeten Datentyp ist
ZeroDivisionError	bei einer Division durch Null
AssertionError	bei einer fehlschlagenden assert-Anweisung (siehe Abschnitt 22.2)
AttributeError	beim Zugriff auf ein nicht existierendes Attribut
BufferError	bei einer fehlgeschlagenen Operation auf einem Buffer-Datentyp
EOFError	wenn die eingebaute Funktion input ein Dateiende (EOF für *End-of-File*) signalisiert bekommt, ohne vorher Daten lesen zu können
ImportError	bei einer fehlschlagenden import-Anweisung
ModuleNotFoundError	wenn eine import-Anweisung fehlschlägt, weil kein Modul mit dem angegebenen Namen existiert
LookupError	Basisklasse der Exception-Typen für Fehler bei Schlüssel- oder Indexzugriffen
IndexError	bei einem Sequenzzugriff mit einem ungültigen Index
KeyError	bei einem Dictionary-Zugriff mit einem ungültigen Schlüssel

Tabelle A.3 Hierarchie der eingebauten Exception-Typen (Forts.)

Exception-Typ	Auftreten
MemoryError	wenn nicht genügend Speicher zur Ausführung einer Operation vorhanden ist
NameError	wenn ein unbekannter lokaler oder globaler Bezeichner verwendet wird
UnboundLocalError	wenn in einer Funktion oder Methode eine lokale Referenz verwendet wird, bevor ihr eine Instanz zugewiesen wurde
OSError	bei systembezogenen Fehlern
BlockingIOError	wenn eine als nicht-blockierend eingestellte Operation, zum Beispiel ein Zugriff auf einen Socket, blockieren würde
ChildProcessError	wenn eine Operation auf einem Kindprozess fehlgeschlagen ist
ConnectionError	bei verbindungsbezogenen Fehlern
BrokenPipeError	bei Schreibzugriffen auf eine Pipe, deren anderes Ende geschlossen wurde
ConnectionAbortedError	bei einem von der Gegenseite abgebrochenen Verbindungsversuch
ConnectionRefusedError	bei einem von der Gegenseite abgelehnten Verbindungsversuch
ConnectionResetError	bei einer von der Gegenseite zurückgesetzten Verbindung
FileExistsError	beim Versuch, eine existierende Datei zu erstellen
FileNotFoundError	beim Versuch, auf eine nicht existierende Datei zuzugreifen
InterruptedError	wenn ein Systemaufruf durch ein Signal unterbrochen wurde
IsADirectoryError	beim Versuch, eine Dateioperation auf einem Verzeichnis durchzuführen

Tabelle A.3 Hierarchie der eingebauten Exception-Typen (Forts.)

Exception-Typ	Auftreten
NotADirectoryError	beim Versuch, eine Verzeichnisoperation auf einer Datei durchzuführen
PermissionError	wenn die für eine Operation nötigen Zugriffsrechte nicht vorhanden sind
ProcessLookupError	wenn ein Prozess nicht gefunden werden konnte
TimeoutError	beim Überschreiten eines Zeitlimits durch eine Systemoperation
ReferenceError	beim Zugriff auf ein Objekt, das von der Garbage Collection bereits freigegeben wurde
RuntimeError	bei einem Fehler, der durch keinen der anderen Exception-Typen abgedeckt wird
NotImplementedError	Basisklassen werfen diese Exception aus Methoden heraus, die von einer abgeleiteten Klasse implementiert werden müssen.
SyntaxError	bei einem Syntaxfehler im Programm bzw. in einem an exec oder eval übergebenen Code
IndentationError	Basisklasse der Exception-Typen für Fehler durch unkorrektes Einrücken des Quellcodes
TabError	bei fehlerhafter Vermischung von Tabulatoren und Leerzeichen zur Einrückung
SystemError	bei einem internen Fehler im Python-Interpreter
TypeError	bei einer Operation auf einer Instanz eines dafür ungeeigneten Datentyps
ValueError	bei einer Operation auf einer Instanz, die zwar einen passenden Typ, aber einen unpassenden Wert hat
UnicodeError	bei fehlerhafter En- oder Decodierung von Unicode-Zeichen
UnicodeDecodeError	bei einem Unicode-spezifischen Fehler in einer Decodierung

Tabelle A.3 Hierarchie der eingebauten Exception-Typen (Forts.)

Exception-Typ	Auftreten
UnicodeEncodeError	bei einem Unicode-spezifischen Fehler in einer Encodierung
UnicodeTranslateError	bei einem Unicode-spezifischen Fehler in einer Übersetzung
Warning	Basisklasse der Warnungstypen
DeprecationWarning	bei der Verwendung einer als veraltet eingestuften Funktionalität
PendingDeprecationWarning	bei der Verwendung einer als zukünftig veraltet eingestuften Funktionalität
RuntimeWarning	bei Umständen, die zu Laufzeitfehlern führen könnten, beispielsweise Versionsdifferenzen
SyntaxWarning	bei einer Syntax, die problematisch, aber gültig ist
UserWarning	Basisklasse für selbstdefinierte Warnungen
FutureWarning	bei der Verwendung von Funktionalitäten, die sich in zukünftigen Versionen verändern werden
ImportWarning	bei Problemen, die durch das Einbinden eines Moduls entstehen
UnicodeWarning	bei Unicode-spezifischen Problemen
BytesWarning	bei bytes-spezifischen Problemen
ResourceWarning	bei Problemen mit der Nutzung von Ressourcen

Tabelle A.3 Hierarchie der eingebauten Exception-Typen (Forts.)

A.4 Python IDEs

Die meisten Beispielprogramme in diesem Buch sind in ihrem Umfang begrenzt und können problemlos mithilfe eines einfachen Texteditors mit nur rudimentärer Python-Unterstützung geschrieben werden. Bei größeren Projekten ist es ratsam, eine umfassende *IDE* (für *Integrated Development Environment*) einzusetzen. Eine solche Entwicklungsumgebung bietet in der Regel komfortable Features an, die das Programmieren in Python vereinfachen, beispielsweise Codevervollständigung, intelligente Hilfefunktionen oder eine grafische Integration des Python Debuggers PDB. Eine aktuelle Übersicht über alle Python-IDEs mit ihren Vor- und Nachteilen finden Sie im Web unter *https://wiki.python.org/moin/IntegratedDevelopmentEnvironments*. Wir möchten Ihnen an dieser Stelle eine Entscheidungshilfe geben und stellen die interessantesten IDEs kurz vor.

A.4.1 Eclipse PyDev

Website: *http://www.pydev.org*

Betriebssysteme: Windows, Linux, macOS

Lizenz: Open Source (EPL – Eclipse Public License)

Die IDE *Eclipse* ist ursprünglich von IBM für Java entwickelt worden, kann aber durch Plugins für viele Programmiersprachen erweitert werden. Unter der Fülle von verfügbaren Eclipse-Plugins findet sich mit *PyDev* auch eine Python-IDE auf Eclipse-Basis.

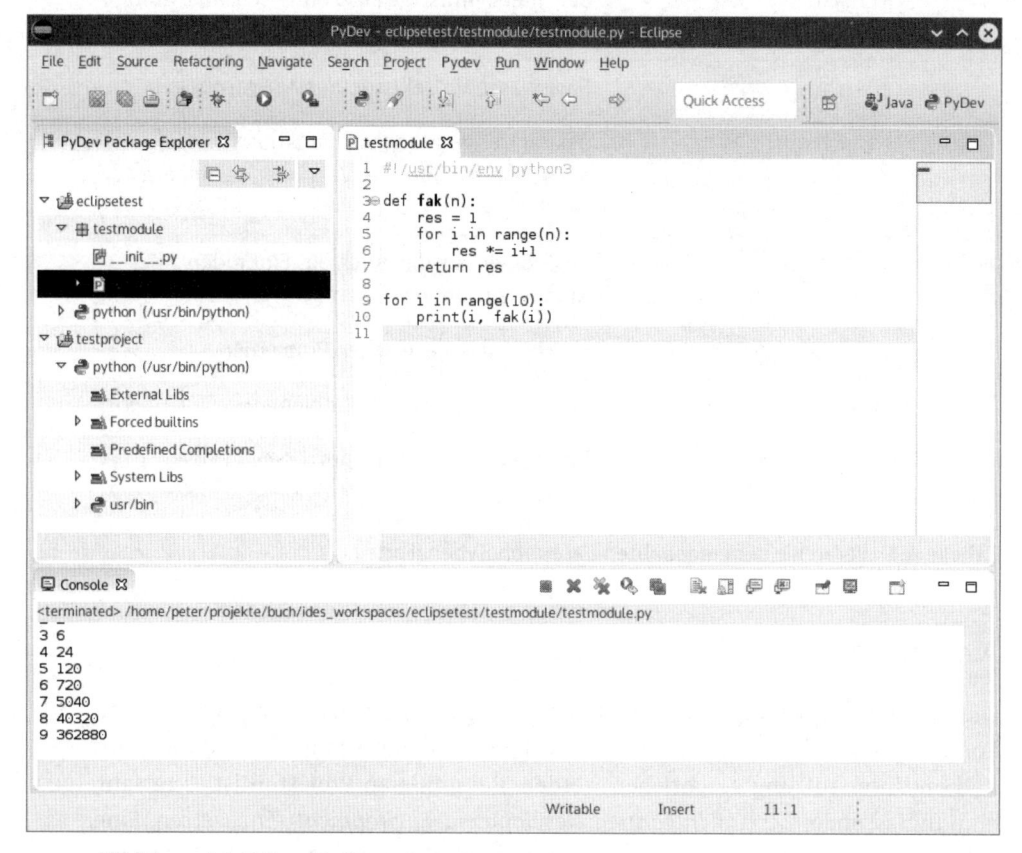

Abbildung A.1 Eclipse PyDev

Das PyDev-Plugin verfügt über Codevervollständigung, Syntaxüberprüfung und viele weitere Annehmlichkeiten. Zudem beinhaltet PyDev einen umfangreichen integrierten Python-Debugger, der auch mit Threads sinnvoll umgehen kann.

A.4.2 Eric IDE

Website: *http://eric-ide.python-projects.org*

Betriebssysteme: Windows, Linux, macOS

Lizenz: Open Source (GPLv3)

Die freie Entwicklungsumgebung *Eric* ist selbst mittels PyQt in Python geschrieben und spezialisiert sich auf die Entwicklung von PyQt-Anwendungen, wozu die IDE – abgesehen von den üblichen Features einer umfassenden Python-IDE – viele interessante Hilfsmittel anbietet.

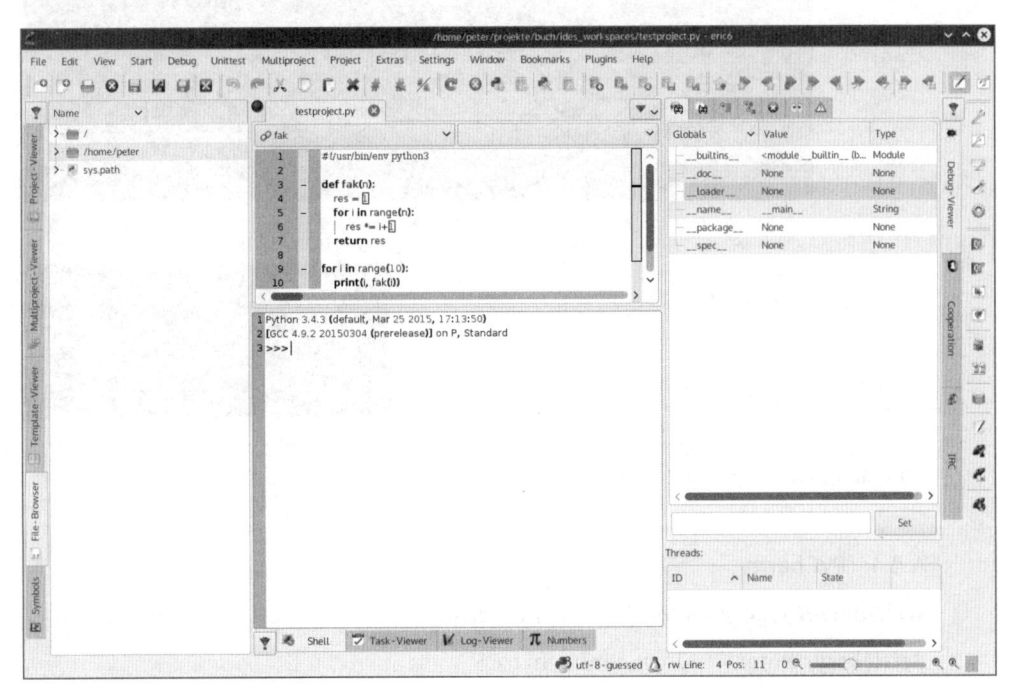

Abbildung A.2 Eric IDE

A.4.3 Komodo IDE

Website: *http://www.komodoide.com*

Betriebssysteme: Windows, Linux, macOS

Lizenz: kommerziell

Die kommerzielle *Komodo IDE* der kanadischen Firma ActiveState unterstützt viele Programmiersprachen, darunter auch Python. Neben diversen Annehmlichkeiten im Editor, beispielsweise Autovervollständigung oder Refactoring-Funktionalitäten, beinhaltet die Komodo IDE einen grafischen Debugger und Profiler sowie diverse Hilfsprogramme, beispielsweise für den Umgang mit regulären Ausdrücken oder Datenbanken. Neben der kommerziellen Komodo IDE gibt es die freie, aber eingeschränkte Variante *Komodo Edit*.

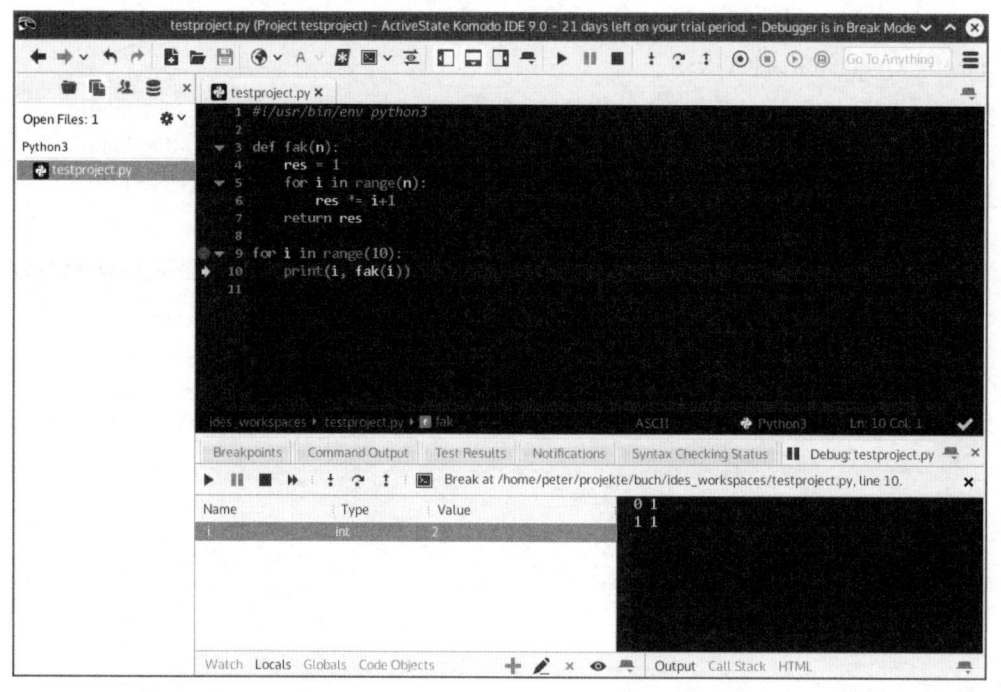

Abbildung A.3 Die Komodo IDE

A.4.4 PyCharm

Website: *http://www.jetbrains.com/pycharm*

Betriebssysteme: Windows, Linux, macOS

Lizenz: kommerziell

PyCharm ist die in Java geschriebene IDE der tschechischen Firma JetBrains. Sie bietet auch in der kostenlosen Community Edition die grundlegenden Funktionalitäten einer IDE, beispielsweise Codeinspektion und einen grafischen Debugger. Die kommerzielle Professional Edition bietet darüber hinaus vielfältige Funktionalität im Bereich Datenbanken und Webentwicklung mit diversen Python-Frameworks, darunter auch Django.

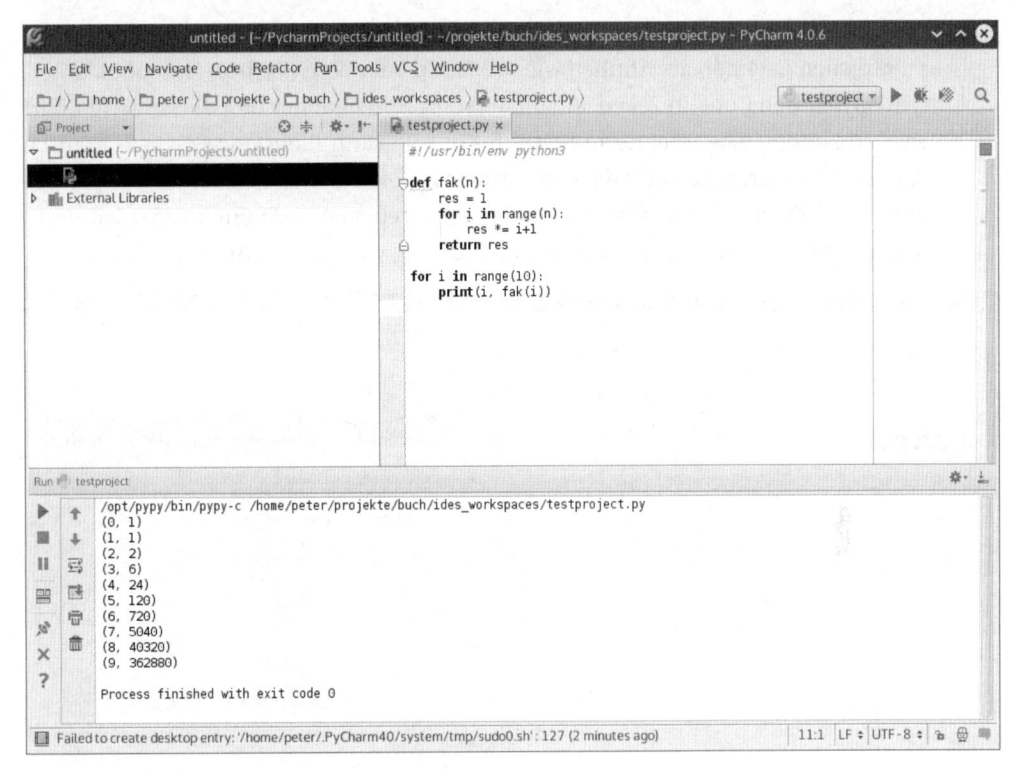

Abbildung A.4 Die PyCharm IDE

A.4.5 Python Tools for Visual Studio

Website: *https://microsoft.github.io/PTVS*

Betriebssysteme: Windows

Lizenz: Open Source (Apache License)

Python Tools for Visual Studio (PTVS) ist ein Open Source Plugin für Microsofts Entwicklungsumgebung *Visual Studio*. Neben den Annehmlichkeiten einer umfänglichen Python-IDE bieten die Python Tools eine umfassende Integration von Django. Das betrifft insbesondere das Debuggen und Veröffentlichen von Django-Projekten.

A.4.6 Spyder

Website: *https://www.pythonhosted.org/spyder*

Betriebssysteme: Windows, Linux, macOS

Lizenz: Open Source (MIT License)

Die Entwicklungsumgebung *Spyder* zielt auf den Einsatz von Python im wissenschaftlichen Rechnen ab. Ähnlich wie in Matlab oder dem IPython-Notebook unterteilt Spyder den Code in *Zellen*, die unabhängig voneinander blockweise ausgeführt werden können. Die integrierte IPython-Konsole kann Plots und Formeln grafisch darstellen und erlaubt somit die komfortable Arbeit mit Bibliotheken wie matplotlib und SymPy[1]. Darüber hinaus bietet Spyder eine intelligente Hilfefunktion sowie grafische Oberflächen für das Debugging und Profiling von Python-Anwendungen.

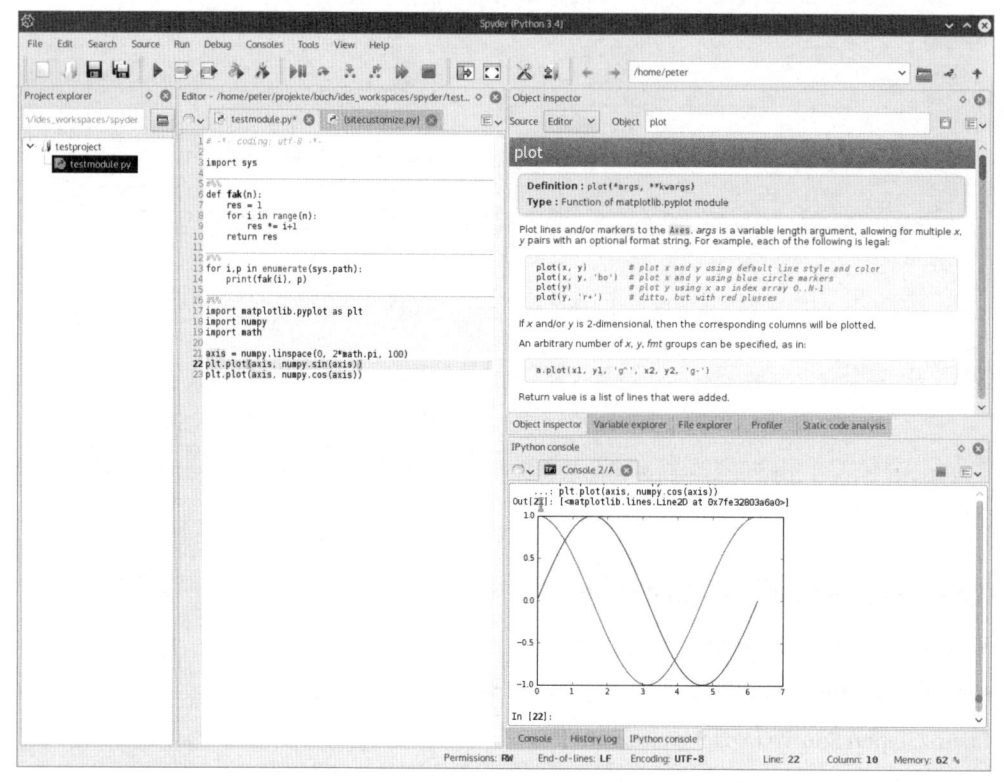

Abbildung A.5 Die Python-IDE Spyder

A.4.7 Wing IDE

Website: *http://www.wingware.com*

Betriebssysteme: Windows, Linux, macOS

Lizenz: kommerziell

Die kommerzielle Entwicklungsumgebung *Wing IDE* wird von der amerikanischen Firma *Wingware* speziell für Python entwickelt und bietet komfortable Funktionen,

---

[1] SymPy ist eine Python-Bibliothek für symbolisches Rechnen: *http://www.sympy.org*.

die beim Programmieren helfen – darunter zum Beispiel einen Klassen- oder Modulbrowser und die bereits von anderen IDEs bekannte Autovervollständigung. Zudem bietet die IDE einen integrierten grafischen Debugger.

Grundsätzlich ist die Wing IDE in drei Versionen verfügbar, die sich in ihren Features unterscheiden. Eine stark abgespeckte Version können Sie kostenlos herunterladen und verwenden.

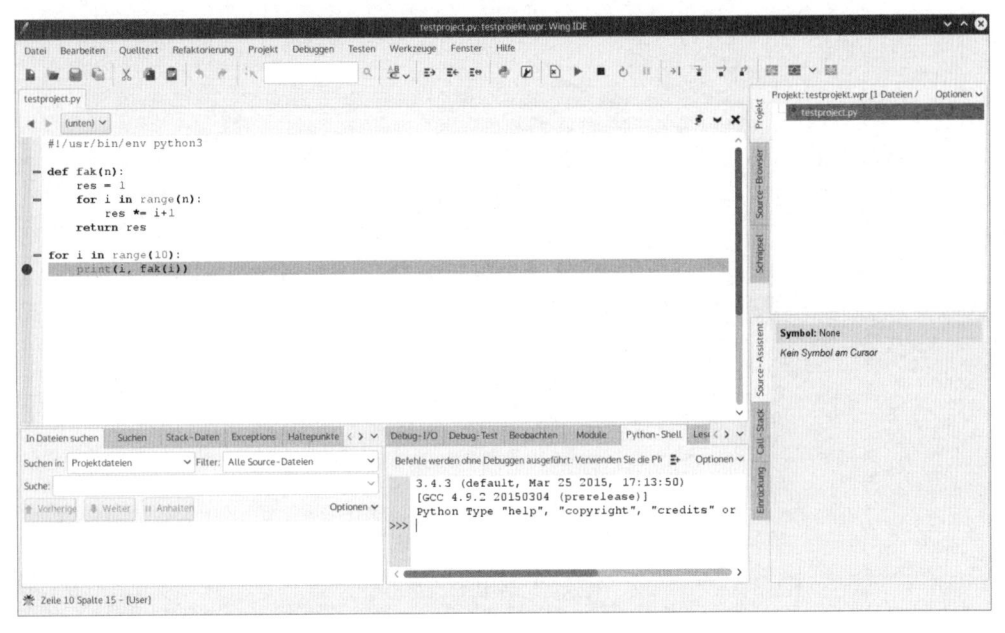

Abbildung A.6 Die Wing IDE

Index

__abs__	383
__add__	380, 386
__and__	380
__annotations__	289
__bool__	370
__bytes__	369
__call__	370, 372, 442
__complex__	370, 384
__contains__	386
__debug__	402
__del__	369, 370
__delattr__	373
__delitem__	385
__dict__	373, 374
__divmod__	381
__enter__	385, 437
__eq__	379
__exit__	385, 437
__float__	370, 384
__floordiv__	381
__future__	1007
__ge__	380
__getattr__	373
__getattribute__	373, 374
__getitem__	385
__gt__	380
__hash__	370, 372
__iadd__	382, 386
__iand__	382
__ifloordiv__	382
__ilshift__	382
__imod__	382
__imul__	382, 386
__index__	370
__init__	369, 370
__init__.py	323, 326
__int__	384
__invert__	383
__ior__	382
__ipow__	382
__irshift__	382
__isub__	382
__iter__	385, 414
__itruediv__	382
__ixor__	382
__le__	379
__len__	385
__lshift__	380
__lt__	379
__mod__	380
__mul__	380, 386
__ne__	379
__neg__	383
__next__	414
__or__	381
__pos__	383
__pow__	381
__radd__	381, 386
__rand__	381
__rdivmod__	381
__repr__	369
__rfloordiv__	381
__rlshift__	381
__rmod__	381
__rmul__	381, 386
__ror__	381
__round__	370, 384
__rpow__	381
__rrshift__	381
__rshift__	380
__rsub__	381
__rtruediv__	381
__rxor__	381
__setattr__	373, 374
__setitem__	385
__slots__	373, 375
__sub__	380
__truediv__	380
__xor__	381
;	65
[]	111
{}	111
@	378, 442, 943
*	278
**	126, 279
//	47, 126
\	65
%	126, 191
2to3	1004

A

ABC (Programmiersprache)	35
Abrunden	456

Index

abs 295
ACP 932
Administrationsoberfläche 932
all 295
Alpha-Blending 870
Anaconda 39
and 53
Annotation (einer Funktion) 289
Anonyme Funktion 288
Anti-Aliasing (PyQt) 871
Anweisung 63
Anweisungskopf 63
Anweisungskörper 63
any 295
Arbeitsverzeichnis 528
Archiv 538
   TAR 538
   ZIP 538
Areakosinus Hyperbolicus 459
Areasinus Hyperbolicus 459
Areatangens Hyperbolicus 459
argparse 519
Argument 268
Argument (Kommando) 519
Arithmetischer Ausdruck 52, 121
Arithmetischer Operator 52, 125
Arkuskosinus 459
Arkussinus 459
Arkustangens 459
as 318, 394
ASCII 198, 204
ascii 296
assert 402
Asymmetrische Verschlüsselung ... 480
Attribut 112, 337, 341, 578
   Klassenattribut 362
   Magic Attribute 369
   Property-Attribut 359
Aufrunden 456
Aufzählung 261
   Alias 262
   Flag 263
   ganzzahlige 264
augmented assignment 126
Ausdruck 52
   arithmetischer 52, 121
   Boolescher 52, 137
   logischer 52, 137
Ausnahme 389
Automatisiertes Testen 702

B

Backslash 65
BaseException 391
Basisdatentyp
   bool 137
   bytearray 174
   bytes 174, 199
   complex 143
   dict 49, 207, 233, 235
   float 47, 135
   frozenset 219, 229
   int 46, 129
   list 49, 159
   NoneType 119
   set 219, 227
   str 48, 174
   tuple 171
Basisklasse 344
Batteries included 29
Baum 580
Bedingter Ausdruck 75
Betriebssystem 514
Bezeichner 51
Beziérkurve (PyQt) 872
Bibliothek 317
Big Endian 516
Bildschirmausgabe 56
Bildverarbeitung 983
bin 296
Binärdistribution 769, 778
Binärer Operator 380
Binärsystem 130
Bindigkeit 122
Bitmap 95
Bit-Operator 131
   Bit-Verschiebung 133
   bitweises ausschließendes ODER 133
   bitweises Komplement 133
   bitweises ODER 132
   bitweises UND 132
Blockchiffre 478
Blockkommentar 69
bool 137, 140, 296
Boolescher Ausdruck 52, 137
Boolescher Operator 54
Boolescher Wert 137
Borrowed Reference 751
break 77
Breakpoint 692
Brush (PyQt) 862

Bubblesort 736
Bug 691
Built-in Function 54, 109, 291, 1009
   abs 295
   all 295
   any 295
   ascii 296
   bin 296
   bool 140, 296
   bytearray 297
   bytes 298
   chr 199, 298
   classmethod 362
   complex 298
   delattr 364
   dict 299
   divmod 300
   enumerate 300
   eval 300
   exec 301
   filter 301, 405
   float 302
   format 302
   frozenset 303
   getattr 364
   globals 303
   hasattr 364
   hash 303
   help 113, 304
   hex 304
   id 102, 305
   input 305
   int 305
   isinstance 364
   issubclass 364
   iter 414
   len 157, 210, 222, 306
   list 306
   locals 307
   map 307, 405
   max 109, 158, 308
   min 158, 309
   next 418
   oct 309
   open 87, 91
   ord 199, 309
   pow 310
   print 56, 310
   property 359
   range 83, 267, 311
   repr 312

Built-in Function (Forts.)
   reversed 312
   round 312
   set 313
   setattr 364
   sorted 313
   staticmethod 361
   str 313
   sum 314
   tuple 315
   type 99, 315
   zip 315
Busy Waiting 639
Button (tkinter) 812
bytearray 174, 297
Byte-Code 36, 62
Byte-Order 638
bytes 174, 199, 298
   Formatierung 191

C

C/C++ 733
Cache (für Funktion) 447
Call by Reference 281
Call by Value 281
Callstack 399
Canvas (tkinter) 828
case sensitive 51
CBC (Kryptographie) 478
ChainMap (Dictionarys) 231
Checkbox (PyQt) 853
Checkbutton (tkinter) 812
Chiffrat (Kryptographie) 477
Child (DOM) 580
chr 199, 298
class 339
classmethod 362
Client 625, 626
Client-Server-System 625
cmath 455
cmd 965
Codepage 198
Codepoint 201
collections 231
   ChainMap 231
   Counter 233, 235
   defaultdict 235
   deque 236
   namedtuple 238
   OrderedDict 239

Combobox (PyQt)	853
Compiler	36, 62
Just-in-Time	63
complex	143, 298
Comprehension	403, 722
Dict	405
List	404
Set	406
Conditional Expression	75
Container	385
contextlib	438
continue	79
Control (Steuerelement)	791
copy	973
Counter	233, 235
cProfile	713
CPU	510
CPython	757
Critical Section	565, 643
CSV	615
ctypes	734
cx_Freeze	781

D

Date Edit (PyQt)	854
Datei	86
temporäre	544
Dateiähnliches Objekt	511
Dateideskriptor	93
Dateidialog (tkinter)	837
Dateiobjekt	87, 93, 645
Dateipfad	534
Dateisystem	527
Dateizugriffsrechte	529
Datenbank	591
Cursor	595
Join	601
Query	591
Transaktion	597
Datenstrom	85
Datentyp	99, 737
immutabler	105, 174
Konvertierung	128
mutabler	105
sequenzieller	147
datetime	249
Datum	241
Deadlock	571
Debugging	691
Breakpoint	692

Debugging (Forts.)	
Post Mortem	694
decimal	464
Decorator einer Funktion	442
def	269
defaultdict	235
del	103, 162, 211
delattr	364
Delegate (PyQt)	876
deque (verkettete Liste)	236
Deserialisieren	611
Dezimalsystem	129
Dialog (PyQt)	849, 855
dict	49, 207, 299
Dict Comprehension	405
Dictionary	49, 207, 233, 235
sortiertes	239
verkettetes	231
Differenzmenge	225
Diffie-Hellman-Protokoll	480
Distribution	769
distutils	770, 771
divmod	300
Django	890
Applikation	891, 898
Field Lookup	907
Migration	902
Projekt	891
View	909
DLL	734
Docstring	702
doctest	702
Doktorarbeit	155
Dokumentation	113, 727
DOM	579
Child	580
Elternelement	580
Geschwisterelement	580
Kindelement	580
Knoten	579
Node	579
Parent	580
Sibling	580
DRY-Prinzip (Django)	891
DSA (Kryptographie)	481
Dualsystem	130, 131
Duck-Typing	383
Dynamic Link Library	734
Dynamische Bibliothek	734

E

EasyInstall	770
ECB (Kryptographie)	478
Echte Teilmenge	223
Eclipse mit PyDev (IDE)	1018
Egg	770
Einerkomplement	133
Eingabeaufforderung	60, 519
Eingabeprompt	64
Eingebaute Exception	390
Eingebaute Funktion → Built-in Function	
Eingebettete Skriptsprache	752
Einrückung	64
Eins-zu-viele-Relation	901
Einwegcodierung	472
ElementTree (XML)	579
ElGamal (Kryptographie)	481
elif	72
else	73, 75, 78, 395
Elternelement (DOM)	580
E-Mail	659
Header	673
email	672
Embedded Script Language	752
Encoding-Deklaration	206
Entry-Widget (tkinter)	815
Entwicklungsumgebung (IDE)	41, 1017
Entwicklungswebserver (Django)	895
enum	261
enumerate	300
EOF	86
Eric (IDE)	1019
Erweiterte Zuweisung	126, 382
Escape-Sequenz	177, 200, 491
ESMTP	659
eval	300
Event (PyQt)	850, 886
Event (tkinter)	803
Eventhandler (PyQt)	850
except	392
Exception	389, 724, 748, 1002, 1013
BaseException	391
Chaining	400
eingebaute	390
erneut werfen	398
fangen	392
werfen	391
exec	301
Exit Code	513
Exponent	135, 456
Exponentialfunktion	458
Exponentialschreibweise	135
Extension	743, 772

F

f (String-Literal)	191
Factory Function	362
Fakultät	79
Fallunterscheidung	71
False	52, 137
Farbverlauf (PyQt)	869
Fenster	791
Fibonacci-Folge	414
Field Lookup (Django)	907
file object → Dateiobjekt	
File Transfer Protocol	652
filter	301, 405
Filter (Django)	919
finally	395
Finder (importlib)	329
Flag	263
Flag (RegExp)	500
float	47, 135, 302
Font (tkinter)	838
for	81, 404
format	302
Format-String	191
Fortschrittsbalken	857
from	318, 325
frozenset	219, 229, 303
FTP	652
Modus	653
ftplib	652
Function Annotation	289
Function Decorator	442
functools	444
Funktion	54, 109, 267
Annotation	289
anonyme	288
Argument	268
Aufruf	54, 268, 723
Definition	269
eingebaute	291
Körper	269
lokale	285
Name	269
Namensraum	283
optionaler Parameter	273
Parameter	268, 273
reiner Schlüsselwortparameter	277

Index

Funktion (Forts.)
   rekursive 291
   Rückgabewert 268, 269
   Schlüsselwortparameter 274
   Schnittstelle 269
   überladen 449
Funktionsaufruf 54, 268, 723
Funktionsiterator 423
Funktionsname 269
Funktionsobjekt 273
Funktionsparameter 55

G

Ganze Zahl 46, 129, 1001
Garbage Collection 103
Gauß-Verteilung 462
Geliehene Referenz 751
Generator 407, 968
   konsumierender 968
   Subgenerator 409
Generator Expression 413
Geplantes Sprachelement 1007
Geschwisterelement (DOM) 580
GET (HTTP) 929
getattr 364
getpass 964
Getter-Methode 358
gettext 786
   Sprachkompilat 789
Gleichverteilung 462
Gleitkommazahl 47, 135
global 285
Globale Referenz 283
Globale Variable 549
Globaler Namensraum 283
Globales Modul 317
globals 303
GNU gettext API 787
Goldener Schnitt 414
Grafiken (PyQt) 866
Grafische Benutzeroberfläche 791
Gtk 792
GUI 791
   Layout 798, 841
   Modaler Dialog 855
   PyQt (Toolkit) 840
   tkinter (Toolkit) 792
   Zeichnen (PyQt) 860
   Zeichnen (tkinter) 828
gzip 575

H

hasattr 364
hash 303
hashable 373
Hash-Funktion 471
Hash-Kollision 472
hashlib 471
Hash-Wert 209, 471
Häufigkeitsverteilung 232
help 113, 304
hex 304
Hexadezimalsystem 130
Hilfe 113
History-Funktion 45
Hook (Funktion) 516
HTML 503
Hyperbolische Funktion 459

I

id 102, 305
IDE 1017
   Eclipse (PyDev) 1018
   Eric 1019
   IDLE 41
   Komodo IDE 1020
   PyCharm 1020
   Python Tools for Visual Studio (PTVS) 1021
   Spyder 1022
   Wing IDE 1022
Identität (einer Instanz) 101
Identitätenvergleich (von Instanzen) 102
IDLE 41, 692
if 72, 75, 404
Imaginärteil 143
IMAP4 667
   Mailbox 667
imaplib 667
Immutabel 105, 174, 721
Import
   absoluter 327
   relativer 327
import 317, 325, 1007
Importer 327
importlib 327
   Finder 329
   Loader 330
in 149, 211, 223, 404
Index (in einer Sequenz) 153
IndexError 154

inf 136, 457, 468
Informationsquellen 113
in-place 152
input 305
Installationsskript 773
Instanz 55, 97, 338
   Datentyp 99
   Identität 101
   Wert 100
Instanziierung 55, 338
int 46, 129, 305
Integer-Division 47
Integrated Development Environment
   (IDE) 1017
IntEnum 264
Interaktive Hilfe 113
Interaktiver Modus 41, 45
   History-Funktion 45
Internationalisierung 786
Interpreter 36, 62
   CPython 757
   IronPython 763
   Jython 758
   PyPy 725
io.StringIO 967
IP-Adresse 625
IPv6 634
IPython 977
   Notebook 980
IronPython 763
is 102, 119
isinstance 364
issubclass 364
iter 414
Iterator 414, 999
Iterator-Protokoll 81, 414
Iterierbares Objekt 81, 414
   gruppieren 429
   kartesisches Produkt 431
   Kombination 426
   Partialsumme 426
   Permutation 430
   verketten 426
   wiederholen 431
itertools 424

J

Join (SQL) 601
JSON 614
Jupyter 980

Just-in-Time-Compiler 63
Just-in-Time-Compiler (PyPy) 725
Jython 758

K

Kartesische Koordinaten 460
Kartesisches Produkt 431
Keyword Argument 110, 274, 724
Kindelement (DOM) 580
Klartext (Kryptographie) 477
Klasse 338
   Attribut 341
   Basisklasse 344
   Instanz 338
   Konstruktor 340
   Methode 339
Klassenattribut 362
Klassenmethode 362
Knoten (DOM) 579
Kombination 426
Kommandozeilen-Interpreter 965
Kommandozeilenparameter 512, 519
Kommentar 69
Kommunikationssocket 626
Komodo IDE 1020
Komplexe Zahl 143, 460
   Imaginärteil 143
   konjugierte 144
   Realteil 143
Konsole 519
Konsolenanwendung 59
Konstruktor 340
   Factory Function 362
Konsument (Generator) 968
Kontext-Manager 384, 436
Kontextobjekt 435
Kontrollstruktur 71
   Conditional Expression 75
   Fallunterscheidung 71
   Schleife 76
Konvexes Polygon 833
Koordinatensystem 829
Koordinatensystem (PyQt) 863
Koordinierte Weltzeit 241
Körperloses Tag (XML) 578
Kosinus 459
Kosinus Hyperbolicus 459

L

Label (tkinter)	816
LabelFrame (tkinter)	816
lambda	288
Laufzeitmessung	710
Laufzeitmodell	97
Laufzeitoptimierung	720
Laufzeitverhalten	710
Layout (PyQt)	841
Layout (tkinter)	798
Lazy Evaluation	76, 142
Leichtgewichtprozess	549
len	157, 210, 222, 306
Line Edit (PyQt)	856
list	49, 159, 306
List Comprehension	404, 722
Listbox (tkinter)	817
Liste	49, 159
doppelt verkettete	235
Seiteneffekt	169
ListWidget (PyQt)	856
Literal	45
Little Endian	516
Loader (importlib)	330
locals	307
Lock-Objekt	565
Logarithmusfunktion	458
Logdatei	696
logging	696
Logging Handler	700
Logischer Ausdruck	52, 137
Logischer Operator	137
logische Negierung	138
logisches ODER	138
logisches UND	138
Lokale Funktion	285
Lokale Referenz	283
Lokaler Namensraum	283
Lokales Modul	317, 320
Lokalisierung	786
Lokalzeit	241
long	129
Lookup	723
Loose Coupling (Django)	891

M

Magic Attribute	369
`__annotations__`	289
`__dict__`	373, 374

Magic Attribute (Forts.)	
`__doc__`	728
`__slots__`	373, 375
Magic Line (Programmkopf)	61
Magic Method	369
`__abs__`	383
`__add__`	380, 386
`__and__`	380
`__bytes__`	369
`__call__`	370, 372, 442
`__complex__`	370, 384
`__contains__`	386
`__del__`	369, 370
`__delattr__`	373
`__delitem__`	385
`__div__`	380
`__divmod__`	381
`__enter__`	385, 437
`__eq__`	379
`__exit__`	385, 437
`__float__`	370, 384
`__floordiv__`	381
`__ge__`	380
`__getattr__`	373
`__getattribute__`	373, 374
`__getitem__`	385, 423
`__gt__`	380
`__hash__`	370, 372
`__iadd__`	382, 386
`__iand__`	382
`__idiv__`	382
`__ifloordiv__`	382
`__ilshift__`	382
`__imod__`	382
`__imul__`	382, 386
`__index__`	370, 384
`__init__`	369, 370
`__int__`	384
`__invert__`	383
`__ior__`	382
`__ipow__`	382
`__irshift__`	382
`__isub__`	382
`__iter__`	385, 414
`__ixor__`	382
`__le__`	379
`__len__`	385
`__lshift__`	380
`__lt__`	379
`__mod__`	380
`__mul__`	380, 386

Magic Method (Forts.)
- __ne__ ... 379
- __neg__ ... 383
- __next__ ... 414
- __nonzero__ ... 370
- __or__ ... 381
- __pos__ ... 383
- __pow__ ... 381
- __radd__ ... 381, 386
- __rand__ ... 381
- __rdiv__ ... 381
- __rdivmod__ ... 381
- __repr__ ... 369
- __rfloordiv__ ... 381
- __rlshift__ ... 381
- __rmod__ ... 381
- __rmul__ ... 381, 386
- __ror__ ... 381
- __round__ ... 370, 384
- __rpow__ ... 381
- __rrshift__ ... 381
- __rshift__ ... 380
- __rsub__ ... 381
- __rxor__ ... 381
- __setattr__ ... 373, 374
- __setitem__ ... 385
- __str__ ... 369
- __sub__ ... 380
- __xor__ ... 381

Mailbox ... 667
Main Event Loop (PyQt) ... 849
Mantisse ... 135, 456
map ... 307, 405, 722
Mapping ... 207
Matching (RegExp) ... 485, 502, 504
Match-Objekt (RegExp) ... 502
math ... 455
MATLAB ... 939
matplotlib ... 939, 946
max ... 109, 158, 308
MD5 ... 473
Mehrfachvererbung ... 356
Member ... 337
Memory Leak ... 751
Menge ... 219
- Differenz ... 225
- Echte Teilmenge ... 223
- Schnitt ... 224
- Symmetrische Differenz ... 225
- Teilmenge ... 223
- Vereinigung ... 223

Menu (tkinter) ... 820
Menubutton (tkinter) ... 822
Menüleiste (tkinter) ... 820
Message Box (tkinter) ... 838
Metaklasse ... 338, 363, 367
Method Table ... 744
Methode ... 55, 110, 337, 339
- Definition ... 339
- Getter-Methode ... 358
- Klassenmethode ... 362
- Magic Method ... 369
- Setter-Methode ... 358
- statische ... 361
- überschreiben ... 346

Migration (Django) ... 902
MIME ... 672
min ... 158, 309
Modaler Dialog (PyQt) ... 855
Model ... 898
Model (Django) ... 890
Model-API (Django) ... 903
Model-Klasse (PyQt) ... 872
Model-View-Konzept ... 898
Model-View-Konzept (Django) ... 890
Model-View-Konzept (PyQt) ... 842, 872
Modifier (tkinter) ... 803
Modul ... 317, 772
- ausführen ... 322
- globales ... 317
- lokales ... 317, 320
- Namenskonflikt ... 321

Modularisierung ... 317
Modulo ... 456
Monty Python ... 35
Multicall ... 687
Multiplexender Server ... 626, 639
multiprocessing ... 551, 572
Multitasking ... 547
Mutabel ... 105
mutabel ... 721

N

namedtuple ... 238
Namenskonflikt ... 321
Namensraum ... 283, 318
- globaler ... 283
- lokaler ... 283

Namespace Package ... 326
nan ... 137, 457, 468
ndarray (numpy) ... 943

Netzwerk-Byte-Order 638
next 418
Nichtkonvexes Polygon 833
Nicht-modaler Dialog 855
Node (DOM) 579
None 119
NoneType 119
nonlocal 286
Normalverteilung 462
not 53, 138
Not a number (nan) 137
not in 150, 211, 223
NotImplemented 384
numpy 939
   ndarray 943, 949

O

Objekt 333, 337
Objektorientierung 333
oct 309
Öffentlicher Schlüssel 480
Oktalsystem 129
One-To-Many Relation 901
open 87, 91
Operand 121
Operator 46, 52, 121
   arithmetischer 52, 125
   binärer 380
   Bit-Operator 131
   boolescher 54
   logische Negierung 138
   logischer 137
   logisches ODER 138
   logisches UND 138
   überladen 376
   unärer 383
   Vergleichsoperator 52, 127, 378
Operatorrangfolge 122
Optimierung 720
Option (Kommando) 519
Option Menu (tkinter) 823
Optionaler Parameter 111
or 53
ord 199, 309
OrderedDict 239
Ordnungsrelation 448
os 509, 527
os.path 534
OSI-Schichtenmodell 623

P

Packer (tkinter) 795, 798
Padding (tkinter) 801
Painter (PyQt) 861
Painter Path (PyQt) 872
Paket 323, 772
   __init__.py 323, 326
   Namespace Package 326
Paralleler Server 626
Parameter 55, 110, 268, 273
   beliebige Anzahl 275
   entpacken 278
   optionaler 111, 273
   positionsbezogener 110
   rein schlüsselwortbezogener ... 111
   schlüsselwortbezogener 110
Parent (DOM) 580
Parser (XML) 578
Partialsumme 426
pass 84
Passwort 475
Passworteingabe 964
PDB (Python Debugger) 691
Pen (PyQt) 862
PEP 114
   PEP 249 592
   PEP 257 (Docstrings) 115
   PEP 498 191
   PEP 8 (Style Guide) 115
Permutation 430
Pfad 512, 527, 534
pickle 611
PIL 984
Pillow 983
pip 771, 782
Pipe 493
PKCS#1 (Kryptographie) 482
PKDF2 476
Plattformunabhängigkeit 36
Polarkoordinaten 460
Polygon 833, 865
POP3 662
poplib 662
Port 625
Positional Argument 274
POST (HTTP) 929
Post-Mortem Debugger 694
pow 310
PowerShell 60, 519
pprint 694

Index

Primzahl 563
print 56, 310, 998
Privater Schlüssel 480
Profiler 713
Programmdatei 59
Programmierparadigma 36
Progress Bar (PyQt) 857
property 359
Property-Attribut 359
Protokollebene 623
Prozedur 267
Prozess 510, 547
Prozessor 510
Pseudozufallszahl 460
PSF (Organisation) 36
PSF-Lizenz 37
Push Button (PyQt) 857
PyCharm (IDE) 1020
PyCrypto 476
PyGtk 792
pyplot (matplotlib) 946
PyPy 63
PyQt 792, 840
   Alpha-Blending 870
   Anti-Aliasing 871
   Beziérkurve 872
   Brush 862
   Checkbox 853
   Combobox 853
   Date Edit 854
   Delegate 876
   Dialog 849, 855
   Event 850, 886
   Eventhandler 850
   Farbverlauf 869
   Grafiken 866
   Koordinatensystem 863
   Layout 841
   Line Edit 856
   ListWidget 856
   Main Event Loop 849
   Modaler Dialog 855
   Model-Klasse 872
   Model-View-Konzept 842, 872
   Painter 861
   Painter Path 872
   Pen 862
   Progress Bar 857
   Push Button 857
   QML 842
   Radiobutton 857

PyQt (Forts.)
   Signal 841, 849
   Slider 858
   Slot 841, 849
   Splitter 846
   Text Edit 859
   Text zeichnen 867
   Transformation 871
   Transparenz 870
   UI-Datei 848
   View-Klasse 872
   Widget 843, 853, 859
   Zeichnen 860
PySide 793
Python 2 995
   Konvertierung 1004
Python API 36, 743
Python Enhancement Proposal → PEP
Python Imaging Library (PIL) 984
Python Package Index (PyPI) 771
Python Package Manager (PyPI) 782
Python Software Foundation 36
Python Tools for Visual Studio (PTVS)
   (IDE) 1021
Python-Distribution 39
Python-Shell 41
Python-Version 513
Python-Website 38

Q

QML (PyQt) 842
qNEW (Kryptographie) 481
Qt 792, 840
Qt Designer 843
Quantor (RegExp) 487
Quantor, genügsamer 492
Quellcodedistribution 769, 778
Quelltext 59
Query (Datenbank) 591
Queue (Netzwerk) 626

R

Radiobutton (PyQt) 857
Radiobutton (tkinter) 814
Rainbow Table 476
raise 391
random 460
range 83, 267, 311
Rapid Prototyping 38

1035

Index

Raspberry Pi 37
raw_input 999
Raw-String 178
re 485
Realteil 143
Reference Count 104, 750
Referenz 97
    geliehene 751
    globale 283
    lokale 283
RegExp → Regulärer Ausdruck
Regulärer Ausdruck 485
    Alternative 493
    Extension 494
    Flag 500
    Gruppe 493
    Matching 502, 504
    Match-Objekt 502
    Quantor 487, 492
    Searching 503
    Sonderzeichen 491
    Syntax 485
    Zeichenklasse 486, 489
    Zeichenliteral 485
Reiner Schlüsselwortparameter 111
Rekursion 291
    Rekursionstiefe 291
Relationale Datenbank 591
repr 312
Reserviertes Wort 51, 1009
return 271
reversed 312
ROT13 749
round 312
RPM 779
RSA (Kryptographie) 480
Rückgabewert 55, 109, 268, 269

S

Salt 472
SAX 586
SAX (XML) 586
Schaltsekunde 243
Schlafender Thread 548
Schleife 76, 722
    break 77
    continue 79
    else 78
    for 81
    Schleifenkörper 76

Schleife (Forts.)
    while-Schleife 76
    Zählschleife 83
Schlüssel 477
    öffentlicher 480
    privater 480
Schlüsselaustausch 480
Schlüssel-Wert-Paar 207
Schlüsselwort 51, 1009
    and 53
    as 318
    assert 402
    break 77
    class 339
    continue 79
    def 269
    del 103, 162, 211
    elif 72
    else 73, 75, 78, 395
    except 392
    False 52, 137
    finally 395
    for 81, 404
    from 318, 325
    global 285
    if 72, 75, 404
    import 317, 325, 1007
    in 149, 211, 223, 404
    is 102, 119
    lambda 288
    None 119
    nonlocal 286
    not 53, 138
    not alias 211
    not in 150, 223
    or 53
    pass 84
    raise 391
    return 271
    True 52, 137
    try 392
    while 76
    with 90, 435
    yield 408, 968
Schlüsselwortparameter 110, 274
    reiner 277
Schnittmenge 224
Schnittstelle 110, 269, 444, 739
Schriftart (tkinter) 838
Scilab 939
scipy 939, 957

Scrollbar (tkinter)	824	sorted	313
Searching	485, 503	Sortierverfahren	
Seiteneffekt	108, 169, 280, 974	*Bubblesort*	736
select	639	*stabiles*	167
self	340	Speicherzugriffsfehler	752
Semikolon	65	Spinbox (tkinter)	825
Sequenzieller Datentyp	147	Splitter (PyQt)	846
Indizierung	153, 159	Sprachkompilat	789
Länge	157	Spyder (IDE)	1022
Maximum	158	SQL	591
Minimum	158	SQL Injection	598
Slicing	155	SQLite	
Verkettung	151	*Adaption*	607
Serialisieren	611	*Konvertierung*	607
Serieller Server	626	sqlite3	594
Server	625	Stabiles Sortierverfahren	167
multiplexender	626, 639	Standardbibliothek	36, 1002
paralleler	626	*argparse*	519
serieller	626	*cmath*	455
set	219, 227, 313	*cmd*	965
Set Comprehension	406	*collections*	231
setattr	364	*contextlib*	438
Setter-Methode	358	*copy*	973
setuptools	770	*cProfile*	713
SHA	473	*csv*	616
Shared Object	734	*ctypes*	734
Shebang	61	*datetime*	249
Shell	519	*decimal*	464
Shortcut-Funktion	916	*distutils*	771
shutil	538	*doctest*	702
Sibling (DOM)	580	*ElementTree (XML)*	579
Signal (PyQt)	841, 849	*email*	672
Signatur (Kryptographie)	482	*enum*	261
Simple API for XML (SAX)	586	*ftplib*	652
Sinus	459	*functools*	444
Sinus Hyperbolicus	459	*getpass*	964
site-packages	317	*gettext*	786
Slicing	155	*gzip*	575
Slider (PyQt)	858	*hashlib*	471
Slot (PyQt)	841, 849	*imaplib*	667
SMTP	659	*importlib*	327
smtplib	659	*io.StringIO*	967
Socket	625	*itertools*	424
blockierender	632	*logging*	696
Byte-Order	638	*math*	455
IPv6	634	*multiprocessing*	551, 572
Kommunikationssocket	626	*os*	509, 533
nicht-blockierender	632	*os.path*	534
Verbindungssocket	626	*pickle*	611
socketserver	641	*poplib*	662
Sonderzeichen	198, 491	*pprint*	694

Standardbibliothek (Forts.)
  random 460
  select 639
  shutil 538, 544
  smtplib 659
  socket 624
  socketserver 641
  sqlite3 594
  struct 961
  sys 512
  telnetlib 677
  tempfile 544
  threading 551
  time 241
  timeit 710
  tkinter 792, 794
  trace 717
  unittest 706
  urllib.parse 648
  urllib.request 644
  webbrowser 961
  xml 577
  xmlrpc 680
Standarddialog (tkinter) 837
Standardpfad 512
staticmethod 361
Statische Methode 361
stderr 513
stdin 85, 513
stdout 85, 513
Steuerelement 791
Steuerelement (tkinter) 809
Steuerelementvariable (tkinter) 796
Steuerzeichen 177
str 48, 174, 313, 1000
Stream (Datenstrom) 85
String 48, 174, 1000
  Escape-Sequenz 177, 200
  Formatierung 189
  Raw-String 178
  Sonderzeichen 198
  Steuerzeichen 177
  Whitespace 179
  Zeilenumbruch 177
String-Formatierung 189
StringIO 967
Stromchiffre (Kryptographie) 477
struct 961
Subgenerator 409
sum 314
Symmetrische Differenzmenge 225
Symmetrische Verschlüsselung 477
Syntax 63
Syntax Error 63
Syntaxanalyse 578
sys 512

T

Tag (Django) 921
Tag (XML) 577
Tag, körperloses 578
Tangens 459
Tangens Hyperbolicus 459
TAR 538
TCP 630
Teilmenge 223
Telnet 677
telnetlib 677
tempfile 544
Template (Django) 916
Template-Vererbung (Django) 922
Temporäre Datei 544
Term 46
Terminator (Iteration) 423
Test, automatisierter 702
Testen
  doctest 702
  unittest 706
Text Edit (PyQt) 859
Text-Widget (tkinter) 826
The Qt Company 792
Thread 549
  schlafender 548
threading 551
time 241
timeit 710
Timestamp 241
Tk 792
tkinter 792, 794
  Button 812
  Canvas 828
  Checkbutton 812
  Entry-Widget 815
  Event 803
  Font 838
  Label 816
  LabelFrame 816
  Listbox 817
  Menu 820
  Menubutton 822
  Menüleiste 820

Index

tkinter (Forts.)
   Message Box 838
   Modifier 803
   Option Menu 823
   Packer 795, 798
   Padding 801
   Radiobutton 814
   Schriftart 838
   Scrollbar 824
   Spinbox 825
   Standarddialog 837
   Steuerelement 809
   Steuerelementvariable 796
   Text-Widget 826
   Widget 809
   Zeichnen 828
Toolkit
   PyGtk 792
   PyQt 792, 840
   PySide 793
   tkinter 792
   wxPython 793
Toolkit (GUI) 791
trace 717
Traceback 390, 517
Traceback-Objekt 438
Tracer 717
Transaktion (Datenbank) 597
Transformation (PyQt) 871
Transmission Control Protocol 630
Transparenz (PyQt) 870
Trigonometrische Funktion 459
Trolltech 792
True 52, 137
try 392
Tupel, benanntes 237
tuple 171, 315
Tuple Packing 172
Tuple Unpacking 173
type 99, 315

U

Überdeckungsanalyse 717
UDP 628
UI-Datei (PyQt) 848
Unärer Operator 383
Unendlich 136
Unicode 201, 204
unicode 1000
Uniform Resource Locator (URL) 643, 644, 961

Unit Test 706
unittest 706
Unix-Epoche 241
Unix-Timestamp 241
Unveränderlicher Datentyp 105
URL 643, 644, 961
urllib.parse 648
urllib.request 644
User Datagram Protocol 628
UTC 242
UTF 201

V

Variable 50
   globale 549
Vektorisierung (numpy) 944
Veränderlicher Datentyp 105
Verbindungssocket 626
Vereinigungsmenge 223
Vererbung 344
   Mehrfachvererbung 356
Vergleich 52
Vergleichsoperator 52, 127, 378
Verifikation (Kryptographie) 483
Verkettung (von Sequenzen) 151
Verschlüsselung
   asymmetrische 480
   symmetrische 477
View (Django) 890, 899, 909
View-Klasse (PyQt) 872
Virtuelle Maschine 62

W

Wahlfreier Zugriff 579
Wahrheitswert 52, 140
Wallissches Produkt 556
webbrowser 961
Wert 100
   boolescher 137, 140
Wertevergleich 100
Wheel 771
while 76
Whitespace 89, 179, 490
Widget 791
Widget (PyQt) 843, 853, 859
Widget (tkinter) 809
Wing IDE 1022
with 90, 435
wxPython 793

X

XML 577
   Attribut 578
   Deklaration 577
   DOM 579
   Parser 578
   SAX 586
   Tag 577
XML-RPC 680
   Multicall 687

Y

yield 408, 968
yield from 410

Z

Zahl
   ganze 46, 129, 1001
   Gleitkommazahl 47, 135
   komplexe 143

Zahlensystem 129
   Dezimalsystem 129
   Dualsystem 130, 131
   Hexadezimalsystem 130
   Oktalsystem 129
Zählschleife 83
Zeichenkette 48
Zeichenklasse 486, 489
Zeichenliteral 485
Zeichensatz 198
Zeichnen (PyQt) 860
Zeichnen (tkinter) 828
Zeilenkommentar 69
Zeit 241
Zeitscheibe 548
Zeitzone 259
ZIP 538
zip 315
zlib 575
Zuordnung 207
Zuweisung 50
   erweiterte 126, 382
Zweierkomplement 133

»Eine Fundgrube für viele praktische Tipps zu allen Arbeits-schritten.«

– MagPi

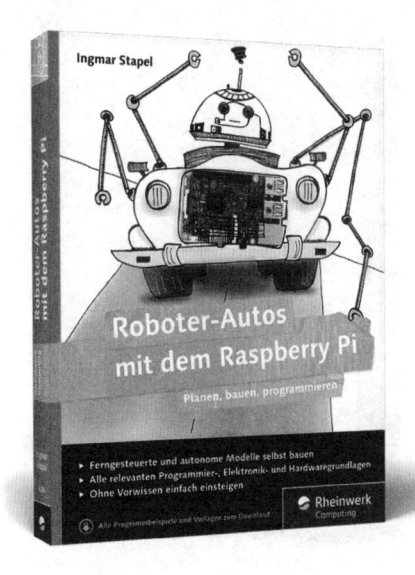

Ingmar Stapel

Roboter-Autos mit dem Raspberry Pi
Planen, bauen, programmieren

Raspberry Pi und Robotik interessieren Sie? Dann bringt Sie dieses Buch richtig in Fahrt! Schritt für Schritt zeigt es Ihnen, wie Sie mithilfe des RasPi ein ferngesteuertes Roboter-Auto entwickeln und es autonom fahren lassen. Quasi im Vorbeifahren lernen Sie alle Grundlagen, die Sie für Ihr Roboter-Auto benötigen: Hardware, Elektronik, Bau Ihres ganz individuellen Auto-Chassis und natürlich die Programmierung der Roboter-Software in Scratch und Python. Ein spannendes RasPi-Projekt für Einsteiger und erfahrene Maker.

338 Seiten, broschiert, in Farbe, 29,90 Euro
ISBN 978-3-8362-4294-3

- Grundlagen verstehen, spannende Projekte umsetzen
- Der Pi im Einsatz: Schnittstellen Schaltungsaufbau, Steuerung mit Python
- Inkl. Erweiterungen für den Pi: Gertboard, PiFace u. a.

Michael Kofler, Charly Kühnast, Christoph Scherbeck

Raspberry Pi
Das umfassende Handbuch

Mit diesen Grundlagen werden Sie Alles-Erfinder! Die RasPi-Chef-Dompteure Michael Kofler, Charly Kühnast und Christoph Scherbeck führen Sie mit Witz und zahlreichen spannenden Praxisprojekten in die Maker-Welt des Raspberry Pi ein. Ob Linux mit dem RasPi, Frischzellenkur für Elektrotechniker, Grundlagen der Python-Programmierung oder spannende Versuchsaufbauten von der komplett automatisierten Tomatenzucht bis zur Heimautomation: Hier ist mehr für Sie drin!

1.088 Seiten, gebunden, in Farbe, 39,90 Euro
ISBN 978-3-8362-5859-3
www.rheinwerk-verlag.de/4466

»Ein kompaktes Lehrbuch, das die Grundlagen der Elektronik anschaulich an praktischen Beispielen und Projekten näherbringt.«

– MagPi

Christoph Scherbeck, Daniel Kampert

Elektronik verstehen mit Raspberry Pi
Der praktische Einstieg

Physikunterricht war gestern: Mit diesem Buch lernen Sie die Grundlagen der Elektronik direkt an Ihrem Raspberry Pi kennen! Von Strom und Spannung über Transistoren, Sensoren und Motoren bis zum Lesen von Schaltplänen – da bleibt kein Wunsch offen. Natürlich alles mit Hilfe von spannenden RasPi-Projekten zum Selberbasteln! Vorwissen? Brauchen Sie nicht, legen Sie einfach gleich los! Aktuell zum Raspberry Pi 3 und allen Vorgängerversionen.

361 Seiten, broschiert, in Farbe, 29,90 Euro
ISBN 978-3-8362-2869-5
www.rheinwerk-verlag.de/3602

Rheinwerk

- Objektorientierte Programmierung verständlich erklärt

- Von den Prinzipien über den Entwurf bis zur Umsetzung

- Viele Praxistipps, UML-Diagramme und Codebeispiele

Bernhard Lahres, Gregor Rayman, Stefan Strich

Objektorientierte Programmierung
Das umfassende Handbuch

Sie möchten sich von Grund auf in die objektorientierte Programmierung einarbeiten? In diesem Buch werden Ihnen alle Prinzipien anschaulich und verständlich an vielen typischen Beispielen erklärt. Ein größeres Projekt dient dabei der Orientierung, so dass Sie die Prinzipien der objektorientierten Programmierung in Zukunft konsequent umsetzen werden.

688 Seiten, gebunden, 49,90 Euro
ISBN 978-3-8362-3514-3
www.rheinwerk-verlag.de/3775

Alle Bücher versandkostenfrei bestellen (D, A, CH):
www.rheinwerk-verlag.de